QUÈ ES POT ESPERAR QUAN S'ESTÀ ESPERANT

Què es pot esperar quan s'està esperant a la premsa espanyola

"Si estàs embarassada i encara no tens *Què es pot esperar,* només se m'acudeix preguntar-te com has pogut estar tant de temps sense comprar-te'l."

–Diari Avui

◆◆◆

"Imprescindible per a futures mares!"

–Lecturas

◆◆◆

"Una guia que respon de manera assenyada les inquietuds de tota embarassada."

–Euskal Telebista

◆◆◆

"És especialment pràctica i interessant la descripció que es fa mes a mes de l'estat de la gestant i del nen."

–Salud total

◆◆◆

"El que més aprecien els lectors és que s'identifica amb el punt de vista de qui el llegeix i amb la seva situació."

–Puericultura Market

◆◆◆

"Una guia excel·lent que explica de manera completa els problemes de l'embaràs, el part i el postpart."

–Cambio 16

QUÈ ES POT ESPERAR QUAN S'ESTÀ ESPERANT

QUARTA EDICIÓ

Heidi Murkoff
i Sharon Mazel

Pròleg del doctor Charles J. Lockwood

Professor de Salut Femenina a l'Anita O'Keefe Young, i cap del Departament d'Obstetrícia, Ginecologia i Ciències de la Reproducció de la Facultat de Medicina de la Universitat de Yale

Revisió i pròleg a l'edició en català
Dr. Josep M. Dexeus Trías de Bes

EDICIONES MEDICI

Per a l'Emma i en Wyatt, les meves millors expectatives
Per a l'Erik, el meu tot
Per a l'Arlene, amb molt amor, ara i sempre
Per a les mares, els pares i els nadons de tot el món

L'edició original d'aquesta obra ha estat publicada als Estats Units per What to Expect LLC, New York, amb el títol

WHAT TO EXPECT WHEN YOU'RE EXPECTING (Fourth Edition)

Traducció
Montserrat Solé

Disseny del llibre: Lisa Hollander
Disseny de la coberta: John Seeger Gilman
Il·lustracions de la coberta: Tim O'Brien
Fons de la coberta: Lynette Parmentier, Quilt Creations
Fotografies de la coberta: Davies + Starr
Il·lustracions de l'interior: Karen Kuchar
Il·lustracions mèdiques: Tom Newson

Plató, 26 – 08006 Barcelona
www.ediciones-medici.es

ISBN 978-84-9799-045-5
Dipòsit legal B. 445-2009
Printed in Spain
A&M Gràfic, s.l.

MÉS AGRAÏMENTS DELS QUE PUGUI EXPRESSAR EN PARAULES PER A L'ARLENE EISENBERG, LA MEVA PRIMERA COAUTORA EN *QUÈ ES POT ESPERAR*, I LA MÉS IMPORTANT. EL SEU LLEGAT D'AMOR, EMPATIA I INTEGRITAT PERDURARÀ PER SEMPRE; MAI NO DEIXAREM DE RECORDAR-TE I D'ESTIMAR-TE.

Moltes gràcies (encara més)

SI ALGUNA COSA HE APRÈS EN ELS DARrers 23 anys és que els fills no es crien sols –i els llibres tampoc s'escriuen sols (per molta estona que ens passem asseguts mirant la pantalla de l'ordinador).

Per sort, ni una cosa ni l'altra les he hagut de fer tota sola. Per educar la meva filla (un període que oficialment ja ha acabat encara que –siguem francs–: realment s'acaba alguna vegada?), vaig tenir el millor company que es pugui tenir, el meu marit Erik –que, a més, també és el meu company en *Què es pot esperar*. Per escriure el llibre, vaig comptar amb l'ajuda de desenes de companys i amics –que van aportar suport, saviesa i idees a la creació de quatre edicions de *Què es pot esperar quan s'està esperant*.

Alguns d'aquests ajudants hi van participar més puntualment, però altres s'han mantingut fins al dia d'avui, una edició rere l'altra. Gràcies de tot cor a:

Sandee Hathaway, per totes les seves valuoses contribucions a *Què es pot esperar*. Ets una bona germana i una amiga encara millor.

Suzanne Rafer, editora i amiga, que ha guiat fidelment *Què es pot esperar* des de la concepció fins al part quatre vegades seguides –posant tots els punts sobre les is, detectant desenes d'errades i millorant les expressions poc clares. I què significa això? Pel que fa a *Què es pot esperar*, moltíssim –i hem d'agrair-li a Suzanne la seva inestimable tasca, que ens va ajudar no només a difondre 29 milions d'exemplars, sinó també a protagonitzar centenars de titulars, historietes i paròdies.

Peter Workman, un editor amb una integritat poc comuna i un compromís absolut –que va creure en el nostre llibre quan les llibreries no ho van fer, que va deixar que *Què es pot esperar* arrelés lentament i amb força, i mai no es va rendir en l'assoliment d'aquest projecte editorial, que es podia fer i es va fer.

A tota la resta de col·laboradors de Workman que van ajudar al naixement de la nostra última edició: a David Matt, per creure en l'evolució (de la mare de la coberta), assumint reptes artístics, i supervisant la nostra Extrema Remodelació –molt desafiant i exitosa. A John Gilman, per la seva inesgotable paciència en aquesta revisió exhaustiva –i per fer realitat la màgia de les il·lustracions. A Lisa Hollander, que des de sempre ha estat la meva dissenyadora preferida, així com a Weiheng Tang. A Tim O'Brien, per donar vida a la mare de la coberta, de la nova generació –i fer-la aixecar per fi del seu balancí. A Lynette Parmentier, per recrear el nostre típic fons de coberta, donant-li un aire més actual. A Karen Kuchar per dibuixar les boniques mares del llibre (que gairebé em fan agafar ganes de tornar-me a quedar en estat!) i a Tom Newsom, per les fabuloses il·lustracions de fetus. A Irene Demchyshyn, per estimular totes aquestes creacions i fer que se seguissin creant. I als meus altres amics fenomenals de Workman, incloent-hi a Suz2 (Suzie Bolotin), Helen Rosner, Beth Doty, Walter Weintz, Jenny Mandel, Kim Small i Amy Corley.

A la meva altra coautora, Sharon Mazel. Tu ets el meu minijo, la meva altra (i millor) meitat i la meva millor amiga –i t'estimo. A les adorables Daniella, Arianne, Kira i Sophia, per compartir amb mi la seva extraordinària mare (per posar-se malaltes i trencar-se els ossos només quan és absolutament necessari). I al metge de família, Jay, per les seves grans lliçons de biologia i el seu afable tarannà –però sobretot per deixar-me ser l'altra dona en la vida de Sharon.

Al Dr. Charles Lockwood, el nostre destacat conseller mèdic, per les seves recomanacions exactes i precises, la seva meticulosa atenció a cada detall (mèdic o no mèdic), i per la seva òbvia empatia per les mares i els nadons.

A Steven Petrow (MG), Mike Keriakos, Ben Wolin, Jim Curtis (CSOB), Sarah Hutter i a tots els meus meravellosos amics i companys de Waterfront Media, per fer realitat el nostre somni de whattoexpect.com i *My What to Expect*. Gràcies també a l'extraordinària comunitat de mares –no només per fer de la nostra pàgina web un lloc tan especial, sinó també per compartir-hi els seus ventres, nadons i fills dia rere dia.

Als altres dos homes de la meva vida (i que qualsevol dona voldria a prop): Marc Chamlin, pel teu domini de temes legals i empresarials, la teva gran amistat i el teu suport; i a Alan Nevins, pel teu control en la gestió, la teva aptitud, la teva tenacitat i la teva disponibilitat.

A Jennifer Geddes i Fran Kritz, per ajudar-nos a mantenir els nostres textos impecables (corregint-los mil vegades!). A la Dra. Jessica Wu, pels teus impecables consells sobre la cura de la pell durant l'embaràs, i al Dr. Howie Mandel, per ser tan eficaç pel que fa a les preguntes de *Què es pot esperar*, de les quals sempre m'esmunyo als meus anuaris. I sempre a Lisa Bernstein, que sempre m'inspira, i és la directora executiva de What to Expect Foundation, per fer que succeïssin els miracles (uns miracles grassets i a terme), i a Zoe, l'inigualable Teddy i Dan Dubno.

A l'Erik, el meu company en tot el que faig, ara i sempre, per totes les raons que he esmentat més amunt i per moltes més que encara hi podria afegir. No hi ha ningú més amb qui podria barrejar feina i plaer, i sempre t'estimaré. I, parlant d'estimar, al meu orgull i alegria que són els meus fills Emma (el nadó que va fer que tot comencés) i Wyatt (el nadó que va venir al darrere seu). Us estimo molt –i m'heu fet una mare molt afortunada.

A l'adorable Howard Eisenberg, pare i amic (no necessàriament per aquest ordre); a Victor Shangai (i a John Aniello), pel vostre amor i suport; i als millors (i cada dia millorats) sogres Abby i Norman Murkoff. I a Rachel, Ethan i Liz, els tres fantàstics de Sandee, i a Tim, el seu número u.

A l'ACOG, per ser defensors de dones i nadons, i a tots els metges, llevadores, infermeres i auxiliars d'infermeria que dia rere dia treballen per fer que l'embaràs sigui més segur i feliç per a les parelles que esperen un fill. I sobretot a les embarassades, les noves i antigues mares (i pares) que han ajudat a fer que cada edició de *Què es pot esperar* sigui millor que l'anterior.

Gràcies una altra vegada, i una altra, a tots... i que tots els vostres millors desigs es facin realitat!

Índex de matèries

Part 2: Nou mesos comptant

De la concepció al part

Capítol 10: El cinquè mes

Capítol 11: El sisè mes

Part 5: Per als pares

Part 6: Estar sana quan s'està esperant

Pròleg a la quarta edició

A cura del doctor Charles J. Lockwood

Professor de Salut Femenina a l'Anita O'Keefe Young, i cap del Departament d'Obstetrícia, Ginecologia i Ciències de la Reproducció de la Facultat de Medicina de la Universitat de Yale

FA UNS DIES, VAIG REBRE UNA SINCERA i emotiva carta d'agraïment d'una pacient. S'hi adjuntava la fotografia d'un fornit jugador d'hoquei –al qual vaig ajudar a néixer 19 anys enrere! La meva feina és la millor del món. Tinc l'oportunitat de compartir el moment més alegre, emocionant i fascinant que els éssers humans podran experimentar mai –el naixement d'un fill– i jo l'experimento un dia rere l'altre. No cal dir que exercir de ginecòleg també comporta els seus moments durs –l'esgotament de les 3 de la matinada, la inacabable dilatació d'alguna pacient... També hi ha ocasionals pujades d'adrenalina, doncs amb quadres complicats i la inevitable combinació d'emocions complexes, però globalment continua essent un ofici agradable.

En certa manera, la meva feina s'assembla una mica al que probablement serà el seu embaràs –cada dia amb noves aventures, però en general sempre positives. *Què es pot esperar quan s'està esperant* ve a ser com tenir un obstetra particular a casa que l'anirà guiant per la seva pròpia aventura. Fa anys que recomano aquest llibre i he tornat a gaudir llegint-ne aquesta quarta edició –perquè el que ja era bo ara ha millorat.

Completament renovada, compta amb informació i consells molt útils, similars als que rebria del seu metge o llevadora preferits –professionals tan experts com pròxims, tan cultes com pràctics, tan experimentats com entusiastes, i tan organitzats com empàtics.

Aquest llibre la guiarà des d'abans de la concepció, amb interessants recomanacions sobre què fer –i què no fer– abans de quedar-se embarassada. Després l'acompanyarà des de la concepció fins a la seva primera visita amb un facultatiu. També s'hi explica els canvis que caldria fer en l'estil de vida, en la feina i en la dieta. Una de les idees més encertades d'aquest manual és l'explicació mes a mes –o, de fet, setmana a setmana– de com es desenvolupa el seu nadó i què fa dins l'úter. Aquesta explicació es complementa amb una descripció de com canvia *vostè* –i no només del ventre, sinó de tot arreu, de cap a peus– i de què pot sentir. S'hi comenta què li revisarà el metge en cada visita, tot recordant quines proves li practicarà i per què. Més endavant, també la prepararà per al gran dia, tant si dóna a llum per via vaginal com si ho ha de fer per cesària. S'hi informarà sobre els plans per donar a llum, sobre com distingir les falses contraccions de les reals i sobre les millors posicions per al procés de dilatació. Se li resoldran els seus dubtes (fins i tot si encara no se'ls havia plantejat) sobre part de ronyons, monitoratge fetal, episiotomia, medicació contra el dolor i anestèsies. A continuació, *Què es pot esperar* la guiarà en tots els aspectes de l'increïble procés del naixement.

Aquesta guia també cobreix el període del postpart, oferint ajuda per diferenciar la tristor postpart de l'autèntica depressió. En un capítol destacat, tracta sobre les complicacions sobre les quals es pot informar en cas que se n'hi presentin, i que és millor no llegir en cas contrari. També cobreix l'embaràs en dones amb malalties cròniques, com ara asma, pressió alta o diabetis –i explica com maximitzar les possibilitats de tenir un embaràs normal. A més, aconsella sobre què fer si s'experimenta una pèrdua d'embaràs, i ho fa amb una fantàstica combinació de consol i de sentit pràctic. Les parelles tampoc s'hi deixen de banda: aquest llibre els ofereix unes recomanacions molt pràctiques per esdevenir bons acompanyants. També s'hi tenen en compte els futurs progenitors de múltiples; un capítol sencer està dedicat a resoldre les seves preguntes i preocupacions sens dubte doblades.

Com a especialista en medicina maternofetal, estic impressionat amb tot el que cobreix aquest llibre. Com a editor, estic impressionat amb la seva redacció clara, concisa i amena. Com a marit i pare, estic impressionat de veure que les autores hi expliquen justament el que les futures mares i les seves parelles necessiten saber. Els millors jutges d'aquest llibre, però, han estat les pacients que me n'han dit les mil meravelles, els meus companys de feina i les altres pacients del centre.

Si està llegint aquest pròleg, és probable que ja estigui embarassada o que aviat n'estarà. Felicitats! El meu consell és que es posi còmoda i que llegeixi aquest llibre –s'està a punt d'embarcar en l'aventura de la seva vida!

Pròleg a la quarta edició en català

QUAN VAIG PROLOGAR LES EDIcions anteriors, afirmava que no coneixia cap altra obra de divulgació mèdica que exposés amb tanta claredat i profunditat la visió del procés maternal des del vessant de les protagonistes, és a dir, de l'embarassada, al seu dia partera, i després primípara. L'èxit de les edicions anteriors ho ha corroborat, i ara presento la quarta edició d'aquesta obra de dues dones intel·ligents: Heidi Murkoff i Sharon Mazel. Perfectament proveïdes d'informació i conscients de les seves pròpies vivències, expliquen a les altres dones que afronten la circumstància tan transcendent de ser mares tot allò que els pot ser útil i necessari no tan sols de l'obstetrícia contemporània sinó de totes les circumstàncies que les poden afectar. Així doncs, s'ocupen des de la manera com es pot preveure el part precipitat a casa o al cotxe fins a concedir-se un autopermís per brindar amb una copa de vi el dia de l'aniversari. L'aspecte emocional, tal com cal, rep una atenció prioritària i com a bones psicòlogues procuren no angoixar, i tracten amb encert els canvis en la vida sexual durant l'embaràs, la qüestió de l'estada del nadó a l'habitació o la postura davant de l'anestèsia o l'alletament. Així mateix, relativitzen de manera molt oportuna els retalls que la natura imposa al pla idealitzat que s'havia traçat la mare en potència, o algunes reaccions insòlites dels marits.

L'enquesta de suggeriments que han portat a terme entre els lectors del llibre ha donat fruit, i això, juntament amb els progressos incessants de l'obstetrícia, n'ha augmentat el gruix. Subratllo especialment els capítols referits a les malalties, que són tractades amb una gran competència professional. En tot allò que fa referència a aquestes patologies recomanen també que només llegeixin aquests capítols les afectades, perquè no quedi distorsionada la tranquil·litat amb què poden viure i han de viure el procés maternal la immensa majoria de les dones, gràcies a l'alta seguretat de què avui disposen mare i fill.

Són partidàries del natural, i per això concedeixen una gran atenció a la dieta, aportant detalls que no trobem a cap tractat d'obstetrícia. En algun paràgraf, aquest amor al que és natural és gairebé passional, i exageren una mica el risc d'algun cafetó o de les aspirines i els insecticides. En canvi, subscric sense retalls les severes advertències que fan contra el tabac, l'alcohol i les drogues.

Refermen els drets de la dona a tenir la informació més completa per poder decidir o participar en les decisions, però sempre procuren que hi hagi la millor relació possible amb el tocòleg. Per això, si en algun moment les imagino amb una certa aprensió assegudes a la meva consulta, cadascuna amb la seva llista de preguntes, de seguida em tranquil·litzo perquè tinc la seguretat que ens entendríem perfectament, perquè elles i nosaltres busquem el mateix fi de l'atenció integral, i en conseqüència humanitzada, del procés maternal.

També vull fer notar que la meva visió de tocòleg veterà s'ha eixamplat amb les aportacions personals de les autores, i per això crec que l'haurien de llegir aquells que dediquen la seva vida a l'atenció de les gestants i les parteres, i especialment els professionals del sexe masculí que no poden tenir la vivència de la maternitat.

Josep M. Dexeus

Per què aquest llibre ha tornat a néixer, una vegada i una altra...

Fa vint-i-quatre anys vaig donar a llum a una filla i vaig concebre un llibre amb poques hores de diferència (va ser un dia molt atrafegat). Tenir cura d'aquests dos nadons, Emma Bing i *Què es pot esperar quan s'està esperant* (així com del meu segon fill, Wyatt, juntament amb la resta de llibres de *Què es pot esperar*) a mesura que creixien i evolucionaven al llarg dels anys ha estat una tasca estimulant i extenuant, satisfactòria i frustrant, agradable i enervant. I, com qualsevol progenitor, no em perdria ni un sol dia de tot aquest procés. (Encara que quan l'Emma tenia tretze anys, vam passar una setmana... o, de fet, un any... o potser dos... que déu n'hi do!)

I ara tinc l'oportunitat d'emocionar-me de nou anunciant que he tornat a donar a llum. Un nou llibre que no podria estar més orgullosa de presentar i compartir: la quarta edició de *Què es pot esperar quan s'està esperant*. Una revisió de dalt a baix, que s'ha tornat a escriure per complet, de principi a fi –un llibre nou per a una nova generació de futurs pares (vostès!), que constitueix una nova guia, una nova perspectiva i una veu més amistosa que mai.

Què hi ha de nou a *Què es pot esperar*? Tantes coses que estic realment il·lusionada. Actualitzacions setmana a setmana de la transformació del seu petit fill des d'una microscòpica agrupació de cèl·lules fins a un adorable nounat –l'increïble desenvolupament del futur nadó que farà que hagin valgut la pena tota l'acidesa d'estómac, totes les corredisses cap al lavabo, tota la flatulència, tots els dolors i tots els problemes per dormir. I (parlant d'acidesa i de flatulència), s'hi inclouen més símptomes i més solucions que mai –i s'hi respon a moltes més preguntes (fins i tot a les que vostè de moment encara no s'havia plantejat). La secció sobre la vida laboral de la dona embarassada és més extensa (com si estar embarassada ja no fos prou feina!). I passant de les qüestions més pràctiques a les més estètiques, hi hem afegit una nova secció sobre la bellesa de la futura mare: com tenir cura de la nova pell en què es troba la futura mare, fins i tot quan presenti inflors, taques, grans o picors, i estigui massa grassa o massa seca; quins tractaments pot seguir per al cutis, el cabell i les ungles, i quins cosmètics pot fer servir i quins no fins al part. També hi ha molta informació sobre l'estil de vida de la dona en estat (des del sexe fins als viatges, passant per l'exercici i la moda), l'historial del seu embaràs (com els antecedents obstètrics, ginecològics i mèdics poden afectar –o no– la seva gestació), les seves relacions i les seves emocions. Consta, a més, d'un capítol més realista que mai sobre nutrició, que s'atura en els diferents tipus d'alimentació –des de menjar al despatx fins a dinar a corre-cuita, des de la dieta vegetariana fins a la baixa en hidrats de carboni, des de l'addicció a la cafeïna fins al menjar escombraries. A més d'una secció ampliada sobre el període anterior a la concepció, un capítol nou per a les nombroses mares de múltiples. Molta més informació per a aquest company tan important (però sovint tan oblidat) en l'educació dels nostres fills, el futur pare. I, és clar, les darreres novetats sobre l'embaràs (amb informació útil que abraça un ampli ventall de temes, des del diagnòstic prenatal fins a la dilatació i el part, i més enllà).

I com que una revisió de cap a peus no seria prou completa sense una coberta nova, la coberta també l'hem renovada. Per això, presentem la nostra nova mare de la coberta, ja sense el balancí (per fi!), que s'acarona el ventre i gaudeix dels moments més màgics de la seva vida (i del fet que ara les dones embarassades porten una roba més bonica). Està vivint feliçment el seu embaràs –i jo no podria estar més contenta per ella. De fet, gairebé em fa venir ganes de posar-me a buscar un nou embaràs.

Com sempre, tan importants com les diferències de la quarta edició són les similituds. Quan *Què es pot esperar quan s'està esperant* va néixer per primera vegada, teníem una sola missió en ment: ajudar els futurs pares a preocupar-se menys pels seus embarassos i a gaudir-ne més. Aquesta missió ha crescut, però no ha canviat. Igual que les tres anteriors, aquesta quarta edició ha estat escrita per respondre les seves preguntes, per tranquil·litzar-los, per aproximar-nos a vostès i mostrar-los empatia, i per ajudar-los a dormir tranquils a les nits (o, almenys, tot el tranquils que els deixin les ganes d'orinar, les rampes a les cames o el mal d'esquena).

Espero que gaudeixin amb el meu nou nadó almenys tant com jo he gaudit creant-lo –i que els ajudi en la creació del seu propi nadó. Els desitjo el més sa dels embarassos i un període de criança ple de felicitat. I que tots els seus desigs es facin realitat!

Heidi

Sobre la Fundació What to Expect

Tots els pares haurien de saber què poden esperar. És per això que vam crear la Fundació What to Expect, una organització sense ànim de lucre que proporciona una ajuda vital en temes de salut prenatal i ofereix informació a totes les futures mares que en necessitin –de forma que puguin gaudir d'embarassos més saludables, de parts més segurs i de nadons més sans i feliços. Per a més informació podeu visitar la nostra pàgina web a whattoexpect.org.

PART 1

Primer de tot

CAPÍTOL 1

Abans de l'embaràs

Així, doncs, ha pres la decisió de crear una família (o bé d'incrementar-la, si és que ja n'ha creat una). Aquest és un magnífic –i emocionant– primer pas. Però abans que l'espermatozou fecundi l'òvul per engendrar el nadó dels seus somnis, aprofiti l'oportunitat d'aquest període de preconcepció per preparar-se per a l'embaràs –i el nadó– més saludable possible. Els passos descrits més endavant en aquest capítol l'ajudaran a vostè (i al futur pare) a assolir la millor forma possible abans d'engendrar el nadó, els donaran un cop de mà amb la concepció i els posaran a la línia de sortida de l'embaràs amb tots els preparatius a punt.

Si no es queda embarassada a la primera, relaxi's i segueixi-ho intentant (i no s'oblidi de gaudir mentre ho intenta!). Si ja està embarassada –i no ha tingut l'oportunitat de seguir aquests passos abans de quedar-s'hi– no es preocupi. La concepció sol presentar-se quan menys s'espera en la vida d'una parella, tallant d'arrel aquest període de preconcepció i convertint aquests punts clau de la preconcepció en punts sense importància. Si el seu test d'embaràs ja li ha donat la bona nova, només cal que comenci a llegir aquest llibre a partir del capítol 2 i a gaudir el màxim possible de cada un dels dies d'embaràs que li queden per endavant

Preparació prèvia a l'embaràs per a mares

Preparada per embarcar un espavilat i petit passatger al si matern? A continuació, expliquem alguns dels passos de preconcepció que pot seguir per assegurar-se que aquest si matern està llest.

Faci's una revisió de preconcepció. Encara no cal que esculli el seu ginecòleg d'embaràs (tot i que seria un bon moment per fer-ho, tal com s'explica a la pàgina següent), però seria una bona idea visitar el seu ginecòleg habitual perquè li faci una revisió completa. Aquesta revisió servirà per detectar qualsevol possible problema mèdic que hagi de ser tractat amb antelació o que requereixi ser controlat al llarg de l'embaràs. A més, el seu metge la podrà advertir sobre medicaments desaconsellats per a l'embaràs (o la preconcepció), podrà controlar si té les vacunes al dia, i li podrà donar consells sobre el seu pes, la seva dieta, la seva ingesta de líquids i altres hàbits de vida, així com sobre la resta de temes similars relacionats amb la preconcepció.

Comenci a buscar un facultatiu prenatal. És més fàcil anar buscant un obstetra o una llevadora en aquest moment, quan encara no s'ha posat en marxa el cronòmetre de l'embaràs, que no pas quan no pugui retardar més la seva primera revisió prenatal. Si opta pel seu ginecòleg habitual, ho tindrà molt més fàcil. En cas contrari, si en vol buscar un altre, demani referències als coneguts, busqui informació i dediqui un temps a escollir el millor especialista per a vostè (consulti la pàgina 24 per trobar consells sobre com escollir-ne un). Un cop escollit, demani hora per a una visita i un examen preembaràs.

Visiti el dentista. Abans de quedar-se embarassada, és gairebé tan important la visita al dentista com la visita al ginecòleg. Això s'explica perquè el seu futur embaràs podria afectar la seva boca –i la seva boca també podria afectar el seu futur embaràs. Les hormones de l'embaràs poden, efectivament, agreujar els problemes de dents i de genives, causant estralls en una boca que no s'ha cuidat des d'un bon principi. I, encara més, algunes investigacions demostren que les malalties gingivals poden estar associades amb algunes complicacions de l'embaràs. Per tant, abans d'estar massa enfeinada dedicant-se a engendrar un nadó, dediqui's a posar-se la boca en forma. Asseguri's, a més, d'haver-se realitzat prèviament qualsevol prova necessària, incloent-hi plaques de raigs X, empastaments o cirurgia dental, ja que no és segur fer-ho durant els mesos de l'embaràs.

Un compendi

Veient aquesta llista de recomanacions s'adona que hi ha molt per fer abans que l'espermatozou fecundi l'òvul? Té la sensació que no sap per on començar? Si vol una llista de preguntes per plantejar-se a l'hora d'escollir un facultatiu prenatal, per elaborar un historial mèdic i obstètric complet, una síntesi de l'historial sanitari familiar, i molta més informació útil per ajudar-la a organitzar-se en el seu recorregut per engendrar un nadó, pot consultar whattoexpect.com.

Investigui el seu arbre genealògic. Centri's en els historials mèdics de les dues branques de l'arbre genealògic (la seva i la de la seva parella). És especialment important descobrir si existeix algun historial de qualsevol defecte genètic o cromosòmic, com ara la síndrome de Down, la malaltia de Tay-Sachs, l'anèmia falciforme, la talassèmia, l'hemofília, la fibrosi quística, la distròfia muscular o la síndrome del cromosoma X fràgil.

Faci un cop d'ull al seu propi historial d'embarassos. Si ha tingut algun embaràs anterior amb alguna complicació o bé algun part prematur o un avortament tardà, o si ha patit múltiples avortaments, pregunti al seu metge quines són les mesures adequades per evitar que res d'això es repeteixi.

Si cal, realitzi's un estudi genètic. Consulti també al seu metge si li convé fer-se proves sobre qualsevol malaltia genètica habitual depenent de la seva procedència ètnica: fibrosi quística, si algun dels dos membres de la parella és caucàsic; malaltia de Tay-Sachs, si un dels dos és de procedència juevoeuropea (askenazi), francocanadenc o procedent dels cajuns de Lousiana; anèmia falciforme, si són d'ascendència africana; o bé alguna varietat de talassèmia, si són d'origen grec, italià, del sud-est asiàtic o filipí.

Problemes obstètrics previs (com ara dos o més avortaments, un mortinat, un llarg període d'infertilitat o un fill amb algun defecte congènit) o bé estar casada amb un cosí o amb algun altre parent de sang també són raons suficients per buscar assessorament genètic.

Faci's les primeres proves. Mentre busca tots els metges i analitza tots els seus historials mèdics, pregunti si es pot començar a fer alguna de les proves i controls de salut que cal realitzar a qualsevol dona embarassada. La majoria són tan fàcils com fer-se una anàlisi de sang per controlar:

- Hemoglobina o hematòcrits, per detectar l'anèmia.
- Factor Rh, per saber si és positiva o negativa. Si és negativa, el seu company hauria de comprovar si ell és positiu. (Si els dos són negatius, no cal tornar a pensar més en el factor Rh.)
- Prova de la rubèola, per comprovar si ja hi està immunitzada.
- Prova de la varicel·la (o verola), per comprovar si també ja hi està immunitzada.
- Anticossos del citomegalovirus (CMV), per determinar si hi és o no immune (vegi la pàgina 547). Si es diagnostica un CMV, se sol recomanar esperar sis mesos abans d'intentar quedar-se embarassada.
- Tuberculosi (si viu en una àrea d'elevada incidència).
- Hepatitis B (si pertany a una categoria d'alt risc, com ara el personal sanitari, i no ha estat vacunada).
- Prova de toxoplasmosi, si té un gat a casa, si vostè acostuma a menjar carn crua o poc feta, o bé si feineja al jardí sense fer servir guants. Si resulta ser-hi immune, no cal que es torni a preocupar mai més per la toxoplasmosi. En cas contrari, comenci a prendre les precaucions indicades a la pàgina 88.
- Funció tiroïdal. La funció tiroïdal pot afectar l'embaràs. Per tant, si té o ha tingut problemes de tiroides, si compta amb un historial familiar amb alteracions de tiroides, o bé si presenta símptomes derivats de problemes de tiroides (vegi les pàgines 192 i 575), aquest test serà imprescindible.
- Malalties de transmissió sexual (MTS). A totes les dones embarassades se'ls fa una anàlisi rutinària de totes les MTS, incloent-hi sífilis, gonorrea, clamídia, herpes, virus del papil·loma humà (VPH) i VIH. És encara millor fer-se aquests tests abans de la concepció (o, en el cas del VPH, vacunar-se; vegi la pàgina següent). Tot i que estigui segura que no pot tenir cap MTS, demani que li facin la prova, només per confirmar-ho.

Segueixi un tractament. Si algun test posa al descobert algun problema que requereix tractament, asseguri's de durlo a terme abans d'intentar quedar-se embarassada. Valori també sotmetre's ara a cirurgies menors o a qualsevol altre tractament mèdic –major o menor– que hagués estat ajornant. Ara també és el moment de tractar-se de qualsevol altra anomalia ginecològica que pogués interferir en la fertilitat o l'embaràs, com ara:

- Pòlips, fibromes, quists o tumors benignes a l'úter.
- Endometriosi (complicació en què les cèl·lules que normalment s'agrupen a l'úter s'expandeixen per qualsevol altra part del cos).
- Problemes d'inflamació pelviana.
- Infeccions recurrents del tracte urinari o altres infeccions, com ara vaginitis bacteriana.
- Qualsevol MTS.

Actualitzi les vacunes. Si no s'ha posat la vacuna de recordatori del tètanus o la diftèria en els darrers 10 anys, faci-ho ara. Si sap que no ha tingut mai la rubèola ni li han posat la vacuna, o si l'analítica mostra que no és immune a aquesta malaltia, vacuni's ara amb la triple vírica de xarampió, galteres i rubèola (XGR), i a continuació esperi un mes abans d'intentar quedar-se embarassada (però no es preocupi si, accidentalment, s'hi queda abans). Si les proves mostren que no ha tingut mai varicel·la o que es troba en situació d'alt risc davant de l'hepatitis B, també és recomanable administrar-se ara, abans de la concepció, les vacunes contra aquestes malalties. Si té menys de 26 anys, consideri també la possibilitat de vacunar-se contra el VPH, però caldrà que es faci totes tres vacunes abans de concebre, de manera que ho haurà de planificar amb temps.

Tingui les malalties cròniques sota control. Si té diabetis, asma, deficiències cardíaques, epilèpsia o qualsevol altra malaltia crònica, asseguri's de comptar amb el vistiplau del metge abans de quedar-se embarassada, de tenir la malaltia sota control prèviament a la concepció, i de començar a cuidar-se especialment (si fins ara no ho havia fet). Si té un problema congènit de fenilcetonúria (FCU), comenci una estricta dieta lliure de fenilalanina abans de concebre i mantingui-la al llarg de tot l'embaràs. Tot i que no li vingui gens de gust, és essencial per al benestar del seu futur nadó.

Si necessita injeccions contra alguna al·lèrgia, administri-se-les ara. (Si comença la insensibilització a l'al·lèrgia ara, probablement serà capaç de continuar-la un cop hagi concebut.) Tenint en compte que la depressió immunitària pot interferir en la concepció –i en un embaràs sa i feliç–, també se l'hauria de tractar abans d'emprendre la seva gran aventura.

Prepari's per abandonar el seu mètode anticonceptiu. Desfaci's de l'última capsa de preservatius i llenci el seu diafragma (de tota manera, n'hi hauran de posar un de nou després de l'embaràs). Si s'està prenent pastilles anticonceptives, o usa anell vaginal o pegats, planifiqui deixar-ho amb l'ajuda del seu metge. Un cop finalitzat el tractament hormonal anticonceptiu, alguns especialistes recomanen esperar –si és possible– uns quants mesos abans d'anar a buscar una criatura, per permetre que el sistema reproductiu femení tingui almenys dos cicles normals (faci servir preservatius durant aquest temps). Altres, en canvi, asseguren que no hi ha cap problema per començar-ho a intentar tan aviat com vostè vulgui. Tingui en compte, però, que pot trigar uns quants mesos, o més i tot, fins que els seus cicles no es normalitzin i vostè torni a ovular una altra vegada.

Si fa servir un DIU, faci-se'l treure abans de començar-ho a intentar. Esperi entre tres i sis mesos per intentar concebre després de les injeccions de Depo-Provera. (Moltes dones no són fèrtils durant una mitjana de 10 mesos després de deixar el Depo; per tant, planifiqui el seu embaràs amb antelació.)

Això és cosa de dos!

Segur que ara estan més a prop que mai físicament, ja que estan intentant engendrar un fill (i això no deixa de ser una garantia per als seus esforços de concebre), però i com va la seva connexió sentimental?

Mentre malden per formar aquesta unió perfecta (de l'espermatozou amb l'òvul), estan descuidant l'altra unió significativa en les seves vides (la de vostès dos)?

Quan aconseguir la procreació es converteix en la prioritat número u, quan el sexe esdevé funcional en comptes de plaent, quan ja no es tracta tant d'anar-ho a fer com d'haver-ho fet (i quan els preàmbuls consisteixen en anar corrent al lavabo per comprovar l'estat de la mucosa cervical), les relacions poden arribar a tensar-se en excés. Però això no té perquè passar-los a vostès –de fet, ara haurien de mantenir unes relacions més satisfactòries que mai. Per tal de mantenir-se emocionalment connectats mentre estan intentant concebre, cal que:

- **Surtin.** Les mares amb criatures li diran que *ara* és el moment, per a vostè i la seva parella, de sortir de viatge –o almenys de sortir de casa. Un cop ha nascut la criatura, els dies (i les nits) d'intentar sortir i d'acabar desistint seran freqüents. (Permisos de maternitat? Més aviat s'hauria de dir obligacions de la maternitat!) Així doncs, prenguin's aquelles minivacances per a les quals havien estat estalviant –o facin una segona lluna de mel (que podrien anomenar la "lluna del futur nadó"). No tenen temps de fer vacances? Doncs provin de fer alguna cosa nova els caps de setmana –preferiblement, quelcom que no puguin fer un cop la concepció alteri el seu estil de vida (què els sembla muntar a cavall o fer ràfting?). Tots dos prefereixen alguna activitat més tranquil·la? Doncs visitin algun museu durant el cap de setmana, vagin a veure alguna pel·lícula (o més d'una) al cinema o senzillament surtin a sopar al seu restaurant preferit.

Millori la seva dieta. Encara no cal que mengi per dos, però mai no és massa aviat per començar a alimentar-se bé per al nadó que està planificant d'engendrar. El més important és assegurar-se que està prenent àcid fòlic. Prendre l'àcid fòlic suficient no només fa augmentar la fertilitat, sinó que, a més, diversos estudis mostren que una ingesta adequada d'aquesta vitamina en la dieta d'una dona abans de concebre i durant els seus primers mesos d'embaràs pot reduir enormement el risc que el nadó pateixi defectes del tub neural (com ara, espina bífida) i el risc de parts preterme. L'àcid fòlic es troba naturalment en els cereals integrals i en les verdures de fulla verda, i s'afegeix per llei a la majoria de cereals refinats. Però també es recomana prendre un suplement prenatal que contingui com a mínim 400 mcg d'àcid fòlic (vegi la pàgina 112).

També és un bon moment per començar a descartar el menjar escombraries i els aliments d'elevat contingut calòric i de prendre més cereals integrals, fruites, verdures i productes lactis de baix contingut calòric (els lactis són importants per tenir uns ossos forts). Pot seguir la dieta de l'embaràs (capítol 5) com a referència bàsica per a un pla d'alimentació equilibrat, però només

- **Revifin el romanticisme.** La realització dels tests d'ovulació i la pressió de fer-ho (ara mateix!) poden convertir el sexe en una dura tasca. Així que intenti que la diversió retorni a l'habitació. Apugi la temperatura –i no només la del termòmetre– amb llenceria sensual, amb pel·lícules i jocs eròtics, o amb alguna postura nova (el kamasutra serà força més complicat d'aplicar quan la panxa faci acte de presència), una nova ubicació (serveixi's vostè mateixa a la taula del menjador) o una nova tàctica (xocolata líquida sobre els seus cossos en comptes de sobre el gelat). L'aventura no és el seu fort? Doncs, senzillament, revifin el romanticisme amb un passeig a la llum de la lluna o un sopar amb espelmes, o bé fent-se carícies mútuament davant de la llar de foc.

- **Vagin tots dos a la una.** Li preocupa que la seva parella estigui més pendent de les pujades de la borsa que d'ajudar-la a fer-li pujar la libido? Té la sensació que no l'engresca prou la idea d'engendrar una criatura? Sigui comprensiva amb ell. Que no estigui obsessionat amb l'ovulació ni li caigui la bava cada vegada que passi per davant d'una botiga de roba infantil no vol dir que no tingui tantes ganes com vostè de tenir una criatura. Potser s'ho pren amb més calma (i espera que arribi naturalment en comptes de forçar la situació). Potser es guarda a dins tot l'estrès sobre la concepció (per no estressar-la també a vostè). Potser s'està centrant en la part econòmica de tenir una criatura (i treballa més hores perquè es preocupa per proveir d'un bon niuet d'amor el pollet que volen engendrar). Sigui com sigui, recordi que fer el salt cap a la paternitat-maternitat és un pas de gegant per a tots dos –de manera que l'hauran d'afrontar com un equip. Per marcar-se la mateixa meta (encara que hi arribin recorrent camins diferents), mantinguin una comunicació fluida mentre intenten procrear. Tots dos se sentiran millor si estan units en aquest objectiu –tot i que el vulguin assolir amb mitjans lleugerament diferents.

necessitarà dues racions de proteïnes, tres racions de calci, i no més de sis de cereals integrals per dia fins que es quedi embarassada –i tampoc cal que hi afegeixi cap més caloria extra (i si necessita perdre una mica de pes abans de concebre, encara hauria de suprimir unes quantes calories).

Comenci a modificar el seu consum de peix d'acord amb les directrius per a dones embarassades (vegi la pàgina 126). Però sobretot no deixi de prendre peix, perquè és una important font de nutrients per al futur nadó.

Si té alguns hàbits dietètics que podrien no ser saludables durant l'embaràs (com ara el dejú periòdic), si pateix o ha patit algun tipus d'alteració alimentària (com ara anorèxia nerviosa o bulímia), o si segueix alguna dieta especial (vegetariana, macrobiòtica, diabètica o qualsevol altra), faci-ho saber al seu metge.

Prengui's un complement vitamínic prenatal. Encara que mengi molts aliments rics en àcid fòlic, és recomanable que es prengui un suplement d'embaràs que contingui 400 mcg d'aquesta vitamina, preferiblement des de dos mesos abans d'intentar quedar-se embarassada. Una altra raó per començar a prendre suplements prenatals abans de concebre: diverses investigacions

Controlar l'ovulació

Saber quan té lloc l'ovulació (o sigui, quan arriba el gran dia) és clau a l'hora de buscar un fill (en el moment d'intentar concebre). A continuació, indiquem unes quantes maneres d'ajudar-la a controlar quin és el seu gran dia –i d'ajudar-la a posar en marxa els preparatius destinats a quedar-se embarassada.

Miri el calendari. L'ovulació sol tenir lloc cap a la meitat del seu cicle menstrual. El cicle dura una mitjana de 28 dies, comptant des del primer dia d'un període (dia 1) fins al primer dia del següent període. Però com en tot el relacionat amb l'embaràs, hi ha un ampli ventall de possibilitats dins de la normalitat pel que fa als cicles menstruals (poden oscil·lar entre els 23 i els 35 dies), i el seu propi cicle pot variar lleugerament d'un mes a l'altre. Anotar el seu propi calendari menstrual durant uns quants mesos l'ajudarà a fer-se una idea de què és normal per a vostè. (I, quan es quedi embarassada, aquest calendari l'ajudarà a obtenir una estimació més aproximada de la data prevista de part.) Si els seus períodes són irregulars, haurà de prestar més atenció a altres símptomes d'ovulació (que veurem a continuació).

Prengui's la temperatura. Controlar la seva temperatura corporal basal, o TCB (per fer-ho li farà falta un termòmetre corporal basal especial), la pot ajudar a detectar l'ovulació. La seva TCB és la temperatura base que s'ha de prendre a primera hora del matí, després de com a mínim entre tres i cinc hores de son i abans de sortir del llit, parlar, o fins i tot asseure's. La seva TCB canviarà al llarg del cicle, assolint el seu punt més baix en el moment de l'ovulació i creixent després significativament (un mig grau) al cap d'un o dos dies d'haver ovulat. Tingui en compte que controlar la seva TCB no li permetrà predir el dia que ovularà, sinó que més aviat li servirà per saber quan ja ha ovulat, dos o tres dies després que això passi. Al cap d'uns quants mesos, també l'ajudarà a conèixer millor el patró dels seus cicles, permetent-li predir quan tindrà lloc l'ovulació en els propers cicles mensuals.

Inspeccioni la seva roba interior. Un altre símptoma del qual cal estar alerta és l'aparició, l'augment quantitatiu i el canvi de consistència del mucus cervical (la substància enganxosa que queda adherida a les calces). Quan finalitzi el seu període, no s'hi esperi gaire, o gens, mucus cervical. A mesura que avanci el cicle, notarà un increment en la quantitat de mucus amb una aparença normalment blanca o tèrbola –i si prova d'estirar-lo amb els dits, s'acabarà trencant. A mesura que s'aproximi a l'ovulació, aquest mucus esdevindrà cada cop més abundant, però ara serà més aigualit, més clar, i amb una consistència llefiscosa similar a la clara d'ou. Si prova d'estirar-lo entre els dits, podrà allargassar-lo un bon tros abans no es trenqui (distregui's una estona fent la prova al lavabo!). Aquest és un altre símptoma evident d'ovulació, i una indicació que ja és hora de sortir del lavabo per anar corrent cap a l'habitació. Quan té lloc l'ovulació, la seva roba interior tant pot estar seca una altra vegada com experimentar una densa descàrrega de mucus cervical. Combinat amb la posició cervical (ho veurem més avall) i la TCB en un control conjunt, el mucus cervical pot ser una eina molt útil (encara que una mica desagradable) per controlar el dia en què té més probabilitats d'ovular –i per controlar-ho amb prou temps perquè vostè tingui temps d'aprofitar la situació.

Conegui la seva cèrvix. Com que el cos d'una dona s'adona dels canvis hormonals que indiquen que un òvul està a punt de ser alliberat de l'ovari, el seu organisme comença a preparar-se per als batallons d'espermatozous que hi entraran per proporcionar a l'òvul el màxim de possibilitats de ser fecundat. Un signe perceptible que l'ovulació s'està a punt de produir és la pròpia posició de la cèrvix. Al principi d'un cicle, la cèrvix –el pas en forma de coll entre la vagina i l'úter que s'ha d'eixamplar durant el part per deixar pas al cap del nadó– està baixa, dura i tancada. Però a mesura que s'atansa el moment de l'ovulació, es retrotrau, s'estova una mica i s'obre el necessari per poder deixar passar els espermatozous que busquen arribar a la meta. Algunes dones poden percebre aquests canvis fàcilment, mentre que a altres els resulta força més difícil. Si vostè vol intentar-ho, comprovi la seva cèrvix diàriament, fent servir un o dos dits, i anoti en un gràfic els resultats de les seves observacions.

Estigui alerta. Si li passa el mateix que al 20 per cent de les dones, el seu cos li farà saber quan tindrà lloc l'ovulació enviant-li un missatge en forma de punxada dolorosa o amb una sèrie de rampells percebuts a la part baixa de l'abdomen (normalment, intensificats en un dels costats, el corresponent al de l'ovulació). Conegut amb el nom de *mittelschmerz* (que, en alemany, vol dir "dolor mitjà"), aquest recordatori mensual de la fertilitat es considera el resultat de la maduració i l'alliberació d'un òvul des d'un ovari.

Orini en una barreta. Els mètodes de predicció de l'ovulació són capaços de detectar la seva data d'ovulació amb 12 o 24 hores d'antelació, mesurant els nivells d'hormona luteïnitzant (HL), que és la darrera de les hormones que arriba al seu màxim abans que l'ovulació tingui lloc. L'únic que ha de fer és orinar en una barreta i esperar que l'indicador li confirmi si està a punt d'ovular (així de fàcil!).

Observi el seu rellotge. Una altra alternativa entre l'arsenal de tests d'ovulació és un aparell que porta al canell i que detecta un gran nombre de sals (clorur, sodi i potassi) presents a la seva suor, i que varien en els diferents moments del mes. Conegut com l'increment de ion clorur, aquest procés té lloc fins i tot abans de l'increment d'estrògens i d'HL, de manera que els tests del ion clorur faciliten a la dona una franja de quatre dies en els quals podria estar ovulant, enfront del termini de 12 a 24 hores del test de l'HL. La clau de l'èxit en l'ús d'aquesta tecnologia punta rau en assegurar-se a tenir una línia de partida molt exacta dels seus nivells iònics (fet que significa que haurà de portar posat el rellotge un mínim de sis hores seguides per obtenir la línia de partida adequada).

Escupi una mica de saliva. Una altra manera de predir l'ovulació és mitjançant el test de la saliva, basat en analitzar els nivells d'estrogen de la seva saliva quan està a punt d'ovular. Quan vostè està ovulant, observant la seva saliva a través de l'ocular incorporat al test, es trobarà amb un patró microscòpic de forma similar a les fulles d'una falguera o al gel incrustat al vidre d'una finestra. No totes les dones donen com a resultat una forma perfecta de fulla de falguera, però aquest test –que, a més, és reutilitzable– surt força més econòmic que el de les barretes per a anàlisis d'orina.

Creences errònies sobre la concepció

Segur que ha sentit a parlar de moltes històries de iaies –o que circulen per internet– sobre la millor manera de concebre un fill. Doncs a continuació en descrivim unes quantes que ja pot descartar d'entrada:

Mite: tenir relacions cada dia pot fer disminuir la quantitat d'espermatozous, amb la qual cosa es dificulta la concepció.

Realitat: encara que abans es creia que això era cert, les investigacions més recents han demostrat que fer l'amor diàriament en les dates pròximes a la d'ovulació fa que l'embaràs sigui una mica més probable que fer l'amor només en dies alterns. Així, doncs, sembla que com més... millor!

Mite: portar els calçotets llargs (tipus bòxer) farà augmentar la fertilitat masculina.

Realitat: els científics encara han de donar l'última paraula sobre el debat calçotets llargs *versus* calçotets curts, però la majoria d'experts consideren que la roba interior que prefereixi l'home influeix ben poc en els índexs d'èxit en l'embaràs. Tot i això, cal tenir presents alguns consells per mantenir els testicles frescos i donar-los una mica d'espai per ventilar-se (vegeu la pàgina 14).

Mite: fer l'acte sexual en la postura del missioner és la millor manera per aconseguir que els espermatozous arribin a la seva meta.

Realitat: el mucus cervical, que en les dates pròximes a l'ovulació es troba fi i elàstic, és el medi perfecte per als espermatozous, ja que els ajuda a navegar tracte vaginal amunt, tot travessant la cèrvix i l'úter, fins a enfilar-se per les trompes de Fal·lopi, on l'òvul els està esperant. Llevat, doncs, que els espermatozous tinguin problemes de motilitat, arribaran a la seva meta independentment de la postura que hagin adoptat. De tota manera, no li farà cap mal quedar-se una estona estirada després de fer l'amor per evitar que l'esperma s'escapi de la vagina fins i tot abans de començar el seu trajecte cap a la meta.

Mite: l'ús de lubricant ajudarà l'esperma a arribar fins a la posició de l'òvul.

Realitat: de fet, és ben al contrari. Els lubricants poden alterar el pH equilibrat de la vagina, generant un ambient hostil per als espermatozous. Així que oblidi's de lubricants fins després d'haver complert la seva missió de concebre.

Mite: si manté relacions sexuals durant el dia podrà concebre més de pressa.

Realitat: sembla ser que els nivells d'espermatozous són més alts durant el matí, però no existeixen proves clíniques que avalin que fer l'amor amb claror de dia incrementi les seves possibilitats de concebre. (Però no se'n privi si vol gaudir de l'amor fins i tot abans de gaudir de l'esmorzar!)

demostren que les dones que prenen diàriament un complex multivitamínic que contingui almenys 10 mg de vitamina B_6 abans de quedar-se embarassades o durant les primeres setmanes de gestació pateixen menys episodis de vòmits i nàusees al llarg de tot l'embaràs. El suplement també hauria de contenir 15 mg de zinc, ja que millora la fertilitat. De tota manera, deixi de prendre altres suplements nutricionals abans de concebre, ja que l'excés de certs nutrients també podria ser perjudicial.

Controli el seu pes. Tenir sobrepès o estar molt per sota del pes estàndard no només redueix les probabilitats de concepció sinó que, un cop embarassada, aquests problemes de pes poden agreujar el risc de complicacions de l'embaràs. Per tant, incrementi o redueixi el consum calòric –segons les seves necessitats– en el període de preconcepció. Si intenta perdre pes, asseguri's de fer-ho a poc a poc i amb seny, encara que això comporti endarrerir la concepció un parell de mesos més. Una dieta energèticament o nutricionalment desequilibrada (com ara les baixes en hidrats de carboni o les d'alta aportació proteica) poden dificultar la concepció i comportar un dèficit nutricional, que probablement no és la millor manera de començar un embaràs. Si recentment ha seguit una dieta molt estricta, comenci a menjar amb normalitat i deixi passar uns mesos abans d'intentar concebre per tal que el seu cos tingui temps de tornar-se a equilibrar.

Posi's en forma, però amb moderació. Un bon programa d'exercicis pot ajudarla a preparar-se per a la concepció, a més de tonificar i enfortir els seus músculs per afrontar les dures tasques de carregar el seu futur fill al ventre i de donar a llum. També l'ajudarà a desempallegarse de l'excés de pes. De tota manera, no abusi de l'esport perquè un exercici excessiu (especialment si s'acaba quedant massa prima) pot interferir en l'ovulació –i si no ovula, tampoc podrà concebre. I mantingui la seva temperatura quan vulgui engendrar: els increments prolongats de temperatura corporal poden interferir en la concepció. (Eviti els banys massa calents, les saunes i l'exposició directa a estoretes elèctriques o a mantes elèctriques per la mateixa raó.)

Revisi la farmaciola. Alguns medicaments –encara que no tots– es consideren perjudicials durant l'embaràs. Si ara s'està prenent alguna medicació (ja sigui regularment o de tant en tant, per prescripció mèdica o automedicant-se), pregunti al seu metge sobre si és segur continuar-se-la prenent durant la preconcepció i l'embaràs. Si ha de substituir una medicació habitual per una altra de més segura, ara és el moment de fer-ho.

Les herbes i altres medicaments alternatius tampoc s'han de conservar necessàriament a la seva farmaciola ni fer-se'n protagonistes. Les herbes són naturals, però natural no significa automàticament segur. I, encara més, algunes herbes populars –com ara l'*Echinacea*, el *Ginkgo biloba* o l'hipèric– poden interferir en la concepció. No es prengui aquesta mena de productes o suplements sense l'aprovació d'un metge especialitzat en herbes i en medicina alternativa, així com en els seus efectes potencials en la concepció i l'embaràs.

Redueixi el consum de cafeïna. No li cal prescindir del seu cafè amb llet diari (ni passar-se al cafè descafeïnat) si està planejant quedar-se embarassada o si ja ho està. La majoria d'experts consideren que un màxim diari de dues tasses de cafè amb cafeïna (o l'equivalent en altres begudes amb cafeïna) és una quantitat acceptable. Si està habituada a prendre'n més, però, el millor que pot fer és començar-ne a moderar el consum. Alguns estudis han vinculat l'abús de cafeïna amb la reducció de la fertilitat.

Abandoni el consum d'alcohol. Pensi una mica abans de beure. Encara que una copa diària no serà perjudicial en la seva fase de preparació per a l'embaràs, un elevat consum d'alcohol podria interferir en la fertilitat, alterant el seu cicle menstrual. A més, un cop que vostè estigui intentant activament concebre, sempre existeix la possibilitat que hagi tingut èxit –i beure alcohol durant l'embaràs està totalment contraindicat.

Deixi de fumar. Sabia que fumar no només pot interferir en la seva fertilitat sinó que, a més, també fa envellir els seus òvuls? Doncs ja ho sap: els òvuls d'una dona de 30 anys fumadora actuen com els òvuls d'una dona de 40 anys, amb la qual cosa la concepció resulta més difícil i els casos d'avortament més habituals. Acabar ara amb aquest hàbit no només és el millor regal que pot fer al seu futur fill (abans i després de néixer), sinó que també és més probable que vostè pugui concebre aquest futur fill. Si vol saber alguns consells pràctics per deixar de fumar, consulti les pàgines 82-83.

Digui no a les drogues. La marihuana, la cocaïna, el *crack*, l'heroïna i altres drogues poden ser perilloses per al seu embaràs. En diferent mesura, poden dificultar que concebi i, posteriorment, si aconsegueix quedar-se embarassada, són potencialment perjudicials per al fetus, a més d'incrementar els riscos d'avortament i de donar a llum a un nadó prematur o a un mortinat. Si pren drogues, ja sigui esporàdicament o de forma habitual, deixi de fer-ho immediatament. I si no és capaç de fer-ho pel seu compte, busqui ajuda abans d'intentar concebre.

Prescindeixi de qualsevol exposició innecessària a les radiacions. Si per raons mèdiques li han de fer una placa de raigs X, asseguri's que li protegeixin els òrgans reproductius (a no ser, és clar, que aquests òrgans siguin precisament l'objectiu de la prova) i que s'usen les menors dosis de radiació possibles. Tan bon punt comenci a intentar concebre, informi als tècnics responsables de fer-li els raigs X que podria estar embarassada i demani'ls que prenguin les precaucions oportunes.

Eviti els perills de l'entorn. Alguns productes químics –però ni de bon tros tots i només amb dosis molt elevades– són potencialment perjudicials, abans de concebre per als seus òvuls i posteriorment per a l'embrió o el fetus en desenvolupament. Tot i que en la major part dels casos el risc és mínim o fins i tot només hipotètic, no s'arrisqui i eviti qualsevol exposició potencialment perillosa al seu lloc de treball. Vagi especialment amb compte si treballa en determinats àmbits (com la medicina o l'odontologia, l'art, la fotografia, els transports, en granges o jardins, en el sector de la construcció, de perruquera o esteticista, en una tintoreria o en determinats tipus de fàbriques). Contacti amb el Departament de Salut perquè l'informin de les darreres novetats sobre seguretat laboral durant l'embaràs; consulti també la pàgina 215. En alguns casos, seria prudent que, abans d'intentar concebre i a ser possible, demanés que la canviessin de lloc de treball, busqués una altra feina o prengués precaucions especials.

Com que, en el moment de concebre, uns elevats nivells de plom podrien ser perjudicials per al seu nadó, faci's una anàlisi en cas que hagi estat exposada a aquest component en el seu lloc de treball o en qualsevol altre lloc, com ara en beure aigua de l'aixeta o a la seva pròpia casa (vegi la pàgina 89). També cal evitar una exposició perllongada a altres substàncies tòxiques de la llar.

Mantingui's econòmicament en forma. Tenir un fill és car. Així que, juntament amb la seva parella, avaluïn a fons els seus pressupostos i estableixin un pla econòmic assenyat. En aquest pla, tinguin en compte si la seva assegurança de salut cobreix totes les despeses derivades de les cures prenatals, el part i la cura del nadó. I si la cobertura té un termini de carència i no comença fins a una data determinada, considerin la possibilitat de retardar l'embaràs fins a la data corresponent. Si vol canviar de companyia asseguradora, faci-ho com abans millor, ja que les assegurances solen imposar un període de carència per als embarassos. I, si encara no ha fet testament, ara és un bon moment per fer-lo.

Assabenti's dels seus drets laborals. Esbrini el màxim d'informació sobre els drets laborals de la dona embarassada (vegi la pàgina 187). Si està planejant canviar de feina, potser hauria de dedicar-se ara a buscar-ne una de nova i compatible amb les obligacions d'una mare de família, per no haver-se de posar a fer entrevistes de feina amb la panxa d'embarassada.

Estigui a l'aguait. Familiaritzi's amb el seu cicle menstrual i aprengui a detectar els signes d'ovulació per tal de mantenir relacions en el moment adequat (vegi el requadre de la pàgina 8). Si ara controla els dies exactes que fa l'amor, més endavant també li servirà per fixar la data exacta de la concepció, amb la qual cosa resultarà més senzill calcular la data estimada de part.

Concedeixi's temps. Tingui present que una dona sana de 25 anys triga una mitjana de sis mesos en quedar-se embarassada, i el termini mitjà s'allarga a mesura que avança l'edat. També pot trigar més si la seva parella és més gran. Així que no s'atabali si no es queda embarassada a la primera. Limiti's a gaudir repetint els intents i esperi un mínim de sis mesos abans de consultar-ho amb el seu facultatiu o, en cas necessari, amb un especialista en fertilitat. Si supera els 35 anys, pot consultar-ho amb el metge al cap de tres mesos d'intentar concebre.

Relaxi's. Possiblement, aquest és el factor més important de tots. És evident que està molt il·lusionada amb el seu futur embaràs –i és més que probable que fins i tot aquest tema l'estressi una mica. Però és justament el neguit per quedar-se embarassada el que podria dificultar que s'hi quedés. Aprengui a practicar exercicis de relaxació i elimini tot l'estrès possible de la seva vida diària.

Preparació prèvia a l'embaràs per a pares

Com a futur pare, encara no haurà de proporcionar allotjament i manutenció al seu futur fill, però la seva contribució serà vital en el procés d'engendrar un nadó (la mare no ho podria fer sense la seva ajuda). Aquests consells de preconcepció poden ajudar-lo a participar en una fecundació el més sana possible.

Visiti el seu metge. Tot i que no sigui vostè qui haurà de carregar amb el nadó –almenys fins després del part– també es podria fer una revisió abans de posar-se a buscar un fill. Al cap i a la fi, engendrar un fill sa requereix la participació de dos cossos sans. Un examen mèdic detallat podrà detectar qualsevol anomalia mèdica (com ara uns testicles que no han descendit o bé quists o tumors testiculars) que podrien interferir en la concepció o en un embaràs sa per a la seva dona, així com permetre mantenir sota control qualsevol malaltia crònica, com ara la depressió, que podria dificultar la concepció. Quan estigui a la consulta del metge, pregunti-li sobre els efectes secundaris en l'activitat sexual derivats de qualsevol medicament que li hagin prescrit, de medecines que prengui pel seu compte o d'herbes medicinals. Algunes substàncies poden provocar disfuncions erèctils o una baixa producció d'espermatozous –dos efectes secundaris que vostè no voldrà en absolut quan es disposi a buscar un fill.

Faci's una anàlisi genètica, si cal. Si la seva dona s'ha de fer un estudi genètic, consideri la possibilitat de fer-se'n també un vostè, especialment si al seu historial familiar hi ha alguna anomalia genètica, o per qualsevol altra raó.

Millori la seva dieta. Com millor sigui la seva nutrició, més sa serà el seu esperma i més probabilitats tindrà la seva parella de concebre. Hauria de seguir una dieta sana i equilibrada, que inclogués una gran quantitat de fruites i verdures fresques, cereals integrals i proteïnes. Per assegurar-se que consumeix les quantitats adequades dels nutrients més importants (especialment vitamines C, E i D, zinc i calci, tots els quals afecten, segons sembla, la fertilitat i la qualitat de l'esperma), prengui's un complex vitamínic i mineral mentre intenta fecundar la seva dona. Aquest complex hauria de contenir àcid fòlic, ja que una ingesta insuficient d'aquest nutrient en els futurs pares ha estat relacionada amb una baixa fertilitat, així com amb l'aparició de defectes congènits.

Analitzi el seu estil de vida. Tot i no disposar-se de totes les proves, les primeres investigacions demostren que el consum de drogues –entre les quals figura l'excés d'alcohol– per part de l'home abans de la concepció podria dificultar l'embaràs o produir uns resultats d'embaràs decebedors. Els mecanismes encara no són massa clars, però sembla que prendre drogues o beure alcohol diàriament pot danyar els espermatozous i reduir-ne el nombre, a més d'alterar la funció testicular i reduir els nivells de testosterona (i aquest no és el millor panorama quan s'intenta concebre un fill). Beure en excés (l'equivalent a dues copes diàries o a cinc copes en un sol dia esporàdicament) durant el mes previ a la concepció també podria afectar el pes del nadó en néixer. A més, ha de tenir en compte que si redueix el consum d'alcohol o el suprimeix del tot, a la seva parella també li serà més fàcil aconseguir-ho. Si no és capaç de deixar les drogues o l'alcohol, busqui ajuda immediatament.

Controli's el pes. És més probable que els homes amb un IMC molt elevat (l'índex de massa corporal és una mesura de la quantitat de greix corporal que es basa en la relació entre pes i alçada) no siguin tan fèrtils com ho són els homes amb un pes estàndard. Segons les investigacions, un augment d'uns 8 kg de pes podria incrementar les possibilitats d'infertilitat en un 10 per cent. Així, doncs, controli el seu pes abans d'intentar concebre.

Deixi de fumar. No hi ha *peròs* que valguin: fumar redueix el nombre d'espermatozous i dificulta la concepció. A més, deixar de fumar beneficiarà la salut de tota la família, ja que els fumadors passius corren gairebé tants riscos com els fumadors actius. De fet, fumar a casa pot incrementar el risc que el seu futur nadó sigui víctima de la SMSL (síndrome de la mort sobtada del lactant).

No s'intoxiqui. Els nivells elevats de plom, així com els d'alguns dissolvents orgànics (com ara els que es troben en pintures, coles, vernissos i desgreixants metàl·lics), els dels pesticides o altres productes químics, poden interferir en la fertilitat masculina. Per això, cal que eviti o limiti la seva exposició a aquestes substàncies tant com sigui possible per preparar-se per a la concepció.

Mantingui'ls fresquets. La producció d'espermatozous es paralitza quan els testicles estan sobreescalfats. De fet, el millor és mantenir-los un parell de graus per sota de la resta del cos, motiu pel qual pengen del cos però en mantenen les distàncies. Així que eviti dutxes i banys massa calents, saunes, mantes elèctriques i roba ajustada, com ara uns texans massa estrets. També hauria d'evitar l'ús de calçotets sintètics en èpoques de calor, ja que podrien sobreescalfar-li la zona. I no es recolzi el portàtil a la falda perquè la calor que desprèn podria fer augmentar la seva temperatura escrotal i disminuir la quantitat d'espermatozous. Almenys fins que no concebin, treballi amb l'ordinador portàtil sobre la taula.

Mantingui'ls segurs. Si practica algun esport rude (incloent el futbol, el bàsquet, l'hoquei o l'hípica), posi's un dispositiu de protecció per evitar danyar-se els genitals, fet que podria perjudicar la seva fertilitat. Fins i tot anar massa en bicicleta podria provocar-li problemes. Segons determinats experts, la pressió constant del seient de la bicicleta contra els genitals podria interferir en la concepció, en danyar les artèries i els nervis de la zona. Si percep un entumiment i/o un formigueig als genitals, i canviar de bicicleta o aixecar-se periòdicament del seient mentre pedala no eviten aquests efectes, seria recomanable que anés menys en bicicleta durant el període en què busqui un fill. Uns genitals adolorits no funcionaran tan bé com seria d'esperar. Si l'entumiment (i/o el formigueig) no desapareixen, consulti-ho amb el seu metge.

Relaxi's. De ben segur que li passen moltes coses pel cap quan es planteja la possibilitat de portar un fill al món i, a més, ha de seguir tota aquesta llista de consells per al període de preconcepció com per estar prou ocupat abans de deixar embarassada la seva dona. Però no s'oblidi de prendre's també un temps per a relaxar-se. L'estrès no només afecta la seva libido i el seu comportament sexual, sinó que també influeix en els seus nivells de testosterona i la seva producció d'esperma. Com menys s'atabali, més fàcil serà fecundar la seva dona. Així que relaxi's i gaudeixi dels intents!

CAPÍTOL 2

Està embarassada?

Potser la menstruació tot just se li ha endarrerit un dia. O potser ja han passat tres setmanes. També pot ser que encara no li hagi de venir la regla, però que ja tingui la intuïció femenina que li està passant alguna cosa –encara que no sàpiga ben bé què. Potser l'únic signe d'alerta que mostra el seu cos és que no ha tingut la menstruació. O potser ja ha notat tots els típics símptomes de l'embaràs. Potser ja fa mig any o més que ha estat fent tot el possible per quedar-se embarassada. O potser aquella nit de passió de quinze dies enrere va ser la seva única experiència sexual sense precaucions. O potser no tenia cap mena d'intenció de concebre. Siguin quines siguin les circumstàncies que l'han conduït fins a aquest llibre, és probable que l'amoïni el mateix dubte: estic embarassada? Doncs bé, segueixi llegint per descobrir-ho.

Què la pot amoïnar

Primers signes d'embaràs

"Una amiga em va dir que va saber que estava embarassada fins i tot abans de fer-se el test d'embaràs. Hi ha alguna manera de saber si estic embarassada tan aviat?"

L'única manera de saber del cert que està embarassada –almenys tan aviat– és fent-se el test d'embaràs. Però això no vol dir que el seu cos no li doni indicis sobre si s'ha de convertir en mare. De fet, pot ser que li estigui oferint un munt de pistes de concepció. Així, mentre que algunes dones no presenten cap tipus de signes d'embaràs inicials (o almenys no els presenten fins al cap d'unes setmanes d'estar embarassades), altres ja tenen moltes sospites que estan engendrant una criatura. Experimentar algun dels següents símptomes o percebre algun dels següents signes d'embaràs pot convertir-se en l'excusa que necessita per anar a la farmàcia a comprar-se un test d'embaràs:

Pits i mugrons sensibles. Sap la sensació d'adolориment i sensibilitat que té als pits poc abans de venir-li la regla? Doncs això no és res comparat amb la sensibilitat mamària que pot tenir un cop ha concebut. Uns pits sensibles, tibants, turgents, inflats, adolorits i que fan mal només de tocar-los són alguns dels primers signes que senten moltes dones (encara que no totes) un cop que l'espermatozou fecunda l'òvul. Aquesta sensibilitat pot començar tot just uns dies després de la concepció (encara que no se sol percebre fins al cap d'unes setmanes) i, a mesura que avança l'embaràs, pot ser encara més pronunciada. I podria acabar essent excessivament accentuada.

Arèoles enfosquides. No només pot tenir els pits sensibles, sinó que a més les seves arèoles (els cercles que envolten els mugrons) poden canviar de color. És perfectament normal que les arèoles adquireixin tonalitats més fosques durant l'embaràs, i que fins i tot augmentin una mica de diàmetre, en les primeres setmanes posteriors a la concepció. Pot atribuir la culpa d'aquests canvis inicials de color (encara majors en els pròxims mesos) a les hormones de l'embaràs, en plena efervescència al seu organisme.

Fol·licles inflamats? Bé, en realitat, no; però al principi de l'embaràs pot percebre un increment en la quantitat i en la mida dels petits fol·licles que envolten l'arèola (anomenats tubercles de Montgomery) –bonyets que potser fins ara no havia ni tan sols apreciat. Poden semblar fol·licles inflamats però, en realitat, es tracta de glàndules que secreten greixos per lubricar els mugrons i les arèoles –lubricació que serà realment necessària quan el seu nadó comenci a mamar, si és que vol donar el pit. És, doncs, un altre símptoma que evidencia que el seu cos planifica a l'avançada.

Pèrdues. Algunes dones (però ni de bon tros totes) tenen pèrdues quan l'embrió s'implanta a l'úter. És habitual que aquestes hemorràgies anomenades d'implantació comencin abans de la data previsible de menstruació (normalment, entre cinc i deu dies després de la concepció) i és probable que siguin de color rosa clar o no excessivament fosc (i només rarament de color vermell, com en la menstruació).

Freqüència urinària. El vàter s'ha convertit darrerament en el seu seient preferit? D'aparició molt primerenca en l'escena de l'embaràs (normalment al cap de dues o tres setmanes de la concepció) pot donar-se la necessitat d'orinar amb una freqüència sospitosa. Li sembla curiós? Doncs en pot trobar les raons a la pàgina 150.

Esgotament. Fatiga extrema. Se sentirà exhausta. Se li acabarà l'energia. Tot li pesarà i només tindrà ganes de fer el mandra. Com que el seu cos ha començat a posar en marxa tota la maquinària per engendrar una criatura, s'esgotarà abans del normal. Vegi'n les raons a la pàgina 142.

Nàusees. Heus ací una altra raó per la qual es plntejarà traslladar-se a viure al lavabo, com a mínim fins al final del primer trimestre. Les nàusees i els vòmits –i els mareigs matinals (suposant que només es limitin al matí)– poden afectar l'embarassada tot just passats uns dies des de la concepció, encara que és més probable que es donin cap a la sisena setmana d'embaràs. Per comprendre'n la multitud de raons, consulti la pàgina 145.

Sensibilitat olfactiva. Com que un sentit de l'olfacte accentuat és un dels primers canvis que les dones embarassades experimenten, pot intuir que està embarassada si el seu nas es torna de sobte més sensible a les olors –i les pudors la molesten amb més facilitat.

Entumiment. Se sent inflada com un bot? Aquesta sensació d'inflor pot arribar-li ben al principi de l'embaràs –encara que pot resultar difícil diferenciar entre un entumiment previ a la menstruació i un de propi de l'embaràs. És massa aviat per atribuir qualsevol tipus d'inflor al creixement del nadó, però sí que pot atribuir-lo un altre cop a les hormones de l'embaràs.

Temperatura en augment. En concret, augment de la temperatura corporal basal. Si cada matí ha estat controlant la seva temperatura amb un termòmetre corporal basal especial, podrà comprovar que la seva temperatura corporal basal ha augmentat aproximadament un grau després de la concepció i que continuarà augmentant al llarg dels mesos del seu embaràs. Encara que no sigui una prova fefaent (ja que hi ha altres raons que poden explicar un increment d'aquesta temperatura), pot avançar-li la gran notícia d'una petita criatura en camí.

Absència de menstruació. Pot semblar el més obvi, però recordem que si no li ha vingut la regla (especialment si la seva menstruació acostuma a anar com un rellotge), també pot sospitar d'embaràs –fins i tot abans que un test d'embaràs li ho confirmi.

Diagnòstic d'embaràs

"Com puc saber del cert si estic o no embarassada?"

Apart d'aquestes eines bàsiques de diagnòstic i de la intuïció femenina (algunes dones "senten" que estan embarassades poc després de la concepció), la medicina moderna continua essent la millor aposta quan es tracta de diagnosticar científicament un embaràs. Afortunadament, avui en dia existeixen una pila de maneres de confirmar si està o no embarassada:

El test d'embaràs a casa. És tan fàcil com anar a orinar, i el pot fer en la intimitat i el confort del seu lavabo. Els tests d'embaràs casolans (TEC) no només són ràpids i acurats, sinó que els d'algunes marques fins i tot els pot usar abans de la data prevista d'inici de menstruació (encara que els resultats seran més exactes a mesura que s'aproximi el dia previst d'inici de la regla).

Tots els TEC mesuren els nivells urinaris de l'hormona GCh (gonadotropina coriònica humana), una hormona de l'embaràs produïda per la placenta (en desenvolupament). La GCh es detecta al corrent sanguini i a l'orina gairebé immediatament després que un embrió es comenci a implantar a l'úter, entre 6 i 12 dies després de la fertilització.

Tan bon punt la GCh sigui detectada en la seva orina, ja pot (teòricament) obtenir-ne un resultat positiu. Però hi ha un límit en com d'aviat poden funcionar aquests TEC –són molt sensibles, però no sempre ho són tant. Una setmana després de la concepció hi ha GCh en la seva orina, però no la suficient perquè el TEC ho detecti –cosa que significa que, si fa el test set dies abans de la data de menstruació prevista, té probabilitats d'obtenir un fals negatiu tot i estar embarassada.

No pot esperar ni un segon més per orinar en aquesta barra de predicció? Doncs, alguns tests garanteixen un 60 per cent de fiabilitat quatre dies abans de la data de menstruació prevista. No li agrada quedar-se amb dubtes? En aquest cas, esperi fins al dia previst de menstruació i tindrà prop d'un 90 per cent de possibilitats d'obtenir-ne un resultat correcte. I si fa el test una setmana més tard, els índexs de fiabilitat s'enfilaran fins al 97 per cent. Independentment de quan decideixi fer-se el test d'embaràs, la bona notícia és que els falsos positius són molt menys habituals que els falsos negatius –fet que significa que si el seu test és positiu, les possibilitats d'estar embarassada són altíssimes. L'altra bona notícia: com que el TEC ofereix un diagnòstic força acurat i molt precoç en l'embaràs –més aviat del que probablement es plantejaria de consultar-ho amb cap ginecòleg o llevadora– li donen l'oportunitat de començar-se a cuidar intensament al cap de pocs dies de la concepció.

De tota manera, les proves mèdiques posteriors al test són essencials. Si el resultat és positiu, confirmi'l amb una anàlisi de sang i amb una revisió prenatal completa.

L'anàlisi de sang. L'anàlisi de sang pot detectar un embaràs amb una exactitud que frega el 100 per cent tot just una setmana després de la concepció (llevat d'error de laboratori), fent servir només unes gotetes de sang. També pot resultar útil per datar l'embaràs mesurar la quantitat exacta de GCh a la sang, ja que els valors de GCh canvien a mesura que avança l'embaràs (vegi la pàgina 155 per a més informació sobre els nivells de GCh). Molts metges sol·liciten tant una anàlisi d'orina com una de sang per tenir una doble garantia del diagnòstic d'embaràs.

L'examen mèdic. Encara que es pot dur a terme una avaluació mèdica per confirmar el diagnòstic d'embaràs, amb els acurats sistemes de TEC i l'anàlisi de sang, avui en dia gairebé no val la pena sotmetre's a examen mèdic –que cerca signes físics d'embaràs com ara creixement de l'úter o canvis de color en la vagina i la cèrvix.

En canvi, el que sí que val la pena és complementar aquest primer examen amb les revisions prenatals regulars (vegi la pàgina 22).

Fer-se el test en períodes irregulars

Els seus cicles menstruals no són prou regulars? Doncs això farà que determinar la data adequada per fer-se el test sigui encara més complicat. Al cap i a la fi, com es podrà fer el test el dia previst d'inici de la menstruació si mai està segura de quan arribarà aquest dia? La millor estratègia a seguir si els seus períodes són irregulars és esperar el nombre de dies equivalent al cicle menstrual més llarg del darrer mig any i procedir aleshores a fer-se el test. Si el resultat és negatiu i encara no li ha vingut la regla, repeteixi el test al cap d'una setmana (o al cap d'uns dies si no pot esperar tota una setmana).

Una línia tènue

"Quan em vaig fer el test d'embaràs, m'hi va sortir una línia molt tènue. Estic embarassada?"

L'única forma en què un test d'embaràs li pot donar un resultat positiu és si al seu cos (o, en aquest cas, a la seva orina) hi circula un nivell detectable de GCh. I l'única manera de tenir GCh al cos és estant embarassada. Això significa que si el seu test mostra una línia, per tènue que sigui, vostè està efectivament embarassada.

Obtenir com a resultat una línia tènue en comptes d'una de fosca i nítida té a veure sobretot amb el tipus de test que hagi usat (alguns són més sensibles que altres) i amb el moment de l'embaràs en què es trobi (els nivells de GCh creixen dia rere dia, de manera que si es fa la prova molt aviat només detectarà una petita quantitat de GCh a l'orina).

Per saber el grau de sensibilitat del seu test d'embaràs, llegeixi'n les instruccions a la capsa. Busqui'n la quantitat d'unitats mil·li-internacionals per litre (UMI/l), que li indicaran la sensibilitat del test. Com més baixa sigui la xifra, millor (un test amb una sensibilitat de 20 UMI/l li indicarà més aviat que està embarassada que un altre amb una de 50 UMI/l). Com és lògic, els tests més cars solen comptar amb una major sensibilitat.

No oblidi, tampoc, que com més dies faci que està embarassada, més alts seran els seus nivells de GCh. Si es fa la prova molt al principi de l'embaràs (encara que sigui pocs dies abans de la data prevista de menstruació o fins i tot uns dies després d'aquesta data), és possible que no tingui prou GCh al cos com per generar una línia de positiu en el test. Deixi passar un parell de dies, torni's a fer el test, i podrà tenir la certesa de veure-hi una línia que acabi amb tots els seus dubtes d'una vegada per totes.

Un fals positiu

"El meu primer test d'embaràs va resultar positiu, però uns dies després me'n vaig fer un altre i em va sortir negatiu. I després m'ha vingut la regla. Què ha passat?"

Tot sembla indicar que ha tingut un embaràs químic, un embaràs que acaba pràcticament abans de començar. En un embaràs químic, l'òvul és fertilitzat i comença a implantar-se en l'úter, però per alguna raó no s'arriba a completar la implantació. Així, en comptes de convertir-se en un embaràs viable, acaba donant lloc a una menstruació. Encara que els experts estimen que més d'un 70 per cent de totes les concepcions són químiques, la gran majoria de dones que les experimenten no s'arriben a adonar que han concebut (sobretot en les èpoques prèvies a l'existència dels tests d'embaràs, en què les dones no tenien cap pista fiable sobre el seu embaràs fins molt més tard). Sovint, un test d'embaràs positiu molt primerenc i una posterior menstruació tardana (amb uns quants dies o una setmana de retard) solen ser els principals símptomes d'un embaràs químic, de manera que si existeix un canvi de resultats en un test d'embaràs primerenc, el més probable és que es tracti d'aquesta circumstància.

Mèdicament, un embaràs químic és més assimilable a una menstruació en la qual no s'ha produït l'embaràs que a un veritable avortament. Emocionalment, per a dones com vostè que es van fer la prova molt aviat i en van obtenir un resultat positiu, pot tractar-se d'una història ben diferent. Encara que tècnicament no sigui una pèrdua d'embaràs, la pèrdua d'una promesa d'embaràs també pot ser decebedora, tant per a vostè com per a la seva parella. Llegir la informació sobre com afrontar una pèrdua d'embaràs, a la pàgina 622, pot ajudar-los a canalitzar les seves emocions. I recordi que si la concepció ha tingut lloc una vegada pels seus propis mitjans és més que probable que es torni a produir ben aviat, i aquest cop amb el final feliç d'un embaràs saludable.

Si no està embarassada...

Si aquest cop el seu test d'embaràs és negatiu, però té moltes ganes de quedar-se embarassada aviat, faci tot el recomanable per al període de preconcepció seguint els passos indicats en el capítol 1. Una bona preparació en aquest període l'ajudarà a aconseguir el millor embaràs possible quan vostè concebi.

Fer-se el test correctament

El test d'embaràs és probablement la prova més simple que s'hagi fet mai (no cal tenir cap preparació especial per fer-se'l, però és recomanable llegir-ne les instruccions i seguir-les per tal d'obtenir-ne els resultats més fiables). Els següents consells poden semblar obvis, però amb els nervis del moment (estaré embarassada? no n'estaré?), pot oblidar-se de les següents recomanacions:

- Depenent de la marca, pot ser que hagi de remullar la barra del test sota el seu raig d'orina durant uns segons o bé recollir una mostra d'orina en un recipient i després submergir-hi la barra. La majoria de tests recomanen rebutjar el primer raig excretat per reduir les possibilitats de contaminació. Orini un o dos segons, pari, aguanti un moment, i a continuació posi la barra o el recipient en la posició adequada per aprofitar la resta del raig.
- Si s'ha d'esperar una estona per obtenir-ne els resultats, col·loqui el material del test en una superfície llisa, en un lloc fresc i sec, i en un indret en què no hi tingui accés ningú de manera immediata. Llegeixi'n els resultats un cop transcorregut el termini d'espera indicat; no esperar el temps suficient –o esperar massa– pot alterar-ne els resultats.
- No cal que faci servir l'orina de primera hora del matí, però si es fa el test de manera precoç (per exemple, abans de la data prevista d'inici de menstruació), és més probable que obtingui un resultat més acurat si no ha orinat en les quatre hores prèvies (perquè la seva orina contindrà uns nivells de GCh més elevats).
- Observi l'indicador de detecció (que pot anar des d'una línia horitzontal o vertical fins a un cercle complet, o un símbol de control intermitent en el cas dels tests digitals) per confirmar que el test funciona correctament.
- Miri el test amb atenció abans d'arribar a qualsevol conclusió. Qualsevol línia que hi vegi (rosa o blava, un signe positiu o un de lectura digital), independentment del tènue que sigui (o del tènue que li sembli), significa que al seu cos hi ha GCh –i en un futur pròxim, un nadó. Felicitats, està embarassada! Si el resultat no és positiu però encara no li ha vingut la regla, val la pena que esperi uns dies i es torni a fer el test. Potser és massa aviat per detectar l'embaràs.

Un resultat negatiu

"Tinc la sensació d'estar embarassada, però els tres tests que m'he fet donen negatiu. Què puc fer?"

Si experimenta els símptomes primerencs d'un embaràs i, sense test o amb test –o fins i tot amb tres tests–, té la sensació que està embarassada, actuï com si ho estigués (prenent vitamines prenatals, evitant begudes alcohòliques, deixant de fumar, alimentant-se correctament, etcètera) fins que tingui la certesa que no ho està. Els tests d'embaràs no són infal·libles, especialment quan es duen a terme molt aviat. És possible que conegui el seu cos millor que no pas un simple test d'orina. Per saber si la seva intuïció és més fiable que els tests, esperi una setmana i torni-ho a intentar –és possible que el seu embaràs sigui massa primerenc per detectar-lo. O sol·liciti al seu metge que li faci una anàlisi de sang, que és més sensible a la GCh que no pas una anàlisi d'orina.

També és possible, és clar, experimentar tots els primers signes i símptomes d'embaràs i no estar embarassada. Al cap i a la fi, cap d'aquests símptomes per separat –i ni tan sols combinats entre si– són una prova absoluta d'embaràs segur. Si el test continua essent negatiu però encara no li ha vingut la regla, no dubti a comentar-ho al metge per intentar descobrir altres causes biològiques per als seus símptomes. Si no troba cap altra causa biològica, és possible que els seus símptomes tinguin una motivació emocional. A vegades, la ment pot tenir una influència sorprenentment poderosa sobre el cos, fins i tot per arribar a generar símptomes d'embaràs quan no hi ha embaràs, ja sigui per un fort desig d'estar embarassada (o, tot al contrari, pel temor d'estar-ne).

La primera visita mèdica

"El test d'embaràs que m'he fet a casa ha donat positiu. Quan hauria de programar la primera visita amb el metge?"

Una bona preparació prenatal és un dels ingredients principals per engendrar un nadó ple de salut. Així que no ho deixi per a més endavant. Tan bon punt sospiti que podria estar embarassada o obtingui un resultat positiu en un test d'embaràs, truqui al seu ginecòleg per programar una visita. La rapidesa amb què li programin aquesta primera visita dependrà de la quantitat de feina i de la metodologia seguida per cada metge. Alguns ginecòlegs la podran atendre de seguida, mentre que altres consultoris molt saturats de feina potser no la podran rebre fins al cap de diverses setmanes, o més i tot. En els consultoris d'alguns ginecòlegs, i per procediment rutinari, esperen fins que una dona està en la seva sisena o vuitena setmana d'embaràs per a la primera visita prenatal oficial, mentre que altres ofereixen una visita prèvia per confirmar l'embaràs tan bon punt la pacient sospita que podria estar embarassada (o disposa del resultat positiu d'un TEC per confirmar-ho).

Però fins i tot si la seva primera visita prenatal oficial ha de ser posposada fins a mitjans del primer trimestre, això no significa que vostè pugui ajornar fins aleshores la data d'inici per tenir cura de si mateixa i del seu nadó. Independentment de quan tingui la primera visita amb el ginecòleg, comenci a actuar com una embarassada tan bon punt obtingui un resultat positiu en el TEC. Probablement, ja deu saber quines són les mesures bàsiques que ha de seguir (prendre les vitamines prenatals, deixar de beure alcohol i de fumar, optar per una nutrició saludable, etcètera), però no dubti a trucar a la consulta del seu ginecòleg si té dubtes específics sobre com afrontar millor les primeres setmanes d'embaràs. Potser fins i tot podria passar a recollir el dossier de l'embarassada abans de la primera visita (molts consultoris en faciliten un, amb consells sobre tots els temes, com ara la dieta aconsellable, les recomanacions sobre vitamines prenatals o els medicaments que es pot prendre durant l'embaràs) per ajudar-la a resoldre alguns dels principals dubtes.

En un embaràs de baix risc, programar la primera visita prenatal molt aviat no es considera mèdicament necessari, encara que l'espera pot resultar difícil. Si aquesta espera la fa sentir més angoixada del compte, o si creu que pot tractar-se d'un embaràs d'alt risc (per exemple, per un historial previ d'avortaments o d'embarassos ectòpics), sol·liciti al consultori que la rebin abans. (Per a més informació sobre què pot esperar de la seva primera visita prenatal, consulti la pàgina 138).

La data prevista de part

"El ginecòleg m'ha dit quina és la meva data prevista de part, però quina fiabilitat té aquesta predicció?"

Tot seria molt més senzill si es pogués saber del cert que la data prevista de part serà la data en què efectivament es donarà a llum, però la majoria de vegades la vida tampoc acostuma a ser tan senzilla. Segons la majoria d'estudis, només 1 de cada 20 nadons neix efectivament en la seva data prevista de part. Com que un embaràs normal pot durar entre 38 i 42 setmanes, la majoria de nadons neixen entre dues setmanes abans i dues després de la data prevista, la qual cosa els pares han de tenir en compte de cara al part.

Això explica perquè el terme mèdic per a designar "la data prevista de part" és DEP, o "data estimada de part". Així doncs, la data prevista que li indicarà el seu ginecòleg és només estimativa. Normalment, es calcula de la manera següent: resti tres mesos al primer dia del seu últim període de menstruació (UPM), després afegeixi-hi set dies i aquesta serà la seva data prevista de part. Posem, per exemple, que la seva última menstruació va començar l'11 d'abril. Comptem tres mesos enrere, és a dir el mateix dia del mes de gener, i afegim-hi set dies. La seva data prevista de part seria el 18 de gener.

Aquest sistema de previsió de dates funciona correctament amb les dones que tenen cicles menstruals regulars. Però si el seu cicle és irregular, és possible que aquest sistema no li funcioni bé. Posem per cas que acostuma a tenir la menstruació cada sis o set setmanes i que no n'ha tingut cap en tres mesos. En fer-se el test, descobreix que està embarassada. Quan va concebre? Com que comptar amb una DEP fiable és important, vostè i el seu ginecòleg hauran d'intentar fixar-ne una. Encara que no pugui concretar la data de concepció o no estigui segura de quan va ovular per darrera vegada, hi ha una sèrie de pistes que poden resultar útils.

La primera pista important és la mida del seu úter, que li examinaran quan realitzi la seva primera revisió d'embaràs, per tal de confirmar l'estadi d'embaràs que se sospitava. La segona pista serà una primera ecografia, que l'ajudarà a determinar més acuradament la fase d'embaràs. (Cal destacar que no a totes les dones els fan aquesta primera ecografia. Alguns ginecòlegs la fan protocol·làriament, però altres només la practiquen si la pacient té uns cicles menstruals irregulars, si compta amb un historial d'avortaments o de complicacions en embarassos previs, o si la data estimada de part no es pot determinar a partir del seu UPM ni de la revisió ginecològica.) Més endavant, hi haurà altres pistes que confirmaran la seva data prevista de part: la primera vegada que se senti el batec cardíac fetal (cap a la setmana 9 o 12, amb un aparell Doppler), quan es percep la primera palpitació de vida (entre la setmana 16 i la 22), i l'altura del fundus (la part superior de l'úter) en cada visita (així, per exemple, arribarà al melic cap a la setmana 20). Aquestes pistes poden resultar útils però no concloents. Només el seu nadó sap amb exactitud quina serà la seva data de naixement... i no la hi dirà pas.

QUÈ CAL TENIR EN COMPTE

Escollir el metge (i col·laborar-hi)

Tots sabem que fan falta dues persones per concebre un fill, però en fan falta com a mínim tres –la mare, el pare i almenys un professional de la salut– per tal de garantir una transició segura entre un òvul fecundat i el naixement d'un nadó saludable. Partint de la base que vostè i la seva parella ja s'han encarregat de la concepció, el pròxim repte que han d'afrontar en comú és seleccionar el tercer membre del seu equip d'embaràs i assegurar-se que es tracta d'una selecció encertada i amb la qual podran col·laborar. (Òbviament, poden fer aquesta selecció fins i tot abans de concebre.)

Ginecòleg, metge de família o llevadora?

Per on ha de començar la seva recerca d'un especialista mèdic ideal? En primer lloc, ha de reflexionar sobre quin tipus d'ajuda mèdica satisfaria millor les seves necessitats.

El ginecòleg. El que busca és un especialista preparat per afrontar qualsevol aspecte mèdic de l'embaràs, el part i el postpart, des de la qüestió més òbvia fins a la complicació més enrevessada? Aleshores, cal que busqui un obstetra o ginecòleg. Aquests especialistes no només ofereixen una completa cura obstètrica sinó que també podran encarregar-se de totes les atencions mèdiques que necessita com a dona, a part de l'embaràs (citologies, contracepció, revisions mamàries, etcètera). Alguns ofereixen, a més, cures mèdiques generals, de manera que també poden actuar com a metges de capçalera.

Si el seu embaràs és d'alt risc, és molt probable que vulgui i necessiti recórrer a un ginecòleg. És possible que fins i tot vulgui trobar un especialista entre els especialistes, és a dir, un obstetra especialitzat en embarassos d'alt risc i especialitzat en medicina maternofetal. Tot i que el seu embaràs sembli força rutinari, és probable que vulgui seleccionar un obstetra perquè li faci el seguiment de l'embaràs –de fet, això és el que fan el 90 per cent de les dones–.[1] Si ja l'ha visitada prèviament un ginecòleg que li agrada, li mereix el seu respecte i la fa sentir còmoda, no hi ha cap raó per canviar d'especialista en el transcurs de l'embaràs. Si no té cap ginecòleg de referència, o si el que té no l'acaba de convèncer de cara a l'embaràs, ha arribat el moment de buscar-ne un.

El metge de família. Com el metge de capçalera de fa uns anys, el metge de família actual ofereix un servei mèdic general. A diferència del ginecòleg, que té una especialització en salut de la dona i en temes de reproducció femenina, el metge de família es dedica a l'atenció primària, a la cura maternal i a la cura pediàtrica, d'acord amb la seva titulació més genèrica. Si opta per un metge de família, pot complir les funcions de metge de capçalera, de ginecòleg i, quan arribi el moment, de pediatre.[2] L'ideal seria que algun metge de família

[1] A l'Estat espanyol la possibilitat d'elecció és diferent perquè la majoria de la població acut a centres de la Seguretat Social, i és assistida per equips de llevadores i metges. L'elecció, més que no de metges i llevadora, ha de ser entre un centre o un altre, o bé entre renunciar a la medicina pública i acudir a la privada. *(Nota del revisor.)*

[2] El metge de família a l'estat espanyol és el metge general amb formació hospitalària, i no una mena d'especialista en medicina interna, però no assisteix als parts. Per la seva banda, el ginecòleg o el pediatre són especialistes amb un període de formació de quatre anys dedicat a la seva especialitat. *(Nota del revisor.)*

estigués al corrent de tots els aspectes relatius a la salut de la seva família i no només dels temes obstètrics. En cas de complicacions, el metge de família la pot derivar cap a un ginecòleg però continuar implicat en la seva evolució per oferir-li un seguiment mèdic reconfortant.

La infermera llevadora titulada. Si el que vol és una especialista que l'atengui com a persona més que no pas com a pacient, que dediqui un temps extra a parlar amb vostè no només sobre el seu estat físic sinó també sobre el seu benestar emocional, que l'aconselli sobre temes de nutrició i l'ajudi en l'alletament, i que prefereixi les opcions més "naturals" de cara al part, el que més li convé és una infermera llevadora titulada. Una llevadora titulada és una infermera col·legiada que ha seguit una especialització com a llevadora. Una llevadora titulada està àmpliament preparada per atendre dones amb un embaràs de baix risc i per encarregar-se de parts sense complicacions. En alguns casos, la llevadora titulada pot facilitar les atencions ginecològiques rutinàries i, a vegades, també l'atenció al nounat. La majoria de llevadores treballen en hospitals, mentre que altres atenen les pacients en centres per donar a llum o les ajuden en els parts a casa. Encara que en molts països les llevadores tenen l'autorització de subministrar l'epidural i altres tècniques d'alleujament del dolor, així com de prescriure medicaments d'inducció al part, un part atès per una llevadora és menys probable que inclogui aquest tipus d'intervencions. La mitjana de parts amb cesària atesos per llevadores és molt inferior al de parts atesos per ginecòlegs, encara que aquestes professionals compten amb una taxa d'èxit més elevada de parts vaginals després de cesària (PVDC). Això es deu, parcialment, al fet que les llevadores només atenen dones amb un embaràs de baix risc, que tenen menys possibilitats de tenir complicacions en el part o d'haver de recórrer a les intervencions quirúrgiques. Diversos estudis demostren que, en el cas d'embarassos de baix risc, els parts atesos per llevadora són tan segurs com els atesos per ginecòlegs. I un altre aspecte a tenir en compte: el cost de les visites prenatals sol ser inferior en les llevadores que en els ginecòlegs.

Si opta per una infermera llevadora titulada (tal com fan gairebé el 8 per cent de les dones embarassades), vagi amb compte de seleccionar-ne una de titulada i col·legiada. La majoria de llevadores tenen un ginecòleg de contacte per recórrer-hi en cas de complicacions; algunes treballen en coordinació amb un ginecòleg o amb un consultori de diversos ginecòlegs. Per a més informació sobre infermeres llevadores titulades, pot accedir a les pàgines web www.llevadores.org i www.comadronas.org.

Llevadores no infermeres. Aquestes llevadores no han cursat estudis d'infermeria, encara que poden tenir un títol en altres camps sanitaris. S'especialitzen sobretot en els parts a casa, tot i que algunes també treballen en centres de maternitat.

Tipus de consultori

De moment, ja s'ha decidit per un ginecòleg, un metge de família o una llevadora. Ara li toca decidir amb quin tipus de consultori se sentiria més còmoda. Heus ací els tipus de consultori més habituals i els corresponents avantatges i inconvenients de cada un:

Consulta mèdica privada. En aquest tipus de consultori, el metge hi treballa sol, recorrent a un altre facultatiu que el substitueixi en cas d'absència o de no disponibilitat. Un ginecòleg o un metge de família poden treballar en un consultori privat; en canvi, les llevadores han de

Maneres alternatives de donar a llum

Des de l'inici (quan concebre?) fins al final (com donar a llum?), l'embaràs és ple de decisions personals. Pel que fa al mètode de donar a llum, el ventall d'opcions és enorme, fins i tot a l'interior d'unes instal·lacions hospitalàries. I fora dels límits de l'hospital, encara hi ha més per triar.

Encara que les seves preferències de part no haurien de ser el seu únic criteri a l'hora d'escollir un especialista, sí que les ha de tenir molt presents. A continuació, descrivim les opcions de part que pot plantejar-se avui dia. Pregunti als seus possibles candidats sobre qualsevol d'aquests mètodes –o d'altres– que li interessin especialment (sense oblidar que les decisions definitives sobre el part no es poden prendre fins ben avançat l'embaràs, o fins i tot en el mateix moment de donar a llum):

Habitacions per donar a llum. La disponibilitat d'habitacions de part en molts hospitals fa que sigui possible estar-se al mateix llit des de la dilatació fins a la recuperació (en comptes de dilatar en una habitació i ser posteriorment traslladada a la sala de parts quan estigui a punt de donar a llum), i a vegades fins i tot durant tota la seva estada a l'hospital, per tal que el seu nadó romangui al seu costat des del mateix moment de néixer. I el millor de tot és que les habitacions de part són tranquil·les i còmodes.

Algunes habitacions de part només s'usen per a dilatar, parir i recuperar-se (DPR). Si dóna a llum en una sala de DPR, vostè (i el seu nadó, si roman a la mateixa sala) seran traslladats de la sala de parts fins a la sala de postparts al cap d'aproximadament una hora d'una totalment interrompuda unitat familiar. Si té la sort de ser en un hospital que ofereix sales de DPRP (dilatació, part, recuperació i postpart), no caldrà que es traslladi en cap moment. Vostè i el seu nadó –i, en alguns casos, el pare i fins i tot els germans– podran estar plegats des del moment d'arribar fins al moment de marxar.

La majoria d'habitacions de part dels hospitals pretenen oferir un ambient acollidor, amb il·luminació tènue, balancins, parets ben decorades i amb quadres relaxants, cortines a les finestres, i llits que s'assemblen més als que surten als catàlegs de mobiliari per a la llar que als típics dels hospitals. Encara que les habitacions estan curosament equipades per a naixements de baix risc i fins i tot per a emergències inesperades, l'equipament mèdic sol mantenir-se fora de la vista, darrere de portes, armaris i altres tipus de mobiliari. El capçal del llit es pot elevar perquè s'hi recolzi la dona en una posició ajupida o mig ajupida (si es vol, també s'hi pot subjectar una barra per col·locar-se a la gatzoneta) i els peus del llit es poden separar per deixar lloc per als que assisteixen el part. Després del naixement, un canvi de llençols, unes quantes modificacions lleus i... a punt per tornar al llit. Alguns hospitals i centres de parts també disposen de dutxes o banyeres jacuzzi a l'interior de l'habitació o en sales adjacents, per aprofitar els beneficis de la hidroteràpia durant la dilatació. Les banyeres especials per a donar a llum a l'aigua també estan disponibles en alguns hospitals i centres de parts. (Vegi la pàgina 28 per a més informació sobre els parts a l'aigua.) Moltes habitacions de part disposen de sofàs per als acompanyants o les visites –i, a vegades, també hi ha un llit perquè l'acompanyant hi pugui passar la nit.

En alguns hospitals, les habitacions de donar a llum només estan disponibles per a les dones amb un baix risc de complicacions del part; si aquest no és el seu perfil, no tindrà més remei que anar a una tradicional sala de dilatació i part, en què es disposa de més equipament tecnològic. I la sala de parts per cesària sempre es correspon amb una típica sala d'intervencions (sense cap mena d'ambientació casolana). Tot i això, afortunadament, amb la creixent disponibilitat de sales de part per a la majoria de dones, són moltes les possibilitats de gaudir d'una dilatació i d'un part sense presses, agradables i no intervencionistes, dins del marc d'un hospital convencional.

Centres per donar a llum. Els centres per donar a llum, normalment installacions independents (encara que puguin estar vinculades a un hospital o fins i tot estar ubicades al seu interior), ofereixen un lloc d'ambientació casolana, amb poca tecnologia i personalitzat per donar a llum. En un centre d'aquest tipus, també hi pot rebre totes les atencions prenatals –des de les visites de l'especialista fins a l'educació maternal i les classes d'alletament (mentre que els centres ubicats dins del propi hospital només se solen dedicar al part pròpiament dit). En general, la majoria de centres de donar a llum ofereixen les màximes comoditats de cara al part –des d'habitacions particulars ben decorades i amb il·luminació tènue fins a dutxes i raigs d'aigua. Fins i tot hi pot haver una cuina perquè en faci ús la resta de la família. Els centres per donar a llum solen estar regentats per llevadores, encara que molts compten amb ginecòlegs de guàrdia; altres estan ubicats a pocs minuts d'un hospital per si sorgeix alguna emergència. I encara que els centres per donar a llum no solen usar mètodes intervencionistes com ara els monitors fetals, sí que tenen a l'abast equipament mèdic, incloent equip intravenós, oxigen per a la mare i el nadó, i sistemes de reanimació infantil de manera que les cures d'emergències s'hi puguin iniciar (en cas necessari) mentre s'espera el trasllat a l'hospital més pròxim. De tota manera, només les dones amb un embaràs de baix risc són candidates adequades per parir en centres de donar a llum. I un altre aspecte a tenir en compte: el part sense medicació és l'objectiu dels centres per donar a llum, i tot i que disposen de medicacions suaus per calmar el dolor, no hi ha epidurals. Per tant, si acaba decidint-se per voler l'anestèsia epidural, l'hauran de traslladar a l'hospital.

Mètode de parts Leboyer. Quan l'obstetra francès Frederick Leboyer va presentar per primer cop la seva teoria del part sense violència, la comunitat mèdica el va rebre amb escepticisme. Actualment, però, s'han acabat convertint en rutinaris molts dels procediments que proposà, destinats a fer més tranquil·la l'arribada del nounat al món. Els nadons solen néixer ara en sales de parts sense les llums enlluernadores que abans es consideraven necessàries, basant-se en la teoria que una il·luminació més suau pot fer més gradual i menys colpidora la transició des de la foscor de l'úter fins a la claror del món exterior. Penjar cap per avall un nadó i fer-li copets al cul ja no forma part de la rutina, ja que s'han preferit procediments menys agressius per induir la respiració quan no s'inicia per si sola. En alguns hospitals, el cordó umbilical es talla immediatament; en altres, en canvi, aquest darrer vincle corporal entre la mare i el nadó es manté intacte quan es veuen les cares per primera vegada (i fins que deixa de tenir pols). I encara que no sol ser habitual el bany d'aigua tèbia recomanat per Leboyer per tal de suavitzar l'arribada del nadó i graduar la seva transició entre un espai humit i un de sec, sí que és habitual, en canvi, posar el nadó immediatament als braços de la seva mare.

Malgrat la creixent acceptació de moltes teories de Leboyer, un naixement complet amb el mètode Leboyer

(continua a la pàgina següent)

(continuació de la pàgina anterior)

–amb música suau, llums tènues i un bany tebi per al nounat– no sol estar gaire estès. De tota manera, si a vostè li interessaria seguir aquest mètode, consulti'n la possibilitat quan visiti el seu especialista.

Part a casa. A algunes dones no els satisfà la idea de ser hospitalitzades quan no estan malaltes. Si aquest és el seu cas –o si vostè creu que el millor lloc per néixer és a casa– potser s'hauria de plantejar donar a llum a casa. Els avantatges són obvis: el nounat arriba envoltat de familiars i amics en un ambient càlid i afectuós, i vostè pot dilatar i parir en el confort i la intimitat de la seva pròpia llar, sense protocols hospitalaris ni personal que interfereixi en el procés. L'inconvenient és que, si sorgeix algun imprevist, no tindrà a l'abast els equipaments mèdics necessaris per a una cesària d'emergència o per a la reanimació del nounat.

Segons el Col·legi Nord-americà d'Infermeres Llevadores, si es planteja un part a casa, hauria de seguir les següents directrius:

- Trobar-se dins de la categoria d'embarassos de baix risc –sense complicacions d'hipertensió, diabetis o altres problemes mèdics crònics– i no tenir cap historial de dilatació i/o part previ complicat.
- Ser atesa per un metge o una llevadora. Si l'atén una llevadora, ha de tenir a la seva disposició un metge de referència, preferiblement un que l'hagi vista a vostè durant l'embaràs i que hagi treballat abans amb la seva llevadora.
- Tenir transport disponible i viure en un radi màxim de 40 quilòmetres d'un hospital, si les carreteres són bones i no hi ha problemes de trànsit, o de 15 quilòmetres, en cas contrari.

Naixement dins l'aigua. El mètode de donar a llum sota l'aigua per simular el medi de l'úter no sol estar gaire estès entre la comunitat mèdica, encara que sol ser més acceptat entre les llevadores. En un naixement dins l'aigua, el nadó passa de l'úter càlid i humit cap a un altre medi també càlid i humit, oferint-li una sensació de confort després de l'estrès del part.

El nadó és extret de l'aigua i col·locat als braços de la mare immediatament després de néixer. I com que la respiració no comença fins que el nadó és exposat a l'aire, no hi ha cap risc real d'ofegament. Els naixements dins l'aigua poden tenir lloc a casa, en centres per donar a llum i en alguns hospitals. Alguns homes acompanyen la seva parella dins de la banyera o el jacuzzi, agafant-la per darrere per oferir-li un punt de suport.

La majoria de dones amb un embaràs de baix risc poden optar per un part a l'aigua, sempre que trobin l'especialista i l'hospital adequats (als centres per donar a llum és més probable que s'hi ofereixi aquesta opció). Tot i això, si el seu embaràs és d'alt risc, aquesta no seria l'opció més aconsellable, i és probable que no trobi cap llevadora disposada a deixar tenir un part dins l'aigua.

Fins i tot si no l'atrau la idea de donar a llum dins l'aigua –o no té l'opció de materialitzar aquesta idea– potser l'interessarà l'oportunitat de dilatar en una banyera o en un jacuzzi. La majoria de dones opinen que l'aigua no només les relaxa, els alleuja el dolor i les allibera del pes de la gravetat, sinó que també els facilita molt el procés de dilatació.

Alguns hospitals i la majoria de centres per donar a llum disposen de banyeres a les sales de part. Per a més informació sobre parts a l'aigua, podeu accedir a alguna d'aquestes pàgines d'Internet ginecologomx.com, gentlebirthchoices.org o waterbirth.org.

treballar en col·laboració amb un metge. El principal avantatge d'un consultori privat és que, en totes les visites, l'atendrà el mateix especialista. D'aquesta manera, es coneixeran i, en teoria, se sentirà més a gust amb aquesta persona de cara al part. El principal inconvenient és que si el seu especialista no està disponible, pot ser que un substitut que vostè no coneix de res sigui qui l'ajudi a donar a llum (encara que mirar de conèixer prèviament el metge o la llevadora substitut permetria resoldre aquest possible contratemps). Un consultori privat també pot resultar un problema si, a mig embaràs, s'adona que el seu metge no s'avé realment al perfil d'especialista que buscava. Si això ocorre i decideix canviar de ginecòleg, haurà de començar de zero a l'hora de buscar-ne un que respongui a les seves expectatives.

Consulta de diversos professionals mèdics. En aquest tipus de consultori, dos o més metges de la mateixa especialitat treballen conjuntament amb els pacients, sovint visitant-los de forma rotatòria (encara que normalment vostè escollirà el seu metge preferit per a la major part del seu embaràs i només començaran a rotar els especialistes cap al final, quan hi haurà d'anar cada setmana). Aquest tipus de consultoris poden ser tant de metges de família com de ginecòlegs. L'avantatge d'un consultori múltiple és que, en veure un metge diferent cada vegada, els acabarà coneixent a tots –fet que significa que quan arribin les contraccions fortes i sovintejades tindrà algun d'aquests metges a la seva disposició. L'inconvenient és que és possible que no li agradin tots els metges del consultori per igual, i normalment no podrà escollir quin l'atendrà al part. A més, escoltar els diversos punts de vista dels diferents especialistes es pot considerar un avantatge o un inconvenient, depenent de si això la tranquil·litza o la neguiteja encara més.

Consulta combinada. Es tracta d'un consultori que inclou un o més ginecòlegs i una o més llevadores. Els avantatges i inconvenients són similars als de la consulta de diversos professionals mèdics. Es compta amb l'avantatge afegit de disposar, en algunes de les visites, d'una atenció i un temps extra per part de la llevadora, o en altres, de les recomanacions mèdiques complementàries que ens pot facilitar un metge de família amb una vasta experiència. També pot tenir l'opció de decidir-se per un part assistit per llevadora, amb la tranquil·litat que si sorgeix algun problema, de seguida l'atendrà el ginecòleg.

Centres de maternitat. En aquests centres, les infermeres llevadores titulades fan el gruix de la feina i disposen d'un metge de guàrdia per si el necessiten. Alguns centres de maternitat consisteixen en hospitals amb sales de parts especials, mentre que altres formen instal·lacions independents. Tots els centres de maternitat només ofereixen els seus serveis a pacients amb embarassos de baix risc.[3]

L'avantatge d'aquest tipus de centres és òbviament important per a les dones que prefereixen que les llevadores titulades siguin les principals especialistes d'atenció al part. Un possible inconvenient és que, si sorgeix qualsevol mena de complicació al llarg de l'embaràs, potser haurà de posar-se en mans d'un metge desconegut i establir-hi una nova relació. O bé que, si apareix alguna complicació durant els treballs de dilatació i part, potser haurà de donar a llum amb l'ajuda del metge de guàrdia, i probablement serà la primera vegada que el vegi. I, finalment, si vol donar

[3] A l'Estat espanyol la situació és diferent. L'assistència per la Seguretat Social pressuposa uns metges per a la consulta i uns altres equips de llevadores i ginecòlegs que assisteixen els parts als hospitals. La medicina privada la pot exercir un ginecòleg aïllat, tot i que la tendència és d'equips de ginecòlegs que són els mateixos que atenen les consultes, i els parts, ajudats per llevadores. A la medicina natural la fórmula és similar. *(Nota del revisor.)*

a llum en un centre de maternitat independent i alguna cosa es complica, l'hauran de traslladar a l'hospital més pròxim perquè l'atenguin d'urgències. I un gran avantatge a tenir especialment en compte: les llevadores i els centres de maternitat solen ser econòmicament més assequibles que els ginecòlegs i els hospitals.

Consulta d'una infermera llevadora titulada autònoma. En els països on es permet que treballin de forma autònoma, les llevadores titulades ofereixen a les dones amb gestacions de baix risc l'avantatge d'un seguiment de l'embaràs personalitzat i d'un part natural i sense massa tecnologia (a vegades a casa, però més sovint en centres per donar a llum o en hospitals). Una llevadora autònoma hauria de tenir un ginecòleg de contacte per a consultes, en cas necessari, i per tenir-lo disponible en cas d'emergència –en l'embaràs, el part o el postpart. La majoria de mútues solen cobrir els serveis de les llevadores titulades, encara que només algunes cobreixen els parts atesos per llevadores a casa o en instal·lacions que no siguin hospitalàries.

Trobar un candidat

Quan ja tenim una idea clara del tipus d'especialista que volem i de la mena de consulta que preferim, on podem buscar els possibles candidats? A continuació, descrivim algunes de les principals fonts d'informació:

- El seu ginecòleg o metge de família (en cas que no atenguin parts) o el seu internista, sempre que vostè estigui satisfeta amb la seva manera d'exercir. (Els metges tendeixen a recomanar altres especialistes amb principis similars als seus.)
- Amigues o companyes de feina que hagin tingut fills recentment i que tinguin una personalitat i una manera de criar-los similars a la seva.
- Una infermera obstètrica que exerceixi a la seva zona.
- El Col·legi de Metges, que li pot facilitar una llista de noms de metges que poden assistir als parts, així com informació sobre la seva formació mèdica, especialitats, interessos especials, tipus de consulta i titulació disponible.
- La Lliga de la Llet local, especialment si vostè està interessada en alletar el seu fill.
- Un hospital pròxim amb instal·lacions que li interessen –per exemple, habitacions de donar a llum amb banyeres jacuzzi, allotjament per al nadó i el pare, o unitats de cures intensives en neonatologia–, un centre de maternitat o un centre de donar a llum. Demani'ls els noms dels metges que atenen els parts.
- Si tots els anteriors fallen, consulti les pàgines grogues a Internet o la guia de telèfons. Busqui dins l'apartat genèric de "Metges" els subapartats de "Ginecologia i Obstetrícia", "Medicina maternal" i "Medicina de família".

Si la seva mútua de salut li facilita un llistat d'especialistes, contrasti'l amb amics i coneguts o amb un altre metge per destriar-ne el que li sembli més convenient. Si això no és possible, vagi a la consulta de diversos facultatius per conèixer-los personalment. En la majoria dels casos, ja en trobarà algun que la satisfaci. En cas contrari –i si l'economia ho permet– potser preferirà buscar-ne algun que la seva mútua no cobreixi.

Fer la selecció

Tan bon punt hagi triat el futur especialista, truqui'l per demanar hora de visita. Vagi-hi preparada amb preguntes que li permetin adonar-se de si els respectius principis concorden i de si les seves personalitats s'avenen. No

Els ginecòlegs d'hospital

Tot i que encara no sigui una pràctica massa estesa, hi ha una tendència que pot donar-se en l'hospital (i en el consultori ginecològic) que l'hagi d'atendre a vostè. Alguns ginecòlegs, cansats d'anar corrent des de llargues jornades al seu consultori cap a llargues nits a l'hospital ajudant a néixer criatures –i preocupats perquè aquest esgotament pugui afectar la feina que estan duent a terme–, hi estan buscant la millor solució. Es tracta dels ginecòlegs d'hospital, és a dir, d'especialistes que treballen exclusivament en centres hospitalaris, només atenent sales de dilatació i de part. Aquests ginecòlegs no tenen cap consulta externa i no fan el seguiment de l'embaràs de cap pacient.

Si el seu especialista li explica que en el moment del part l'atendrà un ginecòleg d'hospital, no es preocupi. Però prengui les mesures necessàries per assegurar-se que la solució la deixa tranquil·la. Primer de tot, pregunti al seu especialista si ja ha treballat conjuntament amb aquest ginecòleg d'hospital amb anterioritat (i asseguri's que tots dos tenen uns principis i uns protocols similars). També li podria interessar trucar a l'hospital per preguntar si podria conèixer l'equip de ginecòlegs abans d'ingressar-hi, per tal d'evitar ser atesa per un total desconegut en el moment de donar a llum. Asseguri's també d'endur-se diverses fotocòpies del seu carnet d'embaràs (si és que en té algun) per lliurar-lo al ginecòleg d'hospital, de manera que qui l'atengui es posi al corrent de les seves circumstàncies particulars tot i no conèixer-la personalment.

Si aquest sistema no li fa el pes, valori la possibilitat de canviar de consulta ginecològica com abans millor. De tota manera, recordi que si opta per una consulta de diversos especialistes, també hi ha moltes possibilitats que el seu ginecòleg "habitual" no estigui de guàrdia el dia que vostè vagi de part. I no oblidi que, com que els ginecòlegs d'hospital se centren exclusivament en parts, estan més ben preparats que cap altre per tal d'oferir-li la millor assistència possible mentre doni a llum. I també més descansats, perquè treballen per torns, però no dia i nit.

---

esperi estar-hi d'acord en tot –això no passa ni en els millors equips de treball. Estigui atenta i miri de llegir entre línies al llarg de l'entrevista (el metge o la llevadora saben escoltar? Adapten les seves explicacions a la pacient? Semblen tenir en compte tant els aspectes físics com els emocionals?). Ara és el moment de descobrir la postura del seu candidat davant de temes que la preocupen especialment: part natural enfront de part amb epidural, alletament, inducció al part, ús de monitors fetals o d'equips intravenosos rutinaris, parts per cesària, o qualsevol altre tema important per a vostè. El saber és la millor arma –i saber com treballa el seu especialista li permetrà evitar sorpreses desagradables més endavant.

Gairebé és tan important el que l'entrevista li revelarà sobre el seu possible especialista com el que li revelarà sobre vostè mateixa. Parli amb confiança i deixi aflorar la pacient que porta dins. Les respostes de l'especialista també li deixaran entreveure si se sent a gust i en bona sintonia amb vostè, la seva pacient.

També tindrà curiositat sobre l'hospital o el centre per donar a llum on exerceix el seu ginecòleg. Això li permetrà rebre informació important per a vostè, com ara la disposició de sales de dilatació, part i postpart, els mecanismes de suport amb l'alletament, la possibilitat de dilatar en una banyera, la disponibilitat dels equips de monitorització fetal més avançats o la inclusió d'unitats de cures intensives neonatals. Hi ha flexibilitat amb els procediments relatius a vostè (com ara, amb els equips intravenosos rutinaris)? Es permet l'entrada dels germans a les sales de part? I la presència d'un acompanyant en cas de part quirúrgic?

Abans de prendre la decisió final, valori si el seu possible ginecòleg li inspira confiança. L'embaràs és un dels viatges més importants que mai hagi emprès; per tant, és important que tingui fe cega en el seu copilot.

Optimitzar la col·laboració metge-pacient

Escollir el metge adequat és només el primer pas. El pròxim pas és procurar establir-hi una bona relació de treball. Vegi com fer-ho:

- Digui-li sempre la veritat i res més que la veritat. Faciliti al seu metge un historial ginecològic i obstètric acurat i complet. Faci-li saber qualsevol problema d'alimentació que hagi tingut, així com els seus possibles hàbits alimentaris poc saludables. Expliqui-li tot sobre qualsevol mena de fàrmacs que estigui prenent o hagi pres recentment –ja sigui per prescripció mèdica o per automedicació (incloent-hi la medicació naturista), així com qualsevol substància legal o il·legal, per tractament o per voluntat pròpia, com ara alcohol i tabac–, així com tota mena de malalties o intervencions recents o del passat. Recordi que tot el que explicarà al seu metge és confidencial i que ningú més se n'assabentarà.

Per no oblidar-se'n

Com que hi haurà vegades en què voldrà escriure alguna cosa a partir de les seves lectures, anoti algun símptoma per comentar-lo amb el seu metge, apunti el pes d'aquesta setmana per comparar-lo amb el de la vinent, i apunti tot el que hagi de tenir present i així recordarà tot el que hagi de recordar. Faci un diari de l'embaràs personal i inclogui-hi tota aquesta informació.

- Si, entre visita i visita, li sorgeix algun dubte o preocupació que no requereixi una resposta immediata, prengui'n nota i consulti-ho en la propera visita. (La pot ajudar anotar-ho al seu PDA o bé en paperets col·locats en llocs ben visibles –la porta de la nevera, la bossa de mà, l'escriptori o la tauleta de nit– de manera que sempre en tingui algun ben a mà.) Així estarà segura de no oblidar-se de preguntar tots els seus dubtes i d'exposar tots els seus símptomes (si no s'ho apunta, és fàcil oblidar-se'n; com aviat descobrirà, les dones embarassades estan especialment despistades). En cada visita, juntament amb la seva llista de preguntes, porti un llapis i un bloc de notes (o bé el seu PDA o el seu diari d'embaràs), per tal de poder-s'hi apuntar les recomanacions del metge. Si el seu facultatiu no li avança per iniciativa pròpia tota la informació que necessita (efectes secundaris dels tractaments, nombre de dies en què ha de prendre alguna medicació prescrita, termini en què s'ha de resoldre algun problema), pregunti-l'hi abans de marxar de la consulta per evitar que la corsequin els dubtes en arribar a casa. Si és possible, repassi ràpidament amb el metge les notes que hagi pres per assegurar-se que ha entès correctament el que el ginecòleg (o la llevadora) li ha explicat.

- En cas de dubte, truqui'l. Algun símptoma la turmenta? Alguna medicació o tractament sembla que li produeix alguna reacció adversa? Doncs no passi l'angoixa sola. Agafi el telèfon i truqui al metge (o escrigui-li un correu electrònic, si el seu metge prefereix respondre per aquesta via les consultes no urgents). Encara que no vulgui trucar o escriure un correu cada vegada que noti alguna punxadeta, no dubti a consultar dubtes que no puguin ser resolts en llibres com aquest si creu que no convé esperar fins a la pròxima visita per aclarir-los. No temi que les seves preocupacions semblin trivials –si la preocupen, no són trivials. A més, els metges i les llevadores ja preveuen que les futures mares els preguntin molts dubtes, especialment si són primerenques. Quan despengi el telèfon o es prepari per escriure un correu, miri de ser molt específica amb els seus símptomes. Si té dolor, precisi'n la zona, la durada, el tipus (agut, suau, que causa rampes?) i la intensitat. Si és possible, expliqui què alleuja o agreuja aquest dolor –canviar de posició, per exemple. Si té pèrdues vaginals, descrigui'n el color (vermell intens, vermell fosc, marronós, rosat, groguenc), quan van començar i si són gaire fortes. Faci-li saber també els símptomes que se'n derivin, com ara febre, nàusees, vòmits, calfreds o diarrea. (Vegi Quan cal avisar el metge, a la pàgina 152).

- Mantingui's al dia. Llegeixi les revistes especialitzades i les pàgines web sobre embaràs que li interessin. Però tingui també en compte que no es pot creure tot el que llegeixi, especialment perquè els mitjans acostumen a presentar avenços mèdics abans que estiguin provats mitjançant estudis que siguin prou segurs i efectius –o bé informen sobre preocupants advertències respecte de l'embaràs basades en dades preliminars encara per demostrar. Si llegeix (o sent) alguna informació nova sobre ginecologia, consulti-la amb el seu especialista –normalment, la seva principal font d'informació– per comprovar què n'opina.

- Si sent o llegeix alguna informació que no es correspon amb el que el seu metge li ha dit, no es quedi amb el dubte. Torni-li a preguntar sobre el tema, però no en un to desafiant sinó simplement per aclarir més les coses.

- Si sospita que el seu ginecòleg podria estar equivocat en algun tema (per exemple, acceptant les relacions sexuals si vostè compta amb un historial de cèrvix incompetent), digui-li-ho clarament. No es pot esperar que, ni tan sols amb la seva fitxa mèdica a la mà, el metge recordi tots els detalls del seu historial mèdic particular. Com a col·laboradora de la seva pròpia atenció sanitària i com a especialista que coneix el seu cos com el palmell de la mà, la futura mare ha de compartir la responsabilitat d'assegurar que els facultatius que l'atenen no cometen errors.

- Demani explicacions. Pregunti els possibles efectes secundaris d'una medicació prescrita i consulti si existeix alguna alternativa no farmacològica per a un tractament determinat. Asseguri's de saber a la perfecció perquè se li sol·licita qualsevol prova, què implica, quins riscos comporta, i com i quan en sabrà els resultats.

- Porti-ho tot per escrit. Si creu que el metge no té prou temps per respondre tots els seus dubtes i preocupacions, intenti portar-los tots per escrit en una llista. Si no té l'oportunitat de veure resolts tots els dubtes plantejats en el transcurs de la visita, pregunti si el pot trucar més tard, escriure-li un correu electrònic o programar una visita posterior amb més calma.

- Segueixi les recomanacions del seu metge sobre programació de visites, increment de pes, descans nocturn, exercici, medicació, vitamines, etcètera, a no ser que tingui una raó de pes que li faci creure que no ho hauria de fer o no ho pot fer (en aquest cas, comenti-ho d'entrada amb el metge en comptes d'actuar pel seu compte).
- Si alguna cosa la posa malalta –ja sigui haver d'esperar massa per sistema o no trobar resposta a les seves preguntes– digui-ho clarament, però sense ofendre. Deixar que un problema s'agreugi sense posar-hi remei pot anar en contra de la relació metge-pacient.
- Recordi que cuidar-se a si mateixa és el component principal d'entre totes les cures prenatals. Així que cuidi's tant com pugui, descansi el suficient i faci exercici, mengi bé, i eviti el consum d'alcohol i de tabac, així com d'altres fàrmacs no prescrits tan bon punt cregui que podria estar embarassada o, encara millor, tan bon punt intenti quedar-se en estat.
- Les companyies d'assegurances solen actuar com a mediadores quan sorgeix algun conflicte o queixa en la relació metge-pacient. Si té algun problema amb el seu metge que no és capaç de resoldre dialogant-hi, contacti amb la seva mútua de salut per demanar ajuda.

Si creu que no pot seguir les instruccions del seu metge o posar en pràctica algun tipus de tractament recomanat, és possible que sigui perquè no està en prou bona sintonia amb el professional que ha escollit per a l'atenció mèdica a vostè i al seu fill durant l'embaràs, el prepart i el part. En aquest cas –o, si per qualsevol altra raó, la relació amb el seu metge no acaba de rutllar– valori la possibilitat de canviar de metge (partint de la base que sigui econòmicament factible i que la seva mútua li ho permeti).

CAPÍTOL 3

El perfil del seu embaràs

JA DISPOSA DELS RESULTATS DEL TEST. Les notícies són clares: Està esperant un fill! Els nervis creixen per moments (de forma paral·lela al seu úter), i la seva llista de dubtes tampoc deixa de créixer. La majoria dels seus dubtes, com és lògic, tenen a veure amb alguns dels símptomes tant estranys com sorprenents que potser ja està experimentant (i de la majoria dels quals en parlarem més endavant). Però molts altres dubtes tindran a veure amb el seu propi perfil d'embaràs. A què ens referim amb l'expressió "el perfil d'un embaràs"? Doncs al compendi del seu historial ginecològic i obstètric (en cas que no sigui mare primípara) i al seu historial mèdic general; dit d'una altra manera, als antecedents del seu embaràs. En la seva primera visita prenatal, haurà d'informar el seu ginecòleg d'aquests antecedents mèdics (ja que poden tenir un gran impacte en la nova situació ginecològica que està començant a viure). De moment, aquest capítol pot ser-li útil per preparar un esbós del perfil del seu embaràs, i fer-se així una idea de si els seus antecedents mèdics poden o no afectar l'evolució dels nou mesos.

Aquest llibre és per a vostè

A mesura que vagi llegint *Què es pot esperar quan s'està esperant*, hi trobarà moltes referències a les relacions familiars tradicionals –"les àvies", "el marit i l'esposa". Aquestes referències no pretenen excloure les futures mares (ni les seves famílies) que, en certa manera, siguin "poc tradicionals" –com ara les mares solteres, les parelles homosexuals o les parelles de fet que, tot i viure juntes, no estan casades. Aquests termes s'han fet servir, bàsicament, per evitar construccions sintàctiques complexes (com ara "el seu marit o la seva parella de fet") que, per no ser excloents, acaben resultant massa enrevessades. Per aquest motiu, li preguem que elimini mentalment qualsevol expressió que no correspongui a la seva realitat tot substituint-la per una de més ajustada a vostè i a la seva situació personal.

Tingui en compte que potser una part del que s'exposa en aquest capítol no es pugui aplicar al seu cas –ja que el perfil de cada embaràs és únic. Per tant, apliqui el que s'adapti al seu propi perfil i no faci cas de la resta.

El seu historial ginecològic

Mètodes anticonceptius durant l'embaràs

"Em vaig quedar embarassada tot i prendre la píndola anticonceptiva. Així que, en no saber que estava esperant, la vaig seguir prenent durant un mes. Podria afectar el meu fill?"

L'ideal seria que, un cop deixés de prendre anticonceptius orals, s'esperés com a mínim el transcurs d'un cicle menstrual normal abans d'intentar quedar embarassada. Però l'embaràs no sempre espera l'aparició de les condicions idònies i, de vegades, hi ha dones que es queden en estat mentre es prenen la píndola. Malgrat les advertències que probablement haurà llegit en les contraindicacions del prospecte, no s'ha de preocupar. No existeixen proves concloents que demostrin un increment de riscos per al nadó quan la dona ha concebut mentre prenia anticonceptius orals. Necessita que li donin més tranquil·litat? Doncs parli del cas amb el seu facultatiu i segur que li'n donarà.

"Em vaig quedar en estat tot i fer servir preservatius amb espermicida i en vaig continuar fent servir fins que vaig saber que estava embarassada. M'he de preocupar per possibles defectes congènits?"

No cal que es preocupi per haver-se quedat embarassada fent servir un preservatiu o un diafragma amb espermicida, o simplement per l'ús d'espermicides. Les bones notícies són que no existeix cap vincle demostrable entre espermicides i defectes congènits. De fet, els estudis més recents i convincents han demostrat que no es registra cap increment en la incidència de problemes ni tan sols amb l'ús repetit d'espermicides al llarg dels primers mesos d'embaràs. Així que, encara que potser l'hagi agafada una mica per sorpresa, relaxi's i gaudeixi del seu embaràs.

"Com a mètode anticonceptiu feia servir un DIU, però acabo de saber que estic embarassada. Podré tenir un embaràs saludable?"

Quedar-se en estat quan no s'està buscant cap fill no deixa de neguitejar una mica (de fet, és justament per això que es fan servir els mètodes anticonceptius), però a vostè li ha passat. Les probabilitats de quedar-se embarassada portant un DIU són realment baixes –aproximadament ocorre en 1 cas de cada 1.000– però depèn del tipus de dispositiu usat, del temps que el porti col·locat i de la més o menys correcta col·locació.

Pel sol fet d'haver superat les expectatives generals i haver-se quedat embarassada amb un DIU posat, s'ha de plantejar dues opcions, que hauria de consultar amb el seu ginecòleg com abans millor: fer-se treure el DIU o deixar-se'l posat. Valorar la millor opció en la seva situació dependrà de si el metge, mentre l'examina, pot veure el cordó penjant de la seva cèrvix per tal de treure'l. Si aquest cordó no és visible, és molt probable que l'embaràs pugui progressar sense gaires problemes amb el DIU col·locat. L'únic que passarà és que, a la llarga, serà empès contra la paret de l'úter per la creixent bossa amniòtica que envolta el nadó; generalment, s'expulsa en el transcurs del part juntament amb la placenta. En canvi, si el cordó del DIU continua visible els primers mesos d'embaràs, el risc de desenvolupar una infecció serà major. En aquest darrer cas, les possibilitats de viure un embaràs segur i saludable augmentaran si el DIU s'extreu com abans millor, tan bon punt es confirmi la concepció. Si no s'extreu, hi ha possibilitats significatives que el fetus pateixi un avortament espontani, mentre que el risc davalla fins a un 20 per cent amb el DIU extret. Si el percentatge li sembla encara angoixant, tingui en compte que es calcula que una mitjana d'entre el 15 i el 20 per cent de tots els embarassos acaben en avortaments espontanis.

Si es deixa col·locat el DIU durant el primer trimestre, estigui especialment alerta davant de qualsevol signe d'hemorràgia, rampes o febre, ja que tenir el DIU col·locat al principi de l'embaràs l'exposa a un major risc de patir complicacions en aquests primers mesos de gestació. En cas que es donin aquests símptomes, notifiqui'ls al seu metge immediatament.

Fibromes

"Tinc fibromes des de fa anys, però mai no m'han provocat cap problema. Me'n podrien provocar algun durant l'embaràs?"

El més probable és que els fibromes no li comportin cap complicació durant l'embaràs. De fet, en la major part dels casos, aquestes petites protuberàncies benignes de les parets uterines no afecten en absolut el transcurs de l'embaràs.

A vegades, les dones amb fibromes perceben una mica de dolor o pressió abdominal. Si aquest és el seu cas, faci-ho saber al metge, encara que normalment no és motiu de preocupació. Aquestes molèsties se solen alleujar reposant quatre o cinc dies al llit i prenent analgèsics innocus (demani al seu metge que n'hi recepti algun).

En alguns casos molt puntuals, els fibromes poden incrementar lleugerament el risc de determinades complicacions, com ara l'abrupció (o separació) de la placenta, el part prematur i la presentació de natges, però aquests mínims riscos poden reduir-se encara més si es prenen les mesures oportunes. Parli amb el seu metge dels fibromes, per tal que l'informi més específicament sobre l'anomalia en general i els possibles riscos, en cas que n'hi hagi algun, per al seu cas en particular. Si el seu ginecòleg sospita que els seus fibromes podrien interferir en l'evolució d'un part vaginal segur, és possible que prefereixi optar per practicar-li una cesària. En la majoria de casos, però, fins i tot un fibroma de grans dimensions s'apartarà del canal de part del nadó a mesura que l'úter s'expandeixi al llarg de l'embaràs.

"Fa un parell d'anys em van extirpar dos fibromes. Això podria afectar el meu embaràs?"

En la majoria de casos, la cirurgia per a l'extirpació de petits tumors fibroides a l'úter (especialment, si la cirurgia es va dur a terme mitjançant laparoscòpia) no afecta els posteriors embarassos. En canvi, una cirurgia més invasiva per a l'extirpació de fibromes més voluminosos podria debilitar l'úter fins a l'extrem de no poder suportar el treball de part. Si, un cop revisat el seu historial quirúrgic, el metge opina que a vostè li podria passar això, li programarà una cesària. Informi's sobre els símptomes d'una dilatació precoç en cas que comenci a tenir contraccions abans de la data programada per a la cesària (vegi la pàgina 391) i planifiqui amb antelació un sistema de trasllat immediat a l'hospital per si es posés de part.

Endometriosi

"Després d'anys de patir endometriosi, finalment m'he quedat embarassada. Podria tenir problemes amb l'embaràs?"

Normalment, s'associa l'endometriosi amb dues conseqüències: dificultats per quedar-se embarassada i dolor. De moment, pel fet de quedar-se embarassada, ja ha aconseguit esquivar la primera de les conseqüències típiques (enhorabona!). I les bones notícies no s'acaben aquí. Estar embarassada pot ajudar a disminuir també les probabilitats de patir dolor.

Així doncs, els símptomes de l'endometriosi, el dolor inclòs, milloren durant l'embaràs. Sembla que aquesta millora es deu als canvis hormonals. Quan l'ovulació es pren un període de descans, els problemes endomètrics solen reduir-se i fer-se menys sensibles. La millora és més substancial en unes dones que en altres. Així, moltes dones no experimenten cap símptoma en tot l'embaràs, mentre que altres poden sentir-se més incòmodes a mesura que creix el fetus i comença a fer cops de peu més forts i moviments més bruscos, especialment si afecten les zones més sensibles. Afortunadament, però, sembla que l'endometriosi no genera cap risc afegit durant l'embaràs ni el part (encara que si li han practicat cirurgia uterina és probable que el seu metge opti per una cesària).

La contrapartida a les bones notícies és que l'embaràs només suposa un parèntesi en la manifestació dels símptomes de l'endometriosi però no la seva curació. Després de l'embaràs i de l'alletament del nadó (i a vegades abans i tot), els símptomes solen reaparèixer.

Colposcòpia

"L'any anterior a quedar-me embarassada em van practicar una colposcòpia i una biòpsia cervical. Corro algun perill amb l'embaràs?"

La colposcòpia només se sol practicar si, arran d'un test de Papanicolau rutinari, es detecta la presència d'algunes cèl·lules cervicals irregulars. El procediment habitual implica l'ús d'un microscopi especial per visualitzar millor la vagina i la cèrvix. Si amb el test de Papanicolau es detecten cèl·lules anormals, com probablement va ocórrer en el seu cas, el metge li practicarà una biòpsia cervical o de con (amb la qual es prenen mostres de teixit de la zona cervical sospitosa i s'envien al laboratori per a la seva posterior avaluació), una criocirurgia (amb la qual es congelen les cèl·lules anormals), o un procés d'electrocauterització de bucle (un PEC, a través del qual s'extirpa el teixit cervical afectat amb l'ús d'un corrent elèctric indolor). Les bones notícies són que la gran majoria de dones a les quals s'han practicat aquests tractaments estan preparades per a desenvolupar embarassos normals. En alguns casos, però –i en funció de la quantitat de teixit extirpat– es pot incórrer en un major risc de complicacions en l'embaràs, com ara cèrvix incompetent o part prematur. Asseguri's que el seu metge està al corrent del seu historial mèdic relacionat amb el coll uterí, per tal que pugui controlar el seu embaràs amb especial cura.

Si en la primera visita prenatal el seu facultatiu percep la presència de cèl·lules anormals, és possible que opti per practicar-li una colposcòpia, mentre que les biòpsies i la resta de procediments es fan després d'haver donat a llum.

Virus del papil·loma humà (VPH)

"Tenir el VPH genital pot afectar el meu embaràs?"

El VPH genital és el virus de transmissió per via sexual més estès en la població sexualment activa, encara que la majoria de les persones infectades no ho arriben a saber mai. Això es deu al fet que, en la majoria de casos, el VPH no provoca símptomes obvis i normalment acaba desapareixent per si sol en un termini d'entre sis i deu mesos.

En alguns casos, però, el VPH sí que genera símptomes específics. Algunes varietats del virus causen irregularitats cel·lulars cervicals (detectables mitjançant un test de Papanicolau); altres varietats poden provocar berrugues genitals (amb un aspecte que pot variar entre el de berrugues visibles a simple vista o a lleus protuberàncies aplanades i envellutades fins a bonyets en forma de coliflor; la coloració pot anar de rosa pàl·lid a rosa fosc). Encara que solen ser indolores, les berrugues genitals poden provocar cremor, picor o fins i tot sagnat. La majoria de vegades, aquestes berrugues acaben desapareixent de forma espontània al cap d'un parell de mesos.

Com afecta el VPH a l'embaràs? Per sort, el més probable és que no l'afecti en res. Algunes dones, però, veuran com l'embaràs afecta el VPH, fent que les berrugues es tornin més actives. Si aquest és el seu cas, i sembla que les berrugues no hagin de desaparèixer espontàniament, és possible que el metge li recomani seguir un tractament durant l'embaràs. Les berrugues es poden extirpar sense riscos amb mètodes de congelació, cremant-les amb sistemes elèctrics o amb teràpia làser, encara que en alguns casos se'n pugui ajornar el tractament fins a després del part.

Si vostè té el VPH, el seu metge també li voldrà analitzar la cèrvix per comprovar que no presenti irregularitats cel·lulars al coll uterí. Si hi trobés alguna anormalitat, és probable que ajorni fins a després del part les biòpsies cervicals per a extirpar aquestes cèl·lules.

Com que el VPH és molt contagiós, practicar un sexe segur i sempre amb la mateixa parella és la millor manera d'evitar tornar-lo a contraure. Encara que actualment hi ha disponible una vacuna per prevenir el VPH en les dones menors de 26 anys, no és recomanable aplicar-la durant l'embaràs. Si ja ha començat la tanda de vacunació (que s'administra en una sèrie de tres dosis) i es queda embarassada abans d'acabar-la, haurà d'esperar que hagi nascut el nadó per poder finalitzar el tractament.

Herpes

"Tinc un herpes genital. Podria contagiar el meu nadó?"

Tenir un herpes genital durant l'embaràs és motiu suficient per prendre precaucions, però no per alarmar-se. De fet, són molt altes les probabilitats que el seu fill neixi sa i estalvi, sense cap infecció d'herpes, especialment si vostè i el seu metge prenen les mesures profilàctiques adients durant l'embaràs i el part.

En primer lloc, la infecció del nounat és força estranya. Un nadó té menys d'un 1 per cent de possibilitats de contraure la malaltia si la seva mare ha tingut una infecció recurrent durant l'embaràs (és a dir, si ja havia tingut herpes abans de quedar-se embarassada). En segon lloc, tot i que una infecció primària (o sigui, que apareix per primer cop) aug-

Altres MTS i l'embaràs

No és d'estranyar que la majoria de MTS puguin afectar l'embaràs. Afortunadament, la majoria es diagnostiquen fàcilment i es poden tractar de forma segura, fins i tot durant l'embaràs. Però com que les dones no solen ser conscients d'estar-ne infectades, els centres de control i promoció de la salut recomanen que totes les dones embarassades es facin, al principi de la gestació, les proves oportunes com a mínim per a les següents MTS: clamidiasi, gonorrea, tricomoniasi, hepatitis B, VIH i sífilis.

Tingui present que les MTS no queden circumscrites a un determinat grup de la població ni a dones de certs estrats socioeconòmics. Es poden donar en dones (i homes) de qualsevol franja d'edat, de qualsevol procedència ètnica i de qualsevol nivell econòmic, i tant si viuen en petits pobles com si ho fan en grans ciutats. Entre les principals MTS hi ha:

Gonorrea. Ja fa molt temps que se sap que la gonorrea provoca conjuntivitis, ceguesa i infeccions greus i generalitzades en els fetus que hagin nascut travessant un canal de part infectat. Per aquest motiu, en la primera visita prenatal, se sol fer una prova rutinària per detectar aquesta infecció a les dones embarassades. A vegades, sobretot en dones amb un alt risc de contraure MTS, es repeteix la prova al final de l'embaràs. Si es detecta la infecció de gonorrea, se sotmet l'embarassada a un tractament amb antibiòtics. Un cop acabat el tractament, se li fa un altre cultiu per confirmar que la infecció s'ha eliminat. Com a precaució complementària, s'administra un col·liri antibiòtic als ulls de tots els nounats tan bon punt neixen. (Aquest tractament pot retardar-se un màxim d'una hora –però no més– si vostè vol tenir un primer contacte amb el seu nadó abans que se li posi la vista borrosa amb el col·liri.)

Sífilis. Com que aquesta malaltia pot provocar una sèrie de defectes congènits –i la dona infectada fins i tot podria donar a llum a un mortinat– també se'n sol fer una prova rutinària en la primera visita prenatal. En les dones amb sífilis, el fet d'iniciar el tractament amb antibiòtics abans del quart mes d'embaràs –moment en què la infecció comença a travessar la paret placentària– sol evitar que el fetus pateixi danys. La bona notícia és la davallada de transmissions de sífilis entre mare i nadó que s'ha registrat en els darrers anys.

Clamidiasi. En els països occidentals existeixen més casos de clamidiasi que de gonorrea o sífilis, ja que aquesta malaltia afecta amb més freqüència les dones sexualment actives menors de 26 anys. La clamidiasi és la infecció més comuna passada de la mare al fetus, i es considera un risc potencial per als fetus i un cert risc per a les mares. Per aquest motiu, és aconsellable fer un cribatge per a la clamídia durant l'embaràs, especialment si en el passat s'han mantingut relacions sexuals amb diverses persones, amb la qual cosa augmenten les possibilitats de ser infectada. Atès que gairebé la meitat de les dones amb infeccions de clamidiasi no experimenten cap símptoma, aquesta malaltia no se sol arribar a diagnosticar a no ser

menta el risc d'avortament els primers mesos d'embaràs i el risc de part prematur, aquesta complicació no és gaire comuna. Fins i tot en el cas dels nadons amb major risc d'infecció –com ara fills de dones que tenen el primer episodi

que es facin les proves oportunes per a detectar-la.

Un tractament immediat contra la clamidiasi –de forma prèvia o simultània a l'embaràs– pot prevenir que les infeccions de la clamídia (pneumònia, que afortunadament sol ser lleu, o infeccions oculars, que a vegades són greus) siguin transmeses pel canal del part de la mare al nounat. Encara que el moment òptim per aplicar el tractament és abans de la concepció, administrar antibiòtics (normalment azitromicina) a la dona en estat afectada pot resultar efectiu per prevenir la infecció del nadó. El col·liri antibiòtic que s'aplica rutinàriament al nounat tot just néixer el prevé de patir infecció ocular tant per culpa de la gonorrea com de la clamídia.

Tricomoniasi. Els símptomes d'aquesta MTS causada per un paràsit (també anomenada "infecció per tricomones") són l'aparició d'un flux vaginal verdós i escumós, amb una desagradable fortor de peix, i acompanyada sovint de picors. Tot i això, gairebé la meitat de les dones infectades no presenten cap símptoma. Encara que aquesta MTS no sol causar problemes greus durant l'embaràs (ni afectar els nadons de les mares infectades), sí que pot manifestar-se amb uns símptomes molestos. Generalment, les dones infectades només reben tractament durant l'embaràs si presenten algun d'aquests símptomes.

Infecció pel VIH. De forma rutinària es fa l'anàlisi a les dones embarassades per saber si són portadores del VIH (virus de la immunodeficiència humana), independentment de l'historial mèdic previ i de l'existència de conductes de risc. La infecció durant l'embaràs amb el VIH, que causa la sida, suposa una amenaça tant per a la futura mare com per al seu nadó.

Aproximadament un 25 per cent dels nadons que neixen de mares infectades que no segueixen cap tractament desenvoluparan la infecció (les anàlisis ho confirmaran durant els seus primers sis mesos de vida). Afortunadament, els tractaments actualment disponibles són molt esperançadors. Però abans d'emprendre cap actuació, qualsevol futura mare que obtingués un resultat positiu de les proves de VIH, hauria de valorar tornar a fer-se'n unes altres (aquestes anàlisis són molt precises, però a vegades poden donar positiu en algú que no té realment el virus). Si aquest segon test també dóna positiu, cercar la informació especialitzada necessària sobre la sida i els possibles tractaments existents es convertirà en prioritari. Si es tracta una mare seropositiva amb AZT (també coneguda com a zidovudina, ZDV o retrovir) o amb altres fàrmacs antiretrovirals, es pot reduir enormement el risc que la infecció passi de la mare al fill, i aparentment sense cap efecte secundari perjudicial. Donar a llum per cesària programada (abans que comencin les contraccions i abans de trencar aigües) pot reduir el risc de transmissió en el moment del part.

Si vostè sospita que podria estar infectada per qualsevol tipus de MTS, consulti al seu metge si li ha fet les proves pertinents i, en cas negatiu, demani que les hi faci. Si resulta que algun test dóna positiu, asseguri's de seguir un tractament tant per a vostè com per a la seva parella, si es considera necessari. Aquest tractament protegirà no només la seva salut sinó també la del fill que esperen.

d'herpes poc abans del part (fenomen que no deixa de ser estrany perquè amb anterioritat ja se li haurien practicat els tests rutinaris)– existeix fins a un 50 per cent de possibilitats que es lliurin de la infecció. Finalment, sembla que avui en

Signes i símptomes de l'herpes genital

És durant l'episodi primari, o inicial, quan és més probable que l'herpes genital passi al fetus, de manera que truqui al seu metge si experimenta qualsevol dels símptomes d'infecció següents: febre, mal de cap, malestar i cos adolorit durant dos o més dies, acompanyats de dolor i picor genital, mal en orinar, pèrdues vaginal i uretral, i sensibilitat a la zona engonal, així com lesions que s'inflen i després s'assequen formant una crosta. Curar aquestes lesions sol trigar entre dues i tres setmanes, durant les quals la malaltia es pot continuar transmetent.

dia aquesta malaltia, tot i que no deixa de ser greu, és una mica més benigna en els nounats del que ho era fa uns anys enrere.

Per tant, si vostè va contraure l'herpes abans de quedar-se embarassada, com és probable, el risc per al seu nadó és molt baix.

Com a protecció per als seus nadons, a les dones que compten amb un historial d'herpes anteriors i amb herpes recurrent durant l'embaràs se'ls sol administrar medicació antivírica. A les que tenen lesions actives en els primers moments de la dilatació se'ls sol practicar una cesària. En l'improbable cas en què el nounat resultés infectat, se'l tractaria amb algun fàrmac antivíric.

Després del part, si pren les precaucions adequades, podrà tenir cura del seu nadó –i alletar-lo– sense transmetre-li el virus.

El seu historial obstètric

Fecundació in vitro (FIV)

"Vaig concebre el meu fill mitjançant fecundació in vitro. Quines diferències notaré en el meu embaràs?"

La més sincera enhorabona per haver triomfat en la FIV! Amb tot el que li haurà tocat de passar fins assolir la seva fita, ja li ha arribat l'hora de relaxar-se una mica –i afortunadament, ara ho podrà fer. El fet que vostè concebés el seu fill en un laboratori, en comptes de fer-ho al llit, no hauria d'afectar en res el seu embaràs, com a mínim un cop hagi superat el primer trimestre. Al principi, però, sí que hi haurà algunes diferències en el seu embaràs i en les seves cures. Com que un test positiu no significa necessàriament que l'embaràs hagi d'anar bé, com que tornar-ho a intentar pot comportar problemes emocionals i econòmics, i com que, a més, no se sap del cert quants dels embrions del tub d'assaig continuaran desenvolupant-se fins a convertir-se en fetus, les primeres sis setmanes d'un embaràs mitjançant FIV solen ser més angoixants que les de la resta d'embarassos. A més, si ja ha patit algun avortament en intents previs, poden restringir-li les relacions sexuals i altres activitats físiques. Com a mesura complementària, és probable que li receptin l'hormona progesterona per ajudar-la a mantenir el seu embaràs en desenvolupament durant els primers dos mesos.

Però tan bon punt hagi passat aquest període inicial, el seu embaràs serà molt similar al de qualsevol altra dona –a no ser que es tracti d'un embaràs múltiple, com ocorre en més del 30 per cent de les dones que han seguit el mètode de FIV. En aquest darrer cas, consulti el capítol 16.

La segona vegada

"Aquest és el meu segon embaràs. Quines diferències hi haurà respecte del primer?"

Com que no existeixen dos embarassos iguals, és impossible predir en què es diferenciaran (o s'assemblaran) aquests nou mesos dels nou de l'embaràs anterior. Tot i això, hi ha una sèrie de trets generals en el segon embaràs i en els següents que es donen com a mínim parcialment (com totes les generalitzacions, no es poden garantir al cent per cent):

- Probablement "se sentirà" embarassada més aviat. La majoria de no primípares estan més al cas dels primers símptomes d'embaràs i més preparades per reconèixer-los. Els símptomes, però, poden variar entre embaràs i embaràs –pot tenir més o menys mareig matinal, indigestió i altres molèsties estomacals; pot estar més cansada (especialment si en el seu primer embaràs podia fer la migdiada i ara tot just té temps per asseure's una estona) o menys cansada (potser està tan enfeinada que no té temps ni de pensar en el cansament o potser ja s'ha acostumat a estar permanentment cansada); i també pot ser que tingui ganes d'orinar amb més o menys freqüència (encara que és probable que en tingui ganes des de més aviat).

  Alguns dels símptomes que solen aguditzar-se menys en el segon embaràs i en els següents inclouen els antulls i les aversions a determinats aliments, l'augment del volum dels pits i de la sensibilitat mamària, i les preocupacions (ja ho ha passat abans i ha sobreviscut per explicar-ho, de manera que és probable que l'embaràs ja no li produeixi tant pànic).

- Tindrà "aspecte" d'embarassada des de més aviat. Com que els músculs uterins i abdominals estan més laxos (com a conseqüència natural del primer embaràs), és probable que s'infli més aviat que la primera vegada. També és possible que noti diferències entre la percepció d'aquest segon nadó i la del primer. De fet, aquest segon (tercer o quart) nadó pot ser més gran que l'anterior, de manera que haurà de transportar un major pes. Una altra possible conseqüència és el debilitament de les seves abdominals, per la qual cosa poden aguditzar-se els seus mals d'esquena i altres dolors derivats de l'embaràs.

- És probable que senti més aviat com la criatura es mou. Una de les conseqüències que ha d'agrair al fet de tenir la musculatura més laxa és que aquesta vegada podrà sentir les puntadetes del nadó més aviat, probablement cap a les 16 setmanes (o potser una mica abans o una mica després). També és més probable que les reconegui de seguida pel fet d'haver-les sentit abans. Ara bé, si l'últim embaràs li va deixar una capa extra de greix abdominal, que no s'ha pogut treure del damunt, potser no li resultarà tan fàcil percebre les primeres puntadetes del nadó.

- Pot ser que no estigui tan nerviosa. I això no vol dir que no estigui il·lusionada amb el nou embaràs. Però és possible que noti que el seu nivell d'emoció (i, per tant, les ganes de donar a conèixer la notícia a tothom que passi pel carrer) no sigui tan elevat. Es tracta d'una reacció completament normal (la situació no és nova per a vostè) i això no significa en absolut que hagi d'estimar menys aquest segon nadó. Cal recordar també que vostè s'ha d'estar dedicant (en cos i ànima) al primer fill que ja té.

- És probable que la fase de dilatació i part sigui més ràpida en aquest segon embaràs. Aquest és el costat positiu de tenir la musculatura més laxa. Tota aquesta laxitud (especialment en les zones implicades en el treball de part), combinada amb l'experiència prèvia del seu propi cos, poden ajudar a garantir-li un part del segon fill més ràpid. És probable que s'escurcin totes les fases de dilatació i part, i que el període de contraccions prepart també sigui més breu.

És possible que es pregunti quina és la millor manera d'explicar al primer fill que hi ha un segon fill de camí. En el transcurs de l'embaràs s'hauria de sotmetre el primer fill a una preparació realista, empàtica i ajustada a la seva edat de cara a passar de ser un fill únic a ser el germà gran. Per a més consells, llegeixi *Qué se puede esperar el primer año*, de H. Murkoff, i *Esperar el segundo,* de J. Leonard.

"Amb el primer fill tot va anar perfecte. Però torno a estar embarassada i no puc deixar de témer que ara no estaré tant de sort."

Les possibilitats que torni a tenir sort són molt elevades –de fet, és millor ja haver experimentat un embaràs anterior satisfactori en una panxa ara de nou en expansió. A més, amb cada nou embaràs augmenten les possibilitats que tot vagi bé, ja que se solen perfeccionar les actuacions recomanables per a un embaràs saludable (com ara bones cures mèdiques i adequada selecció en la dieta, l'exercici i l'estil de vida).

El seu historial obstètric es repeteix

"El meu primer embaràs va ser molt dur –vaig patir tots i cadascun dels símptomes que s'expliquen en aquest llibre. Tornaré a tenir mala sort?"

En general, el seu primer embaràs sol predir amb força exactitud com seran els embarassos posteriors, en cas que les circumstàncies siguin les mateixes. Així que és menys probable que tingui un embaràs amb tan poques molèsties com una dona que ja hagués tingut un primer embaràs sense molèsties. Tot i això, ha de mantenir l'esperança que ara les coses puguin millorar. Cada embaràs és diferent, de la mateixa manera que ho és cada nadó. Si, per exemple, el mareig matinal o els antulls la van afectar molt en el primer embaràs, és possible que gairebé ni els noti en el segon (o a la inversa). Tot i que la sort, la predisposició genètica i el fet que ja hagués experimentat uns determinats símptomes amb anterioritat tenen molt a veure amb l'aparició de moltes o poques molèsties en el nou embaràs, també hi ha altres factors –alguns dels quals vostè pot controlar– que podrien alterar parcialment el pronòstic inicial. Aquests factors inclouen:

Estat de salut general. Quedant-se embarassada en un moment de bones condicions físiques generals tindrà més números per gaudir d'un embaràs sense molèsties.

Augment de pes. Guanyar pes de manera progressiva i mantenir l'augment de pes global dins dels límits recomanats (vegi la pàgina 183) pot augmentar les probabilitats d'evitar, o com a mínim disminuir, molèsties de l'embaràs del tipus hemorroides, venes varicoses, estries, mal d'esquena, esgotament, indigestió i sensació d'ofec.

Dieta. No constitueix cap garantia absoluta, però seguir una alimentació adequada (vegi al capítol 5 com aconseguir-ho) augmenta de manera considerable les possibilitats de qualsevol dona embarassada de tenir una gestació més sana i còmoda. Una dieta adequada no només augmenta les possibilitats d'evitar o reduir el mareig matinal i la indigestió, sinó que també pot ajudar-la a combatre l'esgotament excessiu, el restrenyiment i les hemorroides, així com a prevenir les infeccions del tracte urinari i l'anèmia per falta de ferro –i fins i tot el mal de cap. I si tot i la bona alimentació té molèsties de l'embaràs, almenys amb una dieta adequada haurà proveït el seu nadó de les millors oportunitats de néixer sa.

Exercici. Fer l'exercici adequat i de forma moderada (vegi les recomanacions a la pàgina 239) pot ajudar a millorar el seu benestar general. L'exercici és especialment important en el segon embaràs i en els posteriors perquè la musculatura abdominal tendeix a estar més laxa, la qual cosa la predisposa a patir més molèsties i dolors, entre els quals hi ha el mal d'esquena.

Ritme de vida. Portar un ritme de vida atrafegat i frenètic (avui dia el difícil és no portar-lo) pot agreujar o fins i tot desencadenar un dels símptomes més molestos de l'embaràs –el mareig matinal– i agreujar-ne altres, com el cansament, el mal de cap, el mal d'esquena o la indigestió. Disposar d'una mica d'ajuda a casa, descansar periòdicament en realitzar qualsevol activitat estressant, treballar menys i posposar per a després del part qualsevol tasca que no sigui prioritària, així com practicar tècniques de relaxació o ioga, la pot ajudar a relaxar-se –i a sentir-se millor.

Altres fills. Algunes dones embarassades amb altres nens a casa consideren que criar els seus fills les té tan ocupades que ben just tenen temps de notar les molèsties de l'embaràs, ja siguin grans o petites. Altres dones opinen que el desgast que suposa tenir cura dels altres fills encara agreuja més els símptomes de l'embaràs. Les nàusees, per exemple, poden empitjorar en moments d'estrès (com ara l'hora per preparar els fills per anar a l'escola o la d'asseure's a taula per sopar); l'esgotament pot augmentar perquè sembla que no tingui ni un sol minut per descansar; els mals d'esquena poden empitjorar si ha de portar els nens molta estona al coll; i fins i tot el restrenyiment pot ser més freqüent si no té ni temps d'anar tranquil·la al lavabo. També és més probable que agafi refredats o altres malalties, que li poden transmetre els seus propis fills. (Vegi al capítol 20 com prevenir i tractar aquest tipus de malalties.)

No sempre és factible convertir en prioritari el seu embaràs quan ja té altres fills que reclamen la seva atenció (l'oportunitat d'autoconsentir-se només es té en la primera gestació). Però el fet de dedicar més temps a tenir cura de si mateixa –encara que només sigui posant els peus en una posició elevada mentre explica un conte als seus fills, fent la migdiada mentre la fan ells (en comptes d'aprofitar per passar l'aspiradora), picar entre hores només aliments saludables si no té temps d'asseure's a menjar tranquil·lament i deixar-se ajudar sempre que pugui– pot permetre alleugerir-li el pes que carrega el seu cos i minimitzar-li les molèsties de la gestació.

"En el primer embaràs vaig tenir algunes complicacions. Aquesta vegada ho tindré igual de difícil?"

Un embaràs complicat no prediu en absolut que el següent també ho hagi de ser. Mentre que algunes complicacions de la gestació es poden repetir, altres no tenen perquè aparèixer sistemàticament. Altres problemes poden generar-se per motius puntuals, com ara una infecció o un incident, amb la qual cosa és poc probable que es repeteixin. Les complicacions anteriors tampoc es repetiran si eren motivades per uns hàbits perjudicials que ara ha modificat (com, per exemple, fumar, beure o prendre drogues), per una exposició a un perill ambiental (com ara el plom) al qual ara ja no està exposada o per no haver comptat amb les cures mèdiques necessàries (partint de la base que ara sí que hi compta). Si la causa va ser una malaltia crònica, com ara la diabetis o la hipertensió, corregir o controlar aquesta malaltia abans de la concepció o ben al principi de l'embaràs pot reduir enormement el risc que les complicacions es repeteixin. I també tingui present el següent: fins i tot si hi ha la possibilitat que les complicacions que ja va patir es repeteixin, una detecció i un tractament precoços (atès que vostè i el seu metge estaran a l'aguait per si es tornen a presentar) poden marcar la diferència.

Expliqui al seu ginecòleg les complicacions que va tenir la darrera vegada i pregunti-li què pot fer per evitar que es repeteixin. Independentment del tipus de problema i de les seves causes (o fins i tot si se'n desconeixen les causes), els consells que li pot donar el metge poden fer que el seu embaràs sigui més còmode i segur, tant per a vostè com per al seu nadó.

Embarassos molt seguits

"M'he quedat en estat, sense preveure-ho, tot just 10 setmanes després d'haver donat a llum al meu primer fill. Quin efecte pot comportar en la meva salut i en la del meu segon fill?"

Fent créixer de nou la família (i de retruc la seva panxa) una mica abans del previst? Iniciar un segon embaràs sense haver-se recuperat del tot del primer ja és prou dur com per, a més, haver-se d'estressar. Així que, primer de tot, relaxi's. Encara que dos embarassos molt seguits poden passar factura en el cos de la futura mare que ja acaba de tenir un primer fill, hi ha moltes coses que pot fer per ajudar el seu cos a afrontar millor el repte de dos embarassos tan seguits, com ara:

- Procuri's, sobretot, les millors cures prenatals, començant-les tan bon punt tingui la mínima sospita que torna a estar embarassada.

- Alimenti's tan bé com pugui (vegi el capítol 5). És probable que el seu cos encara no hagi tingut l'oportunitat de restablir les seves reserves de vitamines i nutrients, i això podria ser un problema nutritiu, especialment si està alletant el seu fill. Pot ser que necessiti complements nutritius per assegurar-se que ni vostè ni el seu futur fill tinguin deficiències nutritives. Posi especial atenció a les proteïnes i el ferro (pregunti al seu metge si s'hauria de prendre algun suplement) i no deixi de prendre les seves vitamines prenatals. Intenti buscar el temps i l'energia (de ben segur dos béns escassos en les seves circumstàncies actuals) per menjar adequadament. Alimentar-se de forma sana l'ajudarà a recuperar els nutrients que el seu cos en plena producció necessita.

- Guanyi el pes suficient. Al seu nou fetus no li preocupa si ha tingut temps o no de desempallegar-se dels quilets de més que li han quedat del primer embaràs. Tant el nou fill com vostè necessiten el mateix augment de pes en aquest nou embaràs, a no ser que el seu metge li digui el contrari. Així que, de moment, oblidi's de qualsevol pla per aprimar-se. Un pes augmentat de forma gradual i controlat serà relativament fàcil de perdre després, sobretot si es guanya a través d'una dieta saludable i molt especialment en el seu cas, que haurà de tenir cura d'un nounat i d'un nen petit simultàniament. Tingui una especial cura amb l'augment de pes i si no augmenta el que hauria d'augmentar, controli més atentament la seva ingesta de calories, tot seguint els consells que figuren a la pàgina 200 per tal d'incrementar aquest augment de pes.

- Alimentació compartida. Si està donant el pit al seu primer nadó, pot continuar fent-ho fins que vulgui. Però si se sent massa exhausta, potser preferirà donar-li algun suplement de llet de farmàcia o fins i tot deslletar-lo del tot. Consulti les diferents opcions amb el seu metge. Si decideix continuar donant el pit, asseguri's de prendre prou calories per alimentar-se vostè, el seu fill i el seu fetus (pregunti al seu facultatiu com fer-ho). També necessitarà molt repòs.

- Descansi. Necessitarà més descans del que podrà tenir com a mare d'un nadó. Per aconseguir descansar més, no només necessitarà estar disposada a fer-ho sinó també comptar amb l'ajuda de la seva parella i d'altres persones –que haurien de cuinar, ocupar-se de les tasques de la llar i ajudar-la tan com sigui possible en la cura del nadó. Marqui's les seves prioritats: deixi per fer les tasques menys importants i estiri's una estona sempre que el seu nadó estigui dormint. Si no està donant el pit, deixi que el pare s'ocupi dels biberons de la nit; i si manté la lactància, demani-li que com a mínim sigui ell qui li canviï els bolquers a les dues de la matinada.

- Faci exercici. Però només el suficient per donar-li energia sense que s'acabi d'esgotar. Si no té prou temps per a seguir una rutina d'exercicis de l'embaràs, realitzi alguna activitat física diària amb el seu nadó, com ara passejar-lo una estona amb el cotxet, o bé vagi a classes de preparació al part o a natació en algun centre que disposi de serveis de guarderia.

- Elimini o minimitzi qualsevol factor de risc de l'embaràs que depengui de vostè, com ara fumar i beure. Ni el seu cos ni el del seu futur nadó necessiten cap estrès extra.

Tenir família nombrosa

"Estic embarassada per sisena vegada. Suposa algun risc afegit per a mi o el meu futur fill?"

És vostè de les que pretenen demostrar la teoria que una dotzena surten més bé de preu? Afortunadament –per a vostè i la seva gran família– les dones que reben bones cures prenatals tenen grans probabilitats de tenir fills normals i saludables en el seu sisè embaràs (o en els posteriors).

De fet, a banda d'un petit augment en la incidència de parts múltiples (bessons, trigèmins, etc. –amb la qual cosa la seva gran família podria créixer encara més substancialment), aquests embarassos de "com més millor" tenen gairebé les mateixes possibilitats de no tenir complicacions que els primers o segons embarassos.

Així que gaudeixi del seu nou embaràs i de la seva gran família. I, mentre ho fa, segueixi els següents consells:

- Descansi tant com pugui. Evidentment, amb la seva experiència, podria portar un embaràs sense cap cura especial, però això no vol dir que sigui el més recomanable. Qualsevol dona embarassada necessita descans i les dones embarassades que també han de tenir cura d'altres fills (a més de tenir cura de la casa on viuen) encara en necessiten més.

- Demani tota l'ajuda possible. Si l'ajuden podrà gaudir del descans que necessita (com a mínim parcialment). Comenci pel seu marit, que hauria de col·laborar tant com fos possible amb la cura dels fills i de la casa. Però busqui encara més ajuda. Si encara no són autosuficients, ensenyi els seus fills grans a ser-ho i assigni'ls tasques adequades a la seva edat. Deixi estar qualsevol activitat que no sigui imprescindible i no pugui delegar a ningú més.

- Alimenti's bé. Les mares amb moltes boques per alimentar solen descuidar la seva pròpia alimentació. El fet de saltar-se algun àpat o d'optar per aliments poc saludables no només la perjudica a vostè (que se sentirà amb encara menys energia) sinó també al seu futur fill. Així que dediqui el temps necessari a alimentar-se bé. Picar entre hores aliments saludables la pot ajudar molt (i acabar-se les restes d'una hamburguesa amb formatge o d'uns filets de pollastre arrebossats tampoc li farà cap mal).

- Controli el seu pes. No és estrany que les dones que han tingut diversos embarassos acumulin uns quants quilos de més amb cada embaràs. Si aquest és el seu cas, presti una atenció especial en alimentar-se adequadament i controli el seu pes (el límit d'augment de pes li hauria de fixar el metge). En l'altre extrem, vigili de no estar tan enfeinada com per no menjar prou i no augmentar suficientment de pes.

Expliqui-ho tot

Sigui quin sigui el seu historial ginecològic i obstètric previ, ara no és el moment d'ocultar-lo. Explicar al seu metge tots els detalls del seu historial és més important (i rellevant) del que es pugui imaginar. Pot ser que els embarassos anteriors, els avortaments espontanis o quirúrgics, les cirurgies o les infeccions no tinguin cap influència en l'embaràs actual, però qualsevol informació que tingui al respecte –i qualsevol detall del seu historial ginecològic i obstètric– l'hauria de comentar amb el seu facultatiu (que respectarà el seu dret de confidencialitat). Com més sàpiga sobre vostè, millor la podrà cuidar.

Avortaments quirúrgics previs

"He avortat dues vegades. Afectarà el meu embaràs?"

No és probable que haver avortat diverses vegades durant el primer trimestre hagi de tenir conseqüències sobre els futurs embarassos. Així que si li van practicar els avortaments abans de la catorzena setmana de gestació, el més segur és que no s'hagi de preocupar. En canvi, haver avortat diverses vegades durant el segon trimestre de gestació (entre les setmanes 14 i 27), pot provocar un lleuger augment en el risc de patir un part prematur. En qualsevol cas, informi el seu facultatiu dels avortaments previs. Com més es familiaritzi amb el seu historial obstètric i ginecològic, més bé la podrà atendre.

Part prematur

"En el primer embaràs vaig tenir un part prematur. He eliminat tots els anteriors factors de risc, però em segueix preocupant que em pugui tornar a passar."

Felicitats per posar-hi de la seva part per tal de procurar que el seu nou embaràs sigui el més saludable possible i per donar al seu nadó el màxim de possibilitats de quedar-se "a bord" fins a la data prevista de part. Això és un gran primer pas. Amb l'ajuda del seu metge, probablement descobrirà quins passos més donar per minimitzar les possibilitats d'un nou part prematur.

Primer de tot, pregunti al seu metge sobre les darreres recerques en la prevenció de parts prematurs. Els investigadors han comprovat que l'hormona progesterona –administrada en injectables o gels entre les setmanes 16 i 36 de la gestació– redueix el risc de parts prematurs en les dones amb historials previs. Si aquest és el seu cas, pregunti al seu metge si és una bona candidata per a aquest tractament.

En segon lloc, pregunti-li si a vostè li aniria bé fer-se algun dels dos tests de cribatge per predir si corre el risc de donar a llum prematurament. En general, aquests tests només es realitzen a dones amb un embaràs d'alt risc, ja que els resultats positius no són prou exactes, però els negatius poden ajudar a evitar intervencions innecessàries. El test de cribatge de la fibronectina fetal (FNf) detecta una proteïna a la vagina que només hi és present si la bossa amniòtica s'ha separat de la paret uterina (un indici primerenc de propera dilatació). Si el resultat del test de la FNf és negatiu, no és probable que hagi de tenir un part prematur en les setmanes següents a la realització del test (així que respiri tranquil·la). Si el resultat és positiu, el seu risc de tenir un part prematur és significativament més elevat, i és possible que el seu facultatiu prengui les mesures adequades per prolongar el seu embaràs i per preparar els pulmons del seu nadó per a un possible part prematur.

El segon test de cribatge es basa en la llargada cervical. Es mesura la longitud de la cèrvix amb ultrasons i, si hi ha qualsevol indici que s'estigui escurçant o obrint, pot ser que el seu facultatiu prengui algunes mesures per reduir el risc de part prematur, com ara recomanar-li repòs al llit o intentar mantenir-li la cèrvix tancada (si encara no arriba a la setmana 22 de gestació).

Que el metge ho sàpiga tot sempre és positiu –i més encara en aquest cas, ja que pot ajudar-la a prevenir un segon part prematur.

Cèrvix incompetent

"Vaig patir un avortament espontani en el cinquè mes d'embaràs. El metge em va dir que era culpa d'una cèrvix incompetent. Un nou test d'embaràs m'acaba de donar positiu i em preocupa tenir el mateix problema."

La bona notícia (i aquesta sí que ho és) és que no té perquè tornar-li a passar. Ara que ja se li ha diagnosticat una cèrvix incompetent com a causa de la interrupció del seu primer embaràs, el seu ginecòleg podrà prendre les mesures necessàries per evitar que es repeteixi. Aquesta vegada, amb un tractament adequat i les cures pertinents, tindrà moltes possibilitats de tenir un embaràs sa i un part segur. (Si ha canviat de metge, recordi's d'explicar-li tot el seu historial de cèrvix incompetent.)

El perfil del seu embaràs i el part prematur

Aquesta és la bona notícia: és molt més probable que el seu nadó arribi tard (és a dir, postterme) que no pas abans d'hora. Aproximadament un 12 per cent de les dilatacions i els parts es consideren prematurs o preterme –és a dir, que tenen lloc abans de la setmana 37 de gestació. I aproximadament la meitat d'aquests parts es donen en dones conscients que corren un alt risc de donar a llum prematurament, incloent-hi el percentatge cada cop més elevat d'embarassos múltiples.

Es pot fer alguna cosa per intentar prevenir un part prematur si el seu perfil d'embaràs indica que presenta una gestació d'alt risc? En alguns casos, no s'hi pot fer res –ni tan sols després d'identificar el factor de risc (que no sempre es podrà identificar), ja que a vegades no es pot controlar. Però en altres casos, el factor o factors de risc que podrien comportar un part prematur es poden controlar, o almenys minimitzar. Elimini tots els factors de risc que afectin el seu embaràs i s'augmentaran les possibilitats que el seu fill esperi plàcidament a néixer fins a la data prevista. Aquí li presentem alguns dels factors de risc que podrien provocar un part prematur i que es poden controlar:

Augment de pes excessiu o insuficient. Guanyar un pes insuficient pot augmentar les possibilitats que el seu fill neixi abans del previst, però ocorre el mateix si s'engreixa més del compte. Augmentar un nombre de quilos adequat per al seu perfil d'embaràs proporcionarà al seu nadó un medi uterí més saludable i, en principi, majors possibilitats de quedar-s'hi fins a la data prevista de part.

Nutrició inadequada. Per oferir al seu nadó uns primers mesos de vida saludables a l'interior del seu úter no n'hi ha prou d'augmentar un número adequat de quilos –sinó que cal augmentar-los amb un tipus de nutrició adequada. Una dieta sense els nutrients necessaris (especialment folats) incrementa el risc de patir un part prematur, mentre que una dieta amb tots els nutrients necessaris el fa disminuir. De fet, alguns estudis demostren que alimentar-se correctament de forma regular pot fer disminuir el risc de part prematur.

Moltes hores dreta o fent feines físiques. Consulti al seu metge si li convindria reduir el nombre d'hores que s'està dempeus, sobretot en el tram final de l'embaràs. Alguns estudis demostren la relació entre parts prematurs i estar dreta moltes hores –especialment si això implica realitzar una feina física *dura* o aixecar pesos.

Elevat estrès emocional. Certs estudis han demostrat l'existència d'un vincle entre un elevat estrès emocional (no l'estrès habitual del dia a dia de "tinc moltes coses per fer i em falta temps") i el risc de part prematur. Algunes vegades, la causa d'aquest estrès excessiu es pot eliminar o minimitzar (deixant totalment o parcialment aquella feina tan poc saludable i tan estressant, per exemple); altres vegades, però, és inevitable suportar-la (com, per exemple, quan vostè es queda a l'atur o algun familiar pròxim està molt malalt o s'acaba de morir). De tota manera, molts tipus d'estrès es poden reduir mitjançant tècniques de relaxació, una bona nutrició, un bon equilibri entre exercici i descans, o bé parlant del seu problema amb el marit i els amics, o bé amb el seu metge o terapeuta.

Consum d'alcohol i drogues. Les futures mares que prenen alcohol o drogues incrementen el risc de patir un part prematur.

Fumar. Fumar durant l'embaràs pot estar vinculat amb un augment del risc de part prematur. És clarament preferible deixar de fumar prèviament a quedar-se embarassada o com abans millor quan ja ho estigui, tot i que és millor deixar de fumar tard que no pas continuar fumant durant tot l'embaràs.

Infecció gingival. Determinats estudis demostren que la infecció de les genives es pot associar amb parts prematurs. Alguns investigadors sospiten que els bacteris que causen inflamació en les genives poden penetrar al torrent sanguini, arribar fins al fetus i provocar un part prematur. Altres investigadors proposen una altra possibilitat: els bacteris que causen inflamació a la geniva també poden afectar el sistema immunitari i produir una inflamació de la cèrvix i de l'úter, provocant així un part prematur. Mantenint una bona higiene bucal i visitant el dentista de forma regular es poden evitar les infeccions bacterianes i possiblement reduir també el risc de part prematur. Tractant-se les infeccions bucals abans de quedar-se embarassada –però no necessàriament durant la gestació– també pot ajudar a reduir el risc de patir diverses complicacions, entre les quals hi ha el part prematur.

Cèrvix incompetent. El risc de part prematur com a conseqüència d'una cèrvix incompetent –és a dir, quan un coll uterí excessivament dèbil s'obre massa aviat (patologia que, per desgràcia, només es pot sospitar quan una dona ha experimentat un avortament tardà o un part prematur previ)– pot reduir-se suturant la cèrvix oberta i/o controlant periòdicament la longitud de la cèrvix mitjançant ecografies (vegi la pàgina 49 per a més informació).

Historial de parts prematurs. Les seves possibilitats de patir un part prematur són majors si ja n'ha tingut algun de previ. Si ja ha passat per una dilatació i un part prematurs, és possible que el seu metge li prescrigui progesterona durant el segon i el tercer trimestre de gestació per evitar que es repeteixi l'experiència.

Els següents factors de risc no són controlables, però en certs casos es poden modificar parcialment. En altres casos, el fet de saber que existeixen poden ajudar-la a vostè i al seu facultatiu a controlar millor els riscos, així com a millorar notablement el resultat en cas que el part prematur sigui inevitable:

Embaràs múltiple. Les dones embarassades de més d'un fetus donen a llum una mitjana de tres setmanes abans de la data prevista (encara que s'ha suggerit que l'embaràs a terme per a bessons és realment de 37 setmanes, fet que podria significar que tres setmanes d'antelació no implica part prematur en absolut). Unes bones cures prenatals, una nutrició òptima i l'eliminació dels factors de risc –juntament amb més descans i menor activitat, si cal, durant el tercer trimestre– poden ajudar a prevenir un part massa precoç. Vegi el capítol 16 per a més informació.

Dilatació i esborrament cervical prematurs. En algunes dones, per raons desconegudes i aparentment no relacionades amb una cèrvix incompetent, el coll uterí es comença a aprimar i a obrir massa aviat. Les investigacions recents suggereixen que almenys alguns d'aquests casos de dilatació i esborrament prematurs podrien estar relacionats amb una cèrvix més curta del normal. Una ecografia rutinària de la cèrvix a mitjans de l'embaràs podria determinar quines dones tenen un risc més alt.

Complicacions de l'embaràs. Les complicacions com ara la diabetis gestacional, la preeclàmpsia i un excés de líquid amniòtic, així com els problemes amb la placenta (com la placenta prèvia o l'abrupció placentària) poden fer més probable el part prematur. Controlar aquestes situacions de la millor manera possible pot ajudar a prolongar l'embaràs fins a la data de sortida de comptes.

(continua a la pàgina següent)

(continuació de la pàgina anterior)

Malaltia crònica de l'embarassada. Les malalties cròniques, com ara la hipertensió, les malalties cardíaques, hepàtiques o renals, o la diabetis poden fer augmentar el risc d'un part prematur, encara que un control mèdic eficient i l'autocura de l'embarassada poden reduir aquest risc.

Infeccions generalitzades. Algunes infeccions en la futura mare (determinades malalties de transmissió sexual i les infeccions urinàries, cervicals, vaginals, renals i del líquid amniòtic) poden provocar un major perill de part prematur. En el cas d'infeccions que podrien danyar el fetus, el part prematur pot convertir-se en la solució que troba el cos per intentar allunyar el nadó d'un medi perillós. La prevenció de la infecció o el seu tractament precoç poden evitar efectivament aquests naixements prematurs.

Mare menor de 17 anys. Les futures mares adolescents solen tenir un risc més elevat de part prematur. Una bona nutrició i unes cures prenatals adequades poden reduir aquest risc ajudant a compensar el fet que tant el cos de la mare com el del nadó estan en fase de creixement.

Es calcula que es donen 1 o 2 casos de cèrvix incompetent (és a dir, de cèrvix que s'obre prematurament per la pressió de l'úter i del fetus en desenvolupament) per cada 100 embarassos i es considera la causa d'entre el 10 i el 20 per cent de tots els avortaments espontanis durant el segon trimestre de gestació. Pot ser la conseqüència d'una debilitat genètica de la cèrvix, d'un estirament exagerat o de laceracions importants de la cèrvix durant un o més parts previs, una biòpsia extensiva de con practicada per cèl·lules cervicals precanceroses, o bé per cirurgia o teràpia de làser cervical. Els embarassos múltiples també poden ser la causa d'una cèrvix incompetent, però en aquest darrer cas no és probable que es repeteixi en embarassos posteriors.

La cèrvix incompetent se sol diagnosticar quan la dona avorta espontàniament durant el segon trimestre de gestació, després d'un esborrament (escurçament i aprimament) indolor i de la dilatació del coll uterí, sense contraccions uterines ni sagnat vaginal.

Per ajudar-la a protegir l'embaràs actual, pot ser que el seu obstetra li practiqui un cerclatge (un procediment per suturar el coll uterí per tal que no es torni a obrir) durant el segon trimestre de gestació (entre les setmanes 12 i 22). Encara que les investigacions més recents han posat en dubte l'eficàcia de la tècnica del cerclatge (que s'hauria d'estudiar més a fons), molts metges la segueixen practicant de forma rutinària. Tot i això, en la majoria dels casos els metges només la practiquen quan un examen o ecografia vaginal demostren que la cèrvix s'està escurçant o obrint. Aquest simple procediment es realitza per via vaginal amb anestèsia local. Dotze hores després de la intervenció, podrà reprendre la seva rutina habitual, encara que és possible que li prohibeixin les relacions sexuals durant la resta de l'embaràs i que s'hagi de sotmetre a exàmens mèdics freqüents. El moment oportú per treure els punts de sutura dependrà tant de l'opinió del seu metge com de la seva situació particular. Generalment, se solen treure unes setmanes abans que la dona embarassada surti de comptes. En alguns casos, no es retiraran fins que comenci la dilatació, a no ser que hi hagi infecció, hemorràgies o ruptura prematura de les membranes.

Cal estar alerta als indicis d'un problema imminent en el segon trimestre o a principis del tercer trimestre: pressió al baix ventre, flux sangonós, freqüència urinària inusual o sensació de portar un gran pes sobre la vagina. Si nota algun d'aquests símptomes, truqui immediatament al seu metge.

Incompatibilitat de Rh

"El metge em va dir que, amb l'anàlisi de sang, va detectar que sóc Rh negativa. Què suposa això per al meu nadó?"

Afortunadament, un cop sabut, només cal que prengui unes mesures molt simples per protegir eficaçment el seu nadó de la incompatibilitat de Rh.

Què és exactament la incompatibilitat de Rh i què necessita el seu nadó per quedar-ne protegit? Una breu lliçó de biologia ens ajudarà a aclarir els conceptes ràpidament. Cada cèl·lula del cos humà té a la seva superfície un gran nombre d'antígens, o estructures similars a antenes. Un d'aquests antígens és el factor Rh. Cada persona hereta cèl·lules sanguínies, ja sigui amb el factor Rh (fet que converteix la persona en Rh positiva) o sense aquest factor (amb la qual cosa serà Rh negativa). En un embaràs, si les cèl·lules sanguínies de la mare no tenen el factor Rh (o sigui, si és Rh negativa) i, en canvi, les cèl·lules del fetus (per herència paterna) sí que el tenen (amb la qual cosa és un fetus Rh positiu), el sistema immunitari de la mare pot considerar el fetus com un "cos estrany" (i les seves cèl·lules sanguínies Rh positives). I la resposta normal del sistema immunitari matern serà generar exèrcits d'anticossos per atacar aquest cos estrany. Aquesta reacció es coneix amb el nom d'incompatibilitat de Rh.

A totes les dones se'ls analitza el factor Rh durant els primers mesos d'embaràs, generalment en la primera visita prenatal. Si una dona és Rh positiva, com ocorre en el 85 per cent dels casos, no hi haurà problemes d'incompatibilitat, tant si el fetus és Rh positiu com Rh negatiu, ja que no hi haurà antígens estranys en les cèl·lules sanguínies del fetus que provoquin una reacció en el sistema immunitari de la mare.

Quan la mare és Rh negativa es fa una anàlisi al pare del nadó per determinar si és Rh positiu o Rh negatiu. Si el seu marit és Rh negatiu, el seu fetus també ho serà (atès que dos progenitors "negatius" no poden tenir un fill "positiu"), fet que significa que el seu cos no considerarà el fetus com un "cos estrany". Però si el seu marit és Rh positiu, hi ha força possibilitats que el seu fetus hagi heretat el factor Rh del pare, generant una incompatibilitat entre vostè i el seu fill.

Aquesta incompatibilitat no sol ser cap problema en el primer embaràs. Els problemes comencen a sorgir quan una certa quantitat de la sang del nadó penetra en el sistema circulatori matern durant el primer embaràs, part o avortament espontani o quirúrgic. Aleshores, el cos de la mare produeix anticossos davant del factor Rh. Els anticossos per si sols són innocus –fins que la mare es torna a quedar embarassada i el fetus torna a ser Rh positiu. Durant aquest segon embaràs, aquests nous anticossos podrien travessar la placenta fins al sistema circulatori del nadó i atacar els glòbuls rojos del fetus, provocant-li una anèmia que tant pot ser molt dèbil (si els nivells d'anticossos materns són baixos) com molt greu (si són elevats). Només molt rarament aquests anticossos es formen durant el primer embaràs, degut a una reacció a la sang fetal que circula en sentit contrari, travessant la placenta i arribant al torrent circulatori de la mare.

Evitar el desenvolupament d'aquests anticossos és la clau per protegir el fetus quan hi ha incompatibilitat de Rh. La majoria dels metges planifiquen un atac en dues fases. A les 28 setmanes de gestació, la futura mare Rh negativa rep una vacuna d'immunoglobulina Rh, coneguda com a Rhogam, per evitar el desenvolupament dels anticossos. Una segona dosi se li administrarà 72 hores després del part, sempre que les anàlisis de sang indiquin que el nadó és Rh positiu. Si el nadó és Rh negatiu, no fa falta cap mena de tractament. La vacuna Rhogam també s'administra en cas d'avortament espontani, embaràs ectòpic, avortament provocat, anàlisi de les vellositats coriòniques (AVC), amniocentesi, hemorràgia vaginal o trauma durant l'embaràs. Administrant Rhogam sempre que convingui es poden evitar problemes en futurs embarassos.

Si a una dona Rh negativa no se li va injectar Rhogam durant el seu embaràs anterior i les anàlisis revelen que ha desenvolupat anticossos Rh capaços d'atacar un fetus Rh positiu, es pot recórrer a l'amniocentesi per comprovar el tipus sanguini del fetus. Si és Rh negatiu, la mare i el nadó tenen tipus sanguinis compatibles i no cal preocupar-se. Si és Rh positiu, i per tant és incompatible amb el tipus sanguini matern, caldrà controlar regularment els nivells d'anticossos de la mare. Si aquests nivells són perillosament alts, es realitzaran ecografies per valorar en quina condició es troba el fetus. Si en algun moment la seguretat del fetus es veu amenaçada perquè s'ha desenvolupat una malaltia hemolítica o de Rh, podria fer falta una transfusió de sang Rh negativa al fetus.

L'ús del Rhogam ha reduït notablement la necessitat de transfusions en embarassos amb incompatibilitat de Rh, que ara es limiten a un 1 per cent, i en un futur aquesta tècnica salvavides del fetus es podria convertir en un miracle del passat.

També podrien sorgir incompatibilitats similars amb altres factors sanguinis, com ara l'antigen de Kell, encara que són menys freqüents que la incompatibilitat del Rh. Si el pare té l'antigen i la mare no, també es genera un possible problema. El cribatge estàndard, que forma part de la primera analítica rutinària, busca la presència d'anticossos circulant per la sang de la mare. Si aquests anticossos es troben, es fa una anàlisi al pare del nadó per comprovar si és positiu, circumstància en la qual s'actuaria de la mateixa manera que en el cas d'incompatibilitat de Rh.

El seu historial mèdic

Nivells d'anticossos de la rubèola

"De petita, em van vacunar contra la rubèola, però l'anàlisi de sang prenatal indica que tinc uns nivells baixos d'anticossos de la rubèola. M'he d'amoïnar?"

Actualment, no cal preocupar-se massa quan es tracta de la rubèola, almenys als països occidentals. I això no significa que la malaltia ja no sigui perillosa per al futur nadó (sí que ho pot ser, especialment durant el primer trimestre de gestació; vegi la pàgina 549), sinó que gairebé és impossible contraure-la. Com que la majoria de nens i adults han estat vacunats –i es continuen vacunant– contra la rubèola, les possibilitats de ser exposada a aquesta malaltia són mínimes.

Encara que no la vacunin durant l'embaràs, li injectaran una nova vacuna contra la rubèola tan bon punt hagi donat a llum, fins i tot abans de marxar de l'hospital. Aleshores no correrà cap risc, ni tan sols si alleta el seu nadó.

Vacunes durant l'embaràs

Com que hi ha infeccions de diverses menes que poden provocar problemes durant l'embaràs, és aconsellable que li administrin totes les vacunes necessàries abans de concebre. Durant la gestació, no són recomanables la majoria de les vacunes que utilitzen virus vius, com ara la triple vírica de XGR (xarampió, galteres i rubèola) i la de la varicel·la (o verola). Hi ha altres vacunes que no s'han d'administrar rutinàriament però sí en cas necessari. Entre aquestes, hi ha la vacuna de l'hepatitis A i la vacuna del pneumococ. També pot vacunar-se sense riscos contra el tètanus, la diftèria i l'hepatitis B amb vacunes que continguin virus morts o inactius. També es recomana que totes les dones embarassades en temporades de major incidència de la grip (normalment d'octubre a abril) s'injectin la vacuna.

Per a més informació sobre quines vacunes són segures durant l'embaràs i quines li convenen a vostè (especialment si ha de viatjar a algun país exòtic), en cas que n'hi convingui alguna, consulti-ho al seu metge.

Obesitat

"Tinc un sobrepès d'uns 24 quilos. Suposa algun risc elevat per a mi o per al meu fill durant l'embaràs?"

La majoria de dones amb sobrepès –i fins i tot les obeses (se'n consideren les que tenen un pes un 20 per cent o més per damunt del pes ideal)– tenen embarassos completament segurs i nadons totalment sans. Tot i això, l'obesitat sempre comporta riscos afegits per a la salut, i l'embaràs no n'és cap excepció. El fet de carregar una gran quantitat de pes extra mentre també ha de carregar amb el pes del nadó incrementa les possibilitats de determinades complicacions de l'embaràs, com ara la hipertensió o la diabetis gestacional. El sobrepès també comporta alguns problemes pràctics durant l'embaràs. Pot resultar més difícil calcular amb exactitud la data prevista de part sense l'ajuda d'una ecografia al principi de l'embaràs, perquè l'ovulació sol ser molt irregular en les dones obeses i perquè els patrons que usen els facultatius per calcular la data de sortida de comptes (com ara l'altura del fundus o part superior de l'úter, la mida uterina o el batec cardíac fetal) poden ser difícils d'establir a través d'una gruixuda capa de greix.

El greix acumulat també pot dificultar al ginecòleg determinar la mida i la posició del fetus (i a vostè també li serà més difícil percebre les primeres puntadetes del nadó). A més, es podrien presentar dificultats al part si el fetus és molt més gran que la mitjana, com sol ocórrer en el cas de mares obeses (fins i tot si la mare no menja més del compte durant l'embaràs i especialment amb les dones diabètiques). D'altra banda, si cal practicar una cesària, un abdomen molt gran pot complicar tant la pròpia intervenció com la recuperació posterior.

Durant l'embaràs tampoc hem d'oblidar el tema de la comoditat, o més aviat de la incomoditat –ja que, per desgràcia, com més quilos s'acumulen, més símptomes incòmodes se solen manifestar. Els quilos de més (tant si ja els tenia com si els ha acumulat al llarg de l'embaràs) poden causar-li més mals d'esquena, varices, inflors, acidesa i altres molèsties.

S'està desanimant? Doncs no ho faci. Tant vostè com el seu metge poden fer moltes coses per minimitzar els

Embaràs després d'un *bypass* gàstric

Felicitats per partida doble: ha perdut molt pes i ara està embarassada! Però a més de fer-se copets a l'esquena (o a la panxa), és possible que s'estigui preguntant quins efectes pot tenir en el seu embaràs el bypass gàstric o la cirurgia de banda gàstrica. Afortunadament, pocs. Se suposa que ja la van avisar que esperés a quedar-se en estat un mínim d'entre 12 i 18 mesos després de la intervenció –el període de pèrdua de pes més dràstica i de possible malnutrició. Però un cop superat aquest punt d'inflexió, les possibilitats que tingui un embaràs saludable i un fill sa són, de fet, majors que si no s'hagués operat ni perdut pes. Tot i això, com ja deu saber, s'haurà d'esforçar més per assegurar-se que el seu fill neixi el més sa possible:

- Inclogui el cirurgià que li va practicar el *bypass* en el seu equip mèdic prenatal, ja que serà el professional idoni per informar el seu ginecòleg o la seva llevadora sobre les necessitats específiques d'una pacient operada de *bypass* gàstric.
- Prengui's els suplements vitamínics necessaris mentre estigui en estat (ara no és el moment de patir deficiències nutricionals). Les vitamines prenatals són un bon inici, però és possible que vostè necessiti una aportació extra de ferro, calci, àcid fòlic, vitamina B_{12} i vitamina A, degut a certs problemes de malabsorció. Recordi's de preguntar tant al seu facultatiu prenatal com al seu cirurgià quins suplements particulars necessita.
- Controli's regularment el pes (amb l'ajuda del seu metge, és clar). Ara ja s'ha acostumat a veure'l baixar, però ara haurà de començar a pujar. Si no guanya el pes suficient durant l'embaràs, és possible que la criatura no creixi de la manera en què ho hauria de fer. Asseguri's que sap quin és el seu objectiu pel que fa a l'augment de pes (que pot ser diferent al d'una futura mare estàndard), i recordi que haurà de seguir un pla d'alimentació que l'ajudi a arribar a l'augment de pes desitjat.
- Controli què menja. Com a pacient amb un *bypass* gàstric, ja sabrà que la quantitat d'aliment que pot ingerir és limitada, així que s'haurà de centrar en la qualitat (que no deixa de ser un bon consell per a qualsevol dona en estat). Intenti no malgastar calories, i procuri elegir aliments que continguin el màxim de nutrients en el menor volum possible.
- Si en algun moment sent dolor abdominal o una inflor excessiva, truqui immediatament al seu metge.

riscos per a vostè i el seu fill i les molèsties de l'embaràs –només cal que s'hi esforci una mica més.

Pel que fa a les cures mèdiques, probablement la sotmetran a més controls que a les dones de baix risc: una ecografia inicial per calcular la data estimada de part amb major exactitud i una de posterior per determinar la mida i la posició de la criatura; almenys un test de tolerància a la glucosa, o un cribatge per determinar si té algun símptoma de desenvolupament d'una diabetis gestacional; i, cap al final de l'embaràs, un test de patiment fetal, entre altres, per controlar l'estat general del seu fill.

I pel que fa a vostè, si es cuida molt notarà una gran diferència. Eliminar qualsevol risc d'embaràs que estigui a les seves mans –com ara evitar beure alcohol o fumar– serà especialment important per a vostè. Mantenir controlat el seu pes també serà molt important: és possible que, d'una banda, els quilos que el metge li ha recomanat guanyar durant la gestació siguin menys que en el cas d'una embarassada estàndard i, de l'altra, que el facultatiu li controli l'augment més regularment.

Es recomana que les dones amb sobrepès augmentin de 6 a 8 quilos i que les obeses no en guanyin més de 6, encara que les recomanacions de cada facultatiu poden variar.

Encara que el seu objectiu d'increment de pes estigui per sota de la mitjana, la seva dieta diària haurà de contenir les calories adequades, que hauran de procedir d'aliments rics en vitamines, minerals i proteïnes (vegi la dieta de l'embaràs al capítol 5). Centrar-se en la qualitat més que en la quantitat i donar a cada mossegada la importància que es mereix l'ajudarà a fer que cada caloria s'aprofiti –i ajudarà el seu nadó a obtenir la màxima aportació nutricional de les calories que vostè consumeixi.

A més, prendre sistemàticament les vitamines prenatals l'ajudarà a confirmar que va pel bon camí. (Però elimini del seu menú els supressors de la gana que possiblement es prenia abans de quedar-se embarassada; ara podrien ser perillosos. I el mateix podem dir de les begudes que suposadament treuen la gana.)

Si fa exercici de manera regular, dins dels límits marcats pel seu metge, podrà menjar més quantitat d'aliments sans que tant vostè com el seu nadó necessiten –i sense acumular massa quilos.

Per al seu següent embaràs, si és que vol tenir més d'un fill, intenti mantenir-se el més a prop possible del seu pes ideal abans de concebre. Si ho fa, tot l'embaràs serà molt més fàcil –i tindrà menys complicacions.

Pes insuficient

"Sempre he estat molt primeta. Com afectarà al meu embaràs el fet de pesar tan poquet?"

Sens dubte, l'embaràs és el millor moment per menjar bé i guanyar pes –tant per a les dones que són primes com per a les que no ho són tant. Però si s'ha quedat embarassada essent molt menuda (amb un índex de massa corporal de 18,5 o inferior; vegi la pàgina 184 per aprendre a calcular el seu IMC), s'haurà d'omplir encara més el plat. El motiu és que existeixen certs riscos potencials (com ara tenir un nadó petit menut per a la seva edat gestacional) associats amb estar embarassada i excessivament prima, especialment si aquest baix pes es deu a una nutrició deficient. Però qualsevol risc complementari es pot eliminar amb una bona dieta (que inclogui no només calories extra sinó també fruites i verdures fresques, que proporcionen vitamines i minerals, a vegades insuficients en persones molt primes); vitamines prenatals i un augment de pes adequat. Depenent de quin fos el seu punt de partida, és possible que el seu metge li aconselli engreixar-se uns quants quilos més del normal –potser entre 16 i 20 quilos, en comptes d'entre 10 i 14, com es recomana en un embaràs mitjà. Si té la sort de disposar d'un metabolisme ràpid que li fa difícil augmentar de pes, consulti la pàgina 200, en què trobarà alguns consells. Tot i això, sempre que el seu pes vagi augmentant segons les directrius mèdiques, no hi ha motius per pensar que el seu embaràs es trobarà amb cap altre obstacle.

Trastorns alimentaris

"Fa deu anys que lluito contra la bulímia. Em pensava que amb l'embaràs seria capaç de frenar la contínua cadena

d'afartar-me i vomitar, però no ha estat així. Perjudicarà això el meu fill?"

No, si busca ajuda de forma immediata. El fet que hagi estat bulímica (o anorèctica) durant diversos anys implica que probablement les seves reserves nutricionals són baixes, un inconvenient que ara els afecta tant a vostè com al seu fill. Afortunadament, durant els primers mesos d'embaràs les necessitats nutricionals són inferiors que més endavant, de manera que tindrà l'oportunitat de suplir les deficiències nutricionals del seu cos abans no perjudiqui el nadó.

Existeixen poques investigacions sobre la relació entre trastorns alimentaris i embaràs, en part perquè aquestes alteracions solen interrompre els cicles menstruals, reduint d'aquesta manera el nombre de dones embarassades amb aquest problema. Malgrat això, els pocs estudis que s'han realitzat en aquest sentit suggereixen que:

- Si aconsegueix controlar el seu trastorn alimentari, i partint de la base que no experimenti altres factors de risc, tindrà les mateixes possibilitats que una altra dona de tenir un nadó sa.
- És essencial que el facultatiu que li controli l'embaràs estigui al corrent del seu trastorn alimentari (així que expliqui-l'hi, fins i tot si es tracta d'un problema ja superat).
- Visitar un especialista en aquest tipus de trastorns és recomanable per a qualsevol persona que els pateixi, i encara més si es tracta d'una dona embarassada. També podrà trobar ajuda en grups de suport (busqui informació a internet o demani al seu facultatiu o terapeuta que n'hi recomani algun).
- Continuar prenent laxants, diürètics o altres fàrmacs usats per persones bulímiques i anorèctiques pot perjudicar el desenvolupament del seu fill. Aquests fàrmacs eliminen els nutrients i líquids del seu organisme abans que puguin ser usats per a nodrir el seu nadó (i, més endavant, abans de produir llet) i si es consumeixen amb regularitat podrien comportar alguna anormalitat fetal. Cap dona embarassada hauria de prendre aquests medicaments, ni cap altre, a no ser que els hi prescrigui un metge que sàpiga que està en estat.
- Sembla ser que, durant l'embaràs, l'afany d'afartar-se i a continuació vomitar (en altres paraules, patir bulímia) fa augmentar el risc d'avortament, part prematur i depressió postpart. Si abandona a temps aquests hàbits, podrà alimentar-se bé vostè i alimentar bé el seu nadó. Si té problemes per abandonar-los, busqui ajuda.
- No guanyar prou pes durant l'embaràs pot generar diversos problemes, entre els quals hi ha el part prematur i un nadó massa petit per a la seva edat gestacional.

El primer pas, i el més important, és comprometre's a vèncer el seu trastorn alimentari per començar a engendrar una bonica criatura. També s'ha de conscienciar sobre la necessitat d'augmentar de pes durant l'embaràs. Tingui en compte que:

- La silueta d'una dona embarassada és universalment considerada un símbol de bellesa i salut. Les formes arrodonides són normals perquè indiquen que s'està criant un fill. Alegri's de tenir corbes i accepti el seu cos de dona embarassada!
- És lògic que es guanyi pes durant l'embaràs. Augmentar la quantitat adequada de pes és vital per a la seva pròpia salut i per a la del seu fill.
- El pes guanyat de forma gradual i amb els aliments adequats anirà a parar als destinataris adequats (el seu nadó i altres components essencials per al

nadó). Si es manté dins de les directrius establertes (amb uns valors més elevats per a les dones que es queden embarassades amb un pes insuficient), no li costarà tant perdre pes un cop hagi donat a llum. Aquesta estratègia (guanyar una quantitat moderada de pes a base d'aliments nutritius) l'ajudarà a recuperar ràpidament la silueta anterior a l'embaràs i a garantir la salut del seu nadó.

- Quan vostè passa gana, el seu fill també en passa. El seu fill depèn de vostè per obtenir un subministrament constant de nutrients. Si vostè no menja, el seu nadó tampoc ho podrà fer. Si els aliments que ingereix són eliminats artificialment del seu cos (vomitant i amb laxants o diürètics), al nadó no li quedarà res de profitós per alimentar-se.
- L'exercici la pot ajudar a mantenir el seu pes dins d'uns límits raonables i a conduir els quilos de més als llocs adequats. Però el programa d'exercicis que esculli ha de ser adequat per a una dona en estat (primer de tot, consultiho al seu metge) i cal evitar l'exercici físic extenuant (o l'excés d'exercici, que podria cremar massa calories o fer-li pujar excessivament la temperatura corporal).
- Tot el pes guanyat durant l'embaràs no desapareixerà de sobte durant els primers dies del postpart. Si s'alimenten correctament, la majoria de dones recuperen aproximadament (però no exactament) el pes anterior a l'embaràs al cap d'unes sis setmanes. Perdre tot el pes i recuperar la silueta (fet que requereix fer exercici) pot suposar molt més temps. Per aquest motiu, moltes dones amb trastorns alimentaris tenen aquesta percepció negativa de la seva pròpia imatge corporal i és possible que durant el postpart tornin a caure en l'hàbit d'afartar-se i vomitar. Com que aquests mals hàbits nutricionals podrien interferir en la seva capacitat de recuperació postpart, per criar el seu fill adequadament i per donar-li el pit, si és que opta per la lactància materna, és important que mantingui en mans d'un professional el tractament dels seus trastorns alimentaris durant el postpart.

El més important que ha de tenir present: durant l'embaràs, el benestar del seu fill depèn absolutament del seu propi benestar. Si vostè no està ben nodrida, el seu fill tampoc ho estarà. De ben segur que un reforç positiu la pot ajudar molt, així que pengi fotografies de nadons preciosos a la nevera, al seu despatx, al cotxe i en qualsevol lloc que li serveixi de recordatori de l'alimentació sana que s'hauria de prendre. Intenti visualitzar que els aliments que vostè ingereix passen directament al seu nadó (i imagini's que el seu nadó assaboreix gustosament aquests aliments).

Si no se sent amb forces d'evitar afartar-se, vomitar, prendre laxants i diürètics, o de sotmetre's a dietes excessivament estrictes mentre dura l'embaràs, parli amb el seu metge sobre la possibilitat de quedar-se ingressada en un hospital fins que aconsegueixi controlar aquest trastorn.

Tenir un fill després dels 35

"Tinc 38 anys i estic esperant el meu primer fill. He llegit molt sobre els riscos de quedar-se embarassada a partir dels 35 i ara no sé si m'hauria de preocupar."

Quedar-se embarassada després dels 35 la inclou en un grup de dones nombrós i en continu creixement. Mentre que el percentatge d'embarassos en dones que ronden els 20 ha davallat lleugerament en els darrers anys, les dones embarassades de més de 35 anys han augmentat gairebé un 40 per cent. I encara que el nombre de nadons nascuts de mares que superen els 40 anys continua essent relativament reduït, en els darrers anys també ha augmentat aproximadament una tercera part.

Si té més de 35 anys, ja ha viscut el suficient per adonar-se que a la vida tot comporta els seus riscos. Actualment, els riscos de l'embaràs són molt petits, però augmenten lleugerament i progressivament amb l'edat de la mare. Tot i això, els nombrosos beneficis de començar a formar una família en el moment més oportú per a vostè compensen amb escreix els petits riscos associats (que, amb els avenços mèdics, poden reduir-se d'una manera o altra).

El principal risc reproductiu a què s'enfronta una dona de la seva franja d'edat és la dificultat de quedar-se embarassada degut a una disminució de la fertilitat. Si ja ha superat aquesta dificultat i s'ha quedat embarassada (motiu de felicitació), ara s'enfrontarà a unes probabilitats una mica més elevades de tenir un nadó amb la síndrome de Down. La incidència augmenta amb l'edat de la mare: 1 cas de cada 1.250 en les mares de 25 anys, uns 3 casos de cada 1.000 en les mares de 30, 1 cas de cada 300, aproximadament, en mares de 35 anys, i 1 cas de cada 35 en mares de 45 anys (s'adonarà que el risc no es dispara a partir dels 35, sinó que augmenta progressivament amb l'edat).

S'especula que aquesta i altres anormalitats cromosòmiques, encara que són relativament rares, són més comunes en dones més grans perquè els seus òvuls també són més vells (totes les dones neixen amb un subministrament d'òvuls per a tota la vida), i perquè han patit més exposicions als raigs X, als fàrmacs, a les infeccions, etc. (Tot i això, ara se sap que l'òvul no és sempre el responsable d'aquestes anormalitats cromosòmiques, ja que s'estima que com a mínim un 25 per cent dels casos de síndrome de Down estan relacionats amb un defecte dels espermatozous d'un pare gran.)

També hi ha altres riscos que augmenten lleugerament amb l'edat. Ser més gran, sobretot si es passa dels 40, significa que durant l'embaràs és més probable patir hipertensió (especialment si es té sobrepès), diabetis o malalties cardiovasculars –però tots aquests problemes són comuns no només en les embarassades sinó en els grups de més edat en general i solen ser controlables. Les futures mares més grans també tenen un major risc d'avortament espontani (a causa del major envelliment dels seus òvuls), preeclàmpsia i part prematur. En general, les fases de dilatació i part també se solen allargar més i és una mica més probable que es presentin complicacions que fan que la pràctica de cesàries i altres formes de part assistit (com ara l'extracció amb ventoses) siguin més comunes.

En algunes mares de més edat, la davallada del to muscular i de la flexibilitat de les articulacions poden fer que el part sigui una mica més complicat –però aquest no és el cas de les dones que es troben en perfecta forma física gràcies a

El 35 és el número màgic?

El sol fet que hagi fet els 35 no significa que hagi de necessitar per força més proves, o proves diferents, que les embarassades més joves. De fet, a totes les dones se'ls recomanen els tests de cribatge, independentment de l'edat –i només les que n'obtenen com a resultat un possible risc més elevat s'haurien de sotmetre a mètodes de diagnòstic prenatal més invasius.

una alimentació saludable i a la pràctica regular d'esport.

De tota manera, com a contrapartida a aquests riscos lleugerament majors en les dones grans, també hi ha moltes notícies positives per a les dones embarassades que passen dels 35. Les embarassades grans d'avui dia tenen més avantatges que mai.

Tot i que la síndrome de Down no es pot prevenir, sí que es pot identificar a l'úter mitjançant diverses proves i cribatges (vegi la pàgina 65), que són recomanables per a totes les dones embarassades independentment de la seva edat i que són molt més precises que en el passat, fet que significa que es criba les futures mares de manera que no calgui fer-los proves de diagnòstic més invasives (ni tan sols a les que superen els 35), estalviant-los així diners i nervis. Les malalties cròniques més comunes en les dones grans poden estar ben controlades. Els fàrmacs i un control mèdic regular poden evitar alguns parts prematurs. I els avenços mèdics continuen fent disminuir els riscos a la sala de parts.

Però tot el que la medicina pot fer perquè vostè tingui un embaràs segur i un fill sa no és comparable amb el que vostè mateixa pot fer a través de l'exercici, la dieta i unes bones cures prenatals. El fet de ser gran no la inclou necessàriament en la categoria d'embarassada d'alt risc, però la suma d'una sèrie de diversos riscos individuals sí que la hi poden incloure.

Elimini o minimitzi tots els factors de risc que pugui i així traurà anys del seu perfil d'embaràs i farà que les seves possibilitats de tenir un fill sa siguin pràcticament les mateixes que per a una mare més jove. O més i tot.

Així que relaxi's, gaudeixi de l'embaràs i estigui tranquil·la. Mai com ara havia estat tan favorable tenir més de 35 anys i quedar-se en estat.

L'edat del pare

"Jo només tinc 31 anys, però el meu marit passa dels 50. L'edat del pare podria afectar el nostre fill?"

Al llarg de la història, sempre s'havia cregut que la tasca del pare en el procés reproductiu es limitava a la fecundació. No va ser fins al segle XX (massa tard per a totes les reines que ja havien perdut el cap per no poder oferir un hereu a la corona) quan es va descobrir que els espermatozous del pare aporten el component genètic decisori per determinar el sexe del futur fill. I fins a les darreres dècades els investigadors no han començat a sospitar que els espermatozous del pare podrien contribuir a un major risc d'avortaments o de defectes congènits. De la mateixa manera que els òvuls de les mares més grans, els espermatòcits (o sigui, els espermatozous sense madurar) dels pares grans també han patit una major exposició als riscos ambientals i és possible que continguin gens o cromosomes alterats. De fet, els investigadors han descobert que, independentment de l'edat de la mare, el risc d'una parella de patir un avortament augmenta amb l'edat del pare. Sembla que també hi ha un increment en la incidència de casos amb síndrome de Down quan el pare passa dels 50 o 55 anys (independentment de l'edat de la mare), encara que la influència és menor que en el cas de l'edat materna.

De tota manera, les proves encara no són concloents, sobretot perquè les investigacions sobre els pares més grans encara es troben a les beceroles. Tot i que sembla que existeixen cada cop més proves que inclouen l'edat del pare com un factor influent en els avortaments i els defectes congènits, els especialistes en genètica no recomanen realitzar l'amniocentesi únicament en base a l'edat del pare. De fet, els tests de cribatge es practiquen rutinàriament a totes les futures mares, independentment de la seva edat. Si el seu test presenta uns resultats normals, no es preocupi per l'edat del seu marit i no cal que es faci l'amniocentesi.

Assessorament genètic

"No deixo de preguntar-me si podria tenir algun problema genètic i no saber-ho. Hauria de demanar assessorament genètic?"

Gairebé tothom té com a mínim un gen portador d'algun trastorn genètic. Però com que, per sort, la majoria de trastorns requereixen la implicació d'un parell de gens, un del pare i un altre de la mare, no és probable que apareguin en els seus fills. Un dels progenitors o tots dos es poden realitzar un test genètic per alguns d'aquests trastorns abans o durant l'embaràs –però normalment només té sentit fer-los si existeix una possibilitat superior a la mitjana que els dos progenitors siguin portadors d'algun trastorn en particular. La pista clau sol ser de caire genètic o geogràfic. Així, per exemple, es recomana que tots els caucàsics es facin la prova de la fibrosi quística (ja que la mutació de la FQ es dóna en aproximadament 1 de cada 25 caucàsics d'origen europeu). Les parelles jueves amb antecessors procedents de l'Europa oriental s'haurien de fer les anàlisis per descartar les malalties de Tay-Sachs i de Canavan, i possiblement també alguna altra. La malaltia de Tay-Sachs[1] també s'ha detectat en altres grups ètnics, incloent-hi els cajuns de Lousiana i els francocanadencs, de manera que fer-se les proves seria convenient si la seva família té alguna d'aquestes arrels. De manera similar, les parelles de raça negra s'haurien de fer l'anàlisi de l'anèmia falciforme i les d'origen mediterrani i asiàtic, les proves de la talassèmia (una forma hereditària d'anèmia). En la majoria dels casos, es recomana fer les proves a un dels progenitors i només cal repetir-les a l'altre si el primer dóna positiu en els tests practicats.

Embaràs i mare soltera

És vostè una futura mare soltera? Que no tingui parella no vol dir que hagi d'estar sola durant el seu embaràs –i és millor que tampoc intenti estar-ne. El tipus de suport que necessita li poden oferir altres persones que no siguin una parella. Una bona amiga o un parent amb el qual se senti a gust i recolzada podria donar-li un cop de mà durant l'embaràs, tant físicament com emocionalment. Aquesta persona podria representar, en certa manera, el paper de la parella durant els nou mesos d'embaràs i també després –acompanyant-la a les visites prenatals i a les classes de preparació al part, dedicant-li atenció i suport quan vostè necessiti expressar les seves preocupacions i pors, a més d'ajudant-la a preparar-se vostè mateixa i a preparar la seva casa per a la nova arribada, actuant d'acompanyant, de suport i de representant en la dilatació i el part. I com que ningú no podrà comprendre tan bé com ho està passant com una altra mare soltera, també podria considerar la possibilitat de participar en un grup de suport per a mares solteres (o de crear-ne un de nou), o buscar-ne un per internet (al tauler d'anuncis de whattoexpect.com hi podrà trobar missatges d'altres mares solteres).

[1] Malaltia d'herència recessiva, és a dir que el gen l'han de portar el pare i la mare, que són sans. És raríssima, encara que en la raça jueva es troba una mica més sovint. Es tracta d'un trastorn en el metabolisme dels greixos que afecta les neurones centrals i produeix la mort abans dels tres mesos. *(Nota del revisor.)*

Les malalties que poden passar als fills a través d'un sol gen d'un progenitor portador (l'hemofília, per exemple) o d'un progenitor que pateix la malaltia (com ara la malaltia de Huntington), generalment ja s'han manifestat en la família abans, encara que és possible que les últimes generacions no en tinguin coneixement.

Per aquest motiu, si està embarassada (o intenta quedar-se'n), és molt important revisar l'historial mèdic familiar per intentar investigar el màxim possible sobre la salut dels seus pares, avis i altres parents pròxims.

Per fortuna, la majoria de futurs pares i mares tenen un risc tan baix de transmetre alteracions genètiques que no els cal assessorament genètic. En molts casos, el seu facultatiu prenatal els explicarà els problemes genètics més comuns, i els derivarà a un especialista en genètica o en medicina maternofetal si considera que el seu cas mereix una anàlisi més profunda, com ara en:

- Parelles que s'han fet anàlisis de sang que demostren que són portadores d'un trastorn genètic que podrien transmetre al seu fill.
- Pares que ja han tingut un o diversos fills amb defectes congènits.
- Parelles que han patit tres o més avortaments consecutivament.
- Parelles que constaten una anomalia genètica en alguna de les branques dels seus arbres genealògics. En alguns casos (com el de la fibrosi quística o el de certes talassèmies), si s'analitza l'ADN dels pares abans de l'embaràs, la posterior interpretació de les anàlisis del fetus serà molt més senzilla.
- Parelles amb un dels membres amb algun defecte de naixement (com ara una malaltia cardíaca congènita).
- Dones embarassades que han donat positiu en els tests de cribatge per la presència d'algun defecte fetal.
- Parelles amb vincles de parentiu; el risc de malalties hereditàries en descendents de progenitors que siguin parents és molt superior (afecten, per exemple, 1 de cada 9 fills en el cas de cosins germans).

El millor moment per visitar un especialista en genètica és abans de quedar-se embarassada, o en cas de matrimonis emparentats que vulguin començar una família, es aconsellable abans de casar-se i tot.

L'especialista podrà informar les parelles de quines probabilitats tenen de concebre un fill sa, a partir dels perfils genètics dels dos progenitors. També pot assessorar-los sobre la conveniència de tenir o no descendència. Però fins i tot si ja s'ha confirmat l'embaràs, també poden visitar un especialista en genètica. En aquest cas, els podrà suggerir quins tests prenatals s'haurien de fer en funció del seu perfil genètic i, suposant que les anàlisis posin de manifest que el fetus té algun defecte greu, l'especialista pot explicar als futurs pares totes les opcions de què disposen ajudant-los a decidir-se per la millor.

Els estudis genètics d'aquest darrers anys han evitat que moltes parelles d'alt risc patissin el drama de donar a llum nens amb problemes greus tot ajudant-les a complir el seu somni de tenir fills completament sans.

QUÈ CAL TENIR EN COMPTE

Diagnòstic prenatal

Serà nen o nena? Tindrà el cabell negre o ros? Els ulls clars o foscos? Tindrà la boqueta de la mare i clotets a les galtes com el pare? La veu del pare i l'habilitat de la mare amb les matemàtiques (o a la inversa)?

La veritat és que els fills mantenen els seus pares entretinguts (tot fent apostes amistoses) des de molt abans de néixer –i a vegades des d'abans de ser concebuts i tot. Però el tema que preocupa més als futurs pares i que centra els seus temes de conversa és el de la salut del seu futur fill.

Fins fa poc, aquest dubte no es podia resoldre fins que la criatura havia nascut. Avui dia, ja es pot saber durant el primer trimestre de gestació, gràcies als cribatges prenatals i als tests diagnòstics. La majoria de futures mares són sotmeses a diversos tests de cribatge al llarg de les 40 setmanes de gestació –fins i tot les que tenen poques probabilitats de tenir un fill amb algun problema (per motius d'edat, de bona nutrició o d'excel·lents cures prenatals). Aquests tests de cribatge (des dels cribatges combinats i integrats fins a les ecografies i el cribatge quàdruple) es realitzen rutinàriament perquè no suposen cap risc ni per a la mare ni per al nadó i, a més, poden proporcionar molta seguretat i els beneficis que aquesta seguretat comporta.

Anar un pas més enllà i fer-se tests de diagnòstic més definitius (com l'AVC, l'amniocentesi o unes ecografies més detallades), en canvi, no està indicat per a totes les dones embarassades. Molts pares –sobretot els que obtenen un resultat negatiu en els tests de cribatge– poden continuar gaudint de l'espera amb la tranquil·litat que els seus fills compten amb unes possibilitats aclaparadores de néixer completament sans. Però per als progenitors que es preocupen més enllà dels dubtes normals de qualsevol parella que espera un fill, podríem considerar que els beneficis del diagnòstic prenatal compensen amb escreix els corresponents riscos. Les candidates adequades per a aquests tipus de test són, entre altres, les següents:

- Les dones de més de 35 anys (encara que una dona d'aquesta edat amb uns resultats del cribatge favorables pot decidir, amb l'ajut del seu metge, si prefereix saltar-se aquestes proves).
- Les dones que, des del moment de la concepció, han estat exposades a alguna substància que podria fer témer un dany per al seu futur fill. (Consultar-ho amb el seu metge les pot ajudar a decidir si convé fer-se un diagnòstic prenatal en el seu cas particular.)
- Les dones que tenen un historial familiar de malalties genètiques i/o les que s'ha demostrat que són portadores d'aquest tipus de malalties.
- Les dones que pateixen alguna alteració genètica (com ara la fibrosi quística o una cardiopatia congènita).
- Les dones que han estat exposades a alguna infecció (com la rubèola o la toxoplasmosi) que podria causar algun defecte congènit.
- Les dones que prèviament han patit avortaments o han donat a llum a nadons amb defectes congènits.
- Les que han donat positiu en algun dels tests de cribatge prenatals.

Per què sotmetre's a tests diagnòstics si impliquen un cert risc? La principal raó per al diagnòstic prenatal és la tranquil·litat que gairebé sempre aporta. La gran majoria de futures mares potencialment en risc que se sotmeten a aquestes proves obtindran uns resultats perfectes sobre la salut dels seus fills –amb la qual cosa el pare i la mare es deixaran de cabòries i començaran a gaudir de l'embaràs.

Primer trimestre

L'ecografia del primer trimestre

Què és? Un dels tests de cribatge més senzills és l'ecografia. S'utilitzen ones sonores d'una freqüència tan elevada que no poden ser percebudes per l'oïda humana i que, en canvi, permeten la visualització i l'examen del fetus sense necessitat de recórrer als raigs X. Encara que l'ecografia sol ser prou precisa per a la majoria d'usos, en el cribatge per als defectes congènits pot aportar alguns falsos negatius (o sigui, que sembli que tot va bé, però no en vagi tant) i alguns falsos positius (quan sembla que hi hagi algun problema, però en realitat no n'hi ha cap).

L'ecografia del primer trimestre (que generalment es tracta d'una ecografia bàsica de nivell 1) es realitza per tal de:

- Confirmar la viabilitat de l'embaràs.
- Determinar l'edat gestacional del fetus.
- Precisar el nombre de fetus.
- Verificar la causa del sagnat, en cas que n'hi hagi.
- Localitzar un DIU que hi havia a l'úter matern en el moment de la concepció.
- Ubicar el fetus abans de practicar una AVC o una amniocentesi.
- Valorar el risc d'anormalitat cromosòmica com a part d'un test de cribatge.

Com es realitza? Encara que l'examen per ecografia se sol realitzar passant un transductor sobre l'abdomen de la mare (ecografia transabdominal), és possible que durant el primer trimestre es prefereixi optar per una ecografia transvaginal, especialment si es practica molt aviat. El procediment dura entre 5 i 30 minuts i és indolor, exceptuant la incomoditat d'haver de tenir la bufeta plena, condició necessària per a l'examen transabdominal del primer trimestre.

Mentre se li realitzi l'ecografia transabdominal o transvaginal, la futura mare estarà estirada d'esquena. En el cas de l'ecografia transabdominal, se li estén una capa de gel sobre l'abdomen per tal de millorar la conducció dels ultrasons. Aleshores es desplaça el transductor lentament per damunt del ventre matern. En el cas de l'ecografia transvaginal, el transductor se li insereix a la vagina. En ambdós procediments, els aparells registren els ecos de les ones sonores que reboten sobre les diferents parts del cos del nadó i les tradueixen en imatges visibles a través d'una pantalla.

Quan es practica? Aquestes ecografies es realitzen en qualsevol moment del primer trimestre de gestació, depenent de les raons per practicar-les. La bossa amniòtica ja es pot visualitzar al cap de quatre setmanes i mitja de l'última menstruació; el batec cardíac ja es pot detectar a les 5 o 6 setmanes (encara que no en tots els casos). Per a més informació sobre l'ecografia del segon trimestre, vegi la pàgina 73.

És innòcua? Després de molts anys d'ús clínic i estudi, les ecografies no s'han associat a cap risc conegut i sí, en canvi, a una gran quantitat de beneficis. Molts metges practiquen ecografies de forma rutinària, com a mínim una en algun moment de l'embaràs. Tot i això, molts experts recomanen que només es practiquin ecografies durant l'embaràs quan hi hagi algun motiu suficient per practicar-les.

Cribatge combinat del primer trimestre

Què és? Aquest cribatge del primer trimestre implica tant una ecografia com una anàlisi de sang. En primer lloc, l'ecografia mesura la fina capa de fluid que s'acumula a la nuca del nadó, anomenada translucència nucal (TN). Si es detecta una quantitat excessiva de líquid, *podria* indicar un augment del risc d'anormalitats cromosòmiques, com per exemple la síndrome de Down, defectes cardíacs congènits i altres trastorns d'origen genètic.

Per la seva banda, l'anàlisi de sang detecta si hi ha alts nivells de proteïna plasmàtica A (PPA) i de GCh, dues hormones produïdes pel fetus i que passen al torrent sanguini matern. Aquests nivells, combinats amb la mesura del gruix del plec nucal i l'edat de la mare, poden proporcionar una idea aproximada del risc que el nadó pateixi la síndrome de Down i la trisomia 18.

Una minoria dels centres mèdics també analitzen l'absència de l'os nasal en el nadó en realitzar l'ecografia. Alguns estudis han demostrat que la falta d'os nasal durant el primer trimestre podria indicar un major risc de síndrome de Down, però altres estudis no han confirmat aquests resultats, de manera que aquesta valoració és una mica controvertida.

Encara que el cribatge combinat del primer trimestre no li pot oferir un diagnòstic tan definitiu com el que podria obtenir amb l'ús de proves més invasives, sí que la podrà ajudar a decidir si està disposada a sotmetre's a aquestes altres proves. Si el test de cribatge demostra que el seu nadó podria tenir un elevat risc de patir un defecte cromosòmic, el metge li proposarà sotmetre's a un test de diagnòstic, com ara el de l'anàlisi de les vellositats coriòniques (AVC; vegi més endavant a la pàgina següent) o l'amniocentesi (vegi la pàgina 70). Si el seu test de cribatge no mostra cap risc elevat, és possible que el metge li prescrigui el cribatge quàdruple durant el segon trimestre (vegi la pàgina 69) per descartar defectes del tub neural. I com que unes mesures del TN superiors a les normals s'associen amb defectes cardíacs del fetus, el seu facultatiu li podria suggerir realitzar-se un ecocardiograma fetal cap a la vintena setmana de gestació per detectar possibles defectes cardíacs en el nadó. Uns resultats del TN elevats també poden estar vinculats a un lleuger risc de part prematur, així que és possible que la controlin també en aquest sentit.

Quan es practica? El cribatge combinat del primer trimestre es duu a terme entre les setmanes 11 i 14 de gestació.

Quina precisió té? Aquest test de cribatge no detecta directament els problemes cromosòmics ni diagnostica cap anomalia en particular. Així, els seus resultats es limiten a proporcionar-li les probabilitats estadístiques que el seu fill pugui tenir algun problema. Un resultat anormal del cribatge combinat no significa que el nadó tingui un problema cromosòmic, sinó únicament que el seu risc de tenir-ne algun és major. De fet, la majoria de dones que presenten un resultat anormal en el test de cribatge acaben tenint un fill totalment normal i sa. Al mateix temps, el fet que el resultat sigui normal tampoc garanteix que el seu fill no tingui cap problema, sinó que apunta que és molt improbable que presenti algun defecte cromosòmic.

El cribatge combinat del primer trimestre pot detectar aproximadament el 80 per cent dels casos de síndrome de Down i el 80 per cent dels problemes de trisomia 18.

És innocu? Tant les ecografies com les analítiques són indolores (a no ser que consideri dolorosa la simple punxada per a l'extracció de sang) i no comporten cap risc per a vostè ni el seu fill. Però tenen un inconvenient. Aquest tipus de tests de cribatge requereixen una tecnologia d'ultrasons molt sofisticada. Per assegurar la màxima precisió possible dels resultats, s'hauria de realitzar sempre amb un equip especial (un ecògraf d'alta qualitat) i només l'haurien de dur a terme metges o especialistes en ecografies amb una preparació específica. També cal tenir present que un altre inconvenient d'aquesta prova és que pot donar un fals positiu, motiu pel qual s'haurà de sotmetre a altres procediments que no són tan segurs. Abans de prendre qualsevol decisió basada en els resultats del cribatge prenatal, faci avaluar els resultats a un metge especialitzat o a algun genetista. Si li queden dubtes, busqui una segona opinió.

És . . . una sorpresa!

Les proves diagnòstiques poden determinar el sexe del seu nadó. Però a no ser que constitueixi una part necessària d'algun diagnòstic, li donaran l'opció de saber-ho quan rebi els resultats de l'AVC i de l'amniocentesi (si és que encara no ho ha sabut a través de les ecografies) o d'esperar a saber-ho com en els vells temps, a la sala de parts. L'únic que ha de fer és assegurar-se que el seu metge té present si vostè vol saber o no el sexe del seu fill per evitar que li esguerri la sorpresa per un descuit.

Anàlisi de les vellositats coriòniques

Què és? L'anàlisi de les vellositats coriòniques (AVC) és una prova de diagnòstic prenatal que implica prendre petites mostres de les projeccions en forma de dit de la placenta, anomenades vellositats coriòniques, i d'analitzar-les per detectar-hi anormalitats cromosòmiques. Actualment, l'AVC es fa servir per detectar problemes com ara la síndrome de Down, la malaltia de Tay-Sachs, l'anèmia falciforme i la majoria de varietats de fibrosi quística. L'AVC no pot detectar problemes del tub neural ni altres defectes anatòmics. Només se solen fer proves per a detectar malalties específiques (a part de la síndrome de Down) si existeix un historial familiar amb aquesta malaltia o se sap que els pares en són portadors. Es creu que, en un futur, l'AVC serà capaç de detectar més de 1.000 trastorns causats per alteracions cromosòmiques o genètiques.

Com es practica? L'AVC se sol dur a terme a l'hospital, encara que també es pot realitzar en la pròpia consulta mèdica. Depenent de la ubicació de la placenta, la mostra de cèl·lules es pren a través de la vagina i el coll uterí (AVC transcervical) o amb l'ajuda d'una agulla que s'insereix a través de la paret abdominal (AVC transabdominal). Cap dels dos mètodes està totalment lliure de dolor i la incomoditat pot variar de lleugera a moderada.

Algunes dones pateixen rampes (similars a les rampes menstruals) quan se'ls pren la mostra. Tots dos procediments duren uns 30 minuts, de principi a fi, encara que la presa de cèl·lules pròpiament dita no s'allarga més d'un o dos minuts.

En el procediment transcervical, la pacient s'estira d'esquena i se li insereix un tub llarg i prim a través de la vagina fins a arribar a l'úter. Guiant-se per les imatges de l'ecografia, el metge situa el tub entre el revestiment uterí i el còrion, la membrana fetal que acabarà formant el costat fetal de la placenta. Aleshores se succiona o es pinça una mostra de les vellositats coriòniques per a realitzar-ne un estudi diagnòstic.

En el procediment transabdominal, la pacient també s'estira panxa enlaire. Es fa servir una ecografia per determinar la ubicació de la placenta i per visualitzar les parets uterines. A continuació, amb l'ajuda de les imatges ecogràfiques, s'insereix una agulla a través de l'abdomen i la paret uterina fins arribar a l'extrem de la placenta, d'on s'extreu la mostra de cèl·lules que s'han d'estudiar.

Com que les vellositats coriòniques són d'origen fetal, examinant-les s'obtindrà una clara imatge de la composició genètica del fetus en desenvolupament. Els resultats d'aquests tests estan disponibles en una o dues setmanes.

Quan es practica? L'AVC es realitza entre les setmanes 10 i 13 de gestació. El seu principal avantatge és que es pot dur a terme durant el primer trimestre i pot donar resultats (i generalment, tranquil·litat) més aviat que l'amniocentesi, que se sol practicar cap a la setmana 16 d'embaràs. El diagnòstic primerenc és especialment útil per als que es plantegin la possibilitat d'acabar terapèuticament amb l'embaràs, en cas de problemes greus, ja que l'avortament és menys complicat i traumàtic durant les primeres setmanes de gestació.

Quina precisió té? L'AVC pot detectar amb una gran precisió el 98 per cent de les anormalitats cromosòmiques.

És innòcua? L'AVC és segura i fiable, amb una taxa d'avortament espontani pròxima a 1 cas de cada 370. Per tal de reduir els riscos associats amb aquest procediment, s'hauria de realitzar en algun centre reconegut per les seves mesures de seguretat i no practicar-lo abans de la desena setmana de gestació.

Després de practicar l'AVC, es pot registrar una mica de sagnat vaginal que, tot i no ser preocupant, s'ha de posar en coneixement del metge. També li hauria de comunicar si les hemorràgies duren tres o més dies. Encara que el risc d'infecció amb l'AVC és molt baix, informi'n el seu metge si li puja la febre.

Primer i segon trimestres

Cribatge integrat

Què és? De la mateixa manera que el cribatge combinat del primer trimestre, el test del cribatge integrat inclou tant una ecografia com una analítica, però en aquest cas l'ecografia (per a mesurar el TN) i la primera anàlisi de sang (per mesurar la concentració de PPA) es realitzen durant el primer trimestre, mentre que durant el segon trimestre es realitza una segona analítica (per mesurar els mateixos quatre marcadors sanguinis que en el cribatge quàdruple; vegi més endavant). Per obtenir la valoració global, es combinen els resultats dels tres tests. Com en el cas d'altres proves de cribatge, el test integrat no detecta directament problemes cromosòmics ni diagnostica cap anomalia específica; els resultats només proporcionen una probabilitat estadística que el nadó presenti algun problema. Amb aquesta informació, podrà decidir si es vol sotmetre a posteriors proves diagnòstiques.

Quan es practica? L'ecografia es realitza entre les setmanes 10 i 14 de gestació. La primera analítica es fa el mateix dia que es realitza l'ecografia i la segona, entre les setmanes 16 i 18. Els resultats globals es facilitaran un cop s'hagi realitzat la segona anàlisi de sang.

Quina precisió té? Un test que recull i integra informació tant del primer com del segon trimestre d'embaràs és més efectiu que un que només es basa en informació d'un dels dos trimestres. Amb el cribatge integrat, es detecten aproximadament un 90 per cent dels casos de síndrome de Down i entre un 80 i un 85 per cent dels defectes del tub neural.

És innocu? L'ecografia i les analítiques són indolores i no suposen cap risc.

Segon trimestre

Cribatge quàdruple

Què és? El cribatge quàdruple és una anàlisi de sang que mesura els nivells de quatre substàncies produïdes pel fetus i que passen al torrent sanguini de la mare: l'alfa-fetoproteïna (AFP), la GCh, l'estriol i la inhibina-A. (Alguns metges només mesuren els nivells de tres d'aquestes substàncies, en un cribatge triple.) Uns nivells elevats d'AFP poden suggerir la possibilitat (però no la probabilitat) que el seu nadó tingui un major risc de patir un defecte del tub neural. Uns nivells baixos d'AFP i uns nivells anormals d'altres marcadors podrien indicar que el nadó en desenvolupament podria presentar un major risc d'anormalitat cromosòmica, com ara la síndrome de Down. El cribatge quàdruple, com tots els tests de cribatge, no poden diagnosticar un defecte congènit, sinó només indicar l'existència d'un major risc. Qualsevol resultat anormal només implica que s'haurien de realitzar més proves.

Cal destacar que certs estudis indiquen que les dones que presenten uns resultats anormals en el cribatge quàdruple però obtenen resultats normals en les següents proves, com ara en l'amniocentesi, *pot ser* que encara presentin uns riscos lleugerament majors de patir algunes complicacions en l'embaràs, com ara un nadó massa petit per a la seva edat gestacional, un part prematur o preeclàmpsia. Si vostè rep uns resultats d'aquesta mena, consulti al seu metge quines mesures podria prendre per reduir les probabilitats de patir qualsevol possible complicació més endavant, tenint sempre present que no sempre es dóna la relació entre els resultats anormals i aquestes possibles complicacions.

Quan es practica? El cribatge quàdruple es realitza entre les setmanes 14 i 22 de gestació.

Quina precisió te? El cribatge quàdruple pot detectar si hi ha un risc superior al normal en el 85 per cent dels casos de defectes del tub neural, en gairebé el 80 per cent dels casos de síndrome de Down i en el 80 per cent de les trisomies 18. La taxa de falsos positius del cribatge quàdruple independent és molt alta.

Només una o dues de cada 50 dones amb uns resultats anormalment alts tenen en realitat un fetus afectat. En les altres 48 o 49, les proves posteriors revelen que les raons que els nivells de les hormones siguin anormals són la presència de més d'un fetus, que el fetus és unes setmanes major o menor del que s'havia cregut inicialment o, simplement, que els resultats del test eren erronis. Si la dona gesta un sol fetus i l'ecografia demostra que les dates són correctes, s'oferirà l'amniocentesi com a pas següent.

És innocu? Com que el cribatge quàdruple només requereix una mostra sanguínia, és completament segur. El principal risc d'aquesta prova és que un resultat positiu la porti a sotmetre's a altres procediments amb un risc més elevat. Abans de prendre qualsevol decisió a partir dels resultats del cribatge prenatal, demani que un metge especialitzat o un genetista li avaluïn els resultats.

Un resultat erroni

Les futures mares se sotmeten als tests de cribatge perquè els proporcionin tranquil·litat, però malauradament sol ocórrer que el resultat (particularment del cribatge triple o quàdruple) és un fals positiu (o sigui, que sembla que hi hagi algun problema, però finalment es comprova que era una falsa alarma). Així perd la tranquil·litat que vostè esperava aconseguir –i es presenta una angoixa innecessària i la preocupació que es pretenia evitar.

Per això, és molt important precedir la pràctica dels processos de cribatge d'una explicació del seu metge sobre l'alta taxa de falsos positius i sobre el que realment significa si aquest resulta ser el seu cas. El metge l'informarà de notícies tan tranquil·litzadores com la següent: més del 90 per cent de les futures mares amb un resultat positiu del cribatge acaben donant a llum a un nadó totalment normal i sa. Pensi en positiu!

Amniocentesi

Què és? Les cèl·lules fetals, els components químics i els microorganismes que es troben en el líquid amniòtic que envolta el fetus ofereixen un ampli ventall d'informació sobre el nadó en creixement, com ara la seva dotació genètica, el seu estat actual i el seu nivell de maduresa. Un dels avenços més importants en el diagnòstic prenatal ha estat la possibilitat d'extreure i examinar una mostra del líquid amniòtic mitjançant l'amniocentesi. Aquest procediment es recomana quan:

- Els resultats d'un test de cribatge (el cribatge combinat del primer trimestre, el cribatge integrat, el cribatge triple o quàdruple, o una ecografia) donen uns resultats anormals i fa falta l'anàlisi del líquid amniòtic per determinar si existeix realment alguna anormalitat fetal.
- La mare és gran (generalment més de 35 anys), sobretot per determinar si el fetus pateix la síndrome de Down (encara que una mare gran amb uns resultats favorables en els cribatges pot optar, amb el vistiplau del metge, per no fer-se-la).
- La parella ja ha tingut un fill amb alguna anormalitat cromosòmica, com ara la síndrome de Down, un trastorn metabòlic o una deficiència enzimàtica com la fibrosi quística (FQ).
- La mare és portadora d'algun trastorn genètic vinculat al cromosoma X, com ara l'hemofília (amb un 50 per cent de possibilitats de ser transmesa a qualsevol dels fills que tingui).

Com tranquil·litzar una dona embarassada

Afortunadament, la majoria de resultats de les ecografies mostren que tot està anant (i creixent) correctament. Però per a algunes dones, l'ecografia de nivell 2 pot anar més o menys així: durant el primer minut mira fixament la pantalla d'ultrasons, meravellada per la miraculosa imatge del seu fill flotant alegrement a l'interior del seu ventre. Al minut següent, el tècnic crida el metge, que la fa baixar dels núvols per fer-la entrar en un estat de pànic en pronunciar unes esfereïdores paraules del tipus: "Veiem alguna cosa –un tènue marcador– que ens podria indicar que existeix algun problema."

Però abans de deixar-se dominar pel pànic, és important mirar-s'ho des d'una perspectiva més tranquil·litzadora. Encara que els "marcadors tènues" d'una ecografia (detectats en un 5 o un 10 per cent dels ultrasons del segon trimestre, depenent del marcador) són trets subtils que podrien indicar un major risc de problemes cromosòmics (la majoria de vegades la síndrome de Down o la trisomia 18), aquests trets també es troben en molts nadons perfectament saludables. De fet, molt pocs dels nadons que presenten aquests marcadors tènues (com ara un quist del plexe coroïdal, *foci* ecogènics o pieloectàsia, per esmentar-ne només alguns) acaben presentant una anormalitat cromosòmica. Això suposa que, en la majoria dels casos, les denominades deteccions anormals en realitat no indiquen que hi hagi res d'anormal.

El seu facultatiu potser li suggerirà que se sotmeti a més proves (com ara l'amniocentesi) per estar-ne segurs, però mentrestant, respiri a fons i recordi que a vegades la tecnologia –que tantes alegries ens pot donar– també ens pot ocasionar algunes preocupacions innecessàries.

- Els dos progenitors són portadors d'una anomalia autosòmica recessiva hereditària, com ara la malaltia de Tay-Sachs o l'anèmia falciforme i, per tant, tenen una possibilitat de cada quatre que el seu fill n'estigui afectat.
- Se sospita la presència d'alguna infecció fetal com ara toxoplasmosi, eritema infecciós o citomegalovirus.
- Cal assegurar-se de la maduresa dels pulmons fetals en l'etapa final de l'embaràs (ja que són els darrers òrgans en estar preparats per funcionar fora de l'úter).

Com es practica? Amb la pacient estirada d'esquena, es busca a través d'imatges ecogràfiques la ubicació del seu fill i de la placenta, de forma que el metge pugui esquivar-los durant el procediment. És possible que li adormin l'abdomen amb una injecció d'anestèsia local, però com que aquesta punció és tan dolorosa com la pròpia tècnica, molts metges opten per no posar-la. S'insereix una agulla llarga i fina a través de la paret abdominal fins a l'úter, per tal d'extreure una petita quantitat del fluid present a la bossa amniòtica que envolta el fetus. (No es preocupi: el nadó produirà més líquid amniòtic per reemplaçar el que s'extreu.) Existeix un petit risc de punxar el fetus durant el procediment, però aquest risc es redueix enormement amb l'ús simultani d'imatges ecogràfiques. Tot el procediment –incloent-hi els preparatius i l'ecografia– sol durar uns 30 minuts, de principi a fi (encara que l'extracció de líquid amniòtic pròpiament dita només s'allarga un o dos minuts). Si vostè és Rh negativa, li injectaran una dosi de globulina Rh-immune (Rhogam)

Si es detecta algun problema

En la gran majoria de casos, el diagnòstic prenatal ofereix els resultats que tots els pares esperen: tot va bé en relació amb el seu futur fill. Però quan les notícies no són bones –quan resulta que es detecta algun problema– la informació proporcionada per un diagnòstic decebedor també pot ser d'utilitat per als pares. Es pot fer servir per prendre decisions vitals respecte d'aquest embaràs i dels successius. Les possibles opcions inclouen:

Prosseguir amb l'embaràs. Se sol elegir aquesta opció quan la parella creu que pot acceptar i viure amb el problema detectat en el futur fill o quan els progenitors són contraris a practicar l'avortament sota cap concepte. Tenir una idea de com aniran les coses permet que els pares es preparin (tant en qüestions pràctiques com emocionals) per rebre a la seva família un fill amb unes necessitats especials o per enfrontar-se al fet inevitable de perdre un fill. És millor que els pares vagin passant ara per totes les fases de la reacció (negació, rancúnia, sentiment de culpabilitat) derivades del fet de conèixer la notícia que el seu fill té un problema que no pas que ho facin després del part. També podran informar-se del problema en particular amb antelació al naixement i preparar-se per assegurar al seu fill una vida el millor possible. Unir-se a un grup de suport –encara que sigui per Internet– pot ajudar-los a enfrontar-se amb la situació una mica més fàcilment.

Acabar amb l'embaràs. Si les proves detecten la presència d'un defecte que serà letal o molt invalidant, i els nous tests i la interpretació d'un genetista confirmen el diagnòstic, alguns pares opten per interrompre l'embaràs. Si aquesta és la seva decisió, una autòpsia (en què després de l'avortament quirúrgic s'examinin curosament els teixits fetals) els podrà ser de gran utilitat per determinar les probabilitats que l'anormalitat es repeteixi en futurs

després de practicar-li l'amniocentesi, per assegurar-se que el procediment no acaba comportant problemes de Rh (vegi la pàgina 53).

Quan es practica? L'amniocentesi diagnòstica se sol realitzar entre les setmanes 16 i 18 de gestació, però a vegades es pot practicar entre les setmanes 13 i 14 o, com a molt tard, entre la setmana 23 i 24. Els resultats del test se solen lliurar al cap de 10 a 14 dies. Alguns laboratoris ofereixen la HFIN –la hibridació fluorescent *in situ*– que compta ràpidament el nombre de determinats cromosomes a l'interior de la cèl·lula. Es pot fer servir per obtenir els resultats de l'amniocentesi més ràpidament, normalment al cap d'un o dos dies (la HFIN flaix ofereix els resultats en tan sols un parell d'hores), però com que els resultats no són complets, aquesta tècnica sempre es complementa amb un test cromosòmic al laboratori. L'amniocentesi també es pot realitzar en l'últim trimestre de gestació per comprovar la maduresa dels pulmons fetals.

Quina precisió té? L'amniocentesi té més d'un 99 per cent de fiabilitat en diagnosticar –o en descartar, el que és més probable– la síndrome de Down. (En un test HFIN normal, aquesta fiabilitat s'aproxima al 98 per cent.)

embarassos. La majoria de parelles, un cop disposen d'aquesta informació i amb l'ajuda d'un metge o especialista en genètica, ho tornen a intentar, amb l'esperança que aquesta vegada els tests i l'embaràs siguin completament normals. I la majoria de vegades ho aconsegueixen.

Tractament prenatal del fetus. El tractament pot consistir en una transfusió sanguínia (com en la incompatibilitat del Rh), l'aplicació de determinades tècniques o de cirurgia (per exemple, per drenar una bufeta obstruïda) o l'administració d'enzims o de medicació (com ara els esteroides per accelerar el desenvolupament pulmonar, poc abans del part). A mesura que la tecnologia avança, es generalitzen altres tipus de cirurgia prenatal, de manipulacions genètiques i de tractaments.

Donació d'organs. Si el diagnòstic indica que els defectes fetals no són compatibles amb la vida, hi ha la possibilitat de donar un o diversos dels òrgans sans per a un nadó que els necessiti. Alguns pares troben una mica de consol per la pròpia pèrdua en aquesta iniciativa solidària. En un cas com aquest, un especialista maternofetal o un neonatòleg li poden proporcionar informació útil.

Tot i que els mètodes de diagnòstic prenatal es van perfeccionant, també cal recordar que no són en absolut infal·libles. Es donen errors fins i tot en els millors laboratoris i centres mèdics, o entre el personal més especialitzat i amb el millor equip d'alta tecnologia, tot i que els falsos positius són molt més comuns que els falsos negatius. Per aquest motiu, sempre que uns resultats indiquin que hi ha algun problema fetal, els hauria de confirmar amb la realització de més proves o amb la consulta a altres professionals.

També és important recordar que la gran majoria de parelles no hauran de passar mai per un mal tràngol com aquest i que la majoria de futures mares que se sotmeten a proves prenatals reben el diagnòstic que esperaven des d'un bon començament: tot va bé amb el seu embaràs i amb el seu futur fill.

És innòcua? L'amniocentesi és molt segura; s'estima que el risc que aquest procediment provoqui un avortament espontani es dóna en només 1 de cada 1.600 casos. Després de l'amniocentesi, és possible que tingui una mica de rampes, que poden durar d'uns minuts a unes quantes hores. Alguns metges recomanen fer repòs durant la resta del dia; altres no. Molt esporàdicament, es pot presentar un lleuger sagnat vaginal o una pèrdua de líquid amniòtic. Si li passés alguna d'aquestes dues coses, informi'n al metge immediatament. És molt probable que les pèrdues i el sagnat s'aturin al cap d'uns dies, però se sol recomanar no moure's del llit i mantenir-se sota observació mèdica fins que se solucioni.

Ecografia del segon trimestre

Què és? Encara que li hagin fet una ecografia durant el primer trimestre per determinar l'edat gestacional del fetus o com a part del cribatge integrat o combinat, segurament n'hi faran una altra durant el segon trimestre de gestació. Aquesta ecografia de nivell 2, o "dirigida", és molt més detallada, se centra en l'anatomia fetal i es pot practicar per diversos motius, com per exemple, per comprovar com avança l'embaràs. També pot ser molt més divertida d'observar, perquè proporciona una imatge molt més nítida del seu futur fill.

Actualment, com que les imatges ecogràfiques són cada vegada més clares, fins i tot els no experts (com els pares) poden distingir el cap dels peus, i moltes més coses. Durant l'ecografia del nivell 2, i amb l'ajuda d'un tècnic o un metge, podrà sentir el batec cardíac del seu fill i veure-li la curvatura de l'espina dorsal, la cara, els braços i les cames. Fins i tot pot ser que vegi com el seu fill es xucla el dit polze. Generalment, es poden veure els genitals i determinar el sexe del nadó, encara que amb una fiabilitat que no arriba al 100 per cent i depenent de la postura del nadó (si vol que el sexe del seu fill sigui una sorpresa fins al moment del part, asseguri's de fer-ho saber amb anterioritat al seu metge o al tècnic que realitzi les ecografies). En la majoria dels casos, es podrà endur a casa un record del seu examen, una "foto" o una còpia en vídeo digital 3-D o 4-D, per ensenyar-la als familiars.

Quan es practica? Se sol dur a terme entre les setmanes 18 i 22 de gestació.

És innòcua? L'ecografia s'ha associat a molts beneficis i a cap risc. I molts metges prescriuen proves ecogràfiques com a mínim una vegada durant l'embaràs, i normalment diverses vegades. Tot i això, la majoria d'experts recomanen que durant l'embaràs només es realitzin les ecografies que realment facin falta.

CAPÍTOL 4

La vida quotidiana d'una embarassada

És evident que tindrà previst fer alguns canvis en la seva vida diària ara que està embarassada (en fi, deixar-se de criaturades i començar a pensar en la futura criatura). Però es deu preguntar fins a quin punt haurà de canviar la seva vida diària ara que ha de començar a pensar per dos. Què me'n diu del còctel abans de sopar: haurà d'esperar fins a després del part? I de les sessions de sauna al gimnàs –millor oblidar-nos-en també? Pot seguir netejant el seu bany amb un desinfectant que desprèn aquella bafarada? I què ha sentit a dir sobre els gats a casa? Estar embarassada vol dir que s'ha de pensar dues vegades el que fins ara feia rutinàriament –des de permetre que la seva millor amiga fumi al menjador de casa fins a escalfar-se el sopar al microones? En alguns casos, és efectivament així i la resposta és un sí rotund (com ara en "vi per a mi, no, gràcies!"). En canvi, en altres, podrà continuar amb les seves obligacions –i diversions– habituals, però amb una mica més de precaució ("Amor meu, ara –i els propers nou mesos!– et toca a tu de canviar la terra del gat").

Què la pot amoïnar

Esports i exercici

"Ara que estic embarassada, puc seguir amb el meu programa d'exercici habitual?"

En la majoria de casos, l'embaràs no implica deixar enrere l'activitat esportiva; només cal que recordi que, mentre està engendrant una nova vida, la moderació és sempre la clau de l'èxit. Molts ginecòlegs no només permeten a les dones amb embarassos sense complicacions que segueixin les seves rutines esportives sinó que a més les animen a seguir-les, però amb diverses pauses intermèdies. Consulti-ho sempre al seu ginecòleg abans de continuar o de començar un programa d'exercicis i practiqui esport sense arribar mai fins a l'esgotament (vegi la pàgina 239 per a més informació).

Cafeïna

"El cafè em manté activa tot el dia. He de deixar de prendre cafeïna durant l'embaràs?"

No cal prohibir per complet la ingesta de cafès, però moderi el consum de cafeïna en la mesura del possible. La majoria d'estudis asseguren que beure un màxim de 200 mg de cafeïna al dia durant l'embaràs no comporta cap risc. Depenent de com es prengui el cafè (cafè sol, tallat, cafè amb llet...), aquesta quantitat correspon a unes dues tassetes (més o menys) al dia. Això significa que pot continuar fent com fins ara (i activar el mecanisme amb cafeïna) si el seu consum ja era moderat, però que l'haurà de reduir si hi estava més enganxada (limiti's a un rajolí de cafè dues vegades al dia, entesos?).

I per què reduir-ne el consum? Doncs bé, per una simple raó: està compartint aquesta cafeïna –com tot el que menja i beu al llarg de l'embaràs– amb el seu fill. La cafeïna (que es troba sobretot al cafè però també en altres menjars i begudes) travessa la placenta –encara que fins a quin punt (i a partir de quina dosi) afecta el fetus encara no s'ha aclarit del tot.

Les darreres informacions indiquen que un alt consum de cafeïna en els primers mesos d'embaràs incrementa lleugerament el risc d'avortament.

I encara hi ha més a dir sobre la cafeïna. Tots sabem que té propietats de reactivació però també compta amb considerables propietats diürètiques, fet que fa que el calci i altres nutrients essencials durant l'embaràs siguin expulsats del nostre organisme abans de ser completament absorbits. I un altre inconvenient derivat d'aquest efecte diürètic: ganes d'orinar més sovintejades, justament l'últim que necessita una dona embarassada (al llarg d'aquests nou mesos ja orinarà prou vegades per si sola). Necessita més motivacions per reduir-ne el consum? Els efectes estimulants del cafè poden aguditzar els seus canvis d'humor, fent-los encara més alterables i accentuats del que ja són (o del que seran tan bon punt les hormones de l'embaràs se li revolucionin). També pot impedir-li d'aconseguir el son reparador que el seu cos necessita més que mai, especialment si pren cafeïna cap al vespre. A més, un excés de cafeïna pot interferir en l'absorció de ferro que necessiten tant vostè com el seu fill.

Cada ginecòleg dóna recomanacions diferents sobre el consum de cafeïna, de manera que és millor que consulti al seu quin és el límit màxim que n'aconsella. Per calcular el seu consum diari de cafeïna, recordi que no n'hi ha prou de comptar-ne el nombre de tasses –també n'hi ha en alguns refrescos cafeïnats, gelats de cafè, te, barretes i begudes energètiques i xocolates (encara que la quantitat varia segons el producte). També cal tenir present que el cafè *espresso* servit en cafeteries conté molta més cafeïna que el fet a casa; a més, el cafè de sobre porta menys cafeïna que el de màquina (vegi el quadre de la pàgina següent).

Com es controla (o es talla en sec) un hàbit tan arrelat de consumir cafeïna? Depèn del que la cafeïna sigui per a vostè. Si forma una part intrínseca del seu dia a dia (o diverses parts: com ara un cafè en llevar-se al matí, un mena de company de feina, un element decoratiu a la seva taula de despatx, un motiu de descans a mitja tarda...) no s'angoixi havent-hi de renunciar; no cal. Faci els cafès del matí normals i els de la tarda, descafeïnats. O prengui els cafès amb llet descafeïnats en comptes de normals –o amb menys cafè i més llet (així també obtindrà una aportació extra de calci).

Si no pot passar sense cafeïna –i hi té el cos acostumat– deixar-la del tot serà massa dur (n'hi ha prou de reduir-ne el consum). Com tots els amants de la cafeïna saben, una cosa és reduir-ne la dosi i l'altra oblidar-se'n del tot. La cafeïna és addictiva (d'aquí l'habitual fal·lera per consumir-ne) i renunciar a una addicció –o fins i tot limitar-la– comporta efectes secundaris, com mal de cap, irritabilitat, esgotament i endormiscament. És per això que el millor és reduir-ne el consum d'una manera gradual. Intenti reduir-ne una tasseta cada cert temps, i permeti's uns dies per adaptar-se a la nova dosi abans de passar a reduir-ne una altra tasseta. Un altre mètode per reduir-ne el consum: prengui el cafè mig descafeïnat, afegint cada vegada més cafè descafeïnat i menys amb cafeïna –per tal de reduir el consum total de cafeïna fins a l'equivalent a dues tassetes al dia.

Independentment de què la va motivar a començar a consumir cafeïna, reduir-ne el consum o deixar-lo del tot pot ser menys complicat si segueix aquestes solucions energètiques:

- Mantingui elevat el seu nivell de sucre a la sang (i, de retruc, el seu nivell energètic). Tindrà un normal impuls irrefrenable de menjar i de picar entre hores, especialment aliments rics en hidrats de carboni i proteïnes (una combinació que li donarà l'energia necessària per tirar endavant).
- Faci cada dia algun exercici adequat a l'embaràs. L'exercici també incrementa els nivells d'energia generant endorfines que donen sensació de benestar. Respirar aire fresc mentre fa exercici li suposarà un impuls energètic extra.
- Dormi les hores necessàries. Donar al seu cos les hores de descans necessàries cada nit (la qual cosa serà probablement més fàcil de fer sense consumir tanta cafeïna) l'ajudarà a sentir-se més fresca als matins, fins i tot abans de fer el primer cafè del dia.

Recompte de cafeïna

Quanta cafeïna pren al dia? Potser més –o menys– del que s'imaginava (i més o menys del límit màxim aproximat de 200 mg diaris). Calculi-ho mitjançant aquesta simple llista per tenir-ho clar abans de prendre les mesures convenients:

- 1 tasseta de cafè de màquina (100 ml) = 135 mg
- 1 tasseta de cafè de sobre = 95 mg
- 1 tasseta de cafè descafeïnat = 5 mg
- 1 tassa de cafè amb llet o *cappuccino* = 90 mg
- 1 tasseta de cafè *espresso* = 90 mg
- 1 tassa de te = entre 40 i 60 mg (el te verd té menys cafeïna que el negre)
- Una llauna de cola (150 ml) = uns 35 mg de cafeïna
- Una llauna de cola *light* = 45 mg
- 10 grams de xocolata amb llet = 6 mg
- 10 grams de xocolata negra = 20 mg
- 1 tassa de xocolata desfeta = 5 mg
- 100 ml de gelat de xocolata = entre 40 i 80 mg

Alcohol

"Abans de saber que estava embarassada, almenys en dues ocasions vaig prendre un parell de copes. És possible que l'alcohol hagi perjudicat el meu fill?"

No seria fantàstic rebre un missatge instantani del nostre organisme alertant-nos del moment exacte en què l'espermatozou fecunda l'òvul? ("Només caldria saber quan hi ha un nadó de camí i així ja podríem anar canviant d'hàbits.") Però com que aquesta biotecnologia no existeix (almenys, de moment), moltes futures mares no són conscients que estan esperant un fill fins diverses setmanes després de quedar-se embarassades. I, mentrestant, és possible que hagin fet una o dues coses que no haurien fet si haguessin sabut que estaven en estat. Com ara haver fet una copeta, i a vegades més d'una. Aquesta preocupació és una de les més habituals que s'exposen en la primera visita prenatal.

Afortunadament, és una de les preocupacions que pot esborrar de la llista. No hi ha cap prova que un parell de copes durant els primers dies d'embaràs, quan ni tan sols sabia que estava embarassada, puguin danyar l'embrió en formació. Així que tant vostè com qualsevol altra mare que tingués el mateix dubte poden estar tranquil·les.

Dit això, no cal dir que ara és el moment de canviar el tipus de begudes consumides. Encara que probablement haurà sentir a dir que hi ha algunes dones que beuen una mica durant tot l'embaràs –per exemple, una copeta de vi a l'hora de sopar– i donen a llum a nadons perfectament saludables, no hi ha cap estudi que demostri que aquesta pràctica sigui del tot innòcua. De fet, les organitzacions i autoritats sanitàries adverteixen que durant l'embaràs no hi ha cap límit d'alcohol admissible per garantir la seguretat del nadó. Aquesta advertència –i la recerca que li dóna suport– també condueixen a una altra recomanació: encara que no cal que es preocupi pel que hagués begut abans de saber que estava embarassada, el més prudent seria no beure res més durant la resta de l'embaràs. (Si ho prefereix, pot preguntar al seu ginecòleg què li recomana al respecte.)

I per què una prohibició tan estricta de la comunitat mèdica? Per tal de mantenir-se dins d'una opció segura –la millor opció on mantenir-se sempre que hi hagi una criatura de camí. Encara que ningú sap del cert si existeix un límit segur en relació amb el consum d'alcohol durant l'embaràs (o si aquest límit pot ser diferent depenent de cada dona), es té constància que l'alcohol penetra al reg sanguini fetal en gairebé la mateixa concentració que ho fa en la sang de la mare embarassada. Dit d'una altra manera, una dona embarassada no beu mai sola –està compartint cada copa de vi, cada cervesa i cada còctel a parts iguals amb el seu fill. I com que el fetus tarda el doble de temps que la seva mare en eliminar l'alcohol del seu organisme, el nadó ja pot estar completament ebri quan la seva mare tot just està una mica alegroia.

L'alcoholisme (generalment considerat com el consum de cinc o sis copes de vi, cervesa o licor al dia) pot provocar, al llarg de l'embaràs, no només greus complicacions obstètriques sinó també la síndrome alcohòlica fetal (SAF). Descrita com "la borratxera que dura tota una vida", aquesta síndrome dóna com a resultat nens que neixen per sota de la talla mínima, normalment amb deficiències mentals, amb múltiples deformitats (especialment en el cap i la cara, les extremitats, el cor i el sistema nerviós central) i que acumulen uns elevats índexs de mortalitat.

Més endavant, els que aconsegueixen sobreviure, tenen problemes visuals, d'aprenentatge, conductuals i socials, i generalment no són capaços de fer raonaments lògics. També tenen més probabilitats d'acabar desenvolupant problemes amb l'alcohol cap als 21 anys. Com abans deixi de beure una dona alcohòlica durant l'embaràs, menys riscos comportarà al seu nadó.

Els riscos de consum continuat d'alcohol depenen directament de la dosi consumida: com més begui, més perill potencial per al seu fill. Però fins i tot el consum moderat (una o dues copes al dia o cinc o sis copes ocasionalment), si es fa en el transcurs de l'embaràs, pot comportar una gran varietat de problemes greus, incloent un major risc d'avortament, complicacions en el prepart i el part, pes insuficient del nadó en néixer, part prematur, creixement anormal i problemes de desenvolupament i de baix coeficient intel·lectual en la infància. Aquest tipus d'alcoholisme també ha estat vinculat a algun tipus d'efecte alcohòlic fetal (EAF) més subtil, caracteritzat per un gran nombre de problemes de desenvolupament i de conducta.

No beure res d'alcohol durant l'embaràs és bufar i fer ampolles per a algunes dones, especialment per a les que desenvolupen, en els primers mesos de l'embaràs, una aversió a l'alcohol (al seu gust i a la seva olor) que, a vegades, s'allarga fins al part. Per a altres, particularment per a les acostumades a fer una copeta al vespre o a assaborir un vas de vi negre a l'hora de sopar, l'abstinència pot suposar un esforç especial i pot incloure una alteració de la seva vida diària.

Si vostè beu per relaxar-se, per exemple, busqui altres mètodes de relaxació: música, banys d'aigua tèbia, massatge, fer exercici o llegir. Si beure forma part d'un ritual diari al qual no està disposada a renunciar, provi de substituir la seva beguda preferida per begudes sense alcohol, ja sigui refrescos, sucs de fruita, cervesa sense alcohol, o qualsevol altra per l'estil –servida a l'hora habitual i en la copa habitual (a no ser que aquestes begudes substitutives li aguditzin encara més el desig de consumir alcohol). Si la seva parella se solidaritza amb la seva iniciativa (almenys quan estan junts), el camí se li farà menys feixuc.

Si té problemes per deixar l'alcohol, demani ajuda al seu ginecòleg, que li podrà suggerir algun programa específic que l'ajudi a deixar-lo.

Fumar

"Fa deu anys que fumo cigarrets. Això pot perjudicar el meu fill?"

Per sort, no hi ha una evidència clara que el fet d'haver fumat abans de quedar-se embarassada –fins i tot si ho ha estat fent 10 o més anys– hagi de danyar el fetus en desenvolupament. Tot i això, està ben documentat (i fins i tot s'indica als paquets de cigarrets) que fumar durant l'embaràs, especialment a partir del tercer mes, no només és perjudicial per a vostè sinó també per al seu fill.

De fet, quan vostè fuma, el seu fetus es troba tancat dins d'un úter ple de

Canvii de cigarrets

El seu nadó també li agrairà que no fumi puros ni pipes –i que eviti els llocs on altres en fumin. En no inhalar-se'n el fum, els puros i les pipes desprenen encara més fum a l'aire que els cigarrets, la qual cosa els fa potencialment més perillosos per al seu nadó. Vol celebrar la seva alegria amb alguna cosa segura i festiva? Doncs canvii els cigarrets de nicotina pels de xocolata.

fum. Els seus batecs cardíacs s'acceleren i el pitjor de tot és que, a causa de la falta d'oxigen, pot ser que no pugui créixer i desenvolupar-se com caldria.

Les conseqüències poden ser catastròfiques. Fumar pot incrementar el risc d'una gran varietat de complicacions durant l'embaràs, incloent-hi (entre les més greus) l'embaràs ectòpic, la implantació placentària anormal, la ruptura placentària prematura i, possiblement, el part prematur.

També hi ha proves fefaents que el desenvolupament d'un nadó a l'úter està adversament i directament relacionat amb el consum de tabac per part de la mare. Els riscos més comuns per als fills de mares fumadores són baix pes en néixer, menys llargària, menor diàmetre cranial, paladar o llavi fes i alteracions cardíaques.

I néixer massa petit és la principal causa de malalties infantils i de mortalitat perinatal (la mort que té lloc just abans, durant o després de néixer).

A més, hi ha altres riscos potencials. Els fills de mares fumadores també tenen més probabilitats de morir a causa de la síndrome de la mort sobtada. També són més propensos a patir apnea (interrupcions transitòries de la respiració) i, en general, no neixen tan saludables com els fills de mares no fumadores. De fet, els fills de les embarassades de tres paquets al dia quadripliquen el risc d'obtenir baixes puntuacions en el test d'Apgar (el mètode d'avaluació estàndard usat per valorar l'estat del nadó en néixer). I les proves indiquen que, per regla general, aquests nens patiran dèficits físics i mentals a llarg termini, especialment si els seus pares continuen fumant en presència seva. Són especialment propensos a tenir un sistema immunitari deficient, problemes respiratoris, otitis, còlics, tuberculosi, al·lèrgies alimen-

El primer regal per al seu fill

No hi ha res segur quan es tracta d'engendrar un fill, però hi ha moltes tècniques per incrementar les possibilitats d'obtenir el millor resultat possible: un embaràs i un part sense complicacions i un nadó perfectament saludable i nascut a terme. I deixar de fumar i de beure encapçalen definitivament el rànquing d'aquestes tècniques.

És clar que també existeix la possibilitat que tingui el mateix resultat feliç fumant o bevent a l'ample en diferents moments de l'embaràs (o fins i tot fumant o bevent moderadament però de forma continuada) –al cap i a la fi, tots hem sentit a parlar de dones que han begut i han fumat i que després han tingut fills sans i a terme. Però també hi ha la possibilitat –i depenent de la quantitat de consum de tabac i d'alcohol, un risc més que significatiu– que vostè i el seu nadó no tinguin aquesta sort. Tingui en compte que cada mare i cada fill es veuen afectats de manera diferent pel tabac i l'alcohol (i no hi ha manera de predir com l'afectaran a vostè i al seu fill). Tingui en compte, a més, que algunes deficiències físiques i intel·lectuals derivades del consum maternal d'alcohol i tabac no sempre es manifesten en néixer sinó uns anys més tard (un nadó aparentment sa pot convertir-se en un nen malaltís, hiperactiu o amb problemes d'aprenentatge).

Deixar hàbits perillosos, com fumar o beure, durant l'embaràs no sempre és fàcil –i a vegades és tota una odissea. Però donar al seu fill el màxim de possibilitats de néixer sa és, sens dubte, el millor regal que li pot fer.

tàries, asma, baixa estatura i problemes escolars, com ara hiperactivitat i dèficit d'atenció. Alguns estudis també demostren que les dones embarassades que fumen tenen més probabilitats de tenir fills que, de petits, siguin més agressius del compte i que, a mesura que es fan grans, continuïn tenint problemes de conducta. Els fills de mares que fumen durant l'embaràs han de ser més sovint hospitalitzats durant el seu primer any de vida que els fills de mares no fumadores. Aquestes criatures, a més, tenen majors probabilitats d'acabar-se convertint, a la llarga, en persones fumadores.

Els efectes del consum de tabac, de la mateixa manera que els del consum d'alcohol, estan directament relacionats amb la dosi que se'n consumeixi: el consum de tabac redueix el pes de la criatura en néixer de forma proporcional al nombre de cigarrets fumats, de forma que una fumadora d'un paquet al dia té un 30 per cent més de possibilitats de donar a llum un nadó amb un pes inferior a l'estàndard que una no fumadora. Així que reduir una mica el nombre de cigarrets fumats pot ser un primer pas. Però reduir el nombre de cigarrets pot ser enganyós perquè se sol compensar fent unes calades més intenses i sovintejades o apurant més cada cigarret. Una cosa similar pot ocórrer quan s'intenta reduir el risc consumint cigarrets baixos en nicotina o en quitrà.

Però no totes les notícies són negatives. Alguns estudis demostren que les dones que deixen de fumar els primers mesos d'embaràs –no més enllà del tercer mes– poden evitar-ne tots els riscos. Per a algunes dones, deixar-ho és molt més fàcil en aquests primers mesos perquè desenvolupen una sobtada aversió als cigarrets –probablement una mena d'avís d'un cos intuïtiu. Com abans millor, però fins i tot deixar-ho el darrer mes, pot ajudar el nadó a preservar la circulació d'oxigen de cara al part.

Si el que li preocupa és que deixant de fumar es pot engreixar uns quilets de més, és cert que, tot i que no hi ha proves que fumar mantingui la persona més prima (al cap i a la fi, hi ha molts fumadors amb sobrepès), alguns fumadors s'engreixen en el procés de deixar de fumar. Però el més curiós és que els que s'engreixen una mica mentre intenten trencar amb l'hàbit de fumar tenen més probabilitats d'aconseguir-ho –i troben força més fàcil desempallegar-se d'aquests quilets més endavant. Intentar fer dieta mentre s'intenta deixar de fumar acostuma a portar els dos intents cap al fracàs. I encara més, fer dieta mentre s'està gestant una criatura no és mai una bona idea. Així que si deixa definitivament els cigarrets pel seu propi bé, no es preocupi si comença a acumular uns quants quilets més dels que caldria. No trobarà cap raó més justificada que aquesta per fer-ho.

Com que la nicotina és una droga addictiva, moltes persones experimenten símptomes d'abstinència quan deixen de fumar, encara que el tipus de símptomes i la seva intensitat poden variar en cada individu. A banda de l'irrefrenable impuls de fumar, alguns dels símptomes més habituals són la irritabilitat, l'ansietat, la inquietud, el formigueig o entumiment de mans i peus, el defalliment, l'esgotament i els problemes gastrointestinals o del son. Algunes persones també afirmen que, al principi, rendeixen menys, tant físicament com mentalment. Moltes també expliquen que inicialment tussen més i això es deu al fet que, de sobte, el seu cos comença a ser capaç d'expectorar les secrecions que tenia acumulades als pulmons.

Per mirar d'alentir l'alliberament de nicotina i de pal·liar el neguit que li pot generar, eviti el consum de cafeïna, que no farà sinó acabar-la de neguitejar. Descansi bé (per superar l'esgotament) i faci exercici (com a substitut de la in-

Deixar l'hàbit de fumar

Felicitats! Ha decidit oferir al seu nadó un ambient lliure de fum, dins i fora de l'úter. Aquest compromís és el primer pas, i el més important. Però, per ser realistes –com probablement ja sabrà si ha intentat deixar de fumar en anteriors ocasions–, aquest no és el pas més difícil. En efecte, el més difícil és dur aquest compromís a la pràctica. Però amb molta determinació i amb la petita ajuda dels següents consells, ho podrà aconseguir.

Identifiqui les motivacions per deixar de fumar. Quan s'està embarassada, això és ben senzill. Mai no podrà tenir una raó tan motivadora.

Esculli el mètode per deixar de fumar. Ho vol fer progressivament o de cop? Sigui com sigui, marqui's una "data límit" que no sigui massa llunyana i planifiqui per a la data escollida una agenda plena d'activitats i de distraccions –que no associï amb fumar (i que es duguin a terme, preferiblement, en llocs on no es permeti fumar).

Identifiqui les motivacions que tenia per fumar. Per exemple, fumava per plaer, estimulació o relaxació? Per reduir tensions o frustracions? Per tenir alguna cosa a la mà o a la boca? Per satisfer un impuls? O potser només fumava per hàbit, encenent els cigarrets gairebé sense ser-ne ni tan sols conscient. Saber quines són realment aquestes motivacions l'ajudaran a trobar-hi substituts:

- Si fuma sobretot per tenir les mans ocupades, intenti jugar amb un llapis, un bolígraf o qualsevol objecte similar. Faci mitja, entretingui's jugant a sudokus, toquejant una pilota antiestrès, llegint el correu electrònic, jugant amb videojocs, pintant, fent gargots o completant mots encreuats –o fent qualsevol altra cosa que li faci oblidar agafar un cigarret.
- Si fuma per tenir alguna cosa a la boca, provi-ho amb els següents substituts: un escuradents, un xiclet, una pastanaga, crispetes, xupa-xups o caramelets.
- Si fuma per estimulació, intenti canviar el tabac per una passejada, una sessió al gimnàs, un llibre interessant o una xerrada amb un amic.
- Si fuma per reduir tensions i per relaxar-se, intenti evitar-ho fent exercici. O tècniques de relaxació. O escoltant música tranquil·la. O fent llargues passejades. O amb massatges. O fent l'amor.
- Si fuma per plaer, busqui el plaer en altres àmbits, preferiblement en ambients lliures de fum. Vagi al cine, entri a remenar en botigues de roba infantil, visiti el seu museu preferit, assisteixi a algun concert o obra de teatre, o quedi per sopar amb alguna amiga no fumadora. O bé opti per alguna solució més activa, com ara una classe de gimnàstica prenatal.

jecció energètica que li donava la nicotina). Eviti activitats que comportin una concentració excessiva si se sent una mica emboirada, però mantingui's ocupada fent activitats que no impliquin un desgast mental. Anar només a llocs on fumar estigui prohibit també pot ajudar-la. Si experimenta una forta crisi d'abstinència mentre intenta deixar de fumar, comuniqui-ho immediatament al seu ginecòleg.

Els pitjors efectes de l'abstinència només duraran uns dies, o unes setmanes a tot estirar. Els beneficis, en canvi, duraran tota la vida –per a vostè i per al seu nadó. Per a més consells sobre com

- Si fuma per hàbit, eviti anar als llocs en què habitualment fuma o hi fumen els seus amics; intenti, en canvi, freqüentar espais sense fum.
- Si associa fumar amb una beguda, aliment o àpat en particular, eviti aquesta beguda o aliment, o faci l'àpat en un lloc diferent de l'habitual. (Posem que vostè fuma a l'hora d'esmorzar però no fuma mai al llit. Doncs esmorzi al llit durant uns quants dies. Sempre fa un cigarret quan pren cafè? Doncs prengui el cafè en bars per a no fumadors.)
- Quan senti la necessitat de fumar, respiri profundament unes quantes vegades, fent una pausa entre cada inspiració d'aire. Aguanti la respiració mentre encén un llumí. Espiri lentament, apagant el llumí. Imagini que és un cigarret i llenci'l.

Si es passa de la ratlla i fuma algun cigarret, no s'hi obsessioni. No doni més voltes sobre el cigarret que s'ha fumat i pensi, en canvi, en tots els que s'ha deixat de fumar. Repassi el seu programa d'actuació, recordant que cada cigarret que no ha fumat serà una ajuda per al seu nadó.

Consideri deixar de fumar com a no negociable. Quan era fumadora, no li permetien fumar en teatres, en metros, en supermercats, en molts restaurants i probablement tampoc al seu lloc de treball. I això ho havia de complir. Ara intenti convèncer-se a vostè mateixa que no pot fumar en tot l'embaràs. I que això també ho ha de complir.

Deixi que el seu nadó l'inspiri. Pengi còpies de les ecografies del seu nadó a tot arreu on pugui tenir la temptació de fumar (al salvapantalles de l'ordinador, a la taula de la cuina i al quadre de comandaments del cotxe, i porti'n també una a la bossa). Encara no s'ha fet cap ecografia? Doncs substitueixi-ho per fotografies de preciosos nadons.

Busqui algun tipus de suport. Hi ha moltes tècniques d'ajuda per a fumadors que ho volen deixar. Provi les tècniques d'hipnosi, acupuntura o relaxació, que han ajudat molts fumadors a deixar-ho. Si se sent a gust participant en grups d'ajuda, valori la possibilitat de seguir programes d'ajuda específics per deixar de fumar (els problemes acostumen a voler companyia –i suport) com els desenvolupats per l'Associació Contra el Càncer, que han ajudat milions de fumadors a acabar amb aquest hàbit. O busqui suport per internet d'altres dones embarassades que també ho volen deixar.

Encara que no ho aconsegueixi a la primera, torni-ho a intentar una i altra vegada. La nicotina és una droga molt addictiva i deixar-la no és fàcil, però és factible. Molts fumadors no aconsegueixen deixar-ho al primer intent, però ho acaben fent si no desisteixen. Així que no es deixi vèncer per la primera temptació –intensifiqui els seus esforços i no defalleixi. Vostè pot!

Nota: usar pegats, pastilles o xiclets de nicotina durant l'embaràs també és perillós i no recomanable.

deixar de fumar, vegi el requadre de la pàgina anterior.

Fumadora passiva

"Jo no fumo, però el meu marit sí. Això pot perjudicar el nostre fill?"

Fumar no només perjudica el propi fumador. També afecta tots els que l'envolten, incloent el fetus en desenvolupament si la mare és a prop del fumador. Així que si la seva parella (o qualsevol altra persona amb qui passi una part del dia) fuma, el cos del seu nadó quedarà gairebé tan contaminat pel fum del tabac com si fumés vostè mateixa.

Si la seva parella argumenta que no pot deixar de fumar, demani-li que, com a mínim, ho faci fora de casa, lluny de vostè i del seu nadó (encara que recordi que el fum i els seus components contaminants li quedaran impregnats a la roba i a la pell, de manera que d'alguna manera vostè hi seguirà estant exposada). Deixar de fumar, evidentment, seria la millor opció, no només per a la seva pròpia salut, sinó també per al benestar de la criatura a llarg termini. Amb progenitors fumadors s'incrementa el risc de síndrome de mort sobtada en la infància, de problemes respiratoris a qualsevol edat, i de danys al pulmó fins i tot a l'edat adulta. I, a més, s'incrementen les possibilitats que més endavant el seu fill també esdevingui fumador.

Probablement, no aconseguirà que els amics o els parents deixin de fumar, però sí que els pot exigir que fumin menys quan siguin amb vostè (en cas contrari, miri de passar menys temps al seu costat). Mantenir els companys de feina fumadors lluny del seu ambient de treball serà més fàcil si s'aplica la llei antitabac a la seva empresa (la majoria de països ja apliquen aquesta mena de lleis). Si la llei no està de la seva banda, intenti persuadir-los amb tacte –si cal, ensenyant-los aquest apartat sobre els perills per al fetus de la fumadora passiva. Si això tampoc funciona, intenti aconseguir una regulació al seu lloc de treball per limitar el fum a determinades zones, com ara una sala especial, i per prohibir fumar davant dels no-fumadors. Si la iniciativa també fracassa, intenti que li traslladin el lloc de treball durant els mesos de l'embaràs.

Marihuana

"Durant anys he estat una fumadora social de marihuana. És possible que això hagi afectat el fill que estic esperant? I és perillós fumar haixix durant l'embaràs?"

No es preocupi ara per l'haixix que hagués consumit en el passat. Tot i que es tendeix a recomanar que les parelles que busquin un fill no consumeixin marihuana perquè pot interferir en la concepció, vostè ja està embarassada –de forma que això ja no serà cap problema per a vostè. I de moment tampoc hi ha cap prova que la marihuana consumida abans de concebre pugui perjudicar el fetus.

Però ara que ja està embarassada, és el moment de deixar de consumir-ne. Encara no s'han fet tots els estudis necessaris i els que s'han fet no són massa útils. I això es deu al fet que resulta difícil estudiar per separat el consum de marihuana –com passa amb moltes altres addiccions. Normalment, les dones que fumen haixix durant l'embaràs també beuen alcohol i fumen tabac o altres drogues, de manera que es fa difícil arribar a resultats concloents (és l'haixix, la cervesa o el tabac el que provoca un desenvolupament fetal insuficient?). Altres vegades, les dones embarassades que fumen marihuana tampoc segueixen unes cures prenatals òptimes, de manera que és complicat saber si les complicacions es deuen a l'haixix o a la falta de seguiment mèdic prenatal. El que de moment se sap sobre el consum de marihuana durant l'embaràs és que aquesta droga travessa la placenta, fet que implica que quan vostè fuma haixix, l'està compartint amb el seu fill encara per néixer. Alguns estudis demostren que el consum de marihuana està associat amb un creixement fetal deficient i que els nadons creixen més petits del que els pertocaria per edat gestacional; altres estudis demostren que aquest tipus de relació no existeix. I, finalment, uns altres estudis han demostrat uns efectes encara més negatius –com plors i calfreds similars al de la síndrome d'abstinència durant els primers dies de vida fins a problemes d'atenció, d'aprenentatge i de conducta més endavant, en la seva infància.

Com que no hi ha prou proves que demostrin que fumar haixix durant l'embaràs sigui innocu –i, en canvi, sí que n'hi ha altres que suggereixen que pot ser força perillós– el més intel·ligent és actuar amb la marihuana com ho faria amb qualsevol altra droga al llarg de l'embaràs: digui sempre que no.

Si n'ha fumat els primers mesos d'embaràs, no s'atabali. Però si té la temptació de continuar-ne fumant, intenti evitar-ho aplicant alguna de les recomanacions per deixar de fumar (i de beure) –ja que el procés per deixar aquesta addicció és similar al de deixar-ne qualsevol de les altres. Centri's especialment en formes saludables de relaxació que li reportaran sensacions similars (ioga, meditació, massatge o fins i tot exercicis alliberadors d'endorfina). Si no es veu amb cor de deixar de fumar haixix, comenti-ho amb el seu metge o busqui ajuda professional com abans millor.

Cocaïna i altres drogues

"Vaig prendre cocaïna la setmana anterior a saber que estava embarassada. Ara em preocupa que això pugui afectar el meu fill."

No es preocupi sobre el consum de cocaïna en el passat; tot i això, tingui clar que no hi tornarà. La cara: un consum aïllat de cocaïna abans de saber que estava embarassada és probable que no tingui efectes adversos. La creu: seguir ne consumint al llarg de l'embaràs podria ser perillós. Com de perillós, no se sap del cert. Els estudis sobre el consum de cocaïna durant l'embaràs no són fàcils d'interpretar, principalment perquè els consumidors de cocaïna també solen ser fumadors –la qual cosa significa que és difícil de separar els probables efectes secundaris de la cocaïna dels documentats efectes secundaris del consum de tabac. El que nombrosos estudis han demostrat és que la cocaïna no només travessa la placenta mentre s'hi desenvolupa el fetus, sinó que a més la pot danyar, reduint el flux sanguini al fetus i restringint-ne el desenvolupament fetal, particularment el del cap del nadó. També es creu que pot comportar defectes congènits, avortaments, parts prematurs i baix pes en néixer, a més de plor i neguit similar al de la síndrome d'abstinència en el nounat, així com un gran nombre de problemes a llarg termini en la criatura, incloent alteracions neurològiques i conductuals (com dificultat per controlar els impulsos, per prestar atenció i per relacionar-se amb altres persones), dèficits en el desenvolupament motriu, i possibles baixos índexs de coeficient intel·lectual en la infància. El que queda clar és que com més cocaïna consumeixi la dona embarassada, més riscos correrà el fill que espera.

Comenti al seu metge qualsevol consum de cocaïna anterior a la concepció. Com en qualsevol altre aspecte del seu historial mèdic, com més coses sàpiguen el seu metge o llevadora, millor podran atendre-la a vostè i al seu fill. Si li resulta difícil renunciar del tot a la cocaïna, busqui ajuda professional immediatament.

Les dones embarassades que prenen fàrmacs de qualsevol mena –llevat, és clar, dels prescrits per un metge que sàpiga que està en estat– estan posant el seu fill en perill. Totes les drogues il·legals (incloent-hi heroïna, metadona, *crack*, èxtasi, *ice*, LSD i PCP) i molts fàrmacs que requereixen prescripció mèdica i dels quals s'abusa (com ara narcòtics, tranquil·litzants, sedants i píndoles d'aprimament) poden provocar, si se'n fa un consum continuat, greus danys a la mare embarassada i/o al fetus en desenvolupament. Comenti al seu ginecòleg i a tots els metges que la visitin qualsevol droga o fàrmac que hagi pres durant l'embaràs. A continuació, si no pot evitar seguir prenent aquestes substàncies, busqui suport professional (un psicòleg especialitzat en addiccions o un centre de teràpia antiaddiccions) per ajudar-la a deixar-ne el consum. Seguir un programa d'embaràs lliure de drogues pot marcar una enorme diferència en les condicions del seu embaràs.

Telèfons mòbils

"Cada dia em passo hores parlant pel mòbil. Pot tenir algun efecte en el meu nadó?"

Fixi's en qui parla per telèfon mòbil avui dia: gairebé tothom. I afortunadament, no cal que desconnecti el seu mòbil ara que parla per dos. Mai no s'han suggerit riscos per a l'embaràs derivats de l'ús del telèfon mòbil. I hi ha moltes raons per mantenir connectat el telèfon mòbil –ja que pot permetre que vostè estigui localitzable per a la trucada del seu metge o llevadora si no es pot esperar a casa perquè li truquin, per concertar la primera visita amb el pediatre mentre s'espera a la consulta del ginecòleg, o bé per alertar la seva parella al primer símptoma de part sigui on sigui, amb l'única condició que estigui en una zona amb cobertura. Un mòbil també li permet més flexibilitat en el seu horari de treball i en la quantitat d'hores que s'ha de passar clavada a la cadira del seu despatx (la qual cosa pot reportar-li més temps per a la relaxació i el descans o per als preparatius per al nadó).

Dit això, els telèfons mòbils no estan completament lliures de risc. Conduir mentre es parla pel mòbil no és segur –a cap velocitat i sota cap circumstància (i, de fet, és il·legal en alguns països)– particularment quan, a causa dels efectes provocats per les hormones de l'embaràs, està més distreta que habitualment. Fins i tot una conversa per mans lliures pot ser arriscada si desvia l'atenció fora de la carretera. Sigui intel·ligent i aparqui en una zona segura abans de respondre les trucades.

Microones

"Faig servir el microones gairebé cada dia, per escalfar menjar o fins i tot per cuinar. És segura l'exposició a les microones durant l'embaràs?"

El microones pot esdevenir el millor amic de la futura mare, ja que l'ajudarà a fer àpats saludables en un temps rècord –amb el mínim esforç i el mínim de pudors. I, afortunadament, totes les investigacions indiquen que l'ús del microones és totalment segur durant l'embaràs (i en qualsevol etapa de la vida). Només un parell de precaucions: usi només estris de cuina fabricats per a ser introduïts al microones i no s'oblidi de treure els embolcalls de plàstic dels aliments abans d'escalfar-los.

Banys d'aigua calenta i saunes

"Tenim una sauna. És segur que l'usi durant l'embaràs?"

No cal que es passi a les dutxes fredes, però probablement seria una bona idea no posar-se en banys d'aigua massa calenta. Qualsevol activitat que apugi la temperatura corporal per sobre dels 39 °C i la hi mantingui durant una estona –tant si és una sessió de sauna, un bany excessivament calent o la pràctica d'exercicis esgotadors en dies de calor– és potencialment perillosa per a l'embrió o el fetus en desenvolupament, particu-

No en té prou amb la roba d'hivern?

Està pensant en dormir embolicada amb una manta elèctrica quan arribi el rigor de l'hivern? O en treure's el fred de la ronyonada, que li ha quedat gelada, amb una estoreta elèctrica? Massa escalfor no és aconsellable durant l'embaràs perquè podria elevar excessivament la seva temperatura corporal. Així que arrambi's força a la seva parella en comptes de fer-ho a la manta elèctrica (o si té els peus tan gelats com els seus, inverteixi en calefacció radiant, apugi el termòstat o escalfi el llit amb una manta elèctrica i tregui-la quan hi hagi d'entrar vostè). Encara tremola de fred? Recordi que, a mesura que passin els mesos, ja tindrà tanta calor per si mateixa (gràcies als canvis metabòlics de l'embaràs) que li acabaran sobrant totes les mantes.

Pel que fa a l'estoreta elèctrica, emboliqui-la amb una tovallola abans d'aplicar-se-la als ronyons, la panxa o les espatlles per reduir la quantitat de calor transmesa (si l'usa amb el turmell o el genoll no cal posar-hi tovallola), mantingui-la a la temperatura mínima, limiti les aplicacions a 15 minuts i no dormi amb l'estoreta encesa. Ja ha passat estones amb la manta o l'estoreta elèctriques connectades? Doncs no es preocupi –no s'ha provat que en derivi cap risc.

larment en els primers mesos d'embaràs. Alguns estudis han demostrat que un bany d'aigua molt calenta no eleva la temperatura de la dona fins a nivells perillosos de manera immediata –sinó que triga almenys 10 minuts (o encara més si les espatlles i els braços no estan submergits o si l'aigua està a 39 °C o menys). Però com que les reaccions de cada persona i les circumstàncies varien, opti per la seguretat mantenint la seva panxa fora de les banyeres d'aigua calenta. No hi ha cap problema, en canvi, en fer-se banys de peus d'aigua calenta.

Si ja ha fet algunes breus sessions de banys d'aigua calenta durant l'embaràs, probablement no cal que es preocupi. La majoria de dones surten d'aquestes banyeres espontàniament abans que el seu cos arribi als 39 °C perquè s'hi senten incòmodes. Probablement vostè també ho devia fer. Si l'hi preocupa, però, consulti amb el seu ginecòleg la possibilitat de fer-li una ecografia o qualsevol altra prova prenatal que l'ajudi a recuperar la tranquil·litat.

Les estades perllongades a la sauna tampoc són una opció massa assenyada. Una dona embarassada té més riscos de deshidratació, defalliment i baixa pressió sanguínia en general, i aquests símptomes poden aguditzar-se amb aquesta escalfor extrema. I, com en el cas de les banyeres d'aigua massa calenta, les dones embarassades haurien d'evitar qualsevol pràctica que els pogués elevar excessivament la temperatura corporal.

Trobarà més informació sobre la seguretat d'altres tipus de tractaments de balneari (massatge, aromateràpia, etc.) a la pàgina 163.

Gats a casa

"A casa, hi tinc dos gats. He sentit a dir que els gats transmeten una malaltia que pot danyar el fetus. M'he de desfer de les meves mascotes?"

No cal que es desempallegui dels seus amics felins. Com que fins ara hi ha conviscut, el més probable és que ja hagi contret la malaltia relacionada amb els gats, la toxoplasmosi, i que ja hi estigui immunitzada. Es calcula que més d'un 40 per cent de la població n'ha estat infectada, i els índexs d'exposició són molt majors entre persones que tenen gats que surten al carrer, així com entre persones que acostumen a prendre carn crua o llet sense pasteuritzar, ja que aquests dos aliments poden covar la infecció i transmetre-la. Si no se li va fer cap prova prenatal per veure si hi era immune, no és probable que la hi facin més endavant, a no ser que mostri símptomes propis de la malaltia (mentre que alguns ginecòlegs fan rutinàriament aquesta prova a les embarassades, altres només la fan a les dones amb gats a casa). Si se li va fer la prova prenatal i no hi era immune, o si no està segura de si hi és immune o no, prengui les precaucions següents per evitar la infecció:

- Porti els seus gats al veterinari per tal que els faci la prova per saber si tenen una infecció activa. Si un o més la tenen, porti'ls en una gatera o demani a un amic que els cuidi com a mínim sis mesos, el període durant el qual la infecció és transmissible. Si estan lliures d'infeccions, tingui'ls a casa però no els deixi menjar carn crua, voltar per fora, caçar ratolins o ocells (que poden transmetre la toxoplasmosi als gats) ni estar en contacte amb altres gats.
- Faci que algú altre els canviï la terra. Si ho ha de fer vostè, posi's guants i renti's bé les mans en acabar; faci-ho també cada vegada que toqui els seus gats. S'hauria de canviar la terra dels gats cada dia.
- Posi's guants si feineja pel jardí. No toqui la terra dels espais on podrien haver defecat els gats. Si té altres fills, no deixi que toquin terra on podrien haver orinat els gats o altres animals.
- Renti bé la fruita i la verdura, especialment la cultivada en horts particulars, esbandint-la amb molta cura, i/o pelant-la i coent-la.
- No prengui carn crua o poc feta ni llet sense pasteuritzar. En restaurants, demani la carn molt feta.
- Renti's les mans amb molta cura després de tocar carn crua.

Alguns ginecòlegs demanen a totes les dones proves rutinàries abans de concebre o al principi de l'embaràs, de manera que les que donen positiu es poden relaxar sabent que hi són immunes, mentre que les que donen negatiu han de prendre les precaucions necessàries per prevenir la infecció. Tot i això, els responsables de la sanitat pública consideren que el cost econòmic d'aquestes proves supera els beneficis que poden reportar. Consulti al seu ginecòleg què li recomana.

Perills domèstics

"Fins a quin punt m'he d'amoïnar pels perills domèstics relacionats amb els productes de neteja o amb els insecticides? I és segur beure aigua de l'aixeta durant l'embaràs?"

Quan s'està embarassada, és millor mirar-se les coses amb perspectiva. Segur que alguna vegada ha llegit o sentit que els productes de neteja, els insecticides, l'aigua de l'aixeta i altres substàncies de la llar poden resultar perilloses per a la vida, especialment quan es viu per dos. Però la veritat és que la seva casa és probablement un lloc molt segur per a vostè i el seu fill –especialment si combina una mica de precaució amb molt sentit comú. Això és el que necessita saber sobre els anomenats perills domèstics:

Productes de neteja de la llar. Fregar el terra de la cuina o treure la pols de la taula del menjador pot ser dur per a la seva esquena d'embarassada, però no per al seu embaràs. Tot i això, val la pena netejar amb cura quan s'està embarassada. Guiï's pel seu sentit comú i pels següents consells:

- Si el producte desprèn una pudor intensa o fum, eviti respirar-lo directament. Faci'l servir només en una zona ben ventilada o no el faci servir (troba alguna excusa millor per fer desinfectar el vàter a la seva parella?).
- No ha de barrejar mai (tampoc quan no estigui embarassada) amoníac amb productes a base de clor, ja que aquesta barreja desprèn fums letals.
- Miri d'evitar l'ús de productes com ara els netejadors de forns i els productes de neteja en sec que continguin etiquetes amb advertències sobre la seva toxicitat.
- Posi's guants de plàstic quan faci servir un producte de neteja realment fort. Així no només no es farà malbé les mans sinó que, a més, evitarà l'absorció de productes químics per via cutània.

Plom. L'exposició al plom no només és potencialment perjudicial per als nens petits sinó també per a les dones embarassades i els seus fetus. Afortunadament, és força senzill d'evitar. Vegi com:

- Com que l'aigua corrent és una font habitual de plom, asseguri's que la de casa seva no en conté (vegi de quina manera més endavant).
- La pintura antiga és la principal font de plom. Si casa seva data de l'any 1955 o anterior i s'ha de rascar la pintura per algun motiu, mantingui's allunyada de l'edifici mentre fan les obres. Si viu en un edifici antic i la pintura comença a saltar, o si té algun moble antic i la pintura també es desprèn, intenti que algú repinti les capes de pintura alçada o que li elimini tota la pintura antiga –també en aquest cas, mantingui's allunyada de l'indret mentre fan les obres.
- Freqüenta les fires d'antiguitats? Doncs ha de saber que el plom també es pot desprendre de la terrissa, la ceràmica i la porcellana antigues. Si té vaixelles o gerros fets a mà, importats, antics o simplement d'uns anys enrere (als Estats Units no es van establir límits al plom fins a l'any 1971), no els usi per servir aliments ni begudes, especialment de tipus àcid (cítrics, vinagres, tomàquets, vi o begudes refrescants).

Aigua de l'aixeta. Continua essent la millor beguda de casa –i, en moltes llars, l'aigua és completament segura i es pot beure directament de l'aixeta. Per estar segura que no perjudica la seva salut quan ompli un vas d'aigua per a vostè –i el seu nadó–, faci el següent:

- Pregunti a l'Agència Catalana de l'Aigua o al Departament de Salut sobre la puresa de l'aigua de boca de la seva ciutat i sobre la procedència de l'aigua de la seva aixeta (entri a www.gencat.cat/aca/). Si hi ha la possibilitat que la qualitat de l'aigua de casa seva sigui diferent de la de la resta de la comunitat (pel mal estat de les canonades, per la proximitat de la casa respecte d'un abocador o per un gust o color estranys), porti-la a analitzar. Consulti a la delegació del Departament de Salut de la seva província com pot fer-ho.
- Si l'anàlisi de la seva aigua surt negativa, adquireixi un filtre (n'hi ha de diferents tipus depenent de les deficiències de l'aigua) o faci servir aigua embotellada per beure i cuinar. Vagi amb compte, però, perquè no totes les aigües embotellades estan sistemàticament lliures d'impureses: algunes en contenen més que l'aigua d'aixeta i altres estan directament embotellades de l'aixeta (vaja, que seria com llençar

els diners a les escombraries). A més, algunes aigües embotellades no contenen fluorur, un mineral important especialment per a les dents en creixement (les del seu nadó). Miri a l'etiqueta de l'ampolla l'anàlisi química de l'aigua. Eviti les aigües destil·lades (de les quals se n'han eliminat minerals beneficiosos per a la salut).

- Si sospita que a la seva aigua hi ha plom, o si les anàlisis revelen que n'hi ha uns nivells elevats, canviar les canonades de casa seria la solució ideal, però no sempre és factible. Per reduir els nivells de plom en l'aigua que beu, faci servir només aigua freda per beure i cuinar (ja que les canonades desprenen més plom quan hi passa aigua calenta), i deixi rajar l'aixeta uns cinc minuts cada matí (i cada vegada que faci sis o més hores que no l'hagi obert) abans d'agafar-ne l'aigua. En termes generals, l'aigua de boca de les canonades del carrer arriba a la nostra aixeta quan l'aigua ha passat de freda a tèbia per tornar-se a refredar posteriorment.
- Si la seva aigua fa olor o regust de clor, faci-la bullir o deixi-la reposar, unes 24 hores sense tapar-la, per tal que s'evaporin la major part dels seus components químics.

Pesticides. No pot viure amb escarabats, formigues o altres insectes per l'estil? Tenir-ne a casa, és clar, també sol significar eliminar-los amb l'ús de pesticides químics. Afortunadament, el control de plagues i l'embaràs poden ser completament compatibles, amb unes quantes precaucions. Si acaben de fumigar pels voltants de casa seva, eviti estar-se fora fins que es dissipin les olors químiques, normalment al cap d'uns dos o tres dies. A dins de casa, mantingui les finestres tancades. Si llença esprai contra els escarabats o altres insectes al seu pis o casa, asseguri's de tenir tancats tots els calaixos i armariets de la cuina (perquè els components químics no s'incrustin en la vaixella o en el menjar) i de tenir tapades totes les superfícies sobre les quals prepara els àpats. Ventili amb les finestres obertes fins que les olors s'hagin esvaït. Després que s'hagi disparat l'esprai, asseguri's que algú neteja a fons les superfícies en contacte amb aliments de la zona fumigada o de zones pròximes.

A ser possible, opti per una solució natural per controlar les plagues. Arrenqui les males herbes en comptes de polvoritzar-les. Elimini les plagues de plantes de jardí o d'interior ruixant-les amb la mànega d'aigua a tota pressió o amb una barreja d'insecticida biodegradable (caldrà repetir la tècnica diverses vegades per tal que resulti efectiva). També pot optar per comprar un exèrcit de marietes o d'altres predadors beneficiosos (disponibles en alguns comerços especialitzats en jardineria) per tal que combatin les plagues que la turmenten.

A l'interior de casa, faci servir atrapa escarabats o qualsevol altra mena de trampes, situades estratègicament en zones amb major presència d'escarabats o formigues; als armaris de la roba, faci servir barretes de cedre en comptes de boles de naftalina; i informi's en botigues especialitzades o en catàlegs sobre altres pesticides no tòxics. Si té nens petits o animals domèstics, mantingui tots els productes plaguicides fora del seu abast. Fins i tot els anomenats pesticides naturals, que porten àcid bòric, poden ser tòxics si s'ingereixen o s'inhalen, a més de provocar irritació ocular. Per a més informació sobre control natural de plagues, contacti amb un grup ecologista de la seva ciutat. És possible que fins i tot entre el veïnat hi hagi algun ecologista especialitzat en plagues.

Recordi també que una exposició breu i indirecta als insecticides o herbicides no té perquè ser perjudicial. El que n'incrementa el risc és l'exposició freqüent i de llarga durada, com ara la derivada de treballar cada dia en contacte amb aquest tipus de productes (per exemple, en una fàbrica o en una zona fumigada a fons).

Emanacions de pintura. En tot el regne animal, el període previ al part (o la posta d'ous) es caracteritza per una preparació a consciència per a l'arribada del nounat. Els ocells cobreixen amb plomes els seus nius, els esquirols recobreixen l'interior dels caus amb fulles i branques, i els pares i les mares agafen una fal·lera especial pels catàlegs de decoració. I, gairebé en tots els casos, opten per pintar l'habitació del nounat (això sí, quan aconsegueixen decidir-ne el color). Afortunadament, les pintures d'avui dia no contenen plom ni mercuri i el seu ús és segur durant l'embaràs. Tot i això, hi ha moltes raons per les quals hauria de deixar el pinzell per a algú altre –fins i tot encara que senti una imperiosa necessitat d'estar ocupada les darreres setmanes de l'embaràs. Els moviments repetitius en pintar poden danyar els músculs del capdavall de l'esquena que ja es troben prou sota pressió a causa del pes extra de l'embaràs. A més, enfilar-se per escales és si més no arriscat, i les olors de pintura (encara que no siguin perilloses) poden causar molèsties a l'embarassada i provocar-li nàusees.

Mentre estiguin pintant la seva casa, munti-s'ho per estar-ne fora. I tant si se'n va com si s'hi queda, mantingui les finestres obertes per ventilar-ne l'interior. Eviti per complet l'exposició a diluents de pintura perquè són altament tòxics i surti de casa quan facin saltar pintura de les parets (ja sigui amb diluents químics o amb paper de vidre), especialment si la pintura que s'elimina és de fa anys i podria contenir mercuri o plom.

Contaminació atmosfèrica

"La contaminació atmosfèrica de la meva ciutat podria perjudicar el meu nadó?"

Respiri profundament. Normalment, respirar en una gran ciutat és molt més segur del que es podria imaginar. Al cap i a la fi, milions de dones viuen i respiren en grans ciutats d'arreu del món i donen a llum a milions de nadons sans. De tota manera, sempre és prudent evitar dosis extraordinàriament altes de certs contaminants atmosfèrics. Vegi'n la manera:

- Eviti entrar en habitacions plenes de fum. Atès que el fum del tabac és un dels contaminants que s'ha demostrat que danyen el fetus, demani als familiars, a les visites o als companys de treball que no fumin davant seu. Això també és vàlid per a puros i pipes, ja que encara desprenen més fum a l'aire que no pas els cigarrets.
- Faci una revisió al cotxe per assegurar-se que no desprèn emanacions de

La solució verda

Busca la manera de respirar aire més pur a casa seva? Opti pel verd i ompli la casa de plantes naturals. Les plantes tenen la capacitat d'absorbir els components contaminants de l'aire i de retornar oxigen al medi. En seleccionar les plantes, però, vagi amb compte de no comprar plantes tòxiques a la ingesta, com ara el filodendre o l'heura. No és probable que a l'embarassada li agafi per rosegar-les, però potser no podrem dir el mateix del seu fill tan bon punt comenci a gatejar.

components nocius i revisi'n també el tub d'escapament per comprovar que no té fuites. No posi mai el motor en marxa dins del garatge amb les portes del local tancades; mantingui tancada la porta del darrere d'una furgoneta

Violència de gènere

Protegir el seu nadó dels possibles danys és l'instint més bàsic de qualsevol dona embarassada. Però, per desgràcia, algunes dones no poden protegir-se ni a si mateixes durant l'embaràs. És el cas de les víctimes de la violència domèstica.

La violència de gènere pot donar-se en qualsevol moment, però és especialment comuna durant l'embaràs. Mentre que esperar un fill dota algunes relacions d'un nou (o renovat) afecte, altres relacions encara empitjoren, i a vegades fins i tot generen inesperades emocions negatives en la parella de l'embarassada (des de ràbia o gelosia fins a un sentiment de sentir-se enganyat), especialment si l'embaràs no era desitjat. En alguns casos, desgraciadament, aquestes emocions es manifesten en forma de violència tant en contra de la pròpia mare com del fill que espera.

Sorprenentment, la violència domèstica és la primera causa de mort entre les dones embarassades, i més freqüent per tant que les complicacions de l'embaràs o els accidents de trànsit. Deixant de banda els casos d'homicidi, les estadístiques continuen essent alarmants: gairebé el 20 per cent de les dones han estat víctimes de reaccions violentes en mans de les seves parelles al llarg de l'embaràs. Això significa, estadísticament, que les dones embarassades tenen el doble de possibilitats de patir agressions físiques durant els nou mesos d'embaràs que no pas de patir preeclàmpsia o parts prematurs.

Les agressions domèstiques (físiques o emocionals) en contra de les dones embarassades impliquen més perjudicis que el simple risc immediat de danyar la futura mare i el seu fill (amb ruptura d'úter o amb hemorràgies). Ser agredida durant l'embaràs pot comportar un gran nombre de conseqüències negatives per a la salut de la futura mare, com ara nutrició deficient, controls prenatals insuficients, abús de substàncies tòxiques, etc. Els seus efectes en l'embaràs també poden incloure avortaments, part prematur, ruptura prematura de membranes o baix pes en néixer. I, un cop la criatura ja ha nascut en un ambient familiar d'agressions físiques, és possible que també es converteixi en víctima directa d'aquestes agressions.

Les dones maltractades procedeixen de tot tipus de sectors professionals i socioeconòmics, de qualsevol franja d'edat, raça o ètnia, i de qualsevol nivell educatiu. Si vostè és víctima de violència domèstica, recordi que no en té la culpa. Vostè no ha fet res malament. Si la seva parella la maltracta, no esperi més –surti a buscar ajuda ara mateix. Si no hi posa remei, aquesta violència no farà sinó empitjorar. Recordi que si vostè no està segura a casa seva, el seu fill tampoc hi estarà.

Comenti-ho al seu metge, els seus amics de confiança o la família, o truqui a un telèfon d'atenció a les dones maltractades. Molts països tenen programes d'acollida per ajudar-la amb l'allotjament, la roba i les cures prenatals. Busqui informació a www.gencat.cat/icdona/ i www.migualdad.es/mujer/.

Si es troba en una situació de perill imminent, truqui a la línia d'atenció a les dones en situació de violència: 900 900 120.

mentre el motor estigui engegat; apagui la ventilació del cotxe quan condueixi en zones de trànsit dens.

- Si es produís una alerta de contaminació a la seva ciutat, quedi's a casa tant temps com sigui possible, amb les finestres tancades i amb l'aire condicionat –si en té– en marxa. Segueixi qualsevol altra instrucció que facilitin els responsables de salut pública per a les persones d'alt risc. Si vol sortir, vagi al gimnàs o a fer un volt per l'interior d'un gran centre comercial.
- No vagi a caminar o a córrer, ni tampoc en bicicleta, per carreteres amb molt de trànsit, independentment del temps que faci, perquè mentre fa exercici vostè inspira una major quantitat d'aire –i també de pol·lució. Opti, en canvi, per un camí dins d'un parc o per una zona residencial amb poc trànsit i molta vegetació. Els arbres ajuden a mantenir l'aire net.
- Asseguri's que, a casa, les llars de foc i les estufes de gas o de llenya cremen bé. Abans d'encendre la llar de foc, obri el canó d'expulsió de fums.
- Provi la solució verda (que trobarà explicada a la pàgina 91). Les plantes, amb les seves propietats de purificació de l'aire, l'ajudaran a respirar millor dins i fora de casa.

QUÈ CAL TENIR EN COMPTE

Medicina complementària i alternativa (MCA)

Ja ha quedat enrere l'època en què la medicina alternativa era considerada per la pràctica mèdica tradicional com una mena de conte xinès (i se li atorgava la mateixa credibilitat). Avui dia, aquestes branques aparentment independents de l'art de guarir ja no es consideren incompatibles; de fet, cada vegada més especialistes de les dues branques les consideren complementàries. Això es deu al fet que la medicina complementària i alternativa (MCA) sembla que cada vegada està trobant més el seu lloc propi –d'alguna manera– en la nostra vida i en la de la nostra família.

Els professionals que practiquen la medicina complementària fan una aproximació més àmplia a la salut i el benestar, examinant i integrant els aspectes nutricionals, emocionals i espirituals amb els aspectes físics. La MCA també emfasitza l'habilitat del cos per guarir-se a si mateix –amb una petita ajuda dels aliats naturals, com ara herbes, contacte físic, l'esperit i la ment.

Com que l'embaràs no és una malaltia sinó més aviat un cicle vital normal, sembla que la MCA podria ser un complement natural a les cures obstètriques tradicionals. I per a un creixent nombre de dones i els seus metges, efectivament ho és. Una àmplia varietat d'especialitats de MCA s'usen actualment en l'embaràs, la dilatació i el part, amb diversos graus d'èxit. Entre altres, hi ha les següents:

Acupuntura. Des de fa milers d'anys, els xinesos se serveixen de l'acupuntura per alleujar un gran nombre de símptomes de l'embaràs –però fins recentment la comunitat obstètrica convencional no l'ha començat a adoptar. Els estudis científics actuals pouen en la saviesa de l'Antiguitat; els investigadors han comprovat que l'acupuntura estimula l'alliberament de diversos components químics del cervell, incloent-hi les endorfines, que bloquegen la percepció del dolor. Com funciona? Un acupuntor insereix desenes d'agulles molt finetes als punts prescrits al llarg de recorreguts invisibles (o meridians) arreu del cos. Segons la tradició antiga, aquests recorreguts són els canals a través dels quals flueix el txi, la força vital del cos. Els investigadors han comprovat que aquests punts corresponen a nervis profunds, de manera que quan es pressiona sobre les agulles (o s'estimulen elèctricament, amb un procediment conegut com a electropuntura), aquests nervis s'activen, donant lloc a un alliberament d'endorfines –i alleugen els mals d'esquena, les nàusees i altres símptomes, o fins i tot l'esgotament derivat de l'embaràs. L'acupuntura també es pot usar durant la dilatació per alleujar-ne el dolor, o també per accelerar-ne el procés. Per a les dones que tinguin dificultats per quedar-se embarassades, l'acupuntura també pot ser útil en temes de fertilitat.

Acupressió. L'acupressió –o el shiatsu– es basa en el mateix principi que l'acupuntura, però en comptes de treballar amb agulles, l'especialista se serveix dels seus dits per fer pressió, o aplica una forta pressió amb petites boletes per estimular els punts. Fer pressió sobre un punt concret just damunt de la part interior del canell pot eliminar les nàusees (per això els pegats antimareig també poden anar bé; vegi la pàgina 148). Es creu que l'acupressió al centre del pont del peu ajuda en el procés de dilatació. També es considera que diversos punts d'acupressió (com ara els turmells) indueixen les contraccions –per això l'acupressió en aquesta zona s'ha d'evitar fins que se surti de comptes (encara que les futures mares impacients pot ser que vulguin saber abans què se sent, sempre en mans d'un professional, és clar).

Biofeedback. El *biofeedback* és un mètode que ajuda les pacients a aprendre com controlar les seves respostes biològiques davant del dolor físic o l'estrès emocional, i es pot usar amb seguretat per alleujar un gran nombre de símptomes de l'embaràs, com ara el mal de cap, el mal d'esquena i altres dolors, a part de l'insomni i el mareig matinal. El *biofeedback* també es pot fer servir per fer baixar la pressió i per combatre la depressió, l'ansietat i l'estrès.

Medicina quiropràctica. Aquesta teràpia fa servir la manipulació física de l'espina dorsal i altres articulacions per permetre als impulsos nerviosos de moure's lliurement a través d'un cos alineat, potenciant l'habilitat natural del cos per guarir-se. La medicina quiropràctica pot ajudar les dones embarassades a superar les nàusees, el mal d'esquena, de cervicals o d'articulacions, i la ciàtica (a banda d'altres tipus de dolors), així com a alleujar els dolors postpart. Asseguri's que qualsevol especialista en quiropràxia que visiti durant l'embaràs estigui habituat a tractar dones en estat, que disposi de lliteres adaptables al cos d'una dona embarassada i que faci servir tècniques que evitin pressionar l'àrea abdominal.

Massatge. El massatge pot ajudar a millorar alguns problemes de l'embaràs, com ara pirosi, nàusees (encara que només funciona en algunes dones mentre que altres encara es maregen més amb els massatges), mal de cap, mal d'esquena i ciàtica, a més de preparar els músculs per al part. També es pot usar durant la dilatació i el part per relaxar els músculs entre contracció i contracció i per reduir els dolors durant la dilatació. I, encara més, és una manera fantàstica de reduir l'estrès i de relaxar-se. Només cal que s'asseguri que el seu massatgista està format en les tècniques de massatge prenatal (ja que no tots els massatgistes ho estan); vegi la pàgina 163 per a més informació.

Reflexologia. Similar a l'acupressió, la reflexologia és una teràpia en què s'aplica pressió en punts específics dels peus, les mans i les orelles per alleujar un gran nombre de molèsties i dolors, així com per estimular la dilatació i per reduir els dolors de les contraccions. Com que aplicar pressió en determinades àrees dels peus i de les mans pot provocar contraccions, és molt important que l'especialista que l'hagi d'atendre estigui ben preparat i sàpiga que està embarassada, per tal d'evitar treballar amb aquestes àrees abans de sortir de comptes (de tota manera, també pot fer-se servir d'ajuda en cas de dilatacions massa lentes).

Hidroteràpia. Aquest ús terapèutic de l'aigua calenta (normalment en un jacuzzi) s'usa en diversos hospitals i centres de donar a llum per ajudar a relaxar la dona que està dilatant i per reduir-li el malestar. Algunes dones opten per donar a llum dins l'aigua; vegi la pàgina 28.

Aromateràpia. Els olis perfumats s'usen per guarir cos, ment i esperit i alguns metges els fan servir durant l'embaràs; tot i això, diversos experts aconsellen precaució ja que determinats aromes (en aquesta forma concentrada) poden suposar un risc per a les dones embarassades; vegi la pàgina 163.

Meditació, visualització i tècniques de relaxació. Totes aquestes tècniques poden ser d'ajuda per a les dones embarassades, i sense comportar-los riscos, en un gran ventall de problemes físics i emocionals, des del mareig matinal fins als dolors de prepart i part. També poden funcionar de meravella per atenuar l'ansietat de la futura mare; a la pàgina 157 trobarà un exercici de relaxació que pot posar en pràctica.

Hipnosi. La hipnosi pot ser útil per alleujar diversos símptomes de l'embaràs (des de nàusees fins a mals de cap), reduint l'estrès i eliminant l'insomni, fent girar un nadó col·locat de natges (fins a la versió cefàlica externa més tradicional), frenant la dilatació prematura i ajudant a controlar el dolor durant la dilatació i el part (hipnopart). Es basa en conduir la dona a un relaxament profund –i en el cas del control del dolor, a un relaxament tan profund que no tingui consciència de cap malestar. Recordi que la hipnosi no és apta per a tothom; un 25 per cent de la població és molt reticent a la suggestió hipnòtica i un percentatge encara més elevat no és capaç d'aconseguir un alleujament eficaç del dolor. Asseguri's que l'hipnotitzador estigui titulat i tingui experiència en teràpies d'embaràs. Per a més informació sobre hipnosi per al part, vegi la pàgina 336.

Moxibustió. Aquesta tècnica de la medicina alternativa combina l'acupuntura amb l'escalfor (en forma d'*Artemisia vulgaris* o herba de Sant Joan, una herba medicinal) per tal que un nadó que arriba de natges es vagi col·locant cap per avall. Si està interessada en provar la moxibustió per fer girar el seu nadó, busqui un especialista amb experiència en la tècnica (ja que no tots els acupuntors estan preparats).

Herbes medicinals. Les plantes han estat utilitzades des que la humanitat va començar a buscar maneres de guarir les xacres, i actualment les fan servir alguns metges per alleujar els símptomes de l'embaràs. Molts experts, però, no recomanen l'ús d'herbes en dones embarassades perquè encara no se n'han fet els estudis de seguretat pertinents.

No hi ha dubte que la MCA està causant un gran impacte en l'àmbit ginecològic. Fins i tot els obstetres més tradicionals s'han adonat que hi ha una força holística que cal reconèixer i l'estan començant a incorporar en el sector ginecològic de forma habitual. Però si vol convertir la MCA en part del seu embaràs, seria prudent anar amb compte i no perdre de vista els següents consells:

- Asseguri's que el seu ginecòleg o la seva llevadora de referència sigui conscient que vostè està interessada en un tractament de MCA, de manera que ambdues medicines siguin realment complementàries. Mantenir tot el seu equip prenatal al corrent de les seves intencions és important per a la seva seguretat i la del seu fill.
- Les medicacions complementàries (com ara les preparacions homeopàtiques i d'herbolari) no estan avaluades ni aprovades de manera oficial. I com que no han estat prou avaluades –a diferència dels fàrmacs convencionals – la seva seguretat no s'ha pogut establir clínicament. Això no vol dir que no hi hagi medicaments complementaris que siguin segurs d'usar durant l'embaràs i que siguin possiblement molt beneficiosos, sinó que simplement avui dia no hi ha un sistema oficial que determini quins ho són i quins no. Fins que no se'n tingui un coneixement més exhaustiu, val la pena evitar seguir qualsevol tractament homeopàtic, medicació a base d'herbes, suplement dietètic o tractament d'aromateràpia, a no ser que hagi estat específicament prescrit per un metge convencional, bon coneixedor de la MCA i del seu embaràs. (I el mateix consell és vàlid un cop el nadó hagi nascut en cas que li doni el pit.)
- Les tècniques de la medicina complementària que solen ser benignes –o fins i tot beneficioses– per a les no embarassades, poden no ser-ho durant l'embaràs. Des del massatge terapèutic fins a les maniobres quiropràctiques, cal tenir en compte precaucions especials quan la pacient està embarassada.
- La MCA també pot ser una medicina potent. I, depenent de com s'aplica, aquest potencial pot ser terapèutic o pot ser arriscat. Recordi que "natural" no és sinònim de "segur", de la mateixa manera que "químic" tampoc ha de ser-ho necessàriament de "perillós". Deixi que el seu ginecòleg l'ajudi a navegar entre possibles esculls i l'orienti només cap a les pràctiques de la MCA que la puguin ajudar –i no perjudicar– mentre estigui en estat de bona esperança.

CAPÍTOL 5

Nou mesos de menjar bé

ARA TÉ UN PETIT NADÓ DESENVOLUPANT-SE dins seu –de fet, un nadó en potència. Se li comencen a formar unes mans i uns peuets preciosos, els ullets i les orelletes, i les seves cèl·lules cerebrals s'estan desenvolupant a tota velocitat. I abans que se n'adoni, la miniatura que era el fetus s'acabarà convertint en el nadó dels seus somnis: completament acabat i a punt de rebre les seves carícies.

No ens ha de sorprendre, doncs, que engendrar un nadó impliqui molts altres factors. Per sort per als nadons i els seus pares, que tant els estimen, la naturalesa és realment sàvia. Això vol dir que són molt altes les probabilitats que el seu fill neixi molt bonic però, sobretot, perfectament sa. I el que és més important: vostè també pot fer moltes coses per ajudar a millorar aquestes expectatives ja de per si excel·lents –contribuint així a viure l'embaràs més sa possible i amb el mínim de complicacions. Hi ha quelcom que és relativament fàcil de fer (llevat, és clar, que estigui marejada): ens referim a una activitat que vostè ja fa com a mínim tres vegades al dia. Sí, ho ha endevinat: menjar. Però el repte de l'embaràs no és menjar i prou (encara que això ja pugui suposar un repte prou complicat els primers mesos de gestació) sinó que cal menjar el millor possible. Miri-s'ho així: menjar bé quan s'està esperant és un dels primers regals i un dels millors que pot fer al seu futur fill; a més, és un regal que li donarà no només ara que s'està formant dins l'úter sinó que també li continuarà donant al llarg de la seva vida extrauterina.

La dieta de l'embaràs és un pla nutritiu dedicat a potenciar la bona salut del nadó i la de la futura mare. Quins avantatges comporta al nadó? Entre molts altres beneficis destacats, hi ha unes majors probabilitats que tingui un pes adequat en néixer, un major desenvolupament cerebral i un menor risc de patir determinats defectes congènits –a més, s'ho cregui o no, afavorirà l'adquisició de millors hàbits alimentaris per al nadó des que neix fins que es converteixi en un preescolar potencialment llepafils (un avantatge que notarà cada vegada que li posi verdura al plat). També serà més probable que el seu fill s'acabi convertint en un adult més sa.

I probablement el seu nadó no serà l'únic que en traurà profit. La dieta de l'embaràs també pot fer incrementar les seves probabilitats de tenir: un embaràs segur (algunes complicacions com ara l'anèmia, la diabetis gestacional i la preeclàmpsia són menys freqüents en dones que s'alimenten bé); un embaràs amb menys molèsties (una dieta específica pot minimitzar el mareig matinal, l'esgotament, el restrenyiment i tota una sèrie de símptomes de l'embaràs); nou mesos amb menys inestabilitat emocional (una bona nutrició també ajuda a moderar els accentuats canvis d'humor); un part a terme (en general, les dones que mengen de forma regular i adequada tenen menys possibilitats de patir un part prematur); i una recuperació postpart més ràpida (un cos ben nodrit recupera el seu estat inicial més de pressa i més fàcilment). Per a més informació sobre els beneficis d'una dieta saludable durant l'embaràs, vegi *Comer bien cuando se está esperando.*

Afortunadament, assolir aquests beneficis és bufar i fer ampolles, especialment si vostè ja s'alimentava bé, però també si fins ara no ho feia (només haurà de ser una mica més selectiva amb el que es posa a la boca). La raó és que la dieta de l'embaràs tampoc és gaire diferent d'una dieta saludable estàndard. Encara que s'hi han fet algunes modificacions pensant en el tàndem mare-fill (no ens ha de sorprendre que qui engendra un nadó necessiti més calories i una major aportació de determinats nutrients), la base és la mateixa: una combinació equilibrada de proteïnes magres i de calci, cereals integrals, un ampli ventall de fruites i verdures i greixos insaturats. Li sona tot això? Doncs, no és estrany, ja que és el que han estat repetint des de fa anys els especialistes en nutrició.

I encara més bones notícies: fins i tot si ha començat l'embaràs amb uns hàbits alimentaris a les antípodes dels ideals, no li costarà gaire canviar-los per adaptar-se a la dieta de l'embaràs, sobretot si està fermament convençuda de voler-ho fer. Es poden trobar alternatives sanes per a gairebé tots els menjars i begudes poc saludables que hagi pogut consumir fins al moment (vegi el requadre de la pàgina següent), fet que significa que hi ha maneres nutritives de preparar un pastís (i galetes o patates, i fins i tot menjar ràpid) i també de menjar-s'ho. També existeixen un gran nombre de trucs per incorporar les vitamines i els minerals essencials a les seves receptes i plats preferits –per la qual co-

Faci-ho a la seva manera

Té els seus dubtes sobre les dietes? No li agraden els plans nutricionals? O simplement no té ganes que li diguin què ha de menjar o quant n'ha de menjar? Cap problema. La dieta de l'embaràs és una forma d'alimentar-se bé com a futura mare i d'alimentar bé el seu futur fill, però no és pas l'única forma possible. Una dieta sana i equilibrada –que inclogui prou proteïnes, cereals integrals, fruita i verdura i unes 300 calories extra al dia– també li anirà bé. Així que si no vol seguir cap dieta marcada, no ho faci. Mengi a la seva manera, però bé!

Aliments substitutius

Busca alternatives saludables per als seus aliments preferits i no massa saludables? Heus ací algunes idees per anar posant fil a l'agulla:

En comptes de...	**Provi...**
Patates de bossa	Patates al forn
Uns quants bombons	Un grapadet de fruita seca
Galetes salades per picar	Un bocí de formatge
Pollastre fregit	Pollastre a l'ast
Pastís de fruita i nous	Iogurt de fruita amb nous
Aperitius amb salsa de formatge	Verdura amb salsa de formatge
Patates fregides	Patates al vapor
Pa blanc	Pa integral
Un refresc	Un suc de fruita
Galetes amb sucre	Galetes integrals sense sucre

sa durant la gestació pot menjar bé sense haver de privar les seves papil·les gustatives d'estones de plaer.

Hi ha un aspecte molt important a tenir en compte quan vostè vulgui emprendre un pla per millorar la seva dieta: el que presentem en aquest capítol és el pla ideal per menjar el màxim de bé possible durant l'embaràs. I és important que el segueixi però sense obsessionar-s'hi (especialment al principi de l'embaràs, quan hagi d'equilibrar la voluntat de menjar bé amb els símptomes que limiten aquesta bona voluntat: des de les nàusees a l'aversió per determinats aliments). Potser intentarà seguir la dieta al peu de la lletra, com a mínim durant la major part del temps. O potser només la faci servir de referència, però tenint-la sempre en compte. Però fins i tot si no és capaç de renunciar a les hamburgueses amb patates fregides, llegir les pàgines següents li servirà per extreure'n algunes orientacions que li serviran per alimentar-se millor vostè i per alimentar millor el seu fill durant aquests nou mesos (què li semblaria una hamburguesa amb una mica d'amanida?).

Nou principis bàsics per a nou mesos de menjar saludablement

Tot compta. No perdi això de vista: li esperen nou mesos d'àpats i refrigeris (de menjar i de beure) i cada menjada és una oportunitat que vostè té per alimentar bé el seu fill abans que neixi. Així que obri bé la boca, però a consciència. Faci que totes les menjades del seu embaràs comptin, i elegeixi (sempre que sigui possible) pensant en el seu nadó. Recordi que cada mossegada que fa és una ocasió per alimentar amb nutrients saludables el seu fill en creixement.

No totes les calories són iguals. Elegeixi amb molta cura les calories consumides, prioritzant la qualitat per damunt de la quantitat, sempre que pugui. Pot semblar obvi –i al mateix temps injust– que les 200 calories d'un pastisset de xocolata no siguin equivalents a les 200 calories de dues magdalenes integrals sense sucre. I que les 100 calories de deu patates de bossa no siguin equivalents a les 100 calories d'una patata al forn. El seu fill es beneficiarà molt més de 2.000 calories diàries riques en nutrients que de 2.000 calories gairebé improductives. I el seu propi cos també se'n beneficiarà de cara al postpart.

Si vostè passa gana, el seu fill també. De la mateixa manera que no li passaria mai pel cap fer passar gana al seu fill després de néixer, tampoc ha de fer-li passar gana ara que el porta dins del ventre. Un fetus no pot sobreviure de les reserves de la seva mare, per moltes que en tingui. Necessita una nutrició regular i a intervals regulars –i com que la boca de la mare és la seva única via d'entrada, només ella li pot proporcionar aquesta nutrició. Fins i tot quan vostè no tingui gana, el seu fill sí que en tindrà. Així que no se salti cap àpat. De fet, menjar amb regularitat és la millor manera de nodrir adequadament el seu fetus. Les investigacions demostren que és menys probable que les futures mares que mengen com a mínim cinc vegades al dia (amb tres menjades i dos refrigeris o amb sis menjades poc abundants, per exemple) pateixin un part prematur. Evidentment, una cosa és la teoria i l'altra la pràctica, especialment si ha estat més ocupada anant al lavabo a vomitar que no pas dedicant-se a menjar bé. I si l'acidesa d'estómac fa que cap menjar se li posi bé? A les pàgines 144 i 170 trobarà molts consells sobre com evitar aquestes molèsties de l'embaràs sense deixar de menjar bé.

Seguir una bona dieta té recompensa. Creu que és impossible complir els dotze punts de la dieta (vegi la pàgina 103) tots i cada un dels dies de l'embaràs (a veure, sis racions de cereals integrals equival a una cada quatre hores...)? La preocupa que, si acaba aconseguint complir aquesta dieta, s'haurà convertit en una mena de robot embarassat? Doncs deixi de preocupar-se i aprengui a convertir-se en una experta en nutrició. Obtingui el màxim valor nutritiu per a cada àpat elegint productes baixos en calories però amb un elevat nombre de nutrients. En vol algun exemple? Menjar-se una bossa de pistatxos li suposa 715 calories (aproximadament el 25 per cent de les calories diàries totals) i és una forma força menys eficaç d'obtenir 25 grams de proteïnes que menjar un filet de gall dindi, que només li suposa 250 calories. Un altre exemple d'eficàcia nutricional: menjar un bol i mig de gelat (unes 500 calories; o encara més si en tria un de ben consistent) és una forma saborosa però poc eficaç d'aconseguir una ració de 300 mg de calci, en comparació amb

La solució de les sis menjades?

Massa gasos, nàusees, acidesa o restrenyiment (o tot alhora) com per poder-se acabar tot un àpat complet? Independentment dels problemes digestius que la incomodin (o no li deixin fer baixar el menjar), li serà més fàcil repartir els seus dotze punts diaris per a la dieta (vegi la pàgina 103) en cinc o sis petits refrigeris en comptes de fer-ho en tres àpats complerts. Fer menjades freqüents però poc copioses també l'ajudarà a mantenir els nivells de sucre a la sang, així que també se sentirà amb més energia. I patirà menys mal de cap –i menys inestabilitat emocional.

un gelat de iogurt descremat (que també és saborós però només conté 300 calories). Com que els greixos acumulen més del doble de calories per gram que les proteïnes o els hidrats de carboni, si opta per aliments amb un baix contingut en greixos millorarà la seva eficàcia nutricional. Opti per carns magres en comptes de grasses, per llet i productes lactis descremats o semidescremats en comptes de sencers, i per aliments bullits o a la planxa en comptes de fregits.

No es passi amb la mantega i condimenti els plats amb un rajolinet d'oli d'oliva i no amb un raig a l'engròs. Un altre truc per menjar amb eficàcia: opti per aliments rics en més d'una de les categories indicades als dotze punts diaris per tal de matar dos pardals (o més) d'un tret.

L'eficàcia també és important si té problemes per augmentar prou de pes. Per començar a acumular pes d'una forma saludable, esculli aliments rics en nutrients i en calories –alvocats, nous i altra fruita seca, per exemple– que són bons per a vostè i per al seu nadó i que no la faran sentir excessivament tipa.

No se senti culpable

Cal molta força de voluntat, sobretot quan s'intenta menjar bé per a dos. A més, tothom necessita caure en la temptació alguna vegada, sense haver de sentir-se'n culpable. Així que deixi's de sentir culpable, aixequi la veda i concedeixi's algun caprici de tant en tant –doni's una alegria encara que sigui amb un aliment poc aconsellable des del punt de vista nutricional, com ara un pastisset de fruites que probablement contindrà més sucre que fruites, però que li ve molt de gust, o un paquetet de galetes de xocolata (si no té ganes de tornar a menjar iogurt), o llepi's els dits amb l'hamburguesa que fa dies que es deleix per tastar al bar de la cantonada. Però quan digui que "sí" a algun d'aquests capricis, gaudeixi'n sense remordiments.

De tota manera, quan es deixi convèncer per l'opció menys nutritiva, intenti compensar-ho d'alguna manera: acompanyi les galetes amb un suc de fruita natural o demani l'hamburguesa amb formatge i tomàquet (i potser amb una amanida d'acompanyament). Una altra bona estratègia és prendre només petites porcions d'aquests capricis: comparteixi la ració de patates fregides i conformi's amb un bocinet del pastís que tant li agrada en comptes de cruspir-se'n un de sencer. I recordi's de posar el fre abans de perdre el control; si no, serà inevitable que se n'acabi sentint culpable.

Els hidrats de carboni són un tema complex. Algunes dones preocupades perquè guanyen massa pes durant l'embaràs cauen en l'error d'eliminar els hidrats de carboni de les seves dietes, deixant de menjar, per exemple, patates al forn. No hi ha dubte que els hidrats de carboni refinats (com el pa blanc, les galetes dolces i salades, les torrades, l'arròs blanc, els cereals refinats i els pastissos) suposen una trampa nutricional. Però els hidrats de carboni no refinats (és a dir, els complexos, com ara el pa i els cereals integrals, l'arròs integral, la fruita i la verdura, els pèsols i les mongetes seques i, és clar, les patates al forn) aporten vitamina B, minerals i proteïnes essencials, a més de fibra, molt important. Són bons tant per al seu nadó com per a vostè (l'ajudaran a controlar les nàusees i l'astringència). I com que atipen i són rics en fibra, però no engreixen, també l'ajudaran a controlar el pes. Les investigacions més recents suggereixen que consumir hidrats de carboni complexos encara aporta un altre avantatge: prendre molta fibra pot reduir el risc de desenvolupar diabetis gestacional. Vagi amb compte de passar progressivament d'una dieta amb poca fibra a una d'abundant en fibres per evitar possibles molèsties estomacals (massa fibra de patac li podria provocar un excés de gasos).

Els dolços no ens aporten gairebé res. Aquesta és la crua realitat: per desgràcia, les calories del sucre són calories buides. I encara que unes quantes calories buides no fan cap mal de tant en tant –encara que s'estigui gestant un fill– hi ha la tendència a consumir-ne més del compte, prenent així el protagonisme necessari per a les calories nutritives en la seva dieta. A més, els investigadors han comprovat que el sucre no només no té valor nutricional sinó que, a més, un consum excessiu podria ser perjudicial. Els estudis han suggerit que menjar molt sucre, a banda de provocar obesitat, pot provocar càries, diabetis, malalties cardíaques i càncer de còlon. De tota manera, el principal inconvenient del sucre és que se'n troba en grans quantitats en aliments i begudes que no ens aporten res des del punt de vista nutritiu (com els caramels o els refrescos, per posar-ne només alguns exemples).

El sucre refinat apareix a les prestatgeries del supermercat sota moltes presentacions, ja sigui en forma de terrossos o de sucre desfet. La mel, un sucre no refinat, té l'avantatge nutricional de contenir antioxidants, que ens ajuden a combatre moltes malalties. A més, hi ha més probabilitats que els sucres no refinats apareguin en aliments més nutritius –particularment en els cereals integrals que es venen a la secció de dietètica dels supermercats. De tota manera, intenti limitar la ingesta de tot tipus de sucre, ja que les calories que s'estalviï amb aquesta limitació les podrà invertir en opcions molt més beneficioses.

Per endolcir de manera nutritiva i saborosa, sempre que pugui substitueixi el sucre per fruita, fruita seca i sucs de fruita i n'obtindrà sucres naturals. Aquests aliments –a banda de ser dolços– contenen vitamines, minerals i valuoses substàncies fitoquímiques (productes químics vegetals que poden ajudar el seu cos a combatre les malalties i l'envelliment), mentre que el sucre refinat no li aportaria cap d'aquests components. També pot prendre's una dolça venjança amb els substituts acalòrics del sucre, que semblen ser segurs durant l'embaràs (vegi la pàgina 123).

Com més natural, més bo. La naturalesa és la principal font de procedència de la nostra alimentació. Per tant, no ens ha d'estranyar que els aliments més nutritius siguin els que no s'allunyen gaire del seu estat natural. Elegeixi fruites i verdures fresques del temps o opti per les congelades o enllaunades, si no en troba de fresques o si no té temps per preparar-les (però busqui les que no tinguin greixos, sals ni sucres afegits). I pel que fa a la forma de preparar-les, com més senzilla millor per a conservar-ne els nutrients. Intenti menjar algunes fruites i verdures crues cada dia i, quan les cuini, opti per fer-les al vapor o només una mica saltejades, per tal que mantinguin la major part de les vitamines i els minerals.

I de la naturalesa encara en podem aprendre més coses sobre la nutrició. Eviti els aliments processats: en la cadena de producció no només els han omplert de productes químics, greixos, sucres i sals, sinó que a més només conservaran un escàs valor alimentari. Triï un pit de pollastre o de gall dindi fresc en comptes de fumat, macarrons integrals amb formatge en comptes de pasta de colorets, i flocs d'avena naturals en comptes de cereals industrials, que contenen molt poca fibra i molt sucre.

Menjar sa és cosa de família. Siguem clars: no és fàcil decantar-se per la fruita fresca mentre el nostre estimat marit es llepa els dits amb una enorme terrina de gelat assegut al sofà –just al costat nostre. Ni tampoc ho és limitar-se a menjar galetes integrals mentre ell assaboreix aquelles gustoses galetes farcides de xocolata que a vostè la tornen boja. Així que el millor serà mantenir-lo sota control –a ell i a la resta dels membres de la família– per convertir la seva casa en una àrea d'alimentació sana. Compri només pa integral, ompli la nevera de iogurts descremats i prohibeixi que entrin a casa els poc saludables capricis als quals vostè no es pot resistir si els té a l'abast. I mantingui aquestes normes després del part. La investigació associa una bona dieta no només amb un embaràs i un nadó sans, sinó també amb un menor risc de contraure moltes malalties, incloent-hi el càncer i la diabetis. Això suposa que és més probable que les famílies tots els membres de les quals mengen bé siguin famílies més sanes.

Els mals hàbits poden sabotejar una bona dieta. Menjar bé és només una part del pla per aconseguir un embaràs sa. Durant l'embaràs, la millor dieta del món pot no servir de res si s'acompanya del consum d'alcohol, tabac i altres drogues o fàrmacs que no són segurs. Si encara no ho ha fet, canviï ara els seus altres hàbits.

Els dotze punts diaris de la dieta de l'embaràs

Calories. Tècnicament, una dona embarassada menja per dos (sens dubte, un motiu d'alegria per a les més menjadores). Però cal recordar que un dels dos és un petit fetus en desenvolupament amb unes necessitats calòriques significativament menors que les de la futura mare –una mitjana de només unes 300 calories diàries, més o menys (ho sentim per les que sempre tenen un budell buit). Així que si el seu pes és l'estàndard, només necessitarà 300 calories més que les que solia ingerir abans de concebre –l'equivalent a dos vasos de llet descremada i un grapat de cereals integrals (no ben bé la terrina familiar de gelat de xocolata amb nous que s'estava imaginant). I 300 calories són molt fàcils de consumir (i de sobrepassar i tot), atenent als requeriments nutricionals extra de la gestació. A més, durant el primer trimestre probablement no necessitarà ingerir cap caloria extra (el nadó que creix dins seu ben just fa la mida d'un pesolet), a no ser que hagi de compensar el fet d'haver començat l'embaràs amb un dèficit de pes. Durant el segon trimestre, quan el seu metabolisme s'acceleri, podrà ingerir entre 300 i 350 calories extra. Més endavant (quan el seu nadó ja sigui molt més gran), possiblement en necessitarà més i tot, potser unes 500 calories extra al dia.

Dos al preu d'un

Molts dels seus aliments preferits aporten, en cada ració, més d'un punt dels dotze punts diaris de la dieta de l'embaràs, de manera que aconseguirà complir dos punts al preu calòric d'un de sol. Per exemple: un suc de taronja natural li aporta vitamina C i també conté altres nutrients propis de les fruites fresques, tot en una presentació deliciosa. Un iogurt inclou una ració de calci i mitja de proteïnes. Aprofiti els avantatges d'aquests aliments doblement saludables sempre que pugui, per tal d'estalviar calories i espai al seu estómac.

Ingerir més calories de les que necessiten vostè i el seu fill no només és innecessari sinó que tampoc és gaire intel·ligent –i pot fer que vostè s'engreixi massa. A l'altre extrem, ingerir menys calories de les necessàries és desaconsellable i potencialment més perillós a mesura que l'embaràs avança; si una dona embarassada no pren prou calories durant el segon i el tercer trimestres de gestació pot retardar greument el desenvolupament del seu nadó.

Aquesta norma bàsica té, però, quatre excepcions –i, si alguna l'afecta a vostè, és encara més important que parli amb el seu metge sobre les seves necessitats calòriques particulars. Si pateix sobrepès, és possible que necessiti menys calories, sempre que segueixi unes directrius adequades quant a nutrició. Si el seu pes està molt per sota de l'estàndard, li faran falta més calories per compensar les deficiències de partida. Si vostè és una futura mare encara adolescent, com que també estarà en fase de creixement, tindrà unes necessitats nutricionals específiques. I si el seu embaràs és múltiple, hi haurà d'afegir unes 300 calories més per cada nadó.

Encara que durant l'embaràs les calories comptin, no significa que hagi d'estar pendent de comptar-les en sentit literal. Per controlar el seu pes, en comptes de preocupar-se de sumar les calories de cada àpat, és millor pesar-se a la mateixa balança de forma regular (una vegada a la setmana si el tema del pes li interessa molt, o cada dues o tres setmanes si té més fòbia a les balances). Pesi's sempre en el mateix moment del dia, ja sigui despullada o amb la mateixa roba (o una roba que pesi si fa o no fa el mateix), de manera que els seus càlculs no la desorientin per haver-se pesat després d'un dinar copiós un dia o perquè portava uns texans que pesaven molt un altre dia. Si augmenta de pes d'acord amb el pla previst (una mitjana encara de no mig quilo per setmana en el segon i el tercer trimestres) significa que ingereix el nombre adequat de calories. Si augmenta menys vol dir que no pren prou calories i si augmenta més, vol dir que en pren massa. Ajusti la seva ingesta d'aliments a les seves pròpies necessitats, però vagi amb compte de no perdre de vista els nutrients necessaris que aquestes calories li han d'aportar.

Proteïnes: tres racions diàries. Com es desenvolupa el seu nadó? Fent servir, entre altres nutrients, els aminoàcids (els blocs que formen les cèl·lules humanes) a partir de les proteïnes que vostè ingereix diàriament. Com que les cèl·lules del seu nadó es multipliquen molt de pressa, les proteïnes són un component crucial de la dieta de l'embaràs. Intenti prendre una mitjana de 75 grams de proteïnes al dia. Si li sembla molt, tingui en compte que la majoria de persones (incloent-hi vostè, molt probablement) consumeixen aquesta quantitat diària sense ni tan sols ser-ne conscients, i que les dietes riques en proteïnes encara en tenen més. Per obtenir la seva dosi de proteïnes, l'únic que ha de fer és ingerir cada dia tres d'algunes de les racions d'aliments rics en aquest component que enumerem a continuació. I no s'oblidi de tenir també en compte les proteïnes que es troben en molts aliments rics en calci: per exemple, un vas de llet o un tall de formatge proporcionen una tercera part d'una ració de proteïnes. Els cereals integrals i els llegums també li aportaran part de les proteïnes necessàries.

Prengui's cada dia tres racions de qualsevol aliment inclòs a la llista següent (cada una equival a una ració de proteïnes o a 25 grams de proteïnes), o una combinació equivalent a tres racions. Tingui en compte que moltes de les opcions làcties també satisfan les necessitats de calci, amb la qual cosa són opcions especialment indicades.

Proteïnes vegetarianes

Una bona notícia per a les vegetarianes: per aconseguir proteïnes vegetarianes no cal que combini aliments, sempre que en prengui algun de ric en proteïnes cada dia (en forma de llegums, cereals, llavors o fruita seca). Per estar segura que ingereix una ració completa de proteïnes en cada àpat, dobli les racions que apareixen a la llista següent o bé opti per dues mitges racions. I recordi que molts d'aquests aliments també satisfan, a banda dels requeriments de proteïnes, les necessitats diàries de cereals integrals i de llegums.

La següent selecció inclou aliments nutritius per a qualsevol dona embarassada, de manera que encara que no sigui vegetariana se'ls pot prendre i els pot incloure a la seva dieta diària. De fet, molts funcionaran com a saborosa alternativa a les altres formes de proteïnes quan les nàusees i les aversions del primer trimestre li facin eliminar la carn del seu menú diari.

Llegums (mitja ració de proteïnes)

1 platet de cigrons, llenties o mongetes seques

½ platet de germen de soja bullit

1 platet de pèsols bullits

45 grams de cacauets

3 cullerades de mantega de cacauet

¼ de platet de pasta de soja

120 grams de tofu

90 grams de tempeh de soja

1 got i mig de llet de soja*

90 grams de formatge de soja*

1 hamburguesa vegetariana gran*

1 salsitxa vegetariana gran*

30 grams (pesats en cru) de pasta de soja o de qualsevol altra pasta amb un alt contingut en proteïnes

Cereals (mitja ració de proteïnes)

90 grams (pesats en cru) de pasta de blat integral

⅓ de got de germen de blat

¾ de platet de segó d'avena

1 tassa d'avena crua (o 2 de cuita)

2 tasses (aproximadament) de cereals integrals*

½ platet (pesat en cru) de cuscús, arròs integral o blat integral

½ platet de quinoa crua

4 llesques de pa integral

2 pastes o magdalenes de blat integral

Fruita seca i llavors (mitja ració de proteïnes)

90 grams de fruita seca, com ara ametlles, nous o pacanes

60 grams de llavors de sèsam, gira-sol o carabassa

½ tassa de llavors de lli

*El contingut de proteïnes pot variar molt, així que haurà de comprovar a les etiquetes si amb aquesta mitja ració s'obtenen entre 12 i 15 grams de proteïnes.

3 vasos de llet descremada o semidescremada

1 formatget fresc individual

2 iogurts

90 grams de formatge ratllat

4 ous grans sencers

7 clares d'ou grans

100 grams (pes net) de tonyina o de sardines en llauna

120 grams (pes net) de salmó de llauna

120 grams (pes net) de marisc congelat, com per exemple llagosta, gambes, cloïsses o musclos

120 grams (pesats en cru) de peix fresc

120 grams (pesats en cru i sense pell) de pollastre, gall dindi o qualsevol altra peça d'aviram

120 grams (pesats en cru) de bou, vedella, xai o carn magra de porc

Calci: quatre racions diàries. Probablement, de petita, a l'escola ja li van explicar que els nens que estan creixent necessiten molt calci per tenir les dents i els ossos forts. Doncs el mateix passa als fetus que s'acabaran convertint en nens. El calci també és vital per al desenvolupament dels músculs, el cor i els nervis del nadó, així com per a la seva coagulació sanguínia i la seva activitat enzimàtica. Però no prendre prou calci no només perjudicarà el seu nadó sinó també a vostè mateixa. Si els subministraments ingerits de calci no són suficients, el nadó extraurà el calci dels seus propis ossos, provocant-li que a la llarga acabi patint osteoporosi. Així que faci el possible per prendre's les quatre racions diàries d'aliments rics en calci.

No li agrada la llet i no es pot fer a la idea de beure'n quatre gots cada dia? Tranquil·la, perquè el calci no s'ha de servir necessàriament en gots. També el pot trobar en forma de iogurts o de talls de formatge. També en pot estar prenent amb les sopes, les salses, els plats cuinats, els cereals, les postres i altres aliments.

Per a les embarassades que no poden tolerar els productes lactis o que no en prenen prou, el calci també es pot obtenir a través d'altres aliments no lactis. Un vas de suc de taronja enriquit amb calci, per exemple, proporciona una ració de calci i una de vitamina C; 120 grams de salmó enllaunat proporcionen una ració de calci i una de proteïnes; un plat d'espinacs proporciona una ració de verdura de fulla verda i una de vitamina C, a més de calci. Per a les dones vegetarianes o amb intolerància a la lactosa, o que per qualsevol altra raó no prenguin prou calci, podria ser recomanable un suplement de calci (que també inclogui vitamina D).

Miri de prendre quatre racions d'aliments rics en calci cada dia, o qualsevol combinació d'aliments que equivalgui a aquestes quatre racions (així que compti també el iogurt que va deixar a mitges o aquell bocinet de formatge que va picar a mig matí). Cada un dels aliments que s'enumeren a continuació contenen aproximadament 300 mg de calci (i vostè en necessita uns 1.200 mg diaris) i molts també satisfan les seves necessitats de proteïnes:

Quatre cullerades de formatge ratllat

1 tall de formatge

1 formatget fresc

1 got de llet sencera o semidescremada

½ got de llet enriquida amb calci (sacsegi-la bé abans de servir-se'n)

1 got de llet descremada en pols

1 iogurt

1 terrina i mitja de gelat de iogurt

1 got de suc de fruites enriquit amb calci (sacsegi'l bé abans de servir-se'n)

120 grams de salmó enllaunat

90 grams de sardines en llauna

El seu aliment preferit no surt a les llistes?

No localitza la seva fruita, el seu cereal o la seva font de proteïnes preferits en cap d'aquestes llistes? Això no vol dir que no tinguin una bona aportació nutricional. Per raons d'espai, només hem enumerat els aliments més habituals. Trobarà llistes més extenses d'aliments a *Comer bien cuando se está esperando.*

3 cullerades soperes de llavors de sèsam

1 platet de naps o de cols

1 plat de col xinesa bullida

1 platet i mig de germen de soja cuit

2 cullerades soperes rases de melassa

També obtindrà una aportació extra de calci prenent formatge fresc o mató, tofu, figues seques, ametlles, bròquil, espinacs, mongetes seques i llavors de lli.

Vitamina C: tres racions diàries. Tant vostè com el seu fill necessiten vitamina C per a la regeneració dels teixits corporals, la curació de les ferides i altres processos metabòlics (que utilitzen aquests nutrients). El seu nadó també necessita aquesta vitamina per créixer adequadament i per desenvolupar unes dents i uns ossos forts. La vitamina C és un nutrient que el cos no pot emmagatzemar, així que en cal un nou subministrament diari. Afortunadament, la vitamina C se sol trobar en aliments que per naturalesa ja són bons. Com veurà en la llista que presentem a continuació, l'omnipresent suc de taronja (tot i ser molt bo) no és l'únic aliment que conté aquesta vitamina essencial i ni tan sols és el que en conté més.

L'objectiu seria prendre un mínim de 3 racions diàries de vitamina C. (És una fanàtica de la fruita? Doncs prengui'n més). El seu organisme no pot emmagatzemar aquesta vitamina així que intenti prendre'n cada dia. Tingui en compte que molts aliments rics en vitamina C també satisfan les necessitats diàries d'hortalisses i de fruites fresques.

½ gotim de raïm de mida mitjana

½ got de suc de raïm

½ taronja de mida mitjana

½ got de suc de taronja

2 cullerades de concentrat enriquit de suc de taronja, raïm blanc o altres fruites

¼ de got de suc de llimona

½ mango de mida mitjana

¼ de papaia de mida mitjana

2 talls de meló

½ platet de maduixes

1 platet de móres o gerdons

½ kiwi de mitja mitjana

½ platet de pinya natural tallada a daus

1 plat de síndria tallada a daus

¼ de pebrot vermell de mida mitjana

½ pebrot verd de mida mitjana

½ platet de bròquil

1 tomàquet de mida mitjana

¾ de got de suc de tomàquet

½ tassa de brou vegetal

½ platet de col arrissada

½ platet d'espinacs

¾ de platet de cols o de naps bullits

1 plat d'enciam

¾ de platet de col llombarda

1 moniato o una patata al forn

1 platet de germen de soja cuit

Verdures de fulla verda i fruites i hortalisses grogues: 3 o 4 racions diàries. Aquests aliments, els preferits pels conills, subministren vitamina A, en forma de betacarotè, vital per al desenvolupament cel·lular (i les cèl·lules del seu nadó s'estan multiplicant a una velocitat vertiginosa) i per aconseguir tenir uns ulls, una pell i uns ossos ben sans. Aquests aliments també contenen carotenoides i altres vitamines essencials (vitamina E, riboflavina, àcid fòlic i diverses vitamines del grup B), un gran nombre de minerals (moltes verdures de fulla verda proporcionen una bona dosi de calci i també de minerals), productes fitoquímics que combaten moltes malalties i fibra, per evitar el restrenyiment. A la llista següent podrà trobar una generosa selecció de verdures de fulla verda i de fruites i hortalisses grogues. Totes les embarassades que detestin les verdures poden quedar gratament sorpreses en descobrir que el bròquil i els espinacs no són les úniques fonts de vitamina A i que, en efecte, aquesta vitamina es troba camuflada en molts dels productes de naturalesa més dolços i temptadors, com ara els albercocs, els préssecs grocs, els melons grocs i els mangos. I a totes les que prefereixen la verdura en forma líquida els agradarà sentir que poden comptar amb una tassa de brou de verdures, un bol de sopa de pastanaga o un suc de mango com a part de la seva ració diària de fruites i verdures.

Intenti'n prendre un mínim de tres o quatre racions al dia. A ser possible, miri de consumir alguna hortalissa verda i alguna de groga cada dia (i si vol un extra de fibra, mengi-se'n alguna de crua). I recordi que molts d'aquests aliments també satisfaran part de les seves necessitats diàries de vitamina C.

2 talls de meló groc

2 albercocs grans frescos o 6 mitges parts d'albercocs secs

½ mango mitjà

¼ de papaia mitjana

1 nectarina o un préssec groc grans

1 caqui petit

¾ de got de suc de raïm negre

1 gotim de raïm negre

1 mandarina

½ pastanaga

½ platet de bròquil

1 plat de cols

¼ de platet de col arrissada

1 plat d'enciam de qualsevol varietat de fulla verda

1 platet d'espinacs

¼ de plat de carabassa bullida

½ moniato petit

2 tomàquets de mida mitjana

½ pebrot vermell mitjà

¼ de tasseta de julivert picat

Altres fruites i hortalisses: 1 o 2 racions diàries. A més de prendre aliments rics en vitamina C i en betacarotè (vitamina A), miri de menjar diàriament almenys un o dos dels "altres" tipus de fruites i verdures. Encara que abans aquests "altres" aliments es consideraven com de segona categoria, ara se n'està reconsiderant el valor nutritiu. S'ha comprovat que no només són rics en potassi o magnesi –vitals per a la bona salut de l'embarassada– sinó que a més contenen magnífiques quantitats de molts altres minerals. Molts també compten amb abundants elements fitoquímics i antioxidants (particularment els que tenen els colors de l'arc iris, així que opti per la varietat de colors per obtenir-ne el màxim de beneficis alimentaris). Des de la poma diària fins a les magranes o els gerds, normalment de consum més esporàdic, sens dubte val la pena deixar un lloc per a aquestes "altres" fruites a la seva dieta diària.

Segur que, entre la següent llista d'"altres" fruites i verdures, en trobarà moltes de les seves preferides. Així que completi la seva oferta gastronòmica diària amb un o dos productes dels que hi ha a continuació:

1 poma de mida mitjana

½ got de suc de poma

½ magrana

2 cullerades soperes de concentrat de suc de poma

1 plàtan mitjà

½ platet de cireres

¼ de platet de gerds

1 préssec mitjà

1 pera mitjana

½ got de suc de pinya sense sucres afegits

2 prunes petites

½ platet de móres

½ alvocat mitjà

½ platet de mongetes tendres

½ platet de bolets

1 ocra bullit

½ platet de rodanxes de ceba

½ platet de xirivies

½ platet de carabassó bullit

1 panotxa de blat petita bullida

1 platet d'enciam iceberg

½ platet de pèsols

Cereals integrals i llegums: 6 o més racions diàries. Hi ha moltes raons per defensar els cereals. Els cereals integrals (blat, avena, sègol, ordi, arròs, mill, blat de moro, quinoa, etc.) i els llegums (cigrons, mongetes, llenties, etc.) contenen molts nutrients, especialment diverses vitamines del grup B (excepte la vitamina B_{12}, que només es troba en aliments d'origen animal), que fan falta per al bon desenvolupament de totes i cada una de les parts de l'organisme del seu nadó. Aquests hidrats de carboni complexos concentrats també són rics en ferro i en minerals –com ara el zinc, el seleni i el magnesi– molt importants durant l'embaràs. Un altre benefici: els aliments que contenen fècules també poden ajudar a reduir el mareig matinal. Encara que aquests aliments que hem seleccionat tenen molts nutrients en comú, cada un té els seus propis avantatges. Per aconseguir-ne el màxim benefici, inclogui una gran varietat de cereals integrals i de llegums a la seva dieta. Innovi a la cuina: com a guarnició al peix o al pollastre, afegeixi-hi unes torradetes de pa integral a les fines herbes amb formatge parmesà. Tasti la quinoa (un saborós cereal d'alt valor proteínic) amb els àpats o afegeixi nous cereals integrals a la seva amanida d'arròs. Faci servir farina d'avena per preparar les seves galetes preferides o substitueixi les mongetes de la sopa per fesolets.

I encara que li puguin venir més de gust, recordi que els cereals refinats no compleixen els mateixos requisits nutricionals. Fins i tot si estan "enriquits", els falta fibra, proteïnes i més d'una dotzena de vitamines i minerals que es troben en els cereals integrals.

Prengui un mínim de sis racions diàries dels aliments enumerats a la llista

Blat blanc integral

No li diu res el blat integral o simplement li ve més de gust pa blanc perquè li calma les nàusees? Doncs ara s'elabora un nou tipus de pa fet a mida per als seus gustos. El pa blanc integral està fet a base de blat naturalment blanc i amb un gust més suau i dolç que el blat comú, del qual s'extreu la farina integral. És, doncs, aquest pa de blat blanc integral el millor que s'hagi inventat mai? Bé, potser no n'hi ha per a tant. És clarament més saludable que el pa blanc, però en haver estat processat també ha perdut alguns dels seus nutrients en la cadena de producció –per la qual cosa el pa integral continua essent el millor des del punt de vista nutricional. Tot i això, si els seus antulls –o les seves nàusees– l'empenyen a optar pel pa blanc, el blanc integral és definitivament la millor opció. A més, si li agrada preparar-se el pa artesanalment, busqui'l en forma de farina i n'obtindrà un pa més lleuger que amb l'altra farina de blat integral.

següent. No oblidi que molts d'aquests productes també li aportaran una gran part de les seves necessitats diàries de proteïnes.

1 llesca de pa integral de blat, ordi o qualsevol altre cereal, o una de pa de soja

½ torrada o panet integral, o bé una pasta o magdalena de blat integral

1 bol de cereals integrals, per exemple de blat o d'avena, per coure

1 bol de cereals integrals torrats (la mida de les racions varia, així que n'haurà de llegir les etiquetes)

½ tassa de musli

2 cullerades soperes de germen de blat

½ platet d'arròs integral o d'arròs salvatge

½ platet de mill, cuscús o quinoa bullits

30 grams (pesats en cru) de pasta de cereals integrals o de soja

½ platet de faves, llenties o cigrons

1 bol de crispetes

30 grams de galetes integrals o de soja

¼ de tassa de farina de cereals integrals o de soja

Ferro: una mica cada dia. Com que per a la formació del subministrament sanguini del fetus i del seu propi sistema circulatori faran falta grans quantitats de ferro, caldrà que durant aquests nou mesos incrementi la ingesta d'aliments rics en ferro. Obtingui el màxim de ferro possible a través de la seva dieta (vegi la següent llista). Si combina aliments rics en vitamina C amb aliments rics en ferro, el seu organisme absorbirà més bé aquest mineral.

Atès que a vegades és difícil de satisfer les necessitats de ferro durant l'embaràs únicament amb la dieta, és possible que –a partir de la vintena setmana de gestació, o quan les analítiques confirmin que li'n falta– el seu metge li recomani prendre un suplement diari de ferro, a banda de les seves vitamines prenatals. Per millorar l'absorció del ferro del seu suplement, prengui-se'l fora d'àpats i acompanyat d'un suc de fruites ric en vitamina C (a l'altre extrem, les begudes amb cafeïna, els antiàcids i els aliments rics en fibra o en calci poden interferir en l'absorció del ferro).

La majoria de fruites, verdures, cereals i carns que consumim a diari contenen petites quantitats de ferro. Però, a més del suplement que li recepti el seu metge, s'hauria de prendre diàriament alguns dels següents aliments, especialment rics en ferro. A més, molts aliments rics en ferro també satisfaran altres requeriments nutritius de l'embaràs.

Bou, vedella, ànec, gall dindi

Ostres, musclos, cloïsses i gambes

Sardines

Patates sense pelar cuites al forn

Espinacs, cols i naps

Algues marines

Llavors de carabassa

Segó d'avena

Quinoa

Faves i pèsols

Germen de soja i altres productes de soja

Melassa negra

Fruita seca

Greixos i aliments rics en greixos: aproximadament 4 racions diàries (depenent del seu augment de pes). Com ja deu saber prou bé, els requeriments de greixos no només són els més fàcils de complir sinó que, si no anem amb molta cura, és probable que ens acabem excedint. I encara que no hi hagi cap perjudici –en tot cas més beneficis– pel fet de prendre's un parell de racions extra d'aliments rics en vitamina C o de verdures de fulla verda, l'excés de racions de greix podria comportar-li uns quilos de més. De tota manera, encara que val la pena moderar la ingesta de greixos, eliminar-los del tot de la seva dieta també podria ser perillós. El greix és vital per al desenvolupament del seu fill; els àcids grassos essencials que contenen són justament això: essencials. Els àcids grassos omega-3 són especialment beneficiosos durant el tercer trimestre (vegeu el requadre de sota).

Controli la seva ingesta de greixos; prengui'n la seva dosi diària però intenti no excedir-la. I per no perdre el compte, recordi que els greixos utilitzats per cuinar o condimentar els aliments també computen en la quantitat total. Així, si vostè s'ha fregit els ous amb mitja cullerada sopera d'oli (una ració) i s'ha condimentat la verdura amb una cullerada sopera de maionesa (una altra ració), inclogui aquestes dues racions en el recompte diari.

Si no aconsegueix guanyar prou pes i amb l'augment de quantitats d'altres nutrients no ho pot solucionar, intenti afegir una ració extra de greixos cada dia a la seva dieta; la concentració de calories dels greixos l'ajudarà a arribar al seu pes òptim. Si, en canvi, s'engreixa massa de pressa, freni l'augment de pes eliminant una o dues racions de greixos al dia.

La veritat sobre els greixos bons

Té fòbia als greixos (especialment des que s'ha disparat l'augment de pes del seu embaràs)? Doncs no els tingui por –només cal que esculli els que li convenen. Al cap i a la fi, no tots els greixos han estat creats de la mateixa manera. Alguns greixos són bons –i durant l'embaràs ho són especialment (de fet més que bons són boníssims); així, els àcids grassos omega-3, i sobretot l'ADH, constitueixen el millor additiu que pugui incloure a la seva dieta quan està menjant per a dos. Això s'explica perquè l'ADH és essencial per a un desenvolupament adequat del cervell i dels ulls dels fetus i dels nens petits. De fet, els investigadors han comprovat que els nens amb mares que havien consumit una gran quantitat d'ADH durant la gestació tenien millor coordinació mans-vista que la resta de nens. Prendre la quantitat suficient d'aquest component vital per al desenvolupament del seu nadó és especialment important durant els tres últims mesos (quan el cervell del seu fill està creixent a un ritme frenètic) i durant la lactància (ja que el contingut d'ADH del cervell del nounat es triplica durant els tres primers mesos de vida).

I el que és beneficiós per al fill que espera també ho serà per a la futura mare. Per a vostè, prendre prou quantitat d'ADH pot ajudar-la a controlar la inestabilitat emocional i a reduir les probabilitats de part prematur i de depressió postpart. Un altre avantatge per al postpart? Si pren prou ADH durant la gestació és més probable que el seu fill s'adapti més fàcilment a uns bons hàbits de son. Afortunadament, l'ADH es troba en molts aliments que probablement vostè ja menja –i gaudeix fent-ho– com ara: el salmó (a poder ser, que no sigui de piscifactoria) i altres peixos blaus com les sardines, les nous, els ous rics en ADH (a vegades, coneguts com a ous omega-3), la rúcula, les gambes i els crancs, les llavors de lli i fins i tot el pollastre. També pot consultar el seu metge sobre els suplements d'ADH segurs durant l'embaràs. Alguns suplements prenatals contenen una mica d'ADH.

Greixos? Una mica i prou

Intenta reduir la seva ingesta de calories prenent-se l'enciam sense amanir o saltejant les verdures sense gens d'oli? Demostrarà que té una voluntat de ferro –però estarà perdent part de la vitamina A de les hortalisses. Les investigacions han demostrat que molts dels nutrients que es troben a les verdures no són ben absorbits per l'organisme si no estan acompanyats d'una petita quantitat de greix. Així que potenciï els beneficis de la verdura afegint-hi una mica de greixos vegetals (una mica i prou!): saltegi les verdures amb un rajolí d'oli, afegeixi trossets de nou al bròquil i condimenti les seves amanides.

Els aliments de la llista següent estan totalment (o majoritàriament) formats per greixos. Evidentment, no seran les úniques fonts de greixos de la seva dieta (ja que també n'hi aportaran la crema de llet, els formatges i els iogurts no descremats, les nous i algunes llavors), però són els únics tipus de greixos que ha de controlar de prop. Si el seu increment de pes és l'estàndard, prengui'n diàriament quatre racions completes (d'uns 14 grams cada una) o vuit mitges racions (d'uns 7 grams). En altres casos, ajusti (a l'alça o a la baixa) el consum de greixos a les seves pròpies necessitats.

1 cullerada sopera d'oli vegetal (d'oliva o de gira-sol)

1 cullerada sopera de mantega o margarina

1 cullerada sopera de maionesa

2 cullerades soperes de condiment per a amanides

2 cullerades soperes de crema de llet o de nata per cuinar

¼ de tassa de nata líquida

¼ de tassa de nata muntada

¼ de tassa de llet condensada

2 cullerades soperes de crema de formatge

2 cullerades soperes de mantega de cacauet o d'ametlla

Aliments salats: amb moderació. Temps enrere, la medicina prescrivia restringir el consum de sal durant l'embaràs perquè es considerava que afavoria la retenció de líquids i la inflor. Ara es creu que durant l'embaràs és necessari i normal un cert increment dels líquids corporals i que fa falta un consum moderat de sodi per mantenir el nivell adequat de líquids. En realitat, la falta de sodi pot ser perjudicial per al fetus. Tot i això, les grans quantitats de sal i d'aliments salats (els aperitius salats, la salsa de soja o les patates fregides de bossa), especialment si es consumeixen amb freqüència, no són bones per a ningú, ni durant l'embaràs ni mai. Una elevada ingesta de sodi està relacionada amb la hipertensió, un problema que pot comportar complicacions durant l'embaràs, la dilatació i el part. Com a norma general, afegeixi poca sal (o no n'afegeixi) en preparar aliments per a la cocció; és preferible salar els menjars al seu gust un cop cuits. Si en té un fort desig, mengi's una o dues galetes salades però no se'n cruspeixi mig pot. I, llevat que el seu metge li recomani el contrari (per exemple, perquè vostè sigui hipertiroïdea), faci servir sal iodada, per assegurar-se de satisfer també les seves majors necessitats de iode durant l'embaràs.

Líquids: almenys vuit gots al dia. No només ha de menjar per dos, sinó que també ha de beure per dos. El cos del seu nadó, com el seu propi cos, està format majoritàriament per líquids; i, a mesura que el seu petit cos creix, també creix la seva demanda de líquids. A més, el cos de l'embarassada necessita més líquids que mai perquè la gestació fa augmentar considerablement el volum de fluids corporals.

Si vostè és una persona que es pot passar un dia sencer sense beure ni un glopet d'aigua, ja és hora de radicalment canviar d'hàbits. L'aigua l'ajudarà a mantenir la pell suau, evitar el restrenyiment i alliberar les toxines de productes de residu del seu cos (i també del seu nadó), així com reduir la inflor i disminuir les possibilitats d'infecció del tracte urinari i de part prematur. Asseguri's de beure un mínim de vuit vasos diaris –o més si reté molts líquids (encara que sembli paradoxal, prendre molts líquids ajuda a evacuar els sobrers), o també si practica molt exercici o si fa molta calor. Intenti no beure just abans dels àpats per evitar tenir l'estómac massa ple per poder menjar.

I, evidentment, no tots els líquids s'han de prendre en forma d'aigua de l'aixeta (ni embotellada). També es compten com a líquids la llet (que conté dues terceres parts d'aigua), els sucs de fruita o els brous de verdura, les sopes, el te i el cafè (calents o amb gel), i les aigües minerals amb gas o sense. Si afegeix al suc de fruites aigua amb gas (en la mateixa proporció) evitarà sumar massa calories. Les fruites i les verdures també compten (cinc racions equivalen a dues racions de líquid).

Suplements vitamínics prenatals: diàriament. Amb tots els nutrients ja inclosos en els dotze punts de la dieta de l'embaràs (o en qualsevol dieta sana), per què cal afegir-hi les vitamines prenatals? No es poden satisfer tots els requeriments de l'organisme amb el consum dels aliments adequats? Bé, probablement sí –és a dir, sí però amb la condició que vostè visqués en una mena de laboratori on tots els nutrients consumits es mesuressin amb precisió per assegurar-ne la ingesta diària adequada, i si no hagués de menjar mai fora, no hagués de dinar mai a correcuita per entrar a treballar puntual o si no sentís mai nàusees que li fessin saltar-se un àpat. En el món real –en què és més probable que vostè estigui vivint– el suplement prenatal li oferirà l'assegurança de salut extra per a vostè i el seu nadó, cobrint les necessitats nutricionals que la seva dieta no li pot subministrar. I és per aquest motiu que s'aconsella prendre un suplement diari.

Tot i això, un suplement no deixa de ser un suplement; així que cap píndola, per completa que sigui, podrà reemplaçar una dieta equilibrada. El millor és que la major part de les seves vitamines i minerals provinguin dels aliments per tal que els nutrients siguin més ben aprofitats per l'organisme. Els aliments frescos contenen no només els nutrients que nosaltres coneixem i podem sintetitzar en forma de píndola, sinó que probablement també en contenen molts altres que encara estan per descobrir.

Els aliments també subministren fibra i aigua (les fruites i les verdures en són un bon exemple), a més d'importants calories i proteïnes, i tots aquests components difícilment es poden incloure en una píndola.

Però no es pensi que a més quantitat, més beneficis. Les vitamines i els minerals a grans dosis actuen com a fàrmacs per a l'organisme i haurien de ser tractats com a tals, especialment en el cas de les dones embarassades; algunes vitamines, com la A i la D, són tòxiques a nivells no molt més elevats que les quantitats diàries recomanades (o QDR, que ara també s'anomenen ingestes diàries de referència o valors diaris). Qualsevol suplement que excedeixi aquestes ingestes diàries de referència només s'hauria de prendre sota supervisió mèdica. I el mateix podem dir de les herbes medicinals i d'altres suplements. Com en el cas de les vitamines i els minerals que procedeixen de l'alimentació, no tingui por de prendre massa nutrients emplenant-se el plat al màxim en un bufet lliure d'amanides –així que no cal que es reprimeixi si li vénen de gust les pastanagues o el bròquil.

Què contenen els suplements prenatals?

Què hi ha en un comprimit prenatal? Depèn del comprimit que es prengui. Com que no s'ha establert cap composició estàndard pel que fa als suplements prenatals, les fórmules varien. El més probable és que el seu metge li prescrigui o recomani un suplement prenatal en concret, evitant així que vostè s'hagi de prendre la molèstia (i la preocupació) d'haver-lo d'elegir pel seu compte. Si s'hagués d'enfrontar a les prestatgeries de la farmàcia sense una recomanació prèvia del seu metge, llegeixi la composició de cada preparat per comprovar que contingui el següent:

- No més de 4.000 UI (800 mcg) de vitamina A; les quantitats superiors a 10.000 UI podrien ser tòxiques. Molts laboratoris farmacèutics han reduït les quantitats de vitamina A dels seus suplements o les han substituït per betacarotè, una font de vitamina A molt més segura que la pròpia vitamina.
- Un mínim de 400 o 600 mcg d'àcid fòlic (folat).
- 250 mg de calci. Si vostè no pren prou calci a través de l'alimentació diària, necessitarà un suplement addicional per arribar als 1.200 mg necessaris durant l'embaràs. No prengui més de 250 mg de calci juntament amb el suplement de ferro perquè aquest mineral interfereix en la seva absorció. Prengui qualsevol dosi de calci superior com a mínim dues hores abans o després de prendre's el suplement de ferro.
- 30 mg de ferro.
- Entre 50 i 80 mg de vitamina C.
- 15 mg de zinc.
- 2 mg de coure.
- 2 mg de vitamina B_6.
- No més de 500 mcg de vitamina D.
- Gairebé la ingesta diària recomanada de vitamina E (15 mg), tiamina (1,4 mg), riboflavina (1,4 mg), niacina (18 mg) i vitamina B_{12} (2,6 mg). La majoria de suplements prenatals dupliquen o tripliquen la ingesta diària recomanada d'aquests components. De tota manera, no s'ha comprovat que aquestes dosis tinguin cap contraindicació.
- Alguns preparats també contenen magnesi, fluorur, biotina, fòsfor, àcid pantotènic, una dosi extra de vitamina B_6 (per combatre el mareig), gingebre (que també combat les nàusees), i/o el més beneficiós per al desenvolupament cerebral del nadó, l'ADH.

Un altre aspecte important: comprovi a l'apartat de composició que la píndola no conté ingredients que no haurien d'aparèixer en un suplement prenatal, com ara herbes medicinals. En cas de dubte, consulti-ho al seu metge.

Què la pot amoïnar

No beure llet

"No puc tolerar la llet i beure'n quatre gots diaris em faria caure malalta, però el meu fill necessita llet. Què puc fer?"

El que necessita el seu fill no és la llet sinó el calci. Com que la llet és una de les principals i una de les millors fonts de calci naturals que es consumeixen avui dia, sol ser un dels productes més recomanats per satisfer la creixent demanda de calci durant l'embaràs. Però si la llet no se li posa bé i no la pot ni veure, probablement s'ho pensarà dues vegades abans de beure-se'n un got. Per sort, no cal que pateixi per la salut dels ossos i les dents del seu nadó. Si vostè pateix intolerància a la lactosa o simplement no li agrada la llet, té a la seva disposició un gran nombre d'aliments substitutius que també cobriran el seu deute nutricional.

Encara que la llet li regiri l'estómac, és possible que pugui tolerar determinats tipus de productes lactis, com ara els formatges no cremosos, els iogurts completament processats (opti pels que contenen bífidus actius perquè l'ajudaran a digerir millor), i la llet sense lactosa, en què s'ha substituït la lactosa per un altre component molt més digestiu. Un altre avantatge de prendre productes lactis sense lactosa: alguns estan enriquits amb calci. Llegeixi les etiquetes per comprovar-ho i doni'ls preferència. Si pren una mica de lactasa abans de consumir llet o productes lactis, o si afegeix unes gotes de lactasa a la llet, també podrà minimitzar o eliminar els problemes digestius que li comporten els productes lactis.

Fins i tot si fa anys que pateix intolerància a la lactosa, pot ser que descobreixi que és capaç d'assimilar bé alguns productes lactis durant el segon i tercer trimestres de gestació, quan les necessitats de calci del fetus són majors. Si es dóna el cas, no es passi: intenti prendre només els productes amb menys probabilitats de provocar-li una reacció.

Si no pot tolerar cap producte lacti o li provoquen al·lèrgia, pot conti-

Pasteurizat, si us plau!

El fet que el científic francès Louis Pasteur inventés la pasteurització, a mitjans del segle XIX, va ser l'avenç més important que es podia realitzar en els productes lactis des que es van descobrir les vaques. I ho continua sent, sobretot pel que fa a les dones embarassades. Per protegir-se vostè i protegir el seu fill de perilloses infeccions bacterianes, com ara la listeriosi, asseguri's de prendre només llet pasteuritzada i que tots els formatges i productes lactis que consumeix estiguin elaborats amb llet pasteuritzada (els formatges fets amb "llet crua" no estan pasteuritzats). Els sucs, que podrien contenir *E. coli* i altres bactèries perilloses quan estan crus, també s'haurien de pasteuritzar. Actualment, fins i tot els ous es poden comprar pasteuritzats (eliminant així el risc de salmonel·losi i sense alterar-ne el sabor ni el valor nutritiu). No està demostrat que la pasteurització instantània, un mètode més ràpid, sigui prou segura per a les dones embarassades, així que, mentre no se sàpiga amb més certesa, limiti's a prendre productes que hagin estat sotmesos a una pasteurització convencional.

nuar ingerint tot el calci que el seu nadó necessita a través de sucs enriquits amb calci i prenent els aliments no lactis però rics en calci que trobarà enumerats al llistat de la pàgina 106.

Si el seu problema amb la llet no és fisiològic sinó una simple qüestió de gustos, tasti alguna de les alternatives làcties o no làcties riques en calci. Segur que n'hi ha moltes que satisfaran les seves papil·les gustatives. O, si ho prefereix, barregi's la llet amb cereals, o afegeixi'n en sopes i batuts.

Si creu que potser no consumeix prou calci a través de la seva dieta diària, demani al seu metge que li recomani algun suplement de calci (n'hi ha que són masticables, ideals per a les futures mares que els costa empassar-se les pastilles).

També s'haurà d'assegurar de prendre prou vitamina D (que s'afegeix a la llet de vaca). Molts suplements de calci inclouen vitamina D (perquè millora l'absorció del calci) i és probable que el seu suplement vitamínic prenatal també en contingui una mica.

Una dieta sense carn roja

"Menjo pollastre i peix, però cap varietat de carn roja. Sense carn roja, el meu fill tindrà tots els nutrients necessaris?"

Amb una dieta lliure de carn roja, el seu nadó no es podrà prendre cap bistec de vedella. Però, de fet, el peix i les carns magres d'aviram li proporcionaran més proteïnes i menys greixos (per les mateixes calories) que no pas la vedella, el xai o el porc, de manera que la seva opció és la més eficaç per a l'embaràs. I, de la mateixa manera que la carn roja, les altres també són carns riques en moltes de les vitamines del grup B que el seu fill necessita. L'únic nutrient que no tenen totes les varietats d'aviram i de peix és el ferro (encara que l'ànec, el gall dindi i el marisc en són les excepcions), però hi ha moltes altres fonts naturals que contenen aquest mineral essencial, que també es pot prendre en forma de suplement.

La dieta vegetariana

"Sóc vegetariana i no tinc cap problema de salut, però tothom em diu que he de menjar productes d'origen animal per tenir un fill sa. És cert?"

Les vegetarianes de qualsevol tipus poden tenir fills sans sense desviar-se dels seus principis dietètics –només cal que durant l'embaràs planifiquin la seva dieta amb una mica més de cura que la resta de mares. En elegir els seus menús, asseguri's que contenen els següents components en les quantitats suficients:

Proteïnes. Per a les vegetarianes que també consumeixen ous i productes lactis, ingerir prou proteïnes és tan fàcil com prendre els seus productes lactis preferits en la quantitat suficient. Si vostè és vegetariana *stricto senso* (i no pren ni ous ni llet), s'haurà d'esforçar una mica més en el tema de les proteïnes, i caldrà que prengui grans quantitats de mongetes, pèsols i cigrons, tofu i altres productes derivats de la soja (vegi la pàgina 107 per a més informació sobre proteïnes d'origen vegetal).

Calci. El subministrament de calci no planteja cap dificultat per a les vegetarianes que prenen productes lactis, però sí per a la resta. Afortunadament, els productes lactis són la principal font de calci, però no l'única. Els sucs enriquits amb calci ofereixen tant calci com la pròpia llet (però asseguri's de sacsejar-los bé abans de consumir-los). Altres fonts dietètiques de calci no lacti són: verdures de fulla verda, llavors de sèsam, ametlles i molts productes de soja (com ara llet de soja, formatge de soja, tofu i tempeh). Per estar més tranquil·les, les vegetarianes estrictes haurien de prendre també un suplement de calci; demani al seu metge que n'hi recepti algun.

Vitamina B_{12}. Tot i que les deficiències de vitamina B_{12} són inusuals, les vegetarianes, i sobretot les vegetarianes estrictes, solen no ingerir prou quantitat d'aquesta vitamina, ja que només es troba en aliments d'origen animal. Així que asseguri's de prendre un suplement de vitamina B_{12}, a més d'àcid fòlic i ferro (pregunti al metge si vostè en té prou amb la vitamina B_{12} del suplement vitamínic prenatal). Alguns aliments també aporten vitamina B_{12}, com per exemple, la llet de soja, els cereals, el llevat i els substitutius de la carn enriquits amb aquesta vitamina.

Vitamina D. Aquesta vitamina la produeix la seva pròpia pell quan està exposada a la llum solar. Però com que passar molt temps al sol ja no es considera beneficiós per a la salut ni està de moda posar-se massa morena, no podem confiar en obtenir per vies naturals la quantitat necessària de vitamina D (especialment les dones de pell fosca, que tampoc poden absorbir-ne gaire de la llum solar). Per garantir que es pren la quantitat adequada de vitamina D, en alguns països la llei obliga a enriquir cada litre de llet amb 400 mg d'aquesta vitamina. Però si no beu llet de vaca, asseguri's que hi hagi prou vitamina D a la llet de soja que begui o al suplement prenatal que prengui. També es poden trobar pans i cereals enriquits amb vitamina D.

Dietes baixes en hidrats de carboni

"Per perdre pes, he estat seguint una dieta de pocs hidrats de carboni i moltes proteïnes. Puc mantenir aquesta dieta durant l'embaràs?"

L'inconvenient de la dieta baixa en hidrats de carboni és obvi: durant l'embaràs, l'expressió "baixa en" hauria de desaparèixer del seu vocabulari. Prendre una quantitat massa reduïda de qualsevol nutrient essencial no és gens adequat per a una dona en estat. La seva principal prioritat durant l'embaràs ha de ser aconseguir un equilibri dels millors ingredients que ajudin a desenvolupar el seu nadó, incloent-hi els hidrats de carboni. Tot i ser molt populars, les dietes que limiten el consum de hidrats de carboni (incloent-hi la fruita, la verdura i els cereals) també limiten els nutrients –especialment l'àcid fòlic– que tant necessita un fetus en creixement. I el que és perjudicial per al fill també ho pot ser per a la mare: si escatima en hidrats de carboni complexos també escatimarà en la fibra que l'ajudarà a combatre el restrenyiment i en totes les vitamines del grup B que permeten alleujar el mareig matinal i els problemes cutanis de les embarassades.

Un altre aspecte important: la gestació és un període per menjar de forma sana i no per fer règim. Així que guardi tots els manuals per perdre pes a la prestatgeria i segueixi una dieta equilibrada per tenir un nadó ben alimentat.

La preocupació pel colesterol

"El meu marit i jo tenim molta cura amb les nostres dietes i controlem molt el colesterol. Ho hauria de continuar fent durant l'embaràs?"

Ja està cansada de sentir què ha de menjar, què no ha de menjar o què ha de menjar menys durant l'embaràs? Doncs no la volem atabalar més: no cal que suprimeixi el colesterol de la seva taula durant la gestació. Les dones embarassades, i en menor mesura les que no ho estan però es troben en l'edat de criar, estan fins a un cert grau protegides contra els efectes d'obstrucció arterial del colesterol –fet que les deixa en una posició privilegiada si els agraden els ous ferrats, la cansalada o les hamburgueses. De fet, el colesterol és necessari per al desenvolupament fetal, de manera que el cos de la mare n'augmenta automàticament la producció, fent pujar els nivells de colesterol a la sang entre un 25 i un 40 per cent. I encara que no cal que segueixi una dieta rica en colesterol per ajudar el seu cos a augmentar-ne la producció, sí que es pot prendre una certa llibertat d'actuació (sempre que el seu metge no li digui el contrari). Quan li vingui de gust, prepari's uns ous remenats (si vol uns greixos més beneficiosos, triï ous rics en omega-3), mengi força formatge per satisfer les seves necessitats de calci i clavi una bona queixalada a l'hamburguesa, i tot sense cap mena de remordiment.

El menjar escombraries

"Sóc addicta al menjar escombraries: als productes de pastisseria industrial, a les patates fregides de bossa i al menjar ràpid. Sé que hauria de seguir una alimentació més sana –i realment m'agradaria fer-ho–, però no sé si seré capaç de canviar d'hàbits."

Està preparada per llençar el menjar escombraries al seu lloc, és a dir, a les escombraries? Si la resposta és afirmativa, ja se'n pot alegrar perquè el primer pas, i el més important, per canviar d'hàbits alimentaris és estar prou motivada per fer-ho. És cert que posar a la pràctica aquests canvis li exigirà molts esforços, però són uns esforços que valen realment la pena. Alguns consells per tal que deixar el seu hàbit del menjar escombraries li resulti el menys traumàtic possible són:

Mengi en llocs diferents. Si el cafè vienès li ve de gust quan esmorza a l'oficina, prengui's un esmorzar més nutritiu abans de sortir de casa (un que li estabilitzi els nivells de sucre a la sang amb una combinació d'hidrats de carboni i de proteïnes, com ara una ració de flocs d'avena, per ajudar-la a reduir els desigs de picar productes poc saludables). Si sap que no es pot resistir a les patates fregides cada vegada que passa per davant de la xurreria, no hi torni a passar; opti per comprar-se un entrepà sa al bar del costat o entri només en locals d'alimentació natural.

Pensi-s'ho dues vegades abans de menjar. Planificar els àpats i els refrigeris amb anticipació (en comptes d'agafar el més fàcil o el primer que troba, com ara el paquet de galetes cruixents amb nata de la màquina expenedora) farà que mengi millor durant tot l'embaràs. Així que tingui-ho tot a punt. Asseguri's de tenir controlats els locals de menjars preparats que li caiguin prop de casa i que ofereixin menús de dieta sana per tal de poder disposar d'un bon àpat amb una sola trucada (i truqui-hi abans que la gana la faci córrer en una altra direcció). Tingui sempre a casa, a la feina, a la bossa i al cotxe una selecció de refrigeris sans i saborosos alhora: alguna peça de fruita, fruita seca, productes de soja per picar, barretes i galetes de cereals integrals, iogurts i batuts, o formatgets. I porti també alguna botella d'aigua per evitar consumir refrescos poc saludables quan li agafi set.

No deixi les temptacions a l'abast. No deixi entrar a casa més caramels, patates fregides, galetes o begudes ensucrades per no tenir-ne mai a l'abast. No entri a la pastisseria per evitar caure en la temptació de comprar-se un pastís de

Dieta sana en pocs minuts

El menjar sa també pot ser menjar ràpid. Vegi de quina manera:

- Si sempre va amb presses, recordi que tardarà menys preparant-se un entrepà de pit de pollastre, enciam i tomàquet per emportar-se a la feina (o comprant-ne un de camí a l'oficina) que no pas fent cua a l'hamburgueseria.
- Si preparar un sopar com cal cada dia li sembla massa feina, prepari's el sopar per a dos o tres dies seguits i així no li caldrà cuinar a diari.
- Cuinar de forma sana és ben simple. Prepari's el peix a la planxa i afegeixi-hi una mica de salsa preparada, unes rodanxes de tomàquet o unes gotetes de llimona. O posi un pit de pollastre al forn amb una capa de tomàquet i mozzarella. O prepari's uns ous remenats i acompanyi'ls amb unes torradetes integrals, amb formatge cheddar ratllat i unes verduretes cuites al vapor dins del microones.
- Quan no tingui temps (si és que en té alguna vegada) d'estar-se a pelar i a tallar, opti pels llegums cuits i les sopes preparades, pels entrants congelats o empaquetats i a punt per a consumir, o per les verdures fresques prerentades que venen als supermercats (són especialment recomanables les que es poden coure al microones directament a la mateixa safata).

xocolata. I, si cal, torni a casa pel camí més llarg, si així evita passar per davant d'algun local amb productes alimentaris que la podrien portar pel mal camí.

Busqui substitutius. Li agrada prendre's una rosquilla de crema amb el cafè del matí? Doncs substitueixi-la per una magdalena integral. A mitjanit es deleix per una bossa d'aperitius salats? Doncs canviï'ls per unes pastetes d'arròs integral (que va tenir la previsió de comprar en l'última visita a la botiga de dietètica), i unti-les amb un formatget descremat perquè siguin més gustoses i li aportin més nutrients. La tornen boja els gelats? Entri en algun bar on serveixin sucs naturals i demani un batut de fruites ben dolç, espès i cremós.

Tingui present el seu fill. El seu fill menja el mateix que vostè, però a vegades costa de tenir-ho present (especialment quan va de compres i la comença a seduir l'oloreta d'un croissant farcit de crema). Si comprova que l'ajuda el fet d'estar ben conscienciada que alimentant-se a vostè també alimenta el seu nadó, pengi fotografies de nadons ben alimentats i eixerits a tot arreu on necessiti una mica d'inspiració (i una bona dosi de força de voluntat). Tingui'n alguna a l'oficina, a la bossa i al cotxe (perquè l'ajudi a passar de llarg sempre que tingui la temptació de parar a comprar menjar escombraries).

Conegui els seus propis límits. Algunes dones acostumades al menjar escombraries es poden permetre prendre de tant en tant algun dels seus aliments preferits, deixant-se portar per la temptació de forma esporàdica; altres no poden fer-ho una sola vegada sense haver de repetir (i vostè ja sap a quin dels dos grups pertany). Si quan es vol donar un caprici no se sap imposar límits –si un caramelet petit s'acaba convertint en un de gegant, si una rosquilla es converteix en una dotzena o si quan obre una bossa de patates no pot parar fins que se l'acaba tota– li serà més fàcil deixar definitivament el seu hàbit que no pas intentar moderar-lo.

Recordi que els bons hàbits es poden conservar tota la vida. Un cop que hagi fet l'esforç d'adoptar uns hàbits d'alimentació més sans, és possible que es plantegi la possibilitat de mantenir-los per sempre. Si després del part continua menjant bé, aquesta alimentació saludable li donarà més energia per a la seva nova faceta vital: la de mare. I també serà més probable que el seu fill creixi amb un major gust per les coses sanes de la vida.

Menjar fora

"Faig tot el possible per mantenir una dieta sana, però en menjar tantes vegades fora de casa, em resulta gairebé impossible."

Per a moltes dones embarassades, el repte que els planteja menjar al restaurant no és substituir el vi per l'aigua mineral, sinó intentar combinar una alimentació adequada per al seu nadó i sense excessives calories per a la mare. Amb aquest objectiu a la vista i seguint els suggeriments següents, és fàcil determinar els dotze punts diaris de la dieta per quan hagi de menjar fora.

- Recordi's dels cereals integrals abans d'assaltar els panets que trobarà sobre la taula mentre espera que la serveixin. Si no li ofereixen pa integral, pregunti al cambrer si en tenen. En cas contrari, miri de no abusar del pa blanc. No es passi a l'hora de sucar el pa amb mantega o amb oli d'oliva. Segurament ja hi haurà altres greixos en el seu àpat –com l'oli de l'amanida o la mantega del saltejat de verdures– i ja sap que els greixos sumen calories amb molta rapidesa.
- De primer plat, demani una amanida verda. Altres alternatives per al primer plat podrien ser un còctel de gambes, marisc al vapor, verdures a la planxa o sopa.
- I parlant de sopes, busqui les que tinguin una base vegetal (particularment de patata, pastanaga, carabassa o tomàquet). Les sopes de llenties i de mongetes també li aportaran moltes proteïnes. De fet, una bona ració de sopa de llegums pot servir com a plat únic, sobretot si s'hi afegeix una mica de formatge ratllat. En general, és preferible evitar les sopes a base de crema de llet o de nata; en canvi, sempre que pugui, demani una sopa de peix.
- Sigui especialment selecta amb el segon plat. Procuri que les proteïnes que prengui –peix, marisc, pit de pollastre o bistec de vedella– no portin greixos (el millor és optar per una cocció al vapor, bullit, a la planxa o a la brasa). Si algun dels plats va acompanyat d'una gran quantitat de salsa, demani que l'hi portin per separat. I no tingui vergonya per demanar plats especials (els xefs ja hi estan acostumats; a més, és difícil contradir la voluntat d'una dona embarassada). Pregunti si el pit de pollastre li poden fer a la planxa, en comptes d'arrebossat, o si el peix li poden fer a la brasa en comptes de fregit. Si vostè és vegetariana, miri si al menú hi troba tofu, mongetes, pèsols i formatges, o plats que combinin aquests ingredients. Una lassanya vegetal, per exemple, podria ser una bona elecció si està menjant en un restaurant italià, i una amanida de llegums amb verdures, si va a dinar al xinès.
- Sigui selectiva amb els acompanyaments, decidint-se per patates o moniatos al forn, arròs integral o salvatge, llegums (mongetes o pèsols), o verdura fresca.

Amb les fruites, les aparences enganyen

Quan es tracta de nutrició, com més fosc és el color de la majoria de fruites i verdures, més vitamines i minerals (especialment la vitamina A) en podrà obtenir. Però tingui en compte que és el color de l'interior –i no el de la pell– el que indica si conté bons nutrients. Així mentre que els cogombres (foscos per fora però esblanqueïts per dins) són els darrers de la llista en aportació nutricional, els melons grocs (clars per fora però més foscos per dins) n'encapçalen el rànquing.

- Opti per una de les postres a base de fruites que li ofereixi el restaurant (les maduixes acostumen a agradar molt). Si la fruita no li sembla suficient (o almenys no sempre), afegeixi-hi una mica de nata, un xarrup o un geladet. Té forts desigs de demanar unes postres dolces? Doncs apunti's al club de "les dues culleretes" i comparteixi unes postres de pastisseria amb un altre comensal.

Llegir les etiquetes

"Tinc moltes ganes de menjar bé, però a vegades és complicat saber què contenen els productes que compro. Simplement, no entenc les etiquetes."

Les etiquetes no s'han dissenyat per ajudar el consumidor sinó per animar-lo a comprar el producte. Tinguiho molt en compte a l'hora d'omplir el carro de la compra, i aprengui a llegir la lletra petita, especialment la llista d'ingredients i l'etiqueta del valor nutricional (que *sí* que s'han dissenyat per ajudar-la).

La llista d'ingredients la informarà exactament de què conté un producte en ordre de predominança (de manera que els primers ingredients són els més abundants i els últims, menys). Amb un cop d'ull ja sabrà si l'ingredient principal en uns cereals és un blat refinat o un d'integral. També podrà saber si un producte conté molt sucre, sal, greixos o additius. Així, per exemple, sabrà que el producte conté un excés de sucre si aquest ingredient es troba a la part superior de la llista o si hi apareix citat de diverses formes diferents (sucre, mel, xarop de glucosa, etc.).

Comprovar els grams de sucre que consten a l'etiqueta no serà suficient, ja que és possible que els grams de "sucre afegit" vagin per separat dels grams de "sucre de procedència natural" (els que es troben a les panses dels cereals que vostè té la intenció de comprar, per exemple). I encara que el número de grams de sucre d'un cartró de suc de taronja sigui idèntic que el d'un refresc a base de fruita, no són equivalents. És com comparar les taronges amb el xarop de glucosa: l'autèntic suc de taronja obté el seu sucre naturalment de la pròpia taronja, mentre que el refresc afruitat conté sucres afegits.

Les etiquetes de valor nutricional, que apareixen en tots els productes envasats que pot adquirir a qualsevol botiga, poden ser particularment útils per a una dona embarassada que compta les proteïnes i que controla les calories que ingereix, ja que aquestes etiquetes indiquen tant els grams de proteïnes com el número de calories per cada ració de producte. En canvi, la llista dels percentatges de les dosis diàries recomanades és menys útil perquè la ingesta diària de referència no és la mateixa per a una dona embarassada que per a la resta de persones. Tot i això, qualsevol aliment que contingui valors elevats en diversos nutrients és un bon producte per afegir al carro de la compra.

Malgrat que sigui important llegir la lletra gran de l'etiqueta, tampoc hem d'ignorar-ne la lletra petita. Així, encara que una caixa de magdalenes anunciï "elaborades amb blat integral, segó i mel", pot ser que la lletra petita ens aclareixi que l'ingredient principal (el primer de la llista) és la farina de blat refinat, i no de blat integral, i que les magdalenes contenen molt poc segó (que figura gairebé al final de la llista d'ingredients) i que també contenen molt més sucre blanc (al principi de la llista) que no pas mel (al final).

"Complementat" o "enriquit" també és una informació davant de la qual hem de ser prudents. Afegir unes quantes vitamines a un aliment poc recomanable, no el converteix automàticament en recomanable. És millor prendre un bol de flocs d'avena natural, que ens aporten molts nutrients de forma segura, que un de cereals refinats que continguin 12 grams de sucre afegit i estiguin enriquits amb una ridícula proporció de vitamines i minerals.

Sushi segur

"El sushi és el meu plat preferit, però he sentit a dir que no se n'ha de prendre durant l'embaràs. És cert?"

Em sap greu, però tant el sushi com el sashimi hauran de seguir durant l'embaràs el mateix camí que el sake (el licor japonès amb què se solen servir), és a dir, que els haurà d'allunyar de la seva taula. I el mateix podem dir de les ostres i les cloïsses crues, dels tàrtars o els carpaccios de peix i d'altres peixos i mariscos que se serveixen crus o molt poc cuits. Aquesta restricció es deu al fet que quan aquests aliments no estan cuits, existeix una petita possibilitat que provoquin malalties (cosa que segurament no voldrà que li passi durant la gestació). Però això no vol dir que hagi de renunciar als seus restaurants japonesos preferits, ja que també hi pot trobar moltes altres opcions. De fet, els rotllets que contenen peix o marisc cuit i/o verdures són alternatives molt sanes. (I no es preocupi pel peix cru que s'hagi pogut menjar fins aquest moment.)

Menjar picant

"M'agrada el menjar picant –i com més picant, millor. És segur que en consumeixi durant la gestació?"

Les futures mares amants del menjar picant poden continuar desafiant les seves papil·les gustatives amb condimentacions a base de pebre i amb salses picants a més no poder –sempre i quan puguin tolerar la gairebé inevitable acidesa d'estómac i la indigestió que solen comportar. El menjar picant no suposa cap risc per a l'embaràs i, de fet, com que els pebrots de tot tipus (els picants també) contenen molta vitamina C, una gran quantitat d'aquests aliments picants són molt nutritius. Així que gaudeixi dels menjars picants –però tingui a mà algun antiàcid, per si de cas.

Aliments caducats

"Aquest matí m'he pres un iogurt sense adonar-me que havia caducat la setmana passada. No he notat cap mal gust, però m'he de preocupar?"

No cal patir per una llet caducada, ni per un iogurt tampoc. Encara que menjar productes lactis caducats no sigui mai una idea massa bona, normalment tampoc comporta cap perill. Si no ha notat cap molèstia després de prendre's el iogurt és obvi que no li ha fet mal, perquè els símptomes d'intoxicació alimentària solen aparèixer en les vuit hores següents al seu consum. A més, la intoxicació alimentària és una possibilitat molt remota si el iogurt havia estat refrigerat contínuament. Tot i això, i d'ara en endavant, comprovi amb més cura les dates de caducitat abans de menjar aliments de conservació curta i no es mengi mai productes que ja s'hagin començat a florir. Per a més informació sobre la seguretat dels aliments, vegi el requadre de la pàgina 128.

"Alguna cosa que em vaig menjar ahir al vespre em va provocar una intoxicació alimentària i m'he passat la nit vomitant. Pot perjudicar el meu nadó?"

És més probable que sigui vostè la que pateixi una intoxicació alimentària que no pas el seu nadó. El risc principal –per a vostè i per al seu fill– és que vostè es deshidrati per culpa dels vòmits i la descomposició. Així que asseguri's de prendre molts líquids (que a curt termini són més importants que els sòlids) per reemplaçar els que hagi pogut perdre. I truqui al seu metge si té una diarrea molt forta i/o si les deposicions contenen sang o mucus. Per a més informació, vegi la pàgina 545.

Substitutius del sucre

"Intento no engreixar-me massa, però m'encanten els menjars dolços. Puc fer servir substitutius del sucre?"

Sembla que no hauria de ser tan complicat, però la veritat és que no se sap del cert si els substitutius del sucre poden ser perjudicials o no per a les futures mares. Encara que probablement la majoria són innocus, algunes investigacions ho segueixen posant en dubte. Això és el que se sap avui dia sobre els substitutius del sucre:

Sucralosa. Feta a base de sucre, però convertida químicament en un producte no absorbible per l'organisme. Actualment, sembla ser la millor opció per a les dones embarassades que es deleixen pel gust dolç, ja que no conté cap caloria i no deixa regust. Pot fer-la servir per endolcir-se el cafè o el te, o utilitzar-la per a cuinar i fer pastissos (ja que, a diferència d'altres substitutius del sucre, no perd dolçor en escalfar-se); també pot comprar productes que ja en continguin (ja siguin begudes, iogurts, caramels o gelats). Tingui en compte que el millor continua sent la moderació. Tot i que sembla un producte segur, és relativament nou i no existeixen estudis a llarg termini que en confirmin la innocuïtat.

Aspàrtam. L'aspàrtam es fa servir en begudes, iogurts i postres gelades, però no en productes cuinats (ja que perd la dolçor si s'escalfa durant una estona). Els especialistes encara no s'han pronunciat sobre la seguretat d'aquest substitutiu del sucre tan àmpliament utilitzat. Molts metges el consideren innocu i deixaran que en prengui tant com vulgui durant l'embaràs, o potser li aconsellaran que el consumeixi amb moderació. Altres no estan tan convençuts de la seva innocuïtat i suggereixen que, mentre no es pugui confirmar la seva seguretat, les dones embarassades han de ser prudents en l'ús d'aquest producte. Pregunti al seu metge què n'opina. (Les dones amb fenilcetonúria haurien de limitar la seva ingesta de fenilalanina i, per tant, tenen totalment prohibit utilitzar l'aspàrtam.)

Sacarina. No s'han dut a terme gaires investigacions sobre l'ús de la sacarina durant l'embaràs, però els estudis realitzats amb animals demostren que existeix un augment de càncer en la descendència de les femelles embarassades que prenen grans quantitats d'aquest producte químic. No és segur que la descendència humana hagi de córrer els mateixos riscos (sobretot perquè els estudis fets amb animals no sempre es corresponen perfectament amb la realitat humana –al cap i a la fi, vostè està embarassada però no d'un ratolinet). Tot i això, si combinem els resultats d'aquestes investigacions amb la comprovació que aquest producte travessa la placenta en els éssers humans i s'elimina dels teixits fetals molt a poc a poc, la majoria de metges aconsellen minimitzar l'ús de sacarina durant l'embaràs. De tota manera, no s'atabali per la sacarina que ja hagi pogut prendre abans de saber que estava embarassada, ja que els seus riscos no estan prou documentats.

Acesulfam-K. Aquest edulcorant, que és 200 vegades més dolç que el sucre, està aprovat per al seu ús en pastisseria, postres a base de gelatina, xiclets i refrescos. La FDA (agència alimentària nord-americana) defensa que el seu ús moderat durant l'embaràs no és nociu, però com que s'han fet pocs estudis per demostrar-ne la seguretat, és millor que ho consulti al seu metge abans de fer servir aquest producte edulcorant.

Sorbitol. És un parent del sucre que es troba de forma natural en moltes fruites i baies. Amb un poder edulcorant equivalent a la meitat del sucre, s'utilitza en una gran varietat de menjars i begudes, i el seu ús moderat és innocu per a l'embaràs. Però a grans dosis provoca un problema, ja que consumit en excés pot causar inflors, acumulació de gasos i diarrea –una combinació que no convé a cap dona embarassada.

Manitol. Menys dolç que el sucre, el manitol és mínimament absorbit per l'organisme, per la qual cosa proporciona menys calories que el sucre (però més que altres substitutius). De la mateixa manera que el sorbitol, és segur en quantitats moderades però pot provocar problemes gastrointestinals si se'n consumeix en grans quantitats.

Xilitol. Aquest polialcohol, produït a partir de determinades plantes (encara que també es troba de forma natural en moltes fruites i verdures, i fins i tot el propi organisme en crea en un procés metabòlic normal) es fa servir en xiclets, pasta de dents, caramels i alguns aliments. Un dels seus beneficis és que ajuda a prevenir la càries dental (per la qual cosa és beneficiós que els xiclets continguin xilitol). El xilitol té un 40 per cent menys de calories que el sucre, i el seu consum es considera segur durant l'embaràs, sempre que es faci amb moderació (dit d'una altra manera, cada dia pot mastegar un paquet de xiclets amb xilitol però no n'abusi).

Stevia. Obtinguda d'un arbust sudamericà, la FDA americana encara no n'ha aprovat el seu ús com a edulcorant (la stevia és considerada un suplement alimentari). No existeixen investigacions prou concloents que demostrin que la stevia sigui segura durant l'embaràs, així que abans de fer servir aquest edulcorant és millor que ho consulti al seu metge.

Lactosa. Aquest sucre de la llet és sis vegades menys dolç que el sucre comú i, per tant, té un poder edulcorant força reduït. A més, no és recomanable per a les persones que pateixin intolerància a la lactosa perquè podria provocar-los molèsties considerables; per a la resta, la lactosa és segura.

Mel. Actualment, tothom defensa les propietats de la mel pel seu alt contingut en antioxidants (les varietats més fosques, com per exemple la mel de blat negre, són les més riques en antioxidants). Però no tot són avantatges: així, encara que és un bon substitutiu del sucre, no és precisament un producte baix en calories. Aporta 19 calories més que el sucre per cada cullerada. Convé, per tant, no abusar-ne.

Concentrats de sucs de fruita. Inqüestionablement nutritius, aquests sucs de fruita concentrats, com el de raïm o el de poma, són edulcorants segurs durant l'embaràs, però tampoc són baixos en calories. Són sorprenentment versàtils a la cuina (ja que poden substituir el sucre en moltes receptes) i al supermercat estan disponibles a la secció de congelats. També es fan servir per edulcorar molts productes industrials, des de melmelades i gelatines fins a aliments integrals (galetes, magdalenes, cereals o barretes de cereals), passant per iogurts o refrescos amb gas. A diferència dels productes endolcits amb sucre o altres substitutius, la majoria de productes edulcorats amb concentrats de sucs de fruita estan elaborats amb ingredients nutritius, com ara farina de cereals integrals o greixos insaturats.

Infusions

"Normalment, em prenc moltes infusions. És segur seguir-ne prenent durant l'embaràs?"

S'hauria de prendre infusions per a dos? Per desgràcia, com que els efectes de les herbes medicinals en l'embaràs encara no han estat prou investigats, no existeix cap resposta definitiva a la seva pregunta. És probable que algunes infusions siguin segures, però que altres no ho siguin tant –i que altres no ho siguin en absolut, com les de fulles de gerdera, ja que es creu que preses en grans quantitats (més de quatre tasses d'un quart de litre cada una diàriament) provoquen contraccions (pot ser beneficiós si ja ha sortit de comptes i està impacient, però totalment desaconsellable en qualsevol de les setmanes prèvies). La FDA nord-americana demana precaució sobre el consum d'infusions durant l'embaràs i la lactància fins que se'n tingui un coneixement més aprofundit. I encara que moltes dones hagin begut grans quantitats d'infusions al llarg de tota la gestació i no els hagi comportat cap problema, probablement el més segur és no prendre'n o almenys limitar-ne el consum durant aquests nou mesos –a no ser que el seu metge les hi recomani per algun motiu. Demani al seu metge una llista d'herbes medicinals que consideri segures de prendre durant l'embaràs.

Per assegurar-se que la ingesta d'alguna herba medicinal consumida sense autorització mèdica no pot tenir contraindicacions, llegeixi'n atentament les etiquetes; algunes infusions que pel nom sembla que només continguin fruites també contenen altres herbes medicinals. Limiti's al te normal (el negre), que pot estar aromatitzat o se'l pot aromatitzar vostè mateixa afegint a l'aigua bullint o directament al te els següents ingredients: suc de taronja, de poma, de pinya o de qualsevol altra fruita; fulles de menta, canyella, nou moscada, clau d'espècia o gingebre (un bon remei contra les nàusees). La camamilla en petites quantitats també es considera segura durant l'embaràs i pot alleujar-li els problemes estomacals. Encara no s'ha donat un veredicte definitiu sobre el te verd, que podria contrarestar els efectes de l'àcid fòlic, una vitamina vital durant l'embaràs –així que si el que li agrada és el te verd, begui'n amb moderació. I no es prepari mai una infusió casolana de les plantes que cultivi al jardí, a no ser que estigui segura de quina espècie vegetal es tracta i de si és completament innòcua durant l'embaràs.

Productes químics en els aliments

"Entre els additius dels aliments envasats, els pesticides de les verdures, els bifenils policlorats i el mercuri del peix, els antibiòtics de la carn i els nitrats de les salsitxes de Frankfurt... hi ha alguna cosa que em pugui menjar sense riscos durant l'embaràs?"

No es desanimi i prengui-s'ho amb calma. No cal que s'atabali (ni que passi gana) per protegir el seu nadó dels perills potencials dels aliments. Malgrat tot el que hagi pogut llegir o sentir, molt poques substàncies contingudes en aliments han estat prou estudiades ni se n'ha demostrat cap perjudici per al fetus.

Malgrat tot, no deixa de ser prudent reduir els possibles riscos sempre que pugui –sobretot ara que els pot reduir per a dos. I això no és tan difícil, especialment avui dia. Per alimentar-se vostè i el seu nadó de la forma més segura possible, segueixi els següents consells per saber què afegir al carro de la compra i a què és millor renunciar:

- Esculli els seus aliments dels dotze punts de la dieta de l'embaràs. Com que els aliments que s'hi enumeren no inclouen aliments processats, s'evitarà de prendre substàncies qüestionables i insegures. També li oferirà exemples de verdures de fulla verda i groga, riques en betacarotens, que són protectors, a més d'altres fruites i hortalisses riques en components fitoquímics, que poden contrarestar els efectes de les toxines dels aliments.

- Sempre que sigui possible, cuini al moment o faci servir varietats congelades o envasades a punt per a ser consumides. Així evitarà molts additius qüestionables que es troben en els aliments processats i, a més, els seus àpats seran més nutritius.

Receptes aconsellables

Podrà trobar receptes que tenen en compte tots aquests consells al llibre *Comer bien cuando se está esperando.*

- Sempre que pugui, opti pel més natural. En cas de poder elegir (no sempre ho podrà fer), elegeixi aliments que no continguin additius artificials (colorants, aromatitzants o conservants). Comprovi les etiquetes per poder adquirir aliments lliures d'additius (opti per una galeta de formatge cheddar que obtingui el color taronja d'algun producte natural en comptes de fer-ho d'un colorant artificial, i que aconsegueixi la seva aroma del formatge fresc, en comptes de fer-ho d'un aromatitzant artificial de formatge). Tingui en compte que, encara que alguns additius artificials es consideren segurs, altres són més qüestionables, i n'hi ha que s'utilitzen per millorar aliments que d'entrada ja són poc nutritius. (Pot consultar una llista d'additius segurs i una de qüestionables a cspinet.org/reports/chemcuisine.htm.)

- Per norma general, no mengi aliments conservats amb nitrats o nitrits (o nitrats de sodi), incloent-hi les salsitxes de Frankfurt, el salami i altres embotits, així com el peix fumat o la carn fumada. Busqui marques que no utilitzin conservants (actualment se'n troben fàcilment a tots els supermercats).

- El peix és una font excel·lent de proteïnes magres, així com d'àcids grassos omega-3, que ajuden al desenvolupament cerebral del seu fill: dues bones raons per incloure'l a la seva dieta de l'embaràs –o fins i tot, si abans no en solia consumir, per incloure'l definitivament a la seva dieta (si de moment les aversions no li ho impedeixen). De fet, les investigacions han demostrat els beneficis que obté el cervell dels nadons les mares dels quals van menjar grans quantitats de peix quan els estaven gestant. Així que opti per menjar peix sempre que pugui, però pesqui selectivament i limiti's a les varietats que es consideren segures. Segons fonts especialitzades, és millor evitar el tauró, el peix espasa, la cavalla reial, el blanquet i les rodanxes de tonyina. El motiu és que aquests peixos de grans dimensions poden contenir alts nivells de metilmercuri, un producte químic que en grans dosis acumulades podria ser perjudicial per al sistema nerviós que està desenvolupant el fetus. No es preocupi si ja ha menjat una o dues racions d'alguna d'aquestes varietats –els perills només són atribuïbles a un consum regular– però intenti no consumir-ne més d'ara endavant. També hauria de limitar a 180 grams (pes cuit) setmanals el consum de tonyina en llauna (encara que la tonyina conté menys mercuri que la bacora) i el de peix d'aigua dolça capturat per pescadors esportius; els peixos capturats comercialment en rius solen contenir menors nivells de contaminants, així que en pot menjar més quantitat. Abstingui's de consumir peix procedent d'aigües contaminades (aigües amb recollida de residus de clavegueram o industrials, per exemple), o peixos d'aigües tropicals, com ara les espècies d'anfós tropicals, la círvia i el mahi-mahi (que a vegades contenen toxines). Afortunadament, queden molts altres peixos al mar que vostè podrà assaborir amb tota tranquil·litat i sempre que vulgui (es considera segura una ingesta mitjana de 360 grams de peix cuit per setmana). Esculli entre el salmó (a poder ser, el salvatge), el llenguado, el llobarro, el turbot, el lluç, la palaia, la perca, el bacallà i la truita, així com altres peixos oceànics de menors dimensions (les anxoves, les sardines i les arengades no només són segures, sinó que a més contenen àcids grassos omega-3) o el marisc de tota mena. Recordi que tots els peixos i mariscos s'han de consumir ben cuits. Per obtenir informació més actualitzada sobre la seguretat dels peixos, consulti la pàgina de l'Agència Catalana de Seguretat Alimentària: www.gencat.cat/salut/acsa/.

- Trïi carns magres i retiri'n el greix visible abans de cuinar-les perquè els

Seleccioni els productes ecològics

Gastar-se un dineral en productes ecològics no sempre surt a compte. A continuació, li detallem quan val la pena optar per la varietat ecològica i quan és prou segur decantar-se pels aliments convencionals:

Productes que és millor comprar ecològics (perquè es tracta d'aliments que, fins i tot després de rentar-los, continuen portant més quantitats de residus de pesticides que altres): pomes, cireres, raïm, préssecs, nectarines, peres, móres, maduixes, pebrots, api, patates i espinacs.

Productes que no cal comprar ecològics (perquè no solen contenir residus de pesticides): plàtans, kiwis, mangos, papaies, pinyes, espàrrecs, alvocats, bròquils, coliflors, panotxes de blat de moro, cebes i pèsols.

Consideri la possibilitat de comprar orgàniques la llet i la carn de bestiar i d'aviram per tal que no continguin antibiòtics ni hormones, encara que el seu preu sigui més elevat. I no es preocupi per l'anomenat peix ecològic; en realitat, no existeix cap estàndard de certificació per a productes ecològics en el cas del peix i el marisc (amb la qual cosa són els propis productors els que qualifiquen la seva pesca d'ecològica).

Una alimentació segura per a tots dos

Està preocupada pels pesticides d'un préssec que prové d'algun país que no li mereix prou confiança? És una preocupació normal, sobretot perquè vostè intenta menjar de forma segura per a dos. Però i què me'n diu del drap amb què eixugarà aquest préssec (i que fa tres setmanes que ronda per tots els racons de la cuina)? Ha pensat en la quantitat de microbis que pot haver agafat en tot aquest temps? I la fusta de tallar on té la intenció de preparar el préssec a dauets –no és la mateixa en què ahir al vespre va tallar el pollastre abans de coure'l? Una dada important sobre la seguretat alimentària: una amenaça més immediata –i demostrada– que els productes químics que puguin contenir els aliments la constitueix la presència de microorganismes, bacteris i paràsits que poden acumular. No es tracta d'un panorama gaire esperançador (i encara sort que només és visible amb l'ajuda d'un microscopi), però aquests desagradables animalons li poden provocar de tot, des d'una mica de mal de panxa fins a alguna malaltia greu. Per assegurar-se que el pitjor que pot provocar-li el que es menjarà és una mica d'acidesa (ja que el que menys convé a una futura mare són més probabilitats de patir trastorns intestinals), compri, prepari i mengi els aliments tenint cura dels següents punts:

- En cas de dubte, llenci-ho. Converteixi aquesta sentència en el seu lema de l'alimentació segura. El mateix ha de fer si li sembla que algun aliment podria estar caducat. Llegeixi sempre les dates de caducitat dels embolcalls.

- Quan vagi de compres, no es fiï mai de peix, carn o ous que no estiguin ben refrigerats o conservats en gel. No agafi recipients que gotegen o desempallegui's dels que no fan el soroll característic en obrir-los, així com de les llaunes mig rovellades, aparentment inflades o amb algun altre aspecte sospitós. Netegi la part superior de les llaunes abans d'obrir-les (i renti sovint el seu obrellaunes amb aigua i sabó o bé al rentavaixelles).

- Renti's bé les mans abans de manipular aliments i després d'haver tocat carn, peix o ous crus. Si té alguna ferida a la mà, prepari el menjar amb guants de plàstic o de goma i recordi que, a no ser que siguin d'un sol ús, ha de rentar els guants cada vegada que els faci servir.

- Tingui els taulells i l'aigüera de la cuina sempre ben nets. I sigui també curosa amb les fustes de tallar aliments (renti-les amb aigua calenta i sabó, o al rentaplats). Renti sovint els draps de cuina i mantingui nets els fregalls i les esponges (canviï'ls tot sovint i renti'ls cada dia o, de tant en tant, posi'ls humits al microones durant un parell de minuts per eliminar-ne els bacteris).

- Serveixi calents els menjars calents, i freds els menjars freds. Les sobres s'haurien de refrigerar de seguida i, en tornar-les a servir, escalfar-les fins que arrenquin el bull. (Llenci els aliments peribles que s'hagi oblidat fora de la nevera durant més de dues hores.) No mengi aliments congelats que s'hagin descongelat i tornat a congelar.

- Controli la temperatura interior del seu congelador amb un termòmetre especial per assegurar-se que es troba per sota dels –18° C o menys. L'ideal seria que la seva nevera estigués a 5 °C, encara que molts aparells de refrigeració no han estat dissenyats per arribar a temperatures tan baixes; no es preocupi si aquest és el cas de la seva nevera.

- Si té prou temps, descongeli els aliments dins de la nevera. Si va amb presses, descongeli'ls dins d'una bossa de plàstic impermeable submergint-los en aigua freda (i canviant-la cada 30 minuts). No descongeli mai els aliments a temperatura ambient.
- La carn, el peix o l'aviram s'ha de deixar marinar a la nevera, mai sobre el taulell de la cuina. Llenci el condiment per a marinar després de fer-lo servir, ja que conté bacteris potencialment perillosos. Si el vol aprofitar com a salsa, o per guarnir el plat un cop cuit, reservi'n una mica a part abans de marinar-hi la carn o el peix. Cada vegada que en tiri un raig sobre el guisat faci servir una cullera neta per evitar contaminar el menjar o simplement deixi'l coure una estona més després de marinar-lo.
- No mengi carn, aviram, peix o marisc crus ni poc cuinats mentre estigui embarassada. Cogui les carns i el peix a una temperatura mitjana (70° C) i l'aviram a una temperatura una mica més elevada (75° C) . En general, col·loqui el termòmetre a la part més gruixuda de l'aliment, lluny de l'os, el greix o els cartílags. En el cas de l'aviram, col·loqui'l a la part més fosca de la carn.
- No consumeixi ous mig crus (opti pels ous remenats o pels ous ferrats) i si prepara un plat que entre els seus ingredients inclou l'ou batut, eviti llepar la cullera (o llepar-se els dits). L'excepció a aquesta regla: els ous que hagin estat pasteuritzats, ja que aquest procés elimina totalment el risc d'infecció per salmonel·losi.
- Renti les verdures crues amb molta cura (especialment si no les ha de coure abans de consumir-les). És possible que les maduixes del pagès del seu mercat estiguin cultivades ecològicament, però això no treu que acumulin una capa de bacteris.
- Eviti l'alfals i altres brots, ja que sovint estan contaminats amb bacteris.
- Limiti's a consumir productes lactis pasteuritzats i asseguri's que hagin estat refrigerats contínuament. Els formatges tendres importats, com ara el feta, el brie, els formatges blaus i els formatges suaus a l'estil mexicà que no estiguin elaborats amb llet pasteuritzada podrien estar contaminats amb listèria (vegi la pàgina 546), de manera que els hauria d'evitar, a no ser que els escalfi prèviament fins que comencin a entrar en ebullició. Els formatges nacionals solen estar pasteuritzats, amb l'excepció dels elaborats amb "llet crua".
- Les salsitxes de Frankfurt, les carns exòtiques i els peixos i mariscos fumats en fred també podrien estar contaminats. Com a mesura de precaució, i abans de consumir-los, fins i tot les carns i el peix fumats acabats de cuinar s'haurien de tornar a escalfar fins que desprenguessin vapor (cogui-ho en cassoles).
- Els sucs de fruita també haurien d'estar completament pasteuritzats. Eviti els sucs que no estiguin pasteuritzats o que només hagin estat sotmesos a una pasteurització instantània, tant si procedeixen d'una paradeta del mercat com d'una botiga especialitzada en productes naturals. Si no està segura que un suc hagi estat pasteuritzat, no se'l begui.
- Quan mengi fora de casa, eviti els establiments que ignorin les normes bàsiques de sanitat. Algunes situacions són molt eloqüents: mantenen els aliments peribles a temperatura ambient, els banys estan bruts, hi ha mosques per tot arreu, etc.

productes químics que ingereix el bestiar se solen concentrar al greix dels animals. Pel que fa a l'aviram, retiri'n tant el greix com la pell per tal de minimitzar la ingesta de components químics. I no mengi vísceres (com ara fetge o ronyons) gaire sovint, per la mateixa raó.

- Sempre que pugui, i que el pressupost li ho permeti, adquireixi carn i aviram d'animals criats ecològicament (o alimentats en pastures), sense hormones ni antibiòtics (recordi que vostè s'acaba menjant el que aquests animals havien menjat abans). A ser possible, elegeixi productes lactis i ous ecològics, pel mateix motiu. Les gallines criades en semillibertat (i els seus ous) no només estan menys contaminades amb productes químics sinó que també és menys probable que hagin patit infeccions com ara la salmonellosi, malaltia que sol aparèixer en animals criats en granges amb poc espai i una alta concentració d'exemplars per metre quadrat. I encara hi ha un altre avantatge per als animals alimentats amb productes naturals: és probable que li aportin menys calories i greixos i un major contingut proteínic, a més d'una gran quantitat d'àcids grassos omega-3, molt beneficiosos per al seu nadó.

- Sempre que pugui, compri productes ecològics. Els productes amb aquest certificat solen estar més lliures de tot tipus de residus químics. Els productes intermedis podrien contenir encara alguns residus de la contaminació del sòl, però haurien de ser més segurs que els productes convencionals. Si a la seva ciutat pot aconseguir productes ecològics i es pot permetre pagar-ne el preu, ja ho sap –i a l'hora d'omplir el carro de la compra només cal que tingui en compte que aquests productes no es conserven tant temps (i el mateix és vàlid per a la carn i l'aviram de cria ecològica). Si el problema és el seu preu, faci una selecció dels productes ecològics que més li convenen (vegi el requadre de la pàgina 127).

- Com a precaució, passi totes les fruites i verdures per aigua. Cal rentar aquests productes a consciència, independentment del seu origen (ja que fins i tot els productes orgànics poden contenir alguns bacteris), però sobretot si es tracta de fruites i verdures que ha collit directament en algun hort i que podrien portar pesticides químics. Rentar-los amb aigua va bé, però encara aniria millor afegir-hi algun producte desinfectant específic (i, a continuació, esbandir-ho bé amb aigua clara). Sempre que pugui, peli aquests aliments per desfer-se de tots els residus químics de la seva superfície, especialment si veu que l'hortalissa té una mena de capa d'aspecte cerós (com a vegades passa amb els cogombres, els tomàquets, les pomes, els pebrots i les albergínies). Retiri les peles que fins i tot després de passar-les per aigua continuïn semblant "encerades".

- Doni preferència als productes del país. Els productes importats (o els aliments fets a base de productes importats) poden contenir uns majors nivells de pesticides que els permesos al nostre país, ja que en determinats països les normatives sobre pesticides són més permissives o inexistents.

- Decanti's pels productes locals. És probable que els productes cultivats per la zona continguin intactes més nutrients (ja que arriben encara frescos del camp) i possiblement porten menys pesticides. És possible que molts pagesos de la comarca prescindeixin dels pesticides (o en facin servir ben pocs), tot i que els seus productes no estiguin etiquetats com a "ecològics". Això s'explica perquè obtenir una certificació específica pot resultar massa costós per als petits pagesos.

- Segueixi una dieta variada. La varietat assegura una experiència gastronòmica més interessant i una alimentació millor i, a més, li ofereix majors possibilitats d'evitar una exposició excessiva a algun producte químic en concret. Alguns exemples d'aliments que pot anar intercanviant són els següents: bròquil, amb cols i pastanagues; meló, amb préssecs i maduixes; salmó, amb halibut i llenguado, o cereals integrals de blat, amb els d'avena o blat de moro.
- Dugui una dieta sana, però sense acabar boja en l'intent. Encara que val la pena evitar els suposats perills de certs aliments, no ho val tant complicar-se la vida per intentar seguir una dieta sana. Faci el que pugui –i després assegui's, mengi a gust i relaxi's.

PART 2

Nou mesos comptant

De la concepció al part

CAPÍTOL 6

El primer mes

Setmanes 1 a 4 aproximadament

ENHORABONA I BENVINGUDA AL MÓN de l'embaràs! Tot i que el més probable és que encara no tingui aspecte d'embarassada, també és possible que vostè ja se'n comenci a sentir. Potser l'únic que nota són els pits més sensibles i una mica de cansament, o potser ja percep tots els símptomes dels primers mesos d'embaràs descrits en aquest llibre (i altres i tot); el cas és que el seu cos s'està preparant per als propers mesos de gestació. A mesura que passin les setmanes, notarà més canvis tant en parts del seu cos que ja s'esperava (com ara el ventre) com en altres parts que no s'hauria esperat mai (com els peus o els ulls). També hi haurà canvis en la seva forma de viure i de plantejar-se la vida. Però intenti no atabalar-se pensant (o llegint) massa.

El seu nadó aquest mes

Setmana 1 El compte enrere per al nadó comença aquesta setmana. L'únic és que encara no hi ha nadó a la vista –ni dins seu. Aleshores, per què l'anomenem la setmana 1 d'embaràs si encara no està embarassada? Heus ací la resposta: és molt difícil fixar el moment precís en què l'esperma fecunda l'òvul (l'esperma pot estar-se al seu cos diversos dies abans que l'òvul es decideixi a acollir-lo, i l'òvul pot estar-se esperant tot un dia fins que l'esperma faci acte de presència).

El que no és difícil de fixar, en canvi, és el primer dia del seu últim període menstrual (UPM, que s'esdevé justament ara –així que marqui'l al calendari), fet que permet al facultatiu usar-lo com a línia de partida estàndard per a les seves 40 setmanes d'embaràs. La contrapartida d'aquest sistema de datació? S'haurà d'esperar un parell de setmanes de les 40 d'embaràs abans d'estar realment embarassada (fet que no deixa de resultar estrany).

Setmana 2 Tot igual, encara no hi ha nadó. Però aquesta setmana el seu cos no descansarà. De fet, està treballant a tota marxa per preparar-se pel gran moment de l'ovulació. El teixit del seu úter s'està fent més gruixut (preparant el niuet per a l'arribada de l'òvul fecundat) i els seus fol·licles ovàrics estan madurant fins que un es converteixi en el dominant i es destini a l'ovulació. I esperant dins d'aquest fol·licle dominant hi ha un òvul ansiós (o dos, si està a punt de concebre bessonada), preparat per esclatar i començar el seu recorregut des de ser una cèl·lula simple fins a convertir-se en un nen o una nena plens de vitalitat. Però primer haurà de baixar per les trompes de Fal·lopi a la recerca de l'únic afortunat espermatozou amb qui tancarà tractes.

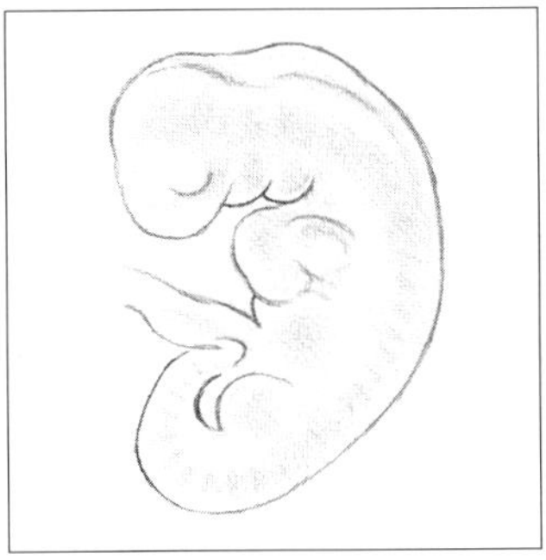

El seu nadó. Primer mes

Setmana 3 Enhorabona –ja ha concebut! Això significa que el seu futur nadó ha començat la seva miraculosa transformació des de cèl·lula simple fins a un nen o una nena completament formats. Al cap d'unes hores que l'espermatozou fecundi l'òvul, la cèl·lula fecundada (ara anomenada zigot) es divideix, i després es continua dividint i dividint. En qüestió de dies, el seu futur nadó s'ha convertit en una bola microscòpica de cèl·lules, creixent en prop d'una cinquena part en el temps que s'acaba de llegir aquesta frase. El blastòcit –tal com es coneix ara– comença el seu recorregut des de la trompa de Fal·lopi fins a l'úter expectant. I tardarà vuit mesos i mig més en completar el seu recorregut!

Setmana 4 És el moment de la implantació! La bola de cèl·lules que aviat s'anomenarà fetus –encara que ara s'anomeni embrió– ha arribat al seu úter on s'estarà fins al moment del part. Un cop establerta, la bola de cèl·lules comença la gran divisió –separant-se en dos grups. Un dels grups es convertirà en el seu fill o filla i l'altre esdevindrà la placenta, la protecció vital del seu nadó durant la seva estada uterina. I encara que només continua essent una bola de cèl·lules (de fet, no més gran que la llavor d'una flor, però molt més entranyable), no infravalori la feina del seu petit embrió. El sac amniòtic –també conegut com la bossa d'aigües– s'està formant, com també es forma el sac vitel·lí, que més tard s'incorporarà al tracte digestiu del seu nadó en desenvolupament. Cada capa de l'embrió –ara en té tres– comença a créixer constituint parts especialitzades del cos. La capa interior, coneguda com l'endoderma, es convertirà en el sistema digestiu, el fetge i els pulmons del seu fill. La capa mitjana, anomenada mesoderma, aviat serà el cor, els òrgans sexuals, els ossos, els ronyons i els músculs del seu nadó. La capa externa, o ectoderma, acabarà formant el sistema nerviós, el cabell, la pell i els ulls del seu fill.

Connecti's a la web de l'embaràs

Registri's a whattoexpect.com –el seu company interactiu d'embaràs en anglès–. Només li cal emplenar la seva data prevista de part i rebrà setmanalment informes sobre el desenvolupament del seu nadó; a més, tindrà accés al planificador de l'embaràs i al cercador de noms de nadó. Connecti amb altres futures mares i faci noves amigues!

Calendari de l'embaràs

Encara que la majoria de dones compten el seu embaràs per mesos, el seu metge o la seva llevadora faran els càlculs en setmanes. Un embaràs dura una mitjana de 40 setmanes, però com que els comptes comencen des del primer dia del seu últim període menstrual (UPM) –mentre que l'ovulació i la concepció no tenen lloc fins al cap de dues setmanes (si els seus períodes són regulars)– vostè no estarà realment embarassada fins a la setmana 3 del seu embaràs. Dit d'una altra manera, encara s'haurà d'esperar dues setmanes fins que l'espermatozou fecundi l'òvul. Pot semblar molt confús, però a mesura que l'embaràs avanci i es trobi amb fites clau de l'embaràs (el batec cardíac fetal es pot sentir amb un Doppler cap a la setmana 10; la part superior de l'úter arriba al melic matern cap a la setmana 20), començarà a trobar sentit al calendari setmanal.

Encara que aquest llibre s'organitza en capítols per mesos, també se'n facilita l'equivalència en setmanes. Les setmanes 1 a 13 (aproximadament) formen el primer trimestre i inclouen del primer al tercer mes; les setmanes 14 a 27 (més o menys) comprenen el segon trimestre i inclouen entre el quart i el sisè mes; finalment, les setmanes 28 a 40 (si fa o no fa) conformen el tercer trimestre, que engloba del setè al novè mes.

Què pot sentir

Encara que és cert que l'embaràs té la seva dosi de moments fantàstics i d'experiències per gaudir, també té un munt de símptomes molt menys meravellosos. Alguns d'aquests símptomes probablement ja esperava tenir-los (com el mareig que potser ja ha començat a tenir). Altres probablement li han vingut de nou (com bavejar més del compte –qui s'ho havia d'esperar?). De molts, probablement no en parlarà en públic (i també intentarà que no es notin en públic, com l'augment de gasos) i altres és possible que els vulgui oblidar.

Hi ha un parell de coses que ha de recordar sobre aquests i altres símptomes de l'embaràs: la primera és que cada dona i cada embaràs són diferents i pocs símptomes d'embaràs són universals. Per tant, per molt que la seva germana o la seva millor amiga hagin superat tot l'embaràs sense ni una sola nàusea, pot ser que vostè s'hagi de passar cada matí (i fins i tot cada tarda i cada vespre) fent viatges al lavabo. La

Símptomes? Aviat començaran

La majoria dels primers símptomes d'embaràs comencen a aparèixer cap a la setmana 6, però cada dona –i cada embaràs– és diferent, de manera que moltes comencen a notar-los abans o després (o mai). Si experimenta algun símptoma que no figura a la llista ni en tot el capítol, busqui'l en els capítols següents o bé a l'índex.

segona cosa a recordar és que els símptomes que s'exposen a continuació són una bona mostra del que pot esperar experimentar (encara que el més probable és que, afortunadament, no els experimenti tots, almenys no tots de cop), però també en pot tenir altres de diferents. El més segur és que totes les sensacions estranyes i desconegudes que experimenti al llarg dels nou mesos (tant els físics com els emocionals) siguin normals per a l'embaràs i normals per a vostè. Però si hi ha algun símptoma que la deixa amb el dubte ("això deu ser realment normal?"), consulti-ho amb el seu facultatiu, per tal de quedar-se més tranquil·la.

Encara que és probable que durant aquest mes ni tan sols sàpiga que està en estat (o que, com a mínim, no ho sàpiga fins al final del mes), pot ser que comenci a notar que alguna cosa passa –per molt aviat que sembli. Això és el que pot experimentar durant aquest mes:

Físicament

- És possible que tingui pèrdues lleugeres quan l'òvul fecundat s'implanti al seu úter, entre cinc i deu dies després de la concepció (menys d'un 30 per cent de les dones experimenten l'anomenat sagnat d'implantació).
- Canvis als pits (possiblement més pronunciats si ja sol notar canvis en les mames abans de la menstruació, i potser una mica menys pronunciat si ja ha tingut altres fills): tibantor, pesadesa, sensibilitat, formigueig, enfosquiment de l'arèola (la zona pigmentada que envolta el mugró).
- Inflor i flatulència.
- Fatiga, manca d'energia i somnolència.
- Necessitat d'orinar més del normal.
- Primeres nàusees, amb o sense vòmits (encara que la majoria de dones no comencen a tenir basques fins a la sisena setmana d'embaràs) i/o salivació excessiva.
- Major sensibilitat olfactiva.

Un cop d'ull a l'interior

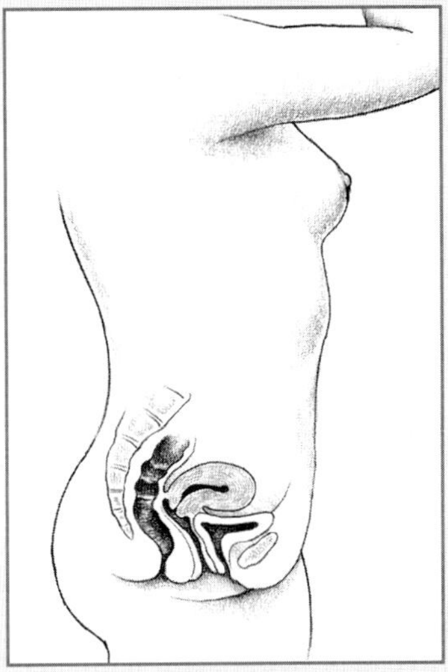

De moment, encara no hi ha canvis perceptibles a primera vista. Encara que vostè podria reconèixer alguns canvis físics en el seu cos –com tenir els pits una mica més plens o el ventre una mica arrodonit (per la inflor, no pel nadó)– és probable que ningú més se n'adoni. Asseguri's de mirar-se bé la cintura: és possible que sigui l'última vegada que ho pugui fer fins d'aquí a molts mesos.

Emocionalment

- Inestabilitat emocional (similar a la del període premenstrual), que pot incloure canvis d'humor, irritabilitat, irracionalitat i ganes de plorar.
- Angoixa mentre s'espera el moment adequat per a fer-se el test d'embaràs a casa.

Què es pot esperar de la primera visita prenatal

La seva primera visita prenatal serà segurament la més llarga de tot l'embaràs. No només li faran més proves i tests (alguns dels quals només se li practicaran en aquesta primera visita), sinó que també se li farà un complet historial mèdic i, a més, es dedicarà més temps al plantejament de preguntes (les que vostè li faci al facultatiu i les que el facultatiu li faci a vostè) i a les corresponents respostes. També és el moment de rebre consells: sobre què hauria de menjar (o no menjar), quins suplements s'hauria de prendre (o deixar de prendre) i si hauria de fer exercici o no i, en cas afirmatiu, quin tipus d'exercici. Així que recordi d'anar-hi preparada amb una llista de totes les preguntes i dubtes que ja li hagin sorgit, així com amb un bolígraf i un bloc de notes (o amb el seu diari de l'embaràs, si és que el fa).

Les rutines de cada metge poden variar lleugerament, però, en general, el reconeixement inclourà:

Confirmació de l'embaràs. El facultatiu comprovarà el següent: els símptomes de gestació que vostè experimenti; la data del seu últim període menstrual (UPM) per determinar la data estimada de part (DEP) o de sortida de comptes (vegi la pàgina 23); els signes de la cèrvix i l'úter i l'edat gestacional aproximada. El més probable és que li faci un test d'embaràs (d'orina i sang). Alguns facultatius també practiquen la primera ecografia, la manera més precisa de datar l'embaràs.

Historial complet. El seu metge ho voldrà saber tot sobre vostè. Prepari's amb anterioritat comprovant els informes que tingui a casa o trucant al seu metge de capçalera per refrescar la memòria sobre els següents aspectes: història mèdica personal (malalties cròniques, malalties greus o intervencions quirúrgiques prèvies i al·lèrgies conegudes, incloent-hi les al·lèrgies als medicaments); complements nutritius (vitamines, minerals, herbes, etc.) o medicacions (prescrites per metges o usades pel seu compte) que es prengui actualment o s'hagi estat prenent fins al moment de la concepció; el seu historial mèdic familiar (alteracions genètiques, malalties cròniques, problemes greus d'embaràs); el seu historial ginecològic (edat de la primera regla, durada mitjana dels cicles, durada i regularitat dels períodes); el seu historial obstètric (parts anteriors, avortaments espontanis o quirúrgics), així com l'evolució d'anteriors embarassos, dilatacions i parts. El seu facultatiu també li podria fer preguntes sobre la seva història social (com ara l'edat i la feina que desenvolupa) i sobre els seus hàbits diaris (què sol menjar, o si fa esport, beu, fuma o pren drogues) i altres factors de la seva vida personal que podrien afectar el seu embaràs (informació sobre el pare del nadó i sobre la procedència ètnica de tots dos).

Examen físic complet. Aquest reconeixement inclourà una valoració del seu estat general de salut a través de l'examen del cor, els pulmons, els pits i l'abdomen; mesurament de la pressió sanguínia que servirà de referència per comparar-lo amb el mesurament obtingut en les visites posteriors; alçada i pes (indicant el previ a l'embaràs i l'actual, si és que ja són diferents); comprovació de l'existència als braços o cames de varices i edemes com a base de comparació per a futures visites; examen dels genitals externs, la vagina i el coll uterí (amb un espècul inserit a l'interior, com si li haguessin de fer una citologia); examen

Un embaràs completament saludable

No és d'estranyar que seguir cures mèdiques regulars en forma de visites prenatals acabi marcant la diferència en l'evolució del seu embaràs. Les dones que visiten un facultatiu amb regularitat al llarg de l'embaràs tenen nadons més sans i és menys probable que tinguin un part prematur i altres problemes greus.

Però encara que, durant l'embaràs, les seves cures de salut haurien de començar pel seu ventre, no haurien d'acabar aquí. Probablement li resultarà fàcil recordar-se de visitar el seu facultatiu prenatal regularment (val la pena fer-ho ni que només sigui per sentir el batec cardíac del seu fill!), però també es recordarà de tenir cura de la resta del seu cos, fins i tot de les parts menys relacionades amb l'embaràs?

Per mantenir-se completament saludable al llarg de tots nou mesos, faci el màxim per tenir cura de la seva salut. Vagi al dentista per una revisió i una neteja de boca; la majoria d'intervencions dentals, particularment les de tipus preventiu, es poden fer amb seguretat durant l'embaràs i, de fet, poden prevenir complicacions en la gestació. Visiti el seu internista, metge de família o especialista si té alguna malaltia crònica o altres problemes de salut que hagin de controlar-se (i asseguri's que el facultatiu del seu embaràs està al corrent de tots els altres tractaments que pugui rebre). Si cal, visiti també l'al·lergòleg. No és probable que se li manifesti justament ara una al·lèrgia latent, però sí que és possible que si ja és al·lèrgica hagi de modificar el tractament.

Si mentre està en estat li apareixen altres problemes mèdics, no els ignori. El seu nadó necessita una mare completament sana.

dels òrgans pelvians bimanualment (amb una mà a la vagina i l'altra sobre l'abdomen) i possiblement també a través del recte i la vagina; determinació de la mida i la forma dels ossos pelvians (a través dels quals haurà de sortir el nadó).

Una bateria de proves. Algunes proves es practiquen rutinàriament a totes les dones embarassades; altres només en determinats països o per determinats facultatius; i unes altres només es duen a terme quan les circumstàncies ho aconsellen.

Els tests prenatals més comuns en la primera visita inclouen:

- Una analítica per determinar el tipus sanguini, el factor Rh i els nivells de gonadotropina coriònica humana (GCh), així com per comprovar l'existència d'anèmia.
- Una anàlisi d'orina per determinar si hi ha glucosa (sucre), albúmina, glòbuls blancs, sang o bacteris.
- Proves sanguínies per determinar els nivells d'anticossos i la immunitat a malalties com la rubèola.
- Proves per descartar la presència d'infeccions com ara la sífilis, la gonorrea, l'hepatitis B, la clamidiasi i, molt sovint, el VIH.
- Una citologia per detectar la presència de cèl·lules cervicals anormals.

Depenent de la seva situació particular també li poden practicar:

- Tests genètics per a la detecció de fibrosi quística, anèmia falciforme, malaltia de Tay-Sachs o altres alteracions genètiques.

- Un control del nivell de sucre a la sang per determinar si podria desenvolupar una diabetis gestacional, especialment si compta amb un historial familiar de diabetis, té la pressió alta, prèviament ha donat a llum a un nadó molt gran o un amb defectes congènits, o si ha guanyat un pes excessiu en els primers mesos d'embaràs. (A totes les dones se'ls fa una anàlisi de glucosa per descartar una possible diabetis gestacional cap a la setmana 28 d'embaràs; vegi la pàgina 327).

Una oportunitat de diàleg. Aquest és el millor moment per trobar resposta a la seva primera llista de preguntes i dubtes.

Què la pot amoïnar

Donar la notícia

"Quan hauríem de fer saber a la família i als amics que esperem un fill?"

Aquesta pregunta només la poden respondre vostès mateixos. Algunes parelles que esperen un fill no són capaces d'esperar gaire per donar la bona nova a tothom (fins i tot a persones que ben just coneixen). Altres parelles són més selectives al principi, i només ho comencen dient a les persones més properes i estimades (parents pròxims i amics, per exemple) i esperen fins que l'embaràs sigui més obvi per a comunicar-lo a tothom. Finalment, n'hi ha altres que ho mantenen en secret fins al final del primer trimestre o fins que la dona s'ha realitzat les primeres proves prenatals.

Per tant, els futurs pares s'hauran de posar d'acord i fer el que creguin més convenient. Només recordin aquest consell: abans d'escampar la notícia, no s'oblidin de prendre's vostès dos un temps per assaborir-la prèviament com a parella.

Per trobar consells sobre quan donar la notícia a la feina, vegi la pàgina 209.

Per a l'altra meitat embarassada

Totes les pàgines d'aquest llibre estan destinades tant a les futures mares com als futurs pares. Com a futur pare, comprendrà molt millor l'experiència de l'embaràs (i trobarà una mica més de sentit als estranys símptomes de què es queixa la seva dona) si llegeix aquest llibre al seu costat, mes rere mes. Però com que és probable que hi hagi alguns dubtes i preocupacions que només l'afectin a vostè, també li hem dedicat un capítol sencer, en tant que vostè constitueix l'altra meitat embarassada. Vegi, per tant, el capítol 19: *Els pares també estan esperant.*

Suplements vitamínics

"M'hauria de prendre vitamines?"

Gairebé cap dona ingereix una dieta nutricionalment perfecta cada dia, i encara menys al principi de l'embaràs, quan les nàusees matinals solen treure la gana i quan els pocs aliments que la dona és capaç de fer baixar sovint tornen a pujar per si sols (ja sap de què li parlem?). Encara que un suplement vitamínic diari no pot substituir una bona dieta prenatal, sí que pot funcionar com una mena d'assegurança dietètica que garanteixi que el seu nadó no se'n ressenti encara que vostè no assoleixi les fites nutricionals que es plantegi, especialment durant els primers mesos d'embaràs.

També hi ha altres bones raons per prendre vitamines. D'una banda, diversos estudis mostren que les dones que prenen un suplement vitamínic que contingui àcid fòlic durant els primers mesos d'embaràs (i fins i tot abans de la concepció) redueixen significativament el risc de defectes del tub neural del nadó (com ara l'espina bífida) i ajuden a prevenir els parts prematurs. D'altra banda, la investigació ha demostrat que prendre un suplement que contingui com a mínim 10 mg de vitamina B_6 abans de l'embaràs i durant els primers mesos minimitza el mareig matinal (i qui necessita una raó millor que aquesta?).

Els suplements idonis i formulats especialment per a dones embarassades estan disponibles per prescripció mèdica o sense recepta. (Demani al seu facultatiu que n'hi recepti algun i llegeixi la pàgina 114 per a més detalls sobre què hauria de contenir aquest suplement.) No es prengui cap altre tipus de suplement dietètic, llevat dels preparats prenatals, sense el previ consentiment mèdic.

Algunes dones troben que prendre el suplement prenatal els fa venir encara més nàusees, especialment al principi de l'embaràs. La podria ajudar que el metge li canviés de fórmula vitamínica o de tipus de preparat, o bé que es prengués la medicina amb els àpats (a no ser que normalment vomiti després de menjar) o prendre-se-la al moment del dia en què tingui menys nàusees. Les càpsules solen ser més fàcils de tolerar i d'empassar. Si continua tenint molèsties, pensi en la possibilitat de prendre's un suplement masticable o un de lenta absorció. Si les seves nàusees són especialment intenses, busqui una fórmula amb més vitamina B_6 (el gingebre és un altre bon additiu per a les basques). Però asseguri's que qualsevol fórmula seleccionada satisfaci més o menys els mateixos requeriments que els suplements preparats per a l'embaràs i que no contingui cap component extra (com ara herbes) que pogués resultar perjudicial. Si el metge li prescriu un determinat suplement, consulti-li abans de canviar-lo.

A algunes dones, el ferro de la vitamina prenatal els provoca restrenyiment o diarrea. També en aquest cas, canviar de fórmula li podria alleujar les molèsties. Els símptomes també es poden mitigar prenent un suplement d'embaràs sense ferro i una preparació de ferro per separat (el seu metge n'hi pot recomanar algun que es dissolgui als intestins en comptes de fer-ho a l'estómac, ara més sensible, o bé algun altre d'absorció lenta).

"Menjo molt pa i molts cereals enriquits, i també em prenc un suplement prenatal. Pot ser que m'estigui prenent massa vitamines i minerals?"

De les coses saludables tampoc se n'ha d'abusar, però aquest no és el seu cas. Prendre una vitamina prenatal juntament amb una dieta equilibrada, encara que sigui amb molts productes enriquits, no pot conduir a una ingesta excessiva de vitamines i minerals. Per excedir-se amb els nutrients, s'hauria d'estar prenent altres suplements a banda dels prenatals –cosa que una dona embarassada no hauria de fer mai sense consultar-ho amb algun metge que sàpiga que està en estat. Tot i això, no està de més ser prudent amb els aliments (i les begudes) complementats amb més vitamines A, D, E i K de les recomanades diàriament, perquè aquestes sí que poden ser tòxiques si es prenen en grans quantitats. La majoria de la resta de vitamines i minerals són dissolubles a l'aigua, és a dir, que els excessos que el cos no pot aprofitar simplement s'excreten a través de l'orina. És per això que es diu que les persones obsessionades amb els suplements tenen "l'orina més cara del món".

Fatiga

"Des que estic embarassada, em sento sempre cansada. A vegades em llevo pensant que no podré resistir tot el dia!"

Als matins no pot desenganxar el cap del coixí? Durant tot el dia arrossega els peus? Als vespres, tan bon punt entra per la porta de casa, ja no pot esperar ni un minut més per posar-se al llit? Si té la sensació que la seva energia diària s'ha esgotat –i no sembla que hagi de tornar precisament aviat– no se'n sorprengui. Al cap i a la fi, està embarassada. I encara que possiblement no hi ha cap evidència externa que estigui gestant una criatura, dins seu s'està duent a terme un munt de feina esgotadora. En certa manera, el seu cos d'embarassada treballa més durament quan vostè dorm que el cos d'una no embarassada en córrer una marató –encara que vostè no sigui conscient d'aquest esforç.

Així doncs, què està fent exactament el seu cos? D'una banda, està fabricant el sistema de suport vital per al seu nadó, la placenta, que no finalitzarà fins al final del primer trimestre. De l'altra, els nivells hormonals del seu cos han augmentat considerablement, està produint més sang, el treball cardíac augmenta, el sucre a la sang disminueix, el seu metabolisme està consumint energia contínuament (fins i tot quan està estirada) i crema més nutrients i més aigua. I si amb això no n'hi ha prou per esgotarla, només cal que pensi en la resta d'exigències esgotadores que el seu cos ha de suplir per donar resposta a totes les demandes físiques i emocionals de l'embaràs. Sumi-ho tot i no s'estranyarà que se senti com si estigués competint cada dia en una triatló –i que l'acabi morta (almenys, morta de cansament).

Afortunadament, més endavant se sentirà una mica menys extenuada. Un cop es completi l'herculiana tasca de formar la placenta (cap al quart mes) i el seu cos s'hagi adaptat als canvis hormonals i emocionals derivats de l'embaràs, se sentirà una mica més enèrgica.

Mentrestant, recordi que la fatiga és un senyal que el seu cos li transmet perquè aquests dies es prengui les coses amb més calma. Així que escolti el seu cos i descansi tant com li faci falta. També serà capaç de recuperar-se parcialment dels seus tràfecs diaris si segueix els següents consells:

Cuidi's a si mateixa. Si està esperant el seu primer fill, procuri gaudir de la que probablement serà l'última oportunitat en molt de temps per dedicar-se a cuidar de si mateixa sense haver de sentir-se'n culpable. Si ja té un o més fills petits, haurà de dividir les atencions (vegi la pàgina següent). Però sigui com sigui, aquest no és el moment per intentar aconseguir el trofeu de supermare. Descansar el suficient és més important que tenir la casa impecable o que preparar un sopar digne del millor xef. Deixi que els plats s'esperin fins més tard i miri cap a l'altre cantó si les boles de borrim comencen a rodolar per sota de la taula del menjador. Faci la compra (i qualsevol altra feina que pugui) per Internet en comptes d'anar a carregar personalment a la botiga. Procuri que li portin les coses a casa. No s'encarregui d'activitats ni de tasques que no siguin imprescindibles. No fa mai el mandra? Doncs no trobarà un millor moment per fer-lo, i pel seu propi bé!

Deixi que els altres la cuidin. Aquests dies ja fa prou sobreesforç, així que demani a la seva parella que assumeixi la seva part de les tasques domèstiques (especialment ara, que hauria de col·laborar més que mai) i que s'encarregui, entre altres coses, de la bugada i de la compra. Deixi que la seva sogra li passi l'aspiradora i tregui la pols del menjador quan vingui de visita. Demani a alguna amiga que aprofiti per portar-li les quatre coses que li falten quan surti a fer la compra. Així, a vostè li quedarà prou energia per sortir a passejar una estona ni que sigui arrossegant els peus (abans d'acabar-se arrossegant fins al llit).

Relaxi's més. Exhausta al final del dia? Dediqui els vespres a relaxar-se (preferiblement amb els peus elevats) en comptes d'anar amunt i avall. I no esperi fins a última hora per començar a prendre-s'ho amb calma. Si pot fer la migdiada, no s'ho pensi dues vegades. Si no pot dormir, almenys estiri's una estona per llegir tranquil·lament. Evidentment, si és una futura mare que treballa, no tindrà l'opció de fer cap dormideta durant la jornada laboral, a no ser que tingui un horari flexible i disposi d'un sofà còmode al seu lloc de treball, però potser sí que podrà posar els peus damunt de la taula del despatx o en alguna cadira de les sales de menjador durant els descansos i a l'hora de dinar. (Si descansa a l'hora de dinar, asseguri's de tenir també prou temps per menjar sense presses.)

No sigui una mare tan patidora. Té altres fills? Doncs la fatiga pot ser encara més pronunciada, per raons òbvies (té menys temps per descansar i més obligacions per complir). O potser no serà una fatiga tan exagerada, ja sigui perquè ja s'ha acostumat al cansament o perquè està massa enfeinada per fer-ne cas. Sigui com sigui, no és fàcil cuidar-se a si mateixa quan es tenen altres criatures que reclamen la seva atenció. Però intenti-ho. Expliqui'ls que engendrar un fill és molt dur i que la deixa esgotada. Demani la seva col·laboració en les tasques de la llar i la seva comprensió per deixar-la reposar més. En comptes d'anar a córrer amb els nens pel parc durant el dia i de jugar a perseguir-los al vespre, dediqui més temps a jocs tranquils –llegir, fer trencaclosques, fer el rol de pacient en una simulació d'hospital (així es podrà estar estirada), o mirar algun DVD. Fer la migdiada si fa de mare a jornada completa també és difícil, però –si pot– aprofiti per fer migdiada mentre en fan els seus fills (si és que encara en fan).

Dormi una mica més. Pot semblar obvi, però per si de cas: dormir una hora més cada nit la pot ajudar a començar el matí amb més energia. Miri la televisió més aviat i oblidi's de la programació nocturna; demani al seu marit que prepari els esmorzars per poder quedar-se una estoneta més al llit. Però no es passi: dormir massa també pot incrementar la sensació de sentir-se exhausta.

Alimenti's adequadament. Per reviscolar la seva energia, necessitarà omplir el seu dipòsit amb combustible de primera qualitat. Asseguri's de prendre les calories necessàries cada dia (cosa que pot resultar més fàcil de dir que de fer si s'aixeca amb nàusees matinals i centri's en les aportacions energètiques de llarga durada, com ara les proteïnes, els hidrats de carboni complexos i els aliments rics en ferro. La cafeïna o el sucre (o tots dos alhora) podrien semblar la fórmula perfecta per a una injecció d'energia, però no ho són. Encara que els dolços o les begudes energètiques poden reanimar-la puntualment, aquesta pujada de sucre a la sang anirà seguida, a continuació, per una caiguda espectacular, i es quedarà més aixafada que mai. (A més, algunes begudes energètiques poden contenir suplements dietètics que no són segurs durant l'embaràs.)

Mengi sovint. Igual que per a altres símptomes de l'embaràs, per a la fatiga va bé aplicar la solució de les sis menjades al dia (vegi la pàgina 100). Mantenir el seu nivell de sucre a la sang sempre dins dels mateixos límits l'ajudarà a tenir més energia –així que no se salti àpats i opti per anar degustant petits refrigeris amb freqüència (i amb els nutrients adequats, incloent-hi les proteïnes i els hidrats de carboni complexos).

Vagi a passejar. O surti a caminar tranquil·lament. O vagi a peu al supermercat. O practiqui gimnàstica per a embarassades o ioga. Segurament, la butaca no li havia resultat mai tan temptadora –però, paradoxalment, descansar massa i no practicar cap activitat també incrementen la fatiga. Una mica d'exercici la pot reanimar fins i tot més que estar-se una estona estirada al sofà. Però no s'excedeixi –ha d'acabar l'exercici sentint-se plena d'energia i no plena d'agulletes– i asseguri's de seguir les directrius marcades a la pàgina 242.

Tot i que és probable que la fatiga remeti a partir del quart mes, és normal

El seu olfacte s'aguditza

S'ha adonat, ara que està embarassada, que pot olorar què hi ha al menú d'un restaurant abans de posar-hi els peus? Aquest olfacte tan aguditzat que ara té és, de fet, conseqüència directa de l'embaràs, causada per les hormones (en aquest cas, els estrògens) que magnifiquen qualsevol petit aroma que es creui pel seu camí. El pitjor és que aquesta "síndrome de l'olfacte caní" pot empitjorar els símptomes del mareig matinal. Problemes olfactius? Heus ací algunes estratègies que pot posar en pràctica per donar una mica de descans al seu pobre nas:

- Si no pot suportar-ne l'olor, surti de la cuina. O del restaurant. O de la secció de perfumeria del supermercat. O de qualsevol lloc on les olors la molestin.
- Obri les finestres, sempre que sigui possible, perquè es ventilin les olors de cuina o les pudors. O posi l'extractor de fums de la cuina.
- Renti la seva roba més sovint del normal, ja que les fibres tendeixen a retenir les olors. Usi detergent i suavitzant no perfumats si la seva olor la molesta (i el mateix podríem dir de tots els productes de neteja).
- Passi's als productes d'higiene íntima no perfumats o només lleugerament perfumats.
- Demani a tots els que tingui a l'abast de l'olfacte (si els té prou confiança per demanar-los-hi) que siguin especialment considerats amb la seva sensibilitat olfactiva. Demani al seu marit que es dutxi, que es canviï de roba i que es renti les dents si ve del bar. Demani als amics i companys de feina que no es passin amb la colònia quan estiguin amb vostè. I, és clar, eviti les persones que fumen.
- Intenti envoltar-se de les aromes que la facin sentir millor (si és que n'hi ha alguna). És probable que les olors de menta, llimona, gingebre i canyella li agradin, especialment si té basques, encara que a algunes dones embarassades els agraden de sobte les olors que els recorden els lactants, com ara les pólvores de talc.

que reaparegui en el darrer trimestre (potser es tracta de la manera que la naturalesa té de preparar-la per a les llargues nits en blanc que li esperen tan bon punt neixi el seu fill).

Mareig matinal

"No he tingut mareig matinal cap dia. És possible que estigui embarassada?"

El mareig matinal, igual que els antulls de conserves en escabetx o de gelats, és un d'aquells axiomes sobre l'embaràs que no s'han de complir necessàriament. Els estudis demostren que prop de tres quartes parts de totes les dones embarassades experimenten les nàusees i els vòmits associats amb el mareig matinal, fet que significa que aproximadament un 25 per cent de les futures mares no n'experimenten. Si es troba entre la minoria de dones que no han tingut mai cap nàusea, que només tenen basques molt de tant en tant o que només en tenen una mica, ja pot ben dir no només que està embarassada sinó que a més està de sort.

"El mareig em dura tot el dia. Em fa por que no aguanti prou aliment a l'estómac com per alimentar adequadament el meu fill."

Benvinguda al club de les basques –un club al qual pertanyen prop d'un 75 per cent de les dones embarassades. Afortunadament, encara que vostè i les altres desafortunades membres del club sentin completament els efectes del mareig –mal anomenat matinal perquè, com vostè mateixa ha dit pot donarse al matí, a la tarda o a la nit, o bé a totes hores–, el seu nadó no els haurà de patir. Això s'explica pel fet que les necessitats nutricionals del seu nadó en aquest moment són minúscules, com també ho és el seu propi nadó (que encara no arriba ni a la mida d'un pèsol). Ni tan sols les dones que tenen tantes dificultats per fer-se baixar el menjar que perden pes durant el primer trimestre poden danyar els seus nadons, sempre que recuperin el pes perdut durant els següents mesos; cosa força fàcil d'aconseguir perquè les nàusees i els vòmits del mareig matinal no se solen allargar més enllà de la setmana 12 o 14. (Alguna mare embarassada continua experimentant símptomes en el segon trimestre i, molt poques, especialment les dones amb embarassos múltiples, també en poden tenir fins al tercer trimestre.)

Què provoca el mareig matinal? No se sap del cert, tot i que de teories no en falten. Entre altres, s'al·lega l'alt nivell de l'hormona GCh a la sang durant el primer trimestre d'embaràs, els elevats nivells d'estrògens, el reflux gastroesofàgic (RGE), la relativa relaxació del teixit muscular del tracte digestiu (que dificulta la digestió) i l'aguditzat sentit de l'olfacte que desenvolupen les dones embarassades.

No totes les embarassades experimenten el mareig matinal de la mateixa manera: algunes només tenen basques de tant en tant, altres tenen nàusees a totes hores però no arriben a vomitar, altres vomiten una vegada al dia i altres vomiten cada dos per tres.

Probablement, existeixen diverses raons que expliquen aquestes variacions, entre les quals hi ha:

Els nivells hormonals. Uns nivells hormonals superiors a la mitjana (com en el cas dels embarassos amb més d'un fetus) poden incrementar el mareig matinal; uns nivells baixos poden minimitzar-lo o eliminar-lo (encara que les dones amb uns nivells hormonals normals també poden experimentar una mica de mareig o no experimentar-ne gens).

La sensibilitat. Alguns cervells tenen un sistema regulador de nàusees més sensible que altres, per la qual cosa és més probable que els afectin les hormones i altres canvis relacionats amb les nàusees de l'embaràs. Si vostè té un centre de comandament sensible (si, per exemple, sempre es mareja quan viatja en cotxe o en vaixell), té més probabilitats de tenir nàusees i vòmits durant l'embaràs. Normalment no es mareja mai? Doncs també tindrà menys probabilitats de ferho mentre estigui en estat.

L'estrès. És ben sabut que l'estrès emocional pot desencadenar problemes gastrointestinals, així que no ens ha de sorprendre que els símptomes del mareig s'agreugin en èpoques de major estrès.

L'esgotament. La fatiga física o mental també pot aguditzar els símptomes del mareig matinal (i, a la inversa, el mareig intens també pot incrementar la fatiga).

El primer embaràs. El mareig matinal és més comú i tendeix a ser més greu en els primers embarassos, fet que recolza la hipòtesi que depèn tant de factors físics com emocionals. Físicament, el cos de l'embarassada novella està menys preparat per a la violenta reacció de les hormones i altres canvis pels quals una dona amb fills ja ha passat anteriorment. Emocionalment, les primípares tenen més probabilitats de patir el tipus d'angoixes i pors que poden fer regirar l'estómac –mentre que les dones en embarassos posteriors es distreuen de les nàusees atenent les necessitats dels altres fills. (Encara que les generalitzacions no funcionen mai amb les dones embarassades, de manera que n'hi ha algunes que es maregen més en el segon embaràs que no pas en el primer.)

Tant se val quina en sigui la causa (realment li continua interessant després d'haver vomitat per tercera vegada en un sol dia?), ja que l'efecte del mareig matinal és el mateix: trobar-se malament. Tot i que no hi ha cap altra cura infal·lible per a les basques que esperar que passi el temps, existeixen formes de minimitzarne els efectes per tal que el dia transcorri amb una mica menys de nàusees:

- Mengi a primera hora. El mareig matinal no s'espera fins que es lleva als matins. De fet, les nàusees és més probable que apareguin si comença el dia en dejú, després de llargues hores de son. Això es deu al fet que ha estat moltes hores sense menjar res i els àcids de l'estómac buit no tenen altra cosa per digerir que la paret del propi estómac –cosa que no és d'estranyar que incrementi el mareig. Per evitar-ho, als matins no surti del llit fins que no hagi picat alguna cosa que s'hagi deixat preparada a la tauleta de nit la nit anterior (alguna galeta, una mica de cereals o quatre fruites seques). Tenir algun refrigeri prop del llit també significa que no caldrà que s'hagi d'aixecar a buscar-lo si a mitjanit es desperta de gana. També és una bona idea aprofitar per menjar alguna coseta quan s'hagi d'aixecar a correcuita per anar al lavabo a mitjanit i així no tindrà l'estómac buit tota la nit.

- Mengi a última hora. Menjar algun petit refrigeri amb un alt contingut de proteïnes i hidrats de carboni complexos (un vas de llet amb una magdalena, una mica de formatge i unes quantes fruites seques) just abans d'anar a dormir l'ajudarà a tenir millor l'estómac l'endemà al matí.

- Mengi coses lleugeres. Un estómac ple a vessar és tan susceptible al mareig com un de buit. Menjar en excés –encara que tingui gana– pot provocar-li vòmits.

- Mengi sovint. Una de les millors maneres per evitar les nàusees és mantenir el sucre a la sang a uns nivells estables –i el seu estómac una mica ple– a totes hores. Per no tenir basques, mengi com una sibarita: poc i sovint –l'ideal seria fer sis menjades poc copioses al dia en comptes de fer-ne tres de molt abundants. No surti de casa sense algun refrigeri que el seu estómac toleri bé (fruita seca, galetes salades, pastes integrals, cereals o patates de bossa).

- Mengi bé. Una dieta rica en proteïnes i hidrats de carboni complexos pot ajudar-la a combatre les nàusees. Una nutrició globalment adequada també pot ajudar-la, així que mengi el que pugui (ja que, donades les circumstàncies, no sempre li resultarà fàcil).
- Mengi el que pugui. Menjar bé tampoc li funciona? Doncs ara, tenir alguna cosa a l'estómac –i mantenir-la-hi– ha de ser la seva prioritat. I ja tindrà l'ocasió de seguir una dieta equilibrada durant la resta de l'embaràs. En moments de mareig, mengi el que es pugui fer baixar durant el dia (o la nit), encara que només siguin gelats o galetes. I si els gelats poden ser de fruita natural i les galetes de blat integral, encara millor. I si no pot ser, tampoc passa res.
- Begui molt. A curt termini, tenir prou líquids al cos és més important que tenir-hi molts sòlids –sobretot si perd molts líquids vomitant.[1] Si, quan se sent marejada, ingerir líquids li resulta més fàcil que ingerir sòlids, aprofiti per alimentar-se amb líquids. Prengui les vitamines i els minerals en forma de batuts, sopes i sucs. Si els líquids encara la maregen més, mengi sòlids amb una elevada quantitat d'aigua, com ara fruites i verdures –sobretot enciam, meló i cítrics. Algunes dones troben que menjar i beure alhora suposa massa exigències per al seu tracte digestiu; si aquest és el seu cas, intenti beure líquids entre àpat i àpat.
- Refresqui's. Experimenti també amb la temperatura. Moltes dones troben que les begudes i els menjars freds són més fàcils de pair. Altres, en canvi, prefereixen els calents (per exemple, entrepans amb formatge fos en comptes d'entrepans freds).
- Canviï d'aliments. Sovint, el que comença sent el menjar que se'ns posa millor (l'únic que es pot empassar i que pren a totes hores i els set dies de la setmana) s'acaba associant amb les nàusees –i, de fet, les acaba provocant i tot. Si està tan farta de les galetes integrals que ja la maregen, canviï d'aliment ric en hidrats de carboni (ja siguin cereals o torradetes).
- Si alguna cosa la mareja, no en prengui. Deixi's un temps. No es forci a prendre aliments que no li vinguin de gust o, encara pitjor, que la maregin. En comptes d'això, deixi's guiar per les seves papil·les gustatives (i pels antulls i les aversions). Triï aliments dolços només si els tolera bé (per sopar, pot obtenir la vitamina A i les proteïnes dels préssecs i del iogurt en lloc de fer-ho del bròquil i el pollastre). O seleccioni els aliments salats si no li revolucionen tant l'estómac (per esmorzar, acabi's una pizza reescalfada en comptes de prendre cereals).
- Aparti del seu olfacte (i de la seva vista) tot el que la molesti. A causa d'un sentit de l'olfacte molt més sensible, les dones embarassades solen trobar que unes olors que abans els agradaven ara les molesten –i de les molèsties al mareig hi ha un pas. Així que no s'atansi a les olors que

[1] El líquid es beu millor si és fred. *(Nota del revisor.)*

li provoquin nàusees, ja sigui els ous amb bacó que el seu marit prepara els caps de setmana o l'*aftershave* que fins ara li encantava i que ara la mareja. Mantingui's també allunyada dels aliments que no pugui ni veure (el pollastre cru acostuma a ser un dels exemples típics d'aversió).

- Prengui un suplement vitamínic prenatal per compensar la possible deficiència de nutrients. Tem que no pugui engolir la píndola –o que la torni a treure? De fet, una píndola diària pot disminuir els símptomes associats a les nàusees (especialment si es pren una vitamina de dissolució lenta amb un elevat component en vitamina B_6, que combat el mareig). Però prenguise-la en el moment del dia en què sigui menys probable que vomiti, possiblement amb un refrigeri copiós abans d'anar a dormir. Si els seus símptomes són especialment greus, consulti al seu facultatiu si s'hauria de prendre més vitamina B_6, que a algunes dones els ajuda a alleujar les nàusees.

- Usi el gingebre. És cert el que les àvies (i les llevadores) han estat dient durant segles: el gingebre va bé per a les dones embarassades que pateixen mareig. Faci'l servir per cuinar (en sopes, en magdalenes), posi-se'n al te, compri's galetes amb gingebre o xarrupi algun caramel que en porti. Una beguda a base de gingebre natural (la majoria són aromatitzades artificialment) també la pot calmar. Fins i tot l'olor de gingebre fresc (talli'n una branqueta i inspiri-la a fons) pot alleujar el mareig. O provi una altra solució per als mareigs: la llimona. A moltes dones els va bé l'olor –i el gust– de la llimona (quan es lleva marejada, es pren una llimonada?). A altres dones els funciona deixar que un caramelet àcid se'ls vagi desfent a la boca.

- Descansi. Dormi i relaxi's una mica més. Tant el cansament físic com el psicològic poden agreujar les nàusees.

- Comenci el dia a càmera lenta. En comptes d'aixecar-se del llit d'una revolada i de sortir de l'habitació en un tres i no res –les presses tendeixen a agreujar les nàusees–, quedi's uns minuts més al llit, digerint el refrigeri, i després aixequi's pausadament i esmorzi tranquil·la. Això li pot semblar impossible si té altres fills, però intenti llevar-se abans que ells per permetre's una mica de tranquil·litat o demani al seu marit que s'encarregui de les obligacions de primera hora del matí.

- Minimitzi l'estrès. Si minva l'estrès, minvaran probablement els mareigs. Vegi a la pàgina 157 els consells per combatre l'estrès durant l'embaràs.

- Tingui cura de la seva boca. Renti's les dents (amb una pasta de dents que no la maregi encara més) o glopegi després de vomitar i després de cada àpat. (Demani al seu dentista que li recomani un bon col·lutori.) Això l'ajudarà a mantenir la boca fresca i a reduir les nàusees, a més de disminuir el risc de dany a les dents o les genives quan els bacteris entren en acció en els residus regurgitats que li queden a la boca.

- Provi els pegats antimareig. Aquests pegats elàstics, d'uns 2 cm d'ample, es col·loquen als dos canells per pressionar els punts d'acupressió sobre la seva cara interna i reduir així les nàusees. No tenen efectes secundaris i es troben fàcilment en farmàcies o en botigues de productes naturals. El seu metge també li podria recomanar una forma més sofisticada d'acupressió: una canellera amb piles que es basa en l'estimulació electrònica.

- Recorri a la medicina complementària i alternativa. Hi ha una gran varietat de tècniques mèdiques complementàries, com l'acupuntura, l'acupressió, el *biofeedback* o la hipnosi, que poden ajudar-la a reduir els símptomes del mareig matinal –i no hi perd res provant-les (vegi la pàgina 93). La meditació i la visualització també poden servir d'ajuda.

Encara que hi ha medicacions que poden alleujar el mareig matinal (sovint una combinació de doxilamina –un antihistamínic– i de vitamina B_6), només se solen recomanar o receptar quan el mareig és molt agut. Recordi també que el component antihistamínic d'aquesta medicació li provocarà somnolència –que ja va bé si està a punt de ficar-se al llit però que no en va tant si ha d'anar a la feina conduint. No es prengui cap fàrmac (ni tradicional ni a base d'herbes) per al mareig, a no ser que li prescrigui el metge.

En menys d'un 5 per cent de les embarassades, les nàusees i els vòmits són tan insuportables que pot resultar necessària la intervenció mèdica. Si creu que aquest podria ser el seu cas, vegi la pàgina 592.

Excés de saliva

"Sembla com si tota l'estona tingués la boca plena de saliva i, si me l'empasso, em provoca nàusees. Què em passa?"

Potser no resulta massa estètic bavejar (especialment en públic), però moltes dones embarassades no ho poden evitar, sobretot durant el primer trimestre de gestació. La sobreproducció de saliva és un símptoma comú –i desagradable– de l'embaràs, especialment entre les dones que també pateixen mareig matinal. I encara que tota la saliva extra navegant per la seva boca pot fer-li venir encara més basques –i pot causar-li una molesta sensació a l'hora de menjar– és completament innòcua i, per sort, dura poc, ja que sol desaparèixer els primers mesos d'embaràs.

N'està farta de tanta salivada? Doncs li podria anar bé rentar-se les dents sovint amb una pasta de dents mentolada, glopejar un col·lutori de menta o rosegar xiclets sense sucre.

Gust metàl·lic

"A totes hores tinc un gust metàl·lic a la boca. Es deu a l'embaràs o m'ho provoca alguna cosa que menjo?"

Sembla que la seva boca no distingeixi els gustos? S'ho cregui o no, aquest gust metàl·lic a la boca és un efecte secundari força comú en l'embaràs –encara que no se'n sol parlar– i es pot atribuir a les hormones. Una de les funcions de les hormones és controlar el seu sentit del gust. Quan les té revolucionades (com quan té la regla o, encara més, quan està embarassada) el seu gust se'n ressent. Igual que el mareig matinal, aquest regust pot disminuir –o, si està de sort, desaparèixer del tot– al segon trimestre, quan les hormones es comencen a calmar.

Fins aleshores, pot intentar combatre el gust metàl·lic amb sabors àcids. Provi-ho amb sucs de cítrics, llimonada, caramels àcids i –sempre que el seu estómac ho suporti– amaneixi els aliments amb vinagre. Aquests productes àcids tenen la capacitat d'alterar el gust metàl·lic i d'incrementar la producció de saliva per ajudar a netejar la boca de regustos indesitjats (encara que això potser no li convenç si ja té la boca a vessar de saliva sense prendre àcids).

Altres trucs que pot provar: renti's també la llengua cada vegada que es renti les dents, o glopegi amb una solució salina (una culleradeta de sal dissolta en un vaset d'aigua) o de bicarbonat (1/4 de culleradeta de bicarbonat en un vaset d'aigua) diverses vegades al dia per neutralitzar els nivells de pH de la boca i eliminar-ne el mal regust. També pot consultar al seu facultatiu si li convindria canviar de vitamina prenatal, ja que sembla que algunes provoquen més gust metàl·lic que altres.

Micció freqüent

"Cada mitja hora sóc al lavabo. És normal orinar tan sovint?"

Potser no és el seient més còmode de la casa, però per a la majoria de dones embarassades, sí que és el més freqüentat. Vagi-s'hi acostumant: quan s'hi ha d'anar, s'hi va i prou –i aquests dies (i aquestes nits) hi haurà d'anar cinquanta vegades. I encara que pugui molestar haver d'anar al bany tan sovint, és del tot normal.

Què provoca aquestes ganes d'orinar? En primer lloc, les hormones estimulen no només un increment del fluid sanguini sinó també del fluid urinari. En segon lloc, durant l'embaràs l'eficàcia dels ronyons millora, ajudant el seu cos a eliminar amb més rapidesa els productes sobrers (incloent els del nadó, amb la qual cosa vostè orinarà per dos). Finalment, el seu úter en creixement li pressiona la bufeta, que tindrà menys espai d'emmagatzematge per a l'orina, provocant aquest sensació de "ai, que se m'escapa". Aquesta pressió sol remetre tan bon punt l'úter arriba a la cavitat abdominal durant el segon trimestre i no sol reaparèixer fins al tercer trimestre o quan el cap del nadó s'encaixa a la pelvis, cap al darrer mes d'embaràs. Però com que la disposició dels òrgans interns varia lleugerament depenent de les dones, la intensitat de la freqüència urinària també pot variar. Algunes dones ben just noten cap canvi, mentre que altres tenen moltes més ganes d'orinar al llarg de tots nou mesos de gestació.

Inclinar-se cap endavant mentre orina li permetrà buidar completament la bufeta, eliminant fins a l'última gota amb un doble buidatge (orini i, en acabar, torni-ho a intentar). Aquestes tàctiques poden reduir el número de viatges al bany però, en realitat, tampoc massa.

No redueixi la ingesta de líquids creient que l'ajudarà a anar menys al lavabo. El seu cos i el del seu nadó necessiten un bon subministrament de líquids –a més, la deshidratació pot comportar infeccions del tracte urinari. Però consumeixi menys cafeïna, que incrementa la necessitat d'orinar. Si també ha d'anar al bany amb molta freqüència de nit, intenti limitar la ingesta de líquids des d'una estona abans d'anar a dormir.

Si sempre continua tenint ganes d'orinar (fins i tot quan acaba de ferho), comenti-ho al metge, que potser li farà una prova per detectar una possible infecció d'orina.

"Com és que no orino més sovint que abans?"

Un increment poc apreciable en la freqüència urinària pot ser perfectament normal en el seu cas, especialment si ja orinava sovint. Asseguri's de prendre prou líquids (almenys vuit vasos al dia –i més si perd líquids vomitant). Una ingesta insuficient de líquids pot reduir la freqüència de micció, però també pot comportar deshidratació i infeccions del tracte urinari.

Canvis als pits

"Gairebé ni em reconec els pits, de tan enormes com se m'han posat. I, a més, els tinc sensibles. Continuaran així tot l'embaràs i em quedaran caiguts després de donar a llum?"

Sembla que ha descobert el primer gran canvi de l'embaràs: el dels seus pits. Mentre que les panxes no solen créixer gaire fins al segon trimestre, els pits acostumen a començar la seva expansió al cap d'unes setmanes de concebre, avançant gradualment en la numeració de talles de sostenidors (pot acabar necessitant sostenidors tres talles més grans que abans de quedar-se embarassada). Impulsant aquest creixement hi ha les hormones exaltades –les mateixes que li inflen els pits abans de la menstruació, però ara a marxes forçades. El greix també s'acumula als pits i augmenta la circulació sanguínia de la zona. I hi ha una raó de pes per tot aquest pes extra als seus pits: s'estan preparant per alletar el seu nadó tan bon punt arribi.

A banda d'aquest increment de mida, és probable que noti altres canvis als pits. L'arèola (l'àrea pigmentada que envolta el mugró) s'enfosquirà, es farà més gran i pot presentar taquetes encara més fosques. Aquest enfosquiment es pot aclarir una mica però no desapareixerà per complet fins després del part. Els bonyets que apareixen a l'arèola són glàndules de lubricació, que es tornen més prominents durant l'embaràs i recuperen la seva mida normal després del part. El complex mapa de recorreguts marcats per les venes blaves que travessen els pits –molt destacades en dones de pell clara però també visibles en dones més morenes– representa el sistema d'aprovisionament de nutrients i líquids de la mare cap al fill. Fins després del part –o, si dóna el pit al seu fill, potser fins que deixi l'alletament– l'aspecte de la pell dels seus pits no tornarà a ser l'habitual.

Afortunadament, el dolor (o la sensibilitat extrema) dels pits no augmentarà tant com la seva mida. Tot i que les mames probablement li continuaran creixent al llarg dels nou mesos de gestació, és probable que ja no les tingui tan sensibles al tacte a partir del tercer o quart mes. A algunes dones la sensibilitat als pits no els remet fins més endavant. Per alleujar-la, pot fer servir compreses d'aigua fresca o tèbia (com li vagi més bé).

Pel que fa al decaïment dels pits, depèn en gran part de la genètica (si a la seva mare li pengen, a vostè també li penjaran), però vostè també hi pot col·laborar. Que els pits quedin caiguts no només depèn del propi embaràs sinó de la manca d'una subjecció adequada durant els mesos de gestació. Independentment de com els tingui de turgents actualment, protegeixi'ls de cara al futur fent servir sostenidors que els subjectin bé (encara que si al primer trimestre els té molt sensibles, és recomanable que eviti usar sostenidors amb cèrcols que els hi comprimeixin). Si té uns pits especialment grans o que tenen tendència a caure, és aconsellable portar sostenidors també de nit. És probable que opti per uns sostenidors esportius de cotó més còmodes per dormir.

Algunes dones no perceben cap canvi brusc en la mida dels pits al principi de l'embaràs i altres consideren que l'augment de mida és tan gradual que ni tan sols se n'adonen. Com en tots els símptomes de l'embaràs, el normal per a unes dones no ho és per a altres. Però no es preocupi: encara que li creixin tan poc –o gairebé gens– que no li calgui ni canviar de sostenidors, això no té perquè afectar la seva capacitat d'alletar.

"Els pits se'm van posar molt grossos en el primer embaràs, però en el segon no he notat cap canvi. És normal?"

La primera vegada els seus pits eren novells, però ara afronten un nou embaràs amb experiència prèvia. En conseqüència, és possible que no necessitin tanta preparació –ni reaccionin tan dràsticament davant de les hormones revolucionades– com en la primera gestació. És possible que els pits li crei-

Quan cal avisar el metge

És aconsellable que estableixi amb el seu metge un protocol per a emergències abans no en sorgeixi cap. Si no en té cap d'establert, i experimenta algun símptoma que requereixi atenció mèdica immediata, intenti el següent: en primer lloc, truqui a la consulta del metge. Si no respon ningú, deixi un missatge al contestador detallant-ne els símptomes. Si no rep resposta en qüestió de minuts, torni-hi a trucar o truqui al centre d'emergències més pròxim i informi a la infermera del que li està passant. Si li aconsella d'anar-hi, vagi a urgències i deixi-ho gravat al contestador del seu metge. Si ningú no la pot acompanyar a urgències, truqui al telèfon d'emergències.

Quan informi del seu problema al metge o la infermera, recordi d'esmentar-li qualsevol altre símptoma secundari que pugui tenir, encara que cregui que no tingui cap relació amb el problema principal. Intenti ser específica, indicant quan va notar cada símptoma per primera vegada, amb quina freqüència es repeteix, què l'alleuja o què l'agreuja i amb quina intensitat se li manifesta.

Truqui'l immediatament en els següents casos:

- Sagnat abundant, sagnat amb contraccions o amb dolor intens a la zona del baix ventre.
- Dolor intens i que no remet al baix ventre, a la part central, en un costat o en tots dos, encara que no vagi acompanyat de sagnat.
- Un sobtat augment de set, acompanyat per una disminució de la micció, o sense gens de micció en tot un dia.
- Dolor o picor en orinar acompanyats de calfreds i febre per sobre dels 39 °C i/o mal d'esquena.
- Febre superior als 39 °C.
- Inflor o embotornament sobtat i greu de les mans, la cara i els ulls, acompanyat de mal de cap, problemes de visió o increment sobtat de pes no relacionat amb un excés de menjar.
- Trastorns de la vista (visió borrosa, poc nítida o doble) que persisteix durant diversos minuts.

xin gradualment a mesura que avança l'embaràs o potser no notarà que li creixin fins després del part, quan comença la producció de llet. Tant en un cas com en l'altre, aquest desenvolupament més lent és completament normal –i un primer indici de com poden ser de diferents dos embarassos.

Pressió al baix ventre

"Tinc una molesta sensació de pressió al baix ventre. M'he de preocupar?"

Sembla que vostè està molt sintonitzada amb el seu cos –fet que algunes vegades pot ser bo (com ara si li permet reconèixer quan ovula) i, d'altres, no tan bo (quan li fa patir totes les petites molèsties innòcues derivades de l'embaràs).

No es preocupi. Una sensació de pressió o fins i tot una mica de rampes sense sagnat és molt habitual, especialment en els primers embarassos –i normalment es un signe clar que les coses van bé i no pas que vagin malament. El més probable és que el sensible radar del seu cos detecti algun dels molts canvis que tenen lloc a la part inferior del seu ventre, on s'ubica l'úter. El que vostè pot estar sentint podria tractar-se del

- Un mal de cap molt fort o un mal de cap que persisteix durant més de dues o tres hores.
- Diarrea ensangonada.

Truqui al metge el mateix dia (o l'endemà al matí, si és mitjanit) en els casos següents:

- Presència de sang a l'orina.
- Inflor a les mans, la cara o els ulls.
- Fort i sobtat increment de pes no relacionat amb menjar en excés.
- Dolor o picor en orinar.
- Desmais o esvaniments.
- Calfreds i febre superior als 38 °C (sense que es presentin altres símptomes de refredat o de grip). Faci baixar la febre superior als 38 °C prenent paracetamol.
- Nàusees i vòmits abundants: vomitar més de dues o tres vegades al dia durant el primer trimestre, o vomitar quan està més avançat l'embaràs si no ho havia fet mai abans.
- Picor generalitzada, amb o sense orina fosca, femta clara o icterícia (esgrogueïment de la pell i del blanc dels ulls).
- Diarrea freqüent (més de tres vegades al dia), especialment si és de textura mucosa (si és ensangonada, truqui'l immediatament).

És possible que el seu metge li demani que el truqui per diferents raons, així que asseguri's de preguntar-li quin protocol hauria de seguir si experimenta algun d'aquests símptomes.

Recordi, també, que hi pot haver moments en què no tingui cap dels símptomes aquí enumerats, però se senti exhausta, amb malestar i no prou bé. Si el descans nocturn i una mica més de relaxació no l'ajuden a sentir-se millor en un o dos dies, consulti-ho al metge. El més probable és que el que vostè sent sigui normal, provocat pel propi embaràs; però també és possible que estigui anèmica o que hagi de combatre algun tipus d'infecció. Algunes malalties, com ara les infeccions del tracte urinari, poden evolucionar sense manifestar cap símptoma evident. Així que, en cas de dubte, comenti-ho al seu metge.

procés d'implantació, de l'increment de la circulació sanguínia, de la formació de la capa uterina o simplement del fet que el seu úter està començant a créixer –en altres paraules, els seus primers dolors de la gestació (i segur que no seran els últims).

També aquesta pressió podria ser per problemes de gasos o d'espasmes intestinals provocats pel restrenyiment (un altre efecte secundari molt comú durant l'embaràs).

Si es vol quedar més tranquil·la, expliqui al metge la sensació que té (si és que la continua tenint) en la seva pròxima visita.

Pèrdues

"He anat al lavabo i, en eixugar-me, m'he adonat que hi havia una miqueta de sang. Podria avortar?"

És lògic que espanti molt veure que es perd sang durant l'embaràs. Però sagnar una mica no significa necessàriament que hi hagi algun problema en la gestació. Moltes dones –gairebé una de cada 5, de fet– perden una mica de sang en algun moment de l'embaràs, i la gran majoria acaben tenint un embaràs i un nadó perfectament saludables. Per tant, si només té un lleu sagnat –similar al que

Símptomes no preocupants

Algunes futures mares (ningú com vostè sabrà si és el seu cas) sempre es preocupen per alguna cosa –especialment durant el primer trimestre i particularment en el primer embaràs. Incomprensiblement, el temor d'avortament encapçala la llista de preocupacions més habituals.

Afortunadament, la majoria de mares patidores acaben patint innecessàriament. La majoria d'embarassos evolucionen sense incidents i acaben, per sort, amb parts a terme. Gairebé tots els embarassos normals inclouen algunes rampes, algun dolor abdominal o una mica de pèrdues. Mentre que algun d'aquests símptomes és comprensible que causi un cert neguit (i quan es tracta de tacar les calcetes, una mica d'angoixa i tot), la majoria no n'haurien de causar perquè són completament innocus –i no indiquen que el seu embaràs vagi malament. Encara que ho hauria de comentar al metge en la pròxima visita (o potser abans, si necessita que un professional la tranquil·litzi), els següents símptomes no l'han de preocupar. Així que no s'atabali si té:

- Rampes lleus, adoloriment o pressió al baix ventre, o en un o els dos costats de l'abdomen. Probablement es deu al propi estirament dels lligaments que aguanten l'úter. A no ser que les rampes siguin constants, o acompanyades per un sagnat copiós, no cal preocupar-se.
- Pèrdues lleus que no estan acompanyades de rampes ni de dolor al baix ventre. Hi ha moltes raons per les quals una dona embarassada pot perdre i normalment no té res a veure amb un avortament. Vegi la pàgina anterior per a més informació sobre les pèrdues.

A més, al principi de l'embaràs, les dones embarassades no només es preocupen per l'existència de símptomes sinó també per la falta de símptomes. En efecte, no "sentir-se embarassada" és una de les preocupacions més sovint manifestades durant el primer trimestre. I no ens ha de sorprendre: és difícil sentir-se embarassada tan aviat fins i tot si té tots els símptomes que es descriuen en aquest llibre, però encara ho serà més si gairebé no té cap símptoma. Sense proves tangibles que el seu futur fill estigui creixent dins seu (una panxa prominent, els primers indicis de moviment), és força comprensible començar a pensar si l'embaràs va bé –o fins i tot si està realment embarassada.

Li tornem a repetir: no es preocupi. Una manca de símptomes –ja sigui el mareig matinal o la sensibilitat mamària– no indica que res vagi malament. Consideri's afortunada si no li cal patir aquests ni altres molestos símptomes del principi de l'embaràs –i pensi també que potser en patirà altres tan bon punt estigui més avançada la gestació. Al cap i a la fi, com que cada dona embarassada experimenta els símptomes d'embaràs de diferent manera i en moments diferents, és possible que vostè els acabi experimentant abans del que s'espera.

pot tenir al principi o al final de la menstruació–, respiri profundament i segueixi llegint per trobar-hi una explicació tranquil·litzadora. Aquest lleu sagnat se sol deure a alguna de les següents causes:

Implantació de l'embrió a la paret uterina. Aquest sagnat (anomenat "sagnat de la implantació" en l'àmbit obstètric) afecta entre un 20 i un 30 per cent de les dones i se sol donar abans de la data (o en alguns casos, cap a la data) en què li hauria vingut el període, entre cinc i deu dies després de concebre. El sagnat d'implantació es tracta d'un sagnat més escàs que el de la regla (i pot durar entre poques hores i uns quants dies) i sol ser de color rosa més o menys clar o de color marró clar i a clapes. Es dóna quan la petita bola de cèl·lules que un dia es convertirà en el seu fill emprèn el seu camí cap a la paret uterina. El sagnat d'implantació no és cap signe que alguna cosa vagi malament.

Relació sexual, examen pelvià intern o citologia. Durant l'embaràs, la seva cèrvix es torna més sensible i s'omple de vasos sanguinis, per la qual cosa és possible que s'irriti com a resultat de les relacions sexuals o de les revisions internes i acabi provocant algun lleu sagnat. Aquest tipus de sagnat és comú, pot donar-se en qualsevol moment de l'embaràs i no sol indicar cap problema, però per quedar-se més tranquil·la comenti-ho al metge si sagna després de mantenir relacions o de sotmetre's a algun examen intern.

Infecció de la vagina o la cèrvix. Una cèrvix o una vagina irritades poden causar pèrdues lleus (encara que les pèrdues haurien de desaparèixer després que li hagin tractat la infecció).

Hematoma subcoriònic. L'hematoma subcoriònic es dóna quan hi ha una acumulació de sang sota del còrion (la membrana fetal externa, pròxima a la placenta) o entre l'úter i la placenta. Pot causar sagnat lleu o abundant però no sempre (a vegades només es detecta en una ecografia rutinària). La major part de casos d'hematoma subcoriònic es resolen de forma espontània i no són cap problema per a l'embaràs (vegi la pàgina 591 per a més informació).

Les pèrdues són tan variables com comunes en els embarassos normals. Algunes dones perden de manera intermitent al llarg de tot l'embaràs. Altres dones només perden un o dos dies –i altres perden durant diverses setmanes. Algunes embarassades perden sang rosada o marronosa i de textura mucosa; altres perden sang de color roig viu. Però, per sort, la majoria de dones que experimenten aquests diversos tipus de pèrdues segueixen tenint embarassos completament normals i saludables, i acaben donant a llum a nadons perfectament sans. Això significa que el més probable és que no s'hagi de preocupar per res (encara que, per ser realistes, tampoc se n'ha de despreocupar).

Per a més tranquil·litat, faci un truc al seu metge, que és probable que li realitzi una ecografia. No cal que el truqui immediatament o fora d'hores de visita a no ser que les pèrdues vagin acompanyades de contraccions, de sang roja brillant o de sagnat copiós. Si ja passa de les sis setmanes d'embaràs, probablement podrà escoltar el batec cardíac fetal, fet que li donarà la tranquil·litat que el seu embaràs evoluciona correctament.

Què passa si les pèrdues es tornen més intenses i sagna de manera similar a quan té la regla? Encara que aquest panorama ja sigui més preocupant (sobretot si va acompanyat de contraccions o dolor al baix ventre) i convé que truqui al seu metge, no indica necessàriament que hagi d'avortar. Algunes dones sagnen amb abundància i per raons desconegudes durant l'embaràs; tot i això, donen a llum a nadons sans i a terme.

Si acabés patint un avortament espontani, llegeixi la pàgina 582.

Nivells de GCh

"El metge em va donar els resultats de l'analítica i em va dir que el meu nivell de GCh se situa en 412 mIU/L. Què significa aquesta xifra?"

Significa que indubtablement està embarassada! La gonadotropina coriònica humana (GCh) és produïda per les cèl·lules de la nova placenta en desenvolupament al cap d'uns dies que l'òvul fecundat s'hagi implantat en la capa uterina. La GCh es troba a l'orina (de fet és aquest component de l'orina el que determina el seu estat de bona esperança en realitzar-se el test d'embaràs a casa) i a la seva sang, fet que explica que el seu metge li demani una anàlisi de sang per confirmar-li la condició d'embarassada. Al principi de l'embaràs (com en el seu cas), els nivells de GCh són força baixos (tot just es comencen a manifestar en l'organisme femení). Però al cap d'uns dies, es comencen a elevar, doblant-se cada 48 hores (més o menys). Aquest ràpid increment assoleix la màxima intensitat al cap de 7 o 12 dies i després comença a davallar un altre cop.

Però no comenci a contrastar la seva numeració amb la de la seva millor amiga en estat. De la mateixa manera que dos embarassos no són mai iguals, els nivells de GCh de dues embarassades tampoc ho seran. Varien enormement d'un dia a l'altre i d'una persona a l'altra, tant el primer dia de falta de menstruació com al llarg de tot l'embaràs.

El més important i significatiu per a vostè és que els seus nivells de GCh es trobin dins de la franja de paràmetres normals (vegi el requadre d'aquesta mateixa pàgina) i que continuïn creixent a mesura que passen les setmanes (dit d'una altra manera, busqui un patró evolutiu dels nivells en comptes de centrar-se en xifres concretes). I no cal que es preocupi ni tan sols si els seus nivells cauen fora d'aquests paràmetres estàndards. El més probable continua essent que tot vagi bé (la seva data de sortida de comptes no deu ser la prevista –una causa molt comuna de confusió en la numeració de la GCh– o potser porta més d'un fetus). A condició que el seu embaràs progressi normalment i els seus nivells de GCh vagin creixent durant el primer trimestre, no cal que s'obsessioni amb aquestes xifres ni cal que se les miri (i encara menys si el seu facultatiu està satisfet amb els resultats, cas en el qual vostè també n'hauria d'estar). Els resultats de l'ecografia a les cinc o sis setmanes d'embaràs són molt més fiables per valorar l'evolució de l'embaràs que no pas els nivells de GCh. Evidentment, com sempre, si els seus resultats la preocupen, parli'n amb el seu facultatiu.

Nivells de GCh

Realment vol jugar al joc de les xifres de la GCh? Els següents paràmetres són els nivells de GCh "estàndards", basats en dades reals. Recordi que qualsevol nivell ubicat dins d'aquest ampli ventall entra dins de la normalitat –i no cal que el seu nadó dibuixi una gràfica d'evolució perfecta per tal que el seu embaràs evolucioni correctament– i tingui present també que un lleuger error de càlcul en la seva data prevista de part pot alterar completament aquesta numeració.

Setmanes d'embaràs	**Quantitat de GCh en mIU/L**
3 setmanes	5 a 50
4 setmanes	5 a 426
5 setmanes	19 a 7.340
6 setmanes	1.080 a 56.500
7 a 8 setmanes	7.650 a 229.000
9 a 12 setmanes	25.700 a 288.000

Estrès

"La meva feina és molt estressant. De moment, no tenia pensat buscar cap fill,

però m'he quedat embarassada. Hauria de deixar la feina?"

Depenent de com l'afronti i de com l'afecti, l'estrès pot ser per a vostè positiu (si l'anima a treballar bé i a desenvolupar-se de manera més efectiva) o negatiu (si li fa perdre els estreps, l'aclapara i l'enfonsa). Les investigacions demostren que l'embaràs no es veu afectat pels nivells d'estrès estàndard; sempre que vostè sigui capaç d'afrontar adequadament el seu estrès laboral (fins i tot si és superior a l'estrès que la majoria de persones són capaces de suportar), el seu fill també el podrà afrontar. Però si l'estrès li provoca angoixa, insomni o depressió, si li genera símptomes físics (com mal de cap, mal d'esquena o pèrdua de gana), si l'empeny a seguir conductes perjudicials (com fumar, per exemple), o si la deixa exhausta, aleshores sí que podria acabar convertint-se en un problema.

Atès que les reaccions negatives davant de l'estrès podrien portar-li conseqüències negatives, especialment si es perllonga durant el segon i el tercer trimestres, la seva prioritat actual hauria de ser aprendre a afrontar l'estrès d'una manera constructiva o bé reduir-lo al màxim. Els següents consells la podrien ajudar:

Desfogui's. Exterioritzar la seva angoixa és la millor manera d'evitar que l'acabi enfonsant. Asseguri's de tenir algú amb qui parlar-ne i l'estona per fer-ho. Mantingui obertes les vies de comunicació amb el seu marit, dedicant una estona del vespre (preferiblement no massa propera a l'hora d'anar a dormir, per evitar anar al llit estressats) per compartir les preocupacions i les frustracions. Tots dos junts trobaran més fàcilment la tranquil·litat i les solucions –i, en el millor dels casos, acabaran rient i tot. La seva parella està massa estressada com per carregar-se també el seu estrès?

Relaxar-se fàcilment

La felicitat inicial de la gestació s'està convertint en un cúmul de nerviosisme constant? Doncs ara és un bon moment per aprendre algunes tranquil·litzadores tècniques de relaxació –que li serviran no només per afrontar les seves preocupacions durant l'embaràs, sinó també la seva atrafegada vida de futura mare novella. El ioga és fantàstic per acabar amb l'estrès, tant si el practica en un curs prenatal com si ho fa a casa amb l'ajuda d'un DVD.

Si no pot, provi la següent tècnica de relaxació, molt fàcil d'aprendre i fàcil de practicar a tot arreu i en qualsevol moment. Si li va bé, la pot posar en pràctica quan se senti més angoixada i/o diverses vegades al dia per tractar d'evitar aquesta angoixa.

Assegui's amb els ulls tancats i imagini una escena bonica i tranquil·la (una posta de sol en la seva platja preferida, ones que banyen pausadament la costa, un plàcid paisatge de muntanya travessat per un petit rierol), o fins i tot imagini el seu futur nadó, amanyagat entre els seus braços, gaudint plegats d'un dia assolellat al parc. A continuació, vagi relaxant tots els músculs, començant pels peus i acabant per la cara, concentrant-se en anar distenent tots i cada un dels músculs. Agafi aire, suaument i profundament, a través del nas (a no ser que estigui congestionada) i triï una paraula senzilla (com ara "sí" o "no") per repetir en veu alta cada vegada que tregui l'aire. L'ideal seria fer-ho durant 10 o 20 minuts, encara que és millor fer-ho només un o dos minuts que no pas no fer-ho gens.

Trobi algú altre disposat a parar l'orella –una amiga, un altre familiar, un company de feina (que comprendrà millor que ningú el seu estrès laboral) o el seu metge (especialment si li preocupen els efectes físics de l'estrès). L'empatia també ajuda, així que busqui altres futures mares amb qui parlar-ne, en un grup d'embarassades o per Internet. Si necessita alguna cosa més que algú que l'escolti, consideri la possibilitat de recórrer a ajuda professional per tal que li ensenyin a desenvolupar estratègies per afrontar millor l'estrès.

No es quedi de braços plegats. Identifiqui l'origen del seu estrès i decideixi com el podria modificar. Si és evident que intenta fer més del que pot, deixi de banda les tasques que no siguin altament prioritàries (com haurà de fer tot sovint tan bon punt tingui la principal prioritat –el seu fill– a l'agenda del dia). Si està assumint massa responsabilitats a casa o a la feina, decideixi quines pot ajornar o delegar. Aprengui a dir que no a nous projectes o activitats en comptes de sobrecarregar-se (una altra habilitat que li valdrà la pena de començar a practicar abans que neixi el seu fill).

A vegades, la pot ajudar a tenir la sensació que controla més el caos de la seva vida el fet d'asseure's amb un bloc de notes o un PDA i fer una llista dels centenars de coses que hauria de fer (a casa o a la feina), indicant-hi l'ordre en què té planejat fer-les. Vagi ratllant les tasques anotades a mesura que les vagi realitzant per tal de sentir-se més satisfeta.

Consulti-ho amb el coixí. Dormir és la millor manera de regenerar cos i ment. A vegades, la tensió i l'angoixa són provocades per la pròpia falta de son i, a la inversa, tenir massa estrès i angoixa pot dificultar-li agafar el son. Si té problemes per dormir, vegi els consells que es donen a la pàgina 293.

Sigui optimista

Fa temps que s'especula que les persones optimistes viuen més anys i tenen millor salut. Ara se suggereix també que una futura mare que es mira les coses des d'una perspectiva optimista pot, de fet, millorar les perspectives de cara al seu futur fill.

Els investigadors han descobert que veure l'ampolla mig plena redueix les possibilitats que una dona amb un embaràs d'alt risc tingui un part prematur i doni a llum a un nadó de baix pes.

L'inferior nivell d'estrès que caracteritza les dones optimistes té un paper molt important en aquest descens del risc; al cap i a la fi, els nivells alts d'estrès han estat relacionats amb una gran varietat de problemes de salut, tant dins com fora de l'embaràs. Però sembla que l'estrès només és responsable d'una part d'aquests problemes. El més probable és que les dones optimistes tinguin més cura de si mateixes –menjant bé, fent una mica d'exercici, seguint les cures prenatals amb regularitat, i no fumant ni prenent alcohol o drogues. I aquestes conductes positives –impulsades pel poder del pensament positiu– poden tenir, sens dubte, un efecte molt positiu en l'embaràs i el benestar fetal.

Els investigadors subratllen que mai no és massa tard per aprofitar els beneficis de l'optimisme, encara que ja estigui embarassada.

Aprendre a esperar-se sempre el millor –en comptes del pitjor– pot, de fet, ajudar que aquestes expectatives es compleixin: una bona raó per començar a veure l'ampolla mig plena en comptes de mig buida.

Alimenti's correctament. Les vides frenètiques poden comportar formes d'alimentar-se també frenètiques. Alimentar-se inadequadament durant l'embaràs pot ser doblement perjudicial: pot disminuir la seva capacitat d'afrontar l'estrès i pot acabar afectant el benestar del seu nadó. Així que asseguri's de menjar bé i regularment (sis menjades poc abundants l'ajudaran a estar millor quan les coses se li posin difícils). Centri's en els hidrats de carboni complexos i les proteïnes, i eviti els excessos de cafeïna i sucre, dos tòpics de la vida estressant que, efectivament, poden dificultar-li enfrontar-se al propi estrès.

Prengui's un bon bany. Un bany d'aigua tèbia és una manera excel·lent d'alleujar tensions. Faci'n un després d'un dia de tràfecs, ja que també l'ajudarà a dormir millor.

Vagi a caminar. O a nedar. O practiqui ioga prenatal. Encara que li sembli que la darrera cosa que necessita a la seva vida és més activitat, l'exercici és un dels millors desestressants –i millora l'estat anímic. Així que posi una mica d'esport a la seva atrafegada vida.

Recorri a la medicina complementària i alternativa. Investigui quines teràpies alternatives poden proporcionar-li major pau interior, ja sigui el *biofeedback*, l'acupuntura, la hipnoteràpia, el massatge (demani al seu marit que li faci fregues a l'esquena o l'espatlla, o recorri al massatge professional per a embarassades). La meditació i la visualització també poden acabar amb l'estrès (només cal que tanqui els ulls i imagini una escena bucòlica o, si ho prefereix, mantingui'ls oberts observant una tranquil·litzadora imatge o fotografia col·locada estratègicament al seu despatx). Practiqui tècniques de relaxació (vegi el quadre de la pàgina 157), no tan sols perquè li seran útils de cara al part sinó també perquè la poden ajudar a reduir tensions en qualsevol moment. Vegi la pàgina 93 per a més informació sobre les tècniques de la medicina complementària i alternativa.

Desconnecti una estona. Combati l'estrès amb alguna activitat que consideri relaxant: llegir, mirar una bona pel·lícula, escoltar música (endugui's l'iPod en els descansos o a l'hora de dinar o escolti'l en hores de feina, si és possible); faci mitja (es pot relaxar mentre comença a preparar robeta per al seu fill); vagi a mirar botigues de roba per a nadons; quedi per dinar amb alguna amiga divertida; escrigui un diari personal (una altra bona manera d'exterioritzar els seus sentiments); navegui per pàgines sobre nadons a Internet; o prepari un àlbum per al seu futur fill. O surti a caminar (una caminada a pas lleuger també pot ser relaxant i reconfortant).

Desconnecti del tot. Potser el que li provoca estrès tampoc val tant la pena. Si la feina és el que l'atabala, consideri la possibilitat d'agafar-se la baixa o de treballar només a mitja jornada (si alguna d'aquestes dues opcions són econòmicament factibles) o, com a mínim, delegui una part de la seva càrrega laboral per reduir l'estrès fins a un límit raonable i que no l'acabi enfonsant. Un canvi de feina o de professió seria gairebé impossible de realitzar ara que està embarassada, però potser s'ho podria plantejar un cop hagi nascut el seu fill.

Recordi que el seu nivell d'estrès no farà més que créixer tan bon punt el seu fill neixi; així que el millor és intentar trobar ara la manera d'afrontar-lo (o de reduir-lo fins a un nivell acceptable).

QUÈ CAL TENIR EN COMPTE

Cuidi's molt!

Parlem ara sobre les cures especialitzades durant l'embaràs. L'embaràs és una transformació radical de tot el seu cos que la pot fer sentir més bonica ("avui estic radiant!"), menys atractiva ("quins grans! I quins pèls al bigoti!") o una estona de cada manera. Però és també el moment en què les seves cures de bellesa habituals necessiten un extra. El que necessita és saber les cures de bellesa adequades –i les inadequades– durant l'embaràs abans d'anar al necesser a buscar la crema antiacne que fa servir des que era una adolescent o de demanar hora al seu centre d'estètica preferit per a depilar-s'hi les engonals o el llavi superior. A continuació, li expliquem els consells que pot posar en pràctica per cuidar-se de cap (fent-se reflexos) a peus (amb la pedicura) durant l'embaràs per aconseguir potenciar la seva bellesa sense oblidar-se de la seguretat.

Els cabells

Durant l'embaràs, el cabell pot adquirir un millor aspecte (si el tenia apagat pot tornar-se de sobte brillant) o un de pitjor (si un cabell tou es queda ara sense volum). Però hi ha una única cosa segura: gràcies a les hormones, tindrà més pèl que mai (i, per desgràcia, no només al cap). Heus ací alguns consells per als tractaments capil·lars:

Tenyir-se. L'arrel del problema es planteja justament quan vol tenyir-se les arrels durant l'embaràs. Encara que no hi hagi proves que demostrin que la petita quantitat de productes químics absorbits per la pell durant el tenyit capil·lar sigui perjudicial durant l'embaràs, alguns experts continuen aconsellant esperar fins al final del primer trimestre abans de fer-se aquests retocs a la perruqueria. Altres mantenen que és innocu tenyir-se durant tot l'embaràs. Consulti-ho al seu facultatiu –que li donarà la seva opinió sobre els tints de cabell. Si no es queda tranquil·la tenyint-se tot el cabell, consideri la possibilitat de fer-se reflexos. Així els productes químics no estaran en contacte amb el seu cuir cabellut i, a més, els reflexos solen durar més que el tenyit uniforme, fet que la permetrà visitar la perruqueria amb menys freqüència durant l'embaràs. També pot preguntar a la perruquera si practica algun procés de tenyit menys nociu (amb un tint sense amoníac o un de vegetal, per exemple). A més, cal que recordi que els canvis hormonals poden fer que els cabells reaccionin de forma estranya –així que és possible que no obtingui els resultats esperats, ni tan sols usant els productes habituals. Abans de tenyir-se tot el cap, faci's una prova amb un floquet de cabells, per evitar acabar amb el cap de color morat en comptes de color caoba intens, com vostè hauria volgut.

Tractaments per allisar els cabells. Està pensant en fer-se allisar el cabell per oblidar-se una temporada de cuidar-se els rínxols? Encara que no hi ha proves que els productes per allisar cabells siguin nocius durant l'embaràs (la quantitat de components químics que penetren a l'organisme a través del cuir cabellut és probablement mínima), tampoc hi ha estudis que demostrin que siguin totalment innocus. Per tant, consulti-ho al seu facultatiu: és probable que li digui que el més segur és deixar-se el cabell natural, sobretot durant el primer trimestre. Si decideix allisar-se'l, recordi que hi ha la possibilitat que les seves hormones reaccionin de manera estranya als productes químics (pot acabar amb el cabell encrespat en comptes de perfectament llis). A més, el seu cabell creixerà més ràpidament durant l'embaràs, fent que els rínxols reapareguin sobre el seu cap abans del previst. Els processos d'allisament per calor que es basen en l'ús de productes diferents –i sovint més suaus– per allisar les ondulacions del cabell poden ser una opció més segura (com sempre, pregunti-ho primer). O simplement compri's una planxa de cabell i allisi-se'l vostè mateixa a casa.

Permanents o ondulacions. El seu cos agafa volum però al seu cabell n'hi falta? Normalment, la permanent o les ondulacions poden ser la resposta per als cabells sense cos, però probablement no sigui el millor durant l'embaràs. I no perquè no siguin segurs (probablement ho són, encara que consulti-ho al seu facultatiu), sinó perquè el cabell reacciona de forma imprevisible per la influència de les hormones de l'embaràs. Pot ser que la permanent no se li agafi gens i acabi amb un cabell encrespat en comptes d'arrissat.

Depilacions o decoloracions. Si l'embaràs fa que el seu cos s'assembli al del peluix que ha comprat per al seu futur fill, no perdi la calma –aquesta abundància de pèl és temporal. Pot tenir les axil·les, les engonals, el llavi superior o fins i tot el ventre més peluts que normalment degut a les hormones en erupció. Però pensi-s'ho dues vegades i consulti-ho al seu metge abans de fer-se depilacions làser o electròniques, o d'usar productes depilatoris o decolorants. No s'han fet estudis prou fiables per determinar amb exactitud si aquests tractaments populars de depilació i decoloració del pèl són completament segurs, però probablement el millor és deixar-los per a després del part (encara que alguns metges hi donen el vistiplau un cop superat el primer trimestre). No es preocupi si ja li han practicat algun tractament de depilació elèctrica o làser perquè els riscos són purament hipotètics.

Eliminar el pèl tallant-lo, arrencant-lo o amb cera depilatòria. Durant l'embaràs el pèl indesitjat pot aparèixer gairebé en qualsevol racó del cos. Aquesta és la creu de la moneda. La cara és que, durant aquests mesos, es pot desfer del pèl tallant-lo, arrencant-lo o depilant-lo amb cera. Fins i tot la depilació de les engonals (tradicional o completa) és innòcua, però realitzi-la amb precaució –la pell de les embarassades pot estar més sensible i irritar-se amb més facilitat. Si es depila en un centre d'estètica, expliqui a l'esteticista que està embarassada perquè la tracti amb més cura.

La cara

És possible que l'embaràs encara no sigui perceptible al seu ventre però sí a la seva cara. A continuació, expliquem les conseqüències bones, les no tan bones i les nefastes de l'embaràs en relació amb les cures facials.

Tractaments facials. Les veritats sobre la cara: no totes les dones embarassades presenten la bellesa radiant de la qual tant s'ha sentit a parlar. Si vostè no està tan resplendent com voldria, una bona ajuda podria ser un tractament facial, ideal per netejar els porus tamponats per un excés de greix (degut a les hormones de l'embaràs). La majoria de tractaments facials són innocus durant l'embaràs, encara que alguns d'especialment abrasius (com la microdermoabrasió o els pílings glicòlics) poden fer-li més mal que bé, ja que podrien resultar massa irritants per a una pell extremadament sensible per les hormones de l'embaràs. Els tractaments facials que usen microcorrents elèctrics tampoc són recomanables per a les gestants. Pregunti a la seva esteticista quines fórmules podrien ser més suaus per a la seva pell per evitar que li provoquin alguna reacció dèrmica. Si té qualsevol dubte sobre la seguretat d'algun tractament en particular, consulti-ho amb el seu metge abans de realitzar-se'l.

Tractaments antiarrugues. Les arrugues dels nadons són gracioses; les de les seves mares, no tant. Però abans de recórrer al dermatòleg per tractar-se aquestes fines línies d'expressió (o abans de posar-se uns llavis més molsuts), consideri el següent: la seguretat dels reomplidors injectables (com el col·lagen) durant l'embaràs encara no ha estat garantida mitjançant estudis. El mateix passa amb el Bòtox, per la qual cosa és millor que, de moment, es quedi sense col·lagen ni Bòtox. Pel que fa a les cremes antiarrugues, és millor llegir-ne la lletra petita (i consultar-ne l'ús amb el seu metge). Probablement, li aconsellarà desprendre's temporalment dels productes que continguin vitamina A (en qualsevol de les seves formes de retinoide), vitamina K o ABH (àcid betahidròxid o àcid salicílic). Pregunti-ho al seu metge si també dubta sobre la seguretat d'altres ingredients. La majoria de facultatius donaran llum verda als productes que contenen AAH (àcid alfahidròxid) o àcids de fruita, però pregunti-ho abans d'usar-los. Com a contrapartida, també pot trobar-se que la retenció de fluids normal en l'embaràs li posa la pell de la cara més tesa, fent que les arrugues siguin menys visibles sense necessitat de procediments cosmètics.

Tractaments antiacne. Hi ha més marques a la seva cara que en un camp de golf? Doni'n la culpa a les hormones de l'embaràs. Però abans d'anar al seu gabinet d'estètica per seguir un tractament contra les marques provocades per les erupcions cutànies, consulti-ho al seu metge. L'Accutane (que causa greus problemes congènits) està totalment desaconsellat. El mateix passa amb el Retin-A (pregunti al seu metge o dermatòleg sobre la conveniència d'usar productes que contenen retinol). Els tractaments amb làser i els pílings químics antiacne també haurien d'esperar probablement fins a després del part. Els efectes de dos components habituals antiacne per via tòpica –l'àcid betahidròxid (ABH) i l'àcid salicílic– no han estat estudiats en dones embarassades i podrien ser absorbits per via cutània. Consulti al seu metge sobre la seguretat de productes que continguin aquests components i els que continguin peròxid de benzoïl, un altre ingredient que no sol ser aconsellable. L'àcid glicòlic i les cremes exfoliants, així com els antibiòtics amb àcid azelaic i per via tòpica com l'eritromicina, probablement són segurs d'usar (pregunti-ho primer), encara que vagi amb compte amb la irritació. També pot mirar de desinflamar les erupcions cutànies amb mètodes naturals: bevent molta aigua, menjant bé i rentant-se curosament la cara. I no se les rasqui ni se les rebenti.

Les dents

Ara que està esperant té molts motius per somriure, però les seves dents s'ho poden permetre? Els productes per a la boca són molt populars, però no sempre són adequats per a l'embaràs.

Productes blanquejants. Té ganes de lluir unes dents blanques com perles? Encara que no hi ha riscos demostrats en relació amb el blanqueig dental durant l'embaràs, és un procediment que s'emmarca dins de la premissa de "més val prevenir que curar" (per tant, el més prudent seria esperar uns mesos per aconseguir un somriure d'anunci). De tota manera, renti's bé les dents i faci servir el fil dental. Les genives, més sensibles durant l'embaràs, li agrairan les seves atencions.

Empastaments dentals. En aquest cas també "més val prevenir que curar", encara que no s'hagi demostrat cap perill per aplicar empastaments a les dents durant l'embaràs. Però hi ha una altra raó per la qual podria plantejar-se esperar fins al postpart abans que n'hi apliquin: les seves genives estaran més sensibles que mai durant l'embaràs, i qualsevol tractament dental –incloent-hi els empastaments i les tècniques blanquejants– serà més molest que normalment.

El cos

El privilegi de l'embaràs, sens dubte, passa factura al seu organisme, de maneres que probablement no s'hauria imaginat mai. Així que el seu cos es mereix, més que cap altre, unes atencions especials. Vegi com donar-les-hi d'una manera segura:

Massatge. Busca alguna solució per al molest mal d'esquena –o per al molest insomni que li fa passar les nits en blanc? No hi ha res com un bon massatge per acabar tant amb les molèsties i els dolors de l'embaràs com amb l'estrès i les tensions. Però encara que el metge li recomani un massatge per trobar-se millor, hauria de seguir les següents directrius per assegurar-se que els seus massatges no només són relaxants sinó també segurs:

- Posi's en bones mans. Asseguri's que el seu massatgista és diplomat en fisioteràpia i que domina què cal fer i què no en un massatge prenatal.
- Esperi a començar els massatges. Eviti fer-se massatges durant els tres primers mesos d'embaràs perquè pot incrementar-li les nàusees i el mareig matinal. Però no es preocupi si ja li han fet massatges durant el primer trimestre de gestació. No és perillós, però és possible que li provoqui molèsties.
- Relaxi's en la posició correcta. A partir del quart mes és aconsellable evitar estirar-se de bocaterrosa, així que demani al seu massatgista que faci servir algun tauler de massatges equipat amb un forat per recolzar-hi el ventre, amb coixins especials per a embarassades o una faixa encoixinada que s'adapti al seu cos, o bé estiri's de costat.
- Provi productes no perfumats. Demani una loció o un oli no aromàtic, no només perquè unes fragàncies massa fortes poden molestar el seu olfacte aguditzat per l'embaràs, sinó també perquè alguns olis d'aromateràpia poden provocar contraccions; vegi-ho més avall.
- Faci's massatges als punts adequats (i deixi estar els altres). La pressió directa en l'àrea compresa entre els turmells i el taló podria provocar contraccions, així que asseguri's que el terapeuta se'n manté allunyat (una altra raó per buscar un massatgista especialitzat en tractaments prenatals). El més probable és que tampoc li toquin la zona de l'abdomen per evitar-li molèsties. I si el seu terapeuta li fa massatges amb massa força i intensitat, faci-li-ho saber. Al cap i a la fi, li fan perquè es trobi millor.

Aromateràpia. Pel que fa a l'ús d'aromes durant l'embaràs, és recomanable fer servir una mica de sentit comú. Com que els efectes de molts olis vegetals durant l'embaràs són desconeguts i alguns podrien ser perjudicials, sigui prudent amb qualsevol tractament d'aromateràpia. Els següents olis essencials es consideren segurs per al massatge prenatal (encara que els experts recomanen que els olis es barregin en una concentració reduïda a la meitat de l'habitual): rosa, lavanda, camamilla, gessamí, mandarina, fulla de taronger amarg i ilang-ilang. Les dones embarassades haurien d'evitar particularment els olis següents perquè alguns podrien provocar-li contraccions uterines: alfàbrega, càdec, romaní, sàlvia, menta, poliol, orenga i farigola. (Les llevadores solen usar aquests olis durant la dilatació precisament perquè augmenten les contraccions.) Si ja li han fet algun massatge d'aromateràpia amb algun d'aquests olis (o els ha fet servir en algun tractament o bany d'aromateràpia a casa), no es preocupi. L'absorció de l'oli és molt lenta, sobretot a l'esquena, perquè la pell d'aquesta part del cos és molt gruixuda. Només cal que els eviti en futurs tractaments. Les locions perfumades o els productes de bellesa de botigues especialitzades (com les cremes a base de menta per als peus, per exemple) són totalment innocus sempre que els seus aromes no siguin concentrats.

Tractaments, cremes o pegats corporals i hidroteràpia. Les cremes corporals solen ser segures, sempre que siguin suaus (algunes cremes poden ser massa irritants per a la sensible pell de les embarassades). Alguns pegats a base d'herbes poden ser segurs, però no se solen aconsellar perquè podrien incrementar excessivament la seva temperatura corporal. Un breu bany d'aigua calenta (no superior als 37,5 °C) com a forma d'hidroteràpia és segur i relaxant, però eviti les saunes, els jacuzzis i els banys turcs.

Sessions de raigs UVA, i esprais o locions per emmorenir. Busca la manera de no veure's tan pàl·lida durant l'embaràs? Ho sentim, però les sessions de raigs UVA no són recomanables. No només són perjudicials per a la seva salut, sinó que incrementen les probabilitats de patir cloasma (la decoloració cutània coneguda com "les taques de l'embaràs"). I encara pitjor, els aparells de raigs UVA poden fer-li pujar la temperatura corporal fins a un nivell perjudicial per al seu futur fill. Continua volent-se posar morena? Abans d'untar-se amb locions i esprais per emmorenir sense sol, consulti-ho al metge. I fins i tot si s'acaba untant, pensi que les seves hormones poden alterar el color previst de la pell (i que podria adquirir tonalitats gens desitjades). A més, a mesura que li creixerà la panxa, tindrà dificultats per aplicar-se aquest tipus de cremes (sobretot quan la panxa ja no li deixi veure les cames, i encara que substitueixi les cremes pels esprais).

Per a més informació sobre la seguretat dels tatuatges definitius o els d'henna i sobre els pírcings durant l'embaràs, llegeixi les pàgines 177 i 198.

Un dia a l'spa

Oh, un a l'spa! Ningú no es mereix –ni necessita– tant un dia d'atencions extra com una dona embarassada. I, per sort, cada vegada hi ha més balnearis que ofereixen tractaments específics per a les futures mares. Però abans d'anar cap a l'spa, acabi de llegir aquest capítol i pregunti al seu metge si hi troba algun inconvenient específic per a la seva situació. A més, quan truqui per reservar hora, faci saber al recepcionista que està embarassada. Expliqui totes les restriccions que pugui tenir per tal que li puguin preparar un tractament a la mida de les seves necessitats. Recordi de fer saber a totes les esteticistes o terapeutes que l'atenguin que està en estat.

Maquillar-se durant l'embaràs

Entre les erupcions cutànies, les despigmentacions i la inflor pròpia de l'embaràs, la seva cara s'enfrontarà a diversos reptes al llarg dels propers nou mesos. Afortunadament, podrà dissimular aquestes imperfeccions amb l'ús del maquillatge adequat:

- Oculti les marques. Una crema correctora i una bona base poden cobrir la majoria dels efectes cutanis de l'embaràs, incloent-hi el cloasma i altres decoloracions (vegi la pàgina 266). En cas de taques fosques, informi's sobre productes especialitzats en hiperpigmentacions, però asseguri's que el maquillatge sigui no comedogènic i hipoal·lergènic. Busqui productes de tonalitat similar a la de la seva pell, però triï un corrector una mica més clar que la seva pell. Apliqui's el corrector només sobre les taques fosques, vigilant que no es noti massa el contrast amb la resta de la pell. Després reparteixi una mica de base de maquillatge sobre la zona. No convé abusar de productes de maquillatge massa irritants, així que faci servir el mínim de maquillatge possible –o no en faci servir. També pot optar pel maquillatge en pólvores.

  Cobreixi's les erupcions cutànies provocades per l'embaràs amb maquillatge una mica més clar per evitar que encara ressaltin més (ja cridaran prou l'atenció per si soles). Comenci amb la base de maquillatge, després apliqui el corrector directament als grans –per unificar el to de la pell–, repartint-lo bé amb els dits. Si es vol cobrir les taques abans de maquillar-se, faci servir un producte tòpic apte per a l'embaràs i de tonalitat més clara.

- Jugui amb els colors. Dissimuli les galtes prominents que se li estan posant: després d'aplicar-se la base de maquillatge per tota la cara, apliqui's coloret (de tonalitat més clara) al front, sota els ulls, a la zona exterior de les galtes i a la punta de la barbeta. Després passi's el pinzell amb un coloret una mica més pujat pels laterals de la cara, començant als polsos. Esbarriï'l bé i llestos –ja no se li veurà la cara tan inflada!

- Freni l'expansió. De ben segur que ja s'esperava que la panxa li creixés i els malucs potser també, però i el nas? No es preocupi –si se'l veu més ample és temporal, com a resultat de la inflor de les gestants. Dissimuli la inflor del nas aplicant-s'hi coloret (d'una tonalitat més clara que la base de maquillatge) a la part central; després contornegi els costats del nas amb un coloret més fosc. Asseguri's de repartir lo bé.

Les mans i els peus

Efectivament! Fins i tot les mans i els peus mostraran els efectes de l'embaràs (encara que és possible que ja tingui dificultats per veure's els peus a partir del segon trimestre). Però encara que se senti inflada –i tingui els dits i els turmells embotornats per la retenció de líquids– els següents consells l'ajudaran a mantenir un bon aspecte a les mans i als peus.

Manicura i pedicura. És totalment segur pintar-se les ungles durant l'embaràs (i aprofiti ara perquè és probable que li creixin més fortes i més ràpidament que mai). Si s'arregla les ungles en un centre d'estètica, asseguri's que el local estigui ben ventilat. Inhalar aquests productes químics tan forts no és mai una bona idea, però encara menys ara que respira per dos (a més, les pudors fortes la poden acabar marejant). Asseguri's que l'esteticista no li faci massatge a la zona compresa entre el turmell i el taló mentre es fa la pedicura (ja que, en teoria, li podria provocar contraccions). Pel que fa a les ungles postisses, no hi ha proves que els seus components químics siguin perjudicials, però és millor optar pel segur i oblidar-se del seu ús fins a després del part –no tan sols perquè en aplicar-los poden fer una olor extremadament forta sinó perquè també poden convertir-se en un niu d'infeccions, cosa que voldrà evitar especialment ara que està embarassada. I recordi que no necessitarà allargar-se les ungles amb postissos perquè, de forma natural, ja li creixeran a marxes forçades.

CAPÍTOL 7

El segon mes

Setmanes 5 a 8 aproximadament

FINS I TOT SI ENCARA NO HA EXPLICAT a ningú que està embarassada i ningú del seu voltant se n'ha adonat, el seu nadó ja es comença a fer notar. No de cara enfora, però sí a través de molts símptomes; com ara aquestes molestes nàusees que no la deixen tranquil·la ni un moment o l'excés de saliva que flota per la seva boca (li cau la bava?); o com les ganes d'orinar que té tot el dia (i tota la nit) i la sensació d'inflor que l'acompanya les 24 hores. Tot i aquestes proves del seu embaràs, probablement encara s'està fent a la idea que una nova vida s'està desenvolupant dins seu (al cap i a la fi, no fa gaire que ha descobert que el que té a la panxa és una criatura). També és probable que encara s'hagi d'acostumar a les noves exigències de l'embaràs, tant les físiques ("per què estic tan cansada?") com les pràctiques ("el camí més curt per anar al lavabo...") o les dietètiques ("he de vigilar què menjo i què bec"). Prengui-s'ho amb calma!

El seu nadó aquest mes

Setmana 5 El seu petit embrió, que en aquest moment s'assembla més a un capgròs (amb una petita cua i tot) que a un nadó, creix a gran velocitat i ara té la mida d'un pinyol de taronja. Aquesta setmana el seu cor comença a prendre forma. En efecte, l'aparell circulatori, juntament amb el cor, és el primer sistema de l'organisme a estar operatiu. El cor del seu nadó (de la mida aproximada d'una llavor de flor) està format per dos canals diminuts anomenats tubs cardíacs –i encara que es troba lluny de funcionar completament, ja batega, com podrà comprovar en la propera ecografia. També s'està formant el tub neural, que s'acabarà convertint en el cervell i en l'espina dorsal del seu nadó. En aquest moment, el tub neural encara és obert, però es tancarà la propera setmana.

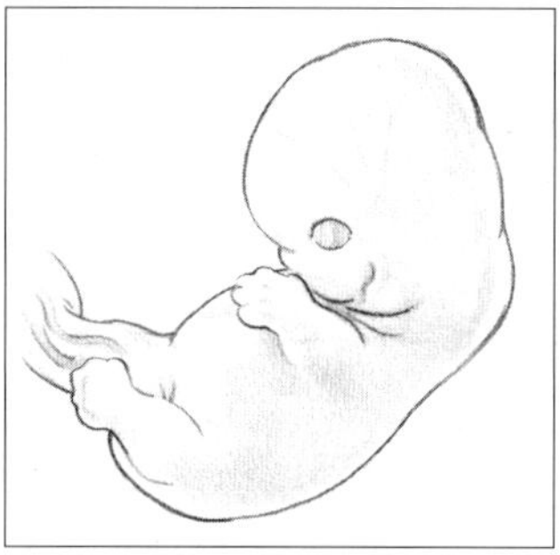
El seu nadó. Segon mes.

Setmana 6 Mentre són a l'úter, es fa servir la distància entre el cap i el cul com a mida de referència per als nadons, ja que tenen les cames –molt petitones i encara formant-se– doblegades, amb la qual cosa es fa difícil mesurar la llargada total del cos. Quant mesura el nadó aquest mes? La mida entre cap i cul es troba entre cinc i sis mil·límetres (no més gran que el cap d'una agulla). Aquesta setmana també se li comencen a desenvolupar la mandíbula, les galtes i la barbeta. Uns petits entrants en ambdós costats del cap es convertiran en els seus canals auditius. Dos puntets negres a la cara es convertiran en els ulls i una petita protuberància a la part davantera del cap prendrà la forma del nas en qüestió de setmanes. També aquesta setmana es van formant els ronyons, el fetge i els pulmons del seu nadó. El minúscul cor del petit batega a 80 pulsacions per minut i ho farà més ràpid cada dia –i a vostè, sentir el seu batec li arribarà probablement al cor.

Setmana 7 Una sorprenent afirmació sobre el seu nadó en aquest moment: ja és 10.000 vegades més gran que en el moment de la concepció –més o menys de la mida d'un pinyol d'oliva. Gran part d'aquest creixement es concentra a la zona del cap (s'hi generen noves cèl·lules cerebrals a un ritme de 100 cèl·lules per minut). Aquesta setmana se li formarà la boca i la llengua i també unes cames i uns braços incipients, que comencen a emergir com uns apèndixs en forma de pales i es van dividint: els superiors en mans, braços i espatlles i els inferiors en peus, cames i cuixes. Els seus ronyons també estan formats i preparats per començar la seva important tasca de gestió de residus (amb la producció i excreció d'orina). Com a mínim, de moment no cal que es preocupi per bolquers bruts!

Setmana 8 El seu nadó creix a la velocitat de la llum i aquesta setmana ja fa una llargada aproximada d'uns 12 mm i la mida d'una cirera. I, afortunadament, aquesta dolça cirereta seva ja té un aspecte menys similar a un rèptil i més humà. Continuen prenent forma els llavis, el nas, les parpelles, les cames i el cul. I encara que és massa aviat per sentir-ho des de fora, el cor del seu nadó batega a la increïble velocitat de 150 pulsacions per minut (el doble de ràpid que el cor d'un adult). La gran novetat de la setmana: el seu nadó fa moviments espontanis (sacseja el tronc i les incipients extremitats, però encara massa dèbilment com per poder-ho notar).

Què pot sentir

Cal no oblidar mai que cada embaràs i cada dona són diferents. Vostè pot experimentar en un moment o altre tots els símptomes que es descriuen a continuació, o només experimentar-ne un o dos. Alguns ja els podria haver tingut el mes passat i altres poden ser nous. També podria tenir altres símptomes, menys comuns. No se sorprengui si, tot i els símptomes (o la falta de símptomes), encara no se "sent" embarassada. Això és el que li pot passar aquest mes:

Físicament

- Fatiga, falta d'energia, somnolència.
- Micció freqüent.
- Nàusees, amb o sense vòmits.
- Excés de saliva.
- Restrenyiment.
- Acidesa d'estómac, indigestió, flatulència i inflor.
- Aversions i antulls per certs aliments.
- Canvis als pits: més plens, pesants, sensibles i amb formigueigs; enfosquiment de les arèoles (la zona pigmentada que envolta els mugrons); les glàndules de lubricació de les arèoles es tornen prominents, amb aspecte de pell de gallina; apareix una xarxa de línies blavoses sota la pell dels pits.
- Increment del fluix vaginal de color blanquinós.
- Mals de cap ocasionals.
- Esvaniments o desmais ocasionals.
- Un lleuger arrodoniment del ventre; la roba pot començar a estrènyer.

Emocionalment

- Inestabilitat emocional (similar a la premenstrual), que pot incloure canvis d'humor, irritabilitat, irracionalitat o plor injustificat.
- Dubte, temor, alegria o exaltació: un sentiment darrere l'altre.
- Sensació d'incredulitat sobre el propi embaràs ("Realment hi pot haver el meu fill aquí dins?").

Un cop d'ull a l'interior

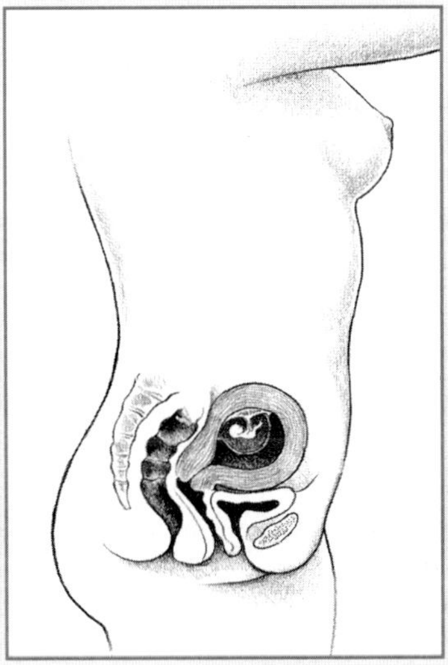

Tot i que els que l'envolten encara no s'hagin adonat que està embarassada, vostè podria notar que la roba ja li comença a estrènyer una mica. També és possible que necessiti una talla més de sostenidors. Al final d'aquest mes, el seu úter, normalment de la mida d'un puny tancat, haurà crescut fins a la mida d'un pomelo.

Què es pot esperar de la revisió d'aquest mes

Si aquesta és la seva primera visita prenatal, consulti la pàgina 138. Si aquesta és la seva segona revisió, s'adonarà que aquesta visita és molt més curta. I si els tests inicials ja els hi van fer, en aquesta segona visita no li faran gaires proves. El més probable és que el seu facultatiu li controli els següents punts, encara que hi pot haver variacions.

- Pes i pressió sanguínia.
- Test d'orina per controlar el sucre i l'albúmina.
- Observació de mans i peus per detectar inflors i observació de cames per controlar l'existència de varices.
- Exposició dels símptomes que hagi experimentat, especialment dels inusuals.
- Preguntes i preocupacions que vulgui aclarir –porti preparada una llista.

Què la pot amoïnar

Acidesa d'estómac i indigestió

"Per què tinc indigestió i acidesa d'estómac cada dia? Com ho puc evitar?"

Ningú no sol tenir tanta acidesa d'estómac com una dona embarassada. I no només això, sinó que el més probable és que en segueixi tenint al llarg de tot l'embaràs (a diferència de molts símptomes primerencs de l'embaràs, aquest es manté fins al final).

Per què sent com si tingués un llançaflames disparant dins de la seva caixa toràcica? Al principi de l'embaràs, el seu organisme genera grans quantitats de progesterona i relaxina, dues hormones que tendeixen a relaxar el teixit muscular de tot el cos, incloent el tracte gastrointestinal. Com a conseqüència, a vegades el menjar circula més lentament pel seu cos, provocant una indigestió (una sensació de plenitud i inflor a la part superior de l'abdomen i a la caixa toràcica; i l'acidesa és un símptoma d'indigestió). Això pot ser molest per a vostè, però de fet és beneficiós per al seu nadó. La lentitud dels aliments permet una millor absorció dels nutrients cap al seu flux sanguini i, en conseqüència, cap a la placenta i cap al seu futur fill.

L'acidesa es dóna quan l'esfínter que separa l'esòfag de l'estómac es relaxa (com tota la resta de músculs del tracte gastrointestinal), i permet que els aliments i els sucs gàstrics tornin de l'estómac cap a l'esòfag. Els àcids gàstrics irriten la sensible pell de l'esòfag, causant a tota la zona una sensació de cremor coneguda amb el nom d'acidesa. Durant els dos darrers trimestres, el problema pot agreujar-se per culpa de l'úter en expansió que pressiona el seu estómac.

És gairebé impossible passar els nou mesos de l'embaràs sense problemes d'indigestió; és un dels símptomes més desagradables de l'embaràs. De tota manera, hi ha formes força efectives d'evitar

Empitjorament del reflux

Si ja tenia problemes de reflux gastroesofàgic, l'acidesa d'estómac no és cap novetat, però podria continuar tractant-se el reflux durant l'embaràs. Pregunti al seu metge si, ara que està embarassada, es pot continuar prenent els mateixos medicaments per tractar-lo. Alguns no són recomanables durant l'embaràs, però la majoria són innocus. Molts dels consells per combatre l'acidesa també poden ajudar-la amb el reflux.

l'acidesa i la indigestió per tal de minimitzar les molèsties que provoquen:

- No s'ho busqui. Si un menjar o una beguda li provoca acidesa (o altres problemes d'estómac), elimini'ls temporalment del menú. Els principals causants d'ardor (i vostè ja s'adonarà de quins l'afecten més) són els menjars molt picants i condimentats, els aliments fregits o amb un alt contingut en greixos, els menjars precuinats, la xocolata, el cafè, les begudes amb gas i la menta.
- Mengi poc cada vegada. Per evitar una sobrecàrrega de l'aparell digestiu (i un reflux dels sucs gàstrics), opti per substituir els habituals tres àpats copiosos per freqüents menjades poc abundants. La solució de les sis menjades al dia és ideal per a l'acidesa i la indigestió (vegi la pàgina 100).
- Mengi a poc a poc. Si menja massa de pressa, tendirà a empassar-se aire, que pot acumular-li gasos a l'estómac. I menjar a corre-cuita significa no mastegar prou bé els aliments, generant més feina al seu estómac per poder digerir-los –i fent més probable l'aparició d'acidesa. Així que encara que es mori de gana o tingui molta pressa, faci l'esforç de menjar assossegadament, introduint-se petits bocins a la boca i mastegant-los bé.
- No begui amb les menjades. Massa líquids barrejats amb l'aliment distenen l'estómac i agreugen la indigestió. Així que intenti ingerir la major part dels líquids entre àpat i àpat.
- Mengi ben asseguda. Als sucs gàstrics els resulta més difícil pujar quan està en posició vertical que quan està en posició horitzontal. Per mantenir-los al seu lloc (a baix a l'estómac), eviti menjar estirada, així com estirar-se tot just haver menjat o atipar-se massa abans d'anar a dormir. Dormir amb el cap i les espatlles una mica més elevats que normalment, a uns 15 cm, també pot ajudar-la a combatre el reflux gàstric gràcies a la gravetat. Un altre consell: ajupi's doblegant els genolls i no la cintura. Com més vegades acoti el cap, més probabilitats tindrà de patir cremor.
- Controli el pes. El seu pes augmentarà, sens dubte. Però un augment moderat i graduat minimitzarà la quantitat de pressió exercida sobre el seu tracte digestiu.
- Vesteixi còmoda. No es posi roba massa ajustada a la zona del ventre o de la cintura. Un estómac comprimit pot augmentar la pressió i l'acidesa.
- Provi els antiàcids. Tingui sempre a punt algun antiàcid específic per a l'embaràs (que a més de reduir-li l'acidesa, li proporcionarà una saludable dosi de calci), però eviti altres medecines contra l'acidesa a no ser que les hi recepti el seu metge. Cansada d'anti

Acidesa per a la mare, cabells per al fill?

Creia que l'acidesa era perjudicial? Doncs ja pot anar comprant xampús infantils. Les darreres investigacions han confirmat el que les àvies han estat postulant generació rere generació: com més acidesa tingui la mare durant l'embaràs, més probable serà que el seu fill neixi amb una bona mata de cabell. Encara que soni poc creïble, sembla que les hormones que causen acidesa són les mateixes que les que fan que el cabell creixi. Així que, com més antiàcids compri ara, més xampús haurà de comprar després.

àcids? Doncs provi els següents remeis populars: un vas de llet tèbia amb una cullereta de mel, un grapadet d'ametlles o papaia fresca o seca.

- Mastegui xiclet. Mastegar xiclets sense sucre durant mitja hora després de cada menjada pot reduir l'excés d'àcids (ja que l'augment de saliva neutralitza l'àcid al seu esòfag). Però algunes persones consideren que els xiclets de menta provoquen encara més acidesa; si és el seu cas, opti per qualsevol altre sabor.
- No fumi (una altra raó per deixar de fumar, si és que encara no ho ha fet).
- Relaxi's. L'estrès augmenta el reflux gàstric, així que aprengui a relaxar-se (vegi la pàgina 157). També podria provar algun tractament de medicina alternativa i complementària, com la meditació, la visualització, el *biofeedback* o la hipnosi (vegi la pàgina 93).

Aversions i antulls per certs aliments

"Alguns aliments que sempre m'havien agradat ara no em vénen gens de gust. En canvi, tinc antulls per altres menjars que no m'havien agradat mai. Què em passa?"

El tòpic de l'embaràs d'un marit que surt disparat a mitjanit, amb l'abric sobre el pijama, per buscar un gelat o un bol de maduixes amb nata per satisfer els antulls de la seva dona forma més part de l'argument de les típiques telenovel·les que no pas de la vida real. La majoria dels antulls de les embarassades no arriben tan lluny –o no fan arribar tan lluny les seves parelles.

De tota manera, la majoria de dones embarassades troben que els seus gustos canvien una mica durant l'embaràs. La majoria experimenten un antull com a mínim per un aliment (sovint alguna cosa dolça) i més de la meitat pateixen alguna aversió alimentària (el pollastre en moltes ocasions, o tot tipus de verdures). Fins a un cert límit, aquests hàbits alimentaris sobtadament excèntrics (i a vegades ratllant l'extravagància) es poden deure als canvis hormonals, fet que probablement també explica que siguin més habituals en el primer trimestre quan les hormones fan més estralls.

Les hormones, però, no tenen la culpa de tot. Sembla que també té part de raó la teoria, llargament defensada, que les aversions i els antulls són senyals sensibles dels nostres cossos: i que, per tant, quan desenvolupem una aversió per alguna cosa, sol ser perquè no ens convé, mentre que quan ens ve de gust una altra cosa, acostuma a passar que el nostre cos la necessita. És com quan, tot d'una, una dona embarassada no pot suportar l'olor de cafè als matins tot i que fins aleshores no sabia passar sense. O quan troba que el seu vi preferit fa gust de vinagre. O quan avorreix els cítrics. Ara bé, si el pollastre no el pot ni veure o el bròquil que abans li encantava ara el troba picant, o si els seus antulls la fan delirar per extravagàncies culinàries, no ho atribueixi també als senyals que li pugui enviar el seu cos.

El problema és que els senyals corporals relacionats amb l'alimentació són sempre difícils d'interpretar quan hi ha implicades les hormones –i encara més ara que els éssers humans ens hem allunyat completament de la cadena alimentària natural (i que hi ha tantes cadenes que venen menjars escombraries). Abans que s'inventessin els caramels, per exemple, una dona embarassada amb desig d'alguna cosa dolça probablement es devia delir per alguna peça de fruita ben madureta. Ara és més probable que es deleixi per una capsa de bombons.

Hauria d'ignorar els seus antulls i les seves aversions en pro d'una alimentació saludable durant l'embaràs? Encara que seria possible, no ho tindria fàcil perquè els deliris alimentaris provocats per hormones constitueixen una força poderosa. De tota manera, és possible deixar-se guiar per antulls i aversions sense perdre de vista les necessitats nutritives del seu nadó. Si es deleix per algun aliment saludable –un bocí de formatge o un préssec ben dolç– no cal que es reprimeixi. Doni's algun caprici, encara que les primeres setmanes d'embaràs la seva dieta estigui una mica desequilibrada (ja buscarà la varietat un cop més avançat l'embaràs, quan els antulls ja no siguin tan pronunciats).

Si li ve de gust alguna cosa que sap que seria millor no prendre, intenti buscar algun substitut que satisfaci el seu desig (com a mínim parcialment) però que també satisfaci les seves necessitats nutritives (i que no li aporti un excés de calories): un iogurt gelat de xocolata en comptes d'un gelat de xocolata normal; una barreja de fruita seca torrada en comptes de fregida; patates fregides a casa en comptes de patates de bossa amb colorants i conservants. Si aquests substituts no l'acaben de satisfer, pot complementar els desigs alimentaris amb la satisfacció d'altres desigs no alimentaris i que, a més, la distreguin: faci un agradable passeig, xategi amb altres embarassades pel *messenger* o surti a comprar roba de premamà. I, evidentment, de tant en tant, es pot deixar temptar per un caprici menys nutritiu (i gaudir-ne sense cap sentiment de culpabilitat), sempre que no inclogui cap ingredient perjudicial (com ara alguna beguda alcohòlica) i que aquests capricis poc nutritius no acabin prenent el protagonisme als realment nutritius de forma regular.

La majoria de desigs o aversions desapareixen o disminueixen cap al quart mes de gestació. Els capricis que s'allarguen més enllà d'aquest mes poden ser motivats per possibles deficiències emocionals –com ara la necessitat d'una mica més d'atenció. Si tant vostè com el seu marit són conscients d'aquesta necessitat, la podran satisfer fàcilment. En comptes de demanar un aliment exòtic a mitja nit, es podria conformar amb un caprici més corrent complementant-lo amb unes quantes abraçades ben tendres o amb un bany romàntic.

Algunes dones senten desigs de menjar productes no alimentaris i ben peculiars, com ara argila, cendres o paper. Com que aquest hàbit pot ser perillós i podria ser un indici de deficiències nutritives, particularment de ferro, informi'n al seu metge. Delir-se pel gel també pot voler dir que li falta ferro, així que informi a l'especialista de qualsevol compulsió per mossegar gel.

Venes visibles

"Per sota de la pell dels pits i del ventre, se'm veuen unes línies blavoses molt antiestètiques. És normal?"

Es tracta de venes (que poden cobrir-li tota la zona del pit i de la panxa), és normal que apareguin i no l'han de preocupar, ja que són un signe que el seu organisme està fent el que ha de fer. Formen part de la xarxa de venes que s'expandeix en les dones embarassades per transportar l'augment de volum sanguini que nodrirà el seu fill. Poden aparèixer molt aviat i són molt més prominents en dones molt primes o de pell clara. En altres dones, especialment les més grasses o les més morenes, aquestes venes són menys visibles o no es veuen en absolut, o poden no aparèixer fins al final de l'embaràs.

Venes de "teranyina"

"Des que m'he quedat embarassada, a les cuixes m'han sortit unes lletgíssimes

línies de color roig porpra i amb aspecte de teranyina. Això són varices?"

No són gens afavoridores, però no es tracta de venes varicoses. Probablement són telangièctasis, popularment conegudes com "venes de teranyina" per raons òbvies. Hi ha diverses raons que expliquen per què aquestes venes escullen expandir la seva xarxa a les cames de les dones embarassades. En primer lloc, l'augment de volum sanguini que transporten poden crear una forta pressió en els vasos sanguinis, fent que algunes venetes s'inflin i es tornin visibles. En segon lloc, les hormones de l'embaràs poden afectar tots els vasos sanguinis, grans i petits. I, finalment, la genètica també pot predisposar-la a tenir venes "de teranyina" (així que ja li pot anar "agraint" a la seva mare).

Si està destinada a tenir telangièctasi, no podrà fer gran cosa per evitar-les encara que existeixen maneres de minimitzar-ne l'expansió. Partint de la base que si la seva dieta és saludable, les seves venes també ho seran, miri de prendre prou aliments rics en vitamina C (el cos la fa servir per elaborar col·lagen i elastina, dos importants teixits connectius que ajuden a conservar i reparar els vasos sanguinis). Fer exercici regularment (per millorar la circulació i la força a les extremitats inferiors) i evitar l'hàbit de creuar les cames (postura amb la qual es restringeix la circulació sanguínia) també l'ajudarà a mantenir les venes "de teranyina" sota control.

Amb la prevenció no en té prou? Doncs pensi que algunes d'aquestes venes, no pas totes, es dissimulen o desapareixen després del part; i si no ho fan, les hi pot tractar un dermatòleg –ja sigui amb injeccions salines (escleroteràpia) o de glicerina o bé amb l'ús de làser. Aquests tractaments destrueixen els vasos sanguinis, provocant que es col·lapsin i finalment desapareguin –però cap d'aquests tractaments és recomanable durant l'embaràs. Mentrestant, pot intentar camuflar aquestes venes amb l'ús de cremes correctores elaborades específicament per a aquest propòsit.

Venes varicoses (o varices)

"Tant a la meva mare com a la meva àvia els van sortir varices durant l'embaràs. Puc fer alguna cosa per evitar tenir-ne jo?"

Tenir o no varices és una cosa que ve de família –i sembla que vostè té tots els números d'acabar-ne tenint. Però estar genèticament predisposada a les varices no significa que s'hi hagi de resignar, sinó que ha de tenir la prudència de pensar com trencar amb aquesta indesitjable tradició familiar a través de la prevenció.

Les venes varicoses solen aflorar per primera vegada a la superfície durant el primer embaràs i tendeixen a empitjorar en els embarassos posteriors. Això es deu al fet que el volum extra de sang que vostè produeix durant l'embaràs afegeix més pressió als vasos sanguinis, especialment a les venes de les cames, que han de treballar contra la força de la gravetat per retornar tota aquesta sang extra fins al cor. També cal tenir en compte la pressió que el seu úter en creixement afegeix als vasos sanguinis de la seva pelvis i els efectes vasodilatadors que produeixen les hormones extra del seu organisme.

Els símptomes de les venes varicoses no són difícils de reconèixer, però la seva intensitat pot variar. Poden provocar una petita molèstia o un dolor intens a les cames, o causar la sensació de pesadesa o d'inflor, o bé res de tot això. Poden limitar-se a una subtil xarxa de venes blavoses o ser unes protuberants venes que s'estenen des del turmell fins a la part superior de la cuixa. En els casos més greus, la pell que recobreix les venes s'infla i es resseca (demani al metge que li recomani algun producte hidratant específic). De vegades, es pot desenvolupar una tromboflebitis (la inflamació d'una vena superficial deguda a un coàgul sanguini) a la zona de les varices, de manera que cal consultar sempre el metge sobre els símptomes de les venes varicoses.

Per evitar al màxim l'aparició de noves varices o l'empitjorament de les actuals, segueixi els següents consells:

- Mantingui una bona circulació sanguínia. Estar-se molta estona dreta o asseguda pot empitjorar la circulació, així que si pot eviti estar-se en la mateixa postura massa estona –i, si no pot evitar-ho, flexioni periòdicament els turmells. Mentre segui, no creui les cames i, si és possible, elevi-les. Quan estigui ajaguda, mantingui les cames elevades col·locant-se un coixí sota els peus. Per descansar o dormir, miri d'estar estirada recolzant-se sobre el costat esquerre, el millor per mantenir una òptima circulació sanguínia.
- Controli's el pes. Un excés de pes incrementa les demandes del seu sistema circulatori ja sobrecarregat de feina, així que augmenti de pes dins dels paràmetres fixats pel seu metge.
- Eviti aixecar pesos, perquè podria fer emergir aquestes venes encara més.
- No faci massa força quan vagi de ventre. Empènyer excessivament pot empitjorar les varices. Anar al lavabo amb regularitat l'ajudarà a mantenir un bon trànsit intestinal (vegi la pàgina 191).
- Porti mitges o mitjons elàstics (un lleuger suport que no arribi a resultar incòmode sembla que funciona bé), que s'hauria de posar cada matí abans de sortir del llit (quan la sang encara no se li ha acumulat a les venes) i que no s'hauria de treure fins a la nit, abans de posar-se al llit. Encara que no contribuiran a fer més atractiu el seu aspecte d'embarassada, poden ajudar-la a contrarestar la pressió cap avall que fa la seva panxa i a donar a les venes de les seves cames una mica d'impuls per al retrocés sanguini cap al cor.
- Eviti portar roba que pugui dificultar la circulació sanguínia: cinturons o pantalons estrets, mitges o mitjons amb gomes que pressionin massa o sabates estretes. Oblidi's també de les sabates de taló alt i substitueixi-les per les planes o amb un taló ample i de poca alçada.
- Faci una mica d'exercici diari, com una caminada de 20 o 30 minuts o natació. Però si les varices li fan mal, eviti practicar exercicis d'aeròbic massa esgotadors, córrer, anar en bicicleta o fer aixecament de pesos.
- Asseguri's d'incloure a la seva dieta força aliments rics en vitamina C, que ajuda a mantenir els vasos sanguinis saludables i elàstics.

L'eliminació quirúrgica de venes varicoses no és recomanable durant l'embaràs, encara que sí que es pot considerar al cap d'uns mesos d'haver donat a llum. En molts casos, però, el problema millorarà després del part, més o menys en el moment en què es recuperi el pes anterior a l'embaràs.

Dolor i inflor a la pelvis

"Tinc tota la zona de la pelvis adolorida i inflada, i em molesta molt –crec que fins i tot m'ha sortit una protuberància a la vulva. Què m'està passant?"

Les cames acumulen la majoria de conseqüències derivades de les venes varicoses, però no en tenen el monopoli. Les varices també poden aparèixer a l'àrea genital (i al recte, cas en el qual s'anomenen hemorroides), per la mateixa raó que poden aparèixer a les cames –i sembla que això és el que li està passant a vostè. Coneguda amb el nom de síndrome de congestió pelviana (SCP), els símptomes (a banda de protuberàncies a la vulva) inclouen dolor pelvià crònic i/o dolor abdominal, una sensació de molèstia, inflor i tibantor a l'àrea pelviana i als genitals i, a vegades, dolor en mantenir relacions sexuals. Els consells per minimitzar les venes varicoses a les cames també li serviran d'ajuda (vegi la pregunta anterior), però asseguri's de comprovar-ne amb el seu facultatiu tant el diagnòstic com les possibles opcions de tractament (normalment ajornable fins després del part).

Erupcions cutànies

"La pell se m'està omplint de grans, com quan era una adolescent."

La resplendor de l'embaràs que algunes dones tenen la sort d'irradiar no es deu només al seu estat de felicitat, sinó també a l'augment de la secreció d'olis provocada pels canvis hormonals. I, per desgràcia, aquesta és també la causa de les poc afavoridores erupcions cutànies de l'embaràs que presenten algunes dones no tan afortunades (i especialment les que ja s'omplen d'aquesta mena de grans poc abans que els vingui la regla). Encara que és difícil eliminar aquests grans, els següents suggeriments els poden reduir –i evitar així que la seva cara quedi feta un mapa:

- Renti's la cara dues o tres vegades al dia amb un sabó neutre, però sense friccionar-la amb massa contundència: no només perquè el seu cutis està més sensible durant l'embaràs sinó també perquè la pell més debilitada té tendència a produir més erupcions.
- Informi's bé sobre qualsevol tractament antiacne (per via tòpica o oral) abans de fer-lo servir. Alguns es consideren segurs; altres no. Pregunti-ho al seu metge i consulti la pàgina 161.
- Faci servir per a la cara una crema hidratant que no contingui substàncies grasses. De vegades, la pell excessivament resseca per l'ús de sabons agressius contra l'acne i altres productes té més tendència a omplir-se de grans.
- Triï productes cosmètics i per a la pell lliures de greixos i que estiguin etiquetats com a "no comedogènics", és a dir, que no obstrueixin els porus.
- Sobretot mantingui ben net tot el que estigui en contacte amb la seva cara, incloent els pinzells per esbarriar-se el maquillatge.
- No es toqui els grans ni se'ls rebenti. Tal com sempre li havia dit la seva mare, tocar o rebentar els grans no els fa desaparèixer –sinó que, de fet, els pot fer encara empitjorar en introduir-se bacteris a l'interior; i una dona gestant té més facilitat per agafar infeccions. A més, si es toca els grans, li poden acabar quedant marques.
- Mengi adequadament seguint la dieta de l'embaràs. És bo per a la seva pell.
- Tingui sempre un vas ple a l'abast. Beure molta aigua mantindrà la seva pell neta i hidratada.

Pell seca

"Tinc la pell molt seca. Pot ser culpa de l'embaràs, també?"

Té la pell més aspra que la d'un rèptil? Doncs també pot culpar les

Píercings al ventre

El pírcing està de moda, marca tendència i és sensual –i és una de les millors maneres de lluir una panxa plana i ben tonificada. Però i quan el ventre li comenci a créixer, haurà de renunciar al seu pírcing a la panxa? No caldrà –sempre que ja estigui ben cicatritzat (dit d'una altra manera, si no li van posar just el mes abans de concebre) i que no li provoqui problemes de salut (és a dir, que no estigui inflamat ni supuri). Recordi que el seu melic marca per on vostè havia estat connectada a la seva mare, però no per on vostè està connectada amb el seu fill –per la qual cosa un pírcing no constitueix cap camí per on els agents patogènics puguin arribar fins al seu nadó. Tampoc cal que es preocupi perquè un pírcing a la panxa pugui interferir en un part vaginal, o per cesària.

Evidentment, a mesura que el seu embaràs progressi i el ventre se li posi a créixer a més velocitat, es podrà trobar que el seu pírcing li comença a resultar incòmode, degut a una pell tibant i estirada fins al límit. El pírcing també pot començar a enganxar-se-li amb la roba, especialment cap al final de l'embaràs, quan el melic sol sortir cap enfora; i, si se li enganxa, li pot fer molt mal.

Si decideix treure's el pírcing durant tot l'embaràs, posi-se'l de tant en tant per mantenir obert el forat (a no ser que faci molts anys que el porti i no sigui probable que s'arribi a tancar). O consideri la possibilitat de substituir el seu pírcing per un de material flexible, com el tefló o el politetrafluoroetilè (PTFE).

Pel que fa a posar-se un pírcing a la panxa (o en qualsevol altre lloc del cos) durant l'embaràs: és millor esperar fins a després del part. No és aconsellable puncionar la pell durant l'embaràs perquè incrementen les probabilitats d'infecció.

seves hormones de tenir la pell seca i picor abundants. Els canvis hormonals eliminen el greix i l'elasticitat de la seva pell, deixant-la amb un tacte extremadament sec. Per mantenir la seva pell tan suau com la del culet del seu futur nadó, hauria de:

- Fer servir un netejador sense sabó, i usar-lo una única vegada al dia (al vespre, si s'ha de treure el maquillatge). La resta de vegades, renti's amb aigua.
- Posar-se crema hidratant quan tingui la pell encara humida (després de dutxar-se o banyar-se), i untar-se de crema tantes vegades com pugui –i, sens falta, abans d'anar a dormir.
- Banyar-se i dutxar-se menys estona (uns 5 minuts en comptes de 15). Massa estona en remull pot assecar-li encara més la pell. Asseguri's també de fer servir aigua tèbia i no massa calenta. L'aigua calenta elimina el greix natural de la pell, provocant més sequedat i picor.
- Fer servir olis de bany no perfumats, però cal anar amb compte de no patinar perquè la banyera es posarà més lliscant. (Cal vigilar sobretot quan la panxa creix i es va perdent l'equilibri.)
- Beure molts líquids al llarg del dia per mantenir-se hidratada, i assegurar-se d'incloure greixos insaturats a la dieta (els àcids grassos omega-3 són beneficiosos per al seu nadó i per a la seva pell).

- Mantenir les habitacions de casa ben humidificades.
- Fer servir una crema solar amb un FPS almenys de 15 (i preferiblement de 30) cada dia.

Èczema

"Sempre he tingut problemes d'èczema, però ara que estic embarassada han empitjorat molt. Què hi puc fer?"

Per desgràcia, l'embaràs (i les seves hormones) sol agreujar els símptomes de l'èczema i per a les dones que en tenen, les picors i les escames poden ser insuportables. (Algunes dones afortunades que tenen èczema troben que l'embaràs, en canvi, els alleuja els símptomes.)

Afortunadament, les cremes i pomades amb una petita dosi d'hidrocortisona són segures d'usar durant l'embaràs en quantitats moderades. Pregunti al metge o dermatòleg quines li recomana. Els antihistamínics també poden ser útils per calmar les picors, però també en aquest cas cal consultar-ho primer al facultatiu. La ciclosporina, que fa temps que s'usa en casos greus i que no responen favorablement a cap altre tractament, no és aconsellable durant la gestació. Alguns antibiòtics tòpics i sistèmics podrien no ser segurs durant l'embaràs, de manera que consulti-ho primer al seu metge. Els tractaments no esteroides més nous tampoc són recomanables perquè no se n'ha estudiat la seva innocuïtat durant l'embaràs i no se'n pot garantir la seguretat fins que se'n sàpiga més coses.

Si pateix d'èczema, ja sabrà que la prevenció és molt important per evitar les picors. Intenti el següent:

- Faci servir una compresa freda –i no les ungles– per calmar les picors. Esgarrapar-se empitjora la situació i pot puncionar la pell, provocant que els bacteris hi penetrin i causin una infecció. Mantingui les seves ungles curtes i arrodonides per disminuir les probabilitats de puncionar-se la pell quan no pot evitar rascar-se.
- Eviti entrar sovint en contacte amb productes potencialment irritants, com els detergents de la roba, els netejadors de la llar, els sabons, els banys d'escuma, els perfums, els cosmètics, la llana, els animals domèstics, les plantes, les joies i els sucs tant de carns guisades com de fruites.
- Hidrati's amb freqüència (mentre la pell encara és humida, tot just sortir de la dutxa) per mantenir la pròpia hidratació de la pell i evitar la sequedat cutània i l'aparició d'escames.
- No passi massa estona en remull (en dutxes, banyeres o piscines), sobretot si són d'aigua calenta.
- Intenti no acalorar-se massa ni suar (dos dels principals impulsors de l'èczema). Evidentment, és més fàcil de dir que de fer per a una dona embarassada o per a una mare novella, acalorada i suada. Mantingui's fresca vestint roba ampla i de cotó i evitant teixits sintètics, llana o qualsevol material aspre al tacte. Eviti agafar massa calor i vesteixi's amb diferents capes de roba per tal que se les pugui anar traient a mesura que pugi la temperatura.
- Intenti mantenir la calma, també, quan s'hagi d'enfrontar a l'estrès –un causant habitual de l'èczema. Si se sent angoixada, intenti practicar exercicis de respiració per relaxar-se (vegi la pàgina 256).

I no s'oblidi d'una cosa: encara que l'èczema és hereditari (amb la qual cosa el seu nadó també té possibilitats de tenir-ne), les investigacions han demostrat que donar pit al seu fill pot evitar que també acabi tenint èczema. Una altra bona raó per alletar el seu fill.

Una panxa que va i ve

"Em passa una cosa molt estranya: un dia marco panxa i l'endemà torno a tenir el ventre ben pla. Com s'explica?"

La panxa no se li infla per l'embaràs sinó pels budells. La distensió intestinal (el resultat del restrenyiment i d'una acumulació de gasos, dos dels companys inseparables de la dona en els primers mesos d'embaràs) poden fer arrodonir un ventre que fins aleshores havia estat totalment pla. Per això, la seva panxa tan aviat pot aparèixer com desaparèixer –de fet, tan bon punt tingui algun moviment intestinal. Una mica desconcertant, sí ("ahir tenia aspecte d'embarassada i avui no!"), però completament normal.

No es preocupi. Ben aviat tindrà una panxa que no anirà i vindrà –i aquest cop es deurà al nadó i no als budells. Mentrestant, vegi la pàgina 191 per a consells sobre com combatre el restrenyiment.

Perdre la línia

"Tornaré a recuperar la línia després de tenir el meu fill?"

Bé, la resposta depèn principalment de vostè. Els aproximadament 2 quilos de mitjana que la majoria de dones acumulen en cada embaràs, i la corresponent flacciditat, no són inevitables. De fet, si vostè guanya la quantitat adequada de pes en la proporció pertinent i els aliments pertinents, les possibilitats de recuperar la forma que tenia abans de l'embaràs són molt elevades, particularment si complementa una correcta nutrició amb exercici adequat per a embarassades i manté els hàbits saludables un cop arriba el nadó. De tota manera, recordi que la recuperació no es dóna d'un dia per l'altre (cal una mitjana d'entre tres i sis mesos com a mínim).

Però no temi l'augment de pes durant l'embaràs. Recordi que l'acumula per una bona raó: per a la nutrició del seu fill durant l'embaràs i també a continuació, per a tot els mesos de lactància, si decideix alletar-lo.

Úter massa petit

"A l'última visita prenatal, la llevadora em va dir que tenia l'úter una mica petit. Això vol dir que el meu fill no creix prou?"

Normalment, els pares ja se solen preocupar per la mida dels seus fills abans que neixin. Però –igual que ocorre quan ja han nascut– habitualment no hi ha motiu real de preocupació. Al cap i a la fi, intentar mesurar el seu úter des de l'exterior no és una ciència exacta en cap moment de l'embaràs, i encara menys els primers mesos de gestació.

Calcular quina mida hauria de fer tampoc és fàcil (a no ser que sàpiga el dia exacte en què va concebre), ja que la data del seu embaràs pot avançar-se o retardar-se més d'una setmana. El més probable és que la seva llevadora li programi una ecografia per determinar-li amb més exactitud la mida de l'úter i la data prevista de part, per tal de comprovar si hi ha alguna discrepància, i el més segur és que no n'hi hagi cap.

Úter massa gran

"M'han dit que el meu úter té la mida d'un de deu setmanes de gestació, però segons els meus càlculs només fa vuit setmanes que estic embarassada. Tinc l'úter massa gran?"

Hi ha moltes possibilitats que el seu úter sigui més gran del que s'esperava perquè el seu embaràs està més avançat del que es creia. És tan probable que s'hagi equivocat en les dates d'embaràs com que hi hagi hagut algun error en la mesura de la mida de l'úter, tots dos casos força comuns. Probablement, el seu metge li demanarà una ecografia per comprovar això o altres explicacions menys probables (com ara que porti bessons –encara que no és probable que tan aviat els embarassos múltiples ja marquin una diferència en la mida de l'úter).

Dificultats de micció

"Últimament, em costa molt d'orinar, tot i la sensació de tenir la bufeta molt plena."

És possible que tingui un úter tossudament inclinat (aproximadament una de cada 5 dones tenen l'úter inclinat cap enrere en comptes de cap endavant), que no es vol estar al lloc que li correspondria i que li pressiona la uretra, el tub que penja de la bufeta. La pressió d'aquesta càrrega cada cop major pot dificultar la micció. També hi poden haver petites pèrdues d'orina quan la bufeta està molt sobrecarregada.

En gairebé tots els casos, l'úter adopta pel seu compte la posició correcta cap al final del primer trimestre sense cap intervenció mèdica. Però si la molesta especialment –o té moltes dificultats per orinar– truqui al seu metge. El facultatiu podria intentar manipular el seu úter manualment apartant-lo de la uretra per tal que pugui tornar a orinar sense problemes. Aquesta tècnica sol funcionar gairebé sempre. En l'improbable cas que no funcionés, podria ser necessària la cateterització (eliminar l'orina a través d'un tub).

Una altra possibilitat si té problemes per orinar (i una altra bona raó per trucar al seu metge): una infecció del tracte urinari. Vegi la pàgina 542 per a més informació.

Inestabilitat emocional

"Ja sé que hauria d'estar feliç pel meu embaràs –i, en general, n'estic. Però a vegades em poso trista i només tinc ganes de plorar."

Això és propi de la inestabilitat emocional. Els canvis d'humor són molt normals durant l'embaràs i poden portar-la fins a extrems fins ara desconeguts, des d'estar exultant de felicitat fins a estar profundament deprimida. Aquests canvis d'humor la poden fer pujar als núvols i a continuació fer-la sentir la dona més desgraciada del món, que plora fins i tot llegint els fullets d'ofertes del supermercat. En tenen la culpa les hormones? En bona part, sí. Aquests canvis d'humor poden ser més pronunciats durant el primer trimestre (quan es concentra el màxim desgavell hormonal) i, en general, en dones que ja manifesten inestabilitat emocional els dies anteriors a la regla (es tracta d'una mena de síndrome premenstrual elevada a la màxima potència). Els sentiments d'ambivalència sobre l'embaràs tan bon punt es confirma, normals fins i tot quan el fill és molt buscat, poden aguditzar encara més la inestabilitat emocional. També hi tenen a veure tots els canvis que està experimentant (els físics, els psicològics, els sentimentals i els logístics –i tots alhora poden acabar aclaparant-la).

Els canvis d'humor tendeixen a moderar-se una mica després del primer trimestre, quan els nivells hormonals es comencen a equilibrar –i quan vostè ja s'ha habituat a alguns dels canvis de l'embaràs (encara que mai s'hi acabarà d'habituar del tot). Mentrestant, tot i que no hi ha cap mètode infal·lible per frenar aquests daltabaixos emocionals, hi ha diverses maneres de minimitzar els canvis d'humor:

- Mantingui elevat el sucre a la sang. Què té a veure la glucosa amb l'humor? Molt més del que es pensa. Les baixades de sucre –provocades per llargues estones sense menjar res– poden provocar desgavells emocionals. Una altra bona raó per substituir la seva rutina dietètica de tres àpats al dia per la solució de les sis menjades al dia (vegi la pàgina 100). Asseguri's de prendre prou hidrats de carboni complexos i proteïnes amb aquests refrigeris per allargar més estona la presència del sucre a la sang –i, de retruc, el bon humor.

- Redueixi el consum de sucre i cafeïna. Amb un caramel, un pastís o una cola farà pujar momentàniament la glucosa a la sang, però aviat caurà en picat, com el seu humor. La cafeïna pot provocar el mateix efecte, incrementant la inestabilitat emocional. Així que limiti el consum d'aquests aliments per obtenir uns millors resultats.
- Mengi bé. En general, menjar adequadament l'ajudarà a estar millor emocionalment (a més de físicament), així que segueixi la dieta de l'embaràs sempre que pugui. Incloent àcids omega-3 a la dieta (amb nous, peix i ous enriquits, per posar només uns quants exemples) podria ajudar a estabilitzar el seu estat anímic (a mes, l'omega-3 també és molt important per al desenvolupament cerebral del seu nadó).
- Mogui's. Com més es mogui, de més bon humor estarà. Això es deu al fet que l'exercici allibera endorfines, que provoquen sensació de benestar. Amb la guia del seu metge, practiqui algun tipus d'esport cada dia.
- Faci l'amor. Si no està de bon humor, fer l'amor amb la seva parella pot animar-la perquè amb les relacions sexuals s'alliberen hormones que provoquen la sensació de felicitat. Fer l'amor també l'ajudarà a sentir-se més a prop de la seva parella en un moment en què la seva relació ha d'afrontar nous reptes. Si no té ganes de sexe, dediqui aquest temps a la intimitat en alguna altra modalitat (fer-se carícies, parlar a cau d'orella ajaguts al llit o donar-se la mà assegudets al sofà) i també se sentirà més animada.
- Il·lumini la seva vida. Les investigacions han demostrat que la llum solar pot millorar, en efecte, l'estat d'ànim. Quan el sol brilli, intenti sortir una estona al carrer (sense que oblidi posar-se primer la crema de protecció solar).
- Expressi els seus sentiments. Preocupada? Angoixada? Desanimada? Amb inseguretats? L'embaràs és un moment en què es barregen moltes emocions, provocant inestabilitat emocional. Exterioritzar aquests sentiments –al seu marit (a qui probablement li passa tres quarts del mateix), a amics de confiança o a altres dones embarassades en xats en línia (vegi els taulers d'anuncis de whattoexpect.com)– la pot ajudar a sentir-se millor o, com a mínim, a adonar-se que el que li passa és normal.
- Descansi. L'esgotament pot aguditzar els canvis d'humor normals de l'embaràs, així que asseguri's de dormir prou (però tampoc massa, ja que dormint en excés també incrementaria la fatiga i la inestabilitat emocional).
- Aprengui a relaxar-se. L'estrès pot, sens dubte, desanimar-la, així que busqui maneres de reduir-lo o d'afrontar-lo millor. Vegi la pàgina 157 per a més consells.

Si hi ha algú més afectat –i preocupat– pels seus canvis d'humor que vostè mateixa és el seu marit. A ell, li anirà bé poder comprendre per què actua d'aquesta manera ara que està embaras-

Atacs de pànic

L'embaràs pot ser un període de molta angoixa, especialment per a les dones que estan en estat per primera vegada (i que, per tant, no saben què els espera). Una certa preocupació és normal i probablement inevitable. Però què passa si la preocupació es converteix en pànic?

Si vostè ja ha tingut atacs de pànic anteriorment, probablement ja en coneix els símptomes (de fet, la majoria de dones que tenen atacs de pànic durant la gestació ja n'havien tingut abans). Es caracteritzen per un temor o malestar intensos acompanyats per una acceleració del batec cardíac, suors, tremolors, falta d'aire, sensació d'ofec, dolor al pit, nàusees o dolor abdominal, esvaniment, estremiments o esgarrifances, i sobtats flaixos de fred o de calor. Els atacs de pànic poden ser, és clar, increïblement desagradables, i especialment quan es manifesten per primera vegada. Però, per sort, tot i que l'afectin a vostè, no hi ha cap raó per creure que hagin d'afectar en cap sentit el desenvolupament del seu nadó.

De tota manera, si pateix aquesta mena d'atacs, comenti-ho al metge. La teràpia és sempre la primera opció durant l'embaràs (i fora de l'embaràs, també). Però si cal medicació per assegurar el seu benestar (i el del seu nadó –quan l'angoixa no la deixa menjar, dormir ni tenir cura del seu futur fill), el seu metge, juntament amb algun terapeuta especialitzat, li podrà receptar la medicació millor (així com la dosi requerida) per a vostè i amb el menor risc per al seu nadó. Fins i tot en el cas en què s'hagi hagut de medicar per atacs de pànic, angoixa o depressió abans de l'embaràs, ara podria fer falta canviar de medicació o modificar-ne la dosi.

Tot i que la medicació és una solució a l'ansietat extrema, òbviament no és l'única. Hi ha moltes alternatives no farmacològiques que es poden usar en substitució de la teràpia tradicional o de forma simultània. Entre altres, hi ha menjar bé i regularment (incloure força àcids grassos omega-3 a la dieta pot ser especialment útil); evitar el consum de sucre i cafeïna (la cafeïna, en particular, pot provocar ansietat); practicar exercici amb regularitat, i aprendre meditació i altres tècniques de relaxació (el ioga prenatal pot resultar increïblement relaxant).

Parlar de les seves angoixes amb altres dones embarassades també pot ser molt reconfortant.

sada (i que les hormones de l'embaràs la dominen), però encara li anirà millor saber com la pot ajudar exactament. Així que digui-li què necessita per sentir-se millor (més ajuda amb les tasques de la llar?, sortir a sopar al seu restaurant preferit?) i què no necessita (que li digui que s'està posant massa grassa o trobar-se els seus calçotets per terra). I sigui concreta: ni tan sols el marit més comprensiu pot llegir-li la ment. Vegi el capítol 19 per a més informació sobre estratègies de parella per a futurs pares.

Depressió

"M'esperava canvis d'humor en l'embaràs, però jo no estic deprimida de tant en tant: n'estic contínuament."

Totes les dones embarassades tenen pujades i baixades, i és normal. Però si el seu desànim és intens o freqüent, podria trobar-se entre el 10 o 15 per cent de dones embarassades que han de combatre la depressió durant els mesos de gestació. A continuació, exposem alguns dels factors que poden agreujar el risc que una futura mare caigui en una depressió:

- Un historial personal o familiar d'inestabilitat emocional.
- Problemes sentimentals o econòmics.
- Manca de suport emocional i de comunicació amb el pare de la criatura.
- Hospitalització o repòs absolut a causa de complicacions de l'embaràs.
- Angoixa pel propi estat de salut, especialment si té alguna malaltia crònica o ha experimentat prèviament complicacions o malalties durant l'embaràs.
- Angoixa per l'estat de salut del nadó, especialment si es compta amb un historial personal o familiar d'avortaments, defectes congènits o altres problemes.

Els símptomes més comuns de l'autèntica depressió –a banda de sentir-se trista, buida i emocionalment letàrgica– inclouen: problemes per dormir (dormir massa o no poder dormir gens); canvis en els hàbits alimentaris (menjar massa poc o menjar contínuament); cansament prolongat o inusual i/o excessiva activitat o inactivitat; pèrdua generalitzada d'interès per la feina, les aficions i altres activitats habituals o de lleure; menor habilitat per concentrar-se en alguna cosa; canvis d'humor exagerats, i fins i tot pensaments autodestructius. També es poden manifestar molèsties i dolors inexplicables. Si això s'avé amb el que vostè experimenta, comenci a posar en pràctica els consells exposats en la pregunta anterior per afrontar la inestabilitat emocional.

Si els símptomes s'allarguen durant més de dues setmanes, parli sobre la seva depressió amb el seu facultatiu, que potser li farà la prova del tiroides, que pot provocar la depressió, o li recomanarà algun terapeuta que li pugui oferir suport psicològic. Obtenir l'ajuda adequada és molt important. La depressió pot provocar que no tingui prou cura de vostè mateixa ni del seu fill, ni ara ni després del part. En efecte, la depressió durant l'embaràs pot incrementar els riscos de complicacions –de la mateixa manera que la depressió pot afectar negativament la seva salut fins i tot si no està embarassada. Decidir si cal que es prengui medicaments antidepressius per tractar-la requereix la valoració prèvia d'un especialista que contraposi els possibles riscos amb els possibles beneficis (vegi la pàgina 563 per a més informació sobre l'ús d'antidepressius durant l'embaràs).

Consulti-ho també al metge abans d'optar per tractaments alternatius. Els suplements sense prescripció facultativa, com ara determinats preparats d'herbes coneguts per les seves propietats de potenciadors anímics, no han estat prou estudiats com per considerar-los segurs durant l'embaràs.

Però altres teràpies de medicina complementària i alternativa (vegi la pàgina 93) podrien ajudar-la i la teràpia amb llum solar (que incrementa els nivells de serotonina, l'hormona cerebral reguladora de l'estat anímic) redueix a la meitat els símptomes depressius durant l'embaràs. Menjar aliments rics en àcids grassos omega-3 redueix el risc de depressió durant l'embaràs i possiblement també durant el postpart. També pot consultar al metge la possibilitat de prendre suplements d'omega-3 innocus per a l'embaràs.

Patir depressió durant l'embaràs incrementa el risc de patir també depressió postpart. La bona notícia és que seguint el tractament adequat durant l'embaràs –i/o just després del part– pot ajudar a prevenir la depressió postpart. Consulti-ho al metge.

QUÈ CAL TENIR EN COMPTE

Augment de pes durant l'embaràs

Quan dues dones embarassades coincideixen –ja sigui a la sala d'espera del ginecòleg o en un ascensor– comencen a sorgir preguntes. "Quan et toca?" "Ja notes com es mou?" "Has tingut nàusees i vòmits?". I la pregunta que es planteja amb més freqüència: "Quants quilos t'has engreixat?"

Tothom s'espera guanyar pes durant l'embaràs (i després de passar-se mitja vida fent règim, moltes dones esperen amb il·lusió aquest augment de pes). I, de fet, guanyar el pes just és vital quan s'està engendrant un nadó. Però quin és el pes ideal? Quin pes és excessiu? I quin insuficient? En quina progressió s'ha d'augmentar? Els perdré de cop després de donar a llum? (La resposta: sí, sempre que guanyi la quantitat de quilos adequada, en la proporció adequada i amb els aliments adequats.)

Quants quilos hauria de guanyar?

Si hi ha una raó legítima per acumular quilos, aquesta és l'embaràs. Al cap i a la fi, si està fent desenvolupar un fill, vostè també s'ha de desenvolupar una mica. Però acumular massa quilos pot suposar un problema per a vostè, el seu fill i el seu embaràs. El mateix podem dir si n'acumula massa pocs.

Quina és la fórmula ideal d'increment de pes durant l'embaràs? De fet, com que cada embarassada –i cada cos embarassat– és diferent, aquesta fórmula pot ser molt variable. La quantitat de quilos que hauria d'augmentar durant les 40 setmanes de gestació també va en funció de la quantitat de quilos que pesava abans de concebre.

Guanyar massa quilos (o massa pocs) no és el millor

Què hi té a perdre si guanya massa pes durant l'embaràs? Acumular massa quilos pot provocar una sèrie de problemes. Com més greix acumuli vostè, més difícil serà d'examinar i de mesurar el seu nadó i un excés de pes pot provocar-li més molèsties a l'embaràs (des de mal d'esquena i varices fins a fatiga i acidesa). Guanyar massa pes també augmenta les possibilitats de tenir un part prematur, de desenvolupar diabetis gestacional o hipertensió, o d'engendrar un nadó massa gran per poder donar a llum per via vaginal, a més de complicacions després de practicar-li una cesària o problemes per al seu nounat i més dificultats d'alletament. Evidentment, aquests quilos de més també seran més difícils de perdre després del part –moltes dones que guanyen massa pes durant l'embaràs no se'n poden acabar de desempallegar mai.

Guanyar massa poc pes durant l'embaràs tampoc és aconsellable i, en alguns casos, pot ser fins i tot més perillós que guanyar-ne massa. Els nadons de mares que guanyen menys de 10 quilos tenen més probabilitats de ser prematurs o massa petits per l'edat gestacional i de patir restriccions de creixement dins l'úter. (L'excepció: les dones amb molt sobrepès, que poden guanyar sense riscos menys de 10 quilos sota una constant supervisió mèdica.)

Anàlisi de l'augment de pes

(Tots els pesos són aproximats)

Fetus	3.500 grams
Placenta	700 grams
Líquid amniòtic	900 grams
Augment de l'úter	900 grams
Teixit mamari matern	900 grams
Volum sanguini matern	1.800 grams
Líquid dels teixits materns	1.800 grams
Reserves de greix matern	3.200 grams
Mitjana global	**13.700 grams d'augment de pes**

El seu metge l'aconsellarà sobre l'increment de pes recomanable per a vostè i la seva situació particular (i la recomanació mèdica és la que ha de seguir vostè, independentment del que s'expliqui aquí). Generalment, les recomanacions d'augment de pes es basen en l'IMC (el càlcul de l'índex de massa corporal resulta de dividir la massa en quilos pel quadrat de l'estatura expressada en metres; vegi *Comer bien cuando se está esperando* per trobar-hi un requadre orientatiu). Si el seu IMC es troba dins de la mitjana (entre 18,5 i 25), probablement li recomanaran de guanyar entre 12 i 16 quilos, la recomanació estàndard per a dones embarassades de pes mitjà. Si vostè comença l'embaràs amb un excés de pes (amb un IMC d'entre 25 i 30), el seu increment de pes ideal serà inferior –entre 7 i 12 quilos. Si és obesa (amb un IMC superior a 30), li demanaran de sumar un màxim d'entre 7 i 9 quilos, o potser fins i tot menys. I què passa amb les dones extremadament primes (amb un IMC inferior a 18,5)? El més probable és que els posin el llistó més alt que a la mitjana –entre 14 i 20 quilos. En futures mares amb més d'un fetus al ventre, cada criatura de més necessitarà un increment de pes extra (vegi la pàgina 443).

Però una cosa és marcar-se un increment de pes ideal, i una altra ben diferent és complir-lo al peu de la lletra. De fet, els ideals no són mai completament compatibles amb la realitat. Acumular la quantitat adequada de quilos no és només augmentar la quantitat d'aliments al seu plat. També hi ha altres factors en joc. Hi ha molts elements que l'ajudaran (o li dificultaran) l'increment de pes ideal: el metabolisme, la genètica, el nivell d'activitat, els símptomes d'embaràs que tingui (l'acidesa o les nàusees que la fan menjar menys; els antulls per aliments hipercalòrics que la fan augmentar de pes massa ràpidament). Sense perdre això de vista, faci regularment un cop d'ull a la balança per assegurar-se que està guanyant el pes adequat.

I en quina proporció els hauria de guanyar?

Augmentar de pes de forma lenta i equilibrada és sempre un bon con-

Augment de pes injustificat

Si guanya més d'1,5 quilos en una sola setmana durant el segon trimestre o més d'1 quilo en una sola setmana durant el tercer trimestre, especialment si no sembla tenir relació amb una ingesta excessiva de calories o de sodi, comenti-ho al seu metge. Comenti-li-ho també si no guanya gens de pes durant més de quinze dies entre els mesos quart i vuitè de gestació.

sell –i també durant l'embaràs. Un increment de pes gradual és millor per al seu cos i per al del seu nadó. De fet, la proporció en l'increment de pes és tan important com el propi increment de pes global. Això s'explica perquè el seu nadó necessita un subministrament equilibrat de nutrients i calories al llarg de tota la seva estada a l'úter –i especialment quan comença a créixer de forma significativa (durant el segon i tercer trimestres). Un increment de pes ben pautat també beneficiarà l'organisme matern, que es podrà ajustar gradualment a l'augment de quilos (i a les conseqüències físiques que aquest augment comporta). Un increment gradual també permet que la pell es vagi estirant progressivament (i provoqui menys estries). Necessita més arguments? Els quilos que s'acumulen a poc a poc i de forma equilibrada també es perdran amb més facilitat quan sigui el moment (un cop hagi donat a llum i tingui ganes de recuperar la línia que tenia abans de l'embaràs).

Un augment de pes equilibrat significa augmentar el mateix en cada una de les 40 setmanes de l'embaràs? No; encara que seria un possible pla, no és el millor. Durant el primer trimestre, el seu nadó només fa la mida d'un cap d'agulla, amb la qual cosa menjar per dos no suposa en aquest cas menjar més i només cal un augment mínim de pes. Un bon objectiu per al primer trimestre és un augment d'1 o 2 quilos –encara que moltes dones no augmenten ni un gram o fins i tot perden una mica de pes (per culpa de les nàusees i els vòmits), i altres en guanyen una mica més del compte (perquè només els passa el mareig amb aliments de caprici i hipercalòrics), i tampoc passa res. Les que hagin començat a engreixar-se a poc a poc ho tindran més fàcil per poder-se concedir algun caprici durant els propers sis mesos (especialment a partir del moment en què tenen l'olfacte menys sensible i tot els torni a venir de gust); per a les que han començat sumant més quilos, controlar la balança de més a prop durant el segon i tercer trimestres els ajudarà a no excedir l'augment global de pes.

Durant el segon trimestre, el seu nadó començarà a guanyar pes notablement –i vostè també ho hauria de fer. El seu pes mitjà hauria de ser d'entre mig quilo i tres quarts de quilo per setmana durant els mesos quart a sisè de gestació (amb un total d'entre 6 i 7 quilos).

En el darrer trimestre, el guany de pes del nadó arribarà al seu màxim, però el seu s'hauria de limitar a mig quilo per setmana (amb un increment global d'entre 4 i 5 quilos). Algunes dones estabilitzen el seu pes –o fins i tot perden mig quilo o un quilo– durant el novè mes d'embaràs quan el fetus ja els pressiona l'estómac i els resulta difícil trobar-hi lloc per menjar.

Serà capaç de seguir aquesta fórmula d'increment de pes al peu de la lletra? Si som realistes, el més probable és que no. Hi haurà setmanes en què tindrà més gana i no es podrà autocontrolar tant i augmentarà més del previst. Hi haurà altres setmanes en què, en canvi, menjar es convertirà en un esforç (especialment si tot el que li entra per la boca torna a sortir pel mateix forat). No es preocupi ni s'obsessioni per la balança. Mentre el seu guany de pes global sigui raonable i la mitjana s'aproximi a la desitjada (un quart de quilo una setmana, un quilo la setmana següent, mig quilo l'altra i així successivament), estarà anant pel bon camí.

Així que per millorar el seu augment de pes, faci tot sovint un cop d'ull a la bàscula i no perdi de vista el seu objectiu final. Pesi's vostè mateixa (a la mateixa hora del dia, amb la mateixa roba i en la mateixa balança) una vegada per setmana (si es pesa més sovint es tornarà boja per les fluctuacions diàries de líquid). Si pesar-se un cop per setmana és excessiu (perquè té fòbia a les balances), deixi-ho en dos cops al mes. Si ho prefereix, esperi's a pesar-se en les visites prenatals mensuals –encara que recordi que en un mes pot acumular molts quilos (fins a 5 i tot) o no acumular-ne cap, amb la qual cosa resultarà molt difícil redreçar el camí al cap de tants dies.

Si troba que el seu pes varia molt del previst per vostè i pel seu metge (si per exemple guanya 7 quilos en el primer trimestre, en comptes d'1 o 2, o si en suma 10 en el segon trimestre, en lloc de 6), miri de frenar l'increment de quilos però no d'aturar-lo per complet. Fer règim per perdre pes durant l'embaràs no és recomanable i no s'ha de recórrer mai a les begudes ni a les píndoles que sacien l'apetit enganyosament (ja que podrien ser molt perilloses).

En comptes d'això, i amb l'ajuda del seu metge, reajusti el seu objectiu final per incloure-hi l'excés de pes que ja ha acumulat i per marcar l'augment de pes més moderat que hauria de seguir a partir d'ara.

CAPÍTOL 8

El tercer mes

Setmanes 9 a 13 aproximadament

COM QUE ESTÀ COMENÇANT L'ÚLTIM mes del primer trimestre (i això és fantàstic!), probablement encara l'estaran molestant alguns dels símptomes propis del principi de l'embaràs (i això ja no és tan fantàstic...). De fet, li costarà saber si se sent exhausta degut a la fatiga del primer trimestre o perquè la nit passada es va haver d'aixecar tres vegades del llit per anar al lavabo (el més probable és que tant una cosa com l'altra hi tinguin força a veure). Però no defalleixi, si és que li queden prou forces per no defallir. D'ara endavant li esperen dies millors. Si les nàusees matinals han mantingut la seva gana –i la seva vitalitat també– sota mínims, aviat començarà el dia de manera més agradable. D'aquí a poc temps, ja tindrà més energia i es podrà posar en marxa des de primera hora –i com que ja no tindrà tantes urgències urinàries, es llevarà menys vegades durant la nit. I el millor de tot: en la revisió ginecològica d'aquest mes podrà sentir el sorprenent so del batec cardíac del seu nadó, que farà que vostè acabi pensant que tots aquests símptomes tan molestos valen realment la pena.

El seu nadó aquest mes

Setmana 9 El seu nadó (que oficialment ha passat de ser un embrió a ser un fetus) ha crescut fins a mesurar aproximadament dos centímetres i mig, més o menys la mida d'una oliva. El seu cap se seguirà desenvolupant i començarà a tenir unes proporcions més semblants a les d'un nadó. Aquesta setmana, se li començaran a formar uns músculs diminuts; això farà que el seu fetus pugui moure els braços i les cames, encara que no serà fins com a mínim un mes més tard quan vostè podrà notar aquests febles cops de puny i aquestes primeres puntadetes. Tot i que és massa aviat per notar això, és possible que ja comenci a notar alguna cosa. Així, el benaurat so del batec cardíac del seu nadó potser el podrà sentir mitjançant el dispositiu Doppler de la consulta del seu metge. Escolti'l una mica i notarà com a vostè també se li accelera el batec cardíac.

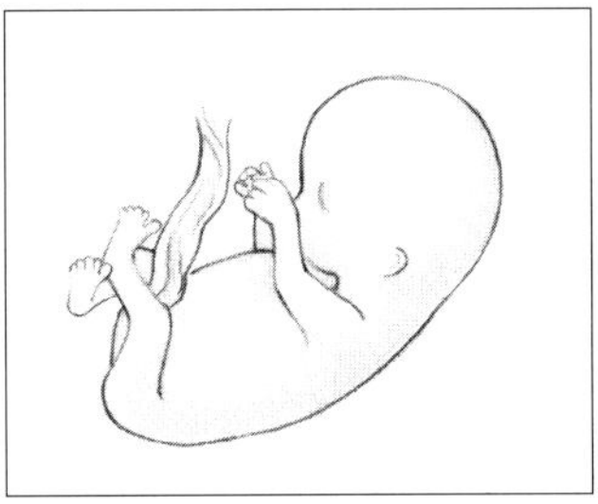

El seu nadó. Tercer mes.

Setmana 10 Amb 4 cm de longitud el seu nadó està creixent a salts. I per poder-se ajustar a aquests salts i rebots (i als passets del seu nadó) se li estaran formant els ossos i els cartílags –unes petites osques a les seves cames que es convertiran en els genolls i els turmells. I el que encara resulta més increïble per a una personeta de la mida d'una pruna és que els colzes dels seus bracets ja estan en funcionament. Sota les genives se li estan formant diminuts esbossos de les dents. I més avall, l'estómac ja segrega sucs gàstrics, els ronyons produeixen majors quantitats d'orina i, si el seu nadó és un nen, els testicles ja li començaran a produir testosterona (i és que els homes són els homes –fins i tot a aquesta edat!).

Setmana 11 El seu nadó mesura ara poc més de 5 centímetres i pesa uns 10 grams. El seu cos s'està adreçant i el tors se li està allargant. Se li estan formant els fol·licles pilosos i s'estan començant a generar les bases de les ungles de mans i peus (les ungles li començaran a créixer al cap de poques setmanes). Aquestes ungles apareixeran, a partir d'unes mans i uns peus inicialment dotats de membranes interdigitals, a les puntes d'uns dits individuals, que s'hauran separat fa ben poques setmanes. I tot i que encara no es pot distingir el sexe de la criatura, si és una nena se li estaran formant els ovaris. El que sí que podrà distingir, si li practiquen una ecografia i el fetus està ben posicionat, és que el seu nadó ja té unes característiques humanes distintives: amb mans i peus a la part frontal del cos, amb orelles als extrems laterals del cap (tot i que no sigui la seva localització definitiva), unes fosses nasals obertes a la punta del nas, una boca amb llengua i paladar i uns mugrons visibles.

Setmana 12 El seu nadó ara pesa uns 45 grams i mesura (de la coroneta a la regió sacra) uns 6,5 centímetres. D'una mida similar a una nectarina mitjana, el cos del seu nadó està treballant a marxes forçades en el departament de desenvolupament. Malgrat que la majoria dels seus sistemes ja estan completament formats, encara han de madurar molt. El seu sistema digestiu està començant a practicar els moviments de contracció (per tal que el seu nadó sigui capaç de menjar), la medul·la òssia està començant a produir glòbuls blancs (que permetran al seu nadó lluitar contra tots els gèrmens amb els quals inevitablement entrarà en contacte), i la glàndula pituïtària –a la base del cervell– ja ha començat a produir hormones (per tal que, algun dia, el seu fill també pugui engendrar els seus propis nadons).

Setmana 13 A mesura que s'atansa el final del primer trimestre, el seu fetus (que sembla que ara s'ha posat a treballar intensament al departament de producció) ja ha arribat a la mida d'un préssec i fa uns 7,5 cm de llarg. El seu cap suposa ara la meitat de la longitud total de la coroneta a la regió sacra, però aquest petit i delicat cos continuarà treballant hores extra (i, en néixer, el seu nadó estarà format per un quart de cap i tres quarts de cos). Mentrestant, els seus intestins, que han estat creixent per dins del cordó umbilical, estan començant a adquirir la seva veritable posició, a l'abdomen fetal. Aquesta setmana també se li desenvoluparan les cordes vocals (el millor per poder començar a plorar... ben aviat!).

Què pot sentir

Com sempre, recordi que cada embaràs i cada dona són diferents. Vostè pot tenir tots aquests símptomes en un moment o altre, o potser només en tindrà uns quants. Alguns símptomes del mes passat es poden mantenir i també en pot tenir de nous. I també pot ser que altres gairebé ni els noti perquè ja s'hi ha acostumat. També podria patir altres símptomes menys comuns. Heus ací el que vostè pot sentir durant aquest mes:

Físicament

- Fatiga, falta d'energia, somnolència.
- Necessitat d'orinar amb freqüència.

Un cop d'ull a l'interior

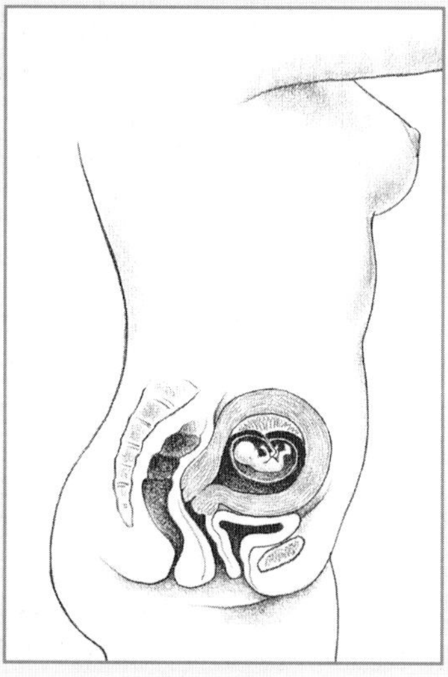

Aquest mes, el seu úter és una mica més gran que un gotim de raïm i la seva cintura es podria començar a eixamplar. A finals del mes, es podrà notar l'úter just per sobre del seu os púbic, a la part inferior de l'abdomen.

- Nàusees, amb o sense vòmits.
- Salivació excessiva.
- Restrenyiment.
- Acidesa d'estómac, indigestió, flatulència, inflor.
- Aversions i antulls alimentaris.
- Més gana, especialment si s'estan alleujant les nàusees matinals.
- Canvis en els pits: els notarà més plens, pesants, sensibles i amb formigueigs; enfosquiment de les arèoles; les glàndules lubricants de les arèoles es fan més prominents, com grans protuberàncies de pell de gallina; sota la pell del pit hi apareix una xarxa de venes blavoses en expansió.
- Venes visibles a l'abdomen, a les cames i per tot el cos, ja que augmenta el subministrament sanguini.
- Lleuger augment de flux vaginal.
- Mals de cap ocasionals.
- Mareigs i vertígens ocasionals.
- El seu ventre s'arrodonirà una mica; la roba li queda una mica justa.

Emocionalment

- Inestabilitat emocional, que es pot manifestar en canvis d'humor, irritabilitat, irracionalitat i ganes de plorar.
- Inquietud i temor, alegria i felicitat –per separat o tot alhora.
- Una nova percepció de la calma.
- Es manté un cert sentit d'irrealitat sobre l'embaràs ("de debò porto una criatura al ventre?).

Què es pot esperar de la revisió d'aquest mes

Encara que hi pot haver variacions depenent de les seves necessitats particulars i dels protocols mèdics del seu facultatiu, aquest mes pot esperar que el seu ginecòleg comprovi els següents punts:

- Pes i pressió arterial.
- Anàlisi d'orina, per controlar el nivell de sucre i de proteïnes.
- Batec cardíac fetal.
- Mida de l'úter, mitjançant palpació externa, per veure si es correspon amb la data de sortida de comptes.
- Altura del fundus (la part superior de l'úter).
- Observació de mans i peus, per si hi ha inflor, i de cames, per si hi té venes varicoses.
- Plantejament de preguntes que vulgui aclarir –porti preparada una llista.

Què la pot amoïnar

Restrenyiment

"Aquestes últimes setmanes he tingut un restrenyiment terrible. És normal?"

La irregularitat intestinal –la sensació d'estar plena, rebotida i amb gasos– apareix força sovint en l'embaràs. I hi ha bones raons que ho expliquen. D'entrada, els alts nivells de progesterona que circulen pel seu sistema sanguini són la causa que els músculs del seu intestí gros es relaxin i es tornin més lents, fet que permet que l'aliment es mantingui durant més temps a l'interior del sistema digestiu. L'avantatge: es disposa de més temps per tal que els nutrients siguin absorbits pel torrent sanguini, fet que permet que n'arribi una major quantitat al seu nadó. L'inconvenient: vostè acaba acumulant al seu organisme una gran quantitat de productes de residu i no els pot eliminar amb prou rapidesa. Una altra raó per a l'embús intestinal: l'úter en desenvolupament li pressiona els intestins, obstaculitzant la seva activitat normal. Un munt d'inconvenients per al procés natural d'eliminació corporal, almenys si ho comparem amb com era aquest procés per a vostè fins ara.

Però no s'ha de resignar a estar restreta pel simple fet d'estar embarassada. Provi aquestes mesures per combatre la congestió del seu còlon (i previngui així les hemorroides, un efecte secundari molt comú del restrenyiment):

Defensi's amb la fibra. Vostè –i el seu còlon– necessiten de 25 a 35 grams diaris de fibra. Tampoc cal que els compti gram a gram. Limiti's a seleccionar aliments rics en fibra, com ara la fruita i la verdura fresca (crua o poc cuita, i ingerint-ne la pell, sempre que sigui possible); pa i cereals integrals; llegums (mongetes i pèsols), i fruita seca. Passar-se al verd també pot ajudar a millorar el seu trànsit intestinal –i no busqui productes verds només en forma de verdures, sinó també en un sucós i dolç kiwi, una petita fruita amb un potent efecte laxant. Si vostè no ha estat mai una gran consumidora de fibra, afegeixi aquests aliments a la seva dieta de manera gradual, per evitar que el seu sistema digestiu protesti sorollosament. (Encara que com que la flatulèn-

Una altra raó per estar cansada, voluble i restreta

Últimament està cansada, voluble i restreta? Doncs benvinguda al club de les embarassades. Les hormones de la gestació, cada cop més abundants, són, és clar, les causants d'aquests maleïts símptomes que pateixen la major part de les embarassades. Tot i això, la disminució d'una altra hormona, la tiroxina, pot resoldre aquests símptomes tan comuns en l'embaràs, així com molts altres –augment de pes, tot tipus de problemes cutanis, dolors i rampes musculars, descens de la libido, i pèrdues de memòria i inflor, especialment de mans i peus. (Un altre símptoma habitual, la major sensibilitat al fred, no es percep tant durant l'embaràs perquè les futures mares tendeixen més a tenir calor que a estar enfredolicades.) Per tant, l'hipotiroïdisme (una deficiència de l'hormona tiroïdal deguda a una baixa activitat de la glàndula tiroides), pot ser que no sigui detectada pels metges en les embarassades. I aquesta malaltia, que afecta una de cada cinquanta dones, pot tenir efectes adversos en l'embaràs (i també pot causar estralls durant el postpart; vegi la pàgina 501), així que són vitals un diagnòstic i un tractament adequats.

L'hipertiroïdisme (quan es produeix massa hormones tiroïdals, degut a una glàndula massa activa) apareix poques vegades durant l'embaràs, però també pot causar complicacions si no es tracta adequadament. Els símptomes de l'hipertiroïdisme –molts dels quals també són difícils de distingir dels propis de l'embaràs– inclouen la fatiga, l'insomni, la irritabilitat, l'escalfor a la pell i la sensibilitat a la calor, taquicàrdia i pèrdua de pes (o problemes per guanyar pes).

Si en el passat se li va diagnosticar qualsevol problema de tiroides (encara que ja no li hagi tornat a reaparèixer) o si encara pren medicació per algun problema tiroïdal, no s'oblidi de dir-ho al metge. Com que les necessitats corporals de l'hormona tiroïdal fluctuen durant l'embaràs, és possible que vostè s'hagi de tornar a medicar, o que se li hagin de modificar les dosis dels fàrmacs que ja pren (vegi la pàgina 575).

Si no se li ha diagnosticat mai una malaltia tiroïdal però pateix alguns símptomes (o tots) d'hipotiroïdisme o d'hipertiroïdisme (sobretot si té un historial familiar de malalties tiroïdals), digui-ho al metge. Una anàlisi de sang pot determinar si té algun problema.

cia, a banda de ser un efecte secundari freqüent de les dietes en què s'introdueix la fibra, també és un símptoma comú de l'embaràs, és possible que, de totes maneres, el seu sistema digestiu es faci sentir durant una temporadeta.)

Té un autèntic embús en el trànsit intestinal? Doncs, potser podria afegir una mica de segó de blat o civada a la seva dieta, començant amb una petita ració i afegint-ne progressivament a la dieta, segons les seves necessitats. No obstant això, no abusi dels aliments rics en fibra: com que es desplacen ràpidament pel seu sistema digestiu podrien arrossegar importants nutrients abans que hagin pogut ser absorbits pel seu organisme.

Resisteixi's als refinats. Mentre que els aliments rics en fibra poden facilitar el trànsit intestinal, els aliments refinats poden provocar-li embussos. Així que allunyi's dels aliments refinats, com ara l'arròs no integral o el pa blanc (i els productes de pastisseria a base de blat refinat).

Ofegui l'adversari. El restrenyiment no tindrà la possibilitat de guanyar la batalla si s'hi enfronta amb una gran ingesta de líquids. La majoria –sobretot l'aigua i els sucs de fruites o hortalisses– són molt efectius per estovar la femta i ajudar els aliments a desplaçar-se pel tracte digestiu. Un altre mètode, eficaç a llarg termini, per facilitar el trànsit: passi's als líquids calents, incloent el més clàssic per a aquesta finalitat: l'aigua tèbia amb suc de llimona. Això li anirà bé per estimular el peristaltisme, és a dir, les contraccions intestinals que l'ajuden a anar de ventre. I els casos veritablement difícils poden recórrer a la millor solució per a situacions complicades: les prunes.

Quan hagi d'anar al lavabo, vagi-hi. Si es retenen els moviments intestinals habitualment, es poden debilitar els músculs que els controlen i provocar restrenyiment. Seguir una rutina pot ajudar a evitar aquest fenomen: així, per exemple, prengui un esmorzar ric en fibra una mica abans que normalment per tenir l'oportunitat de "buidar" abans de marxar de casa –i així no n'hi vindran ganes quan es trobi conduint i en ple embús de trànsit.

No s'afarti massa en els àpats. Els menjars abundants poden exigir un sobreesforç al seu tracte digestiu, provocant que es congestioni encara més. Opti per prendre sis menjades lleugeres al dia en comptes de tres d'abundants –i, de retruc, també se sentirà menys rebotida i tindrà menys gasos.

Comprovi les contraindicacions dels seus suplements i fàrmacs. Irònicament, molts dels suplements que són beneficiosos per a una dona embarassada (vitamines prenatals o suplements de calci i ferro) també poden agreujar el restrenyiment. I el mateix passa amb el millor aliat de qualsevol embarassada, els antiàcids. Així doncs, parli amb el seu facultatiu sobre les possibles alternatives o reajustaments de les dosis o, en el cas dels suplements, plantegi-li la possibilitat d'optar per una fórmula d'alliberació lenta. Pregunti també al seu metge sobre els suplements de magnesi, que la podrien ajudar a combatre el restrenyiment.

Prengui alguns bacteris. Els aliments probiòtics (és a dir, els que contenen "bacteris beneficiosos") poden estimular els bacteris intestinals a descompondre millor els aliments, ajudant el tracte digestiu en els seus esforços per mantenir un bon trànsit intestinal. Gaudeixi dels avantatges dels probiòtics prenent iogurts –els convencionals o els líquids– que continguin cultius actius. També pot demanar al seu metge que li recomani un suplement en pols de probiòtics per afegir a les begudes (ja que no n'altera el sabor).

Faci una mica d'exercici. Un cos actiu fomenta uns intestins actius, així que inclogui en la seva rutina diària una caminada a pas lleuger de mitja hora aproximadament (algunes dones en tenen prou amb 10 minuts); complementi la caminada amb qualsevol exercici que li agradi i que sigui segur durant l'embaràs (vegi la pàgina 249).

Si sembla que els seus esforços no donen el resultat esperat, comenti-ho amb el seu metge. És possible que li recepti algun tipus de laxant que faci augmentar el volum de la femta tot estovant-la per tal que se'l prengui ocasionalment. No prengui cap mena de laxant (tampoc els remeis a base d'herbes medicinals o d'oli de ricí), a no ser que l'hi recomani específicament el metge.

Falta de restrenyiment

"Sembla que totes les meves amigues embarassades tenen problemes de restrenyiment, però jo no; de fet, continuo anant al lavabo amb molta regularitat. Em funciona bé el sistema digestiu?"

Pel que sembla, el seu sistema digestiu no podria funcionar millor. És molt probable que la seva eficàcia digestiva es degui al seu estil de vida –tant si l'està seguint des de fa molt temps com si l'ha adoptat des que sap que està en estat. Un consum gradualment major d'aliments rics en fibra i de líquids, juntament amb l'exercici regular, són la millor solució per contrarestar l'alentiment digestiu natural que té lloc durant l'embaràs. Si aquest estil dietètic és nou per a vostè, pot ser que la productivitat del seu tracte digestiu disminueixi una mica (i pot reduir-se també la flatulència que sol acompanyar temporalment aquests canvis de dieta) quan el seu sistema digestiu s'acostumi als aliments no refinats, però probablement vostè continuarà essent "regular."

Diarrea

"No estic gens restreta. De fet, fa un parell de setmanes que tinc una femta molt clara –gairebé en forma de diarrea. És normal?"

Quan es tracta dels símptomes d'embaràs, l'únic normal sol ser el que sigui normal per a vostè en particular. I en el seu cas, el d'una major assiduïtat en l'eliminació, la femta semilíquida sembla ser el normal. Cada cos reacciona d'una manera diferent davant de les hormones de l'embaràs –i és possible que el seu hi reaccioni accelerant els moviments intestinals. També és possible que aquesta major activitat intestinal es degui a un canvi en els seus hàbits d'exercici i de dieta.

Pot intentar reduir la ingesta d'aliments que estimulen els moviments intestinals, com ara la fruita seca, i augmentar la d'aliments que produeixen un augment del volum de la femta (com ara els plàtans), fins que les seves deposicions siguin més sòlides. Per compensar la pèrdua de líquids deguda a l'expulsió de femta tova, asseguri's de beure força.

Si les seves deposicions són molt freqüents (més de tres al dia) o bé si són aquoses, sangonoses o amb mucositat, comenti-ho al seu metge; aquest tipus de diarrea podria requerir una intervenció immediata durant l'embaràs.

Flatulència

"Em sento molt rebotida i tinc molts gasos. En tindré durant tot l'embaràs?"

Té més gasos que si s'hagués afartat de mongetes seques amb botifarra? Ho sentim per les mongetes, però no hi ha res tan flatulent com l'embaràs. Afortunadament per a ell, el seu nadó ignorarà completament els seus trastorns digestius –no es pot dir el mateix, però, de les persones que treballin prop seu o visquin amb vostè, si estan a una distància que els permeti sentir i olorar els seus gasos. El seu nadó, còmode i segur dins del seu embolcall uterí i ben protegit pel líquid amniòtic (absorbent d'impactes), probablement s'alegrarà d'escoltar l'agitació i el bombolleig del seu concert gàstric.

Del que no s'alegrarà el seu nadó, en canvi, serà del rebotiment –que sol empitjorar als vespres i que sol persistir al llarg de tot l'embaràs– perquè farà que vostè no s'alimenti prou bé i amb la regularitat suficient.

Per disminuir els sorolls i les pudors d'allà baix i per assegurar-se que la ingesta de nutrients no es ressent dels seus trastorns intestinals, pot prendre les mesures següents:

Què és un quist del cos luti?

Si el seu metge li ha comentat que vostè té un quist del cos luti, probablement la seva primera pregunta ha estat: "I això, què és?". Doncs bé, aquí la informarem de tot el que necessita saber al respecte. Al llarg de la seva vida reproductiva, i després de cada ovulació, se li forma un petit cos groguenc de cèl·lules; s'anomena cos luti (que, literalment, significa "cos groc") i ocupa l'interior del fol·licle que anteriorment havia ocupat l'òvul. El cos luti produeix progesterona i una mica d'estrògens, i està programat per la naturalesa per desintegrar-se al cap d'un parell de setmanes. Quan això succeeix, la disminució dels nivells hormonals li provoquen la regla. Quan vostè es queda embarassada, el cos luti roman inalterable en comptes de desintegrar-se, i de fet continua creixent i produint prou hormones per alimentar i mantenir el seu futur nadó fins que la placenta entra en funcionament. En la majoria dels embarassos, el cos luti es comença a encongir aproximadament al cap de sis o set setmanes de l'última menstruació i deixa de funcionar per complet cap a la desena setmana, quan deixa de complir la seva funció d'alimentar el nadó. Però en més o menys el 10 per cent de les gestacions, aquest cos luti no entra en regressió en el moment esperat i, en comptes d'encongir-se, es desenvolupa formant un quist del cos luti.

Així, ara que ja sap què és un quist del cos luti, probablement s'estarà preguntant: "I com pot afectar el meu embaràs?". La resposta és: probablement no l'afectarà gens ni mica. Generalment, el quist no ha de ser motiu de preocupació ni cal dur a terme cap mena de tractament. El més probable és que desaparegui per si sol al llarg del segon trimestre de gestació. De tota manera el seu metge anirà comprovant la mida i la ubicació del quist regularment mitjançant ecografies (fet que suposa que, de retruc, vostè podrà veure més vegades el seu futur fill).

Sigui regular. El restrenyiment és una causa freqüent dels gasos i la inflor. Llegeixi els consells de la pàgina 191.

Vagi picant i no s'atipi massa. Els àpats copiosos la faran sentir encara més rebotida i sobrecarregaran el seu sistema digestiu, que durant l'embaràs tampoc està en la seva millor forma. En comptes d'afartar-se amb dues o tres menjades excessivament generoses, conformi's amb fer-se passar la gana amb sis petits refrigeris.

No s'empassi aire. Si menja amb presses o sense asseure's tranquil·lament, probablement ingerirà la mateixa quantitat d'aire que de menjar. I aquest aire engolit forma doloroses bosses de gas al seu intestí, i l'única forma d'alliberar-les és deixant anar gasos.

Estigui tranquil·la. Sobretot a l'hora de menjar. La tensió pot fer-li empassar encara més aire, convertint el seu estómac en un dipòsit de gas. Respirar profundament unes quantes vegades abans de cada àpat pot ajudar-la a relaxar-se.

No ingereixi aliments flatulents. El seu estómac li indicarà quins aliments li provoquen més flatulència –ja que les reaccions varien depenent de cada persona. Els culpables més comuns dels gasos són la ceba, la col, els menjars fregits, les salses greixoses, els dolços, les begudes carbonatades i, és clar, les famoses mongetes seques.

No s'automediqui. Consulti-ho al seu metge abans de prendre medicaments antigasos (ja que alguns fàrmacs són segurs durant l'embaràs, però altres no són recomanables), o qualsevol altre tractament de parafarmàcia o a base d'herbes medicinals. De tota manera, una infusió lleugera de camamilla pot alleujar-li de forma segura tota mena de trastorns digestius provocats per l'embaràs. I el mateix podem dir de l'aigua tèbia amb unes gotetes de llimona, que resulta tan efectiva com qualsevol medicació contra els gasos.

Mals de cap

"Trobo que, des que estic embarassada, tinc més mal de cap que mai. Em puc prendre alguna cosa per solucionar-ho?"

Una de les ironies de l'embaràs és que les dones gestants són més susceptibles de tenir mal de cap justament en els mesos en què s'han de mantenir més allunyades de determinats calmants. Es tracta d'una ironia amb la qual haurà de conviure, però que no necessàriament estarà obligada a patir –o, com a mínim, no excessivament. La prevenció, juntament amb els remeis adequats (medicinals o no), li poden proporcionar un gran alleujament contra les migranyes, que acostumen a ser recurrents durant l'embaràs.

La millor manera per alleujar la migranya depèn de la seva causa o les seves causes. Generalment, els mals de cap durant l'embaràs són el resultat dels canvis hormonals (responsables de la major freqüència i severitat de molts tipus de migranya, incloent-hi els que tenen el seu origen en les sinusitis), la fatiga, la tensió, la gana, l'estrès físic o emocional, o qualsevol combinació d'aquests factors.

Hi ha moltes formes d'alleujar una migranya (i algunes de sorprenentment efectives no comporten cap mena de medicació). En molts casos, vostè podrà combatre la causa probable amb el remei adequat:

Relaxi's. L'embaràs pot ser un període de gran ansietat i els mals de cap són una conseqüència habitual de l'excés de tensió. A algunes dones els va bé la meditació i el ioga (que també són un exercici fabulós per a l'embaràs). Pot inscriure's en algun curset, seguir els consells d'algun CD o DVD, llegir algun llibre especialitzat en aquestes o en altres tècniques de relaxació, o bé posar en pràctica els consells de la pàgina 157.

De tota manera, els exercicis de relaxació no funcionen a tothom; de fet, a algunes dones els incrementa la tensió en comptes de disminuir-los-hi. Si aquest és el seu cas, el millor que pot fer és quedar-se ajaguda en una habitació silenciosa i a les fosques, o bé estirar-se al sofà o amb els peus sobre la taula del despatx durant 10 o 15 minuts, com a remei per a la tensió i els mals de cap que en deriven.

Descansi força. L'embaràs també pot ser un període de fatiga extrema, especialment durant el primer i l'últim trimestres, i sovint al llarg de tots nou mesos per a les dones que treballen durant una llarga jornada i/o han de tenir cura d'altres criatures. Agafar el son pot costar força a mesura que la panxa comença a créixer ("com podria estar còmoda?") i la ment es comença a accelerar ("com ho podré tenir tot a punt abans que neixi el nadó?") i això encara agreuja més la fatiga. Fer tot el possible per descansar més, de dia i de nit, l'ajudarà a mantenir la migranya sota control. Però vagi amb compte de no dormir massa, ja que un excés de son, així com dormir amb el cap tapat sota els llençols, també pot produir mals de cap.

Mengi freqüentment. Per evitar la migranya provocada per la gana i desencadenada per uns baixos nivells de sucre a la sang, asseguri's de no quedar-se amb l'estómac buit. Tingui sempre a l'abast refrigeris ben energètics (com ara galetes de soja, barretes de cereals, fruita seca i nous): a la bossa, al cotxe i al calaix de la taula del despatx, i tingui sempre prou reserves en algun lloc de casa ben accessible.

Busqui una mica de pau i tranquil·litat. La falta de silenci pot provocar-li migranyes, sobretot si vostè és especialment sensible als sorolls. Miri d'evitar els locals sorollosos (les grans superfícies, les festes escandaloses, els restaurants amb mala acústica). Si el seu lloc de treball és molt sorollós, parli amb el seu cap sobre la possibilitat de prendre mesures per reduir l'excés de soroll –o, si és possible, demani que la traslladin a una zona més tranquil·la. A casa, abaixi el volum del timbre del telèfon, de la televisió i de la ràdio.

No es congestioni. Una habitació sobreescalfada o un espai mal ventilat poden causar mals de cap a qualsevol persona –i molt especialment a una futura mare, que ja sol estar sobreescalfada per naturalesa. Per tant, intenti no congestionar-se i, quan no ho pugui evitar (per exemple, quan a les vigílies de Nadal es vegi obligada a submergir-se en uns grans magatzems plens de gom a gom –o, encara més, si vostè hi treballa), faci tantes pauses com pugui i surti a respirar una mica d'aire fresc. Vesteixi's amb diverses capes de roba quan sàpiga que s'haurà d'estar en algun lloc congestionat per tal de mantenir-se còmoda (i esperem que també sense migranya) traient-se les diferents capes a mesura que vagi entrant en calor. L'interior d'alguna sala està congestionat? Doncs intenti, com a mínim, obrir alguna finestra.

Canviï la il·luminació. Dediqui el temps que li faci falta a analitzar, particularment en temes d'il·luminació, els espais que habita i examini'ls sota una nova... llum. Algunes dones comproven que un lloc de treball sense llum natural, només amb il·luminació fluorescent, els provoca mal de cap. Pot ser molt útil recórrer a una il·luminació a base de bombetes incandescents i/o a una habitació amb llum natural. Si això no és possible, faci pauses sempre que pugui i surti una estoneta a l'exterior.

Intenti-ho amb les alternatives. Algunes varietats de medicina complementària i alternativa –incloent-hi l'acupuntura, l'acupressió, el *biofeedback* i el massatge– poden produir un cert alleujament de les migranyes (vegi més informació a la pàgina 93).

Alterni fred i calor. Per a l'alleujament de les sinusitis, apliqui's compreses calentes i fredes a la zona adolorida, alternant l'aplicació de calor i de fred durant uns 30 segons fins a un total de 10 minuts, quatre vegades al dia. Per als mals de cap provocats per un excés de tensió, provi de posar-se gel al clatell durant 20 minuts, amb els ulls tancats i mirant de relaxar-se. (Faci servir una bossa de gel convencional o bé un tipus de coixí especial per al coll que a l'interior inclogui una gelatina per congelar.)

Posi l'esquena recta. Doblegar el coll o mantenir el cap cot per llegir o per dur a terme qualsevol altra tasca que impliqui mirar de prop (potser està preparant uns peücs de mitja per al seu nadó?) durant llargs períodes de temps també pot desencadenar mals de cap; per tant, vagi amb compte amb la seva postura faci el que faci.

Recorri a la medicació. No té temps per fer front al dolor amb altres mètodes? Generalment, el paracetamol produeix un alleujament ràpid i es considera segur durant l'embaràs (no prengui ni ibu-

Tatuatges per a dos?

Tenia la intenció d'anar a algun centre especialitzat perquè li fessin un tatuatge i convertir-se en una mare a l'última? Doncs pensi-s'ho dues vegades! Encara que la tinta que s'usa en els tatuatges no penetra en el torrent sanguini, existeix un risc d'infecció cada cop que la punxen amb una agulla –i per què hauria de córrer aquest risc quan porta un nadó al ventre?

I també ha de pensar en una altra cosa abans de fer-se un tatuatge per a dos: el que sobre la seva pell de dona embarassada pot semblar simètric, podria quedar distorsionat o tort tan bon punt recuperi el pes normal, després del part. Així que serà millor que deixi la seva pell lliure de dissenys i que esperi fins a després de deslletar el seu fill per dedicar-se al *body art*.

Si ja porta algun tatuatge, no es preocupi –relaxi's i vegi com se li va estirant. Tampoc cal que es preocupi pel tatuatge de la part inferior de l'esquena i per com podria afectar a l'aplicació de l'epidural amb la qual voldria que l'anestesiessin quan es posi de part. Sempre que la tinta del tatuatge estigui totalment seca i que la ferida ja s'hagi cicatritzat correctament, segurament no hi haurà cap problema amb la punció de l'agulla de l'epidural, però comentiho al metge.

I què li semblaria optar per l'henna a l'hora de decorar el seu cos durant l'embaràs? Com que l'henna té una base vegetal –i, a més, és temporal–, és probable que el seu ús sigui completament segur durant la gestació. Tot i això, segueixi les següents advertències: asseguri's que el tatuador fa servir henna natural (que tenyeix la pell d'un color entre marronós i rogenc), que no contingui parafenilendiamina (que pot irritar la pell i que tenyeix de negre), i comprovi les referències del tatuador (o, dit d'una altra manera, ni li passi pel cap de tatuar-se en alguna paradeta ambulant!). I si encara vol ser més prudent, pregunti al seu metge si es pot tatuar amb henna.

També cal que tingui en compte que la pell d'una dona embarassada sol ser hipersensible, de manera que és possible que vostè desenvolupi una reacció al·lèrgica a l'henna, fins i tot si abans ja se n'havia aplicat sense tenir cap tipus de problema. Per comprovar la seva reacció enfront de l'henna, apliqui-se'n una petita quantitat sobre la pell i esperi 24 hores per assegurar-se que no hi apareix cap signe d'irritació.

profè ni àcid acetilsalicílic). Pregunti al seu metge la dosificació adequada en el cas de les migranyes. I no prengui cap altre fàrmac analgèsic (ni amb recepta ni automedicant-se, i ni tan sols a base d'herbes medicinals) sense el consentiment del metge.

Si té un mal de cap molt fort que persisteix diverses hores, es repeteix molt sovint, és resultat d'un estat febril, o va acompanyat de trastorns de la visió o d'inflor de les mans i la cara, notifiquiho al seu metge.

"Tinc moltes migranyes. He sentit a dir que durant l'embaràs són més habituals. És cert?"

Durant l'embaràs, algunes dones tenen migranya més sovint; també n'hi ha altres d'afortunades, que en pateixen menys que abans. No se sap quin n'és el motiu ni tampoc perquè algunes persones tenen migranyes de forma recurrent mentre que altres no en tenen mai.

Si abans de quedar-se embarassada ja tenia migranyes, parli amb el seu metge sobre quina medicació és segura durant la gestació, de manera que estigui preparada per enfrontar-s'hi si se li repeteixen aquestes terribles molèsties al llarg de l'embaràs. Pensi també en la prevenció. Si sap què li provoca els atacs de migranya, intenti evitar-ho. L'estrès n'és una de les causes més comunes, així com també la ingesta de xocolata, formatge o cafè. Intenti determinar què pot fer –si és que hi pot fer alguna cosa– per esquivar un atac fort de migranya tan bon punt detecti els primers signes d'alarma. És possible que una o diverses de les següents mesures l'ajudin: rentar-se la cara amb aigua freda o aplicar-se una compresa freda o una bossa de gel al front; evitar el soroll, la llum i les olors, estirar-se en una habitació a les fosques durant dues o tres hores, amb els ulls tapats (fent una becaina, meditant o escoltant música, però no llegint ni mirant la televisió); o posar en pràctica tècniques de medicina complementària i alternativa, com el *biofeedback* o l'acupuntura (vegi la pàgina 93).

Estries

"Tinc por que em surtin estries. Les puc prevenir?"

A ningú li agraden les estries, i encara menys quan s'atansa el bon temps i arriba l'hora de deixar la pell al descobert. Tot i això, no és fàcil evitar-les quan s'està en estat. La major part de les dones embarassades tenen aquestes marques rosades o rogenques (a vegades de color púrpura), lleugerament sobresortints, que solen aparèixer als pits, als malucs i/o a l'abdomen en algun moment de l'embaràs.

En realitat, aquestes marques són petits esquinços de les capes de suport dels teixits interns de la pell provocats pel fet d'estirar-la més del compte. Les futures mares que tenen una pell amb una bona elasticitat (gràcies a l'herència genètica i/o aconseguida al llarg d'anys de seguir una dieta excel·lent i de practicar exercici regularment) poden tenir diversos embarassos sense que els quedi cap marca delatora. En general, la seva pròpia mare pot convertir-se en la seva bola de vidre per tractar de predir si vostè tindrà estries o no: si la seva mare va superar els embarassos amb una pell intacta, el més probable és que a vostè li passi el mateix; però si té estries, el més probable és que a vostè també n'hi surtin.

Encara que potser no les podrà prevenir, vostè sí que pot minimitzar les estries vigilant que el seu augment de pes sigui constant, gradual i moderat (com més de pressa se li estiri la pell, més possibilitats hi haurà que hi apareguin marques). També pot ser molt útil potenciar l'elasticitat de la pell nodrint-la amb una bona dieta (especialment amb aliments d'alt contingut en vitamina C). I encara que no s'ha demostrat que cap producte tòpic sigui capaç de prevenir que les estries acabin deixant rastre a la seva pell, tampoc li farà cap mal aplicar-s'hi cremes hidratants, per exemple a base de mantega de cacau. Tot i no disposar de cap prova científica que ho avali, moltes dones asseguren que els productes hidratants els funcionen –o, com a mínim, els eviten la sequedat i les picors que apareixen quan la pell s'està estirant, al llarg de tot l'embaràs. I un altre punt a favor: és probable que al seu marit li faci gràcia aplicar-li crema al ventre (i el seu nadó també es beneficiarà del massatge).

Si li estan sortint aquestes estries (que a vegades també es coneixen com "les marques de l'embaràs"), també es pot consolar pensant que uns mesos després del part aniran empal·lidint fins a adquirir una tonalitat més similar a la de la seva pell. Després del part, també pot consultar a un dermatòleg com reduir la visibilitat de les estries, ja sigui mitjançant teràpia làser o amb Retin-A. Mentrestant, llueixi-les amb orgull.

Augment de pes del primer trimestre

"Estic arribant al final del primer trimestre i em sorprèn que encara no hagi guanyat pes."

A moltes dones els costa augmentar un sol gram durant les primeres setmanes –i n'hi ha que fins i tot perden algun quilo, normalment "gràcies" al mareig matinal–, mentre que altres ja van començar l'embaràs amb un excés de pes i, de moment, és millor que no acumulin més quilos. Afortunadament, la naturalesa té cura del seu nadó, que queda protegit encara que vostè estigui massa marejada per poder menjar res o tingui aversió a molts aliments. Els fetus diminuts tenen unes necessitats nutricionals també diminutes, per la qual cosa, de moment, el fet que no augmenti de pes no tindrà cap efecte negatiu sobre el nadó. Un cop arribi al segon trimestre, però, les coses ja canvien. A mesura que el seu fill creixi, i la fàbrica del nadó acceleri la seva producció, hi haurà una demanda cada cop major de calories i de nutrients –i vostè haurà de començar a guanyar pes, sumant els quilos a un ritme regular.

Així que no cal que s'atabali, però miri de començar a menjar (per sort, el més probable és que les nàusees aviat li desapareguin). I, a partir del quart mes, comenci a controlar el seu pes per assegurar-se que augmenta al ritme més adequat (vegi la pàgina 185). Si continua tenint problemes per guanyar pes, intenti complementar les calories que pren amb un valor nutricional addicional, mitjançant una dieta eficient (vegi la pàgina 100). També podria intentar menjar una mica més cada dia, evitant saltar-se àpats i afegint algun refrigeri més entre hores. Si no pot menjar gran cosa d'un sol cop (fet que, de tota manera, tampoc és recomanable per a la digestió de les embarassades), faci sis petites menjades al dia en comptes de ferne tres d'abundants. Deixi les amanides, les sopes i les begudes que la puguin saciar per a després del plat principal per evitar que li treguin la gana. Consumeixi aliments rics en greixos beneficiosos (com les nous, les llavors, els alvocats o l'oli d'oliva), però no intenti guanyar quilos recorrent al menjar escombraries, ja que el més probable és que els quilos augmentats d'aquesta manera li vagin a parar als malucs i a les cuixes en comptes de nodrir el seu nadó.

Els nois sempre seran nois

Tens gana, mama? A mesura que s'atansi al segon trimestre, és probable que noti que li torna la gana (que podria haver perdut cap a la sisena setmana, més o menys). Però si vostè assalta la nevera amb la mateixa assiduïtat que un noi en plena adolescència, és possible que estigui esperant un nen (o, com a mínim, un fetus masculí que va en camí de convertir-se en un adolescent). Les investigacions han demostrat que les dones gestants que esperen nens mengen més que les que esperen nenes –fet que podria explicar per què, en el moment de néixer, els nens solen pesar més que les nenes: menjar i més menjar, valga'm Déu!

"Estic embarassada de dotze setmanes i m'he quedat perplexa en veure que ja he guanyat quatre quilos. I ara què puc fer?"

En primer lloc, no s'espanti. Moltes dones viuen l'experiència de quedar-se bocabadades al final del primer trimestre, quan pugen a la bàscula i s'adonen que han guanyat 4 o 5 quilos, o més i tot, en encara no tres mesos. A vegades, aquest augment s'explica pel fet que s'han pres això de "menjar per a dos" massa al peu de la lletra (ja que encara que estigui menjant per a dos, un dels dos és molt, molt petit) i ja no s'estan de res després d'haver-se passat mitja vida fent règim. Altres vegades, es deu al fet que troben alleujament per a les seves nàusees decantant-se pels aliments amb moltes calories (gelats, pasta, hamburgueses o simplement rosegant un crostó de pa).

Sigui com sigui, pel simple fet d'engreixar-se una mica més del compte durant el primer trimestre no ho ha de donar tot per perdut. La veritat és que ara no és el moment de perdre pes ni de deixar de guanyar en els propers sis mesos el que ara s'ha engreixat de més. El seu nadó necessita un subministrament constant de nutrients (especialment en el segon i tercer trimestres, quan el petit creixerà a marxes forçades), així que retallar les calories ingerides no seria un pla intel·ligent. El que sí que pot fer és mantenir a ratlla el seu augment de pes durant la resta de l'embaràs –augmentant de pes més lentament, però sense deixar d'augmentar-ne– i anar controlant la bàscula (i què menja) amb més cura.

Parli amb el seu ginecòleg i planifiqui un augment de pes segur i assenyat per als dos trimestres següents. Encara que guanyi els 400 grams setmanals recomanats fins al vuitè mes (durant el novè mes, la majoria d'embarassades deixen d'augmentar de pes, o n'augmenten més poc), acabarà el seu embaràs amb només un quilo de més per sobre dels 14 quilos, el límit màxim recomanat d'augment de pes. Revisi la dieta de l'embaràs (al capítol 5) per saber com menjar de forma sana per a dos sense arribar a fer-ne dues com vostè abans de quedar-se embarassada. Augmentar de pes de forma eficaç, mitjançant els aliments de la millor qualitat possible, no només l'ajudarà a complir aquest repte sinó que també farà que el pes guanyat sigui més fàcil de perdre després.

Embarassos que es noten de seguida

"Com és que ja se'm nota l'embaràs si tot just estic en el primer trimestre?"

Durant el primer trimestre ja té més aspecte d'embarassada del que es pensava? Com que cada ventre és diferent, alguns es mantenen plans fins ben entrat el segon trimestre mentre que altres semblen inflar-se tot just acabat de fer el test de l'embaràs a casa. Una panxa voluminosa pot resultar desconcertant ("si ara ja estic així de grassa, quina pinta faré d'aquí a uns mesos?"), però també pot fer il·lusió, ja que és la prova tangible que allí dins s'hi està gestant realment un nadó.

Existeixen diverses causes que poden explicar que el seu embaràs es noti tan aviat:

- Que vostè sigui de constitució menuda. Si va començar l'embaràs molt primeta, el seu úter, que està creixent, aviat no tindrà on amagar-se i li sobresortirà la panxeta, encara que sigui petita.
- Que tingui un to muscular baix. És més probable que una embarassada amb els músculs abdominals laxos acabi amb un ventre més pronunciat que una futura mare amb un cos tonificat i musculós. Per aquest motiu, el segon embaràs se sol notar abans –ja que els músculs abdominals ja s'havien estirat una vegada.

- Que mengi massa. Si ha estat menjant per a dos (i no ha tingut en compte que un dels dos és de la mida d'una nectarina), pot ser que la que augmenti de pes sigui vostè i no el nadó. Si ja ha guanyat dos o més quilos, aquesta podria ser l'explicació que la seva panxa sobresurti tan aviat.
- Que hagi calculat malament les dates. Si la panxa se li nota abans del previst, també pot ser que hagi calculat malament la data de concepció.
- Que estigui inflada. La inflor i l'acumulació de gasos poden ser les culpables de l'increment de mida del seu estómac. El mateix li pot passar si no té un bon trànsit intestinal i va al lavabo amb menys freqüència de la normal.
- Que dugui més d'un nadó a bord. Algunes dones que llueixen un ventre impressionant durant el primer trimestre acaben descobrint, més tard, que esperen bessonada. Però abans de posar-se a preparar la canastreta per duplicat, tingui en compte que aquests casos són l'excepció i que la majoria de dones amb una panxa prominent des del principi només tenen un sol fill. Així, un ventre relativament voluminós durant el primer trimestre no se sol considerar un signe fiable que la futura mare estigui esperant més d'un fill (vegi la pregunta següent).

Embaràs multiple?

"Com pot saber el metge si espero bessonada?"

Té el pressentiment que espera més d'un fill? Hi ha moltes pistes que poden fer-li deduir si vostè podria estar esperant bessons:

Un úter massa gran per a la seva edat gestacional. La mida de l'úter, i no la de l'abdomen, és la que compta en el diagnòstic dels embarassos múltiples. Si creu que el seu úter ha crescut més de pressa del previst per a la seva data de sortida de comptes, hi ha motius per sospitar un embaràs múltiple. En canvi, una panxa gran per si sola no vol dir res.

Símptomes de l'embaràs exagerats. Quan s'esperen bessons, les molèsties típiques de l'embaràs (nàusees, indigestió, etc.) es poden presentar per duplicat, o gairebé. Tot i això, també pot ser que aquests símptomes siguin molt accentuats en un embaràs simple.

Predisposició. Existeixen diversos factors que fan més probable que una dona tingui bessons idèntics o fraterns. Entre altres, destaquen: antecedents a la família materna de bessons no idèntics, tenir una edat avançada (les dones de més de 35 anys solen alliberar amb més freqüència més d'un òvul al mateix temps), l'ús de fàrmacs per estimular l'ovulació i la fecundació in vitro. Algunes proves indiquen que el fet de tenir bessons no idèntics pot estar influït genèticament (alguna cosa en el seu òvul o en els espermatozous del seu marit podria fer que l'òvul fecundat es dividís en dos).

Pel que fa al seu metge, podria intentar escoltar dos (o més) batecs cardíacs clarament diferenciats, però això no és cap ciència exacta (ja que el batec cardíac d'un sol fetus es pot sentir en diversos punts diferents), de manera que l'existència de bessons no se sol diagnosticar d'aquesta manera. La millor tècnica diagnòstica per detectar un embaràs múltiple és la pràctica d'una ecografia durant les primeres setmanes. En gairebé tots els casos, aquesta tècnica diagnostica amb gran exactitud un embaràs múltiple (amb l'excepció d'algun cas aïllat en què un dels fetus, tímid davant la càmera, es quedi tota l'estona amagat darrere del seu germanet). Si vostè espera bessons (o més), consulti el capítol 16.

El batec cardíac del nadó

"Tinc una amiga que va sentir el batec cardíac del seu fill a les deu setmanes. Jo estic embarassada d'onze setmanes i el meu metge encara no ha localitzat el batec del meu nadó."

Sens dubte, sentir el primer batec cardíac del nadó sona a música celestial per a la futura mare (i el futur pare). Encara que ja hagi vist el persistent moviment de bombeig del cor del seu petit fill en una ecografia inicial, no hi ha res com escoltar a la consulta del ginecòleg el batec cardíac fetal mitjançant un dispositiu Doppler (un dispositiu d'ultrasons manual, que amplifica el so amb l'ajuda d'una gelatina especial que li esbarriaran sobre el ventre).

Encara que el batec cardíac ja se sol sentir entre les setmanes deu i dotze de l'embaràs a través d'un dispositiu Doppler, no totes les futures mares poden satisfer les seves oïdes tan aviat amb aquesta simfonia fetal. La posició del seu nadó pot ser la causa que el seu batec cardíac sigui inaudible, i també és possible que la localització de la placenta (o la capa extra de greix que vostè acumula al ventre) estiguin amortint aquest so. Una altra explicació per no sentir el batec del seu nadó és que hi hagi un lleuger error de càlcul en la data prevista de part. Quan arribi a les catorze setmanes de gestació, el miraculós so del batec cardíac fetal estarà disponible amb tota seguretat per tal que vostè gaudeixi escoltant-lo. En cas contrari, o per tranquil·litzar els seus temors, és possible que el seu metge li practiqui una ecografia, que farà visible un batec cardíac que, per algun motiu, resultava difícil de sentir a través d'un dispositiu Doppler.

Quan aconsegueixi sentir el batec cardíac del seu fill, escolti'l amb molta cura. Les pulsacions normals d'una per-

Aparells Doppler domèstics

Té la temptació de comprar-se un d'aquells "escoltadors del cor" prenatals, que no són gens cars, per poder estar sintonitzada amb el batec cardíac del seu nadó entre visita i visita? Poder controlar el batec cardíac del seu nadó pot ser molt emocionant i li permetrà dormir més tranquil·la si és una persona patidora de mena. Però vagi amb compte: tot i que l'ús d'aquests dispositius es considera segur, els aparells casolans no són tan sofisticats com els que fa servir el metge –i molts no són prou sensibles com per captar els tons del batec fetal fins passat el cinquè mes d'embaràs. Si en fa servir algun abans d'aquest mes, és possible que no senti res i que, en comptes d'il·lusionar-se amb el batec cardíac del seu fill, s'acabi amoïnant innecessàriament. Fins i tot més avançat l'embaràs, aquests dispositius no sempre poden oferir-li el que vostè està buscant (ja que la posició del nadó o un angle equivocat de col·locació del dispositiu poden fer que l'aparell no funcioni prou bé). I pot ser que els resultats no siguin prou precisos –o que siguin diferents dels de la consulta del metge, amb la qual cosa li poden generar preocupacions innecessàries. Així que, si vol, faci servir aquest dispositiu casolà (encara que, per fer-ho, valdria la pena que comptés amb el consentiment del metge); però tingui en compte que costen poc però que també ofereixen poques garanties, així que és possible que no n'obtingui el resultat que n'esperava.

El cor de la qüestió

És un nen o una nena? Pot donar-nos alguna pista el batec cardíac fetal? Encara que les àvies –i alguns metges– ens han estat explicant històries durant molts anys (com ara que més de 140 pulsacions per minut prometen una nena, mentre que un índex inferior correspon a un nen), les investigacions han demostrat que no hi ha cap mena de correlació entre el còmput del batec cardíac fetal i el sexe del nadó. Pot divertir-se una estona fent prediccions basades en el còmput del batec cardíac del seu fetus (al cap i a la fi, té un 50 per cent de possibilitats d'encertar), però és millor que no elegeixi els colors de la robeta per al seu nadó basant-se només en aquestes

sona adulta solen ser de 100 batecs per minut, però en el cas del seu nadó seran d'entre 110 i 160 al principi de l'embaràs i d'una mitjana d'entre 120 i 160 cap a la meitat de l'embaràs. Tot i això, és aconsellable que no es dediqui a comparar els batecs cardíacs del seu nadó amb els d'altres amigues embarassades –ja que el cor de cada nadó batega al seu propi ritme i els resultats del batec cardíac varien molt d'un fetus a un altre.

Cap a les 18 o 20 setmanes de gestació, el batec cardíac ja es pot sentir sense la necessitat d'un amplificador Doppler, i n'hi ha prou d'utilitzar un estetoscopi normal.

Desig sexual

"Totes les meves amigues asseguren que, al principi de l'embaràs, van experimentar un augment del desig sexual. Com és que a mi no em passa?"

L'embaràs és un moment de canvis en molts aspectes de la vida, i l'aspecte sexual no podia ser menys. Probablement, ja s'haurà adonat que les hormones juguen un paper molt important en les pujades i baixades físiques i emocionals i que, per tant, també juguen un paper crucial en la sexualitat. Però aquestes hormones afecten a cada dona de manera diferent i mentre que a unes els fa pujar la temperatura corporal, altres es tornen més fredes que el gel. Algunes dones que possiblement no havien tingut mai un orgasme o que no gaudien plenament del sexe, de sobte i per primera vegada a la vida experimenten aquestes sensacions durant l'embaràs. Altres dones, en canvi, tot i tenir fins aleshores una ardent apetència sexual i arribar a l'orgasme amb facilitat, perden tot d'una el desig sexual i els costa excitar-se. I encara que, d'una banda, les hormones hagin encès la seva passió, de l'altra, els símptomes propis de l'embaràs (com ara les nàusees, l'esgotament o uns pits dolorosament sensibles) poden interposar-se entre vostè i el plaer sexual. Aquests canvis en la sexualitat tant poden generar desconcert com culpabilitat o exaltació, o bé una confusa combinació de totes tres reaccions alhora. I tot plegat és completament normal.

El més important és ser conscient que els seus comportaments sexuals durant l'embaràs –i els de la seva parella també– poden resultar més erràtics que no pas eròtics, de manera que un dia pot sentir-se apassionada i l'endemà, gens ni mica. La comprensió mútua i una comunicació fluïda, així com no perdre el sentit de l'humor, els ajudaran molt. I recordi (i recordi-ho també a la seva parella) que moltes dones que han perdut l'apetència sexual durant el primer trimestre el recuperen, i amb escreix, durant el segon, així que estigui preparada per donar –quan menys s'ho esperi– la benvinguda a una sobtada pujada de temperatures a la seva habitació. Fins aleshores, potser li interessarà posar en pràctica els consells de la pàgina següent, per anar escalfant motors.

"Des que em vaig quedar embarassada, sempre estic sexualment excitada i no en tinc mai prou. És normal?"

Està una mica acalorada de cintura cap avall (i sota d'aquests texans que ja li comencen a quedar justos)? Sempre està a punt de solfa? Doncs millor per a vostè. Mentre que algunes dones veuen com la seva vida sexual se'n ressent durant el primer trimestre de gestació (per culpa dels símptomes primerencs de l'embaràs que mantenen la seva libido sota mínims), altres –com ara vostè– s'adonen que no es donen mai per satisfetes, sexualment parlant. Ja pot donar les gràcies a aquestes hormones extra, que durant l'embaràs circulen pel seu cos, així com a l'augment de flux sanguini a la seva zona pelviana (que pot provocar que tingui els genitals agradablement congestionats i amb una mena de formigueig constant), perquè li fan pujar el termòstat sexual. A banda d'això, també hi influeixen les noves corbes del seu cos, i aquests pits, més grans que mai, que probablement ja deu lluir amb l'orgull de sentir-se una futura mare provocativa. A més, pot ser que sigui la primera vegada de la seva vida que pot fer l'amor sempre que li vingui de gust, sense haver d'esguerrar el moment per una corredissa cap al lavabo per anar a buscar el diafragma o per calcular el seu període fèrtil amb un predictor de l'ovulació. Aquest agradable estat de sensualitat pot ser més pronunciat durant el primer trimestre, quan els daltabaixos hormonals toquen sostre, o bé mantenir-se en aquest nivell fins al mateix dia del part.

Com que, en aquests moments, l'augment de l'apetència sexual és perfectament normal (com també ho és la falta de desig), no es preocupi ni per una cosa ni per l'altra. I no se sorprengui ni es preocupi si els seus orgasmes són més freqüents o més intensos que mai (i si és la primera vegada que arriba a l'orgasme, més motiu per celebrar-ho!). Mentre el metge li doni llum verda per practicar sexe (i normalment la dóna), només cal que busquin el moment adequat amb la seva parella. Explorin posicions noves abans que la panxa li faci descartar moltes postures físicament impossibles. I, sobretot, gaudeixi d'aquesta intimitat tan agradable mentre pugui (i abans que la libido caigui en picat, com sol ocórrer en el postpart).

"Tinc moltes ganes de practicar sexe, però sembla que el meu marit no està per orgues. M'ho estic començant a prendre com quelcom personal."

Què fa que el seu marit no vulgui ni tastar el seu plat preferit justament ara que està a punt de caramel? Existeixen diverses explicacions possibles. Una podria ser el temor de fer-li mal a vostè o al seu futur fill (encara que això no sigui possible). Una altra podria ser l'estranya sensació de fer l'amor "davant" del nadó –o a través del conducte pel qual el seu nadó suposadament podria veure o sentir el seu penis quan la penetri (suposició que, al cap i a la fi, sobredimensiona els seus atributs). També és possible que li costi acostumar-se als seus canvis corporals o a la idea que vostè s'està a punt de convertir en mare. O potser està tan concentrat en la idea de convertir-se en pare que el paper d'amant ja ha passat a segon pla. També hi podria haver un desencadenant físic: els futurs pares novells solen experimentar un descens de testosterona i un increment d'hormones femenines, fet que pot caure com una gerra d'aigua freda per a les seves libidos.

Sigui quina sigui la causa per la qual el seu marit no se li llança al damunt cada vegada que vostè li dóna a entendre que li deixa les portes obertes, no s'ho prengui com una qüestió personal. Però tampoc es resigni a passar nou mesos de sequera absoluta.

El millor que podria fer seria iniciar una conversa sobre temes "de llit". Expliqui-li com se sent vostè (al màxim de revolucions i sense cap vàlvula d'escapament) i miri d'esbrinar què li passa pel cap a ell (ja que potser això també explicaria què no li passa de cintura cap avall). Animi'l a llegir la secció sobre els prèambuls del sexe de la pàgina 282, així com el capítol 19, que li donaran la confiança que el sexe és perfectament segur en un embaràs normal i que els futurs fills ignoren per complet les entrades i sortides dels seus pares (i que estan completament fora del seu abast, fins i tot en el cas de pares particularment ben dotats).

Sigui comprensiva i pacient si necessita un temps abans de tornar a estar a punt per recuperar la seva vida sexual anterior. Una comunicació oberta i franca els permetrà unir les seves ments –i esperem que també els seus cossos.

I no es limiti a esperar asseguda que l'amor (i la seva parella) entrin en acció. Aixequi-li l'ànim amb roba interior ben provocativa i que accentuï totes les seves noves (i perilloses) corbes, posi la il·luminació i la música adequades i ofereixi-li un massatge (complet i amb olis perfumats).

I si això encara el fa sentir més incòmode (i més pressionat per complir el seu paper), adopti l'estratègia oposada: limitin-se a fer-se carícies assegudets de costat al sofà i, quan deixi de sentir-se sota pressió, és possible que ell mateix prengui la iniciativa.

Rampes després de l'orgasme

"Després de l'orgasme, m'agafen rampes a l'abdomen. És normal o vol dir que hi ha algun problema?"

No cal que es preocupi –ni tampoc cal que deixi de gaudir del sexe. Tant durant com després de l'orgasme, les rampes (a vegades acompanyades de dolor a la part baixa de l'esquena) són normals i innòcues en qualsevol embaràs de baix risc.

Les seves causes poden ser físiques: una combinació entre l'augment normal de flux sanguini cap a l'àrea pelviana durant l'embaràs, la també normal congestió dels òrgans sexuals durant l'excitació i l'orgasme i les contraccions uterines que solen seguir a l'orgasme. O també poden ser psicològiques: el resultat d'un temor molt estès però infundat de ferir el nadó mentre es mantenen relacions sexuals. O bé pot tractar-se d'una combinació tant de factors físics com psicològics, ja que la connexió entre el cos i la ment és molt estreta, sobretot pel que fa a temes sexuals.

Dit d'una altra manera, les rampes no són en absolut un signe que vostè danyi el seu nadó mentre gaudeix del sexe. De fet, a no ser que el seu metge li hagi recomanat el contrari, és perfectament segur combinar el plaer sexual amb la tasca de gestar un nadó. Si les rampes són molt molestes, demani al seu company que li practiqui un suau massatge a la part inferior de l'esquena i possiblement li alleujarà tant les rampes com qualsevol tensió que pogués desencadenar-les. Algunes dones també tenen rampes a les cames després de practicar sexe; vegi a la pàgina 299 els consells per alleujar-les.

QUÈ CAL TENIR EN COMPTE

L'embarassada en el seu lloc de treball

Si ha decidit quedar-se embarassada, deu ser que ja ha trobat la feina més adequada per a vostè. Però afegeixi-hi una jornada completa de plena dedicació en la fabricació del nadó, i la seva càrrega laboral ja s'haurà duplicat. Fer jocs malabars amb tot plegat –visites mèdiques amb reunions laborals, viatges al lavabo amb viatges a la sala de telecomunicacions, nàusees amb dinars de treball, donar la bona nova a la seva millor amiga (que se n'alegrarà) amb donar-la al seu cap (que potser no se n'alegrarà tant), estar sana i a gust amb estar motivada i triomfar laboralment, la preparació per a l'arribada del nadó amb la preparació per a la baixa de maternitat... Tot això pot donar com a resultat un excés de treball per a vostè. A continuació, proposem alguns consells per a les dones embarassades i empleades alhora.

Quan avisar l'empresa

No sap quan decidir-se a trucar a la porta del seu cap per fer-li saber que espera una criatura? No existeix un moment perfecte per a totes les embarassades (però, en qualsevol cas, caldria fer-ho abans que el ventre la delati). Tot dependrà de la franquesa que es respiri en el seu ambient de treball. I també dependrà molt de les seves pròpies condicions (físiques i emocionals). Alguns dels factors que hauria de tenir en compte són els següents:

Com es troba i si se li nota. Si les nàusees li fan passar més estona amb el cap inclinat sobre la tassa del vàter que asseguda a la taula del despatx i si el cansament del primer trimestre fa que llevar-se als matins s'hagi convertit en una missió impossible, o bé si ja fa massa panxa com per atribuir-la a un esmorzar hipercalòric, el més probable és que no tingui ganes de mantenir el secret gaire temps més. En tots aquests casos, és millor avançar-se a donar la notícia que no pas esperar que el seu propi cap (i tota l'oficina en pes) ho hagi deduït pel seu compte. Si, en canvi, vostè es troba bé i es pot apujar la cremallera dels pantalons sense massa problemes, té l'opció de deixar-ho per a més endavant.

El tipus de feina que desenvolupa. Si treballa en condicions o en contacte amb substàncies que podrien ser perjudicials per al seu embaràs o el seu nadó, ho haurà de fer saber com abans millor, aprofitant per demanar que la traslladin a una altra ubicació o que la canviïn de lloc de treball, en cas que sigui possible.

Com li va la feina. Desgraciadament –i també injustament–, una dona que anuncia al seu lloc de treball que està embarassada es pot trobar amb molts prejudicis, com ara: "Tindrà prou energies per mantenir la seva productivitat durant l'embaràs? Tindrà el cap a la feina o al nadó? Ens deixarà a l'estacada?" Per fer front a algunes d'aquestes suspicàcies, podria aprofitar per anunciar el seu estat just després de presentar un informe, guanyar un cas, tancar una transacció, plantejar una gran idea o demostrar de qualsevol altra manera que pot estar embarassada sense deixar de ser professionalment productiva.

Si està pendent d'un ascens. Si tem que difondre la notícia podria perjudicar les seves expectatives de promoció o d'augment de sou, esperi fins que aquestes expectatives es compleixin abans de fer-ho saber a la feina. Tingui en compte que

Els drets laborals de la dona embarassada

Segons la legislació espanyola (article 48 de l'Estatut dels treballadors, ET), tota dona embarassada té dret a un descans ininterromput de 16 setmanes de durada, que en el cas d'un part múltiple s'amplia dues setmanes més per cada fill a partir del segon. És la interessada mateix qui podrà decidir la distribució d'aquesta baixa, abans i després del part, sempre que sis setmanes siguin immediatament posteriors. La prestació econòmica durant aquest període de descans consisteix en un subsidi equivalent al cent per cent de la base reguladora, i en cap cas es pot reduir el permís de maternitat, encara que s'hagi produït una baixa mèdica per risc o alteració de la salut durant l'embaràs. A més, si el nadó morís, la mare té el dret d'acabar el període de baixa per maternitat.

- Per opció de la mare, i sempre que tant aquesta com el pare treballin fora de casa, el pare es podrà prendre les 10 últimes setmanes del descans, de manera simultània o successiva a la mare. Aquesta opció s'haurà de comunicar a l'INSS a l'inici del període de descans. A més, en cas que mori la mare, el pare podrà fer ús del total del període de suspensió, o de la part que no s'hagi fet servir. Independentment de tot això, en el moment del naixement, el pare també té dret a dues setmanes de descans.

Per tenir dret a la prestació per maternitat, la dona ha d'haver cotitzat com a mínim 180 dies durant els cinc anys immediatament anteriors al part, però se li exigirà que l'afiliació a la Seguretat social hagi tingut lloc com a mínim nou mesos abans de la data prevista per al part. D'altra banda, la situació d'embaràs no es pot utilitzar per a un acomiadament, i si una embarassada és acomiadada podrà presentar una demanda davant la Magistratura de Treball.

- Segons el Reial decret 1/2000 de 14 de gener, s'han creat dues noves prestacions de protecció de la família, per naixement d'un fill a partir del tercer i per part múltiple, que consisti-

seria difícil de demostrar que no l'han promocionada o no li han augmentat el salari únicament pel fet d'estar embarassada (i pel fet que aviat serà alhora una treballadora i una mare, i no necessàriament en aquest ordre).

Si al seu lloc de treball es practica molt la tafaneria. Si una de les activitats estrella de la seva empresa és fer safareig, haurà d'anar molt amb compte. Si arriba a orelles del seu cap que vostè espera una criatura abans que li ho comuniqui personalment, als inconvenients de l'embaràs hi haurà de sumar els de la desconfiança que li generarà. Asseguri's que el seu cap és el primer a saber-ho –o que, com a mínim, si ho diu abans a algun altre company, aquest no se'n vagi de la llengua.

Si es vetlla per la conciliació de la vida laboral i la vida familiar. Si encara no la té prou clara, intenti calibrar ara l'actitud del seu cap en relació amb l'embaràs i la família. Pregunti-ho a altres dones de l'empresa que hagin passat per la mateixa experiència amb anterioritat, en cas que en conegui alguna. Informi's de les condicions de la baixa per embaràs i maternitat, així com dels possibles avantatges addicionals de la seva empresa en

ran en un pagament únic que variarà entre 450 euros i 12 vegades l'import del salari mínim mensual interprofessional. A partir de febrer de 2003 les mares treballadores amb fills menors de tres anys cobren una paga mensual de 100 euros per cada fill i des del 3 de juliol de 2007 s'ha establert una paga única de 2500 euros per al pare o la mare pel naixement d'un fill.

- Durant el període de l'alletament (art. 37.4 ET), que es considera fins que el nadó té nou mesos d'edat, la mare té dret a disposar d'una hora diària dins de la jornada laboral, que es podrà dividir en dos períodes de mitja hora. Aquesta absència d'una hora es podrà substituir per una reducció de mitja hora en la jornada normal (entrar mitja hora més tard o sortir mitja hora abans). Aquest permís el poden demanar tant la mare com el pare, en cas que tots dos treballin.
- Segons l'Estatut dels treballadors (art. 37.5), tant el pare com la mare poden sol·licitar una reducció de la jornada laboral d'un terç com a mínim i la meitat com a màxim, per poder tenir cura d'algun fill menor de sis anys o d'un disminuït psíquic, sempre que aquest no faci cap activitat remunerada. El salari disminuirà de manera proporcional a la reducció de la jornada laboral. A més (art, 46.3) es podrà sol·licitar una excedència d'una durada màxima de tres anys comptats des del naixement del fill. El període d'excedència serà computable als efectes de l'antiguitat, i durant el primer any es tindrà dret a la reserva del lloc de treball.
- La legislació espanyola també regula els casos d'absència de la feina per tenir cura d'un fill malalt (de dos a quatre dies, segons els casos) i per causa del naixement de fills prematurs o que requereixen hospitalització després de néixer (el pare o la mare poden ajornar les últimes deu setmanes del permís per maternitat fins que el nadó surti de l'hospital, i mentrestant poden tenir una reducció de la jornada laboral). Els riscs laborals per a les dones embarassades també poden ser causa d'un canvi de lloc de treball, sempre que hi hagi un lloc alternatiu disponible, o d'una baixa que s'equipara a la de malaltia.

aquest tema. O reuneixi's en privat amb algun empleat del departament de recursos humans o amb la persona encarregada d'aquests temes a la seva empresa. Si coneix antecedents de suport de la seva empresa a altres mares o futures mares, podria ser una bona idea donar la notícia abans. Com a mínim, així tindrà una idea més clara sobre amb què s'haurà d'enfrontar.

Donar la notícia

Tan bon punt hagi decidit quan donar la bona nova, podria prendre algunes mesures per assegurar-se que serà ben rebuda:

Conegui els seus drets. La legislació actual empara les dones embarassades, i els progenitors en general (vegeu el requadre de la pàgina anterior). Algunes empreses han fet voluntàriament una sèrie d'esforços per millorar la seva política de conciliació de la vida familiar i laboral. Informi's sobre els drets que té per llei per saber què pot demanar i què no pot demanar.

Estableixi un pla. A la feina sempre es valora l'eficàcia del personal, i estar ben preparada sempre causa una bona

Fer jocs malabars per conciliar vida familiar i laboral

Tot i que encara no tingui més fills a casa, continuar treballant mentre s'està embarassada requereix posar en pràctica el delicat art de fer jocs malabars amb la feina i la família (o, com a mínim, amb la futura família). Especialment durant el primer i el tercer trimestres –quan poden estar molestant-la més els símptomes de l'embaràs i quan solen multiplicar-se les preocupacions relacionades amb la gestació– aquests jocs malabars podrien deixar-la exhausta i algunes vegades se sentirà aclaparada –vaja, un bon entrenament per als anys que li esperen de combinar el paper de dona treballadora amb el de mare de família. Els següents consells no li facilitaran la responsabilitat d'haver de treballar simultàniament a casa i a l'oficina, però potser l'ajudaran a compaginar més equilibradament la seva vida laboral amb la de "fabricant" del seu futur fill:

- Planifiqui bé els horaris. Demani cita per a les revisions, les ecografies, les analítiques, els tests de tolerància a la glucosa i per a qualsevol altra prova a primera hora, abans d'entrar a treballar (perquè potser en sortir ja estarà massa cansada) o durant la pausa per dinar. Si algun dia només pot anar a treballar mitja jornada, comenti-li al seu cap que té hora al metge i demani un comprovant de la visita (per si de cas algú no es refia de la seva paraula). Si fos necessari, demani al seu metge que li faci un justificant, per demostrar la visita, i faci'l arribar al seu cap o al responsable del departament de recursos humans.

- Recordi's de no oblidar. Si té la sensació que el seu cervell no rutlla a ple rendiment, doni'n la culpa a les hormones –i comenci a prendre precaucions per evitar que el seu desmemoriament li provoqui problemes a la feina. Per assegurar-se que no li passa per alt cap reunió, cap dinar de feina ni cap trucada d'última hora miri de fer-se llistes o d'escriu-

impressió en els companys. Així que, abans d'anunciar la notícia, hauria de traçar un pla detallat que prevegi fins quan treballarà (tenint en compte els possibles problemes mèdics imprevistos), quantes setmanes s'agafarà de baixa per maternitat, com té planejat acabar la feina començada abans d'agafar la baixa, i com proposa que s'acabin altres feines que no podrà finalitzar personalment. Si després de tenir la criatura només voldria treballar a temps parcial, ara és el moment de proposar-ho. Si prepara el seu pla per escrit s'assegurarà de no descuidar-se res i, a més, donarà la impressió de màxima eficàcia.

Faci-ho en el moment oportú i sense presses. No intenti donar la notícia al seu cap quan estiguin en un taxi de camí a una reunió o un divendres al vespre quan ja tenen un peu fora de l'oficina. Demani-li hora a l'avançada per a una reunió per tal que cap dels dos tingui pressa ni altres assumptes urgents entre mans. Intenti programar-la per a un dia o una hora en què la seva oficina estigui generalment més tranquil·la. Si a última hora surt algun imprevist i comencen les presses, posposi la reunió per a un altre dia.

Posi'n de relleu els punts positius. No comenci a donar la notícia demanant disculpes o transmetent dubtes. El que hauria de fer és comunicar al seu cap que vostè no només està feliç pel seu embaràs sinó que també està completare notes (els *post-its* són els millors aliats de les dones embarassades) i tingui el PDA a mà (si és que encara recorda on el va desar).

- Sigui conscient dels seus límits i no els excedeixi. Ara no és el moment de col·laborar en actes de voluntariat, d'assumir nous projectes ni de fer hores extra, a no ser que sigui absolutament imprescindible. Centri's en les obligacions inevitables –i factibles, essent molt realista– sense arribar-se a esgotar. Per evitar un estrès excessiu, vagi completant les tasques una darrere l'altra.
- Digui que "sí". Si els seus companys li ofereixen ajuda quan no es troba bé, no dubti en acceptar la seva deferència (potser algun dia els podrà tornar el favor). I atenció a totes les dones embarassades amb responsabilitats dins l'empresa: si hi ha un moment idoni per aprendre a delegar és precisament aquest.
- Faci una pausa quan la necessiti. Quan se senti emocionalment aclaparada (quan s'està esperant fins i tot una grapadora encallada podria fer-li rodolar les llàgrimes galtes avall), surti a estirar una mica les cames, vagi al lavabo o respiri profundament unes quantes vegades per desemboirar-se la ment. O concedeixi's un moment privat de bogeria premamà –vostè se'l mereix.
- Expressi's obertament. Vostè és una persona, i a més una persona embarassada. Això significa que ni ho pot fer tot sola ni ho pot fer tot bé –i encara menys quan se sent esgotada, com de ben segur li passa més d'un cop. Si gairebé no pot ni aixecar el cap del coixí (o bé no pot passar ni cinc minuts sense anar al lavabo) i els papers se li acumulen sobre la taula del despatx o se li tira el temps al damunt per complir un termini límit, no es deixi endur pel pànic. Digui al seu cap que necessita més temps o més ajuda. I no se senti culpable –ni permeti que ningú li'n faci sentir. Vostè no és ni gandula ni incompetent: és una dona embarassada.

ment segura de la seva capacitat de comprometre's a compaginar feina i família.

Sigui flexible (però no es deixi aclaparar). Exposi el seu pla i mostri's oberta a discutir-lo. Estigui preparada per fer concessions (asseguri's que el seu pla inicial permet la negociació), però no es deixi aclaparar renunciant a tots els seus plans. Proposi unes directrius bàsiques realistes i mantingui-s'hi fidel.

Posi-ho tot per escrit. Després d'haver tractat tots els detalls de la seva planificació de l'embaràs i de la baixa de maternitat confirmi'ls per escrit, per tal d'evitar confusions o malentesos d'última hora (del tipus "jo no li he dit mai això...").

No subestimi el poder dels altres treballadors amb fills. Si a la seva empresa la política de suport a la família no és com li agradaria que fos, consideri la possibilitat d'unir forces amb altres pares i mares per demanar una millora de les condicions de conciliació de la vida familiar i laboral. Tot i això, ha de tenir en compte que tant vostè com la resta de progenitors es poden trobar amb la incomprensió dels empleats sense fills; quan les polítiques de suport a la família milloren, solen sorgir ressentiments entre els treballadors que no poden gaudir d'aquests avantatges. Asseguri's que també s'obtenen millores equivalents per als empleats que han de tenir cura de cònjuges o pares malalts.

La síndrome del túnel carpià

Si es passa els dies (i potser també les nits) teclejant a l'ordinador, és possible que ja estigui familiaritzada amb els símptomes de la síndrome del túnel carpià (STC). Es tracta d'una afecció molt estesa en l'àmbit laboral, que causa dolor, formigueig i entumiment de les mans, i se sol presentar més sovint en persones que es passen moltes hores realitzant tasques molt repetitives (teclejant, realitzant treballs manuals reiteratius o fent servir un PDA). Tot i això, el que potser no sabia és que la STC afecta la majoria de les dones embarassades. Fins i tot les futures mares que no han tocat mai el teclat d'un ordinador són propenses a patir-la, a causa de la inflor corporal que els pressiona els nervis. La bona notícia és que la síndrome del túnel carpià no és perillosa –només incòmoda, i especialment a la feina. A més, vostè pot provar alguns dels següents remeis que l'ajudaran a veure la llum al final del túnel (carpià):

- Elevi la cadira del despatx fins a una alçada en què, mentre teclegi, tingui els canells rectes i les mans més baixes que els colzes.
- Per tal de protegir-se els canells, canviï el seu teclat antic per un d'ergonòmic (hauria d'incloure un recolzador de canells), i el seu ratolí per un altre amb suport per al canell.
- Quan teclegi, posi's una canellera.
- Quan treballi amb l'ordinador, faci pauses freqüents.
- Si es passa molta estona al telèfon, faci'n servir un amb auriculars i micròfon subjectable al cap o un amb altaveu.
- Als vespres, submergeixi les mans en aigua freda per reduir-ne les inflors.
- Consulti amb el seu metge altres possibles remeis, com ara els suplements de vitamina B_6, l'acupuntura o els analgèsics.

Estar còmoda a la feina

Entre les nàusees i el cansament, els mals d'esquena i les migranyes, els turmells inflats i la bufeta incontrolable, és absolutament normal que a qualsevol futura mare li resulti molt difícil gaudir d'un dia sencer completament còmode. Si, a més a mes, s'ha d'estar hores asseguda a l'oficina, dreta sobre uns peus inflats o treballant en una feina que impliqui doblegar l'esquena o aixecar algun pes, ja té la recepta perfecta per agreujar encara més les molèsties de l'embaràs.

Per estar el més còmoda possible a la feina mentre estigui en estat, miri d'aplicar els següents consells:

- Vesteixi's per triomfar i per estar còmoda. Eviti les robes massa ajustades o que limitin la seva llibertat de moviment, els mitjons o les mitges que dificultin la circulació, els talons massa alts o massa baixos (el millor són els talons amples i d'uns 5 cm). Portar mitges o mitjons especialment dissenyats per a l'embaràs l'ajudaran a evitar o minimitzar tota una sèrie de símptomes, des de la inflor de cames fins a les venes varicoses, i això pot ser especialment important si es passa una gran part del dia dempeus.
- Vagi amb compte amb la temperatura –la corporal. Sigui quin sigui el clima de la seva ciutat (o de la seva oficina),

el més probable és que durant l'embaràs vostè tingui una temperatura corporal amb molts alts i baixos. Tan aviat estarà gelada com es posarà a suar, de manera que valdria la pena que es vestís a capes –i posar-se-les o treure-se-les en funció de les necessitats de cada moment. Està pensant en embotir-se en un jersei de coll alt i de llana per fer front a uns termòmetres que baixen per sota dels zero graus? Doncs no ho faci sense posar-se a sota una peça de roba més lleugera, per tal que es pugui treure aquest jersei excessivament gruixut tan bon punt les hormones l'endinsin en una onada de calor que la faci bullir per dins. I, de la mateixa manera, si abans a l'estiu en tenia prou amb un jersei de màniga curta, ara tingui sempre a punt una jaqueteta a l'oficina, per si de cas. Al llarg de l'embaràs, la seva temperatura corporal oscil·larà en ambdós sentits, passant d'un extrem a l'altre en un tres i no res.

- No estigui dempeus –almenys sempre que sigui possible. Si la seva feina requereix que s'estigui dreta durant moltes hores, vagi fent pauses per asseure's o per estirar una mica les cames. Si és possible, sempre que estigui dreta, recolzi un dels peus sobre un tamboret baix, amb el genoll doblegat, per alleujar una mica la pressió a l'esquena. Vagi canviant de peu tot sovint. De tant en tant, aprofiti per flexionar els peus.

- Elevi els peus. Faci servir una caixa, una paperera o qualsevol altre objecte rígid per deixar descansar discretament els seus peus cansats sota la taula.

- Faci alguna pausa. Aixequi's i passegi's per l'oficina si ha estat molta estona asseguda; assegui's amb els peus elevats, si ha estat moltes hores dreta. Si té un sofà disponible i una estoneta lliure, estiri's uns quants minuts. Practiqui alguns exercicis d'estirament, sobretot per a l'esquena, les cames i el coll. Faci, per exemple, el següent estirament durant 30 segons una vegada (o bé dues) cada hora: aixequi els braços per sobre del cap, entrecreui els dits, elevi les mans enlaire i estiri's amunt. Després, posi les mans sobre la taula, separi-se'n una mica i estiri l'esquena. Assegui's i faci rotar els peus en una direcció i en l'altra. Si pot abaixar els braços fins a tocar-se els peus amb les mans –encara que sigui asseguda–, faci-ho per rebaixar la tensió de la nuca i les espatlles.

- Ajusti's la cadira. Li fa mal l'esquena? Doncs faci servir un coixí lumbar per tenir-la més recolzada. Té les natges adolorides? Doncs assegui's sobre un coixí tou. Si la seva cadira és reclinable, consideri la possibilitat de desplaçar el respatller una mica cap enrere, per deixar una mica d'espai (de fet, cada vegada més!) entre el seu ventre i la taula.

- Freqüenti la màquina expenedora d'aigua mineral. I no per fer una mica de safareig amb les companyes de feina (encara que aquest podria ser un al·licient afegit!) sinó per beure abundantment al llarg de tota la jornada laboral. O tingui sempre una botella d'aigua de litre sobre la taula. Beure un mínim de dos litres diaris d'aigua pot evitar-li molts símptomes molestos de l'embaràs, com ara una inflor excessiva, a més d'ajudar-la a prevenir les infeccions del tracte urinari (ITU).

- No es contingui. Buidar la bufeta tantes vegades com faci falta (i un mínim d'un cop cada dues hores) també ajuda a prevenir les ITU. Una bona estratègia seria planificar anar al lavabo cada hora, tant si li sembla que en té ganes com si no. En general, se sentirà molt millor si no espera a anar al lavabo fins que ja no pot aguantar més. (Ara no és el moment d'haver de sortir disparada cap al lavabo corrent a tota velocitat!)

- Dediqui temps a la seva panxa. Les obligacions de qualsevol futura mare inclouen alimentar el seu nadó amb regularitat, independentment de com estigui de plena la seva agenda. Així que organitzi's bé per tal que, fins i tot els dies que estigui especialment enfeinada, tingui prou temps per fer tres àpats complets i dos refrigeris entre hores (o bé cinc o sis refrigeris

Silenci, si us plau!

Cap a la setmana 24 de gestació, el seu nadó ja tindrà ben desenvolupada l'oïda interna, la mitjana i l'externa. Entre les setmanes 27 i 30, les oïdes del seu fill estaran prou preparades com per començar a reaccionar davant dels sons que es filtren a través seu. Evidentment, aquests sons li arriben amortits –d'entrada per la barrera física que suposen el líquid amniòtic i el greix que vostè acumula al seu propi cos. Dins de l'úter, ple de fluids, el timpà del nadó i l'oïda mitjana no poden dur a terme la seva funció normal d'amplificar els sons. Per tant, encara que hi hagi sorolls que resultin excessivament forts per a vostè, el seu nadó no els percebrà amb la mateixa intensitat.

De tota manera, com que la contaminació acústica s'ha convertit en un dels principals riscos laborals i se sap que és la causa de la pèrdua auditiva de molts dels treballadors que hi estan habitualment exposats, és comprensible que durant l'embaràs vostè vulgui evitar els sorolls excessius. De fet, hi ha estudis que suggereixen que una exposició *prolongada* i *repetitiva* a sorolls molt forts fa augmentar les probabilitats que el nadó pateixi alguna deficiència auditiva, especialment si es tracta de sorolls compresos dins de la gamma de baixes freqüències. Aquestes exposicions prolongades als sorolls –posem per cas, una jornada laboral en una indústria amb uns nivells acústics superiors als 90 o 100 decibels (comparable a estar-se al costat d'una segadora de gespa o d'una motoserra)– també poden incrementar els riscos de patir un part prematur i de donar a llum a nadons de baix pes. Els sons extremadament forts, d'uns 150 o 155 decibels (similar al soroll d'un reactor aeri en marxa), poden causar problemes similars en el nadó. Per norma general, és més segur evitar més de vuit hores d'exposició continuada a sorolls superiors als 85 o 90 decibels (el soroll d'una segadora de gespa o del trànsit de camions) i més de dues hores diàries d'exposició a sons de més de 100 decibels (el soroll d'una motoserra o d'una perforadora elèctrica).

Encara que caldria dur a terme investigacions més aprofundides, si està embarassada i treballa en un lloc excessivament sorollós –com ara un bar amb el volum de la música a tot drap, al metro o en un fàbrica on s'han d'usar protectors auriculars (i tenint en compte que al fetus no n'hi pot posar)– o si al seu lloc de treball actual està exposada a moltes vibracions, hauria de demanar que la traslladessin temporalment a un altre lloc més segur o bé optar per buscar una altra feina. I miri d'evitar també en la seva vida diària l'exposició a sorolls molt elevats: si assisteix a algun concert, no es posi a primera fila, busqui una localitat central o a la part de darrere de la platea; abaixi el volum de l'equip del seu cotxe i, mentre passa l'aspiradora, en comptes de posar la música al màxim, faci servir auriculars.

lleugers al llarg del dia). Convertir les reunions de treball en dinars de treball (sempre que tingui la garantia que en podrà escollir el menú) podria ser una bona estratègia. També ho és tenir, a la bossa i a la taula del despatx (o a la nevera de l'oficina, si és que n'hi ha), una reserva de productes nutritius per picar. Redescobreixi els termos i les neveretes portàtils –no són massa *fashion* però poden mantenir-la a vostè i al seu nadó ben alimentats quan vagi justa de temps.

- Controli la bàscula. Asseguri's que l'estrès laboral –o menjar de forma erràtica– no la privi d'augmentar prou de pes ni que, per contra, li faci guanyar un excés de quilos (com sol ocórrer a les persones a les quals l'estrès els fa venir gana, especialment si a la feina tenen alguna màquina expenedora de llaminadures a prop o bé si al costat de l'oficina hi ha algun punt de venda de menjar escombraries).
- Porti un raspall de dents a la bossa. Si té nàusees, raspallar-se les dents després de vomitar l'ajudarà a protegir la seva boca i a mantenir l'alè fresc. Glopejar una mica d'aigua també pot ajudar-la a refrescar l'alè i a netejar-li la boca de l'excés de saliva (molt habitual durant el primer trimestre i molt molest quan s'està a la feina).
- Aixequi els paquets amb molta cura. Si ha d'aixecar algun pes, faci-ho de manera correcta, per evitar sobrecarregar-se l'esquena (vegi la pàgina 263).
- Respiri aire pur. Mantingui's allunyada de les zones plenes de fum, ja que són perjudicials per a vostè i el seu nadó i, a més, poden fer-li augmentar la sensació de fatiga.
- De tant en tant, relaxi's una estona. Massa estrès no els convé ni a vostè ni al seu nadó. Així que intenti anar fent pauses per relaxar-se tant com pugui: emporti's una iPod per escoltar música; tanqui els ulls i mediti o somniï una estona desperta; faci alguns estiraments relaxants o surti a passejar cinc minuts pels volts de l'edifici.
- Escolti el seu cos. Si se sent cansada, freni una mica el ritme; si se sent exhausta, marxi una estona abans cap a casa (si s'ho pot permetre, és clar).

Estar segura en el lloc de treball

La majoria de feines són completament compatibles amb la tasca de nodrir i tenir cura d'un nadó que encara no ha nascut, una molt bona notícia per a milions de futures mares que s'han de conformar amb treballar a jornada completa en totes dues feines. Tot i això, és obvi que hi ha treballs més adequats i segurs que altres per a dones en estat. La majoria de problemes laborals es poden evitar prenent les precaucions oportunes o canviant temporalment de feina dins de la mateixa empresa (proposi al seu metge que li doni consells específics per al seu cas en particular):

Treball a l'oficina. Totes les persones que treballen assegudes en una taula de despatx han experimentat alguna vegada dolor a les cervicals, mal d'esquena o migranyes; i tots aquests símptomes poden accentuar encara més la incomoditat d'una dona embarassada. El seu nadó no se'n ressentirà –però sí el seu adolorit cos de dona embarassada. Si es passa moltes hores asseguda, miri de posar-se de peu, d'estirar-se o de caminar una mica tan sovint com pugui. Estiri els braços, el coll i les espatlles mentre romangui asseguda a la cadira, elevi els peus per reduir-ne les inflors (com que al director de l'empresa no li faria cap gràcia que vostè posés els peus sobre la taula, deixi'ls reposar sobre un tamboret baix o, si no en té cap, sobre alguna capsa rígida), i posi's un coixí a l'esquena com a recolzament.

I els ordinadors, són segurs? Per sort, els monitors dels ordinadors –fixos o portàtils– no constitueixen cap risc per a les dones embarassades. En canvi, sí que són més preocupants les conseqüències físiques de passar-se massa temps davant de l'ordinador, com ara tensió als canells i als braços, o rodaments de cap i migranyes. Per reduir aquestes molèsties, faci servir una cadira d'alçada regulable i amb un respatller que li recolzi bé la zona dels ronyons. Col·loqui la pantalla a una alçada que li resulti còmoda; la part superior del monitor hauria d'estar al mateix nivell que els seus ulls i aproximadament a una distància d'un mig metre. Faci servir un teclat ergonòmic, dissenyat per reduir tant com sigui possible el risc de patir la síndrome del túnel carpià (vegi el requadre de la pàgina 212) o un recolzament per als canells. En col·locar les mans sobre el teclat, li haurien de quedar més baixes que els colzes i amb els avantbraços paral·lels a terra.

Treball en l'àmbit sanitari. Una bona salut ja és la màxima prioritat de tots els professionals de la sanitat, però encara més si del que es tracta és d'estar sana per dos. Entre els riscos potencials dels quals s'hauria de protegir –i hauria de protegir el seu nadó– hi ha l'exposició a productes químics (com ara l'òxid d'etilè i el formaldehid) usats per a l'esterilització dels estris sanitaris, alguns fàrmacs anticancerígens, les infeccions de l'hepatitis B i la sida, la radiació ionitzant (com la que s'usa en el diagnòstic o el tractament de determinades malalties). La major part del personal tècnic que treballa amb baixes dosis de raigs X no està exposat a nivells de radiació perillosos. Tot i això, és recomanable que les dones en edat de concebre que treballin amb dosis més elevades de radiació duguin un dispositiu especial que registri la radiació rebuda diàriament per assegurar-se que la quantitat acumulada al llarg de l'any no excedeixi el llindar màxim de seguretat.

Vigilar-ho tot

Segons la llei, vostè té dret d'estar informada sobre si els productes químics amb què treballa podrien ser perjudicials per al fetus o l'embaràs. Pot consultar l'INSHT (Institut Nacional de Seguretat i Higiene en el Treball, www.mtas.es/insht/, telèfon 913 634 100) o bé les normatives de seguretat en el treball recomanades pels sindicats de treballadors. També s'han de llegir les etiquetes dels productes químics, posant especial atenció en les frases R (sobre riscs) i les frases S (sobre mesures de precaució). Són especialment perillosos durant l'embaràs l'arsènic, el benzè, els bifenils policlorats, el captan, el carbaril, els compostos de mercuri orgànic, el DFP, el dietilestilbestrol, la dioxina, els gasos anestèsics, els hidrocarburs clorats, el monòxid de carboni, la parationa, els plaguicides organofosfats, el sulfòxid de dimetil i el theram. També hi ha agents químics que representen un perill per a la funció reproductora d'homes i dones, i que impedeixen tenir fills saludables.

Si el seu treball l'exposa a perills d'aquesta mena, té el dret per llei de ser transferida temporalment a un lloc més segur, i si això no fos possible, a rebre una prestació econòmica per atur per risc durant l'embaràs, que s'acaba en el moment en què s'inicia la supressió del contracte de treball per maternitat, o quan es reincorpora vostè al seu lloc.

En funció dels riscos particulars a què estigui exposada, podrà optar per prendre les mesures oportunes –seguint les recomanacions dels organismes especialitzats– o bé demanar que la traslladin a una feina més segura durant els mesos d'embaràs.

Treball a la indústria. Si treballa en una fàbrica o duu a terme algun treball manual que l'obliga a fer servir maquinària pesada o perillosa, plantegi al seu cap la possibilitat de canviar de lloc de treball mentre estigui en estat. També pot contactar amb el fabricant de la maquinària en qüestió (a través del responsable mèdic de l'empresa) per obtenir més informació sobre la seguretat de l'aparell. El nivell de seguretat de la feina en una fàbrica depèn del que s'hi fabriqui i, fins a un cert punt, de la responsabilitat i de les polítiques laborals de l'equip directiu. En alguns països es publica periòdicament la llista de substàncies usades en l'àmbit laboral i que haurien d'evitar les dones embarassades (vegi requadre de la pàgina anterior). Les empreses que apliquen els protocols de seguretat normatius poden evitar l'exposició a aquestes toxines. El sindicat d'empresa o qualsevol altra organització empresarial poden ajudar-la a determinar si està prou protegida davant d'aquests riscos. A més, a la pàgina del Departament de Treball pot trobar més informació útil al respecte: www.gencat.cat/treball/ambits/seguretat_salut/.

Treball físicament dur. Desenvolupar feines que impliquin aixecar molt pes, fer exercici físic intens, treballar moltes hores seguides, en torns rotatoris o estant tota l'estona dreta pot augmentar el risc de part prematur. Si realitza alguna feina d'aquest tipus, convindria que la traslladessin a un lloc de treball entre les setmanes 20 i 28 de gestació i fins a després del part i la recuperació postpart. (Vegi a la pàgina 218 les recomanacions sobre fins a quin moment de l'embaràs és segur dur a terme determinades feines físiques intenses.)

Treball emocionalment estressant. L'elevat estrès que comporten determinats llocs de treball afecta tots els treballadors en general, i les embarassades en particular. Així que seria prudent que intentés reduir al màxim el seu nivell d'estrès. Dues formes evidents de fer-ho serien canviar a una feina menys estressant o demanar la baixa abans del part. De tota manera, no tothom pot fer ni una cosa ni l'altra. A més, si la seva feina és vital per al manteniment de l'economia familiar o per a la seva carrera professional, deixar de treballar encara l'estressaria més.

En qualsevol cas, podria pensar en altres maneres de reduir l'estrès, com ara meditar o respirar profundament unes quantes vegades, practicar exercici amb regularitat (per alliberar endorfines, que faran que es trobi millor) i distreure's una estona cada dia (mirant una pel·lícula en comptes de continuar treballant fins a última hora del vespre). També li podria anar bé comentar al seu cap que l'excés de feina o d'hores de treball, i l'estrès en general, podrien afectar negativament el seu embaràs. Expliqui-li que si pogués anar treballant al seu ritme tindria menys problemes en l'embaràs (ja que l'estrès incrementa el risc de patir mal d'esquena i altres efectes secundaris de la gestació) i millorarien els resultats de la seva feina. Si és una treballadora autònoma, pot resultar encara més difícil reduir les seves obligacions (i potser vostè sigui una cap massa estricta amb vostè mateixa), però val la pena que ho intenti.

Altres treballs. Les mestres i les assistentes socials que treballen amb criatures podrien entrar en contacte amb infeccions potencialment perilloses per a l'embaràs, com ara la rubèola, l'eritema infecciós agut i el citomegalovirus (CMV). Les dones que toquen animals, especegen carn o la inspeccionen es poden veure exposades a la toxoplasmosi (encara que és possible que moltes ja n'hagin quedat immunitzades i que, per tant, els seus nadons no corrin cap risc). Si ocupa algun lloc de treball que comporta risc d'infeccions, asseguri's que li hagin aplicat les vacunes necessàries i prengui les precaucions oportunes, com ara rentar-se les mans amb freqüència i ben a fons, portar guants protectors i màscara, etc.

Les dones hostesses o pilots d'avió poden tenir un risc una mica més elevat de patir un avortament (encara que els estudis realitzats en aquest sentit no ho puguin demostrar amb prou certesa) degut a l'exposició a les radiacions solars durant els vols a altituds mitjanes; de tota manera, potser haurien de considerar la possibilitat de dedicar-se a fer rutes més curtes (en les quals se sol volar a menor altitud i requereixen estar menys estona dempeus) o de treballar a terra mentre duri l'embaràs.

Les dones artistes, les fotògrafes, les químiques, les esteticistes, les que treballen en tintoreries, en la indústria de la pell, en tasques agrícoles i hortícoles, etc., podrien entrar en contacte amb diversos productes químics potencialment perillosos durant la seva jornada laboral, així que s'hauran de posar guants i altres mesures de protecció. Si treballa amb alguna substància sospitosa, haurà de prendre les proteccions oportunes, encara que en alguns casos això pugui suposar no dur a terme la part del treball que impliqui usar aquests productes químics.

Seguir treballant

Té la intenció de treballar fins que li vinguin les primeres contraccions? Moltes dones poden combinar sense problemes la feina amb l'embaràs fins al novè mes, sense comprometre cap de les dues activitats. Tot i això, algunes feines són més adequades que altres perquè les puguin realitzar les embarassades al llarg de tota la seva trajectòria gestacional (per dir-ho així). I de ben segur que la decisió de si continuarà treballant fins al moment del part tindrà a veure, com a mínim parcialment, amb el tipus de feina que desenvolupa. Si treballa asseguda en una taula d'oficina, és probable que tingui planejat d'anar directament del seu despatx a la sala de parts. Probablement, un treball sedentari que sigui poc estressant serà menys pesat per a vostè i el seu nadó que quedar-se a casa fregant i passant l'aspiradora, intentant preparar el niu per al seu futur fill. I caminar una mica –una o dues hores diàries, dins o fora de la feina– no només no és perjudicial sinó que, de fet, la beneficiarà (sempre, és clar, que mentre camini no hagi de carregar pesos).

En canvi, els treballs que són més esgotadors, molt estressants i/o impliquen estar dempeus moltes hores ja són una altra història. Un estudi ha apuntat que no sembla que les dones que s'estan dretes 65 hores setmanals hagin de tenir més complicacions en l'embaràs que les que treballen menys hores i amb menys estrès. De tota manera, altres investigacions suggereixen que una activitat esgotadora o estressant prolongada, o estar-se moltes hores dreta a partir de la setmana 28 de gestació –especialment si la futura mare ha de tenir cura d'altres criatures un cop arriba a casa– pot augmentar el risc de patir determinades complicacions, incloent-hi el part prematur, la hipertensió o un nadó de baix pes en néixer.

Han de seguir treballant més enllà de la setmana 28 de gestació les dones que s'han d'estar moltes hores dempeus, com ara les botigueres, les cuineres o cambreres, les metgesses o infermeres, etc.? La majoria de ginecòlegs donen llum verda per a treballar durant més temps si sembla que la dona està bé i que el seu embaràs progressa amb normalitat. Tot i això, no sembla que estar-se dreta a la feina fins a la data de sortida de comptes sigui gaire bona idea, i no tant per l'hipotètic risc per a l'embaràs, sinó pel perill que s'agreugin les molèsties secundàries del tipus mal d'esquena, varices i hemorroides.

Probablement, també és una bona idea agafar la baixa anticipadament si es desenvolupa una feina que impliqui canvis de torn freqüents (que poden afectar les rutines del son i la gana, a més d'empitjorar l'esgotament); o una feina que agreugi qualsevol problema de l'embaràs, com les migranyes, el mal d'esquena o la fatiga; o bé una feina que tingui un alt risc de patir caigudes o altres tipus d'accidents. De tota manera, la regla d'or és: cada dona, cada embaràs i cada feina són diferents. Només vostè –amb l'ajuda del seu metge– pot prendre la decisió correcta per al seu cas en particular.

Un tracte injust a la feina

Creu que a la feina la tracten injustament pel fet d'estar embarassada? Doncs no s'hi resigni: faci-hi alguna cosa. Expliqui a algú de confiança –algun subdirector, algun responsable de recursos humans– com se sent. Si aquest no pot solucionar-li el problema, informi's de les possibilitats d'actuació d'una treballadora en cas de discriminació per embaràs, contactant amb algun sindicat, per tal que l'ajudin a determinar si les seves queixes són legítimes.

Recordi guardar proves de tot el que l'ajudi a avalar la seva reclamació (còpies dels correus electrònics, una llista amb les injustícies més remarcables i la data en què les va patir...). Totes aquestes pistes l'ajudaran en cas que hagi de recórrer als advocats.

Canviar de feina

Amb tots els canvis de vida que se li aproximen (com el nadó que porta a la panxa i totes les responsabilitats que en deriven), podria semblar contraproduent voler afegir més canvis a la llista. Però hi ha moltes raons de pes per les quals una futura mare podria considerar la possibilitat de canviar de feina. Potser la seva empresa no tingui una política de suport a les famílies i a vostè li preocupi trobar la manera de conciliar la seva vida familiar i laboral tan bon punt es reincorpori de la baixa per maternitat. Potser treballa massa hores, no té flexibilitat horària o la seva feina requereix plena dedicació. També és possible que estigui tipa de la feina actual i que no s'hi senti realitzada (o bé, posats a fer, aprofitant que aquest és un moment de canvis, per què no canviar del tot?). O és possible que estigui atabalada perquè el seu lloc de treball actual podria ser perillós per a vostè i el nadó que hi ha en camí. Sigui quina sigui la raó, a continuació li esbossem alguns factors que hauria de tenir en compte abans de canviar de feina:

- Buscar feina requereix temps, energia i dedicació, tres elements dels quals potser vostè no disposa en aquests moments, ja que està concentrada en gaudir d'un embaràs sa. El més normal és que la sotmetin a diverses entrevistes i reunions abans d'oferir-li la feina (i ara que, a causa de l'embaràs, té el cap als núvols, li pot resultar especialment difícil recordar-se de dir la frase oportuna en el moment oportú). Començar una nova feina també requereix una gran capacitat de concentració (ja que tothom estarà pendent de vostè i haurà de tenir especialment cura de no cometre cap error) i hauria d'estar prou segura de disposar de l'energia i de la voluntat suficients per afrontar el repte.

- Abans de canviar de lloc de treball, hauria de tenir prou garanties que la nova feina és tan bona com ho sembla d'entrada (o, si més no, tan bona com vostè s'imagina). La nova empresa li ofereix el doble de vacances però li retalla molt el sou? Permeten que treballi des de casa, però la poden trucar a qualsevol hora del dia o de la nit? Cobra molt més però s'haurà de passar les setmanes viatjant amunt i avall? Tingui en compte que el que ara li pot semblar una feina molt bona potser no ho serà tant quan hagi de combinar-la amb la cura del seu nadó (com que ja tindrà prou complicacions a la vida domèstica, agrairà no tenir-ne tantes al seu lloc de treball). Tingui en compte que, si ara comença una nova feina, és possible que no li tinguin tants miraments a l'hora de fer-li concessions de qualsevol mena tan bon punt se li acabi la baixa de maternitat.
- Legalment, una empresa que la contracta no té cap dret a preguntar-li si està embarassada (a no ser que ja resulti obvi), ni pot negar-li el lloc de treball si vostè els fa saber el seu estat de bona esperança. De tota manera, no totes les empreses respecten aquesta llei i moltes opten per no contractar dones en estat. I no tots els directius acceptaran el que, segons ells, seria una estratègia per arribar i agafar la baixa (o sigui, que vostè els diu que vol treballar a la seva empresa i, al cap de quatre dies, ja els presenta la baixa anticipada). Així que, encara que a curt termini podria funcionar l'estratègia de no revelar el seu embaràs a l'entrevista inicial, a la llarga aquest secret podria perjudicar les seves relacions amb l'empresa. D'altra banda, a vegades és millor assegurar-se primer que li ofereixen la feina a vostè i, un cop que tingui clar que l'empresa està interessada en els seus serveis –però abans de confirmar vostè que l'accepta–, ja els comentarà el seu estat.

I si va acceptar un nou lloc de treball abans d'adonar-se que s'havia quedat embarassada? Doncs agafi el toro per les banyes i miri de dur a terme la seva feina tan bé com pugui atenent al seu estat. I asseguri's d'estar al dia sobre els drets laborals.

CAPÍTOL 9

El quart mes

Setmanes 14 a 17 aproximadament

Per fi comença el segon trimestre d'embaràs –el més còmode de tots per a la majoria de dones. I amb l'arribada d'aquest moment crucial també arriben molts canvis positius. D'entrada, molts dels símptomes més molestos del principi de l'embaràs podrien alleujar-se gradualment o fins i tot desaparèixer per complet. Aquell mareig constant es podria anar dissipant de mica en mica (amb la qual cosa el menjar recuperaria la bona olor i el bon gust després de molt de temps). El seu nivell d'energia podria augmentar (i això farà que, per fi, vostè també es pugui aixecar del sofà) i les seves visites al lavabo també es podrien anar espaiant. I encara que els seus pits mantinguin la talla majúscula, és probable que ja no els tingui tan extremadament sensibles. Un altre canvi a favor seu: a finals d'aquest mes, la protuberància de la part baixa del seu abdomen recordarà menys una panxa rebotida després d'un dinar copiós i començarà a adquirir l'aspecte d'una panxa d'embarassada.

El seu nadó aquest mes

Setmana 14 A partir del segon trimestre, els fetus (de la mateixa manera que les criatures en què algun dia es convertiran) comencen a créixer a diferents ritmes, uns més ràpid que altres, i altres més lentament. Malgrat les diferències en els seus ritmes de desenvolupament, tots els nadons segueixen els mateixos processos evolutius a l'interior de l'úter. Aquesta setmana, aquest procés portarà el seu nadó –que fa més o menys la mida d'un puny clos– cap a una posició més allargada, ja que el coll es farà més llarg i el cap es posarà més dret. I al capdamunt d'aquest preciós caparró, el seu nadó ja li podria començar a tenir una mica de cabell. També en aquest moment li creixeran les celles i el pèl corporal, anomenat lanugen. No es preocupi, no és permanent. Aquesta capa de pèl té la funció de mantenir càlid el cos del seu nadó –com si es tractés d'una funda nòrdica. Com que més endavant el seu nadó acumularà greix, anirà perdent gran part d'aquest pèl –encara que alguns nadons, sobretot els que neixen prematurament, mantenen una capa de pèl temporal en el moment del part.

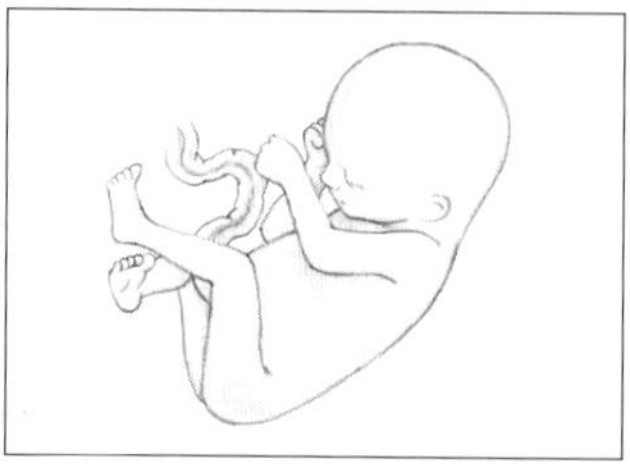

El seu nadó. Quart mes.

Setmana 15 El seu nadó, que aquesta setmana mesura uns 11 cm i pesa entre 60 i 90 grams, fa aproximadament la mida d'un grill de taronja. S'assembla cada vegada més al nadó que vostè s'imagina en somnis: les seves orelles es col·loquen a la posició definitiva al seu cap (fins ara eren al coll), i els seus ulls es desplacen dels laterals del cap fins a la part frontal de la cara. En aquest moment, el seu nadó té coordinació i força i ja és capaç de moure els dits de les mans i els peus, i fins i tot de xuclar-se el dit gros. Però aquí no s'acaba tot. El seu nadó també pot respirar (o, com a mínim, realitzar moviments respiratoris), succionar i empassar –i tot com a preparació per al seu gran debut en la vida extrauterina. I encara que és probable que aquesta setmana vostè encara no pugui notar els moviments del seu petit, el seu nadó ja fa realment molta feina –puntades de peu, flexions i moviments de cames i braços.

Setmana 16 Amb un pes mitjà d'entre 90 i 150 grams i una llargada (de la coroneta a la regió sacra) d'entre 10 i 12,5 centímetres, el seu nadó està creixent molt de pressa. Els músculs se li tornen més forts (vostè començarà a percebre els seus moviments d'aquí a poques setmanes), especialment els músculs de l'esquena, que permetran que el seu petit s'estiri encara més. El seu futur fill és cada vegada més adorable, amb una cara amb ullets (a més de celles i pestanyes) i amb les orelles en el lloc que els correspon. I, encara més, els seus ulls ja funcionen! Sí, de debò: els ulls del seu nadó van fent petits moviments laterals i fins i tot poden percebre una mica de llum, malgrat que les parpelles encara romanen closes. El seu nadó també s'està tornant més sensible al tacte. De fet, fins i tot es pot revoltar si vostè fa pressió sobre el ventre (però probablement vostè encara no serà capaç de notar aquesta reacció).

Setmana 17 Faci un cop d'ull a la seva mà. Ara el seu nadó fa aproximadament la mida del palmell d'una mà, amb una llargada (entre coroneta i regió sacra) de 12,5 cm i amb un pes d'uns 150 grams (o més). El greix corporal s'està començant a formar (ara el nadó s'engreixa força ràpidament i probablement vostè també), però el seu petit continua essent molt menudet, amb una pell gairebé translúcida. Aquesta setmana el seu nadó practica i practica per preparar-se per al moment del naixement. Hi ha una important habilitat que el seu nadó perfecciona ara: succionar i engolir –per preparar-se per a la primera (i segona... i tercera) succió al pit o al biberó. El batec cardíac del seu nadó el regula el cervell (i ja no hi ha més pulsacions espontànies), amb una mitjana d'entre 140 i 150 pulsacions per minut (prop del doble del batec cardíac matern).

Més sobre el nadó

Per a més informació sobre la sorprenent evolució del seu nadó, entri a whattoexpect.com.

Què pot sentir

Com sempre, cal recordar que cada dona i cada embaràs són diferents. Vostè pot experimentar tots els següents símptomes en un moment o altre, o bé només uns quants. Alguns es poden mantenir del mes anterior i altres poden ser nous. També n'hi ha altres que potser ara gairebé ni nota perquè ja s'hi ha acostumat. Heus ací el que podria experimentar aquest mes:

Físicament

- Cansament.
- Disminució de la freqüència urinària.
- Alleujament o desaparició de les nàusees i els vòmits (a algunes dones els continua el mareig matinal; i per a unes poques embarassades, començaran a partir d'ara).
- Restrenyiment.
- Acidesa d'estómac, indigestió, flatulència i inflor.
- Continua l'increment de mida dels pits, però disminueix la sensibilitat.
- Mals de cap ocasionals.
- Desmais o mareigs ocasionals, particularment si es canvia bruscament de posició.
- Congestió nasal i hemorràgies nasals ocasionals; sensació d'orelles tapades.
- Genives sensibles que poden sagnar en raspallar les dents.
- Augment de la gana.
- Lleugera inflor dels turmells i els peus, i ocasionalment de les mans i la cara.
- Venes varicoses a les cames i/o hemorroides.
- Lleuger increment de les secrecions vaginals.
- Moviment fetal cap a finals del mes (encara que només se sol notar tan aviat a partir del segon embaràs).

Emocionalment

- Inestabilitat emocional, que pot incloure irritabilitat, irracionalitat i ganes de plorar sense motiu aparent.

Un cop d'ull a l'interior

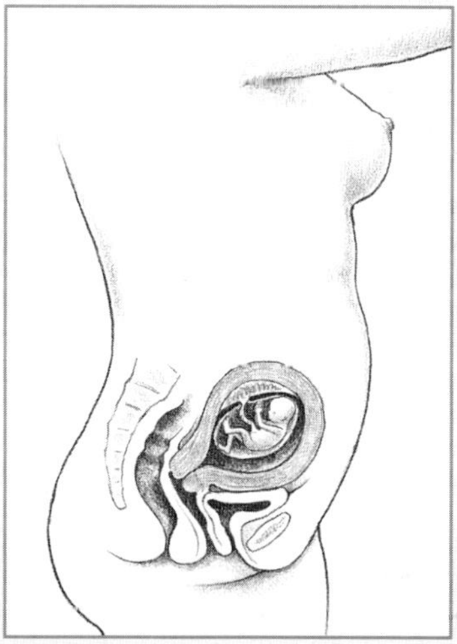

A hores d'ara, el seu úter fa la mida aproximada d'un meló petit, i ha crescut prou per arribar a la cavitat pelviana i, cap a finals del mes, el podrà notar si es palpa uns 5 cm per sota del melic (si no sap localitzar el seu úter, en la pròxima visita consulti al seu ginecòleg com fer-ho). Si encara no li passava, és probable que a partir d'ara li comenci a quedar la roba massa justa.

- Emoció o aprehensió –si finalment es comença a sentir i a veure com una dona embarassada.
- Frustració per estar en una situació poc definida: la roba habitual ja no li cap, però encara no sembla prou embarassada com per fer servir roba premamà.
- Una sensació de no ser-hi tota: està despistada, s'oblida de tot, perd coses i li costa concentrar-se.

Què es pot esperar de la revisió d'aquest mes

Encara que hi pot haver variacions, aquest mes pot esperar que el seu ginecòleg comprovi els següents punts:

- Pes i pressió sanguínia.
- Anàlisi d'orina, per detectar-hi sucre i albúmina.
- Batec cardíac fetal.
- Mida de l'úter mitjançant palpació externa (des de fora).
- Altura del fundus (la part superior de l'úter).
- Observació de mans i peus per detectar-hi inflor, i de cames per detectar-hi venes varicoses.
- Comentari dels símptomes que hagi tingut, sobretot els menys freqüents.
- Plantejament de preguntes que vulgui aclarir –porti una llista preparada.

Què la pot amoïnar

Problemes dentals

"De sobte, la meva boca s'ha convertit en una zona catastròfica. Les genives em sagnen cada vegada que em rento les dents i em penso que tinc algun queixal corcat. És segur que em facin alguna intervenció a les dents?"

Somrigui –està embarassada! Però com que centra tota la seva atenció al seu ventre, és fàcil deixar de banda la boca –fins que aquesta protesta i exigeix més atenció, com sol ocórrer durant l'embaràs. Per començar, les hormones de l'embaràs no són beneficioses per a les seves genives –que, com la resta de membranes mucoses, s'inflamen i tendeixen a sagnar amb facilitat. Aquestes mateixes hormones també tornen les genives més susceptibles a l'acció de la placa i els bacteris, que poden complicar les coses en algunes dones, provocant-los gingivitis (inflamació de les genives) i fins i tot càries.

Per mantenir la seva boca sana –i la seva rialla segura– mentre gesta un fill, cal que tingui en compte els següents consells:

- Rentar-se les dents, passar-se el fil dental amb regularitat i fer servir pasta dentífrica amb fluorur per evitar que se li corquin. Raspallar-se també la llengua l'ajudarà a combatre els bacteris i a mantenir l'alè fresc.

Una alerta gingival

Durant l'embaràs, qui no té un all té una ceba. Si s'adona que té un nòdul a la geniva que li sagna en raspallar-se, faci-se'l mirar. El més probable és que sigui una pústula o una afecció anomenada granuloma piogènic (també coneguda amb el malastruc terme de "tumor de l'embaràs", tot i ser perfectament innocu). Més molestos que altra cosa, aquests nòduls solen entrar en regressió per si sols després del part, però si es mantenen les molèsties amb posterioritat també poden ser extirpats per dentistes.

- Demani al seu dentista que li recomani un col·lutori per reduir bacteris i placa, tot protegint les seves dents i genives.
- Si després de menjar no es pot rentar les dents, mastegui un xiclet sense sucre (l'acció del xiclet incrementa la quantitat de saliva, que renta les dents –i si el xiclet porta xilitol, mastegar-lo també pot ajudar-la a prevenir la càries). O rosegui un bocí de formatge curat (perquè li disminueixi l'acidesa de la boca, ja que aquesta acidesa provoca càries).
- Vigili què menja, particularment fora d'àpats. Limiti el consum de llaminadures (especialment les que s'enganxen a les dents) a quan tot seguit pugui rentar-se les dents. Consumeixi força aliments rics en vitamina C, que reforça les genives i en redueix les probabilitats de sagnat. Asseguri's també de satisfer les seves necessitats diàries de calci. El calci es necessita al llarg de tota la vida per mantenir una dentadura forta i sana.
- Tant si té molèsties dentals com si no en té, miri de demanar hora pel dentista com a mínim una vegada al llarg dels nou mesos d'embaràs, però com abans millor, per a una revisió i una neteja de boca. La neteja és important per eliminar placa dental, que no tan sols pot incrementar el risc que es formin càries sinó que també pot fer empitjorar els problemes de genives. Si ha tingut problemes gingivals abans de l'embaràs, visiti també el periodontista durant aquests mesos.

Perles dentals

Es pregunta si pot fer servir productes blanquejants de dents durant l'embaràs? Informi-se'n consultant la pàgina 162.

Si sospita que podria tenir càries o altres problemes de dents o genives, demani hora pel dentista o periodontista immediatament. Una gingivitis sense tractament pot derivar en un problema gingival més greu, la periodontitis, que de fet ja ha estat associada amb un gran nombre de complicacions de l'embaràs. Una càries no tractada o altres problemes dentals mal curats també poden convertir-se en una font d'infecció (i les infeccions no els convenen ni a vostè ni al seu nadó).

I què passa si cal realitzar intervencions dentals importants durant l'embaràs? En la majoria de procediments dentals, n'hi haurà prou amb l'aplicació d'anestèsia local, i això no comporta cap perill. Una petita dosi d'òxid nitrós (gas hilarant) també és segura d'usar després del primer trimestre, però durant l'embaràs s'haurien d'evitar les sedacions més profundes. En alguns casos, pot ser necessari prendre un antibiòtic abans o després d'una intervenció dental important; consulti-ho primer al seu ginecòleg.

Els raigs X durant l'embaràs?

Els raigs X dentals rutinaris (i altres raigs X rutinaris o tomografies computeritzades) solen posposar-se fins a després del part, per evitar de córrer riscos innecessaris. Però si és absolutament necessari aplicar-li raigs X dentals (o de qualsevol altre tipus) durant l'embaràs (quan el risc de no aplicar-los és superior al risc d'aplicar-los), la majoria de ginecòlegs donen llum verda al procediment. La raó és que els riscos dels raigs X durant la gestació són realment molt baixos i encara es poden reduir més amb relativa facilitat. Els raigs X dentals es projecten directament a la boca, és a dir, que es dirigeixen ben lluny de l'úter. I una prova estàndard de raigs X de qualsevol tipus rarament emet més radiació que la que obtindria prenent el sol uns quants dies a la platja. Els danys al nadó, a més, només es podrien provocar amb dosis molt elevades, a les quals és molt improbable que vostè s'hagi d'exposar. Però, si li han de practicar alguna prova de raigs X mentre està en estat, tingui en compte les següents recomanacions:

- Informi sempre al metge que li prescriu els raigs X i al tècnic que els hi practica que està embarassada, fins i tot si creu que ja ho deuen saber.
- Sotmeti's a una sessió de raigs X només en un centre especialitzat i amb tècnics ben preparats.
- L'aparell de raigs X, sempre que sigui possible, s'hauria de dirigir exclusivament a l'àrea que s'hagi d'exposar a la radiació de forma estrictament necessària. L'especialista podria fer servir una peça de plom per protegir el seu úter i un collar tiroïdal per protegir-li el coll.
- Segueixi minuciosament les instruccions dels tècnics, anant molt amb compte de no moure's mentre li fan la prova per evitar que li hagin de repetir.

I, el més important, si li van practicar alguna prova de raigs X abans de saber que estava embarassada, no cal que es preocupi.

Quedar-se sense alè

"De vegades, em costa respirar. És normal?"

Respiri profundament (si pot!) i relaxi's. Una mica de panteix és normal i moltes dones embarassades el comencen a experimentar a partir del segon trimestre. I, una altra vegada, en pot donar la culpa a les hormones de l'embaràs. La raó és que aquestes hormones estimulen el centre respiratori per augmentar la freqüència i la profunditat de les inspiracions, provocant-li aquesta sensació de falta d'alè després de qualsevol mínim esforç, encara que només sigui per anar caminant de pressa fins al lavabo. Aquestes hormones també fan que s'inflin les capil·laritats corporals –incloent les del tracte respiratori– i que es relaxin els músculs dels pulmons i dels bronquis, dificultant encara més la respiració. Quan avanci el seu embaràs, és probable que el seu úter també contribueixi a aquesta falta d'alè, ja que a mesura que creixi li anirà empenyent el diafragma cap amunt, comprimint-li els pulmons, tot dificultant-los una expansió completa.

Afortunadament, encara que aquest lleuger panteix la faci sentir incòmoda, no afectarà el seu nadó –que rep el subministrament d'oxigen necessari a través de la placenta. Però si el seu panteix és molt intens, els llavis o els extrems dels dits se li posen blavosos, o si té dolor toràcic i el pols se li accelera, truqui de seguida al metge.

Congestió nasal i hemorràgies

"Tinc el nas molt congestionat i, a vegades, em sagna sense motiu aparent. Es deu a l'embaràs?"

La seva panxa no és l'única part del cos que s'infla durant l'embaràs. Degut als alts nivells d'estrògens i de progesterona circulant per l'organisme, amb el corresponent increment de subministrament sanguini, les membranes mucoses del nas també s'inflen i s'estoven (de manera similar al coll de l'úter en preparació per al part). Aquestes membranes també produeixen més mucus que mai, amb la intenció de mantenir sota control les infeccions i els gèrmens. El més desagradable són les conseqüències, que el seu nas probablement ja ha experimentat: congestió i possibles hemorràgies nasals. I això no és tot: la congestió sol empitjorar a mesura que avança l'embaràs. També pot ser que li ragi el nas i que, de retruc, tingui tos i esternuts a les nits (per si encara no tenia prou molèsties que li dificultessin agafar el son!).

No hi ha risc en la utilització d'esprais salins ni de pegats nasals, sobretot si la congestió empitjora considerablement i li causa moltes molèsties. Un humidificador a l'habitació també la pot ajudar a eliminar la sequedat associada amb la congestió nasal. Els medicaments o els esprais nasals antihistamínics no se solen prescriure durant l'embaràs, però pregunti al seu metge què li recomana (alguns ginecòlegs permeten l'ús de descongestionadors o esprais nasals esteroides a partir del segon trimestre).

Prendre una aportació de 250 mg extra de vitamina C (amb el vistiplau del metge) i menjar força aliments rics en vitamina C pot ajudar a reforçar les capillaritats. A vegades pel sol fet de mocar-se enèrgicament el nas ja pot presentar una mica d'hemorràgia nasal, o sigui que vagi amb compte.

Per obturar l'hemorràgia nasal, assegui's o quedi's dreta inclinant-se una mica cap endavant, en comptes d'estirar-se o d'inclinar-se cap enrere. Amb l'ajuda del dit gros i de l'índex, pressioni la zona just per damunt dels forats del nas i per sota del pont nasal i mantingui-la pressionada durant uns cinc minuts; repeteixi l'operació si l'hemorràgia es manté. Si no pot controlar l'hemorràgia després de tres intents, truqui al metge.

Roncar

"El meu marit em diu que últimament ronco. Per què em passa?"

Pot agafar el son?

Les hormones de l'embaràs –o aquest ventre en expansió– s'interposen entre vostè i una bona dormida a les nits? Els problemes de son són habituals durant l'embaràs, i encara que l'insomni pot ser una bona preparació per a les nits en blanc que li esperen tan bon punt neixi el seu fill, és probable que ja tingui ganes de dormir com un angelet una nit sencera. De tota manera, abans de recórrer a prendre's somnífers (ja sigui amb prescripció facultativa o automedicant-se), consulti-ho al seu metge, que potser li aconsellarà altres solucions per mirar d'agafar el son. Pot trobar consells a la pàgina 293.

Els roncs poden impedir, tant a qui ronca com a la persona amb qui comparteix llit, que dormin plàcidament tota la nit, però en general no hauria de ser causa d'insomni durant l'embaràs. La seva simfonia nasal nocturna podria ser provocada simplement per la congestió normal de l'embaràs, cas en el qual li podria anar bé dormir amb un humidificador (o amb un pegat nasal) i amb el cap una mica més elevat. El sobrepès també pot contribuir als roncs, així que miri de no guanyar més pes del compte.

En molt rares ocasions, roncar pot ser un signe de l'apnea del son, una afecció que provoca que la respiració s'aturi momentàniament mentre s'està dormint. I com que vostè ha de respirar per dos, probablement seria una bona idea que –en la pròxima visita– expliqués al metge que ronca.

Al·lèrgies

"Crec que, des que estic embarassada, m'han empitjorat les al·lèrgies. Tota l'estona em raja el nas."

Durant l'embaràs, el nas sol estar congestionat, de manera que és possible que vostè confongui la congestió nasal normal (encara que molesta) durant l'embaràs amb l'al·lèrgia. Tot i així, també és possible que l'embaràs hagi agreujat les seves al·lèrgies. Encara que algunes futures mares al·lèrgiques (aproximadament una tercera part) tenen sort i troben un alleujament temporal als seus símptomes durant l'embaràs, les menys afortunades (una altra tercera part) noten com empitjoren, i la resta (l'altra tercera part) no perceben cap canvi en aquest sentit. Encara que sembla que vostè es troba dins del grup de les menys afortunades, és probable que tingui picors (llagrimeig i esternuts) que li agreugin les molèsties. Però abans de reunir-se amb la resta de dones al·lèrgiques a la secció d'antihistamínics de la farmàcia, consulti al seu metge què es pot prendre per alleujar les molèsties. Alguns antihistamínics i certs medicaments contra les al·lèrgies són segurs durant l'embaràs, mentre que altres no s'haurien de prendre ni amb recepta mèdica ni amb automedicació (encara que no es preocupi si se'n va prendre algun abans de saber que estava embarassada).

Les injeccions antial·lèrgiques es consideren segures per a les dones embarassades que van rebre l'última dosi poc abans de quedar-se en estat. Però

Ni un cacauet per al meu petitó?

Des de fa molt temps, se sap que les mares (i en menor proporció, els pares) que tenen o han tingut al·lèrgies poden transmetre les tendències al·lèrgiques –encara que no necessàriament les al·lèrgies específiques– als seus futurs fills. Algunes investigacions suggereixen que les mares al·lèrgiques que mengen molts productes al·lergògens (com ara els cacauets o els productes lactis) mentre estan embarassades poden transmetre al seu nadó les al·lèrgies davant d'aquests aliments. La bona notícia per a les mares gestants amants dels cacauets (i per a les que els agrada amb bogeria la llet) és que els resultats d'aquest estudi de la relació entre al·lèrgies i embaràs encara no són concloents. De tota manera, si ha patit al·lèrgies alguna vegada, pregunti al seu ginecòleg i a un al·lergòleg si hauria de restringir la seva dieta durant l'embaràs i/o l'alletament. En cas contrari, no cal que es privi del plaer de cruspir-se un bon grapat de cacauets.

la majoria d'al·lergòlegs consideren poc aconsellable iniciar un tractament antial·lèrgic amb injectables durant l'embaràs perquè podria provocar reaccions inesperades.

De tota manera, i en termes generals, la millor manera d'afrontar les al·lèrgies durant l'embaràs és la prevenció –i aquesta temporada val la pena invertir un euro en mocadors de paper. Mantenir-se allunyada dels causants de les seves al·lèrgies també pot reduir el risc que el seu nadó desenvolupi al·lèrgies a aquests desencadenants.

Per tal de no esternudar tant, segueixi aquests consells:

- Si la substància desencadenant de la seva al·lèrgia és el pol·len o algun altre al·lergogen que es troba a l'aire lliure, quedi's tant com pugui dins de casa, amb l'aire condicionat i amb el filtre d'aire connectats, durant l'estació de l'any en què més l'afecti. En arribar a casa, renti's les mans i la cara i canviï's de roba per eliminar el pol·len. Al carrer, faci servir unes ulleres de sol de muntura gran per evitar que el pol·len que sura per l'aire li entri als ulls.

- Si la culpable és la pols, procuri que una altra persona s'encarregui de fregar i de treure la pols (ja té una bona excusa per delegar a algú altre les tasques de la llar). Una aspiradora (especialment amb filtre antipols), un drap humit sol o una escombra coberta amb un drap humit aixequen menys polseguera que una escombra convencional, i li anirà millor treure la pols amb un drap de microfibres que amb un plomall. Mantingui's allunyada dels llocs plens de pols, com ara les golfes o les biblioteques plenes de llibres antics.

- Si té al·lèrgia a alguns aliments, no en consumeixi, encara que siguin beneficiosos per a l'embaràs. Busqui'ls substituts a la dieta de l'embaràs (capítol 5).

- Si el contacte amb animals li provoca reaccions al·lèrgiques, informi'n a les amistats per tal que, quan les visiti, no tinguin el gat, el gos o el canari a la mateixa sala on siguin vostès. I, evidentment, si la seva pròpia mascota li provoca al·lèrgia, intenti prohibir l'accés del seu animal a determinades àrees de la casa (especialment a la seva habitació).

- Actualment, l'al·lèrgia al fum del tabac és més fàcil de controlar, ja que hi ha menys persones fumadores i menys llocs on es permeti fumar. Tant per alleujar la seva al·lèrgia com pel bé del seu nadó, eviti l'exposició al fum de cigarretes, puros o pipes.

Secrecions vaginals

"M'he adonat que tinc una mica de fluix vaginal, clar i blanquinós. Implica que tinc alguna infecció?"

Les pèrdues de fluix clar, inodor i d'aspecte lletós (conegut en l'àmbit obstètric com a leucorrea) són normals durant l'embaràs. El seu objectiu és beneficiós: protegir el canal del part de les infeccions i mantenir un equilibri saludable de bacteris a la vagina. Malauradament, per assolir aquest objectiu beneficiós, la leucorrea pot deixar-li les calcetes fetes un fàstic. Com que aquest fluix va en augment i pot acabar essent força abundant, moltes dones se senten més còmodes fent servir protectors de calcetes durant els últims mesos d'embaràs. No faci servir tampons, ja que podrien introduir-li gèrmens indesitjats a la vagina.

Encara que podria ofendre la seva sensibilitat estètica (i possiblement també la del seu marit, mentre practiquen sexe oral), i de vegades la pot fer sentir bruta i apegalosa, aquest fluix no ha de ser motiu de preocupació. Mantenir-se neta, fresca i seca l'ajudarà a sentir-se millor. Però no es faci irrigacions vaginals perquè podrien alterar l'equilibri normal dels microorganismes a la vagina i podrien provocar-li vaginitis bacteriana (VB, vegi la pàgina 544). Per a més informació sobre les infeccions vaginals, vegi també la pàgina 544.

Pressió sanguínia elevada

"A l'última visita, el ginecòleg em va comentar que estic una mica alta de pressió. M'he de preocupar?"

Relaxi's. La preocupació per la seva pressió sanguínia no farà sinó elevar-la encara més. A part d'això, probablement no cal preocupar-se per un lleuger increment en un dels controls mèdics. Potser va arribar a la consulta estressada perquè, de camí, havia quedat atrapada en un embús de trànsit o perquè tenia la taula del despatx plena de papers amuntegats. Potser només estava una mica nerviosa –perquè temia haver-se engreixat massa o massa poc, perquè volia consultar al metge alguns símptomes poc freqüents o perquè estava ansiosa per sentir el batec cardíac fetal. O potser simplement és que les visites mèdiques la posen nerviosa, provocant-li el que s'anomena la "hipertensió de la bata blanca". Potser una hora més tard, quan es va relaxar, la seva pressió ja tornava a ser completament normal. Per assegurar-se que l'ansietat no té a veure amb els nivells de pressió registrats, intenti practicar alguns exercicis de relaxació (vegi la pàgina 157) mentre s'espera en la pròxima visita –i, especialment, mentre li estan prenent la pressió (pensi en coses relacionades amb el seu feliç nadó).

De tota manera, si continua tenint una pressió lleugerament alta, pensi que aquest augment de la pressió sanguínia (que es dóna en un 1 o un 2 per cent de les dones embarassades) és totalment innocu i desapareixerà després del part (així que no cal que s'hi atabali).

Algunes futures mares experimentaran una lleugera baixada de pressió durant el segon trimestre de gestació, quan el volum sanguini corporal augmenta i l'organisme comença a treballar intensament per accelerar la fabricació del nadó. Però en arribar al tercer trimestre, sol tornar a augmentar una mica. Si augmenta molt (si la pressió sistòlica, o l'alta, és de 14 o més, o bé la pressió diastòlica, la baixa, supera els 9) i es manté en aquest nivell en almenys dos controls, el seu ginecòleg la controlarà de més a prop. La raó és que si aquesta pressió sanguínia elevada va acompanyada d'albúmina a l'orina, inflor de mans, de turmells o de cara, i/o un sobtat augment

Vacuni's contra la grip

Els centres de prevenció sanitària recomanen que les dones que hagin de passar l'embaràs durant l'època de la grip (d'octubre a abril) es vacunin. La vacuna no afectarà el seu nadó i probablement vostè tampoc patirà cap efecte secundari. (En el pitjor dels casos, podria tenir una mica de febrícula durant uns quants dies i se sentiria més cansada.) Pregunti si és possible que li injectin la vacuna sense timerosal (o amb dosis molt baixes), en cas que estigui disponible. Les dones embarassades no s'haurien de prendre FluMist, la vacuna antigrip en forma d'esprai nasal. El FluMist, a diferència de la vacuna injectable, es fa a partir de virus de la grip vius i li podria acabar provocant una lleugera manifestació de la grip.

de pes, podria acabar desencadenant una preeclàmpsia (vegi la pàgina 595).

Sucre a l'orina

"En la darrera visita, el metge em va dir que tenia sucre a l'orina, però que no calia que m'amoïnés. Podria tenir diabetis gestacional?"

Segueixi el consell del seu metge: no es preocupi. Probablement, el seu cos fa justament el que se suposa que ha de fer: assegurar-se que el seu fetus, que depèn de vostè per a nodrir-se, disposa de prou glucosa (sucre).

L'hormona insulina regula el nivell de glucosa a la sang i assegura que les cèl·lules corporals subministren prou aliment. L'embaràs genera uns mecanismes antiinsulina per assegurar que el sucre es manté circulant en el torrent sanguini per tal d'alimentar el fetus. És un mecanisme perfecte però no sempre funciona tan perfectament. A vegades, l'efecte antiinsulina és tan fort que deixa més sucre del necessari a la sang tant de la mare com del nadó –més del que pot ser filtrat pels ronyons. L'excés de sucre és expulsat per l'orina. Aquest "sucre a l'orina" és força habitual en l'embaràs, especialment en el segon trimestre, quan s'accentua l'efecte antiinsulina. De fet, gairebé la meitat de les dones embarassades tenen una mica de sucre a l'orina en algun moment de l'embaràs.

En la majoria de dones, el cos respon a l'increment de sucre a l'orina amb un increment de la producció d'insulina, que normalment elimina l'excés de sucre abans del proper control mèdic. Aquest podria ser el seu cas. Però algunes dones, especialment les que són diabètiques o propenses a patir diabetis (per antecedents familiars o bé per la seva edat o el seu pes), és possible que no siguin capaces de produir prou insulina de cop com per fer front a l'increment de sucre a la sang, o també pot ser que no siguin capaces de fer servir eficaçment la insulina que produeixen. Sigui com sigui, aquestes dones continuen mostrant alts nivells de sucre tant a la sang com a l'orina. En el cas de les dones que no eren diabètiques abans de l'embaràs, parlarem de diabetis gestacional (vegi la pàgina 593).

A vostè –com a totes les dones embarassades– li faran un test dels nivells de glucosa cap a la setmana 28 de l'embaràs per comprovar l'existència de diabetis gestacional (les dones amb un risc més elevat de patir-ne s'hauran de sotmetre a aquest test més aviat).

Fins aleshores, no cal que es torni a preocupar pels seus nivells de sucre a l'orina.

Anèmia

"Tinc una amiga que va agafar anèmia durant l'embaràs. És habitual?"

L'anèmia ferropènica és habitual durant l'embaràs, però també és molt fàcil de prevenir. I quan es tracta de prevenció, és el seu metge qui té la paella pel mànec. Encara que en la primera visita prenatal ja li devien controlar si tenia anèmia, el més probable és que aleshores encara no estigués baixa de ferro. La raó és que el ferro emmagatzemat incrementa ràpidament durant els mesos en què es deixa de tenir la menstruació.

A mesura que avança l'embaràs i s'arriba al punt intermedi (cap a la setmana 20 de gestació), el volum sanguini de l'embarassada s'expandeix significativament i la quantitat de ferro necessari per produir cèl·lules sanguínies roges creix enormement, tornant-ne a exhaurir les existències. Per sort, tornar a omplir aquestes reserves –i prevenir eficaçment l'anèmia– és tan fàcil com prendre un suplement diari de ferro (a banda de la vitamina prenatal), que el seu ginecòleg li podria prescriure cap a mitjans de l'embaràs.

També hauria de complementar la seva dieta amb la ingesta d'aliments rics en ferro (encara que les fonts dietètiques –com les enumerades a la pàgina 110– no poden resoldre la situació per si soles, sí que són un bon suport al seu suplement). Per a una major absorció, prengui's la seva dosi de ferro juntament amb aliments rics en vitamina C (al matí, amb un suc de taronja en comptes d'un tallat, que reduiria la quantitat de ferro absorbit).

Símptomes d'anèmia

Les dones embarassades amb una lleu deficiència de ferro no solen manifestar cap símptoma. Però com que les seves cèl·lules roges, portadores d'oxigen, estan més depauperades, una futura mare anèmica acostuma a estar pàl·lida, molt dèbil, fàcilment cansada o sense alè, i fins i tot pot patir desmais. Aquest és un dels exemples en què les necessitats nutricionals del nadó passen per davant de les de la mare, ja que els nadons no solen presentar deficiència de ferro en néixer.

Encara que totes les embarassades són susceptibles de patir anèmia ferropènica, algunes dones hi són especialment propenses: les que tenen diversos fills en poc temps, les que vomiten molt o mengen molt poc a causa del mareig matinal, i les que ja arriben a l'embaràs desnodrides (possiblement per un trastorn alimentari) i/o han estat menjant insuficientment des que es van quedar embarassades. Un suplement diari de ferro, prescrit pel metge, pot prevenir (o alleujar) l'anèmia.

Moviment fetal

"Encara no he notat que el meu nadó es mogui. Hi podria haver algun problema? O simplement sóc jo la que no sé reconèixer els seus moviments?"

Oblidi's del test d'embaràs positiu, de la primera ecografia, de la panxa en creixement o fins i tot del batec cardíac del nadó. Per ser plenament conscient de l'embaràs, no hi ha res com el moviment fetal; és a dir, quan finalment el pugui sentir. I quan vostè estigui segura que l'ha sentit.

De tota manera, algunes futures mares, sobretot les primípares, no senten la primera puntadeta –o fins i tot el primer aleteig– fins al quart mes de gestació. Encara que l'embrió comença a fer moviments espontanis cap a la setena setmana, aquests moviments –fets amb unes cames i uns braços diminuts– no són perceptibles per a les seves mares fins molt més endavant. Aquesta primera i única sensació de vida, el de les primeres puntadetes, es pot donar en qualsevol moment entre les setmanes 14 i 26, però generalment entre les setmanes 18 i 22. Les variacions d'aquest termini mitjà són freqüents. Té més probabilitats de notar el moviment fetal abans una dona que ja hagi tingut una criatura anteriorment (tant perquè ja sap reconèixer-lo com perquè té els músculs abdominals i uterins més laxos, la qual cosa facilita percebre els copets) que no pas una que esperi el primer fill. Una dona molt menuda pot notar abans els moviments lleus del fetus, mentre que una dona amb molt greix acumulat al ventre pot ser que no sigui conscient d'aquests moviments fins molt més tard. La posició de la placenta també hi té molt a veure: si està col·locada davant (una placenta anterior), pot amortir els moviments i fer-la esperar més setmanes fins a notar aquestes puntadetes.

A vegades, els moviments fetals no es perceben en el moment esperat degut a un error de càlcul en la data de sortida de comptes. Altres vegades, la futura mare no reconeix els moviments quan els sent –o els confon amb gasos o amb altres alteracions digestives.

Així doncs, com es distingeixen els primers moviments fetals? Gairebé són tan difícils de descriure com de reconèixer. És possible que noti com una mena d'aleteig (si fa o no fa "l'aleteig de papallones" que nota a l'estómac quan està nerviosa). O com un trontoll. O com un sotrac. O bé com la sensació de tenir l'estómac buit. O com si li esclatés una bombolla a l'estómac –o fins i tot com la sensació que es té en pujar a la muntanya russa del parc d'atraccions. Sigui com sigui, el que és segur és que li dibuixarà un somriure al rostre –almenys tan bon punt estigui segura que efectivament es tracta de moviments fetals.

Una figura d'embarassada

Si últimament ha estat esquivant la càmera ("no cal que aparegui a les fotos encara més grassa del que estic"), consideri la possibilitat de redescobrir la seva figura d'embarassada. Encara que ara potser preferiria no semblar embarassada, algun dia el seu futur fill –i al final possiblement vostè també– gaudirà veient les seves primeres fotos, encara dins la seva panxa. Per deixar constància del progrés del seu embaràs per a la posteritat, demani a algú que li faci una foto cada mes. Vesteixi's amb alguna peça que marqui les formes (o que li destaqui el ventre) per tenir un record més fidedigne de la seva silueta i després reculli les seves fotos en un àlbum de l'embaràs o pengi-les en alguna galeria de fotos en línia –juntament amb alguna imatge ecogràfica, si en té alguna– per compartir-les fàcilment amb familiars i amics.

Aspecte corporal

"Sempre he vigilat molt el meu pes –i ara, cada vegada que em miro al mirall o pujo a la bàscula, em deprimeixo. Em trobo tan grassa..."

Si s'ha preocupat pel pes al llarg de tota la vida, veure com pugen els números de la bàscula la pot fer posar nerviosa –i una mica deprimida i tot. Però no se n'hauria de posar. Si hi ha un moment de la vida en què estar prima no està de moda és durant l'embaràs. Durant l'embaràs, s'espera que la dona guanyi pes. I hi ha una important diferència entre els quilos acumulats per no vigilar amb l'alimentació (com ara per un excés de dolços a mitja nit) i els quilos guanyats per bones raons: el seu fill i tot el que l'ajuda a créixer dins seu.

Als ulls de moltes persones, a més, una dona embarassada és bonica per dins i també per fora. Algunes dones i la majoria dels seus marits (i moltes altres persones) consideren la silueta arrodonida de la dona embarassada la forma femenina més atractiva i sensual. Així que, en comptes d'enyorar els dies en què estava més prima (i que ben aviat recuperarà), intenti gaudir del seu cos de dona embarassada. Rebi amb alegria aquestes noves corbes (que l'han d'alegrar encara més a mesura que vagin creixent). Celebri la seva nova figura. Llueixi les noves formes arrodonides. Gaudeixi dels quilos que vagi guanyant, en comptes d'abominar-los. Si menja adequadament i no excedeix l'augment de pes recomanable durant l'embaràs, no hi ha motiu per sentir-se grassa –en tot cas, embarassada. Tots els centímetres augmentats són el resultat lògic de l'emba-

Semblar prima quan s'està augmentant de volum

Unes formes accentuades són boniques quan s'està esperant, encara que això no significa que no pugui aplicar alguns trucs per veure's més primeta. Amb les peces de roba adequades, pot fer destacar el seu ventre i, al mateix temps, fer semblar la silueta general més esvelta. Per aconseguir-ho, segueixi aquests consells:

Opti pel negre. O pel blau marí, el marró fosc o el gris. Els colors foscos aprimen, minimitzant el volum corporal i donant una aparença global d'esveltesa, fins i tot si només porta una samarreta i uns pantalons de xandall.

Opti per la monotonia de colors. Vestir-se d'un sol color fa semblar més prima. Escollir una mateixa tonalitat (o un sol color amb diverses intensitats) per vestir-se de cap a peus la farà semblar més alta i esvelta. Si es vesteix de dos colors, en canvi, crearà una ruptura en la seva figura, fent que l'ull es pari on hi ha el canvi de color (possiblement al mateix lloc on els malucs se li han començat a eixamplar).

Opti pel vertical. És el truc més antic de la bíblia de la moda, però per una bona raó: i és que funciona. Com que vostè està més ampla, esculli roba amb línies verticals (que donen sensació de llargada i la faran semblar més esvelta) en comptes de línies horitzontals (que la farien veure encara més ampla). Busqui roba amb costures verticals, cremalleres verticals i fileres de botons verticals.

Destaqui les parts prominents. Com ara els pits, probablement més grans que habitualment (no trobarà cap moment millor per lluir escot). I redueixi l'atenció als punts que tingui menys ganes d'exhibir, com ara els turmells inflats (amagui'ls sota mitjons o botes còmodes, o posi's unes mitges negres, que sempre dissimulen).

Compri's roba de la seva talla. Encara que evidentment voldrà comprar-se roba amb espai suficient per a uns pits i un ventre en desenvolupament, comprovi que les peces de cintura en amunt (jerseis, samarretes, jaquetes i camises) se li ajusten bé a les espatlles (probablement, l'única part del seu cos que no caldrà amagar). La roba excessivament ampla d'espatlles li donarà un aspecte de deixadesa i la farà semblar més voluminosa. I encara que una peça de roba a la mida pot fer-la veure més prima, busqui roba que no li acabi quedant massa estreta a mesura que s'engreixi (com probablement li passarà). Al cap i a la fi, anar rebotida com una salsitxa no queda bé a cap dona.

ràs i desapareixeran poc després que el seu nadó neixi.

Si ha excedit els límits d'augment de pes, deprimir-se no li evitarà que es continuï engreixant (i si és la típica productora d'estrògens, la farà córrer cap a la nevera a picar un bocí de xocolata encara amb més freqüència), mentre que el que sí que la pot ajudar és controlar els seus hàbits alimentaris. Recordi que l'objectiu no és deixar de guanyar pes (ja que seria perillós durant l'embaràs) sinó frenar el ritme de l'increment de pes, en cas que s'hagi disparat massa de pressa. En comptes de no satisfer les necessitats nutricionals de la dieta de l'embaràs, busqui la manera de satisfer-les amb la màxima eficàcia (obtenint una ració de calci amb un batut a base de iogurt en comptes d'una terrina de gelat).

Vigilar l'augment de pes no és l'única manera de definir la seva figura. Practicar exercici també l'ajudarà, permetent que el pes que guanya vagi a parar als punts adequats (més panxa però menys cuixes i menys cul). I un altre benefici de l'exercici: l'ajudarà a fer-li pujar la moral (és estrany sentir-se deprimida quan es genera un increment d'endorfines induïdes per l'activitat física).

Anar ben vestida també l'ajudarà a recuperar l'amistat amb el seu mirall. En comptes d'intentar encabir-se en la seva roba habitual (gens afavoridora amb l'aspecte de rebotida que li donarà, sobretot quan els botons ja estiguin a punt de petar), esculli d'entre l'àmplia selecció de roba premamà els estils que accentuïn la figura d'embarassada, en comptes d'intentar ocultar-la. També li agradarà la imatge que li reflecteix el mirall si porta un pentinat afavoridor, si té cura del seu cutis i si prova noves formes de maquillatge (amb una tècnica adequada, pot fer que l'arrodoniment de la seva cara d'embarassada es dissimuli una mica; vegi la pàgina 165).

Roba d'embarassada

"Els texans ja no m'entren, però no em fa cap gràcia comprar-me roba premamà".

Les embarassades no havien pogut anar mai tant a la moda com ara. Ja ha quedat enrere l'època en què els armaris de les futures mares es limitaven a bates caigudes que pretenien amagar la figura de l'embarassada rere metres i més metres de roba. La roba d'embarassada actual no només és més moderna i pràctica de dur, sinó que també està dissenyada per lluir (i remarcar) el seu bonic ventre matern. Entri en alguna botiga de roba premamà que li caigui a prop (o visiti alguna botiga virtual a Internet) i li agafarà ganes d'emprovar-se'n alguna peça.

A continuació, li exposem alguns consells per tenir en compte a l'hora de fer les seves compres de roba:

- Encara s'haurà d'engreixar bastant més. Per tant, no cal que surti disparada a comprar-se tota la roba premamà el primer dia que no es pugui apujar la cremallera dels texans. La roba d'embarassada sol ser cara, especialment si tenim en compte que l'amortitzarà durant un període de temps relativament breu. Així que vagi's comprant el que li faci falta a mesura que es vagi engreixant i només l'imprescindible (si s'emprova la roba que té a casa, és possible que acabi necessitant-ne menys de la que s'havia pensat en un primer moment). Encara que els coixins d'embaràs disponibles als provadors de les botigues de roba premamà li poden donar una idea aproximada de com li quedarà una determinada peça de roba més endavant, no pot predir quant s'engreixarà (poc, molt o el normal) ni quina roba li resultarà més còmoda quan realment necessitarà anar còmoda.
- No es limiti als vestits d'embarassada. Si alguna cosa li queda bé, posi-se-la, encara que no sigui de la secció premamà. Comprar roba que no sigui premamà per a l'embaràs (o aprofitar la que tingui a casa) és, evidentment, la millor manera d'evitar gastar-se una fortuna en roba que només portarà uns quants mesos. I segons les tendències que presentin a les botigues en una temporada determinada, moltes peces de roba no premamà també poden quedar bé a la silueta d'una dona embarassada (encara que potser necessitarà una talla més de l'habitual). De tota manera, tampoc s'hi gasti massa. Encara que ara li agradi aquesta roba, és possible que ja no li agradi tant quan ja no estigui embarassada. A més, si l'ha comprat una talla més gran, potser després del part ja no li anirà bé.
- Si té panxa, llueixi-la. Les panxes ja no s'amaguen –ni tan sols sota aque-

lles immenses peces de roba. La moda premamà llueix la panxa d'embarassada, amb teixits i estils que s'ajusten a les formes corporals. I això s'ha de celebrar, ja que de fet la roba premamà que accentua la panxa li donarà un aspecte més esvelt i no tan voluminós. Una altra opció fantàstica: els texans i els pantalons baixos de cintura i que es poden posar sota de la panxa. La roba baixa de cintura també estilitza (i què podria anar millor per a una dona embarassada?).

- No subestimi els complements que no porta a la vista. Un sostenidor que li resulti còmode i li subjecti bé els pits pot ser el seu millor aliat durant l'embaràs, sobretot a mesura que el seu pit vagi creixent més... i més. No perdi el temps en les liquidacions d'estocs dels grans magatzems i posi's en mans de la dependenta d'una botiga especialitzada en roba interior femenina. Amb una mica de sort, li sabrà dir aproximadament quant més li creixeran els pits i quin tipus de sostenidor li convé. Però no en compri massa; compri'n un parell (per posar i rentar) i, quan li comencin a quedar justos, ja se n'anirà a comprar més.

  La roba interior especial per a embarassades no sol ser necessària, però si es decideix per aquesta opció, probablement la tranquil·litzarà saber que avui dia és més sensual del que solia ser (adéu a les calces de iaies i benvingudes les calces tipus biquini). També es pot comprar calces tipus biquini normals, d'una talla més que la que usa habitualment, i posarse-les sota de la panxa. Compri'n dels seus colors preferits i/o de teixits sensuals perquè li aixequin els ànims (però comprovi que la zona de l'entrecuix sigui de cotó).

- Remeni l'armari de la seva parella. El trobarà ple de coses aprofitables (encara que podria ser una bona idea comentar-li-ho abans): samarretes i jerseis grans que poden quedar la mar de bé sobre els pantalons o els *leggings*, pantalons de xandall més grans que els seus, pantalons esportius curts que li passaran per la cintura com a mínim un parell de mesos més, i cinturons amb uns quants forats extra, tal com vostè necessita. Recordi, però, que cap al sisè mes d'embaràs (i possiblement abans i tot), per gras que estigui el seu marit, la seva panxa superarà la d'ell i la seva roba ja no li cabrà.

- Sigui una prestadora i una prestatària alhora. Accepti totes les ofertes de roba de premamà de segona mà, sempre que li vagi bé. En moltes situacions, podrà sortir del pas amb un vestit, un jersei o uns texans que li hagin deixat –i pot personalitzar aquestes peces de roba afegint-hi accessoris (com, per exemple, un mocador bonic o unes vambes ben modernes). Quan ja hagi tingut la criatura, ofereixi a les amigues en estat la roba d'embarassada que es va comprar i que ja no es voldrà tornar a posar; així, entre vostè i les seves amigues acabaran amortitzant els diners invertits en la compra d'aquesta roba.

- La roba fresca sempre va bé. Els teixits massa càlids (robes que no transpiren, com ara el niló o altres materials sintètics) no van bé durant l'embaràs. Com que el seu nivell metabòlic ja serà més alt que normalment, i tindrà més calor que mai, se sentirà més còmoda vestint-se amb roba de cotó. Així també serà menys probable que li surtin molestes erupcions cutànies provocades per la suor (un problema habitual entre les embarassades). Els mitjons llargs o les mitges mitjó també seran més còmodes que les mitges fins a la cintura, però eviti les que tinguin una banda elàstica constrictiva a la part superior. Els colors clars, els teixits de punt i la roba ampla també l'ajudaran a mantenir-se fresca. Quan arribi el fred, l'ideal és vestir-se a capes, per tal que es pugui anar traient roba a mesura que li vingui calor o quan entri en llocs climatitzats.

Sentiments contradictoris

"Ara que la panxa m'està creixent és quan se'm fa evident que estic realment embarassada. Encara que aquest embaràs va ser molt buscat per tots dos, ara de sobte ens espanta una mica".

Sembla que tinguin una mena de contradicció interna respecte de la realitat de l'embaràs –però es poden tranquil·litzar sabent que la major part dels futurs progenitors experimenten aquesta sensació en algun moment de l'embaràs. Fins i tot les parelles més ansioses per tenir un fill poden tenir aquests sentiments contradictoris tan bon punt l'embaràs es comença a fer evident –i, pensant-ho bé, tampoc és d'estranyar. Al cap i a la fi, una personeta que encara ni coneixen ja ha començat a alterar les seves vides, fent-los molts requeriments tant a nivell físic com emocional. I és possible que ja hagi fet canviar tots els aspectes de la vida de la futura mare –des de què fa als vespres fins en què es gasta els diners, i des de què menja i beu fins a quan (i com) fa l'amor– i encara n'hi farà canviar més un cop neixi.

L'ambivalència prenatal a què s'enfronta no només és completament comprensible i molt habitual, sinó que de fet és força saludable. Enfronti's a aquests sentiments abans que el nadó arribi, ja que ara té més temps per comprendre aquests sentiments i per adaptar-se a aquests canvis de vida substancials. La millor manera de fer-ho és expressant-se obertament, tant amb la seva parella com amb els amics que ja han entrat en el nou estatus de paternitat (i que li presentaran una perspectiva més reconfortant).

Sens dubte, convertir-se en pares és una experiència que canvia la vida –dit d'una altra manera, la seva vida ja no tornarà a ser mai la mateixa. Però com els explicaran la major part dels pares –i com aviat podran comprovar vostès mateixos– serà un canvi en positiu. O, encara més, serà el millor canvi de les seves vides.

Consells no desitjats

"Ara que ja se'm nota molt que estic embarassada, tothom –des de la meva sogra fins als desconeguts que em trobo a l'ascensor– em vol donar consells. Em faran tornar boja".

Per alguna raó, una panxa prominent ens fa treure a tots el suposat expert que portem dins, trencant així les barreres que fan que normalment els forasters no ens donin conversa. Surti a córrer pel parc i pot estar segura que algú li dirà "en el seu estat, no hauria de córrer!". Carregui dues bosses de compra al supermercat i prepari's per sentir "vol dir que hauria de carregar tant?". Compri's una terrina gran de gelat i abans de comptar fins a cinc algú ja li haurà advertit: "el greix que acumuli amb la criatura no el perdrà així com així..."

Entre els "policies" de les embarassades, els consells gratuïts que li donaran i totes les inevitables prediccions sobre el sexe del nadó, què hi pot fer la dona embarassada? En primer lloc, recordi que probablement la majoria de coses que li diran no tindran ni cap ni peus. De fet, els contes ancestrals que tenen algun fonament ja han estat demostrats científicament i han passat a formar part de la pràctica mèdica. I els que no tenen base científica, tot i que pugin estar profundament arrelats a la tradició popular de l'embaràs, poden refusar-se obertament. Si li fan alguna recomanació que la deixa amb mal de cor ("i si tingués raó?"), el millor que pot fer és consultar-ho al metge, la llevadora o l'educadora maternal.

Però tant si es tracta de consells plausibles com si són òbviament ridículs, no deixi que l'alterin –al cap i a la fi, qui necessita més estrès? El millor que pot fer és no perdre el sentit de l'humor i optar per un dels dos enfocaments següents: informi educadament al desconegut, l'amic o el parent que compta amb un metge de confiança i que només segueix els seus consells i que, tot i que aprecia la seva bona voluntat, no aplica les recomanacions de ningú més. O bé, també amb l'educació per davant, somrigui, doni les gràcies i continuï fent la seva, deixant que tots aquests comentaris li entrin per una orella i li surtin per l'altra, sense donar-los cap mena d'importància.

Però independentment de la manera en què vulgui afrontar els consells indesitjats, s'hi haurà d'anar acostumant. De fet, si hi ha algú que atregui més els consellers improvisats que una dona embarassada és una dona amb una criatura acabada de néixer.

Carícies indesitjades a la panxa

"Ara que ja se'm nota que estic embarassada, la família, els amics, els companys i fins i tot els desconeguts em toquen la panxa –sense ni tan sols preguntar-m'ho. Això em fa sentir incòmoda".

Són panxes rodones, boniques i a l'interior amaguen una cosa encara més bonica. Faci-se'n a la idea: les panxes d'embarassades sembla que demanin a crits que les toquin. De tota manera, per molt que tocar una panxa d'embarassada pugui ser un impuls irresistible, no s'hauria de fer –particularment, sense el permís de la dona embarassada en qüestió.

A algunes dones no els fa res convertir-se en el centre d'atenció "tàctil"; a altres, fins i tot els fa gràcia. Però si aquests comportaments la incomoden, no dubti a fer-ho saber. Ho pot expressar amb decisió (però sense perdre l'educació) dient: "ja sé que resulta temptador tocar-me la panxa, però preferiria que no ho fes més". O també pot frenar la iniciativa de tocar-la sense el seu permís comunicant-ho d'una manera divertida: "no la toqui, si us plau, que el nadó està dormint". O bé pot retirar una mica la panxa i tocar la de l'altre (aquesta reacció farà que l'altra persona s'ho pensi dues vegades abans de tornar a tocar sense permís la panxa d'una embarassada). O doni-ho a entendre sense dir ni piu: creui els braços protegint-se el ventre o aparti la mà de qui la toca i col·loqui-la en algun altre lloc (potser a la seva pròpia panxa).

Distraccions

"La setmana passada vaig sortir de casa sense moneder; aquest matí m'ha marxat totalment del cap una important reunió de feina. No em puc concentrar en res i començo a pensar que se me'n va el cap."

Vostè no és l'única que té aquestes distraccions. La majoria de dones embarassades tenen la sensació que, a mesura que guanyen pes, perden cèl·lules cerebrals. Fins i tot les dones que abans es vantaven de la seva capacitat d'organització, de la seva preparació per afrontar tasques complexes i de la seva habilitat per mantenir les formes, s'adonen que de sobte comencen a oblidar-se de cites, els costa concentrar-se i perden els nervis (a banda dels moneders i els telèfons mòbils). I no és que perdin el cap, sinó que l'explicació es troba dins del seu cervell. Les investigacions han demostrat que, efectivament, el volum de les cèl·lules cerebrals de les dones disminueix durant l'embaràs (la qual cosa explica que vostè potser ja no recorda ni què ha llegit en el paràgraf anterior). I –per raons desconegudes– les dones embarassades de nenes són més oblidadisses, de mitjana, que les embarassades de nens (qui ho havia de dir?). Per sort, l'ofuscació cerebral de l'embaràs (similar a la que experimenten les dones abans de la menstruació, encara que més intensa) és una qüestió temporal. El seu cervell tornarà a estar en plena forma al cap d'uns mesos de donar a llum.

De la mateixa manera que molts altres símptomes, la distracció és provocada pels canvis hormonals de l'embaràs. També hi té a veure la falta de son (com menys dorm, menys pot recordar), així com la constant manca d'energia (el seu cervell necessita energia per concentrar-se). Un altre aspecte que contribueix a fer-la estar sempre distreta: la ment d'una futura mare està saturada pensant en les compres que haurà de fer per al nadó i buscant el nom perfecte per al seu fill.

Si s'estressa pel fet de veure que té massa distraccions, aquestes distraccions no faran sinó empitjorar (ja que l'estrès també comporta més oblits). Reconèixer que és una reacció normal (i no imaginària), i acceptar-la amb humor, l'ajudarà a no despistar-se tant o, com a mínim, a prendre-s'ho millor. Per ser realistes, difícilment podrà ser tan eficient com era abans d'assumir la feina extra de gestar un nadó. Tant a casa com a la feina, ferse llistes per escrit de les coses que ha de recordar pot ajudar-la a controlar el seu caos mental. També pot deixar-se notes d'avís al telèfon mòbil o a l'ordinador (per recordar-se de la reunió, per trucar al seu pare pel seu aniversari) o gravarse la informació important al seu PDA, si és que en té algun (i pot recordar on el va guardar). Els *post-its* col·locats estratègicament (com ara un a la porta de sortida de casa per recordar-se d'agafar les claus abans de sortir, no sigui que vostè mateixa es tanqui fora) poden ajudar-la a millorar la situació.

Tot i que el ginseng és conegut per les seves propietats potenciadores de la memòria, el seu ús no es considera segur durant l'embaràs, així que no es prengui aquesta planta medicinal ni cap altra preparació a base d'herbes per combatre les seves distraccions provocades per l'embaràs.

I també s'hauria d'anar acostumant a marcar-se unes expectatives d'eficàcia una mica inferiors. Les distraccions es podrien mantenir després de l'arribada del nadó (degut a la fatiga, i no a les hormones) i potser no es resoldran del tot fins que el seu nadó (i vostè) comencin a dormir tota la nit.

QUÈ CAL TENIR EN COMPTE

Fer exercici durant l'embaràs

Està adolorida, no pot dormir bé, l'esquena l'està matant, té els turmells inflats, està restreta i rebotida i no para de tenir gasos. Dit d'una altra manera, està embarassada. Ara voldria saber si hi ha quelcom que podria fer per minimitzar els seus dolors i molèsties i tots els efectes secundaris de l'embaràs.

Doncs sí que hi és i només li prendrà uns minuts (posem uns 30) al dia: l'exercici. Es pensava que l'embaràs era un període per prendre-s'ho tot amb calma? Doncs tot no cal. Afortunadament per a vostè (o malauradament per a vostè, si no li agrada l'esport), el consell dels especialistes és el següent: les dones amb un embaràs normal haurien de practicar exercici moderat uns 30 minuts o més la majoria de dies (o bé cada dia).

Més que mai, les dones embarassades segueixen actualment aquest consell, i converteixen l'esport en part de la seva rutina diària –o almenys de la seva rutina habitual. I llevat que el seu ginecòleg li indiqui el contrari, vostè també hauria de seguir aquest consell. Tan se val si va començar l'embaràs com una dona en forma i en perfectes condicions físiques o com una amant del sofà que l'última vegada que es va calçar vambes va ser

Practiqui l'excercici que més li convingui

La seva primera missió –quan es tracta de fer exercici durant l'embaràs– seria estar disposada a fer-ne (i hi ha moltes raons que així ho aconsellen) i mirar de practicar 30 minuts al dia algun esport o activitat física. I si això se li fa costa amunt, recordi que tres caminades al dia de 10 minuts cada una són tan beneficioses com 30 minuts d'esport. I fins i tot activitats no esportives –com 15 minuts de passar l'aspiradora i 15 minuts de feinejar al jardí– compleixen també el seu objectiu diari. (Vist així, no és tan dur com semblava.)

Encara no s'ha convençut que té prou temps per fer-ho? Per tal que la seva missió sigui possible, intenti pensar en l'esport com a part de la seva vida diària –de la mateixa manera que rentar-se les dents o anar a treballar– i converteixi'l en part de la seva rutina (al cap i a la fi, aquesta és l'única manera perquè passi a convertir-se realment en una activitat rutinària).

Si a la seva agenda no li queda cap forat per dedicar-lo a fer gimnàstica, incorpori l'exercici en la seva activitat diària: baixi de l'autobús dues parades abans d'arribar a l'oficina i acabi-hi d'arribar a peu. Aparqui el cotxe a una certa distància del supermercat en comptes de deixar-lo al pàrquing (i per dins dels grans magatzems, doni un parell de tombs extra –que també li aniran bé). Vagi caminant fins al restaurant de dos carrers més avall en comptes de comprar-se l'entrepà al bar del costat. Vagi per les escales en comptes d'agafar l'ascensor. Pugi per les escales convencionals en comptes de fer-ho per les mecàniques. Vagi al lavabo del fons del despatx en comptes d'anar al que té a l'entrada mateix.

Té temps però no se sent motivada? Busqui la motivació en alguna classe de preparació al part (la camaraderia l'animarà), practiqui exercici amb alguna amiga (sortint a caminar abans de sopar) o vagi d'excursió amb els seus fills (abans de sortir a dinar fora els dissabtes, per exemple). L'avorreixen aquests plans? Doncs busqui'n uns altres –apunti's a classes de ioga per a embarassades si està (literalment) cansada de córrer, de nedar (o de practicar gimnàstica aquàtica) i si els esports habituals no la motiven. També pot sentir-se més motivada si practica esport acompanyada d'algun DVD especialitzat en gimnàstica per a l'embaràs que dirigeixi els seus exercicis.

De ben segur que hi haurà dies (especialment en el primer i tercer trimestres, en què se sol acusar més el cansament) en els quals se sentirà massa cansada per aixecar el cul del sofà, però miri de no defallir. No tindrà mai un moment millor, o unes raons millors, per practicar exercici.

per a les classes de gimnàstica de l'institut (llevat que se'n posés algunes per tenir un aire més modern). Hi ha moltes raons saludables per practicar exercici per a dos.

Els beneficis de l'esport

Així doncs, de què li servirà practicar esport? L'exercici regular pot ser beneficiós per a:

- La seva energia. Tot i que sembli paradoxal, fer massa repòs pot fer-la sentir encara més cansada. Una mica d'exercici li pot anar molt bé en donar al seu nivell energètic l'empenta que necessita.
- El seu descans nocturn. A algunes dones embarassades els costa molt d'agafar el son (i encara més de no despertar-se a les nits), però les que fan exercici regularment dormen millor i es desperten menys vegades, amb la qual cosa reposen més.
- La seva salut. L'exercici pot prevenir la diabetis gestacional, un problema cada vegada més estès entre les dones embarassades.
- El seu estat anímic. L'exercici fa que el seu cervell alliberi endorfines, els components químics que generen sensació de benestar i que milloraran el seu estat d'ànim, disminuint alhora l'estrès i l'ansietat.
- La seva esquena. Una bona sèrie d'exercicis abdominals és la millor defensa contra el mal d'esquena, que afecta un gran nombre de dones embarassades. Però fins i tot l'exercici que no treballa directament la zona del ventre pot alleujar el mal d'esquena i la tensió a la zona lumbar.
- Els seus (tensos) músculs. Els estiraments van bé per al cos –especialment per al cos de l'embarassada, que té més tendència a patir rampes musculars a les cames (i a tot arreu). Fer estiraments pot ajudar-la a alleujar els punts de tensió i a calmar els músculs adolorits. A més, pot practicar-los a qualsevol lloc i en qualsevol moment –fins i tot si es passa gran part del dia asseguda– i no cal que faci cap suada.
- Els seus intestins. Un cos actiu anima l'activitat intestinal. Encara que només sigui una caminada de 10 minuts ja afavoreix el trànsit intestinal.
- La seva dilatació. Encara que practicar exercici durant l'embaràs no garanteix que tingui un part ràpid, les futures mares que fan esport tendeixen a tenir dilatacions més breus i és menys probable que necessitin intervencions en la dilatació i el part (incloent-hi la cesària).
- La seva recuperació postpart. Com més en forma estigui durant l'embaràs, més ràpid es recuperarà físicament després de donar a llum (i més aviat es podrà tornar a pujar la cremallera d'aquells texans que feia servir abans de quedar-se en estat).

I quins beneficis té la pràctica de l'esport per al nadó? Un munt. Els investigadors teoritzen que els canvis en les pulsacions cardíaques i els nivells d'oxigen en futures mares esportistes estimulen els seus nadons. Els fetus també són estimulats pels sons i les vibracions que experimenten dins l'úter durant la pràctica d'esport de les seves mares. Fer exercici amb regularitat durant l'embaràs ajudarà el seu fill a:

- Estar més en forma. Els nadons de mares que fan exercici durant l'embaràs neixen amb un pes més saludable, són més capaços d'afrontar la dilatació i el part (i els estressen menys), i es recuperen amb més rapidesa de l'estrès del naixement.

Practiqui esport correctament

Fa exercici amb un nadó a bord? Doncs recordi de tenir en compte els següents consells:

- Begui abans de fer esport. Per evitar deshidratar-se, abans de començar a practicar exercici begui –encara que no tingui set (si s'espera a tenir set voldrà dir que ja s'ha esperat massa). I, en acabar de fer esport, torni a beure per recuperar els fluids eliminats a través de la suor.

- Prengui un refrigeri. Un refrigeri lleuger però substanciós abans de fer exercici l'ajudarà a mantenir l'energia. En acabar, prengui's un altre refrigeri lleuger, sobretot si ha cremat moltes calories.

- Mantingui's fresca. S'hauria d'evitar qualsevol exercici o ambient que incrementés la temperatura corporal de la dona embarassada més d'1,5 graus centígrads (ja que això provocaria que la sang es dispersés de l'úter cap a la pell en l'intent del cos de refrescar-se). No vagi a les saunes, banys turcs o jacuzzis i tampoc practiqui esport a l'aire lliure en un clima molt calorós o humit ni en llocs tancats amb un ambient reescalfat i xafogós. Si acostuma a passejar per fora i la temperatura s'enfila massa, entri a caminar en alguns grans magatzems amb aire condicionat.

- Posi's la roba adequada. Es mantindrà més fresca si es vesteix amb roba ampla, transpirable i elàstica. Esculli un sostenidor que li subjecti bé els pits, ara més grossos que mai, però que no se li clavin quan es mogui (uns sostenidors esportius són una fantàstica peça per afegir al seu armari d'embarassada).

- Cuidi's els peus. Si les seves vambes ja fa anys que ronden pel món, compri-se'n unes de noves per minimitzar les possibilitats de tocadures, o fins i tot de caigudes. I vagi amb compte de comprar-se unes sabates esportives específicament dissenyades per a l'esport que vostè practiqui.

- Seleccioni la superfície adequada. Sota teulada, és millor un terra de

- Ser més espavilat. S'ho cregui o no, les investigacions demostren que els nadons de mares que practiquen exercici al llarg de l'embaràs obtenen, de mitjana, una puntuació més elevada en els tests d'intel·ligència cap a l'edat de 5 anys (cosa que significa que l'exercici pot millorar tant el seu potencial muscular com el potencial intel·lectual del seu fill!).

- Criar-se amb més facilitat. Els nadons de mares esportistes tendeixen a dormir tota la nit des de més petits, són menys propensos als còlics i els costa menys d'aprendre a calmar-se sols.

Fer exercici correctament quan s'està embarassada

El seu cos d'embarassada ja no s'ajusta a la seva roba d'esport anterior a l'embaràs ni tampoc a la seva rutina esportiva habitual. Ara que practicarà esport per a dos, ha d'estar el doble de segura que l'exercici escollit és el més adequat.

A continuació li presentem alguns consells, tant si és una assídua al gimnàs com si l'únic esport que fa és sortir a passejar els diumenges:

fusta o amb moqueta que no pas de rajola o ciment. (Si la superfície és lliscant, no faci esport amb mitjons ni amb mitges esportives.) A l'aire lliure, els camins de terra i de gespa o els carrerons sense asfaltar són millor que les carreretes o andanes amb superfícies dures. Les superfícies anivellades també són millors que no pas les que presenten desnivells.

- Allunyi's dels pendents. Com que el seu abdomen en creixement alterarà el seu sentit de l'equilibri, els especialistes recomanen que, cap al final de l'embaràs, les dones haurien d'evitar esports que impliquin un alt risc de caigudes o de danys abdominals. Alguns d'aquests esports serien la gimnàstica, l'esquí, el patinatge i els esports de raqueta més enèrgics (jugui partits per parelles en comptes d'individuals), muntar a cavall i en bicicleta, i esports de contacte com ara l'hoquei sobre gel, el futbol o el bàsquet (vegi la pàgina 249).

- No pugi a grans altituds. A no ser que ja visqui a una gran altitud, eviti qualsevol activitat que impliqui pujar a més de 2.000 metres per sobre del nivell del mar. A l'altre extrem, el submarinisme –que suposa un risc de problemes de pressió per al seu nadó– també és desaconsellable, i abans de tornar-se a submergir hauria d'esperar fins a no portar cap passatger a la panxa.

- Tingui cura de la seva esquena. A partir del quart mes de gestació, no carregui pesos a l'esquena. El pes del seu úter en creixement podria comprimir-li els principals vasos sanguinis i restringir-ne la circulació.

- Eviti moviments de risc. Tocar-se els peus amb els dits de la mà –en qualsevol moment de l'embaràs– podria provocar-li rampes al panxell de la cama. En comptes de fer això, flexioni els peus elevant-los enlaire. No practiqui flexions abdominals ni aixequi les dues cames alhora perquè aquests exercicis pressionen la zona abdominal i no són convenients mentre dugui un nadó a la panxa. Eviti també els exercicis que impliquin inclinar-se enrere o contorsions per l'estil, que incloguin una flexió o extensió completa de les articulacions (com ara dels genolls), o bé que comportin salts, bots, canvis de direcció sobtats o moviments bruscos.

La línia de sortida és la consulta del ginecòleg. Abans de cordar-se les vambes i d'apuntar-se a classes d'aeròbic, faci una visita a la consulta del ginecòleg per tal que li doni llum verda. El més probable és que li'n doni –com a la majoria de dones. Però si vostè té algunes complicacions mèdiques o de l'embaràs, el seu metge podria limitar el seu programa d'exercicis, prohibir-li per complet o –si té diabetis gestacional– animar-la a ser encara una mica més activa. Asseguri's de tenir clar quins programes d'exercicis són apropiats per a vostè i si la seva rutina esportiva habitual (si és que en tenia alguna) és segura de mantenir durant l'embaràs. Si té bona salut, el més probable és que el seu ginecòleg l'animi a continuar la seva rutina habitual mentre vostè s'hi senti amb ànims, i només indicant-li algunes modificacions (especialment si la seva rutina habitual inclou esports poc recomanables per a l'embaràs, com ara l'hoquei sobre gel).

Respecti els canvis del seu cos. Prepari's per canviar les seves rutines esportives a mesura que canviï el seu cos. Haurà de canviar el seu programa d'activitats a mesura que se li alteri el sentit de l'equilibri i probablement també haurà de frenar el ritme per evitar caigudes (especialment a partir del moment en què ja no es vegi els peus). Prepari's també per notar canvis en la pràctica d'exercici, encara que hagi seguit una rutina particular al llarg de molts anys. Si li agrada caminar, per exemple, anirà sentint més pressió als malucs i als genolls a mesura que avanci el seu embaràs, ja que se li aniran eixamplant les articulacions i els lligaments. També haurà de tenir cura del seu cos d'embarassada evitant exercicis que requereixin estar completament estirada a terra o estar-se dreta però immòbil (com en el cas d'algunes postures de ioga o de tai-txi) a partir del segon trimestre. Les dues posicions podrien restringir-li la circulació sanguínia.

Comenci a poc a poc. Si fins ara no practicava mai esport, comenci a fer-ho a poc a poc. És temptador posar-s'hi pel broc gros, corrent 5 km el primer matí o repetint la taula d'exercicis dues vegades la primera tarda. Però aquests inicis tan entusiastes no solen comportar un bon estat de forma física sinó músculs adolorits, molèsties i finals sobtats. El primer dia, comenci amb 10 minuts d'exercicis d'escalfament seguits de 5 minuts d'activitat més intensa (però pari abans si se sent massa cansada) i 5 minuts d'exercicis més suaus. Al cap d'uns quants dies, si el seu cos s'ha ajustat bé a la taula d'exercicis, incrementi el període d'activitat intensa amb uns 5 minuts addicionals fins que arribi a 30 minuts, o més, si no té cap molèstia.

Evidentment, si vostè ja és una assídua dels gimnasos, recordi que encara que l'embaràs sigui un moment fantàstic per mantenir el seu estat de forma física, no és el moment de voler-lo millorar.

Comenci a poc a poc cada vegada que s'hi posi. Els exercicis d'escalfament poden resultar avorrits quan ja es té ganes de començar els exercicis d'entrenament més actius –i d'acabar-los. Però, com saben tots els esportistes, l'escalfament és una part essencial de qualsevol programa d'exercicis. Assegura que el cor i la circulació no es vegin sobtadament sobrecarregats i redueix la possibilitat de patir una lesió als músculs i les articulacions –més vulnerables quan estan freds, i particularment durant l'embaràs. Així que camini una estona abans de córrer; i nedi lentament abans de començar a fer uns quants llargs a la piscina a tota velocitat.

Acabi tan a poc a poc com ha començat. Aturar-se de patac i descansar semblaria la conclusió lògica d'un entrenament, però això no és el millor des del

Exercicis de Kegel?

Si només pensa fer un sol exercici durant tot l'embaràs, faci aquest. Els exercicis de Kegel ajuden a reforçar el sòl pelvià (el grup de músculs que controlen la circulació urinària i la contracció de la vagina i de l'esfínter anal). Un dels principals beneficis de practicar els exercicis de Kegel és que prevenen la incontinència urinària, un problema força comú durant l'embaràs i el postpart –així com la incontinència fecal que, tot i ser menys habitual, pot resultar encara més molesta i preocupant. Aquests exercicis també tonifiquen el sòl pelvià preparant-lo per a la dilatació i el part –i possiblement també li evitaran una episiotomia o un esquinç. Finalment, en fer més flexibles els músculs pelvians, els exercicis de Kegel poden millorar la satisfacció sexual després del part, quan els músculs han quedat una mica laxos. Per a més informació sobre els exercicis de Kegel i les instruccions sobre com fer més elàstics aquests sorprenents músculs, vegi la pàgina 324.

Trenta minuts més?

Fer més exercici és sempre millor? Depèn. Si vol superar-se (o simplement si vostè ja està en forma) i el seu metge li ha donat llum verda (tenint en compte el seu estat físic), és segur que faci esport durant una hora, o més i tot, sempre que s'escolti el seu cos. Les futures mares solen cansar-se abans que quan no estaven embarassades, i els cossos cansats són més propensos a lesionar-se. A més, un excés d'activitat pot comportar altres problemes (d'una banda, deshidratació, si no ingereix prou líquids; i, de l'altra, falta d'oxigen per al nadó, si a vostè li falta l'alè durant llargs períodes). Cremar més calories en les seves sessions maratonianes també significa que, per assegurar-se que compensa bé aquesta pèrdua de calories, haurà de menjar més (el principal avantatge de practicar esport, no creu?).

punt de vista fisiològic. Si s'atura bruscament, la sang li quedarà atrapada als músculs i reduirà la circulació sanguínia a les altres parts del seu cos i al del seu nadó. Això podria provocar-li mareig, desmais, acceleració del ritme cardíac o nàusees. Així que acabi els seus exercicis amb més exercici: uns 5 minuts de caminar després de córrer, unes quantes bracejades lentes després de nedar ràpidament, o exercicis suaus d'estirament després de gairebé qualsevol activitat. Acabi aquests exercicis més suaus amb uns quants minuts de relaxació. Pot evitar els rodaments de cap (i una possible caiguda) si s'aixeca a poc a poc després d'haver fet exercicis estirada a terra.

Controli el temps. Molt poc exercici no seria prou efectiu, mentre que massa pot resultar esgotador. Un programa complet, amb uns quants exercicis d'escalfament i altres d'entrenament més intens, pot durar entre 30 minuts i una hora. Però el nivell d'esforç requerit ha de ser entre suau i moderat.

Divideixi (el programa d'exercicis) i vencerà. No troba 30 minuts al dia per fer esport? Doncs divideixi el seu programa d'exercicis en dues tongades, o en tres, o quatre o les que convingui. Aquest truc l'ajudarà a complir els 30 minuts diaris i a tonificar els músculs més eficaçment.

Sigui constant. Fer esport de manera erràtica (quatre vegades en una setmana i cap vegada en la següent) no la mantindrà en forma. El que sí que la hi mantindrà serà fer esport amb regularitat (tres o quatre vegades per setmana, totes les setmanes). Si està massa cansada per a un programa complet d'exercicis, no s'hi obligui, però intenti fer com a mínim els exercicis d'escalfament per tal que els seus músculs es mantinguin tonificats i no perdi l'hàbit. La majoria de dones afirmen que se senten millor si fan una mica d'esport al dia (i no necessàriament tot el programa d'activitats).

Compensi les calories cremades. Potser la part més divertida d'un programa d'exercicis per a l'embaràs és el menjar extra que es podrà prendre. Hauria de consumir entre 150 i 200 calories addicionals per cada mitja hora d'exercici moderat. Si creu que consumeix prou calories però tot i això no guanya pes, és possible que estigui practicant massa esport.

Reemplaci els líquids perduts. Per cada mitja hora d'activitat moderada, necessitarà com a mínim un vas ple de líquid extra per compensar els fluids perduts a través de la transpiració. En necessitarà més si fa calor o sempre que hagi suat molt: begui abans, durant i després de practicar esport –però no més de mig litre seguit. El millor és començar la seva

Estiraments d'espatlles i cames

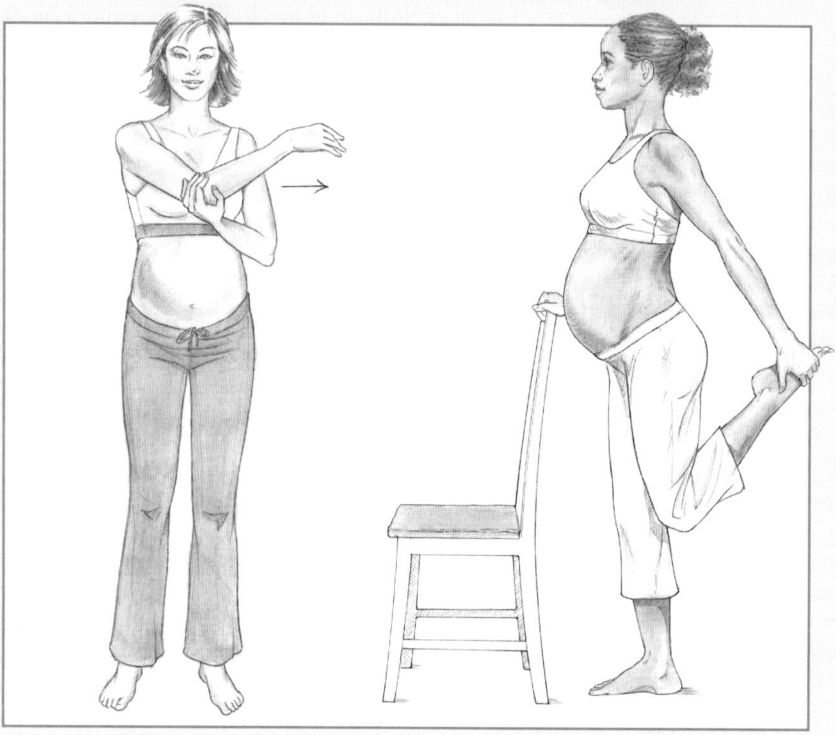

▲ *Estirament d'espatlles.* **Per reduir la tensió de les espatlles (especialment si es passa moltes hores davant de l'ordinador), intenti aquest simple moviment: dreta, posi's amb els peus separats a l'altura de les espatlles i amb els genolls lleugerament separats. Col·loqui el braç esquerre davant seu a l'altura del pit, i doblegui'l una mica. Col·loqui la mà dreta sobre el colze esquerre i empenyi suaument aquest colze cap a l'espatlla dreta mentre inspira aire. Mantingui aquest estirament entre 5 i 10 segons, i després canviï de costat.**

▲ *Estirament de cames estant dreta.* **Doni un més que necessari respir a les seves cames practicant aquest senzill estirament: posi's dreta i recolzi's al respatller d'alguna cadira o en algun altre objecte pesant com a suport. Doblegui el genoll dret, i tot seguit separi i allunyi el peu dret de les seves natges. Aguanti's el peu amb la mà dreta i atansi el taló cap a les natges mentre estira les articulacions del maluc. Mantingui l'esquena recta i allargui l'estirament entre 10 i 30 segons. Repeteixi l'exercici amb la cama esquerra.**

ingesta de líquids entre 30 i 45 minuts abans d'iniciar el programa d'exercicis.

Practiqui esports de grup. Si prefereix practicar l'esport en grup, apunti's a alguna classe de gimnàstica específicament destinada a dones embarassades (demani referències dels monitors abans d'inscriure-s'hi). Per a algunes dones, aquestes classes són millors que els exercicis individuals (sobretot si els falta voluntat), ja que així se senten més recolzades i motivades. Un curset adequat hauria d'incloure exercicis d'intensitat moderada, almenys tres vegades a la setmana, adaptar-se a les possibilitats de cada dona en particular i disposar d'una xarxa d'especialistes mèdics i esportius per a plantejar-los possibles dubtes.

Diverteixi's. Qualsevol exercici, individual o en grup, hauria de ser considerat una activitat desitjable, en comptes de detestable, i l'hauria de veure com una diversió, i no com una tortura. Si escull algun esport que li agrada, serà més fàcil de practicar-lo –particularment els dies que se senti sense energies i pesada, o totes dues coses alhora. Algunes dones prefereixen escollir alguna activitat amb un component social, des de classes de ioga prenatal fins a un passeig romàntic després de sopar. A més, practicar exercici amb alguna companya o amiga, incrementa les possibilitats de seguir el programa previst. Així que, en comptes de quedar amb una amiga per anar a prendre un cafè, quedi-hi per sortir a caminar.

Faci-ho tot amb mesura. No faci mai esport fins al punt de quedar exhausta, i encara menys durant l'embaràs. (Fins i tot si és una esportista ben preparada, no practiqui esport fins al límit de les seves capacitats, tant si acaba exhausta com si no.) Hi ha diverses maneres de comprovar si vostè està excedint els seus límits: així, si es troba bé, probablement fa el que ha de fer; però si, en canvi, té alguna molèstia o dolor, és possible que s'estigui passant de la ratlla. Suar una mica va bé; però una suada de campionat significa que cal abaixar el ritme. Tampoc és bon senyal que no pugui mantenir una conversa mentre practica exercici. Esforci's

El gep del dromedari

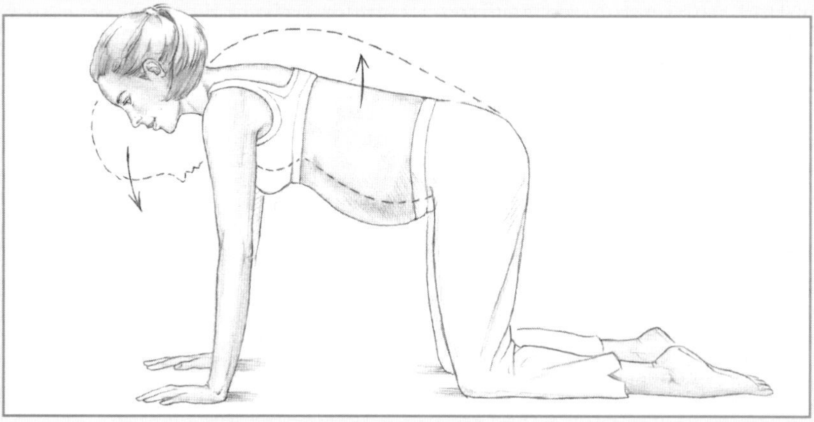

Una bona manera d'alleujar la pressió a l'esquena (habitual durant l'embaràs) és posar-se de quatre grapes, amb les mans i els genolls a terra, relaxant l'esquena, acotant el cap i assegurant-se que el coll està alineat amb la columna vertebral. Després arquegi l'esquena –i sentirà com els músculs abdominals i els dels malucs se li comprimeixen. Aixequi lleugerament el cap. Torni lentament a la posició original. Repeteixi-ho unes quantes vegades –i faci aquest estirament diverses vegades al dia, especialment si a la feina s'està molta estona dreta o asseguda.

Relaxació del coll

Aquest exercici l'ajudarà a reduir la tensió del coll. Asseguí's en una cadira amb respatller. Tanqui els ulls i respiri profundament; tot seguit, giri el cap suaument cap a un costat i cap a l'altre fins a aproximar-lo a l'espatlla. No aixequi l'espatlla per tocar-se el cap ni forci el cap per abaixar-lo més del compte. Mantingui la posició entre 3 i 6 segons i després canviï de costat. Repeteixi l'exercici tres o quatre vegades. A continuació, inclini el cap suaument cap endavant, reposant la barbeta damunt del seu pit. Després desplaci suaument la galta cap a la dreta en direcció a l'espatlla (però un altre cop sense forçar els moviments i sense atansar l'espatlla a la cara) i mantingui la posició entre 3 i 6 segons. Canviï de costat i repeteixi l'exercici. Practiqui aquest exercici en tres o quatre sessions diàries.

el suficient com per augmentar el ritme respiratori, però sense que es quedi sense alè fins al punt de no poder parlar, cantar o xiular mentre fa esport. Si necessita anar a fer una becaina després de fer exercici significa que ha mantingut un ritme massa intensiu. Després de fer esport, s'ha de sentir més enèrgica i no més enfonsada.

Sàpiga quan parar. El seu cos li indicarà el moment de parar dient-li "ei, que ja estic cansat!". Faci cas d'aquesta advertència i llenci la tovallola. Hi ha altres indicis més greus, que impliquen haver de trucar al metge: dolors forts en qualsevol lloc (al costat, a l'esquena, a la pelvis, al pit, al cap, etc.); rampes o punxades que no desapareixen en deixar de fer exercici; contraccions uterines i dolor al pit; esvaniment o mareig; batec cardíac molt accelerat; falta d'alè greu; dificultats per caminar o pèrdua del control muscular; mal de cap sobtat; inflor creixent de mans, peus, turmells o cara; pèrdua de líquid amniòtic o sagnat vaginal; o, a partir de la setmana 28, una disminució o una absència total de moviment fetal. En el segon i tercer trimestres, podria notar una disminució gradual de la seva capacitat i resistència a l'hora de practicar esport. Això és normal i un indicador més de la necessitat de prendre-s'ho amb més calma.

Deixar-ho estar al darrer trimestre. La majoria de dones s'adonen que necessiten renunciar a la pràctica esportiva en algun moment del tercer trimestre, sobretot al novè mes de gestació, quan ja en tindran prou amb els estiraments, les caminades o la natació. Si se sent animada per continuar practicant un programa més intensiu (i si vostè està en perfecta forma física), és possible que el seu ginecòleg li doni llum verda per mantenir la seva pràctica esportiva habitual fins al moment del part, encara que és imprescindible que primer li ho consulti.

Encara que no practiqui esport... no es passi el dia asseguda. Estar asseguda durant un llarg període de temps sense cap pausa fa que la sang s'estanqui a les venes de les cames, s'inflin els peus i puguin sorgir altres problemes. Si la seva feina comporta estar moltes hores asseguda, si mira la televisió molta estona seguida o si viatja freqüentment a grans distàncies, asseguri's de fer una pausa aproximadament cada hora i de caminar uns 5 o 10 minuts. I mentre estigui asseguda, vagi fent periòdicament exercicis que potenciïn la circulació, com ara respirar profundament, estirar les cames, flexionar els turmells o moure els dits del peu. Intenti també contraure els músculs de l'abdomen i els malucs (fent una mena de balanceig pelvià en posició asseguda). Si les mans se li solen inflar, estiri periòdicament els braços per damunt del cap, tot obrint i tancant els punys diverses vegades.

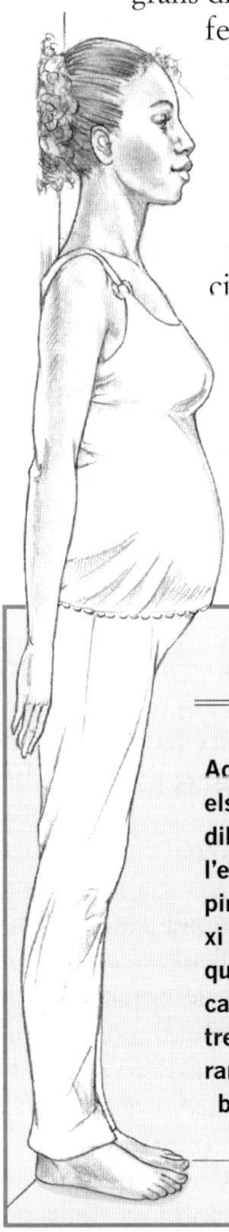

Escollir l'exercici adequat per a l'embaràs

Encara que és cert que l'embaràs no és el moment oportú per aprendre a fer esquí aquàtic ni per participar en competicions de salts de cavall, sí que podrà gaudir de moltes activitats esportives –i fer servir molts aparells de musculació del gimnàs (amb unes quantes precaucions). També pot triar alguna altra opció entre el creixent nombre de programes d'exercici específicament dissenyats per a futures mares (aeròbic a l'aigua, també conegut com aiguagim, o ioga prenatal, per exemple). Però no s'oblidi de demanar el vistiplau del seu ginecòleg abans d'iniciar la pràctica d'alguna activitat esportiva. El més probable és que les activitats no recomanades durant l'embaràs (com el bàsquet competitiu, el futbol, el submarinisme, les curses

Balanceig pelvià

Aquesta simple rutina la pot ajudar a millorar la seva postura, enfortir els músculs abdominals, reduir els mals d'esquena i preparar-la per a la dilatació prepart. Per dur a terme un balanceig pelvià, posi's dreta amb l'esquena recolzada contra la paret i relaxi la columna vertebral. En inspirar, pressioni la regió lumbar contra la paret; després espiri. Repeteixi l'exercici unes quantes vegades. Hi ha una variació d'aquest exercici que també ajuda a reduir el dolor de ciàtica: intenti balancejar la pelvis cap endavant i cap enrere –mantenint l'esquena recta– ja sigui de quatre grapes o dreta. Practiqui els balanceigs pelvians regularment (durant la seva jornada laboral podria fer diverses pauses per dur a terme balanceigs pelvians durant uns 5 minuts per sessió).

Flexió dels bíceps

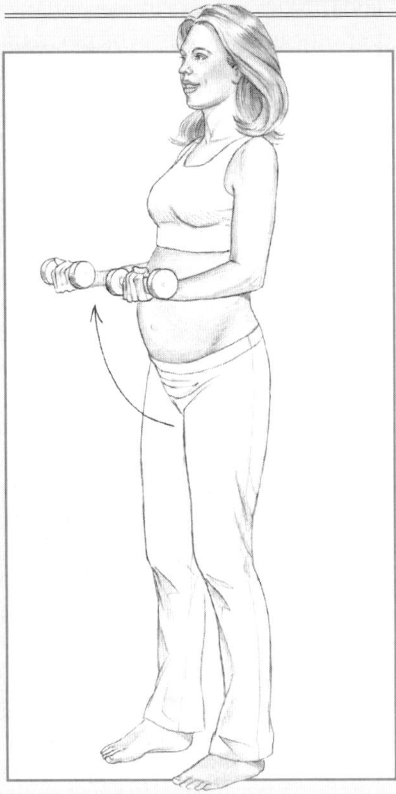

Comenci agafant peses lleugeres (si no hi està acostumada en tindrà prou amb peses d'1 quilo o 1 quilo i mig, i en cap cas agafi peses de més de 5 quilos). Posi's dreta amb les cames separades a l'altura de les espatlles, anant amb compte de no doblegar els genolls. Tiri els colzes cap a dins i el pit cap enfora. Aixequi lentament les dues peses cap a les espatlles doblegant els colzes i enlairant les mans (recordi's de respirar correctament), parant quan els avantbraços quedin perpendiculars a terra i les peses estiguin orientades cap al sostre. Abaixi les peses lentament i repeteixi l'activitat. Intenti fer aquest exercici entre 8 i 10 vegades, però faci les pauses necessàries si es cansa massa. Sentirà que els músculs se li tensen, però no li han d'arribar a fer mal ni li ha de costar respirar.

o el ciclisme de muntanya) tampoc li vinguin de gust de fer quan tingui la panxa de la mida d'una pilota de bàsquet. A continuació, enumerem els esports que pot practicar i els que no pot practicar durant l'embaràs:

Caminar. Gairebé tothom ho pot fer –i es pot fer gairebé a tot arreu i en qualsevol moment. No hi ha cap exercici tan fàcil d'encabir en la seva atrafegada agenda com caminar (no oblidi que totes les caminades que fa són vàlides, encara que només sigui fer quatre passos fins al supermercat de la cantonada o treure el gos durant 10 minuts perquè faci les seves necessitats). I pot continuar caminant fins a les vigílies del part (i fins i tot el mateix dia del part si vol que se li accelerin les contraccions). I el millor de tot, no necessita cap complement, ni apuntar-se a cap gimnàs ni pagar per cap classe. El que necessita és un bon parell de sabates esportives, que li recolzin bé el peu i que siguin còmodes, i roba transpirable. Si tot just comença una rutina de caminar, comenci anant a poc a poc (comenci passejant tranquil·lament i després ja caminarà a pas lleuger). Necessita una mica de temps per a vostè? Sortir a caminar sola li pot donar el moment de tranquil·litat que desitja. Però si prefereix caminar en companyia, vagi-hi amb la parella, les amigues o les companyes de feina. Fins i tot pot crear un grup de caminadores (al matí amb les veïnes o a

Elevació de cames

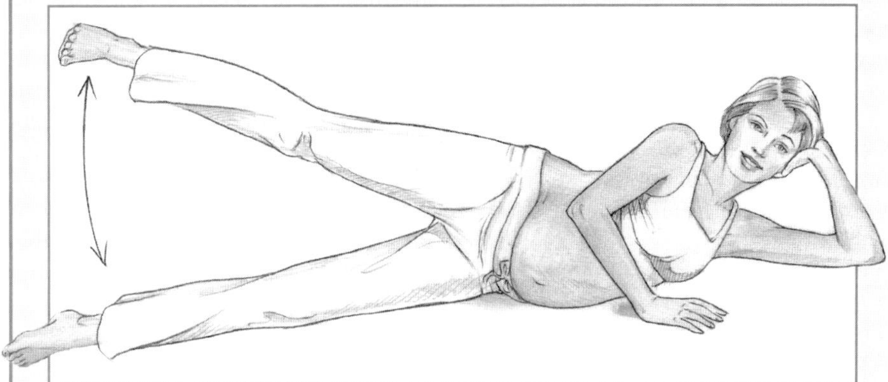

Amb l'aixecament de cames aprofita el seu propi pes corporal per tonificar els músculs laxos (i no fa falta cap equipament necessari). Només cal que s'estiri a terra sobre el lateral esquerre, amb les espatlles, els malucs i els genolls en línia recta. Aguanti's el cap amb la mà esquerra i deixi reposar la mà dreta sobre el terra, davant seu. Després, aixequi lentament la cama dreta tan amunt com pugui sense que li faci mal (recordi's de respirar correctament). Repeteixi l'exercici 10 vegades, després canviï de costat i repeteixi l'activitat.

l'hora de dinar amb les companyes de l'empresa). El temps no acompanya? Doncs camini per dins d'alguns grans magatzems.

Córrer. Les corredores habituals poden mantenir el ritme durant l'embaràs –encara que haurien de limitar les distàncies i córrer només per terrenys sense massa pendents (si abans de l'embaràs no corria mai, de moment limiti's a caminar). Recordi que les articulacions i els lligaments distesos durant l'embaràs poden danyar-li més els genolls en córrer, i també la faran més propensa a patir lesions –una altra raó per no excedir-se corrent.

Aparells del gimnàs. La cinta de córrer, els aparells de musculació o la màquina de pujar escales són activitats adequades per a l'embaràs. Ajusti la velocitat, la inclinació i la intensitat de les màquines a un nivell confortable per a vostè (començant a poc a poc si és la primera vegada que les usa). En el darrer trimestre de gestació, però, és possible que aquests aparells de gimnàs la facin cansar massa. També ha d'anar més amb compte de no ensopegar amb la màquina quan la panxa ja li impedeixi veure's els peus.

Aeròbic. Les esportistes ben preparades i en bona forma poden continuar ballant i practicant aeròbic al llarg de l'embaràs. Redueixi el nivell d'intensitat i no arribi mai fins al punt de caure esgotada. Si és principiant, practiqui un aeròbic suau o consideri la possibilitat de practicar-lo dins l'aigua, amb l'aiguagim, especialment pensat per a dones embarassades.

Steps. Sempre que ja estigui en bona forma física i tingui experiència en la pràctica d'steps, no hi sol haver cap problema per prosseguir amb aquesta pràctica durant l'embaràs. Només cal que recordi que les seves articulacions tenen més tendència a lesionar-se durant l'embaràs, així que comenci fent estiraments i no faci sobreesforços. I no practiqui steps a un nivell massa elevat respecte del terra. A mesura que li creixi el ventre, eviti qualsevol activitat que requereixi un gran equilibri.

Kick-boxing. El kick-boxing requereix molta destresa i velocitat –dues habilitats que la dona embarassada no sol tenir. Moltes kick-boxers embarassades troben que no poden elevar tant la cama ni moure's tan de pressa, però si se sent còmoda practicant aquest esport i ja hi té molta experiència (no el comenci a practicar ara), no hi ha problema en continuar-lo practicant durant l'embaràs. Només cal que procuri evitar qualsevol moviment que li costi o que li provoqui dolor. Asseguri's de romandre a una distància segura respecte de les altres kick-boxers (li podrien fer mal a la panxa sense voler), deixant l'espai equivalent al doble de la llargada de les seves cames entre vostè i les altres esportistes. Procuri, també, que totes les altres persones de classe sàpiguen que està embarassada o busqui classes específiques per a dones en estat (en què totes les dones que l'envoltin estiguin embarassades –i a prou distància).

Estiraments amb les cames creuades

Fer estiraments asseguda i amb les cames creuades l'ajudarà a relaxar-se i a entrar en sintonia amb el seu cos (com més es familiaritzi amb el seu propi cos a mesura que s'atansi la dilatació i el part, millor per a vostè). Provi de fer diferents estiraments de braços mentre estigui asseguda –intenti col·locar les mans a les espatlles, després ajunti-les per damunt del cap i estiri-les amunt. També pot alternar un braç estirat enlaire amb l'altre relaxat al lateral. (No boti mentre fa aquests estiraments.)

Natació i altres esports aquàtics. Encara que potser no se senti preparada per encabir-se dins d'un biquini juvenil justament ara, consideri el següent: a l'aigua, vostè només pesa una desena part del que pesa fora (quantes vegades ha tingut l'oportunitat de sentir-se tan lleugera des que està en estat?), per la qual cosa els esports aquàtics són l'opció perfecta per a les dones embarassades. Fer exercici a l'aigua potencia la força i flexibilitat i, a més, és segur per a les articulacions –i també tindrà molt menys risc de sobreescalfar-se (a no ser que l'aigua de la piscina estigui massa calenta). Així mateix, moltes dones embarassades afirmen que els esports aquàtics els ajuden a alleujar la inflor de cames i de peus i a calmar el dolor de ciàtica. La majoria de gimnasos amb piscina ofereixen classes d'aeròbic a l'aigua i moltes inclouen classes dissenyades específicament per a dones en estat. Només cal que vagi amb compte quan camini pels costats de la piscina, que solen lliscar molt, i no faci immersions. I practiqui esport només en piscines clorades.

Esports a l'aire lliure (excursionisme, patinatge, ciclisme, esquí). L'embaràs no és el moment idoni per iniciar-se en un nou esport –i encara menys en els que requereixin un gran sentit de l'equilibri– però les esportistes experimentades poden continuar practicant aquestes activitats (amb l'aprovació del

Flexió dels malucs

Els músculs flexors dels malucs són els que li permeten aixecar els genolls i doblegar-los cap a la cintura. Estirar aquests músculs periòdicament l'ajudarà a mantenir-los tonificats i li serà més fàcil obrir bé les cames quan arribi el moment de donar a llum (i també mentre mantingui relacions sexuals). Per flexionar aquests músculs, posi's dreta al capdavall d'una filera d'escales com si les anés a pujar. (Si li fa falta, recolzi's amb una mà a la barana.) Col·loqui un peu al primer o al segon graó (on se senti més còmoda) i doblegui el genoll. Deixi descansar l'altra cama una mica per darrere seu, amb el genoll recte, i el peu pla sobre terra. Notarà l'estirament a la seva cama recta. Canviï de cama i repeteixi l'activitat.

Estiraments a la gatzoneta

Aquest exercici estira i tonifica les cuixes i és particularment útil per a dones que volen donar a llum ajupides a la gatzoneta. Per començar, posi's dreta i separi els peus a l'alçada de les espatlles. Mantingui l'esquena recta, doblegui els genolls i vagi baixant a poc a poc, tan a prop del terra com pugui sense deixar d'estar còmoda, i mantenint els peus plans a terra. Si no pot, intenti separar una mica més els peus. Romangui en aquesta posició entre 10 i 30 segons i després aixequi's lentament fins a tornar-se a posar dempeus. Repeteixi l'exercici cinc vegades. (Nota: aquesta posició és segura, però eviti doblegar massa els genolls i els turmells perquè les seves articulacions són ara més propenses a patir lesions.)

seu metge i prenent algunes precaucions). Si va d'excursió, procuri d'evitar terrenys desnivellats (especialment cap al final de l'embaràs, quan la panxa no li deixarà veure ni una pedra al mig del camí), les grans altituds i els terres lliscants (i, evidentment, no intenti escalar). Per anar en bicicleta, vagi amb molt de compte i posi's casc; no circuli sobre paviment moll, zones on bufi fort el vent o superfícies desiguals (caure no va bé a ningú, però encara menys a les embarassades); i no s'inclini cap endavant per adoptar una postura com en les curses ciclistes (ja que es podria danyar la zona lumbar i, a més, ara tampoc és moment de córrer tant). Pel que fa al patinatge, pot fer un gir (o dibuixar el número vuit amb els patins) al principi de l'embaràs si ja hi té experiència i va amb compte –més endavant, és probable que tingui problemes d'equilibri, així que pari de practicar patinatge quan estigui més voluminosa i poc àgil. El mateix consell hauria de seguir en el cas dels patins en línia i de l'hípica. Eviti l'esquí de fons i l'*snowboard*, fins i tot si ja és una experta en aquests esports des de fa anys; el risc de patir una caiguda greu és massa elevat (al cap i a la fi, fins i tot els professionals en pateixen de tant en tant). L'esquí de pistes i les caminades sobre raquetes de neu són esports segurs durant l'embaràs per a les dones experimentades, però ara ha d'anar molt amb compte de no caure. I, evidentment, faci l'activitat que faci, procuri no sobreesforçar-se fins al punt de quedar exhausta.

Aixecar peses. Practicant amb peses pot millorar el to muscular, però és important evitar els pesos excessius o els

Girs de cintura

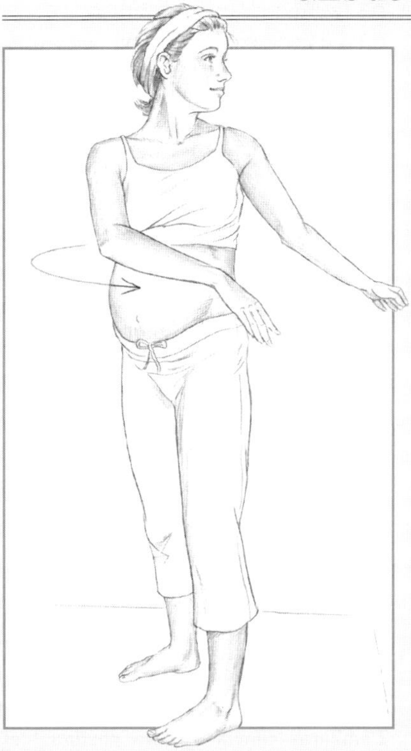

Si ha estat molta estona asseguda o si simplement se sent tensa o incòmoda, intenti realitzar aquest fàcil moviment per impulsar la circulació. Posi's dreta i separi els peus a l'alçada de les espatlles. Giri suaument la cintura, mirant lentament cap a un costat i cap a l'altre. Mantingui l'esquena recta i deixi que els braços es balancegin lliurement. No es pot aixecar? Doncs també pot practicar aquest exercici asseguda.

que requereixin respirar bruscament o aguantar-se la respiració, ja que podrien impedir que la circulació sanguínia arribés a l'úter. En comptes de pesos elevats, opti per peses lleugeres i repeteixi l'aixecament diverses vegades.

Ioga. El ioga ajuda a relaxar-se, a concentrar-se i a prestar atenció a la respiració –o sigui, que és perfecte per a l'embaràs (i una magnífica preparació per al part i per al futur paper de mare). També incrementa l'oxigenació (aportant més oxigen al nadó) i millora la flexibilitat, simplificant l'embaràs i el part. Busqui una classe destinada específicament a dones en estat o pregunti al seu monitor com modificar les postures, per tal que siguin segures per a vostè. Per exemple, no és segur que practiqui exercici estirada a terra a partir del quart mes i, com que el seu centre de gravetat canvia amb l'embaràs, haurà d'ajustar les seves postures a mesura que avanci la gestació. Una advertència important: eviti el ioga Bikram; es practica en una habitació calenta (normalment entre 33 i 37 °C) i s'han de realitzar una sèrie d'exercicis que la farien acalorar massa.

Fer exercici al llit

Li fan guardar repòs al llit? Doncs ara flexionar els músculs no només continuarà essent possible (amb alguna modificació), sinó que de fet serà més important que mai. Llegeixi la pàgina 618 per a més informació.

Pilates. El pilates és similar al ioga en el sentit que es tracta d'un esport físicament poc violent i que millora la flexibilitat, la força i el to muscular. L'objectiu és enfortir el tronc del seu cos, per millorar les postures i disminuir els mals d'esquena. Busqui una classe pensada específicament per a dones embarassades o expliqui al seu monitor que està en estat per tal que no li exigeixi moviments inapropiats per a l'embaràs (incloent-hi els que comporten un excés d'estiraments).

Tai-txi. El tai-txi és una antiga varietat d'exercicis de meditació que, amb la lentitud dels seus moviments bàsics, permet que fins i tot la persona més encarcarada pugui relaxar i estirar el cos sense risc de patir lesions. Si li agrada practicar-lo i ja hi té experiència, és adequat continuar-lo practicant durant l'embaràs. Busqui classes destinades específicament a dones en estat o faci només els moviments que pugui realitzar sense problema –vagi amb compte amb les postures d'equilibri.

Respiració. Encara que sembli mentida, quan respira també fa exercici –almenys si respira correctament. La respiració profunda és relaxant, millora la consciència del propi cos i permet una inspiració millor d'oxigen que no pas amb les respiracions toràciques superficials que fan la majoria de persones. S'ha de respirar de la manera següent: assegui's amb l'esquena recta i col·loqui's les mans al ventre. Senti com el ventre s'infla i es desinfla a mesura que inspira (pel nas, a no ser que estigui massa congestionada)

Estiraments de la caixa toràcica

L'embaràs canvia la seva postura i el seu centre de gravetat i provoca un gran nombre d'ajustos corporals nous i desconeguts –molts dels quals poden causar molèsties i dolor. Estirar suaument els seus músculs pectorals l'ajudarà a sentir-se millor i a millorar la seva circulació. Faci-ho de la manera següent: amb els braços doblegats a l'alçada de les espatlles, col·loqui'ls a ambdós costats del llindar d'una porta. Inclini's cap endavant fins que senti un estirament al pit. Mantingui aquesta posició entre 10 i 20 segons i recuperi la postura inicial; repeteixi l'exercici cinc vegades.

i espira (per la boca). Concentri's en la seva respiració comptant: mentre inspira compti fins a 4 i mentre espira compti fins a 6. Intenti dedicar uns quants minuts al dia a aquest tipus de respiració profunda.

Si no fa exercici

Practicar exercici durant l'embaràs és indubtablement beneficiós per a la majoria de dones. Però no practicar-ne (ja sigui per elecció personal o per recomanació mèdica) i limitar el seu exercici a obrir i tancar la porta del cotxe tampoc li serà perjudicial. De fet, si s'absté de fer esport per prescripció mèdica, això serà el millor per a vostè i el seu nadó. El més probable és que el seu ginecòleg li restringeixi la pràctica d'esport si té un historial previ d'avortaments o de parts prematurs, o si té una cèrvix incompetent, si sagna o té pèrdues persistents en el segon o tercer trimestres, si té problemes cardíacs, o bé si li ha diagnosticat placenta prèvia o preeclàmpsia. També li poden limitar l'activitat si espera més d'un fill, té la pressió alta, problemes de tiroides, anèmia o altres trastorns de la sang, o si el seu fetus no creix prou, té excés o deficiència de pes greus, o bé ha dut a terme una vida extremadament sedentària fins al moment. Un historial de dilatació precipitada (molt ràpida) o de fetus que no es va desenvolupar bé en un embaràs anterior també pot ser motiu suficient perquè el metge no li doni llum verda (o almenys no del tot) per a la pràctica d'esport. En alguns casos, els únics exercicis recomanables són els que només treballen els braços, o els esports aquàtics destinats específicament a dones en estat. Pregunti al seu ginecòleg quines recomanacions li fa en relació amb la pràctica esportiva.

CAPÍTOL 10

El cinquè mes

Setmanes 18 a 22 aproximadament

EL QUE FINS ARA NOMÉS ERA UNA mena d'abstracció, s'està convertint ràpidament en una realitat palpable, literalment parlant. El més probable és que, en algun moment d'aquest mes o a principis del mes vinent, vostè senti per primera vegada els moviments del seu nadó. Aquesta sensació miraculosa, juntament amb el notable arrodoniment del seu ventre, faran que finalment percebi el seu embaràs amb una mica menys d'incredulitat.

El seu nadó aquest mes

Setmana 18 Amb una llargada d'uns 14 cm i un pes aproximat de 150 grams (més o menys com el pit de pollastre que potser s'ha menjat per dinar, però molt més bufó), el seu nadó està creixent força i s'està fent prou gran com perquè vostè pugui notar els girs, balanceigs, puntadetes i cops de puny que està perfeccionant. Una altra sèrie d'habilitats que ara el seu fill està practicant inclou badallar i tenir el singlot (aviat fins i tot els podria començar a sentir aquests singlots!). I el que fins fa poc només era una mena de nadó ara ja és realment un nadó, amb unes empremtes úniques als dits de la mà i del peu.

Setmana 19 Aquesta setmana, el seu nadó ja fa 15 cm de llarg i pesa gairebé un quart de quilo. Amb quina fruita el podem comparar? Ara el seu nadó és de la mida d'un mango gran. Una mena de mango untat de formatge fresc, de fet. La vèrnix caseosa –una substància protectora blanca i greixosa (similar al formatge cremós)– cobreix ara la sensible pell del seu nadó, protegint-la del líquid amniòtic que l'envolta. Sense aquesta protecció, el seu nadó naixeria amb una pell tota arrugada. Aquesta capa de greix va caient a mesura que s'aproxima el part, però alguns nadons que neixen prematurament encara estan coberts de vèrnix en el moment de sortir del ventre matern.

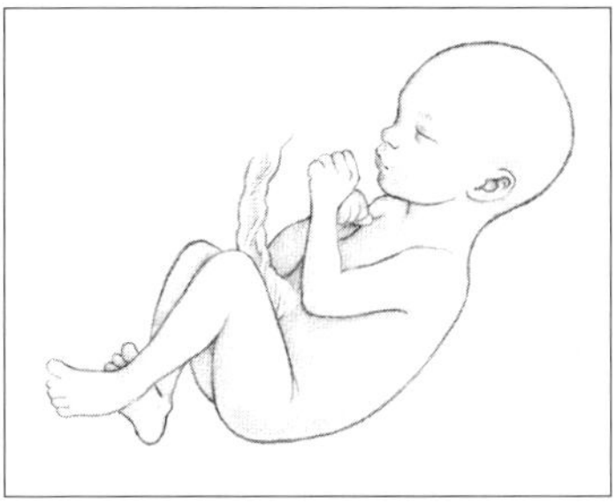
El seu nadó. Cinquè mes.

Setmana 20 Ara vostè té dins del ventre –de la mida d'un meló dels grans– un nadó, que fa la mida d'un meló petitet. El seu fill pesa uns 300 grams i mesura uns 17 cm (de la coroneta fins a la regió sacra). Amb l'ecografia d'aquest mes li podrien detectar –si és que vostè ho vol saber– si espera un nen o una nena. I sigui nen o sigui nena, aquesta esperada criatura està avançant molta feina. Si té una nena, el seu úter ja se li haurà format completament, els seus ovaris contindran uns 7 milions d'òvuls primitius (encara que, en néixer, el nombre d'òvuls serà d'uns 2 milions) i el seu canal vaginal s'estarà començant a desenvolupar. Si espera un nen, els seus testicles hauran començat a descendir des de l'abdomen. En pocs mesos, arribaran fins a l'escrot (que encara s'està formant). De moment el seu nadó disposa de molt lloc a l'úter, amb la qual cosa té un munt d'espai per giravoltar, cargolar-se, fer cops de peus i de mans, i fins i tot per divertir-se amb alguna tombarella. Si encara no ha notat aquestes acrobàcies, les notarà en les pròximes setmanes.

Setmana 21 Quina mida fa el nadó aquesta setmana? Uns 18 cm de longitud (com un plàtan dels llargs) i gairebé 330 grams de pes. I parlant de plàtans, aquesta setmana n'hauria de menjar uns quants si vol que al seu nadó li agradin. I també es podria menjar unes quantes pastanagues. La raó és que els components del seu líquid amniòtic varien dia rere dia, depenent del que vostè mengi, i ara que el seu nadó s'empassa líquid amniòtic cada dia (per motius d'hidratació i de nutrició, però també per practicar els mecanismes d'engolir i de digerir), podrà tastar tot el que vostè inclogui al seu menú. Altres canvis d'última hora: les cames i els braços estan proporcionats, les neurones estan connectades entre el cervell i els músculs, i els cartílags de tot el seu cos s'estan convertint en ossos. Això significa que quan el seu nadó realitzarà moviments (que probablement vostè ja sentirà) seran molt més coordinats.

Setmana 22 A partir d'ara oblidi's de comptar amb grams i comenci a parlar de fraccions de quilo. Aquesta setmana, el seu nadó ja fa un mig quilo i uns 20 cm de llarg, amb una mida similar a la d'una nina. Però la seva nineta té vida pròpia –amb els sentits en desenvolupament, incloent-hi el tacte, la vista, l'oïda i el gust. Què pot tocar el seu petit? Pot agafar-se el cordó umbilical (de fet, no hi ha gran cosa més per agafar allà dins) i practicar així l'acte de prensió que aviat el durà a agafar-li el dit a vostè (i a estirar-li també els cabells). Què veu el seu nadó? Encara que al claustre matern tot sigui fosc –i que el nadó tingui les parpelles tancades– un fetus d'aquesta edat pot percebre la diferència entre claror i foscor. Si aplica un focus de llum sobre el seu ventre, podrà notar com el seu nadó reacciona, possiblement intentant allunyar-se d'aquesta llum tan potent. Què sent el seu nadó? El so de la seva veu i el de la seva parella, el seu batec cardíac, els moviments de la seva circulació sanguínia recorrent tot el seu cos, els sorolls gàstrics produïts pel seu estómac i els seus intestins, els lladrucs del gos, les sirenes i la televisió amb un volum fort. I què tasta el seu nadó? Gairebé tot el que vostè tasti (així que passi's a les amanides).

Què pot sentir

Com sempre, cal recordar que cada dona i cada embaràs són diferents. Vostè pot experimentar tots els següents símptomes en un moment o altre, o només experimentar-ne uns quants. Alguns es poden mantenir del mes anterior i altres poden ser nous. També n'hi ha d'altres que potser ara gairebé ni nota perquè ja s'hi ha acostumat. Heus ací el que podria experimentar aquest mes:

Físicament

- Més energia.
- Moviments fetals (probablement cap al final del mes).
- Augment del fluix vaginal.
- Dolor a la part baixa de l'abdomen i cap als costats (per l'estirament dels lligaments que aguanten l'úter).
- Restrenyiment.
- Acidesa d'estómac, indigestió, flatulència i inflor.
- Mals de cap ocasionals, esvaniments o desmais.
- Mal d'esquena.
- Congestió nasal i hemorràgies ocasionals; orelles tapades.
- Genives sensibles, que poden sagnar en raspallar-se les dents.
- Més gana.
- Rampes a les cames.
- Una mica d'inflor als turmells i als peus, i a vegades a les mans i la cara.
- Venes varicoses a les cames i/o hemorroides.
- Canvis en el color de la pell de l'abdomen i/o la cara.
- Melic amb protrusió.
- Pols més ràpid (més pulsacions per minut).
- Orgasme més fàcil –o més difícil.

Emocionalment

- Una creixent sensació de realitat sobre l'embaràs.
- Menys inestabilitat emocional, encara que ocasionalment potser continuarà estant irritable i tenint ganes de plorar.
- Estar contínuament distreta.

Un cop d'ull a l'interior

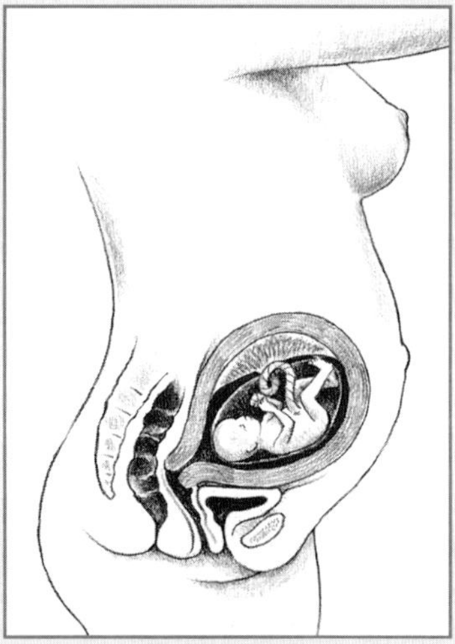

En aquests moments, es troba a la meitat de l'embaràs –i la part superior del seu úter arribarà a l'alçada del seu melic cap a la setmana 20. A finals d'aquest mes, el seu úter estarà uns 2,5 cm per sobre del seu melic. A partir d'aleshores, ja no podrà dissimular l'embaràs.

Què es pot esperar de la revisió d'aquest mes

Li toca una altra revisió, però a hores d'ara vostè probablement ja en sigui una experta. Encara que hi pot haver variacions, aquest mes pot esperar que el seu ginecòleg li comprovi els següents punts:

- Pes i pressió sanguínia.
- Orina, per detectar-hi sucre i albúmina.
- Batec cardíac fetal.
- Mida i forma de l'úter, per palpació externa (des de l'exterior).
- Altura del fundus.
- Observació de peus i mans, per comprovar si estan inflats, i de cames, per detectar-hi la presència de venes varicoses.
- Exposició dels símptomes que tingui, especialment si no són freqüents.
- Dubtes que vulgui comentar.

Què la pot amoïnar

Acaloraments

"Últimament, sempre estic suada i acalorada, fins i tot quan els altres tenen fred. Què em passa?"

Darrerament sempre té calor? Doncs doni gràcies a les seves hormones (com sempre), a l'increment de circulació sanguínia a la seva pell i a les alteracions metabòliques de l'embaràs per aquesta sensació d'estar suada a totes hores. No només tindrà calor si viu en un clima particularment càlid o bé si aquest estiu el termòmetre ha registrat màxims històrics (o si, en ple hivern, al despatx hi ha la calefacció massa forta)... de fet, vostè tindrà calor gairebé tot l'any. Afortunadament, hi ha moltes maneres de mantenir-se còmoda quan s'eleva la temperatura –l'exterior i la interior, o sigui, la de dins del seu propi cos. Per tal d'aconseguir estar fresca quan vostè s'escalfa per a dos, segueixi el següents consells:

- Porti roba ampla, lleugera i de teixits transpirables, com el cotó, i vesteixi's a capes per poder-se-les anar traient a mesura que s'acalori.
- Eviti fer exercici a l'aire lliure a l'hora més calorosa del dia; faci la caminada diària abans d'esmorzar o després de sopar, o vagi a classes de gimnàstica en algun centre amb aire condicionat. I descansi una estona abans no s'acalori excessivament.
- Mantingui's tan allunyada del sol com sigui possible, sobretot els dies de més xafogor.
- Banyi's o dutxi's amb aigua fresca. O vagi a nedar, si és possible –almenys la natació és un exercici que no l'acalorarà.
- Busqui l'aire condicionat. Amb un ventilador no en tindrà prou si els termòmetres ratllen els 30 °C, així que si no té aire condicionat a casa, vagi al cinema, a casa d'alguna amiga o a algun centre comercial.
- Controli el termòstat. Controli personalment el termòstat de casa per estar sempre còmoda. I si la seva parella

agafa fred, que es posi un jersei o es tapi amb un llençol.

- Begui, begui molt. Si es manté hidratada, evitarà sentir-se defallida i marejada quan faci més calor. Prengui com a mínim vuit vasos plens d'aigua diaris, o més si fa esport i/o sua molt.
- Una capa de pólvores de maquillatge l'ajudarà a absorbir una mica d'hidratació (i a prevenir la borradura de la calor).

D'altra banda, tot i que suarà més, la suor serà menys forta. La raó és que la producció de suor apocrina (la que fa més fortor, produïda per les glàndules axil·lars, dels pits i de la zona genital) disminueix durant l'embaràs.

Esvaniments

"Quan estic asseguda o estirada i m'aixeco em marejo una mica. I ahir, quan estava de compres, gairebé caic desmaiada. Estic bé?"

Sentir-se una mica marejada (sobretot després d'haver estat molta estona de peu) pot preocupar quan s'està embarassada, però no és perillós. De fet, és un símptoma de l'embaràs força habitual i gairebé sempre normal. Les raons són les següents:

- Durant el primer trimestre, els esvaniments es poden donar perquè encara no hi ha prou subministrament sanguini com per omplir tot el seu sistema circulatori en ràpida expansió; al segon trimestre, poden ser causats per la pressió que exerceix un úter en creixement sobre els seus vasos sanguinis.
- Al llarg de l'embaràs, els alts nivells de progesterona fan que els vasos sanguinis es relaxin i es dilatin, incrementant la circulació sanguínia al fetus (beneficiós per al nadó) però frenant el retorn de sang cap a vostè (no tan beneficiós per a la mare). Un flux sanguini menor per a vostè significa una pressió sanguínia més baixa i una reducció del flux sanguini al cervell, fet que pot contribuir a aquesta sensació de defalliment i mareig.
- Incorporar-se massa de pressa, ja que pot provocar una caiguda sobtada de la pressió sanguínia, donant lloc a una sensació momentània d'esvaniment. La solució per a aquest tipus de mareig és ben senzilla: aixequi's a poc a poc. Si fa un bot del llit corrent i de pressa per anar a respondre el telèfon, és probable que tot seguit hagi de córrer a estirar-se al sofà.

Quan molt és massa

Se sent exhausta i sense alè quan surt a córrer? I quan fa una neteja a fons, té la sensació que l'aspiradora pesa una tona? Pari abans d'esgotar-se. Forçar-se fins al límit de quedar exhausta no és mai una bona idea. I durant l'embaràs encara menys, perquè els sobreesforços tenen conseqüències negatives per a vostè i també per al seu nadó. Calmi's i no se sotmeti a sessions d'activitat maratoniana. Després de treballar una mica o de fer una mica d'exercici, descansi una estona. Al final, la feina o l'exercici s'acabaran fent igual, sense la necessitat que vostè acabi feta pols. Si alguna vegada li queda alguna cosa per fer, consideri-ho una bona pràctica per als dies en què les exigències de ser mare l'obligaran a deixar sense acabar moltes de les coses que començarà.

- També es pot sentir marejada si el seu nivell de sucre a la sang és molt baix –algunes dones embarassades hi són especialment propenses. Per evitar aquestes davallades de sucre a la sang, prengui proteïnes i hidrats de carboni complexos en cada àpat (ja que aquesta combinació ajuda a mantenir el nivell de sucre a la sang) i mengi tot sovint (optant per menjar diversos àpats lleugers o per incorporar refrigeris entre àpats). A la bossa hauria de portar sempre una ració de fruita seca, alguna peça de fruita, galetes integrals o barretes de cereals per elevar ràpidament els nivells de sucre a la sang.
- L'esvaniment pot ser un indici de deshidratació, així que asseguri's de prendre els líquids necessaris –com a mínim vuit gots diaris.
- La sensació de mareig també pot ser provocada per un ambient carregat –en un lloc amb molta escalfor o ple de gent (per exemple quan va de compres), al despatx o a l'autobús– sobretot si va molt tapada. En aquests casos, li pot anar bé sortir a prendre una mica d'aire fresc o bé obrir una finestra. També li pot anar bé treure's la jaqueta o alleugerir-se de roba, sobretot a la zona del coll i de la cintura.

Si se sent marejada, estiri's de costat sobre el lateral esquerre –i, si pot ser, amb les cames una mica elevades– o assegui's amb el cap recolzat entre els genolls. Respiri profundament i afluixi's la roba que li ajusti massa (com el botó dels texans que ja li han costat déu i ajuda de fer-se'ls entrar). Quan es trobi una mica millor, mengi i begui alguna cosa.

Comenti aquests esvaniments al metge en la pròxima visita. Els desmais no són habituals, però si vostè es desmaia, no cal que es preocupi –això no afectarà el seu nadó. Però caldria que truqués al seu metge de seguida (quan ja se senti recuperada, és clar).

Mal d'esquena

"Tinc molt mal d'esquena. Em temo que, quan estigui de nou mesos, ja no em podré ni aixecar del llit."

Els dolors i les molèsties de l'embaràs no tenen l'objectiu d'amargar la vida de la futura mare, encara que de vegades ho facin. Es tracta dels efectes secundaris de la preparació del seu cos per al grandiós moment en què el seu fill neixi. I el mal d'esquena no és cap excepció. Durant l'embaràs, les articulacions de la pelvis, que normalment són estables, s'eixamplen per tal de facilitar el pas del nadó en néixer. Això, juntament amb un abdomen en creixement, fa que vostè perdi l'equilibri corporal. Per compensar-ho, tendirà a inclinar les espatlles enrere i a doblegar el coll. Quan està dreta, i amb la panxa cap endavant per assegurar-se que a ningú li passarà desapercebut que està en estat–, el problema es complica encara més. El resultat de tot plegat és que la zona lumbar es corba i els músculs de l'esquena es posen en tensió i li fan mal.

I tot i que aquest dolor tingui una finalitat concreta, això no treu que li faci mal. Però sense menystenir aquesta finalitat, vostè pot superar (o, com a mínim, alleujar) el dolor. Les mesures següents poden ser-li força útils:

- Assegui's correctament. Afegeix més estrès a la seva columna vertebral asseient-se que realitzant qualsevol altra activitat, per la qual cosa val la pena que s'assegui bé. A casa i a la feina, asseguri's que les cadires que fa servir la recolzin bé, a poder ser amb un respatller recte, amb recolzabraços i amb un coixí ferm, que no permeti que s'enfonsi. Reclinar una mica el respatller de la cadira pot ajudar-la a reduir una mica la tensió. Faci servir un reposapeus per elevar una mica els peus (vegi la il·lustració de la pàgina

265) i no creui les cames, ja que provocaria que la pelvis basculés massa endavant, agreujant encara més el mal d'esquena.

- Estar-se massa estona asseguda pot ser tan perjudicial per a la seva esquena com asseure's malament. Intenti no estar més d'una hora asseguda sense fer pauses per caminar o practicar alguns estiraments; el millor seria fixar-se un límit màxim de mitja hora seguida.
- Intenti no estar-se massa estona dreta. Si treballa dempeus, col·loqui un dels peus sobre un tamboret baix per treure una mica de pressió de la part baixa de l'esquena. Si s'està dreta sobre un terra amb la superfície dura –com ara a la cuina, mentre prepara el dinar o renta els plats– posi's damunt d'una petita estoreta antilliscant per disminuir la pressió.
- Eviti aixecar massa pesos i, si ho ha de fer, faci-ho a poc a poc. Estabilitzi primer el seu propi cos per millorar la postura: doblegui els genolls, però no la cintura, i faci la força amb els braços i les cames i no amb l'esquena (fixi's en la il·lustració inferior). Si ha de carregar una compra molt pesada, divideixi-la en dues bosses i porti'n una a cada mà en comptes de portar molt de pes davant del pit.
- Intenti limitar l'augment de pes als paràmetres recomanats (vegi la pàgina 184). Un excés de quilos no farà sinó augmentar la càrrega que la seva esquena ha de suportar.
- Porti el calçat adequat. Uns talons massa alts –i també uns de massa baixos– augmentaran el seu mal d'esquena. Els experts recomanen els talons d'uns cinc centímetres d'ample per mantenir l'estabilitat del cos.

Quan hagi d'aixecar algun pes, doblegui els genolls

També pot considerar la possibilitat d'usar calçat ortopèdic, ja que hi ha sabates ortopèdiques dissenyades per recolzar els músculs del peu.

- Dormi en una posició còmoda i amb l'ajuda d'un coixí de suport (com a mínim d'un metre de llarg), ja que li permetrà minimitzar les molèsties i els dolors a l'esquena. Al matí, quan es llevi, arrossegui les cames fins al costat del llit abans de posar-les a terra, en comptes de girar tot el cos alhora per llevar-se d'una revolada.
- Consideri la possibilitat de fer servir una faixa de suport específicament dissenyada per a embarassades, per aguantar la càrrega del seu ventre i alleugerir el pes de la seva esquena.
- No estiri massa el cos per col·locar o agafar coses dels prestatges més alts. En aquests casos, faci servir un tamboret baix i estable per arribar als llocs més alts i evitarà així fer un sobreesforç.
- Alterni fred i calor per alleujar temporalment el dolor muscular a l'esquena. Faci servir una bossa de gel durant 15 minuts i, a continuació, durant 15 minuts més apliqui's una estoreta calenta embolicada en una tovallola o un drap.
- Faci un bany d'aigua tèbia (no calenta). O deixi la dutxa penjada, obri l'aixeta i gaudeixi d'un massatge d'aigua a l'esquena.
- Faci's fregues a l'esquena. Tracti's el dolor amb un massatge terapèutic (li hauria de fer un fisioterapeuta que sàpiga que està embarassada i que tingui experiència en massatges prenatals).
- Aprengui a relaxar-se. Molts problemes d'esquena s'agreugen per l'estrès.

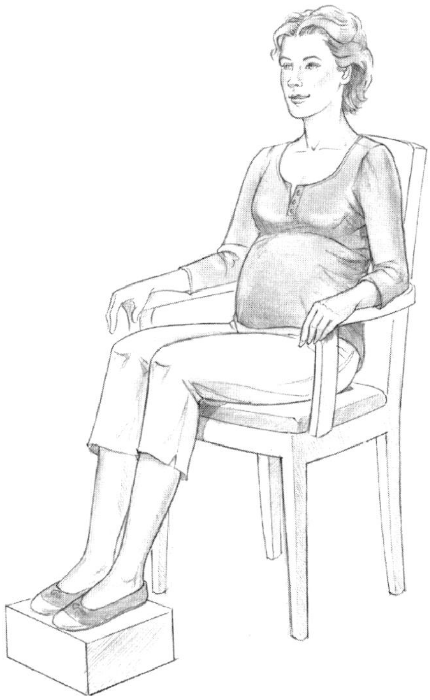

Assegui's còmodament

Si creu que aquest podria ser el seu cas, miri de practicar exercicis de relaxació quan el dolor s'accentuï. També hauria de seguir els suggeriments de les pàgines 156 i següents per afrontar l'estrès.

- Faci exercicis simples que li enforteixin els músculs abdominals, com ara la postura del gep del dromedari (pàgina 247) o la dels balanceigs pelvians (pàgina 249). O assegui's damunt d'una pilota d'exercicis i faci-la girar endavant i enrere (o estiri's d'esquena sobre la pilota per alleujar les molèsties a l'esquena i als malucs). Apunti's a alguna classe de ioga o de gimnàstica aquàtica, o bé consideri la possibilitat de fer teràpia aquàtica si troba algun terapeuta especialitzat en tractaments per a embarassades.
- Si el dolor és considerable, pregunti al seu ginecòleg la possibilitat de recór-

Dins d'una nova pell

Si és que encara no se n'havia adonat, l'embaràs afecta gairebé tots els racons del seu cos –des del cap ("me n'oblido de tot!") fins als peus ("els tinc ben inflats!") i tot el que queda enmig (pits, panxa...). Així que no és estrany que la seva pell també mostri els efectes de l'embaràs. Hi ha alguns canvis que podria esperar:

Linea nigra. Una línia fosca travessa pel mig tot el seu esplendorós ventre? De la mateixa manera que les hormones de l'embaràs causen la hiperpigmentació (o enfosquiment) de les arèoles, també són responsables de l'enfosquiment de la *linea alba*, la línia blanca que va del melic a la zona púbica i en la qual probablement no s'havia fixat mai. Durant l'embaràs, se la rebateja com a *linea nigra*, o línia negra, i pot ser més clarament visible en les dones de pell fosca que en les de pell clara. Normalment, comença a aparèixer cap al segon trimestre i, en general, es comença a aclarir pocs mesos després del part (encara que és possible que no desaparegui mai del tot). Li interessa fer hipòtesis sobre el sexe del nadó? Segons una antiga creença, si la *linea nigra* només arriba fins al melic, serà una nena; i, si s'allarga més enllà del melic i arriba fins a la zona de les costelles, es tractarà d'un nen.

Taques de l'embaràs (o cloasma). Entre un 50 i un 75 per cent de les futures mares, particularment les de pell fosca, presenten descoloracions –amb una configuració similar a una màscara o un aspecte de confeti– al front, al nas i a les galtes. Les clapes són fosques en dones de pell clara i clares en dones de pell fosca. No li entusiasma l'aspecte de la seva cara a clapes? No es preocupi. El cloasma anirà desapareixent pocs mesos després del part; si no desapareix (o si vol accelerar el seu procés de desaparició durant el postpart), un dermatòleg li podria recomanar alguna crema descolorant (si no dóna pit) o algun altre tipus de tractament (com el làser o un píling facial). Com que durant l'embaràs aquests tractaments no són recomanables, de moment pot recórrer a trucs de maquillatge per camuflar el cloasma (vegi la pàgina 165).

Altres hiperpigmentacions cutànies. Moltes dones també s'adonen que les pigues se'ls tornen més fosques i visibles, i que se'ls enfosqueix la pell, sobretot a les zones de major fricció, com ara l'entrecuix. Tota aquesta hiperpigmentació desapareixerà després del part. El sol pot intensificar la descoloració, de manera que hauria d'usar una cremar solar amb un factor de protecció de 15 o més en tota la pell exposada i evitar estar-se moltes hores al sol (ni tan sols aplicant-se crema). Una gorra que li ombregi totalment la cara i una brusa de màniga llarga (si no li fa massa calor) també poden anar bé.

Enrogiment dels palmells de les mans i les plantes dels peus. També això s'explica per unes hormones en funcionament (juntament amb un increment del flux sanguini), i en aquesta ocasió el que li provoquen és que tingui els palmells de les mans (i a vegades també les plantes dels peus) vermells

rer a teràpies naturals o a medicines alternatives (com ara l'acupuntura o el *biofeedback*), que també la podrien ajudar.

Dolors abdominals

"Per què tinc tantes molèsties i dolors a la part baixa de l'abdomen?"

i amb picors, com sol ocórrer a més de dues terceres parts de les dones embarassades de raça blanca i a una tercera part de la resta. No existeix cap tractament específic, però a algunes dones els va bé submergir les mans i/o els peus en aigua freda o aplicar-s'hi alguna bossa de gel durant uns minuts un parell de vegades al dia. Mantingui's allunyada de tot el que li escalfi massa les mans i els peus (com ara prendre banys d'aigua calenta, rentar els plats o portar guants de llana), perquè les molèsties podrien empitjorar. Mantingui's també allunyada de productes potencialment irritants, com ara sabons molt forts o locions perfumades. Aquest aspecte de mans d'ajudant de cuina desapareixerà poc després del part.

Cames blavoses i amb clapes. Degut a l'increment en la producció d'estrògens, moltes dones embarassades experimenten aquesta mena de descoloració transitòria i a clapes a les cames (i, a vegades, també als braços) quan tenen fred. Aquest símptoma és innocu i desapareixerà després del part.

Excrescències cutànies. Una excrescència cutània, que vindria a ser una mena de protuberància diminuta a la pell, és un altre problema cutani benigne molt habitual en dones embarassades. Se sol localitzar en zones de molta fricció, com ara a les aixelles. Aquestes excrescències s'acostumen a desenvolupar durant el segon i tercer trimestres i entren en regressió després del part; si no, es poden extirpar.

Granissada. Encara que les granissades se solen associar amb les criatures, les dones embarassades també en poden tenir. A causa d'una combinació del cos constantment sobreescalfat, la humitat d'una transpiració excessiva i la fricció de la pell contra més pell o contra la roba (com sol ocórrer quan hi ha més pell que la que hi havia normalment), pot acabar sortint una granissada. El més habitual és que aparegui entre pit i pit, a la zona entre la part baixa de l'abdomen i l'inici de la zona púbica, o a l'entrecuix. (Les zones d'un cos femení més significatives de l'embaràs.) Una compresa humitejada amb aigua freda pot refrescar la zona amb granissada. Després de dutxar-se, apliqui-s'hi unes quantes pólvores de talc i intenti mantenir-se tan fresca com sigui possible per evitar les incomoditats i la reaparició de granissades. Untar-se amb loció de calamina també pot calmar-la i el seu ús és segur, però abans consulti-ho al metge. Si la granissada o qualsevol altra irritació s'allarga més d'un parell de dies, pregunti al seu metge com la pot pal·liar.

Irritacions cutànies. Sovint, les irritacions es donen en pells sensibles per l'embaràs com a reacció davant d'un producte que abans de quedar en estat podia usar sense problemes. Canviar el producte irritant per un altre de més suau sol alleujar aquestes irritacions, encara que comenti-ho al seu metge si la irritació persisteix.

Però esperi... encara n'hi ha més. S'ho cregui o no, també pot experimentar altres alteracions cutànies. Per a més informació sobre estries, vegi la pàgina 199; sobre favasses, vegi la pàgina 317; sobre pell seca o pell grassa, vegi la pàgina 176; sobre venes de "teranyina", vegi la pàgina 173.

El que probablement li passa és el que sol ocórrer a totes les dones en estat: se li estan estirant els músculs i els lligaments que aguanten l'úter en creixement. Tècnicament es coneix com a "dolor del lligament rodó" (encara que quan fan mal els músculs dels malucs, a qui importa realment com en diguin els professionals?) i l'experimenten la majoria de futures mares. Però hi ha moltes maneres d'experimentar aquest dolor. El dolor pot ser agut i punxant i provocar rampes, o bé ser només molest, i el notarà sobretot en llevar-se del llit o en aixecar-se d'una cadira, i també en tossir. Pot ser breu o bé prolongar-se durant diverses hores. I és completament normal. Sempre que sigui ocasional i no persistent, i no estigui acompanyat d'altres símptomes (com ara febre, calfreds, sagnat o desmais), no cal que es preocupi per aquest tipus de dolor.

L'alleujarà reposar una estona i descansar en una posició còmoda. Evidentment, comenti aquests dolors –com tota la resta de dolors– al seu ginecòleg en la pròxima visita perquè li confirmi que no són altra cosa que una part intrínseca –encara que molesta– de l'embaràs.

Peus inflats

"Les sabates m'han quedat massa justes i no hi vaig còmoda. Pot ser que també em creixin els peus?"

El ventre no és l'única part del cos d'una embarassada que té tendència a expandir-se. És possible que, com a la majoria de dones en estat, també li creixin els peus. Una bona notícia si ja tenia la intenció de renovar tota la seva col·lecció de sabates, però no tan bona si se n'acaba de comprar un parell de ben cares.

Què fa que els seus peus experimentin aquest creixement? Encara que part de l'expansió es pot atribuir a la retenció de líquids i a la inflor pròpia de l'embaràs (o a un augment de greix als peus, si s'ha engreixat molt o bé molt ràpidament), també hi ha una altra raó. La relaxina, l'hormona de l'embaràs que distén els lligaments i les articulacions de la zona pelviana per tal que el seu nadó pugui encaixar-s'hi, no discrimina entre els lligaments que s'haurien de distendre (com els pelvians) i els que s'han de quedar igual (com els dels peus). El resultat és que quan els lligaments dels peus es distenen, els ossos que tenen davall tendeixen a expandir-se lleugerament, donant com a resultat, en moltes dones, un increment de mitja talla o d'una talla sencera en el calçat. Encara que les articulacions es tornin a estrènyer després del part, és possible que continuï calçant una talla més de per vida.

Mentrestant, apliqui els trucs per reduir una inflor excessiva (els trobarà a la pàgina 315) si creu que aquest és el seu problema, i compri's un parell de sabates que li resultin còmodes per adaptar-se a la nova mida dels seus peus (i per evitar acabar embarassada i amb mal de peus). A l'hora de comprar-se calçat, prioritzi la comoditat per davant de l'estil, encara que només sigui durant l'embaràs. Compri's unes sabates amb uns talons que no superin els 5 cm i que tinguin unes soles antilliscants i ben amples perquè el peu tingui prou espai per expandir-se (i vagi-se-les a comprar a última hora de la tarda, quan els peus solen estar més inflats). Les sabates haurien d'estar fetes amb algun material (no sintètic) que permeti que els peus, inflats i suats, puguin transpirar.

Li fan mal els peus i les cames, sobretot cap al vespre? Les plantilles i els calçats ortopèdics especialment dissenyats per corregir el distorsionat centre de gravetat de la dona embarassada poden ajudar-la a anar més còmoda i a reduir el mal de cames i d'esquena. Òbviament, treure's de tant en tant les sabates al llarg del dia pot ajudar-la a reduir la inflor i el dolor i, sempre que pugui, elevi (i flexioni) els peus. A més, per casa podria calçar-se amb sabatilles elàstiques; si les porta diverses hores al dia, tot i no ser massa afavoridores, poden alleujar-li la fatiga i el dolor.

Ràpid creixement del cabell i les ungles

"Tinc la sensació que últimament el cabell i les ungles em creixen més de pressa que mai."

Encara que es pensi que les hormones de l'embaràs només es dediquen a fer-li la vida impossible durant nou mesos (amb restrenyiment, acidesa d'estómac i nàusees, entre altres), aquestes mateixes hormones també són, de fet, responsables de molts avantatges durant l'embaràs: les ungles creixen tan ràpid que no té temps ni de fer-s'hi la manicura i el cabell li creix tan de pressa que ja pot anar demanant hora a la perruqueria (i, si està de sort, el cabell també se li posarà més sa i brillant). A més, aquestes hormones de l'embaràs provocaran un augment de la circulació sanguínia i impulsaran el metabolisme que nodreix les cèl·lules capil·lars i unguials, fent-les més saludables que mai.

Però, evidentment, qualsevol avantatge té un preu. I, per desgràcia, aquest nodriment extra també pot provocar altres efectes menys desitjats, com ara que li surti pèl en llocs on no voldria que n'hi sortís (i on probablement no sabia que ni que en pogués sortir, com a mínim a les dones). La zona facial (el llavi superior, la barbeta o els laterals de les galtes) és la més freqüentment afectada per aquest pèl provocat per l'embaràs, però també pot sortir-ne als braços, les cames, el pit, l'esquena i el ventre. (Per a més informació sobre quins tractaments d'eliminació del pèl són segurs durant l'embaràs, vegi la pàgina 161.) I encara que les seves ungles creixin molt ràpidament, és possible que les tingui llargues però seques i trencadisses.

De tota manera, recordi que aquests canvis en el cabell i en les ungles són temporals. La bona època per al cabell acaba amb el part –quan la pèrdua normal de cabells que va quedar estancada durant l'embaràs (gràcies a uns cabells més forts) reapareix i amb escreix. I les seves ungles també tornaran a créixer més a poc a poc durant el postpart (cosa que, probablement, tampoc li suposarà cap problema, ja que amb un criatureta a prop li resultarà més còmode portar les ungles ben curtes).

La vista

"Crec que, des que estic embarassada, m'ha empitjorat la vista. Tinc la sensació que les lents de contacte ja no em van prou bé. Són imaginacions meves?"

No, no és que vegi el que no hi ha –sinó que, efectivament, ara no veu les coses tan bé com les veia abans de quedar-se embarassada. Els ulls són una altra de les parts del cos aparentment no relacionades amb l'embaràs, però que també poden acabar essent presa de les hormones. No tan sols li pot passar que no hi vegi amb tanta precisió, sinó que, de sobte, les lents de contacte potser ja no li resultin còmodes. La sequedat ocular –causada per un descens en la producció de llàgrimes (provocat per les hormones de l'embaràs)– també pot influir en la irritació i les molèsties. I, per si no n'hi havia prou, l'augment de fluids pot canviar la forma de la còrnia, provocant que algunes embarassades es tornin més miops o prèsbites. (Així que, de moment, no es molesti a canviar-se les ulleres, a no ser que el canvi de graduació sigui tan accentuat que ja no hi pugui veure gens.)

Ara no és el moment més adequat per plantejar-se intervencions oculars correctives mitjançant làser. Encara que el procediment no seria perjudicial per al nadó, podria sobrecorregir la seva visió i trigar més a curar-se, amb la qual cosa possiblement li faria falta una altra intervenció correctiva més endavant (a més, les gotes oculars que s'apliquen no són recomanables per a les dones en estat). Els oftalmòlegs aconsellen evitar la cirurgia durant l'embaràs, en els sis mesos previs a la concepció i durant com a mínim sis mesos després del part (i si dóna el pit, sis mesos després de deslletar el nadó).

Encara que un lleu deteriorament de l'agudesa visual no és estrany durant l'embaràs, hi ha altres símptomes que poden motivar que hagi de trucar al metge. Si nota la vista borrosa, percep taques o hi veu doble –i aquests símptomes persisteixen durant més de dues o tres hores– no s'esperi fins que passin per si sols; truqui al metge immediatament. Si després d'haver estat molta estona dreta, o si estava asseguda i s'aixeca bruscament, veu taques durant una estoneta és força habitual i no cal que es preocupi, encara que li podria comentar al metge en la seva propera visita.

Patrons de moviments fetals

"La setmana passada vaig notar uns quants moviments fetals cada dia, però avui no n'he notat cap en tot el dia. Hi ha algun problema?"

Sentir els girs, les puntadetes, els cops de puny i els singlots del nadó és un dels principals neguits de l'embaràs (més que no pas l'acidesa d'estómac o els peus inflats). No hi podria haver cap prova millor que aquests moviments per notar que una nova vida –sorprenentment plena d'energia– es desenvolupa dins seu. Però els moviments fetals també poden provocar en la futura mare dubtes i preguntes: "Es mou prou el meu nadó? Es mou massa?" O, simplement, "es mou?". Tan aviat estarà segura que el que nota són moviments fetals com després podrà dubtar de si només eren gasos. Un dia notarà els girs i moviments del seu nadó tota l'estona, i l'endemà semblarà que el seu petit esportista estigui esgotat i gairebé ni el notarà.

No s'hi capfiqui. En aquest moment de l'embaràs, les preocupacions sobre els moviments del nadó –per comprensibles que siguin– solen ser innecessàries. En aquest període, la freqüència de moviments perceptibles varia molt i, en el millor dels casos, els patrons de moviment són erràtics. Encara que el més probable és que el seu nadó s'estigui movent gairebé tota l'estona, potser no ho notarà fins que li clavi un cop de puny ben contundent. La majoria dels moviments més suaus poden passar desapercebuts degut a la posició fetal (si, per exemple, el nadó colpeja encarantse cap a l'interior i no cap a l'exterior) o degut a la seva pròpia activitat (quan vostè camini o es mogui molt, el seu nadó probablement s'adormirà, o potser estarà despert però vostè estarà massa enfeinada per adonar-se dels seus moviments). També és possible que vostè dormi mentre el seu nadó està més actiu; en la gran majoria dels fetus, el moment de màxima activitat se sol registrar a la nit. (En aquest moment de l'embaràs, el més probable és que els nadons entrin en acció mentre les seves mares estan ajagudes.)

Una manera d'activar el moviment fetal, si no l'ha notat en tot el dia, és estirar-se una horeta o dues cap al vespre, preferiblement després de prendre's un got de llet, un suc de taronja o algun altre refrigeri. La combinació de la seva inactivitat i la injecció energètica de l'aliment poden fer moure el fetus. Si això no funciona, torni-ho a intentar al cap d'unes hores, però no es preocupi. Moltes futures mares no senten esporàdicament el seu nadó durant un dia o dos, o fins i tot durant tres o quatre dies sencers, en aquest moment de l'embaràs. De tota manera, si està preocupada, truqui al seu ginecòleg perquè la tranquil·litzi.

Després de la setmana 28 de gestació els moviments fetals són més consistents i seria recomanable habituar-se a comprovar l'activitat fetal diàriament (vegi la pàgina 318).

L'ecografia del segon trimestre

"El meu embaràs és completament normal i no tinc cap problema. Tot i això, el meu ginecòleg em recomana que aquest mes em faci una altra ecografia. És realment necessari?"

Actualment, l'ecografia del segon trimestre ja es practica gairebé rutinàriament, independentment de com progressi l'embaràs. La raó és que els ginecòlegs s'han adonat que es tracta d'una forma excel·lent de veure si el nadó està creixent correctament i d'oferir la tranquil·litat que tot està anant exactament de la manera en què ha d'anar. A més, i per a satisfacció dels pares, és una bona manera de poder fer un altre cop d'ull al seu nadó –i de poder endur-se a casa una fotografia de record per començar a omplir l'àlbum del seu fill. També amb aquesta ecografia podrà saber el sexe del nadó (sempre que vostè vulgui, és clar; vegi la pregunta següent).

Fins i tot si disposa d'un sonograma (de nivell 1) del primer trimestre per confirmar la data del seu embaràs, o com a part de les proves de cribatge del primer trimestre, el sonograma més detallat de nivell 2 (també anomenat exploració anatòmica), normalment practicat entre les setmanes 18 i 22, dóna al ginecòleg una valuosa informació addicional sobre què passa dins del ventre matern. Així, per exemple, el metge pot mesurar la mida del nadó i observar-ne els òrgans principals; també pot determinar la quantitat de líquid amniòtic per controlar que és l'adequada, a més d'avaluar la ubicació de la placenta. En resum, aquesta ecografia del segon trimestre –a banda de ser divertida de veure per als futurs pares– els donarà, a vostè i al seu ginecòleg, una idea clara de l'estat general del seu nadó i del seu embaràs.

Si la preocupa saber quan li faran la pròxima ecografia (i què li revelaran les imatges d'ultrasons), pregunti al seu ginecòleg per a quan la té prevista. El més probable és que l'hi aclareixi i això la tranquil·litzarà.

"M'han de practicar l'ecografia de les 20 setmanes i encara no tinc clar si vull saber el sexe del nadó."

Aquesta és una decisió de l'embaràs que només poden prendre els pares de la criatura –i qualsevol decisió que prenguin en aquest sentit serà encertada. Alguns pares ho volen saber per raons pràctiques: per simplificar la compra de la robeta, la decoració de l'habitació o la selecció del nom (un i prou!). Altres opten per saber-ho simplement perquè no poden suportar la intriga de no saber-ho. Però molts pares encara prefereixen

Un record per a tota la vida

Ara que, gràcies a l'ecografia del segon trimestre, ja disposa de la primera fotografia del seu nadó, el més natural és que la vulgui conservar per sempre, oi? Doncs, per assegurar-se que aquesta preciosa fotografia no es danya (ni perd claredat), escanegi-la a casa i gravi-la al disc dur de l'ordinador o en un CD. O bé escanegi-la en una pàgina web de fotografia i imprimeixi-la amb paper sense àcids i amb tinta especial per a fotos. Així en tindrà un bonic record de per vida.

reservar-se per al joc de les endevinalles i decideixen esperar a saber el sexe del nadó a l'estil tradicional –quan el petit arriba finalment al món. L'elecció és només seva.

Si decideix que ho vol saber ara, recordi que determinar el sexe d'un nadó a través d'ecografia no és cap ciència exacta (a no ser que es practiqui l'amniocentesi, que determina el sexe de la criatura mitjançant una anàlisi cromosòmica). De tant en tant, pot passar que, en fer l'ecografia, anuncien als pares que esperen una filla i, en el moment del part, s'adonen que "òndia, és un nen!" (o a la inversa). Així que si escull saber el sexe del seu fill quan li practiquin una ecografia, recordi que és només una presumpció, per aproximada que sigui a la realitat.

La posició de la placenta

"El metge m'ha dit que a l'ecografia s'ha vist que tinc la placenta baixa, prop de la cèrvix, però que de moment no calia que em preocupés. Però la veritat és que jo ja estic preocupada."

Es pensava que el seu nadó era l'únic que es movia pel seu úter? Doncs anava equivocada. Com el fetus, la placenta també es pot moure durant l'embaràs. De fet, no és que se'n vagi d'un lloc per col·locar-se en un altre, però aparentment puja una mica amunt quan s'allarga i creix la part inferior de l'úter. Així, encara que s'estima que un 10 per cent de les placentes són baixes durant el segon trimestre (i que el percentatge és encara més gran abans de la setmana 14 de gestació), la gran majoria es traslladen cap a la part superior a mesura que s'aproxima el part.

Si això no ocorre i la placenta roman a la part baixa de l'úter, cobrint parcialment o totalment la cèrvix (el coll uterí), es fa un diagnòstic de placenta prèvia. Aquesta complicació es dóna en molt pocs parts a terme (en 1 de cada 200). Dit d'una altra manera: el seu metge té raó. De moment, no cal que es preocupi –i, d'acord amb les estadístiques, el més probable és que més endavant tampoc caldrà que es preocupi.

"El tècnic que em va practicar l'ecografia em va dir que tenia una placenta anterior. Què vol dir?"

Significa que el seu nadó està col·locat a la part del darrere de la placenta. Normalment, un òvul fecundat se situa a la part posterior de l'úter –la part més pròxima a la seva espina dorsal, que és on la placenta s'acaba desenvolupant. A vegades, però, l'òvul s'implanta a la part oposada de l'úter, més propera al melic. Quan la placenta es desenvolupa, creix a la part frontal (o anterior) de l'úter, amb el seu nadó a l'interior. I, segons sembla, això és el que li ocorre a vostè.

Afortunadament, al seu nadó no li preocupa en quin costat del seu úter s'allotja, i la ubicació de la placenta tampoc diferencia en res el seu desenvolupament. El desavantatge per a vostè és que potser notarà menys (i en les ecografies veurà menys) les primeres puntadetes i els primers cops de puny del seu nadó perquè la placenta funcionarà com a coixí entre el ventre i el nadó (i això podria fer que es preocupés innecessàriament). Per la mateixa raó, el metge o la llevadora podrien tenir una mica més de dificultat per escoltar els batecs cardíacs fetals (i també podria ocórrer que resultés una mica més complex practicar-li l'amniocentesi). Però tot i aquests petits inconvenients (que no han de ser motiu de preocupació), una placenta anterior no té més conseqüències. A més, és molt probable que més endavant la placenta ja es mogui cap a una posició posterior (com solen fer la majoria de placentes anteriors).

La posició per dormir

"Sempre he dormit de bocaterrosa, però ara em fa por de dormir-hi i no trobo cap més postura còmoda per adormir-me."

Per desgràcia, dues de les postures preferides per dormir –panxa a terra i panxa enlaire– no són les millors (ni tampoc les més còmodes) durant l'embaràs. Dormir de panxa a terra no és el més adequat per raons òbvies, ja que, a mesura que el seu ventre creixi, seria com dormir damunt d'una síndria. Dormir panxa enlaire, tot i que pot resultar més còmode, tampoc és aconsellable perquè faria descansar tot el pes del seu úter gestant sobre l'esquena, els intestins i els vasos sanguinis. Aquesta pressió podria agreujar el mal d'esquena i les hemorroides, provocar problemes digestius, impedir una bona circulació sanguínia, i possiblement també causar hipotensió (pressió baixa), que podria causar-li sensació de mareig.

Això no vol pas dir que hagi de dormir dreta. Arrupida o estirada de costat –preferiblement del costat esquerre, encara que tots dos costats van bé–, amb una cama creuada damunt de l'altra i amb un coixí entre cames (vegi la il·lustració), és la postura ideal per a vostè i el seu fetus. Aquesta posició no només permet la màxima circulació de la sang i dels nutrients cap a la placenta sinó que també afavoreix un bon funcionament renal, que implica una millor eliminació dels productes de residu i dels fluids, així com una disminució de la inflor (edema) als turmells, als peus i a les mans.

Molt poques persones, però, són capaces de romandre en la mateixa posició al llarg de tota la nit. No es preocupi (insisteixo: no es preocupi!) si es desperta i s'adona que s'havia adormit panxa enlaire o panxa a terra; això no haurà perjudicat el seu fill (insisteixo: no l'haurà perjudicat!), encara que és aconsellable que quan se n'adoni es torni a posar de costat. És possible que les primeres nits no estigui prou còmoda, però el seu cos s'acostumarà aviat a la nova postura. Un coixí d'almenys un metre de llarg o un coixí especial per a embarassades pot ajudar-la, fent que dormir de costat sigui molt més còmode i li resulti més fàcil mantenir el son en aquesta postura. Si no disposa d'aquest coixí especial, pot improvisar agafant diversos coixins i col·locant-los contra el seu cos en diferents posicions, fins que trobi la combinació perfecta per agafar el son.

Dormi ajaguda del costat esquerre.

Educació uterina?

"Tinc una amiga que insisteix que portar el seu futur fill a concerts el convertirà en un amant de la música i el marit d'una altra amiga li llegeix al ventre cada vespre perquè el nen s'aficioni a la lectura. És beneficiós estimular així el futur nadó?"

Maneres de portar el nadó al cinquè mes

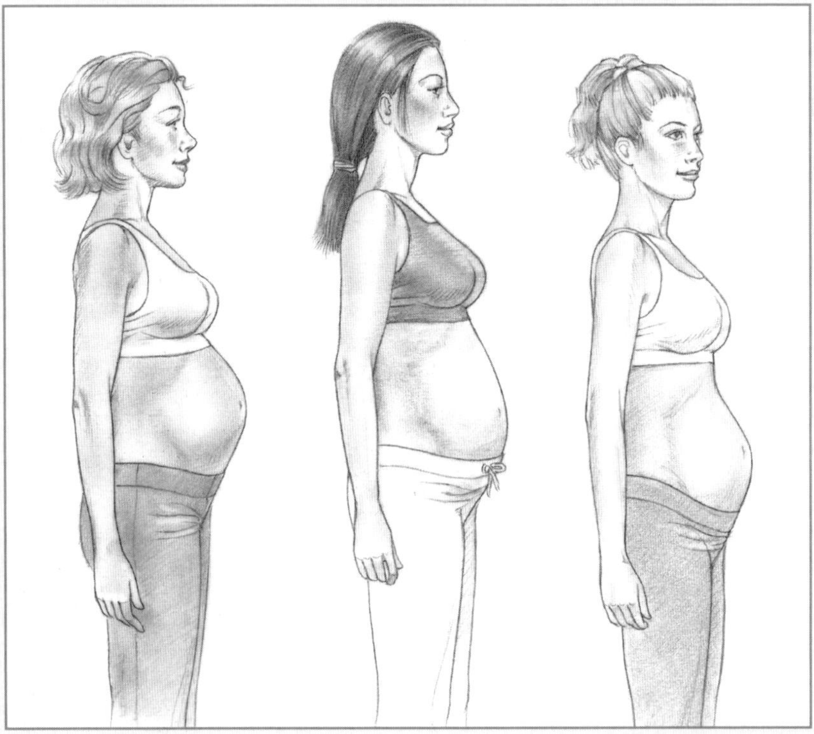

Aquí es mostren tres de les moltes maneres diferents en què una dona pot portar el seu fetus al final del cinquè mes de gestació. Les variacions sobre aquestes formes prototípiques són infinites. Depenent de l'alçada, la forma del cos, l'augment de pes de la futura mare i la posició del seu úter, el seu ventre pot ser més alt o més baix, més gran o més petit, i més ample o més estret.

Tots els pares volen el millor per als seus fills –o, en aquest cas, per als seus futurs fills. Però cal tenir en compte unes quantes coses abans de fer-li escoltar música de Beethoven o de recitar-li versos de Shakespeare.

Encara que és cert que la capacitat del fetus per sentir-hi ja està ben desenvolupada cap al final del segon trimestre, no hi ha proves que –de l'úter estant– un recital musical o una lliçó magistral sobre els grans clàssics de la literatura hagi de suposar un bon preàmbul per a l'educació de la criatura (en l'àmbit musical o literari). De fet, marcar-se uns objectius educatius o culturals tan aviat pot suposar un inconvenient potencial –especialment, si comporta l'inici d'una pressió extremadament prematura per part dels pares i si es comença a posar un èmfasi excessiu en l'educació del fill en una edat massa primerenca (i començar a instruir-lo abans de néixer és, indiscutiblement, començar a una edat massa primerenca). Els fetus (com els nadons i les criatures en què es convertiran abans que vostè se'n pugui adonar) es desenvolupen millor –i posteriorment aprenen millor– si ho fan al seu propi ritme, sense una insistència coercitiva. També existeix el risc teòric que quan els pares intenten convertir l'úter en una escola podrien alterar inconscientment els patrons de son naturals del seu futur nadó, dificultant-li així el desenvolupament en comptes de potenciar-lo (vindria a ser el mateix que despertar un nounat per ferlo entretenir amb un joc educatiu).

Dit això, no hi ha res de perjudicial –i sí molt de beneficiós– en facilitar un ambient uterí ric en llenguatge literari i musical i, el que és molt més important, en trobar maneres de sentir-se a prop del seu futur fill, fins i tot abans que el pugui abraçar. Parlar, llegir o cantar al seu nadó mentre és al ventre (sense necessitat d'amplificadors) no li garantirà un expedient acadèmic brillant, però l'ajudarà a reconèixer la seva veu en néixer –donant-li així la possibilitat d'estrènyer els vincles afectius des d'un bon principi.

Si posa música clàssica al seu nadó durant l'embaràs, incrementarà les probabilitats que en néixer li agradi aquesta música i que, fins i tot, el tranquil·litzi (encara que s'ha demostrat que, un cop el nadó ja ha nascut, l'exposició a la música i a la literatura té uns efectes molt més significatius que no pas una exposició prenatal –així que les sonates i els sonets poden esperar fins que el seu fill neixi). I no menystingui el poder del tacte. Com que aquest sentit també es comença a desenvolupar a l'úter, acariciant el ventre pot ajudar a enfortir els lligams entre vostè i el seu fill més endavant.

Així que, si en té ganes, faci-li escoltar peces de Mozart o de Bach i desempolsi els poemaris de Shakespeare per llegir-los-hi. Però asseguri's de tenir present que tot això només ho fa per estar més a prop del seu nadó –i no per convertir-lo en el número u de la seva promoció.

I és clar que si se sent estúpida actuant davant del seu ventre boterut, no cal que es preocupi perquè el seu fill no es perdrà res d'imprescindible. De fet, el seu nadó ja s'acostumarà al so de la seva veu i també a la del seu pare cada vegada que els senti parlar. Per tant, gaudeixi d'aquests primers contactes amb el nadó, però no es preocupi per l'aprenentatge primerenc durant l'etapa de l'embaràs. Com aviat s'adonarà, les criatures creixen molt de pressa. No cal accelerar el seu procés de desenvolupament, i encara menys abans que neixin.

Pujar altres fills a coll

"Tinc una nena de tres anys que sempre vol pujar a coll. La hi puc pujar en aquest moment de l'embaràs? M'acabarà destrossant l'esquena."

Carregar pesos moderadament elevats (fins i tot els 12 o 15 quilos d'una criatura) és segur al llarg de tot l'embaràs, a no ser que el seu ginecòleg li indiqui el contrari. Però cedint a les peticions de la seva filla de pujar a coll acabarà tenint mal d'esquena. Fer-li perdre l'hàbit de pujar a coll seria, sens dubte, una estratègia millor que no pas continuar partint-se l'esquena –així que intenti fer-li concebre el fet de caminar com una activitat divertida. Repti-la a una petita cursa o pugin les escales tot cantant. No s'oblidi de lloar els seus esforços quan accepti caminar soleta, en comptes de pujar sempre al "mama-taxi" –i intenti donar la culpa de la necessitat d'aquest canvi d'hàbits a la seva esquena i no al futur germanet de la seva filla. També la pot compensar asseient-se-la a la falda i abraçant-la força sempre que estiguin assegudes. I com que hi haurà ocasions en què no trobarà la manera de fer-la caminar, eviti unes quantes molèsties a la seva esquena aprenent la forma correcta d'aixecar-la (vegi la pàgina 263).

La propera maternitat

"Em pregunto si seré feliç en la meva nova faceta de mare. En realitat, no m'acabo d'imaginar com serà."

La majoria de persones afronten els principals canvis de les seves vides –i no hi ha cap canvi més gran que el de l'arribada d'un fill– qüestionant-se si aquest canvi les farà felices. I serà molt més probable que aquest canvi els comporti felicitat si les seves expectatives són realistes.

Per tant, si vostè s'espera arribar de l'hospital amb una criatura perfecta i somrient, li convindria informar-se sobre com són realment els nounats. El nounat no només no somriu fins al cap d'unes quantes setmanes, sinó que a més tindrà greus dificultats per comunicar-se amb vostè i l'única manera en què ho sabrà fer serà plorant –i el plor pot arribar tant quan vostè s'acabi d'entaular per anar a sopar com quan s'acabi de posar al llit, o quan tingui ganes d'anar al lavabo o quan estigui tan cansada que no es pugui ni moure.

I si la seva imatge de la maternitat es limita a matins d'esbarjo passejant pel parc, a dies assolellats visitant el zoo, i a col·locar robeta preciosa dins d'un armari en miniatura, probablement també li convé conèixer com és la vida real amb criatures. Sí que tindrà estones per passejar pel parc, però també hi haurà dies en què vostè i la seva criatura no tindran la possibilitat de veure la llum del dia fins a última hora de la tarda; hi haurà molts dies assolellats que se'ls passarà rentant i planxant robeta; i també hi haurà moltes petites peces de roba que acabaran tacades de baves, de farinetes o de vitamines infantils.

Tot i això, el que també pot esperar, sense deixar de ser realista, és que gaudirà d'una de les experiències més meravelloses i miraculoses de la seva vida. La sensació de plenitud que tindrà en abraçar el cos càlid del seu nadó adormit (fins i tot si aquest angelet ha estat bramant una bona estona abans d'adormir-se) és incomparable. Això –juntament amb les seves primeres rialles sense dents i dedicades especialment a vostè– compensaran les nits en blanc, els sopars que s'acabarà menjant freds i a altes hores de la nit, les muntanyes de roba bruta i les estones de romanticisme frustrades.

Creu que això la farà feliç? "Espera i ja veuràs com sí, mama".

El cinturó de seguretat

"És segur cordar-me el cinturó de seguretat quan vaig en cotxe? L'air bag és un inconvenient per a les dones embarassades?"

Per a una futura mare –i el seu futur fill–, no hi ha cap manera més segura de viatjar en cotxe que amb el cinturó cordat. A més, s'ha de portar cordat per llei. Per al màxim de seguretat i el mínim d'incomoditat, subjecti's el cinturó per sota del ventre, entre la pelvis i la part superior de les cuixes. Pel que fa al cinturó per a les espatlles, és aconse-

Cordi's el cinturó de seguretat per a dos.

llable posar-se'l per damunt de l'espatlla (i no per sota dels braços), en diagonal entre els pits i el lateral del ventre. I no temi que la pressió d'una frenada sobtada pogués danyar el seu nadó, ja que està protegit pel líquid amniòtic i la musculatura uterina, dos dels millors absorbidors de cops que hi pugui haver.

Pel que fa als *air bags*, el més segur és mantenir una distància prudencial. Per tant, si seu al lloc del copilot, tiri's el seient tan enrere com pugui (i les seves cames també agrairan que les pugui estirar). Si està conduint, inclini el volant cap al seu pit, lluny del seu ventre, i –a ser possible– assegui's a un distància mínima de 25 cm del volant.

Viatjar

"Estant embarassada, és convenient que realitzi amb el meu marit el viatge que havíem previst per a aquest mes?"

Mai tornarà a ser tan fàcil com ara anar de vacances amb el seu fill. Pensi que l'any vinent, vagi on vagi, ja haurà de carregar el cotxe de bolquers, de joguines i de cinquanta estris per a la criatura. I durant l'embaràs no hi ha un moment millor per viatjar que durant el segon trimestre. En aquesta fase de la gestació, ja ha superat l'esgotament, el mareig i la inestabilitat emocional del primer trimestre –i encara no ha arribat el moment en què el seu ventre tingui vida pròpia i en què vostè tingui dificultats per moure's, i encara més per moure el seu equipatge.

Així que no cal que tingui més reserves sobre el viatge que tenia reservat. De tota manera, abans de fer les maletes, demani el vistiplau del seu metge. El més probable és que doni llum verda als seus plans de vacances, ja que els viatges rarament es restringeixen durant l'embaràs, a no ser que es presentin complicacions mèdiques o obstètriques.

Tan bon punt tingui el vistiplau del ginecòleg, només cal que prengui unes quantes mesures per assegurar-se que el seu viatge, tant si és de negocis com si és de plaer, sigui el més segur i satisfactori possible:

Planifiqui'l correctament. Quan es tracta de preparar un viatge durant l'embaràs, la planificació és la clau de l'èxit. Per a un viatge de llarga distància, la millor etapa és el segon trimestre de gestació. Agafar un vol transatlàntic durant el primer trimestre, tot i que el seu embaràs sigui de baix risc, pot ser força incòmode, principalment degut a les nàusees, l'esgotament i altres símptomes propis dels primers mesos de gestació. D'altra banda, marxar lluny de casa cap al final de l'embaràs no és recomanable per raons òbvies: es podria posar de part en qualsevol moment i vostè seria massa lluny del seu metge i del seu hospital.

Triï la destinació adequada. Si decidís visitar zones de clima calorós i humit, podria tenir molèsties degudes a les alteracions del seu propi metabolisme; si, tot i això, decideix anar-hi, asseguri's que a l'hotel i al transport hi haurà aire condicionat, hidrati's i mantingui's allunyada del sol. Viatjar a zones de gran altitud (a més de 2.100 metres respecte del nivell del mar) pot ser perillós, perquè habituar-se a la disminució en la pressió d'oxigen pot ser un esforç excessiu per a vostè i el seu nadó. Altres destinacions inapropiades serien els països en vies de desenvolupament, ja que, per anar-hi, s'hauria de vacunar i algunes d'aquestes vacunes podrien ser perilloses durant l'embaràs (consulti-ho al seu metge). També cal tenir en compte que aquests mateixos països podrien ser focus d'incubació d'algunes infeccions potencialment perilloses i per a les quals no hi ha vacunes –una raó de més per evitar d'anar-hi mentre estigui en estat. No cal ni esmentar el risc de malalties provo-

Evitar el jet lag

Afegeixi el *jet lag* al cansament normal de l'embaràs i probablement ja tindrà ganes que s'acabi el viatge abans de començar-lo. Així que val la pena que intenti minimitzar –i, si pot ser, eliminar completament– els factors que poden afectar físicament quan es viatja travessant les zones horàries. Vegem-ne la manera:

Comenci a canviar les zones horàries abans d'emprendre el viatge. Vagi's adaptant progressivament a la zona horària a la qual ha de viatjar canviant l'hora del seu rellotge –i els seus horaris– avançant-lo o endarrerint-lo de forma gradual. Si ha d'anar cap a l'est, comenci a llevar-se una mica més d'hora i vagi-se'n a dormir una estoneta més aviat des d'uns quants dies abans de marxar de viatge. Si es dirigeix cap a l'oest, vagi-se'n al llit una mica més tard i no cal que matini tant (si és que s'ho pot permetre). Quan sigui a l'avió, miri de dormir si és l'hora adequada per fer-ho al seu país de destinació, o mantingui's desperta, en cas contrari.

Faci la vida habitual segons l'hora local. Tan bon punt arribi a la seva destinació, comenci a viure completament d'acord amb l'horari local. Si arriba a l'habitació de l'hotel de la ciutat que visita a les 7 del matí, cansada després d'haver volat tota la nit, resisteixi's a dormir fins a l'hora de la migdiada. Intenti desvetllar-se dutxant-se i esmorzant bé, i després disposi's a passar un dia tranquil i assossegat. No sigui massa autoexigent: descansi tot sovint i assegui's amb els peus una mica elevats, però intenti evitar estar ajaguda. Si s'estira, pot estar convençuda que s'acabarà adormint. A més, cal que mengi segons l'horari normal del país on es troba i no segons el seu horari biològic (si té molta gana, piqui alguna cosa, però no s'entauli a menjar fins que el rellotge indiqui que és l'hora de fer-ho). Miri també de mantenir-se desperta fins a l'hora habitual en què va a dormir però d'acord amb la nova hora local. Això l'ajudarà a dormir tota la nit sencera. També ha d'evitar llevar-se massa tard, ja que li seria difícil agafar el son

cades pels aliments i l'aigua corrent en aquests mateixos indrets.

Planifiqui un viatge que sigui relaxant. És preferible triar una destinació única que no pas una ruta turística que la porti a visitar una ciutat diferent cada dia. També és millor que faci el viatge pel seu compte i que pugui anar al seu ritme que no pas participar en un viatge organitzat, en què serà un guia el que li marqui el ritme de visites. Així, vostè podrà alternar les estones d'anar de compres i de visites turístiques (o de reunions, si és un viatge per feina) amb les estones de reposar amb els peus una mica elevats. Haurà d'escoltar el seu cos d'embarassada, que serà el que li anirà fixant l'agenda.

Assegurança de viatge. Contracti una bona assegurança de viatge per si de cas alguna complicació de l'embaràs l'obliga a canviar de plans i a quedar-se a casa. Si viatja a l'estranger, tingui en compte que la pòlissa d'assegurances també li cobreixi, en cas que sigui necessari, el trasllat al seu domicili per mitjans ràpids i sota vigilància mèdica. L'assegurança mèdica del viatge també pot ser útil si la seva assegurança mèdica ordinària no inclou l'assistència sanitària a l'estranger. Comprovi les condicions de la seva pòlissa abans de marxar de viatge.

Endugui's una farmaciola d'embaràs. Asseguri's d'agafar prou vitamines prenatals per a tot el viatge, així com alguns

a l'hora esperada la nit següent. Demani a la recepció de l'hotel que la despertin a l'hora oportuna, encara que cregui que potser no li faria falta.

Busqui una mica de sol. El fet d'estar una estona exposada a la llum solar l'ajudarà a reprogramar el seu rellotge biològic, així que el primer dia que vostè passi a la nova destinació miri de romandre una estona a l'aire lliure. Si no fa sol, com a mínim passi una estona fora. Si ha viatjat de l'oest cap a l'est, el millor és exposar-se al sol del matí; si s'ha traslladat de l'est cap a l'oest, surti al carrer cap al vespre.

Mengi, begui i pateixi menys els efectes del jet lag. Totes les persones acostumades a viatjar en avió ja saben que durant els viatges llargs poden acabar deshidratant-se. I la deshidratació pot agreujar encara més els símptomes del *jet lag* (i no cal dir que també pot tenir riscos de complicacions per a l'embaràs). Així doncs, mentre estigui a l'avió, begui molta aigua i segueixi'n bevent un cop hagi arribat a la seva destinació. També haurà de procurar menjar de forma regular. Concentri's en aliments que li proporcionin molta energia a llarg termini, com ara les proteïnes i els hidrats de carboni complexos. Per combatre el cansament, també va bé fer una mica d'exercici (i no cal que s'esgoti: amb una passejada pel parc o uns quants llargs a la piscina de l'hotel en tindrà prou).

No esperi miracles. No es prengui cap medicació (amb recepta o sense) ni cap preparat a base d'herbes per a alleujar els efectes del *jet lag* (ni per a qualsevol altre símptoma), sense l'autorització prèvia del metge.

Doni's una mica de temps. És probable que al cap d'un parell de dies ja es trobi menys cansada i més sincronitzada amb l'horari local.

També és possible que les alteracions del son –i la fatiga que comporten– es mantinguin al llarg de tot el viatge. Però, per ser francs, aquests efectes es deuen menys al *jet lag* que al fet que vostè transporta un excés d'equipatge al ventre –i aquest equipatge és d'aquells que s'han de portar personalment, així que no podrà demanar a ningú que l'ajudi a carregar-lo.

refrigeris saludables, pegats antimareig si té tendència a marejar-se i la medicació que li recepti el metge per alleujar problemes estomacals provocats pel viatge; un calçat còmode i prou ample on encabir els peus inflats per totes les hores que es pugui passar fent visites turístiques o treballant; i crema solar.

Si viatja a l'estranger, tingui a mà les referències d'algun ginecòleg de la localitat corresponent, per si de cas. Algunes de les principals cadenes hoteleres també li poden proporcionar aquest tipus d'informació. Si, quan és a l'estranger, per alguna raó necessita contactar urgentment amb algun ginecòleg i el personal de l'hotel on s'allotja no la pot ajudar, truqui a l'ambaixada espanyola del país corresponent o a l'hospital més proper. O bé vagi directament al seu servei d'urgències. Si té una assegurança mèdica del viatge, és probable que ja disposi d'algun número de telèfon al qual trucar.

Mantingui uns hàbits alimentaris saludables. Encara que vostè estigui de vacances, el seu fill continua treballant com sempre en el seu procés de creixement i desenvolupament, i té els mateixos requeriments nutricionals que fins ara. Triï a consciència quins plats es menja, per assaborir la cuina local però alhora satisfer les necessitats nutritives del nadó. I el més important: mengi amb regularitat i prengui algun refrigeri sempre que ho

Embarassada a grans altituds

Les dones que viuen a llocs de gran altitud, ja estan acostumades a respirar bé tot i la falta d'oxigen en aquests llocs (i és menys probable que l'altitud els provoqui problemes durant l'embaràs, com ara hipertensió, retenció de líquids o un nadó de baix pes en néixer) que no pas les dones que es traslladen a aquestes altituds després d'haver viscut tota la vida al nivell del mar. Per aquesta raó, molts ginecòlegs suggereixen posposar una estada o un trasllat d'un lloc de poca altitud a un de molta altitud fins a després del part. I escalar muntanyes està totalment desaconsellat mentre duri la gestació.

Si ha de realitzar un viatge a una destinació de gran altitud, miri d'ascendir-hi gradualment, sempre que sigui possible (si hi va en cotxe, per exemple, intenti pujar uns 600 metres cada dia, en comptes de pujar-ne 2.400 d'una sola tirada). Per minimitzar el risc de desenvolupar l'anomenat "mal d'altura", també miri de limitar l'exercici durant els primers dies posteriors a l'arribada, així com beure molts líquids, menjar refrigeris tot sovint en comptes de fer tres menjades copioses al dia, evitar aliments hipercalòrics i de difícil digestió i, si és factible, buscar un lloc amb una mica menys d'altitud per anar a dormir.

necessiti. No se salti l'esmorzar o el dinar preveient un sopar opípar.

Mengi de manera selectiva. En alguns països podria ser poc segur menjar amanides o fruites i hortalisses crues i sense pelar. (Peli's la fruita vostè mateixa, i renti-la abans de pelar-la. Després de pelar-la, renti's les mans per evitar transferir gèrmens a la fruita; recordi que els plàtans i les taronges solen ser fruites més segures que la resta perquè tenen una pell molt gruixuda.) Vagi al país que vagi, eviti menjars conservats a temperatura ambient, així com la carn, el peix o l'aviram crus o poc fets, a més dels productes lactis no pasteuritzats o no refrigerats i qualsevol altre menjar, encara que sigui cuit, que es vengui en parades ambulants. Posi's en contacte amb els organismes especialitzats per informar-se sobre aquestes restriccions o sobre altres riscos i vacunes recomanades.

No es begui l'aigua de l'aixeta (ni s'hi renti les dents), a no ser que tingui la seguretat que és potable. Si a la seva destinació és qüestionable la potabilitat de l'aigua, miri d'aconseguir aigua embotellada tant per beure com per rentar-se les dents (i comprovi sempre que el tap de la botella està intacte abans de treure'l). Eviti també els glaçons, a no ser que estigui segura que estan fets amb aigua embotellada o bullida.

No nedi en aigües poc segures. En algunes zones, l'aigua dels llacs i les platges podria estar contaminada. Demani a les autoritats competents informació sobre l'estat de l'aigua a la seva destinació per assegurar-se de la seva seguretat abans de fer-s'hi un bany. Procuri també nedar només en piscines d'aigua clorada (sentir baf de clor normalment serà la millor pista).

Eviti la irregularitat del trànsit intestinal. Els canvis d'horaris i de dieta poden comportar problemes de restrenyiment; així que miri de combatre'l amb els tres remeis més efectius: fibra, líquids i exercici. També la pot ajudar esmorzar (o com a mínim picar alguna cosa) una mica abans que normalment, per poder anar al lavabo abans de sortir de l'hotel.

Vagi al lavabo sempre que en tingui ganes. Procuri no fomentar les infeccions urinàries o el restrenyiment retardant les visites al lavabo. Vagi al bany sempre que en tingui ganes (i tingui una estona de tranquil·litat).

Busqui el suport necessari. És a dir, faci servir mitges elàstiques, especialment si ja té venes varicoses. Però fins i tot si només sospita que podria estar predisposada a tenir-ne, posi's mitges elàstiques sempre que s'hagi d'estar molta estona asseguda (en cotxes, avions o trens, per exemple) o dreta (en museus, aeroports...). Aquestes mitges també l'ajudaran a minimitzar les inflors als peus i als turmells.

No s'estigui quieta durant tot el trajecte. Estar moltes hores asseguda pot restringir la circulació a les cames, i per tant recordi's d'aixecar-se del seient amb freqüència, estiri, flexioni o mogui les cames sovint, faci-s'hi massatge i eviti creuar-les. A ser possible, tregui's les sabates i elevi una mica els peus. Si viatja en tren o en avió, posi's dreta com a mínim una vegada cada hora o cada dues hores per caminar pels passadissos. Si es desplaça en cotxe, no s'estigui més de dues hores sense parar per estirar una mica les cames caminant una estona.

Si viatja en avió. Pregunti a la companyia aèria si tenen alguna normativa específica en relació amb les dones embarassades. Reservi amb temps un seient a la part davantera de l'aparell (preferiblement al passadís, de manera que es pugui aixecar i estirar o anar a la zona de descans sempre que li convingui) o, si no fan reserva de seients, miri de ser de les primeres en embarcar.

Quan faci la reserva dels bitllets, pregunti si serviran algun menjar a bord o si en tenen a la venda. Cada vegada més, els anomenats "vols econòmics" economitzen també en l'alimentació. Si les racions són massa justes, emporti's una mica de menjar de casa (un entrepà o una amanida, per exemple). Fins i tot si el menjar va inclòs amb el preu del bitllet, pensi que és possible que sigui molt escàs o immenjable, que hagi de menjar a deshores per retards en el vol, o tot alhora. Per això, val la pena que s'emporti algun refrigeri: galetes de cereals integrals, porcions individuals de formatge, hortalisses crues, fruita o altres aliments saludables. I no s'oblidi de beure força aigua embotellada (no es begui aigua del lavabo de l'avió ni cap aigua no en-

Les embarassades són delicioses

Si li sembla que, ara que està embarassada, els mosquits la piquen més que mai, no són imaginacions seves. Els científics han comprovat que les dones embarassades atrauen el doble de mosquits que la resta, possiblement perquè a aquests maleïts animalons els encanta el diòxid de carboni i les embarassades inspiren aire amb més freqüència, i per tant alliberen més quantitat del seu gas preferit. Una altra raó per la qual els mosquits van de dret cap a les futures mares és que busquen l'escalfor, i les dones en estat solen tenir una temperatura corporal més elevada, degut al procés biològic de gestació d'una criatura. Per tant, si viu o està de viatge en alguna zona amb molts mosquits (especialment si són un risc per a la salut), prengui les precaucions oportunes. Quan sigui en zones molt infestades de mosquits, pot evitar que la piquin quedant-se a l'interior dels edificis, posant teles mosquiteres a les finestres i usant repel·lents d'insectes sense DEET (Dietil-m-Toluamida).

vasada), llet i sucs de fruita per contrarestar la deshidratació que provoquen els desplaçaments per aire. Aquesta tàctica també l'animarà a fer més viatges al bany, la qual cosa garantirà els estiraments de cames de forma periòdica.

Cordi's el cinturó de seguretat per sota de l'abdomen. Si viatja a una altra zona horària, tingui en compte el *jet lag* (vegi el requadre de la pàgina 278). Descansi abans del viatge i prengui-s'ho amb calma els primers dies després d'arribar a la seva destinació.

Si viatja en cotxe. Tingui a mà una bossa plena de refrigeris nutritius i un termo amb suc o llet per quan tingui gana. Per als desplaçaments llargs, asseguri's de seure en un seient còmode; si no ho és, consideri la possibilitat de comprar un coixí especial per a recolzar l'esquena, disponibles per Internet o bé en botigues de complements per a l'automòbil. També la pot ajudar a estar més còmoda un coixí especial per a recolzar el coll. Per a més informació sobre consells de seguretat per a l'automòbil, vegi la pàgina 276.

Si viatja en tren. Consulti si disposa d'un vagó restaurant que ofereixi un menú complet. En cas contrari, endugui's el menjar que li faci falta. Si viatja de nit, reservi un vagó llit, si és possible. No és qüestió de començar el viatge esgotada.

QUÈ CAL TENIR EN COMPTE

Les relacions sexuals durant l'embaràs

Deixant de banda els miracles religiosos i mèdics, qualsevol embaràs comença amb l'acte sexual. Per tant, per què aquest acte que ha generat l'embaràs hauria d'esdevenir un problema tan bon punt sap que està embarassada?

Ja sigui perquè faci l'amor més sovint o menys sovint, o perquè en gaudeixi més o menys –o ja sigui perquè ara no fa mai l'amor o no en gaudeix gens–, la qüestió és probablement que esperar un fill ha canviat la seva manera de mantenir relacions sexuals. Durant l'embaràs, el sexe és ple de reptes per als dos membres de la parella: des de mirar d'esbrinar què és o no és segur al llit (o bé a la catifa del menjador o al taulell de la cuina) fins a descobrir quines postures els resulten més còmodes amb el seu ventre en constant creixement; des de no trobar el moment en què tots dos en tinguin ganes (quan un s'escalfa, l'altre es refreda) fins a les alteracions hormonals (que fa que els seus pits atreguin més que mai a la seva parella, però li facin més mal que mai a vostè). Però no es preocupi. Quan es tracta de fer l'amor durant els mesos de gestació, tot es pot superar amb una mica de creativitat, un bon sentit de l'humor, molta paciència i molt afecte.

El sexe en els diferents trimestres de l'embaràs

Cap amunt, cap avall, cap amunt i cap avall... Encara que podria semblar el nom d'una nova postura per practicar sexe, de fet es tracta d'una bona descripció del patró d'alts i baixos que la majoria de parelles experimenten en relació amb el sexe al llarg dels nou mesos d'embaràs. En el primer trimestre, moltes dones troben que la seva libido cau en picat, disminuint tan bon punt entren en acció les hormones de l'embaràs. I aquesta davallada en l'interès sexual tampoc ens ha de sorprendre. Al cap i a la fi, la fatiga, les nàusees, els vòmits i uns mugrons tan sensibles que fan

Pros i contres del sexe durant l'embaràs

Es pregunta què és segur en relació amb el sexe i què no ho és durant l'embaràs? Vegi'n algunes pistes:

Sexe oral. El cunnilingus (l'estimulació oral dels genitals femenins) és tan segur com potencialment plaent al llarg de tot l'embaràs. Per tant, no s'estigui de practicar-lo (només cal que procuri que la seva parella no espiri aire enèrgicament a l'interior de la seva vagina). La fel·lació (l'estimulació oral del penis) també és segura durant l'embaràs (igual que ho és empassar-se el semen), i per a algunes parelles és un substitut molt satisfactori quan no es permet la penetració sexual. Tingui la prudència d'evitar el sexe oral si la seva parella té alguna malaltia de transmissió sexual.

Sexe anal. El sexe anal probablement és segur durant l'embaràs, però vagi amb precaució per la porta del darrere. En primer lloc, perquè probablement no li resultarà còmode si té hemorroides –que podrien acabar sagnant (i això sí que esguerraria el moment). En segon lloc, recordi la regla de seguretat del sexe anal (vàlida per a embarassades i per a no embarassades, encara que ara pot ser encara més complicada de seguir): no passi mai del sexe anal al sexe vaginal sense haver-se netejat primer. En cas contrari, podria introduir bacteris perjudicials al canal vaginal, la qual cosa li provocaria una infecció a vostè i suposaria un risc per al nadó.

Masturbació. A no ser que l'orgasme estigui desaconsellat per tractar-se d'un embaràs d'alt risc o amb possibilitats de part prematur, masturbar-se durant l'embaràs és perfectament segur –i una manera fantàstica d'alliberar les tensions acumulades.

Vibradors i consoladors. Sempre que el seu ginecòleg li hagi donat el vistiplau per a la penetració vaginal, els consoladors i els vibradors són segurs d'usar durant l'embaràs; al cap i a la fi, no són sinó versions artificials d'un òrgan natural. Però vagi amb compte que qualsevol cosa que s'introdueixi a la vagina estigui neta i vigili a no penetrar-se la vagina massa profundament.

mal no són els millors potenciadors de l'interès sexual. Però com passa amb la resta d'aspectes de l'embaràs, no hi ha dues dones iguals, per la qual cosa tampoc hi ha dues libidos iguals. De fet, si és una dona afortunada, és possible que durant aquest trimestre se senti més motivada que mai, gràcies al costat positiu dels canvis hormonals: tindrà la vulva ultrasensible i amb una sensació de pessigolleig constant, i els pits estaran especialment grossos, donant un plaer extra poder-los tocar (i que els hi toquin).

Sovint, encara que no sempre, l'interès per les relacions sexuals se sol recuperar durant el segon trimestre, quan els primers símptomes de l'embaràs s'han minimitzat i es disposa de més energia per fer l'amor (i quan, en passar menys temps al lavabo, se'n té més per passar-lo a l'habitació). Fins ara no havia tingut cap orgasme múltiple (o simplement no n'havia tingut cap)? Doncs ara podria canviar li la sort –i continuar-li canviant una i altra vegada. Això s'explica pel fet que la circulació sanguínia extra a la vulva, el clítoris i la vagina ajuden a arribar al clímax amb més facilitat que mai, així com a tenir uns orgasmes més intensos i més llargs que mai. Però com sempre, no hi ha res d'universal en qüestions d'embaràs i, de fet, algunes dones perden aquesta apetència sexual durant el segon trimestre –o no l'arriben a tenir en cap moment al llarg dels nou mesos i això tampoc deixa de ser normal.

A mesura que s'atansa el part, la libido sol tornar a decaure, a vegades més dràsticament que durant el primer trimestre, per raons òbvies: la primera és que un abdomen de la mida d'una síndria fa que al marit li resulti més difícil d'arribar al seu objectiu, fins i tot buscant postures creatives; la segona és que les molèsties i les incomoditats d'un embaràs avançat poden apaigavar fins i tot les passions més ardents; i la tercera és que, cap al final del tercer trimestre, resulta difícil concentrar-se en una altra cosa que no sigui l'esdeveniment tan esperat del part. De tota manera, algunes parelles aconsegueixen superar aquests obstacles del final de l'embaràs i continuen mantenint relacions fins al moment de les primeres contraccions.

Què l'encén i què l'apaga?

Amb el gran nombre de canvis físics que experimentarà al llarg dels nou mesos d'embaràs, és obvi que el desig i el plaer sexual se'n veuran afectats, en algunes coses positivament i en altres negativament. Haurà d'aprendre a acostumar-se a alguns dels efectes negatius, per tal que interfereixin el mínim possible en la seva vida sexual.

Nàusees i vòmits. El mareig matinal podria interposar-se entre vostè i el seu plaer sexual. Al cap i a la fi, és difícil de pensar en el plaer quan es té ganes d'anar a vomitar el sopar. Així, faci una distribució sàvia del seu temps. Si troba que el mareig li comença quan despunta el dia, aprofiti les hores nocturnes per practicar sexe. Si cap al vespre té nàusees, pugi al tren de l'amor a primera hora del matí. Si té mareigs de dia i de nit, vostè i la seva parella hauran d'esperar fins que aquests símptomes remetin, fet que sol ocórrer cap a finals del primer trimestre. Sigui com sigui, no es pressioni per sentir desig quan el que senti siguin basques; el resultat no seria satisfactori per a ningú.

Cansament. És difícil que en tingui ganes quan tot just li queda energia per treure's la roba. Per sort, el cansament més extrem de l'embaràs sol desaparèixer cap al quart mes de gestació (encara que el més probable és que l'esgotament torni cap al darrer trimestre). Fins aleshores, faci l'amor quan surti el sol (sempre que en tingui ganes, és clar), en comptes de forçar-se a protagonitzar una romàntica vetllada després de sopar. Al cap de setmana, és una bona idea fer una sessió amorosa seguida d'una bona migdiada. O gaudeixi al llit d'un "esmorzar" d'aquells que no deixen engrunes.

Canvis en la silueta. Fer l'amor pot resultar difícil i incòmode quan es té el ventre tan voluminós que sembla més gran i inaccessible que el cim de l'Himàlaia. A mesura que l'embaràs avança, a moltes parelles els pot semblar inútil esforçar-se en els exercicis acrobàtics que fan falta per escalar l'abdomen (encara que també hi ha maneres de rodejar-la, aquesta muntanya; continuï llegint i sabrà com). I, encara més, la silueta més plena de la dona pot fer-la sentir menys atractiva (encara que moltes dones –i la majoria de les seves parelles– troben que la silueta de la dona embarassada és la forma femenina més sensual que hi pugui haver). Si en aquests moments el seu cos la desmotiva, intenti posar-se roba íntima ben sensual o busqui una estona de romanticisme a la llum de les espelmes. Miri també d'evitar aquests pensaments negatius en relació amb el seu cos recordant que, en l'embaràs, tot el que és gran és bonic.

Congestió dels òrgans genitals. L'augment de flux sanguini a la zona pelviana, causat pels canvis hormonals de l'embaràs, pot millorar la resposta sexual en algunes dones. Però també

Exercicis plaents

No hi ha millor manera de barrejar la feina amb el plaer que practicant els exercicis de Kegel durant l'acte sexual. Aquests exercicis tonifiquen l'àrea perineal i la preparen per al part, fet que redueix les probabilitats d'haver de recórrer a l'episiotomia i minimitza el risc de patir un esquinçament. Aquests exercicis també poden accelerar la recuperació postpart de la zona pelviana. I encara que pot realitzar els exercicis de Kegel en qualsevol lloc i en qualsevol moment (vegi de quina manera a la pàgina 324), realitzar-los durant el coit pot augmentar el plaer dels dos membres de la parella. Fer exercici no havia estat mai tan divertit!

pot provocar que el sexe sigui menys satisfactori (especialment cap a finals de l'embaràs) si després de l'orgasme la dona manté una desagradable sensació de tensió residual, com si en realitat no hagués tingut l'orgasme. En el cas de la seva parella, la congestió dels genitals femenins pot incrementar-li el plaer (si se sent agradablement acariciat) o bé reduir-l'hi (si se sent tan comprimit que li costa arribar a l'erecció).

Sortida de calostre. Cap al final de l'embaràs, algunes dones comencen a produir calostre, una substància que apareix prèviament a la llet materna. Aquest calostre pot sortir dels pits durant l'estimulació sexual i la seva aparició en ple acte sexual pot resultar desconcertant. Naturalment, no ha de preocupar gens ni mica, però si és molest per a la dona o la seva parella, es poden concentrar en l'estimulació d'altres parts del cos de la dona (com ara el clítoris).

Sensibilitat dels pits. Per a algunes parelles, els pits de la dona embarassada (plens, tibants i possiblement més grans que mai) es converteixen en la seva joguina preferida fins al punt que no en tenen mai prou de jugar-hi. Però moltes dones han de pagar un preu molt elevat per tenir aquests pits inflats per l'embaràs (una sensibilitat tan extrema que els provoca adolorimen) i, en conseqüència, han d'aplicar la norma de "mirar però no tocar". Si els seus pits li provoquen més dolor que no pas plaer, asseguri's que la seva parella ho tingui en compte –i recordin que aquesta sensibilitat disminuirà cap al final del primer trimestre, quan la sensibilitat més moderada que mantindran els pits es pot convertir en un factor positiu per a les relacions sexuals.

Alteració de les secrecions vaginals. Estar humida no sempre és sinònim de passió durant l'embaràs. Les secrecions vaginals normals augmenten durant l'embaràs i també canvien de consistència, d'olor i de gust. Si, fins ara, vostè tenia els genitals molt secs o estrets, aquesta lubricació extra pot ajudar-la a gaudir més del sexe. Però, a vegades, un excés de lubricació pot fer que el canal vaginal estigui tan humit i lliscant que acabi reduint les sensacions plaents per a vostè i la seva parella –que pot tenir més dificultats per arribar a l'erecció i a l'orgasme. (En aquest sentit, pot anar-los bé allargar una mica més els preàmbuls.) El fet que l'olor i el sabor de les secrecions siguin més intensos pot fer que el sexe oral resulti més desagradable. El problema es pot pal·liar fent un massatge amb olis perfumats a la zona de l'entrecuix (però no a la vagina).

Algunes futures mares, tot i aquestes secrecions extra, experimenten sequedat vaginal durant les relacions sexuals. Els lubricants a base d'aigua i no perfumats són segurs d'usar quan li faci falta.

Hemorràgia causada per la sensibilitat de la cèrvix. El coll de l'úter –com que està travessat per nombrosos vasos sanguinis addicionals destinats a transportar l'increment de sang cap a l'úter– també es congestiona durant l'embaràs i és molt més tou que no pas abans. Això significa que una penetració profunda podria provocar ocasionalment una mica d'hemorràgia, en qualsevol moment de l'embaràs però sobretot cap al final, quan la matriu comença a madurar en preparació per al part. Normalment, aquest tipus de sagnat no ha de preocupar, encara que li ho pot comentar al seu ginecòleg per a una major tranquil·litat.

D'altra banda, durant l'embaràs també hi ha tot un seguit d'entrebancs psicològics entre vostè, la seva parella i el gaudi sexual plenament satisfactori. Però aquestes dificultats també es poden minimitzar.

Temor de danyar el fetus o de provocar un avortament. Deixi de preocupar-se i comenci a gaudir. En els embarassos normals, el sexe no és perjudicial. El seu nadó està ben embolcallat i protegit dins del sac amniòtic i de l'úter, i el seu úter està fortament aïllat del món exterior per un tap mucós ubicat a la cèrvix. El seu ginecòleg ja li ho farà saber si hi ha alguna raó per la qual no hauria de practicar sexe durant l'embaràs. En cas contrari, no se n'estigui.

Temor que l'orgasme provoqui un avortament o un part prematur. Tot i que l'úter es contregui després de l'orgasme –i que, en algunes dones, aquestes contraccions puguin ser bastant fortes, i s'allarguin entre mitja hora i una hora després de l'acte sexual–, això no indica que s'hagi iniciat el part ni és perjudicial en un embaràs normal. Insistim que si hi ha alguna raó per la qual hauria d'evitar l'orgasme mentre estigui en estat (ja sigui perquè tingui un risc d'avortament o de part prematur o perquè pateixi algun problema de placenta, per exemple), el seu metge ja li ho indicarà.

Temor que el fetus "ens miri" o "se n'adoni". Impossible! Tot i que al fetus li pot resultar agradable el suau moviment amanyagador de les contraccions uterines, és indubtable que no pot veure ni entendre res del que està passant ni tampoc en guardarà cap record. Les reaccions fetals (moviments més lents durant l'acte sexual, seguits d'un potent espeternec de cames i d'un batec cardíac accelerat després de l'orgasme) només són reaccions del nadó davant de l'activitat uterina.

Temor de "colpejar" el cap del nadó. Encara que potser la seva parella no ho voldrà admetre, no hi ha cap penis prou gran com per danyar un fetus –ni tampoc prou gran com per atansar-s'hi. Tornem a recordar que el nadó està ben aïllat en la seva agradable llar uterina. Fins i tot si el cap del nadó ja està encaixat a la pelvis, la penetració profunda no el pot danyar (encara que si li resulta molesta, eviti-la).

Temor que l'acte sexual causi alguna infecció. Sempre que la seva parella no tingui cap malaltia de transmissió sexual ni la seva cèrvix estigui oberta, durant l'acte sexual no hi ha perill d'infecció per a la mare ni per al fetus. Dins del sac amniòtic, el nadó està totalment protegit tant del semen com dels organismes infecciosos.[1]

Ansietat per la proximitat del gran dia. De ben segur que tant vostè com la seva parella estan preocupats i potser també

[1] Molts ginecòlegs aconsellen que no es faci el coit després de la setmana 36, perquè fins i tot amb preservatiu i sense trencar les aigües s'ha trobat que hi ha més ruptura de la bossa amniòtica. *(Nota del revisor.)*

una mica (o molt) estressats. És possible que, davant de la imminent arribada del nadó, experimentin sensacions contradictòries. I a vegades costa concentrar-se en el sexe quan es té la ment saturada de preocupacions sobre les responsabilitats i el canvi de vida que els espera, a banda de la dedicació econòmica i emocional de criar un fill. El millor pal·liatiu per afrontar-ho? Parlar obertament i de forma regular sobre aquestes sensacions –i no emportar-se les preocupacions al llit.

Canvis en la relació de parella. Potser els costa adaptar-se als imminents canvis de la seva dinàmica familiar –a la idea que, a partir d'ara, ja no seran només amants, o marit i muller, sinó també mare i pare. O també és possible que descobreixin que aquesta nova dimensió en la seva relació els dóna una nova intimitat en les relacions sexuals –i, de retruc, una major excitació.

Ressentiment. Els sentiments de ressentiment poden complicar les coses sota els llençols. El ressentiment es pot donar del futur pare en contra de vostè, perquè podria estar gelós que vostè i el seu embaràs s'hagin convertit en el centre d'atenció, o de vostè envers el seu marit, ja que podria tenir la sensació que vostè soleta s'emporta tota la part feixuga de gestar el nadó que tots dos volien i del qual tots dos gaudiran. És important parlar obertament de tots aquests sentiments, però el llit no és el millor lloc on fer-ho.

Temor que, al final de l'embaràs, l'acte sexual faci avançar el part. És cert que les contraccions uterines provocades per l'orgasme són més fortes a mesura que l'embaràs avança. Però a no ser que la cèrvix estigui madura i dilatada, aquestes contraccions no desencadenaran el part –tal com poden testificar moltes parelles que han sortit de comptes tot i practicar sexe. De fet, els estudis demostren que les parelles que són sexualment actives durant la darrera part de l'embaràs tenen més probabilitats d'arribar a terme.

Naturalment, els factors psicològics també poden incrementar el plaer sexual durant l'embaràs (vet aquí la bona notícia!). D'una banda, algunes parelles, a les quals els va costar molt concebre un fill, ara que ja està en camí poden gaudir intensament del pas del sexe de procreació al sexe de recreació. Ja poden deixar de ser uns esclaus dels predictors, les gràfiques, els calendaris i l'ansietat d'un mes rere l'altre, per gaudir espontàniament del sexe per plaer. D'altra banda, determinades parelles senten que gestar un nadó els ha unit més que mai i consideren el ventre un símbol d'aquesta unió –en comptes de considerar-lo un obstacle molest.

Posi's còmoda

Quan es fa l'amor en aquest moment de l'embaràs (i també més endavant), la postura és important. La posició ajaguda i lateral (davant per davant o pit contra esquena) sol ser la més còmoda perquè la dona no s'ha d'estirar panxa enlaire. També va bé la postura amb la dona a sobre (ja que li permetrà un major control sobre la penetració). També pot funcionar el coit amb tots dos dempeus. La posició amb l'home al damunt només és adequada per a les parelles molt ràpides (sempre que ell no es recolzi sobre la dona i que s'aguanti el seu propi pes amb els braços), però a partir del quart mes de gestació no és recomanable que la dona s'estigui massa estona estirada panxa enlaire.

Quan s'han de limitar les relacions sexuals...

Com que fer l'amor té tantes coses per oferir als futurs pares, l'ideal seria que qualsevol parella en pogués gaudir al llarg de tot l'embaràs. Però, per desgràcia, no sempre és possible. En embarassos d'alt risc, es pot arribar a prohibir l'acte sexual en alguns mesos de l'embaràs o en tots nou. En altres casos, l'acte sexual pot estar permès sempre que la dona no arribi a l'orgasme. O es permeten els preàmbuls però no la penetració. O bé es permet la penetració però només si es fa servir preservatiu. És essencial saber exactament quin tipus de sexe és segur i quan, així que, si el metge li prescriu abstinència sexual, plantegi-li aquests dubtes. Pregunti-li perquè li prescriu abstinència i si es refereix a l'acte sexual, a l'orgasme o a totes dues coses, i si les restriccions són temporals o es mantindran al llarg de tot l'embaràs.

És probable que les relacions sexuals es restringeixin en els següents casos (i possiblement també en algun altre que, en tot cas, li dirà el metge):

- Sempre que hi hagi indicis de part prematur o, possiblement, si ja compta amb un historial de parts prematurs previs.
- Si se li ha diagnosticat una cèrvix incompetent o una placenta prèvia.
- Possiblement, si pateix hemorràgies o compta amb un historial d'avortaments espontanis.

Si la penetració està prohibida, però l'orgasme els està permès, considerin la possibilitat de practicar-se una masturbació mútua. Si l'orgasme és tabú per a vostè, podria obtenir plaer donant-n'hi al seu marit (que segur que no hi té inconvenient). Si l'acte sexual està permès –però l'orgasme prohibit– podria provar de fer l'amor sense arribar al clímax. Encara que evidentment això no serà del tot satisfactori per a vostè (o potser fins i tot li serà impossible si arriba al clímax amb facilitat), almenys li permetrà gaudir una mica de la intimitat que tots dos desitgen mentre dóna plaer al seu marit. Si totes les activitats sexuals han estat prohibides al llarg de tot l'embaràs, intentin que no els afecti en la seva vida de parella. Es poden centrar en altres maneres de mantenir-se units –i reprendre algunes escenes romàntiques que no han repetit des que van començar a festejar (com ara passejar donant-se la mà, fer-se carícies i totes aquestes coses que ara ja no estan de moda).

Gaudir-ne més, fins i tot si es fa menys

Una relació sexual plaent i duradora rarament es pot aconseguir en un sol dia (i ni tan sols en una sola nit de passió). La relació millora amb la pràctica, la paciència, la comprensió i l'amor. I això també és vàlid per a una relació sexual ja establerta que queda sotmesa als canvis físics i emocionals de l'embaràs. Li oferim alguns consells per "sortir-ne victoriosa":

- Gaudeixi de la seva vida sexual en comptes d'analitzar-la. Gaudeixi d'aquest moment igual que pot gaudir de qualsevol altre moment. No se centri en la freqüència o infreqüència de les seves relacions sexuals (la qualitat és sempre millor que la quantitat, i encara més durant l'embaràs) ni compari la seva vida sexual d'abans de l'embaràs amb la d'ara (les comparacions sempre han estat odioses).
- Pensi en positiu. Pensi que fer l'amor és una bona preparació física per a la dilatació i el part –i sobretot si durant l'acte sexual practica els exercicis de

Kegel. (Pocs esportistes s'ho passen tan bé en els entrenaments.) Pensi en el sexe com una activitat relaxant –i la relaxació és bona per a tots els implicats (incloent-hi el nadó). Pensi en l'arrodoniment del seu cos d'embarassada com una mostra de sensualitat. Pensi en el sexe com una oportunitat d'estar a prop de la seva parella, i no només com una oportunitat de practicar el coit.

- Llanci's a l'aventura. Les postures de sempre ja no li resulten còmodes? Entengui-ho com una oportunitat de provar alguna postura nova (o moltes). Però prengui's un temps per adaptar-se a cada nova postura que intentin. Fins i tot es pot intentar "nedar en sec": o sigui, provar una nova postura sense treure's la roba, de manera que quan la posin realment a la pràctica, ja tinguin una mica de rodatge (i els surti millor). Pot trobar algunes idees al requadre de la pàgina contigua.

- Tingui unes expectatives realistes. El sexe durant l'embaràs planteja molts reptes nous, així que tampoc cal que s'excedeixi en les seves expectatives. Encara que algunes dones arriben a l'orgasme per primera vegada durant l'embaràs, a altres els costa més que mai arribar al clímax. El seu objectiu no ha de ser sempre arribar a l'orgasme simultani. Recordi que, a vegades, estar a prop l'un de l'altre és la millor part de totes, i la més satisfactòria.

- No s'oblidi dels altres aspectes de la relació sexual (la comunicació, volem dir). La comunicació és la base de qualsevol relació i encara més si la relació ha d'afrontar nous canvis vitals. Parli obertament amb el seu marit de qualsevol problema que els sorgeixi com a parella en comptes d'intentar resoldre els problemes conjugals al llit. Si hi ha algun problema que els resulta impossible de resoldre pel seu compte, busquin l'ajuda d'un professional. No hi podria haver un millor moment per resoldre els problemes els dos plegats que ara que estan a punt de passar de ser dos a ser tres.

Bo, dolent o regular, recordi també que, durant l'embaràs, cada parella viu el sexe de manera diferent, tant des del punt de vista físic com des del punt de vista emocional. I, per damunt de tot (tant si vostè es col·loca damunt, davall o al costat), recordi que: com passa gairebé sempre en els temes de l'embaràs, el "normal" serà el que sigui normal per a vostè i la seva parella. Així que gaudeixi del sexe, i de la seva parella, tant com pugui –i oblidi's de la resta.

CAPÍTOL 11

El sisè mes

Setmanes 23 a 27 aproximadament

ARA JA NO HI HA CAP DUBTE SOBRE els moviments que nota al ventre: es tracta del seu nadó i no de gasos. Els bracets i les cames del seu fill comencen a fer més d'un cop i aquests exercicis de gimnàstica –juntament amb els seus atacs de singlot– ja seran més perceptibles, i pot ser que fins i tot arribin a entretenir la gent que l'envolti. Aquest és el darrer mes del segon trimestre de gestació, de manera que gairebé ja té fetes dues terceres parts del camí. De tota manera, encara li falta molt camí per recórrer i molt pes per augmentar –a vostè i al nadó, que ara encara fa un pes relativament lleuger comparat amb el que haurà de carregar d'aquí a un o dos mesos. Aprofiti ara –mentre encara es pugui veure els peus (tot i que ja no se'ls pugui tocar)– per fer una mica d'activitat física.

El seu nadó aquest mes

Setmana 23 Una finestra oberta a l'interior del seu úter revelaria que la pell del seu nadó està una mica flàccida, penjant àmpliament per damunt del seu cosset. Això s'explica pel fet que la pell es desenvolupa més de pressa que no pas el greix i, per tant, encara no hi ha prou greix com per omplir tota la pell. Però no es preocupi –el greix també està a punt de fer acte de presència. A partir d'aquesta setmana, el seu nadó (que ara fa uns 20 cm i pesa gairebé mig quilo) començarà a acumular pes (la qual cosa significa que vostè també n'acumularà). En efecte, cap a finals d'aquest mes, el seu fill (vostè afortunadament no) doblarà el seu pes actual. A mesura que el seu nadó acumuli dipòsits de greix, la seva pell serà menys transparent. De moment, els òrgans i els ossos encara li claregen a través de la pell, que té un to rogenc degut a les venes i les artèries sanguínies en desenvolupament just a sota la seva primera capa. Però cap al vuitè mes, el seu fill ja no clarejarà!

Setmana 24 Amb un pes de tres quarts de quilo i una llargada de 22,5 centímetres, el seu nadó ja ha superat les comparacions amb fruites de referència i ara fa la llargada d'un sobre estàndard (però, amb el seu pes, no en tindria prou amb un segell ordinari per enviar-lo!). L'augment de pes setmanal del seu nadó és ara de 180 grams –no tant com en el cas de la mare, però s'hi atansa força. La major part d'aquest pes prové de l'acumulació de greix corporal, així com dels òrgans, ossos i músculs en creixement. A hores d'ara, la carona del seu nadó ja està gairebé completament formada, i és absolutament adorable –amb celles i pestanyes, i fins i tot amb una bona mata de cabell al cap. Té un fill ros, morè o pèl-roig? Encara no se sap. De fet, de moment, el seu cabell és totalment blanc, ja que encara no té el pigment capil·lar.

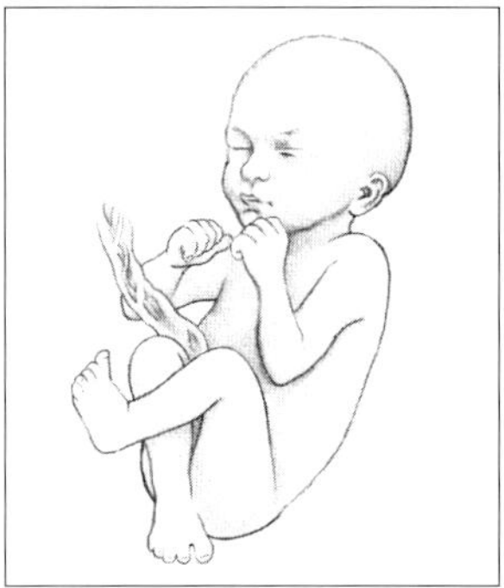

El seu nadó. Sisè mes.

Setmana 25 El nadó creix a cops i batzegades (i a centímetres i a grams), i aquesta setmana arribarà a una llargada de 22,5 cm i a un pes de més de tres quarts de quilo. I, en els propers dies, li esperen altres emocionants desenvolupaments. Sota la pell se li formen capil·lars que se li ompliran de sang. A finals d'aquesta setmana als pulmons del seu nadó també hi apareixeran bosses d'aire travessades per capil·lars, preparant-se així per inspirar les primeres alenades d'aire fresc. De tota manera, aquests pulmons encara no estan prou preparats com per respirar per si sols –i encara hauran de madurar molt més abans d'estar-ne. Encara que ja comencen a desenvolupar el surfactant, una substància que ajudarà a expandir els pulmons del seu nadó després de néixer, aquests òrgans encara no estan prou desenvolupats com per enviar oxigen al torrent circulatori i per alliberar diòxid de carboni de la sang (en poques paraules, no estan prou madurs per respirar). I, parlant de respirar, els forats del nas del seu nadó, que fins ara havien estat tapats, es començaran a obrir aquesta setmana. Això permetrà al seu fill començar a practicar la "respiració". A més, les cordes vocals del seu fill ja funcionen, provocant que ocasionalment tingui el singlot.

Setmana 26 La propera vegada que vagi a la carnisseria, demani un quilo de carn per rostir. I no per sopar, sinó per fer-se una idea de com és de gran el seu nadó aquesta setmana. Les mides són les següents: ara pesa ben bé un quilo i mesura més de 23 cm de llarg. Un altre desenvolupament crucial per a aquesta setmana: el seu nadó comença a obrir els ulls. Durant tots aquests mesos, ha tingut les parpelles enganxades (per tal que es pogués desenvolupar la retina, la part de l'ull que permet focalitzar les imatges). La part acolorida de l'ull (l'iris) encara no té gaire pigmentació, de manera que és massa aviat per poder predir el color dels ulls del nadó. Tot i això, el seu nadó ja hi pot veure –encara que no hi hagi massa per veure dins de l'úter. Però amb l'agudització de la vista i l'oïda del seu nadó, és possible que vostè noti un increment de l'activitat fetal quan el seu nadó estigui exposat a una llum intensa o a sorolls molt forts. Efectivament, si algú emet un soroll amb vibracions intenses prop del seu ventre, el seu nadó hi reaccionarà parpellejant i parant l'orella.

Setmana 27 Aquesta setmana, el seu nadó ja es pot mesurar amb altres paràmetres. Ja no mesurarem més la llargada de la coroneta a la regió sacra, sinó la llargada completa de cap a peus. I aquesta setmana la seva mida de cap a peus és de 37,5 cm (més llarg que el peu d'un adult!). El pes del seu nadó també comença a trencar motlles i aquesta setmana ja supera el quilo. I es dóna una interessant singularitat fetal: el seu nadó té més papil·les gustatives ara que les que tindrà en néixer (i més endavant). Això significa que el seu nadó no només és capaç de tastar els diferents gustos del líquid amniòtic quan vostè ingereix diferents aliments, sinó que a més també hi reacciona diferentment. Així, per exemple, a alguns nadons els agafa el singlot quan la seva mare menja alguna cosa picant; o es posen a fer cops de peu quan ingereix algun aliment de sabor molt intens.

Què pot sentir

Com sempre, cal recordar que cada dona i cada embaràs són diferents. Vostè pot experimentar tots els següents símptomes en un moment o altre, o només experimentar-ne uns quants. Alguns es poden mantenir del mes anterior i altres poden ser nous. També n'hi ha d'altres que potser ara gairebé ni nota perquè ja s'hi ha acostumat. És possible que també tingui altres símptomes. Heus ací el que podria experimentar aquest mes:

Físicament

- Activitat fetal més evident.
- Fluix vaginal constant.
- Dolors a la part baixa de l'abdomen i als costats (a causa de la distensió dels lligaments que aguanten l'úter).
- Restrenyiment.
- Acidesa d'estómac, indigestió, flatulència i inflor.
- Mals de cap, mareigs o desmais ocasionals.
- Congestió nasal i hemorràgies nasals ocasionals; sensació d'orelles tapades.
- Genives sensibles que poden sagnar en raspallar-se.
- Gana accentuada.
- Rampes a les cames.
- Inflor suau als turmells i als peus, i ocasionalment a les mans i la cara.

Un cop d'ull a l'interior

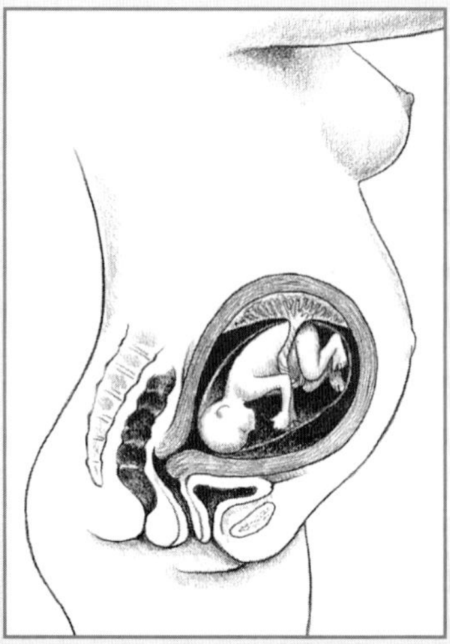

En començar aquest mes, el seu úter estarà situat uns 4 cm per sobre del melic; a les acaballes del mes, ja haurà arribat uns 2,5 cm més amunt, de manera que el podrà sentir uns 6,5 cm més amunt del melic. La seva matriu ja té la mida d'una pilota de bàsquet, i és possible que també sembli que vostè porti realment amagada una pilota sota la roba.

- Venes varicoses a les cames i/o hemorroides.
- Picor a l'abdomen.
- Melic amb protrusió.
- Mal d'esquena.
- Canvis en la pigmentació de la pell a l'abdomen i/o a la cara.
- Estries.
- Augment de la mida dels pits.

Emocionalment

- Menys canvis d'humor.
- Distraccions contínues.
- Una mica d'avorriment pel que fa a l'embaràs ("no hi ha ningú que pugui pensar en alguna altra cosa?").
- Una certa ansietat i molta emoció davant del futur.

Què es pot esperar de la revisió d'aquest mes

El reconeixement d'aquest mes sol ser similar als anteriors. Encara que hi pot haver variacions, depenent de les seves necessitats particulars i dels protocols mèdics del seu facultatiu, en finalitzar el segon trimestre de gestació pot esperar que el seu ginecòleg li comprovi els següents punts:

- Pes i pressió sanguínia.
- Orina, per detectar-hi sucre i albúmina.
- Batec cardíac fetal.
- Altura del fundus (la part superior de l'úter).
- Mida de l'úter i posició fetal, per palpació externa (des de fora).
- Detecció d'inflor a les mans i els peus, i de venes varicoses a les cames.
- Exposició dels símptomes que vostè tingui, sobretot dels menys usuals.
- Resolució dels dubtes i problemes que vulgui aclarir –porti preparada una llista.

Què la pot amoïnar

Problemes per dormir

"No havia tingut mai tants problemes per dormir com ara. Sembla que de nit no sigui capaç de relaxar-me."

Entre les corregudes nocturnes al lavabo, el cap que no para de barrinar, les rampes a les cames, l'ardor d'estómac, un metabolisme exaltat que li fa venir acaloraments, i la impossibilitat de posar-se còmoda amb aquesta mena de pilota de bàsquet al ventre, no és d'estranyar que de nit no pugui reposar bé. I encara que l'insomni sigui, de fet, un bon entrenament per a les nits en blanc que passarà tan bon punt sigui mare, això no significa que no hi hagi de posar remei. Apliqui els següents consells.

- Faci prou exercici. Un cos que treballa al llarg de tot el dia tindrà més son en arribar la nit. Però eviti fer esport poc abans d'anar a dormir, ja que la podria desvetllar massa, impedint-li d'agafar bé el son.

- Deixi la ment en blanc. Si ha estat perdent hores de son per culpa de problemes domèstics o laborals, desfogui's amb el marit o amb alguna amiga al vespre en comptes d'emportar-se les preocupacions al llit. Si no en pot parlar amb ningú, desfogui's escrivint els problemes en algun paper. Exterioritzar les preocupacions per escrit pot ser terapèutic i, a més, la pot ajudar a trobar-hi solucions. A mesura que s'atansi l'hora d'anar a dormir, deixi de banda les preocupacions, alliberi la ment de problemes i intenti pensar només en coses agradables.

- Sopi tranquil·lament. En comptes de cruspir-se el sopar amb quatre mossegades (i encara que estigui famèlica), intenti gaudir de l'hora de sopar. Si menja a poc a poc i sense pressa no tindrà tanta ardor d'estómac i, en apagar el llum de l'habitació, no s'haurà de remenar tantes vegades per dins del llit abans d'agafar el son. I no sopi just abans d'anar al llit, ja que amb l'estómac ple tindrà més problemes per dormir.

- Mengi alguna cosa abans de posar-se al llit. Estar massa tipa abans d'anar a dormir no és aconsellable, però passar gana tampoc. Per evitar que se li desperti el cuquet de la gana a mitja nit, acostumi's a picar alguna cosa abans d'anar a dormir. El remei típic per dormir bé –un got de llet calenta– pot ser-li molt eficaç, i fins i tot li pot evocar les seves nits d'infantesa dormint abraçada al seu osset de peluix. Obtindrà el mateix efecte soporífer si combina alguna proteïna lleugera amb hidrats de carboni complexos, com ara fruita amb formatge o amb iogurt amb panses, o una magdalena integral sucada a la llet.

- Limiti la ingesta de líquids. Si els viatges al lavabo cada dos per tres li causen problemes per dormir, limiti la ingesta de líquids a partir de les sis de la tarda (però asseguri's d'haver-ne begut prou abans d'aquesta hora). Si té set, begui una mica, però no es begui mig litre d'aigua just abans d'anar a dormir.

- Eviti substàncies excitants. No es prengui cafeïna a la tarda ni al vespre (ja que els seus efectes poden durar fins a sis hores). I no es prengui tampoc sucre (i encara menys combinat amb cafeïna, com en la xocolata), ja que li generaria un impuls energètic quan menys el voldrà i li alteraria els nivells de sucre a la sang durant la nit.

- Segueixi una rutina per anar a dormir. Aquesta tècnica no serveix només per a criatures. Una repetició relaxant d'uns bons rituals per anar a dormir també pot ajudar els adults a tenir un son reparador. És tan fàcil com, després de sopar, dur a terme activitats que la relaxin i fer-ho en un ordre predictible. Algunes opcions recomanables que podria considerar afegir a la seva rutina són: llegir (però res que la pugui atabalar), mirar la televisió (evitant programes emocionalment punyents o amb escenes de violència), escoltar música relaxant, fer una mica d'estiraments, prendre un bany d'aigua tèbia, fer-se fregues a l'esquena o fer l'amor.

- Posi's còmoda. Durant l'embaràs no hi ha res com tenir força coixins al llit. Col·loqui-se'ls de manera que li recolzin bé les parts del cos que més li convingui. Com més aviat aprengui a dormir còmodament de costat, més fàcil li resultarà continuar-ho fent un cop l'embaràs estigui més avançat. Asseguri's també de tenir un matalàs ben còmode i que a l'habitació no hi faci ni massa fred ni massa calor.

- Prengui una mica d'aire. Un ambient sufocant no és bo per a dormir, sobretot quan s'ha de passar calor per dos. Així que obri alguna finestra tant si a fora fa fred com si fa calor (a l'estiu, un ventilador o l'aire condicionat també poden ajudar a fer circular l'aire). I no es tapi el cap amb els llençols, ja que si ho fes respiraria menys oxigen i més diòxid de carboni, i li acabaria agafant mal de cap.
- No s'automediqui. Encara que hi ha somnífers segurs per a usar esporàdicament durant l'embaràs, no se'n prengui cap (ni fàrmacs convencionals ni a base d'herbes) a no ser que els hi prescrigui el seu metge. Si el seu ginecòleg li ha recomanat prendre algun suplement de magnesi (o de calci i magnesi) per combatre el restrenyiment o les rampes a les cames, val la pena que se'l prengui abans d'anar a dormir perquè el magnesi té poders relaxants naturals.
- "Olori" la manera d'adormir-se. Un coixí amb aromes de lavanda col·locat al llit a l'hora d'anar a dormir o un saquet de lavanda seca ficat sota el coixí la pot ajudar a relaxar i a agafar el son més de pressa.
- Reservi el llit per dormir (o per fer l'amor). No dugui a terme dins del llit activitats que vostè associï amb estar desperta i estressada (com respondre el correu electrònic o fer trucades de feina). Ocupi's dels negocis en altres racons de la casa i reservi l'habitació per als usos més tradicionals.
- No vagi al llit fins que estigui cansada. Anar-se'n al llit sense tenir son és la millor recepta per passar-se la nit en blanc. Encara que sembli paradoxal, anar a dormir més tard la pot ajudar a dormir millor. Però tampoc esperi fins que estigui massa cansada com per poder agafar el son.
- No estigui pendent del rellotge. Valori si ja ha dormit prou per com es troba i no per la quantitat d'hores que s'ha estat al llit. Tingui en compte que moltes persones que creuen que tenen problemes per dormir, de fet dormen més del que es pensen –i fins i tot més del que necessiten. Sabrà que ja dorm prou si no se sent permanentment cansada (a banda del cansament normal de l'embaràs). I, parlant de rellotges, si veure com van passant les hores al rellotge de la tauleta de nit la neguiteja encara més, giri'l de costat per tal de no veure-ho.

Guardi els seus records

Quan es tenen criatures, el temps passa volant. Abans que el temps se li esmunyi, preservi l'embaràs per a la posteritat preparant-se una càpsula del temps. D'aquí a uns anys, al seu nadó (que mai més tornarà a ser un nadó) li agradarà veure com eren les coses abans que ell entrés en escena. Només cal que agafi una capsa i hi posi fotografies seves (embarassada, és clar), del seu marit, dels seus animals de companyia, del seu cotxe i de la seva casa. Afegeixi-hi alguna ecografia, una carta de menús del seu restaurant preferit, un diari i una revista actual –i qualsevol altre record que li agradaria conservar. No cal que enterri aquesta càpsula del temps: n'hi ha prou de tancar-la i de guardar-la fins que el seu fill sigui prou gran per apreciar-la (i no se l'oblidi si més endavant es canvien de casa!).

- No comenci a fer voltes al llit. Si no té son –i ja està tipa de comptar ovelletes–, aixequi's i faci alguna activitat relaxant (llegir, mirar la televisió) fins que li agafi son.
- Que no dormir no li faci perdre el son. Atabalar-se per no poder dormir no farà sinó agreujar encara més el seu problema. En efecte, a vegades deixar-se de preguntar "per què no em puc adormir?" és la millor fórmula per entrar al país dels somnis.

Melic amb protrusió

"Jo tenia un melic perfectament ficat cap endins, però ara sempre apunta cap enfora. Em quedarà així després del part?"

Li està sortint el melic? Se li nota una protuberància per sota de la roba? Sembla com si el seu melic tingués vida pròpia? No es preocupi: no hi ha res d'estrany en què els melics sobresurtin durant l'embaràs. Gairebé tots els melics ho fan. A mesura que l'úter en creixement empeny el ventre matern, fins i tot el melic més amagat surt cap enfora com un cigró (a moltes dones ja el sobresurt cap a la meitat de l'embaràs). Pocs mesos després del part, és molt probable que el melic torni a la seva posició inicial, encara que –degut a l'estirament que ha patit– segurament li quedarà més flàccid i menys tens que abans de l'embaràs. Mentrestant, miri la part positiva de tenir un melic amb protrusió: tindrà l'oportunitat de netejar tota la brutícia que hi tenia acumulada des de la més tendra infància. Si troba que aquest melic enfora no s'adiu amb els seus aires de modernitat, intenti dissimular-lo (pot tapar-lo amb una tireta normal, sempre que no l'irriti, o amb una tireta especialment dissenyada per al melic). De tota manera, recordi que aquest melic no és més que una altra condecoració d'honor que vostè ha de lluir amb orgull.

Moviments del nadó

"Hi ha dies en què la criatura no para de fer cops de peu, mentre que altres sembla estar molt tranquil·leta. És normal?"

Els fetus són com la resta dels humans. Com vostè, tenen dies "animats", en què els ve de gust fer cops de taló (i cops de colze, i de genoll...), i dies més "apagats", en què tenen ganes d'estar ajaguts i de prendre-s'ho tot amb calma. I, moltes vegades, el seu nivell d'activitat té a veure amb el que vostè mateixa faci. Com els nadons de fora de l'úter, els fetus es bressolen amb el moviment; de manera que si vostè es passa el dia amunt i avall, és probable que el seu nadó es relaxi amb el ritme de la seva rutina i possiblement vostè no notarà tants moviments –en part perquè la criatura està calmada i en part perquè vostè està massa atrafegada com per parar-hi atenció. Tan bon punt vostè es calmi o es relaxi, el nadó començarà a entrar en acció (un patró de comportament que, per desgràcia, els nadons tendeixen a mantenir després de néixer). Això explica perquè és més probable que vostè noti moviments fetals mentre dorm (a la nit) o quan reposa (durant el dia). L'activitat fetal també pot incrementar just després que vostè mengi alguna cosa, potser com a reacció a la injecció de sucre a la seva sang. També pot percebre un augment de l'activitat fetal quan està neguitosa o intranquil·la –quan ha de parlar en públic, per exemple–, possiblement perquè el nadó s'estimula amb el seu alliberament d'adrenalina.

De fet, els nadons estan més actius entre les setmanes 24 i 28, quan tenen prou espai per ballar, saltar, colpejar i fer classes senceres d'aeròbic dins de la seva àmplia llar uterina. Però els seus moviments són erràtics i normalment breus, de manera que la mare no sempre els nota, tot i que siguin visibles a través d'ecografia. L'activitat fetal sol ser més organitzada i consistent, amb períodes més clarament definits de repòs i d'activitat, entre les setmanes 28 i 32. Si té una placenta anterior, sentirà aquests moviments fetals més tard i menys clarament (vegi la pàgina 272).

No tingui la temptació de comparar els moviments fetals que nota amb els que notin altres dones embarassades. Cada fetus –de la mateixa manera que cada nounat– té un patró propi d'activitat i de desenvolupament. Alguns semblen sempre actius; altres són més aviat tranquil·lets. Alguns fetus tenen un patró d'activitat tan regular que les seves mares ja saben a l'avançada quan es mouran, mentre que en altres no es percep cap patró clar. Mentre no hi hagi una disminució radical o una absència total d'activitat, qualsevol variació en els moviments fetals entra dins de la normalitat.

Estar pendent dels moviments de la criatura no és necessari fins a la setmana 28 de gestació (vegi la pàgina 318).

"De vegades, em fa cops de peu tan forts que em fa mal i tot."

A mesura que la criatura madura dins de l'úter, es torna més i més forta, i el que abans semblava un aleteig de papallona es converteix en cops força intensos. Així que no se sorprengui si li etziba un cop de peu a les costelles, a l'abdomen o al coll de l'úter i ho fa amb tanta força que li fa mal. Quan trobi que l'atac fetal és especialment intens, defensi's canviant de posició. És possible que, d'aquesta manera, desequilibri el seu petit agressor i així freni temporalment l'atac.

"Tinc la sensació que em colpeja per tot arreu. Podria ser que esperés bessonada?"

En algun moment de l'embaràs, tota futura mare arriba a pensar que està esperant bessons o que dins del ventre hi té una mena de centpeus gegant. Fins al moment en què el fetus adquireixi una mida prou gran com perquè els moviments es vegin limitats per l'espai de l'úter (normalment cap a la setmana 34), el seu nadó és capaç de realitzar nombroses acrobàcies. Així que encara que a vegades noti com si la colpegessin a la panxa amb una dotzena de punys, el més probable és que només n'hi hagi un parell –que s'han de sumar al parell de genolls, de colzes i de peus. (Si tingués algun altre passatger a bord, ja li haurien notificat en alguna de les ecografies anteriors.)

Pruïja a l'abdomen

"El ventre em pica constantment; aquestes picors em faran tornar boja."

Benvinguda al club. Les panxes d'embarassada solen tenir picors, i les picors poden augmentar a mesura que avança l'embaràs. Això s'explica perquè el seu ventre creix, la pell s'estira ràpidament i va perdent hidratació –fet que provoca unes molestes picors. Intenti no gratar-se el ventre perquè les picors encara s'agreujarien i s'acabaria irritant la pell. Les cremes hidratants li poden calmar una mica la picor; apliqui's alguna crema hidratant suau abundantment i amb freqüència. També li pot anar bé alguna loció antipicors (per exemple de calamina) o dutxar-se amb sabó d'avena. De tota manera, si té picor generalitzada que no estigui relacionada amb la pell seca o sensible, o si li surt borradura a l'abdomen, és millor que ho comenti al ginecòleg.

Malaptesa

"Últimament, em cau tot de les mans. Per què de sobte m'he tornat tan maldestra?"

De la mateixa manera que els centímetres de més a la cintura, la falta d'habilitat a les mans i als peus també és part intrínseca de l'embaràs. Aquesta malaptesa provocada per l'embaràs és ben evident per a vostè i també per als que l'envolten, que no trigaran gaire a adonar-se'n. La seva causa és la relaxació de les articulacions i els lligaments i la retenció de líquids, que poden provocar que la dona agafi els objectes amb menys fermesa i seguretat. Altres factors inclouen una falta de concentració deguda a la distracció constant de la dona embarassada (vegi la pàgina 238) o la falta d'habilitat causada per la síndrome del túnel carpià (vegi la pregunta més endavant). I segurament tampoc l'ajudarà gaire un ventre en creixement que alterarà el seu centre de gravetat, descompensant-li l'equilibri corporal. Aquesta manca d'equilibri –conscient o no– li resultarà més evident quan intentarà pujar una filera d'escales, caminar sobre una superfície lliscant (cosa que, d'altra banda, no hauria de fer en el seu estat) o carregar pesos (que tampoc hauria de fer). Quan la panxa li privi de veure's els peus (si encara no l'hi priva, aviat ho farà), també li serà més fàcil ensopegar a tot arreu –amb els esglaons o amb les sabatilles que el seu marit ha deixat davant de la porta del lavabo. A més, la fatiga pròpia de l'embaràs la pot deixar fora de joc (o amb uns peus fora de control), fent que ensopegui i caigui amb més facilitat.

Moltes conseqüències de la malaptesa de l'embaràs poden acabar cansant. Així, haver de recollir les claus del cotxe cinquanta vegades de terra li provocarà dolor a les cervicals (i, si no s'ajup doblegant els genolls, també mal d'esquena). Les caigudes, però, ja poden ser més greus, de manera que la precaució ha de ser la seva aliada constant mentre estigui en estat.

Si darrerament se sent com un pop en una ferreteria, haurà de fer algunes modificacions a la seva vida diària. Definitivament, no entri en llocs plens d'andròmines (i tampoc tingui la casa plena d'andròmines). Guardi la seva cristalleria preferida al prestatge i demani que algú altre ompli i buidi el rentaplats, sobretot si hi renta la vaixella bona. També li funcionarà fer les coses més a poc a poc, caminar més atentament i amb més cura (sobretot si per terra hi ha gel o neu), anar amb compte a la banyera o la dutxa, no deixar-se objectes a les escales que la podrien fer ensopegar, no enfilar-se a les cadires (ni tan sols si necessita agafar alguna cosa que té guardada al prestatge del capdamunt) i evitar esforçar-se més del compte (com més cansada estigui, més maldestra es tornarà). I, el més important, reconegui les seves limitacions actuals i la seva manca de coordinació, i miri de prendre-s'ho amb humor.

Entumiment a les mans

"Moltes nits em desperto amb els dits de la mà dreta ben entumits. Té a veure amb l'embaràs?"

L'envaeix una sensació d'estremiment? El més probable és que no es degui a l'emoció per esperar una criatura, sinó més aviat a l'entumiment i el formigueig als dits de la mà i del peu que la majoria de dones experimenten durant l'embaràs, probablement com a resultat d'uns teixits inflats que pressionen els nervis. Si l'entumiment i el dolor es limiten al dit gros, a l'índex, al del mig i a la meitat del dit anular, probablement pateix la síndrome del túnel carpià (STC). Encara que aquesta afecció és més habitual en persones que realitzen tasques que requereixen moviments repetitius de la mà (com ara tocar el piano o teclejar a l'ordinador), també és molt habitual en dones embarassades –fins i tot en les que no fan moviments repetitius de la mà. Això es deu al fet que, durant l'embaràs, el túnel carpià del canell –a través del qual passa el nervi dels dits afectats– s'infla (tal com passa amb la major part dels teixits corporals) i la pressió resultant causa entumiment, formigueig, coïssor i/o dolor. Aquests símptomes també poden afectar la mà i el canell, i fins i tot podrien irradiar cap al braç.

Encara que el dolor derivat de la síndrome del túnel carpià pot aparèixer en qualsevol moment del dia, el més probable és que s'agreugi cap al vespre. La raó és que els fluids que acumula a les extremitats inferiors durant el dia es redistribueixen cap a la resta del cos (incloses les mans) quan està ajaguda al llit. Procuri no dormir amb les mans sota el cos, per no empitjorar el problema, i intenti mantenir-les elevades en un coixí a part mentre dormi. Quan se li adormi la mà, li pot anar bé moure-la una mica. Si no n'hi ha prou i l'entumiment li priva de dormir, comenti el problema al seu ginecòleg. Portar canellera sol anar bé. L'acupuntura també pot alleujar el dolor.

Els fàrmacs antiinflamatoris no esteroides i els esteroides que se solen prescriure per a la STC no són recomanables durant l'embaràs. En qualsevol cas, consulti-ho al seu metge. Per sort, quan la inflor pròpia de l'embaràs s'alleuja després del part, els símptomes de la síndrome del túnel carpià també se solen alleujar.

Si creu que la STC podria estar relacionada amb els seus hàbits laborals (o amb l'ús de l'ordinador a casa), i no només amb l'embaràs, vegi la pàgina 212.

Rampes a les cames

"Tinc tantes rampes a les cames que no em deixen ni dormir."

Entre les preocupacions i una panxa cada vegada més voluminosa, el més probable és que ja tingui prou dificultats per descansar de nit com perquè, a més, hagi d'aguantar rampes a les cames. Per desgràcia, aquests dolorosos espasmes que se solen produir de nit són molt comuns entre les dones en estat, sobretot al segon i al tercer trimestres de gestació.

Estiraments per a prevenir les rampes a les cames

Quan sembla que alguna cosa no va prou bé

Potser és una fiblada a l'abdomen que sembla més aviat una rampa sense importància, o un canvi sobtat en l'aspecte del fluix vaginal, o un dolor a la part baixa de l'esquena o al sòl pelvià, o bé potser és alguna molèstia tan indefinida que no sap ben bé què és el que li fa mal. El més probable és que tot sigui conseqüència de l'embaràs, però per estar més tranquil·la comprovi a la pàgina 152 en quins casos caldria trucar al ginecòleg. Fins i tot si no troba els seus símptomes a la llista, probablement seria una bona idea trucar-li. Informar de símptomes inusuals pot ajudar a identificar signes precoços de part prematur o d'altres complicacions gestacionals. Recordi: vostè coneix el seu cos millor que ningú; per tant, escolti'l quan li intenti dir alguna cosa.

No se sap del cert què provoca les rampes a les cames. Diverses teories culpen la fatiga d'haver de carregar el pes extra de l'embaràs, la compressió dels vasos sanguinis a les cames i possiblement la dieta (un excés de fòsfor i una manca de calci o de magnesi). També en podria donar la culpa a les hormones, ja que sembla que causen la majoria de dolors i molèsties de l'embaràs.

Sigui quina en sigui la causa, hi ha diverses maneres de prevenir i d'alleujar aquestes rampes:

- Quan li vingui una rampa, estiri la cama i flexioni lentament el turmell, amb els dits del peu en direcció cap al nas i el taló enfora (no es posi mai de puntetes). Això li hauria d'alleujar el dolor al cap de poca estona. Aquest exercici, repetit unes quantes vegades amb cada cama abans d'anar a dormir, fins i tot pot ajudar-la a evitar l'aparició de rampes.
- Els exercicis d'estirament també poden ajudar a prevenir les rampes. Abans d'anar a dormir, posi's dreta a uns 60 o 70 cm de la paret i recolzi-s'hi amb les dues mans. Inclini's cap endavant mantenint els talons recolzats damunt del terra. Mantingui l'estirament uns 10 segons i després relaxi's durant 5 segons. Repeteixi l'exercici tres vegades. (Vegi la il·lustració de la pàgina anterior.)
- Per reduir la càrrega diària a les seves cames, elevi una mica els peus sempre que pugui, alterni estones d'activitat amb estones de descans i porti mitges especials durant el dia. Flexioni els peus periòdicament.
- Provi de posar-se dempeus sobre una superfície freda, ja que a vegades això pot ajudar a calmar la rampa.
- També pot fer-se un massatge local o aplicar-se calor a la zona adolorida, però deixi de fer-ho si veu que la situació no millora ràpidament.
- Asseguri's de beure força líquids –com a mínim, vuit vasos al dia.
- Mengi una dieta equilibrada, que inclogui força calci i magnesi.

De fet, les rampes molt fortes poden causar un adoloriment muscular que es prolongui durant diversos dies. No cal que es preocupi. Però si el dolor és intens i persisteix, contacti amb el seu ginecòleg perquè hi ha una petita possibilitat que se li formi un coàgul sanguini en alguna vena, i aleshores caldria un tractament mèdic (vegi la pàgina 610).

Hemorroides

"M'esgarrifa pensar que em poden sortir hemorroides –he sentit que són força freqüents durant l'embaràs. Puc fer alguna cosa per prevenir-les?"

És una molèstia força dolorosa, però més de la meitat de les embarassades tenen hemorroides. Durant aquests mesos, les venes del recte són tan susceptibles de desenvolupar varices com les venes de les cames. La pressió de l'úter en desenvolupament, així com un increment de la circulació sanguínia a la zona pelviana, pot provocar que les venes de la paret rectal s'inflin, es tornin voluminoses i causin picors.

El restrenyiment pot agreujar, o fins i tot causar, les hemorroides (popularment anomenades morenes), de manera que la millor prevenció comença per evitar el restrenyiment (vegi la pàgina 191). Practicar els exercicis de Kegel (vegi la pàgina 324) també pot prevenir les hemorroides millorant la circulació de la zona, i també les pot prevenir dormir de costat, en comptes de fer-ho de panxa enlaire. Altres recomanacions són: evitar estar-se dreta o asseguda moltes hores seguides; i tampoc estar-se massa hores asseguda al lavabo (mantingui aquest llibre i altres materials de lectura fora del bany per no tenir la temptació d'asseure's al vàter a llegir). Asseure's al vàter amb els peus damunt d'un tamboret sol fer més fàcil anar de ventre.

Per calmar les molèsties de les hemorroides, apliqui-s'hi compreses o bosses de gel. Un bany d'aigua tèbia a la zona també pot reduir el malestar. Si quan s'asseu li fan mal, faci servir un coixí especial (en forma de rosquilla) per alleujar la pressió a la zona. Consulti-ho al ginecòleg abans de recórrer a qualsevol medicació, tòpica o de qualsevol altre tipus. Però oblidi's dels remeis de l'àvia –com prendre una cullereta d'oli mineral, ja que amb la seva ingesta podria eliminar nutrients importants.

A vegades, les hemorroides poden sagnar, especialment quan s'evacua (ja que fent-ho s'acceleren els moviments intestinals), encara que aquest sagnat també pot estar provocat per les fissures anals (que apareixen per la tibantor provocada pel restrenyiment). El sagnat rectal hauria d'estar sempre controlat pel seu metge, encara que el més probable és que sigui conseqüència de les hemorroides o les fissures. Les hemorroides no són perilloses (són molestes i prou) i normalment desapareixen després del part –encara que també poden aparèixer en el postpart per culpa d'haver d'empènyer molta estona durant el part.

Pèrdues a mitjans o a finals de l'embaràs

En qualsevol moment de l'embaràs és normal que es preocupi si es troba les calces tacades de color rosat o vermellós, però tenir un lleu sagnat o una mica de pèrdues al segon o al tercer trimestres no sol ser motiu real de preocupació. Sol ser causa de petites contusions (arran d'una exploració interna o d'una relació sexual), a una cèrvix cada cop més sensible, o també pot ser provocada simplement per causes desconegudes i innòcues.

De tota manera, comenti al seu ginecòleg qualsevol sagnat o pèrdua, per si fos indici d'alguna altra conseqüència més greu. Si sagna molt o les pèrdues van acompanyades de dolor o molèsties, truqui immediatament al metge. Li farà una ecografia per determinar si hi ha algun problema.

Obstrucció dels conductes de la llet

"Estic amoïnada per una petita i dolorosa protuberància que m'ha sortit al lateral d'un pit. Què pot ser?"

Malgrat que encara li falten uns quants mesos per alletar el seu nadó, tot sembla indicar que els seus pits ja estan començant a posar en marxa els engranatges. El resultat: un conducte de la llet (o galactòfor) que ha quedat obstruït. Aquests bonys vermellosos, dolorosos al tacte i durs que apareixen als pits són molt comuns fins i tot en aquesta fase tan primerenca de l'embaràs, i especialment en futures mares no primípares. Les compreses calentes (o deixar que l'aigua calenta de la dutxa vagi caient sobre el bony) i un massatge suau probablement desembossaran el conducte al cap d'uns quants dies, tal com passaria durant la lactància. Alguns experts també suggereixen que podria anar bé evitar els sostenidors amb cèrcols, tot i que asseguri's de fer-ne servir uns que li subjectin bé el pit.

Tingui en compte que l'autoexamen mensual dels pits no s'ha de deixar de realitzar durant l'embaràs. Encara que buscar petits bonys als pits és durant l'embaràs més enganyós que abans, a causa dels canvis que experimenten a les mames totes les dones en estat, és important continuar-ho fent. Si alguna protuberància la preocupa, mostri-la al metge en la seva pròxima visita.

El dolor del part

"Estic impacient per ser mare, però no tant per donar a llum. El que més em preocupa és el dolor del part."

Tot i que la majoria de futures mares esperen amb impaciència el naixement del seu fill, a molt poques els fa il·lusió haver de parir –i encara els fa menys il·lusió haver de suportar els dolors del part. I moltes fan com vostè i es passen gran part de l'embaràs tement aquest gran moment per l'obsessió a patir dolor. I no és estrany. Per a les dones que no han patit mai cap dolor intens (llevat d'una mica de mal de queixal, el temor pel dolor del part –que, al cap i a la fi, és un dolor no quantificable– és ben normal i natural.

Però val la pena de recordar el següent: el naixement és un procés normal de la vida, que les dones han estat experimentant des que hi ha dones. Encara que comporti dolor, es tracta d'un dolor amb una finalitat positiva (tot i que potser no li ho semblarà quan l'estigui patint): escurçar i obrir la seva cèrvix per acabar agafant el seu fill als braços. A més, és un dolor temporalment limitat. Encara que no s'ho cregui (sobretot quan estigui dilatada d'uns 5 cm), la fase de dilatació no dura eternament. A banda d'això, el dolor del part és un dolor que no haurà de passar sola i sense ajuda. En qualsevol cas, tindrà a l'abast medicacions analgèsiques, sempre que les vulgui o les necessiti.

Així que no cal que temi pel dolor del part (perquè té l'opció d'evitar-lo, almenys parcialment), però és important que hi arribi preparada –i que s'hi prepari d'una forma realista i racional, sent conscient de totes les opcions i possibilitats. Si es prepara ara (físicament i mentalment, ja que per afrontar el dolor intervenen tant el cos com la ment), li pot servir per reduir l'ansietat que sent ara i el nivell de molèsties que sentirà tan bon punt comencin les contraccions.

Informi's bé. Una de les raons per les quals les dones de generacions anteriors temien tant els dolors de part era perquè no entenien què passava als seus cossos. L'únic que sabien era que els feia mal. Avui en dia, un bon curs d'educació maternal pot reduir el temor (i, de retruc, el dolor) aportant informació, preparant les dones i els seus marits, pas per pas i fase per fase, de cara a la dilatació i el part. Si no pot assistir a classes de preparació al part o si simplement no en té ganes, llegeixi tant com pugui sobre els temes relacionats amb la dilatació i el part. Se sol témer més del compte al desconegut. I, per cert, anar a classes de preparació al part també és útil encara que vulgui que li apliquin l'epidural –o fins i tot si té programada una cesària.

Diagnòstic de la preeclàmpsia

El més probable és que li hagin parlat d'alguna dona (o que en conegui alguna personalment) que hagi desenvolupat preeclàmpsia (o hipertensió provocada per l'embaràs) mentre estava en estat. Però la veritat és que no és massa habitual, ja que –fins i tot en la seva forma més innòcua– només afecta entre un 3 i un 7 per cent dels embarassos. I, afortunadament, en dones que segueixen una cura prenatal regular, la preeclàmpsia es pot diagnosticar i tractar de forma precoç, prevenint així complicacions innecessàries. Tot i que les visites rutinàries en un embaràs sa puguin semblar una pèrdua de temps ("he de tornar a orinar al potet?"), els primers símptomes de la preeclàmpsia es poden detectar justament en aquestes visites.

Els símptomes precoços de la preeclàmpsia inclouen un augment sobtat de pes aparentment no relacionat amb un excés de menjar, inflor severa de les mans i la cara, mals de cap inexplicables, mal d'estómac o d'esòfag, picor generalitzada i/o problemes de visió. Si vostè experimenta qualsevol d'aquests símptomes, truqui al seu ginecòleg. En cas contrari, partint de la base que se sotmet a cures prenatals regulars, no hi ha cap raó per preocupar-se per la preeclàmpsia. Vegi les pàgines 572 i 595 per a més informació i per a consells sobre com tractar la pressió alta i la preeclàmpsia.

Mogui's. Mai es plantejaria córrer una marató sense un previ entrenament físic adequat; doncs tampoc s'hauria de plantejar donar a llum (que no deixa de ser un repte) sense entrenar-se abans. Practiqui a consciència els exercicis de respiració, de tonificació i d'estiraments que li recomani el seu metge o el seu monitor d'educació maternal, i tampoc s'oblidi dels exercicis de Kegel.

No ho passi sola. Si té a prop el seu marit per donar-li suport i agafar-li mà, una doula (vegi la pàgina 328) per fer-li massatge a l'esquena, o una amiga per eixugar-li el front –o si li agrada tant la companyia que els vol tots tres a prop– una mica de recolzament pot anar-li molt bé per apaivagar els seus temors. Encara que mentre dilati estarà més tensa que no pas amb ganes de xerrar, la reconfortarà saber que no ho ha de passar tota sola. I asseguri's que el seu acompanyant també està ben entrenat. Demani al seu marit que l'acompanyi a les classes de preparació al part o, si no pot, suggereixi-li que llegeixi l'apartat de dilatació i part, a partir de la pàgina 414, per tal que sàpiga què li espera –i com podrà ajudar-la.

Prepari un pla. Potser ja té clar que l'epidural està feta per a vostè. O potser espera tenir-ne prou practicant la respiració apropiada per suportar les contraccions –o també és possible que vulgui fer servir la hipnosi o qualsevol altra modalitat de medicina complementària i alternativa per afrontar el dolor. O potser prefereix esperar a prendre la decisió fins al mateix moment en què es posi de part i quan realment comprovi la quantitat de dolor a què s'ha d'enfrontar. Sigui com sigui, planifiqui-ho amb temps, però mantingui's oberta a totes les possibilitats (ja que els parts no sempre permeten seguir els plans previstos). Al final, haurà de fer el que sigui millor per a vostè i el seu nadó (fins i tot si això comporta acceptar analgèsics i per molt que vostè hagués volgut un part més "natural"). Recordi que per ser mare no cal que es converteixi en cap màrtir. En moltes ocasions, es pot obtenir la recompensa d'un fill sense haver de patir gaire. De fet, a vegades és absolutament necessari que la dona prengui algun analgèsic per poder col·laborar més eficaçment en el treball de part. Consulti la pàgina 331 per a més informació sobre com alleujar el dolor en la dilatació i el part.

Inhibició del part

"Tinc por de quedar en evidència durant el part."

Això li passa perquè encara no està de part. Segur que ara la idea de cridar, plorar, o buidar involuntàriament la bufeta o els budells li pot semblar una situació incòmoda –però durant el treball de part, la vergonya serà en l'última cosa en què pensarà. A més, res del que vostè pugui fer o dir mentre estigui de part podria sorprendre els especialistes que l'atendran, que ja han vist i sentit de tot abans que vostè donés a llum. Així que convé que quan arribi a l'hospital es deixi de manies i actuï amb naturalitat, de la manera que la faci sentir més còmoda. Si és una persona emotiva i extravertida, no cal que intenti autocontrolar-se per evitar gemegar o queixar-se –o fins i tot cridar eixordadorament. Però si, en canvi, és una persona tancada i estoica i prefereix lamentar-se en silenci agafant-se amb força al coixí, no hi ha cap necessitat de posar-se a cridar més fort que la partera de l'habitació del costat.

Mantenir l'autocontrol

"Tinc bastant clar què m'agradaria que passés quan hagi de donar a llum i m'horroritza la idea de perdre el control de la situació en ple treball de part."

Per a les persones que els agrada controlar tots els detalls de la seva vida, la idea de cedir el control del part al personal mèdic els pot resultar una mica angoixant. Evidentment, totes les dones en estat volen que els metges, les infermeres i les llevadores els tractin el millor possible, tant a elles com als seus fills. Tot i això, també voldrien mantenir una part del control de la situació; i el més probable és que ho puguin fer, sempre que es preparin a consciència per a la dilatació i el part amb classes preparatòries, informant-se sobre el procés del part i potenciant –o si encara no la hi tenen, creant– una relació oberta i productiva amb el seu metge. També es pot incrementar la sensació d'autocontrol fixant-se un programa per al part (vegi la pàgina 324), especificant-hi què li agradaria que passés i que no passés si el part es desenvolupa amb normalitat.

Però dit això, cal que comprengui que no sempre podrà controlar la situació durant el part, per molt preparada que hi arribi o independentment del tipus d'especialista que l'atengui. Els millors plans de les futures mares i dels seus metges poden topar amb un gran nombre d'imprevistos, i cal que també es preparin mentalment per a aquestes situacions. Així, per exemple, és possible que vulgui donar a llum sense cap medicació, però que una dilatació molt llarga i dolorosa l'hagi deixat completament exhausta i que a última hora necessiti ajuda farmacològica. O bé volia l'epidural, però la dilatació va tan de pressa que l'anestesista no pot arribar a temps. Saber en quin moment s'ha de renunciar a portar les regnes en benefici de la mare i de la criatura haurà de ser una part important de la preparació al part.

Visites a l'hospital

"Sempre he associat els hospitals amb les malalties i això m'angoixa. Com em puc acostumar a la idea que donaré a llum en un hospital?"

La planta de parts de l'hospital és de bon tros la més feliç de totes. A més, si vostè no sap què li espera, és possible que hi arribi no només amb contraccions sinó també amb molta aprehensió. És per aquesta raó que la gran majoria d'hospitals i centres de maternitat animen les parelles que esperen un fill a visitar-los per avançat. Pregunti per la possibilitat de fer una d'aquestes visites quan vagi a portar la seva documentació al centre. També hi pot anar a fer una ullada pel seu compte en hores de visita; encara que en aquest cas tindrà restringit l'accés a les zones de dilatació i part, almenys podrà veure les habitacions de parteres i fer un cop d'ull a la sala de nadons. A més de familiaritzar-se amb l'ambient on donarà a llum, també tindrà l'oportunitat de comprovar l'aspecte que tenen els nounats abans de tenir el seu als braços.

El més probable és que quedi gratament sorpresa pel que veurà durant la visita. Tot i que les instal·lacions varien d'un hospital a l'altre i d'un centre de maternitat a l'altre, com que cada vegada hi ha més competència en l'àmbit obstètric, la quantitat de serveis i comoditats és cada cop més impressionant –ja semblen més hotels que no pas hospitals. Les habitacions confortables per donar a llum ja no són l'excepció sinó la regla en la majoria d'hospitals (fins ara només eren habituals als centres de maternitat atesos per llevadores).

QUÈ CAL TENIR EN COMPTE

Classes de preparació al part

El compte enrere ha començat –i el nadó està a punt de trucar a la porta (ho farà d'aquí a pocs mesos). Evidentment, ja deu esperar amb impaciència l'arribada del seu petitó. Però espera amb la mateixa impaciència l'arribada del part? L'emoció per tenir un fill es veu alterada per la por (o fins i tot pel pànic) d'haver de donar a llum?

Doncs relaxi's. És normal estar una mica nerviosa pel part –o estar-ne molt, sobretot si espera el seu primer fill. Gairebé totes les futures mares ho estan. Però, per sort, hi ha una manera fantàstica de reduir els temors, calmar les preocupacions, sentir-se menys angoixada i més segura quan arribin les primeres contraccions: assistint a classes d'educació maternal.

Uns coneixements teòrics bàsics i una preparació intensa poden ajudar-la considerablement a estar més a gust en arribar a la sala de parts. Llegir força sobre el part pot donar-li, sens dubte, una idea del que li espera (i, de fet, pot començar llegint sobre el part a la pàgina 414 d'aquest mateix llibre), però un bon curs d'educació maternal pot ajudar-la a resoldre molts altres dubtes. Així que és hora de tornar a classe mama (i papa!).

Beneficis de les classes de preparació al part

Què poden trobar, vostè i la seva parella, en una classe de preparació al part? Dependrà, és clar, del tipus de curs, del monitor i de l'actitud de vostès dos (com ja passava a l'escola, en aquestes classes també els passarà que com més s'hi apliquin, més bons resultats n'obtindran). Però sigui com sigui, totes les parelles treuen algun profit d'assistir a aquestes classes. Alguns dels possibles beneficis de les classes de preparació al part són els següents:

- Una oportunitat per trobar-se amb altres parelles que també esperen un fill i per compartir experiències i consells de l'embaràs; per comparar progressos i exposar preocupacions; per parlar sobre les molèsties i els dolors experimentats; i per aprendre coses noves sobre la criança dels fills, l'alletament, els pediatres... Dit d'una altra manera, molta companyonia i molta empatia entre futures mares. També és una oportunitat per fer amistat amb altres parelles que, com vostès, aviat seran pares (un altre punt a favor si la seva colla habitual d'amics encara no s'ha animat a buscar criatures). Si mantenen el contacte amb els companys de classe, d'aquí a uns mesos ja comptaran amb un grup de pares per sortir, i amb un grup de criatures per jugar plegades. Moltes d'aquestes classes també mantenen "reunions" quan els fills ja han nascut.

- Una oportunitat pel pare d'implicar-se més. La majoria d'aspectes de l'embaràs estan relacionats amb la mare, i això pot donar al futur pare la sensació que en queda una mica al marge. Les classes de preparació al part estan adreçades als dos progenitors i ajuden el pare a sentir-se com un membre valorat de l'equip –fet encara més important si no té la possibilitat d'acompanyar la dona a les visites prenatals. Les classes també el familiaritzaran amb el procés del part i el convertiran en un acompanyant més eficaç quan arribin les primeres contraccions. I, potser el millor de tot, també podrà compartir experiències amb altres homes –com ara els canvis d'humor de les seves dones o els sentiments contradictoris que experimenten com a futurs pares. Alguns cursos inclouen una sessió especial únicament per a pares, cosa que els dóna l'oportunitat d'expressar totes les seves ansietats.

- Una oportunitat per resoldre els dubtes que sorgeixen entre visita i visita, o les preguntes que la parella prefereix no plantejar al seu ginecòleg (o que no troba el moment de plantejar-les-hi en aquestes accelerades visites prenatals).

- Una oportunitat per aprendre tots els detalls sobre la dilatació i el part. Mitjançant lectures, exposicions, exemples i vídeos, acabarà coneixent totes les qüestions relacionades amb el procés de donar a llum –des dels primers símptomes de part fins a tallar el cordó umbilical. Com més en sàpiguen, més còmodes se sentiran quan arribi l'hora de la veritat.

- Una oportunitat per conèixer les diferents opcions d'alleujament del dolor, des dels analgèsics fins a l'anestèsia epidural –i fins i tot les tècniques de medicina alternativa.

- Una oportunitat per rebre formació pràctica sobre tècniques de respiració i relaxació, així com sobre altres tècniques alternatives per alleujar el dolor i per tenir a l'abast un monitor expert que avaluï els seus coneixements. Dominar aquestes estratègies

–i aquestes tècniques d'acompanyament al part– els pot ajudar a estar més relaxats durant la relaxació i el part, a més d'afavorir una reducció de la percepció del dolor. També li seran útils si té planejat demanar l'epidural o altres fàrmacs analgèsics.

- Una oportunitat per familiaritzar-se amb les intervencions mèdiques que es poden usar durant el treball de part, incloent-hi els monitors fetals, els equips intravenosos, l'extracció amb ventoses i les cesàries. És possible que en el seu part no li calgui cap d'aquestes intervencions –o només una o dues–, però conèixer-les a l'avançada l'ajudarà a afrontar l'experiència amb més seguretat.
- L'oportunitat per tenir un part una mica més satisfactori –i una mica menys estressant– gràcies a tots aquests coneixements. Per norma general, les parelles que han assistit a cursos d'educació maternal consideren que l'experiència del part és més satisfactòria.
- L'oportunitat per consolidar la confiança en vostès mateixos. La informació no està mai de més, i en el cas d'afrontar un part, estar informat pot suposar una útil eina d'ajuda. Les classes d'educació maternal ajuden a eliminar el temor al desconegut (en aquest cas, el desconeixement pot fer-los minvar la confiança en vostès mateixos) i a donar-los la sensació que tenen la capacitat de controlar la situació i d'afrontar qualsevol tipus de part que la naturalesa els depari.

L'elecció del curs d'educació maternal

Ja han decidit inscriure's en un curs de preparació al part. Però per on comencen a buscar-ne un? I quin escullen?

En algunes ciutats, no hi ha massa oferta de classes de preparació al part, de manera que l'elecció resulta relativament simple. En altres, la varietat de possibilitats pot ser aclaparadora; hi ha cursos organitzats per hospitals, per monitors privats o per consultoris de ginecòlegs; existeixen classes prenatals "precoces" (destinades al primer o segon trimestres de gestació i que cobreixen múltiples temes de l'embaràs, com ara alimentació, exercici, desenvolupament fetal i sexe) i altres classes, que duren entre 6 i 10 setmanes i comencen cap al setè o vuitè mes, centrades en el part i en la cura de la mare i el nadó en el postpart. Fins i tot hi ha classes intensives d'una setmana.

Si hi ha poques opcions per escollir, probablement és millor assistir a qualsevol classe d'educació maternal que no

Tornada a l'escola

Aquests dies, a banda d'estudiar les tècniques de preparació al part, hi ha altres classes que també valdria la pena que seguissin: un curs de tècniques de reanimació cardiopulmonar i de primers auxilis per a infants. Tot i que encara no tinguin la criatura, no trobaran millor moment per aprendre a mantenir sa i estalvi el fill que estan a punt de tenir. En primer lloc, perquè ara no hauran de buscar cap mainadera per poder anar a classe. I, en segon lloc –i el més important–, ja podran criar el seu fill a casa amb la tranquil·litat de saber com actuar en cas d'emergència. Poden trobar informació sobre aquest tipus de cursos contactant amb la Creu Roja o demanant informació a l'hospital més pròxim.

pas no assistir a cap. Si a la seva ciutat disposa d'una gran varietat de cursos, la pot ajudar tenir en compte els següents aspectes a l'hora de triar-ne un:

Qui organitza les classes? Sol donar bons resultats assistir a les classes que imparteix, organitza o recomana el seu propi ginecòleg. També pot ser útil assistir a una classe organitzada per l'hospital o el centre de maternitat on vostè donarà a llum. Si les idees sobre el part que li exposa el monitor d'educació maternal difereixen molt de les sostingudes pel metge o l'equip mèdic que l'ha d'atendre al part, pot topar amb contradiccions i dilemes conflictius. Si sorgeixen aquestes divergències d'opinió, val la pena que en parli amb el seu metge abans que arribi la data de part.

Quantes persones hi ha a cada grup? Com menys, millor. L'ideal són classes de cinc o sis parelles; grups de més de 10 o 12 parelles són massa grans. En grups reduïts, el professor pot oferir una atenció més individualitzada –important en les sessions pràctiques de tècniques de relaxació i respiració– i, a més, s'hi sol fomentar una companyonia més estreta.

Quin programa segueixen? Abans d'inscriure-s'hi, demani informació sobre el programa del curs. Un bon curs ha d'incloure informació sobre els parts per cesària (partint de la base que més d'una quarta part de dones donen a llum amb aquesta tècnica) i sobre medicació analgèsica (ja que moltes dones la necessitaran o la voldran). S'han de tractar els aspectes tècnics del part, però també la part més psicològica i emocional.

Com s'imparteixen les classes? S'hi mostren vídeos de parts reals? Hi participen mares i pares que acaben de viure l'experiència del part? Els futurs progenitors tindran l'oportunitat de plantejar els seus dubtes? Es dedica prou temps a posar en pràctica les diverses tècniques explicades teòricament?

Informació sobre les classes de preparació al part

Normalment als Centres d'Atenció Primària de la Seguretat Social ja es realitzen aquestes classes. En tot cas, pregunti al ginecòleg o truqui a l'hospital on pensa donar a llum. Citem a continuació algunes pàgines web dels principals mètodes internacionals de preparació al part (informació en anglès) on pot aconseguir-se material divers (vídeos, etc.):

Lamaze International:
www.lamaze.org

Bradley: The Bradley Method
www.bradleybirth.com

International Childbirth Education Association:
www.icea.org

Association of Labor Assistants and Childbirth Educators:
www.alace.org

New Way Childbirth:
www.newwaychildbirth.com

The American Society of Clinical Hypnosis:
www.asch.net

Society for Clinical and Experimental Hypnosis:
www.sceh.us

Tipus de classes d'educació maternal

Les classes de preparació al part les poden impartir infermeres, llevadores o altres professionals qualificats. Els plantejaments generals poden variar d'una classe a l'altra, fins i tot si segueixen programes similars. Els principals tipus d'educació maternal són els següents:

Mètode Lamaze. Aquest enfocament de l'educació maternal va ser instituït pel Dr. Fernand Lamaze a la dècada del 1950. Es basa en l'ús de tècniques de relaxació i respiració, per part de la dona embarassada, amb el suport constant del seu marit (o de qualsevol altre acompanyant) i amb la presència d'una infermera experimentada per intentar que la dona visqui un part el més "natural" possible (recordi que, abans del 1950, anestesiaven la majoria de dones que es posaven de part). Segons el plantejament de Lamaze, el part és quelcom normal, natural i saludable, de manera que la seguretat i la capacitat de la dona per donar a llum naturalment pot incrementar-se o reduir-se en funció del nivell de suport que rep per part dels seus cuidadors i en funció del confort proporcionat pel lloc on ha de donar a llum (que tant pot ser un hospital com un centre de maternitat).

L'objectiu dels ensenyaments de Lamaze és una concentració activa basada en els patrons de relaxació i de respiració rítmica. Per tal de millorar la concentració, s'anima les dones a centrar l'atenció en un punt focalitzat. Aquests cursos també comenten les postures idònies per a la dilatació i l'expulsió; les tècniques de respiració, relaxació i massatge; les habilitats comunicatives i altres mesures de suport, així com informació sobre el postpart i l'alletament. Tot i que l'enfocament de Lamaze postula que les dones tenen dret a donar a llum sense intervenció mèdica, les classes també solen oferir informació sobre les intervencions més habituals (incloent-hi la medicació contra el dolor) per tal de preparar les parelles per a qualsevol tipus de part. Un curs d'aquest tipus consta de sis sessions de dues hores o dues hores i mitja cada una.

Mètode Bradley. Aquest enfocament emfasitza la utilitat de la respiració abdominal profunda en comptes del panteix. Bradley recomana que les dones es concentrin en si mateixes i que entrin en sintonia amb el seu propi cos per controlar el dolor de les contraccions, en comptes de confiar en les distraccions. En les classes del mètode Bradley, les dones aprenen a imitar les seves posicions de son nocturn i a respirar (profundament i lentament) per aplicar-ho en el moment de la dilatació, així com a usar tècniques de relaxació per gaudir d'una dilatació més confortable.

D'acord amb la tècnica de Bradley, durant la dilatació la dona necessita una il·luminació tènue, tranquil·litat, confort físic amb l'ajuda de coixins i mantenir els ulls tancats. Els monitors d'aquesta tècnica adverteixen que la dilatació és dolorosa, però que cal acceptar aquest dolor. La medicació es reserva per als casos de complicacions i de parts per cesària (que també es comenten a classe per preparar les futures mares per a qualsevol imprevist), i gairebé un 87% de les alumnes d'aquest tipus de curs tenen parts vaginals i sense medicació. Els cursos del mètode Bradley, que comencen a partir del cinquè mes de gestació, solen durar 12 setmanes i la majoria són impartits per matrimonis amb fills. També hi ha classes que segueixen el mateix mètode però que comencen abans i se centren en tots els temes prenatals.

Hipnosi per al part. Aquestes classes, tant si són individuals com de grup, ensenyen a fer servir la hipnosi per reduir les molèsties i el dolor (i en algunes dones especialment suggestionables, per eliminar-lo del tot), així com per assolir un estat de relaxació profunda i millorar l'estat d'ànim i l'actitud durant la dilatació i el part. Consulti al seu metge o a alguna organització nacional d'hipnosi per conèixer els noms dels terapeutes de la zona especialitzats en hipnosi per al part. (Per a més informació sobre aquesta tècnica, vegi la pàgina 336.)

Altres classes de preparació al part. L'oferta és molt variada. Molts preparadors per al part defensen el dret de la dona a un part el més natural possible i sense medicació, sempre que sigui viable. En comptes d'intentar ensenyar a les futures mares com evitar els dolors de la dilatació i el part, aquestes classes ofereixen eines per afrontar aquestes molèsties. Les infermeres d'alguns hospitals reben una preparació específica per informar sobre les diferents opcions disponibles per als futurs pares, incloent-hi els mètodes Lamaze i Bradley. També hi ha classes d'educació per al part dissenyades per preparar les mares per donar a llum en una clínica particular, així com classes patrocinades per algun grup mèdic o alguna organització sanitària. En algunes ciutats, les classes prenatals, que cobreixen tant els aspectes de l'embaràs com els del part, ja comencen en el primer trimestre de gestació.

Classes particulars. Si ha de fer repòs al llit, viu en alguna zona allunyada, o per qualsevol altra raó no pot o no vol assistir a una classe en grup, també hi ha altres opcions. Una d'aquestes opcions és visualitzar el vídeo o DVD de Lamaze, que inclou el seu programa complet i que es pot aconseguir a través de Lamaze International.

Cursos intensius en estades de cap de setmana. Aquests cursos segueixen el mateix programa que els cursos ordinaris, però impartit de forma intensiva en un únic cap de setmana i és una bona opció per als que puguin –i vulguin– marxar de cap de setmana. A més de fomentar la companyonia entre futurs progenitors (especialment gratificant si cap dels seus amics de sempre espera un fill), aquestes estades també fomenten el romanticisme de la parella –un extra meravellós per a dos que estan a punt de convertir-se en tres. A més és una bona oportunitat per relaxar-se una mica abans que arribi la criatura.

Classes per a no primípares

Si ja té un fill no li cal rebre més classes? Ara espera el segon? Fins i tot les "professionals" més experimentades es poden beneficiar de l'assistència a les classes de preparació al part. En primer lloc, perquè cada dilatació i cada part són diferents, de manera que és possible que el que va viure amb el primer fill no tingui res a veure amb el que ara li espera. En segon lloc, en temes obstètrics tot avança molt ràpidament i, encara que només faci un parell d'anys que va tenir l'altra criatura, és probable que algunes coses ja hagin canviat una mica. És possible que ara tingui disponibles més opcions per donar a llum que en l'ocasió anterior: pot ser que alguns procediments abans rutinaris ja no siguin tan habituals; o, a la inversa, també pot ser que alguns procediments abans esporàdics s'hagin convertit ara en rutinaris. Seguir un curs d'educació maternal pot ser especialment útil si ha de donar a llum en un hospital o centre de maternitat diferent. De tota manera, és probable que no hagi de compartir classe amb les "principiants", ja que moltes ciutats ofereixen cursos per a refrescar la memòria de les "repetidores".

C A P Í T O L 1 2

El setè mes

Setmanes 28 a 31 aproximadament

BENVINGUDA AL TERCER –I ÚLTIM– trimestre ncara que costi de creure, ja ha recorregut dues terceres parts del camí cap a la meta d'arribada, i només haurà d'esperar tres mesos més per obtenir (i petonejar, i acaronar...) el seu premi. En aquest darrer tram de l'embaràs (el que potser se li farà més llarg, almenys pel que fa a centímetres acumulats al ventre), probablement notarà que li augmenten el nerviosisme i l'excitació, així com les molèsties i els dolors, que tendeixen a multiplicar-se a mesura que la càrrega que arrossega va fent-se més pesada. Atansar-se a les acaballes de l'embaràs també significa que s'acosta el moment de la dilatació i del part, i probablement ja l'està planificant i preparant i ja es deu estar informant de tot. I, si encara no ho ha fet, ara és el moment d'inscriure's a les classes de preparació al part.

El seu nadó aquest mes

Setmana 28 Aquesta setmana, el seu sorprenent nadó ja arriba al quilo i quart de pes i a gairebé 40 cm de llarg. La nova habilitat adquirida aquesta setmana: fer pampallugues amb els ulls. Sí, juntament amb l'extens repertori de capacitats –que inclou badallar, xuclar, tenir el singlot i practicar els moviments respiratoris– ara el seu nadó també sap fer pampallugues amb els ullets. Somnia amb el seu nadó? Doncs el seu nadó també podria somniar amb vostè, gràcies a la fase REM del son que comença a experimentar. Però aquest petit somniador encara no està preparat per néixer. Tot i que els seus pulmons ja estan gairebé madurs (fent que ell –i vostè– puguin respirar una mica més tranquils en cas que nasqués ara), el seu nadó encara ha de créixer molt.

Setmana 29 El seu nadó podria mesurar 42,5 cm i pesar prop d'un quilo i mig. Encara que ja es troba prop de la llargada definitiva del naixement (amb una diferència de només uns 7,5 cm), el seu nadó encara s'ha de desenvolupar molt més, sobretot pel que fa al pes. De fet, en les pròximes 11 setmanes, doblarà –i potser gairebé triplicarà i tot– el seu pes actual. La majoria d'aquest pes procedirà del greix que anirà acumulant sota la pell. I a mesura que el seu fill s'engreixa, vostè començarà a notar unes rampes a l'úter, que dificultaran la percepció dels cops de puny del nadó, però que, en canvi, faran que noti més els seus cops de colze i de genolls.

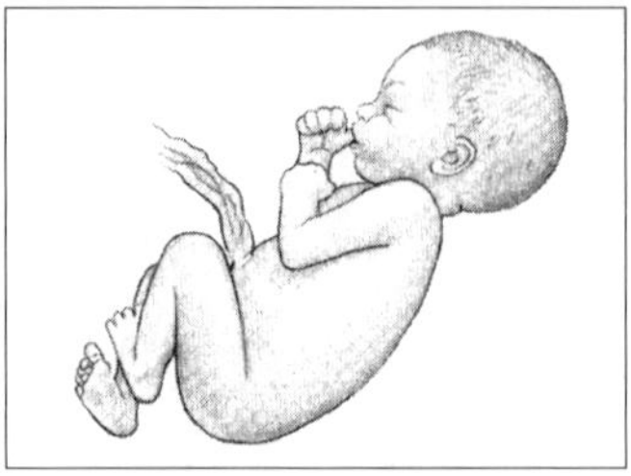

El seu nadó. Setè mes.

caure el lanugen, aquest pèl fi i suau que mantenia la seva calor corporal fins aquest moment. Això significa que, en el moment de néixer, probablement el seu nadó ja no tindrà tant l'aspecte d'un peluix que presenta ara.

Setmana 30 Què és el que fa 42,5 cm de llarg, més d'1,5 kg de pes i és la mar de bufó? El seu fill! I, a més, va creixent dia rere dia (com ja es pot imaginar veient com a vostè també li creix cada cop més la panxa). Al nadó, també li creix constantment el cervell, que es prepara per a la vida extrauterina –i per a una vida plena d'aprenentatges. A partir d'aquesta setmana, el cervell del seu nadó ja presenta l'aspecte d'un cervell completament format, amb els acanalats i les irregularitats característiques d'aquest òrgan. Aquesta mena d'arrugues permetran la futura expansió del teixit cerebral, que serà crucial a mesura que el seu nadó passa de ser un nounat totalment indefens a una criatura que parla, a un nen curiós i així successivament. El cervell del seu nadó, cada cop més gran i perfeccionat, també començarà a assumir tasques fins ara delegades a altres parts de l'organisme, com per exemple la regulació de la temperatura corporal. Ara que el cervell és capaç de fer pujar la seva temperatura corporal (amb l'ajuda d'un major emmagatzematge de greix a l'organisme), al seu fill li començarà a

Setmana 31 Tot i que el seu fill encara ha d'augmentar entre 1,5 i 2 quilos abans de néixer, aquesta setmana ha guanyat ni més ni menys que mig quilo. I ja fa una llargada de 45 cm (2 cm amunt o 2 cm avall, ja que en aquesta edat hi ha fetus de totes mides), de manera que s'està aproximant ràpidament a la llargada que tindrà en néixer. Aquests dies també desenvolupa una capacitat impressionant: les connexions del seu cervell (abans de néixer, n'haurà de fer trilions). I ara també és capaç de donar un bon ús a aquesta complexa xarxa de connexions cerebrals –processant informació, reaccionant a la claror i percebent senyals amb tots cinc sentits. El cervell del seu nadó també és molt dormilega, ja que entra en llargues fases de son REM –és per això que probablement vostè notarà que el seu fill segueix ara uns patrons més definits de son (amb quietud) i vigília (amb copets).

Alimenti el cervell del seu nadó

Ja alimenta bé el cervell del seu nadó? Prendre prou greixos beneficiosos, els omega-3, és més important que mai durant el tercer trimestre de gestació, quan el desenvolupament del cervell del petit s'accelera. Vegi a la pàgina 111 tots els beneficis dels greixos insaturats.

Què pot sentir

Cal recordar que cada dona i cada embaràs són diferents. Vostè pot experimentar tots els següents símptomes en un moment o altre, o només uns quants. Alguns es poden mantenir del mes anterior i altres poden ser nous. També n'hi ha d'altres que potser ara gairebé ni nota. És possible que també tingui altres símptomes menys habituals.

Heus ací el que podria experimentar aquest mes:

Un cop d'ull a l'interior

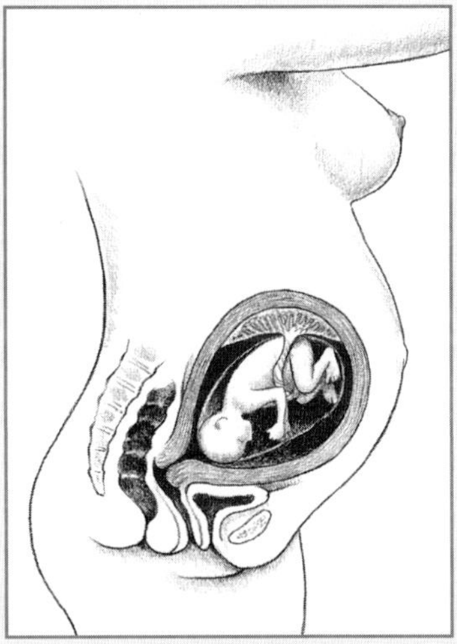

Al principi d'aquest mes, l'úter ja arriba aproximadament a 28 cm per sobre de l'os del pubis. Al final del mes, la llar uterina del seu fill haurà crescut uns 2,5 cm de llarg i la podrà notar uns 11 cm per damunt del melic. Potser li semblarà que ja no queda lloc perquè la matriu creixi més (perquè té la sensació de tenir tot l'abdomen ple), però encara li esperen entre 8 i 10 setmanes més d'expansió contínua del ventre!

Físicament

- Activitat fetal més intensa i més freqüent.
- Fluix vaginal més abundant.
- Adoloriment a la part baixa de l'abdomen o als costats.
- Restrenyiment.
- Ardor d'estómac, indigestió, flatulència o inflor.
- Mal de cap, mareigs o desmais ocasionals.
- Congestió nasal i hemorràgies nasals ocasionals; sensació de tenir les orelles tapades.
- Genives sensibles que poden sagnar en raspallar-se.
- Rampes a les cames.
- Mal d'esquena.
- Lleugera inflor als turmells i als peus, i ocasionalment a les mans i la cara.
- Venes varicoses a les cames.
- Hemorroides.
- Picor a l'abdomen.
- Melic amb protrusió.
- Estries.
- Falta d'alè.
- Dificultats per dormir.
- Ocasionals contraccions de Braxton Hicks, normalment indolores (l'úter s'endureix durant un minut i després torna al seu estat normal).
- Malaptesa.
- Augment de la mida dels pits.

- Calostre als pits (encara que és possible que aquesta substància prelàctia no aparegui fins després del part).

Emocionalment

- Augment del nerviosisme.
- Distraccions contínues.
- Aprehensió creixent (el nadó està a punt d'arribar!).
- Somnis estranys i vívids.
- Augment de l'avorriment pel que fa a l'embaràs o, per contra, sensació de satisfacció, sobretot si físicament es troba bé.

Què es pot esperar de la revisió d'aquest mes

El reconeixement d'aquest mes inclou un parell de proves noves, juntament amb les de sempre. Encara que hi pot haver variacions, depenent de les seves necessitats particulars i dels protocols mèdics, en encetar el tercer trimestre de gestació pot esperar que el seu ginecòleg li comprovi els següents punts:

- Pes i pressió sanguínia.
- Orina, per detectar-hi sucre i albúmina.
- Batecs cardíacs fetals.
- Altura del fundus (la part superior de la matriu).
- Mida i posició del fetus, mitjançant palpació externa (des de fora).
- Observació de les mans i els peus, per detectar-hi inflor, i de les cames, per detectar-hi venes varicoses.
- Anàlisi de glucosa.
- Anàlisi de sang per detectar anèmia.
- Consulta dels símptomes que hagi experimentat, especialment els més inusuals.
- Plantejament dels dubtes i problemes que vulgui resoldre –porti preparada una llista.

Què la pot amoïnar

Nou augment de la fatiga

"Els darrers mesos em sentia plena d'energia, però ara torno a sentir-me esgotada. És això el que m'espera fins al final de l'embaràs?"

L'embaràs és ple d'alts i baixos: i no només pel que fa a l'estat anímic o la libido, sinó també quant als nivells energètics. La típica fatiga del primer trimestre sol anar seguida per un segon trimestre ple d'energia, cosa que fa que aquests mesos intermedis siguin els ideals per emprendre qualsevol activitat (esport, sexe, viatges... o totes tres coses alhora en una escapada de cap de setmana!). Però en arribar el tercer trimestre, la majoria de futures mares es tornen a sentir exhaustes –i l'únic que els vindria de gust seria ajeure's al sofà.

I no és estrany. Encara que algunes dones mantenen el mateix ritmc accelerat quan ja estan a punt d'entrar per la línia d'arribada de l'embaràs (recordi que cada embaràs és diferent, també pel que fa a nivells d'energia), hi ha moltes raons que justifiquen que vostè es trobi aixafada. La raó principal és el pes que porta al ventre. Al cap i a la fi, ara carrega molt més pes al ventre –i en altres zones del cos– que no pas abans, i arrossegar aquests quilos de més pot ser esgotador. Una altra raó: últimament, aquest paquet extra pot interposar-se (literalment) entre vostè i una nit de son reparador, provocant que, de bon matí, ja es llevi cansada. També li comporta dificultats per dormir –i pèrdua d'energia– tenir la ment contínuament concentrada en temes relacionats amb la criatura (llistes de coses per comprar, llistes de coses per fer, llistes de noms de criatura, llistes de preguntes per al ginecòleg...). I si, a més, hi afegeix altres responsabilitats habituals (una feina, tenir cura d'altres fills o totes dues coses alhora) els factors de fatiga es multiplicaran exponencialment.

Però, per molt que la fatiga sigui normal durant el tercer trimestre de gestació, això no significa que s'hagi de resignar a passar-se tres mesos exhausta –ni que s'hagi d'estar ajaguda al sofà fins que l'hi passi. Com sempre, la fatiga és un senyal del seu cos i cal que hi pari atenció. Si darrerament ha anat de bòlit (massa preparatius per a la criatura i massa poc descans), freni una mica el ritme. Deixi estar el que no sigui realment imprescindible (per molt que vostè fins ara ho hagués qualificat d'imprescindible) i comenci a incloure el descans i la relaxació a la seva agenda. Faci una mica d'exercici, però asseguri's què és el que més li convé (ja que una passejada de 30 minuts li pot injectar energia, però una correguda d'una hora la pot deixar destrossada), i faci aquest exercici en el moment adequat (no just abans d'anar a dormir perquè li trauria el son en comptes de facilitar-l'hi). I encara que no cal que s'atipi fins a rebentar, tampoc és aconsellable menjar massa poc perquè li baixarien els nivells energètics. Elevi els seus nivells de sucre a la sang amb freqüents refrigeris saludables (galetes integrals amb formatge, cereals, un iogurt líquid...), ja que donaran un impuls més durador a aquests nivells de sucre que no pas la cafeïna o el sucre. I, per damunt de tot, recordi que la fatiga del tercer trimestre és la manera en què la naturalesa adverteix a les futures mares que no malgastin la seva energia. La necessitarà tota i més per a la dilatació, el part i, el més important, per al que li vindrà després. Per a més consells sobre com estalviar energia, repassi la pàgina 142.

Si dóna al seu organisme el descans extra que li demana però vostè continua sentint-se constantment exhausta, comenti-ho al seu metge. A vegades, la fatiga extrema i continuada del tercer trimestre és provocada per una anèmia (vegi la pàgina 231) i, per això, la majoria dels ginecòlegs practiquen una anàlisi de sang rutinària cap al setè mes de gestació.

Edema

"Se m'inflen els turmells i els peus, sobretot cap al vespre. A què es deu?"

Durant aquesta fase de l'embaràs el ventre no serà l'únic que se li infli. Aquest aspecte inflat també li afectarà les extremitats. I encara que aquesta inflor sigui incòmoda –sobretot quan les sabates i el rellotge comencen a prémer més del compte i quan cada cop li costa més de treure's l'anell del dit–, una lleugera inflor (anomenada també edema) als turmells, els peus i les mans és completament normal, provocada pel necessari increment dels fluids corporals durant l'embaràs. En efecte, el 75 per cent de les dones tenen aquestes inflors en algun moment de l'embaràs, normalment cap al setè mes de gestació (en canvi, el 25 per cent restant no nota cap canvi, la qual cosa no deixa de ser normal). Com probablement ja haurà notat, la inflor tendeix a ser més pronunciada cap al vespre, quan fa calor, o després d'haver-se passat moltes hores seguides dreta o asseguda. De fet, comprovarà que la major part de la inflor li desapareix durant la nit o després d'estar-se unes hores ajaguda (una altra bona raó per descansar).

Generalment, aquest tipus d'inflor no comporta altra cosa que una mica de malestar –i menys possibilitats d'anar a la moda si ja no pot embotir els seus peus inflats en aquelles sabates tan *fashion*. De tota manera, sempre que pugui, voldrà trobar maneres d'alleujar aquests edemes. Per aconseguir-ho, tingui en compte els següents consells:

- Doni un descans als seus peus. Si, a casa o a la feina, està obligada a estar-se moltes hores dreta o asseguda, faci pauses periòdiques. Si s'ha d'estar sempre dempeus, assegui's una estona, i si s'ha d'estar sempre asseguda, aixequi's de tant en tant. O, per obtenir millors resultats, surti a caminar 5 minuts a pas lleuger per reactivar la circulació (o sigui, per fer moure els fluids estancats).
- Elevi una mica les cames. Quan estigui asseguda, elevi-les una mica; si algú es mereix tenir els peus una mica elevats, aquesta és vostè.
- Estiri's una estona de costat. Si encara no ha agafat l'hàbit de dormir de costat, intenti agafar-lo ara. Estar ajaguda de costat afavorirà que els seus ronyons treballin amb la màxima eficàcia, facilitant el trànsit intestinal i reduint la inflor.
- Busqui la comoditat. Ara és el moment de fer prevaldre la comoditat per damunt de la modernitat. Triï sabates que li resultin còmodes (de tota manera, unes sabates estretes i punxegudes tampoc li cabrien!) i, per casa, vagi amb sabatilles.
- Mogui's. Mantenir la seva rutina d'exercicis (sempre que compti amb el vistiplau del metge) l'ajudarà a combatre la inflor. Caminar (encara que aviat es "balancejarà" més que no pas caminarà) va bé per a l'edema, ja que fa que la sang circuli en comptes d'estancar-se. La natació o la gimnàstica aquàtica van encara més bé, ja que la pressió de l'aigua empeny els fluids dels teixits cap a les venes; d'aquí aniran cap als ronyons i posteriorment els acabarà eliminant amb l'orina.
- Tregui l'aigua sobrera amb més aigua. Encara que sembli contradictori, és ben cert: com més aigua begui, menys en retindrà. Bevent un mínim de vuit o deu gots de líquid cada dia ajudarà el seu organisme a expulsar els residus

Tregui-se'ls, ara que encara pot

Cada vegada els anells li estrenyen més els dits? Abans que li vagin massa estrets per sentir-s'hi còmoda (i massa estrets per treure-se'ls), valdria la pena que considerés la possibilitat de treure-se'ls i de guardar-los fins que li baixi la inflor dels dits. Ja li costa de treure-se'ls ara? Provi-ho de bon matí i després de rentar-se les mans amb aigua freda (com més calentes tingui les mans, més inflades estaran). Posar-se una mica de sabó als dits també pot ajudar a fer lliscar els anells amb més facilitat.

corporals. Per contra, reduir la ingesta de líquids no farà disminuir la inflor.

- Afegeixi un pessic de sal als menjars. Encara que fins fa poc es creia que la restricció de sal disminuiria la inflor, ara se sap que limitar la ingesta de sal empitjora l'edema. Així que afegeixi una mica de sal però com en gairebé tot, la clau està en la moderació.
- Busqui el suport que necessita. Les mitges especials per a la circulació potser no són les més sensuals, però poden ser molt eficaces per reduir la inflor. N'hi ha de diversos tipus per a embarassades, incloent les mitges fins a la cintura (amb prou espai per al ventre) i els mitjons o les mitges mitjó (que almenys no fan tanta calor), encara que no es compri les que tinguin els extrems elàstics, ja que la podrien prémer més del compte.

La bona notícia sobre l'edema, a banda del fet que és normal, és que també és temporal. El més probable és que els turmells se li desinflin i els dits tornin a la seva mida normal després de donar a llum (encara que algunes mares triguen setmanes, o fins i tot mesos, a eliminar completament la inflor). Mentrestant, miri-s'ho pel cantó bo: aviat tindrà el ventre tan gran que ja no podrà ni veure si encara té els peus inflats.

Si la inflor és severa, comenti-ho al seu ginecòleg. Un edema excessiu podria ser un dels indicis de preeclàmpsia, encara que, per ser-ho, hauria d'anar acompanyat d'altres símptomes (com ara augment sobtat i inexplicable de pes, pressió sanguínia alta i albúmina a l'orina). Si la seva pressió sanguínia i la seva orina són normals (tal com comprovaran en totes les seves visites prenatals), no cal que es preocupi per res. Si, a més de la inflor, en poc temps vostè s'engreixa molt i de forma injustificada, o si té molts mals de cap o problemes de visió, truqui al metge i expliqui-li-ho.

Erupcions cutànies

"Per si encara no en tingués prou amb les estries, ara em sembla que m'han sortit una mena de granets que em piquen molt."

Animi's! Encara no li falten ni tres mesos per al part, i per fi podrà dir adéu a tots els efectes secundaris desagradables de l'embaràs –entre altres, aquestes erupcions cutànies. Fins aleshores, la pot tranquil·litzar saber que, encara que siguin molestes (i una mica antiestètiques), aquestes erupcions no són perilloses per a vostè ni per al seu nadó. Conegudes científicament com a PPPUE, pàpules o plaques pruents d'urticària de l'embaràs (o recentment també com a EPE, erupció polimòrfica de l'embaràs), solen desaparèixer després del part i no solen reaparèixer en els embarassos posteriors. Encara que les PPPUE se solen desenvolupar a les estries abdominals, a vegades també apareixen a les cuixes, a les natges o als braços de les futures mares. Mostri aquests granets al seu metge, que probablement li receptarà alguna medicació per via tòpica, o algun antihistamínic.

Hi ha molts altres trastorns de la pell i erupcions cutànies que es poden donar durant l'embaràs, fent que vostè no se senti prou feliç a la seva pell. Tot i que sempre convé mostrar-ho al metge, recordi que no sol ser res greu. Vegi la pàgina 266 per a més informació.

Dolor a la part baixa de l'esquena i a les cames (ciàtica)

"Em fa mal un costat de l'esquena i el dolor se m'estén fins al maluc i la cama. Què em passa?"

Sembla que el seu fill se li posa als nervis –al nervi ciàtic, concretament.

Des de mitjans fins a finals de l'embaràs, el nadó es comença a col·locar en la posició correcta per al naixement (un gran punt a favor). En fer-ho, però, el seu cap –i el pes d'un úter en continu creixement– poden empènyer el nervi ciàtic cap a la part inferior de la seva espina dorsal (un gran punt en contra). Aquesta molèstia, coneguda com a ciàtica, pot provocar un dolor agut i intens, formigueig o entumiment, que comença a la zona de les natges o la part baixa de l'esquena i irradia cap avall, fins a les cames. A vegades, la ciàtica pot ser força dolorosa, sobretot quan el nadó canvia de posició, i es pot prolongar fins a després del part –i, a vegades, fins una mica avançat el postpart.

Com pot evitar el dolor de ciàtica provocat per la gestació? Provi-ho amb els següents consells:

- Assegui's. Deixar descansar els peus pot servir per alleujar el dolor de les cames i la part baixa de l'esquena associat amb la ciàtica. Estirant-se també pot reduir la pressió –sempre que trobi la posició adequada.
- Escalfi la zona. Una compresa calenta aplicada sobre la zona adolorida (o bé submergir aquesta zona en aigua tèbia) pot disminuir el dolor.
- Treballi la zona. Els balanceigs pelvians o uns quants estiraments poden reduir una mica la tensió.
- Posi's en remull. Nedar i fer gimnàstica a l'aigua són exercicis particularment beneficiosos quan es pateix de ciàtica. Nedant estirarà i enfortirà els músculs de l'esquena, i trobarà millora en aquest dolor tan turmentador.
- Busqui una alternativa. També pot alleujar el dolor de ciàtica amb teràpies de medicina complementària i alternativa, com ara acupuntura, quiropràxia o massatge terapèutic (sempre amb un professional qualificat i experimentat).

Si el seu dolor és particularment intens, pregunti al ginecòleg si convindria que es prengués alguna medicació analgèsica.

Compti les puntades

A partir de la setmana 28 de gestació, seria una bona idea estar a l'aguait dels moviments fetals un parell de vegades al dia –al matí, quan sol haver-hi més tranquil·litat, i al vespre, l'hora de més activitat fetal. Faci servir la tècnica que li recomani el metge o, si no n'hi recomana cap, provi la següent: comprovi l'hora al rellotge i comenci a comptar. Compti els moviments de tot tipus (cops, agitacions, estiraments, girs...). Deixi de comptar quan n'hagi notat deu i anoti el temps que han trigat (si vol, pot anotar-los a l'apartat de control de moviments fetals del diari de l'embaràs). En condicions normals, notarà els 10 moviments en uns 10 minuts –a vegades, trigaran una mica més.

Si al cap d'una hora encara no ha arribat als 10 moviments, prengui's un suc o un refrigeri, camini una mica, sacsegi una mica el ventre i, a continuació, estiri's, relaxi's i segueixi comptant. Si passen dues hores més sense arribar als 10 moviments, truqui al seu metge. Encara que l'absència d'activitat no indica necessàriament que alguna cosa vagi malament, a vegades pot ser l'indicador que convindria fer-se una revisió com abans millor.

Com més s'atansi a la data de sortida de comptes, més important és que comprovi els moviments fetals amb regularitat.

La síndrome de les cames inquietes

"Per molt cansada que estigui, al vespre sóc incapaç d'estar-me quieta a causa del neguit que tinc a les cames. He provat tots els consells per eliminar les rampes de les cames, però no me n'he sortit de cap manera. Què més hi puc fer?"

Entre tants obstacles entre vostè i un son nocturn reparador en aquest darrer trimestre de gestació, no sembla gens just que les cames també s'afegeixin a la seva llista de molèsties. Però això és el que passa a prop del 15% de dones que experimenten la síndrome de les cames inquietes (SCI) –doncs sí, aquest turment té un nom i tot!

Aquesta síndrome fa referència a un cúmul de molèsties –incloent-hi sensació de neguit, pessigolleig i formigueig als peus i/o les cames– que impedeixen que la resta del cos es relaxi. El més habitual és que es manifesti de nit, però també pot presentar-se cap al vespre... o en qualsevol moment en què vostè s'estiri o s'ajegui.

El experts no saben amb certesa què provoca la SCI en algunes dones embarassades (no sembla que es degui a cap component genètic), i encara saben menys com tractar-la. Ni tan sols els trucs per combatre les rampes a les cames –com friccionar-les o flexionar-les– semblen fer-los cap mena d'efecte. La medicació tampoc és una bona opció, ja que molts dels fàrmacs usats per tractar la SCI no són segurs durant l'embaràs (consulti-ho al seu metge).

És possible que la dieta, l'estrès i altres factors ambientals puguin contribuir al problema, així que vagi amb compte amb el que menja, el que fa i el que sent cada dia, per comprovar quins hàbits diaris, en cas que n'hi hagi algun de concret, li provoquen aquests símptomes. Algunes dones, per exemple, troben que menjar hidrats carboni a última hora del dia els empitjora la SCI. També és possible que una anèmia de ferro causi la SCI, així que pregunti al seu metge si ja li controla l'anèmia o si li pot suggerir algun altre tractament. A algunes dones els van bé l'acupuntura, el ioga, la meditació o altres tècniques de relaxació. I, evidentment, no li pot fer cap mal seguir els consells per a dormir bé que trobarà a la pàgina 293.

Per desgràcia, a algunes embarassades els costa trobar la manera d'alleujar el dolor –i la manera de dormir. Si aquest és el seu cas, pensi que no li quedarà més remei que habituar-se a la SCI fins al moment del part. Però si ja tenia aquest problema abans de quedar-se en estat, haurà d'esperar fins al postpart (i, si dóna pit, fins que deslleti la criatura) per reprendre el seu tractament farmacològic habitual.

El singlot del fetus

"A vegades noto uns espasmes lleugers i regulars a l'abdomen. Són puntades de peu, són contraccions... o què són?"

Encara que costi de creure, el més probable és que el seu nadó tingui el singlot. Aquest fenomen és molt habitual en els fetus durant la segona meitat de l'embaràs. Alguns tenen el singlot cada dia, i fins i tot diverses vegades. Altres no el tenen mai. El mateix patró es pot mantenir després del naixement de la criatura.

Però abans que es comenci a aguantar la respiració o que provi altres trucs per treure el singlot, li agradarà saber que el singlot no provoca el mateix malestar en els nadons –de dins o de fora de l'úter– que en els adults, encara que els duri 20 minuts o més i tot. Així que relaxi's i gaudeixi d'aquest entreteniment que amaga al ventre.

Caigudes

"Avui, mentre passejava, he ensopegat amb la vorera i he caigut de panxa a terra. Podria haver danyat el nadó?"

Des que està embarassada no para d'ensopegar? No li ha de sorprendre: al cap i a la fi, a partir del tercer trimestre s'acumulen molts factors que fan que la dona gestant no sigui precisament àgil com una gasela. D'entrada, l'alteració del sentit de l'equilibri, que ha modificat el seu centre de gravetat, ja que –com la seva panxa– tendeix a inclinar-se cap endavant. A més, té els lligaments més distesos i menys estables, fent-la així més propensa a caure, sobretot de panxa a terra. També contribueix a aquesta malaptesa la seva tendència a cansar-se més ràpidament, la seva predisposició a estar preocupada i amb el cap als núvols, i la dificultat per veure tot el que s'amaga entre el seu ventre i els seus peus –comportant que li sigui impossible veure les voreres i altres obstacles escampats per terra.

Tot i això, encara que una ensopegada li pot causar múltiples esgarrinxades i petites ferides (ferint-li particularment l'amor propi si cau en públic), és extremadament rar que el fetus pateixi les conseqüències de la malaptesa de la seva mare.

El seu nadó està protegit per un dels sistemes d'absorció de cops més sofisticats del món, que inclou líquid amniòtic, membranes resistents, un úter musculós i elàstic, i una potent cavitat abdominal rodejada de músculs i ossos. Per tal de penetrar tot aquest sistema de protecció i acabar danyant el nadó, hauria de patir un accident molt greu, d'aquells que probablement requeririen que hagués de ser hospitalitzada.

Si, dit això, es continua preocupant per la caiguda, truqui al seu metge per quedar-se més tranquil·la.

L'orgasme i l'activitat fetal

"Cada vegada que tinc un orgasme, el meu nadó es passa mitja hora seguida fent puntades de peu. Podria voler dir que mantenir relacions sexuals no és segur per al fetus en aquest moment de l'embaràs?"

Independentment del que faci vostè, el seu nadó anirà fent al seu aire. I, quan vostè faci l'amor, és molt possible que al petit li agafi son. Els moviments bressoladors i les contraccions uterines rítmiques que segueixen a l'orgasme solen conduir els fetus cap al país dels somnis. Altres nadons, però –ja que cada nadó és un món a part–, s'activen encara més quan els seus pares mantenen relacions sexuals. Totes dues reaccions són normals i saludables, i no són cap prova que practicar sexe no sigui segur. Tampoc indica –si és que encara li'n queda algun dubte– que el seu nadó estigui al corrent del que passa sota els llençols (el nadó està completament a les fosques, literalment parlant).

En efecte, a no ser que el seu metge li prescrigui el contrari, podrà seguir gaudint del sexe –i dels orgasmes– fins al moment del part. I val la pena que aprofiti per dedicar-se al sexe ara que pot, perquè –siguem francs–, quan la criatura hagi nascut ho tindrà molt més complicat.

Somnis i fantasies

"Tant dormint com desperta, tinc uns somnis tan reals sobre el nadó que crec que m'estic començant a tornar boja."

No para de somniar? Els somnis –i també somniar desperta i tenir fantasies– són saludables, normals i molt, molt habituals durant l'embaràs: tant si

Prepari el gos i el gat

Ja són pares –d'un petitó amb quatre potes, pèl i cua? Li preocupa que el seu gos o gat –fins ara el rei de la casa, del llit i del sofà– senti gelosia (possiblement, perillosa) quan arribin amb el nadó a casa? És crucial que prepari el seu gos o el seu gat per al nou membre de la llar. Vegi el llibre *Qué se puede esperar el primer año* per trobar consells i recomanacions sobre com preparar els animals domèstics per a l'arribada d'un nadó.

són somnis horribles (oblidar-se el nadó a l'autobús) com si són somnis entendridors (acaronar les galtetes del seu fill o passejar-lo amb cotxet pel parc en un dia assolellat) o bé estrambòtics (donar a llum a un monstre o a una cadellada de gossets). I encara que li pot semblar que està començant a perdre el cap, en realitat aquests somnis l'ajuden a mantenir el seny. És una forma que el seu subconscient té de superar les ansietats, els temors, les esperances i les inseguretats respecte del nadó; a través dels somnis resol les mil emocions contradictòries que sent (des del nerviosisme més aclaparador fins a l'alegria més intensa) i que no podria o no sabria expressar de cap més manera.

Tranquil·litzi's pensant que somniar és una teràpia beneficiosa.

Les hormones també contribueixen a tenir una programació de somnis més completa que mai (de fet, a què no contribueixen les hormones?). A més, poden fer que els seus somnis siguin més vívids que mai. Tenir un son més lleuger també té a veure amb la seva major habilitat per recordar els somnis –i per recordar-los en alta definició. Com que es desperta més vegades que normalment –ja sigui per anar al lavabo, per apartar-se els llençols, o simplement per girar-se de cantó per intentar estar més còmoda–, també té més possibilitats de despertar-se enmig de la fase REM del son. Amb els somnis tan frescos cada vegada que es desperta, els podrà recordar amb tot luxe de detalls, encara que a vegades l'acabin inquietant.

A continuació, resumim alguns dels temes recurrents dels somnis i les fantasies més habituals durant l'embaràs. Probablement, alguns li resultaran familiars.

- Somnis "ai!". Consisteixen en somniar que es perden o s'obliden coses (com ara les claus del cotxe o fins i tot el nadó!); que no es recorda d'alimentar el nadó; que se salta una visita al metge; que se'n va de compres i es descuida el nen a casa; que no té la casa a punt per a l'arribada del nadó... Aquests somnis poden revelar el temor a no ser prou bona mare.
- Somnis "aah!". Somnis en què és atacada o lesionada –per intrusos, lladres o animals, o cau per les escales per culpa d'una empenta o una relliscada. Aquests somnis poden indicar un sentiment de vulnerabilitat.
- Somnis "auxili!". Somnis en què s'està tancada o no es pot escapar: està atrapada en un túnel, un cotxe o una habitació petita; s'ofega en una piscina, un llac gelat o un túnel de rentatge... Aquests somnis poden respondre al temor de veure's lligada i privada de llibertat a causa del nou membre de la família que està a punt d'arribar.
- Somnis "oh, no!". Somnis en què no es guanya gens de pes o se'n guanya massa d'un dia a l'altre; en què s'afarta al màxim; menja o beu coses perjudicials (un platet de sushi regat amb un vaset de Martini). Aquests somnis són

habituals entre les dones que intenten seguir una dieta estricta.

- Somnis "uf!". Somniar que a l'home li resultes poc atractiva, o repulsiva i tot; o que el marit s'entén amb una altra dona. Aquests somnis expressen el temor freqüent que l'embaràs destrueixi per sempre la seva figura i ja no atregui el seu marit.
- Somnis eròtics. Somniar amb relacions sexuals –positives o negatives, que provoquen plaer o sentiment de culpabilitat– pot reflectir la confusió i ambivalència sexual que se sol experimentar durant l'embaràs.
- Somnis de records. Somniar amb la mort i la resurrecció –els pares o altres parents morts reapareixen en somnis– pot suposar la manera inconscient de vincular les generacions anteriors amb les futures.
- Somnis sobre la vida amb el nadó. El fet de somniar que ens preparem per a l'arribada del nadó, o que l'abracem i hi juguem és una manera de practicar la maternitat i d'establir lligams afectius amb el nadó abans que neixi.
- Somnis en què s'imagina el nadó. Els somnis sobre l'aspecte que tindrà el fill que s'espera poden revelar un ampli ventall de preocupacions. Somniar que el nadó està deformat, malalt, o que és massa gran o massa petit pot expressar ansietat per la seva salut. Fantasies sobre una criatura amb habilitats especials (com ara parlar o caminar tot just néixer) pot indicar una preocupació sobre la intel·ligència del nadó i les expectatives de futur. Premonicions que el nadó serà un nen o una nena poden indicar les seves preferències per un o altre sexe. El mateix podem dir de somniar amb el color de cabell o el color d'ulls del nadó, així com amb la seva similitud a un o altre progenitor. Els malsons d'un nadó completament desenvolupat podrien amagar el seu temor a tenir una criatura de pes inferior a la mitjana.
- Somnis sobre el part. El fet de somniar amb el dolor de la dilatació –o amb l'absència de dolor–, o amb la incapacitat d'expulsar la criatura del ventre, pot reflectir el temor al part.

Passi pàgina als seus somnis i fantasies –i que no li facin perdre el son. Entre les futures mares aquests somnis són tan normals com l'acidesa d'estómac o les estries (comenti-ho a altres futures mares i li explicaran que els passa tres quarts del mateix).

Tingui en compte, a més, que és possible que no sigui l'única del seu llit que somnia aquestes coses. Els futurs pares també poden tenir somnis estranys i fantasies com a via de canalització de les seves ansietats conscients i inconscients sobre la seva imminent paternitat (i, en el seu cas, no se'n pot donar la culpa a les hormones). Explicar-se els somnis quan es llevin pot ser divertit ("a veure si el teu encara és més estrany que el meu!") i terapèutic alhora, facilitant la transició cap a la paternitat i la maternitat de la vida real –i també els pot unir molt més com a futurs pares. Així que, a somniar s'ha dit!

Tirar-ho tot endavant

"Em comença a preocupar que potser no sigui capaç de poder amb tot: la feina, la casa, la relació de parella... i ara la criatura."

El primer que ha de saber és el següent: no podrà fer-ho tot sola, ni fer-ho tot bé, ni fer-ho tot alhora, ni ferho bé sempre. Totes les mares són una mica "superdones", però ni tan sols les millors deixen de ser humanes. Moltes dones han intentat superar els seus propis límits: donant el màxim a la feina; tenint la casa neta com una patena, la roba planxada, la nevera plena i un dinar deliciós a taula; essent una companya atractiva i una mare exemplar; i superant tots els obstacles que se'ls presenten. Però la majoria s'han adonat que per fer tot això els calia pagar un preu massa alt.

Com abans s'adoni de les seves limitacions actuals, abans s'adaptarà a la seva nova vida. I no hi ha millor moment per començar-s'hi a adaptar que ara –abans que se li plantegi el seu darrer repte (i el més preciós).

Per començar, ha de pensar quines són les seves prioritats per poder-les classificar per ordre d'importància (i no tot pot ser al capdavant de la llista de prioritats). Si el fill, el marit i la feina són les prioritats, potser tenir la casa immaculadament ordenada pot esperar uns dies. Potser el dinar casolà se substituirà per un dinar repartit a domicili, almenys de tant en tant, i potser de la bugada se n'haurà d'encarregar algú altre. Si creu que la feina de mare a plena jornada està feta per a vostè, i es pot permetre d'estar a casa temporalment, potser podria demanar una excedència a la feina. O potser podria considerar treballar a mitja jornada o compartir obligacions amb alguna altra mare, si arriben a un acord, o treballar des de casa, si és possible.

Un cop hagi establert les seves prioritats, caldrà que elimini les expectatives que no siguin realistes (aquelles que apareixen quan somnia desperta). Parli amb altres mares experimentades i tindrà una visió realista de la maternitat. Com qualsevol mare acaba descobrint tard o d'hora –i com més d'hora ho descobreixi vostè, més nervis s'estalviarà–, ningú és perfecte. Encara que ho vulgui fer tot a la perfecció, no ho podrà fer –i fins i tot tindrà dies en què semblarà que no pugui fer res bé. Per molt que s'hi esforci, els llits quedaran per fer, la roba per planxar i la taula per desparar, i posar-se atractiva es limitarà a rentar-se el cabell a corre-cuita. Marcar-se uns objectius massa estrictes –per molt que abans de ser mare els pogués complir–, li acabarà provocant un munt de disgustos innecessaris.

Sigui com sigui que reorganitzi la seva vida, serà més fàcil de fer-ho si no ho ha de fer sola. Darrere de la majoria de mares felices hi ha un pare que no tan sols comparteix les tasques de la llar en condicions d'igualtat, sinó que també col·labora en l'atenció al fill en tots els àmbits, des de canviar-li els bolquers o banyar-lo fins a fer-li les abraçades més tendres. Si el pare no està disponible tant com vostè voldria (o no hi pot confiar per a res), s'haurà de plantejar altres ajudes: els avis de la criatura o altres familiars, una cangur, una dona de fer feines o una guarderia.

Un pla de part embolicat de regal

Un cop hagin preparat el pla per donar a llum amb el seu ginecòleg, l'hauria de portar sempre al damunt i trobar un lloc on conservar-lo fins al moment del part. Però, per si no arribés a temps de buscar l'original, guardi-se'n diverses còpies per portar-les a l'hospital o al centre de maternitat, perquè no sorgeixin confusions sobre les seves preferències. El seu acompanyant o la seva doula s'encarregaran que el personal de cada canvi de torn (esperem que el part no se li allargui durant gaires canvis de torn) tingui còpies del seu pla. Alguns futurs pares han comprovat que posar el pla per donar a llum dins d'una capseta amb dolços encara el fa més benvingut entre el personal sanitari que els ha d'atendre.

El seu principal suport

Tot i que el seu nadó encara no estigui a punt per al part, ja va essent hora de preparar el seu cos –i, en particular, els músculs del sòl pelvià– per al gran dia. Probablement, mai s'ha parat a pensar gaire en els seus músculs pelvians –o potser ni tan sols s'havia adonat que en tenia? Però ha arribat el moment de parar-hi atenció. Són els músculs que li subjecten l'úter, la bufeta i els budells, i estan preparats per estirar-se per tal que el nadó pugui sortir. També són els músculs que eviten les fuites d'orina quan tus o quan riu (una habilitat que només s'aprecia quan es perd, com pot passar amb la incontinència postpart). Aquests músculs multifuncionals també poden fer que les relacions sexuals siguin més satisfactòries.

Per sort, hi ha exercicis que poden recuperar ràpidament la tonicitat d'aquests músculs, fent-los recuperar el seu estat inicial amb el mínim de temps i el mínim d'esforç (no cal ni roba d'esport, ni anar al gimnàs, i ni tan sols tenir una suada). Amb només 5 minuts d'aquests sorprenents exercicis –anomenats exercicis de Kegel– repetits tres vegades al dia, en tindrà prou per tonificar els músculs amb una llarga llista de beneficis a curt i a llarg termini. Els músculs tonificats del sòl pelvià poden millorar tota una sèrie de símptomes de l'embaràs i el postpart, des de les hemorroides fins a la incontinència urinària i fecal. També la pot ajudar a prevenir l'episiotomia o els possibles esquinços durant el part. A més, fer correctament els exercicis de Kegel durant l'embaràs l'ajudarà a recuperar l'estat de la vagina més ràpidament després d'haver donat a llum.

Preparada per als exercicis de Kegel? S'han de fer així: tensi els músculs que envolten la vagina i l'anus i contregui'ls (com si tingués ganes d'orinar i s'aguantés), mantenint la contracció durant 10 segons. Relaxi's a poc a poc i repeteixi l'exercici. Practiqui tres sèries de 20 exercicis cada dia. Quan realitzi aquests exercicis, miri de concentrar-se únicament en els músculs pelvians –i no en la resta. Si nota que tensa l'estómac o que contrau els músculs de les cuixes o les natges, és probable que no faci els exercicis prou bé. Converteixi aquest exercici en el seu principal suport durant l'embaràs (practiqui'l mentre espera que el semàfor es posi verd per creuar el carrer, mentre consulta el correu electrònic, mentre va en metro, mentre fa cua a la caixa del supermercat o mentre treballa asseguda al despatx), i gaudirà dels beneficis d'uns músculs del sòl pelvià enfortits. Provi de practicar-lo també mentre fa l'amor –i tant vostè com la seva parella notaran la diferència (per fi un exercici que també la farà gaudir al llit!).

Un pla per donar a llum

"Una amiga que fa poc ha tingut una criatura em va explicar que, abans de donar a llum, va preparar un pla per al part amb el seu metge. I jo, també ho podria fer?"

Decisions i més decisions. Donar a llum implica més decisions que qualsevol altre canvi en la vida, i les futures mares i els seus marits són els responsables de prendre aquestes cinquanta mil decisions.

Però quina és la millor manera per tenir constància d'aquestes decisions –des de si vol medicació analgèsica fins a qui s'encarregarà del nounat mentre la mare es recupera? Doncs la millor manera és fixant un pla de part.

Un pla de part és justament això –un pla (o, si ho prefereix, una llista), en què la dona embarassada i la seva parella fixen com voldrien que fos el seu part: com voldrien que fossin les fases de dilatació i de part, partint de la base que tot evolucioni d'acord amb aquest "pla". A banda d'enumerar les preferències dels pares, els plans de part típics sintetitzen el que és més pràctic i més factible d'acord amb el que el ginecòleg o l'hospital consideren acceptable (tot el que hi ha al pla ha de ser mèdicament i obstètricament raonable). No es tracta d'un contracte sinó d'un acord escrit entre el pacient i el metge i/o l'hospital o centre de maternitat. Un bon pla de part no només pot suposar una millor experiència de part, sinó que pot desbancar expectatives poc realistes, minimitzar els disgustos, i eliminar els conflictes i la manca de comunicació entre la partera i els que l'atenguin mentre dóna a llum. Alguns metges demanen a les parelles que esperen un fill que emplenin un pla de part de manera rutinària; altres només ho fan si els hi ho demanen. Un pla de part és també una eina de diàleg entre el pacient i el seu metge.

Alguns plans de part només tracten els aspectes bàsics; altres són molt més detallats (especificant fins i tot el tipus de música i d'il·luminació que es desitja a la sala de dilatació). I com que cada embarassada és diferent –no només per com voldria que fos la seva experiència de part sinó també per què n'espera, en funció de les seves experiències mèdiques i obstètriques prèvies–, cada pla de part hauria de ser individualitzat (així que no se'n prepari un basant-se en el d'una amiga).

En cas que decideixi fer-ne un, alguns dels temes que se solen incloure més habitualment en un pla de donar a llum s'especifiquen més avall. Pot fer servir la llista següent com a guia general, però adapti-la a les seves necessitats (potser hauria de consultar les pàgines del llibre indicades abans de prendre les decisions oportunes).

- Fins a quin moment de la dilatació es vol estar a casa i quan vol anar a l'hospital o centre de maternitat.
- Menjar i/o beure durant la dilatació (vegi la pàgina 403).
- Aixecar-se del llit (per passejar una mica o per asseure's) durant la dilatació.
- Personalitzar l'ambient amb música i il·luminació, o bé amb objectes portats de casa.
- La utilització d'una càmera de fotos o de vídeo.
- La utilització d'un mirall per poder veure el naixement.
- L'administració intravenosa de fluids (vegi la pàgina 404).
- L'ús d'analgèsics i de quin tipus (pàgina 331).
- Monitoratge fetal extern (continuat o intermitent); monitoratge fetal intern (pàgina 406).
- L'ús d'oxitocina per provocar o accelerar les contraccions (pàgina 402).
- Les postures per donar a llum (pàgina 410).

No se l'aguanti

Agafar l'hàbit de no orinar quan se'n té ganes incrementa el risc que la seva bufeta inflamada pugui irritar l'úter i provocar-li contraccions. No anar al lavabo tantes vegades com li faci falta també pot comportar-li una infecció del tracte urinari, una altra causa de contraccions preterme. Així que... no se l'aguanti! Quan hi hagi d'anar, vagi-hi... i de pressa!

Proves vitals per als nounats

Gairebé tots els nadons neixen amb un bon estat de salut i continuen així. Tot i això, un percentatge reduït de criatures neixen aparentment sanes però després tot d'una emmalalteixen. Per sort, hi ha maneres de comprovar l'existència d'aquestes alteracions metabòliques. Normalment, es testa el nounat per descartar que pateixi alguna de les gairebé 30 malalties neonatals més habituals. Entre les malalties que comproven en el nounat destaquen: la fenilcetonúria (FCT), l'hipotiroïdisme congènit, l'hiperplàsia adrenal congènita, la deficiència de biotinidasa, la malaltia urinària del xarop d'erable, la galactosèmia, l'homocistinúria i l'anèmia falciforme. De tota manera, si al seu hospital no practiquen aquestes proves als nounats, és recomanable que les encomani en algun laboratori privat. El laboratori pot fer servir la mateixa sang que extreuen al nadó a l'hospital en practicar-li la rutinària "prova del taló" (en què s'extreuen unes gotes del taló del nounat fent-li una punxadeta amb una agulla).

En l'improbable cas que el seu fill donés positiu en alguna d'aquestes anàlisis, el seu pediatre o algun especialista en genètica podrien verificar-ne els resultats i fixar-li un tractament, en cas necessari (hi ha un alt percentatge de falsos positius, de manera que qualsevol resultat positiu s'ha de tornar a comprovar). Un diagnòstic i una intervenció precoços poden marcar una gran diferència en el pronòstic.

- L'ús de compreses tèbies i de massatge perineal (pàgines 384 i 408).
- Episiotomia (pàgina 408).
- Extracció amb ventoses o fòrceps (pàgina 409).
- Part per cesària (pàgina 434).
- La presència d'altres acompanyants (a banda del marit) durant la dilatació i/o el part.
- La presència d'altres fills al part o immediatament després.
- Aspiració de mucositats del nounat; col·laboració del pare en aquesta tècnica.
- Agafar el nadó tot just després de néixer; donar-li el pit immediatament.
- Posposar els processos de tallar el cordó umbilical, pesar el nadó i/o administrar-li gotes als ulls fins després que mare i fill hagin tingut el primer contacte.
- Deixar que el pare col·labori en el part i/o talli el cordó.
- Recollir la sang del cordó umbilical (pàgina 360).

En el seu pla de part, també és possible que hi vulgui incloure alguns aspectes del postpart, com ara:

- La seva presència en el moment de pesar el nadó, de fer-li l'examen pediàtric i de banyar-lo per primer cop.
- Alimentació del nadó durant l'ingrés (si controlaran l'alimentació del nadó a la sala de nadons o si menjarà a demanda; o si cal evitar els suplements amb biberons en cas que decideixi alletar el seu nadó).
- Circumcisió (vegi *Qué se puede esperar el primer año*).
- Tenir el nadó a l'habitació (pàgina 470).

- Visites d'altres fills a la mare i/o al nounat.
- Medicació postpart o tractaments per a vostè o el seu nadó.
- La durada de l'estada a l'hospital, suposant que no hi hagi complicacions (pàgina 469).

Evidentment, la característica més important d'un bon pla de part ha de ser la seva flexibilitat. Com que el naixement –igual que la majoria de forces de la naturalesa– és impredictible, és possible que els plans més ben travats no sempre funcionin segons el previst. Encara que el més probable és que el seu pla es pugui aplicar tal com vostè el tenia previst, sempre hi ha la possibilitat que no es pugui fer. És impossible preveure com evolucionaran la dilatació i el part fins que les contraccions comencin, de manera que un pla de part dissenyat a l'avançada pot ser que no sigui viable obstètricament o mèdicament, i pot ser que hagi de ser modificat a l'últim moment. Al cap i a la fi, no hi ha cap prioritat més important que el seu propi benestar i el del seu nadó –i si el seu pla de part no assoleix aquest objectiu prioritari, val la pena acabar-lo descartant. I vostè també pot canviar d'opinió i canviar, de retruc, el seu pla de part (així pot ser que, encara que fins ara es manifestava radicalment contrària a l'epidural, quan estigui dilatada de 4 cm, es torni una acèrrima defensora d'aquesta anestèsia).

En resum: encara que els plans de part no són imprescindibles (pot posarse de part sense tenir-ne cap i, amb pla o sense pla, acabarà donant a llum), el cert és que són una bona opció, una opció que cada vegada més futurs pares aprofiten. Per saber-ne més, i per descobrir si a vostè li convé un pla de part, comenti-ho al seu ginecòleg en la seva pròxima visita.

Anàlisi de la glucèmia

"El metge m'ha dit que m'he de fer la prova de la glucèmia per comprovar si tinc diabetis gestacional. Per què m'he de fer aquesta prova? I, què implica fer-se-la?"

No s'atabali més del compte. La gran majoria de ginecòlegs fan aquesta prova a gairebé totes les pacients entre les setmanes 24 i 28 de gestació (encara que les que tenen un risc més elevat de patir diabetis gestacional –incloent-hi les de més edat, les obeses i les que compten amb una història familiar de diabetis– s'han de fer aquesta prova en etapes més primerenques de l'embaràs i repetir-la més sovint).

Així que el més probable és que el seu metge li hagi prescrit l'anàlisi de glucèmia rutinàriament.

I és senzilla de fer, sobretot si vostè és una dona llaminera. Li demanaran que es prengui una beguda molt dolça, a base de glucosa, que generalment té gust de taronjada sense gas, una hora abans que li extreguin sang; no caldrà que hi vagi en dejú. La majoria de dones es prenen aquest líquid sense problemes ni efectes secundaris; n'hi ha algunes, però, sobretot les menys llamineres, que tenen una mica de nàusees després de prendre-se'l.

Si la sang presenta unes xifres elevades de glucèmia, fet que indica la possibilitat que la dona no estigui generant prou insulina per processar la glucosa extra que circula pel seu organisme, es prescriu el següent nivell d'anàlisi: el test de la tolerància a la glucosa. Aquesta prova, de tres hores de durada, es fa en dejú, es duu a terme amb una beguda amb més concentració de glucosa i serveix per diagnosticar la diabetis gestacional.

Doules: la millor ajuda per al part?

És de les que creu que tres ja són multitud? Doncs a moltes parelles no els ho sembla, almenys quan es tracta de donar a llum. Cada vegada n'hi ha més que opten per compartir l'experiència del naixement del seu fill amb una doula, una dona especialment preparada per fer d'acompanyant al part. I per una bona raó. Diversos estudis han demostrat que és més probable que les dones que reben el suport d'una doula no necessitin parts per cesària, parts induïts ni medicació analgèsica. Els parts atesos per doules també solen ser més ràpids, amb un percentatge menor de complicacions.

El terme doula prové de l'antiga Grècia, on s'usava per descriure la principal assistent femenina d'una casa, la que probablement també ajudava la mare de família a donar a llum quan aquesta es posava de part. Però, què pot fer exactament una doula per a vostè i la seva experiència de part? Això depèn de la doula que vostè triï i en quin moment de l'embaràs la contracti, així com de les seves pròpies preferències com a futura mare. Algunes doules ja inicien la seva col·laboració abans que arribin les primeres contraccions, ajudant a dissenyar el pla de part i donant consells i ajuda per resoldre els problemes previs al gran dia. A moltes se'ls demana que vagin a casa de la parella per ajudar-la des del moment en què comença la primera fase de dilatació. Un cop a l'hospital o al centre de maternitat, la doula assumeix una gran varietat de responsabilitats, d'acord amb les necessitats i els desigs de la parella. Normalment, la seva funció principal és buscar la comoditat de l'embarassada, donar-li ànims i oferir-li suport físic i emocional al llarg de la dilatació. Exerceix de tranquil·litzadora veu de l'experiència (especialment útil per a les primípares), ajuda amb les tècniques de relaxació i respiració, ofereix consells sobre les postures per al part, i també col·labora en el massatge, donant la mà a la dona, col·locant bé els coixins i arreglant el llit. Una doula també pot actuar com a mediadora o portaveu de la parella, que si cal pot defensar els seus interessos o bé traduir-los els termes mèdics en llenguatge més planer, funcionant com a pont d'unió amb el personal mèdic. La doula no ocupa el lloc de l'acompanyant (una bona doula no ha de generar en el pare la sensació que l'està desplaçant) ni el de la infermera de torn; tot i això, potenciarà el seu suport i els seus serveis (especialment important si la infermera que li assignen

La diabetis gestacional es dóna en entre un 4 i un 7 per cent de les embarassades, convertint-se així en una de les complicacions més habituals de l'embaràs. Per sort, també és una de les més fàcils de combatre. Si el sucre a la sang es controla estrictament a través de la dieta, l'exercici i, si cal, la medicació, el més probable és que les dones amb diabetis gestacional tinguin embarassos perfectament normals i nadons completament sans. Vegi la pàgina 593 per a més informació.

Un nadó de baix pes en néixer

"He llegit molt sobre l'alta incidència de nadons de baix pes en néixer. Puc fer alguna cosa per tal que el meu nadó no en sigui un més?"

Alguns casos de nadons amb baix pes en néixer es podrien prevenir, de manera que vostè sí que hi pot fer alguna cosa –de fet, considerant que està llegint aquest llibre sobre l'embaràs,

té moltes altres pacients en treball de part al mateix temps i també si la dilatació és molt llarga i comencen els canvis de torn). Probablement, també serà l'única persona (a banda del seu marit) que s'estarà al seu costat al llarg de tota la dilatació i el part –una cara amiga i familiar que veurà de principi a fi. I la feina de moltes doules no s'acaba aquí. També poden oferir ajuda i consells en el postpart sobre qualsevol aspecte de l'alletament i la cura del nadó.

Tot i que el futur pare pot témer que la doula el relegui a segon pla, no cal que es preocupi. Una bona doula també ajudarà a relaxar l'acompanyant de la partera. La doula li podrà respondre totes les preguntes que no gosi preguntar al metge o la infermera. Li farà costat i li donarà un cop de mà quan calgui fer massatge simultàniament a l'esquena i a les cames de la dona, o quan necessiti més glaçons o bé guiarà els exercicis de respiració en plena contracció. Serà un membre actiu i cooperador de l'equip de naixement, sempre disposada a col·laborar, però sense desplaçar mai la figura del pare.

Com es pot localitzar una doula? Molts centres de maternitat i hospitals, i també alguns ginecòlegs, compten amb una llista de doules disponibles. Si ho prefereix, demani referències a altres parelles que hagin fet ús d'aquest servei darrerament, o busqui'n per Internet alguna que visqui a la seva zona. Tan bon punt hagi localitzat una candidata, i abans de contractar-la, organitzi-hi una trobada per assegurar-se que totes dues se senten còmodes amb l'elecció. Pregunti-li per la seva experiència, formació, què pot fer i què no pot fer, i quines idees té sobre el part (si la mare té previst recórrer a l'epidural, per exemple, segurament no s'avindrà amb una doula que estigui en contra de qualsevol tipus d'anestèsia); també cal preguntar si està disponible a totes hores o si algú la substitueix periòdicament, si també ofereix serveis durant l'embaràs i/o el postpart, i quins honoraris fixa. Per a més informació o per a localitzar una doula que visqui a la seva zona consulti la pàgina www.doulas.es.

Una possible alternativa a la doula, i que també pot anar-li bé, és una amiga o parenta que hagi tingut fills i amb qui vostè se senti completament a gust. L'avantatge: no li costarà ni cinc. L'inconvenient: segurament no dominarà tant el tema com una doula. Una manera de superar aquest inconvenient és recórrer a una "doula aprenent", una amiga que es prepari unes hores per aprendre les tècniques de doula (pregunti al seu hospital si imparteixen aquest tipus de cursos). Els investigadors han demostrat que una "doula aprenent" pot garantir els mateixos beneficis que una de professional.

el més probable és que ja hi estigui fent el que pugui. Les estadístiques diuen que 8 de cada 100 nounats entren dins d'aquest grup de nadons amb baix pes en néixer (per sota dels 2,5 quilos, o alguns fins i tot per sota del quilo i mig). Però aquest percentatge és molt inferior entre dones conscienciades de la importància de les cures mèdiques i de les pròpies cures (i que tenen prou sort com per disposar de les cures alienes i prou informació com per realitzar correctament les autocures). De fet, es podrien prevenir la majoria de les causes de baix pes en néixer, com ara el consum de tabac, alcohol o drogues (particularment cocaïna), una nutrició deficient, un estrès emocional excessiu (no els nivells d'estrès habituals) o unes atencions prenatals insuficients. Moltes altres causes –com ara malalties cròniques de la mare– es podrien controlar amb una bona col·laboració entre l'embarassada i el seu metge. A vegades, una de les seves causes principals –com és un part prematur– també es podrien prevenir.

Signes de part prematur

Encara que les probabilitats que el seu nadó arribi abans d'hora són força reduïdes, val la pena que totes les futures mares es familiaritzin amb els símptomes del part prematur, ja que una detecció precoç pot tenir un gran impacte en els resultats. Pensi que la informació següent probablement no li farà mai falta, però que, pel sol fet de saber-la, ja fa una aposta a favor de la seguretat. Llegeixi la llista següent i si experimenta qualsevol dels símptomes que s'hi enumeren abans de la setmana 37 de gestació, truqui immediatament al seu ginecòleg:

- Rampes persistents, semblants a les de la menstruació, amb o sense diarrea, nàusees o indigestió.
- Contraccions doloroses i regulars cada 10 minuts (o més sovint) i que no remeten canviant de posició (no les confongui amb les contraccions de Braxton Hicks, que ja pot estar sentint i que no indiquen part prematur; vegi la pàgina 341).
- Dolor o pressió constant a la part baixa de l'esquena, o un tipus de mal d'esquena diferent a l'habitual.
- Canvi d'aspecte de les pèrdues vaginals, sobretot si són aigualides o estan tacades de color vermellós o marronós per la presència de sang.
- Adoloriment o sensació de pressió al sòl pelvià, a les cuixes o a l'engonal.
- Ruptura de les membranes (amb una sortida més o menys intensa de líquid per la vagina).

Tingui en compte que també és possible que experimenti algun d'aquests símptomes (o tots) però que no estigui de part (moltes embarassades noten pressió pelviana o dolor a la part baixa de l'esquena en algun moment). De fet, la majoria de dones que experimenten símptomes de part prematur acaben no donant a llum abans de la data de sortida de comptes. Però només el seu ginecòleg pot valorar la seva situació, de manera que agafi el telèfon i truqui'l. Sempre és millor anar per la via segura.

Per a més informació sobre factors de risc i prevenció de part prematur, vegi les pàgines 49-52. Per a més informació sobre l'evolució d'un part prematur, vegi la pàgina 605.

Certament, altres vegades el nadó és petit en néixer per raons que ningú pot controlar: com, per exemple, perquè la seva pròpia mare també presentava baix pes en néixer, per una placenta inadequada o per una alteració genètica. Un interval molt breu de temps entre embarassos (menys de nou mesos) també pot ser un factor desencadenant. Però fins i tot en aquests casos, un control estricte de la dieta i de les cures prenatals pot compensar en benefici del pes del nadó. I quan es constata que un nadó naixerà petit, les excel·lents atencions mèdiques de què es disposa avui dia proporcionen fins i tot al nadó més menut unes probabilitats cada cop més elevades de sobreviure i de créixer saludable.

Si creu que té raons de pes –mai millor dit– per preocupar-se per la possibilitat de tenir un nadó de baix pes en néixer, cal que les comenti al seu metge. Probablement, una ecografia podrà determinar si el fetus està creixent, en aquest moment, al ritme previst. Si no creix prou, es podrien prendre mesures per descobrir-ne la causa, i possiblement es podria trobar una solució per posar-hi remei (vegi la pàgina 597 per a més informació).

QUÈ CAL TENIR EN COMPTE

Com alleujar els dolors del part

Siguem realistes. Les 15 o més hores que s'allarga el procés de part no són bufar i fer ampolles. La dilatació i el part són processos durs i, normalment, dolorosos. I si encara no ho tenia clar, val la pena que es comenci a conscienciar que la dilatació li farà mal. Durant el treball de part, el seu úter es contraurà una i altra vegada per donar pas a un nadó relativament gran en comparació amb la mida de la cèrvix i encara més en comparació amb la vagina (i això que quan s'hi havia de ficar un tampó li semblava que no tindria prou espai per ficar-l'hi!). Ara bé, cal dir que es tracta d'un dolor amb una finalitat –i amb una finalitat realment preciosa i tendra– i no pas un dolor sense cap sentit.

Però malgrat que no es pugui eliminar tot el dolor del part (a no ser que es programi un part per cesària i s'eliminin així tant els dolors de la dilatació com els del part), sí que hi ha moltes maneres de fer més suportable aquest dolor. Com a dona embarassada, té la possibilitat d'elegir entre un ampli ventall de formes d'alleujar el dolor, amb opcions tant farmacològiques com no farmacològiques (o amb una combinació d'ambdues opcions). Pot elegir no medicar-se al llarg de tota la dilatació o només en la primera part (fins als primers tres o quatre centímetres). També pot recórrer a la medicina alternativa per afrontar el dolor (amb acupuntura, hipnosi o hidroteràpia, per exemple). O bé pot donar a llum amb una mica d'ajuda –o amb molta ajuda– a base d'analgèsics, com la més que popular anestèsia epidural (que li traurà tot o gairebé tot el dolor del part, però mantenint-la conscient de tot el procés).

Quina és la millor opció per a vostè? Per descobrir-ho, faci un cop d'ull a totes les opcions per afrontar els dolors de part (en aquest apartat presentem una àmplia gamma de possibilitats). Parli amb el seu ginecòleg. Demani l'opinió a amigues que hagin donat a llum recentment. I després decideixi's. Recordi que és possible que no la convenci una única opció sinó una combinació de diverses opcions (reflexologia amb anestèsia epidural, tècniques de relaxació complementades amb acupuntura). Recordi, també, la importància de ser flexible –i no ens referim només al tipus de flexibilitat adquirida amb els estiraments de les classes de preparació al part. Al capdavall, és possible que l'opció o les opcions que ara triï no li funcionin en ple treball de part (potser havia planejat administrar-se epidural però ara s'adona que pot suportar bé el dolor, o viceversa). I, per damunt de tot, recordi que (exceptuant que hi hagi alguna particularitat obstètrica que li imposi una manera determinada de dilatar i de parir), l'elecció és seva i només seva –és vostè qui ha de donar a llum i qui ha de decidir com fer-ho.

Medicacions contra el dolor

Quan ens referim a alleujar el dolor durant el treball de part, hi ha una àmplia varietat de medicacions per escollir, incloent-hi els anestèsics (substàncies que provoquen una pèrdua de sensació o que indueixen el son), analgèsics (substàncies que minimitzen el dolor) i ataràctics (tranquil·litzants). En la major part dels casos, serà decisió seva seleccionar el tipus de medicació que vol per tenir una dilatació i un part el més confortable possible, encara que la seva elecció es pot veure limitada en funció de la fase del part, de si es dóna una situació d'emergència, del seu historial mèdic previ o del seu estat actual (i el del seu nadó), així com en funció de les preferències i de l'experiència del seu anestesista.

Un altre aspecte que cal tenir en compte en analitzar les diferents opcions: l'eficàcia d'un fàrmac per calmar el dolor depèn de com afecti a cadascú (ja que els fàrmacs afecten a cada persona de manera diferent), de la dosi i d'altres factors. Hi ha la remota possibilitat que un fàrmac no li ofereixi l'alleujament del dolor que vostè pretenia, o que fins i tot no li alleugi el dolor en absolut. La major part de les vegades, però, les medicacions contra el dolor tenen exactament els mateixos efectes que els que es preveien –obtenint així el que vostè (i el seu metge) buscaven.

Aquestes són les medicacions contra el dolor més usades per a la dilatació i el part:

Epidural. L'epidural és l'anestèsia contra el dolor que usen dues terceres parts de les dones que donen a llum en hospitals. Les principals raons de la popularitat actual de l'epidural són la seva relativa seguretat (només cal una petita quantitat de medicació per aconseguir els efectes desitjats), la seva facilitat d'administració i el fet que produeix resultats satisfactoris per a la pacient (un alleujament del dolor de la part inferior del cos, que li permet estar desperta durant el naixement i prou alerta com per poder conèixer el seu fill tot just després de donar a llum). També es considera més segura per al nadó que no pas altres anestèsies, perquè l'epidural s'injecta directament a l'espina dorsal (tècnicament, en l'espai epidural, ubicat entre el lligament que subjecta les vèrtebres i la membrana que cobreix la columna vertebral), per la qual cosa aquest fàrmac (a diferència d'altres anestèsics) difícilment penetrarà en el torrent sanguini. I una notícia encara millor: li poden administrar l'epidural tan bon punt vostè la demani –no cal que s'esperi a estar dilatada uns quants centímetres (3 o 4, per exemple). Els estudis demostren que ni tan sols una epidural primerenca incrementa les probabilitats d'haver de practicar una cesària, com s'havia cregut anteriorment; a més, tampoc alenteix la dilatació de manera gaire significativa. I encara que el treball de part s'alentís una mica amb l'epidural, el seu metge li podria administrar pitocina (una versió sintètica de l'oxitocina, l'hormona que provoca contraccions naturalment) per ajudar-la a accelerar de nou la dilatació.

Això és el que es pot esperar si li administren l'epidural:

- Abans d'administrar l'epidural, es comença un degotament intravenós (per evitar una baixada de pressió sanguínia, un dels efectes secundaris de l'epidural en algunes dones; el degotament impedirà que la pressió li baixi massa).
- En alguns hospitals (les polítiques sanitàries varien), s'insereix un catèter (un tub) a la bufeta just abans o després d'aplicar l'epidural i s'hi deixa per tal que vagi drenant l'orina mentre l'anestèsia fa efecte (ja que la medicació pot eliminar les ganes d'orinar). En altres hospitals, la bufeta només es drena amb un catèter de manera intermitent i tan sols quan convingui.
- Tot just abans d'administrar l'epidural, es frega la part inferior i central de l'esquena de la pacient amb una solució antisèptica i s'adorm una petita zona de l'esquena amb anestèsia local. S'insereix una agulla llarga a través de la zona adormida i fins a arribar a l'espai epidural de la columna, generalment mentre la dona està estirada sobre el costat esquerre, asseguda o reclinada sobre la llitera, o bé recolzada en el marit o qualsevol altre acompanyant o en la infermera. Algunes dones noten una mica de pressió quan se'ls insereix l'agulla. Altres senten una mena de pessigolleig o un dolor momentani fins que l'agulla arriba al seu destí. Si té sort (i moltes dones en tenen), ni tan sols sentirà res mentre li administrin

l'epidural. A més, en comparació amb el dolor de les contraccions, la molèstia d'una agulla és gairebé ridícula.

- Es treu l'agulla i al seu lloc es deixa un catèter fi i flexible; aquest tub se subjecta amb esparadrap a l'esquena perquè la dona es pugui moure d'un costat a l'altre. Tres o cinc minuts després de la dosi inicial, els nervis de l'úter es comencen a adormir. Al cap de deu minuts, la dona ja comença a notar els efectes complets de l'anestèsia (amb un agradable alleujament del dolor). Aquesta medicació anestesia els nervis de tota la part inferior del cos i elimina per complet el dolor de les contraccions (d'això es tracta!).
- La pressió sanguínia es controla sovint mentre s'administra l'epidural, per evitar una baixada excessiva de pressió. L'administració dels fluids endovenosos i estar ajaguda de costat ajuden a contrarestar la davallada de la pressió.
- Com que a vegades s'ha associat l'epidural amb un alentiment del batec cardíac fetal, també se sol requerir un monitoratge fetal continuat. Encara que aquest monitoratge fetal limita una mica els moviments de la mare, permet al metge controlar el batec cardíac del nadó i "visualitzar" la freqüència i la intensitat de les contraccions de la dona (que, en teoria, no les hauria de notar).

Afortunadament, hi ha pocs efectes secundaris derivats de l'epidural, encara que algunes dones poden experimentar un adormiment d'una part del cos (i, per tant, l'anestèsia no és completa). També és possible que l'epidural no l'hagi adormida del tot si encara nota dolor a la part baixa de l'esquena (percebut sobretot quan el fetus es troba en una posició posterior, amb el cap pressionant les natges de l'embarassada).

Epidural espinal combinada (coneguda popularment com "l'epidural per caminar"). L'epidural espinal combinada garanteix el mateix nivell d'alleujament del dolor que l'epidural tradicional, però fa servir una quantitat menor de medicació per assolir el seu objectiu. No tots els anestesistes ni tots els hospitals ofereixen aquest tipus d'epidural (pregunti al seu metge si vostè en podria disposar). L'anestesista li administrarà una injecció d'analgèsic directament al líquid de la columna vertebral per ajudar a alleujar una mica el dolor, però com que la medicació només se subministra al líquid de la medul·la espinal, continuarà sentint i podent usar els músculs de les cames (per això també s'anomena "l'epidural per caminar"). Quan noti que necessita més medicació contra el dolor, se li administrarà a l'espai epidural (a través del catèter que se li havia inserit en el mateix moment en què li van administrar la medicació espinal). Encara que pugui moure les cames, el més probable és que tingui la sensació que les té dèbils, de manera que probablement no tindrà ganes d'aixecar-se ni de caminar.

Empènyer sense dolor

Empènyer durant el part ha de ser dolorós per força? No necessàriament. De fet, moltes dones troben que poden empènyer molt eficaçment sense recórrer a l'epidural, confiant que l'acompanyant o la infermera les avisi quan comenci una contracció per tal que puguin estar preparades per empènyer. Però si l'empenta indolora no els funciona (a vostè o al seu nadó) –i té la sensació que malbarata els seus esforços– es pot frenar l'administració d'anestèsia epidural per tal que comenci a notar les contraccions. I la medicació es pot restablir fàcilment després del part per adormir la zona mentre li suturin un possible esquinç o l'episiotomia.

Blocatge espinal[1] (per a parts per cesària) i blocatge baix espinal o cabdal (per a parts vaginals amb l'ús de fòrceps). Aquests bloquejadors localitzats, que avui dia no s'usen gaire, se solen administrar en una única dosi just abans del part (dit d'una altra manera, si no li han posat l'epidural durant la dilatació però vol que li alleugin el dolor durant el part, li administraran un bloquejador espinal d'efecte immediat). Com en el cas de l'epidural, aquests bloquejadors s'administren amb la dona asseguda o estirada de costat mentre s'injecta l'anestèsia al fluid que envolta la medul·la espinal. Els efectes secundaris dels bloquejadors espinals i cabdals són els mateixos que els de l'epidural (bàsicament, una possible davallada de la pressió sanguínia).

El blocatge púdic. El blocatge púdic, que de vegades es fa servir per alleugerir el dolor del principi de la segona fase del part, se sol reservar per als parts vaginals. Administrat a través d'una agulla inserida a l'àrea vaginal, aquesta medicació redueix l'adoloriment de la zona, però no les molèsties uterines. És útil quan es recorre a l'extracció amb fòrceps o amb ventoses, i els seus efectes es poden prolongar mentre es practica l'episiotomia (en cas que sigui necessària) i la sutura de l'episiotomia o l'esquinç.

Anestèsia general. Actualment, l'anestèsia general no se sol usar per als parts i només s'hi recorre en casos específics de parts quirúrgics d'emergència. Un anestesista, en una sala de parts o en un quiròfan, injecta el fàrmac per via intravenosa a la pacient per anestesiar-la completament. Només estarà conscient mentre durin els preparatius, però es mantindrà inconscient al llarg de tot el procés de part (que, normalment, finalitza en qüestió de minuts). En despertar-se de l'anestèsia, és possible que se senti desorientada, intranquil·la i cansada. També pot venir-li un atac de tos o pot notar el coll adolorit (a causa del tub endotraqueal que se sol inserir per la boca i a través de la gola), així com tenir nàusees i vòmits.

El problema principal de l'anestèsia general (a banda que la mare no pot viure el moment del part) és que seda tant la mare com la criatura. L'equip mèdic minimitzarà aquests efectes sedatius administrant l'anestèsia tan a prop com sigui possible del naixement. D'aquesta manera, el nadó pot néixer abans que l'anestèsia li hagi arribat en prou quantitat com perquè en noti els efectes. També és possible que el metge la posi a vostè de costat o li administri oxigen perquè també arribi més oxigen al nadó, minimitzant així els efectes temporals de l'anestèsia.

Demerol.[2] El Demerol, nom comercial del clorhidrat de meperidina, es fa servir sovint com a analgèsic obstètric. Aquest fàrmac, que se sol injectar (normalment als glutis) o administrar per via intravenosa, s'usa per calmar el dolor i per relaxar la mare per tal que pugui afrontar millor les contraccions. Es pot repetir cada dues o quatre hores, en cas que convingui. Però a moltes dones no els agrada la sensació d'endormiscament que els provoca aquest fàrmac i troben que encara els costa més d'afrontar els dolors del part si els hi administren.

Alguns dels efectes secundaris d'aquest fàrmac (depenent de la sensibilitat de la dona) inclouen nàusees, vòmits i una baixada de la pressió sanguínia. L'efecte que aquest analgèsic tindrà en el nounat depèn de la dosi total i de la proximitat del part en el moment d'administrar-lo. Si s'ha administrat massa a prop del naixement, el nadó pot mostrar-se somnolent i sense ganes de succionar; en casos més esporàdics, pot aparèixer una depressió de la respiració i pot fer falta administrar-li oxi-

[1] Raquianestèsia. *(Nota del revisor.)*

[2] A l'estat espanyol, Dolantina. Antigament es feia servir molt, però avui s'utilitza de manera excepcional. *(Nota del revisor.)*

gen. Tots els efectes secundaris manifestats en el nadó solen durar poc i, si cal, es poden tractar.

Aquest fàrmac no se sol administrar fins que la dona es troba en ple treball de part i es descarta qualsevol falsa alarma de part, però no més de dues o tres hores abans que previsiblement tingui lloc el naixement.

Tranquil·litzants. Aquests fàrmacs s'usen per calmar i relaxar les dones que es mostren excessivament nervioses per tal que, en tranquil·litzar-se, puguin col·laborar més activament en el part. Els tranquil·litzants també potencien els efectes dels analgèsics, com el Demerol. Com en el cas dels analgèsics, els tranquil·litzants se solen administrar quan el part ja està ben establert i bastant abans del naixement. Però de vegades també es fan servir en les primeres fases del part si l'ansietat de la mare frena l'evolució de la dilatació. Les reaccions als efectes dels tranquil·litzants varien d'una dona a una altra. Així, algunes dones agraeixen la somnolència que causen; altres troben que interfereix en el seu control de la situació i en la capacitat de recordar aquesta experiència tan memorable. Certament, la dosi és el que marca la diferència. Una petita dosi pot servir per reduir l'ansietat sense perjudicar el nivell d'atenció. Una dosi més gran pot provocar una parla embarbussada i un cert entorpiment entre les contraccions –fet que dificulta posar en pràctica tècniques de preparació al part. Encara que els riscos que presenten els tranquil·litzants per al fetus o el nounat són mínims, molts ginecòlegs prefereixen evitar l'ús de tranquil·litzants llevat que sigui estrictament necessari. Si creu que es podria posar molt nerviosa quan estigui de part, potser podria mirar d'aprendre algunes tècniques de relaxació no farmacològica (com ara meditació, massatge o hipnosi; vegi més informació a continuació), per tal que pugui passar l'experiència sense necessitat de medicar-se.

Afrontar el dolor amb la medicina complementària i alternativa (MCA)

No totes les dones volen medicació tradicional contra el dolor, però sí que gairebé totes volen que el seu part sigui el menys dolorós possible. I aquí és on la medicina complementària i alternativa (MCA) entra en joc. Actualment, els terapeutes que practiquen la MCA no són els únics que defensen els beneficis d'aquestes tècniques. Cada vegada hi ha més metges convencionals que també pugen al carro de la MCA. Alguns recomanen a les seves pacients tècniques de MCA –ja sigui com una medicació alternativa contra el dolor o com un complement relaxant a la medicació tradicional. Fins i tot si és de les que està convençuda que l'epidural està feta per a vostè, també val la pena que explori el món de la MCA. (I que l'explori bé abans de la data de sortida de comptes, ja que moltes tècniques requereixen pràctica –o fins i tot assistir a classes– per perfeccionar-les, i la majoria impliquen molta planificació.)

Però recordi recórrer a terapeutes qualificats i autoritzats, així com amb molta experiència en temes d'embaràs, dilatació i part.

Respiri

Voldria prescindir de la medicació però no pot –o no vol– recórrer a la MCA? El mètode Lamaze (o altres tipus de tècniques de part natural) també poden resultar molt efectives per afrontar el dolor de les contraccions. Trobarà més informació a la pàgina 308.

Acupuntura i acupressió. Els estudis científics actuals defensen el que els xinesos ja postulaven des de feia anys: l'acupuntura i l'acupressió són formes efectives per alleujar el dolor. Els investigadors han comprovat que l'acupuntura, mitjançant l'ús d'agulles inserides en punts concrets del cos, impulsa l'alliberament de diversos components químics del cervell, incloent-hi les endorfines, que bloquegen el dolor del part (i fins i tot poden ajudar a accelerar la fase de dilatació). L'acupressió funciona basant-se en el mateix principi que l'acupuntura, amb la diferència que en comptes d'inserir agulles al cos, el terapeuta fa servir la pressió dels seus dits per estimular determinats punts del cos. Es creu que l'acupressió exercida sobre la part central del pont del peu ajuda a alleujar els dolors de la dilatació. Si té la intenció de fer servir alguna d'aquestes dues tècniques mentre dilati, faci saber al seu ginecòleg que el seu terapeuta de MCA l'acompanyarà en aquesta primera fase del part.

Reflexologia. Els experts en reflexologia consideren que es pot accedir als òrgans interns a través de diversos punts del peu. Fent massatge als peus durant el treball de part, un reflexòleg pot relaxar l'úter i estimular la glàndula pituïtària i, segons sembla, reduir el dolor del part i fins i tot escurçar la durada de la dilatació. Alguns dels punts de pressió són tan potents que hauria d'evitar estimular-los en cas que no estigui de part.

Teràpia física. A través del massatge, les compreses fredes, el gel o la contrapressió intensa als punts adolorits, la teràpia física durant la dilatació pot alleugerir-li gran part del dolor. El massatge a les mans practicat per un acompanyant, una doula o un professional sanitari experimentat poden ajudar-la a relaxar-se i a disminuir el dolor.

Hidroteràpia. No hi ha res com un bany d'aigua tèbia –especialment si disposa de raigs encarats als punts adolorits i sobretot durant la dilatació. Fiqui's dins d'un jacuzzi per a una sessió d'hidroteràpia mentre estigui dilatant; així es relaxarà i notarà menys el dolor. Molts hospitals i centres de maternitat disposen d'aquestes banyeres especials per dilatar –o fins i tot per donar a llum.

Hipnosi per al part. Encara que la hipnosi no pot eliminar-li el dolor, adormir-li els nervis o aturar les contraccions, la pot relaxar profundament (moltes dones diuen que senten com si flotessin per l'aire) i així no estarà gens pendent de les molèsties. La hipnosi no funciona amb tothom; per anar bé, ha de ser una persona suggestionable (alguns factors a favor són tenir facilitat per concentrar-se, molta imaginació i agradar-li –o no fer-li res– estar sola). De fet, últimament cada vegada hi ha més dones que busquen l'ajuda d'un hipnoterapeuta qualificat (no es refiï dels que no disposin del certificat pertinent) per tal que les ensenyi a afrontar la dilatació amb autohipnosi; a vegades, també és possible que l'hipnoterapeuta acompanyi l'embarassada durant el procés de part. Però no és una tècnica que es pugui fer per primer cop quan es comencen a notar les contraccions, sinó que per arribar a una relaxació total l'ha d'haver practicat durant l'embaràs, i sempre sota les directrius d'un terapeuta qualificat (i mentre practiqui hipnosi, també li pot anar bé per alleujar les molèsties i els dolors de l'embaràs, així com l'estrès). Un dels grans beneficis de la hipnosi és que, tot i sentir-se completament relaxada, la dona no deixa d'estar totalment desperta i conscient de cada moment del naixement del seu fill. I tampoc té efectes secundaris per a l'embarassada (ni per al seu fill).

Distracció. Si no li fa el pes provar la hipnosi (o no ho va planejar amb prou antelació), pot intentar evadir la seva ment del dolor del part fent servir altres tècniques de distracció. Qualsevol cosa que distregui la seva atenció del dolor –mirar la televisió, escoltar música o meditar– pot disminuir-ne la percepció. També pot anar bé concentrar-se en un objecte (una ecografia del seu fill, un paisatge relaxant, la fotografia del seu lloc preferit) o fer exercicis de visualització (per exemple, imaginar-se com amb cada contracció el nadó es va atansant lentament, preparant-se per sortir de l'úter, emocionat i feliç). Mirar-se el dolor en perspectiva també és clau per a facilitar el part. Estar descansada i relaxada l'ajudarà a estar més còmoda. També convé pensar en positiu, ja que el dolor d'una contracció té una finalitat concreta –la d'aproximar-la al seu fill– i, a més, és un dolor que no durarà per sempre.

ENET (Estimulació nerviosa elèctrica transcutània). Aquesta tècnica fa servir elèctrodes que emeten pulsacions de baix voltatge per estimular les vies nervioses que condueixen a l'úter i a la cèrvix, suposadament bloquejant el dolor. No hi ha estudis concloents sobre si l'ENET és realment eficaç per reduir els dolors de part, però certs estudis demostren que comporta una primera fase de dilatació més breu i requereix menys medicació analgèsica.

Prendre la decisió

Ara ja té una visió general de les opcions d'alleujament del dolor de què disposa per a la dilatació i el part, és a dir, ja compta amb la informació que necessita per prendre una decisió raonada. Però abans de decidir què els convé més, a vostè i al nadó, també hauria de:

- Haver parlat sobre l'alleujament del dolor i l'anestèsia amb el seu ginecòleg abans que comenci el part. L'experiència del metge el converteix en una inestimable font d'informació en la presa de decisions –encara que no sempre es decanti la balança a favor seu. Ben abans que li arribi l'hora de la primera contracció, informi's de quin tipus de medicació o de tècniques de MCA sol fer servir, quins efectes secundaris li pot provocar, quan considera el metge que la medicació és estrictament necessària i quan és vostè qui té l'última paraula.
- No tancar-se en banda. Encara que l'ideal és pensar a l'avançada què podria ser el millor per a vostè en determinades circumstàncies, és impossible predir quin tipus de dilatació i de part acabarà tenint, com respondrà a les contraccions, i si finalment voldrà o necessitarà medicació. Fins i tot si està completament convençuda que voldrà l'epidural, potser no hauria de tancar del tot la porta a les tècniques de la MCA –com tampoc s'ha de tancar a la idea d'administrar-se l'epidural. Al cap i a la fi, és possible que el seu part sigui més suportable (o més ràpid) del que s'havia imaginat. I fins i tot si és una defensora acèrrima dels parts sense medicació, convé que no es giri d'esquena –almenys no del tot– a la possibilitat de recórrer als fàrmacs, per si de cas el part se li complica més del compte.

I, el més important de tot, mentre sospesa les diferents opcions d'alleujament del dolor, no perdi de vista l'objectiu fonamental –en aquest cas un objectiu d'allò més bufó. Al capdavall, tant se val per quina opció es decanti –i tant se val si finalment ha de renunciar als seus plans inicials–, el més important és que al final vostè donarà a llum al seu fill. I es podria imaginar un final més feliç que aquest?

CAPÍTOL 13

El vuitè mes

Setmanes 32 a 35 aproximadament

En aquest penúltim mes de gestació pot ser que encara estigui gaudint de cada instant de l'embaràs o també pot ser que ja es trobi cada cop més incòmoda arrossegant aquesta panxa que no para de créixer. Sigui com sigui, deu estar preocupada i emocionada alhora per l'esdeveniment que tant espera: l'arribada del seu fill. Evidentment, és lògic que tant vostè com la seva parella experimentin alhora emoció ("el nadó està a punt d'arribar!") i molts nervis ("gairebé ja és aquí!"), sobretot si aquest és el primer fill que esperen. El fet de compartir aquestes sensacions –especialment amb amics i familiars que ja tinguin fills– els ajudarà a adonar-se que tothom sent més o menys el mateix, sobretot la primera vegada que són pares.

El seu nadó aquest mes

Setmana 32 Aquesta setmana, el seu nadó farà pujar la balança fins a gairebé els 2 quilos i ja mesurarà uns 47,5 cm. I créixer és l'única feina que aquests dies ha de fer. Mentre vostè està enfeinada preparant-ho tot per a l'arribada del nadó, ell també està enfeinat preparant-se pel gran debut. En aquestes darreres setmanes, es dedica a practicar-ho tot, no deixa de practicar... ja que ha de perfeccionar les habilitats necessàries per sobreviure fora de l'úter, com ara moure's, respirar, empassar o succionar. I parlant de succionar, ara el seu fill ja és capaç d'estar una estona succionant-se el dit gros. Un altre canvi per a aquesta setmana: la pell del seu nadó ja deixa de clarejar definitivament. A mesura que acumularà greix i més greix sota la pell, el seu fill acabarà tornant-se opac (com vostè, vaja!).

Setmana 33 Aquests dies, el seu nadó guanya pes gairebé tan ràpidament com

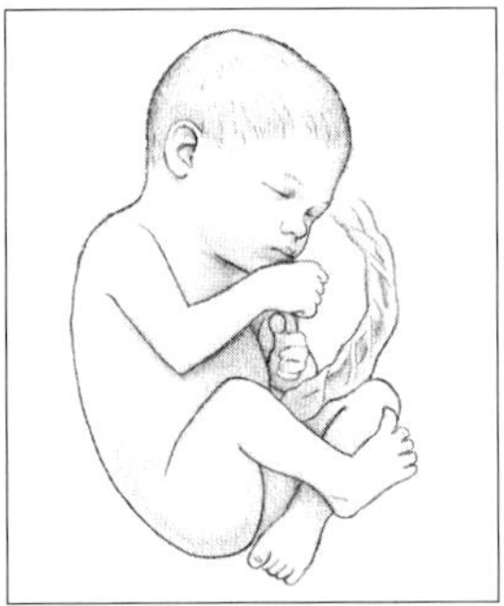
El seu nadó. Vuitè mes.

vostè (amb una mitjana de gairebé un quart de quilo per setmana), amb la qual cosa ja acumula un total de més de 2 quilos i quart. De tota manera, el seu fill encara ha de créixer molt, en llargada i en amplada. En només aquesta setmana ja creixerà 2,5 cm i pot gairebé doblar el seu pes actual de cara al dia de sortida de comptes. I amb aquesta criatura dins de l'úter, el seu nivell de líquid amniòtic ha disminuït (ja no queda espai per a més líquid). Això explica que els seus cops de mans i de peus siguin, a vegades, molt molestos: hi ha menys fluid per amortir les batzegades. Els anticossos també passen del seu propi cos al del seu nadó, ja que aquest continua desenvolupant el seu propi sistema immunitari. Aquests anticossos seran certament molt útils en la vida extrauterina del seu fill i, més endavant, el protegiran de molts dels gèrmens que rondaran pel pati de l'escola.

Setmana 34 El seu nadó possiblement ja farà gairebé mig metre de llarg i uns 2,5 quilos de pes. Espera un nen? En aquest cas, durant aquesta setmana els testicles li baixaran de l'abdomen cap a la seva destinació final: l'escrot. (Entre un 3 i un 4 per cent dels nens neixen amb testicles no descendits o criptorquídia, però això no és preocupant; solen acabar baixant per si sols abans de complir el primer any de vida.) I una altra notícia important sobre el nadó: aquesta setmana, les seves diminutes ungles probablement ja li hauran arribat fins a la punteta dels dits, així que asseguri's d'afegir tallaungles infantils a la seva llista de la compra!

Setmana 35 Aquesta setmana, el seu nadó manté la mateixa alçària, rondant el mig metre, i continua el seu pla d'increment d'un quart de quilo setmanal, pesant un total de ni més ni menys que 2,750 grams aproximadament. Mentre que l'alçària del nadó ja quedarà gairebé estabilitzada (la llargada mitjana dels nounats és d'uns 50 cm), el petit continuarà acumulant pes fins al moment del part. Una altra cosa que també anirà acumulant en les pròximes setmanes són les cèl·lules cerebrals. El desenvolupament cerebral continua a marxes forçades, preparant el nadó per a la vida exterior. D'altra banda, el més probable és que el seu nadó ja estigui encarat cap per avall. La majoria de criatures ja s'han col·locat de cap sobre la pelvis materna en aquest moment, o bé ho faran aviat. Això és una bona notícia, ja que el part serà més fàcil si el cap del nadó (la part més gran del seu cos) és el primer que surt. I no es preocupi: el cap del nadó és gran, però encara és tou (com a mínim, el crani), permetent així que el seu pas pel canal de part no resulti tan dificultós.

Què pot sentir

Com sempre, cal recordar que cada dona i cada embaràs són diferents. Vostè pot experimentar tots els següents símptomes en un moment o altre, o només experimentar-ne uns quants. Alguns es poden mantenir del mes anterior i d'altres poden ser nous. També n'hi ha altres que potser ara gairebé ni nota perquè ja s'hi ha acostumat. És possible que també tingui altres símptomes menys habituals. Heus ací el que podria experimentar aquest mes:

Físicament

- Activitat fetal intensa i regular.
- Fluix vaginal cada cop més abundant.
- Restrenyiment cada vegada més accentuat.
- Acidesa d'estómac, indigestió, flatulència, inflor.
- Mal de cap, mareig o desmais ocasionals.
- Congestió nasal i hemorràgies nasals ocasionals; sensació d'orelles tapades.
- Genives sensibles.
- Rampes a les cames.
- Mal d'esquena.
- Pressió o adolorimentt a la pelvis.
- Inflor lleugera de turmells i peus, i ocasionalment de mans i cara.
- Venes varicoses a les cames.
- Hemorroides.
- Picor a l'abdomen.
- Melic amb protrusió.
- Estries.
- Falta creixent d'alè a mesura que l'úter pressiona els pulmons, que s'alleujarà a mesura que el nadó es vagi encaixant.
- Dificultats per dormir.
- Augment de les falses contraccions (o contraccions de Braxton Hicks).
- Malaptesa creixent.
- Augment de la mida dels pits.
- Sortida de calostre dels pits (encara que aquesta substància prelàctia pot ser que no aparegui fins després del part).

Un cop d'ull a l'interior

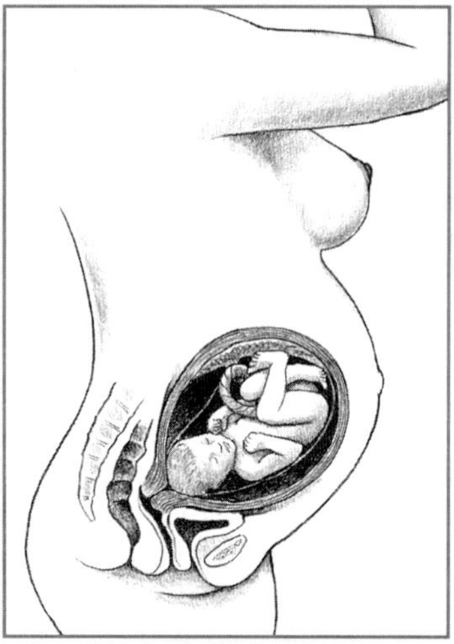

Una curiositat interessant de l'embaràs: la mesura en centímetres des de la part superior del seu os pubic fins a la part alta del seu úter es correspon aproximadament al nombre de setmanes de gestació; per tant, a les 34 setmanes, l'úter fa uns 34 cm des de l'os del pubis.

Emocionalment

- Ansietat creixent per l'arribada del moment del part.
- Aprehensió per la dilatació i el part.
- Distraccions creixents.
- Neguit per la proximitat de la maternitat, si espera el seu primer fill.
- Emoció per la constatació que ja no li falta gaire.

Què es pot esperar de la revisió d'aquest mes

A partir de la setmana 32 de gestació, és possible que el seu metge li demani que es vagi a visitar cada quinze dies per controlar-la més de prop. Encara que hi pot haver variacions, depenent de les seves necessitats particulars i dels protocols mèdics, aquest mes pot esperar que el seu ginecòleg li comprovi:

- Pes i pressió sanguínia.
- Orina, per detectar-hi sucre i albúmina.
- Batecs cardíacs del fetus.
- Altura del fundus (la part superior de la matriu).
- La mida (amb el pes aproximat) i la posició del fetus, mitjançant palpació externa (des de l'exterior).
- Comprovació de mans i peus, per detectar-hi edema, i de cames, per detectar-hi venes varicoses.
- Anàlisi d'estreptococs del grup B.
- Exposició dels símptomes que hagi experimentat, especialment els més inusuals.
- Plantejament dels dubtes i problemes que vulgui resoldre –prepari's una llista.

Què la pot amoïnar

Contraccions de Braxton Hicks

"De tant en tant tinc la sensació que l'úter se'm contrau i s'endureix. Què m'està passant?"

Tot és qüestió de pràctica. I amb el part a la cantonada del carrer, el seu cos ja escalfa motors per al gran dia, flexionant els músculs –literalment parlant. Aquestes contraccions uterines que vostè nota s'anomenen contraccions de Braxton Hicks –contraccions de pràctica per al part que solen començar a partir de la vintena setmana de gestació (encara que són molt més perceptibles en els darrers mesos d'embaràs). Aquestes falses contraccions (que solen experimentar abans i amb més intensitat les dones que ja han tingut fills) provoquen una sensació d'enduriment que comença a la part superior de l'úter i que es va estenent cap avall de manera gradual, durant entre 15 i 30 segons, encara que a vegades es poden allargar fins a dos minuts o més. Si es mira el ventre mentre té una d'aquestes contraccions, també podrà veure exteriorment què li passa; el seu abdomen normalment arrodonit es pot posar punxegut o estranyament deformat. Fa impressió de veure, però és normal.

Encara que les contraccions de Braxton Hicks no siguin de part, pot ser difícil distingir-les de les reals –sobretot quan es tornen més intenses, com sol ocórrer a mesura que s'acosta el part. I encara que (tot i ser realment molestes) no són prou eficaces com per expulsar el fetus, poden posar en marxa els processos previs d'esborrament i dilatació de la cèrvix, de manera que afavoreixen el part abans que realment comenci.

Per alleujar qualsevol molèstia provocada per aquestes contraccions, procuri canviar de posició –estirant-se i relaxant-se si estava dempeus, o aixecant-se i caminant una mica si estava asseguda. Asseguri's també de beure prou. A vegades, la deshidratació (encara que només sigui lleu) pot provocar contraccions, incloent-hi aquestes falses contraccions. També pot aprofitar aquestes contraccions per practicar els seus exercicis de respiració i les diverses tècniques de donar a llum que hagi après, per tal que li sigui més fàcil afrontar les contraccions autèntiques tan bon punt arribin.

Si les contraccions no remeten amb un canvi de posició i a més es tornen cada cop més fortes i més regulars, podria estar realment de part, així que no dubti a trucar al seu ginecòleg. Un consell prudent: si té més de quatre contraccions en una hora, truqui al seu metge i expliquili-ho. Si té molts problemes per distingir les contraccions de Braxton Hicks de les reals –especialment si espera el seu primer fill i, per tant, no ha experimentat mai una contracció autèntica– informi's sobre els diferents tipus de contraccions a la pàgina 392 i truqui al seu ginecòleg per descriure-li exactament què sent.

Un desagradable pessigolleig a les costelles

"Tinc la sensació com si el nadó hagués posat els peus a la meva caixa toràcica. I em fa mal de debò."

Al llarg dels últims mesos de gestació, quan el fetus ja no disposa de prou espai dins de l'úter, mira de trobar un forat entre les costelles de la mare per poder-hi estirar les cames, i aquesta pressió amb els peus contra les costelles de la mare no és gens agradable. Si vostè canvia de posició, és possible que convenci el seu nadó per tal que faci el mateix. Uns quants balanceigs pelvians també poden fer que el fetus es mogui. O miri de fer-lo canviar de posició amb el següent exercici: agafi aire profundament tot aixecant un braç per damunt del cap i després tregui l'aire lentament mentre torna a abaixar el braç; repeteixi l'exercici unes quantes vegades amb cada braç.

Si no funciona cap d'aquestes tàctiques, val més deixar-ho estar. Quan el seu petit s'encaixi, o baixi fins a la pelvis, com sol ocórrer dues o tres setmanes abans del part en els primers embarassos (i normalment fins que comença la dilatació en els embarassos posteriors), probablement ja no podrà estirar els peus fins tan amunt com per tocar-li les costelles.

Un altre motiu de dolor a la caixa toràcica provocat pel seu nadó –encara que no directament– és la distensió dels lligaments de la zona, a causa de les hormones de l'embaràs. L'acetaminofèn (o paracetamol) pot ajudar a alleujar el dolor, però també cal evitar aixecar pesos, ja que el dolor podria empitjorar (a més, de pesos, tampoc n'hauria d'aixecar!).

Falta d'alè

"A vegades em costa respirar, fins i tot quan no estic fent cap esforç. Què em passa? Podria significar que el meu nadó no rep prou oxigen?"

No li ha de sorprendre que darrerament noti com si li faltés l'aire. El seu úter en constant expansió pressiona ara tots els seus òrgans interns en un intent de proporcionar l'espai necessari per al seu nadó en continu creixement. Entre els òrgans afectats per la pressió es troben els seus pulmons, comprimits per l'úter, que en limita la capacitat de dilatar-se completament en agafar aire. Això, juntament amb la progestero-

L'elecció del pediatre

Elegir un pediatre (o un metge de capçalera) és una de les decisions més importants que hauran de prendre com a pares –i, de fet, no haurien d'esperar fins a ser-ho per prendre-la. Valorin les alternatives i prenguin una decisió ara, abans que el seu nadó comenci a plorar inexplicablement a les 3 de la matinada; així, la seva transició cap a la paternitat i la maternitat se'ls farà menys costa amunt. D'aquesta manera, també podran prendre una decisió sospesada i no a corre-cuita.

Si no saben per on començar a buscar, demanin referències al seu ginecòleg (si n'estan contents), o bé a amics, veïns o companys de feina que tinguin fills. O bé contacti amb l'hospital o el centre de maternitat on hagi de donar a llum (pot trucar a la planta de parts o a la de pediatria i demanar a la infermera de guàrdia si la pot informar: ningú no coneix millor els metges que les pròpies infermeres). Evidentment, si té una assegurança de salut amb un quadre mèdic limitat, n'haurà d'escollir un de la llista.

Un cop hagi reduït les seves opcions a dues o tres, convé concertar-hi una cita; la majoria de pediatres o metges de medicina general hi estaran d'acord. Prepari una llista de preguntes sobre temes importants per a vostè, com ara: el protocol de les visites (per exemple, a quina hora se'l pot trucar o si, en cas que no se'l localitzi, torna la trucada), el suport a l'alletament, la circumcisió, l'ús d'antibiòtics, o bé si el metge atén personalment totes les visites o si l'ajuda alguna infermera. També és important saber si el metge forma part de la plantilla fixa del centre i si es podrà fer càrrec de la cura del nounat en el propi hospital.

na extra que l'ha deixada sense alè des de fa mesos, explica per què pujar un tram d'escales la deixa tan exhausta com si hagués corregut una marató (amb el vent en contra, per acabar-se d'ofegar). Per sort, encara que aquesta falta d'alè pot resultar-li molt molesta, el seu nadó ni se n'adona, ja que obté l'oxigen necessari a través de la placenta.

L'alleujament d'aquesta molèstia sol arribar cap al final de l'embaràs, quan el nadó baixa cap a la pelvis preparant-se per a l'expulsió (en els primers embarassos, sol ocórrer dues o tres setmanes abans del part, mentre que en els següents no acostuma a passar fins que comença la dilatació). Fins aleshores, li pot resultar més fàcil de respirar si s'asseu amb l'esquena recta en comptes d'inclinada i si dorm una mica incorporada, recolzant el cap damunt de dos o tres coixins.

A vegades, la falta d'alè pot ser un símptoma que la dona està baixa de ferro, així que comenti-ho al metge. Truqui'l immediatament (o vagi a urgències) si la falta d'alè és greu i acompanyada de respiració ràpida, si se li posen de color blavós els llavis i les puntes dels dits, i/o si se li accelera el pols.

Incontinència urinària

"Ahir vaig mirar una pel·lícula de riure i cada cop que reia se m'escapaven unes gotetes de pipí. És normal?"

Per si les freqüents corredisses cap al lavabo encara no fossin prou molestes, al tercer trimestre se li afegirà un altre problema relacionat amb la bufeta: la incontinència urinària. Aquesta manca del control de la bufeta –que fa que tingui una mica de pèrdues quan tus, esternuda i aixeca pesos, o fins i tot quan riu (encara que això no li faci cap gràcia)– és el resultat de la creixent pressió contra la bufeta exercida per un úter en constant desenvolupament. Cap al final de l'embaràs, algunes dones també experimenten, de sobte, unes aclaparadores ganes d'orinar immediatament ("hi he d'anar ara mateix!").

Procuri seguir els següents consells per prevenir o controlar la incontinència urinària:

- Cada vegada que vagi a orinar, buidi la bufeta tant com pugui, inclinant-se una mica endavant.
- Practiqui els exercicis de Kegel. Amb aquests exercicis, se li enfortiran els músculs pelvians i previndrà o corregirà la majoria de casos d'incontinència induïda per l'embaràs –a més, pensant en el futur proper, també l'ajudaran a prevenir la incontinència postpart. Per saber com es fan aquests exercicis, vegi la pàgina 324.
- Faci un exercici de Kegel o creui les cames mentre tussi, esternudi o rigui.
- Posi's un protector, si el necessita o creu que el podria necessitar. Si les pèrdues són especialment abundants, porti compresa.
- Eviti el restrenyiment, ja que la femta dura pot afegir pressió a la bufeta. A més, fer massa esforços durant la defecació (com sol ocórrer quan s'està restret) pot afeblir la musculatura del sòl pelvià. Si vol consells per combatre el restrenyiment, vegi la pàgina 191.
- Si la necessitat sobtada d'orinar la fa tornar boja (i la fa anar sempre corrent al lavabo), procuri entrenar la seva bufeta. Orini amb més freqüència –cada trenta minuts o cada hora–, per tal d'anar al lavabo abans que senti la necessitat incontrolable d'anar-hi. Al cap d'una setmana, ja pot anar allargant progressivament l'estona entre visita i visita al lavabo, afegint-hi 15 minuts cada vegada.
- Segueixi bevent almenys vuit gots d'aigua al dia, fins i tot si té una mica d'incontinència o sempre ha d'anar al lavabo de pressa i corrent. Limitar la seva ingesta de líquids no reduirà les pèrdues d'orina i, a més, pot provocar-li deshidratació o una infecció del tracte urinari. I aquestes infeccions poden desencadenar molts altres problemes (incloent-hi les contraccions preterme), a més d'accentuar la incontinència urinària. A la pàgina 543 trobarà consells per mantenir saludable el seu tracte urinari.

Per estar segura que les seves pèrdues són d'orina (que és el més probable) i no de líquid amniòtic, comprovi-ho per l'olor. Si el líquid que perd no fa olor d'orina (que seria similar a l'amoníac, mentre que l'olor del líquid amniòtic és més dolça), faci-ho saber al seu ginecòleg com abans millor.

Aspecte de la panxa

"Tothom em diu que tinc un ventre molt petit i baix per estar de vuit mesos. La llevadora m'assegura que tot és correcte, però podria ser que el meu fill no cresqués prou?"

El cert és que no es pot saber com serà una criatura per la forma del ventre matern. L'aspecte de la seva panxa tindrà menys a veure amb la constitució corporal del seu fill que no pas amb els factors següents:

- La seva pròpia constitució corporal, silueta i estructura òssia. Hi ha panxes de totes mides, com també hi ha embarassades de totes mides. Una dona menuda pot tenir una panxa més estreta (petita, baixa i molt sortida) que no pas una dona més corpulenta. A més, hi ha dones amb molt sobrepès que ni tan sols sembla que estiguin embarassades; això s'explica perquè els seus nadons ja tenen molt espai disponible dins de l'ample abdomen de la seva mare.

- La seva tonificació muscular. Costarà més de veure la panxa a una dona amb una musculatura forta que a una altra amb la musculatura més flàccida, sobretot si ja ha tingut fills abans.
- La posició del nadó. La manera en què el fetus es col·loca a l'interior de l'úter també pot afectar l'aspecte més o menys voluminós del ventre.
- El seu augment de pes. Un major augment de pes de la mare no prediu necessàriament un fill més gras; en tot cas, una mare més grassa.

Maneres de portar el nadó al vuitè mes

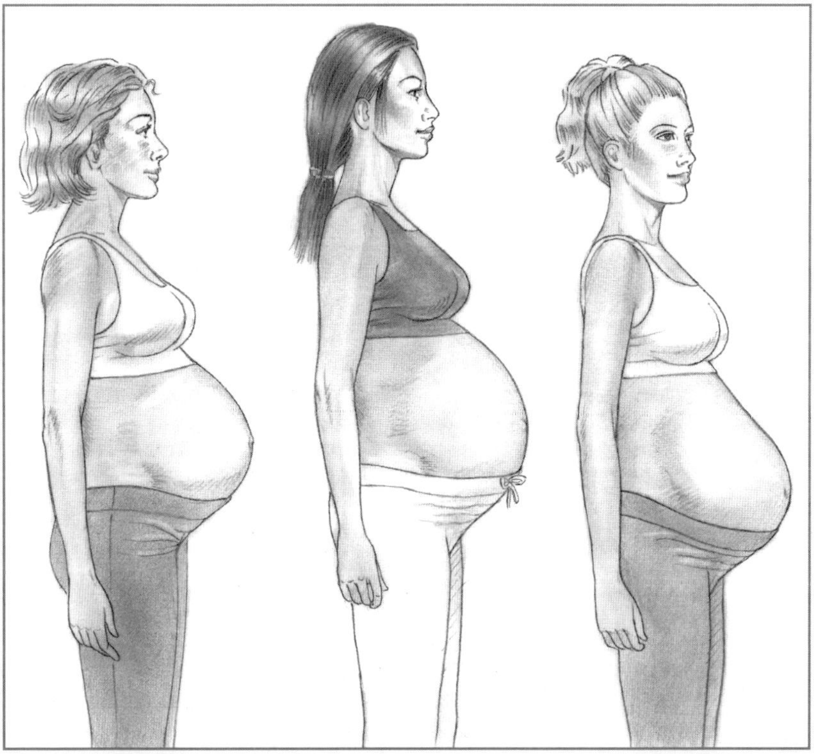

Aquí tan sols mostrem tres de les molt diverses maneres en què una dona pot portar el nadó cap a finals del vuitè mes. En aquesta fase de l'embaràs, les variacions són encara més grans que no pas en fases prèvies. Depenent de la mida i de la posició del seu nadó, així com de la seva pròpia constitució i augment de pes, la seva panxa serà més alta o més baixa, més gran o més petita, i més ampla o més estreta.

Pel que fa a la mida del fetus, les úniques valoracions a tenir en compte són les mèdiques –o sigui, les que li fa el ginecòleg en cada visita prenatal, i no pas les de la cunyada, la companya de feina o una perfecta desconeguda mentre fa cua a la caixa del supermercat. Per avaluar el progrés del seu nadó més acuradament en cada visita prenatal, el seu metge no en tindrà prou de donar-li un cop d'ull al ventre.

Rutinàriament, el ginecòleg li mesurarà l'altura del fundus (la part superior de l'úter) i palparà el seu abdomen per ubicar les diferents parts del cos del seu petitó i per estimar-ne la mida. Altres proves, incloent-hi les ecografies, també es poden fer servir per calcular-ne el pes aproximat.

En poques paraules, el que compta és el que hi ha dins –i, segons sembla, dins de la seva petita panxa hi ha un nadó suficientment gran.

"La gent em diu que estic esperant un nen perquè només se'm veu molt ventre i pocs malucs. Ja m'imagino que tot això són falòrnies, però pot ser que tingui algun fonament?"

Hi ha un 50 per cent de possibilitats d'encertar les prediccions –del tipus que siguin– sobre el sexe del nadó. (De fet, en el cas dels nens el percentatge és una mica superior, ja que neixen 105 nens per cada 100 nenes.) Un percentatge que no estaria gens malament si del que es tractés fos de fer una juguesca; però que no està tan bé si del que es tracta és de guiar-s'hi per comprar tota la robeta de la criatura o per preparar la llista de possibles noms.

I això val per a totes les prediccions que no estiguin basades en informes genètics o en ecografies, del tipus "els nens et fan una panxa punxeguda i les nenes, més ampla" o bé "les nenes fan créixer el nas, però els nens no".

Constitució corporal i part

"Faig aproximadament un metre i mig d'alçada i sóc molt prima. Tinc molta por que això em provoqui problemes en el moment de donar a llum."

Quan es tracta de donar a llum a una criatura, la mida sí que importa –però la mida del nadó i no la de la mare. El que determinarà la seva major o menor dificultat per parir serà la relació entre la forma i la mida de la seva pelvis i la mida del cap del nadó, i no pas el seu propi pes o constitució física. I el fet que vostè sigui tan menuda no significa necessàriament que la seva pelvis hagi de ser especialment estreta. Una dona baixa i primeta pot tenir perfectament una pelvis més espaiosa que una d'alta i robusta.

Com pot saber de quina mida té la pelvis (al cap i a la fi, no naixem amb l'etiqueta de "pelvis petita, mitjana o gran")? El ginecòleg li pot fer valoracions raonades sobre la mida de la seva pelvis, generalment basant-se en les mides preses en el primer reconeixement prenatal.

De tota manera, si encara li queda algun dubte sobre si el cap del nadó és massa gran com per passar per la seva pelvis quan es posi de part, pot recórrer a una ecografia per fer-ne una valoració més exacta.

Com és lògic, la mida de la pelvis –i tota l'estructura òssia– sol ser més petita en dones més baixes. Però, per sort, les dones menudes no acostumen a tenir fills molt grans. Així, normalment els nounats solen acoblar-se bé a la mida de la pelvis de les seves mares (encara que pot ser que després acabin sent molt més alts i corpulents). Per tant, el més probable és que el seu fill tingui la mida ideal per a vostè.

Augment de pes de la mare i mida del nadó

"He augmentat tant de pes que tinc por que el meu fill sigui molt gran i jo tingui problemes per donar a llum."

El sol fet que vostè s'hagi engreixat molt no significa necessàriament que el seu fill també ho hagi fet. El pes del seu nadó està determinat per un gran nombre de variables: la genètica, el seu propi pes en néixer (si vostè era gran en néixer, és més probable que el seu fill també ho sigui), el seu pes previ a l'embaràs (les dones més grasses acostumen a tenir fills també més grassos) i el tipus d'alimentació amb què hagi augmentat de pes. Així doncs, fins i tot amb un augment de 16 o 18 quilos es pot tenir un nadó de 2,5 quilos, mentre que amb un increment d'11 quilos es pot donar a llum a una criatura de 3,5 quilos. De tota manera, sí que és cert que, per terme mitjà, un augment de pes més substancial comportarà un nadó més gran.

Palpant-li l'abdomen i mesurant-li l'altura del fundus (la part superior de l'úter), el seu ginecòleg es podrà fer una idea de la mida del nadó, tot i que aquestes valoracions aproximades poden comportar un error de càlcul de mig quilo o més. Amb una ecografia se'n pot obtenir una idea més aproximada, però també en aquest cas hi pot haver errors.

Però fins i tot si la criatura té tots els números per ser gran, això no significa automàticament que el part hagi de ser difícil. Tot i que un nadó de 2,5 o 3 quilos sol néixer més de pressa que un de 3,5 o 5 quilos, moltes dones poden donar a llum –per via vaginal i sense complicacions– a nadons força grans. El factor determinant, com en qualsevol part, serà si el cap del nadó (la part més gran del seu cos) podrà travessar la pelvis. Vegi la pregunta anterior per a més informació.

La posició del nadó

"Com puc saber com està col·locat el meu nadó? Voldria estar segura que està ben posicionat de cara al part."

El joc "d'endevina què és aquest bony" (intentar descobrir on són les espatlles, els colzes o les natges de la criatura) pot ser més entretingut que el millor programa de televisió, però no és la millor manera per determinar la posició del nadó. El metge se'n podrà fer una idea més aproximada palpant el seu abdomen per localitzar-hi les parts del cos del nadó. La ubicació del batec cardíac fetal és una altra pista per determinar-ne la posició: si el nadó està de cap per avall, el cor se sol detectar a la meitat inferior de l'abdomen de la mare; i el batec cardíac serà més perceptible si l'esquena del nadó és a la part frontal de l'abdomen de la dona. En cas de dubte, una ecografia ajudarà a verificar la posició del fetus.

Gira't, petitó, gira't!

Alguns ginecòlegs recomanen uns exercicis senzills per ajudar a fer girar el nadó col·locat de natges per tal que se situï de cap per avall, facilitant així el part. Pregunti al seu metge si pot practicar alguns dels següents exercicis a casa: col·locada de quatre grapes i amb les natges més elevades que el cap, inclini's endavant i enrere diverses vegades al dia; faci balanceigs pelvians (vegi la pàgina 249); posi's de genolls (separant-los lleugerament) i inclini's endavant fins que el pit li toqui a terra i la panxa gairebé també (si pot, mantingui's en aquesta posició durant 20 minuts tres vegades al dia, per millorar-ne l'efectivitat).

De cara endavant

L'únic important no és només si està de cap per amunt o de cap per avall, sinó també si es col·loca de cara o d'esquena. Si el nadó està de cara enrere, amb la barbeta apuntant al seu pit (com s'acaben col·locant molts nadons en néixer), està d'enhorabona. Aquesta posició, anomenada occipital anterior, és l'ideal per al part, ja que el cap del nadó està preparat per travessar la pelvis de la manera més còmoda i fàcil possible. Si el nadó està encarat cap al seu ventre (en una posició anomenada occipital posterior) serà un inconvenient per al part (vegi la pàgina 400) perquè el seu crani li pressionarà l'espina dorsal. Això també significa que l'expulsió del seu nadó es podria allargar una estona més.

A mesura que s'aproximi el dia de sortida de comptes, el seu ginecòleg intentarà determinar de quina manera (endavant o enrere) està encarat el cap del seu nadó –però si té moltes ganes de descobrir-ho ara mateix, es pot guiar per les següents pistes: si el seu nadó està col·locat en posició occipital anterior (mirant cap enrere), notarà el ventre dur i llis (ja que tocarà l'esquena del seu fill). Si està en posició occipital posterior, tindrà la panxa més tova i voluminosa ja que les cames i els braços del nadó estan cap endavant.

Creu –o li han dit– que el seu nadó podria estar en posició occipital posterior? De moment, no cal que es comenci a preocupar pel part. La majoria de nadons es giren en posició occipital anterior durant la dilatació. Algunes llevadores recomanen ajudar una mica el nadó durant la dilatació posant-se de quatre grapes i practicant balanceigs pelvians; no està comprovat que aquests exercicis puguin fer girar correctament un nadó (i, dit sigui de passada, caldrien més investigacions en aquest sentit), però el cert és que tampoc li poden fer cap mal. Al capdavall, també poden ajudar-la a fer-li passar el mal d'esquena, en cas que en tingui.

Tot i això, no es pot resistir a la temptació de continuar jugant al seu principal passatemps (ni a la temptació de continuar palpant aquelles gracioses protuberàncies arrodonides)? Doncs continuï jugant –però per fer el joc més interessant (i per tenir alguna pista fiable), a partir d'ara procuri tenir en compte els següents indicadors:

- L'esquena del nadó sol ser una superfície llisa i convexa, situada a la cara oposada d'un seguit de petites irregularitats que són les mans, els peus i els colzes.
- Cap al vuitè mes, el cap del fetus ja sol estar situat prop de la pelvis; és arrodonit, ferm i, després d'empènyer-lo, torna a la posició inicial sense que es mogui la resta del cos.
- Les natges del nadó tenen una forma menys regular i són més toves que el cap.

Posició de natges

"En la darrera visita prenatal, el metge em va dir que tenia el cap del nadó prop de les costelles. Això vol dir que està col·locat de natges?"

Encara que ja es vagi preparant per a la seva posició definitiva, el seu nadó encara pot fer molts exercicis de gimnàstica en les properes setmanes de gestació. De fet, encara que la majoria de fetus ja

En quina posició està el nadó?

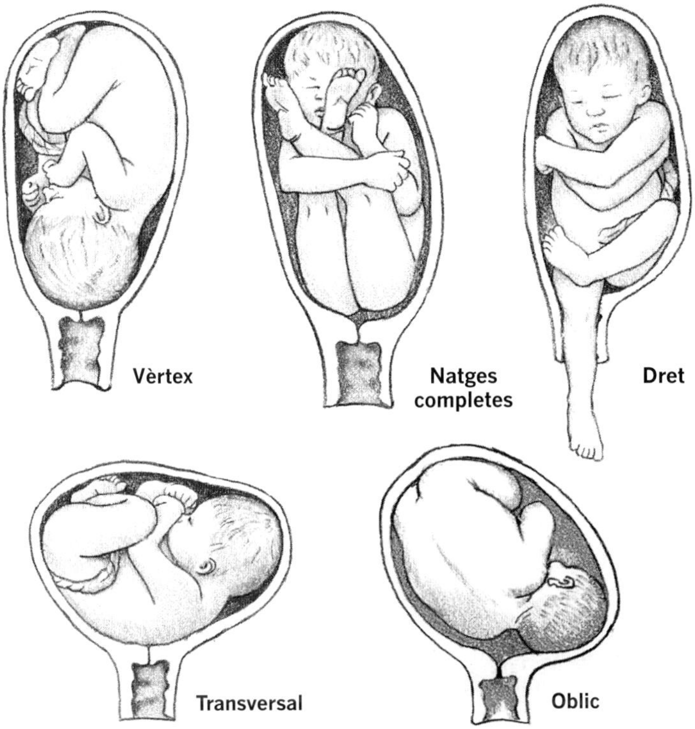

Posicions i més posicions –quan es tracta de donar a llum, la posició del nadó és realment important. La majoria de nadons estan de cap per avall, en l'anomenada posició de vèrtex. La posició de natges pot aparèixer de diverses formes: en la posició de natges completes, el nadó està amb el cul a baix, i amb les cames estirades cap amunt i col·locades davant de la seva cara. També pot estar dret, amb les dues cames cap avall. En la posició transversal, el nadó està ajagut de costat dins de l'úter. Parlem de posició obliqua quan el cap del nadó no apunta cap a la cèrvix de la mare sinó cap als malucs.

es col·loquen de cap per avall entre les setmanes 32 i 38 (i que la posició de natges només es dóna en un 5 per cent dels embarassos), alguns no es col·loquen en la posició correcta fins pocs dies abans de néixer. Per tant, per molt que ara el seu fill estigui de natges, no significa que hi estigui en el moment del part.

Si el seu nadó es manté obstinadament de natges a mesura que s'acosta el part, vostè i el seu metge poden parlar sobre les possibles maneres d'intentar fer girar el nadó de cap per avall i sobre el millor mètode per donar a llum (trobarà informació complementària a continuació).

"Si el meu fill està de natges, puc fer res per fer-lo girar?"

Hi ha diverses maneres per intentar que una criatura que ve de natges es posi de cap per avall. Des del punt de vista tècnic, el seu metge li pot recomanar la pràctica de simples exercicis, com els descrits al quadre de la pàgina 347. Una altra opció (anomenada moxibustió) prové de l'àmbit de la MCA i fa servir una forma d'acupuntura combinada amb herbes medicinals per convèncer els fetus més tossuts a girar-se.

Si, tot i això, el seu nadó no sembla que tingui la intenció de girar-se, el seu ginecòleg li pot suggerir una altra tècnica mèdica, amb l'objectiu que el fetus es col·loqui en la desitjable posició de cap per avall: es tracta de la versió cefàlica externa (VCE).

Aquesta tècnica es realitza cap a la setmana 37 o 38 de gestació, o més a prop del part si l'úter encara està relativament relaxat; alguns metges prefereixen intentar posar-la en pràctica després d'administrar l'epidural. El seu ginecòleg (guiant-se per les ecografies i normalment ja a l'hospital) aplicarà les mans sobre el seu abdomen (vostè notarà una mica de pressió, però probablement no li farà mal –sobretot si ja porta l'epidural) i intentarà fer girar suaument el seu nadó de cap per avall. Un monitoratge continuat servirà per comprovar que tot va bé mentre es duu a terme aquesta maniobra.

Les probabilitats d'èxit són força elevades. Gairebé dues terceres parts de tots els intents de VCE funcionen perfectament (i el percentatge d'èxit és encara més elevat per a les dones amb al tres fills, gràcies a uns músculs uterins i abdominals més laxos). Alguns nadons no s'arriben a girar mai i una petita proporció de fetus contrariats es giren però tot seguit tornen a la seva posició de natges.

"Si el meu fill està de natges, com afectarà això a la dilatació i el part? Puc intentar tenir-lo per via vaginal?"

La valoració de si provar un part vaginal dependrà d'una gran varietat de factors, incloent-hi els protocols del seu ginecòleg i la seva situació obstètrica. La majoria de ginecòlegs practiquen una cesària rutinàriament quan un nadó ve de natges (de fet, només un 0,5 per cent dels nadons en aquesta posició acaben naixent per via vaginal), perquè diversos estudis han suggerit que és la manera més segura de donar a llum en aquests casos. Tot i això, hi ha alguns metges i llevadores que creuen que val la pena intentar un part vaginal en determinades circumstàncies (com ara que el nadó estigui de natges completes i que la mare tingui una pelvis prou espaiosa).

Un bon consell si el seu nadó es presenta de natges: sigui flexible en els seus plans de part. Fins i tot si el ginecòleg li dóna llum verda per intentar tenir el seu fill vaginalment, no és més que això: un intent. Si la cèrvix se li dilata massa lentament, el seu nadó no avança pel canal del part prou ràpidament, o sorgeixen altres problemes, el més probable és que li acabin practicant una cesària. Parli ara amb el seu ginecòleg de les diferents opcions per tal que estigui preparada per a qualsevol possibilitat.

Altres posicions inusuals

"El metge m'ha dit que el meu fill està en posició obliqua. Què vol dir i quines conseqüències pot tenir de cara al part?"

Els nadons es poden col·locar de totes les maneres possibles, i la posició obliqua n'és una. El que significa és que el cap del nadó no apunta cap a la cèrvix de la mare sinó cap als malucs. Una posició obliqua dificulta l'expulsió vaginal, de manera que el seu ginecòleg podria practicar la tècnica de la versió cefàlica externa (vegi la pàgina 350) per intentar col·locar el seu fill de cap per avall. En cas contrari, és probable que opti per una cesària.

El nadó també es pot col·locar en posició transversal. En aquest cas, el fetus està ajagut de costat, col·locat a través de l'úter, en comptes d'estar vertical. També en aquesta circumstància, se li podria practicar una VCE per intentar fer girar el nadó i col·locar-lo de cap per avall. Si aquesta tècnica no funciona, el seu fill haurà de néixer per cesària.

Part per cesària

"M'hauria agradat tenir el meu fill per via vaginal, però el metge m'acaba de confirmar que probablement m'haurà de practicar una cesària. Estic molt disgustada."

Encara que es considera una intervenció quirúrgica major (i la intervenció quirúrgica més feliç que li podran practicar mai), la cesària és una manera molt segura de donar a llum i, en alguns casos, la manera més segura i tot. Actualment, un trenta per cent de les dones donen a llum per cesària, per la qual cosa gairebé una de cada tres dones pareix per via quirúrgica, fins i tot encara que no hi hagi factors predisposants.

Dit això, si tenia ganes de donar a llum vaginalment, és comprensible que saber que probablement tindrà el seu fill per cesària l'hagi decebuda una mica. Ara, les imatges d'empènyer mentre expulsa el seu fill –que potser són les úniques imatges que s'havia imaginat d'un part– deixen lloc a les preocupacions per la intervenció, per una recuperació més lenta i per la cicatriu.

Però hi ha alguns aspectes a tenir en compte si el seu metge decideix finalment que la millor estratègia per donar a llum al seu fill és a través del seu abdomen: avui dia, la majoria d'hospitals s'esforcen a fer el part per cesària el més confortable possible, amb la mare conscient (però amb l'anestèsia necessària), amb el pare acompanyant la dona i amb l'oportunitat de veure el nadó i fins i tot de fer-li un petó i una carícia just després del part, a no ser que hi hagi raons mèdiques que ho desaconsellin. (Normalment, les abraçades i manyagueries hauran d'esperar fins que la mare estigui una mica recuperada –i ja li hagin suturat la incisió.) Per tant, un part per cesària pot ser una experiència més satisfactòria del que s'imaginava. I tot i que la recuperació serà més lenta i la cicatriu inevitable (encara que normalment es fa en un lloc poc visible), tindrà la criatura sense haver de renunciar a un perineu intacte i uns músculs vaginals forts. Hi ha un altre punt a favor de la cesària, però es tracta d'un avantatge temporal i purament estètic: com que no se li pressiona el cap per travessar el canal del part, inicialment el nadó tindrà millor aspecte que els nounats nascuts per via vaginal (o sigui, que naixerà amb un capet rodó i no ovalat).

Però el que és de bon tros més important de tenir en compte a mesura que arriba el gran dia és que la millor manera de néixer és sempre la més segura –i, quan és mèdicament necessària, la cesària és definitivament la més segura.

I, al cap i a la fi, qualsevol part que porti una criatura sana al món –i als braços de la seva mare– és un part perfecte.

"Darrerament, sembla que totes les embarassades que conec (la meva germana, amigues meves i gairebé totes les famoses) tenen les seves criatures per cesària. Com és això?"

Amb uns índexs de cesària més elevats que mai (més d'un 30 per cent

Informi's de tot

Com més informada estigui, millor experiència de part tindrà. A continuació, enumerem alguns dels temes que hauria de plantejar al metge:

- Si la dilatació no avança prou, hi ha altres alternatives a part de la cesària (per exemple, l'administració d'oxitocina per estimular les contraccions o posar-se a la gatzoneta per empènyer amb més efectivitat)?
- Si el nadó ve de natges, s'intentarà ferlo girar (practicant una VCE o alguna altra tècnica)? Hi haurà casos en què serà possible un part vaginal tot i que la criatura estigui de natges?
- Quin tipus d'incisió s'acostuma a realitzar?
- Si està conscient, la podrà acompanyar el marit? I si l'anestesien?
- També la podrà acompanyar una llevadora o una doula?
- Podran tenir –vostè o el seu marit– el seu fill en braços tot just després de néixer i li podrà donar el pit a la sala de recuperació?
- Si el nadó no necessita cap cura especial, el podran tenir a l'habitació?
- Quants dies necessitarà per recuperar-se, dins i fora de l'hospital? Quines molèsties i limitacions físiques es pot esperar?

Per descobrir què li espera en un part per cesària vegi la pàgina 434.

de les dones acabaran donant a llum quirúrgicament), gairebé tothom coneix algú que ha tingut un fill per aquesta via. I encara que no puguem saber del cert què acabarà passant, el més probable és que aquests índexs segueixin augmentant.

Hi ha molts factors que contribueixen a aquest increment de cesàries:

La seguretat. El part per cesària és extremadament segur –tant per a la mare com per al nadó–, sobretot actualment, ja que es disposa de la millor tecnologia (com ara sistemes de monitoratge fetal i molts altres) per tal de conèixer amb més exactitud l'estat del fetus.

Nadons més grans. Cada vegada hi ha més embarassades que excedeixen l'augment de pes recomanat, d'11 a 16 quilos, més dones amb diabetis gestacional i més nadons grans, que fan més difícil el part vaginal.

Mares més grasses. Els índexs de cesàries també han augmentat de manera paral·lela als índexs d'obesitat. Ser obesa (o augmentar massa de pes durant l'embaràs) incrementa significativament les probabilitats de necessitar una cesària, en part pels factors de risc que acompanyen l'obesitat (com, per exemple, la diabetis gestacional) i en part perquè les dones obeses tendeixen a tenir dilatacions més llargues i és més probable que aquestes dilatacions més llargues acabin requerint una intervenció quirúrgica.

Mares més grans. Cada vegada hi ha més dones de quaranta anys (o amb els quaranta ja ben complerts) que queden en estat sense problemes, encara que és més probable que necessitin una cesària per donar a llum. El mateix passa amb les dones amb malalties cròniques.

Cesàries anteriors. Encara que el part vaginal després d'una cesària (PVDC;

vegi la pàgina 355) es considera una opció viable en alguns casos, hi ha pocs metges i hospitals que deixin que la dona ho intenti, i cada vegada és més freqüent que ja, d'entrada, els programin un part per cesària.

Parts amb menys instrumental. Cada vegada hi ha menys nadons que neixen amb l'ajuda de ventoses o de fòrceps, de manera que els metges opten per parts quirúrgics en casos en què antigament es recorria a aquest instrumental.

Per petició materna. Com que les cesàries són segures i poden evitar els dolors del part, a més de deixar el perineu intacte, algunes dones –sobretot les que ja han tingut parts anteriors per cesària– prefereixen la cesària que el part vaginal i, de fet, ja la demanen anticipadament (vegi la pàgina 354).

Satisfacció. La major recerca de confort en el part ha fet que donar a llum per cesària també s'hagi convertit en una experiència més satisfactòria. Com que la mare està conscient i alerta mentre li practiquen la cesària, alguns hospitals permeten que el pare l'acompanyi, i es deixa que la mare pugui veure el seu fill tot just després de néixer. A més, les cesàries són molt ràpides, i el part pròpiament dit dura escassament 10 minuts, o menys i tot (suturar la ferida comporta uns 30 minuts més).

Recordi que, tot i que els índexs de cesària són actualment molt elevats (són molt inferiors en parts atesos per llevadores, que només s'encarreguen de parts de baix risc), aquests parts no deixen de ser una minoria. Al cap i a la fi, dues de cada tres dones acabaran donant a llum per via vaginal.

"Es pot saber per endavant si caldrà cesària, o no es pot assegurar fins a l'últim moment? Quines raons requereixen una cesària?"

Algunes dones no sabran que els caldrà cesària fins que estiguin dilatant, però altres ja ho sabran amb antelació. Cada metge té un protocol diferent pel que fa a parts quirúrgics. Les raons més habituals que comporten una cesària programada inclouen:

- Una cesària anterior, sempre que es mantingui la mateixa causa que la va provocar (per exemple, que la mare tingui una pelvis massa estreta), o si anteriorment se li va practicar una incisió vertical en comptes d'horitzontal (més habitual); també se sol practicar cesària en parts induïts de dones que prèviament ja havien donat a llum quirúrgicament.
- Es creu que el cap del fetus és massa gran com per passar a través de la pelvis de la mare (desproporció cefalopelviana).
- Parts múltiples (gairebé tots els trigèmins –i la majoria de bessons– neixen per cesària).
- Posició de natges o altres posicions inusuals del fetus.
- Anormalitat fetal o malaltia de la mare (problemes cardíacs, diabetis, preeclàmpsia) com a factors de risc per a la dilatació i el part vaginal.
- Obesitat de la mare.
- Infecció activa d'herpes, sobretot primària, o infecció per VIH.
- Placenta prèvia (quan la placenta bloqueja totalment o parcialment l'obertura de la cèrvix) o abrupció placentària (quan la placenta se separa de la paret uterina massa aviat).

A vegades, la decisió de practicar una cesària no es pot prendre fins a la fase de dilatació, per raons com les següents:

- La dilatació no progressa, per exemple perquè la cèrvix no s'eixampla prou ràpidament o perquè es triga massa a expulsar el nadó. (En la majoria de casos, els metges intentaran accelerar les contraccions amb oxitocina abans de recórrer a la cesària.)
- Patiment fetal.
- Prolapse del cordó umbilical.
- Ruptura de l'úter.

Si el seu ginecòleg li comenta que segurament –o probablement– farà falta una cesària, demani-li que li expliqui per què. Pregunti-li també si li queda alguna altra alternativa.

Cesàries programades

"He sentit a dir que hi ha dones que demanen donar a llum per cesària. I jo també podria valorar aquesta possibilitat?"

Les cesàries programades estan avui dia més sol·licitades que mai, però això no significa que vostè també hagi de demanar hora per fer-se'n una. Optar per un part quirúrgic quan no sigui mèdicament necessari és una decisió que no es pot prendre a la lleugera (i encara menys basant-se en el que facin o deixin de fer les altres dones). Una decisió així mereix una reflexió profunda –i parlar tranquil·lament amb el seu ginecòleg sobre els possibles pros i contres.

Encara que tingui moltes raons per voler una cesària, asseguri's de tenir en compte els dos costats de la balança. Si vol una cesària, perquè...

...l'espanten els dolors d'un part vaginal, recordi que elegir una cesària no és l'única manera de parir sense dolor. També hi ha disponibles moltes maneres de treure el dolor per a dones que opten pel part vaginal (vegi la pàgina 332).

...li preocupen els efectes secundaris d'un part vaginal, com ara la flacciditat del sòl pelvià o una musculatura vaginal laxa, recordi que practicant regularment els exercicis del sòl pelvià (és a dir, els exercicis de Kegel) pot reduir significativament el risc de patir aquests efectes. I encara més, no té menys probabilitats de tenir incontinència urinària pel fet de donar a llum per cesària (ja que la via de sortida del seu nadó no afecta en les probabilitats de patir pèrdues d'orina en el postpart).

Classes per a cesàries programades

Estava convençuda que una cesària programada implicava no haver d'anar a classes de preparació al part? Doncs s'equivocava de mig a mig. Segurament no cal que es torni una experta en exercicis de respiració o en tècniques per empènyer, però les classes d'educació maternal els poden ensenyar moltes coses, a vostè i al seu marit (entre altres, què es pot esperar d'un part per cesària i de l'epidural). La majoria de classes també ofereixen consells sobre l'alletament i la cura del nadó (que vostè haurà d'aprendre surti per on surti la criatura), i també sobre com recuperar la silueta en el postpart. I no desconnecti quan el monitor expliqui a la resta d'alumnes com realitzar els exercicis de respiració durant la fase de dilatació. Practicar-los li pot anar bé per afrontar els dolors del postpart (per exemple, a causa de la retracció de l'úter cap a la mida original) o quan el nadó intenti succionar-li els pits tibants i adolorits. Les tècniques de relaxació també van bé a totes les mares primerenques (i als pares també, és clar!).

...vol donar a llum quan a vostè li vagi bé, asseguri's de tenir també en compte que la recuperació i l'estada a l'hospital seran més llargues i que, amb una intervenció quirúrgica, assumeix un major risc per a vostè i el seu nadó. I això no és precisament el que més els convé.

...voldria tenir un altre fill. Recordi que optant ara per una cesària, les seves opcions podrien ser més limitades de cara al pròxim part. Avui dia, alguns metges i hospitals limiten els PVDC (parts vaginals després de cesària), fet que implica que potser amb el segon fill no podrà optar per un part vaginal, per molt que s'acabi adonant que la cesària no és el que es pensava.

Un altre aspecte a considerar quan es valora la possibilitat de programar una cesària mèdicament no necessària: el millor moment perquè el seu fill surti del ventre és quan estigui realment preparat per fer-ho. Quan es planifica una cesària programada, sempre hi ha la possibilitat que el nadó neixi massa aviat (particularment, si la data de sortida de comptes és inexacta).

Si, després de valorar-ho a consciència, continua estant interessada en demanar una cesària programada, comenti-ho al seu metge i decideixin plegats si aquesta elecció és l'adequada.

Cesàries successives

"M'han fet dues cesàries i voldria anar pel tercer fill –i després potser pel quart. Hi ha un límit en el nombre de cesàries?"

Voldria tenir moltes criatures però no està segura de si podrà fer tantes visites a la sala d'operacions més alegre de l'hospital? El més probable és que sí. Ja no s'estableixen límits arbitraris en el nombre de cesàries que poden practicar-se a una dona i tenir diverses cesàries ja es considera avui dia més segur que no pas abans. El grau de seguretat depèn del tipus d'incisió que s'hagi fet en les intervencions prèvies, així com del tipus de cicatriu que n'hagi quedat, així que exposi el seu cas concret al ginecòleg.

Depenent de com siguin les incisions, on les tingui i com li hagin cicatritzat, múltiples cesàries podrien comportar-li un major risc davant de certes complicacions, com ara ruptura uterina, placenta prèvia (que penja molt avall) o placenta accreta (anormalment subjectada). Per tant, haurà d'estar particularment alerta de qualsevol hemorràgia de color vermell intens durant l'embaràs, així com dels possibles símptomes de proximitat del part (contraccions, pèrdues, ruptura de membranes). Si experimenta qualsevol d'aquests símptomes, faci-ho saber al seu ginecòleg immediatament.

Part vaginal després de cesària (PVDC)

"El meu primer fill va néixer per cesària. Ara torno a estar embarassada i em pregunto si tinc alguna possibilitat de tenir un part vaginal."

La resposta a la seva pregunta dependrà de qui li contesti. Quan es tracta de determinar si és segur per a la dona intentar un PVDC (un part vaginal després de cesària), les opinions –d'experts i de no experts– continuen decantant la balança cap al no. Anteriorment, els metges i les llevadores animaven rutinàriament les dones que havien tingut una cesària anterior a intentar donar a llum per via vaginal (fent una prova de dilatació). Però després es va publicar un estudi que advertia dels riscos d'intentar un PVDC (com ara la ruptura uterina o complicacions amb la incisió), de manera que les dones embarassades –i els seus ginecòlegs– no tenen massa clar què fer en aquestes circumstàncies.

De tota manera, fent un cop d'ull a les estadístiques, les probabilitats de tenir un PVDC continuen essent bastant bones. Més d'un 60 per cent de les dones que van tenir una cesària anterior i eren candidates a provar un part per via vaginal, van poder dilatar i donar a llum per aquesta via en els parts posteriors. Fins i tot les dones que han tingut dues cesàries anteriors tenen força probabilitats de donar a llum vaginalment, sempre que es prenguin les precaucions oportunes. De fet, l'estudi que va provocar el retrocés en els índexs de PVDC també va demostrar que, de fet, la ruptura uterina és realment inusual, i només afecta un 1 per cent dels casos. I, encara més, aquest risc només és superior per a determinades dones i en determinades circumstàncies, com ara les que tenen una cicatriu uterina vertical en comptes de transversal baixa (un 95 per cent de les incisions són transversals baixes; comprovi la seva pròpia cicatriu per saber quin tipus d'incisió li van practicar), o bé les que tenen dilatacions induïdes per prostaglandines o altres estimulants hormonals (que provoquen unes contraccions més fortes). Per tant, val la pena que provi un PVDC si el seu metge i hospital li ho permeten (molts hospitals tenen normes estrictes sobre qui pot o no intentar un PVDC i alguns no permeten els PVDC en cap cas).

Si decideix que voldria provar un PVDC, haurà de buscar un metge que recolzi la seva decisió (les llevadores són més partidàries de fer-ne i normalment se'n surten millor). Si pren aquesta decisió, el més important és que s'informi bé de tot el relacionat amb els PVDC, incloent-hi les opcions d'alleujament del dolor (alguns metges limiten la medicació contra el dolor en els PVDC, mentre que altres sí que ofereixen l'epidural). Recordi, també, que si la dilatació acaba essent induïda, el més probable és que el seu metge descarti el PVDC.

Si, malgrat tots els esforços, acaba havent de repetir una cesària, no es desanimi. Recordi que fins i tot les dones que donen a llum per primera vegada tenen més d'un 30 per cent de possibilitats de tenir una cesària. I tampoc s'ha de sentir culpable si decideix amb antelació al part (i d'acord amb el seu metge) que prefereix programar una altra cesària que no pas intentar un PVDC. Gairebé una tercera part de totes les cesàries són repetides, i moltes són realitzades a petició de la pròpia mare. Com sempre, el que realment importa és el que sigui millor per a vostè i el seu nadó.

"El meu ginecòleg m'intenta animar a provar un PVDC, però jo no sé si val la pena."

Encara que la decisió de provar o no un PVDC l'ha de prendre vostè, també caldria que valorés l'opinió del metge. Els riscos d'intentar un PVDC són molt baixos i una cesària, al cap i a la fi, no deixa de ser una intervenció quirúrgica major. Un part vaginal implica una estada més curta a l'hospital, menys risc d'infecció, absència de cirurgia

Mengi adequadament

D'acord! És probable que últimament se senti com una vaca, però no pot descuidar l'alimentació. Encabir el menjar –i la càrrega nutritiva per al nadó– en aquest estómac cada cop més comprimit per l'úter s'està convertint en una missió impossible. Per això, la solució de fer sis petits refrigeris al dia és ara més oportuna que mai.

abdominal i recuperació més ràpida –bones raons a favor del PVDC. Així que seria convenient que valorés bé els pros i els contres d'un PVDC i d'una cesària abans de prendre cap decisió.

Si, després de rumiar-s'ho bé i de parlar-ne amb la seva parella, continua estant convençuda de no voler provar un PVDC, comenti la seva decisió i les raons corresponents al seu ginecòleg –i programi la cesària.

Infecció per estreptococs del grup B

"El metge m'ha de fer una anàlisi d'estreptococs del grup B. Què vol dir això?"

Significa que el seu metge no està disposat a córrer cap risc i, en relació amb els estreptococs del grup B, és el millor que pot fer.

Els estreptococs del grup B són bacteris que es poden trobar a la vagina d'una dona sana (i no tenen res a veure amb els del grup A, que causen infeccions a la gola). A les portadores (entre un 10 i un 35 per cent de les dones sanes), no els causa cap problema; però per al nounat, que en pot sortir infectat en passar pel canal del part, aquest estreptococ pot causar-li infeccions greus (encara que només 1 de cada 200 nadons nascuts de mares portadores en sortiran infectats).

Si vostè és portadora d'aquest estreptococ, no notarà cap símptoma (i millor que sigui així!). Però això també significa que, si no es fa una anàlisi, no sabrà que n'és portadora (fet que podria suposar un risc per al seu nadó en el moment de néixer). Per aquest motiu, a les dones embarassades se'ls fa una anàlisi rutinària per detectar estreptococs entre les setmanes 35 i 37 de gestació (les anàlisis realitzades abans de la setmana 35 no són prou fiables per predir si serà portadora d'estreptococs del grup B en el moment del part). Si no li han fet la prova, l'hi poden fer quan vagi a l'hospital per donar a llum, ja que existeix un test instantani de l'estreptococ que es pot realitzar a la dona mentre dilata i disposar dels resultats al cap d'una hora, per la qual cosa el test de les 35 a 37 setmanes no és imprescindible.

Però, com es realitza aquesta prova? De manera similar a una citologia, agafant mostres vaginals i rectals. Les dones que donen positiu (és a dir, que són portadores) reben antibiòtics per via intravenosa mentre dilaten –i aquest tractament elimina totalment els riscos per al nadó. (Aquest estreptococ també es pot detectar en un test d'orina rutinari realitzat en les visites prenatals. Si l'hi detecten, la podran tractar anticipadament amb antibiòtics orals.)

Si el seu ginecòleg no li fa aquesta prova cap al final de l'embaràs, l'hi pot sol·licitar vostè. Fins i tot si no li fan la prova però es posa de part amb alguns factors de risc que podrien indicar que n'és portadora, el seu ginecòleg la tractarà amb antibiòtics per via intravenosa per assegurar-se que no passi la infecció al nadó. Si ja ha donat a llum prèviament a un fill amb aquesta infecció, probablement el seu metge optarà per no fer-li la prova en les setmanes prèvies al part i per administrar-li directament el tractament durant la dilatació.

Val la pena anar pel segur i fer-se les proves –i, si cal, el tractament–, per tal que el seu nadó no s'infecti amb l'estreptococ del grup B.

Banyar-se ara

"Em puc banyar durant aquest tram final de l'embaràs?"

No només ho pot fer sense cap problema, sinó que, a més, banyar-se al vespre li anirà bé per alleujar les molèsties i els dolors de l'embaràs després d'un llarg dia (i quin dia no es fa llarg quan s'està embarassada de vuit mesos?). Així que faci un salt cap a la banyera –o més aviat, entrin com puguin, vostè i la seva panxa, dins de la banyera– i gaudeixi d'una bona remullada.

Si li preocupa que l'aigua de la banyera li pogués entrar a la vagina (segur que algú li ho ha advertit alguna vegada al llarg de l'embaràs), deixi de preocupar-se. A no ser que es forci a pressió –amb irrigacions o saltant de patac en una piscina, dues coses que a aquestes alçades tampoc hauria de fer–, l'aigua no pot penetrar tan endins. I encara que l'aigua entrés a la vagina, el tap mucós que tanca el coll uterí protegeix eficaçment el nadó dels possibles microorganismes nocius.

Fins i tot mentre dilati i ja li hagi caigut el tap mucós, es pot continuar banyant. De fet, la hidroteràpia durant la dilatació pot oferir un notable alleujament del dolor. I fins i tot podria optar per donar a llum sota l'aigua (vegi la pàgina 28).

L'únic problema de banyar-se per a dos, sobretot en aquestes darreres setmanes de l'embaràs, és que cal vigilar de no relliscar dins la banyera. I, com durant la resta de l'embaràs, eviti els banys amb aromes irritants o banyar-se amb aigua massa calenta.

Conduir ara

"Gairebé no cabo darrere del volant. Puc seguir conduint?"

Es pot continuar posant al seient del conductor mentre hi càpiga; li podria anar bé tirar el seient una mica enrere i inclinar el volant cap amunt. Suposant que tingui prou espai –i prou ànims per fer-ho– no hi ha cap problema per conduir distàncies curtes fins al mateix dia del part.

Els viatges en cotxe de més d'una hora, però, podrien ser massa esgotadors per a una dona amb un embaràs tan avançat, tant si condueix ella com si només hi va d'acompanyant. Si ha de fer un viatge llarg, procuri canviar de postura de tant en tant, així com parar cada hora o cada dues hores per aixecar-se i caminar una mica. Fer algun estirament de coll i de cames també pot anar bé.

De tota manera, no intenti conduir vostè fins a l'hospital quan es posi de part (una contracció forta podria posar-la en perill a la carretera). I no oblidi la regla més important per a qualsevol trajecte en cotxe, tant si va de conductora com de passatgera (i fins i tot si és una passatgera de camí a l'hospital i a punt de donar a llum): cordi's el cinturó.

Viatjar ara

"Aquest mes hauria de fer un important viatge de negocis. Puc fer-lo sense problemes o val més que el cancel·li?"

Abans de programar el viatge, programi una trucada o una visita al seu ginecòleg. Cada metge té la seva pròpia opinió sobre viatjar al final de l'embaràs. El fet que el seu ginecòleg l'animi a viatjar –amb cotxe, amb tren o amb avió– o que li desaconselli fer-ho dependrà del seu punt de vista i de molts altres factors. El factor principal serà el tipus d'embaràs que estigui tenint: és més probable que li doni llum verda si té un embaràs sense complicacions. També tindrà en compte la seva setmana de gestació (la majoria de ginecòlegs recomanen no anar amb avió a partir de la setmana 36) i si té algun tipus de risc de part prematur. També és molt important saber com es troba vostè. Els símptomes de l'embaràs es multipliquen a mesura que s'acumulen mesos i també se solen multiplicar a mesura que s'acumulen quilòmetres;

viatjar pot incrementar el mal d'esquena i la fatiga, agreujar les venes varicoses i les hemorroides i accentuar l'estrès físic i emocional. Altres consideracions a tenir en compte inclouen la distància a què ha de viatjar i el temps que durarà el viatge (a més del temps que es passarà en el trajecte), les exigències físiques i emocionals del viatge i el grau d'importància de realitzar-lo (no val la pena que faci ara els viatges opcionals o els que pugui ajornar fins a després del part). Si viatja amb avió, també s'haurà d'informar de les possibles restriccions de la seva companyia aèria. Algunes companyies no la deixaran viatjar el darrer mes de gestació sense un informe mèdic que garanteixi que no es troba en perill imminent de posar-se de part durant el vol; altres companyies són més flexibles.

Encara que el seu ginecòleg li doni el vistiplau, hi ha molts altres preparatius que vostè hauria de fer abans d'emprendre el viatge. A la pàgina 277 trobarà consells per tenir un viatge més agradable i còmode (i també més segur). Anar-hi ben descansada és especialment important. Però l'imprescindible serà disposar per a la seva destinació del nom, el número de telèfon i l'adreça d'algun ginecòleg recomanat (i de les referències de l'hospital on treballa) –busqui'n algun, és clar, els serveis del qual els cobreixi la seva assegurança, per si de cas hi hagués d'acabar anant. Si ha de viatjar lluny, i no fos cas que es posés de part lluny de casa, potser també podria considerar la possibilitat que l'acompanyi el seu marit, a no ser que estigui disposada a donar a llum sense la seva presència.

Fer l'amor ara

"Estic una mica desconcertada. He sentit un munt d'informacions contradictòries sobre si mantenir relacions sexuals les últimes setmanes de gestació és segur o si provoca la dilatació."

La veritat és que no s'ha investigat gaire sobre la seguretat de les relacions sexuals cap al final de l'embaràs. Totes aquestes contradiccions fan que vostè i la majoria d'embarassades no sàpiguen si continuar o no mantenint relacions –això les que encara tenen humor de mantenir-ne! En general, es considera que ni el coit ni l'orgasme provoquen per si sols el part, a no ser que ja es donin les condicions idònies per donar a llum, encara que moltes parelles impacients per tenir la criatura han intentat provocar-lo d'aquesta manera. En teoria, si la dona ja està madura, les prostaglandines del semen podrien ajudar a fer començar el treball de part. Però ni tan sols si la dona ja està madura i es donen les condicions més idònies aquesta teoria s'ha de complir necessàriament. De fet, un estudi ha demostrat que les dones amb embarassos de baix risc que mantenen relacions les últimes setmanes de l'embaràs tenen una gestació una mica més llarga que no pas les que s'abstenen del sexe en aquesta última fase. Encara l'hem acabada de desconcertar del tot?

Partint dels coneixements actuals, la majoria de metges i llevadores permeten a les pacients amb embarassos normals que facin l'amor fins al dia del part. I sembla que la majoria de parelles ho facin sense cap problema, almenys en teoria.

Consulti al seu ginecòleg què en pensa i si creu que mantenir relacions és segur en la seva situació actual. Si li dóna llum verda (i el més probable és que ho faci), endavant! (sempre que li quedin prou ganes i energia, ja que en aquest moment haurà de fer unes quantes acrobàcies per sortir-se'n). Si li ho prohibeix (en cas que tingui un alt risc de part prematur, placenta prèvia o he-

Banc de sang del cordó umbilical

Si encara no té prou coses en què pensar abans del naixement de la criatura, hi ha una altra decisió que també hauria de prendre ara: voldria conservar la sang del seu cordó umbilical? I, en cas afirmatiu, de quina manera?

La recollida de sang del cordó, un procediment indolor que dura menys de cinc minuts i que es realitza després d'haver pinçat i tallat el cordó, és completament innòcua per a la mare i la criatura (sempre que el cordó no s'hagi pinçat i tallat de forma prematura). La sang del cordó del nadó conté cèl·lules mare que, a vegades, es poden fer servir per tractar determinades malalties del sistema immunitari o algunes alteracions sanguínies. I les investigacions estan intentant determinar si aquestes cèl·lules mare també poden ser útils per tractar altres malalties, com ara diabetis, paràlisi cerebral, o fins i tot problemes cardíacs.

Hi ha dues maneres d'emmagatzemar la sang: es pot pagar per a fer-ne un emmagatzematge privat o es pot donar la sang a un banc públic d'emmagatzematge. L'opció privada pot ser molt cara, i encara no és prou clar si comporta algun benefici en les famílies de baix risc –les que no tenen cap malaltia immunitària hereditària.

Per aquestes raons, el col·legi d'obstetres i ginecòlegs dels Estats Units (ACOG) recomana als metges que donin a conèixer els pros i contres d'aquests bancs de sang, i el col·legi de pediatres nord-americans (AAP) no en recomana l'emmagatzematge privat a no ser que algun membre de la família tingui alguna malaltia que es podria curar amb l'ajuda d'un trasplantament de cèl·lules mare, ara o en un futur pròxim. Aquestes malalties inclouen: leucèmia, limfoma, neuroblastoma, anèmia falciforme, anèmia plàstica, talassèmia, malaltia de Gaucher, síndrome de Wiskott-Aldrich i hemoglobinopaties greus. L'AAP, en canvi, dóna suport als pares que vulguin donar la sang del cordó per a ús general en bancs públics. A la donant no li costa res i podria salvar vides.*

Investigui la seva història mèdica familiar per valorar si li val la pena emmagatzemar sang del cordó en un banc privat. O si creu que els possibles beneficis futurs es mereixen aquesta inversió, independentment dels antecedents familiars, posi's en contacte amb un banc privat. També pot parlar de les opcions per emmagatzemar la sang del cordó amb el seu ginecòleg.

* La Generalitat de Catalunya promou la donació de sang del cordó umbilical, i als hospitals públics es fa. Però en cas que hi estiguin interessats cal que en parlin amb el ginecòleg abans del part, ja que cal fer uns preparatius previs.

morràgies injustificades), intenti intimar amb la parella d'altres maneres. Si tenen algun vespre lliure, sopin a la llum de les espelmes. Mirin la televisió abraçadets o ensabonin-se l'un a l'altre a la dutxa. O recorrin als massatges. O practiquin sexe sense penetració, suposant que el metge no li hagi prohibit també els orgasmes. Potser no serà tot el satisfactori que voldrien però recordin que tenen tota una vida per endavant per fer l'amor –encara que probablement les relacions continuaran escassejant almenys fins que el nadó ja dormi tota la nit seguida.

La relació de parella

"Encara no ha nascut la criatura, però la relació amb el meu marit ja ha

començat a canviar. Abans estàvem sempre pendents l'un de l'altre, però ara estem absorts pel pròxim naixement i pel nadó."

L'arribada d'un nadó aporta moltes coses a la vida de parella: alegria, emoció i un munt de bolquers bruts, per començar. Però els nounats també aporten canvis –i encara que no aixequen ni un pam de terra, els canvis que aporten són enormes.

No és d'estranyar que un dels àmbits on notarà alguns d'aquests canvis sigui en la relació amb el seu marit, i sembla que vostè ja se n'ha adonat. I, de fet, aquest tipus de canvi és beneficiós. Quan les parelles passen a ser un tercet, el matrimoni tendeix a experimentar algunes alteracions en la seva dinàmica de parella i una reorganització de les prioritats. Però aquest daltabaix predictible sol ser menys estressant –i més fàcil d'assumir– quan la parella inicia l'evolució natural i inevitable de la seva relació durant l'embaràs. Dit d'una altra manera, és més probable que els canvis en la seva relació vagin a millor si ja comencen abans de l'arribada del nadó. Les parelles que no compten amb una mínima interrupció del romanticisme habitual –que no s'adonen que el vi i les roses s'hauran de canviar per biberons i sonalls, que les maratons al llit es convertiran en maratons amb el cotxet, i que el tipus d'amor que es dóna entre tres no és el mateix que el que es dóna entre dos– acostumen a trobar molt difícil d'afrontar la vida diària amb un nounat.

Així que reflexioni-hi i planifiqui amb antelació –i estigui preparada per als canvis. Però recordi's que el seu fill no serà l'únic que necessitarà les seves atencions. Tot i ser normal i saludable estar ara obsessionada per l'embaràs i el part, també és important reservar una mica d'energia emocional per a la relació que va originar aquesta criatureta tan desitjada. Ara és el moment d'aprendre a combinar la cura i l'alimentació del nadó amb la cura i l'alimentació del seu matrimoni. Encara que estigui enfeinada preparant el seu niuet, faci un esforç per potenciar el romanticisme. Com a mínim un cop per setmana, faci amb el seu marit alguna cosa que no tingui res a veure amb parts o amb criatures. Vagin a veure una pel·lícula, surtin a sopar, juguin al minigolf, passegin pel mercat... Quan vagi a comprar robeta pel nadó, aprofiti per comprar algun detallet especial (i inesperat) per al seu marit. O sorprengui'l amb un parell d'entrades per al teatre o amb un joc que sàpiga que li agrada. A l'hora de sopar, dediqui una part del temps a preguntar-li com li ha anat el dia, parlin de vostès dos, comentin les notícies del dia, recordin la seva primera cita, somniïn amb fer una segona lluna de mel (encara que fer-la no podrà passar de ser un somni, almenys durant una llarga temporadeta) –i tot això sense acabar parlant un altre cop de la criatura. De tant en tant, apliquin-se olis perfumats l'un a l'altre i facin-se massatges mútuament; fins i tot si no té ganes de fer l'amor –o a aquestes alçades ja li resulta massa cansat–, poden sentir-se més units amb una sessió de carícies mútues.

Tot l'anterior els ajudarà a revifar la flama de l'amor sense perdre de vista la imminència de l'esperada arribada del nadó, però recordant que hi ha vida més enllà de les classes de preparació al part i dels paquets de bolquers.

Si ara es té present això, més endavant, quan la parella hagi de fer torns a les 2 de la matinada per fer adormir la criatura, serà més fàcil mantenir encesa la flama de l'amor. I aquesta flama de l'amor, al capdavall, és la que farà que l'acollidor niu que preparen per al seu fill –i que aviat compartiran com una autèntica família– sigui un lloc feliç i segur.

QUÈ CAL TENIR EN COMPTE

L'alletament matern

En les darreres trenta setmanes i escaig haurà vist (i notat) com els pits li creixien més i més... Si s'ha parat a pensar què passa sota aquestes mames gegants que ara ha de carregar, segurament ja sabrà que els pits li creixen a marxes forçades per preparar-se per a una de les tasques més importants de la naturalesa humana: alletar un fill.

No hi ha dubte que els seus pits ja s'estan preparant per alletar. I tant si vol donar el pit com si encara sospesa altres maneres d'alimentar el nadó, probablement voldrà saber més coses sobre el sorprenent procés de l'alletament matern, un procés que converteix els pits (els seus pits!) en els subministradors del millor aliment infantil del món. A continuació, li exposarem algunes de les característiques més destacades d'aquest procés, però per a més informació sobre l'alletament (des de per què alletar fins a com fer-ho), vegi *Qué se puede esperar el primer año.*

Avantatges de la llet materna

De la mateixa manera que la llet de cabra és la millor per als cabrits i la llet de vaca és la millor per als vedells, la llet humana és l'aliment perfecte per al nounat.

Els principals avantatges de la llet materna són els següents:

És personalitzada. Preparada per satisfer les necessitats nutricionals dels nadons, la llet materna conté almenys 100 ingredients que no es troben en la llet de vaca i que no es poden imitar prou exactament en les llets artificials. La proteïna de la llet materna és bàsicament la lactoalbúmina, que és més nutritiva i digerible que el principal component de les proteïnes de la llet de vaca, el caseïnogen, que és el mateix que contenen els preparats artificials. La quantitat de greixos és similar en les dues llets, però el greix de la llet materna és més digerible per al nadó. Als lactants també els costa menys d'absorbir els importants micronutrients de la llet materna que els de la llet de vaca.

És segura. La mare pot estar segura que la llet del seu nadó no hagi estat preparada d'una manera inadequada ni estigui contaminada o en mal estat. No en cal llençar mai i tampoc caduca.

Calma l'estómac. Els nadons alimentats amb el pit gairebé no van mai restrets, ja que la llet materna és més fàcil de digerir. També és estrany que tinguin diarrea, ja que sembla que la llet materna combat els organismes que la provoquen i fomenta el creixement de flora intestinal beneficiosa per al nadó, per tal d'evitar altres problemes digestius. Des del punt de vista purament estètic, les femtes del nadó alletat tenen una olor més dolça (com a mínim, fins que se li introdueixen aliments sòlids a la dieta). Aquests nadons també presenten menys tendència a tenir erupcions cutànies.

Regula els greixos. L'alletament matern és menys probable que causi nadons obesos i, a més, si es manté l'alletament durant almenys sis mesos (o, encara millor, durant tot un any) sembla que també hi ha menys probabilitats de generar obesitat més endavant. També es pot vincular amb uns índexs de colesterol més baixos entre els adults.

Potencia l'activitat cerebral. Sembla que l'alletament matern augmenta lleugerament el coeficient d'intel·ligència. Això pot ser degut no només als àcids grassos que conté, sinó també a l'estret contacte en la interacció mare-fill durant l'alletament, que fomenta de forma natural el desenvolupament intel·lectual.

No produeix al·lèrgies. Gairebé cap nadó és al·lèrgic a la llet materna (encara que alguns poden presentar reaccions al·lèrgiques davant d'alguns aliments de la dieta materna, incloent-hi la llet de vaca). En canvi, la beta-lactoglobulina, una substància que es troba a la llet de vaca, pot desencadenar una resposta al·lèrgica, amb una àmplia varietat de símptomes, uns de més lleus i altres de més greus. Les fórmules a base de llet de soja, que a vegades es fan servir com a substitutiu quan un lactant és al·lèrgic a la llet de vaca, tenen una composició encara més diferent de la llet materna i també poden causar reaccions al·lèrgiques. A més, els estudis també han demostrat que els lactants alletats tenen menys probabilitats de desenvolupar asma infantil que els alimentats amb preparats artificials.

Evita infeccions. Els nadons alletats són menys propensos a la diarrea i a tot tipus d'infeccions –incloent-hi les infeccions del tracte urinari i l'otitis. En efecte, diversos estudis suggereixen que una gran varietat de malalties tenen menys incidència entre nadons alletats; entre aquestes malalties hi ha les meningitis bacterianes, la síndrome de la mort sobtada del lactant, la diabetis, alguns càncers infantils, la malaltia de Crohn i altres malalties digestives cròniques. La protecció se subministra parcialment amb la transferència de factors immunes a través de la llet materna i també del calostre, la substància prelàctia.

Enforteix la boca. Com que mamar requereix un esforç més gran que succionar un biberó, l'alletament pot fomentar un millor desenvolupament de les mandíbules, les dents i el paladar. Estudis recents també demostren que els nadons alletats són menys propensos a tenir càries més endavant.

Forma abans les papil·les gustatives. Vol una criatura menjadora? Doncs comenci donant-li pit. Desenvolupar les papil·les gustatives amb la llet materna, que agafa el gust de tot el que vostè mengi, pot habituar el nadó a tot un món de nous sabors. Els investigadors han comprovat que els nadons alletats són menys llefucs que els altres tan bon punt comencen una dieta variada –i, per tant, és més probable que, més endavant, obrin bé la boca davant de culleres plenes de verdura o de forquilles amb trossets de pollastre.

Donar el pit també comporta una sèrie d'avantatges per a la mare:

Comoditat. L'alletament no requereix comprar ni preparar res, ni tampoc disposar de cap estri específic; la llet materna està disponible sempre (també a mitja nit) i a tot arreu (al parc, a l'avió...), i a la temperatura adequada. Si la mare dóna el pit, pot anar de viatge sense haver-se d'emportar biberons, tetines, etc. Sempre tindrà els pits a punt (i els pits no se'ls pot oblidar!). També es pot estalviar anar a la cuina a les 2 de la matinada per preparar el biberó; l'alletament nocturn només requereix un pijama amb botons a la zona de l'escot i deixar un raconet al llit per al seu petit. Quan no pugui estar amb el seu fill (si ha d'anar a treballar, per exemple), es pot extreure la llet i emmagatzemar-la al congelador perquè l'hi puguin donar amb biberó.

Economia. Donar el pit no li costarà ni un cèntim.

Recuperació general més ràpida. Quan el nadó li succiona els pits, provoca

Preparació per a la lactància

Afortunadament, la naturalesa n'ha previst tots els detalls, de manera que per donar el pit no cal preparar-se gaire (tret de llegir tota la informació que pugui al respecte). Alguns experts en lactància recomanen que, durant els últims mesos de l'embaràs, eviti ensabonar els mugrons i les arèoles –n'hi ha prou de passar-hi aigua (al cap i a la fi, tampoc s'embruten gaire). El sabó resseca la pell dels mugrons, fet que pot provocar clivelles i adoloriment els primers dies que alleta. Si té els pits ressecs o amb picor, li pot anar bé una mica de crema o loció hidratant suau, però eviti posar-se'n als mugrons i les arèoles. Si té els mugrons secs, s'hi pot aplicar alguna crema a base de lanolina.

La manca de necessitat de fer preparatius també s'estén a les dones amb mugrons petits o plans. Els mugrons plans no cal que es preparin per alletar amb mugroneres, tècniques manuals o extracció manual de la llet durant l'embaràs. Aquestes tècniques preparatòries no solen ser gaire efectives i acaben fent més mal que bé. Les mugroneres, a banda de ser molt vistoses, poden provocar suor i erupcions cutànies. Les tècniques manuals i l'extracció manual de la llet poden estimular les contraccions i, a vegades, fins i tot podrien provocar una infecció mamària.

Una possible excepció: pot començar a planificar l'alletament a l'avançada si té els mugrons invertits (o sigui, si se li retracten en comprimir l'arèola), ja que donar el pit podria resultar-li una mica més complicat. Les mugroneres poden ajudar a fer sortir els mugrons invertits, però és probable que no les vulgui fer servir habitualment per les raons esmentades. Demani al seu metge la referència d'alguna experta en lactància que la pugui aconsellar o bé contacti amb La Lliga de la Llet (www.lalligadelallet.org).

l'alliberament d'oxitocina, una hormona que ajuda a recuperar la mida normal de l'úter i a disminuir la intensitat dels loquis (el sagnat vaginal postpart), amb la qual cosa hi ha una menor pèrdua de sang. Alletar també l'obliga a passar-se estones descansant –com vostè mateixa comprovarà, una cosa molt important durant les primeres sis setmanes del postpart.

Recuperació de la línia. Totes les calories extra que el nadó succiona del seu cos comporten que, encara que vostè afegeixi més calories a la seva dieta per produir llet, no augmentarà de pes –i així aviat podrà recuperar la seva silueta anterior.

Retard de la menstruació. La regla li tardarà més a venir i no crec que això li sàpiga greu a cap dona. Però a no ser que vulgui tenir els fills molt seguits –o endur-se sorpreses– no pot confiar en l'alletament com a mètode contraceptiu. La majoria de mares que només donen pit, sense cap suplement alimentari, probablement no es quedaran embarassades els primers mesos del postpart. De tota manera, poden començar a tenir la regla al cap de només quatre mesos després de donar a llum i podrien ser fèrtils fins i tot abans d'aquest primer període.

Reforçament de l'estructura òssia. Donar el pit millora la mineralització dels ossos després del deslletament i redueix el risc de fractura de malucs després de la menopausa, sempre que la mare ingereixi prou calci com per satisfer les seves necessitats i les del nadó.

El pit: eròtic o pràctic?

O totes dues coses alhora? Si es planteja aquest dilema, pensi que a la vida no és gens estrany desenvolupar simultàniament dues o més funcions –fins i tot funcions ben diverses, i que requereixen una sèrie d'habilitats i d'actituds ben diferents (com ser mare i amant alhora, per exemple). Pot considerar les dues funcions del pit –l'eròtica i la pràctica– com a igualment vàlides. Les dues són importants i no tenen per què ser excloents. I vostè també pot gaudir de totes dues (de fet, alletar fa que moltes dones se sentin especialment sensuals i que els seus marits també les hi trobin més, de sensuals). Tingui-ho ben present si encara ha de prendre la decisió de donar o no el pit.

Beneficis per a la salut. Alimentar el nadó amb el pit pot reduir el risc d'alguns tipus de càncer. Així, les dones que alleten els seus fills tenen un risc menor de desenvolupar càncer d'ovaris o de mama. També sembla que alletar redueix el risc de desenvolupar la diabetis del tipus 2.

L'avantatge principal. L'alimentació a base de pit manté units la mare i el fill, pell contra pell, entre sis i vuit vegades al dia. La gratificació emocional, el contacte i la interacció afectiva no només són sensacions satisfactòries que reforcen la relació mare-fill, sinó que també poden fomentar el desenvolupament cerebral del nadó. (Una nota per a les mares de bessonada: en el seu cas, tots els avantatges d'alletar són doblats. A la pàgina 488 trobarà consells per donar el pit a bessons.)

Per a més informació sobre l'alletament matern, contacti amb la seu local de La Lliga de la Llet o consulti la seva web: www.lalligadelallet.org o www.laligadelaleche.es.

Avantatges del biberó

És possible que hagi decidit que vostè no estigui feta per donar el pit. O potser per alguna raó no pot donar-lo, o com a mínim no exclusivament. No tingui remordiments per triar el biberó en comptes del pit (o per combinar les dues opcions; vegi la pàgina 367).

De fet, alimentar el nadó amb biberó també té alguns avantatges, com els següents:

Responsabilitat compartida. Alimentar el nadó amb biberó permet que el pare comparteixi més responsabilitats de criança i que es beneficiï de majors estones de contacte directe amb el fill. (Tot i que els pares de nadons alletats també poden obtenir els mateixos beneficis, encara que el nadó no prengui llet artificial, si li donen biberons amb llet materna extreta prèviament o bé assumint altres tasques relacionades amb la cura del nadó, com ara banyar-lo, canviar-lo o bressolar-lo.)

Més llibertat. El biberó no té la mare tan lligada. La dona pot anar a treballar sense patir per extreure's la llet i emmagatzemar-la. Pot anar-se'n uns quants dies de viatge sense el nadó, i fins i tot pot dormir de nit, perquè algú altre pot donar el biberó a la criatura. (Evidentment, aquestes opcions també les tenen les mares que donen el pit si s'extreuen la llet o si la combinen amb alguna llet de suplement.)

En teoria, més moments de romanticisme. Alimentar el nadó amb biberó no interfereix en la vida sexual de la parella (excepte quan el nadó es desperta amb gana en el moment més inoportú), mentre que sí que podria passar amb l'alletament matern. En primer lloc, perquè les hormones de la lactància poden mantenir la vagina relativament seca (tot i que els lubricants vaginals poden resoldre aquest problema); i, en segon lloc, perquè el degoteig dels pits mentre es fa l'amor pot incomodar algunes parelles. A més a més, per a les dones que alimenten el fill amb biberó, els pits només han de complir estrictament la seva funció eròtica, deixant de banda la funció pràctica.

Menys limitacions dietètiques. L'alimentació amb biberó no afecta la dieta de la mare, que pot menjar tanta col i tantes espècies com vulgui (encara que no tots els lactants rebutgen aquests gustos –i alguns fins i tot se'n llepen els dits). També es pot prendre una copa de vi o un vermut sense patir per la pròxima presa de llet, i tampoc cal que es preocupi tant per les seves necessitats nutritives.

Menys situacions incòmodes en públic. Si li resulta incòmode haver de donar el pit en públic, l'alletament matern li costarà una mica més. De tota manera, la vergonya sol passar de seguida: la majoria de dones que proven de donar el pit en públic ho troben ben natural (i és fàcil de fer-ho amb total discreció, fins i tot en llocs públics).

Alletar després d'una cirurgia mamària

Moltes dones que s'han sotmès a una operació de reducció de pits poden alletar, encara que la majoria no produeixen prou llet com per alimentar el nadó exclusivament amb el pit. La seva capacitat d'alletar el nadó –i la necessitat de donar-li també algun suplement– dependrà, almenys en part, del procediment seguit per a la reducció mamària. Consulti-ho al seu cirurgià. Si es va anar amb compte de conservar intactes els conductes de la llet i els nervis, hi ha moltes possibilitats que com a mínim sigui capaç de produir una mica de llet. (El mateix podem dir si li van haver d'operar el pit a causa d'un càncer de mama o d'un malaltia fibroquística mamària.)

Si el cirurgià l'anima a intentar-ho, incrementi les possibilitats d'aconseguir-ho informant-se bé sobre l'alletament matern i consultant a un expert en lactància que conegui altres situacions similars a la seva. En el seu cas, serà especialment important controlar estrictament si el seu nadó menja prou (vigilant-ne l'augment de pes i el nombre de bolquers mullats). Si no produeix prou llet, l'haurà de complementar amb biberons (combini les dues lactàncies). Pot provar d'alternar el pit i la llet artificial, però fent que el nadó segueixi mamant per fomentar que continuï la sortida de la llet i per tenir alhora un fill prou ben alimentat. Recordi que la llet materna –encara que no sigui l'única o ni tan sols la principal font d'alimentació del nadó– sempre és beneficiosa.

L'augment de pit tendeix a interferir menys en l'alletament matern que la reducció, però també depèn de la tècnica usada, de la incisió practicada i de la raó per la qual es va realitzar. Tot i que la majoria de dones amb implants mamaris són capaces d'alimentar els seus fills exclusivament amb el pit, n'hi ha una minoria significativa que no produeixen prou llet. Per tal de garantir que se satisfacin les necessitats nutritives del petit, cal portar un control estricte del seu augment de pes i del nombre de bolquers que embruta al dia.

Un píercing al pit?

Tindria unes ganes boges de donar el pit però porta un píercing al mugró i no sap si fer-ho? Si aquest és el seu cas, no s'amoïni: no hi ha cap evidència que demostri que un píercing al mugró tingui cap efecte sobre la capacitat de la dona per alletar. Però tots els experts (tant els experts en píercings com els experts en lactància) consideren que s'hauria de treure qualsevol joia del mugró abans de donar el pit a la criatura. No només pel possible risc d'infecció per a la mare, sinó també perquè, en succionar, el seu nadó es podria fer mal amb el píercing als tendres teixits de les genives, la llengua o el paladar.

Menys estrès. A algunes dones donar el pit les posa tenses o impacients. Malgrat això, si ho proven, s'adonaran que alletar és de fet molt relaxant: no provoca estrès sinó que el treu (com a mínim quan ja es té una mica per mà).

Triar entre pit o biberó

Avui dia, cada cop hi ha més dones que tenen clar què triar. N'hi ha que decideixen que optaran per donar el pit fins i tot abans de decidir quedar-se embarassades. Altres, que abans de l'embaràs no s'ho havien plantejat, prefereixen la lactància materna en assabentar-se dels avantatges. Algunes dones es debaten en la incertesa al llarg de bona part de l'embaràs i gairebé fins al moment del part.

Una minoria de dones, tot i estar convençudes que no estan fetes per alletar, es continuen preguntant si potser ho haurien d'haver provat.

Està indecisa? Doncs un suggeriment: provi-ho –i possiblement li agradarà. Sempre serà a temps de deixar-ho, però com a mínim no s'haurà quedat amb el dubte. I el més important de tot és que vostè i el seu nadó s'hauran beneficiat d'alguns dels avantatges de l'alletament, encara que només sigui per un breu període de temps.

De tota manera, si intenta alletar, deixi's una mica de marge. Pensi que les primeres setmanes poden ser una mica difícils, fins i tot per a les més entusiastes amb l'alletament matern, ja que alletar és una habilitat que requereix un procés d'aprenentatge (si l'hi costa molt, l'ajuda d'una experta en lactància, una germana o una amiga que hagi donat el pit li pot ser molt útil). Normalment cal tot un mes d'alletament –o fins i tot sis setmanes– per establir una bona relació d'alimentació mare-fill i per tal que la mare estigui prou preparada per decidir si li agradaria o no continuar alletant.

Combinar pit i biberó

Algunes dones que decideixen alletar el seu fill descobreixen –pel motiu que sigui– que no poden o no volen fer-ho de manera exclusiva. Potser en les seves circumstàncies personals donar únicament el pit no els resulta prou pràctic (perquè fan molts viatges de negocis o tenen una feina que les manté moltes hores fora de casa). També pot ser que els resulti físicament massa complicat. Per sort, l'alletament matern i l'artificial no han de ser necessàriament excloents i combinar-los pot ser una bona solució de compromís. Si decideix combinar els dos alletaments, pensi que s'hauria d'esperar fins que l'alletament matern estigués ben establert (com a mínim dues o tres setmanes) abans d'introduir la llet en pols. Per a més informació, vegi *Qué se puede esperar el primer año.*

Quan no es pot donar el pit, o no s'ha de donar

Per desgràcia, l'opció d'alletar els nounats no la tenen totes les mares. Algunes dones no haurien de donar el pit als seus fills, o no ho poden fer. Les raons poden ser físiques o emocionals, degudes a la salut de la mare o del nadó, i temporals (cas en el qual es pot introduir la lactància materna més endavant) o a llarg termini. Els factors materns més comuns que poden interferir en l'alletament són:

- Malaltia greu o afeblidora (com ara problemes cardíacs o renals, o anèmia greu), o bé pes excessivament baix, tot i que algunes dones fan mans i mànigues per superar aquests obstacles i alleten els seus fills.
- Infecció greu, com ara tuberculosi activa sense tractar; mentre dura el tractament, es pot extreure la llet per tal de tenir-ne prou quan pugui començar a donar el pit.
- Malalties cròniques que requereixin medicacions que passen a la llet materna i que podrien ser perjudicials per al nadó, com ara fàrmacs antitiroïdals, anticancerosos o antihipertensius, així com fàrmacs ansiolítics –com el liti, els tranquil·litzants o els sedants. Si pren algun tipus de medicació, comenti-ho al metge abans de començar a donar el pit. A vegades, un canvi de medicació o reduir-ne la dosi possibiliten l'alletament matern. La necessitat temporal d'algun fàrmac, com ara la penicil·lina, fins i tot mentre ja s'està alletant, no acostuma a ser problema per a prosseguir amb la lactància. Les dones que necessiten antibiòtics durant el part o per una infecció mamària (o mastitis) també poden seguir alletant mentre es mediquen.

L'ajuda del pare amb el pit

Tot i que l'alletament matern sigui cosa de dos, sovint en calen tres perquè tot rutlli correctament. Els investigadors han demostrat que quan els pares fomenten la lactància materna, un 96 per cent de les dones intenten posar-la en pràctica; si els pares es mostren més ambivalents, només ho intenten un 26 per cent de les dones. I, encara més, segons els investigadors, implicar els pares en l'alletament matern (informant-los bé sobre els seus beneficis perquè puguin donar més suport a la mare) pot ajudar a allargar el temps en què les mares donin de mamar –i, a més, pot fer que tot el procés de l'alletament vagi com una seda. Així que pares: prenguin-ne nota i uneixin-se a l'equip prolactància materna!

- Exposició a algunes substàncies tòxiques al lloc de treball (vegi'n més informació a la pàgina 216).
- Addicció a l'alcohol. Fer una copeta de tant en tant no és perjudicial per al nadó alletat, però prendre massa alcohol sí que li pot provocar problemes.
- Addicció a les drogues (cocaïna, heroïna, metadona o marihuana) i als fàrmacs tranquil·litzants.
- La sida, o la infecció per VIH, que es pot transmetre a través dels fluids corporals, incloent-hi la llet materna.

Hi ha algunes condicions del nounat que també poden fer que l'alletament resulti més difícil, encara que no impossible (amb l'ajuda mèdica adequada). Entre altres, hi ha:

- Un nadó prematur o massa petit, que pot tenir dificultats per succionar adequadament. Una mare malalta que ha de passar un temps a la UCI neonatal és possible que no pugui alletar, encara que es podria extreure la llet dels pits per estimular-ne la producció i per tal que el personal sanitari pugui donar-la amb biberó al seu fill.
- Alteracions com la intolerància a la lactosa o fenilcenotúria (FCU), en què l'estómac del nounat no tolera ni la llet materna ni la de vaca. En el cas de la FCU, els nadons poden mamar si alhora es prenen un suplement de llet sense fenilalanina; en el cas de la intolerància a la lactosa (realment inusual en el moment de néixer), la llet de la mare es pot tractar amb lactasa per fer-la més digerible.
- Llavi o paladar fes i altres deformacions de la boca que interfereixen en la succió. Encara que l'èxit de l'alletament depèn en part del tipus de defecte congènit, a vegades és possible donar de mamar si es compta amb l'ajuda necessària. (Els nadons amb el paladar fes no seran capaços de succionar el pit, però sí de beure llet materna amb biberó.)

En molt rares ocasions, el subministrament de llet no és adequat, potser a causa d'una insuficiència de teixit glandular al pit, i l'alletament no funciona –per molt que la mare i el fill s'hi esforcin.

Si finalment no pot donar de mamar al seu fill –i encara que li hagués fet molta il·lusió poder-lo alletar– no cal que es culpi a vostè mateixa del disgust. De fet, és essencial que no ho faci per tal d'evitar que aquests sentiments s'interposin en l'importantíssim procés de conèixer i estimar el seu fill –un procés que no ha d'incloure necessàriament la lactància materna.

CAPÍTOL 14

El novè mes

Setmanes 36 a 40 aproximadament

PER FI. JA HA ARRIBAT AQUEST ÚLTIM mes que tant esperava i que, al mateix temps, segurament també temia una mica des del mateix moment en què va saber que estava embarassada. És molt probable que ja estigui preparada per a la majoria de coses (per acaronar el seu fill, per poder tornar-se a veure els peus, per poder dormir de panxa a terra...), però no per a totes. Malgrat les inevitables obligacions que se li presentaran a última hora (visites més sovintejades al ginecòleg, comprar les darreres coses per al nadó, projectes laborals per acabar, triar el color per pintar l'habitació del nadó...), és molt probable que el novè mes se li faci especialment llarg, tret, és clar, que doni a llum més tard de la data prevista de part. En aquest cas, el mes més llarg seria el desè.

El seu nadó aquest mes

Setmana 36 Amb un pes aproximat de 3 quilos i una llargada de més o menys mig metre, el seu nadó ja està gairebé a punt perquè l'hi posin als braços. En aquest moment, la majoria dels sistemes del seu organisme (des del circulatori fins al muscular i esquelètic) ja estan preparats per a la vida exterior. I tot i que el seu sistema digestiu encara s'ha d'acabar de perfeccionar, tampoc li falta gaire; recordi que fins aquest moment, el nadó s'ha nodrit a través del cordó umbilical –i, per tant, no li calia fer la digestió. Però això aviat canviarà: tan bon punt el seu fill li succioni per primer cop el pit (o es prengui el primer biberó), el seu sistema digestiu s'haurà de posar en marxa –i començarà a embrutar bolquers.

Setmana 37 Bones notícies per a aquesta setmana: si el seu fill nasqués ara, ja se'l consideraria un nounat a terme. Ara bé, això no vol dir que ja hagi deixat de créixer –ni que ho tingui tot a punt per a la vida extrauterina. Encara guanya uns 250 grams de pes per setmana, amb un pes mitjà de 3,250 quilos (encara que les mides varien molt entre fetus i fetus, com també variaran molt entre nounat i nounat). El seu nadó continua acumulant greix, formant deliciosos clotets als seus genolls, colzes i espatlles, així com adorables arruguetes i plecs al collet i als canells. Per tal de preparar-se per al gran debut, el seu fill continua perfeccionant les seves pràctiques: inhala i exhala líquid amniòtic (per preparar els pulmons per a la respiració externa), se succiona el dit gros (practicant el pròxim alletament), fa pampallugues amb els ulls i es gira d'un costat a l'altre (això explica perquè el graciós bonyet que ahir li sortia pel costat esquerre, avui l'hi surt pel costat dret).

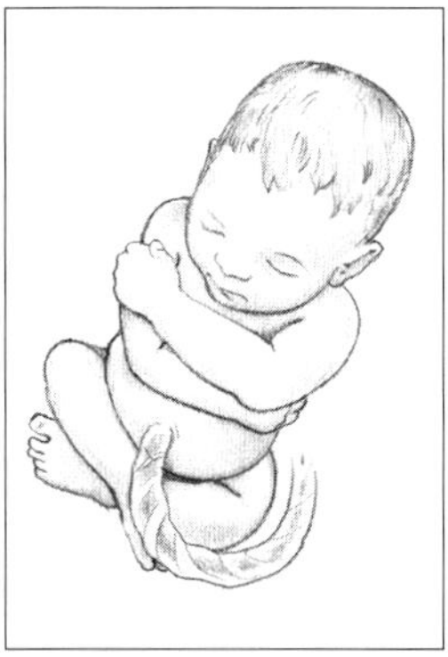
El seu nadó. Novè mes.

Setmana 38 Elevant els valors mitjans fins als 3,5 quilos i els 50 cm (dos centímetres amunt o dos centímetres avall), el seu petit ja no n'és tant, de petit. En efecte, el seu nadó ja és prou gran per afrontar el gran dia. Només li queda una mitjana de dues (o un màxim de quatre) setmanes a l'úter, i tots els seus sistemes ja estan (gairebé) en marxa. Per estar completament llest per a la sortida el seu nadó s'ocupa dels detalls d'última hora, com ara desempallegar-se del lanugen i de la capa protectora de la pell (o vèrnix). I també produeix més surfactant, que evitarà que els sacs d'aire dels seus pulmons s'adhereixin quan comenci a respirar –habilitat que començarà a posar en pràctica ben aviat. El seu nadó ja serà aquí abans que se n'adoni!

Setmana 39 Aquesta setmana no hi ha gaires novetats, almenys pel que fa al pes i a l'alçada. Per sort per a vostè i per a la seva pell estiregassada (i per al seu mal d'esquena, també), el creixement del nadó s'alentirà una mica –o fins i tot es paralitzarà fins a després del part. Per terme mitjà, aquesta setmana un nadó pesa uns 3,5 o 4 quilos i mesura entre 49 i 51 cm (encara que hi ha nadons més grans i més petits). De tota manera, el nadó sí que fa progressos en altres àrees, sobretot al cervell, que creix i es desenvolupa a la velocitat de la llum (a un ritme accelerat que es mantindrà al llarg dels tres primers anys de la seva vida). A més, la pell rosada del seu nadó s'està tornant blanca o blanquinosa (independentment del seu to de pell definitiu, ja que la pigmentació no es produeix fins poc després de néixer). Hi ha un canvi que pot haver notat aquests dies, sobretot si aquest és el seu primer embaràs: el cap del nadó se li pot haver encaixat a la pelvis. Aquest canvi d'ubicació del fetus pot fer que a vostè li resulti més fàcil respirar (i que tingui menys acidesa), però també pot provocar que tingui més dificultats per caminar (i que ara es balancegi d'un costat a l'altre).

Setmana 40 Enhorabona! Ja ha arribat al final oficial del seu embaràs (i potser també al límit de les seves energies). Ara sí que el seu nadó serà un nounat completament a terme, que podria pesar entre 3 i 4,5 quilos i mesurar entre 49 i 52 centímetres, encara que alguns nadons perfectament sans no arriben a aquestes mesures mitjanes o bé les superen. En el moment de l'expulsió, és possible que s'adoni (i segur que se n'adonarà quan arribi el gran dia) que el nadó encara està arrupit en posició fetal, malgrat que ja sigui fora de l'úter. Tot és qüestió d'hàbits (després de passar-se nou mesos comprimit dins de l'úter, el seu fill encara no s'ha adonat que ara ja té prou espai per estirar-se) i de comoditat (s'hi troba bé, en aquesta posició, tot arraulit). Quan sigui el moment de l'arribada del nadó, asseguri's de dir-li hola –i alguna cosa més. Encara que sigui el seu primer cara a cara, el seu nadó reconeixerà la seva veu –i la del seu pare. I si no arriba en la data prevista de part (fent cas omís del dia que vostè havia marcat amb bolígraf vermell al calendari), continuarà estant uns dies en bona companyia –encara que angoixada. Gairebé la meitat dels embarassos superen les 40 setmanes previstes, encara que, per sort, el més probable és que el seu ginecòleg no li permeti excedir les 42 setmanes.

Setmanes 41–42 Sembla que el seu fill ha optat per arribar amb retard. De fet, menys d'un 5 per cent dels nadons neixen en la data prevista de part –i prop d'un 50 per cent decideixen allargar l'estada al seu Hotel Uterí, quedant-s'hi feliçment fins al desè mes. De tota manera, recordi que la majoria de vegades un nounat suposadament postterme en realitat no ho és –sinó que la data prevista de part era errònia. Només en una minoria de casos, el nadó és realment postterme. Quan ho és, sol tenir una pell seca, aspra i arrugada (encara que tot sigui temporal). Aquest aspecte de la pell s'explica pel fet que la vèrnix protectora li va caure unes setmanes enrere, en preparació per a la data prevista del part. Un nadó postterme també tindrà les ungles més llargues, possiblement un cabell més llarg i poc o gens lanugen (pèl fi o borrissol). Aquests nounats també estan més alerta i amb els ulls més oberts (al cap i a la fi, són més grans i experimentats). Ni que només sigui per comprovar que tot vagi bé, és probable que el seu ginecòleg porti un control més estricte d'un nadó postterme per verificar que no hi hagi patiment fetal ni alteracions del líquid amniòtic.

Què pot sentir

Vostè pot experimentar tots els següents símptomes en un moment o altre, o només experimentar-ne uns quants. Alguns es poden mantenir del mes anterior i altres poden ser nous. També n'hi ha d'altres que potser ara gairebé ni nota perquè ja s'hi ha acostumat i/o perquè han quedat eclipsats per nous i emocionants símptomes que podrien indicar que s'atansa el part:

Físicament

- Activitat fetal intensa i regular (més contorsions i menys cops, perquè el nadó té menys espai dins l'úter).
- El fluix vaginal és més intens i conté més mucositat, que pot presentar gleves de sang o estar tenyit de to rosat després de mantenir relacions sexuals o després d'una revisió ginecològica, ja que la cèrvix es dilata.
- Restrenyiment.
- Acidesa, indigestió, flatulència i inflor.
- Mals de cap, mareig i esvaniments ocasionals.
- Congestió nasal i hemorràgies nasals ocasionals; sensació d'orelles tapades.
- Genives sensibles.
- De nit, rampes a les cames.
- Mal d'esquena i sensació de pesadesa.

Un cop d'ull a l'interior

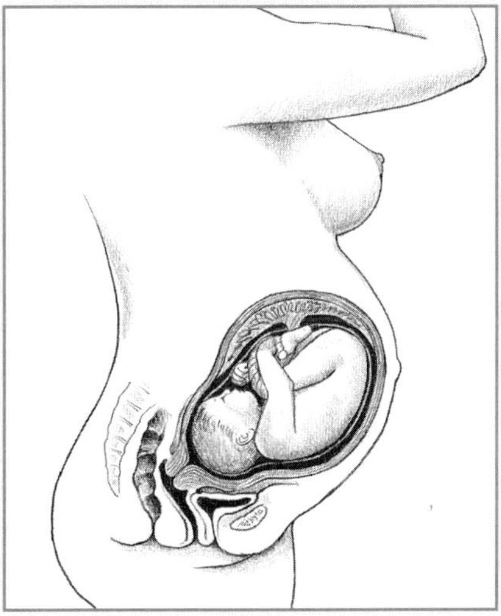

L'úter ja li arriba fins a les costelles i, a partir d'ara, les mides ja no canviaran gaire entre setmana i setmana. La part superior de l'úter és a uns 38-40 cm de la part alta de l'os del pubis. El seu augment de pes també s'alenteix, o fins i tot s'atura, a mesura que s'atansa el dia del part. La pell de l'abdomen està distesa al màxim i vostè comença a caminar d'una manera feixuga, perquè el nadó ja s'ha encaixat preparant-se per a l'imminent moment del part.

- Molèsties i adolorimient a les natges i a la pelvis.
- Inflor creixent dels turmells i dels peus, i ocasionalment de les mans i la cara.
- Picor a l'abdomen, melic amb protrusió.
- Estries.
- Venes varicoses a les cames.
- Hemorroides.
- Respiració més fàcil a mesura que el fetus s'encaixa.
- Micció més freqüent des que el fetus s'encaixa, perquè produeix pressió sobre la bufeta.
- Més dificultats per dormir.
- Contraccions de Braxton Hicks més intenses i freqüents (a vegades, poden ser doloroses).
- Malaptesa creixent.
- Degoteig de calostre dels mugrons (encara que pot ser que aquesta substància prelàctia no aparegui fins després del part).
- Més cansament o més energia (amb la síndrome de preparació del niu), o una estona de cada.
- Augment (o pèrdua) de la gana.

Emocionalment

- Més neguit, ansietat i aprehensió i més distraccions.
- Sensació d'alleugeriment per estar a punt d'acabar amb l'embaràs.
- Irritabilitat i hipersensibilitat (sobretot amb les persones que pregunten "encara no l'has tingut?").
- Impaciència i intranquil·litat.
- Augment dels somnis i les fantasies sobre la criatura.

Què es pot esperar de la revisió d'aquest mes

Aquest novè mes es passarà més temps que mai al consultori mèdic, ja que a partir d'ara les visites seran setmanals (així que, si ja ha fullejat totes les revistes de la sala d'espera, val més que es compri algun llibre). Aquestes visites seran més interessants (el ginecòleg valorarà la mida del fetus i farà hipòtesis sobre la data prevista de part) i, a més, l'emoció augmentarà a mesura que s'acosti el gran dia. Encara que hi pot haver variacions, depenent de les seves necessitats particulars i dels protocols mèdics del seu facultatiu, aquest mes pot esperar que el seu ginecòleg li comprovi:

- Pes (probablement l'augment de pes disminuirà, o fins i tot s'aturarà).
- Pressió sanguínia (que pot ser lleugerament superior a la que tenia a mitjans de l'embaràs).
- Anàlisi d'orina, per detectar-hi sucre i albúmina.
- Observació de mans i peus, per detectar-hi edema, i de cames, per detectar-hi venes varicoses.
- Examen intern del coll uterí (o cèrvix) per detectar si ja ha començat l'esborrament (aprimament) i la dilatació (obertura).
- Altura del fundus de l'úter.
- Batec cardíac fetal.
- Mitjançant palpació externa, control de la mida del fetus (li podrien dir un pes estimatiu), presentació (posició de cap per avall o de natges), orientació (cara endavant o enrere) i progrés de l'encaixament a la pelvis.
- Preguntes i dubtes que vulgui plantejar, sobretot en relació amb la dilatació i el part –prepari's una llista. Comenti al metge amb quina freqüència i durada nota les contraccions de Braxton Hicks, si és que en nota, així com altres símptomes que hagi experimentat.

En aquestes visites, també és possible que li exposin un protocol mèdic per al part (quan ha de trucar perquè possiblement vagi de part, quan ha d'anar directament a l'hospital...); si no li diu el metge, pregunti-li vostè.

Què la pot amoïnar

Micció freqüent, un altre cop

"Aquests últims dies em passo el dia al lavabo. És normal que ara orini tan sovint?"

Sembla que ara torna a reviure un problema del primer trimestre. Això li passa perquè l'úter torna a ser on va començar: a la part baixa de la cavitat pelviana, pressionant-li la bufeta. I aquest cop el pes de l'úter és significativament més gran, de manera que la pressió sobre la seva bufeta també és significativament major –i d'aquí la imperiosa necessitat d'orinar. Així que, noia, cap al lavabo s'ha dit! I a tornar-hi tants cops com faci falta... Sempre que aquesta freqüència urinària no vagi acompanyada de símptomes d'infecció (vegi la pàgina 542), és completament normal. No redueixi la ingesta de líquids en un intent de reduir els viatges al lavabo –el seu organisme necessita ara més líquids que mai. I, com sempre, vagi a orinar sempre que en tingui ganes (i que tingui un lavabo a prop).

Pits que gotegen

"Una amiga m'ha explicat que, quan estava de nou mesos, ja li sortia llet del pit, però a mi no em passa. Vol dir que no tindré prou llet?"

La llet no es produeix fins que el nadó està preparat per beure-se-la –i això no ocorre fins al cap de tres o quatre dies després del part. El que a la seva amiga li sortia del pit era calostre, una secreció groguenca i líquida, precursora de la llet materna. El calostre conté una gran varietat d'anticossos per protegir el nounat i té més proteïnes però menys greixos i lactosa (la composició més digerible possible) que la llet materna pròpiament dita.

A algunes dones, però ni de bon tros a totes, els surt aquest nutritiu fluid dels pits cap al final de l'embaràs. Però fins i tot les dones que no experimenten aquest degoteig de calostre també en produeixen.

A vostè no n'hi surt, però sent molta curiositat? Si es comprimeix les arèoles, és possible que se'n pugui extreure unes quantes gotes (però no se les comprimeixi amb massa força o acabarà amb els mugrons adolorits). D'aquesta manera tampoc n'hi surt? Doncs no es preocupi. Quan arribi el moment (i si és que vostè vol alletar-lo), el seu nadó ja sabrà com fer-ho. Que ara no n'hi surti no indica que, quan arribi el moment, no hagi de tenir prou llet.

Si li surt calostre, probablement només n'hi sortirà unes quantes gotetes. Però si n'hi surt més, potser li convindria posar-se xopadors als sostenidors per no mullar-los (i per evitar possibles situacions una mica compromeses). I vagi's acostumant a mullar-se el jersei, ja que, si dóna de mamar, serà habitual que els pits li degotin i es mulli els sostenidors, el pijama o la camisa.

Hemorràgies ara

"Aquest matí, just després de fer l'amor amb el meu marit, he començat a tenir una mica de pèrdues. Podria ser que ja anés de part?"

No corri tant. Tenir pèrdues rosades o vermelloses i amb mucositat just després de mantenir relacions sexuals o d'un examen vaginal (així com tenir pèrdues marronoses i amb mucositat al cap de 48 hores, en els mateixos supòsits) acostuma a ser una conseqüència normal d'una cèrvix sensible friccionada o manipulada i no un indici que el part hagi començat.

En canvi, tenir pèrdues rosades o marronoses amb mucositat i acompanyades de contraccions o altres símptomes de part imminent, tant si es tenen després de mantenir relacions com si no, sí que podrien indicar que està a punt d'anar de part (vegi la pàgina 392).

Si té un sagnat de color vermell intens o pèrdues persistents de color vermell després de mantenir relacions –o en qualsevol altre moment–, comenti-ho al ginecòleg.

Trencar aigües en públic

"Realment, em preocupa el temor de trencar aigües en públic."

Cap a les acaballes de l'embaràs, la majoria de dones temen patir una ruptura de les membranes i expulsar el

La criatura ja plora?

El so més joiós que poden sentir un pare o una mare és el primer plor que fa el seu fill tot just néixer. Però es podria creure que el seu petit ja plora dins del ventre? Doncs és ben cert, segons alguns investigadors, que han descobert que en el tercer trimestre de gestació els fetus mostren conductes pròpies del plor –barbeta arrufada, boca oberta, inhalacions i exhalacions profundes i reaccions de sobresalt– quan s'emeten sorolls o vibracions fortes prop del ventre matern. És prou conegut que el reflex de plorar està ben desenvolupat en els lactants, de manera que no ens ha de sorprendre que els nadons ja hagin estat assajant aquesta habilitat abans de sortir de l'úter (això explicaria perquè saben plorar tant quan són fora!).

líquid amniòtic –sobretot en públic–, encara que en realitat només els acabi passant a una petita minoria. Contràriament a la creença popular, el més probable és que no trenqui la bossa de les aigües (o, més tècnicament, que no tingui una ruptura de les membranes) fins que comenci el part. De fet, més del 85 per cent de les dones arriben a la sala de parts amb les membranes intactes. I encara que vostè es trobés entre el 15 per cent de les dones que trenquen aigües abans de posar-se de part, no cal que temi per remullar-se els peus en públic. A no ser que estigui estirada (cosa que no se sol fer en públic), la sortida de líquid amniòtic no sol ser abundant, i el més probable és que només li'n surti quatre gotes –o, a tot estirar, un rajolinet. Si no s'està ajaguda (o sigui, si està asseguda, dempeus o caminant), el cap del fetus funciona com el tap d'una ampolla de vi, bloquejant la sortida de l'úter i impedint la sortida de líquid amniòtic. Dit d'una altra manera, la previsió del temps per a la resta del seu embaràs continuarà essent "més aviat sec".

I una altra cosa a tenir en compte: en l'improbable cas en què vostè tingués una pèrdua significativa de líquid amniòtic en públic, pot estar tranquil·la perquè ningú la mirarà, l'assenyalarà amb el dit o se'n burlarà; el que farà la gent serà oferir-li ajuda o dissimular i fer veure que no han vist res. Al cap i a la fi, a ningú li passarà desapercebut que vostè està embarassada, de manera que serà evident que les seves pèrdues són de líquid amniòtic.

La part positiva de trencar aigües (en públic o a casa) és que aquest trencament sol precedir un part imminent, normalment dins de les 24 hores següents. Si no es posa de part espontàniament en aquest termini, probablement el seu metge l'hi provocarà; així que, en qualsevol cas, el seu nadó arribarà el mateix dia o l'endemà.

Encara que en realitat no sigui necessari, portar protector de calcetes o compresa durant les últimes setmanes de gestació li pot donar una sensació de seguretat, a més de mantenir-la fresca a mesura que li augmenta la leucorrea (o fluix vaginal). També és possible que, durant les últimes setmanes, vulgui posar tovalloles gruixudes o un protector de matalàs sota els llençols, per si trenqués aigües a mitja nit.

Encaixament del fetus

"Ja estic de més de 38 setmanes i la criatura encara no se m'ha encaixat. Això vol dir que s'endarrerirà el part?"

El fet que sembli que el seu nadó encara no es prepari per sortir, no vol dir que acabi sortint més tard del previst. L'encaixament és el descens del fetus cap a la cavitat pelviana, un símptoma de part proper.

En els primers embarassos, l'encaixament sol tenir lloc entre dues i quatre setmanes abans del part. En les dones que ja han tingut altres fills, no se sol produir fins que comencen a dilatar.

Però tal com passa amb gairebé tots els aspectes de l'embaràs, aquí la regla també és l'excepció a la regla. Pot experimentar l'encaixament quatre setmanes abans de la data de sortida de comptes i donar a llum amb dues setmanes de retard, o bé pot anar de part sense que s'hagi produït el descens del fetus. També pot ser que primer sembli que se li encaixa i que després se li torni a "desencaixar"; o, més exactament, que el cap del nadó descendeixi i després torni a pujar (de manera que encara no quedi realment encaixat).

Sovint, quan es produeix l'encaixament és molt evident. No només podrà veure la diferència (semblarà que la panxa li hagi baixat i se li hagi inclinat cap endavant), sinó que també la podrà notar; així, com que disminuirà la pressió de l'úter sobre el diafragma, podrà respirar millor, en sentit literal. I amb l'estómac menys comprimit, també podrà menjar amb més facilitat –i acabar-se el que té al plat sense patir acidesa ni indigestió. Evidentment, aquests canvis positius arriben de bracet amb altres de no tan positius, com ara la pressió a la bufeta (que farà que hagi de tornar a anar al lavabo més sovint), a les articulacions de la pelvis (que li dificultaran caminar... o balancejar-se) i a la zona perineal (que a vegades està adolorida), així com les punxades al sòl pelvià (per la pressió del cap del nadó) i la sensació de pèrdua d'equilibri (per un altre desplaçament del centre d'equilibri).

Malgrat tot, també és possible que l'encaixament es produeixi sense que vosté se n'adoni. Així, per exemple, si ja tenia una panxa baixa, és possible que la forma del ventre no li canviï gaire després de l'encaixament. O si fins ara tampoc tenia dificultats per respirar o per acabar-se un àpat sencer, o si durant tot l'embaràs ha orinat amb freqüència, és probable que no detecti cap diferència òbvia.

El metge es basarà en dos indicadors fonamentals per saber si el seu nadó s'ha encaixat: d'una banda, si li fa un examen intern, veurà la posició del nadó respecte de la seva pelvis (l'ideal és que estigui de cap per avall); de l'altra, si li fa una palpació externa del ventre, notarà si el cap del fetus està fixat o si encara presenta mobilitat.

Els obstetres objectiven el recorregut del part de presentació a través de la pelvis, assenyalant uns plans referits als relleus de la pelvis. Es diu que és en un primer pla quan la presentació hi entra i en un segon pla, quan és a mig camí. El tercer pla indica l'encaixament i el quart es dóna quan està a punt de sortir, és a dir, quan "corona". Tot i que la dona que comença el part amb la presentació encaixada probablement trigarà menys a donar a llum que la que comença amb el cap lliure, això no és invariablement cert, ja que l'altura de la presentació no és l'únic factor que influeix en el progrés del part.

Tot i que el fet que el cap del fetus estigui encaixat suggereix que probablement el nadó podrà passar a través de la pelvis sense dificultats, això no n'és cap garantia. I, a la inversa, el fet que el fetus encara no estigui encaixat quan comença el part no significa necessàriament que hagi de tenir més dificultats en l'expulsió.

De fet, la majoria de fetus que arriben a la dilatació sense haver-se encaixat travessen la pelvis suaument, especialment en el cas de dones que anteriorment ja han tingut un o més fills.

Perd pes?

Si es pesa durant aquest darrer mes de l'embaràs, es podria endur una sorpresa –i una alegria també! La majoria de futures mares, en arribar al final de l'embaràs, també arriben al final de l'increment de pes. En comptes de continuar veient com les xifres de la balança pugen i segueixen pujant, és possible que ara comenci a veure com aquestes xifres van baixant setmana rere setmana. A què es deu això? Al capdavall, el seu nadó no perd pes –i els seus turmells (dels malucs, no cal ni parlar-ne) continuen estant rebotits, com sempre. El que li ocorre, però, és perfectament normal. De fet, aquesta tendència a frenar l'augment de pes o a disminuir de pes és una manera que té el cos per preparar-se per al part. El líquid amniòtic comença a disminuir (i menys aigua equival a menys pes) i tindrà menys restrenyiment (habitual a mesura que s'acosta el part), factors que també col·laboren en la davallada de pes, com també ho pot fer l'augment de la transpiració (sobretot si darrerament ha estat enfeinada preparant el niu). I si creu que aquesta pèrdua de pes ja és emocionant, esperi's al dia del part. Aleshores sí que marcarà el seu propi rècord de pèrdua de pes en un sol dia!

Canvis en els moviments fetals

"Fins fa poc, el nadó em feia cops molt forts i ara, tot i continuar movent-se, sembla menys actiu."

Quan el va notar per primera vegada, cap al cinquè mes, el seu fill tenia molt espai disponible a l'úter per fer-hi moviments acrobàtics i per donar-hi cops de puny i puntades de peu. Ara, té menys espai i fer gimnàstica li resulta més complicat. En aquesta mena de camisa de força en què s'ha convertit l'úter, li queda l'espai just per girar-se, tombar-se i cargolar-se –que és probablement el que vostè nota. I tan bon punt el cap del nadó estigui fermament encaixat a la seva pelvis, el seu fill encara tindrà menys mobilitat. Però a aquestes alçades de l'embaràs, l'important no és el tipus de moviment que noti (ni si només nota moviment en un costat del ventre), sinó que l'important és notar algun moviment cada dia. Si, per contra, no percep cap tipus de moviment fetal (vegi la pregunta següent) o bé nota un moviment brusc, sobtat i estrany, comenti-ho al seu ginecòleg.

"En tota la tarda no he notat la criatura. Pot ser que hi hagi algun problema?"

El més probable és que el seu fill estigui fent la migdiada tranquil·lament (els fetus més grans, igual que els nounats, tenen estones periòdiques de son profund) o també podria ser que vostè hagi estat massa enfeinada o massa activa per adonar-se dels seus moviments. Per quedar-se més tranquil·la, comprovi el seu nivell d'activitat fent servir el test de la pàgina 318. Si vol, podria repetir aquest test de forma rutinària un parell de cops al dia al llarg de tot el tercer trimestre. Deu o més moviments en cada prova indiquen que el nivell d'activitat fetal és normal. Una xifra menor de moviments suggereix que podria ser necessari realitzar una avaluació mèdica per determinar la causa de la inactivitat; si aquest és el seu cas, posi's en contacte amb el seu ginecòleg. Encara que un nadó relativament inactiu a l'úter pot estar perfectament sa, la inactivitat fetal en aquest moment de l'embaràs podria indicar patiment fetal. Detectar aquest patiment de forma precoç i prendre les mesures oportunes per afrontar-lo pot ajudar a evitar possibles conseqüències greus.

"He llegit que els moviments fetals es redueixen a mesura que s'acosta el part. En canvi, el meu nadó sembla més actiu que mai. Com és això?"

Cada nadó és diferent, fins i tot abans de néixer –i especialment pel que fa a nivells d'activitat, i particularment a mesura que s'atansa el dia del part. Mentre que hi ha nens que es mouen una mica menys quan estan a punt per sortir, n'hi ha altres que es mostren plenes d'energia fins que arriba el gran dia. Cap al final de l'embaràs, hi sol haver un descens gradual en la quantitat de moviments fetals, probablement relacionat amb la manca d'espai a l'úter, la disminució de líquid amniòtic i la millor coordinació del fetus. Però, tret que s'estigui a comptar els moviments fetals un per un, probablement no hi notarà cap diferència.

L'instint de preparació del niu

"He sentit a parlar de l'instint de preparació del niu. Tot això són romanços o hi ha alguna cosa de cert?"

L'instint de preparar "el niu" pot ser tan fort i real en els humans com en els ocells o en els animals de quatre potes. Si mai ha pogut veure el part de cadellets de gos o de gatons, probablement s'haurà adonat com la mare prenyada es posa neguitosa just abans de parir –anant frenèticament d'un costat a l'altre, estripant papers amb fúria en algun racó i, finalment, quan creu que tot està en ordre, es col·loca a l'indret preparat per tenir els cadells. Moltes futures mares també experimenten la imperiosa necessitat de preparar els seus nius poc abans de donar a llum. Algunes dones expressen aquesta necessitat de manera més subtil: tot d'una, troben de vital importància netejar i reomplir la nevera

Tot preparat

Aquestes alçades, gairebé ja no fa falta ni dir que una de les millors maneres de preparar-se per al part és informar-se'n al màxim. Així que procuri assegurar-se que tant vostè com el seu marit estan prou informats sobre el gran dia: per començar, llegeixin el capítol següent, així com tots els altres materials disponibles sobre la dilatació i el part; mirin DVDs i vagin plegats a classes de preparació al part. De tota manera, la preparació no s'ha d'acabar aquí: cal tenir en compte els aspectes teòrics i pràctics, però també els de lleure i entreteniment. Així, per exemple, voldria gravar el part en vídeo (en cas que li ho permetin a l'hospital) o en tindrà prou amb les fotos? Voldria música suau de fons o prefereix tenir uns moments de pau i tranquil·litat? Com es distraurà millor entre contracció i contracció: jugant a cartes, consultant el correu a l'ordinador portàtil, mirant algun programa gravat de la televisió? (Com és lògic, també ha d'estar preparada perquè, un cop iniciades les contraccions, possiblement no estigui d'humor per a distraccions de cap mena.) Miri de no oblidar-se de guardar dins de la bossa que s'haurà d'endur a l'hospital tots els materials necessaris per dur-hi a terme les activitats planificades (incloent-hi la bateria per a la càmera i el carregador del mòbil; vegi la pàgina 388 per a una llista completa de coses per endur-s'hi).

L'estat del nadó

A mesura que l'embaràs s'està a punt d'acabar (sí, algun dia s'acabarà!), el seu metge farà un control més estricte de la seva salut i de la del seu nadó –especialment quan s'arriba a la setmana 40 de gestació. Això s'explica pel fet que 40 setmanes són el termini òptim d'estada dels nadons dins de l'úter; els que superen aquest termini poden afrontar possibles riscos (com ser massa grans per néixer per via vaginal, experimentar un deteriorament de la funció de la placenta o veure disminuïts els nivells de líquid amniòtic). Per sort, el seu ginecòleg li durà a terme un seguit de proves per valorar el benestar fetal i per estar segur que tot va bé i que hi continuarà anant:

Moviment fetal. El registre dels moviments fetals dut a terme per la pròpia mare (vegi la pàgina 318), tot i no ser un procediment infal·lible, pot oferir algunes indicacions sobre l'estat del nadó. Deu moviments en una hora sol ser un valor tranquil·litzador. Si no detecta cap activitat, se li practicaran altres proves.

El test de no-estrès (TNE). En aquest test, realitzat a la consulta del metge, es connecta la mare a un monitor fetal (igual com si estigués dilatant) per mesurar el batec cardíac fetal i la resposta del cor del nadó al moviment. També pot ser que li donin un dispositiu amb un botó (com si fos el comandament d'un videojoc) per tal que el premi cada cop que noti que el nadó es mou. El monitoratge dura entre 20 i 40 minuts i permet detectar si el fetus té algun tipus de patiment fetal.

Estimulació acústica del fetus (EAF), o estimulació vibroacústica (EVA). Aquest altre test de no-estrès, en què es col·loca sobre l'abdomen de la mare un instrument que produeix sons i vibracions per determinar-ne la reacció del fetus, resulta molt útil a l'hora d'interpretar els resultats del test ordinari de no-estrès.

El test de l'estrès de la contracció (TEC), o test de desafiament de l'oxitocina (TDO). Si els resultats del test de no-estrès no són prou clars, el seu metge li pot prescriure altres proves. Aquestes proves, que es realitzen a l'hospital, avaluen la resposta del nadó a "l'estrès" de les contraccions uterines per tenir una idea de com afrontarà les contraccions autèntiques de la dilatació. Aquest test és més complex i llarg (dura diverses hores) i la mare es connecta a un monitor fetal. Si les contraccions no comencen per si mateixes, li administraran una petita dosi d'oxitocina (o li demanaran que s'estimuli els mugrons)

i assegurar-se que al rebost tenen prou paper higiènic per a mig any. En altres dones, aquest instint es manifesta de manera més exagerada, a vegades irracional i tot, i sovint divertida (almenys, per a qui l'observa): potser es dedicaran a netejar tots els racons de l'habitació de la criatura amb un raspallet, potser reordenaran tots els armaris de la cuina de dalt a baix, potser rentaran tota la roba de casa (usada o no), o bé plegaran i tornaran a plegar la robeta de la criatura durant hores i més hores.

Tot i que aquest instint no és un indicador fiable de l'inici del part, el cert és que s'intensifica a mesura que s'aproxima el gran moment –potser en resposta a l'augment d'adrenalina que circula per l'organisme de la futura mare. De tota manera, recordi que no totes les dones experimenten l'instint de preparació del niu, i que això no té res

per provocar-les-hi. La resposta fetal a les contraccions indica les condicions probables del fetus i de la placenta. Si els resultats són correctes, aquesta simulació aproximada de les condicions de la dilatació permet predir si el fetus encara pot romandre a l'úter d'una manera segura o si seria capaç de fer front a les exigents demandes de l'autèntica dilatació.

Un perfil biofísic (PBF). Mitjançant l'ús d'ultrasons, aquesta prova sol avaluar quatre aspectes de la vida dins l'úter: respiració i moviment del fetus, to fetal i volum de líquid amniòtic. Si les quatre dades són normals, és probable que el nadó estigui bé. Si alguna dada no és prou clara, se li faran més proves (com ara el TEC o l'EVA) per obtenir una descripció més acurada de l'estat del nadó.

El perfil biofísic "modificat". Aquesta prova combina el test de no-estrès amb l'avaluació de la quantitat de líquid amniòtic. Un baix nivell de líquid amniòtic podria indicar que el fetus no produeix prou orina o que la placenta no funciona correctament. Si el fetus reacciona adequadament al test de no-estrès i els nivells de líquid amniòtic són adequats, hi ha probabilitats molt altes que tot estigui bé.

Velocimetria Doppler de l'artèria umbilical. Aquesta prova fa servir els ultrasons per controlar el flux sanguini que passa a través de l'artèria umbilical. Un flux absent, dèbil i invertit indica que el fetus no rep l'aliment adequat i que probablement no creix correctament.

Altres tests de benestar fetal. Entre altres: ecografies periòdiques per avaluar el creixement fetal; mostreig de líquid amniòtic (mitjançant amniocentesi); electrocardiografia fetal (per conèixer l'estat del cor del nadó) i estimulació del cuir cabellut fetal (per comprovar la reacció del fetus a la pressió o a un pessic al cuir cabellut).

La majoria de vegades, els fetus superen aquests tests sense cap problema, amb la qual cosa es poden continuar estant a l'úter fins que estiguin a punt per sortir. En rares ocasions, aquests tests poden tenir uns resultats "poc favorables", encara que això no sigui tan desfavorable com el seu nom indica.

Com que aquests tests donen molts falsos positius, un resultat poc favorable no diagnostica necessàriament l'existència de patiment fetal, però comporta que el seu ginecòleg farà alguna prova més al nadó i, si resulta que es ratifica alguna indicació de patiment fetal, li podria provocar el part. (Per a més informació sobre inducció al part, vegi la pàgina 401.)

a veure amb la capacitat de tenir cura dels seus fills un cop neixin. La necessitat d'escarxofar-se al sofà per mirar la televisió és, durant les últimes setmanes de gestació, tan freqüent com la necessitat d'endreçar armaris. I fins i tot és més comprensible.

Si vostè és de les que té aquest instint de preparació del niu, procuri no perdre el sentit comú. Controli l'aclaparadora necessitat de pintar vostè mateixa l'habitació de la criatura i deixi que algú altre pugi a l'escala amb la galleda i el corró mentre vostè ho supervisa de la cadira estant. Tampoc ha de permetre que una neteja massa a fons de casa seva la deixi exhausta –li faran falta reserves energètiques tant per al part com per atendre el nounat. I el més important: no ha de perdre de vista les seves limitacions físiques. Encara que pugui compartir aquest instint de prepa-

La pròpia dona es pot provocar el part?

Què passa si ja ha sortit de comptes i continua tan embarassada com sempre (o, de fet, més embarassada que mai) i sense que el nadó doni mostres de voler sortir? Ha de deixar que la naturalesa faci el seu curs, per inacabable que sigui? O tot queda a les seves mans i hauria d'intentar posar en pràctica algunes tècniques per induir-se vostè mateixa el part? I si ho intenta, se'n sortirà? Tot i que hi ha molts mètodes naturals que pot fer servir per intentar posar-se de part, és difícil demostrar que n'hi hagi algun de realment efectiu. Algunes dones s'hi han escarrassat provant-los, però cap d'aquests mètodes casolans (transmesos pel boca-orella entre futures mares) ha estat documentat com a realment efectiu. Això s'explica, almenys en part, pel fet que encara que aquests mètodes funcionessin, seria difícil de valorar si realment han funcionat o si el treball de part ha començat en aquell moment per pura coincidència.

Si l'embaràs ja se li fa costa amunt (com és normal passades les 40 setmanes), pot provar els següents mètodes:

Caminades. S'ha suggerit que caminar pot ajudar a fer baixar la criatura, potser gràcies a la mateixa força de la gravetat o al balanceig dels malucs de la mare. Tan bon punt el nadó pressiona la cèrvix de la mare, el part podria començar en qualsevol moment. Si les passejades habituals no li funcionen per provocar el part, no cal que s'hi esforci. Val més que estigui descansada de cara al part, arribi quan arribi.

Sexe. Segur que té la sensació de fer més embalum que un hipopòtam, però anar al llit amb el seu marit podria ser una manera efectiva de combinar feina i plaer. O potser no. Alguns investigadors han demostrat que el semen (que conté prostaglandines) pot estimular les contraccions, mentre que altres recerques han provat que les dones que continuen practicant sexe fins al final de l'embaràs poden allargar la data de part encara més que les que se n'abstenen. La conclusió: Si s'ho passa bé intentant-ho, intenti-ho (i gaudeixi en l'intent). Al capdavall, és possible que

ració del niu amb altres espècies del regne animal, vostè no deixa de ser humana –i no pot pretendre tenir-ho tot fet abans que el nadó arribi al seu niu.

El moment del part

"El metge m'acaba de fer un reconeixement intern i m'ha comentat que segurament donaré a llum molt aviat. Realment es pot predir el moment del part amb exactitud?"

El ginecòleg li pot fer una predicció sobre el moment del part, però no és res més que una valoració estimada –de la mateixa manera que també és una valoració estimada la data prevista de sortida de comptes. Hi ha indicis que assenyalen que s'acosta el moment del part i que el metge comença a comprovar en el novè mes de gestació: s'ha produït l'encaixament a la cavitat pelviana? A quin pla de la pelvis ha arribat la part de presentació del nadó? Ja han començat l'esborrament (aprimament) i la dilatació (obertura) del coll uterí? La cèrvix s'ha començat a estovar i a desplaçar cap a la part frontal de la vagina (un altre indici que el part és a prop) o bé encara està rígida i col·locada cap enrere?

sigui l'última vegada en força temps que pugui mantenir relacions sexuals. Si anar per feina al llit provoca el part, fantàstic –i si no, també fantàstic.

Altres mètodes naturals podrien tenir inconvenients (encara que els aconsellin alguns metges i llevadores). De tota manera, abans de provar qualsevol dels mètodes següents, consultiho amb el seu ginecòleg:

Estimulació dels mugrons. Voldria saber com s'ha de tocar els mugrons? O encara més, com se'ls ha de cargolar? Estimular-se els mugrons durant unes quantes hores (sí, ho ha llegit bé: "hores") pot fer alliberar oxitocina de forma natural i provocar contraccions. Però heus ací l'inconvenient: l'estimulació dels mugrons –per molt interessant que pugui semblar (o potser no)– pot provocar contraccions uterines llargues i fortes. Així que, tret que el seu ginecòleg li ho aconselli i controli el seu progrés, val més que s'ho pensi quatre vegades –dues per a cada pit– abans d'intentar (vostè o el seu marit) practicar l'estimulació dels mugrons.

Oli de ricí. Tindria ganes de provocar-se el part amb un còctel d'oli de ricí? Les dones han transmès aquesta tradició de regust desagradable de generació en generació, amb la creença que aquest potent laxant els estimularia els budells –que, al seu torn, estimularien les contraccions uterines. L'inconvenient: l'oli de ricí (fins i tot si es combina amb alguna beguda de gust més agradable) pot provocar diarrea, fortes rampes a les cames i fins i tot vòmits. Abans de tapar-se el nas i empassar-se'n una culleradeta, asseguri's que està disposada a posar-se de part en aquestes condicions.

Infusions i preparats a base d'herbes. La infusió de fulles de gerd i altres preparats a base d'herbes els podria haver fet servir la seva àvia per posar-se de part, però fins que no hi hagi estudis que demostrin la innocuïtat d'aquests tractaments com a inductors al part, no se'ls prengui sense el consentiment del seu ginecòleg.

I mentre valora la possibilitat d'induir-se vostè mateixa el part, recordi que s'acabarà posant de part –de forma natural o amb una petita ajuda del seu ginecòleg– en qüestió d'una o dues setmanes.

Però donar a llum "aviat" pot voler dir d'aquí a una hora o d'aquí a tres setmanes, o més i tot. La predicció mèdica d'anar de part "aquesta mateixa nit" pot anar seguida de quinze dies més d'embaràs, mentre que l'advertiment "encara en té per dies" pot precedir un part en qüestió d'hores. El cert és que l'encaixament, l'esborrament i la dilatació són processos que, en algunes dones, poden tenir lloc de forma gradual, al llarg de diverses setmanes o de tot un mes, mentre que en altres es poden donar d'un dia per l'altre. Això significa que aquestes pistes no es poden utilitzar per determinar amb precisió el moment del part.

Així que tingui la bossa a punt, però encara no cal que engegui el motor del cotxe. Com gairebé totes les dones que han entrat abans a la sala de parts, vostè també haurà de tenir paciència i esperar, amb l'única certesa que tard o d'hora li acabarà arribant el dia –o la nit.

El nadó postmadur

"Fa una setmana que he sortit de comptes. És possible que m'hagin d'acabar provocant el part?"

Segurament, té la data màgica marcada en vermell al calendari; i, fins ara, ha anat ratllant amb il·lusió i un per un tots els dies de les 40 setmanes que precedien aquesta data màgica. Després, per fi, arriba el gran dia –però, en gairebé la meitat dels embarassos, el que no arriba és el nadó. I la il·lusió es converteix en desànim. El cotxet i el bressol es quedaran buits un dia més. I després una setmana més. I després, en gairebé un 10 per cent dels embarassos (sobretot de les primípares), dues setmanes més. És que aquest embaràs no s'acabarà mai més?

Tot i que potser les dones que ja han arribat a les 42 setmanes de gestació no s'ho creuran, no s'ha registrat cap embaràs que continués per sempre, ni tan sols en les èpoques en què encara no s'havia practicat cap inducció al part. Diversos estudis demostren que prop d'un 70 per cent dels suposats embarassos postterme, en realitat no ho són. Es pot creure que s'ha sortit de comptes per un error de càlcul en la data de concepció, normalment a causa d'una ovulació irregular o de la incertesa de la dona sobre la data exacta de l'última menstruació. I, en efecte, quan es recorre a la primera ecografia per confirmar la data de sortida de comptes, els diagnòstics d'embaràs postterme es redueixen dràsticament del 10 a un 2 per cent.

Fins i tot si vostè es troba entre aquest 2 per cent de dones que han sortit realment de comptes, el seu ginecòleg no permetrà que superi les 42 setmanes d'embaràs. De fet, la majoria de ginecòlegs ni tan sols esperen tant, i prefereixen induir el part cap a la setmana 41 de gestació. I, com és lògic, si hi ha algun test que demostra que la placenta ja no

Massatges per a facilitar el part

Està tan impacient per l'arribada del nadó que es comença a mossegar les ungles? Doncs tregui un millor profit de les seves mans (o de les del seu marit) i faci's un massatge. El massatge perineal pot ajudar les primípares a distendre suaument el perineu (la zona entre la vagina i el recte) i, de retruc, a minimitzar els dolors que s'hi produeixen durant el part, quan el cap del nadó comença a coronar. I un altre avantatge a tenir en compte: segons alguns experts, també pot ajudar-la a evitar una episiotomia o un esquinçament.

El massatge al perineu s'ha de fer de la manera següent: amb les mans netes (i les ungles curtes), insereixi els dits polzes o índexs (lubricats amb vaselina) dins de la vagina. Pressioni cap avall (cap al recte) i faci lliscar els dits cap a l'extrem i cap als costats del perineu. Repeteixi aquest massatge cada dia (durant cinc o més minuts) en el transcurs de les darreres setmanes de l'embaràs. No està d'humor per a un massatge perineal? Tampoc és imprescindible que se'l faci. Deixi-ho estar si no se sent còmoda fent-lo, si li sembla massa estrany o simplement si no té temps. Tot i que l'experiència sembla que en valida l'efectivitat, no compta amb cap investigació mèdica que la recolzi. Fins i tot sense el massatge, el seu perineu es dilatarà quan arribi el moment. I no cal que es faci aquest massatge si ja ha tingut altres fills: el seu perineu no necessita estirar-se més, de manera que no en trauria cap benefici.

Una crida a la prudència: si decideix posar en pràctica el massatge, faci-ho amb molt de compte. L'última cosa que li convindria just abans de donar a llum és prémer massa fort, fer-se mal o irritar la sensible pell de la zona perineal. En resum: faci's el massatge però amb delicadesa.

funciona correctament o que els nivells de líquid amniòtic han baixat massa o bé si hi ha altres símptomes que el nadó podria no estar prou bé– el seu ginecòleg actuarà en conseqüència i l'induirà al part o li provocarà una cesària. Així que encara que vostè no es posi de part de forma natural, el seu embaràs no durarà eternament!

"He sentit a dir que els nadons postterme deixen de desenvolupar-se. Si acabo de passar de la setmana 40 significa que, per anar bé, el meu nadó ja hauria d'haver nascut?"

El simple fet d'excedir de les 40 setmanes marcades no significa necessàriament que el seu nadó hagi d'abandonar la seva llar uterina –o que se l'hagi de fer sortir immediatament. De fet, molts nadons continuen creixent i desenvolupant-se fins ben entrat el desè mes. Però quan l'embaràs ja és postterme (tècnicament, a partir de la setmana 42), el que havia estat un medi uterí ideal comença a deteriorar-se. Una placenta envellida pot ser incapaç de subministrar prou aliment i oxigen, i la producció de líquid amniòtic pot caure en picat.

Els nadons que neixen després d'haver passat uns dies en un medi uterí deteriorat s'anomenen hipermadurs. Presenten la pell seca, encrostonada, aspra, laxa i arrugada, i ja han perdut la capa protectora de vèrnix caseós que tenen els nadons nascuts a terme. Com que són "més grans" que els altres nounats, tenen les ungles llargues i més cabell, i solen tenir els ulls oberts i estar alerta. Com que normalment són més grans –o sigui, amb un major perímetre cranial– que els nascuts a terme i a vegades presenten patiment fetal, és més probable que neixin per cesària que la resta. Durant un breu període de temps posterior al part, també és possible que necessitin algun tipus d'atenció especial a la unitat de cures intensives neonatals. De tota manera, la majoria de nadons postterme, tot i arribar a casa una mica més tard del programat, hi arriben completament sans.

Per evitar nadons hipermadurs, la majoria de ginecòlegs opten per induir el part quan s'ha determinat amb certesa que un embaràs ha passat de la setmana 41 i que la cèrvix és prou madura (tova i a punt per dilatar), i abans i tot si es presenten complicacions de qualsevol tipus. Altres metges poden preferir esperar una mica més, realitzant una o diverses proves d'avaluació (vegi el quadre de la pàgina 380) per valorar si el nadó conti-

Aliments que provoquen el part?

Té ganes de donar a llum? Està disposada a fer –o menjar– alguna cosa per provocar les primeres contraccions? Encara que no hi ha cap prova científica que ho demostri, sentirà moltes històries sobre els últims sopars de dones embarassades que van acabar amb una excursió cap a la sala de parts. Entre les més repetides hi ha: si l'estómac li ho permet, prengui alguna cosa picant. O mengi alguna cosa que augmenti el trànsit intestinal (i suposadament també els moviments uterins): què me'n diu d'un parell de magdalenes integrals ben regades amb suc de pruna? No li ve de gust res d'això? Algunes dones tenen a última hora antulls d'albergínia, tomàquet o vinagre balsàmic (o de totes tres coses alhora); altres diuen que la pinya va com una seda per provocar el part. Es prengui el que es prengui, recordi que –a no ser que el seu nadó i el seu propi cos estiguin preparats per posar-se de part– no és gens probable que cap d'aquests sopars l'hi provoquin.

Una mena de pla

Quant temps ha d'estar dilatant abans de trucar al metge? L'hauria de trucar si trenca aigües? Com s'hi podria posar en contacte si comença a tenir contraccions fora del seu horari habitual de visites? L'hauria de trucar abans d'anar a l'hospital o cal anar primer a l'hospital i després trucar-lo?

No s'esperi fins al moment del part per tenir la resposta a totes aquestes preguntes tan importants. En la seva pròxima visita, parli amb el seu metge de tots els altres temes logístics relacionats amb el part i anoti'n les respostes; si no ho té per escrit, pot estar ben segura que, quan comencin les contraccions, s'oblidarà de tot el que li hagi dit.

També procuri esbrinar quin és el millor trajecte per arribar fins a l'hospital, més o menys quant es triga per arribar-hi en els diferents moments del dia i quin tipus de transport hi ha disponible en cas que ningú li pugui portar en cotxe (no es plantegi d'anar-hi conduint vostè mateixa). I si a casa té més criatures, alguna persona gran o algun animal de companyia, planifiqui anticipadament qui se'n farà càrrec.

Guardi una còpia de tota aquesta informació a la seva bossa i una altra a la maleta que tingui preparada per a l'hospital, així com dues còpies més a la porta de la nevera i a la tauleta de nit, respectivament.

nua estant bé a l'úter, i repetint aquestes proves una o dues vegades per setmana fins al moment del part. Consulti al seu ginecòleg quin protocol segueix en els casos en què la mare surt de comptes i no es posa de part.

De fet, és més probable que el seu nadó decideixi sortir del seu úter aviat –i sense necessitat d'ajuda– que no pas que la faci seguir esperant.

Altres acompanyants al part

"Estic realment emocionada amb la idea de tenir un fill i vull compartir la meva experiència amb les meves germanes i les meves millors amigues –i també, és clar, amb la meva mare. Seria una bogeria convidar-les a totes a acompanyar-nos, a mi i al meu marit, a la sala de parts?"

Hi ha algú que celebra la festa d'aniversari (el seu fill, és clar) i vostè, com la majoria de mares, està preparant una llista de convidats cada cop més llarga. Definitivament no és cap bogeria voler que les persones més pròximes a vostè l'acompanyin en el seu gran dia –i, de fet, és una tendència que guanya popularitat entre els centres de maternitat.

Com és que ara les dones viuen el part amb més alegria? D'una banda, l'ús més estès de l'epidural ha fet que el part sigui menys complicat per a algunes dones. Si no s'ha de suportar gaire dolor (o gens) ni cal respirar profundament, hi ha més oportunitats per socialitzar (també és més fàcil tenir ganes de festa si no s'està gemegant ni panteixant). D'altra banda, els hospitals i els centres de maternitat estan adequant les seves instal·lacions, fent unes sales de dilatació més grans (més preparades per acollir una munió de convidats) i més còmodes (amb sofàs i cadires de sobres per tal que les visites s'acomodin mentre esperen l'arribada del gran protagonista). Alguns fins i tot disposen d'accés a Internet perquè les visites es distreguin si el procés de part s'alenteix. Les polítiques hospitalàries també es tornen cada cop més flexibles –en alguns hospitals fins i tot deixen les portes obertes (perquè hi vagin entrant tants convidats com vulguin). I molts metges i llevadores fins i tot fomenten la presència de tota una allau de parents i amics. Molts facultatius ho defensen argumentant que tenint més distracció, més suport i més mans fent-li fregues a l'esquena, la futura mare està més feliç i relaxada durant el part –que, tant si és medicat com si no ho és, sempre és positiu.

És evident que hi ha moltes bones raons per les quals vostè podria voler estar a la sala de parts ben acompanyada d'un entorn que la recolzi. De tota manera, abans de començar a convidar a tort i a dret, hauria de tenir en compte una sèrie d'inconvenients: els responsables mèdics del part l'hi han de donar el vistiplau (no tots els metges hi estan d'acord i alguns hospitals tampoc li ho permetran). També ha de tenir en compte l'opinió del marit en la preparació de la llista de convidats (recordi que encara que vostè haurà de fer gairebé tota la feina, tots dos són amfitrions d'aquesta festa i no hauria de deixar la seva parella relegada a segon pla). Pensi també si creu que se sentirà realment a gust amb tants ulls posats sobre vostè en un moment tan íntim (hi haurà gemecs, queixes, orina... i haurà d'estar mig despullada).

Un altre aspecte a ponderar: tots els convidats (el seu germà o el seu sogre, per exemple) estaran còmodes amb aquesta situació? O la seva possible incomoditat la pot fer atabalar quan el que necessita és estar el màxim de relaxada possible? Té ganes d'estar envoltada de gent fent petar la xerrada quan el que necessita és pau i tranquil·litat? Se sentirà obligada a distreure els convidats quan el que hauria de fer és centrar-se en donar a llum al seu nadó?

Si decideix que vol estar en companyia, recordi als seus convidats que s'hauran d'adaptar a les circumstàncies concretes del moment. Així, sempre hi ha la possibilitat que un part vaginal teòricament sense complicacions s'hagi de convertir en un part per cesària, cas en el qual només permetrien que el futur pare l'acompanyés a la sala d'intervencions. O també pot ser que en algun moment –posem que al cap de dues hores d'estar empenyent– decideix que ja no està d'humor per a convidats i que s'haurien d'esperar fora fins a després del part. (I si s'acaba penedint de la decisió de convidar tanta gent, no es preocupi per ferir els sentiments d'alguna persona fent-la fora de la sala de parts; en ple procés de part, els únics sentiments que compten són els seus.)

No té ganes de convidar cinquanta persones? Doncs no deixi que les modes –o els parents– la incomodin a la sala de parts. La decisió que prenguin vostè i el seu marit serà la decisió correcta.

Por d'un altre període de dilatació prolongat?

"Al primer part, vaig estar 30 hores dilatant i vaig acabar donant a llum després d'empènyer durant tres hores seguides. Encara que la criatura i jo ens en vam sortir prou bé, tinc por de tornar a passar aquesta vegada pel mateix calvari."

Una persona prou valenta per tornar al ring després d'un primer assalt tan dur es mereix una treva. I el més probable és que ara sigui diferent. Ara bé, tot i que les possibilitats de tenir un part més fàcil són significativament majors amb el segon fill, en temes de part no hi ha res segur al cent per cent. Ni amb una bola de vidre podríem predir què acabarà passant en cada part.

Què s'ha de portar a l'hospital

Encara que es podria presentar a l'hospital equipada tan sols amb la seva panxa i la targeta de la Seguretat Social o de la seva companyia privada, arribar-hi amb les mans buides no és probablement la millor idea. Però sí que és bona idea emportar-s'hi el mínim (amb aquest ventre tan voluminós, no li convé carregar maletes enormes), així que posi's a la bossa únicament el que hagi de fer servir. Val més preparar la bossa amb temps (i no haver de regirar la casa de dalt a baix per buscar el seu iPod quan li comencin les contraccions) i posar-hi ara totes les coses –les poques coses– que s'indiquen a continuació:

Per a la sala de dilatació o de part

- Aquest mateix llibre i el seu propi diari de l'embaràs, si és que en fa algun, per tenir prou espai per prendre notes sobre la dilatació i el part i sobre l'arribada del nadó. També li pot anar bé tenir a mà un bolígraf i un bloc de notes per apuntar les preguntes i les respostes sobre procediments seguits, sobre el seu estat i el del nadó, així com les instruccions per a la tornada a casa i el nom del personal mèdic que l'ha atès.
- Diverses còpies del seu pla per donar a llum, si és que en té algun (vegi la pàgina 324).
- Un rellotge que marqui els segons per comptar les contraccions. O, encara millor, procuri que sigui el seu marit el que porti un rellotge amb segons a partir de les últimes setmanes d'embaràs.
- Un MP3, MP4, un iPod o un CD, amb les seves cançons preferides, si la música la tranquil·litza i la relaxa.
- Un càmera de fotos i/o de vídeo, si no confia en la seva memòria per captar el moment (i sempre que l'hospital li permeti gravar a l'interior d'aquestes sales –la majoria sí que ho permeten). No s'oblidi bateries i/o carregadors extra.
- Algun entreteniment: un ordinador portàtil, algun llibre de *sudokus* o mots encreuats, un videojoc portàtil o qualsevol joc que la pugui distreure una mica del tema del part.
- Locions, olis o qualsevol altre producte amb què li agradi fer-se massatges.
- Una pilota de tennis o un corró de fisioteràpia perquè li facin un bon massatge a la part baixa de l'esquena.
- Un coixí de casa per estar més còmoda durant i després de la dilatació.
- Caramels o piruletes sense sucre per mantenir la boca humida.
- Raspall i pasta de dents, i col·lutori bucal (després d'unes vuit hores, tindrà unes ganes boges de refrescar-se la boca).
- Mitjons gruixuts, per si de cas agafa fred de peus.
- Sabatilles còmodes i de sola no lliscant, per si li ve de gust caminar una

Però el segon part i els posteriors solen ser més fàcils i ràpids que els primers –i normalment molt més. El seu canal de part serà ara més espaiós i tindrà la musculatura més laxa i encara que no li regalaran el part (que sempre sol exigir una mica d'esforç), segurament ara serà menys dolorós.

La diferència més gran la notarà en la fase d'empènyer; en comptes de trigar tantes hores, els segons fills solen sortir en qüestió de minuts.

mica mentre dilata, i per a després, si vol sortir a estirar una mica les cames pels passadissos entre presa i presa del nadó.

- Si porta els cabells llargs, algun clip, pinça o cinta per recollir-se'ls per tal que no li facin nosa a la cara. I també un raspall.
- Un parell d'entrepans o algun altre refrigeri per al seu acompanyant, per tal que no l'hagi de deixar sola per anar a comprar menjar quan tingui gana.
- Una muda per al seu marit, perquè estigui més còmode, sobretot si té la intenció de quedar-se a dormir a l'hospital.
- Un telèfon mòbil, amb el carregador corresponent (encara que és possible que no li deixin fer servir dins d'aquestes sales).

Per al postpart

- Una bateta i/o camises de dormir/pijames, si prefereix portar la seva roba en comptes de la de l'hospital. Si vol donar el pit, asseguri's que tota aquesta roba es pugui obrir per davant. De tota manera, pensi que encara que es pugui sentir més animada vestida amb roba del seu gust, també pot ser que li acabi tota tacada de sang.
- Un necesser amb xampú i suavitzant per al cabell, sabó de cos, desodorant, un mirallet, maquillatge i altres articles bàsics d'higiene i bellesa.
- La seva marca preferida de compreses, encara que l'hospital també n'hi facilitarà (eviti els tampons).
- Un parell de calces i uns sostenidors d'alletament.
- Tots els entreteniments esmentats més amunt, a més de material de lectura (incloent-hi un llibre de noms de nadó, si és que encara no el tenen decidit).
- Una bosseta amb refrigeris: fruita seca, galetes integrals i altres productes saludables per fer-li passar la gana si no en té prou amb la ració de l'hospital o si vol picar alguna cosa entre àpats.
- Una llista amb els números de telèfon de familiars i amics a qui cal trucar per donar la bona nova; una targeta de telèfons per si el mòbil no tingués cobertura o per si a l'hospital no en permetessin l'ús.
- Una muda per a vostè per tornar a casa, tenint present que encara li quedarà una mica de panxa (després de donar a llum és probable que tingui l'aspecte d'una embarassada de cinc o sis mesos).
- Una muda de carrer per vestir al nadó: una granoteta, un jersei, uns peücs i una manteta (més o menys gruixuda en funció del temps que faci); els bolquers probablement els hi facilitaran a l'hospital, però porti'n uns quants, per si de cas.
- La cadira del cotxe homologada per a nounats. La majoria d'hospitals no permetran que s'endugui el nadó en automòbil si no va segur i ben subjecte en una cadireta infantil autoritzada. A més a més, la llei així ho exigeix.

Tenir cura del nadó

"Ara que falta tan poc temps perquè neixi la criatura, em comença a preocupar si seré capaç de tenir-ne cura. Serà el primer nounat que tindré als braços."

No hi ha cap dona que neixi sabent fer de mare –ni cap home que neixi sabent fer de pare– ni sabent per instint com bressolar un nadó que plora, com banyar una criatura o com canviar-li el bolquer. La maternitat –i la pater-

Deixi el rebost ple

I que no li passi per alt! Encara que és comprensible que comprar el cotxet, els bolquers i aquesta robeta mini hagi estat la seva prioritat en els últims dies, no s'oblidi de fer una visita al supermercat. Per molt que tingui els turmells inflats i que hagi de carregar amb un ventre supergros, és més fàcil fer la compra als nou mesos d'embaràs que no pas amb una criatura acabada de néixer –així que aprofiti per omplir ara el rebost per no haver-hi de tornar després amb el nadó (i la cadireta del cotxe, i el canviador i els bolquers...). Ompli el rebost, la nevera i el congelador fins al capdamunt amb aliments saludables i que es conservin bé –formatgets, iogurts, sucs de fruita, cereals, galetes integrals, sopes, fruita seca... No s'oblidi dels productes d'un sol ús (li pot anar bé tenir rotllos de paper per eixugar-se les mans i plats i vasos de plàstic per quan no pugui ni posar el rentaplats). I si té temps –i ganes– de cuinar, prepari unes quantes racions extra dels seus menjars preferits per congelar-los (lassanya, guisats de carn, pastissets...) i guardi'ls al congelador en recipients individuals i clarament marcats. Així els tindrà a punt per escalfar al microones quan tingui gana –però no temps– durant el postpart.

nitat– és un procés d'aprenentatge que requereix molta pràctica per realitzar-la de manera perfecta (o gairebé perfecta, ja que el pare i la mare perfectes no existeixen).

Temps enrere, les dones acostumaven a practicar tenint cura d'altres nadons, ja fossin germans o fills d'altres familiars o veïns, abans de tenir cura de les seves pròpies criatures. Actualment, però, la majoria de dones –com vostè– no han tingut cap nounat als braços fins que donen a llum. L'aprenentatge per tenir cura del nadó arriba amb la pràctica, amb l'ajuda dels llibres, revistes i pàgines web sobre el tema i, si està de sort de trobar-ne alguna, també amb l'ajuda de classes d'educació maternal. Això suposa que durant la primera i la segona setmana després del part (o durant més temps), la mare pot sentir-se superada per una criatura que plora més que no pas dorm, i que no para d'embrutar bolquers, i possiblement vessarà moltes llàgrimes sobre l'etiqueta de "no ploris més" del seu xampú infantil (i pels dos costats de l'ampolla!).

Tot i això, totes les mares novelles (fins i tot les que estan més verdes en el tema) –a base de bolquers bruts, maratons per donar el menjar a la criatura i nits sense dormir–, s'acabaran tornant autèntiques professionals en la matèria. Aleshores s'acaben els neguits i comença la tranquil·litat. El nadó que abans no sabia ni com agafar ("i si se'm trenca?") ara el portarà al braç esquerre mentre amb el dret consulta Internet o passa l'aspiradora. Ja no li farà por donar-li les gotes de les vitamines, banyar-lo o fer passar els seus bracets per les mànigues del jerseiet. Quan ja es té una mica de rodatge i s'ha agafat el ritme, tenir cura d'un nadó es fa com la cosa més natural del món. La dona es converteix en mare i se n'acaba sentint –i malgrat que a vostè, li costi d'imaginar, li passarà el mateix.

Tot i que no es pugui evitar que els primers dies amb la criatura siguin complicats, el fet de començar el procés d'aprenentatge abans de tenir el nounat als braços (i d'haver-ne de tenir cura) pot fer que aquests primers dies semblin menys aclaparadors. Tots els següents consells poden ajudar les futures mares (i els futurs pares) a desenvolupar més fàcilment el seu nou paper: visitar la sala de nadons d'algun hospital i observar els que hi acaben d'arribar; agafar el nounat d'alguna amiga o parenta, canviar-li els bolquers i fer-lo dormir; llegir llibres sobre el primer any dels nadons; visitar pàgines o fòrums sobre el tema (ningú no pot ensenyar-li més coses sobre la maternitat que altres mares; entri a whattoexpect.com) i mirar algun DVD o assistir a classes d'educació maternal (i de primers auxilis). Per aprendre'n encara més, parli amb amics que hagin estat pares recentment. La tranquil·litzarà saber que gairebé tothom comença la nova faceta de mare (o de pare) amb els mateixos neguits.

QUÈ CAL TENIR EN COMPTE

Prepart, fals part i part real

A les pel·lícules tot sembla molt fàcil: cap a les 3 de la matinada, la dona s'asseu al llit i es posa una mà sobre el ventre mentre allarga l'altra per despertar el marit amb un serè "ha arribat el moment, vida meva".

Però vostè es deu preguntar: i com ho sap aquesta dona que li ha arribat el moment? Com pot reconèixer els dolors de part amb una confiança tan freda i tan clínica si abans no n'ha tingut mai? Com és que està tan segura que no arribarà a l'hospital, l'examinaran, li comunicaran que és una falsa alarma i la tornaran a enviar cap a casa, tan embarassada com hi havia arribat? Qüestions del guió, és clar.

A l'altra banda de la pantalla (sense cap guió en mà), el més probable és que la dona es desperti a les 3 de la matinada amb un estat d'incertesa total. Només són contraccions de Braxton Hicks o són contraccions autèntiques? Hauria d'encendre el llum i començar a comptar el temps? Cal que vagi despertant el meu marit? Faig sortir el metge del llit a aquestes hores de la nit si potser no són més que falses contraccions? Si ara el desperto i en realitat és una falsa alarma, ja em tindrà per "aquella pesada que sempre es pensa que va de part" i, quan realment arribi l'hora, no em prendrà seriosament? O potser seré l'única dona de tota la classe d'educació maternal que no seré capaç de reconèixer els dolors del part? I si marxo cap a l'hospital massa tard i tinc la criatura al taxi (i acabo sortint a la portada dels diaris)? Les preguntes es multipliquen més ràpidament que les pròpies contraccions.

El cert és que la majoria de dones, per molt amoïnades que estiguin, no valoren equivocadament l'inici del part. La gran majoria –ja sigui per l'instint, per la sort o per unes contraccions "indubtablement" doloroses– no arriben a l'hospital ni massa tard ni massa d'hora, sinó en el moment oportú. De tota manera, no cal deixar aquesta valoració en mans de la sort. Familiaritzar-se amb antelació amb els símptomes de prepart, fals part i part real l'ajudarà a estar menys preocupada i menys confosa quan li comencin les contraccions (les de debò).

Símptomes de prepart

Abans del part, hi ha el prepart –una mena d'assaig que prepara l'escena per al gran esdeveniment. Els canvis físics del prepart poden precedir el part real un mes sencer, o més i tot –o potser només unes quantes hores. El prepart es caracteritza per l'inici de l'esborrament i la dilatació del coll uterí, que el seu ginecòleg pot confirmar examinant-lo, així com per una àmplia varietat de símptomes relacionats que vostè mateixa podria experimentar:

Encaixament. En les primípares, normalment entre dues i quatre setmanes abans que comenci el part, el fetus comença a baixar cap a la pelvis. En els segons i posteriors embarassos, però, no se sol produir fins que el part és imminent.

Sensació creixent de pressió a la pelvis i el recte. Les rampes (similars a les menstruals) i el dolor a l'engonal són habituals –i sobretot en els segons i següents embarassos. També es pot presentar un dolor persistent a la part baixa de l'esquena.

Pèrdua de pes o aturada de l'augment de pes. L'increment de pes es pot reduir durant el novè mes; a mesura que s'acosta el part fins i tot podria perdre un quilo o un quilo i mig.

Canvis en el nivell d'energia. Durant el darrer mes de gestació, algunes dones se senten cada cop més exhaustes. Altres, en canvi, experimenten un augment d'energia. La irrefrenable necessitat de netejar el terra o d'endreçar els armaris s'ha relacionat amb l'instint de preparació del niu, en què la femella de l'espècie –en aquest cas, vostè– prepara el niu per a la imminent arribada (vegi la pàgina 379).

Canvis en les pèrdues vaginals. Si hi para atenció, s'adonarà que les pèrdues vaginals són més intenses i espesses.

Expulsió del tap mucós. A mesura que la cèrvix s'aprima i es dilata, es desprèn el "tap" de mucositat que tanca l'orifici de l'úter (vegi la pàgina 395). Aquesta massa gelatinosa de mucositat pot travessar la vagina una o dues setmanes abans de l'inici de les primeres contraccions o bé just en el moment de començar la dilatació.

Pèrdues rosades o amb gleves de sang. Quan el coll uterí s'esborra i s'obre, és freqüent que es trenquin capil·laritats, que tenyeixen el mucus de color rosat o amb gotetes de sang (vegi la pàgina 396). Aquestes pèrdues solen indicar que el part començarà en les properes 24 hores –encara que també és possible que calgui esperar uns quants dies més.

Intensificació de les contraccions de Braxton Hicks. Aquestes contraccions de pràctica (vegi la pàgina 341) es poden tornar més freqüents i fortes, o fins i tot doloroses.

Diarrea. Algunes dones tenen diarrea immediatament abans de l'inici del part.

Símptomes de part fals

Ho és o no ho és? És probable que el part autèntic encara no hagi començat si:

- Les contraccions no són regulars i no augmenten de freqüència o d'intensitat. Les contraccions reals no tenen per què seguir una periodicitat de manual, però en qualsevol cas es tornaran més fortes i sovintejades a mesura que passi el temps.
- Les contraccions desapareixen si camina una mica o canvia de posició (encara que això també podria ocórrer en les primeres contraccions de part real).
- Les pèrdues, si n'hi ha, són marronoses. Aquest tipus de fluix vaginal sol aparèixer com a conseqüència d'un examen intern o d'una relació sexual en les 48 hores anteriors.
- Els moviments fetals s'intensifiquen breument amb les contraccions.

(Truqui immediatament al metge si l'activitat fetal es torna frenètica o espasmòdica.)

Recordi que les falses contraccions (tot i no ser autèntiques) no són una pèrdua de temps –encara que li facin fer uns quants viatges a l'hospital abans de donar a llum. És el sistema que fa servir el seu organisme per preparar-se per al gran dia, de manera que, quan arribi l'hora, ja estigui preparada –tant si vostè també ho està com si no.

Símptomes de part real

Ningú no sap exactament què provoca el part real (i hi ha més dones preocupades amb "quan comença el part?" que amb "per què comença?"), però es creu que està relacionat amb una combinació de diversos factors. Aquest complex procés comença al cervell del fetus, que envia una sèrie de missatges químics (que probablement es traduirien en alguna cosa com ara "mama, deixa'm sortir d'aquí!") que provoquen una reacció en cadena en les hormones maternes. Al seu torn, aquests canvis hormonals generen l'alliberament de prostaglandines i d'oxitocina, substàncies que provoquen contraccions quan tots els sistemes de part estan "en marxa".

Sabrà que les contraccions de prepart s'han convertit en contraccions reals si:

- En comptes de disminuir, les contraccions s'intensifiquen amb l'activitat, o no s'alleugen ni desapareixen tot i canviar de posició.
- Les contraccions es tornen progressivament més freqüents i doloroses i, per regla general (encara que no sempre), més regulars. Cada contracció no ha de ser necessàriament més dolorosa o més llarga que l'anterior (solen durar entre 30 i 70 segons), però la intensitat va creixent a mesura que s'acosta el part real. La freqüència tampoc augmenta a intervals perfectament regulars, però sí que va augmentant.
- Les primeres contraccions poden semblar com un torçó intestinal, com dolors menstruals forts o com una pressió a la part baixa de l'abdomen. Pot ser que només li faci mal la part baixa de l'abdomen o bé la part baixa de l'abdomen i de l'esquena al mateix temps, i el dolor també li pot irradiar cap a les cames (sobretot cap a la part superior de les cuixes). La ubicació, però, no és un indicador prou fiable de part real, ja que les falses contraccions també es poden notar en els mateixos punts.
- Té pèrdues rosades o amb una mica de gleves de sang.

En un 15 per cent dels parts, les aigües es trenquen espontàniament (i es perden gotetes o un petit raig de líquid amniòtic) abans que comenci el part. Però en molts altres, la ruptura de membranes té lloc durant la dilatació o bé és el ginecòleg qui les trenca artificialment.

Quan s'ha de trucar al metge

El més probable és que el seu metge li hagi dit que el truqui si creu que es posa de part (quan tingui contraccions cada cinc o set minuts, per exemple). No s'esperi fins que els intervals siguin perfectament regulars; potser no seran mai regulars del tot. Si no està del tot segura de si està de part –però les contraccions es mantenen força regulars– truqui al seu ginecòleg immediatament. Probablement, si mentre parla té una contracció, el facultatiu ja sabrà –pel seu to de veu– si és una falsa contracció o una contracció de part (sempre que vostè no intenti dissimular el dolor per guardar les formes). Fins i tot si després de mirar i remirar les llistes continua tenint dubtes, truqui al seu metge. No se senti culpable per despertar-lo a mitja nit (els professionals que s'hi dediquen no poden pretendre treballar sempre de 9 a 5) ni s'avergonyeixi si resulta que era una falsa alarma (no és la primera embarassada que confon els símptomes, ni tampoc serà l'última). No doni per fet que si no està segura de si va de part, és senyal que no hi va. Val més que sigui prudent i que truqui al metge.

Truqui'l també de seguida si té contraccions cada cop més fortes i encara que li faltin diverses setmanes per sortir de comptes, si trenca aigües però encara no està de part, si les aigües són verdoses o marronoses, si té pèrdues de sang de color vermell intens o bé si nota que el cordó umbilical li penja per la vagina o el coll uterí.

Preparada?

Per assegurar-se d'estar preparada per a l'arribada del seu fill quan el petit estigui a punt de sortir, comenci ara a llegir el capítol següent, amb informació sobre la dilatació i el part.

CAPÍTOL 15

Part i naixement

ESTÀ FENT EL COMPTE ENRERE? LI faria gràcia tornar-se a veure els peus? Té unes ganes boges de poder dormir bocaterrosa –o simplement té unes ganes boges de poder dormir? No es preocupi –el final (de l'embaràs) ja s'acosta. I mentre espera que arribi el moment de gaudir del feliç moment –quan ja no tindrà el seu fill al ventre sinó als braços–, probablement també deu pensar (i es deu preguntar) moltes coses sobre els processos que faran possible aquest moment: la dilatació i el part. Segurament es pregunta: quan començarà el part? I, encara més important, quan s'acabarà? Seré capaç de suportar el dolor? Necessitaré l'epidural (i quan me la podran administrar)? Caldrà monitoratge fetal? I episiotomia? Podria dilatar –i donar a llum– col·locada a la gatzoneta? I sense medicació? I si el part no avança? I si avança tan de pressa que no tinc temps ni d'arribar a l'hospital?

Si disposa de les respostes a aquestes (i altres) preguntes –així com del suport del seu marit i dels seus assistents al part (metges, llevadores, infermeres i doules, entre altres)– se sentirà preparada per gairebé tot el que se li pugui presentar durant la dilatació i el part. I encara que res li surti tal com ho tenia planificat, recordi el més important que la dilatació i el part li oferiran: el seu preciós fill.

Què la pot amoïnar

Tap mucós

"Crec que m'ha caigut el tap mucós. Hauria de trucar al metge?"

No es precipiti. El tap mucós –aquesta protecció gelatinosa i transparent que li ha tapat el coll uterí durant tot l'embaràs– de vegades es pot desprendre quan comença la dilatació i l'esborrament de la cèrvix. Algunes dones noten com els cau el tap mucós ("què dimonis és això que hi ha al vàter?"), mentre que altres no se n'adonen (sobretot les que, en anar al lavabo, fan les seves necessitats i surten disparades). Encara que el despreniment del tap mucós és un símptoma que el seu cos s'està preparant per al gran dia, no és un senyal fiable que aquest gran dia ja hagi arribat –i ni tan sols que hagi d'arribar de manera imminent.

Quan el tap mucós cau, la dilatació pot començar al cap d'un o dos dies, o fins i tot fins al cap d'unes setmanes, al llarg de les quals la cèrvix es va obrint gradualment. Dit d'una altra manera, no cal que ara mateix truqui al ginecòleg ni que prepari a corre-cuita la bossa per a l'hospital.

Ni rastre de tap mucós a les calces o al vàter? No es preocupi. Moltes dones no el perden a l'avançada (i moltes altres no se n'adonen quan el perden), i això no prediu res sobre l'evolució final del part.

Pèrdues sanguinolentes

"Tinc pèrdues mucoses de color rosat. Això significa que el part està a punt de començar?"

Sembla que ha arribat l'hora de la sang –però, afortunadament, aquesta sang és un precedent del part i no la protagonista d'una pel·lícula de terror. Aquestes pèrdues sanguinolentes, amb mucositat rosada o marronosa i amb gleves, solen ser un símptoma que els vasos sanguinis de la cèrvix es van trencant a mesura que es dilata i s'esborra, i que el procés que portarà al part ja està en marxa (i això és motiu d'alegria!). Quan les pèrdues sanguinolentes fan acte de presència a les calces o al paper higiènic, el més probable és que el nadó arribi en només un o dos dies. Però com que el part és un procés que no té horaris fixos, s'haurà de mantenir en suspens fins que li arribin les primeres contraccions de part.

Si el fluix vaginal adquireix de sobte un to vermell brillant, truqui al seu ginecòleg immediatament.

Trencament de les aigües

"M'he despertat a mitja nit amb el llit tot xop. Se m'ha escapat el pipí o he trencat aigües?"

Per sortir de dubtes, el més fàcil seria ensumar els llençols. Si la taca humida fa una olor dolça (no com l'orina, que fa una penetrant olor d'amoníac), el més probable és que es tracti efectivament de líquid amniòtic. Una altra pista per saber si s'ha produït la ruptura de les membranes que han envoltat el seu fill i han contingut el líquid amniòtic durant nou mesos: contínuament va perdent més líquid de color groc pàl·lid (que no deixa de rajar perquè se'n segueix produint fins al moment del part, regenerant-se cada poques hores). Una altra prova: pot mirar de frenar el degoteig del líquid comprimint els músculs pelvians (exercicis de Kegel); si el degoteig s'atura, és orina; si no, és líquid amniòtic.

És més probable que s'adoni de les pèrdues quan s'estiri; normalment el degoteig para, o com a mínim s'alenteix, en posició asseguda o dreta, ja que el cap del nadó funciona com un tap d'ampolla, bloquejant el degoteig temporalment. El degoteig és més abundant si la ruptura de les membranes es produeix a prop del coll uterí que no pas si es produeix més amunt.

És probable que el seu ginecòleg li hagi donat instruccions sobre què fer si trenca aigües. Si no recorda quines instruccions li va donar o si té algun dubte sobre com actuar, truqui'l, ja sigui de dia o de nit.

"Acabo de trencar aigües, però no tinc cap contracció. Quan començarà el part? I, què he de fer mentrestant?"

És probable que es posi de part –i ben aviat. La majoria de dones que tenen una ruptura espontània de membranes abans del part noten les primeres contraccions dins de les 12 hores següents a aquest primer degoteig; la major part de la resta poden notar-les dins de les 24 hores posteriors a la ruptura.

Tanmateix, en un de cada deu casos, el part triga una mica més a començar. Per prevenir una infecció al sac amniòtic trencat (com més tarda a arribar el part, més risc d'infecció comporta), molts ginecòlegs indueixen el part dins de les 24 hores posteriors a la ruptura, sempre que la mare hagi sortit de comptes o estigui a punt de fer-ho, encara que n'hi ha una minoria que el provoquen tot just sis hores després de la ruptura. La majoria de dones que han trencat aigües prefereixen que se'ls indueixi el part com abans millor, en comptes d'haver d'estar perdent líquid amniòtic durant 24 hores seguides.

Si experimenta un degoteig de fluid de la vagina, el primer que ha de fer –a banda d'agafar una tovallola i una compresa ben gran– és trucar al seu ginecòleg (a no ser que li hagi indicat alguna altra cosa). Mentrestant, procuri mantenir l'àrea vaginal tan neta com sigui possible per evitar-hi infeccions. No mantingui relacions sexuals (tot i que no és gaire probable que en tingui ganes justament ara), posi's compresa (no tampó) per absorbir les pèrdues, no intenti fer-se un examen intern vostè mateixa i, com sempre, quan vagi al lavabo eixugui's de davant cap endarrere.

En rares ocasions, quan les membranes es trenquen prematurament i la part de presentació del nadó encara no s'ha encaixat a la pelvis (més probable quan el fetus està de natges o és preterme), el cordó umbilical pot quedar "prolapsat" –és a dir, que penetra al coll de l'úter i fins i tot a la vagina, arrossegat pel fluix de líquid amniòtic. Si s'adona que li penja una nansa de cordó umbilical per l'obertura vaginal, o nota que té alguna cosa dins la vagina, truqui al telèfon d'urgències. Per a més informació sobre què fer si pateix un prolapse del cordó umbilical, vegi la pàgina 613.

Líquid amniòtic enfosquit

"He trencat les membranes i les aigües no són clares, sinó d'un to marró verdós. Com és això?"

El seu líquid amniòtic està probablement tenyit de meconi, una substància marronosa-verdosa que és, de fet, la primera defecació del seu nadó. Normalment, el meconi surt després del part, quan el nadó defeca per primera vegada. Però de vegades –si el nadó té algun tipus de patiment fetal a l'úter i habitualment quan ja ha sortit de comptes– el meconi s'expulsa dins del líquid amniòtic abans del part.

La tinció per meconi no és per si sola un signe inequívoc de patiment fetal, però com que indica que sí que n'hi podria haver, notifiqui-ho de seguida al seu ginecòleg. El més probable és que li provoqui el part (si és que les contraccions no han començat espontàniament) i que controli molt atentament el nadó al llarg de tot el treball de part.

Poc líquid amniòtic

"El metge m'ha dit que tinc poc líquid amniòtic i que n'hi ha d'afegir un suplement. M'hauria d'amoïnar?"

Generalment, l'úter es manté, de forma natural, prou ple amb el líquid amniòtic que s'hi va regenerant automàticament. I, per sort, fins i tot quan baixen els nivells de líquid amniòtic durant la dilatació, la ciència mèdica hi pot intervenir i complementar aquesta font natural amb una solució salina introduïda directament al sac amniòtic per mitjà d'un catèter inserit a l'úter a través de la cèrvix. Aquest procediment, anomenat amnioinfusió, pot reduir significativament la possibilitat d'haver de recórrer a un part quirúrgic per l'existència de patiment fetal.

Contraccions irregulars

"A les classes de preparació al part, ens van dir que no calia anar a l'hospital fins que tinguéssim contraccions regulars i cada cinc minuts. Jo en tinc de més sovintejades però no són regulars. Què hauria de fer?"

De la mateixa manera que no hi ha dues dones que tinguin un embaràs exactament igual, tampoc hi ha dues dones que tinguin la mateixa dilatació. La dilatació que se sol descriure als llibres, a les classes de preparació al part o als consultoris ginecològics és la més típica –la que es poden esperar la majoria de dones. Però ni de bon tros totes les dilatacions són de manual, amb contraccions progressives i a intervals regulars.

Si té contraccions fortes, llargues (de 20 a 60 segons), freqüents (cada 5 o 7 minuts, o menys), fins i tot si varien considerablement pel que fa a la durada i l'interval, no cal que s'esperi fins que es tornin regulars abans de trucar al seu metge o d'anar a l'hospital –independentment del que li hagin dit o del que hagi llegit. És possible que les seves contraccions ja no siguin més regulars del que ho són ara i que vostè ja estigui en ple treball de part.

Trucar al metge durant la dilatació

"Acabo de notar les primeres contraccions, però ja les tinc cada tres o quatre minuts. De tota manera, em sap greu de trucar al ginecòleg perquè em va dir que les primeres hores de dilatació les passés a casa."

Més greu li sabrà no fer-ho i lamentar-se'n després. És cert que, normalment, les dones que esperen el seu primer fill (que solen començar dilatant a poc a poc, amb un increment gradual de les contraccions) poden passar les primeres hores a casa, acabant de preparar tranquil·lament la bossa per a l'hospital. Però no sembla que la seva dilatació es correspongui amb el patró típic de les primípares.

Si les contraccions ja han començat de patac fortes –li duren almenys 45 segons i es tornen més freqüents cada 5 minuts– podria ser que les seves primeres hores de dilatació també fossin les últimes (i si aquest no és el seu primer fill, la seva dilatació podria ser encara més ràpida i fugaç). El més probable és que en la seva primera fase de dilatació no tingui dolors i que la cèrvix se li dilati considerablement. Això vol dir que el fet de no trucar al metge –o d'arriscar-se a haver de sortir de pressa i corrent cap a l'hospital a l'últim minut– seria bastant més absurd que no pas agafar el telèfon i trucar-li ara mateix.

Així que faci el favor de trucar-li. I expliqui-li de forma clara i específica la freqüència, la durada i la intensitat de les contraccions. Com que els metges també acostumen a valorar parcialment la fase de dilatació en què es troba una dona pel seu to de veu (si parla mentre té una contracció), no intenti dissimular el seu malestar, ni guardar les formes o mantenir un to de veu aparentment tranquil mentre li descrigui què li passa. Deixi que les contraccions parlin per si soles, i que parlin tan fort com calgui.

Si creu que està a punt de donar a llum però el seu metge li demana d'esperar-se una estona més, insisteixi si pot anar a l'hospital o al consultori mè-

Un part d'emergència estant sola

La veritat és que en gairebé cap circumstància necessitarà seguir les instruccions següents –però, per si de cas, tingui-les a mà.

1. Intenti mantenir la calma.

2. Truqui al telèfon d'emergències perquè li enviïn l'equip mèdic necessari. Demani'ls que també avisin el seu ginecòleg.

3. Demani a una veïna o alguna altra persona que l'ajudi, si és possible.

4. Comenci a esbufegar per evitar donar a llum de seguida.

5. Renti's les mans i l'àrea vaginal.

6. Estengui tovalloles netes, diaris o llençols sobre el llit, el sofà o el terra, i ajegui's fins que arribi l'ajuda externa (deixi la porta oberta perquè puguin entrar).

7. Si tot i esbufegar el nadó comença a sortir abans que arribi l'ajuda, ajudi'l a sortir empenyent suaument cada vegada que en tingui la necessitat.

8. Quan el cap del nadó comenci a coronar, esbufegui o respiri a fons (sense empènyer) i apliqui una suau contrapressió al perineu per evitar que el cap surti de sobte. Procuri que el cap emergeixi gradualment i no l'estiri mai. Si el cordó umbilical està embolicat al coll de la criatura, faci passar el dit per la volta de cordó i col·loqui-la suaument per damunt del cap de la criatura.

9. A continuació, agafi-li el cap suaument amb les dues mans i pressioni'l lleugerament cap avall (sense estirar), empenyent al mateix temps per expulsar l'espatlla que queda al davant. Quan aparegui la part superior del braç, s'ha d'aixecar el cap del nadó amb molt de compte per facilitar la sortida de l'espatlla que queda al darrere. Quan ja tingui les espatlles fora, la resta del cos hauria de sortir sense gaire dificultat.

10. Col·loqui's el nadó sobre l'abdomen o, si el cordó és prou llarg (sense estirar-lo), col·loqui-se'l al pit. Emboliqui'l de seguida amb llençols, tovalloles o qualsevol altra peça de roba neta.

11. Netegi la boca i el nas de la criatura amb un tros de roba neta. Si l'ajuda encara no arriba i el nounat no respira ni plora, faci-li fregues a l'esquena mantenint-li el cap més avall que els peus. Si encara no comença a respirar, netegi una mica més la boca amb un dit net i espiri ràpidament i molt suaument sobre el seu nas i la seva boca un parell de vegades.

12. No intenti expulsar la placenta. Però si emergeix espontàniament abans que arribi l'assistència mèdica d'urgència, emboliqui-la amb tovalloles o papers de diari, i mantingui-la elevada per sobre del nivell del nadó, a ser possible. No cal que provi de tallar el cordó.

13. Intenti que vostè i el seu nadó estiguin el més abrigats i còmodes possible.

dic perquè l'examinin per valorar com progressa.

Emporti's la bossa, per si de cas, però també estigui preparada per si li diuen que tot just comença a dilatar –o ni tan sols això– i l'envien una altra vegada cap a casa.

No arribar a temps a l'hospital

"Tinc por de no ser a l'hospital a temps."

Per sort, la majoria de parts sorpresa tenen lloc al cinema i a la televisió.

A la vida real, els parts –sobretot els de les primigràvides– rarament es presenten sense avisar.

Però molt de tant en tant pot ocórrer que una dona que no notava cap dolor de part, o només uns dolors molt lleus, sent de sobte una necessitat imperiosa de donar a llum, sovint confonent-la amb ganes d'anar al lavabo.

Per molt remota que sigui la possibilitat que li acabi tocant a vostè, no és mala idea que vostè i el seu marit es familiaritzin amb els punts bàsics per a un part d'emergència (vegi el quadre de la pàgina anterior i de la pàg. 404). Amb aquesta informació present, relaxi's i pensi que un part sobtat i ràpid no passa de ser una possibilitat extremadament remota.

Un part curt

"Sempre m'expliquen casos de dones que han tingut parts realment curts. Són gaire habituals?"

Encara que protagonitzin algunes de les principals anècdotes de parts, no tots els parts aparentment curts són tan curts com sembla. Sovint, una futura mare que aparentment té un part curt, en realitat ha tingut –durant hores, dies o fins i tot setmanes– contraccions indolores que li han dilatat gradualment la cèrvix. I, quan finalment li comencen a fer una mica de mal, ja es troba en la fase final del part.

Dit això, és cert que a vegades el coll de l'úter es dilata molt ràpidament, arribant en qüestió de minuts a la mida en què la majoria de dones (sobretot les primípares) tarden hores a arribar. I, per sort, aquest tipus de part sobtat o precipitat (que tarda tres o menys hores de principi a fi) no sol suposar cap risc per al nadó.

Si li sembla que el seu part comença precipitadament –amb contraccions fortes i seguides–, vagi ràpidament a l'hospital (perquè els puguin controlar, a vostè i al nadó). La medicació pot ser útil per alentir una mica les contraccions i per alleujar la pressió sobre el cos del fetus i el de la mare.

Part de ronyons

"Des que han començat les contraccions, tinc tant dolor a la part baixa de l'esquena que no sé com m'ho faré per suportar-lo fins que neixi la criatura."

Probablement, el que li passa a vostè és el que en l'àmbit ginecològic es coneix com a "part de ronyons". Tècnicament, aquest part es produeix quan el fetus està en una posició posterior, amb la cara amunt i la part de darrere del cap pressionant el sacre o la part baixa de la pelvis de la mare. Tot i això, també és possible experimentar un part de ronyons quan el nadó no es troba en aquesta posició o bé continuar-lo experimentant després que la criatura s'hagi girat amb el cap endavant –possiblement perquè l'àrea ja s'ha convertit en un focus de tensió.

Però quan la dona té aquest tipus de dolor –que no se sol alleujar entre contracció i contracció i que pot ser realment insuportable–, saber-ne la causa no és el que més li preocupa. El que sí que realment li preocupa és saber com calmar-lo, aquest dolor. Si volia l'epidural, ja l'hi poden posar (no cal esperar més, sobretot si li fa molt mal). És possible que necessiti una dosi més elevada de l'habitual perquè li marxi del tot aquest dolor a la part baixa de l'esquena, així que comenti-ho a l'anestesista. Altres opcions (com els narcòtics) també ajuden a alleujar el dolor. Si vol un part no medicalitzat, pot prendre diverses mesures per alleujar les molèsties del part de ronyons. Val la pena que provi les següents:

Menys pressió a l'esquena. Intenti canviar de posició per treure's pressió de l'esquena. Camini una mica (encara que potser no ho podrà fer quan les contraccions siguin fortes i freqüents), ajupi's o posi's a la gatzoneta, col·loqui's a terra de quatre grapes, o adopti les postures que vostè trobi més còmodes i menys doloroses. Si no se sent amb cor de moure's i prefereix estar ajaguda, estiri's de costat, amb l'esquena doblegada –en una mena de posició fetal.

Calor o fred. Demani al marit (o a la doula o infermera) que li apliqui compreses calentes (o una estoreta calenta) o bé compreses fredes (o una bossa de gel) –el que li calmi més el dolor. O, si ho prefereix, alterni fred i calor.

Contrapressió i massatge. Demani al seu marit que provi diferents maneres d'aplicar pressió a l'àrea més adolorida, o a les àrees adjacents, fins que trobi la millor manera d'alleujar-li el dolor. Pot provar d'exercir contrapressió amb l'artell o el palmell de les dues mans, amb una pilota de tennis, o amb un estri per fer massatges a l'esquena, aplicant la pressió directament o amb un ferm moviment circular. La pressió o el massatge li poden aplicar mentre vostè està ajaguda de costat. Per reduir possibles irritacions a la pell, de tant en tant li poden aplicar cremes o olis hidratants.

Reflexologia. En el cas del part de ronyons, aquesta teràpia consisteix en aplicar amb el dit una pressió intensa just per sota del centre de la part carnosa del peu.

Altres mètodes alternatius contra el dolor. Sens dubte, la hidroteràpia pot alleujar una mica el dolor. Si té una mica d'experiència amb la meditació, la visualització o l'autohipnosi contra el dolor, també pot provar aquestes tècniques; solen funcionar i el que és segur és que no li faran cap mal. L'acupuntura també pot anar bé, però ho haurà de planificar amb temps per tenir un terapeuta disponible quan vostè es posi de part.

Inducció del part

"El metge em vol induir el part. Però encara no he sortit de comptes i em pensava que la inducció només es practicava en nadons postterme."

A vegades, la mare naturalesa necessita una mica d'ajuda per convertir una dona embarassada en mare. Prop d'un 20 per cent dels embarassos acaben necessitant una mica d'empenta perquè el part progressi a les sales de dilatació i encara que la majoria de les induccions són necessàries perquè el nadó és postmadur, hi ha altres raons per les quals el metge podria creure que convé induir el part, com ara:

- L'embarassada ha tingut una ruptura de membranes, però les contraccions no li comencen espontàniament en les 24 hores següents (encara que alguns ginecòlegs indueixen el part molt abans).
- Els tests suggereixen que l'úter ha deixat de ser un medi saludable per al seu fill, perquè la placenta ja no presenta un funcionament òptim o els nivells de líquid amniòtic han baixat –o per qualsevol altra raó.
- Els controls mèdics suggereixen que el nadó no es desenvolupa correctament i ja és prou madur per néixer.
- La mare té alguna complicació, com ara preeclàmpsia o diabetis gestacional, o una malaltia crònica o greu, que fa arriscat allargar més l'embaràs.
- Hi ha la preocupació que potser la dona no arribarà a temps a l'hospital quan el part comenci, ja sigui perquè

viu molt lluny o perquè prèviament va tenir un part ràpid.

Si vostè segueix sense tenir clar les raons del seu metge per induir-li el part, demani que les hi expliqui amb més detall. Per descobrir tot el que necessita saber sobre el procés d'inducció, segueixi llegint.

"Com es realitza una inducció?"

La inducció, de la mateixa manera que el part que comença espontàniament, és un procés –i a vegades un procés força llarg. Però a diferència del part natural, en un part induït el seu cos rebrà una mica d'ajuda externa. La inducció al part se sol dur a terme en diversos passos (encara que no necessàriament s'hagin de seguir tots en qualsevol circumstància):

- En primer lloc, per tal que comenci el part, cal que la cèrvix maduri (o s'estovi). Si vostè ja té el coll uterí madur, millor –probablement, ja podrà passar al pas següent. Però si la seva cèrvix no està gens dilatada, esborrada o estovada, el més probable és que el metge li administri una substància hormonal, la prostaglandina E, en forma de gel vaginal (o de supositori vaginal) perquè comenci la dilatació. En aquest procediment indolor, s'usa una xeringa per inserir el gel a la vagina, a prop del coll uterí. Al cap d'unes hores de l'aplicació del gel, es comprova si la cèrvix es va estovant o si es comença a esborrar i a dilatar. En cas contrari, s'administra una segona dosi de gel amb prostaglandina. En la majoria de casos, ja n'hi ha prou perquè comencin les contraccions i la dilatació. Si la cèrvix ja és prou madura, però les contraccions no han començat, el procés d'inducció continua. (Nota: per madurar la cèrvix, alguns ginecòlegs fan servir agents mecànics, com ara un catèter amb un globus inflable, dilatadors graduats per distendre suaument el coll uterí, o fins i tot una planta –anomenada *Laminaria japonicum*– que, quan s'introdueix a la cèrvix, l'obre gradualment a mesura que absorbeix el fluid que l'envolta.)
- Si el sac amniòtic està intacte, el ginecòleg podria intentar trencar-li les membranes fent passar un dit entre les fines membranes que connecten el sac amniòtic a l'úter per alliberar prostaglandina (aquest procés no sempre és indolor i, encara que no provoca necessàriament que la dona trenqui aigües, a vegades sí que ho fa). O pot trencar-li artificialment les membranes (vegi la pàgina 407) per procurar que comenci la dilatació.
- Si ni la prostaglandina ni la ruptura de membranes provoquen contraccions regulars, el ginecòleg podria administrar-li lentament i per via intravenosa una forma sintètica de l'hormona oxitocina (que l'organisme produeix naturalment durant l'embaràs i que també juga un paper fonamental en el part), fins que les contraccions estiguin ben establertes. La substància activa misoprostol, aplicada a la vagina, es pot fer servir com un fàrmac alternatiu a altres tècniques de maduració i d'inducció. Algunes investigacions han demostrat que administrar misoprostol redueix la quantitat d'oxitocina necessària i escurça el part.
- El seu nadó estarà contínuament controlat per comprovar com reacciona davant de la dilatació. La dona també estarà sota control per verificar que els fàrmacs no li estimulin excessivament l'úter, provocant-li contraccions massa fortes o massa llargues. En aquest darrer cas, es pot reduir la dosi administrada o es pot aturar el procediment per complet. Quan les contraccions ja estiguin en marxa, l'oxitocina es

pot retirar o disminuir-ne la dosi, i la dilatació hauria de progressar de la mateixa manera que qualsevol altra dilatació no induïda.

- Si, al cap de 8 o 12 hores d'haver administrat l'oxitocina, la dilatació no comença o no avança prou, el metge podria aturar el procés d'inducció per plantejar a la dona la possibilitat de descansar una mica i de tornar-ho a intentar després o –depenent de les circumstàncies– per recórrer a un part per cesària.

Menjar i beure durant la dilatació

"He sentit afirmacions contradictòries sobre si es pot menjar i beure mentre es dilata."

Voldria saber si es pot menjar mentre es dilata? Doncs la resposta serà diferent en funció del facultatiu. Alguns metges prohibeixen estrictament menjar i beure durant la dilatació, basant-se en la teoria que l'aliment que hi hagi al tracte digestiu es podria aspirar o "inhalar", en cas que fes falta anestèsia general d'emergència; per millorar la hidratació, aquests metges només permeten llepar glaçons i administrar el fluid endovenós necessari. Altres ginecòlegs permeten –en els parts de baix risc– prendre líquids i sòlids lleugers (és a dir, res de pizzes amb doble ració de formatge!), argumentant que una dona que va de part necessita líquids i energies per conservar les forces i donar el màxim de si mateixa i que, a més, el risc d'aspiració és extremadament baix: en 7 de cada 10 milions de parts. (A més, aquest risc només existeix si s'usa anestèsia general, que només se sol administrar en casos d'emergència excepcional.) Aquesta opinió ha estat recolzada per les investigacions, que han demostrat que les dones que mengen i beuen una mica durant la dilatació tenen parts més curts (d'una mitjana de 90 minuts) i amb menys probabilitats de necessitar oxitocina per accelerar la dilatació, requereixen menys fàrmacs contra el dolor, i tenen criatures amb puntuacions més elevades en el test d'Apgar que les criatures de dones que no ingereixen res. Consulti al seu metge què podrà menjar vostè durant la dilatació, si és que li deixa menjar alguna cosa.

De fet, encara que el seu ginecòleg li donés llum verda per menjar quan comencin les contraccions, el més probable és que a vostè no li vingui de gust fer-se un gran banquet (i, a part d'això, tindrà el cap en altres coses). A més, la dilatació li podria fer perdre la gana. De tota manera, un refrigeri lleuger i fàcil de digerir durant les primeres hores de dilatació –un gelat de pal, un suc de fruita, fruita bullida, una torradeta o un brou lleuger, entre les millors opcions– poden ajudar-la a mantenir l'energia quan més la necessitarà (el més probable és que no pugui, o no vulgui, menjar en les darreres fases d'una dilatació activa).

En decidir –amb l'ajuda del seu ginecòleg– què menjar i quan menjar-s'ho, recordi que el treball de part pot provocar nàusees. Algunes dones, fins i tot sense haver menjat res, vomiten en plena dilatació.

Tant si vostè pot picar alguna cosa durant la dilatació com si no pot tastar res, el seu marit sí que ho podrà fer –i, de fet, ho hauria de fer (probablement, vostè no voldrà que defalleixi de gana quan més el necessiti).

Recordi-li que mengi alguna cosa abans d'anar a l'hospital (en aquells moments, probablement estarà pensant més en la panxa de vostè que en la seva pròpia) i que s'endugui un paquet de galetes perquè, quan li agafi gana, no l'hagi de deixar sola per anar a comprar alguna cosa de menjar.

Un part d'emergència: consells per a l'ajudant

A casa o a la feina

1. Intenti mantenir la calma i tranquil·litzar la mare. Tot i que no sàpiga res sobre com ajudar a donar a llum a un nadó, recordi que el cos de la mare i el seu nadó poden fer part de la feina tots sols.

2. Truqui al telèfon del servei mèdic d'emergències; demani'ls també que truquin al ginecòleg.

3. Demani a la mare que respiri profundament, però sense empènyer.

4. Si té temps, renti's les mans i netegi l'àrea vaginal de la dona amb aigua i sabó (faci servir un producte antibactericida, si en té algun a mà).

5. Si té temps, ajudi la mare a estirar-se al llit (o sobre una taula), amb les natges una mica cap enfora; la dona s'ha de col·locar les mans sota les cuixes per mantenir-les elevades. Un parell de cadires li poden anar bé per recolzar els peus. Uns quants coixins sota les espatlles i el cap l'ajudaran a mantenir-se en una posició semiajaguda, que pot afavorir el treball de part. Si el cap del nadó encara no corona, tenir la mare ajaguda pot alentir el procés de part mentre s'espera que arribi l'ajuda externa.

A ser possible, protegeixi les superfícies del part, amb unes estovalles de plàstic, una cortina de dutxa, papers de diari, tovalloles o material similar. A sota de la vagina, s'hi ha de col·locar una palangana o una galleda per recollir el líquid amniòtic i la sang.

6. Si no té temps d'arribar fins a un llit o una taula, col·loqui papers de diari, tovalloles netes o roba plegada sota les natges de la mare. I, a ser possible, protegeixi les superfícies del part.

7. Quan el cap del nadó comenci a coronar, demani a la mare que esbufegui o que respiri profundament (però sense empènyer), i apliqui-li una contrapressió molt suau sobre el perineu (l'àrea entre la vagina i l'anus) per evitar que el cap surti de sobte. Deixi que el cap emergeixi gradualment –sense estirar-lo. Si el cordó umbilical està embolicat al coll de la criatura, faci passar el dit per la volta de cordó i passi-la suaument per damunt del cap de la criatura.

8. A continuació, agafi-li el cap suaument amb les dues mans i pressioni'l lleugerament cap avall (sense estirar), demanant a la dona que empenyi al mateix temps per expulsar l'espatlla que queda al davant. Quan aparegui la part superior del braç, s'ha d'aixecar el cap del nadó amb molt de compte per facilitar la sortida de l'espatlla que queda al darrere. Quan ja tingui les espatlles fora, la resta del cos sortirà.

9. Col·loqui el nadó sobre l'abdomen de la mare, o si el cordó és prou llarg (sense estirar-lo), col·loqui-li al pit. Emboliqui'l de seguida amb llençols o tovalloles nets.

Via intravenosa rutinària

"És cert que, quan vagi de part, em connectaran una via intravenosa tot just entrar a la sala de dilatació?"

Això depèn bàsicament de les polítiques sanitàries de l'hospital on vostè vagi a donar a llum. En alguns hospitals, el protocol rutinari és connectar a totes les parteres una via intravenosa, un catèter flexible injectat a la vena (normalment a la part externa de la mà o al capdavall del braç) per administrar fluids i medicació. Aquesta via s'aplica per precaució (per prevenir la deshidratació i per evitar haver-ho de fer després,

10. Netegi la boca i el nas del nadó amb un tros de roba neta. Si l'ajuda encara no arriba i el nounat no respira ni plora, faci-li fregues a l'esquena mantenint-li el cap més avall que els peus. Si encara no comença a respirar, netegi-li més la boca amb un dit net i espiri ràpidament i molt suaument sobre el seu nas i la seva boca un parell de vegades.

11. No intenti treure la placenta. Però si emergeix espontàniament abans que arribi l'assistència mèdica d'urgència, emboliqui-la amb tovalloles o papers de diari, i mantingui-la elevada per sobre del nivell del nadó, a ser possible. No cal que provi de tallar el cordó.

12. Intenti que la mare i el nadó estiguin el més abrigats i còmodes possible.

De camí a l'hospital

Si són al cotxe i creu que ha de donar a llum de manera imminent, aturi el vehicle en una àrea segura. Si porta mòbil, truqui per demanar ajuda. Si no, encengui els llums d'emergència. Si algú para per ajudar-los, demani-li que truqui al telèfon d'urgències o al servei d'emergències mèdiques. Si van amb taxi, digui al conductor que demani ajuda per l'emissora o que els deixi el mòbil per trucar.

Sempre que sigui possible, ajudi la mare a acomodar-se al seient del darrere: col·loqui-li un abric, o un llençol sota les natges; després, si no arriba l'ajuda externa, actuï com en un part a casa. Tan bon punt el nadó hagi nascut, acompanyi mare i fill fins a l'hospital.

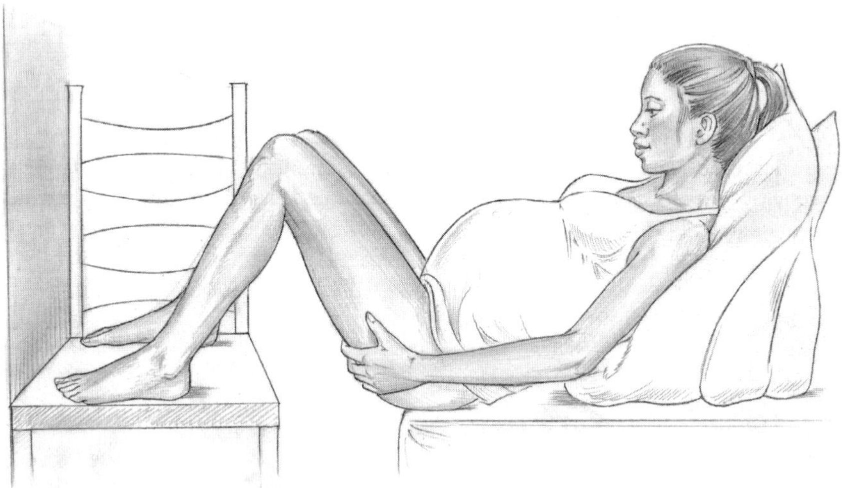

en cas que sorgís alguna emergència que requerís administrar medicació, perquè ja hi haurà una via oberta per administrar fàrmacs i no caldrà tornar a punxar la vena). Altres hospitals i ginecòlegs descarten la via intravenosa rutinària i prefereixen esperar fins que faci falta per procedir a connectar-la. Pregunti al seu metge quin protocol segueix i, en cas que vostè s'oposi fermament a les vies intravenoses rutinàries, faci-li-ho saber. És possible que no l'hi connecti, a no ser que li acabi fent falta per algun motiu.

Definitivament li connectaran un degotador si li han d'administrar l'epidural. En aquest cas, s'administren rutinàriament fluids intravenosos abans i durant l'administració de l'epidural per reduir les probabilitats que baixi la pressió sanguínia, un efecte secundari habitual d'aquesta anestèsia contra el dolor. La via intravenosa també facilita l'administració d'oxitocina, en cas que calgui per accelerar la dilatació.

Tot i això, si el seu metge sempre aplica el degotador rutinàriament o si li aplica a vostè perquè li han d'administrar l'epidural, no es desesperi. La via intravenosa només molesta una mica quan insereixen l'agulla però després gairebé ni es nota. Si li connecten la via a un suport mòbil, se'l podrà emportar al lavabo o a fer un tomb pel passadís. Si està totalment en contra dels degotadors però la política hospitalària exigeix que n'hi connectin un, pregunti al ginecòleg si un dispositiu d'heparina podria ser una opció adequada per a vostè.

Amb el dispositiu d'heparina, es col·loca un catèter a la vena, s'afegeix heparina (un anticoagulant sanguini) per prevenir que es coaguli la sang i el catèter es tanca. Aquesta opció permet que el personal sanitari tingui accés a una vena oberta en cas que sorgeixi una emergència, sense haver d'estar contínuament connectada a una via intravenosa de forma innecessària –en algunes situacions, pot ser una bona solució de compromís.

Monitoratge fetal

"Hauré d'estar connectada a un monitor fetal al llarg de tot el procés de part? Serveix d'alguna cosa?"

Per a algú que ha passat els nou primers mesos de la seva vida flotant tranquil·lament en un caldejat i confortable bany amniòtic, el viatge a través dels estrets confins de la pelvis materna no serà precisament agradable. En cada contracció, el seu fill serà masegat, comprimit i empès. I encara que la majoria de nadons naveguen a través del canal del part sense problemes, altres troben l'estrès de ser masegats, comprimits i empesos massa extenuant i hi reaccionen amb desacceleracions del ritme cardíac, amb moviments més ràpids o més lents, o amb altres símptomes de patiment fetal. Un monitor fetal valora com el nadó afronta l'estrès del part, controlant la resposta del seu batec cardíac enfront de les contraccions uterines.

Però cal que el control per monitors sigui continuat? La majoria d'experts consideren que no, basant-se en recerques que mostren que –en dones amb embarassos de baix risc i parts no medicalitzats– les comprovacions intermitents del batec cardíac fetal amb un Doppler o un monitor fetal són maneres prou efectives de valorar l'estat del nadó. Així que si el seu embaràs no és de risc, probablement no caldrà que s'estigui connectada al monitor al llarg de tot el procés de part. En canvi, si el part és induït, li administren l'epidural o té determinats factors de risc (com ara tinció de les aigües amb meconi), el més probable és que la tinguin connectada al monitor fetal electrònic al llarg de tot el procés de dilatació.

Hi ha tres sistemes de monitoratge fetal continuat:

Monitor extern. En aquest tipus de monitor, el més usat avui dia, es fixen amb esparadrap dos dispositius a l'abdomen de la mare. Un dels dispositius, un transductor d'ultrasons, registra el batec cardíac fetal. L'altre, un manòmetre, mesura la intensitat i la durada de les contraccions uterines. Tots dos estan connectats a un monitor que mostra les lectures en una pantalla o les imprimeix. Quan la dona està connectada a aquest monitor, es pot moure al voltant del llit o de la cadira, però no té completa llibertat de moviments, a no ser que s'usi un monitor telemètric (vegi'n informació complementària més endavant).

Durant la segona fase del part (l'expulsió), quan les contraccions són tan ràpides i fortes que es fa difícil saber quan empènyer i quan descansar, es pot usar el monitor per indicar acuradament l'inici i el final de cada contracció. També és possible que durant aquesta fase es deixi de realitzar el monitoratge, per tal de no interferir en la concentració de la dona que va de part. En aquest cas, es controlarà el batec cardíac fetal periòdicament amb un Doppler.

Monitor intern. Quan fan falta resultats més exactes –com ara si se sospita que hi podria haver patiment fetal– se sol fer servir un monitor intern. En aquest tipus de monitoratge, s'insereix a través de la vagina de la mare un elèctrode molt petit que arriba fins al cuir cabellut del nadó, i es col·loca un catèter a l'úter o es fixa amb esparadrap un manòmetre a l'abdomen matern per mesurar la durada de les contraccions. Encara que el monitoratge intern ofereix un registre una mica més acurat del batec cardíac fetal i de les contraccions que un monitoratge extern, només es fa servir quan es considera necessari (ja que el seu ús comporta un lleu risc d'infecció). Al fetus li pot sortir una petita erupció o un abscés al punt on se li insereix l'elèctrode, però se sol curar en qüestió de dies. Amb un monitor intern, la dona té els moviments més limitats, però es pot girar d'un costat a l'altre.

Monitor telemètric. Disponible només en alguns hospitals, aquest tipus de monitoratge fa servir un transmissor col·locat sobre les cuixes de la mare per transmetre els batecs cardíacs fetals (a través d'ones de ràdio) a la sala d'infermeria –fet que permet a la dona anar a fer un volt pels passadissos sense deixar d'estar constantment controlada.

Tingui en compte que tant amb els monitors externs com amb els interns, les falses alarmes són habituals. La màquina pot indicar complicacions si el transductor s'ha mogut de lloc, si el monitor no funciona prou bé o si les contraccions es tornen de sobte més intenses. El seu ginecòleg haurà de tenir en compte aquests i altres factors abans de concloure que el nadó està realment en perill. Si continuen les lectures anormals, es poden realitzar moltes altres valoracions (com ara l'estimulació del cuir cabellut fetal) per determinar la causa del patiment fetal. Si es confirma el patiment, normalment se sol optar per un part per cesària.

Ruptura artificial de les membranes

"Tinc por que, si les membranes no se'm trenquen espontàniament, el metge me les hagi de trencar de manera artificial. Em farà mal?"

La majoria de dones no senten res quan se'ls trenca artificialment la bossa de les aigües, especialment si ja han començat a dilatar (i els cal fer front a dolors més intensos). Si té una mica de molèsties, és més probable que sigui per la introducció a la vagina de l'instrument per trencar les membranes (un llarg dispositiu de plàstic) que per la pròpia ruptura. El més probable és que l'únic que noti sigui una sortida de líquid, seguida ben aviat –almenys això és el que es pretén– per contraccions més fortes i ràpides que posen el nadó en moviment. Una ruptura artificial de les membranes també es realitza per possibilitar altres procediments, com ara el monitoratge fetal intern, en cas que convingui.

Encara que les darreres investigacions semblen indicar que la ruptura artificial de les membranes no escurça la durada del part ni redueix la necessitat d'oxitocina, la majoria de ginecòlegs la continuen practicant amb la intenció d'alleugerir el treball de part. Si no hi ha cap raó de pes per practicar la ruptura artificial (ja que la dilatació progressa adequadament), vostè i el seu ginecòleg poden decidir no practicar-la i esperar fins que el sac amniòtic es trenqui naturalment. A vegades, les membranes es mantenen obstinadament intactes fins al propi infantament (i el nadó arriba amb la bossa d'aigües encara cobrint-lo, cas en el qual caldrà trencar-la just després del naixement), i això tampoc suposa cap problema.

Episiotomia

"He sentit a dir que ara ja no es practiquen episiotomies de manera rutinària. És cert?"

Per sort, sí que ho és. L'episiotomia (una incisió quirúrgica al perineu, la musculatura situada entre la vagina i l'anus, per eixamplar l'obertura vaginal just abans que emergeixi el cap del nadó) ja no es practica rutinàriament en tots els parts. Actualment, de fet, les llevadores i la majoria de metges no practiquen la incisió si no hi ha raons significatives per fer-ho.

Però no sempre ha estat així. Temps enrere, l'episiotomia es realitzava per prevenir un esquinçament espontani del perineu, per evitar la incontinència urinària i fecal postpart, així com per reduir el risc de traumatisme natal en el nounat (degut a la pressió forta i continuada del cap del nadó contra el perineu). Però ara s'ha comprovat que els nounats se'n surten igual de bé sense l'episiotomia, i les seves mares encara millor. La durada mitjana del part tampoc sembla ser més llarga, i les mares solen tenir menys hemorràgies, menys infeccions i menys dolor perineal després d'un part sense episiotomia (tot i que també es poden tenir hemorràgies i infeccions amb un esquinçament). I, encara més, les investigacions han demostrat que és més probable que les episiotomies evolucionin cap a esquinços de tercer o quart grau (és a dir, que arribin prop del recte, provocant a vegades incontinència fecal) que no pas els propis esquinçaments espontanis.

Però tot i que ja no es recomanen les episiotomies rutinàries, continuen tenint un lloc destacat en determinats escenaris de part. Així, les episiotomies poden ser indicades quan un nadó és gran i necessita una via de sortida més espaiosa, quan la criatura ha de sortir ràpidament, quan cal usar fòrceps o ventoses, o en cas de distòcia d'espatlla (o sigui, quan una espatlla queda encallada al canal del part durant el naixement).

Si li han de practicar una episiotomia, li administraran (si hi ha temps) una anestèsia local abans de fer la incisió, encara que és possible que no necessiti anestèsia local si ja porta l'epidural o si ja té el perineu distès i adormit per la pròpia pressió del cap del nadó en coronar. En qualsevol cas, el ginecòleg agafarà les tisores quirúrgiques i podrà practicar una episiotomia mitjana (directament cap enrere, en direcció al recte) o bé una de mediolateral (que es dirigeix cap a un costat i s'allunya del recte). Després de l'expulsió del nadó i de la placenta, el ginecòleg suturarà la incisió (i li injectaran anestèsia local si encara no n'hi havien injectat o si l'epidural ja no li fa efecte).

Si espera el seu primer fill, algunes llevadores recomanen anar fent massatge perineal (vegi la pàgina 385) unes setmanes abans de sortir de comptes, per reduir les possibilitats de necessitar una episiotomia i per facilitar un part sense incisió. (Si ja havia tingut un part vaginal anteriorment, ja estarà dilatada, de manera que probablement no traurà cap benefici de fer-se més massatges perineals.) Durant la dilatació, li pot anar bé seguir les següents recomanacions:

compreses calentes per alleujar les molèsties perineals, massatge perineal, estar dempeus o a la gatzoneta, i respirar profundament o esbufegar mentre s'empeny per facilitar la distensió del perineu. Durant la fase d'empènyer, el metge probablement aplicarà un suport perineal –amb una lleugera contrapressió al perineu per tal que el cap del nadó no surti massa de pressa i causi un esquinç innecessari.

Si encara no ha parlat de l'episiotomia amb el seu ginecòleg, faci-ho ara. El més probable és que opini que no cal realitzar-la si no hi ha una bona raó per fer-ho. Si així ho desitja, expressi també per escrit el seu parer sobre l'episiotomia al seu pla de donar a llum. Però recordi que, en determinades ocasions, les episiotomies són necessàries i que, per tant, la decisió final s'haurà de prendre a la sala de parts –quan el cap del nadó estigui a punt de coronar.

Fòrceps

"Quines probabilitats hi ha de necessitar fòrceps durant el part?"

Avui dia, no gaires. Actualment, els fòrceps –un dispositiu amb pales llargues i corbades dissenyat per ajudar el nadó a descendir pel canal del part– només es fan servir en un reduït percentatge de parts (l'extracció amb ventosa és més habitual; vegi la pregunta següent). Però si el seu ginecòleg decideix fer servir fòrceps, quedi's tranquil·la: són tan segurs com una cesària o una extracció amb ventoses quan un ginecòleg experimentat els usa correctament (molts metges joves no han rebut formació en l'ús de fòrceps i alguns s'hi mostren reticents).

Els fòrceps només es fan servir quan la mare està esgotada o té un problema cardíac que podria fer que empènyer massa fort li resultés perjudicial per a la salut. També es poden usar si cal fer sortir el nadó de pressa perquè es registra patiment fetal (i suposant que la criatura estigui en una posició favorable, bàsicament a punt de coronar) o si el nadó es troba en una situació desfavorable durant la fase d'empènyer (els fòrceps es poden utilitzar per fer rotar el cap del nadó, facilitant així el naixement).

Per tal de fer servir els fòrceps, cal que la cèrvix estigui completament dilatada, que la bufeta estigui buida i que s'hagi realitzat la ruptura de membranes. Després, s'adorm la mare amb anestèsia local (a no ser que ja porti l'epidural). També és probable que se li practiqui una episiotomia per eixamplar l'obertura vaginal i permetre la introducció dels fòrceps. Tot seguit, les pales corbes i romes de l'instrument s'introdueixen, primer l'una i després l'altra, al voltant del cap que ja corona, sobre els polsos, per ajudar el nadó a néixer amb molta cura.[1] Si s'usa fòrceps, pot quedar una petita contusió o una mica d'inflor al cuir cabellut del nadó, però normalment se li cura uns dies després de néixer.

Si el ginecòleg intenta fer sortir la criatura amb fòrceps, però l'intent es veu frustrat, el més probable és que li hagin de practicar una cesària.

Extracció amb ventosa

"El fill d'una amiga meva va néixer amb l'ajuda de ventoses. Són el mateix que els fòrceps?"

No són el mateix però fan la mateixa funció. L'extractor per buit (o ventosa) és una mena de tassa de plàstic que es col·loca al cap del nadó i s'estira

[1] Les anomenades espàtules, que no comprimeixen el cap del fetus i escurcen notablement l'expulsió, són encara més innòcues que els fòrceps. *(Nota del revisor.)*

amb suavitat per treure'l del canal del part. La succió prevé que el cap del nadó quedi encallat en el canal del part entre contracció i contracció i es pot fer servir per ajudar la mare a expulsar la criatura mentre empeny durant les contraccions. L'extracció amb ventosa es fa servir en prop del 5 per cent de parts i, en determinades circumstàncies, ofereix una bona alternativa tant als fòrceps com a la cesària.

Durant el part, el seu ginecòleg podria fer servir l'extracció per buit per les mateixes raons que els fòrceps (vegi la pregunta anterior). L'extracció amb ventosa s'associa amb una intervenció menys traumàtica en la vagina (i possiblement amb menors probabilitats de necessitar una episiotomia) i amb menys necessitat d'anestèsia local que amb fòrceps, raons per les quals avui dia hi ha més ginecòlegs que prefereixen les ventoses que els fòrceps.

Els nounats nascuts amb l'ajuda de ventoses presenten una mica d'inflor al cuir cabellut, però normalment és de poca consideració, no requereix tractament i se'n va al cap d'uns dies. Com amb els fòrceps, si l'extracció per ventosa no funciona prou bé per ajudar a néixer el nadó, caldrà recórrer a una cesària.

Si durant el part el metge li comenta la necessitat d'utilitzar fòrceps o ventosa per accelerar el procés, li pot preguntar si és possible que vostè descansi una estoneta abans de fer un últim intent; potser aquesta pausa li anirà bé per renovar forces i aconseguir expulsar el nadó sense ajuda instrumental. També pot intentar canviar de posició: col·loqui's de quatre grapes o a la gatzoneta, ja que la força de la gravetat podria ajudar a desplaçar el cap del nadó.

Abans no es posi de part, pregunti al seu ginecòleg tots els dubtes que tingui sobre el possible ús dels fòrceps o l'extracció amb ventosa. Com més informada n'estigui, més ben preparada estarà si convé recórrer-hi durant el part.

Posicions per dilatar

"Ja sé que durant la dilatació no convé estar totalment estirada. Però quina és la millor posició?"

No és necessari dilatar completament estirada de panxa enlaire i, encara més, probablement aquesta és la manera menys eficaç de donar a llum: en primer lloc, perquè no s'aprofita la força de la gravetat per fer sortir el nadó i, en segon lloc, perquè estar estirada d'esquena a terra comporta el risc de comprimir vasos sanguinis importants (i possiblement d'interferir en la circulació sanguínia del fetus). És convenient que les futures mares donin a llum en altres posicions que les facin sentir còmodes, i que canviïn de posició sempre que vulguin (i que puguin). Moure's durant la dilatació, i canviar sovint de posició, no només alleuja les molèsties de la mare sinó que també l'ajuda a donar a llum amb més celeritat.

Es pot escollir entre les següents postures de dilatació i de part (o entre

Extracció amb ventosa

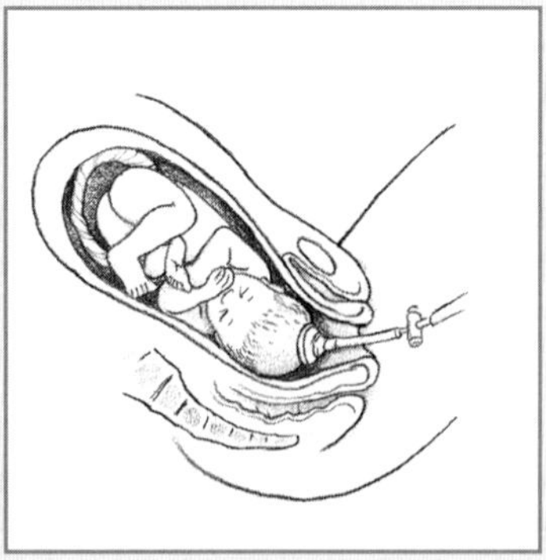

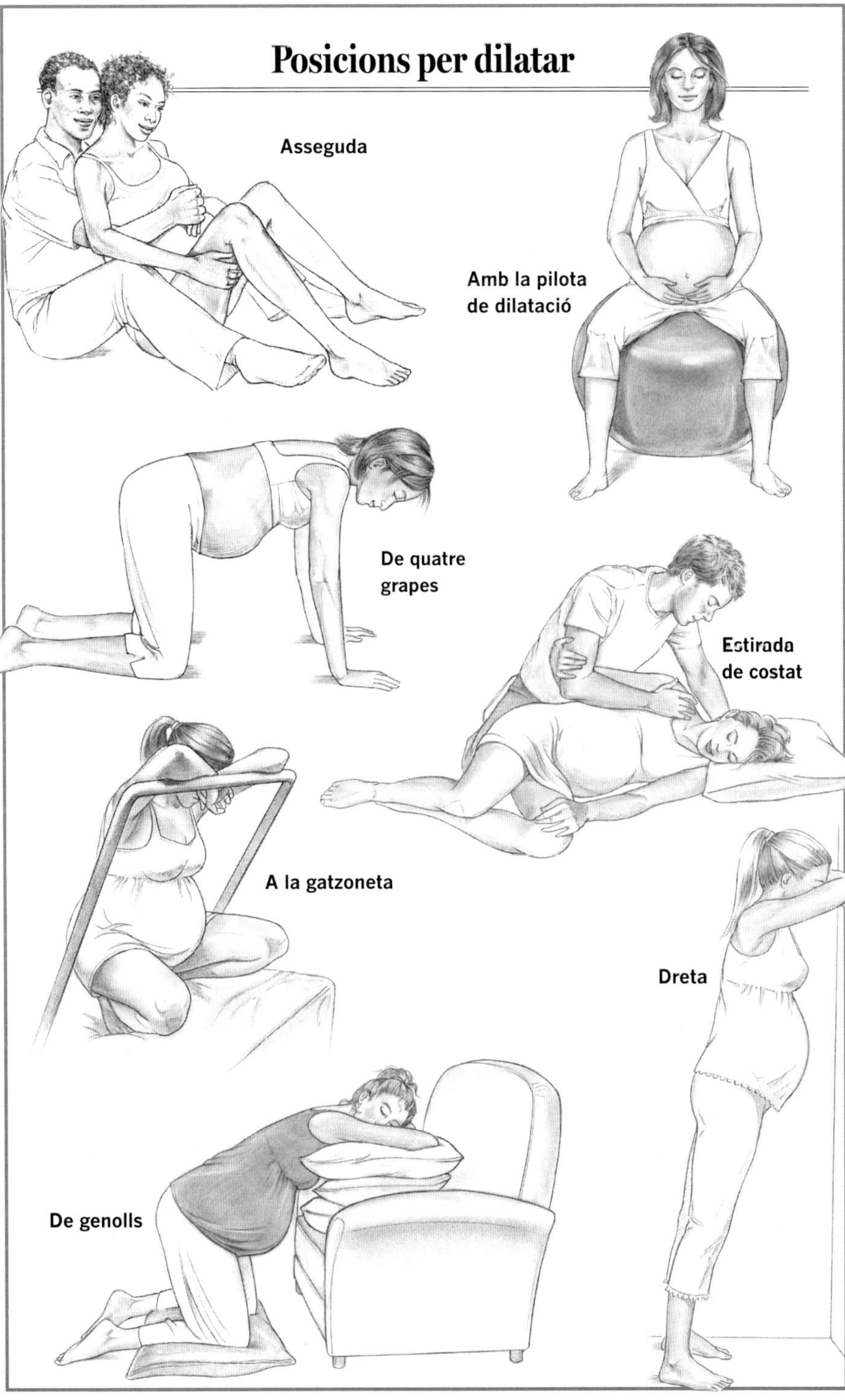
Posicions per dilatar
Asseguda
Amb la pilota de dilatació
De quatre grapes
Estirada de costat
A la gatzoneta
Dreta
De genolls

diferents variacions d'aquestes mateixes postures):

Dreta o caminant. La posició vertical no només ajuda a alleujar el dolor de les contraccions sinó que també aprofita la força de la gravetat, que pot fer que la pelvis s'obri i que el nadó vagi baixant pel canal del part. Encara que és probable que no tingui ganes de passejar quan les contraccions siguin ràpides i intenses, caminar una mica (o simplement estar dempeus, lleugerament inclinada cap endavant i recolzada sobre l'acompanyant) durant les primeres fases de la dilatació pot ser una tècnica molt efectiva.

Bressolant. És cert que el nadó encara no ha nascut, però ja li agrada que el bressolin una mica –i a vostè també li anirà bé, sobretot quan comencin les contraccions. Recolzi's en una cadira o estigui dempeus i balancegi's endavant i enrere. Aquest moviment l'ajudarà a moure la pelvis i animarà el nadó a descendir. I, un altre cop, estar dreta li permet usar la força de la gravetat per facilitar el procés.

A la gatzoneta. Probablement no voldrà donar a llum dempeus, però quan estigui a prop de la fase d'empènyer, es podria col·locar a la gatzoneta. Hi ha una raó per la qual durant segles moltes dones han donat a llum als seus nadons en aquesta posició: i la raó és que funciona. Estar a la gatzoneta permet a la pelvis obrir-se i donar més espai al nadó per avançar cap avall. Pot demanar al marit que la recolzi (li anirà bé tenir una mica de suport perquè probablement no aguantarà massa bé l'equilibri) o, si no, pot fer servir una barra de subjecció, que sol estar al costat de les pròpies lliteres de dilatació (si s'inclina sobre la barra evitarà que les cames li quedin tan adolorides).

Amb pilotes de dilatació. Estar asseguda o inclinada sobre una pilota de gimnàstica gran pot ajudar-la a obrir la pelvis –i cansa menys que estar-se molta estona a la gatzoneta.

Asseguda. Estant asseguda –ja sigui al llit (el pot elevar una mica perquè tingui l'esquena gairebé recta), entre les cames del marit o sobre una pilota de dilatació– pot alleujar el dolor de les contraccions i permet aprofitar la força de la gravetat per ajudar el nadó a baixar pel canal del part. Si en té alguna de disponible, també pot considerar l'ús d'una cadira de dilatació, especialment dissenyada per recolzar una dona en posició asseguda o a la gatzoneta durant el part i, teòricament, per accelerar la dilatació. Un altre avantatge: en aquesta posició, les mares veuran més bé el naixement.

Puntuació d'Apgar

La puntuació d'Apgar és el primer test d'un nadó i és una manera d'avaluar ràpidament l'estat d'un nounat. Una primera vegada al cap d'un minut de néixer i una segona vegada al cap de cinc minuts, una infermera, una llevadora o un metge li comproven l'aparença (o color), el pols (o batec cardíac), la ganyota (o reflex), l'activitat (o to muscular) i la respiració. D'aquí ve l'acrònim APGAR (de l'anglès: *appearance*, *pulse*, *grimace*, *activity* i *respiration*). Els nadons amb una puntuació superior al 6 (que són la majoria) estan bé. Els que obtenen una puntuació entre 4 i 6 solen necessitar reanimació, que generalment inclou succionar-los les vies respiratòries i administrar-los oxigen. Els nounats amb una puntuació inferior a 4 requereixen tècniques de reanimació més intenses per salvar-los la vida.

De genolls. Té un part de ronyons? Estar agenollada recolzant el cap en una cadira o sobre l'espatlla del marit, és una posició fantàstica quan la part del darrere del cap del nadó empeny contra l'espina dorsal de la mare. Anima el nadó a moure's endavant, alliberant l'esquena de la dona de tanta càrrega. Fins i tot si no té un part de ronyons, estar de genolls pot ser una postura eficaç per a la dilatació i el part. Com que aquesta posició permet traslladar parcialment la pressió contra l'espina dorsal mentre la mare empeny, sembla que es redueixen encara més els dolors del part que estant asseguda.

De quatre grapes. Posar-se de quatre grapes és una altra manera d'afrontar més confortablement el part de ronyons –i d'ajudar el nadó a néixer. Aquesta posició permet a la dona fer balanceigs pelvians per estar més còmoda, i alhora facilita l'accés del marit o la doula a l'esquena per fer-hi massatges i contrapressió. També pot considerar la possibilitat de donar a llum en aquesta posició (independentment del tipus de part que tingui), ja que dilata la pelvis i aprofita la gravetat per fer baixar la criatura.

Estirada de costat. Està massa cansada per asseure's o per posar-se a la gatzoneta? Necessita estar ajaguda? Doncs estirar-se de costat és molt millor que estirar-se de panxa enlaire, ja que així evitarà comprimir les venes principals del seu organisme. També és una bona opció de part, que permet alentir un naixement massa ràpid i disminuir una mica el dolor de les contraccions.

Recordi que la millor posició de part és la que li vagi millor a vostè. I el que li pot anar perfecte en les primeres fases de dilatació, pot anar-li fatal quan està a punt de donar a llum, així que canviï de posició tantes vegades –o tan poques vegades– com vulgui. Si està contínuament connectada a un monitor fetal, tindrà menys llibertat de moviments i, per exemple, ho tindrà més complicat per caminar –però no tindrà cap problema per posar-se a la gatzoneta, bressolar-se, asseure's, posar-se de quatre grapes o estirar-se de costat. Fins i tot si li posen l'epidural, li pot anar bé estar asseguda, estirada de costat o bressolant.

Distensió vaginal provocada pel part

"El que em fa més por és que, quan vagi de part, la vagina s'estiri molt i s'acabi esquinçant. Després em tornarà a quedar normal?"

La mare naturalesa té previstes totes les funcions de la vagina de la dona. Per això, la increïble elasticitat d'aquest sorprenent òrgan, format per una mena de plecs en acordió, li permet estirar-se i deixar pas a la criatura (de 3,5 o 4 quilos, fins i tot) i retornar després gairebé a la seva mida original. Dit d'una altra manera, la vagina està preparada per donar a llum.

El perineu també és elàstic, encara que menys que la vagina. Fent-hi massatge durant els últims mesos de l'embaràs pot ajudar a incrementar-ne l'elasticitat i a reduir-ne la distensió (però vagi amb compte en fer el massatge; vegi la pàgina 385). De la mateixa manera, exercitant els músculs pelvians (amb exercicis de Kegel) durant aquest període pot millorar-ne l'elasticitat, tot enfortint-los i accelerant la recuperació del seu to normal.

La majoria de dones troben que el lleuger increment de l'espai vaginal normalment experimentat en el postpart és imperceptible i no interfereix en absolut amb mantenir relacions sexuals satisfactòries. Per a les que fins aleshores eren massa estretes, aquest espai extra pot ser un avantatge significatiu –practicar el coit amb més plaer i, en alguns casos, fins i tot amb menys dolor. De tota manera, pot ocórrer molt ocasionalment que –si una dona ja era prou ampla abans de l'embaràs– noti que, amb la distensió vaginal del part, la satisfacció sexual hagi disminuït una mica. Normalment, però, la musculatura vaginal es torna a contraure. Fer els exercicis de Kegel correctament i amb freqüència pot ajudar a accelerar-ne el procés. Si al cap de sis mesos es continua notant una vagina massa distesa, consulti al seu metge si hi ha altres possibles tractaments.

Veure la sang

"Quan veig sang em marejo de seguida. No sé si podré suportar veure el meu propi part."

Dues bones notícies per a les més hipersensibles: la primera és que durant el part tampoc han de veure tanta sang –o almenys no tanta com la que han de veure quan els ve la menstruació; la segona, és que, en realitat, vostè no serà cap espectadora del seu propi part. Serà una participant activa, que dedicarà tota la seva concentració i energia a empènyer el seu fill uns centímetres avall. Amb l'emoció i les ganes de veure la criatura (i –siguem sincers– també amb el cansament i el dolor), el més probable és que ni s'adoni de la sang, i encara menys que li provoqui cap mena de mareig. Si parla amb amigues que acaben de ser mares, poques li podran dir quanta sang van veure en els seus parts (si és que en van arribar a veure).

Si li continua fent molta por veure sang durant el part, simplement tanqui els ulls en el moment de l'expulsió (i també si li practiquen una episiotomia). Només cal que miri més enllà del ventre quan hagi de veure el seu fill acabat de néixer. Des d'aquesta ubicació privilegiada, gairebé no podrà veure gens de sang. Però abans de decidir tancar els ulls en el seu propi part, miri algun altre part en DVD. Probablement, la sorprendrà més que no pas la marejarà.

Alguns futurs pares també tenen por de veure el naixement. Si el seu marit està angoixat per aquest aspecte del part, faci-li llegir la pàgina 526.

QUÈ CAL TENIR EN COMPTE

El part

Donar a llum a un fill és el més bonic que pot passar a la vida, però també suposa afrontar un gran impacte físic i emocional. Es tracta d'una experiència que potser espera amb molta emoció (i una mica de temor), però que –un cop hagi passat tot– probablement recordarà amb una gran alegria (i potser una mica d'alleujament).

Per sort, no ho haurà de passar tota sola. A més del suport del seu marit, també entraran en escena molts professionals sanitaris. Però fins i tot tenint tota l'experiència mèdica a la seva disposició, anirà bé que vostè també compti amb la informació necessària.

Després de nou mesos patollant-hi –i passant des del mareig i la inflor cap a l'acidesa i el mal d'esquena–, es pot dir que vostè ja sap què es pot esperar quan s'està esperant. Però què es pot esperar quan s'està dilatant o de part?

De fet, és difícil –o, encara més, impossible– predir-ho. De la mateixa manera que cada embaràs és diferent, cada dilatació i cada part també ho són.

Malgrat tot, igual que li ha estat útil saber què es podia esperar al llarg dels nou mesos de gestació, també li anirà bé tenir una idea general sobre què es pot esperar durant les hores en què vagi de part, encara que el que s'esperava no s'acabi assemblant en res a la realitat (amb l'excepció d'un preciós final feliç).

Fases i etapes del part

El part té lloc en tres fases: la dilatació, l'expulsió del nadó i l'expulsió de la placenta. Tret que la dilatació s'interrompi (o s'elimini) amb una cesària, totes les dones passen per la fase de dilatació, que inclou l'etapa de dilatació precoç, la de dilatació activa i la de dilatació de transició. Per determinar en quina etapa de la dilatació es troba la dona en un moment determinat, es tenen en compte la durada i la intensitat de les contraccions, així com altres símptomes concrets. Per confirmar el progrés, es practicaran exàmens interns periòdics.

Primera fase: Dilatació

Etapa 1: Dilatació precoç (o latent). Aprimament (esborrament) i obertura (dilatació) de la cèrvix fins als 3 cm; les contraccions duren entre 30 i 45 segons i es repeteixen cada 20 minuts.

Etapa 2: Dilatació activa. Dilatació del coll uterí fins als 7 cm; les contraccions duren entre 40 i 60 segons, i es donen cada 3 o 4 minuts.

Etapa 3: Dilatació de transició. Dilatació de la cèrvix fins als 10 cm (completament dilatada); contraccions de 60 o 90 segons i cada 2 o 3 minuts.

Segona fase: Expulsió del nadó.

Tercera fase: Expulsió de la placenta.

Primera fase: Dilatació

Etapa 1: Dilatació precoç o latent

Aquesta sol ser la més llarga de les tres etapes de dilatació. Després d'un període d'hores, dies o setmanes (sovint sense contraccions perceptibles o molestes), o després d'un període de dues a sis hores de contraccions lleugerament doloroses, la cèrvix s'esborra (s'aprima) i es dilata (s'obre) fins als 3 cm.

En aquesta etapa, les contraccions solen durar entre 30 i 45 segons, encara que poden ser més curtes. Presenten una intensitat entre lleu i moderada, poden ser regulars o irregulars (aproximadament cada 20 minuts) i van tornant-se cada cop més freqüents, però no necessàriament seguint un patró regular.

Durant la dilatació precoç, vostè podria experimentar alguns dels següents símptomes (o tots):

- Mal d'esquena (ja sigui constant o en el moment de tenir una contracció).
- Dolors similars als de la menstruació.
- Pressió a la part baixa de l'abdomen.
- Indigestió.
- Diarrea.
- Sensació de calor a l'abdomen.

- Pèrdues sanguinolentes (amb mucositat tenyida de sang).
- Ruptura de les membranes (trencament d'aigües), encara que és més probable que no tingui lloc fins a les següents etapes de la dilatació.

Des del punt de vista emocional, podria sentir alleugeriment, emoció, expectació, inseguretat, ansietat o temor; algunes dones estan relaxades i amb ganes de xerrar, mentre que altres estan tenses i mostren aprehensió.

Què pot fer vostè. És lògic que estigui emocionada (i nerviosa), però és important que es relaxi –o que ho intenti. Els següents consells li poden anar bé:

- Si és negra nit, intenti dormir (més tard, quan les contraccions siguin més ràpides i fortes, probablement ja no ho podrà fer). Si amb la pujada d'adrenalina no pot agafar el son, aixequi's del llit i estigui's per casa fent coses que la distreguin. Prepari algun altre àpat per afegir a les reserves del seu congelador, acabi de preparar la robeta de la criatura, faci bugada i així quan tornarà a casa tindrà el cubell de la roba bruta buit (encara que aviat es tornarà a omplir) o connecti's en algun xat d'embaràs per veure si hi ha alguna altra dona en la mateixa situació. Si l'hi passa de dia, segueixi la seva rutina habitual, sempre que no li suposi anar lluny de casa (no vagi enlloc sense el telèfon mòbil). Si l'enxampa a la feina, val més que vagi tirant cap a casa (tampoc tindrà temps de deixar-ho tot enllestit). Si no té res planejat, busqui alguna activitat relaxant perquè la mantingui entretinguda. Surti a passejar, miri la televisió, consulti el correu electrònic o acabi de preparar la bossa per a l'hospital.
- Doni la veu d'alarma. Bé, d'alarma potser no (de moment) –però decididament, si el seu marit no és amb vostè, ja l'hauria d'anar avisant. Si és a la feina, de moment no cal que corri per estar al seu costat –a no ser que tingui ganes de fer-ho–, ja que en aquesta primera etapa de dilatació ell no hi podrà fer gran cosa. Si ha contractat els serveis d'una doula, també seria bona idea posar-s'hi en contacte a partir d'aquest moment.
- Si té gana, piqui alguna cosa lleugera (una tassa de brou, una torrada amb melmelada, pasta o arròs sense guarnició, fruita o qualsevol altra cosa que li hagi recomanat el ginecòleg) –ara és el millor moment per emmagatzemar reserves energètiques. Però no s'atipi massa, i eviti aliments difícils de digerir (hamburgueses, patates fregides...). També hauria de renunciar a les begudes àcides, com el suc de taronja o la llimonada. I convindria que begués una mica d'aigua –és important estar ben hidratada.
- Posi's còmoda. Dutxi's amb aigua tèbia; si té mal d'esquena, faci servir una estoreta calenta; i, si el seu metge li aprova, prengui paracetamol, però no prengui aspirina ni ibuprofè.

Tot anotat

En comptes d'agafar el primer tros de paper que trobi per anotar la periodicitat de les seves contraccions, aprofiti el seu propi diari de l'embaràs –si en fa algun– per apuntar tota la informació sobre les seves contraccions i la seva dilatació (o demani al seu marit que escrigui el que vostè li dicta). Així li quedarà un record per escrit que l'ajudarà a recordar l'experiència –que, de fet, no oblidarà mai!

Truqui al ginecòleg si...

Probablement, el seu metge li haurà dit que no cal que el truqui fins que estigui en la fase activa de la dilatació, però també li pot haver suggerit que el truqui abans si comença a dilatar de dia o si trenca aigües. De tota manera, no dubti a trucar-lo immediatament si amb la ruptura de les membranes li surt líquid amniòtic de color fosc o verdós, si té pèrdues vaginals de color vermell intens o si no nota activitat fetal (pot ser difícil de notar-la mentre s'està pendent de les contraccions, així que faci la prova que s'indica a la pàgina 318). Encara que no en tingui ganes, el millor és que sigui vostè –i no el seu acompanyant– qui truqui per parlar amb el ginecòleg. Una conversa amb intermediaris pot acabar distorsionant la informació.

- Compti les contraccions (des del principi de la primera fins al principi de la següent) durant mitja hora si li sembla que en té amb una freqüència superior als 10 minuts, o inferior però d'una forma periòdica. Ara bé, tampoc cal que s'estigui tota l'estona amb els ulls enganxats al rellotge.
- Procuri orinar sovint, encara que no en tingui ganes. Una bufeta plena podria inhibir el procés de la dilatació.
- Si li va bé, practiqui tècniques de relaxació, però encara no comenci a realitzar els exercicis de respiració, o es cansarà de fer-los molt abans del que realment li farien falta.

Què pot fer l'acompanyant. Si té l'acompanyant a prop, pot ajudar-la de diverses maneres. Si també hi ha una doula, poden compartir les següents tasques:

- Practiqui el recompte de contraccions. L'interval entre contraccions es compta des del començament d'una fins al començament de la següent. Compti-les periòdicament i anoti'n els resultats. Quan es repeteixin amb una freqüència superior als 10 minuts, cronometri-les més sovint.
- Procuri transmetre calma. En aquesta primera etapa de la dilatació, la seva funció principal és mantenir la dona relaxada. I la millor manera de fer-ho és estant vostè mateix relaxat, interiorment i exteriorment. En cas contrari, li podria transmetre inconscientment la seva pròpia ansietat, que podria manifestar no amb paraules sinó amb el llenguatge corporal (el front arrugat, per exemple). Pot anar bé practicar els exercicis de relaxació plegats o bé fer a la dona un massatge suau i relaxant. De tota manera, encara és massa aviat per començar amb els exercicis de respiració. De moment, respiri profundament i prou.
- Ofereixi a la dona comoditat, tranquil·litat i suport. A partir d'ara li farà falta.
- Mantingui el sentit de l'humor i procuri que ella tampoc el perdi: al capdavall, quan s'està de bon humor, el temps passa volant. Serà més fàcil riure ara que quan les contraccions siguin més ràpides i intenses (aleshores és probable que la seva dona no trobi res graciós).
- Intenti distreure-la. Suggereixi-li activitats que, tant a ella com a vostè, els mantinguin la ment allunyada de les preocupacions del part: jugar a videojocs, mirar a la televisió alguna sèrie entretinguda, consultar pàgines web amb cronològiques de personatges

En marxa cap a l'hospital

El seu metge li haurà recomanat d'agafar la bossa i d'anar tirant cap a l'hospital en algun moment entre el final de l'etapa de dilatació precoç i el principi de l'etapa de dilatació activa (probablement, quan tingui contraccions cada cinc minuts o menys, o abans si viu lluny de l'hospital o no és el primer fill que espera). Aquest viatge cap a l'hospital pot resultar més fàcil en les següents circumstàncies: si el seu acompanyant està localitzable en qualsevol moment, a través del mòbil o de qualsevol altre sistema, per tal que la vingui a buscar de seguida (si no localitza el marit, no condueixi vostè de camí cap a l'hospital; agafi un taxi o demani a algun amic que l'acompanyi); si han planificat el trajecte a l'avançada; si ja saben on es pot aparcar (si l'aparcament ha de ser un problema, és millor anar-hi en taxi); i si sap quina entrada és la millor per arribar abans a la planta de parts. Durant el trajecte, li podria anar bé reclinar el seient cap enrere per estar més còmoda (recordi cordar-se el cinturó). Si té calfreds, endugui's una manta per embolicar-se.

Tan bon punt arribi a l'hospital, probablement es pot esperar més o menys el següent:

- Admissió a l'hospital: si ja s'havia registrat abans (si pot, és millor), els tràmits d'admissió seran més ràpids i fàcils; si està en l'etapa de dilatació activa i no està d'humor per respondre preguntes, que se n'ocupi l'acompanyant. Si no s'havia registrat anteriorment, vostè (o també millor el seu acompanyant) haurà de realitzar feixucs tràmits, així que estiguin preparats per emplenar un munt de paperassa i per respondre infinitat de preguntes.
- Un cop arribin a la planta de parts, una infermera l'acompanyarà a la sala de dilatacions (o probablement a una sala de dilatació, part i recuperació). De vegades, primer porten la dona a una sala de control, per comprovar-li l'estat de la cèrvix, per valorar el batec cardíac fetal, i per dur a terme un monitoratge de les contraccions durant una estona per determinar si està en l'etapa activa de dilatació o encara no. En alguns hospitals, és possible que facin esperar l'acompanyant i altres familiars fora mentre a vostè la revisen i la preparen. Comenti-ho si prefereix que el seu acompanyant estigui al seu costat, ja que la majoria d'hospitals són fle-

famosos per veure qui ha nascut el mateix dia que naixerà el seu fill, preparar algun altre plat per guardar-lo al congelador per a la tornada de l'hospital o bé anar a fer un volt.

- Estalviï forces, per poder-la ajudar després amb més eficàcia. Mengi periòdicament però amb empatia (no es cruspeixi un pastís gegant quan ella s'ha de conformar amb una poma bullida). Prepari's un entrepà per endur-se'l a l'hospital, però eviti ingredients amb una olor penetrant o que puguin provocar nàusees. És probable que ella no tingui ganes d'aguantar que a vostè li faci pudor l'alè d'all o de ceba.

Etapa 2: Dilatació activa

L'etapa activa de la dilatació sol ser més curta que l'anterior, ja que dura una mitjana de dues hores a tres hores i mitja (encara que, com sempre, hi ha moltes variacions dins de la normalitat). Les contraccions són ara més accen-

xibles en aquest aspecte. (Nota per a l'acompanyant: aquest és un bon moment per fer les trucades urgents o per anar-se a comprar un refrigeri, si no en porta cap de casa. Si no l'avisen per entrar a la sala de dilatació al cap d'uns 20 minuts, recordi a la infermera de torn que fa estona que s'està esperant. Estigui preparat per la possibilitat que li demanin que es posi una bata estèril al damunt de la roba.)

- La infermera li prepararà un breu historial mèdic, preguntant-li, entre altres coses, a quina hora li han començat les contraccions, cada quant en té, si ha trencat aigües i, possiblement, què ha estat l'últim que ha menjat i quan.
- La infermera li demanarà que signi (vostè o el seu marit) la documentació rutinària de l'hospital.
- La infermera li proporcionarà una bata d'hospital perquè se la posi i li recollirà una mostra d'orina. Li comprovarà el pols, la pressió sanguínia, la respiració i la temperatura; examinarà si té pèrdues de líquid amniòtic, pèrdues sanguinolentes o hemorràgies; i escoltarà el batec cardíac fetal amb un Doppler o la connectarà a un monitor fetal, si és necessari. També podria avaluar el fetus i la seva posició.
- Depenent de les normes del seu metge i de l'hospital (i, en teoria, de les seves pròpies preferències), li podrien connectar una via intravenosa.
- La infermera, el metge o la llevadora li faran un tacte vaginal per valorar el grau de dilatació i d'esborrament de la seva cèrvix. Si encara no ha trencat aigües espontàniament i està dilatada com a mínim de 3 o 4 cm (molts ginecòlegs prefereixen esperar fins que la cèrvix estigui dilatada de 5 cm), li podrien trencar les membranes artificialment –a no ser que vostè i el seu metge hagin decidit deixar-les intactes fins que es trenquin pel seu compte o fins que la dilatació estigui més avançada. El procediment sol ser indolor; tot el que notarà és la sortida d'un líquid tebi.

Si té alguna pregunta que no li hagin respost abans –sobre les normes de l'hospital, sobre el seu estat o sobre els plans del ginecòleg–, ara és el moment de formular-la, directament o a través del seu acompanyant, que també pot aprofitar l'ocasió per lliurar una còpia del pla de donar a llum, si és que vostè en té algun, als assistents del part.

tuades, i fan més feina en menys temps, a més de ser cada cop més intenses (o, el que és el mateix, més doloroses). A mesura que les contraccions són més fortes, més llargues (de 40 a 60 segons, amb un pic d'intensitat cap a la meitat d'aquest període) i més freqüents (generalment cada 3 o 4 minuts, encara que el patró pot ser irregular), el coll de l'úter es va dilatant fins a 7 cm. Amb menys pauses entre contraccions, també hi ha menys oportunitats de descansar entre una contracció i la següent.

El més probable és que en aquest moment ja sigui a l'hospital, i és possible que experimenti alguns dels següents símptomes (o tots, encara que si porta l'epidural no sentirà cap dolor):

- Dolor de les contraccions cada cop més accentuat (és possible que mentre n'està passant una no pugui ni parlar).
- Mal d'esquena en augment.
- Cames adolorides o pesades.

Si el part no avança . . .

Probablement, no hi ha res que desitgi amb tanta intensitat com que, en ple procés de part, tot evolucioni el més de pressa possible. I aconseguir que el part progressi –com sol ocórrer la majoria de vegades– requereix tres components essencials: contraccions uterines fortes que dilatin la cèrvix de manera eficaç, un nadó en la posició adequada per sortir fàcilment i una pelvis prou ampla com per permetre el pas del nadó. Però, en alguns casos, la dilatació no progressa tal com s'esperava, perquè el coll uterí triga molt a obrir-se, al nadó li costa més del previst travessar la pelvis o empènyer no la porta enlloc (o més ben dit, no porta el seu nadó enlloc, o almenys no el porta on l'hauria de portar: als seus braços).

De vegades, les contraccions també s'alenteixen després d'administrar l'epidural. Però recordi que les expectatives de progrés del part són diferents per a les dones que porten l'epidural (la primera i la segona fase de dilatació poden allargar-se més, però és normal i no cal preocupar-se).

Per procurar que un part estancat es reactivi i s'acceleri, hi ha un gran nombre de passos que el seu ginecòleg i vostè poden seguir:

- Si es troba en l'etapa de dilatació precoç i la cèrvix no es dilata ni s'esborra, el seu ginecòleg li podria suggerir fer una mica d'activitat (com ara caminar) o just el contrari (descansar i dormir, possiblement amb l'ajuda de tècniques de relaxació). Això també servirà per descartar l'existència de falses contraccions (les contraccions de Braxton Hicks solen remetre amb una mica d'exercici o fent una becaina).
- Si segueix sense dilatar ni esborrar el coll uterí amb la rapidesa esperada, el seu ginecòleg pot intentar fer progressar la dilatació administrant-li oxitocina, prostaglandina E o

- Cansament.
- Pèrdues sanguinolentes en augment.
- Ruptura espontània de membranes (si no s'ha produït anteriorment), o ara les hi podrien trencar artificialment.

Emocionalment, es pot sentir neguitosa i tenir més dificultat per relaxar-se; o pot ser que estigui més concentrada que mai i completament absorta en els seus esforços de dilatació. La seva confiança pot començar a trontollar ("Com me'n sortiré d'aquesta?") juntament amb la seva paciència ("Acabaré de dilatar en algun moment?"), o bé es pot sentir animada i emocionada perquè tot va evolucionant bé. Senti el que senti, no deixa de ser normal –només cal que es prepari per afrontar l'etapa activa.

Durant aquesta etapa, suposant que tot progressi de manera normal i segura, el personal mèdic la deixarà sola (o romandrà a l'habitació, però una mica al marge), fent les comprovacions i els monitoratges necessaris, però deixant que vostè vagi dilatant amb l'ajuda del seu acompanyant o de la seva doula sense interferir-hi. En aquest moment, el personal sanitari farà el següent:

- Controlar-li la pressió sanguínia.
- Dur a terme el monitoratge del nadó amb un Doppler o un monitor fetal.
- Cronometrar i avaluar la intensitat de les seves contraccions.
- Valorar la quantitat i la qualitat de les pèrdues sanguinolentes.

un altre estimulador de la dilatació. També li pot suggerir que afavoreixi la dilatació amb les seves mans (o les del seu acompanyant) a través de l'estimulació dels mugrons.

- Si ja es troba en l'etapa activa de la dilatació, però la cèrvix se li dilata molt lentament (menys d'1 o 1,2 cm per hora en dones que esperen el primer fill, o menys d'1,5 cm per hora en les que ja han tingut fills prèviament), o si el seu nadó no avança pel canal del part a un ritme de més d'1 cm per hora en les primípares (o de més de 2 cm en la resta), el seu metge pot provocar-li la ruptura artificial de membranes o administrar-li més oxitocina.

- Si fa més de dues hores que empeny (i és una dona primípara que no porta l'epidural) o més de tres hores (si porta aquesta anestèsia), el seu ginecòleg podria reexaminar la posició del seu nadó, comprovar el seu propi estat general, i potser intentar fer-li donar a llum amb l'ajuda de ventoses o (menys probablement) de fòrceps, o bé decidir practicar-li una cesària.

Per tal que el part avanci adequadament (i que el nadó també avanci pel canal del part), procuri orinar periòdicament, perquè una bufeta plena pot interferir en la baixada del nadó. (Si porta l'epidural, el més probable és que li buidin la bufeta amb un catèter.) Els intestins plens tenen el mateix efecte que la bufeta plena, així que si no ha defecat en les últimes 24 hores, intenti fer-ho ara. També pot intentar aconseguir una dilatació més ràpida aprofitant la força de la gravetat (asseguda amb l'esquena recta, a la gatzoneta, dempeus o caminant). El mateix podem dir de la fase d'empènyer: una posició semiasseguda o semiajupida pot ser més efectiva de cara al part.

La majoria de metges practiquen una cesària després de 24 hores de dilatació activa (i, de vegades, abans), si durant aquest termini no s'ha progressat prou; altres esperen unes hores més, sempre que tant la mare com el nadó estiguin bé.

- Connectar-li una via intravenosa, si li han d'administrar l'epidural.
- Possiblement, si la dilatació evoluciona molt lentament, la intentaran accelerar amb l'ús d'oxitocina o trencant les membranes artificialment (si encara estan intactes).
- Fer-li periòdicament un tacte vaginal per comprovar si la dilatació va progressant i per valorar el grau d'esborrament i d'obertura de la cèrvix.
- Administrar-li fàrmacs contra el dolor, si vostè ho sol·licita.

També li podrien respondre els dubtes que vostè els pugui plantejar (no tingui vergonya de preguntar res personalment o de fer que el seu acompanyant ho pregunti), tot oferint-li un suport addicional a mesura que vostè vagi dilatant.

Què pot fer vostè. Ara el que li convé és estar el màxim de còmoda possible. Per aconseguir-ho, faci tot el que l'indiquem a continuació:

- No dubti a demanar al seu acompanyant tot el que necessiti per estar el més còmoda possible, ja sigui fregues a l'esquena per calmar el dolor o un drapet humit per refrescar-se la cara. És molt important que li digui les coses sense embuts. Recordi que si vostè no li ho diu –i per molt que ell la vulgui ajudar– li costarà molt endevinar què necessita, especialment si és el primer fill que esperen.

- Comenci els exercicis de respiració –si té pensat de posar-los en pràctica– tan bon punt les contraccions siguin tan fortes que, quan en tingui una, ja no pugui ni parlar. No ha previst ni practicat mai cap exercici de respiració? Demani a la infermera o a la doula que li ensenyi alguna manera senzilla de respirar correctament. Procuri fer el que la relaxi més i el que la faci sentir més còmoda. Si els exercicis de respiració no li funcionen, no és imprescindible fer-los.
- Si vol alguna medicació contra el dolor, ara és el moment de demanar-la. L'epidural li poden administrar tan bon punt vostè noti que la necessita.
- Si dilata sense medicació, intenti relaxar-se entre contracció i contracció. Com més freqüents siguin, més difícil li resultarà, però també serà cada cop més important, ja que les seves reserves energètiques aniran baixant. Apliqui les tècniques de relaxació que li van ensenyar a classes de preparació al part o provi les que s'expliquen a la pàgina 157.
- Mantingui's hidratada. Si el seu ginecòleg hi està d'acord, begui aigua freqüentment per reemplaçar els fluids i per evitar que se li assequi la boca. Si té gana, i si el metge també hi està d'acord, prengui algun refrigeri lleuger (un suc de poma, per exemple). Si el metge li prohibeix menjar res, pot llepar glaçons per refrescar-se.
- Faci una mica de moviment, si pot (si porta l'epidural, no es podrà moure gaire). A ser possible, camini una estona amunt i avall, o com a mínim canviï de posició tantes vegades com li faci falta. (A la pàgina 411 trobarà suggeriments sobre diverses posicions per a la dilatació.)
- Orini periòdicament. A causa de l'enorme pressió pelviana, és possible que vostè no s'adoni de la necessitat de buidar la bufeta, però una bufeta plena pot impedir-li progressar en la dilatació de la manera que segurament voldria. Si porta l'epidural, no cal que es desplaci fins al lavabo (de fet, tampoc ho podria fer), ja que el més probable és que li hagin posat un catèter per buidar-li la bufeta.

No s'hiperventili

Amb la pràctica dels exercicis de respiració durant la dilatació, algunes dones comencen a hiperventilar-se o a respirar massa profundament, provocant una davallada dels nivells de diòxid de carboni a la sang. Si se sent marejada o li roda el cap, té la visió borrosa o nota els dits de les mans i els peus adormits o amb formigueig, faci-ho saber a l'acompanyant, la infermera, el metge o la doula. Li poden donar una bossa de paper per respirar dins (o suggerir-li respirar dins de les pròpies mans col·locades en forma de cova davant de la boca). Si hi inhala i exhala unes quantes vegades, de seguida es trobarà millor.

Què pot fer l'acompanyant. Si es compta amb la presència d'una doula, pot ajudar-la en moltes de les tasques següents. Acordin per endavant de quina manera es distribuiran les tècniques d'ajuda a la dona:

- Lliuri una còpia del pla de donar a llum a les infermeres o a la resta de personal mèdic que hagi d'atendre la seva dona al part, per tal que tothom estigui al corrent de les seves preferències. Si hi ha canvi de torns, asseguri's que les infermeres que han arribat més tard també en tinguin còpia.

- Si la mare vol medicació, faci-ho saber a la infermera o al metge. Respecti la decisió que prengui la dona, tant si vol continuar sense fàrmacs com si vol recórrer a la medicació contra el dolor.

- Estigui pendent de la dona. Vulgui el que vulgui, procuri facilitar-l'hi. Recordi que pot canviar d'opinió a cada moment ("ara vull el televisor encès, ara no"). També pot canviar cada dos per tres el seu estat d'ànim i la manera de tractar-lo. No s'ho prengui personalment si no li agraeix els seus intents perquè estigui còmoda –ni tampoc si no en fa cas, o si fins i tot li molesten. Deixi-la estar, si és el que sembla que prefereix –però prepari's per tornar-la a ajudar deu minuts després, si és el que aleshores vol. Recordi que el seu paper és important, fins i tot si a vegades pot tenir la sensació de fer nosa. L'endemà (o quan hagi passat tot) li ho agrairà.

- Creï l'ambient adequat. A ser possible, ajusti la porta de la sala de dilatació, deixi una il·luminació tènue i procuri que hi hagi silenci per fomentar una atmosfera relaxada i tranquil·la. La música suau també hi pot ajudar (a no ser que ella prefereixi el televisor: recordi que ara qui mana és ella). Continuï animant-la a practicar tècniques de relaxació i respiri amb ella mentre tingui contraccions –però no la pressioni a fer-ho si no en té ganes, o si haver de fer aquests exercicis suposadament de relaxació encara l'estressa més. Si sembla que les distraccions li van bé, ofereixi-li cartes, videojocs, xerrar una estona o mirar la televisió. Però busqui-li entreteniments només si creu que és el que realment vol.

- Elogiï la seva actitud. Tranquil·litzi-la i lloï els seus esforços (a no ser que les seves paraules encara la facin posar més nerviosa), i eviti tot tipus de crítica (fins i tot les constructives). Sigui el seu animador personal (però animi-la amb discreció, ja que ella probablement no voldrà manifestacions hiperbòliques de cap mena). Sobretot si progressa lentament, recordi-li que es concentri en una única contracció cada vegada i que cada cop que sent dolor ja està una mica més a prop de veure el seu fill. Si les seves paraules d'ànim la irriten encara més, deixi-ho estar. Mostri comprensió, si això és el que creu que ella vol.

- Cronometri les contraccions. Si està connectada a un monitor, pregunti al metge o la infermera com s'ha d'interpretar. Més tard, quan les contraccions se succeeixin una rere l'altra, pot fer-li-ho saber cada vegada que en comença una –a no ser que això la molesti. (El monitor pot detectar la tensió de l'úter abans que la pròpia embarassada i també li pot indicar que té una contracció si la dona no la nota perquè porta l'epidural.) També pot animar la seva dona mentre tingui contraccions fortes anunciant-li quan la contracció ja va de baixa. Si no hi ha cap monitor, pregunti a la infermera com pot reconèixer quan comença i quan acaba cada contracció posant-li la mà sobre l'abdomen (a no ser que ella no ho vulgui).

- Faci-li un massatge a l'abdomen o a l'esquena, o apliqui contrapressió o qualsevol altra tècnica que hagi après per ajudar-la a estar més còmoda. Pregunti-li quin tipus de massatge li va més bé. Si prefereix que no la toqui gens, serà millor que l'animi amb paraules i prou. Recordi que el que primer li pot agradar, després la pot molestar, i viceversa.

- Recordi-li d'anar al lavabo com a mínim una vegada cada hora, a no ser que porti un catèter. Potser no en tindrà ganes, però una bufeta plena pot inhibir l'evolució adequada del part.

- Suggereixi-li que canviï de posició periòdicament; i camini amunt i avall amb ella, si és possible.
- Miri d'aconseguir glaçons, per tal que els pugui llepar i refrescar-se. Si pot beure una mica o menjar alguna cosa lleugera, ofereixi-li periòdicament. Els gelats de pal poden ser especialment refrescants; pregunti a la infermera on pot anar a comprar alguna cosa per menjar.
- Refresqui-la. Humitegi una tovallola amb aigua freda per refrescar-li el cos i la cara, i repeteixi l'operació tot sovint.
- Si agafa fred de peus, pregunti-li si vol que li vagi a buscar un parell de mitjons i ajudi-la a posar-se'ls (ella ho té complicat per arribar-se als peus).
- Sigui la seva veu i les seves orelles. Ella ja ha d'aguantar prou coses, així que alleugereixi-li una mica la càrrega. Faci d'intermediari entre la dona i el personal mèdic, sempre que sigui possible. Intercepti les preguntes que li plantegin i que pugui respondre vostè mateix, i demani explicacions dels procediments, els aparells i l'ús de medicació, per tal que vostè ho pugui explicar després a la seva dona. Per exemple, ara seria el moment d'esbrinar si li podran facilitar un mirall per poder veure el naixement. Quan calgui, sigui el seu advocat defensor, però defensi la seva postura discretament, millor fora de l'habitació, per no molestar-la.

Etapa 3: Dilatació de transició

L'etapa de transició és la més esgotadora de totes, però, per sort, també sol ser la més breu. De sobte, la intensitat de les contraccions augmenta bruscament. Són contraccions molt fortes, cada 2 o 3 minuts, i duren entre 60 i 90 segons, amb punts àlgids molt intensos que s'allarguen gairebé durant tota la contracció. Algunes dones, particularment les que ja han donat a llum anteriorment, experimenten múltiples punts àlgids en cada contracció. Pot tenir la sensació que les contraccions no desapareixen mai per complet, de manera que entre l'una i l'altra no aconsegueix relaxar-se completament. Els últims 3 centímetres de dilatació, fins a arribar als 10 cm, probablement es produiran en un temps molt breu: de mitjana, entre 15 minuts i una hora, encara que a vegades es pot allargar fins a 3 hores.

En l'etapa de transició sentirà moltes coses (a no ser, és clar, que li hagin administrat l'anestèsia epidural o altres fàrmacs contra el dolor). Així, podria experimentar alguns dels següents símptomes (o tots):

- Dolor de les contraccions més intens.
- Forta pressió a la part baixa de l'esquena i/o al perineu.
- Pressió rectal, amb o sense necessitat d'empènyer o d'evacuar (també pot ser que li vinguin ganes de xisclar: no es reprimeixi!).
- Augment de les pèrdues vaginals sanguinolentes a mesura que es trenquen més capil·laritats del coll uterí.
- Sensació d'acalorament (i estar suada), o sensació de fred (i tenir calfreds) –o bé es poden alternar les dues sensacions.
- Rampes a les cames, que poden tremolar de manera incontrolable.
- Nàusees i/o vòmits.
- Somnolència entre contraccions perquè l'oxigen es desplaça del cervell a la zona corporal del part.

- Sensació d'ofec a la gola o el pit.
- Esgotament.

Des del punt de vista emocional, es pot sentir vulnerable i aclaparada, com si se li estigués acabant la corda. A banda de la frustració de ja no ser capaç de continuar empenyent, es pot sentir desanimada, irritable, desorientada, intranquil·la, i pot tenir dificultats per concentrar-se i relaxar-se (tant una cosa com l'altra li podrien semblar impossibles de fer ara). També pot estar emocionada per veure una mica de llum al final del túnel. El seu fill ja gairebé és aquí!

Què pot fer vostè. Aguanti una mica més. Al final d'aquesta etapa, que aviat s'acabarà, ja tindrà la cèrvix completament dilatada i ja podrà començar a empènyer el seu fill per a l'expulsió. En comptes de pensar en el que li espera, miri de pensar en tot el camí fet.

- Si li va bé, continuï practicant tècniques de respiració. Si sent la necessitat d'empènyer, aguanti una mica. Esbufegui o respiri profundament, a no ser que li indiquin el contrari. Empènyer quan el coll uterí encara no està completament dilatat pot provocar que s'infli, retardant així el part.
- Si no vol que ningú la toqui, a no ser que sigui estrictament necessari, i si les mans del marit que fins ara la relaxaven ara la neguitegen, digui-li.
- Intenti relaxar-se (tant com sigui possible) entre contraccions, amb una respiració lenta, profunda i rítmica.
- Concentri's en la recompensa final: aviat tindrà un fill preciós als braços.

Quan ja estigui dilatada de 10 cm, la traslladaran a la sala de parts, si encara no hi era. O si es troba en una llitera de parts, apartaran la part dels peus de la llitera en preparació per al part.

Què pot fer l'acompanyant. També en aquesta etapa, la doula, si és que n'hi ha, pot compartir amb el marit les tècniques de suport a la dona, com ara:

- Si a la dona li han administrat l'epidural o algun altre tipus de medicació contra el dolor, pregunti-li si li convé una altra dosi. L'etapa de transició pot ser força dolorosa, i si l'epidural ja no li fa prou efecte, pot notar moltes molèsties. Si aquest és el seu cas, comenti-ho al metge o la llevadora. Si la mare continua sense medicació, ara necessitarà més ajuda que mai (segueixi llegint).
- Faci-li costat, però deixi-li el seu propi espai, si creu que el necessita. Sovint, en l'etapa de transició, les dones no volen que les toquin –però, com sempre, segueixi estant contínuament pendent d'ella. En aquest moment, el massatge abdominal pot resultar especialment molest, mentre que la contrapressió aplicada a la part baixa de l'esquena pot continuar alleujant una mica el dolor de la zona. Estigui preparat per deixar-la tranquil·la si ella li ho demana.
- No malgasti paraules. Ara no és el moment de xerrameques, i probablement tampoc d'acudits. Ajudi-la amb instruccions breus i directes.
- Doni-li molts ànims, a no ser que ella prefereixi estar en silenci. En aquest moment, es poden comunicar millor mirant-se als ulls o donant-se la mà que amb paraules.
- Respiri amb ella mentre tingui contraccions, si sembla que això l'ajuda a suportar-les millor.
- Ajudi-la a descansar i a relaxar-se entre contraccions, acariciant-li suaument l'abdomen per indicar-li quan s'acaba cada contracció. Recordi-li de respirar de manera rítmica entre contraccions.

- Si les contraccions són cada cop més seguides o la dona sent la necessitat d'empènyer –i fa una estona que no l'examinen–, avisi el metge o la infermera. Ja podria estar completament dilatada.
- Ofereixi-li glaçons o un glopet d'aigua freqüentment, i eixugui-li el front amb una tovallola humitejada amb aigua freda. Si té calfreds, porti-li una manteta o uns mitjons.
- No perdi de vista el premi que els espera, a tots dos. Ha estat un camí difícil, però aviat arribarà la fase d'empènyer –i veuran per fi la criatura que tant han esperat!

Segona fase: L'expulsió del nadó

Fins ara, la seva participació activa en el naixement del seu fill ha estat molt reduïda. Tot i que sens dubte ha hagut de suportar les conseqüències del procés de dilatació, la major part de la feina l'han feta la cèrvix i l'úter (i el nadó, és clar). Però ara la dilatació ja s'ha completat i cal la seva ajuda per empènyer el nadó perquè travessi la resta del canal del part i pugui expulsar-lo. La fase d'expulsió del nadó sol durar entre mitja hora i una hora i mitja, però a vegades es pot dur a terme en 10 minutets (o menys i tot), o bé es pot prolongar durant 2, 3 o més llargues hores.

Les contraccions d'aquesta segona fase solen ser més regulars que les contraccions de transició. Continuen tenint una durada de 60 a 90 segons, però solen ser més freqüents (normalment, cada 2 minuts, o fins a un màxim de 5) i possiblement menys doloroses, tot i que a vegades encara són més intenses. Ara tindrà un període de repòs ben definit entre una contracció i la següent, encara que li pot continuar costant reconèixer quan una contracció va de baixa.

Encara que pot no sentir-los tots (o no sentir-ne cap, si porta l'epidural), en aquesta segona fase són habituals els següents símptomes:

- Dolor amb les contraccions, encara que possiblement no tant.
- Una necessitat irrefrenable d'empènyer (encara que no totes les dones la senten, sobretot si porten l'epidural).
- Una enorme pressió rectal (si no es porta l'epidural).
- Una injecció d'energia renovada (com una reserva de forces), o més cansament que mai.
- Contraccions molt visibles, amb un úter visiblement endurit en cada una.
- Un increment de les pèrdues sanguinolentes.
- Una sensació d'estirament, formigueig, cremor o punxades a la vagina a mesura que el cap del nadó corona.
- Una sensació humida i relliscosa quan el nadó comença a emergir.

Emocionalment, es pot sentir alleujada perquè ara ja pot començar a empènyer (encara que algunes dones se senten avergonyides, inhibides o espantades); també es pot sentir feliç i emocionada o, si la fase d'empènyer s'allarga més d'una hora, frustrada o aclaparada. En una segona fase prolongada, la preocupació de la dona ja no és tant poder veure per fi el seu fill com esperar que el seu calvari s'acabi d'una vegada (i això és perfectament normal i comprensible).

El naixement del nadó

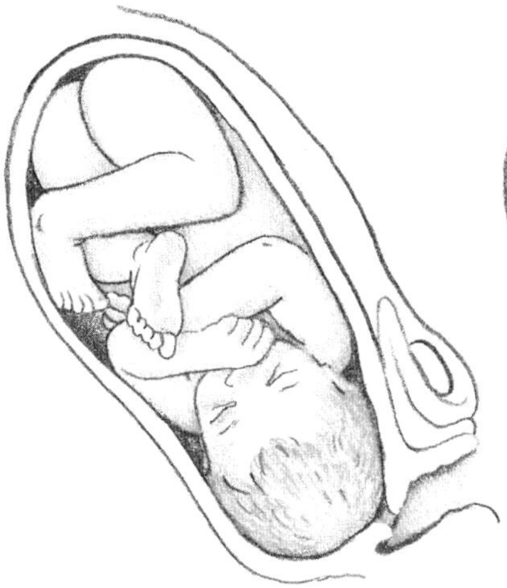

1. El coll de l'úter s'ha aprimat una mica (esborrament), però encara no s'ha començat a dilatar.

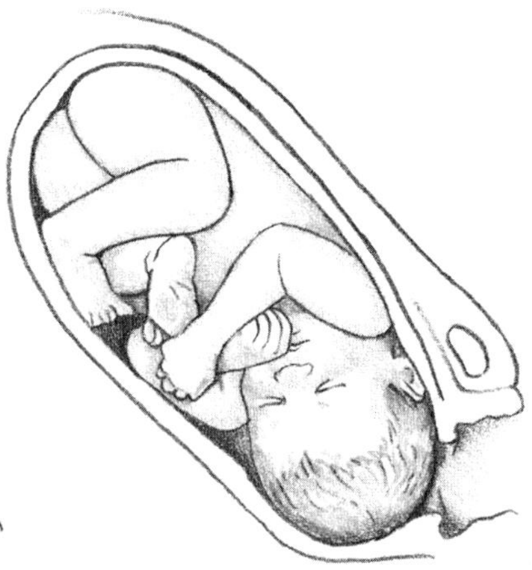

2. La cèrvix ja està completament dilatada i el cap del nadó ja ha començat a fer pressió cap al canal del part (la vagina).

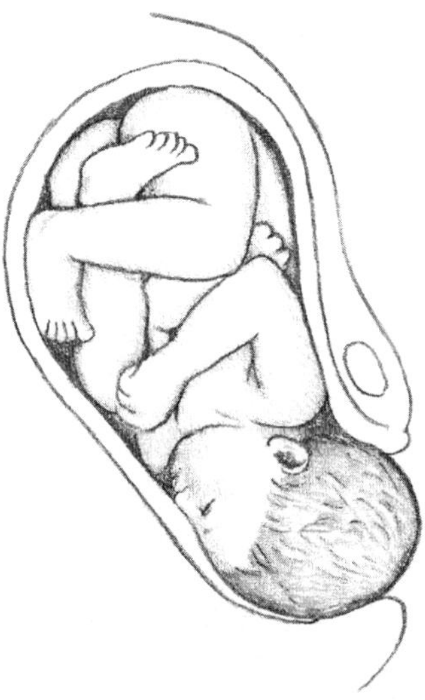

3. Per tal que la part més estreta del cap de la criatura pugui travessar la pelvis materna, el nadó se sol girar en algun moment del part. Aquí, el cap lleugerament deformat ha començat a coronar.

4. El cap, la part més ampla del cos del nadó, ja ha sortit. La resta de l'expulsió serà probablement ràpida i sense complicacions.

Què pot fer vostè. Ara és el moment d'expulsar el nadó. Així que col·loqui's en una posició adequada per empènyer (que dependrà de la cadira o del llit que faci servir, de les preferències del ginecòleg i, si és possible, de la que li resulti més còmoda i efectiva a vostè). La millor posició sol ser semiajaguda o semiajupida, perquè s'aprofita la força de la gravetat per al procés del part i li pot permetre d'empènyer amb més força. En aquesta posició, recolzar la barbeta sobre el pit la pot ajudar a focalitzar la seva força al lloc adequat del cos. A vegades, si tot i empènyer, el nadó no avança pel canal del part, pot anar bé canviar de posició. Si ha estat una mica inclinada, per exemple, es podria posar de quatre grapes o provar la posició a la gatzoneta.

Quan estigui preparada per empènyer, faci-ho amb totes les seves forces. Com més eficaçment empenyi i com més energia dediqui a l'esforç, més ràpid serà el pas del seu fill a través del canal del part. Empènyer de manera frenètica i desorganitzada suposa una pèrdua d'energia i serveix de ben poc. A l'hora d'empènyer, segueixi els següents consells:

- Relaxi les cuixes i la resta del cos i després empenyi com si tingués ganes d'evacuar (l'evacuació més gran de la seva vida). Centri la seva energia en la vagina i el recte, i no en la part superior del cos (ja que, després del part, li podria fer mal el tòrax) ni en la cara (ja que fent tanta força amb la cara només aconseguirà que li surtin blaus a les galtes i se li posin els ulls vermells, però tot això no serà de gran ajuda per al nadó).

- I, parlant d'evacuar, com que està empenyent amb tota la zona del perineu, tot el que tingui al recte també sortirà evacuat; intentar evitar-ho pot alentir el progrés del part. No deixi que la vergonya o la inhibició trenquin el ritme d'empènyer. Gairebé totes les dones fan una petita defecació involuntària (o una petita micció) durant el part. Cap membre del personal mèdic l'hi donarà importància, i vostè tampoc n'hi ha de donar. De seguida, li netejaran amb gases estèrils tot el que li pugui sortir.

- Respiri profundament unes quantes vegades quan comenci la contracció, per preparar-se per empènyer. Després, quan la contracció arribi a la màxima intensitat, agafi aire i empenyi amb totes les seves forces –aguantant-se la respiració o, si vol, exhalant l'aire a mesura que empeny; el que li vagi més bé. Si vol que la infermera o l'acompanyant la guiïn comptant fins a 10 mentre empeny, pot ser una bona idea provar-ho. Però si creu que això li trenca el ritme o no li va bé, demani'ls que ho deixin de fer. No hi ha cap fórmula màgica per indicar durant quanta estona s'ha d'empènyer cada vegada o quantes vegades cal empènyer en cada contracció –el més important és que tot es desenvolupi amb naturalitat. Pot sentir fins a cinc vegades la necessitat d'empènyer i que cada empenta duri només uns segons –o pot sentir la necessitat d'empènyer només dues vegades, però que cada empenta s'allargui més estona. Deixi's portar per aquesta necessitat d'empènyer i donarà a llum al seu fill. De fet, donarà a llum al seu fill fins i tot si no fa cas d'aquesta necessitat, o si no la nota. No totes les dones senten la mateixa necessitat d'empènyer; si vostè no la sent, el metge, la llevadora o la doula poden ajudar-la a orientar els seus esforços i a reorientar-los si perd la concentració.

- No se senti frustrada si veu que el cap del nadó corona i després torna a desaparèixer. El naixement és un procés que es realitza amb dues passes cap endavant i una cap enrere. Només recordi que va pel bon camí.

- Reposi una mica entre contracció i contracció. Si se sent molt esgotada, sobretot si la segona fase s'allarga, el seu metge li podria suggerir de no empènyer durant algunes contraccions per tal de recuperar forces.
- Deixi d'empènyer quan així li ho indiquin (si ho continua fent, és possible que el cap del nadó surti a l'exterior amb excessiva rapidesa). En comptes d'empènyer, procuri esbufegar o respirar profundament.
- Recordi de tenir un ull posat sobre el mirall (si és que en disposa d'algun) tan bon punt hi hagi alguna cosa per mirar. Veure com el cap del seu fill corona (i tocar-lo amb la mà) la pot inspirar per continuar empenyent quan ja se li començava a fer una mica costa amunt. A més, ja no podrà tornar a veure aquest moment mai més, a no ser que l'acompanyant ho gravi amb la càmera de vídeo.

Mentre vostè empenyi, les infermeres i/o el ginecòleg li oferiran ajuda i orientació; continuaran realitzant el monitoratge del batec cardíac fetal, amb un Doppler o un monitor fetal; i es prepararan per al naixement estenent llençols estèrils i preparant els instruments, es posaran la bata i els guants estèrils, i li untaran l'àrea del perineu amb un antisèptic (encara que les llevadores només solen portar guants i no estenen llençols estèrils). Si cal, també li practicaran una episiotomia o bé faran servir ventoses o, menys probablement, fòrceps.

Tan bon punt el cap del nadó emergeixi, el metge succionarà el nas i la boca de la criatura per eliminar-ne l'excés de mucositat, i després ajudarà a fer sortir les espatlles i la resta del cos. Normalment, vostè només caldrà que empenyi una sola vegada més per expulsar el cos –ja que el cap és la part més complicada de treure, mentre que la resta sol sortir amb força facilitat. Li pinçaran el cordó umbilical i, normalment quan deixi de bategar, li tallaran –ja sigui el metge o el seu propi acompanyant– i li donaran la criatura o li col·locaran sobre el ventre. (Si tenia previst recollir la sang del cordó, li ho faran en aquest moment.) És un moment fantàstic per a les primeres carícies i el primer contacte pell contra pell, així que aixequi's la bata i posi's el seu fill al damunt. Si li cal una bona raó per fer-ho, convé que sàpiga que diversos estudis han demostrat que els nounats que han estat en contacte directe amb la seva mare just després de néixer dormen més i estan més tranquils en les hores posteriors.

Què li espera ara al seu nadó? Les infermeres i/o el pediatre avaluaran el seu estat general, li realitzaran el test d'Apgar al cap d'un minut de néixer i li repetiran al cap de cinc minuts (vegi el requadre de la pàgina 413); li proporcionaran un massatge ràpid i estimulant i l'assecaran; possiblement li prendran les empremtes dels peus per identificar-lo; li posaran una banda d'identificació al turmell (i una altra al canell de la mare); li administraran una pomada no irritant per evitar les infeccions oculars (vostè pot demanar que li administrin la pomada després que l'hagi pogut abraçar); el pesaran, i l'embolicaran per evitar que perdi calor. (En alguns hospitals, poden ometre algun dels procediments anteriors; en altres, els poden dur a terme més tard, per tal que la mare i el nounat tinguin més estona per establir els primers vincles.)

Després li tornaran el nadó (suposant que tot estigui bé) i, si vol, li podrà començar a donar el pit (però no es preocupi si el seu nadó no s'enganxa al mugró a la primera; trobarà més informació sobre com començar l'alletament a la pàgina 474).

Una primera ullada al nadó

Aquells que esperen que el seu fill arribi al món tan rodonet i immaculat com un querubí de Botticelli es poden endur un bon ensurt. Nou mesos en remull al líquid amniòtic i prop de dotze hores comprimits a l'úter en contracció i al canal del part, acaben deixant rastre en l'aspecte del nounat. Els nadons que neixen per cesària tenen un cert avantatge temporal pel que fa a l'aparença inicial.

Afortunadament, la majoria dels trets menys afavoridors dels nounats són només transitoris. Un bon dia, al cap d'unes setmanes d'haver portat a casa un nadó arrugadet, una mica escanyolit i amb els ulls embotornats, es llevarà al matí i s'adonarà que el que hi té al bressol sí que s'ha convertit en un preciós querubí.

El cap una mica deformat. En el moment de néixer, el cap del nounat és, proporcionalment, la part més gran del seu cos, amb un diàmetre aproximadament igual al del seu tòrax. A mesura que el nadó creix, la resta del cos va guanyant terreny. Sovint, el cap es deforma lleugerament per travessar la pelvis materna, i presenta una forma estranya, una mica punxeguda. Si el cap ha hagut de fer pressió contra un coll uterí poc dilatat, encara pot estar més marcadament deformat, i presentarà una mena de bony. Aquest bony desapareixerà al cap d'un dia o dos i l'aspecte deforme, al cap d'un parell de setmanes, moment en el qual el cap del nadó començarà a ser rodonet com el d'un angelet.

Els cabells del nounat. El cabell que cobreix el cap del nadó en el moment de néixer pot tenir ben poc a veure amb el cabell que tindrà més endavant. Alguns nadons gairebé no tenen cabell, mentre que altres neixen amb unes espesses cabelleres, però la gran majoria només tenen una lleugera capa de cabellets fins. Ara bé, tots acaben perdent el cabell del néixer (encara que pot ocórrer de manera tan gradual que vostè ni se n'adoni), i el reemplacen per cabells nous, possiblement de color i textura diferent.

La capa de vèrnix caseosa. Se suposa que la substància greixosa que recobreix el fetus dins de l'úter té la missió de protegir la seva pell de l'exposició prolongada al líquid amniòtic. Els nadons prematurs tenen aquesta capa de vèrnix molt gruixuda, mentre que els nadons postmadurs gairebé no en tenen gens, llevat als plecs de la pell i a sota de les ungles.

Els òrgans genitals inflats. La inflor dels òrgans genitals se sol donar tant en les nenes com en els nens acabats de

Al cap d'una estona, s'emportaran el nounat a la sala de nadons (si ha donat a llum en un hospital), per fer-li un examen pediàtric més complet i alguns procediments preventius rutinaris (com ara la prova del taló i la vacuna contra l'hepatitis B). Quan la temperatura del cos del nadó s'estabilitzi, li faran el primer bany, i vostè (i/o el pare) podrien demanar de col·laborar-hi. Si vostè ja és a l'habitació, li tornaran el nadó tan bon punt sigui possible, acotxat en un bressolet que col·locaran al costat del seu llit.

Què pot fer l'acompanyant. Com fins ara, les següents responsabilitats també es poden compartir amb una doula:

- Continuï donant-li consol i suport (dir-li que l'estima a cau d'orella la pot ajudar més que cap altra cosa mentre

néixer. Els pits dels nounats, tant de les nenes com dels nens, també poden estar inflats (a vegades, fins i tot estan congestionats i segreguen una substància blanca o rosada) a causa de l'estimulació provocada per les hormones maternes. Aquestes mateixes hormones poden produir en les nenes una secreció vaginal blanquinosa i lletosa, fins i tot tenyida de sang. Aquests efectes són normals i desapareixen al cap d'una setmana o deu dies.

Els ulls embotornats. La inflor al voltant dels ulls dels nounats és normal tenint en compte que han estat banyats dins del líquid amniòtic durant nou mesos i després comprimits per l'estret canal del part. A més, la inflor es pot agreujar amb la pomada usada per protegir-los els ulls de les infeccions. Però desapareix en qüestió de dies. Els ulls dels nounats de raça blanca gairebé sempre són de color blau pissarra, independentment del color que acabin tenint més endavant. Els nounats de pell fosca neixen normalment amb els ulls de color marró.

La pell. En néixer, la pell del nadó sol ser rosada o blanca, o fins i tot grisosa (encara que després sigui morena o bé negra). Això es deu al fet que la pigmentació no els apareix fins al cap d'unes hores després de néixer. A causa de les hormones maternes, el nadó pot presentar granets, pústules o erupcions a la pell, però són temporals. També pot tenir la pell seca o clivellada, a causa de la seva primera exposició a l'aire; però això també li acabarà marxant.

El lanugen. Una fina capa de pèl, anomenada lanugen, pot cobrir les espatlles, l'esquena, el front i els polsos dels nadons nascuts a terme. Sol caure cap al final de la primera setmana de vida. Aquesta fina pilositat pot ser més abundant i mantenir-se més temps en nadons prematurs i pot haver desaparegut per complet en nadons postmadurs.

Les marques de naixement. És molt habitual, sobretot en nounats de raça blanca, que presentin taques vermelloses a la base del crani, a les parpelles o al front. Les taques mongòliques –unes pigmentacions de color gris blavós de les capes profundes de la pell– poden aparèixer a l'esquena o les natges, i a vegades als braços o a les cuixes, i són més freqüents en els asiàtics, en els europeus meridionals i els de raça negra. Aquestes marques desapareixen al cap del temps, normalment quan la criatura té uns quatre anys. Els hemangiomes, unes marques protuberants i de color vermell intens, presenten una mida que oscil·la entre diminuta i la d'una moneda. Al cap d'un temps, empallideixen i adquireixen una tonalitat gris perla fins que acaben desapareixent del tot. Les taques de color de cafè amb llet poden aparèixer en qualsevol part del cos; solen ser poc visibles però no empal·lideixen.

empeny), però no se senti dolgut si sembla que la dona no nota la seva presència. Ella ha de centrar les seves energies en una altra banda.

- Ajudi-la a relaxar-se entre les contraccions, amb paraules reconfortants, amb una tovalloleta humida al front, el clatell o les espatlles i, si és factible, fent-li massatge a l'esquena o aplicant-hi contrapressió.
- Continuï subministrant-li glaçons o líquids perquè s'humitegi la boca sempre que li convingui. El més probable és que estigui acalorada de tant empènyer.
- Aguanti-li l'esquena mentre empeny, si cal; o agafi-li la mà, eixugui-li el front –o faci qualsevol altra cosa que la pugui ajudar. Si rellisca i queda en mala posició, ajudi-la a posar-se bé.

- Destaqui-li periòdicament els progressos que vagi fent. Quan el nadó comenci a coronar, recordi-li de fer un cop d'ull al mirall per tal que tingui una confirmació visual del que està aconseguint. Si no mira el mirall, o si simplement no n'hi ha cap, descriguili amb tots els ets i uts què està passant en cada moment. Agafi-li la mà i toquin tots dos junts el cap del nadó perquè li torni a venir la inspiració.
- Si li donen l'oportunitat d'agafar el seu fill quan emergeixi, o l'oportunitat de tallar després el cordó umbilical, no tingui cap mena de por. Són dues feines relativament fàcils, i rebrà instruccions detallades i suport del personal mèdic. Ha de saber, però, que el cordó umbilical no es pot tallar com un cordill normal i corrent, sinó que és molt més resistent del que podria semblar a simple vista.

Tercera fase: L'expulsió de la placenta

El pitjor ja ha passat i el millor (el seu fill) ja és aquí. Tot el que ara queda és lligar uns quants caps, per dir-ho d'alguna manera. En aquesta fase final del part (que normalment dura entre cinc minuts i mig hora o més), s'expulsarà la placenta, que ha constituït la font de vida per al nadó a l'interior de l'úter. Continuarà tenint contraccions suaus i aproximadament d'un minut de durada, encara que és possible que ni les senti (al capdavall, ara ja només pensa en el nounat!). Quan l'úter s'estreny, la placenta se separa de la paret uterina i es desplaça cap al segment inferior de l'úter i cap a la vagina, des d'on es pot extreure.

El ginecòleg l'ajudarà a expulsar la placenta estirant suaument el cordó umbilical amb una mà mentre amb l'altra pressiona i remou l'úter o exercint una pressió descendent sobre la part superior de l'úter, i li demanarà que vostè empenyi quan així li ho indiqui. Poden administrar-li una mica d'oxitocina amb una injecció o per via intravenosa per tal de potenciar les contraccions uterines, accelerant així l'expulsió de la placenta, ajudant a tornar a contreure l'úter i minimitzant l'hemorràgia. Tan bon punt la placenta hagi sortit, el ginecòleg l'examinarà per comprovar que estigui intacta. En cas contrari, inspeccionarà el seu úter manualment per extreure'n els fragments residuals de placenta que hi poguessin quedar.

Ara que el treball de dilatació i de part ja ha finalitzat, es pot sentir completament exhausta o, per contra, amb les energies renovades. Si no ha pogut menjar ni beure, és probable que tingui set i, sobretot si el part ha estat llarg, també gana. En aquest moment, a algunes dones els agafen calfreds; totes experimenten pèrdues vaginals sanguinolentes (anomenades loquis) comparables a les d'una menstruació intensa.

Com estarà, des del punt de vista emocional, després d'haver donat a llum al seu fill? Cada dona reacciona de manera una mica diferent, i qualsevol reacció és normal. La primera reacció emocional pot ser d'alegria, però al mateix temps d'un cert alleugeriment. Pot estar animada i amb ganes de xerrar, alegre i emocionada, una mica impacient per haver d'expulsar la placenta o per haver de ser sotmesa a la sutura de l'episiotomia o d'algun esquinçament, encara que també és possible que estigui tan abstreta per la criatureta que té als braços (o tan esgotada, o totes dues coses alhora) que potser ni tan sols hi pari atenció. Es pot sentir més unida que mai amb el seu marit i experimentar un vincle immediat amb el seu fill acabat de néixer, o bé (i això també és normal) es pot sentir una mica distanciada ("qui és aquesta criatura que em succiona els pits?") o, sobretot si el part ha estat difícil, fins i tot una mica ressentida ("mira que m'has fet patir, marrec!"). Sigui quina sigui la seva primera reacció, acabarà estimant el seu fill amb totes les seves forces. Tot és qüestió de temps. (Per a més informació sobre el vincle mare-fill, vegi la pàgina 469).

Què pot fer vostè.

- Acaronar el fill que acaba de néixer! Després de tallar el cordó umbilical, tindrà l'oportunitat de donar el pit al seu fill o de tenir lo una estoneta al damunt. Digui-li cosetes, també. Com que el seu fill li reconeixerà la veu, si li parla en veu baixa o li canta una estona se sentirà especialment reconfortat (per a ell, tot el que l'envolta és un nou món desconegut i vostè el pot ajudar a trobar-hi algun sentit). En determinades circumstàncies, pot ser que deixin el seu fill en una incubadora durant unes hores o que el donin al seu acompanyant mentre té lloc l'expulsió de la placenta –però no es preocupi, tindrà temps de sobres per establir lligams amb el seu fill.
- Dediqui una mica de temps a reforçar els vincles amb el marit, també –i gaudeixin de la nova relació a tres bandes.
- Ajudi a expulsar la placenta, si cal, empenyent quan així li ho indiquin. Algunes dones ni tan sols han d'empènyer per poder extreure la placenta. Si vostè ha de fer alguna cosa, el seu ginecòleg ja li ho farà saber.
- Aguanti una mica més. Ara només queda que li suturin l'episiotomia o algun esquinçament.
- I, sobretot, estigui orgullosa del que ha aconseguit!

Tot el que falta fer, a partir d'ara, és que el ginecòleg li suturi els possibles esquinçaments (si fins ara no l'han adormida, ara li administraran anestèsia local) i la netegi bé. És probable que li donin una bossa de gel perquè se la posi al perineu per minimitzar-ne la inflor –si no l'hi ofereixen, demani'n una. La infermera també l'ajudarà a posar-se una compresa gran i li col·locaran algun xopador sota les natges (recordi que al principi sagnarà molt). Quan vostè noti que ja està a punt, la traslladaran a una habitació de postpart (a no ser que hagi donat a llum en una sala de dilatació, part, recuperació i postpart, cas en el qual no caldrà que es mogui).

Què pot fer l'acompanyant. Si hi ha una doula, podrà seguir ajudant i es concentrarà en els aspectes més pràctics de les atencions postpart, mentre que el marit podrà gaudir d'una estona en companyia de les dues grans estrelles del part.

- Dediqui unes (ben merescudes) paraules de lloança a la dona i feliciti's a vostè mateix per la feina ben feta.
- Comenci a establir vincles amb el seu fill –agafant-lo i acaronant-lo, i dient-li cosetes o cantant-li. Recordi que el seu nadó ha sentit moltes vegades la seva veu mentre era a l'úter, de manera que el seu so li resulta familiar. Sentir-la també ara li donarà una mica de consol en aquest nou medi estrany per a ell.
- No s'oblidi d'acaronar també la mare i de reforçar els vincles de parella.
- Si la infermera no n'hi ofereix cap, demani-li una bossa de gel per calmar la zona perineal de la dona.

- Demani algun suc de fruita per a la nova mare; és probable que estigui molt assedegada. Tan bon punt s'hagi rehidratat, i si tots dos en tenen ganes, celebrin-ho obrint una ampolla de cava –si s'han recordat de portar-ne alguna.
- Faci les primeres fotografies de la preciosa criatura o gravi-la en vídeo.

Part per cesària

A diferència del part vaginal, en un part per cesària la dona no hi pot participar activament. I per a algunes dones és millor així. En comptes d'esbufegar i d'empènyer per donar a llum a la criatura, la dona només s'ha d'estirar i deixar que els altres facin la feina pesada. De fet, la seva principal contribució a un part per cesària ha de ser la preparació prèvia: com més informada n'estigui, més a gust se sentirà. Per això, és una bona idea llegir aquest apartat amb antelació, encara que no tingui previst donar a llum per cesària.

Gràcies a l'administració d'anestèsia local i a la liberalització de les normatives hospitalàries, moltes dones (i els seus acompanyants)[2] poden ser espectadors dels seus parts per cesària. Com que no s'han d'amoïnar per empènyer o per alleujar els dolors, sovint tenen més facilitat per relaxar-se (almenys fins a un cert punt) i per gaudir del part. Això és el que es pot esperar en els parts per cesària habituals:

- Se li connectarà un degotador intravenós (si encara no el porta connectat) per disposar d'un accés ràpid si cal administrar-li medicacions addicionals o altres fluids.
- Se li administrarà l'anestèsia: ja sigui l'epidural o la de blocatge espinal (totes dues adormen la part inferior del cos i alhora li permeten estar totalment conscient). En rares situacions d'emergència, quan un nadó ha de ser expulsat de manera immediata, li podrien administrar una anestèsia total (amb la qual sí que quedaria completament adormida).
- Li rentaran l'abdomen amb una solució antisèptica. Després, li inseriran un catèter (un tub fi) a la bufeta per mantenir-la buida i fora de l'àrea d'acció del cirurgià.
- Li estendran uns draps estèrils al voltant de l'abdomen descobert. Li col·locaran una pantalla aproximadament al nivell de les espatlles perquè pugui veure la incisió que li practiquen.
- Si l'acompanyant ha d'assistir al part, li demanaran que es posi roba esterilitzada. El faran asseure al costat del seu cap perquè li pugui donar suport emocional; i tindrà l'oportunitat de veure la intervenció quirúrgica.
- Si es tracta d'una cesària d'emergència, tot anirà molt de pressa. Intenti mantenir la calma i no deixi que la gran activitat que es desenvolupa al seu voltant l'acabi atabalant –a l'hospital, de vegades les coses van amb aquest ritme accelerat.
- Quan el metge té la certesa que l'anestèsia ha fet efecte, practica una incisió

[2] A Europa no es permet que el marit entri al quiròfan per raons d'asèpsia. Si el marit s'ha d'allunyar del camp operatori i dels qui hi treballen, no veurà res, i si és al costat de la dona fa nosa als anestesiòlegs i pot contaminar els operadors. *(Nota del revisor.)*

(normalment horitzontal a la ratlla del biquini) a la part baixa de l'abdomen, just sobre del pèl púbic. Pot tenir la sensació com si li "obrissin una cremallera", però no li farà mal.

- Després li practicaran una segona incisió, aquest cop a l'úter. S'obre el sac amniòtic i, si encara no havia trencat aigües, li succionaran el líquid; podrà sentir un so peculiar, com una mena de borbolleig.
- Tot seguit s'extreu el nadó, normalment mentre un ajudant fa pressió sobre l'úter. Si li han posat l'epidural (però probablement no si li han practicat un blocatge espinal), podrà sentir una certa sensació d'empenta i d'estirament, així com una mica de pressió. Si té ganes de veure l'arribada del seu fill, demani si li poden abaixar una mica la pantalla, per poder gaudir del naixement del nadó però sense veure'n els detalls més desagradables.
- Aleshores succionaran el nas i la boca del nounat; sentirà el seu primer plor, li pinçaran i li tallaran el cordó, i deixaran que vostè faci el primer cop d'ull al seu fill.
- Mentre el nadó rep les mateixes atencions rutinàries que qualsevol altre nounat nascut per via vaginal, el metge li extraurà la placenta.
- A continuació, el ginecòleg farà una ràpida comprovació rutinària dels seus òrgans reproductors i suturarà les incisions practicades. La incisió uterina se suturarà amb punts absorbibles, que ja no caldrà treure. La incisió abdominal es pot tancar amb punts o amb gafes quirúrgiques.
- És possible que li administrin una injecció d'oxitocina, per via intramuscular o per via intravenosa, per tal d'ajudar-la a contreure l'úter i per controlar l'hemorràgia. També li poden administrar antibiòtics per via intravenosa per minimitzar els riscos d'infecció.

A la mateixa sala de parts, li podrien deixar agafar una estona el seu fill, encara que això depèn tant del seu estat i el del nadó com de la normativa de l'hospital. Si vostè no pot agafar el nadó, potser ho podrà fer el seu marit. Si traslladen la criatura ràpidament a la unitat de cures intensives neonatals, no es preocupin. En molts hospitals, es tracta d'una mesura rutinària en tots els nadons nascuts per cesària, més per precaució que no pas per un problema de salut de la criatura. I pel que fa a l'establiment de vincles amb el nounat, més tard també els podran establir sense cap problema –i no s'amoïni si s'ha d'esperar una estoneta per fer-li la primera abraçada.

Felicitats! Ho ha aconseguit . . .
Ara, a relaxar-se i a gaudir del seu fill acabat de néixer!

PART 3

Bessons, trigèmins i més

Quan s'espera més d'un nadó

CAPÍTOL 16

Embaràs múltiple

PORTA DOS (O MÉS) PASSATGERS A bord? Fins i tot si tenia ganes de tenir bessonada, la seva primera reacció en assabentar-se que espera més d'un fill podria abraçar un ampli ventall de possibilitats emocionals –de la

Veure-hi doble... per tot arreu?

Si sembla que avui dia hi hagi més bessons que mai és perquè, efectivament, n'hi ha més que mai. De fet, gairebé un 3 per cent dels nadons neixen actualment en parts múltiples, encara que la majoria (gairebé un 95 per cent) són bessons, és a dir, parts de dos. I encara més sorprenent que no pas que el nombre de bessons hagi crescut més d'un 50 per cent en els darrers anys és que els parts múltiples de més de dos germans (trigèmins o més) hagin augmentat en un increïble 400 per cent.

A què es deu aquesta mena de *baby boom* múltiple? La creixent tendència a mares més grans hi té molt a veure. Les dones de més de 35 anys tenen més probabilitats de deixar anar més d'un òvul quan ovulen (gràcies a unes majors fluctuacions de les hormones FSH, fol·liculoestimulants), incrementant així les probabilitats de tenir bessons. Un altre factor és el major nombre de tractaments de fertilitat (també més habituals entre mares més grans), que multipliquen les possibilitats de tenir un embaràs múltiple. I un altre factor curiós seria, segons alguns experts, l'increment de l'obesitat. Les dones amb un índex de massa corporal (IMC) anterior a l'embaràs superior a 30 tenen força més probabilitats de tenir bessons fraterns que no pas les dones amb IMC més baixos.

incredulitat a l'alegria i de l'emoció al nerviosisme (o fins i tot a la por!). I entre els sospirs de satisfacció i els rodolaments de llàgrimes galtes avall, probablement vostè es plantejarà qüestions com ara: tindran salut, les criatures? I jo? Puc continuar anant al mateix ginecòleg o m'hauria de buscar algun especialista? Què he de menjar i quants quilos hauria d'augmentar? Tindré un úter prou gran per a dos fills? I una casa prou gran? Podré donar a llum a terme? Hauré de fer repòs al llit? Serà molt dur el part?

Esperar un fill comporta una sèrie de reptes i de canvis; i esperar-ne més d'un multiplica els reptes i canvis previstos de manera proporcional al nombre de criatures. Però no s'amoïni. Està preparada per tirar-ho tot endavant –o almenys ho estarà tan bon punt disposi (a banda del suport del marit i el metge) de la informació inclosa en aquest capítol. Així que assegui's còmodament (ara que de moment encara pot) i prepari's per al seu meravellós embaràs múltiple.

Què la pot amoïnar

Detecció d'un embaràs múltiple

"Acabo de saber que estic embarassada i tinc el pressentiment que espero bessons. Com podria confirmar les meves sospites?"

Aquella època en què els bessons agafaven els seus pares *in fraganti* a la sala de parts ja ha passat a la història. Avui dia, la majoria de futurs pares de múltiples descobreixen l'emocionant notícia ben aviat. Vegi com:

Ecografia. Una imatge val més que mil paraules –i una imatge ecogràfica, encara més. Si vol una confirmació irrefutable que està esperant més d'un fill, la millor opció és l'ecografia. Els embarassos múltiples es poden detectar fins i tot amb les ecografies del primer trimestre, fetes a les sis o vuit setmanes de gestació (que probablement li faran si té un nivell alt d'hormona gonadotropina coriònica humana, o GCh, o bé si ha concebut amb tractaments de fertilitat; de fet, molts ginecòlegs fan aquesta primera ecografia de manera rutinària a totes les embarassades). Però si vol estar completament segura de veure-hi doble, comprovi-ho en una ecografia feta a partir de les 12 setmanes de gestació (ja que moltes ecografies inicials no detecten els dos embrions).

Doppler. El cor batega i batega... i no para de bategar. Normalment, el ginecòleg pot localitzar el batec cardíac fetal en algun moment proper a la novena setmana d'embaràs. I, encara que és difícil distingir dos batecs cardíacs amb un sol Doppler, si el seu ginecòleg hi té prou experiència i creu que percep dos batecs cardíacs diferenciats, vostè tindrà moltes probabilitats d'esperar múltiples (i amb una ecografia podria confirmar la bona nova).

Els nivells hormonals. L'hormona GCh de l'embaràs es pot començar a detectar a l'orina uns 10 dies després de la concepció, i els nivells d'aquesta hormona creixen ràpidament al llarg del primer trimestre. A vegades (però no sempre), un nivell de GCh més elevat de

Bessons fraterns o idèntics?

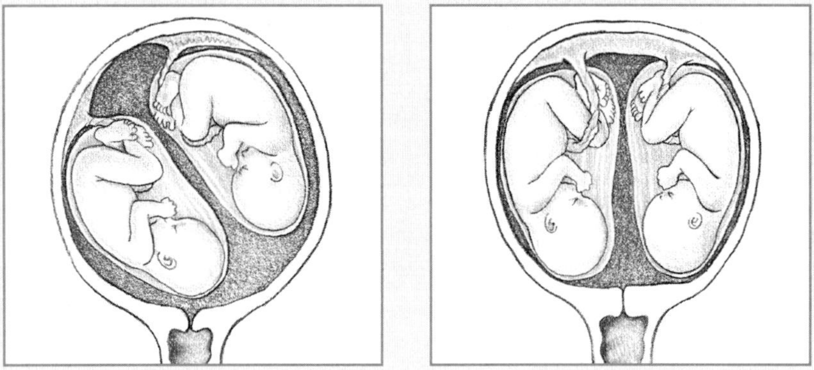

Els bessons fraterns o bivitel·lins (a l'esquerra), que són el resultat de la fecundació simultània de dos òvuls, tenen cadascun la seva pròpia placenta. Els bessons idèntics o univitel·lins (a la dreta), que s'originen quan un òvul fecundat es divideix en dos i dóna lloc a dos embrions separats, poden compartir una placenta o bé –depenent de quan s'hagi dividit l'òvul– poden tenir-ne una cada un.

Els bessons fraterns són els més habituals, i les probabilitats de tenir-ne incrementen amb l'edat de la mare i amb el nombre de fills previs. Les probabilitats de tenir bessons, en general, augmenta si ja hi ha altres bessons a la família materna de la mare.

l'habitual pot indicar múltiples fetus. De tota manera, els paràmetres normals de nivells de GCh en embarassos múltiples tampoc es diferencien massa dels embarassos simples, així que un nivell elevat de GCh no indica, per si sol, un embaràs múltiple.

Els resultats dels tests. Uns resultats del test del cribatge triple o quàdruple inusualment alts (positius) en el segon trimestre de gestació pot indicar, a vegades, un embaràs múltiple. (Vegi la pàgina 69.)

L'altura del fundus. No és d'estranyar que, com més nadons hi hagi, més gran sigui l'úter. En cada visita prenatal, el ginecòleg mesura l'altura del fundus (la part superior de l'úter) per controlar-ne el creixement. Una mesura més gran de la prevista per l'edat gestacional podria ser un indici que porta més d'un nadó a bord (però no sempre; vegi la pàgina 179).

La conclusió davant del seu presentiment: hi ha moltes pistes que poden suggerir l'existència d'un embaràs múltiple (entre altres, el propi instint de la futura mare), però només una ecografia la pot treure de dubtes. Consulti-ho al seu ginecòleg.

Elecció del facultatiu

"Acabo de saber que espero bessons. Puc seguir amb el meu ginecòleg de sempre o hauria de buscar algun especialista?"

Si està contenta del seu ginecòleg, no cal que busqui un especialista pel simple fet d'esperar bessons. (Però estigui convençuda de la seva decisió perquè, amb un embaràs múltiple, passarà moltes hores a la consulta mèdica: a més nadons, més visites.) I fins i tot si fins ara li feia les revisions una llevadora, s'hi pot continuar visitant, però caldria que de les visites prenatals i del part se n'encarregués un ginecòleg.

Està satisfeta del seu ginecòleg habitual, però preferiria rebre atencions mèdiques complementàries? Molts ginecòlegs envien les pacients amb embarassos múltiples a visitar-se periòdicament a un especialista –una bona solució de compromís si el que vol és combinar la familiaritat del seu metge habitual amb l'experiència d'un especialista. Les futures mares de múltiples que tenen necessitats especials específiques (com ara edat avançada, historial previ d'avortaments espontanis o alguna malaltia crònica) poden considerar la possibilitat de passar-se a un especialista en medicina maternofetal (també conegut com a perinatologista). Comenti aquesta possibilitat al metge si el seu embaràs és d'alt risc.

A l'hora d'escollir un ginecòleg per al seu embaràs múltiple, també haurà de tenir en compte en quin hospital atén els parts. El millor és que busqui algun hospital que disposi de les infraestructures necessàries per atendre nadons prematurs (amb una unitat de cures intensives neonatals), per si de cas els seus petitons arriben abans d'hora, com sol ocórrer amb molts embarassos múltiples.

També caldria que parlés amb el ginecòleg sobre els seus protocols mèdics en temes relacionats específicament amb parts múltiples: si rutinàriament li induiran el part a la setmana 37 o 38 de gestació, o bé –suposant que tot vagi bé– podrà prosseguir amb l'embaràs fins més endavant? Es podrà intentar un part vaginal o, en embarassos múltiples, recórrer de forma rutinària als parts per cesària? Podrà donar a llum en una sala de dilatació i part o rutinàriament atén els parts múltiples al quiròfan, com a mesura de precaució?

Per a més informació general sobre l'elecció del facultatiu, vegi el que es diu a la pàgina 24.

Símptomes de l'embaràs

"He sentit a dir que, si s'espera bessons, els símptomes de l'embaràs són pitjors. És cert, això?"

Doblar el nombre de criatures a vegades també comporta doblar el nombre de molèsties, però no sempre. Cada embaràs múltiple, com també cada embaràs simple, és diferent. Una futura mare d'un sol fill pot patir marejos per a dos, mentre que una futura mare de bessons pot passar tot l'embaràs sense ni un sol dia amb nàusees. I amb la resta de símptomes passa tres quarts del mateix.

Però tot i que no hagi de donar per fet que tindrà una doble dosi de mareigs matinals (o d'acidesa, o de rampes a les cames, o de venes varicoses...), tampoc n'ha de descartar la possibilitat. La veritat és que, per terme mitjà, les molèsties se solen multiplicar en els embarassos múltiples, i no és d'estranyar tenint en compte el pes extra que s'ha de carregar i les hormones extra que es generen. Entre els símptomes que possiblement –però no necessàriament– es poden agreujar en esperar dos o més fills, destaquen els següents:

- Mareig matinal. Les nàusees i els vòmits poden empitjorar amb els embarassos múltiples, gràcies –entre altres coses– als majors nivells d'hormones circulant per l'organisme de la mare. El mareig matinal pot començar abans i allargar-se fins més endavant.
- Altres problemes digestius. Prepari's per a l'acidesa, la indigestió i el restrenyiment. Algunes de les principals molèsties poden ser més problemes

de trànsit intestinal i més problemes gàstrics (ja que les mares de múltiples han de menjar per a tres o més).

- Fatiga. No hi ha res d'estrany: com més pes hagi de carregar la mare, més s'esgotarà. El cansament també pot incrementar per l'energia extra que crema una futura mare de múltiples (ja que el seu cos ha de treballar el doble de dur per gestar dos nadons alhora). Dormir malament també la pot acabar d'aixafar (si ja és prou difícil dormir amb un ventre gran com una síndria, imagini's com ho ha de ser dormir amb un com dues síndries).

- Altres molèsties físiques. Cada embaràs comporta les seves pròpies molèsties i els seus propis dolors; i el seu embaràs múltiple en podria comportar uns quants més. Ja es pot fer a la idea que cada nadó extra pot suposar un extra de mal d'esquena, de fiblades a la pelvis, de rampes, de turmells inflats, de venes varicoses, i així successivament. Respirar per a tres o més també pot suposar un esforç extra, especialment si els nadons són prou grans com per pressionar els pulmons de la mare.

- Moviment fetal. Encara que totes les dones embarassades poden tenir, en algun moment, la sensació d'allotjar una mena de centpeus gegant al ventre, en el seu cas, tot i no tenir-n'hi cent, de peus, sí que n'hi tindrà quatre, i quatre mans també. Així que prepari's per als cops de puny i les puntades de peu.

Tant si el seu embaràs li acaba comportant el doble de molèsties com si no, el que és segur és que li acabarà comportant el doble de recompenses. I, de fet, s'ho tindrà ben merescut, després de nou mesos de treball doblat.

Menjar bé quan s'espera més d'un fill

"Ara que espero trigèmins, m'he proposat de menjar bé, però no estic segura de què hauria de fer: menjar tres vegades més del que menjava fins ara?"

No cal que es mogui de la taula del menjador: alimentar quatre boques significa que sempre és hora de menjar. Encara que no haurà de quadriplicar literalment la seva ingesta diària de calories (de la mateixa manera que una dona amb un embaràs simple tampoc ha de duplicar la seva), sí que haurà de menjar de valent en els pròxims mesos. Les futures mares de múltiples es poden permetre, seguint estrictes recomanacions mèdiques, entre 150 i 300 calories extra al dia per cada fetus (bones notícies si se li ha obert la gana, però no tan bones si les nàusees o l'acidesa l'hi han feta perdre). Això significa que pot prendre entre 300 i 600 calories extra si espera bessons o bé entre 450 i 900 si espera trigèmins (suposant que el pes previ a l'embaràs fos l'estàndard). Però abans de considerar aquestes reserves extra com una entrada lliure a l'hamburgueseria del costat de casa (un extra d'hamburguesa per al nadó A; un extra de patates fregides per al nadó B; i un extra de gelat de xocolata per al nadó C), pensi-s'ho dues vegades. Serà més important la qualitat del que menja que no pas la quantitat. De fet, en un embaràs múltiple, una bona nutrició té un impacte encara major en el pes dels nadons en néixer que en un embaràs simple.

Però, com es pot menjar adequadament quan s'espera més d'un fill? Revisi primer la dieta de l'embaràs (al capítol 5) i tingui també en compte el següent:

Opti per refrigeris lleugers i sovintejats. Com més gran se li farà el ventre, menys lloc hi tindrà per al menjar.

Per evitar la pesadesa d'estómac (i els problemes de trànsit intestinal), hauria de repartir el menjar en cinc o sis àpats poc abundants i anar picant entre hores; així, a més, tindrà més energia i obtindrà els mateixos avantatges nutritius que amb tres àpats generosos.

Prengui calories beneficioses. Opti per aliments que aportin molts nutrients en petites quantitats. Diversos estudis demostren que una dieta hipercalòrica que també és rica en nutrients millora les probabilitats de tenir nadons saludables i a terme. Desaprofitar espai de l'estómac ingerint massa menjar escombraries implica, a més, tenir menys lloc per als aliments nutritius.

Busqui nutrients extra. Com és lògic, els seus requeriments nutritius es multipliquen amb cada nadó –cosa que significa que haurà d'afegir algunes racions extra als seus dotze punts diaris de la dieta de l'embaràs (vegi la pàgina 103). Se sol recomanar que les dones amb embarassos múltiples prenguin una ració extra de proteïnes, una de calci i una de cereals integrals. De tota manera, asseguri's de consultar al seu metge què li recomana en el seu cas.

Incrementi la ingesta de ferro. Un altre nutrient que necessitarà prendre en majors quantitats serà el ferro, que ajuda l'organisme a generar glòbuls rojos (i vostè en necessitarà molts per l'augment de sang utilitzada en la gestació dels nadons) i a evitar l'anèmia, que se sol donar en embarassos múltiples. Carns roges, fruita seca, llavors de carabassa i espinacs són fantàstiques fonts de ferro (i pot trobar més aliments rics en ferro a la pàgina 110). Les seves vitamines prenatals i possiblement un suplement addicional de ferro hi faran la resta.

Ingereixi força aigua. La deshidratació pot comportar un risc de part prematur (i les futures mares de múltiples ja hi tenen prou tendència), així que asseguri's de beure com a mínim vuit gots de líquid al dia.

Per a més informació sobre menjar bé per a múltiples, consulti *Comer bien cuando se está esperando.*

Augment de pes

"Se suposa que esperant bessonada he d'augmentar més quilos. Però quants?"

Quant guanyar quan es guanya per a dos (o més)

Estat de l'embaràs	Augment de pes primer trimestre	Augment de pes segon trimestre	Augment de pes tercer trimestre	Augment de pes total
Pes inferior a la mitjana amb bessons	2-3 quilos	9,5-11,5 quilos	8,5-10,5 quilos	20-25 quilos
Entre pes normal i sobrepès amb bessons	1,5-2 quilos	9,5-11 quilos	6,5-9,5 quilos	17,5-22,5 quilos
Trigèmins	2-2,5 quilos	15 quilos o més	5,5-7,5 quilos	22,5 quilos o més

Termini múltiple

Continua fent el compte enrere de les 40 setmanes? Doncs a vostè potser no li caldrà comptar tant. Un embaràs múltiple es pot considerar a terme 3 setmanes abans, a la setmana 37 de gestació, autèntic motiu de celebració (3 setmanes menys d'inflors, d'acidesa –i d'espera!). Però de la mateixa manera que el 95 per cent dels embarassos simples no arriben en la data prevista de part, els múltiples també tenen les seves mares i els seus pares (i també els seus metges) pendents de qualsevol novetat fins a última hora. I tant poden fer-los esperar fins a la setmana 39 (o més i tot) com poden arribar abans de les 37 setmanes previstes. De fet, els embarassos múltiples duren una mitjana de 35 setmanes i mitja.

Si resulta que els nadons sobrepassen les 37 setmanes previstes, el ginecòleg pot decidir induir-li el part a les 38, depenent de com estiguin les criatures i la mare, així com de les preferències del propi facultatiu. Procuri tractar aquest tema en profunditat amb el seu ginecòleg un temps abans que s'atansi la data de part perquè, en el tram final dels embarassos múltiples, cada metge actua de manera diferent.

Prepari's per augmentar de pes. La majoria de ginecòlegs recomanen que una dona que espera bessons guanyi entre 17 i 22 quilos i que una dona que ha de tenir trigèmins en guanyi una mitjana de 25 (una mica menys si tenia sobrepès abans de l'embaràs i una mica més si estava per sota del pes estàndard). Tot sembla indicar que es pot prendre una ració extra de pastís, oi? O potser dues? O, què dimonis, per què no tot el pastís sencer? Però la realitat és que guanyar pes no és tan senzill com podria semblar quan s'espera dos o més fills. De fet, tota una sèrie de reptes que possiblement se li plantejaran al llarg de l'embaràs podrien evitar que els números de la balança pugessin prou de pressa.

Durant el primer trimestre, entre vostè i l'augment de pes es podrien interposar les nàusees, que li dificultaran primer fer-se baixar el menjar –i després evitar que li torni a pujar. Menjar petites quantitats d'aliments que li vinguin de gust (i, sempre que sigui possible, nutritius) al llarg del dia la pot ajudar a superar aquests primers mesos de mareigs. L'objectiu d'aquest primer trimestre hauria de ser un increment de mig quilo per setmana, però si té problemes per augmentar aquest mig quilo, o simplement és incapaç d'aconseguir-ho, no es posi nerviosa. Després ja recuperarà el temps perdut. Però asseguri's de prendre la vitamina prenatal i d'estar ben hidratada.

Aprofiti el segon trimestre (que probablement serà quan es trobarà millor i quan tindrà més facilitat per cruspir-se tot el que li cal) per emmagatzemar tots els nutrients que els seus nadons necessiten per desenvolupar-se. Si durant el primer trimestre no va augmentar de pes (o si fins i tot va perdre pes per culpa de les fortes nàusees i dels vòmits), el seu metge li aconsellarà que durant aquest període guanyi entre tres quarts de quilo i un quilo per setmana si espera bessons –o entre un quilo i un quilo i quart setmanal si està embarassada de trigèmins. (Si al llarg del primer trimestre ha estat guanyant pes de valent, només caldrà que augmenti tres quarts de quilo per setmana amb bessons, o 1 quilo per setmana amb trigèmins.) Pot semblar que es tracta de molt pes en poc temps, i té tota la raó: estem parlant de molt pes, però d'un pes que convé que guanyi. Reforci la seva dieta amb racions extra de proteïnes, de calci i de cereals integrals. L'acidesa i la indigestió comencen a boicotejar els seus hàbits alimentaris? Doncs reparteixi els seus nutrients en sis (o més) petits refrigeris.

Tan bon punt arribi al tercer trimestre, el seu objectiu hauria de ser de 750 grams a un quilo per setmana al llarg del setè mes. Cap a la setmana 32 de gestació, els seus nadons podrien pesar uns dos quilos cada un, de forma que no deixaran massa espai lliure per introduir aliments al seu estómac comprimit. De tota manera, encara que vostè se senti rebotida al màxim, els seus nadons encara s'han d'acabar de rebotir una mica més –i li agrairan la nutrició proporcionada per mitjà d'una dieta ben equilibrada. Així que prioritzi la qualitat per sobre de la quantitat, i esperi limitar l'increment a mig quilo per setmana (o menys) en el vuitè mes i també un mig quilet setmanal al llarg del novè i últim mes. (Tot i això, recordi que la majoria d'embarassos múltiples no arriben a les 40 setmanes.)

Exercici

"M'agrada córrer, però ara que estic embarassa de bessons, puc seguir fent exercici?"

L'exercici pot ser beneficiós per a la majoria d'embarassos, però quan cal estar en forma per a tres, convé actuar amb precaució. Si el seu ginecòleg li dóna llum verda per practicar exercici durant el primer i segon trimestres (asseguri's de preguntar-l'hi), probablement li proposarà opcions més suaus que córrer. Segurament li aconsellarà evitar exercicis que puguin exercir massa pressió sobre la cèrvix o que augmentin la seva temperatura corporal de manera significativa. El col·legi d'obstetres i ginecòlegs dels Estats Units (ACOG) recomana que les futures mares de múltiples s'abstinguin de practicar exercicis aeròbics de gran impacte (com l'atletisme) perquè podrien incrementar el risc de part prematur. I d'aquest risc tampoc se n'escapen les esportistes més experimentades.

Busca alguna activitat esportiva més suau per a tots tres? Entre les millors opcions hi ha la natació o l'aeròbic aquàtic per a embarassades, els estiraments, el ioga prenatal, els exercicis suaus amb aparells de musculació o pedalar en una bicicleta estàtica, ja que tots són exercicis que no requereixen estar dempeus. I no s'oblidi dels exercicis de Kegel, que es poden practicar en qualsevol moment i en qualsevol lloc, i que estan destinats a enfortir el sòl pelvià (que, si hi ha més d'un nadó a l'úter, necessitarà un reforçament extra).

Independentment del tipus d'exercici que practiqui, si l'esforç li provoca contraccions de Braxton Hicks o qualsevol dels símptomes d'alarma enumerats a la pàgina 248, pari de seguida, descansi, begui una mica d'aigua, i truqui al metge si aquests símptomes no remeten en 20 minuts o una mica més.

Sentiments contradictoris

"Tothom es pensa que esperar bessonada és molt emocionant, excepte nosaltres, que estem disgustats i espantadíssims. Què ens passa?"

Res que no sigui normal. Quan somniem amb els ulls oberts sobre la nostra futura maternitat, ben poc sovint pensem en dos bressols, dues trones, dos cotxets o dues criatures. La dona es prepara psicològicament, i també físicament i econòmicament, per a l'arribada d'un sol nadó i quan de sobte descobreix que n'espera dos és normal que tingui un cert disgust. I una mica d'atabalament. Si les responsabilitats derivades d'haver

Connexions múltiples

Com a futura mare de múltiples, està a punt d'entrar a formar part d'un club especial amb milers de dones com vostè –que esperen el doble de satisfaccions però també el doble d'angoixes. Fins ara no formava part de cap club? Doncs ser membre d'aquest club particular li podria comportar moltes recompenses. Parlant amb altres futures mares de múltiples, podrà compartir els seus temors, la seva alegria, els seus símptomes i les seves anècdotes amb altres dones que entendran perfectament què sent. També obtindrà consells reconfortants d'altres futures mares amb més d'un fill en camí (i de les que ja són mares de bessonada). Apunti's a un fòrum en línia o demani al seu ginecòleg que la posi en contacte amb altres embarassades de múltiples de la seva consulta i creïn el seu propi grup. També hi ha organitzacions que poden facilitar-li informació: Associació de Famílies de Múltiples de Catalunya (www.bessonsimes.santcugatentitats.net), Asociación Nacional de Partos Múltiples de España (www.partosmultiples.net/anpamu/index.html) o Asociación de Gemelos y Mellizos de España (www.gemespa.org).

de tenir cura d'un sol nounat ja fan respecte, doncs encara més si les multipliquem per dos.

Mentre que alguns futurs pares estan contents de descobrir que esperen més d'un fill, altres triguen un temps a assimilar la notícia. És tant habitual que se sentin alegres com que tinguin una mena de xoc inicial –estan preparats per experimentar el sentit de pèrdua de la intimitat i la normalitat de la relació de parella amb l'arribada d'un fill, però els costa fer-se a la idea que en vindran dos de patac. En comptes d'imaginar-se bressolant, alimentat i acaronant un fill, han de maldar per aconseguir imaginar-se una nova vida amb dos nounats. A més, es poden sentir envaïts per emocions contradictòries –preguntant-se primer "per què a nosaltres?" i sentint-se després culpables per aquests sentiments contraposats (especialment si a la dona li va costar quedar-se embarassada). Tots aquests sentiments (i altres que puguin experimentar) són una reacció completament normal davant de la notícia que el seu embaràs i les seves vides han donat un gir inesperat i molt especial.

Així que acceptin aquesta ambivalència davant de l'arribada per partida doble i no es turmentin amb sentiments de culpabilitat (com que els seus sentiments són normals i comprensibles, no s'han de sentir culpables de res). En comptes d'això, aprofitin els mesos que els queden fins al part per acostumar-se a la idea que tindran bessons (encara que els costi de creure, s'hi acostumaran –i se n'acabaran alegrant!). Parlin amb franquesa del tema (com més obertament expressin els seus sentiments, menys angoixa els quedarà i més ràpid es trauran aquest tap de l'estómac). Parlin amb altres parelles que tinguin bessons i, si no en coneixen cap, contactin-hi a través d'associacions o de xats. Compartir els seus sentiments amb altres que també els han tingut –i adonar-se que no són els primers futurs pares que els experimenten– els ajudarà a acceptar-los i, al cap del temps, s'acabaran emocionant amb l'embaràs i amb les dues precioses criatures que aviat arribaran. No tardaran a comprovar que els bessons comporten inicialment el doble d'esforç, però també el doble de satisfaccions.

Comentaris poc sensibles

"Costa de creure, però quan vaig dir a les amigues que esperava bessons, una em va respondre 'No voldria pas ser al teu lloc'. Em pensava que se n'alegraria per mi... Per què em va fer aquest comentari tan desafortunat?"

Potser ha estat el primer comentari insensible amb què ha hagut de topar durant el seu embaràs múltiple, però probablement no serà l'últim. Des dels companys de feina, els amics i els parents fins als perfectes (o no tan perfectes) desconeguts, se sorprendrà dels desafortunats comentaris que la gent pot fer –i sense que li caigui la cara de vergonya– a les futures mares de múltiples, i que van des de "Òndia, estàs enorme, hi deus tenir un equip de futbol sencer aquí dins!" fins a "Mare de Déu, jo no podria pas amb més d'un alhora!".

A què es deu aquesta falta de tacte? El cert és que la majoria de gent no sap com reaccionar davant la notícia que algú espera múltiples. De ben segur que amb un "felicitats!" n'hi hauria prou, però la majoria de persones consideren que els bessons són especials (i ho són!) i que, per tant, es mereixen un comentari "especial". Si se sorprèn del que li diuen com a futura mare de bessons, ja veurà que més sorprenent serà el que li diran quan els bessons ja hagin nascut. I és que, a vegades, les reaccions de la gent són ben estranyes –i ben poc encertades. Les seves intencions són bones, però no se saben expressar prou bé.

La millor manera per fer front a aquesta manca de sensibilitat? No prendre-s'ho com una qüestió personal i no fer-ne cas. Pensi que, tot i que la seva amiga només ha obert la boca per ficar la pota, segurament intentava desitjar-li el millor (i probablement no té ni idea que l'ha molestada, així que no cal que s'hi enfadi). Recordi també que vostè pot ser la millor portaveu de les mares de múltiples –i que tindrà moltes oportunitats de dir meravelles del fet de tenir bessons.

"La gent no para de preguntar si tinc altres bessons a la família o si m'he fet algun tractament de fertilitat. No m'avergonyeixo d'haver-me fet el tractament, però no tinc ganes d'haver de donar explicacions a tothom."

Una dona embarassada de simples atreu els tafaners més que cap altra cosa al món, però una embarassada de múltiples atreu a tothom –tafaners i no tafaners. De sobte, el seu embaràs es fa públic –i persones que gairebé ni coneix (o que senzillament no coneix de res) es comencen a posar en la seva vida personal i li comencen a demanar informació privada sense pensar-s'ho dues vegades. Però aquesta és la qüestió: aquestes persones no s'ho han pensat dues vegades –o potser ni tan sols una. No pregunten per ficar el nas on no els demanen, sinó que simplement senten curiositat (al capdavall, esperar múltiples és un tema fascinant), i no saben mantenir prou les formes. Si té ganes d'explicar-los tots els detalls, faci-ho ("Doncs, bé, primer vam provar un fàrmac especial, però com que no va funcionar vam optar per la fecundació in vitro, és a dir, que el meu marit i jo vam haver d'anar a un clínica de fertilitat..."). Quan encara no haurà explicat la meitat de la història, el més probable és que qui li hagi plantejat la pregunta ja estarà mort d'avorriment i només mirarà com escapolir-se tot deixant-la amb la paraula a la boca. O bé la pròxima vegada que algú li pregunti sobre la concepció dels seus bessons, pot triar alguna de les respostes següents:

- "Va ser una gran sorpresa". Això és cert tant si es va concebre amb tractaments de fertilitat com sense.

- "Els bessons s'han posat de moda, ara." Això els farà callar mentre es quedaran pensant a què es deu referir exactament.
- "... és que una nit vam fer l'amor dues vegades". Quina parella no ho ha fet algun cop? I encara que l'última vegada que vostès ho fessin fos a la lluna de mel, tampoc estan dient res que no sigui veritat –i així s'acabaran aquesta mena de preguntes.
- "Els vam concebre amb amor". Bé, aquesta és la qüestió, i no importa com es va manifestar aquest amor. Amb aquesta resposta els deixaran amb un pam de nas.
- "Per què ho pregunta?". Si és una persona que també es vol quedar en estat, podria voler-hi establir una conversa per ajudar-la (la infertilitat pot ser un camí molt solitari). Si no és el cas, amb aquesta pregunta li pararà els peus. Al capdavall, tots semblen més interessats en parlar de la vida de vostè que no pas de les seves pròpies vides.

No està d'humor per a respostes capcioses –o ni tan sols per a tornar resposta (sobretot després que li hagin preguntat el mateix cinc vegades en un sol dia)? No hi ha res de dolent en fer saber a qui li ho pregunta que no n'ha de fer res. En tindrà prou dient-li: "Aquest és un tema personal".

Beneficis múltiples

Bones notícies! No hi ha hagut cap època millor que l'actual per a les concepcions, els embarassos i els parts de més d'un fill. Això és el que actualment es pot aconseguir pel fet de ser una futura mare de múltiples:

- Més informació a l'avançada. Com que avui dia la descoberta que s'esperen múltiples sol arribar a principis de l'embaràs, tindrà temps de sobres per fer plans i preparatius per als seus nadons, a més del temps necessari per obtenir les millors cures prenatals possibles. I una bona cura prenatal és la millor recepta per a un embaràs saludable.
- Més visites ginecològiques. Una bona cura prenatal comença amb visites més freqüents al ginecòleg. Probablement, la visitaran cada dues o tres setmanes (en comptes de cada quatre) fins al setè mes i més sovint a partir d'aleshores. I aquestes revisions probablement seran més a fons a mesura que avanci l'embaràs. Li faran totes les proves que practiquen a les mares de simples, però també li faran exàmens interns de forma més precoç que a un futura mare de simples (per comprovar l'existència de símptomes de part prematur).
- Més imatges. De les criatures, és clar. Li faran més ecografies per controlar els seus nadons i per comprovar que creixen i es desenvolupen de forma adequada i que l'embaràs és saludable. Això li suposarà un extra de tranquil·litat i un extra de fotografies per a l'àlbum dels nadons.
- Més atencions. Una bona cura prenatal també implica més atencions a la seva salut per reduir el risc de determinades complicacions comunes en embarassos múltiples (com hipertensió, anèmia, abrupció placentària i part prematur). A més, li tractarien amb una gran celeritat qualsevol problema que pogués sorgir.

Seguretat amb els números

"Tot just ens havíem fet a la idea que estava embarassada quan ens van dir que esperàvem bessons. Els embarassos múltiples comporten riscos extra per als nadons o per a la mare?"

Els nadons extra arriben amb alguns riscos extra, però no tants com es podria pensar. De fet, no tots els embarassos de bessons es consideren d'alt risc (encara que els embarassos de més de dos fills sí que s'hi consideren tots), i moltes futures mares de múltiples poden esperar tenir uns embarassos amb relativament pocs imprevistos (com a mínim pel que fa a complicacions).

A més, si afronta el seu embaràs de bessons amb un coneixement bàsic sobre els potencials riscos i complicacions que pot comportar, en podrà evitar uns quants i se sentirà més preparada quan se n'hi presenti algun. Així que no es posi nerviosa, perquè els embarassos de bessons són realment segurs, però segueixi llegint.

Pel que fa als nadons, els riscos potencials inclouen:

Part prematur. Els múltiples tendeixen a arribar abans que els simples. Més de la meitat dels bessons (un 59%), la majoria dels trigèmins (un 93%) i pràcticament tots els quadrigèmins neixen de manera prematura. Mentre que les dones embarassades d'un sol fetus solen donar a llum, de mitjana, a les 39 setmanes, els parts de bessons tenen lloc, de mitjana, entre les setmanes 35 i 36. Els trigèmins solen néixer (també de mitjana) a les 32 setmanes de gestació, i els quadrigèmins a les 30 setmanes. (Recordi que es considera que els bessons arriben a terme a les 37 setmanes, i no a les 40.) Al capdavall, encara que l'úter pot començar sent molt acollidor per a quatre embrions petitets, quan els fetus creixen hi acaben quedant força comprimits. Asseguri's de saber quins són els símptomes de part prematur i no dubti a trucar al metge de seguida si n'experimenta algun (vegi la pàgina 330).

Baix pes en néixer. Com que la majoria d'embarassos múltiples acaben prematurament, la majoria de nadons nascuts d'aquests embarassos neixen amb un pes inferior als 2,500 kg, que es considera un baix pes en néixer. La majoria dels que pesen uns 2 quilos i mig acaben tenint una bona salut, gràcies als avenços mèdics per tenir cura dels nounats petits, però els nadons que neixen amb un pes per sota d'1,5 quilos són nounats que presenten un elevat risc de complicacions immediates i d'altres problemes de salut a més llarg termini. Asseguri's sobretot que la seva salut durant l'embaràs és bona i que la seva dieta conté força nutrients (incloent la quantitat adequada de calories) per ajudar els nadons a tenir un major pes en néixer. (Vegi *Qué se puede esperar el primer año* per a tenir més informació sobre nadons prematurs.)

Síndrome de la transfusió de bessó a bessó. Es tracta d'una malaltia *in utero*, que afecta prop d'un 15 per cent dels embarassos de bessons idèntics en què la placenta és compartida (els bessons fraterns no en resulten gairebé mai afectats perquè no comparteixen en cap cas la placenta). Es dóna quan els vasos sanguinis de la seva placenta compartida s'entrecreuen i, com a conseqüència, a un nadó li arriba més torrent sanguini que a l'altre. Aquesta malaltia és perillosa per als nadons, però no per a la mare. Si la detecten en el seu embaràs, és possible que el seu metge opti per practicar-li una amniocentesi per tal d'extreure l'excés de fluid, millorant així la circulació sanguínia dins la placenta i reduint també el risc de part prematur. La cirurgia làser per obturar la connexió entre els vasos sanguinis és una altra opció que pot fer servir el seu ginecòleg.

Un embaràs múltiple també pot afectar la salut de la futura mare, amb les següents complicacions:

Preeclàmpsia. Com més nadons esperi, més placentes tindrà. A vegades, aquesta placenta addicional (juntament amb les hormones extra que la mare produeix amb dos nadons a bord) pot comportar una pujada de la pressió sanguínia que, al seu torn, pot acabar derivant en una preeclàmpsia. La preeclàmpsia afecta una de cada quatre futures mares de bessons i normalment es detecta de manera precoç, gràcies al continuat monitoratge per part del ginecòleg. Per a més informació sobre aquesta malaltia i les seves diverses opcions de tractament, vegi la pàgina 595.

Diabetis gestacional. Les mares que esperen múltiples tenen una mica més de probabilitats de desenvolupar diabetis gestacional que les futures mares de simples. Probablement, es deu a uns nivells hormonals més elevats que poden interferir en la capacitat de la mare per processar la insulina. Normalment, la dieta pot controlar (o fins i tot prevenir) aquesta malaltia, però a vegades cal una dosi extra d'insulina (vegi la pàgina 593 per a més informació).

Problemes placentaris. Les dones embarassades de múltiples tenen un risc una mica més elevat de tenir complicacions placentàries, com ara placenta prèvia (placenta que penja massa avall) o abrupció de placenta (separació prematura de la placenta). Per sort, un monitoratge continuat (com el que li deuen fer a vostè) pot detectar la placenta prèvia molt abans que arribi a suposar cap risc significatiu. L'abrupció no es pot detectar fins que ocorre, però com que a vostè li controlen l'embaràs molt de prop, ja seguiran els passos oportuns per evitar complicacions que poguessin derivar en l'abrupció.

Repòs al llit

"Hauré de fer repòs absolut pel sol fet d'esperar bessons?"

Cal o no cal fer repòs absolut? Aquesta és la qüestió que es plantegen moltes futures mares de múltiples, i no tots els ginecòlegs tenen una resposta definitiva. I és que aquesta resposta no existeix. Encara hi ha dubtes sobre si el repòs absolut ajuda a prevenir les complicacions que se solen associar amb els embarassos múltiples (com ara el part prematur o la preeclàmpsia). De tota manera, en determinades circumstàncies i fins que no s'hagin dut a terme investigacions complementàries, alguns facultatius recomanen fer repòs al llit. Com més fills esperi, més probable és que l'hi recomanin, ja que el risc de complicacions augmenta amb cada fetus addicional.

Asseguri's de preguntar al seu ginecòleg –a principis de l'embaràs– què n'opina, d'aquest tema. Alguns metges prescriuen repòs de forma rutinària per a totes les futures mares de múltiples (sovint a partir de la setmana 24 o 28 de gestació); però cada vegada més prenen la decisió en funció de cada cas particular, a partir de l'observació i el seguiment de cada embaràs en concret.

Si a vostè li han aconsellat fer repòs, a la pàgina 618 trobarà consells per a embarassades en la seva situació. I recordi que, tot i que potser el seu metge no la farà estar-se al llit, el més probable és que li recomani de prendre-s'ho amb calma, de treballar menys i d'estar-se el mínim de temps possible dreta durant la segona meitat de l'embaràs –així que prepari's per descansar.

La síndrome del bessó desaparegut

"He sentit a parlar de la síndrome del bessó desaparegut. En què consisteix?"

Detectar embarassos múltiples de forma precoç amb l'ajuda de la tecnologia d'ultrasons té molts beneficis, ja que com abans descobreixin –vostè i el seu ginecòleg– que espera dos (o més) fills, millors atencions prenatals rebrà. Però saber-ho tan aviat també pot tenir els seus inconvenients. Identificar embarassos múltiples abans també comporta revelar pèrdues d'embrions que haurien passat desapercebudes quan encara no es practicaven ecografies.

La pèrdua d'un bessó durant l'embaràs pot tenir lloc durant el primer trimestre (sovint abans que la pròpia mare sàpiga que espera bessonada) o, menys habitualment, quan l'embaràs està més avançat. En una pèrdua al primer trimestre, el teixit del bessó avortat sol ser reabsorbit pel cos de la mare. Aquest fenomen, conegut com la síndrome del bessó desaparegut, es dóna en prop d'un 20 o un 30 per cent dels embarassos múltiples. Els casos registrats d'aquesta síndrome han augmentat de manera significativa en les darreres dècades, des del moment en què les ecografies (l'únic sistema segur per comprovar l'existència de bessons) van passar a ser rutinàries. Els investigadors detecten més casos de síndromes de bessons desapareguts en dones de més de 30 anys, encara que això es podria deure al fet que les mares d'edat avançada també tenen, en general, índexs més elevats d'embarassos múltiples, i especialment si recorren a tractaments de fertilitat.

Per regla general, quan té lloc la pèrdua precoç d'algun bessó no se sol manifestar cap símptoma, encara que algunes futures mares poden experimentar rampes suaus, sagnat o dolor pelvià, de forma similar als casos d'avortament (encara que cap d'aquests símptomes sigui un indici segur que ha tingut lloc una pèrdua). Una disminució dels nivells hormonals també podria indicar l'avortament d'un dels fetus.

La part positiva és que, quan aquesta síndrome es dóna en el primer trimestre, la mare sol experimentar un embaràs normal i donarà a llum a un únic nadó saludable sense complicacions ni intervencions. En el molt menys probable cas en què un bessó mori en el segon o tercer trimestres, el nadó que sobreviu pot tenir un elevat risc de restricció del desenvolupament intrauterí, i la mare pot córrer el risc de part prematur, infecció o hemorràgies. Per això, el nadó que sobreviu haurà de ser controlat amb molta cura i s'haurà de seguir la resta de l'embaràs molt de prop.

Per tal de trobar ajuda per afrontar la pèrdua d'un bessó *in utero*, vegi la pàgina 630.

QUÈ CAL TENIR EN COMPTE

Part múltiple

Probablement, es passa moltes hores pensant (o potser fins i tot obsessionant-se) pel dia en què finalment donarà a llum als seus petitons. Qualsevol part és inoblidable, però si vostè espera dos (o més) fills, és probable que la seva història del part no sigui la típica que expliquen les mares d'un sol fill. Com és lògic, quan es té més d'un nadó esperant a la porta de sortida tot és una mica més complicat –però també molt més interessant.

La dilatació i el part li suposaran el doble d'esforç? Quina seria la manera ideal de donar a llum a múltiples? Les respostes a aquestes preguntes poden dependre de molts factors, com ara de la posició fetal, de la salut de la mare i de la seguretat dels nadons, entre molts altres. Els parts múltiples tenen més variables en joc –i més sorpreses– que els simples. Però partint de la base que s'aconsegueixen dos (o més) premis amb un sol part, donar a llum a múltiples representa, en qualsevol cas, una bona recompensa. I recordi que independentment del camí que els nadons hagin de recórrer per passar del seu confortable úter als seus encara més confortables braços, la millor manera és sempre la que sigui més beneficiosa per a la salut i la seguretat dels fills i de la mare.

La dilatació amb bessons (o més)

En què es diferenciarà el seu part del d'una dona amb un embaràs simple? Algunes de les diferències principals són les següents:

- Podria ser més ràpid. Haurà de doblar els dolors per obtenir el doble de recompensa? Ni parlar-ne! De fet, en la dilatació, probablement ho tindrà molt més fàcil (ni que només sigui per una vegada). La primera fase de la dilatació sol ser més breu amb múltiples –per la qual cosa, si ha de donar a llum per via vaginal, pot trigar menys fins a arribar al moment d'empènyer. L'avantatge? Superarà la part més dura de la dilatació més ràpidament.
- O també podria ser més lent. Com que l'úter d'una mare de múltiples està més sobredistès, a vegades té unes contraccions més dèbils. I tenir contraccions més dèbils pot suposar tardar més temps a estar completament dilatada.

Cronometrar parts de bessons

Amb quina diferència de temps naixeran els seus bessons? En parts vaginals, la majoria de múltiples surten amb una diferència d'entre 10 i 30 minuts. Amb cesàries, la diferència pot ser qüestió de segons, o a tot estirar d'un o dos minuts.

- Li faran un seguiment més estricte. Com que el seu equip mèdic haurà d'estar el doble d'atent durant el seu part múltiple, durant la dilatació la controlaran més de prop que no pas a la resta de mares de simples. Al llarg de la dilatació, el més probable és que la connectin a dos (o més) monitors fetals per tal que el ginecòleg pugui anar comprovant com reacciona cada nadó davant de les contraccions. Des del principi, és probable que també li controlin els batecs cardíacs fetals amb monitors externs de cinturó; això li permetrà canviar periòdicament de posició i caminar una mica amunt o avall, o bé provar altres mètodes per alleujar el dolor. En les fases més avançades de la dilatació, el nadó A (el més proper a la sortida) pot ser controlat internament amb un elèctrode al cuir cabellut, mentre el nadó B continuarà sent controlat externament. A partir d'aquest moment, ja no podrà deambular perquè estarà connectada a una màquina (però a aquestes alçades és probable que ja li hagin passat les ganes de moure's). Asseguri's de parlar amb el seu metge sobre el tipus de monitoratge fetal que sol aplicar.
- Probablement, li administraran l'epidural. Si ja tenia la intenció de posar-se-la, li agradarà saber que les epidurals

Posició, posició, posició

Ràpid... llenci una moneda a l'aire: li ha sortit cara o creu? O li ha caigut de gairell? Com s'acabaran col·locant els múltiples en el moment del part (o com acabarà vostè donant a llum) no ho pot saber ningú. A continuació, trobarà un resum de les possibles maneres en què es poden presentar els seus bessons i dels possibles escenaris de part per a cada situació.

Vèrtex/vèrtex. És la millor posició que poden presentar els bessons el dia del part, i és la posició que presenten en el 40 per cent dels casos. Si la presentació dels dos fills és de vèrtex (és a dir, de cap per avall), és probable que pugui dilatar naturalment i que pugui intentar un part vaginal. De tota manera, recordi que fins i tot els embarassos simples i amb una criatura perfectament posicionada poden acabar necessitant una cesària. I, en el cas dels bessons, té el doble de possibilitats que això acabi ocorrent.

Vèrtex/natges. El segon millor cas que es pot donar per poder optar a un part vaginal és que un nadó estigui col·locat de vèrtex i l'altre de natges. En aquesta circumstància, si el nadó A està de cap per avall i ben posicionat per al part, és possible que el seu ginecòleg pugui manipular el nadó B per moure'l de la posició de natges a la de vèrtex, després que hagi nascut el nadó A. El metge pot realitzar aquesta tècnica aplicant pressió manual a l'abdomen (versió externa) o bé penetrant amb la mà fins a dins de l'úter per fer girar el nadó B (versió interna). La versió interna sona molt més complicada del que realment és; però, com que el nadó A ja ha preparat i distès el canal del part, es tracta d'un procediment força ràpid. Si el nadó B s'entossudeix a quedar-se de natges, el ginecòleg pot provar de fer una extracció de natges, en la qual s'estira el nadó pels peus per tal de fer-lo sortir enfora.

Natges/vèrtex o natges/natges. Si el nadó A està de natges o si tots dos estan amb el culet cap a baix, gairebé segur que el ginecòleg li recomanarà una cesària. Encara que la versió externa se sol practicar en simples que es presenten de natges (i també pot funcionar en l'esmentat embaràs múltiple de vèrtex/natges), es considera massa arriscat en aquesta altra situació.

Nadó A oblic. Qui ho havia de dir que existissin tantes posicions per a un nadó ajagut? Quan diem que el nadó A es presenta oblic, volem dir que té el cap en direcció als malucs de la mare, en comptes de tenir-lo encarat cap a la cèrvix. En un embaràs simple amb una presentació obliqua, el ginecòleg podria intentar la versió externa per moure el cap del nadó cap a la posició adequada (mirant cap a la sortida), però amb bessons és massa arriscat. En aquest cas, poden ocórrer dues coses: que la presentació obliqua es corregeixi sola a mesura que progressen les contraccions, donant com a resultat un part vaginal, o més probablement, que el seu ginecòleg li recomani una cesària per evitar una llarga i esgotadora dilatació que pot o no acabar en part vaginal.

Transversal/transversal. En aquesta posició, tots dos nadons estan estirats de forma horitzontal a l'úter matern. Una doble presentació transversal gairebé sempre comporta un part per cesària.

són altament recomanables –o fins i tot exigides– en els parts múltiples, per si de cas convingués recórrer a una cesària per expulsar un dels nadons, o tots dos. Si voldria evitar l'epidural, comenti-ho al seu ginecòleg.

- Probablement, donarà a llum en un quiròfan. La majoria dels hospitals hi obliguen, al·legant motius de seguretat (també per si calgués practicar una cesària), així que pregunti-ho al seu metge amb antelació. El més probable és que li permetin dilatar en una confortable sala de dilatació, amb cortines boniques i decoració relaxant, però que quan arribi el moment d'empènyer la traslladin a la sala d'operacions.

Donar a llum a bessons

Això és el que es pot esperar quan es dóna a llum a bessons:

Part vaginal. Actualment, prop de la meitat dels bessons arriben al món per la via tradicional, però això no significa que l'experiència del part sigui la mateixa que per a les mares de simples. Un cop estigui completament dilatada, el part del nadó A pot ser bufar i fer ampolles ("Tres empentes i fora!") o bé pot fer-se etern ("Tres hores, m'hi vaig estar..."). Tot i que aquest segon escenari sigui una mica exagerat, algunes investigacions han demostrat que la fase d'empènyer sol ser més llarga en parts de bessons que en parts simples. En un part vaginal, el segon bessó sol arribar entre 10 i 30 minuts després del primer, i la majoria de mares troben que han donat a llum al nadó B en un obrir i tancar d'ulls en comparació al nadó A. Depenent de la posició, el nadó B pot necessitar una mica d'ajuda del ginecòleg, que pot fer-lo moure fins al canal del part (versió interna) o fer servir les ventoses per accelerar-ne l'expulsió. La possibilitat d'aquest tipus d'intervenció és un altre motiu pel qual la majoria de metges recomanen insistentment l'epidural a les futures mares de múltiples. (Que li entri un braç a l'úter per fer-ne sortir el nadó no és fàcil de suportar sense medicació contra el dolor.)

Part combinat. En casos molt puntuals, el nadó B pot néixer per cesària després que el nadó A hagi nascut per via

Recuperació després d'un part múltiple

A part de la particularitat que tindrà els dos braços ocupats per abraçar els dos nadons, la seva recuperació d'un part múltiple serà molt similar a la d'un part simple, així que comenci llegint els capítols 17 i 18. De tota manera, en el postpart, es pot esperar les diferències següents:

- És probable que el seu ventre trigui més temps a tornar a la seva mida normal (al capdavall, també s'havia distès més). Després de tota aquesta distensió, probablement la pell també li quedarà més flàccida.
- Pot tenir més loquis (hemorràgies vaginals) i durant més temps. Això es deu al fet que, durant l'embaràs, vostè va emmagatzemar més sang a l'úter i ara cal expulsar-la tota.
- Independentment del seu estat de forma abans de l'embaràs, li costarà més de recuperar la silueta –sobretot perquè és probable que en els darrers tres mesos d'embaràs hagués de fer força repòs.
- Tindrà molèsties durant més temps a causa de tot el pes extra que va haver de carregar al llarg de l'embaràs –per no parlar del pes extra que probablement continuarà arrossegant després del part.

Alletar bessons també és beneficiós per a la mare

Probablement, ja deu saber que donar-los el pit és el millor que pot fer per als seus nadons (a la pàgina 488 trobarà consells sobre com alletar múltiples). Però sabia que també era el millor per a la seva recuperació postpart? L'alletament allibera hormones (oxitocina) que ajuden l'úter a contreure's fins a la seva mida normal (i recordi que vostè tindrà l'úter especialment distès). Això permetrà, al seu torn, reduir l'abundància dels loquis, de manera que tindrà menys pèrdues de sang. I si té ganes de perdre pes, pensi que els nounats li practicaran una mena de liposucció natural: si alleta dos nadons cremarà greixos i calories el doble de ràpid, per la qual cosa podrà continuar menjant més. Alimentar tres boques (o més) multiplica les seves necessitats calòriques.

Si al principi els seus nounats són a la unitat de cures intensives neonatals, probablement no els podrà alletar, però sí que es podran beneficiar de la nutrició ideal que només vostè els pot subministrar (sobretot si són prematurs). Així que compri's un extractor de llet elèctric (ja que probablement podran nodrir-los amb la seva llet amb biberó), i continuï extraient-se la llet fins que els petits puguin sortir de l'hospital i puguin succionar-li directament els pits.

vaginal. Això només sol ocórrer quan es dóna una situació d'emergència que posa el nadó B en perill, com ara l'abrupció placentària o el prolapse del cordó umbilical. (Els monitors fetals indicaran al metge el grau de benestar del nadó B després de l'arribada del nadó A.) Un part combinat no és agradable per a cap mare; d'entrada, és lògic que la situació imprevista l'espanti i, a més, després del naixement de tots dos bessons, s'haurà de recuperar tant del part vaginal com de la cirurgia abdominal, amb un doble adolorimient. Però si el part combinat és un procediment necessari per salvar el segon nadó, bé valdrà la pena trigar un temps més a recuperar-se.

Cesària programada. En aquest cas, s'acorda amb el metge un part per cesària i es fixa una data a l'avançada. Algunes de les possibles raons per optar per una cesària programada inclouen una cesària prèvia (un PVDC no és habitual en parts múltiples), placenta prèvia o altres circumstàncies obstètriques o mèdiques, o bé posicions fetals que farien que el part vaginal fos poc segur. En la majoria de cesàries programades, el marit o un altre acompanyant poden estar-se al seu costat al quiròfan. A vostè, és probable que li administrin una anestèsia de blocatge espinal –una versió reforçada de l'epidural usada per bloquejar el dolor en un part vaginal. Es quedarà sorpresa de veure com va tot de ràpid després que li apliquin l'anestèsia: el naixement del nadó A i el del nadó B tindran lloc amb una diferència de segons, o com a màxim d'un o dos minuts.

Cesària no programada. Una cesària no programada és l'altra via possible per la qual els seus nadons poden arribar al món. En aquest cas, pot ser que vostè vagi a la visita prenatal, com cada setmana, i li anunciïn que ha de tenir els fills aquell mateix dia. El millor és que no l'agafi desprevinguda, així que les darreres setmanes de gestació, asseguri's de tenir la canastreta feta i tot preparat per anar a l'hospital. Entre les raons que justifiquen un part per cesària immediat hi ha malalties com ara la restricció del desenvolupament intrauterí (en què els nadons deixen de créixer adequadament per falta d'espai) o una pujada accentuada de la pressió sanguínia (preeclàmpsia). Un altre escenari per a cesària no programada es pot donar si ha estat dilatant durant molt de temps però no progressa prou. Un úter que carrega amb cinc o més quilos pot estar massa distès per contreure's correctament, de manera que un part per cesària es pot convertir en l'únic camí de sortida.

Donar a llum a trigèmins

Es pregunta si els seus trigèmins estan necessàriament destinats a prendre la ruta abdominal per sortir al món exterior? El part per cesària és el més usat en els trigèmins –no només perquè sol ser el més segur, sinó també perquè les cesàries són més habituals en parts d'alt risc (i els parts de trigèmins són d'alt risc) i perquè són més habituals entre mares d'edat avançada (que són les que donen a llum a la majoria de trigèmins). Però alguns metges afirmen que el part vaginal pot ser una opció si el trigemin A (el que està més a prop de la sortida) està de cap per avall i no hi ha altres factors de complicació (com ara preeclàmpsia en la mare o patiment fetal en un o en diversos nadons). En casos molt puntuals, el primer nadó o el primer i el segon nadons poden néixer vaginalment i l'últim pot necessitar una cesària. Com és lògic, no és tan important que tots tres nadons surtin per via vaginal com que tots tres (o tots quatre, comptant-la a vostè) surtin de la sala de parts en bones condicions de salut –independentment de la ruta seguida per arribar al món.

PART 4

Quan el nadó ja ha nascut

CAPÍTOL 17

El postpart: la primera setmana

ENHORABONA! PER FI HA ARRIBAT EL moment que havia estat esperant durant 40 setmanes (setmana amunt, setmana avall). Ha deixat enrere els mesos d'embaràs i les llargues hores del part, i ja és oficialment una mare, amb un preciós nadó que ja no porta al ventre sinó als braços. Però la transició de l'embaràs al postpart no arriba només amb un nadó, sinó que ho fa també amb una gran varietat de símptomes (s'acaben les molèsties i els dolors de l'embaràs però comencen els del postpart) i amb una gran varietat de dubtes. Entre els dubtes que més mares novelles se solen plantejar hi ha: Per què suo tant? Per què continuo tenint contraccions si ja he donat a llum? Algun dia em podré tornar a asseure? Per què m'ha quedat tanta panxa? Què em passa als pits?... Per començar, li donem l'oportunitat de resoldre a l'avançada aquestes i altres qüestions sobre el postpart llegint les pàgines següents.

Què pot sentir

Durant la primera setmana del postpart, en funció del tipus de part que hagi tingut (senzill o complicat, vaginal o per cesària) i d'altres factors individuals, vostè podria experimentar tots els símptomes següents (o només alguns):

Físicament

- Pèrdues vaginals sanguinolentes (els loquis), com les de la menstruació.
- Rampes abdominals (torçons), a mesura que l'úter es contrau.

- Esgotament.
- Molèsties, dolor i entumiment al perineu si ha tingut un part vaginal (sobretot si porta alguns punts de sutura).
- Una mica de molèsties perineals si li han practicat una cesària.
- Dolor al voltant de la incisió i, més tard, entumiment de la zona, si ha donat a llum per cesària.
- Molèsties en seure i caminar, si li han practicat una episiotomia o una cesària, o si li han suturat un esquinçament.
- Dificultats per orinar durant un o dos dies.
- Restrenyiment i molèsties en defecar durant els primers dies.
- Hemorroides, que ja tenia a l'embaràs o que li han sortit de tant empènyer al part.
- Adoloriment generalitzat, sobretot si va haver d'empènyer molt.
- Ulls sanguinolents i marques d'hematomes al voltant dels ulls, a les galtes o en altres indrets, a causa dels grans esforços per empènyer.
- Sudoració, potser abundant, particularment de nit.
- Molèsties i congestió als pits cap al tercer o quart dia del postpart.
- Mugrons adolorits o amb clivelles, si dóna el pit.

Emocionalment

- Exaltació, depressió o totes dues reaccions alternades.
- Preocupació per la nova maternitat; ansietat per haver de tenir cura del nounat, sobretot si és el primer fill.
- Frustració, si amb l'alletament no se n'acaba de sortir.
- Sensació d'aclaparament pels reptes físics, emocionals i pràctics.
- Emoció per començar una nova vida amb el seu fill.

Què la pot amoïnar

Hemorràgies

"Ja sabia que després del part tindria pèrdues sanguinolentes, però quan m'he llevat del llit per primer cop i he vist el munt de sang que em rajava cames avall, m'he endut un bon ensurt."

Agafi una bona pila de compreses i relaxi's. Durant la primera setmana del postpart, aquesta pèrdua de sang residual que rep el nom de loqui (amb mucositat i teixit procedent de l'úter), sol ser tan intensa com les pèrdues de la menstruació (i sovint més i tot). I tot i que probablement semblarà més abundant del que ho és en realitat, pot arribar a superar l'equivalent a dues tasses de fluids al dia abans no comença a disminuir. Si els primers dies, en posar-se dreta, nota que de sobte li raja molta sang, és normal –ja que es tracta de les pèrdues que ha anat acumulant mentre estava estirada o asseguda. Com que, durant el postpart immediat, els components predominants dels loquis seran la sang i unes quantes gleves, les pèrdues poden ser de color bastant vermellós fins al cinquè dia (o, com a màxim, fins a la tercera setmana), i després s'aniran tornant de manera gradual més rosades, després marronoses, i finalment de color blanc groguenc. Per absorbir les pèrdues es poden fer servir compreses (però no tampons), que poden continuar fent falta durant un parell de setmanes (o fins a sis setmanes). En algunes dones, aquest fluix es manté durant uns tres mesos i la quantitat de pèrdues és diferent en cada dona.

Donar el pit –i/o l'administració d'oxitocina per via intravenosa, que alguns metges prescriuen de forma rutinària després del part– pot reduir l'abundància dels loquis tot provocant contraccions uterines. Aquestes contraccions postpart ajuden a contreure l'úter fins a la seva posició normal de manera més ràpida i alhora estrangulen els vasos sanguinis que han quedat al descobert al lloc en què la placenta es va separar de l'úter. Per a més informació sobre aquestes contraccions, vegi la pregunta següent.

Si, mentre és a l'hospital, creu que les seves hemorràgies són excessives, notifiqui-ho a la infermera. Si, quan ja és a casa, experimenta qualsevol dels símptomes propis d'una hemorràgia puerperal (vegi la pàgina 616), truqui al metge immediatament; si no el localitza, vagi a urgències (a ser possible, al mateix hospital on va donar a llum).

Torçons

"Tinc uns dolors a l'abdomen similars als del part, sobretot quan dono el pit. Com és això?"

Es pensava que les contraccions s'havien acabat per sempre? Doncs, per desgràcia, no s'acaben de forma immediata amb el part –com tampoc s'acaba el malestar que donen. Els anomenats torçons són provocats per les contraccions de l'úter a mesura que s'encongeix (d'una mica més d'un quilo a tot just 50 grams) i torna a baixar –després del part– a la seva posició normal a la pelvis. És possible seguir el procés d'encongiment de l'úter pressionant lleugerament per sota del melic. Al cap de sis setmanes, probablement ja no el notarà.

Encara que els torçons facin molt mal, tenen una funció beneficiosa; així, aquestes contraccions, a banda d'ajudar l'úter a recuperar la mida i la ubicació que li correspon, també ajuden a disminuir el sagnat normal del postpart. És probable que els torçons siguin més dolorosos per a les dones amb una musculatura uterina flàccida a causa de parts previs o d'excessiva distensió (com en els embarassos múltiples). Els torçons també poden ser més pronunciats si s'alleta –ja que la succió del lactant allibera oxitocina, una hormona que estimula les contraccions (fet que permet contreure l'úter més de pressa)– o si després del part li van administrar oxitocina per via intravenosa.

Aquests dolors solen remetre espontàniament entre quatre i set dies després del part. Mentrestant, prenent paracetamol pot alleujar les molèsties. Si el dolor persisteix durant més d'una setmana, visiti el seu ginecòleg per tal de poder descartar l'existència d'altres problemes postpart, incloent-hi una possible infecció.

Dolor perineal

"No em van practicar cap episiotomia ni tampoc vaig patir cap esquinçament. Per què tinc el perineu tan adolorit?"

No pot pretendre que una criatura de prop de 3 quilos i mig travessés la pelvis sense deixar ni rastre. Fins i tot si el perineu va quedar-li intacte en el moment del part, continua tenint la zona distesa, masegada i adolorida, i és normal que hi tingui molèsties, suaus o no tan suaus. El dolor es pot intensificar quan tus o esternuda, i durant els primers dies li pot fer mal fins i tot quan s'asseu. Pot provar els mateixos consells per a les dones amb dolors deguts a un esquinçament, que trobarà a la pregunta següent.

També és possible que en la fase d'empènyer li sortissin hemorroides, i possiblement també fissures anals, que tant poden ser només incòmodes com realment doloroses. A la pàgina 301 trobarà consells sobre les hemorroides.

"Durant el part em vaig esquinçar i ara estic realment adolorida. Pot ser que se m'hagin infectat els punts?"

Totes les dones que donen a llum vaginalment (i, de vegades, també les que tot i tenir un part per cesària, han estat dilatant moltes hores) solen tenir algun tipus de dolor perineal. I, com és lògic, el dolor serà més intens si el perineu s'esquinça o s'hi practica una episiotomia (és a dir, una incisió quirúrgica). Com qualsevol ferida acabada de suturar, la cicatrització d'una episiotomia o d'una laceració requereix un cert temps, normalment entre 7 i 10 dies. En aquest període, tenir dolor al perineu, si no és realment intens o va acompanyat d'altres molèsties, no indica que hi hagi d'haver cap infecció.

A més, la infecció –tot i ser possible– és molt poc probable si s'ha cuidat bé la zona del perineu des del moment del part. Mentre sigui a l'hospital, la infermera li comprovarà com té el perineu almenys una vegada al dia per controlar que no hi hagi inflamació ni altres indicis d'infecció. També li ensenyarà com ha de dur a terme la higiene perineal durant el postpart, ja que és important per prevenir infeccions no només de la regió de la sutura sinó també del tracte genital (ja que hi podria haver gèrmens). Per aquesta raó, les mateixes precaucions també les han de tenir les dones que donen a llum sense cap episiotomia ni esquinçament. Les mesures que cal aplicar durant el postpart per a una bona cura del perineu són les següents:

- Canviï's la compresa higiènica almenys cada quatre o sis hores.
- Aboqui's aigua tèbia (o una solució antisèptica, si el metge o la infermera n'hi recomana alguna) sobre el perineu mentre orina per reduir-hi la coïssor, i també després d'orinar o defecar, per mantenir l'àrea neta. Eixugui's amb una gasa, o amb els netejadors de paper que a vegades faciliten als hospitals, i sempre del davant cap enrere. Eixugui's suaument, sense fregar fort.
- No es toqui la zona perineal amb les mans fins que se li hagi cicatritzat del tot.

Tot i que probablement tindrà més molèsties en cas que li hagin practicat una sutura (ja que, a banda de l'adoloriment, també pot tenir coïssor a la zona dels punts), els següents suggeriments els poden seguir totes les dones que donen a llum, independentment de les particularitats del part. Així, per alleujar el dolor perineal, pot fer servir:

Fred. Per reduir la inflor i calmar el dolor faci servir una bossa de gel triturat, o qualsevol recipient similar amb gel, per aplicar-lo a la zona adolorida cada dues hores durant les primeres 24 hores després del part.

Escalfor. Pot alleujar el dolor amb banys de darrere calents (només cal submergir-hi les natges i les cuixes) durant 20 minuts unes quantes vegades al dia o bé amb compreses calentes.

Anestèsics locals. També la pot ajudar fer servir anestèsics locals en forma d'esprais, cremes, ungüents o emplastres, sota prescripció mèdica, així com prendre's paracetamol.

Quan trucar al metge durant el postpart

Hi ha poques dones que es trobin físicament i emocionalment del tot bé després de donar a llum –el postpart és així! Especialment durant les sis primeres setmanes després del part, és normal experimentar una sèrie de molèsties, dolors o altres símptomes incòmodes (o desagradables). Per sort, el que no és habitual és tenir problemes de salut greus. De tota manera, val la pena disposar de la informació necessària. Per això, totes les dones que acaben de donar a llum haurien de conèixer –per si de cas– els símptomes que podrien alertar d'una possible complicació postpart. Truqui al seu metge de seguida si experimenta algun dels símptomes següents:

- Una hemorràgia que xopi més d'una compresa per hora durant unes quantes hores seguides. Si no localitza el seu ginecòleg immediatament, truqui a urgències i expliqui la situació a la infermera que l'atengui al telèfon, per tal que valori si caldria que s'anés a visitar al servei d'urgències de l'hospital. Si s'ha de traslladar a urgències o s'espera a casa que la vinguin a visitar, estiri's i posi's una bossa de gel (o una bossa de plàstic, tancada hermèticament, amb glaçons i un parell de mocadors de paper per absorbir l'aigua del desgel) sobre la part inferior de l'abdomen (directament damunt de l'úter, si se'l sap localitzar).
- Hemorràgies abundants de color vermell viu en qualsevol moment després de la primera setmana del postpart. Però no cal que pateixi si té un sagnat similar al de la menstruació durant més de sis setmanes (en algunes dones s'allarga fins a 12 setmanes) o si presenta un fluix que es torna més abundant quan està més activa o quan dóna el pit.
- Loqui amb una olor desagradable. Per anar bé, hauria de fer la mateixa olor que un fluix menstrual normal.

Treure pressió. Per treure's pressió d'un perineu adolorit, estiri's de costat sempre que sigui possible i eviti estar massa estona seguida dreta o asseguda. També pot ajudar-la asseure's sobre un coixí (a poder ser, amb un forat a l'interior) o sobre un pneumàtic inflat (en comercialitzen per a les persones amb hemorroides), així com contreure bé les natges abans d'asseure's.

Roba ampla. La roba cenyida (sobretot la roba interior) podria irritar la ferida i retardar-ne la cicatrització. Deixi que el perineu respiri (cobrint-lo només amb roba folgada i elàstica).

Exercicis de Kegel. Aquests exercicis, repetits amb la màxima freqüència possible després del part i al llarg de tot el postpart, estimularan la circulació de la zona perineal, facilitant-ne la cicatrització i millorant-ne el to muscular. No s'espanti si mentre fa aquests exercicis es nota la zona adormida, ja que un cert entumiment del perineu és normal després del part. En les pròximes setmanes, anirà recuperant la sensibilitat del perineu de forma gradual –i mentrestant segueixi practicant els exercicis, encara que vostè no noti res.

Si se li posa el perineu molt vermell, adolorit o inflat, o si desprèn una olor desagradable, hi podria tenir una infecció. En aquest cas, truqui al seu ginecòleg.

- Gleves abundants o grans (de la mida d'una llimona o més) amb el loqui. En canvi, l'aparició de petits coàguls és normal durant els primers dies.
- Absència total de loqui durant els primers dies del postpart.
- Dolor o molèsties, amb o sense inflor, a la part baixa de l'abdomen després dels primers dies posteriors al part.
- Dolor persistent a la zona perineal, més enllà dels primers dies.
- Després del primer dia, febre superior als 37,5 °C durant més d'un dia.
- Mareig intens.
- Nàusees i vòmits.
- Dolor localitzat, inflor, vermellor, escalfor i sensibilitat en un pit un cop ja hagi baixat la congestió, ja que podria ser un signe de mastitis. Iniciï el tractament a casa (pàgina 486) mentre espera que el metge la visiti.
- Inflor localitzada i/o vermellor, calor i exsudació a la incisió de la cesària.
- Després de les primeres 24 hores, dificultats per orinar; dolor o coïssor molt intensa mentre orina; moltes ganes d'orinar però amb resultats escassos; orina fosca i/o escassa. Begui molta aigua mentre intenta localitzar el seu metge.
- Dolor pectoral agut (no molèsties al tòrax, normals després d'empènyer fort al part); respiració ràpida o batec cardíac accelerat; tenir els llavis o les ungles de color blau.
- Dolor, sensibilitat i calor localitzats a la cuixa o al tou de la cama, amb vermellor o sense, inflor i dolor quan es flexiona el peu. Descansi amb les cames elevades mentre prova de localitzar el metge.
- Depressió que afecta la seva capacitat de fer-se càrrec de les seves obligacions o que no remet al cap d'uns quants dies; sentiments de ràbia envers el nadó, particularment si van acompanyats d'impulsos violents. A la pàgina 499 trobarà més informació sobre la depressió postpart.

Seqüeles del part

"Tinc més l'aspecte d'haver estat en un ring que no pas en una sala de parts. És normal?"

Es veu i se sent com si l'acabessin d'apallissar? En el postpart, això és normal. Al capdavall, és probable que vostè s'hagi hagut d'esforçar més per tenir el seu fill que molts boxejadors per vèncer l'adversari, encara que vostè només s'hagués d'acarar a un pes ploma, de 3 o 4 quilos. Degut a les potents contraccions i al fet d'empènyer amb tanta força (sobretot si feia més pressió amb la cara i el tòrax que no pas amb la part inferior del cos), és possible que acumuli una gran varietat d'indesitjables records del part. Entre altres seqüeles, és possible que tingui els ulls morats o sanguinolents (les ulleres de sol els poden dissimular en públic fins que tornin a la normalitat, i les compreses fredes aplicades durant 10 minuts unes quantes vegades al dia n'acceleraran el procés) i tot tipus de macadures, des de petits puntets de sang a les galtes fins a grans hematomes o morats a la cara o la part superior del pit. També pot tenir un lleu dolor toràcic i/o dificultats per respirar profundament –a causa dels esforços excessius de la musculatura pectoral (en aquest cas, li poden anar bé banys d'aigua calenta o una estoreta elèctrica)–, dolor i sensibilitat a la zona del còccix (els massatges i l'escalfor hi poden ajudar molt) o bé dolor generalitzat (també en aquest cas l'escalfor pot ser molt útil).

Dificultats per orinar

"Ja fa hores que he donat a llum, però no hi ha manera que pugui orinar."

A la majoria de dones, els costa orinar durant les primeres 24 hores després del part. Algunes dones simplement no en senten la necessitat; altres, tot i tenir ganes d'orinar, no ho poden fer. També n'hi ha altres que aconsegueixen orinar, però amb dolors i coïssor. Hi ha moltes raons que fan que buidar la bufeta després de donar a llum sigui realment difícil:

- La capacitat de retenció de la bufeta augmenta perquè ara, de sobte, disposa de més espai; en conseqüència, la necessitat d'orinar és menys freqüent que durant l'embaràs.
- La bufeta pot haver sofert algun traumatisme o alguna contusió durant el part. Temporalment paralitzada, és possible que no pugui enviar, ni tan sols quan és plena, els senyals d'urgència necessaris.
- L'administració de l'anestèsia epidural pot disminuir la sensibilitat de la bufeta o la consciència que la dona té dels senyals que aquest òrgan excretor envia.
- El dolor a la zona perineal pot provocar espasmes reflexos a la uretra (el conducte a través del qual s'expulsa l'orina), dificultant així la micció. La inflor del perineu també pot fer que orinar li resulti més difícil.
- La sensibilitat de la sutura d'una episiotomia o d'un esquinçament pot provocar cremor i/o dolor en orinar. La cremor es pot alleujar una mica orinant dreta damunt del vàter, de manera que l'orina flueixi directament cap avall sense tocar els punts dolorosos. Abocar aigua tèbia a la zona mentre s'orina també pot reduir les molèsties (reparteixi l'aigua amb un pulveritzador que probablement li facilitarà la infermera; en cas contrari, demani-n'hi un vostè).
- La deshidratació, sobretot si –en el transcurs d'una llarga dilatació– no va beure res ni li van administrar fluids per via intravenosa.
- També hi ha diversos factors psicològics que poden inhibir la micció: la por que li faci mal, la manca d'intimitat, o bé la vergonya de fer servir un orinal pla o de necessitar ajuda per anar al lavabo.

Per més difícil que resulti orinar després del part, és essencial que es buidi la bufeta al cap de sis o vuit hores d'haver donat a llum, per evitar infeccions del tracte urinari, pèrdua de to muscular a la bufeta per una distensió excessiva o hemorràgies (a causa d'una bufeta massa plena que impedeixi que l'úter s'encongeixi amb les contraccions postpart). Per tant, després del part, la infermera li preguntarà tot sovint si ja ha pogut orinar. També li podria demanar que dipositi la primera micció en un orinal pla perquè pugui mesurar la quantitat d'orina. És possible que, a més, li palpi la bufeta per comprovar que no estigui distesa. Per tal que la primera micció li resulti menys complicada, tingui en compte els consells següents:

- Prengui molts líquids. Com més n'entrin, més fàcil serà que en surtin. A més, durant el part també es perden molts líquids.
- Deambuli una mica. Llevar-se del llit i caminar una mica amunt i avall tan bon punt pugui després del part l'ajudarà a moure la bufeta i els intestins.

- Si la presència de la infermera la inhibeix (i a qui no li passaria?), demani-li que surti un moment mentre orina. Ja tornarà a entrar quan hagi acabat d'orinar i, si encara no li ha explicat com dur a terme la higiene perineal, pot explicar-li-ho aleshores.
- Si no se sent amb forces d'anar fins al lavabo i ha de fer la micció en un orinal pla, demani una mica d'aigua tèbia per abocar-se sobre l'àrea perineal (així potser li vindran ganes d'orinar). També li pot anar bé posar-se asseguda sobre l'orinal pla, en comptes de quedar-se ajaguda. I insistim que la privacitat pot ser la clau de l'èxit.
- Escalfi la zona perineal amb un bany de darrere o bé refresqui-la amb una bossa de gel, depenent de quin procediment li vagi millor en aquest cas.
- Obri una aixeta mentre intenta orinar. El soroll de l'aigua quan cau al lavabo pot estimular la micció.

Si tots els esforços fracassen i no aconsegueix orinar al cap d'unes vuit hores després del part, el ginecòleg pot demanar que li apliquin un catèter (una sonda inserida a la uretra) per buidar-li la bufeta –un altre bon incentiu per intentar-ho resoldre amb els consells exposats més amunt.

Al cap de 24 hores, el problema d'orinar massa poc se sol convertir en un problema d'orinar massa. A partir d'aleshores, la majoria de dones comencen a orinar sovint i de manera abundant, ja que eliminen l'excés de líquids corporals de l'embaràs. Si encara li costa orinar, o si la micció és molt escassa, podria ser que tingués alguna infecció del tracte urinari (a la pàgina 542 trobarà informació sobre els símptomes d'una ITU).

"No em puc controlar l'orina. Se m'escapa."

L'estrès físic del part pot alterar momentàniament algunes zones del cos, entre les quals hi ha la bufeta. Tant pot ser que no pugui orinar com que l'orina surti sola, com en el seu cas. Aquesta incontinència urinària és deguda a la pèrdua del to muscular de la zona perineal. Els exercicis de Kegel, sempre recomanables durant el postpart, la poden ajudar a millorar el to muscular i a recuperar el control sobre la micció. A la pàgina 494 trobarà més consells per afrontar la incontinència; si el problema es manté gaire temps, comenti-ho al seu ginecòleg.

La primera defecació

"Vaig donar a llum fa un parell de dies però encara no he anat de ventre. Tot i tenir-ne ganes, em fa por que amb l'esforç se m'obrin els punts."

La primera evacuació després del part és tot un repte del període puerperal que angoixa qualsevol dona. I probablement, com més es tarda a assolir aquest repte, més augmenta l'angoixa –i el malestar.

Hi ha diversos factors fisiològics que poden obstaculitzar la tornada dels budells al seu funcionament normal. D'una banda, durant el part la musculatura abdominal que ajuda a evacuar s'ha distès, quedant així flàccida i temporalment ineficaç. De l'altra, els propis intestins poden haver sofert algun traumatisme a causa del part, per la qual cosa se n'alenteix el funcionament. I, naturalment, és possible que s'hagin buidat abans del part o durant el propi part (va tenir diarrea al principi de la dilatació o potser va evacuar involuntàriament mentre empenyia al part?), i és possible que es mantinguin força buits perquè encara no ha menjat gaires aliments sòlids.

De tota manera, els inhibidors més potents de l'activitat intestinal després del part potser són els de tipus psicològic: la por al dolor; el temor infundat que s'obrin els punts; la preocupació per la possibilitat d'empitjorar les hemorroides; la vergonya natural per la poca intimitat que hi ha a l'hospital, o bé la constant pressió que el personal sanitari exerceix sobre la mare perquè evacuï, que acaba essent contraproduent.

Tot i que el restrenyiment postpart sigui habitual, hi ha diverses maneres de combatre'l. Algunes de les mesures per tornar a regular el trànsit intestinal són les següents:

No s'hi obsessioni. No hi ha res que impedeixi tant l'evacuació intestinal com obsessionar-s'hi massa. No es preocupi per obrir-se els punts: no se li obriran. A més, tampoc cal amoïnar-se si triga uns dies a recuperar la normalitat intestinal –és normal.

Triï l'alimentació adequada. Mentre sigui a l'hospital, seleccioni els menús més rics en cereals integrals, fruites i verdures fresques. Si es queda amb gana, complementi la dieta hospitalària amb aliments portats de fora que estimulin els moviments intestinals, com ara pomes i peres, panses, fruita seca o magdalenes integrals. Quan torni a casa, procuri menjar de forma adequada i regular, així com prendre prou fibra. Sempre que pugui, eviti aliments que empitjorin encara més el trànsit intestinal (com ara els bombons que regalen a la majoria de dones que acaben de donar a llum, que no fan sinó agreujar el restrenyiment).

Prengui força líquids. No tan sols per compensar la pèrdua de fluids provocada pel part, sinó també per ajudar a estovar la femta en cas de restrenyiment. L'aigua és el que va més bé, però també es pot prendre suc de poma o de pruna. També li pot donar bons resultats beure una mica d'aigua calenta amb unes gotes de llimona.

Mastegui xiclet. A algunes persones, mastegar xiclet els estimula els reflexos digestius, recuperant així la normalitat intestinal. Provi-ho.

Aixequi's. Un organisme inactiu afavoreix uns budells inactius. No es tracta d'anar a córrer una marató l'endemà del part, però tan bon punt pugui camini una mica amunt i avall pels passadissos de l'hospital. Els exercicis de Kegel, que es poden practicar al llit gairebé immediatament després de donar a llum, poden ajudar a millorar el to muscular tant del perineu com del recte. De tornada a casa, vagi a passejar amb el cotxet; a la pàgina 507 trobarà altres propostes d'exercicis postpart.

No faci esforços. Els esforços no li obriran els punts de sutura, però sí que li podrien empitjorar les hemorroides. Si encara en té, les pot alleujar prenent banys de darrere, aplicant-hi anestèsics tòpics i compreses fredes o calentes, o bé amb supositoris.

Prengui reblanidors de femta. Abans de donar l'alta a la mare, molts hospitals li proporcionen algun producte per estovar la femta i un laxant, per si de cas. Els dos remeis poden ser efectius contra el restrenyiment.

Les primeres evacuacions poden provocar una mica de molèsties. Però no s'espanti. A mesura que les femtes s'estoven i la funció intestinal es va regularitzant, tindrà menys molèsties i aviat tornarà a anar de ventre com si res.

Transpiració excessiva

"A la nit, em desperto xopa de suor. Ja és normal això?"

És desagradable, però també normal. Les dones que acaben de ser mares suen molt, per un parell de raons: la primera és que els nivells hormonals estan baixant –com a conseqüència de l'acabament de l'embaràs; i la segona és que la transpiració (com també la micció freqüent) és el mecanisme que adopta el cos per expulsar després del part els fluids acumulats al llarg de l'embaràs, fet que no deixa de ser positiu. El que potser no és tan positiu és la incomoditat que provoca aquesta sudoració excessiva i el temps que es pot prolongar després del part. Algunes dones suen de valent durant diverses setmanes, o més i tot. Si vostè transpira sobretot a la nit, com sol ocórrer a la majoria de mares novelles, cobreixi el coixí amb una tovallola absorbent per poder dormir millor (i per protegir el coixí de la suor).

No s'atabali per aquestes suades –són ben normals. De tota manera, procuri beure prou líquids per compensar els que perd, especialment si dóna el pit, però també fins i tot si no el dóna.

Febre

"Acabo de tornar de l'hospital i estic gairebé a 38,5 °C. Hauria de trucar al metge?"

Si després de donar a llum no s'acaba de trobar bé pel motiu que sigui, no és mala idea contactar amb el ginecòleg. Tenir febre al tercer o quart dia després del part podria ser un símptoma d'infecció postpart, però també es podria deure a alguna malaltia que no hi estigui relacionada. A vegades, la febre pot ser provocada per la barreja d'emoció i d'esgotament dels primers dies amb la criatura. També pot pujar una mica la febre (fins a 38 °C) quan es tenen els pits congestionats per la pujada de la llet, i no cal amoïnar-se. Però, com a precaució, comenti-ho al ginecòleg si li puja la febre per sobre dels 38 °C i li dura més d'un dia en les tres primeres setmanes del postpart, o bé si té una febre més alta durant unes hores –fins i tot si va acompanyada de vòmits o de símptomes evidents de refredat o de grip– per tal que en determini la causa i, si convé, li prescrigui el tractament adequat.

Pits congestionats

"Finalment, m'ha pujat la llet i se m'han posat uns pits tres vegades més grans del que els tenia. A més, els tinc tan congestionats i adolorits que no em puc ni posar els sostenidors. Això és el que m'espera fins que deslleti el meu fill?"

Tot i que es pensava que després de l'embaràs els pits ja no li podien créixer més, anava ben errada. Amb la primera pujada de la llet, els pits es posen turgents, dolorosament sensibles i durs com una pedra –i, de vegades, tan grans que espanten i tot. Per complicar encara més les coses, aquesta congestió (que es pot estendre fins a les axil·les) pot provocar que l'alletament sigui dolorós per a vostè i frustrant per al seu fill (sobretot si els mugrons queden aplanats per culpa de la inflor). Com més costi que el nadó se li agafi al pit per primera vegada, més congestionats se li posaran els pits a vostè.

Per sort, però, aquesta situació no s'allargarà gaire. La congestió i tots els seus efectes desagradables disminueixen gradualment a mesura que s'estableix un sistema ben equilibrat d'oferta i demanda de llet –normalment, només és qüestió d'uns quants dies. L'adoloriment dels mugrons –que sol arribar a la màxima intensitat al cap d'unes vint vegades de donar el pit– també desapareix ràpidament a mesura que aquests mugrons es van endurint. Amb les cures adequades, també marxen ràpidament les clivelles i les ferides amb sang que algunes dones presenten als mugrons (vegi la pàgina 482).

L'estada a l'hospital

Es pregunta quan els donaran l'alta, a vostè i al seu fill? El temps que hagin d'estar a l'hospital dependrà del tipus de part i de l'estat de la mare i el del nadó. Generalment, després d'un part vaginal, l'estada a l'hospital sol ser de tres dies, mentre que en cas de cesària, se sol allargar fins als cinc dies. Si tant vostè com el seu nadó estan bé i té ganes d'anar cap a casa, pot demanar al seu metge l'alta anticipada voluntària. De tota manera, al cap d'uns quants dies hauria de portar el nadó al pediatre perquè comprovi que tot marxa bé. A la visita pediàtrica, comprovaran el pes i l'estat general del nadó (i controlaran que no tingui icterícia). També li consultaran com va l'alimentació del nadó –per tant, val la pena que vagi anotant les preses diàries i que comenti aquestes observacions al pediatre.

Si prefereix quedar-se a l'hospital fins que li donin l'alta ordinària, aprofiti per descansar tant com pugui. Necessitarà tenir reserves energètiques per quan torni a casa.

Per tal que donar el pit sigui la cosa més natural del món –i totalment indolora–, hauria de prendre unes mesures per tal d'alleugerir les molèsties i per accelerar l'establiment d'un alletament satisfactori (vegi com afrontar els primers dies d'alletament a la pàgina 474).

Les dones que de seguida regularitzen l'alletament (sobretot les que ja tenen altres fills) pot ser que ni tan sols tinguin congestió mamària. I el que és segur és que a totes els acaba marxant tan bon punt els seus fills van fent unes preses regulars de llet.

Congestió mamària quan no s'alleta

"Jo no tinc la intenció de donar el pit, però he sentit a dir que la retirada de la llet també pot ser dolorosa."

Cap al tercer o quart dia després de donar a llum, els pits de la dona estan preparats per omplir-se de llet, tant si vostè té la intenció d'alletar el seu fill com si no la té. Aquesta congestió pot ser incòmoda, o fins i tot dolorosa –encara que només sigui de forma temporal.

Però els seus pits només produiran llet quan la necessiti. Si la llet no s'utilitza, la producció s'atura. Tot i que pot tenir degoteigs ocasionals de llet durant uns quants dies, la congestió intensa no s'hauria d'allargar més de 12 o 24 hores. Durant aquestes hores, li pot anar bé aplicar-s'hi bosses de gel, prendre analgèsics suaus o posar-se uns sostenidors còmodes. Eviti estimular-se els mugrons, extreure's la llet o les dutxes d'aigua calenta, ja que totes aquestes actuacions podrien estimular la producció de llet i fer que la retirada de la llet sigui més llarga i dolorosa.[1]

La pujada de la llet

"Fa dos dies que he donat a llum, però si em pressiono els pits no m'hi surt res, ni tan sols calostre. Tinc por de fer passar gana al meu fill."

El seu fill no només passa gana, sinó que de moment ni tan sols en té. Els nadons no neixen amb gana ni amb necessitats immediates de nutrició. I en el moment en què el seu nadó comenci

[1] Avui dia és habitual en molts centres l'ús d'inhibidors de la prolactina humana de la llet, i amb això s'evita de manera eficaç aquesta incòmoda pujada de la llet en les dones en període puerperal que no alleten. *(Nota del revisor.)*

a voler un pit ben ple de llet (cap al tercer o quart dia després de néixer), vostè ja el podrà satisfer, sense cap mena de dubte.

I això no vol dir que ara tingui els pits buits. Ja hi té calostre, en la reduïda quantitat que al seu fill li fa falta. Aquesta substància prelàctia proporciona al nadó l'aliment necessari, així com uns anticossos essencials que el seu organisme encara no és capaç de produir; a més, ajuda a netejar el sistema digestiu del nounat de l'excés de mucositat i a expulsar el meconi dels seus intestins. En aquest moment, l'únic que el seu fill necessita és la quantitat de calostre equivalent a una culleradeta de cafè. Però esprémer-se manualment els pits no és fàcil abans del tercer o quart dia després del part, moment en què es comencen a inflar i a notar-se plens (indicant que ja li ha pujat la llet). Fins i tot un nadó d'un sol dia està més ben preparat que la seva mare per extreure el calostre que necessita.

Vincle afectiu

"Em pensava que establiria vincles afectius amb el meu fill tot just després de néixer, però de moment no em desperta cap sentiment. Què em passa?"

Uns instants després del part, li posen als braços el seu tan esperat fill i és més bonic i més perfecte del que mai havia gosat imaginar. El seu fill la mira i a vostè se li entelen els ulls de l'emoció, i sorgeix així un instantani vincle maternofilial. Mentre el bressola, l'acarona i li omple la cara de petonets, té unes sensacions que mai no havia experimentat amb tanta intensitat. Vostè és una mare enamorada del seu fill.

Això només passa en els somnis –ni que sigui amb els ulls oberts– de les embarassades. Escenes com aquestes a la sala de parts només es donen als somnis –o a les pel·lícules–, però no són gaire habituals entre les mares de la vida real. Un escenari possiblement més realista seria el següent: després d'un part llarg i dur que l'ha deixat físicament i emocionalment esgotada, un petit desconegut amb la cara vermella, tot inflat i arrugat, va a parar als seus braços i el primer que vostè constata és que no s'assembla ni de bon tros a l'angelet rodonet i graciós que s'esperava; el segon que comprova és que aquesta criatura no para de bramar ni un moment; aleshores intenta donar-li el pit però no hi ha manera que se'n surti; mira de dir-li cosetes per calmar-lo, però la criatura mostra més interès en plorar que en dormir; i, francament, després d'arribar fins aquí, vostè ja es comença a donar per vençuda. I no pot evitar preguntar-se: "Acabo de perdre l'oportunitat d'establir els primers lligams afectius amb el meu fill?".

La resposta és un "no" rotund. El procés d'establir vincles és diferent per a cada mare i per a cada fill, i no té termini de caducitat. Hi ha poques mares que estableixin aquest vincle de manera instantània, encara que també és cert que n'hi ha algunes que l'estableixen amb més facilitat que altres –ja sigui perquè tenen més experiència amb nadons, perquè les seves expectatives són més realistes, perquè van tenir uns parts menys complicats o perquè els seus nadons responen més ràpidament als estímuls. Ara bé, uns lligams que duren per tota la vida no es creen d'un dia per l'altre, sinó que es van formant gradualment al llarg del temps –i vostè i el seu nadó tenen molt temps per endavant!

Així que doni's aquest temps que necessita –per acostumar-se al nou paper de mare (un gran canvi, al capdavall) i per anar coneixent el seu fill que, les coses com siguin, no és sinó un nouvingut a la seva vida. Si satisfà les necessitats bàsiques del seu nadó (i les seves pròpies necessitats), s'adonarà que l'amor maternal va creixent cada dia (i amb cada manyagueria). I parlant de manyagueries, no n'hi escatimi. Com més afecte li mostri, més afecte sentirà vostè. Encara que al principi pot semblar que no li surti espontàniament, com més temps dediqui a abraçar-lo, acariciar-lo, alimentar-lo, fer-li massatges, cantar-li o a dir-li cosetes –o, el que és el mateix, com més temps passin establint contacte visual i físic– més sentiments se li despertaran espontàniament i més units estaran. Tot i que ara li costi d'imaginar, abans que se n'adoni ja se sentirà com la mare que és (i de debò!), unida al seu fill per l'amor que sempre ha somniat.

"El meu fill va ser prematur i de seguida el van portar a la unitat de cures intensives neonatals. S'hi haurà d'estar almenys dues setmanes. Després ja serà massa tard per establir-hi un bon vincle?"

I és clar que no! No negarem que tenir l'oportunitat d'establir els primers vincles tot just després del part –amb el contacte visual i de pell contra pell– és meravellós; es tracta del primer pas en el desenvolupament de la connexió maternofilial que ha de durar per sempre. Però no deixa de ser només el primer pas. I aquest primer pas no té per què tenir lloc a la sala de parts; també pot donar-se unes hores o uns dies després a l'habitació de l'hospital, o a través de les finestretes de la incubadora, i fins i tot unes setmanes més tard, ja de tornada a casa.

I, per sort, el més probable és que pugui tocar el seu nadó mentre sigui a la UCI neonatal, o que fins i tot el pugui agafar una estona als braços. La majoria d'hospitals no només permeten el contacte mare-fill en aquesta situació, sinó que de fet també el fomenten. Pregunti a la infermera responsable de la UCI neonatal quina és la millor manera d'estar a prop del seu nadó mentre sigui a la incubadora. Per a més informació sobre com tenir cura de nadons prematurs, vegi *Qué se puede esperar el primer año.*

A més, recordi que ni tan sols els pares i les mares que tenen l'oportunitat d'establir vincles afectius a la sala de parts han de sentir necessàriament aquest lligam immediat. Per desenvolupar un amor que durarà per tota la vida cal una mica de temps –i aviat vostè i el seu nadó tindran tot el temps del món per estar junts.

Tenir el nounat a l'habitació

"Quan estava embarassada em semblava que tenir el meu fill a l'habitació era la millor opció mentre fos a l'hospital. Ara bé, aleshores no tenia ni idea de l'esgotament que sentiria. Però, si demano a les infermeres que se l'enduguin, quina mena de mare pensaran que sóc?"

L'únic que pensaran és que vostè és una mare de carn i ossos. Acaba d'assolir un dels majors reptes de la seva vida, donar a llum, i ara se n'hi planteja un altre d'encara més gran: criar el seu fill. És completament normal –i comprensible– que necessiti una mica de descans per recuperar forces de cara a afrontar aquest segon repte.

Tenir el nadó a l'habitació les 24 hores és una bona opció que la majoria d'hospitals ofereixen, donant així als pares l'oportunitat de començar a conèixer a fons el seu fill des del primer minut. Però no és obligatori i, per a moltes dones, tampoc és la millor opció. Algunes dones se'n surten prou bé –potser perquè els seus parts van ser cosa de bufar i fer ampolles o perquè tenen experiència com a mares d'altres fills. Per a aquestes dones, encara que tenir a l'habitació un nounat amb un plor inconsolable a les 3 de la matinada no és el més agradable del món, tampoc els suposa cap malson. De tota manera, a una mare novella que ha passat un munt d'hores sense dormir, que ha quedat esgotada per la dilatació i el part i que els nadons que ha vist de més a prop són els que surten als anuncis televisius (és el seu cas, potser?), els brams del nadó a mitja nit la poden fer sentir aclaparada i superada per la situació.

Si tenir el seu fill a l'habitació la fa feliç, fantàstic. Però si es decideix per aquesta opció tot i creure que el que més li convindria seria dormir una estona, no ho faci. Una bona solució és tenir el nadó a l'habitació durant el dia, però que se l'emportin a la nit. O també és possible que vulgui dormir la primera nit després del part i quedar-se el nadó a partir de la segona nit. L'únic que ha de procurar és que, si dóna el pit, li portin la criatura cada vegada que plori de gana –i que no li donin suplements amb biberó.

Miri de ser flexible. Centri's en la qualitat del temps que passa amb el seu nadó a l'hospital en comptes de pensar només en la quantitat, i no se senti culpable per satisfer també les seves pròpies necessitats. Tan bon punt arribin a casa, ja haurà d'estar pendent de la criatura les 24 hores. Si vol, aprofiti ara per descansar i així estarà més ben preparada per afrontar la maternitat tan bon punt li donin l'alta.

Recuperar-se d'una cesària

"He donat a llum per cesària. Com serà la recuperació?"

La recuperació d'un part per cesària és similar a la de qualsevol altra intervenció quirúrgica abdominal, amb una magnífica diferència: en comptes d'haver perdut (per exemple) la bufeta biliar o l'apèndix, ha guanyat un nadó.

Evidentment, també n'hi ha una altra de diferència, i no tan magnífica: i és que, a més de recuperar-se de l'operació, vostè també s'ha de recuperar del part. Deixant de banda que el perineu li quedarà intacte, per desgràcia també experimentarà la resta de molèsties postpart que hauria tingut si el part hagués estat vaginal: torçons, loquis, dolor perineal (si la dilatació prèvia a la cesària ha estat llarga), congestió mamària, esgotament, canvis hormonals i transpiració excessiva, per citar-ne només uns quants.

Pel que fa a recuperar-se de la intervenció quirúrgica, a la mateixa sala de recuperació ja es pot esperar els símptomes següents:

Dolor a la zona de la incisió. Tan bon punt li marxin els efectes de l'anestèsia, la ferida, com passa amb totes les ferides, li començarà a fer mal –tot i que la intensitat del dolor dependrà de molts factors, com ara el seu propi llindar de dolor i el nombre de cesàries que li hagin practicat (normalment la primera és la més incòmoda). Si cal, és probable que li administrin algun analgèsic, que li pot deixar una sensació d'atordiment o de somnolència. També li anirà bé dormir una mica, que prou li convé. Si vol donar el pit, no cal que s'amoïni perquè la medicació no passa al calostre i el més probable és que quan la llet li pugi, ja no necessiti medicació. Si, com passa de vegades, se li manté el dolor durant unes quantes setmanes, es pot prendre analgèsics comuns. Demani al ginecòleg que n'hi recomani algun i que li indiqui la dosi oportuna. Per accelerar la cicatrització de la incisió, procuri evitar aixecar pesos durant les primeres setmanes després de la cesària.

Possibles nàusees, amb vòmits o sense. No és un efecte secundari de la intervenció que es doni en tots els casos, però en cas que li passés, li administrarien un antiemètic.

Esgotament. És probable que després de la intervenció se senti una mica dèbil, en part per la pèrdua de sang i en part per l'anestèsia. Si abans de la cesària va estar unes quantes hores dilatant, és probable que encara estigui més aixafada. També pot sentir-se emocionalment exhausta (al capdavall, acaba de tenir un fill i una operació alhora), sobretot si no tenia previst donar a llum per cesària.

Avaluacions regulars del seu estat de salut. Una infermera li controlarà periòdicament els signes vitals (temperatura, pressió sanguínia, pols i respiració), la micció i les pèrdues vaginals, l'estat de la ferida i la fermesa i l'altura de l'úter (a mesura que s'encongeix i torna a la posició original a la pelvis). També li comprovarà el degotament intravenós i la sonda uretral.

Un cop la traslladin a l'habitació de l'hospital, es pot esperar el següent:

Més comprovacions del seu estat de salut. La infermera seguirà vigilant el seu estat general de salut.

Extracció de la sonda uretral. Probablement, li trauran poc després de la intervenció. Podria tenir dificultats per orinar, així que segueixi els consells de la pàgina 464. Si no l'hi funcionen, li podrien tornar a posar la sonda fins que torni a ser capaç d'orinar tota sola.

Una mica d'exercici. Abans que li permetin aixecar-se del llit, l'animaran a moure una mica els dits del peu, a flexionar els peus per estirar el tou de la cama, a fer pressió amb els peus contra la vora del llit i a girar-se d'un costat a l'altre. També pot provar de posar en pràctica els exercicis de les pàgines 508 i 509, per tal de millorar la circulació, sobretot de les cames, evitant així la formació de coàguls sanguinis. (Alguns d'aquests exercicis, però, poden ser força dolorosos, si més no durant les primeres 24 hores.)

Llevar-se del llit entre 8 i 24 hores després de la intervenció. Amb l'ajuda d'una infermera, primer la faran asseure, recolzada al capçal elevat del llit. Després, recolzant-se en les mans, haurà de fer lliscar les cames fins a la vora del llit i moure-les durant uns minuts. Tot seguit, lentament i sense treure les mans del damunt del llit, la infermera l'ajudarà a posar els peus a terra. Si es mareja una mica (una cosa ben normal), torni's a asseure damunt del llit. Reposi una estona i després intenti fer unes quantes passes; tingui en compte que aquestes primeres passes poden ser molt doloroses. Encara que les primeres vegades que s'aixequi del llit necessitarà ajuda, aquesta dificultat per caminar és temporal. De fet, ben aviat es veurà més amb cor de passejar que les dones que han tingut un part vaginal –i probablement també ho tindrà molt més fàcil per asseure's.

Un retorn progressiu a la dieta normal. Tot i que abans es mantenia la mare amb aliment endovenós durant les primeres 24 hores posteriors a una cesària i se li oferia dieta líquida els dos dies següents (i en alguns hospitals es continua fent), és millor començar una dieta sòlida més aviat. Les investigacions han demostrat que les dones que comencen a menjar sòlids abans (de forma gradual, però començant al cap de 4 o 8 hores després de l'operació) fan la primera defecació també abans i normalment els poden donar l'alta hospitalària 24 hores abans que a les que només prenen líquids. Els procediments poden variar en funció de l'hospital i del ginecòleg; el seu estat de salut després de la intervenció també pot influir en la decisió de quan passar de la via intravenosa al ganivet i la forquilla. Recordi, però, que la reintroducció dels sòlids s'ha de fer per fases. Primer començarà amb dieta líquida, després podrà prendre alguna cosa tova i fàcilment digerible (com ara gelatina), i així successivament. De tota manera, ha de prendre una dieta tova i digerible durant uns quants dies; o sigui que, de moment, ni es plantegi clavar una queixalada a un bon bistec de vedella. Quan ja pugui prendre sòlids, no s'oblidi de beure força líquids –sobretot si dóna el pit.

Dolor a l'espatlla. La irritació del diafragma, provocada per petites quantitats de sang al ventre, pot provocar un dolor intens a l'espatlla unes quantes hores després de la intervenció. En aquest cas, li poden administrar un analgèsic.

Possible restrenyiment. Com que l'anestèsia i la intervenció (a banda d'una dieta restringida) poden dificultar el trànsit intestinal, és possible que s'estigui uns quants dies abans de defecar per primera vegada, i és normal. A causa d'aquest restrenyiment, també podria acumular gasos dolorosos. Li podrien prescriure algun fàrmac que estovi la femta, un supositori o un altre laxant suau, sobretot si té molèsties. També la poden ajudar els consells de la pàgina 465.

Molèsties abdominals. A mesura que el tracte digestiu (que ha quedat temporalment fora de servei a causa de la intervenció quirúrgica) comenci a funcionar de nou, el gas que hi ha atrapat pot provocar-li un mal considerable, sobretot quan pressiona contra la incisió. Les molèsties se li poden agreujar si riu, tus o esternuda. Consulti al metge o la infermera si li poden suggerir algun remei. Un supositori podria alliberar els gasos acumulats. També és possible que li aconsellin passejar una mica pel passadís. També pot ser eficaç estirar-se de costat o de panxa enlaire, amb els genolls aixecats, i respirar profundament aguantant-se amb les mans el punt on té la incisió.

Estar-se amb el nadó. Tan aviat com sigui possible, l'animaran a agafar el seu fill i a alimentar-lo (si li vol donar el pit, posi'l damunt d'un coixí col·locat sobre la incisió de la cesària o estirat al seu costat). I no hi ha cap problema perquè aixequi el seu fill. En funció de les normes de l'hospital i del seu estat de salut, és possible que pugui tenir el fill a l'habitació la major part de les hores; tenir el marit al costat li serà de gran ajuda. Si no se sent amb prou forces –o si necessita descansar una mica–, no cal que tingui el nadó a l'habitació tota la nit.

Els punts de sutura. Si els punts que li han posat no són reabsorbibles, els hi trauran al cap de quatre o cinc dies d'haver donat a llum. Tot i no ser un procediment massa dolorós, sí que pot provocar-li una mica de molèsties. Quan la ferida quedi al descobert perquè el metge o la infermera l'examinin, pot aprofitar per mirar-se-la. Pregunti al metge quan preveu que se li curarà, quina és l'evolució normal de la cicatriu i quins símptomes podrien indicar que cal atenció mèdica.

En la majoria de casos, pot esperar que li donin l'alta hospitalària al cap de quatre o cinc dies després d'haver donat a llum. Però, un cop a casa, s'ho haurà de prendre amb calma i continuarà necessitant ajuda per tenir cura del nadó i de vostè mateixa. Procuri que sempre tingui algú a casa per ajudar-la.

La tornada a casa amb el nadó

"A l'hospital, les infermeres canviaven els bolquers del meu fill, el banyaven i m'avisaven quan li tocava menjar. Ara, que ja he arribat a casa, em sento poc preparada per sortir-me'n sola."

És cert que els nadons no neixen amb un llibre d'instruccions sota el braç. Però, per sort, normalment, abans de donar l'alta a la mare i el fill, el personal sanitari instrueix la mare en temes d'alimentació, higiene i canvi de bolquers del nounat per tal que se'n pugui encarregar en arribar a casa. Encara està una mica peix en aquests temes? Va ser un autèntic desastre l'última vegada que mirava de posar-li els bolquers mentre alhora llegia a les instruccions del paquet la manera de posar-los-hi correctament? No s'amoïni. Pot obtenir molta informació sobre la seva nova feina com a mare en llibres i a Internet. A més, és probable que ja hagi demanat hora per la primera visita amb el pediatre, que encara li donarà més informació –així com la resposta a les cinquanta mil preguntes que haurà anat acumulant (així que recordi de posar-se-les per escrit).

Ara bé, per ser un pare o una mare experts, no n'hi ha prou amb informació; també cal paciència, perseverança i pràctica, molta pràctica. Per sort, encara que siguin uns pares aprenents, el seu fill no els ho tindrà en compte. No l'ofendrà que li posin el bolquer a l'inrevés o que, a l'hora del bany, no pensin mai a rentar-li la part del darrere de les orelles. I la criatura tampoc s'estarà de manifestar les seves necessitats: sense cap mena de dubte, els donarà a entendre si té gana i està cansat o si l'aigua del bany està massa freda (encara que al principi potser els costarà de diferenciar unes queixes de les altres). I el millor de tot és que, com que per al seu nadó són l'única mare i l'únic pare que ha tingut mai, no podrà comparar, així que per a ell continuaran essent els millors pares del món. Al cap i a la fi, sí que són els millors que ha tingut mai!

Encara no se sent prou preparada com a mare? A banda de deixar passar el temps per anar agafant experiència, el que li anirà millor és saber que té algú que li fa costat. Qualsevol mare (fins i tot les que ja han tingut altres fills i l'experiència de les quals vostè deu envejar) se sent superada les primeres setmanes, sobretot quan els símptomes del postpart la deixen físicament i emocionalment exhausta (i les nits sense dormir tampoc hi ajuden gaire). Així que dediqui alguna estona a fer el mandra (i aprofiti per menjar-se alguna cosa, potser un bocí de formatge amb una llesqueta de pa –uns nivells baixos de sucre poden accentuar aquesta sensació d'esgotament), i deixi's temps per acostumar-se a la nova feina de mare. Ben aviat (més aviat del que es pensa), ja complirà amb els ulls tancats les seves obligacions diàries en la cura del nadó. Aviat, cuidar el seu fill serà tan natural que ho podria fer dormint i tot (de fet, de vegades, tindrà la sensació com si realment estigués dormint). Amb una sola mà en tindrà prou per canviar el nadó, donar-li menjar, fer-li fer el rotet i fer-lo adormir, mentre amb l'altra podrà plegar la roba, consultar el correu, llegir un llibre, posar-se cereals a la boca o fer qualsevol altra multifunció. Serà una mare... i les mares, per si no ho havia sentit mai, poden amb tot!

QUÈ CAL TENIR EN COMPTE

Els primers dies de la lactància

Sembla que donar el pit a un fill és el més natural del món, oi? Bé, no sempre –o, si més no, al principi. Els nadons neixen preparats per mamar, però no sempre saben com fer-ho. I les seves mares també estan preparades per donar el pit, però tampoc sempre saben com fer-ho. Els pits són els mateixos per a qualsevol mare, i tots s'omplen de llet automàticament, però saber com posicionar-los adequadament davant de la boca del nadó ja és tot un art que requereix un aprenentatge previ.

El cert és que, tot i ser un procés natural, l'alletament és un procés natural que, per a moltes mares i molts nadons, no sempre arriba naturalment –o, almenys, no al primer moment. De vegades, hi ha factors físics que fan que aquests primers intents fracassin; altres vegades es deu simplement a la falta d'experiència tant de la mare com del fill. Però sigui quina sigui la raó que s'interposa entre el seu pit i el nadó, no haurà de passar gaire temps perquè estiguin en perfecta sintonia. Algunes de les experiències d'alletament més satisfactòries comencen amb uns quants dies de malaptesa, d'esforços en va i de llàgrimes, tant del fill com de la mare.

Aprendre a l'avançada tant com pugui sobre l'alletament –incloent-hi com afrontar aquests inevitables contratemps– pot ajudar a accelerar l'adaptació mútua. Li anirà bé llegir molt sobre el tema, o fins i tot anar a classes de preparació a la lactància, així com prendre les mesures següents:

- Comenci a alletar tan aviat com pugui. L'ideal és a la mateixa sala de parts, a ser possible (vegi com fer-ho a Les bases de la lactància materna, de la pàgina 478). Comenti al seu ginecòleg que voldria començar a donar el pit com abans millor després del part (i, ja que hi està posada, sol·liciti-ho per escrit al seu pla per donar a llum, si és que en prepara algun). No es desanimi si, al primer moment, a vostè o al nadó (o bé a tots dos) els costa. Això no vol dir que més endavant no se n'hagin de sortir perfectament. Però recordi que ni tan sols començar amb l'alletament molt aviat garanteix que la primera experiència hagi de ser satisfactòria.
- Mantingui unit l'equip d'alletament. Si a l'hospital se sent amb ànims, tingui el nadó a l'habitació tant com sigui possible, així vostè estarà a punt per donar el pit quan el seu nadó estigui preparat per succionar-lo. Si entre preses prefereix descansar –s'ho té ben guanyat!–, demani que s'enduguin el seu fill però que l'hi portin cada vegada que tingui gana, perquè pugui mamar a demanda.
- Busqui tota l'ajuda que pugui. L'ideal seria que un expert en lactància l'acompanyés almenys durant les dues primeres preses del nadó perquè li donés instruccions pràctiques, li expliqués trucs útils i li suggerís material de lectura sobre el tema. Si al seu hospital no disposen d'aquest servei, demani si alguna infermera amb experiència en alletament matern pot venir a observar la seva tècnica perquè, si cal, la hi corregeixi. Si surt de l'hospital sense haver rebut aquesta ajuda, seria recomanable que es posés en contacte amb algú –el pediatre de la criatura, una infermera o algun expert en lactància– com abans millor. També podrà trobar empatia, consells i informació trucant a la seu local de la Lliga de la Llet.
- Limiti el nombre de visites a l'hospital. Quan intenti donar el pit al seu fill, hauria de limitar la presència de visites a l'habitació (a poder ser, el marit i prou). Per moltes ganes que tingui de mostrar el nouvingut a tothom, en aquestes sessions d'aprenentatge de la lactància necessitarà mantenir un ambient relaxat i una total concentració.
- Tingui paciència si al nadó li costa una mica. Probablement, el seu fill estarà tan aixafat arran del part com ho està vostè, o més i tot. Els nounats estan una mica endormiscats, i si a vostè li van administrar anestèsia o va tenir una dilatació llarga i difícil, és probable que el seu fill estigui especialment

ensopit i mandrós. Però no s'hi amoïni perquè els primers dies de vida els nadons tenen poques necessitats nutritives. I quan el seu fill comenci a tenir gana de valent, ja estarà preparat per a menjar de valent. El que sí que necessita el seu fill des del primer moment és afecte. I mantenir el contacte amb el pit de la mare és tan important com succionar-lo.

- Mantingui el seu fill allunyat dels biberons. Comprovi que la gana i l'instint de succió del seu fill no són sabotejats entre presa i presa per infermeres que, amb tota la bona intenció del món, els preparen biberons de llet artificial o d'aigua ensucrada. En primer lloc, perquè no costa gaire treure la poca gana d'un nadó acabat de néixer; i si al seu fill li donen una mica d'alimentació suplementària, per poca que sigui, quan arribi l'hora de mamar ja estarà tip. I si el seu fill no mama, no li estimularà els pits perquè produeixin llet; i així es pot establir un cercle viciós –que interferirà en l'establiment d'un bon sistema d'oferta i demanda de llet. En segon lloc, perquè la tetina de goma del biberó li exigeix menys esforç i això pot debilitar-li el reflex de succió. I, quan se l'enfronti al major esforç de succionar la llet del pit, és possible que el nadó es doni per vençut. Els xumets també poden interferir en l'alletament (encara que no en tots els casos). Per això, és molt important que doni ordres estrictes –a través del pediatre del nadó– perquè no ofereixin cap suplement alimentari ni cap xumet al nounat mentre sigui a la sala de nadons, a no ser que sigui mèdicament necessari.

- Alleti el seu fill a demanda. I encara que la demanda sigui inferior, doni-li el pit tot sovint, almenys entre 8 i 12 vegades al dia. D'aquesta manera, no només farà feliç el seu fill sinó que, a més, estimularà una major producció de llet per satisfer la creixent demanda posterior. En canvi, imposar-se un horari de preses cada quatre hores pot empitjorar la congestió precoç dels pits i provocar que, més endavant, el nadó no mengi prou.

Alletar amb el nadó a la UCI neonatal

Si el seu nadó s'ha de quedar a la unitat de cures intensives neonatals i no se'l pot endur a casa, no renunciï a donar-li el pit. Els nadons que neixen prematurament o que tenen altres problemes se'n surten millor amb llet materna, fins i tot si no poden xuclar-la del pit. Pregunti al neonatòleg o a la infermera responsable de la UCI neonatal quina seria la millor manera d'alimentar el seu fill en aquesta situació. Si no li pot donar el pit directament, potser es podria extreure la llet perquè l'hi donessin amb un tub d'alimentació o un biberó. Si aquesta opció tampoc és possible, extregui's la llet per mantenir-ne la producció fins que el seu nadó estigui preparat per començar a mamar.

- Doni-li el pit tanta estona com vulgui mamar. Abans se solia pensar que si les primeres preses eren curtes (uns cinc minuts a cada pit), els mugrons s'endurien progressivament i així s'evitava que quedessin adolorits. De tota manera, l'adoloriment dels mugrons és conseqüència d'una posició incorrecta del nadó al pit i té poc a veure amb l'estona que s'estigui mamant. La majoria de nadons necessiten entre 10 i 45 minuts per acabar una presa (no és tan fàcil com sembla). Sempre que la

Alternar els pits

Per estar segura que cada pit té les mateixes oportunitats d'estimulació, faci servir un recordatori, com ara una nota al seu diari d'alletament, algun imperdible subjectat a la tira dels sostenidors o bé un braçalet al canell per indicar el costat del pit mamat en l'última presa. En la pròxima sessió d'alletament, haurà de començar per l'altre costat (i canviar l'imperdible o braçalet de costat, també).

posició sigui correcta, no cal limitar el temps de les preses.

- Esperi que li buidi el pit. L'ideal és que es buidi com a mínim un dels pits en cada presa –i això és, de fet, més important que no pas que el nadó xucli de tots dos. Si el pit no s'arriba a buidar, el nadó no ingereix la llet més profunda, que surt al final de tot i que conté la majoria de les calories que el nadó necessita per augmentar de pes (la primera llet treu la set del nadó i la llet profunda és la que realment l'alimenta). La llet profunda també sacia més, de manera que el nadó es quedarà tip per a més estona. Així que no separi el seu fill del pit pel sol fet que faci 15 minuts que li xucla el primer pit –esperi fins que estigui disposat a retirar-se per si sol. Després ofereixi-li el segon pit, però sense forçar-lo. Recordi de començar sempre la següent presa amb el pit que el nadó hagi xuclat en darrer lloc i que no hagi buidat del tot.
- Eviti que el nadó se salti cap presa per deixar-lo dormir. Alguns nadons, sobretot els primers dies de vida, poden no despertar-se prou com per menjar el suficient. Si ja han transcorregut tres hores des de l'última presa, ha arribat el moment de despertar-lo. Una bona manera de fer-ho és la següent: en primer lloc, si està molt abrigadet, destapi'l i l'aire fresc l'ajudarà a desvetllar-se. Tot seguit, miri d'asseure'l amb l'esquena recta, recolzant-li l'esquena amb una mà mentre amb l'altra el subjecta per la barbeta, i faci-li fregues suaus a l'esquena. També pot anar bé fer-li massatge als braços i les cames o passar-li una mica d'aigua fresca al front. Tan bon punt es comenci a moure, colloqui'l ràpidament en la posició de mamar. Una altra possibilitat és collocar-lo adormit mateix sobre el pit nu. Els nadons tenen un olfacte molt fi i és possible que l'aroma de la llet el desperti.
- No esperi a donar-li el pit fins que plori. L'ideal és oferir-li de mamar quan mostri els primers signes de gana o d'interès per la succió, com ara xuclar-se la mà o girar el cap amb la boca oberta com si busqués el mugró, o simplement quan es desperti. Intenti no esperar fins que comenci el plor desesperat –l'última manifestació del desig de menjar. Però si el nadó ja està plorant, bressoli'l o calmi'l una mica abans de posar-se'l al pit. O bé ofereixi-li un dit perquè el xumi fins que es calmi. Al cap i a la fi, si ja és prou complicat per a un xumador inexpert trobar el mugró quan està tranquil, fer-ho quan està neguitós pot arribar a ser impossible.
- Procuri conservar la calma. Això es molt important. Miri d'estar ben relaxada abans de començar a donar el pit i procuri continuar-ne estant per molt frustrant que sigui l'intent d'alletar el seu fill. Si té visites, demani que vagin sortint de l'habitació uns 15 minuts abans de començar l'alletament i apro-

Les bases de la lactància materna

1. Busqui un lloc tranquil. Fins que tant vostè com el seu fill hagin agafat una certa pràctica, doni-li el pit en algun indret amb poc soroll.

2. Tingui a mà alguna beguda perquè, mentre el nadó beu, vostè també pugui beure. Eviti les begudes calentes (si n'hi cau es podrien cremar vostè o el nadó); si no té ganes de beure res fred, opti per alguna cosa tèbia. Si fa estona que no menja res, prengui alguna cosa saludable.

3. A mesura que es vagi trobant més còmoda amb l'alletament, pot deixar-se un llibre o una revista a mà per distreure's durant les inacabables sessions de lactància. (Però no es descuidi d'aixecar la vista de tant en tant per dir alguna coseta al seu fill.) Mirant la televisió es podria distreure massa. I el mateix li passaria parlant per telèfon; així que deixi connectat el contestador o que algú agafi les trucades.

4. Posi's còmoda. Si està asseguda, es pot posar un coixí sobre la falda per mantenir la criatura a l'altura adequada. A més, procuri recolzar els braços damunt d'un coixí o seure en una cadira amb recolzabraços. Intentar subjectar un nadó de 3 o 4 quilos sense cap suport li provocarà rampes i molèsties. I, si pot, mantingui les cames una mica elevades.

5. Col·loqui's el nadó de costat, davant del mugró. El cos del seu fill ha d'estar completament de cara a vostè –panxa contra panxa– i ha de mantenir l'orella, l'espatlla i el maluc en línia recta. No deixi que el nadó giri el cap; l'ha de tenir alineat amb el cos. (Imagini's com li costaria xuclar i empassar-se alguna cosa amb el cap girat; doncs al nadó li passa el mateix.) Adoptar la postura adequada és essencial per prevenir adoloriments al mugró.

Els especialistes recomanen dues postures d'alletament per als primers quinze dies. La primera s'anomena subjecció encreuada: agafi el cap del nadó amb la mà oposada (és a dir, que si li dóna el pit dret, agafi'l amb el braç esquerre). La mà ha de descansar entre les espatlles del nadó, amb el polze darrere d'una orella i la resta dels dits, darrere de l'altra. Amb la mà dreta, agafi el pit dret, amb el polze sobre el mugró i l'arèola (la part fosca que envolta el mugró) fins al lloc on el nas del nen toqui el seu pit. El dit índex hauria d'estar on la galta del nadó topi amb el pit. *Amb suavitat*, pressioni el pit perquè el mugró apunti cap al nas del nadó. En aquest moment, ja està a punt per donar-li el pit (vegi el sisè pas).

La segona posició s'anomena subjecció de rugbi. Aquesta postura, també anomenada d'embragatge, és especialment útil

Subjecció encreuada

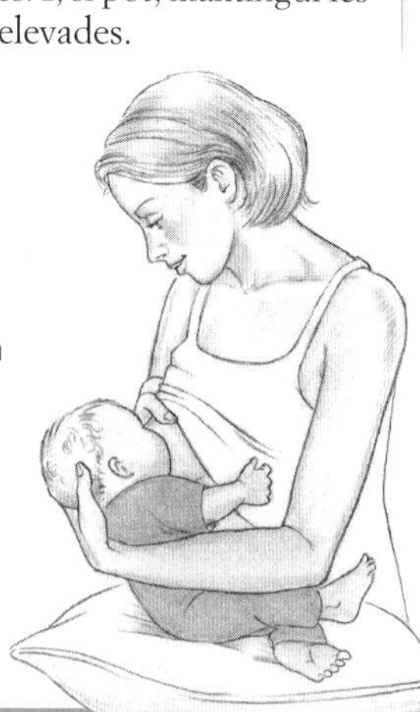

Subjecció de rugbi

per a les dones que han sofert una cesària i volen evitar que el nadó els pressioni l'abdomen. També va bé si la dona té els pits molt grossos o ha d'alletar bessons, o bé si el nadó és petit o prematur. Posi el nadó al seu costat, en una posició semiasseguda davant seu, amb les cames sota els seus braços (el braç dret si està mamant del pit dret). Recolzi el cap del nadó amb la mà dreta i agafi's el pit com en la subjecció encreuada.

Quan tingui més experiència pot provar la subjecció del bressol –en què el cap del nadó descansa a l'angle del braç de la mare– i la subjecció estirada de costat –en què vostè i la criatura estan estirades panxa contra panxa. Aquesta posició és la ideal per donar el pit de nit.

6. Amb suavitat, separi els llavis del nadó amb el mugró fins que obri la boca completament, com si badallés. Alguns experts suggereixen que s'acariciï amb el mugró primer el nas del nadó i després el llavi superior perquè obri bé la boca. Això evita que plegui el llavi inferior mentre mama. Si el nen s'aparta, giri-li suaument la galta cap a vostè. El reflex rotatori farà que giri el cap envers el seu pit.

7. Quan el seu fill tingui la boqueta ben oberta, acosti-se'l bé cap al pit, en comptes de moure el pit cap al nadó. Molts problemes d'alletament es produeixen perquè la mare s'abalança sobre el nadó, provant de posar-li el pit a la boca. Eviti-ho mantenint vostè l'esquena ben recta i atansant el nadó al seu pit.

8. Si tanca la boca, no li introdueixi el mugró a la força. Deixi que ell prengui la iniciativa. Potser caldrà un parell d'intents abans que el seu fill obri bé la boca com per agafar-se al pit correctament.

9. Comprovi que la boca del nadó s'adhereix tant al mugró com a l'arèola que l'envolta. Si només li succiona els mugrons no li comprimirà les glàndules de la llet i, a més, li pot provocar mal i clivelles als mugrons. De fet, ha de començar per comprovar que el que el nadó xucla és el mugró i l'arèola, ja que alguns lactants estan tan delerosos de succionar que s'agafen a qualsevol part del pit (encara que no els ragi llet), i això li pot provocar una lesió dolorosa al teixit mamari.

10. Si tapa el nas del seu fill amb el pit, pressioni avall el pit *suaument* amb un dit. Si aixeca lleugerament el nadó, també pot deixar-li una mica més d'espai per respirar. Però, quan realitzi aquesta maniobra, comprovi que el nadó no es desenganxa de l'arèola.

11. Comprovi que s'empassa la llet. Pot saber que li surt llet si, en xumar, el nadó fa un moviment rítmic i continuat amb les galtes.

12. Si el nadó ja ha acabat de xumar però continua agafat al pit, no el separi bruscament perquè es podria fer mal al mugró. Miri d'interrompre la succió prement una mica el pit o introduint el dit a la comissura dels llavis del nadó perquè li entri una mica d'aire a la boca i deixi anar el pit.

Subjecció del bressol

Subjecció estirada de costat

fiti aquesta estona per tranquil·litzar-se una mica, practicant algun exercici de relaxació (vegi la pàgina 157) o escoltant una mica de música suau. Mentre doni el pit, intenti mantenir-se tranquil·la. La tensió no tan sols obstaculitza la producció i la secreció de la llet, sinó que també pot generar estrès en el nadó (els lactants són molt sensibles a l'estat anímic de la mare). I un nadó ansiós no podrà mamar bé.

- Segueixi-li la pista. Des que tingui la pujada de la llet i fins que la lactància estigui ben establerta, anoti la durada de les preses del nadó (l'hora d'inici i d'acabament), així com el nombre de bolquers que mulla i embruta cada dia. Encara que pugui semblar obsessiu, l'ajudarà a tenir una idea de com funciona la lactància –i també li serà més fàcil explicar detalladament com progressa el nadó al seu pediatre (que li ho preguntarà). Segueixi mantenint de 8 a 12 preses cada 24 hores, però sense obligar mai el nadó a xuclar. Encara que la durada de les preses pot variar considerablement, un cop s'ha superat la congestió i l'adoloriment dels mugrons del principi, la durada mitjana sol ser d'uns 30 minuts, generalment repartits entre els dos pits (tot i que, a vegades, el seu fill s'adormirà abans que se'l pugui posar al segon pit, i no passa res sempre que el primer li hagi buidat del tot). L'augment de pes del nadó i l'estat dels bolquers li donaran una idea més clara de la ingesta que va prenent. Pel cap baix, cada dia ha de mullar uns set bolquers (amb orina de color groc clar, no fosc) i fer un mínim de tres deposicions. Independentment de l'estona que s'estigui mamant, si la criatura té salut i augmenta de pes adequadament, és senyal que s'alimenta correctament.

Congestió mamària: la pujada de la llet

Just en el moment en què mare i fill semblen haver descobert el truc de l'alletament, arriba la pujada de la llet. Fins ara, el nadó havia estat mamant petites quantitats de calostre (substància prelàctia) i els pits no causaven gaires molèsties. Però, de sobte, i sense avisar, té lloc la pujada de la llet. En qüestió d'hores, els pits es posen inflats, durs i adolorits. L'alletament pot ser, aleshores, frustrant per al nadó i realment dolorós per a la mare.

Per sort, aquest desafortunat capítol de la història de l'alletament sol ser força breu, i no acostuma a durar més de 24 o 48 hores (encara que, a vegades, es pot allargar fins a una setma-

Aviat tot serà més fàcil

Ha topat amb un o dos obstacles de l'alletament? Continuï donant el pit i veurà com aviat ja no se li farà tan costa amunt (de fet, s'acabarà adonant que, quan ho tingui per mà, no trobarà cap manera més fàcil d'alimentar el seu fill). Mentrestant, obtingui l'ajuda que necessita en els consells d'aquest mateix llibre o demanant assessorament a un especialista en lactància. Tampoc permeti que les dificultats d'alletament amb el primer fill la desanimin d'intentar-ho amb el següent. Gràcies a l'experiència prèvia de la mare (i a la dels seus pits), alletar sol ser la cosa més fàcil del món amb el segon fill (i els següents), ja que són molt menys freqüents la congestió, l'adoloriment dels mugrons i altres problemes similars.

Medicació i lactància

Se sap que, durant la lactància, hi ha medicacions que són molt segures i altres que no ho són gens; la innocuïtat de molts altres fàrmacs, però, encara està pendent de ser científicament demostrada. Però, tal com feia mentre estava embarassada, abans de prendre's qualsevol medicació (prescrita o pel seu compte), consulti-ho al seu metge i al pediatre del nadó. I asseguri's que qualsevol metge que li prescrigui alguna medicació nova estigui al corrent que vostè dóna el pit. Recordi que normalment és millor prendre la medicació just després de les preses per tal que els nivells que passin a la llet siguin el més baixos possible de cara a la pròxima presa.

na). Mentrestant, algunes de les maneres d'alleujar la congestió i les molèsties són les següents:

- Apliqui-s'hi escalfor. Apliqui's una mica d'escalfor a l'arèola perquè s'estovi i s'estimuli la sortida de la llet a l'inici de cada sessió. Per fer-ho, col·loqui una tovalloleta xopa d'aigua calenta (però no excessivament) sobre la zona de l'arèola, o inclini's sobre una palangana d'aigua calenta.
- Faci-s'hi massatge. També pot potenciar la sortida de la llet fent un suau massatge al mateix pit que el seu fill estigui xuclant.
- Refresqui's. Després de l'alletament, apliqui's compreses de gel sobre el pit per reduir-ne la congestió. Tot i que pot semblar un remei una mica estrambòtic, les fulles de col congelades també són molt calmants (triï les fulles exteriors de la col i faci-hi un forat al mig per al mugró; esbandeixi-les i assequi-les bé abans d'aplicar-les sobre el pit).
- Posi's uns sostenidors de lactància. Porti sostenidors especials per alletar (amb tirants amples i sense revestiment de plàstic) les 24 hores del dia. La pressió contra els pits congestionats pot ser dolorosa, de manera que no se'ls ha de comprar massa ajustats. Damunt dels sostenidors, posi's també roba ampla perquè no li friccioni els pits, que ara té tan sensibles.
- No se salti preses. No caigui en la temptació de saltar-se o de retardar una presa a causa del dolor. Com menys els succioni el nadó, més congestionats tindrà els pits –i més mal li faran.
- Extregui's una mica de llet manualment. Abans de l'alletament, espremi's amb les mans una mica de llet de cada pit per reduir-ne la congestió. D'aquesta manera, facilitarà la sortida de la llet i s'estovarà el mugró, perquè a la criatura li sigui més fàcil d'agafar-s'hi.
- Canviï de posició. En cada presa, pot anar variant de posició (en una pot provar la subjecció de rugbi i a la següent la del bressol; vegi la pàgina 478). Així garantirà que tots els conductes de la llet queden ben buits i reduirà el dolor provocat per la congestió.
- Prengui's alguna cosa. Si el dolor és molt intens, prengui's paracetamol o algun altre analgèsic suau que li prescrigui el ginecòleg.

Degoteig de llet

Les primeres setmanes de l'alletament poden ser les més "humides". Li poden sortir gotetes o fins i tot raigs de llet dels pits, i li pot passar en qualsevol moment i en qualsevol lloc, sense avisar. Tot d'una, pot notar el típic pessigolleig previ a la pujada de la llet –i abans que tingui temps d'agafar un disc protector de lactància o un jersei per tapar-se, s'adonarà que ja porta una delatadora taca d'humitat a la roba.

A banda d'aquests inoportuns moments en públic ("Ara entenc per què em mirava tant el noi del supermercat..."), el pit també li pot rajar de manera espontània mentre dorm o mentre es dutxa amb aigua calenta, si sent que el seu fill plora, si pensa en ell o si en parla. Mentre dóna un pit, l'altre pit li pot gotejar i, quan el nadó ja tingui un horari de preses regular, els pits poden començar a gotejar una mica abans que el nadó comenci a succionar-los.

Encara que puguin resultar incòmodes, desagradables i molestos, aquests efectes secundaris de l'alletament són completament normals i molt habituals, particularment durant les primeres setmanes. (I també pot ser normal que els pits gotegin poc o no gotegin gens; de fet, moltes mares repetidores solen comprovar que els pits els gotegen menys que amb el primer fill.) En la majoria de casos, a mesura que l'alletament queda ben establert, el sistema s'estabilitza i els pits gotegen considerablement menys. Mentrestant, i fins que no pugui frenar aquest degoteig dels pits, pot procurar que suportar-ho li resulti menys incòmode seguint els consells següents:

- Compri discs protectors de lactància. Si és de les que els gotegen els pits, comprovarà que durant les primeres setmanes del postpart s'ha de canviar els protectors cada vegada que dóna el pit –o, a vegades, més sovint i tot. Recordi que, com en el cas dels bolquers, s'han de canviar cada vegada que es mullin. Procuri no fer servir protectors amb materials plàstics o impermeables, ja que atraparien la humitat i li acabarien irritant els mugrons. Hi ha dones que fan servir protectors d'un sol ús, mentre que altres prefereixen els reutilitzables de cotó.
- Protegeixi el llit. Si comprova que de nit li surt molta llet dels pits, faci servir xopadors de llit o col·loqui's, mentre dorm, una tovallola gran a sota. L'última cosa que deu voler ara és haver de canviar els llençols cada dia o, encara pitjor, haver d'anar a comprar un matalàs nou.
- No s'extregui la llet per prevenir el degoteig. Si s'extreu la llet no controlarà el degoteig; ben al contrari, com més s'estimuli els pits, més llet produiran i més degoteig tindrà.
- Intenti frenar la sortida. Quan l'alletament estigui ben establert i la producció de llet sigui l'adequada, pot intentar frenar la sortida de llet pressionant els mugrons (encara que probablement no ho voldrà fer en públic) o posant els braços creuats davant del pit quan noti que li està a punt de sortir llet. De tota manera, no faci servir aquests trucs durant les primeres setmanes perquè podria inhibir la producció làctia i obstruir algun conducte de la llet.

Mugrons adolorits

La sensibilitat dels mugrons pot convertir l'alletament en una experiència desagradable i frustrant. Per sort, a la majoria de dones, l'adoloriment dels mugrons no els dura gaire; els mugrons s'endureixen ràpidament i la lactància es converteix aviat en una experiència completament indolora. Però algunes dones, sobretot les que tenen fills que succionen amb molta força o les que es col·loquen els nounats incorrectament al pit, continuen patint dolor i clivelles. Per tal d'alleujar les molèsties i començar a gaudir de l'alletament, tingui en compte els següents consells:

- Col·loqui el nadó correctament. Asseguri's que el seu fill està ben posicionat, mirant de cara al seu pit (vegi el requadre de la pàgina 478). Vagi canviant la posició d'alletament per tal que el nadó vagi comprimint diferents parts de l'arèola en cada presa, però sempre amb el nadó encarat al pit.

- Deixi respirar els mugrons (quan estigui per casa). Exposi els mugrons adolorits o clivellats a l'aire una estona després de cada presa. Protegeixi'ls de la roba que rasca o d'altres possibles irritacions i, si els té realment adolorits, envolti'ls d'un coixí d'aire fent servir coixinets de protecció (sense comprimir-los).

- Mantingui'ls secs. Canviï's els protectors de lactància cada vegada que es mullin. Comprovi també que aquests xopadors no tenen cap recobriment de plàstic perquè amb aquest material la humitat quedaria atrapada. Si viu en una zona de clima humit, després de cada presa es pot eixugar el pit amb un assecador de cabell en la posició d'aire calent, col·locat a uns 15-20 cm de distància, durant dos o tres minuts (no més). Encara que si algú la veu fent-ho es quedarà una mica sorprès, a moltes dones els alleuja força el dolor.

- Curi's amb la pròpia llet. Efectivament, la llet materna pot curar els mugrons adolorits. Així que si després d'alletar el seu fill, li queda una mica de llet als pits, en comptes de retirar-la, esbarriï-se-la bé per damunt dels mugrons. O bé, després de cada presa, espremi's unes gotes de llet del pit tot repartint-les per sobre el mugró; esperi que els mugrons s'assequin abans de tornar-se a posar els sostenidors.

- Posi-s'hi crema. Els mugrons estan protegits i lubricats de manera natural gràcies a les glàndules sudorípares i als olis de la pell. Però fer servir una preparació comercial a base de lanolina pot prevenir i/o curar les clivelles dels mugrons. Després de donar el pit, apliqui-s'hi una crema de lanolina, però eviti tots els preparats a base de petroli (com la vaselina) i altres productes grassos. Renti's els mugrons només amb aigua –mai amb sabó, alcohol ni tovalloletes humides– tant si els mugrons li fan mal com si no. El nadó ja està protegit dels gèrmens de la mare, i la llet sempre és neta.

- Provi-ho amb te per a dos. Remulli bossetes de te normal amb aigua freda i col·loqui-se-les als mugrons adolorits. Les propietats calmants i curatives del te li podrien anar bé.

- Tracti els dos pits per igual. No doni sempre el mateix pit perquè li fa menys mal o perquè no hi té clivelles al mugró; l'única manera d'enfortir els mugrons és fer-los servir. A més, per tal que la producció de llet sigui l'adequada en els dos pits, a tots dos se'ls ha de dedicar el mateix temps d'estimulació.

  Si un mugró li fa molt més mal que l'altre, doni el pit menys sensible primer perquè serà quan el nadó tindrà més gana i xuclarà amb més força. Intenti aplicar aquest mètode només quan sigui absolutament imprescindible –i no més d'uns quants dies– perquè podria ser que el pit adolorit no fos prou estimulat i que això acabés afectant la seva producció de llet. Per sort, no és probable que l'adoloriment més intens s'allargui gaire (si li dura gaire, contacti amb un expert en lac-

La dieta de la lactància

Quin seria el somni de les més mandroses? Cremar les mateixes calories que corrent una marató però sense moure's de la butaca. Doncs, sap què? Mentre alleti el seu fill, aquest somni serà una realitat per a vostè. Sí, sí... tal com sona. La producció de llet crema 500 calories al dia, la qual cosa significa que cada dia pot prendre 500 calories extra (respecte de la ingesta anterior a l'embaràs, és clar) per satisfer aquestes necessitats.

Ha arribat l'hora de les patates fregides? No ben bé. Importa tant la qualitat com la quantitat (recordi que vostè continua menjant per a dos). La bona notícia és que probablement vostè ja s'haurà convertit en una experta en menjar bé, gràcies a tota la pràctica acumulada al llarg dels darrers nou mesos. I una notícia encara millor és que menjar bé mentre s'alleta és gairebé igual que menjar bé mentre s'espera, però amb unes recomanacions una mica més flexibles (encara millor, doncs). A més, tot i que cal tenir en compte el nombre de calories, tampoc caldrà que s'estigui a comptar-les. Només cal que segueixi la dieta ideal de l'alletament tan bé com pugui:

Què menjar. Com sempre, menjar bé suposa trobar l'equilibri adequat entre menjar el que li agrada i el que li convé. Mentre doni el pit, intenti incloure els següents nutrients a la seva dieta diària:

- Proteïnes: 3 racions.
- Calci: 5 racions (1 ració més que en la dieta de l'embaràs, amb 4 racions).
- Aliments rics en ferro: 1 ració o més.
- Vitamina C: 2 racions.
- Verdures de fulla verda i groga, i fruites grogues: 3 o 4 racions.
- Altres fruites i verdures: 1 ració o més.
- Cereals integrals i altres hidrats de carboni complexos: 3 racions o més.
- Aliments rics en greixos: quantitats moderades (per a la lactància no necessita tants greixos com durant l'embaràs).
- Almenys 8 gots de líquid (aigua, sucs o altres begudes sense cafeïna ni alcohol).
- Aliments rics en ADH per promoure el desenvolupament cerebral del nadó (trobarà aquests greixos beneficiosos al salmó, la sardina, les nous, l'oli de llavors de lli o els ous enriquits amb ADH).
- Vitamina diària prenatal.

tància, ja que l'arrel del seu problema podria ser una posició inadequada).

- Prengui's algun calmant. Abans de donar el pit, prengui paracetamol perquè no li faci tant mal.
- Tranquil·litzi's abans de donar el pit. La relaxació afavorirà la secreció de la llet (de manera que el nadó no haurà de succionar tan fort), mentre que la tensió la podria inhibir.
- Doni'ls una ullada. Si té els pits clivellats, estigui especialment alerta dels possibles símptomes d'infecció mamària (vegi la pàgina següent), que es pot donar quan els gèrmens penetren en algun conducte de la llet a través d'una clivella del mugró.

És possible que hagi d'incrementar la seva ingesta calòrica a mesura que el seu fill creix i té més gana, o bé que l'hagi de reduir si complementa la lactància materna amb llet de fórmula i/o amb dieta sòlida, o si ja té prou reserves de greixos que voldria començar a cremar.

Què no menjar. Mentre dóna el pit, té moltes més opcions nutritives que durant l'embaràs –encara que amb algunes limitacions. No passa res si vol destapar l'ampolla de vi del Penedès que fa temps que volia obrir (i tampoc li farà cap mal fer un parell de glopets de cervesa). Però begui alcohol amb moderació (un parell de vasos per setmana, preferiblement després de donar el pit, i no abans, deixant transcórrer així unes hores per metabolitzar l'alcohol i perquè n'hi arribi menys al nadó). Ha arribat el moment de reprendre l'hàbit del cafè que va haver de deixar durant l'embaràs? Depèn de com fos aquest hàbit. Més d'una o dues tassetes de cafè al dia poden posar el nadó nerviós i poden impedir-los de dormir, tant a vostè com al seu fill. I encara que torni a ser segur prendre sushi, continuï evitant prendre peix amb alt contingut de mercuri, com ara el verat o la cavalla, per limitar les espècies que podrien contenir quantitats considerables de metalls pesats.

Observar els antecedents familiars. Si té un historial familiar d'al·lèrgies, consulti al metge si hauria d'evitar prendre cacauets i aliments que continguin aquesta fruita seca (així com potser també altres ingredients altament al·lergògens). Vagi amb compte també amb les herbes, fins i tot amb algunes infusions aparentment innòcues. Compri només marques fiables i esculli sabors que es considerin segurs durant la lactància, com ara taronja, menta, gerd o camamilla, entre altres. Llegeixi atentament les etiquetes per comprovar que no hagin afegit altres herbes al preparat i begui'n només amb moderació. Pel que fa als substituts del sucre, la sucralosa o l'aspartam es consideren millors que la sacarina.

Observar les reaccions de la criatura. Una minoria de mares troben que la seva pròpia dieta afecta la digestió i la temperatura del seu nadó. Però, com que depenent del que vostè mengi canviarà el gust i l'olor de la seva llet, és una bona idea exposar el nadó al màxim de gustos possible. De tota manera, hi ha alguns nadons que ocasionalment es mostren sensibles a determinats aliments que passen a la llet materna. Si sospita que hi ha alguna cosa de la seva dieta que fa que el nadó no vulgui mamar (o que li vingui mal de panxa), intenti evitar aquest aliment durant uns quants dies per valorar-ne la reacció de la criatura. Alguns dels aliments que solen provocar més problemes són la llet de vaca, els ous, el peix, els cítrics, les nous i el blat.

Per a més informació sobre què menjar mentre s'alleta, vegi *Comer bien cuando se está esperando.*

Possibles complicacions de la lactància

Tan bon punt la lactància s'ha establert correctament, sol continuar sense problemes fins que es deslleta el nadó. Però, de tant en tant, es poden presentar algunes complicacions:

Obstrucció dels conductes de la llet (o galactòfors). A vegades, un conducte queda obstruït i la llet s'hi acumula. Aquesta complicació –que es caracteritza per la presència d'un bonyet vermell i dolorós al pit– pot provocar una infecció, de manera que és important resoldre-la com abans millor. La millor manera de fer-ho és oferint el pit afectat en primer lloc, procurant que el nadó el buidi el màxim possible. Si el nadó no el buida del tot, extregui's la resta de llet manualment o amb un extractor elèctric. Elimini qualsevol possible pressió sobre el galactòfor obstruït, comprovant que els sostenidors no li van massa ajustats (i que no portin cèrcol) i variant la posició d'alletament per pressionar altres conductes. També li pot anar bé aplicar-se compreses calentes sobre el pit afectat i fer-s'hi una mica de massatge abans de començar l'alletament (la barbeta del nadó, si està correctament col·locada, pot exercir un massatge excel·lent sobre el conducte obstruït). Si té aquest problema, no deslleti el nadó, ja que la interrupció de l'alletament no faria sinó empitjorar encara més l'obstrucció.

Lactància artificial

Prefereix el biberó, o combinar la lactància materna amb l'artificial? Estar preparada per donar el biberó sol ser molt més fàcil que estar preparada per donar el pit (sobretot perquè les llets de fórmula porten instruccions d'ús i el pit de la mare, no). Però tot i això també hi ha molt per aprendre, i ho pot fer llegint *Qué se puede esperar el primer año.*

Infecció mamària (o mastitis). Una complicació més greu i menys freqüent en l'alletament és la mastitis, o infecció mamària, que es pot desenvolupar en un dels pits o en tots dos, sovint durant el primer període del postpart (encara que es pot donar en qualsevol moment durant la lactància materna). Els factors que es poden combinar per provocar una mastitis són els següents: no deixar que els pits es buidin completament en cada presa, que els gèrmens (normalment procedents de la boca del nadó) penetrin als conductes de la llet a través d'alguna clivella del mugró i una menor resistència de la mare degut a l'estrès.

Els símptomes més comuns de la mastitis són dolor intens, enduriment del pit, vermellor, escalfor i inflor, i símptomes similars a la grip –calfreds generalitzats i uns 38 o 39 °C de febre. Si vostè té aquests símptomes, truqui al metge de seguida. Cal seguir un tractament mèdic com abans millor; el tractament podria incloure: fer repòs al llit, antibiòtics, analgèsics, augmentar la ingesta de líquids i aplicar escalfor als pits. S'hauria de començar a trobar molt millor al cap de 36 o 48 hores després de començar a prendre els antibiòtics. Si no millora, comenti-ho al metge; és possible que li hagi de prescriure algun altre antibiòtic.

Durant el tractament, segueixi alletant el seu fill. Com que la seva infecció va ser probablement provocada pels gèrmens de la pròpia boca del nadó, l'alletament ja no la pot perjudicar. I l'antibiòtic prescrit per a la infecció també serà innocu per a la criatura. A més, buidar els pits l'ajudarà a evitar l'obstrucció de conductes de la llet. Doni una estona el pit (pot ser força dolorós), i extregui's la llet sobrant amb un tirallets. Si el dolor és tan agut que no pot donar el pit, intenti treure's la llet a mà o amb un tirallets manual (el que li faci menys mal) mentre s'està dins d'una banyera plena d'aigua tèbia amb els pits surant confortablement; si vol, pot deixar caure la llet dins la banyera (no faci servir un tirallets elèctric dins de l'aigua!).

Si es retarda el tractament de la mastitis o el tractament prescrit no se segueix prou bé, es podria acabar formant un abscés al pit, els símptomes del qual inclouen: dolors molt intensos; inflor, sensibilitat i escalfor localitzada; i febre que oscil·la entre els 37,5 i els 39,5° C. El tractament consisteix en l'administració d'antibiòtics i, generalment, en un drenatge quirúrgic. És possible que després de la intervenció es deixi posat el drenatge. En la majoria de casos, l'alletament amb aquest pit ja no pot continuar, però pot seguir donant l'altre pit al seu fill fins que el deslleti.

Donar el pit després d'una cesària

El temps que ha de transcórrer fins que la dona que ha donat a llum per cesària pugui alletar el seu fill dependrà de com es trobi i de l'estat del nadó. Si tots dos estan en bona forma, probablement li podran posar el nadó al pit a la sala de recuperació, poc després de finalitzar la intervenció. Si la dona està atordida per l'anestèsia general o el seu nadó necessita atenció mèdica immediata, és possible que la primera sessió d'alletament hagi d'esperar. Si al cap de 12 hores encara no ha pogut estar amb el seu fill, demani si pot fer servir un tirallet per extreure's el calostre (substància prelàctia) i posar així la lactància en marxa.

Després d'una cesària, és probable que tingui molèsties en donar el pit. Però li farà menys mal si evita fer pressió sobre la incisió amb una de les tècniques següents: col·loqui's un coixí sobre la falda i a sota del nadó; estiri's de costat; o faci servir la subjecció de rugbi (pàgina 478), també recolzada en un coixí. Tant els torçons que experimenta en alletar com l'adoloriment a la zona de la incisió són normals i aniran disminuint.

Donar el pit a múltiples

L'alletament, de la mateixa manera que gairebé tots els aspectes de la cura de bessonada, sembla que hauria de ser com a mínim el doble de complicat. De tota manera, tan bon punt s'agafa el ritme d'alletar bessons (i el ritme s'acaba agafant!), la mare s'adona que no tan sols és possible sinó que, a més, és el doble (o el triple) de gratificant. Per alletar amb èxit dos (o més) fills, cal que la mare segueixi aquests consells:

Mengi bé i força. Segueixi totes les recomanacions per a mares lactants (vegi La dieta de la lactància, a la pàgina 442), amb aquests consells addicionals: prengui entre 400 i 500 calories més per cada nadó, respecte de les que prenia abans de l'embaràs (potser haurà d'incrementar la ingesta calòrica a mesura que els nadons es facin grans i tinguin més gana o disminuir-la si complementa la lactància materna amb llet de fórmula i/o amb dieta sòlida, o bé si té reserves de greixos que voldria anar cremant); una ració addicional de proteïnes (amb un total de quatre) i una ració addicional de calci (sis racions en total, o l'equivalent en suplements de calci).

Extregui's la llet amb el tirallets. Si els seus nadons romanen a la UCI neonatal i encara són massa petits per a començar l'alletament, o si al principi necessita una mica d'ajuda extra per estimular la producció de llet, consideri la possibilitat de fer servir un tirallets elèctric doble. Més endavant, extreure's la llet li permetrà tenir unes quantes fantàstiques hores extra per dormir mentre algú altre dóna la seva llet amb biberó als bessons. No es desanimi si amb el tirallets no té prou producció de llet –ja que cap tirallets ho fa tan bé com el nadó. De tota manera, l'estimulació regular amb un tirallets (i directament amb els nadons) acabarà incrementant la producció de llet.

Doni'ls el pit a tots dos alhora (o no). Vostè té dos pits i dues (o més) boques per alimentar. Es veu amb cor de donar-los el pit a tots dos alhora? Segur que ho podrà fer, si més no amb una mica d'ajuda (com ara un coixí d'alletament per a bessons, més gran que l'estàndard).

Alletar bessons

Hi ha mares de bessons que prefereixen donar el pit a un sol nadó cada vegada, ja que els resulta més fàcil i satisfactori. Altres, en canvi, prefereixen no passar-se el dia donant el pit i consideren que alletar-los tots dos alhora és un estalvi de temps i de feina. Si vol alletar dos bessons al mateix temps, pot fer servir alguna de les dues posicions següents: 1. Posicioni els dos nadons en la subjecció de rugbi (o d'embragatge) i col·loqui un coixí sota el cap de cada nadó. 2. Combini la subjecció del bressol amb la de rugbi, fent servir també coixins per subjectar els caps de les criatures i vagi fent provatures fins que tant vostè com els bessons estiguin còmodes.

Un avantatge obvi d'alletar en tàndem a dos nadons és no haver de dedicar tantes hores del dia i de la nit a l'alletament (primer el nadó A, després el nadó B, ara tornem-hi amb el nadó A, i així successivament). Per alletar-los tots dos alhora, col·loqui primer els nadons sobre el coixí i després acosti-se'ls al pit (o pot demanar que algú li doni primer una criatura i després l'altra, sobretot quan encara estigui en fase d'adaptació a la lactància).

Si l'alletament en tàndem no li fa el pes, oblidi-se'n. Si vol, pot donar el biberó a un fill (de llet extreta amb el tirallets o de llet de fórmula, si els dóna algun suplement) mentre dóna el pit a l'altre (i després canviï), o doni el pit primer a un fill i després a l'altre. Alguns nadons són molt eficients succionant, i s'acaben la presa en 10 o 15 minuts. Si aquest és el cas dels seus fills, està d'enhorabona –no tardarà gaire temps més per alletar-los tots dos.

Té tres (o més) fills per alimentar? Alletar trigèmins (o fins i tot quadrigèmins) també és possible. Doni'ls el pit de dos en dos, i després doni el pit al tercer, procurant de canviar en cada presa el nadó que succiona sol. Per a més informació sobre l'alletament de múltiples, consulti la pàgina web multilacta.org.

Aconsegueixi el doble d'ajuda. Busqui tota l'ajuda possible amb les tasques de la llar, en la preparació dels àpats i en la cura dels nounats, per mantenir l'energia per fomentar la producció de llet.

Recordi que cada fill és diferent. Fins i tot els bessons idèntics tenen diferents personalitats, i també es poden diferenciar per la gana que mostren i pels seus patrons d'alletament. Així que miri de satisfer les necessitats particulars de cada fill. I anoti amb molta cura les preses que fa cada un.

Doni la mateixa feina als dos pits. Canviant-se els nadons de pit en cada presa podrà estar segura que tots dos pits reben el mateix nivell d'estimulació.

Doni's temps!

Fa una setmana que és mare (les estries, els dolors postpart i les bosses als ulls en són bona prova) i ja es deu estar preguntant: Quan em sentiré com una autèntica mare? Quan aconseguiré que el meu fill se m'agafi al pit sense haver-hi de patollar 20 minuts? Quan aprendré a fer-li fer el rotet? Quan deixaré de témer que se'm trenqui la criatura cada vegada que l'agafo? Quan seré capaç de dir-li cosetes sense tenir la sensació de ser una beneita? Quan descobriré què significa cada plor i com reaccionar-hi? Com he de posar els bolquers per tal que no s'escapi la humitat? Quan me'n sortiré de fer-li passar el pijamet pel cap sense tenir tantes feinades? Com he d'ensabonar-li els quatre cabellets que té sense irritar-li els ulls? Quan sabré fer amb naturalitat la feina de mare que m'ha estat assignada per la pròpia naturalesa?

El cert és que, per molt que el part la converteixi en mare, no necessàriament s'ha de començar a sentir com una mare des del primer moment. Només se n'acabarà sentint a còpia d'hores dedicades a aquesta feina –unes vegades desconcertant, altres vegades aclaparadora i sempre sorprenent.

El dia a dia (i "la nit a nit") de la maternitat i la paternitat no serà mai fàcil del tot, però sí que els resultarà molt més fàcil a mesura que vagi passant el temps.

Així que no es posi nerviosa, animi's una mica i deixi's temps, mama... perquè, per cert, de mama ja n'és!

CAPÍTOL 18

El postpart: les sis primeres setmanes

EL MÉS PROBABLE ÉS QUE –A HORES d'ara– s'estigui adaptant a la seva nova vida com a mare, si acaba de tenir el seu primer fill, o intentant combinar la cura del nounat amb l'atenció als altres fills. Segurament la major part de les seves atencions diàries –i nocturnes– estaran centrades en tenir cura del preciós nouvingut. Al capdavall, els nadons no se saben cuidar sols. Però això no significa que vostè s'hagi d'oblidar de les seves pròpies necessitats.

Encara que la majoria de dubtes estiguin relacionats amb la criatura, també n'apareixeran altres de centrats en el seu paper de mare, des del seu estat emocional ("deixarà de saltar-me la llàgrima a la primera de canvi?") o la sexualitat ("algun dia tornaré a tenir ganes de fer-ho?") fins a les seves condicions físiques ("arribarà el dia en què em podré tornar a apujar la cremallera dels pantalons?"). La resposta a totes aquestes preguntes és afirmativa.

Què pot sentir

Les sis primeres setmanes del postpart són un període de "recuperació". Encara que l'embaràs fos una glòria i tingués una dilatació i un part sense complicacions, el seu cos ha estat sotmès a una distensió i un estrès màxims. Totes les dones que acaben de ser mares, igual com totes les embarassades, són diferents –i, per tant, la seva recuperació també serà diferent. Depenent del tipus de part que hagi tingut, de l'ajuda de què disposi a casa i d'un gran nombre de factors individuals, vostè podria experimentar aquests símptomes:

Físicament

- Continuació de les pèrdues vaginals similars a la menstruació (loqui), que primer són de color vermell fosc i després rosades, fins a tornar-se marronoses i finalment d'un color blanc groguenc.
- Cansament.
- Una mica de dolor, molèsties i entumiment del perineu, si va tenir un part vaginal (especialment si li van aplicar punts de sutura) o si va passar per una dilatació llarga abans d'un part per cesària.
- Disminució del mal de la incisió però continuació de l'entumiment, si va donar a llum per cesària (especialment si ha estat la primera).
- Disminució gradual del restrenyiment, i possiblement de les hemorroides.
- Reducció gradual del volum de l'abdomen a mesura que l'úter torna a la seva posició normal a la pelvis.
- Pèrdua gradual de pes.
- Disminució progressiva de la inflor.
- Molèsties als pits i adoloriment dels mugrons, fins que l'alletament està ben establert.
- Mal d'esquena (a causa de l'afebliment dels músculs abdominals i pel fet de carregar el nen a coll).
- Dolor articulatori (per la distensió de les articulacions durant l'embarà).
- Mal als braços i a les cervicals (per portar el nen a coll i per donar-li menjar).
- Caiguda del cabell.

Emocionalment

- Exaltació, o depressió, o bé totes dues reaccions alternades.
- Sentir-se aclaparada, o amb més confiança en si mateixa, o bé totes dues reaccions alternades.
- Menys interès pel sexe o, més rarament, major desig sexual.

Què es pot esperar de la revisió postpart

Probablement, el metge li donarà hora per a la revisió postpart al cap de quatre o sis setmanes d'haver donat a llum. (Si el part va ser per cesària, també li pot demanar que vagi a la consulta al cap de tres setmanes perquè li examini la incisió.) El dia que el ginecòleg la visiti, procuri portar-li per escrit totes les preguntes que se li vagin ocorrent al llarg d'aquestes primeres setmanes (si no se les anota abans, en aquell moment no se'n recordarà). Tot i que dependrà de les seves necessitats particulars i dels protocols del seu metge, en aquesta visita postpart és probable que es pugui esperar les següents proves:

- Pressió sanguínia.
- Pes, que possiblement haurà baixat entre 7,5 i 9,5 quilos aproximadament.
- Examen de l'úter, per comprovar si ha tornat a la seva mida, forma i localització normals.
- Examen de la cèrvix, que ja hauria d'anar tornant a l'estat anterior a l'embaràs, però que encara estarà congestionada.
- Estat de la vagina, que ja s'hauria d'haver contret i que deu haver recuperat considerablement el to muscular.

- Observació del lloc de la sutura de l'episiotomia o la laceració, en cas que en tingui; o, si va tenir un part per cesària, observació del lloc de la incisió.
- Examen dels pits.
- Control de les hemorroides o venes varicoses, si és que en té.
- Resolució dels dubtes i les preguntes que li vulgui plantejar –porti una llista per escrit.

En aquesta visita, el metge també li preguntarà quin mètode de control de natalitat tenia pensat de fer servir (sempre que no es vulgui tornar a quedar embarassada de seguida, és clar). Si té previst utilitzar un diafragma i el coll uterí ja està prou recuperat, ja l'hi podrà col·locar (encara que abans ja n'hagués portat un, no el podrà aprofitar); si encara no està prou recuperada, haurà de fer servir preservatius fins que li puguin col·locar el nou diafragma. Ara també li podria prescriure les píndoles anticonceptives, encara que si dóna el pit, haurà d'optar per contraceptius orals compatibles amb la lactància, com ara la píndola de progesterona. Per a més informació sobre opcions de control de natalitat, vegi *Qué se puede esperar el primer año.*

Què la pot amoïnar

Esgotament

"Ja sabia que –després del part– estaria cansada, però fa més de quatre setmanes que no acluco l'ull. Estic tan rebentada... de debò!"

L'entenem, s'ho pot ben creure –i l'entenen encara més tots els altres pares i mares que, com vostè, passen son. I també entenem que el cansament que vostè acumula és comprensible. Al capdavall, s'ha d'encarregar d'inacabables sessions de donar el menjar a la criatura, de fer-li fer el rotet, de canviar-li els bolquers, de bressolar-la i de passejar-la. A més, vostè també s'intenta enfrontar a muntanyes de roba bruta que cada dia són més altes, però no sap ni per on començar. Ha d'anar a comprar ("ja s'han tornat a acabar els bolquers?") i arriba al supermercat amb tanta son que ja no es recorda ni del que li feia falta. I tot això ho haurà de fer dormint una mitjana de tres hores per nit (estant de sort), i amb un cos que encara s'està recuperant del part. En altres paraules, té moltes raons per sentir-se més que cansada des de bon matí.

Té cura aquesta síndrome de la fatiga maternal? En realitat, no –almenys fins que el seu nadó comenci a dormir tota la nit. Però, fins aleshores, li donem diversos consells que podria seguir per recuperar una mica l'energia (o almenys per no acabar-la de perdre del tot):

Busqui ajuda. Si s'ho pot permetre, llogui algú perquè l'ajudi. Si no pot, confiï en els voluntaris: ara és un bon moment per permetre que la seva mare, la seva sogra o la seva millor amiga li donin un cop de mà. Suggereixi'ls que vagin a passejar una estona el seu fill mentre vostè fa una becaina, o bé demani'ls si poden passar per la fruiteria o per la tintoreria, o bé si poden anar-li a comprar aquell paquet de bolquers que tanta falta li fa.

Comparteixi la càrrega. Fer de pares és cosa de dos. Encara que la seva parella treballi fora de casa de 9 a 5, en tornar de la feina podria compartir les responsabilitats en la cura del nadó. I el mateix podem dir de la neteja, la bugada, la compra i la preparació dels àpats. Es poden repartir les obligacions i posar per escrit les que pertoquen a cada un per tal d'evitar possibles confusions. (Si vostè és mare soltera, intenti que alguna bona amiga l'ajudi en el que pugui.)

Marqui un ordre de prioritats. El que realment importa ara mateix és el seu fill. I qualsevol altra cosa pot esperar fins que vostè se senti amb més energies. Així que deixi que les boles de borrim s'acumulin per tots els racons de casa (fins i tot per sota de l'aspiradora que no té temps de passar). I, si tampoc té temps d'escriure a mà totes les notes d'agraïment per les felicitacions rebudes amb motiu de la recent maternitat, enviï el mateix correu electrònic a tots els contactes adjuntant-hi una fotografia del nadó.

Procuri que li portin a casa. Ara que està tan ocupada és el millor moment per fer-se clienta dels supermercats i els restaurants que ofereixen servei a domicili –perquè li portin el termòmetre infantil que no va pensar a comprar o la ració de canalons que no té temps de cuinar. Fins i tot les fruites i verdures les pot encomanar per Internet. I moltes coses que necessita per al nadó, també. Compri a l'engròs i així evitarà quedar-se sense bolquers en quatre dies (però no compri massa bolquers de la talla més petita perquè el seu fill creixerà de seguida i no els podria aprofitar).

Dormi quan ho faci el nadó. Probablement ja li haurà recomanat algú altre, però a vostè no li sembla factible, ja que al capdavall, mentre el nadó dorm, és l'única estona que té per fer les altres cinquanta mil coses pendents. Però deixi-ho estar tot i agafi el coixí. Estiri's un quart d'hora mentre el nadó faci alguna de les seves becaines diàries i així se sentirà més en forma quan el seu fill es torni a posar a plorar (al cap d'un altre quart d'hora).

Doni menjar al nadó i mengi també vostè. Ja sabem que està enfeinada donant el menjar al nadó, però no s'oblidi de menjar vostè també. Combati la fatiga prenent refrigeris o àpats lleugers que combinin proteïnes i hidrats de carboni complexos per obtenir energia a llarg termini: torrades amb formatgets, fruita seca, amanides preparades, batuts, iogurts, plàtans o galetes integrals. Tingui coses per picar a la nevera, a la bossa de mà i a la bossa del cotxet, i així en tindrà sempre a l'abast. Encara que el sucre i la cafeïna (un pastisset gegant i un cafè doble, l'un darrere l'altre) poden semblar la solució òbvia per recuperar l'energia, recordi el següent: tot i que a curt termini li poden subministrar la injecció energètica desitjable, es tracta d'una energia que de seguida s'esgota. I no n'hi ha prou menjant: també ha de beure força aigua –no només perquè ha perdut molts líquids durant el part, sinó també perquè la deshidratació pot provocar l'esgotament. Tots aquests consells són aplicables a totes les dones que acaben de ser mares, però són especialment importants per a les que donen el pit, ja que continuen menjant per a dos.

Si està realment desfeta, vagi al metge perquè descarti qualsevol altra causa física responsable del seu esgotament (com ara la tiroïditis postpart; vegi la pàgina 501). Si se sent una mica trista o deprimida (vegi la pàgina 497, prengui mesures per mantenir la situació sota control, perquè la tristor de la maternitat també està vinculada amb l'esgotament (i amb la tiroïditis). Si el metge li confirma que tot està bé, pot estar tranquil·la perquè aviat –tan bon punt pugui descansar una mica– l'esgotament ja serà història. El que més li convé és poder tornar a dormir.

Caiguda del cabell

"Ara, de sobte, m'han començat a caure els cabells. I si em quedo calba?"

No s'hi quedarà, de calba –de fet, només tornarà a tenir la quantitat de cabell habitual. Normalment, ens cauen una mitjana de 100 cabells al dia (però no tots alhora, i per això no ens n'adonem) i aquests cabells són contínuament reemplaçats. Durant l'embaràs, en canvi, els canvis hormonals eviten aquesta caiguda normal del cabell, de manera que se'n van acumulant més (recorda la mata de cabell que se li veia quan estava embarassada?). Però totes les coses bones s'acaben –i l'absència de pèrdua de cabell també. I tots els cabells que no li van caure durant l'embaràs li cauran en algun moment després del part, normalment en les sis primeres setmanes del postpart –i sovint a tongades. Algunes dones que alimenten els seus fills exclusivament amb llet materna asseguren que la caiguda del cabell no els comença fins que deslleten la criatura o fins que complementen l'alletament matern amb llet de fórmula o amb sòlids.

La tranquil·litzarà saber que quan el seu fill bufi l'espelma del pastís del seu primer aniversari (i al petit ja li hagi sortit força cabell), el seu propi cabell també haurà tornat a la normalitat.

Per mantenir el cabell saludable, cuidi-se'l, mengi bé i continuï prenent un suplement vitamínic. Per tenir bona cura del cabell, ensaboni-se'l només quan calgui (de fet, ara potser no tindrà ni temps de fer-ho) i faci servir un condicionador o una mascareta capil·lar per evitar que se li facin massa nusos; quan s'hagi de desembolicar els nusos, faci-ho amb una pinta de pues amples; i eviti cremar-se el cabell fent-s'hi ondulacions o estirant-se'l amb la planxa (suposant que tingui temps de pentinar-se'l, és clar).

Si creu que –en el seu cas– la caiguda de cabells és realment excessiva, consulti-ho al metge.

Incontinència urinària postpart

"Em pensava que, després del part, em tornaria a controlar l'orina, però ja fa gairebé dos mesos que vaig donar a llum i –quan tusso o quan ric– encara se me n'escapa alguna gota. Ho arribaré a solucionar mai?"

Així que a vostè –i a les seves calces– la bufeta li juga males passades? És completament normal tenir lleugeres pèrdues ocasionals d'orina durant els mesos (sí, mesos!) posteriors al part, normalment en riure, esternudar, tossir o realitzar activitats que requereixen un cert esforç –i, de fet, és força habitual (més d'una tercera part de mares tenen incontinència urinària postpart). La raó és que l'embaràs, la dilatació i el part debiliten la musculatura que envolta la bufeta i la pelvis, dificultant que la dona pugui controlar la micció (així que, quan se n'adona, ja se li ha escapat un raget). A més, com que en les setmanes següents al part, l'úter s'encongeix, comprimeix la bufeta i en dificulta encara més el control. Els canvis hormonals posteriors a l'embaràs també poden afectar la bufeta.

Pot costar entre tres i sis mesos, o fins i tot més, recuperar el control total sobre la bufeta. Fins aleshores, faci servir protectors de calcetes o compreses per absorbir les pèrdues d'orina (però mai tampons, perquè no bloquegen la micció, que surt per un altre forat, i a més estan prohibits durant el postpart), i apliqui les mesures següents per accelerar la recuperació del control de la bufeta:

Practiqui els exercicis de Kegel. Es creia que després del part ja es podia oblidar dels exercicis de Kegel? Doncs no corri tant. Practicar aquests exercicis que enforteixen el sòl pelvià l'ajudarà a recuperar el control sobre la bufeta en aquest moment i a evitar la incontinència urinària més endavant.

Perdi pes. Comenci a desempallegar-se gradualment de tot el pes acumulat al llarg de l'embaràs, ja que tots els quilos extra continuen exercint pressió sobre la seva bufeta.

Entreni la bufeta. Vagi a orinar cada 30 minuts –abans que en senti la necessitat– i després intenti anar allargant el període entre miccions, afegint-hi uns quants minuts més cada dia.

Ajuda per als degoteigs incessants

Ha provat tots els trucs haguts i per haver per tal de superar la incontinència urinària o fecal postpart –incloent-hi els exercicis de Kegel a totes hores– però no se n'ha sortit? Deixi la vergonya a casa i vagi al metge per comentar-li el seu cas. El facultatiu li podria aconsellar el *biofeedback* (una tècnica corporal i mental que pot ser sorprenentment eficaç per controlar la incontinència) o bé altres tractaments o, en casos extrems, una intervenció quirúrgica. Per sort, la majoria de casos se solen resoldre per si sols, sense haver de recórrer a cap operació.

Eviti el restrenyiment. Intenti regular el trànsit intestinal per evitar que uns intestins massa plens afegeixin encara més pressió sobre la bufeta.

Begui força. Continuï bevent almenys vuit gots de líquids al dia. Encara que li sembli que reduint la ingesta d'aigua podria acabar amb la incontinència, la deshidratació la faria més vulnerable a les infeccions del tracte urinari. I una bufeta infectada és més probable que tingui incontinència, de la mateixa manera que una bufeta amb incontinència és més probable que s'infecti.

Incontinència fecal

"Estic molt angoixada perquè últimament se m'escapen els gasos, i fins i tot em surt una mica de femta. Què hi puc fer?"

Tenint en compte que acaba de ser mare, segurament ja tenia previst haver de rentar el culet del seu fill –però probablement no s'esperava haver de rentar també el seu. En efecte, algunes dones han d'afegir la incontinència fecal i els gasos involuntaris a la llarga llista de símptomes desagradables del postpart. La raó és que, durant la dilatació i el part, els músculs i els nervis de l'àrea pelviana són estirats i a vegades danyats, i això pot dificultar que la dona controli com i quan evacuar (o deixar anar gasos). En la majoria de casos, el problema es resol per si sol, a mesura que els músculs i els nervis es recuperen, normalment en qüestió de setmanes.

Fins aleshores, eviti aliments difícilment digeribles (fregits, mongetes seques, col...), així com menjar massa o menjar a corre-cuita (com més aire s'empassi, més gasos tindrà). Practicar els exercicis de Kegel l'ajudarà a enfortir aquesta musculatura flàccida i també la del control urinari.

Mal d'esquena en el postpart

"Em pensava que, després del part, ja no tindria més mal d'esquena, però encara en tinc. Com és això?"

El mal d'esquena ja torna a ser aquí! Si li passa el mateix que a gairebé la meitat de les dones que acaben de donar a llum, el seu antic company d'embaràs l'ha tornat a visitar, per desgràcia. Part del dolor continua tenint la mateixa causa –uns lligaments distesos per motius hormonals i que encara no s'han enfortit. Pot haver d'esperar temps, i diverses setmanes de dolor, fins que aquests lligaments recuperin la seva força. El mateix passa amb la musculatura abdominal, distesa i afeblida, que alterava la seva postura durant l'embaràs, posant més pressió sobre la seva esquena. I, com és lògic, ara que té la criatura, hi ha moltes altres raons que expliquen el seu mal d'esquena: portar el fill a coll, bressolar-lo, donar-li menjar... Sobretot a mesura que el petitó que porta al coll es vagi fent gran i pesi més, l'esquena tornarà a estar altre cop sota pressió.

Encara que el temps ho cura gairebé tot –incloent-hi la majoria de dolors i molèsties postpart–, hi ha diverses mesures per intentar resoldre el mal d'esquena que l'afecta:

- Tonifiqui la musculatura abdominal. Provi-ho amb exercicis senzillets, com ara els balanceigs pelvians, que li enfortiran els músculs que recolzen l'esquena.
- Acoti's i aixequi pesos correctament. Eviti forçar l'esquena doblegant els genolls per ajupir-se a recollir el bolquer que li ha caigut o per pujar el seu fill a coll.
- Assegui's correctament. Quan doni el menjar al seu fill, no s'assegui de qualsevol manera (encara que potser sigui el que li vindria més de gust, cansada com està...). La seva esquena li ho agrairà si la recolza bé (amb coixins, recolzabraços o qualsevol altre sistema de suport per seure bé).
- Estigui el mínim de temps possible dreta. Segur que ha de passar-se el dia corrent (i bressolant la criatura), però sempre que pugui, estigui's asseguda. Quan s'hagi d'estar dempeus, recolzi un peu damunt d'un tamboret baix per treure una mica de pressió de la part baixa de l'esquena.
- Vagi amb compte amb la postura. Recordi el que ja li deia la seva pròpia mare i posi l'esquena recta, fins i tot quan hagi de balancejar-se d'un costat a l'altre. Si arronsa les espatlles, li agafarà més mal d'esquena. A mesura que el seu fill es faci més gran i se'l posi a la falda, eviti aguantar tot el seu pes amb una sola cama, ja que –a banda de quedar-li la cama adolorida– li acabaria de carregar l'esquena.
- Elevi una mica els peus. Qui es mereix més que vostè tenir els peus elevats? A més, elevant lleugerament els peus en seure –i en alimentar la criatura– reduirà la tensió a l'esquena.
- Porti el seu fill amb una motxilla portanadons. En comptes de portar-lo sempre al braç, col·loqui'l en una motxilla portanadons. Li anirà bé a la criatura, i s'evitarà més adoloriment d'esquena i de braços.
- Canviï de braç. Moltes mares donen preferència a un dels braços a l'hora de carregar el seu nadó a coll o de donar-li el biberó. Procuri anar alternant els dos braços a l'hora de fer esforços (i així evitarà accentuar les tensions sobre un dels costats del seu cos).
- Demani un massatge. Si té temps d'anar-hi, vagi's a fer un massatge pro-

fessional, que li resoldrà gran part del seu mal d'esquena. O, com a últim remei, demani al seu marit que li faci fregues.

- Apliqui-s'hi escalfor. Una estoreta elèctrica pot alleujar el mal d'esquena i les molèsties musculars. Apliqui-s'hi escalfor tot sovint, sobretot durant aquestes sessions maratonianes de donar menjar al seu fill.

A mesura que el seu cos s'acostumi a carregar la criatura, probablement el mal d'esquena (i de braços, ronyons i cervicals) li anirà disminuint i aviat fins i tot podrà presumir de tríceps. Mentrestant, encara pot fer una altra cosa per reduir el seu mal d'esquena carregant menys coses: buidi la bossa del cotxet. Posi-hi només el que realment li faci falta, que ja pesa prou.

Tristesa postpart

"Estava convençuda que, quan tindria el meu fill, estaria més feliç que mai. I, en canvi, em sento desanimada. Com s'explica?"

Aquesta és la millor època, però també la pitjor. I així és com se senten entre un 60 i un 80 per cent de les dones que acaben de ser mares. L'anomenada tristesa postpart sol començar al cap de tres o cinc dies d'haver donat a llum, però a vegades una mica abans o una mica després –i es manifesta amb tristesa o irritabilitat, ganes de plorar, intranquil·litat i ansietat inesperades. I diem inesperades per un motiu: no se suposava que tenir un fill la faria feliç, i no desgraciada?

De fet, li serà força senzill comprendre què li passa si s'atura per un moment, mira enrere i valora objectivament tot el que ha passat darrerament a la seva vida, al seu cos i a la seva ment; els ràpids canvis en els nivells hormonals (que han caigut dràsticament després del part); un part dur, seguit d'una tornada a casa esgotadora, amb totes les exigències en la cura del nadó; possibles sentiments de frustració (s'esperava saber fer de mare de forma innata –i no ha estat així; s'esperava que sortiria de l'hospital amb un nounat rodonet i bufó –i tampoc ha estat així); problemes amb l'alletament (mugrons adolorits, congestió dels pits); insatisfacció amb l'aspecte físic (bosses als ulls, flotadors al ventre, més greix a les seves cuixes que a les del nadó); i tensions en la relació de parella ("quina relació?"). Amb aquesta aclaparadora llista de reptes per superar, no és estrany que se senti trista.

És probable que superi la tristesa postpart en un parell de setmanes, a mesura que s'acostumi a la seva nova vida i comenci a descansar una mica més –o, per ser més realistes, quan es comenci a acostumar a rutllar bé tot i dormir poc. Mentrestant, segueixi els següents consells per no deixar-se vèncer pel desànim:

Abaixi el llistó. Se sent aclaparada i superada pel seu nou paper de mare d'un nounat? La pot ajudar saber que aviat ja no s'hi sentirà. Després de només unes quantes setmanes en el seu nou rol, és probable que se senti molt més còmoda exercint de mare. Mentrestant, redueixi les expectatives sobre vostè mateixa i sobre el seu nadó. I després torni-les a reduir una mica més. Converteixi aquesta reducció d'expectatives en la seva filosofia de vida, fins i tot després d'haver-se convertit en una mare experta: no existeixen el pare o la mare perfectes, com tampoc existeix el fill perfecte. Tenir les expectatives massa elevades implica enganyar-se a vostè mateixa –i provocar el consegüent desànim, també. En comptes d'això, faci-ho tot el millor que pugui (en aquest moment no ho farà tan bé com voldria, però ja n'hi ha prou!).

No ho passi sola. No hi ha res més depriment que estar-se sola amb un nounat que plora, una muntanya de roba per rentar, una torre inclinada de plats bruts i la promesa (garantida) d'estar a punt de passar una altra nit sense dormir. Així que demani ajuda –al marit, a la mare, a la germana, a les amigues, a la doula o a una dona de fer feines.

Posi's maca. Pot semblar una bajanada, però és sorprenentment efectiu. Si dedica una mica de temps a tenir cura del seu aspecte, s'acabarà sentint millor per dintre. Així que dutxi's i arregli's el cabell abans que el seu marit surti de casa, canviï's aquest jersei arrugat per un de net i posi's una mica de maquillatge (i força corrector per dissimular les ulleres).

Surti de casa. Se'n farà creus de comprovar el que un canvi d'escenari pot fer per al seu estat d'ànim –sobretot si això li permet evitar de veure el munt de correus electrònics per llegir (i el munt de factures per pagar). Surti de casa almenys un cop al dia: porti el seu fill a passejar pel parc, vagi a veure alguna amiga (i si les seves amigues també són mares, poden explicar-se mútuament les penes –i acabar rient!) o vagi al supermercat amb el cotxet. Li anirà bé fer qualsevol cosa que l'impedeixi passar-se el dia compadint-se de vostè mateixa.

Tingui cura de vostè mateixa. Gaudeixi d'una pel·lícula, d'un sopar amb el seu marit, d'una sessió de manicura de mitja hora (per una estoneta, serà molt que no trobi algú que tingui cura del seu nadó), o fins i tot d'una llarga dutxa relaxant. Vostè s'ho mereix.

Faci exercici. Practicant exercici s'alliberen endorfines, que potencien un bon estat anímic de forma natural i duradora. Així que apunti's a alguna classe de gimnàstica postpart (preferiblement, que inclogui la participació dels nadons o que disposi d'un servei de guarderia), segueixi un DVD de gimnàstica, surti a passejar amb el cotxet (empènyer el cotxet amb la criatura dins l'ajudarà a tonificar la musculatura), o simplement vagi a fer un tomb.

Mengi bé per ser feliç. Massa sovint, les dones que acaben de ser mares estan tan enfeinades omplint les panxes dels seus nadons que s'obliden de les seves. I és un veritable error: els índexs de sucre baixos a la sang fan decaure els nivells energètics i també l'ànim. Per mantenir-se més en forma, físicament i emocionalment, tingui sempre a mà refrigeris saludables i fàcils de menjar. Té la temptació d'agafar una mica de xocolata? Doncs agafi'n –sobretot si la xocolata la fa realment feliç–, però no massa sovint, perquè els nivells elevats de sucre a la sang induïts per la ingesta de dolços van seguits de davallades ràpides i brusques.

Plori i rigui. Si té ganes de plorar com una magdalena, faci-ho. Però quan ja s'hagi desfogat prou, miri algun programa entretingut a la televisió i rigui com una boja. I, en comptes d'agafar-s'ho tot plorant, aprengui a riure's de totes les petites desgràcies que li passen (els bolquers mal col·locats, els pits que degoten mentre fa cua al supermercat, la baba que li cau al nadó just quan s'ha deixat les tovalloletes humides a casa). Ja ho haurà sentit a dir altres vegades: riure és la millor medicina.

Encara està desanimada? Miri de tenir present que –com la majoria de mares– superarà la tristesa en una o dues setmanes i aleshores gaudirà de la millor època de la seva vida.

Si l'estat depressiu persisteix (i s'allarga més de dues setmanes) o empitjora, i comença a interferir en la seva vida quotidiana, truqui al metge de seguida i vegi l'apartat següent.

"Em trobo fantàsticament bé, i he estat així des que el meu fill va néixer fa tres setmanes. Tota aquesta felicitat podria desembocar en un cas terrible de depressió?"

La tristesa postpart és habitual, però això no vol dir que totes les dones que acaben de tenir un fill l'hagin d'experimentar. De fet, no hi ha cap raó per témer l'arribada d'un daltabaix emocional pel sol fet que ara estigui amb la moral ben alta. Com que la majoria de depressions postpart es manifesten la primera o la segona setmana després de donar a llum, és gairebé segur que vostè ja se n'ha lliurat.

El fet que vostè no estigui passant per una depressió puerperal, però, no vol dir que tots els de casa seva se n'hagin escapat. En efecte, els estudis demostren que tot i que és poc probable que els nous pares (que, encara que costi de creure, també experimenten canvis hormonals en el postpart) es deprimeixin si la mare està deprimida, el seu risc de caure en una depressió augmenta dràsticament quan la nova mare presenta un bon estat anímic. Així que asseguri's que el seu marit no té cap depressió postpart; alguns nous pares miren de dissimular els seus sentiments per evitar amoïnar les seves dones.

Depressió postpart

"El meu fill ja té més d'un mes i encara estic deprimida. No m'hauria de trobar més bé a hores d'ara?"

Si la tristesa no remet, és possible que tingui una autèntica depressió postpart. No és el mateix una tristesa passatgera que una depressió postpart, però a vegades generalitzem i parlem de "depressió" en totes les circumstàncies que impliquin un baix estat d'ànim. L'autèntica depressió postpart (DPP) és menys habitual (afecta un 15 per cent de les dones) i molt més prolongada (pot durar entre unes quantes setmanes i un any, o més i tot). Pot començar arran del part, però sovint no es manifesta fins al cap d'un o dos mesos. A vegades, encara és més tardana i no apareix fins que la mare no té el primer període menstrual o fins que deslleta el seu fill (probablement per la nova fluctuació hormonal). Són més susceptibles de patir una depressió les dones que abans ja n'han tingut alguna, les que tenen una història personal o familiar de depressió o una síndrome premenstrual forta, les que ja estaven baixes de moral mentre estaven en estat i/o van tenir un embaràs o un part complicats, o les que van donar a llum a un nadó amb problemes de salut.

Els símptomes de la DPP són similars als de la tristor postpart, però una mica més pronunciats. Inclouen ganes de plorar i irritabilitat; problemes per dormir (tenir insomni o, per contra, no voler llevar-se del llit en tot el dia); problemes nutricionals (tenir poca gana, o massa); sensació permanent de tristesa, desesperació i inutilitat; a més de no sentir-se amb prou forces per tenir cura de si mateixa ni del nadó (o ni tan sols tenir-ne ganes), així com pèrdua de memòria.

Si encara no ha posat en pràctica els consells per superar la tristesa dels primers dies del postpart (vegi la pàgina 497), faci-ho ara, ja que alguns d'aquests consells també poden ajudar-la a superar la DPP. Però si els símptomes encara empitjoren, o si persisteixen durant més de dues setmanes sense cap millora notable, el més probable és que necessiti ajuda professional. No convé que s'esperi més. En primer lloc, cal que truqui al metge i li expliqui clarament què sent. Probablement, li farà la prova de tiroides, ja que les irregularitats en els nivells de l'hormona tiroide poden provocar inestabilitat emocional i, per

Buscar ajuda per a la depressió postpart

Cap dona que acaba de tenir un fill hauria de patir una depressió postpart (DPP). Per desgràcia, n'hi ha moltes que la pateixen, ja sigui perquè creuen que és normal i inevitable després del part (però no ho és) o perquè els fa vergonya demanar ajuda.

Les campanyes d'educació pública han començat a difondre informació sobre la DPP, per garantir que totes les dones que necessitin ajuda l'obtinguin de la manera més ràpida possible –per tal de poder començar a gaudir del seu fill com abans millor. Els hospitals lliuren –o ho haurien de fer– material informatiu sobre la DPP a les dones que hi donen a llum, per tal que elles (o els seus marits) tinguin més facilitat per detectar-ne els símptomes de forma precoç i puguin començar el tractament també abans. Els metges també reben cada cop més formació sobre la DPP –així aprenen a detectar durant l'embaràs factors de risc que podrien predisposar una dona a la DPP, a comprovar de forma rutinària l'existència d'aquesta afecció postpart i, en cas que es manifesti, a tractar-la de manera eficaç, ràpida i segura. Per detectar la depressió postpart, existeixen diversos tests estandarditzats (com l'Escala d'Edinburgh per a la Depressió Postpart o l'Escala de Cheryl Beck per a la Detecció de la Depressió Postpart).

La DPP és una de les varietats de depressió més fàcils de tractar. Així, si vostè agafa aquest tipus de depressió, no cal que pateixi innecessàriament. Faci-ho saber al metge i rebrà l'ajuda que necessita immediatament.

això, sol ser una de les primeres proves que es fa quan s'avalua la depressió postpart (vegi la pàgina següent). Si els nivells d'hormones tiroïdals entren dins de la normalitat, caldrà que el metge de capçalera la derivi cap a un terapeuta amb experiència professional en el tractament de la DPP i que aquest li doni hora de visita com abans millor. Els antidepressius (n'hi ha alguns de segurs fins i tot quan es dóna el pit), juntament amb la psicoteràpia, la poden ajudar a millorar ràpidament.

Alguns especialistes ja prescriuen reduïdes dosis d'antidepressius durant el tercer trimestre d'embaràs a dones amb un historial depressiu; altres recomanen que les que tenen un elevat risc de DPP en prenguin tot just després de donar a llum per evitar aquesta malaltia. A l'hivern, i en països amb poca llum diürna, de vegades s'utilitza una teràpia basada en la llum per alleujar la DPP. (En la "teràpia de la llum", la dona s'asseu amb els ulls oberts davant d'una caixa que emet un tipus de llum que imita la solar, generant en el cervell de la dona un canvi bioquímic positiu que serveix per animar-la.) Independentment del tractament (o de la combinació de tractaments) que vostè i el seu terapeuta decideixin seguir, recordi que és vital que comenci a aplicar-lo com abans millor. Si no es tracta correctament la depressió pot impedir-li de tenir cura del seu nadó, d'establir-hi lligams i de gaudir-ne. La DPP també pot tenir efectes devastadors en les altres relacions de la seva vida (amb el marit, amb altres fills...), així com en la seva pròpia salut i en el seu benestar.

Durant el postpart, hi ha dones que en comptes de sentir-se deprimides (o a més de sentir-se deprimides), senten una gran ansietat i un temor intens, i de vegades arriben a tenir atacs de pànic, que inclouen taquicàrdia, respiració agitada, flaixos de fred o calor, compressió toràcica, mareig i tremolors. Aquests símptomes també requereixen un tractament

En baixa forma a causa de la tiroïditis?

Gairebé totes les noves mares estan cansades i en baixa forma. A la majoria els costa perdre pes. Moltes tenen un cert grau de depressió i els cau el cabell. Aquest panorama no és gaire engrescador, però per a la majoria de mares és el més normal per al període postpart –encara que va millorant a mesura que passen les setmanes. De tota manera, aquest panorama no millora amb el pas del temps per a entre un 5 i un 9 per cent de les dones, que pateixen tiroïditis postpart (TPP). I el problema és que, com que els símptomes de la tiroïditis s'assemblen als que experimenten totes les noves mares, és possible que no es diagnostiqui ni es tracti.

La TPP pot començar entre un i tres mesos després del part amb un breu episodi d'hipertiroïdisme (massa hormona tiroïdal). Aquest període d'excés d'hormona tiroïdal circulant pel torrent sanguini pot durar unes quantes setmanes, o més. Durant aquest període hipertiroïdal, la dona pot sentir-se cansada, irritable i nerviosa; tenir molta calor i una suor excessiva; o patir insomni –i tots aquests símptomes ja són habituals del primer postpart, de manera que el diagnòstic precoç resulta més complicat. En aquesta primera fase, normalment no cal seguir cap tractament.

Aquest període sol anar seguit (encara que no sempre) d'un altre d'hipotiroïdisme (un dèficit d'hormona tiroïdal). Amb l'hipotiroïdisme, es manté la fatiga, juntament amb la depressió (normalment més intensa i prolongada que la típica tristor postpart), el dolor muscular, la pèrdua de cabell excessiva, la pell seca, la intolerància al fred, la falta de memòria i la incapacitat de perdre pes.

Si els seus símptomes postpart són més pronunciats i persistents del que s'esperava (i, sobretot, si li impedeixen menjar, dormir i gaudir del seu nadó), comenti-ho al seu metge, que li podrà fer proves per determinar si a l'arrel dels seus problemes s'amaga la TPP. Asseguri's d'explicar al metge qualsevol historial de problemes de tiroides a la seva família, ja que l'herència genètica hi té una gran influència.

La majoria de dones es recuperen de la TPP al cap d'un any d'haver donat a llum. Mentrestant, el tractament amb hormona tiroïdal suplementària pot ajudar-les a trobar-se millor molt abans. De tota manera, prop d'un 25 per cent de les dones que presenten aquesta afecció no superen l'hipotiroïdisme i requereixen un tractament de per vida (que és tan fàcil com prendre's una píndola cada dia i fer-se una analítica a l'any). Fins i tot les dones que es recuperen espontàniament, és probable que tornin a tenir tiroïditis durant els embarassos següents o després de tornar a donar a llum. Algunes poden desenvolupar hipotiroïdisme o la malaltia de Graves (hipertiroïdisme) més endavant. Per aquest motiu, convé que les dones que han tingut TPP es facin la prova de tiroides cada any i, si tenen previst un altre embaràs, cal que es controlin la tiroide tant abans de quedar-se en estat com al llarg de tot l'embaràs (perquè un problema de tiroide sense tractar pot interferir en la concepció o bé causar problemes gestacionals).

ràpid (que pot incloure medicació), a càrrec d'un terapeuta qualificat.

Prop d'un 30 per cent de les dones que pateixen DPP també mostren signes de desordre obsessivocompulsiu del postpart (DOCPP), encara que aquest desordre també es pot presentar de manera independent de la DPP. Els símptomes del DOCPP inclouen conductes obsessivocompulsives (com ara llevar-se del llit cada 15 minuts per comprovar que el nadó continua respirant), netejar la casa de forma obsessiva o tenir pensaments obsessius sobre danyar el nadó (com ara llençar el nadó per la finestra o escales avall). Les dones que pateixen el DOCPP se senten dominades per pensaments violents, encara que no els posen a la pràctica (només els hi podrien posar les que pateixen psicosi postpart; vegi més avall). De tota manera, poden tenir tanta por de perdre el control i de deixar-se endur per aquests impulsos que podrien acabar descuidant el nadó. Com amb la DPP, el tractament del DOCPP inclou una combinació d'antidepressius i de psicoteràpia. Si té pensaments o comportaments obsessius, no dubti a demanar ajuda explicant els símptomes al seu metge.

Una afecció molt menys freqüent i molt més greu que la DPP és la psicosi postpart. Els seus símptomes consisteixen en falta de realitat, al·lucinacions i/o miratges. Si vostè té sentiments molt forts de suïcidi o d'agressivitat, si sent veus o si veu coses inexistents, o té altres símptomes psicòtics, cal que truqui al seu metge i que vagi de seguida al servei d'urgències.

No tregui importància al que li està passant ni s'intenti convèncer que són símptomes normals en el postpart –ja que no ho són. Per tal de garantir que no posa en pràctica cap dels sentiments perillosos mentre espera l'ajuda, intenti que l'acompanyi algun veí, familiar o amic, i deixi el nadó en un lloc segur (com ara el bressol).

Perdre pes en el postpart

"Ja sabia que no em podria posar el biquini l'endemà del part, però fa dues setmanes que he donat a llum i encara sembla que estigui de sis mesos."

Encara que no hi ha cap dieta més efectiva que el part per perdre pes ràpidament (una mitjana de 6 quilos d'un dia per l'altre), la majoria de dones encara no la troben prou efectiva. Sobretot després d'haver-se vist al mirall poc després d'haver donat a llum.

El cert és que cap dona surt de la sala de parts amb un aspecte gaire més esvelt que el que tenia en entrar-hi. Part de la culpa d'aquest gran ventre postpart es deu a un úter encara dilatat, que recuperarà la mida anterior a l'embaràs al cap d'unes sis setmanes, reduint així el volum abdominal. Una altra causa del volum del ventre són els fluids que encara hi ha acumulats, i que aviat començarà a expulsar. Però la resta del problema rau en la pell i els músculs estirats, que poden quedar així tota la vida si no fa un esforç per tonificar-los (trobarà més informació sobre Recuperar la silueta a la pàgina 507).

Per més difícil que li resulti oblidar-se del tema, durant les sis primeres setmanes del postpart val més que no s'amoïni per la silueta, sobretot si està donant el pit. Es troba en un període de recuperació i necessita menjar bé (i descansar) per tenir energia i resistència davant de les infeccions. Una dieta de l'embaràs saludable hauria de començar per fer perdre pes de manera lenta i gradual.

Si, al cap de sis setmanes, no ha perdut gens de pes, pot començar a reduir una mica la ingesta de calories. Però, si dóna el pit, no escatimi en les menjades. El fet de prendre poques calories podria reduir la producció de llet, i cremant greixos massa de pressa podria alliberar toxines a la sang, que podrien anar a parar a la seva llet. Si no dóna el pit, pot començar a fer una dieta ben equilibrada al cap de sis setmanes d'haver tingut el seu fill.

Hi ha dones que diuen que, si es dóna el pit, els quilos extra se'n van de seguida; altres, però, es desanimen quan veuen que la bàscula no es mou. En aquest últim cas, no es desesperi. Ja podrà perdre l'excés de pes quan deslleti el seu fill.

La rapidesa amb què recuperi el pes anterior a l'embaràs també dependrà de la quantitat de quilos augmentats al llarg d'aquests nou mesos. Si no es va engreixar gaire més d'11 o 12 quilos, és probable que es pugui tornar a posar aquells texans estrets d'aquí a pocs mesos, sense haver de seguir cap dieta estricta. Però si va guanyar 16 o més quilos, li podria fer falta més esforç i més temps (entre 10 mesos i 2 anys) per recuperar el pes anterior a l'embaràs i tornar-se a fer pujar la cremallera dels texans.

Sigui com sigui, no s'hi amoïni i doni's un temps. Recordi que si li ha costat nou mesos guanyar el pes de l'embaràs, el més normal és que també necessiti almenys nou mesos més per tornar-lo a perdre.

Recuperació a llarg termini en cas de cesària

"Fa una setmana que m'han practicat una cesària. Com evolucionaré?"

Tot i que ja ha superat el primer tram postpart, encara li queden unes quantes setmanes de recuperació per endavant, com a totes les dones que acaben de ser mares. Tingui en compte que, com més descansi i més segueixi les instruccions del metge, menys temps trigarà a recuperar-se. Però mentrestant, en el període de recuperació de la cesària, es pot esperar el següent:

Dolor escàs o nul. A hores d'ara, el mal ja li hauria hagut de desaparèixer gairebé del tot. Però si en segueix tenint, el metge li podria receptar algun analgèsic suau (com ara paracetamol).

Millora progressiva. Durant unes quantes setmanes tindrà la cicatriu sensible i adolorida, però anirà millorant de manera gradual. Si es cobreix la cicatriu amb una gasa evitarà que se li irriti, i també li pot anar bé posar-se roba ampla que no li comprimeixi la ferida. Pot notar una tibantor ocasional o uns dolors puntuals a la zona de la cicatriu, però són una part normal de la curació i desapareixeran amb el temps. Després hi pot tenir picor –consulti al metge quina crema s'hi pot aplicar per alleujar-ne les molèsties. L'entumiment de la zona de l'abdomen que envolta la cicatriu pot durar una mica més, possiblement uns quants mesos. La inflor del teixit de la cicatriu probablement disminuirà i la ferida es tornarà de color rosat o porpra i, finalment, empal·lidirà.

Si el dolor es torna persistent, si la zona que envolta la ferida adquireix un color vermell intens, o si la cicatriu presenta una supuració marronosa, grisa, verda o groga, truqui al metge immediatament. És possible que se li hagi infectat la incisió. (Una petita secreció de líquid clar sol ser normal, però no està de més informar-ne el metge.)

Esperi almenys quatre setmanes abans de practicar sexe. Les directrius són si fa o no fa les mateixes que amb les dones que han donat a llum vaginalment, encara que l'estat que presenti la ferida també s'hauria de tenir en compte a l'hora de decidir el temps que cal esperar abans de mantenir relacions sexuals. Trobarà més informació a la pregunta següent.

Mantingui's activa. Tan bon punt li marxi el dolor, ja podrà començar a practicar una mica d'exercici. Els exercicis de Kegel també són importants encara que s'hagi donat a llum mantenint un perineu intacte, perquè l'embaràs també deixa seqüeles en la musculatura del sòl pelvià. Concentri's també en els exercicis que enforteixin la musculatura abdominal. (Vegi Recuperar la silueta, a la pàgina 507.) El seu lema d'acció ha de ser "lenta però segura"; comenci el seu programa d'exercicis gradualment i practiqui'l cada dia. Haurà d'esperar uns quants mesos fins que noti que torna a ser la mateixa de sempre.

Reprendre les relacions sexuals

"Quan podré tornar a fer l'amor amb el meu marit?"

En part, depèn de vostè, encara que abans de prendre la decisió també hauria de tenir en compte l'opinió del seu ginecòleg. Normalment, s'aconsella que les parelles reprenguin les relacions sexuals quan la dona se senti físicament preparada –normalment al cap d'unes quatre setmanes, encara que alguns facultatius donen llum verda a practicar sexe al cap de només quinze dies, mentre que altres prescriuen rutinàriament l'abstinència sexual durant les sis primeres setmanes del postpart (tradicionalment conegudes com la "quarantena"). En algunes circumstàncies (per exemple, si la cicatrització ha estat lenta o si ha tingut alguna infecció), el metge li pot recomanar esperar una mica més. Si el metge li marca un termini fix, però vostè se sent preparada per reprendre les relacions sexuals, pregunti-li si hi ha alguna raó per la qual ha de continuar esperant. Si no n'hi ha cap, demani-li si pot reprendre les relacions abans del termini inicialment fixat. Si per algun motiu mantenir relacions encara no seria prou segur, opti per una dutxa freda –potser en parella– i esperi un temps més. Recordi que, quan es té cura d'una criatura, el temps passa volant. Mentrestant, satisfacin els seus desigs amb altres formes de contacte amorós que no incloguin el coit.

Encara s'ha quedat amb ganes?

Per a més informació sobre reprendre les relacions sexuals, mantenir el control de natalitat i gaudir del primer any, vegi *Qué se puede esperar el primer año.*

"La llevadora m'ha dit que ja puc reprendre les relacions sexuals, però tinc por que em faci mal. A més, per ser franca, tampoc en tinc gaires ganes."

Fer l'amor no es troba ara entre les primeres posicions de la seva llista de prioritats? O, més encara, ni tan sols forma part de la seva llista de prioritats? No és d'estranyar. La majoria de dones perden el desig sexual durant les primeres setmanes del postpart –o més i tot– per un gran nombre de raons. En primer lloc, com ja es deu imaginar, les primeres relacions sexuals del postpart poden provocar més dolor que no pas plaer –especialment si va donar a llum vaginalment, però el sorprenent és que també si va tenir una dilatació llarga abans d'una cesària. Al capdavall, la vagina de la dona es dilata fins als seus límits màxims, i possiblement li van haver de practicar alguna sutura –i és normal que ni es plantegi tenir relacions si el sol fet d'estar asseguda ja li fa mal. Tampoc ha recuperat la seva lubricació natural, de manera que se sent incòmodament seca mentre manté relacions –sobretot si dóna el pit. Un altre possible causant del dolor: els baixos nivells d'estrògens fan que el teixit vaginal es mantingui distès, i la distensió no és el que més li convé a una vagina.

Però durant el postpart, a banda dels problemes estrictament físics, la seva libido també n'haurà de combatre altres: la seva comprensible preocupació per una persona molt petiteta però amb moltes necessitats, que es desperta amb el bolquer brut i la panxa buida en els moments més inoportuns. I no cal ni esmentar els altres dissipadors del desig sexual (com ara la pudor de les regurgitacions de llet als llençols, la roba bruta del nadó acumulada als peus del llit, la roba interior tacada amb la crema hidratant infantil, o bé no tenir temps ni de dutxar-se). Així és ben normal que no inclogui el sexe al seu programa de prioritats.

Alguna vegada tornarà a fer l'amor? I tant que sí! De la mateixa manera que amb la resta de coses de la seva nova i sovint aclaparadora vida, tot és qüestió de temps i de paciència (sobretot per part del seu marit, que segurament ja està més que preparat per posar fi a aquest període de "sequera").

Així que esperi una mica fins que se senti preparada del tot, o intenti millorar la situació tenint en compte els consells següents:

Lubriqui's. Usi algun tipus de lubricant fins que la recuperació de les seves secrecions naturals pugui reduir-li el dolor i, en teoria, incrementar-li el plaer. Compri'l a l'engròs, ja que el més probable és que n'hi farà falta en grans quantitats –per a vostè i el seu marit.

Deixi's anar. Parlant de lubricació, beure un vaset de vi també la podria animar una mica –evitant, a més, que estigui massa tensa i que noti dolor durant el coit (si dóna el pit, només vagi amb compte de prendre-se'l just després d'una presa). Una altra bona manera de deixar-se anar és rebent un massatge, així que reclami'n un al seu marit com a condició prèvia per tancar el tracte.

Escalfi motors. És probable que el seu marit en tingui tantes ganes que ja vagi directe al gra. Però encara que ell no necessiti gaires preàmbuls –o cap ni un–, a vostè sí que n'hi fan falta. Així que demani uns quants preàmbuls. I després uns quants més. Com més interès posi la seva parella en anar-la posant a to (sempre que hi hagi prou temps abans no es desperti la criatura, és clar), millor serà el gran moment per a tots dos.

Parli obertament. Vostè sap què li fa mal i què li dóna plaer, però la seva parella no ho pot saber, a no ser que vostè li indiqui detalladament el camí a seguir ("una mica més cap a l'esquerra... aquí no, ara... ara no, més avall... un pelet més amunt –ara sí, perfecte, perfecte!"). Així que si vol que li pugi la temperatura, demani sense embuts el que li vingui de gust.

Col·loqui's correctament. Experimenti i busqui una posició que exerceixi menys pressió sobre les àrees sensibles i que li permeti mantenir el control sobre el grau de penetració vaginal (en aquest moment, més profunditat segurament no equivaldrà a més plaer). Per aquesta raó, la posició de la dona al damunt (si té prou energia) o la posició de l'un al costat de l'altre poden ser dues bones opcions del postpart. Sigui qui sigui el que porti les regnes, procuri que tot es desenvolupi a poca velocitat, perquè li resulti més còmode.

Reactivi's. Però no de la manera que es pensa. Pot reactivar la circulació sanguínia i recuperar el to muscular de la vagina fent els exercicis dels quals ja deu estar farta de sentir a parlar (però, de tota manera, no deixi de fer-los): els exercicis de Kegel. Faci'ls dia i nit (i tampoc s'oblidi de fer-los mentre "ho faci" amb el seu marit, ja que aquesta compressió muscular els donarà plaer a tots dos).

Busqui alternatives plaents. Si encara no se sent preparada per al coit, busqui satisfacció sexual a través de la masturbació mútua o el sexe oral. O si tots dos estan massa esgotats per posar-s'hi, gaudeixin del simple plaer d'estar junts. No els farà cap mal (de fet, els anirà molt bé) estar-se tots dos ajaguts al llit, abraçant-se, fent-se petons i explicant-se anècdotes de la criatura.

I, com a colofó, un consell: encara que practicar el coit li faci una mica de mal la primera vegada (i la segona, i la tercera...), no es doni per vençuda ni hi renunciï. Ben aviat (encara que ara no li ho sembli) tornarà a recuperar el plaer del sexe –per a vostè i per al seu marit.

Tornar-se a quedar embarassada

"Em pensava que donar el pit era una forma natural de control de natalitat. Però ara m'han dit que sí que em puc quedar embarassada mentre alleto, fins i tot abans que em torni la regla."

A no ser que no li faci res tornar-se a quedar embarassada, no confiï ni per un moment en la lactància materna com a mètode contraceptiu.

És cert que, per terme mitjà, les dones que donen el pit recuperen els cicles menstruals normals més tard que les que no el donen. En mares que no donen el pit, el període sol tornar entre les 6 i les 12 setmanes després del part, mentre que en les mares lactants la mitjana se situa entre els 4 i els 6 mesos. Com sempre, però, les mitjanes poden induir a error. Hi ha mares lactants que tornen a tenir la regla a partir de les 6 setmanes i altres que no la tenen fins al cap de 18 mesos d'haver donat a llum. El problema és que no hi ha una manera segura de predir el moment en què es tornarà a tenir la menstruació, tot i que hi ha diverses variables que influeixen en aquest procés. Per exemple, la freqüència de les preses (sembla que si són més de tres al dia se suprimeix l'ovulació amb més seguretat), la durada de l'alletament (com més temps dura, més triga a tornar l'ovulació) i el fet que es complementi la lactància materna amb altres aliments (si el nadó pren llet de fórmula, sòlids o fins i tot aigua es podria reduir l'efecte inhibidor que exerceix l'alletament sobre l'ovulació).

Per què cal preocupar-se pel control de la natalitat abans del primer període menstrual? Perquè el moment en què la dona ovularà per primer cop després del part és tan imprevisible com el moment en què tornarà a menstruar. Hi ha dones que tenen un primer període estèril, és a dir, que no ovulen durant el cicle. Altres ovulen abans del període, i en conseqüència poden passar d'un embaràs a un altre sense haver tingut la regla. Per tant, com que no se sap què arribarà primer, si el període o l'òvul, és molt aconsellable prendre precaucions contraceptives.

Com és lògic, hi pot haver accidents. Així que fins i tot si ha usat algun mètode contraceptiu –i sobretot si no n'ha utilitzat cap–, l'embaràs continua essent una possibilitat. Si té alguna sospita que podria tornar a estar embarassada, el millor és que es faci el test de l'embaràs. Vegi la pàgina 46 per a més informació sobre embarassos molt seguits.

QUÈ CAL TENIR EN COMPTE

Recuperar la silueta

Una cosa és semblar una embarassada de sis mesos i ser-ho efectivament i una altra de molt diferent és continuar-ho semblant després d'haver donat a llum. De tota manera, la majoria de dones no surten de la sala de parts gaire més esveltes que en entrar-hi –això sí, amb un paquetet de carn als braços i uns quants paquets de greix al voltant de la cintura. I els texans que, en una mostra d'optimisme, s'havia endut a l'hospital per al camí de tornada a casa no cal que els tregui de la bossa; val més que es posi alguna cosa més ampla.

Quant de temps haurà de passar per tal que una nova mare deixi de semblar una futura mare? La resposta dependrà bàsicament de quatre factors: l'increment de pes durant l'embaràs, el control en la ingesta de calories, la quantitat d'exercici físic, i el metabolisme i la genètica de la pròpia dona.

Consells bàsics per a les sis primeres setmanes

- Faci servir uns sostenidors adequats i roba còmoda.
- Procuri dividir el programa d'exercicis en dues o tres sessions breus al dia, en comptes de fer una sola sessió intensiva (aquestes sessions múltiples tonifiquen millor els músculs, resulten més senzilles per al cos encara en recuperació i sol ser més fàcil trobar el moment de fer-les).
- Comenci cada sessió amb l'exercici que trobi menys esgotador.
- Faci els exercicis a poc a poc, i no en faci mai sèries ràpides repetides. Cal descansar entre els moviments (és així com s'enforteix el múscul i no amb l'activitat contínua).
- De la mateixa manera que durant l'embaràs, eviti els moviments bruscos i erràtics durant les sis primeres setmanes del postpart, mentre encara tingui els lligaments distesos. Durant aquest període, eviti també els exercicis en què es toqui el tòrax amb els genolls, en què s'hagi de passar d'una posició estirada a una altra d'asseguda i en què s'hagin d'elevar les dues cames alhora.
- Procuri reemplaçar els líquids perduts en fer exercici. Mentre faci exercici, deixi's una ampolla d'aigua a mà i vagi bevent de tant en tant. Begui un o dos vasos suplementaris d'aigua al dia per cada sessió breu d'exercicis (o més, si fa sessions de gimnàstica més llargues i extenuants).
- Prengui-s'ho amb calma. El lema "per lluir s'ha de patir" no és d'aplicació a les noves mares. No ha de fer més del recomanable, encara que es vegi amb cor de fer-ho, i pari abans de sentir-se massa cansada. És probable que, si fa més esforços del compte, l'endemà en noti les conseqüències i aleshores estarà tan cansada que ja no tindrà ganes de continuar fent més gimnàstica.
- No permeti que tenir cura del nadó impliqui no tenir cura de vostè mateixa. El seu nadó estarà la mar de content ajagudet al seu costat mentre vostè segueix el seu programa d'exercicis.

Posició bàsica

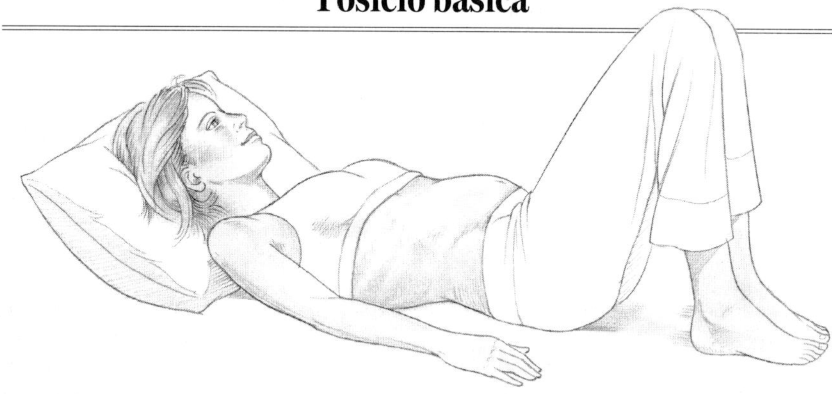

Col·loqui's ajaguda de cap per amunt, amb els genolls doblegats i les plantes dels peus tocant a terra. Recolzi el cap i les espatlles amb coixins i deixi reposar els braços estirats a terra.

Balanceig pelvià

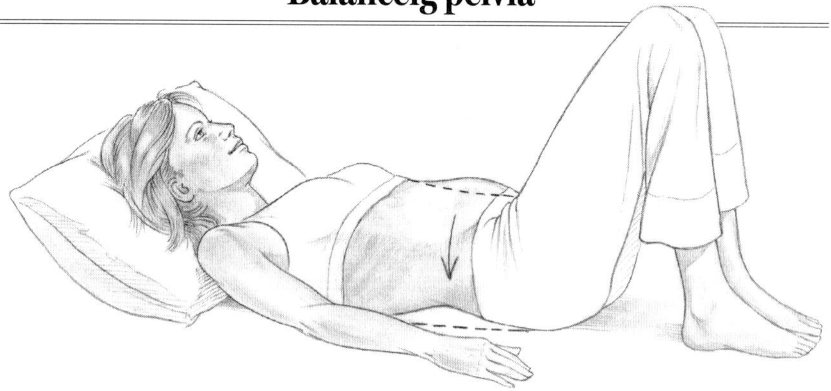

Estiri's en la posició bàsica. Inspiri aire i després expiri'l mentre fa pressió amb la part baixa de l'esquena a terra durant 10 segons. Relaxi's. Al principi, repeteixi l'activitat tres o quatre vegades, i després vagi augmentant fins a 12 vegades i finalment fins a 24.

"Més exercici, encara?" –es pot preguntar. "Si des que vaig arribar de l'hospital no he parat ni un moment. Que no n'hi ha prou?" Per desgràcia, no. Per molt esgotador que sigui tenir cura d'un nounat, aquest tipus d'activitat no enforteix la musculatura perineal i abdominal que ha quedat distesa per l'embaràs i el part –només la podrà enfortir amb un programa d'exercicis. I uns exercicis adequats per al postpart no només li augmentaran el to muscular, sinó que també li evitaran el mal d'esquena, afavoriran la cicatrització i acceleraran la recuperació del part, reforçaran les articulacions disteses, milloraran la circulació i, a més,

Lliscaments de cames

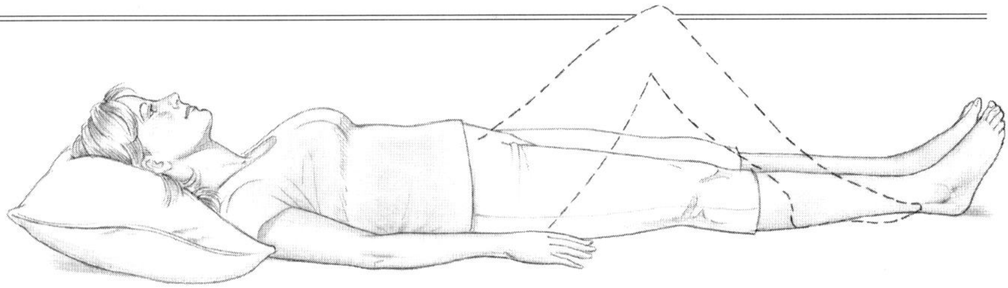

Col·loqui's en la posició bàsica. Estiri lentament totes dues cames fins que estiguin planes a terra. Faci lliscar el peu dret, sempre pla a terra, un altre cop cap a les natges, mentre inspira aire. La part baixa de l'esquena ha d'estar tocant a terra. Expiri l'aire mentre torna a estirar la cama. Repeteixi l'exercici amb el peu esquerre. Comenci fent tres o quatre lliscaments amb cada cama i vagi augmentant fins a arribar als 12 o més, sense cansar-se. Al cap de tres setmanes, comenci amb l'elevació de cames (elevant lleugerament una cama cada vegada i tornant-la a abaixar molt lentament), sempre que l'exercici li resulti còmode.

Elevació de cap i espatlles

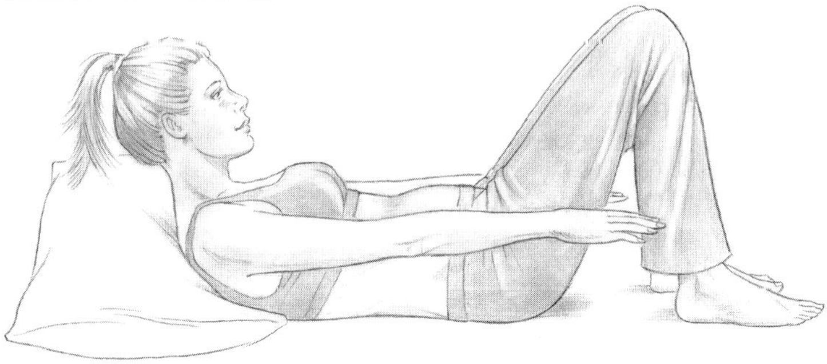

Col·loqui's en la posició bàsica. Inspiri profundament i aixequi el cap molt a poc a poc, mentre estira els braços endavant i expira l'aire. Abaixi el cap lentament i inspiri. Cada dia hauria d'elevar una mica més el cap, fins a aixecar les espatlles de terra. Durant les sis primeres setmanes no intenti arribar a la posició asseguda, i més endavant només si abans tenia un bon to muscular. Comprovi també si té una separació abdominal (vegi la pàgina 511).

reduiran el risc de patir altres símptomes molestos del postpart, des de venes varicoses fins a rampes a les cames. Els exercicis de Kegel, que reforcen els músculs del perineu, ajuden especialment a evitar la incontinència urinària i els problemes sexuals del postpart. Finalment, l'exercici la pot fer més feliç. Les endorfines que s'alliberen milloraran el seu estat d'ànim i la seva capacitat d'afrontar els nous reptes de la maternitat. Les investigacions mostren que les mares que reprenen l'exercici dins de les sis primeres setmanes del postpart se senten millor amb elles mateixes –i es troben millor, en general.

I és probable que pugui començar abans del que es pensava. Si va donar a llum per via vaginal i sense complicacions, i no té cap altre problema de salut que li ho impedeixi, pot començar el programa d'exercicis postpart al cap de 24 hores d'haver donat a llum. (Si ha tingut un part quirúrgic o amb complicacions, consulti-ho primer al seu ginecòleg.)

De tota manera, no es tracta de començar de manera brusca. El seu cos encara s'està recuperant i necessita reprendre l'exercici de manera pausada i amb molta cura. El programa de tres fases que proposem a continuació podria ser una bona guia. Es pot complementar amb un llibre o un DVD d'exercicis postpart, anant a classes de gimnàstica postpart (la companyonia fomenta la motivació, i hi ha classes que inclouen els nadons en la taula d'exercicis), o bé incloent passejades amb el cotxet com a part de la seva rutina diària d'exercicis.

Primera fase: 24 hores després del part

Té unes ganes boges de tornar a posar-se en forma? Doncs ho té ben fàcil. Comenci amb els exercicis següents:

Exercicis de Kegel. Pot començar amb els exercicis de Kegel poc després d'haver donat a llum (vegi a la pàgina 324 com fer-los, si és que encara no n'ha fet mai), encara que és probable que al principi no se senti els músculs perineals, perquè els tindrà adormits. Els exercicis de Kegel es poden practicar en qualsevol posició còmoda, i la comoditat és clau quan s'acaba de tenir un fill. Qualsevol moment és bo per practicar aquests exercicis, però podria provar de fer-los mentre dóna el menjar a la criatura –ja que, en els pròxims mesos, ho haurà de fer moltes vegades. Repeteixi'ls 25 vegades en quatre o sis sessions al dia i segueixi'ls practicant al llarg de tota la vida per mantenir una bona salut del sòl pelvià (i també per potenciar el plaer sexual).

Respiració diafragmàtica profunda. Col·locada en la posició bàsica (vegi el requadre de la pàgina 508), col·loqui les mans damunt del seu abdomen per poder notar com es va elevant mentre agafa aire lentament pel nas, i contregui els músculs abdominals a mesura que deixa sortir l'aire per la boca, a poc a poc. Comenci només amb dues o tres respiracions profundes, per evitar la hiperventilació, i vagi augmentant el nombre de respiracions de forma gradual. (En cas que s'hagi excedit, notarà que li agafen basques, brunzits a l'orella o visió borrosa.)

Segona fase: 3 dies després del part

Delerosa per recuperar la silueta prèvia a l'embaràs? En aquest cas, li agradarà saber que ja pot pujar un altre esglaó de l'escala d'exercicis. Però abans de fer el nou pas, cal que s'asseguri que els dos músculs verticals de la paret abdominal (que s'anomenen rectes majors de l'abdomen) no se li han separat durant l'embaràs. Si se li haguessin separat, hauria d'esperar fins que se li tornessin a unir abans d'intensificar el seu programa d'exercicis (vegi el requadre següent). Tan bon punt s'hagi tancat la separació, o si no s'ha arribat a produir mai, passi als exercicis següents: elevació de cap i espatlles, lliscaments de cames i balanceigs pelvians (vegi les il·lustracions de les pàgines 508 i 509).

Tots aquests exercicis es poden fer en la posició bàsica. Al principi, els pot practicar ajaguda al llit i després sobre algun matalasset estirat a terra. (Val la pena comprar una estoreta especial per a fer gimnàstica, no només perquè fer-hi els exercicis li resultarà més fàcil i còmode, sinó també perquè més endavant el nadó hi podrà fer els seus primers intents de gatejar.)

Tanqui el forat

No es veu a simple vista, però és probable que tingui un forat al mig del ventre (i no ens referim al melic). Una afecció molt habitual de l'embaràs –i coneguda en l'àmbit obstètric com a diàstasi– consisteix en un forat a la musculatura abdominal que pot desenvolupar-se a mesura que l'abdomen s'expandeix. Aquest forat pot no tancar-se fins al cap d'un o dos mesos després del part i, per evitar fer-se mal, hauria d'esperar fins que se li tanqués abans de practicar exercicis abdominals. Per saber si vostè té aquesta separació, examini's vostè mateixa: estirada en la posició bàsica, aixequi lleugerament el cap amb els braços estirats endavant; aleshores palpi per veure si troba un bony just a sota del melic; si té aquest bony és senyal que sí que s'ha produït aquesta separació.

En cas que vostè tingui una diàstasi, pot accelerar-ne la curació fent aquest exercici: adopti la posició bàsica i agafi aire. A continuació, posi les mans creuades damunt de l'abdomen, fent servir els dits per ajuntar els costats dels músculs abdominals, mentre treu l'aire i aixeca lentament el cap. Agafi aire una altra vegada mentre torna a abaixar lentament el cap. Repeteixi aquest exercici quatre vegades en dues sessions diàries.

Tercera fase: després de la revisió postpart

Ara, si compta amb el vistiplau del metge, pot passar gradualment a un programa d'exercicis més actiu, que inclogui caminar, córrer, anar en bicicleta, nedar, gimnàstica aquàtica, aeròbic, ioga, Pilates i aixecament de peses, o activitats d'aquest estil. O apunti's a una classe de gimnàstica postpart. Però no intenti esforçar-se massa, ni massa aviat. Com sempre, deixi's guiar pel seu propi cos.

Exercici i lactància

Bones notícies per a les mares lactants que volen exercir el seu dret de fer esport. Practicar exercici –fins i tot amb molta intensitat– no torna la llet dels pits agra, com probablement haurà sentit a dir. És possible que una mica salada sí –a causa de la suor que arriba als seus mugrons–, però és possible que al seu nadó ja li agradi aquest puntet de sal. Així que, si compta amb el vistiplau del metge, practiqui exercici per a mantenir un cos saludable. Si dóna el pit abans de fer esport, se sentirà més còmoda (perquè no tindrà els pits tan plens), però tampoc és imprescindible. I no s'oblidi de posar-se uns sostenidors que li subjectin bé el pit –ara li convé més que mai.

PART 5

Per als pares

CAPÍTOL 19

Els pares també estan esperant

TOT I QUE EL CERT ÉS QUE NOMÉS LES dones es poden quedar en estat –malgrat els avenços mèdics i les pel·lícules de Hollywood–, és igual de cert que els pares també esperen impacients l'arribada d'un fill. En tant que pare, vostè no és tan sols un membre essencial de l'equip que va crear el nadó, sinó també el principal responsable de prestar atencions a l'esposa embarassada i al fill que hi ha en camí. En els pròxims mesos, vostè participarà de ple en el sorprenent procés de l'embaràs –en les emocions, les responsabilitats i també, és clar, en les preocupacions. Algunes de les seves preocupacions coincidiran amb les de la futura mare; altres seran exclusivament del pare. I, de la mateixa manera que la seva dona, vostè també necessitarà sentir –o llegir– unes quantes paraules que el reconfortin, no només durant l'embaràs i el part, sinó també durant el postpart.

I aquesta és la justificació d'aquest capítol, dedicat al segon implicat en la reproducció, que sovint és tractat amb una certa negligència. Recordi, però, que les pàgines d'aquest apartat no estan pensades exclusivament per

Preparats, llestos... ja!

Per tal que un fill vingui al món en les millors condicions possibles, vostè hi pot contribuir fins i tot abans que l'espermatozou fecundi l'òvul. Si la seva dona encara no està embarassada, tots dos estan a temps de preparar-se. Llegeixin el capítol 1, i segueixen els consells indicats per al període previ a la concepció. Si la seva dona ja està en estat, no s'hi amoïni. Comencin des d'ara mateix a cuidar-se l'un a l'altre i a si mateixos.

als marits –de la mateixa manera que la resta del llibre tampoc està pensat exclusivament per a les futures mares. Llegint les pàgines d'aquest capítol, la seva dona també pot arribar a entendre millor el que vostè sent, tem i espera; i, per la seva banda, llegint la resta del llibre, el futur pare obtindrà un coneixement més aprofundit dels canvis físics i emocionals que experimenta la seva dona durant l'embaràs, el part i el postpart –i, al mateix temps, es podrà preparar millor per al paper que li pertoca en aquesta aventura que emprenen plegats.

Què el pot amoïnar

Comprendre els símptomes d'embarassada

"La meva dona té tots els símptomes que hi ha en aquest llibre, però tots! Nàusees, antulls, ganes constants d'orinar... No sé què fer: em sento tan impotent..."

Sembla com si la dona de la seva vida hagués estat posseïda pels extraterrestres? Doncs gairebé: ha estat posseïda per les hormones de l'embaràs (que, a vegades, provoquen en la seva dona unes reaccions més estranyes que les que podrien tenir els extraterrestres). Aquestes hormones, vitals per a l'engendrament del nadó, també poden desencadenar un ampli ventall de símptomes incòmodes (i a vegades ben estrambòtics): per a la dona, és dur suportar los, i per a l'home, és dur veure-ho però no saber com actuar.

Per sort, però, no cal que segueixi estant de braços plegats –vostè sí que hi pot fer alguna cosa. Per tal d'ajudar la seva dona a trobar-se millor i d'ajudar-se també a vostè mateix a sentir-se menys inútil, informi's sobre cada un dels símptomes de l'embaràs llegint aquest llibre, i després intenti combatre'ls amb algunes de les següents mesures específiques per a cada un:

Mareig matinal. El mareig matinal és un dels símptomes de l'embaràs que definitivament no fa justícia al seu nom, ja que aquest mareig no només es dóna al matí sinó que es pot presentar en qualsevol moment del dia i pot fer que la seva dona hagi d'anar corrent al lavabo matí, tarda i nit –i que passi més estones fent companyia al vàter que no pas fent-li companyia a vostè. Així que prengui mesures per fer-la sentir millor –o, com a mínim, per no fer-la sentir pitjor. Comenci desant la crema *aftershave* que ara la seva dona troba repulsiva i, si menja ceba, mantingui-la fora de l'abast del seu olfacte (que ara tindrà més aguditzat que mai). Netegi vostè el forn amb aquell detergent abrasiu per evitar que ella hagi de respirar de tan a prop productes químics. Eviti menjars que li provoquin nàusees (espècies, all...) per estalviar-li una altra correguda cap al lavabo –però primer pregunti-li què la mareja: ja que les olors que a unes dones els alleugen el mareig, a altres els fan venir vòmits. Estigui al seu costat quan hagi de vomitar –aguanti-li el cabell enrere, doni-li una mica d'aigua fresca o faci-li fregues a l'esquena. Animi-la a fer petites menjades al llarg del dia en comptes de fer-ne tres de complertes (sobrecarregar l'estómac pot empitjorar les nàusees). I, recordi, prengui-s'ho seriosament. Segurament si vostè s'hagués passat 10 llargues setmanes vomitant, no

Famílies de tota mena

La majoria dels consells d'aquest capítol també són aplicables a famílies no tradicionals. En aquest cas, caldrà triar les preguntes i les respostes que més s'adaptin a la situació particular de la família en qüestió.

li faria cap gràcia. Doncs, a ella tampoc n'hi fa.

Antulls i aversions. S'ha adonat que la seva dona està avorrint menjars que fins ara li agradaven molt –o que es deleix per altres menjars que abans no volia ni tastar (o bé que combina els aliments d'una forma ben peculiar)? No li retregui les seves aversions ni els seus antulls –a ella li resulta tan difícil de controlar-los com a vostè d'entendre'ls. En comptes d'això, ajudi-la evitant que hagi de suportar la flaire dels menjars que té avorrits. (A vostè li agraden les ales de pollastre? Doncs mengi-se'n, però fora de casa.) Sorprengui-la anant-li a comprar aquell caprici sense el qual ara sembla que no sap passar. I vagi-li a comprar en aquell supermercat que obre les 24 hores i que cau a un quilòmetre de casa –o si és a dos quilòmetres, encara millor– i aprofiti també vostè per cruspir-se una doble ració d'aletes de pollastre amb ceba i espècies, i així tots dos hi sortiran guanyant.

Esgotament. Si fins ara considerava que vostè sempre acabava el dia molt cansat, pensi una cosa: mentre la seva dona engendri una criatura, gastarà més energia ella estirada al sofà que vostè suant la cansalada al gimnàs. Per això, la seva esposa estarà més cansada del que ho hagi estat mai –i molt més cansada del que vostè es pugui ni tan sols imaginar. Així que no sigui tan deixat i reculli els mitjons i les sabatilles que hi ha al mig del passadís. Encarregui's vostè de passar l'aspiradora, de treure la pols, de fer la bugada i de fregar el vàter. (Perquè, a més, respirant productes de neteja, la seva dona encara s'acabaria de marejar.) Animi-la a observar les seves tasques domèstiques ajaguda al sofà (encara que fins ara aquesta hagués estat la posició preferida de vostè).

Problemes per dormir. Per molt que la seva dona estigui engendrant un nadó, el més probable és que no pugui dormir com un nadó. Així que, en comptes de girar-se d'esquena i posar-se a roncar, la pròxima vegada que la seva dona tingui insomni, faci-li companyia mentre compti ovelletes. Compri-li un coixí per al cos per ajudar-la a estar més còmoda o prepari-li un suport especial distribuint estratègicament pel llit uns quants coixins sobrers. Relaxi-la amb un massatge a l'esquena, prepari-li un bany o porti-li un got de llet calenta amb una magdalena. Facin-se confidències una estona ajaguts al llit. Faci-li les carícies que ella necessita i desitja. I, si una cosa porta l'altra, és possible que tots dos acabin dormint millor. (De tota manera, no s'esperi una recompensa sexual per als seus esforços –hi ha moltes raons per les quals ella pot no estar d'humor per aquest tema durant l'embaràs.)

Micció freqüent. "Ja tornes a anar al lavabo?"... Les ganes constants d'orinar seran el plat del dia durant el primer trimestre de l'embaràs i tornaran, i amb escreix, en el darrer trimestre. Així que procuri no acaparar el lavabo i deixi'l sempre a punt per fer-lo servir. Recordi de deixar bé la tapa del vàter després de cada ús (sobretot de nit), i mantingui el passadís lliure d'obstacles (la bossa, les sabatilles, aquella revista...) i deixi un punt d'il·luminació nocturna per evitar que la seva dona ensopegui quan vagi al lavabo. I sigui tan comprensible com pugui quan ella s'hagi d'aixecar tres vegades a mitja pel·lícula o hagi de parar sis cops de camí cap a casa dels seus pares.

Símptomes per empatia

"Si qui està embarassada és la meva dona per què em marejo tant jo?"

Se sent com si estigués... embarassat? Les dones tenen l'exclusiva de l'embaràs, però no l'exclusiva dels seus símptomes. Gairebé la meitat dels futurs pares, o més i tot (depenent de l'estudi), pateixen en certa manera la "síndrome de la covada"[1] o un "embaràs per empatia", durant els nou mesos de gestació de les seves dones.

Els símptomes de la "covada" poden imitar, en un home, gairebé tots els símptomes normals que presenta una dona durant l'embaràs –nàusees o vòmits, dolor abdominal, variació de la gana, augment de pes, antulls, restrenyiment, rampes a les cames, esvaniments, cansament i canvis d'humor.

Hi ha moltes raons emocionals i psicològiques que poden desencadenar aquests símptomes, des de l'empatia (voldria sentir els mateixos dolors que ella i els acaba sentint) o l'ansietat (està estressat per l'embaràs o per la idea de convertir-se en pare) fins a la gelosia (ella s'ha convertit en el centre d'interès i a vostè no li agrada sentir-se'n exclòs). Però existeixen altres factors no psicològics que explicarien aquesta síndrome. En efecte, també hi ha factors fisiològics en joc. Encara que costi de creure, les hormones femenines de la seva dona no són les úniques que últimament estan en plena ebullició. Les investigacions han demostrat que, durant l'embaràs i el període postpart, també augmenta la producció d'aquestes hormones en els futurs pares. Encara que vostè (com la resta de futurs pares) no acumularà tantes hormones femenines com perquè li creixin els pits, sí que en pot produir les suficients com perquè s'engreixi i li surti una mica de panxa, perquè avorreixi el seu plat preferit o perquè a mitja nit s'hagi de llevar del llit a picar una galeta (o tot el paquet). I aquestes fluctuacions hormonals no es donen per atzar, ni com una mostra del recargolat sentit de l'humor de la mare naturalesa, sinó que estan destinades a incrementar el sentit de protecció en l'home –és la forma que té la naturalesa de fer-li treure el pare que porta dins. Això no només el prepararà per als pròxims canvis de bolquers, sinó que també l'ajudarà a afrontar els canvis que se'ls plantegen a tots dos. Aquestes alteracions hormonals també l'ajudaran a canalitzar més fàcilment en accions de profit unes sensacions a vegades desagradables. Aprofiti la seva empatia per preparar el sopar i netejar el vàter; superi les seves ansietats parlant-ne obertament amb la seva dona o amb amics que ja són pares; o bé miri de sentir-se menys exclòs involucrant-se més en l'embaràs i en els preparatius per al nadó.

Però no s'hi amoïni: tots els símptomes que no desapareguin durant l'embaràs, ho acabaran fent poc després del part, encara que aleshores és possible que en tingui altres que es manifesten durant el postpart. I no s'atabali si, en tot l'embaràs de la seva dona, no es mareja ni una sola vegada –ni té cap nàu-

[1] A casa nostra aquesta síndrome és excepcional, possiblement perquè l'embaràs està menys psicotitzat que als Estats Units. El que sí que hi ha és la "covada" del marit a Galícia, on hi havia una antiga tradició, que suposo que ja s'ha perdut, segons la qual en el postpart a l'home se'l cuidava amorosament i se li donava un bon brou i feia llit, mentre que la dona que acabava de parir tornava a la feina. *(Nota del revisor.)*

Recursos per a pares

Els futurs pares tenen tanta necessitat de suport, d'informació i d'empatia com les futures mares. Busqui a internet pàgines i fòrums informatius, tant durant l'embaràs com quan ja hagi nascut el seu fill.

sea ni cap dolor. El fet que no en tingui o que no s'engreixi gens no significa que no mostri empatia per la seva dona ni s'hi identifiqui, ni tampoc vol dir que no estigui preparat per tenir-ne cura –simplement demostra que vostè ha trobat altres maneres d'expressar els seus sentiments. Cada futur pare, igual que cada futura mare, és diferent.

Sentir-se exclòs

"Des que la meva dona es va quedar en estat, tinc la sensació que jo ja he acabat la feina i que no tinc res a veure amb l'embaràs."

Molts futurs pares tenen la sensació d'estar contemplant l'embaràs de les seves dones des de fora, i no és d'estranyar. Al capdavall, la mare és la que rep totes les atencions (dels amics, la família i el ginecòleg). És la que té la connexió física amb la criatura (i a qui li creix la panxa). Vostè sap que s'està a punt de convertir en pare, però de moment no té gran cosa per mostrar.

Però no es preocupi. El fet que l'embaràs no tingui lloc dins del seu cos no significa que vostè no el pugui compartir. No s'esperi que la dona el convidi a participar de l'embaràs, perquè ella ja té massa coses al cap i és vostè qui ha de fer el primer pas. Expliqui-li obertament que se sent exclòs de l'embaràs i que voldria implicar-s'hi més. És possible que ella ni tan sols s'hagi adonat que inconscientment l'està excloent, o potser creu que vostè tampoc hi està massa interessat.

Però recordi també que la millor manera d'evitar sentir-se exclòs és involucrant-se en tants aspectes com pugui de l'embaràs de la seva dona. Vegi com fer-ho:

- Acompanyi-la al ginecòleg. Sempre que pugui (si és que encara no ho fa), vagi amb la seva dona a les revisions prenatals. A ella li agradarà el seu suport moral, i a vostè li agradarà tenir l'oportunitat d'escoltar les instruccions del ginecòleg (així podrà ajudar la seva dona a seguir-les millor –i a recordar-les-hi si la desorientació pròpia de l'embaràs fa que se n'oblidi). A més, podrà consultar al metge els dubtes que tingui. Aquestes visites també li permetran observar les miraculoses transformacions en el cos de la seva dona. I el millor de tot és que tots dos tindran l'oportunitat de compartir els moments més especials de l'embaràs (sentir el batec cardíac del nadó per primer cop, veure amb l'ecografia com mou unes cametes i uns bracets diminuts...).

- Actuï com si estigués embarassat. No cal que vagi a la feina vestit amb roba d'embarassada ni que es begui quatre gots de llet al dia. Però sí que pot convertir-se en un bon company d'embaràs: faci exercici amb la seva dona (i vostè també es posarà en forma); eviti prendre alcohol (a ella li serà molt més fàcil mantenir-se a ratlla si vostè també demana una aigua amb gas); mengi bé (com a mínim, quan estiguin junts); i, si fins ara fumava, deixi el tabac (per sempre, ja que els fumadors passius també en surten perjudicats –sobretot els nadons).

- Informi's bé. Fins i tot els pares amb llicenciatures universitàries (i amb doctorats i tot) tenen molt per aprendre en temes d'embaràs, part i cura dels nadons, igual com els passa a les mares que esperen el seu primer fill. Llegeixi llibres i revistes sobre el tema, o bé visiti pàgines web especialitzades. Acompanyi la seva dona a les classes de preparació al part i, si a la seva ciutat n'organitzen, vagi també a classes de preparació per a pares. Xerri amb amics o companys de feina que hagin estat pares recentment o xategi per Internet amb altres futurs pares.

- Entri en contacte amb el nadó. La futura mare ho té més fàcil per establir els primers vincles amb el nadó perquè ja té el fill confortablement instal·lat al seu úter, però això no significa que vostè no pugui començar també a contactar amb el nou membre de la família.

  Parli, llegeixi o canti al seu fill regularment; els fetus hi poden sentir a partir de finals del sisè mes i, si ara sent sovint la seva veu, tan bon punt neixi també la reconeixerà. Gaudeixi dels cops de puny i de les puntades de peu del seu nadó deixant reposar la seva mà o la seva galta sobre el ventre de la mare durant uns minuts cada nit. També és una bona manera de sentir-se a prop de la seva dona.

- Prepari l'equipament per al nadó amb la seva dona. Comprin plegats la robeta, el bressol i el cotxet. Decorin l'habitació del fill tots dos. Consultin llibres de noms de nadó. Vagin a xerrades que comptin amb la intervenció de pediatres. I, en general, participi en tots els aspectes relatius a la planificació i la preparació per a l'arribada del nadó.

- Intenti agafar-se uns dies lliures. Aprofiti el permís de paternitat i, si pot, agafi's també uns quants dies de vacances per no renunciar a compartir amb la seva dona els primers dies de vida del seu fill.

Sexe

"No és pas que em sàpiga greu, però sembla que –des que està embarassada– la meva dona té més desig sexual que mai. És normal? És segur fer l'amor tan sovint?"

Els rumors són certs: algunes dones no en tenen mai prou quan estan embarassades. I per una bona raó. Ara que està en estat, els genitals de la seva dona estan tumefactes per les hormones i per l'acumulació de sang, provocant una sensació de formigueig constant als nervis de la zona. Com vostè ja haurà comprovat, els genitals no seran l'única part del cos que se li hauran inflat, sinó que també ho hauran fet altres zones (com els pits i els malucs), que fan que la seva dona se senti més femenina que mai –i més sensual. I tot això és normal (com també seria normal tenir-ne menys ganes, com els ocorre a altres dones) i també segur –sempre que el ginecòleg hagi donat llum verda a la seva dona per mantenir relacions sexuals.

Així que vostè estigui a punt sempre que ella en tingui ganes. I senti's afortunat si ella en té ganes tantes vegades. Però esperi sempre que sigui la seva dona qui faci el primer pas, especialment ara. Actuï amb seducció si ella està animada per mantenir relacions, però no en mantinguin si el metge els ho ha desaconsellat per algun motiu.

Encara que algunes dones tenen ganes de practicar sexe al llarg de tots nou mesos, altres no estan d'humor fins al segon trimestre; a altres, en canvi, el desig sexual els va de baixa durant el segon trimestre i no en tornen a tenir fins al tercer. Així que estigui preparat per

Consells per a les relacions sexuals durant l'embaràs

És evident que no és la primera vegada que mantindrà relacions sexuals amb la seva dona. Però n'havia mantingut mai a "l'estil embaràs"? Encara que les normes bàsiques del joc també són aplicables durant l'embaràs, s'adonarà que practicar sexe en els mesos de gestació requereix uns quants ajustaments, una major subtilitat i més flexibilitat –en sentit literal. Aquests són alguns dels suggeriments que el poden conduir cap a la direcció correcta:

- Esperi a tenir llum verda. Un dia està ardent de passió i l'endemà està freda com el gel? Les dones embarassades tenen molts canvis d'humor, i també molts canvis en la seva apetència sexual. Vostè haurà d'aprendre a reaccionar adequadament en totes les circumstàncies.

- Posi la dona a to abans d'engegar motors. Això ho hauria de fer sempre, però durant l'embaràs més. Vagi tan a poc a poc com ella necessiti, procurant dedicar prou temps als preàmbuls abans de fer diana.

- Segueixi la direcció marcada. Les indicacions de què li agrada i què no li agrada poden haver canviat (fins i tot respecte de la setmana passada), així que no es refiï de direccions possiblement desfasades. Pregunti sempre abans de fer res. És possible que hagi de tractar amb una especial cura els seus pits, més grans que mai; així, encara que possiblement li hagin crescut fins a proporcions descomunals, també és probable que els tingui tan sensibles que li facin mal només de tocar-los, especialment durant el primer trimestre. Això pot comportar que, de moment, s'hagi de conformar amb "mirar però no tocar".

- Deixi que ella decideixi la posició. O esculli la posició tenint en compte la comoditat de la seva dona. Una de les postures preferides durant l'embaràs és amb la dona al damunt, per tal que ella pugui controlar millor el grau de penetració vaginal. Una altra posició és ajaguts de costat, un davant de l'altre. I, quan el ventre li comenci a créixer, busqui alguna alternativa prou imaginativa: intentiho per darrere amb ella agenollada o amb la dona asseguda a la seva falda i vostè estirat.

- Estigui preparat per canviar de ruta. Tots els camins porten al coit? Busqui altres rutes alternatives al plaer perquè tots dos puguin gaudir-ne –masturbació mútua, sexe oral o massatge recíproc, per exemple.

seguir la seva canviant agenda sexual, en què passa de tenir-ne ganes a no tenir-ne en 60 segons (frustrant, potser sí, però completament normal). Recordi, a més, que cap als últims mesos d'embaràs també haurà d'afrontar una sèrie de reptes logístics, quan el cos de la seva dona passi de ser agradablement voluptuós a ser exageradament voluminós.

"Trobo que ara la meva dona està especialment atractiva. Però sembla que, des que vam saber que esperàvem un fill, ja no n'ha tornat a tenir ganes."

Durant l'embaràs, fins i tot les parelles que sempre han sintonitzat molt bé en l'aspecte sexual, de sobte poden experimentar un canvi en les seves relacions sexuals. Això s'explica per un gran nombre de factors, tant físics com emocionals, que durant l'embaràs poden afectar el desig sexual, el plaer i el propi acte sexual. Pot ser que la libido li pugi perquè li agrada el que veu; molts homes troben que les formes arrodonides i plenes de la dona embarassada són molt atractives, o fins i tot eròtiques. O també pot ser que el desig es revifi per l'afecte, ja que el fet d'esperar un fill de tots dos farà que l'amor que sent per la seva dona sigui encara més fort i que, de retruc, augmenti la passió.

Però, de la mateixa manera que és comprensible i normal que la seva passió augmenti, també ho és que la de la dona disminueixi. És possible que els propis símptomes de l'embaràs hagin deixat rastre en la seva libido (no és estrany que l'apetència sexual disminueixi quan es tenen ganes de vomitar, ni és fàcil posar-se en situació patint mal d'esquena i inflor de turmells i tampoc és normal tenir ganes de fer l'amor quan prou just es tenen energies per llevar-se del llit), sobre tot en el primer i tercer trimestres, molt incòmodes. O potser ella es desanima en veure les formes arrodonides que va adquirint, amb la mateixa intensitat amb què vostè s'excita (on vostè hi veu uns malucs atractius, ella veu un cul com una trona). O potser està amoïnada amb totes les coses relacionades amb el nadó i/o potser li costa compaginar les funcions de mare i d'amant.

Quan ella no en tingui ganes (fins i tot si no en té *mai*), no s'ho prengui personalment. Intenti-ho, intenti-ho i torni-ho a intentar, però sigui delicat en les formes mentre espera aconseguir el seu objectiu. Accepti els "ara no" i els "no em toquis" amb un somriure de comprensió i una abraçada, perquè ella vegi que se l'estima fins i tot quan no li pot demostrar de la manera que vostè voldria. Recordi que ara la seva dona té moltes coses al cap (i al cos), i que el millor que pot fer vostè és no convertir les seves necessitats sexuals en la principal prioritat de la parella.

Com és lògic, és possible que a vostè se li acabi la paciència, molt probablement cap al segon trimestre, quan algunes dones tampoc recuperen l'apetència sexual. Però si la seva vida sexual no fa una revifalla ni tan sols aleshores o si el desig de la dona torna a defallir cap al tercer trimestre (per l'increment de fatiga o de mal d'esquena o per una panxa prominent com una pilota de bàsquet) o en el postpart (quan probablement cap dels dos estarà massa per orgues), no s'hi amoïni. Fomentant els altres aspectes de la seva relació (amb una connexió amorosa que no impliqui fer l'amor) faran possible que, al final, acabin recuperant el temps "perdut".

Mentrestant, en comptes de forçar la seva agenda sexual, potenciï el romanticisme, la comunicació i les abraçades. Així, no només aconseguirà que estiguin més units sinó que, com que per a moltes dones totes aquestes manifestacions d'amor funcionen com a potents afrodisíacs, és possible que li acabin donant el resultat que vostè desitja. Quan una cosa porti a l'altra, procuri actuar amb tacte i molta cura (vegi el requadre de la pàgina 520).

I no s'oblidi de dir –i de repetir– a la seva dona com de sensual i d'atractiva la troba des que es va quedar embarassada. Les dones poden ser intuïtives, però això no significa que puguin llegir la ment.

"Des que esperem un fill ja no tinc gaire interès pel sexe. És normal que em passi?"

Els pares que estan esperant poden experimentar, igual que les mares, un ampli ventall de reaccions en relació amb la seva libido –unes de més sorprenents que altres, però totes normals. I hi ha moltes raons que poden fer que la seva apetència sexual estigui ara en hores baixes. Potser vostè i la seva dona es van esforçar tant amb la concepció que, de sobte, el sexe s'ha convertit en una feina dura. O potser vostè s'ha centrat tant en el nadó i en convertir-se en pare que la seva faceta sexual ha passat a un segon pla. O també pot ser que hi influeixin els canvis en el cos de la seva dona (sobretot perquè li recorden contínuament que la seva vida i la seva relació de parella també estan canviant). O és possible que tingui por de fer mal a la dona o al nadó mentre fa l'amor –cosa que no pot ocórrer, però que pot perjudicar la libido. O potser és la novetat –fins ara no havia fet mai l'amor amb una mare (encara que aquesta mare no deixi de ser la mateixa dona amb qui tantes vegades han gaudit fent l'amor). O potser el frena una situació que considera estranya, ja que estar a prop de la seva dona també suposa estar molt a prop del nadó (massa a prop i tot, mentre vostès dos practiquen una activitat reservada als adults, i encara que el nadó no s'adoni de res). Els canvis hormonals normals que experimenten els pares que estan esperant també poden apagar-los sexualment.

La falta de comunicació dins de la parella pot confondre encara més aquests sentiments en conflicte: vostè pot pensar que ella no hi té interès, i de manera inconscient acaba refredant la seva pròpia passió. I ella també pot creure que és vostè qui ha perdut l'apetència, i acaba fent-se'n passar les ganes amb una dutxa freda.

Procuri centrar-se menys en la quantitat de les relacions sexuals i més en la qualitat dels moments d'intimitat amb la parella. Compartir més moments d'intimitat pot donar-li la sensació de plenitud que necessita. També comprovarà que, potenciant els altres tipus d'intimitat –donar-se la mà, abraçar-se o fer-se confidències amoroses–, els poden venir ganes a tots dos de fer l'amor. Tampoc li hauria de sorprendre si, quan tots dos s'hagin adaptat als canvis físics i emocionals de l'embaràs, la libido reprèn força.

També pot ser que aquesta apatia sexual es mantingui al llarg dels nou mesos –i més enllà i tot. Al capdavall, fins i tot les parelles que abans no en tenien mai prou mentre esperaven un fill, troben que les seves vides sexuals queden una mica aparcades quan tenen la criatura a casa, almenys durant els primers dos mesos. Tot és completament normal –i és una cosa passatgera. Mentrestant, procurin que tenir cura del nadó no impliqui descuidar la seva relació de parella. Faci mostres de romanticisme a la seva dona amb regularitat (com ara decorant la taula amb espelmes per sopar el que vostè ha cuinat mentre ella feia una becaina). Sorprengui-la amb flors o amb alguna camisa de dormir ben atractiva (també n'hi ha per a futures mares). Suggereixi-li un passeig a la llum de la lluna o una tanda de manyagueries i carícies al sofà. Sigui generós amb les abraçades i els petons (més generós que mai...). Així els dos estaran a punt quan la passió es torni a encendre.

I asseguri's també que la seva dona sàpiga que la seva falta de libido no té res a veure amb el seu aspecte físic o emocional. Les futures mares poden patir una crisi de confiança en relació amb la seva imatge de dona embarassada, sobretot a mesura que van augmentant de pes. Fer-li saber sovint (amb llenguatge verbal i no verbal) que la troba més atractiva que mai, ajudarà la seva dona a tenir més ganes de satisfer el seu interès sexual personalment.

Trobarà més consells per gaudir més fent l'amor, tot i practicar-lo menys sovint, a la pàgina 288.

"Tot i que el metge ens va dir que fer l'amor durant l'embaràs és segur, continuo tenint por de fer mal a la meva dona o a la criatura."

Un gran nombre de futurs pares han de fer front al mateix temor a l'hora de fer l'amor durant l'embaràs. I no és d'estranyar. És el més normal del món que posin la seva dona en estat i el futur fill en primer lloc i que els intentin protegir a tota costa (encara que sigui a costa del seu propi plaer).

Però no tingui por i faci cas del que li ha dit el ginecòleg. Si el metge els ha donat llum verda per mantenir relacions sexuals durant l'embaràs (com sol ocórrer la majoria de vegades), el sexe és completament segur fins al moment del part. Per molt ben dotat que vostè estigui, el seu nadó està fora del seu abast –segur i protegit en la seva llar uterina, lluny de tot dany, incapaç de veure o de ser conscient del que passi fora, i totalment alliè al que succeeix mentre vostès dos fan l'amor. Tampoc cal que es preocupi per les contraccions suaus que té la seva dona després de l'orgasme, ja que –en embarassos normals– no poden provocar un part prematur. De fet, els estudis demostren que les dones amb embarassos de baix risc que es mantenen sexualment actives mentre estan en estat tenen menys probabilitats de patir un part prematur. I a la seva dona, fer l'amor no només no li farà cap mal, sinó que a més li pot anar molt bé satisfer les seves majors necessitats de proximitat física i emocional i sentir-se desitjada en el moment en què ella se sent menys desitjable. Encara que ha d'actuar amb cura (segueixi les seves instruccions i converteixi les seves necessitats en la màxima prioritat), pot mantenir-hi relacions sexuals –i gaudir-ne plenament.

Continua estant amoïnat? Doncs faci-li-ho saber a la dona. Recordi que la comunicació oberta i franca és el millor remei en tots els temes, incloent-hi el sexe.

Somnis durant l'embaràs

"Últimament, somnio unes coses molt estranyes. Com és això?"

La seva vida onírica s'està tornant més interessant que la seva pròpia vida real? No és l'únic a qui li passa. Per a la majoria de futurs pares i futures mares, l'embaràs és un moment de sentiments intensos, que poden oscil·lar des de l'alegria més exultant fins al pànic més angoixant. És normal que molts d'aquests sentiments aflorin a través dels somnis, en què el subconscient entra en acció i els representa de manera segura. Els somnis eròtics poden ser la interpretació del seu subconscient al que probablement vostè ja sap: el preocupa la influència que l'embaràs i la criatura tenen i continuaran tenint en la seva vida sexual. Aquests temors no només són normals, sinó també molt habituals. Una bona manera de reforçar la relació de parella és prenent consciència que l'arribada del nadó implicarà uns quants canvis.

Els somnis sexuals són més comuns al principi de l'embaràs. Més endavant, els somnis poden centrar-se sobretot en temes familiars. És possible que somniï amb els pares o els avis, ja que el seu subconscient intentarà vincular les generacions passades amb les futures. Pot somniar que torna a ser un nen, cosa que pot indicar una por comprensible davant de les responsabilitats futures, i la nostàlgia pels anys d'infància –lliures de preocupacions. És possible que fins i tot arribi a somniar que l'embarassat és vostè, fet que pot indicar empatia per l'estat de la seva dona, gelosia per l'atenció que ella acapara, o simplement un desig de connectar amb el fill que encara no ha nascut. Somniar que ha perdut el nadó o que s'oblida de lligar-lo a la cadireta del cotxe pot demostrar les seves inseguretats per fer de pare (les matei-

Són les seves hormones (de debò!)

Es pensava que pel simple fet de ser un home ja era immune als canvis hormonals que normalment afecten les dones? Doncs s'equivocava. Els estudis han demostrat que tant les futures mares com els futurs pares experimenten una davallada en els seus nivells de testosterona i un increment en l'hormona estradiol –una hormona femenina. S'ha especulat que aquestes alteracions hormonals, comunes també amb la resta del regne animal, potencien la faceta més tendra dels homes. També poden contribuir a l'aparició en els futurs pares d'alguns sorprenents símptomes similars als de l'embaràs, incloent-hi antulls, mareig, augment de pes i canvis d'humor. I, encara més, també poden apaivagar la libido del pare (i ja sol anar bé, atès que no sempre és possible practicar tot el sexe que l'home voldria durant l'embaràs –i encara menys després del naixement del nadó). Normalment, els nivells hormonals tornen a la normalitat al cap de tres a sis mesos, superant també aleshores els símptomes del pseudoembaràs –i recuperant l'apetència sexual habitual (encara que no necessàriament la vida sexual habitual).

xes inseguretats que comparteixen tots els futurs pares). Els somnis típicament masculins –com participar en un combat de boxa o conduir un cotxe de fórmula 1– poden comunicar el temor subconscient de perdre la masculinitat pel fet de tenir cura d'un nadó. Però la part més tendra del subconscient també pot aflorar en els somnis; somniar que cuida el seu fill l'ajudarà a preparar-se per al seu nou paper de pare. També són molt habituals els somnis en què l'home se sent sol i deixat de banda, i s'expliquen per la sensació de sentir-se arraconat que experimenten molts futurs pares.

Però no tots els seus somnis han d'expressar ansietat. Alguns –en què algú li dóna una criatura o se'n troba una d'abandonada, o bé en què banya un nadó o el porta a passejar en cotxet pel parc– mostren el seu grau d'il·lusió per la imminent arribada d'un fill. (Trobarà més temes de somnis a la pàgina 320.)

Si hi ha una cosa segura és que vostè no és l'únic que somnia. Les futures mares (per les mateixes raons) també estan subjectes a somnis estrambòtics –i les seves hormones els fan encara més vívids. El fet de compartir els somnis quan es llevin al matí pot convertir-se en un ritual íntim i terapèutic, sempre que no donin als somnis més importància de la que tenen; no són més que somnis.

Sobreviure als canvis d'humor de la dona

"Havia sentit a dir que durant l'embaràs la dona té molts canvis d'humor, però no me n'esperava tants. Un dia està animada i l'endemà està deprimida, i sembla que jo no faci res bé."

Benvingut al meravellós –i a vegades impertinent– món de les hormones de l'embaràs. Meravellós perquè tenen un paper molt important en la creació del fill que s'allotja al ventre de la seva dona (i que aviat vostè tindrà als braços). I impertinent perquè, a més de controlar el cos de la seva dona (i de provocar-li dolors), també li controlen la ment –fent-la estar ara ploranera, ara exageradament excitada, ara desproporcionadament amoïnada, ara exultant de felicitat o estressada al màxim... i tot en només una estona.

Com és lògic, els canvis d'humor més pronunciats se solen donar durant el primer trimestre de gestació, quan les hormones de l'embaràs es troben en el seu moment àlgid (i quan la seva dona encara s'hi ha d'acostumar). Però fins i tot quan els canvis hormonals ja s'han regularitzat, durant el segon i tercer trimestres, vostè es pot esperar haver d'afrontar els daltabaixos emocionals de la seva dona, que continuaran a voltes animant-la i a voltes enfonsant-la, fins al moment del part i més enllà.

Així doncs, què hauria de fer un futur pare? Vegi alguns suggeriments a continuació:

Tingui paciència. L'embaràs no durarà per sempre (encara que, en el transcurs dels nou mesos, hi haurà moments en què tant vostè com la seva dona ho posaran en dubte). Tot acabarà passant, i serà més fàcil de fer passar si vostè no perd la paciència. Mentrestant, intenti mirar-s'ho amb perspectiva –i faci tot el que pugui per fer aflorar el sant baró que porta dins.

Quan ella exploti no s'ho prengui personalment. I no s'hi giri en contra. La seva dona, al capdavall, no pot controlar les seves emocions. Recordi que són les seves hormones les que la fan cridar –i la fan plorar sense cap raó aparent. Eviti retreure-li els constants canvis d'humor. Encara que ella no sigui capaç de controlar-los, és probable que sí que en sigui plenament conscient. I el més probable és que adonar-se que perd els nervis li agradi menys a ella que a vostè. Estar embarassada no és cap bicoca.

Ajudi-la a calmar-se. Com que les baixades de sucre poden afectar els canvis d'humor, quan li comenci a baixar el sucre ofereixi-li alguna cosa per picar (unes torradetes amb formatge, un batut de iogurt amb fruites). L'exercici pot alliberar les endorfines que ajuden a sentir-se bé i que ella necessita ara més que mai, així que suggereixi-li anar a caminar una estona abans o després de sopar (també pot ser un bon moment perquè ella exterioritzi els temors i les ansietats que la turmenten per dins).

Doni-li un cop de mà. Vagi a recollir la roba a la tintoreria, a buscar menjar preparat de camí cap a casa, al supermercat... i totes aquestes coses. La seva dona li agrairà els esforços que fa –sense que li ho hagi de demanar prèviament– i vostè agrairà que ella estigui de més bon humor.

Canvis d'humor del pare

"Des que el test d'embaràs va donar positiu sembla que estic especialment desanimat. Però se suposa que els pares no hem d'estar deprimits durant l'embaràs, oi?"

Els pares comparteixen amb la seva parella molt més que un fill preciós. Molt abans que la criatura arribi al món, poden compartir molts dels símptomes de l'embaràs, incloent-hi els canvis d'humor –que són sorprenentment comuns en els homes que estan esperant un fill. I encara que no tingui tant dret com la seva esposa a donar la culpa a les hormones (tot i que les hormones de l'home també poden fluctuar una mica durant l'embaràs), és probable que les seves baixades emocionals estiguin vinculades amb la munió de sentiments normals però conflictius (des de l'ansietat i el temor fins a l'ambivalència) que molts futurs pares (i moltes futures mares) han d'afrontar en els mesos en què se'ls planteja el canvi més gran de les seves vides.

Però vostè pot animar-se una mica (i potser també prevenir la tristesa postpart, que pateixen prop d'un 10 per cent dels nous pares) de la manera següent:

- Parli. Exterioritzi els seus sentiments i no s'ho quedi tot a dins. Comparteixi'ls amb la seva dona (i no s'oblidi que ella també ha de compartir els seus) fent de la comunicació un ritual diari. Parli'n també amb algun amic que recentment hagi estat pare (ningú el podrà comprendre tan bé com ell) o fins i tot amb el seu propi pare. O bé busqui alguna via d'escapament a través d'Internet –per exemple, un xat amb homes que esperen un fill o que n'acaben de tenir un.
- Mogui's. Res li anirà millor per apujar l'ànim que practicar una mica d'esport. Fer exercici li anirà bé emocionalment i també fomentarà l'alliberament d'endorfines, que el faran sentir bé.
- Prepari's per al nadó. Participi en tots els preparatius necessaris per a l'arribada del nadó. Tenir la ment ocupada amb el nadó l'ajudarà a sentir-se més animat.
- Deixi l'alcohol. Prendre moltes begudes alcohòliques pot acabar-lo de desanimar. Encara que se sol creure que l'alcohol millora l'estat anímic, tècnicament és un depressiu, fet que explica que la ressaca de l'endemà no sigui mai tan divertida com la borratxera de la nit anterior. A més, és un mecanisme que altera els sentiments que vostè intenta controlar. I el mateix podem dir de les altres drogues.

Si aquests suggeriments no l'ajuden a fer pujar l'ànim, o bé si la seva depressió empitjora o comença a interferir en la seva relació de parella, la seva feina o altres aspectes de la seva vida, no s'esperi més. Busqui ara ajuda professional (del seu metge o d'un terapeuta) per començar a gaudir del que hauria de ser el canvi més feliç i emocionant de la seva vida.

Ansietat sobre la dilatació i el part

"Estic molt emocionat amb el naixement del nostre fill, però tinc por de no ser capaç de suportar el part. Què passa si em marejo o em desmaio?"

Ben pocs pares entren a la sala de parts sense uns quants –o molts– nervis. Fins i tot els obstetres que han assistit al naixement de milers de fills d'altres persones poden experimentar una sobtada pèrdua d'autoconfiança quan s'han d'enfrontar al part del seu propi fill.

Però la major part dels temors més habituals –de tremolar, de desmaiar-se o de marejar-se, quedant així malament i alhora fallant a les suposades expectatives de la seva dona– no s'arriben a produir mai. De fet, la majoria dels pares afronten el part millor del que s'esperaven, mantenint les formes i els nervis, i sense marejar-se. I encara que si s'està preparat per al naixement –assistint a les classes de preparació al part, per exemple– l'experiència sol ser més satisfactòria per als dos membres de la parella, fins i tot els pares menys preparats superen la dilatació i el part molt millor del que haurien imaginat mai.

Ara bé, com passa amb totes les coses noves i desconegudes, el naixement d'un fill també atemoreix i intimida menys si se sap el que se'n pot esperar. Així que procuri convertir-se en un expert en la matèria. Llegeixi l'apartat sobre la dilatació i el part, que trobarà a partir de la pàgina 414. Busqui informació per Internet. Assisteixi a classes de preparació al part, i miri els DVD de parts amb els ulls ben oberts. Visiti amb antelació l'hospital on naixerà el seu fill perquè, quan hi hagi d'acompanyar la seva parella a donar a llum, ja hi tingui una certa familiaritat. Parli amb amics que hagin assistit al part dels seus fills –probablement haurà comprovat que abans del naixement ells estaven tan nerviosos com vostè, però que van superar el part com autèntics professionals.

Encara que és important estar ben informat i preparat, tingui present que el part tampoc és cap examen final. No se senti pressionat per actuar d'una manera determinada. Les llevadores i els metges no són allà per avaluar-lo ni per fer comparacions amb el pare de la sala de dilatació del costat. I, el més important, la seva dona tampoc l'avaluarà ni el compararà; no li tindrà en compte si s'oblida de totes les tècniques d'acompanyament que havia après. Per damunt de tot, el que ella necessitarà –i apreciarà– és que li faci costat, li agafi la mà, l'animi i li doni el confort que suposa tenir a prop una cara coneguda.

Li continua angoixant el moment del part? Algunes parelles troben que la presència d'una doula durant el naixement els ajuda a tots dos a passar la dilatació i el part amb menys estrès i més tranquil·litat (vegi la pàgina 398).

"Em marejo només de veure sang. Per això em neguiteja la idea d'assistir al part."

La majoria de pares –i mares– que estan esperant s'atabalen per la reacció que puguin tenir davant la sang que vegin al part. Però el més probable és que ni tan sols s'adonin de la sang, i encara menys que els molesti, per un parell de raons. La primera és que normalment no hi ha gaire sang per veure. I la segona és que, en el moment del part, els nervis i l'emoció per veure l'arribada del seu fill centraran tota la seva atenció.p

Si la sang el molestés només de veure-la (el més probable és que no li passi), focalitzi la seva mirada en la cara de la seva dona mentre l'anima a fer els darrers esforços d'empènyer. Però, probablement, voldrà veure com el seu fill arriba al món; en el moment culminant del naixement, la sang serà l'última cosa en què es fixarà.

"La meva dona té programada una cesària. Hi ha alguna cosa que jo hauria de saber a l'avançada?"

Com més aprengui ara sobre les cesàries, millor serà l'experiència del part per a tots dos. Encara que potser no podrà ajudar tant la seva dona com ho faria si donés a llum per via vaginal, la seva participació podrà ser més valuosa del que es pugui pensar. En aquest sentit, la reacció del pare davant d'un part per cesària pot afectar el nivell de temor i d'ansietat que experimenti la seva dona –i un pare menys estressat contribueix fantàsticament bé a tenir una mare menys estressada. I no hi ha millor manera de reduir l'estrès que sabent d'entrada què es pot esperar. Així que assisteixin plegats a classes de preparació al part que incloguin el tema de la cesària al programa, llegeixin informació sobre parts per cesària i la seva recuperació posterior (comencin per les pàgines 434 i 471 d'aquest mateix llibre) i estiguin tan preparats com puguin. [2]

Tingui en compte que, encara que qualsevol intervenció quirúrgica pugui espantar una mica, els parts per cesària són molt segurs tant per a la mare com per al nadó. A més, la majoria d'hospitals miren de familiaritzar una mica l'ambient del quiròfan, permetent-hi l'assis-

[2] Al capítol sobre la cesària ja s'ha indicat que almenys a l'Estat espanyol els marits, si no és que són metges i estan familiaritzats amb les normes d'asèpsia, no entren als quiròfans quan s'ha de fer una cesària. *(Nota del revisor.)*

Faci-li costat

La millor manera d'emprendre la seva nova vida com a pare és quedant-se a casa, amb la dona i el fill. Per això, si s'ho pot permetre, consideri la possibilitat de disposar del màxim de dies lliures possible després del part –ja sigui perquè aprofita el permís de paternitat, perquè fa uns quants dies de vacances (la platja pot esperar a l'any que ve, però el seu fill només serà un nounat una sola vegada a la vida), perquè s'agafa un permís sense sou o, si tot això és impossible, mirant de treballar mitja jornada durant unes quantes setmanes, o d'endur-se una part de la feina a casa.

Si cap de les possibilitats anteriors és factible, i les obligacions laborals el lliguen, aprofiti al màxim el poc temps que li quedi lliure. Estigui a casa tota l'estona que pugui, aprengui a renunciar a les hores extra, a les reunions de primera o última hora, i als viatges de negocis que puguin esperar o es puguin evitar. Sobretot en el postpart, quan la seva dona encara s'estarà recuperant del naixement, procuri fer tot el possible en les tasques de la llar i en la cura del nadó sempre que sigui a casa. Recordi que, per molt esforç físic i mental que requereixi la seva feina, no hi ha cap feina tan exigent com la de tenir cura d'un nounat.

Tot i convertir l'establiment de vincles paternofilials en la seva prioritat, no s'oblidi de tenir cura també de la seva dona. Quan sigui a casa, mostri-li afecte i faci-li saber que també es recorda d'ella mentre és a la feina. Telefoni-la sovint per mostrar-li suport i empatia (i, quan en tingui ganes, deixi-la desfogar-se una mica), regali-li flors o porti-li menjar preparat del seu restaurant preferit.

tència del pare, que pot estar assegut al costat de la mare, donar-li la mà i agafar el nadó tot just néixer –igual que les parelles que donen a llum vaginalment.

Ansietat davant del canvi de vida

"Des del moment en què vaig veure el nostre fill en una ecografia, ja tinc moltes ganes que neixi. Però també em preocupa pensar com canviaran les nostres vides quan siguem pares."

És ben sabut que, per petits que siguin els nounats, els canvis de vida que comporten són molt grans –i a totes les parelles que estan esperant els preocupa la idea. A les futures mares també els estressen aquests canvis imminents, però el fet d'estar físicament involucrades en el procés de l'embaràs els dóna la possibilitat d'anar-s'hi habituant (de fet, durant la gestació les seves vides ja ho són, de diferents). Per als pares, els canvis poden semblar menys graduals i més d'un dia per l'altre. Però el fet d'anar-hi pensant –i fins i tot d'anar-s'hi atabalant– durant l'embaràs és en realitat positiu, ja que suposa una oportunitat per preparar-se de la manera més realista possible per a l'impacte que tindrà en la seva vida el fet de convertir-se en pare. Les preocupacions més habituals són:

Seré un bon pare? No hi ha cap futur pare (ni cap futura mare) que no inclogui aquesta pregunta en les primeres posicions del rànquing de preocupacions. Per superar aquesta incertesa, vegi la pàgina 530.

Canviarà la nostra relació de parella? Gairebé totes les parelles troben que la seva relació experimenta alguns canvis quan passen de ser dos a ser tres. Anticipar-se de forma realista a aquests canvis durant l'embaràs és un important primer pas per afrontar-los millor durant el postpart. A partir d'ara, estar sols ja no serà tan fàcil com abaixar la persiana i desconnectar el telèfon; des del moment en què arribin de l'hospital amb la criatura, la intimitat espontània i la privacitat absoluta es convertiran en un bé escàs, i sovint inassolible. Els moments de romanticisme s'hauran de planificar (aprofitant la migdiada del nen, per exemple), en comptes d'esperar que arribin de manera espontània, i les interrupcions seran la norma (ja que el nadó no es pot desconnectar). Però la relació pot superar aquests canvis amb èxit, sempre que tots dos facin l'esforç de dedicar-se un temps l'un a l'altre –encara que això suposi esperar-se per compartir un sopar a deshora quan el fill s'hagi adormit, renunciar a jugar a futbol amb els amics per jugar al seu joc preferit amb la dona, o perdre's la seva sèrie preferida del dissabte a la nit. De fet, moltes parelles consideren que tenir fills ha aprofundit, enfortit i millorat la seva relació –de manera que se senten més unides que mai.

Com ens repartirem l'atenció al nadó? Fer de pares és feina de dos (com a mínim, si efectivament hi ha pare i mare), però això no significa que sigui fàcil repartir-se les tasques que farà cada un tan bon punt neixi el nadó. No s'esperin a decidir aquesta qüestió fins que al seu fill se li hagin de canviar els bolquers a mitja nit o se l'hagi de banyar per primera vegada. Comencin ara a dividir-se les obligacions –de forma equànime. És possible que alguns detalls del seu pla hagin de canviar quan efectivament es converteixin en pares (potser ella s'havia d'encarregar del bany, però vostè se'n surt millor), però valorar ara les diferents opcions teòriques, farà que després els resulti més fàcil posar-les a la pràctica. A més, d'aquesta forma s'acostumaran a parlar obertament sobre el tema –i aquesta llibertat de comunicació és imprescindible perquè un bon equip funcioni.

Com m'ho combinaré amb la feina? Depèn del seu horari laboral. Si normalment treballa moltes hores i té molt poc temps lliure, és possible que necessiti (i vulgui) algun canvi per convertir la paternitat en la prioritat de la seva vida. I no esperi a convertir-se oficialment en pare. Pensi en agafar-se algunes hores lliures ara, per acompanyar la dona al metge o per ajudar-la amb els preparatius per al nadó. Comenci a prohibir-se a vostè mateix les jornades de 12 hores diàries i resisteixi's a la temptació de seguir treballant en arribar a casa. Si pot, eviti els viatges de negocis i una càrrega laboral excessiva dos mesos abans i dos mesos després del part. I, sobretot, aprofiti per agafar-se el permís de paternitat les dues primeres setmanes de vida del seu fill.

Haurem de renunciar al nostre estil de vida habitual? Després del naixement de la criatura, probablement no caldrà que renunciïn a les seves activitats habituals ni a la seva vida social, però hauran d'estar preparats per fer-hi uns quants canvis, almenys al principi. Un nounat té –i ha de tenir– un paper central dins la família, fet que comporta haver de deixar de banda, almenys temporalment, alguns dels hàbits anteriors de la parella. Les festes, les pel·lícules i els esports s'han de limitar al temps que queda entre menjada i menjada del nadó; els sopars romàntics per a dos al seu restaurant preferit s'hauran de convertir en sorollosos dinars per a tres en restaurants que tolerin les inevitables molès-

La tristesa postpart del pare

Està molt feliç pel fet de ser pare i l'entusiasma tenir un fill. Però per què se sent tan baix d'ànim? Després de tots els preparatius, de tots els plans i de tota l'espera, per fi ha nascut el seu fill, però vostè no només se sent esgotat (lògic, passant la son que passa), sinó que a més es troba una mica desanimat. Benvingut al club dels nous pares, en què l'alegria de tenir una criatura se sol veure de sobte una mica enterbolida per la tristesa postpart. No tots els nous pares i mares experimenten el que s'anomena tristesa postpart, però és possible que tant la seva dona com vostè s'enfrontin a tot tipus d'emocions (per sort, normalment, quan un es desanima s'anima l'altre i a l'inrevés). Estigui preparat. I sigui fort. Li caldrà la paciència d'un sant, molta dedicació i una bona dosi de sentit de l'humor per superar aquest període d'ajustament. En moments difícils, adapti al seu cas els consells per a la tristesa postpart de la mare que trobarà a la pàgina 497. Si aquests consells no li funcionen, i la tristor postpart evoluciona cap a una depressió, demani ajuda mèdica per poder començar a gaudir de la nova vida amb el seu fill.

ties dels nadons. I el seu cercle d'amistats també pot canviar, en certa manera; és possible que ara es trobin més a gust amb altres passejadors de nadons per trobar-hi una companyonia amb afinitats. Això no vol dir que en la seva nova vida amb el nadó no hi hagi un lloc per als seus amics de sempre, però sí que les seves prioritats s'hauran d'ajustar una mica a la nova realitat.

Podré mantenir un altre membre de la família? Ara que les despeses per mantenir una criatura són més elevades que mai, molts homes que esperen un fill perden el son preguntant-se com s'ho faran per criar el seu fill. Però hi ha moltes maneres de reduir aquests costos, incloent-hi l'alletament matern (no caldrà comprar biberons ni llets de fórmula), acceptant tots els articles de segona mà que els ofereixin (de tota manera, després que la criatura hi hagi vomitat unes quantes vegades al damunt, la roba nova també semblaria de segona mà), i fent saber als familiars i amics quins regals els farien falta en comptes de deixar que l'habitació del nadó acabi plena de coses totalment inútils que no faran servir mai. Si vostè o la seva dona tenen previst agafar una reducció de jornada a la feina (o agafar-se una excedència temporal) i això els preocupa des del punt de vista econòmic, comparin la pèrdua d'ingressos amb la reducció de despeses en fer-se personalment càrrec del nadó i probablement la diferència no serà tan gran com es pensaven.

I el més important: en comptes de pensar en el que ja no es podrà permetre, comenci a pensar en tot el que ha guanyat: una petita criatura amb qui compartir la vida. La seva vida serà diferent? Totalment. I serà millor? I tant que sí!

Temors a la paternitat

"Voldria ser un bon pare, però tinc por de no ser-ho. No he tingut mai cura d'un nounat... de fet, ni tan sols n'he vist o agafat mai cap."

Pocs homes neixen sabent fer de pares, com poques mares neixen sabent fer de mares. Encara que l'amor patern sorgeix naturalment, les habilitats de ser pare (que és el que a vostè li preocupa) requereixen un cert aprenentatge.

Com tots els altres pares i mares, aprendrà a tenir cura del nadó a base de pràctica: banyant-lo, bressolantlo a les nits i calmant-lo quan plori. Gradualment, amb persistència, esforç i molt amor (aquesta serà la part més fàcil quan li vegi la carona), el paper de pare –que ara creu que li va gran– l'acabarà fent com si res. I tot i que aprendrà molt de la pràctica –i dels errors que cometrà com tots els pares– el pot fer estar una mica més tranquil adquirir una mica de preparació formal.

Per sort, les classes pràctiques per tenir cura de nadons –des de canviar-los el bolquer i banyar-los fins a donar-los menjar o fer-los jugar– són cada cop més habituals. Aquest tipus de classes preparatòries les fan als hospitals o en altres centres especialitzats. En la pròxima visita prenatal, pregunti al ginecòleg de la seva dona si sap on fan classes d'educació maternal en què també hi puguin assistir els pares, o bé consulti-ho a l'hospital on ha de néixer el seu fill, o busqui informació per Internet. Apunti's també a algun curs de primers auxilis per a criatures.

També pot aprendre les coses bàsiques llegint llibres sobre el primer any del nadó com *Qué se puede esperar el primer año.* Si té amics que hagin estat recentment pares, demani'ls que li ensenyin les quatre coses primordials, com ara agafar la criatura, canviar-li els bolquers o fer-la jugar.

Recordi també que no només les mares tenen diferents tècniques per criar els seus fills, sinó també els pares. Relaxi's, confiï en els seus instints (els pares també en tenen!) i prengui's la llibertat de buscar la seva pròpia forma de criar, la que més els convingui a vostè i al seu fill.

Abans que se n'adoni, ja s'haurà convertit en un pare de primera.

La lactància

"La meva dona voldria donar el pit al nostre fill i sé que per a ell seria el millor, però a mi tot plegat se'm fa una mica estrany."

Fins ara, vostè havia pensat en els pits de la seva dona des del punt de vista eròtic. I és natural. Però hi ha una cosa que encara ho és més, de natural. I és que la raó de ser dels pits és assolir un altre objectiu realment important: alletar els fills. No hi ha cap aliment més perfecte per a un nounat que la llet materna, com tampoc hi ha un sistema d'alimentació més perfecte que un pit (o, encara millor, dos pits). La lactància materna ofereix una enorme quantitat de beneficis per a la salut del nadó (prevenint-lo d'al·lèrgies, obesitat i malalties, així com fomentant-li el desenvolupament cerebral) i per a la salut de la mare (l'alletament matern s'associa amb una recuperació postpart més ràpida i amb un menor risc de patir càncer de mama, més endavant). Pot trobar més informació sobre aquests fantàstics beneficis a partir de la pàgina 362.

No hi ha dubte que la decisió de la seva dona d'escollir el pit en comptes del biberó pot marcar una gran diferència en la vida del seu fill –i en la seva pròpia vida. Així que procuri superar les seves reticències i doni un vot de confiança a la seva dona amb el tema de la lactància materna –que és més important del que s'hauria pensat mai. Encara que el pit no l'hagi de donar vostè, sí que tindrà una gran influència en el temps que la seva dona mantingui la lactància materna (i com més temps la mantingui, més beneficis n'obtindran ella i el nadó). En efecte, els estudis demostren que les mares tenen més probabilitats de començar i mantenir l'alletament matern si els pares les recolzen que no pas si es mostren ambivalents. Així que prengui-s'ho

Estigui a l'aguait de la dona

La tristesa postpart és una cosa (normal i passatgera), però l'autèntica depressió postpart (DPP) és una afecció mèdica greu que requereix un tractament professional i immediat. Si diverses setmanes després de tenir el fill, la seva dona encara està molt moixa, experimenta atacs de plor o d'irritabilitat, li costa dormir (fins i tot quan el nadó li ho permetria), ha perdut la gana o té alguna altra reacció anormal –que no tingui res a veure amb les noves responsabilitats com a mare– acompanyi-la al metge per comentar-li-ho. Encara que inicialment la seva dona s'hi negui, vostè insisteixi. És possible que ella no reconegui els símptomes de la depressió. Procuri que segueixi el tractament que necessiti per trobar-se millor. A la pàgina 499 trobarà els símptomes habituals de la depressió postpart.

seriosament. Llegeixi informació sobre la lactància materna, vegi algun DVD sobre el tema, parli amb marits de dones que alleten els seus fills i demani si pot acompanyar-los algun especialista en lactància a l'hospital, almenys les primeres vegades que el nounat s'hagi d'agafar al pit. (Lliçó número 1: la lactància materna és un procés natural, però no se sap fer espontàniament.) Si a la seva dona li fa vergonya demanar ajuda (o, després del part, està massa cansada per demanar-ne), faci de portaveu i procuri que vinguin a ajudar-la.

Com és lògic, al principi li pot resultar estrany veure com la seva dona dóna el pit –almenys tan estrany com a ella li pot resultar donar-lo– però de seguida ho trobarà ben normal i natural, i fins i tot increïblement especial.

"La meva dona està donant el pit al nostre fill. Entre tots dos hi ha una intimitat que jo no comparteixo, i me'n sento exclòs."

Hi ha uns quants aspectes biològics de la procreació que, per naturalesa, n'exclouen el pare: l'home no pot quedar-se embarassat, donar a llum ni alletar un fill. Però, com milions de nous pares descobreixen cada any, aquestes limitacions físiques naturals no tenen per què relegar-lo a la condició de mer espectador. Vostè pot compartir gairebé totes les alegries, esperances, preocupacions i tribulacions de l'embaràs i el part de la seva dona –des de la primera puntada de peu fins a la fase d'expulsió del part– com a participant actiu i solidari. I tot i que mai no es podrà posar el seu fill al pit (almenys no amb els resultats que el nadó n'esperaria), sí que pot participar de la manera següent:

Sigui l'alimentador suplementari del nadó. Tan bon punt la lactància materna ja s'ha establert, hi ha més d'una manera d'alimentar el nadó. I tot i que vostè no li pugui donar el pit, sí que li podrà donar els biberons de suplement (si és que en pren, és clar). Amb això no només donarà un respir a la seva dona (ja sigui en plena nit o a mig sopar), sinó que també vostè obtindrà majors oportunitats de sentir-se a prop del seu fill. Converteixi aquesta estona en un moment especial –i, en comptes de limitar-se a apropar el biberó a la boca del nadó, agafi el seu fill com ho fa la mare per donar-li el pit, posant-se'l ben a prop seu; es pot desbotonar la camisa per permetre un contacte pell contra pell, fomentant així encara més la intimitat entre tots dos.

No dormi tota la nit d'una tirada fins que no ho faci el nadó. Compartir les alegries de l'alletament també implica compartir les nits en blanc. Fins i tot si no li ha de donar cap biberó suplementari, vostè es pot convertir en part del ritual de l'alletament nocturn. Així, es pot encarregar d'agafar el nadó, de canviar-li el bolquer sempre que convingui, de donar-lo a la mare perquè li doni el pit i de tornar-lo a posar al bressol quan ja s'hagi adormit.

Participi en tots els altres rituals diaris. Alletar és l'única tasca diària exclusiva de la dona. Per tant, els homes poden banyar la criatura i bressolar-la o canviar-li els bolquers igual que la millor de les mares.

El vincle afectiu

"Estic tan emocionat amb la meva filla que tinc por de fer-ne un gra massa amb les atencions que li dedico."

De vegades, a la vida ens excedim amb alguna cosa, però mai són excessives les mostres d'amor i atenció a un nounat. Els nadons necessiten l'atenció dels seus pares, i no hi ha millor manera de fomentar una bona relació paternofilial que donant-los-hi. Tot el temps que dediqui a la seva filla també ajudarà la seva dona a vincular-s'hi millor, ja que les mares que suporten soles la càrrega de l'atenció al nadó poden estar massa cansades i malhumorades com per establir-hi uns bons lligams afectius.

I si el sorprèn l'entusiasme que li provoca la seva filla, pot ben creure que és normal. De fet, hi ha estudis que demostren que els mascles del regne animal i de l'espècie humana experimenten un increment d'hormones femenines quan tenen fills. Segons sembla, l'instint d'atenció i protecció dels fills no és exclusiu de la mare, sinó que també es desperta de forma natural en el parc.

De tota manera, tot i estar sempre pendent de la seva filla, no s'oblidi de tenir cura també d'una altra relació: la de parella. Procuri que la seva dona també sàpiga com se l'estima. I no es descuidi de donar-li les atencions que de ben segur també necessita.

"Tot just néixer tant la meva dona com jo vam tenir l'oportunitat de tenir el nostre fill als braços. Però ja fa quatre dies que sóc pare i, tot i estimar-lo, noto que encara no estem compenetrats."

Establir vincles paternofilials comença amb aquesta primera abraçada en néixer, però això no és més que l'inici de la relació amb el seu fill. Aquesta nova connexió pare-fill serà més forta i profunda a mesura que passin les setmanes, però sobretot quan ja faci anys que comparteixin la seva vida.

Dit d'una altra manera, no s'esperi que els resultats siguin immediats –i no es preocupi si vostè nota que encara no els ha aconseguit. Consideri cada moment amb el seu fill com una nova oportunitat per consolidar els vincles que han començat a establir. Cada canvi de bolquers, cada bany, cada petó, cada carícia i cada vegada que li miri la carona estarà enfortint aquests vincles. Podrà fomentar la proximitat amb el seu fill i enfortir els seus vincles afectius mirant-lo als ulls i procurant el contacte de pell contra pell (desbotoni's la camisa i posi's el seu fill al pit mentre li canta alguna cançó de bressol per fer-lo adormir). I, segons diversos estudis, aquest tipus de contactes també acceleraran el desenvolupament cerebral del nadó, així que són doblement beneficiosos. Tingui en compte que, al principi, pot tenir la sensació que vostè és l'únic que hi posa de la seva part per afavorir el vincle afectiu (vostè serà l'únic que somriurà i dirà cosetes, almenys fins que el nadó estigui prou alerta com per reaccionar a les seves atencions), però tota la seva dedicació contribuirà al benestar del seu nadó, que se sentirà estimat. El *feedback* que rebrà quan el seu fill comenci a somriure li confirmarà que el temps de dedicació va valer la pena –i aleshores la connexió amb el seu fill ja serà molt més ferma.

Si considera que la seva dona està monopolitzant la cura del nadó (és probable que ho faci sense adonar-se'n), faci-li saber que a vostè també li agradaria col·laborar. Ofereixi's a quedar-se a soles amb el nadó sempre que sigui possible –mentre la seva dona assisteix a classes de gimnàstica postpart, queda per fer un cafè amb una amiga o simplement llegeix una estona. Així tindrà la garantia que les bones intencions maternals no interferiran en el procés de coneixement mutu entre vostè i el seu fill. I no cregui que només pugui compartir temps amb el seu nadó dins de casa. Els nadons es poden portar a molts llocs, així que prepari-li la bossa amb els bolquers de recanvi, i posi el seu fill al cotxet o a la cadireta del cotxe i vagi a passejar una estona o endugui's el seu fill a canviar d'aires.

Sexe després del part?

Està passant la temporada de "sequera sexual" més llarga que ha viscut mai? Pensa que, de tant esperar la seva sortida, l'esperma se li acabarà morint dins? Tingui paciència: el dia de reprendre les relacions sexuals acabarà arribant. La seva dona encara s'està recuperant del considerable xoc que han suposat per al seu organisme no només el propi part sinó també els nou mesos precedents, en què s'ha hagut de sotmetre a molts canvis fisiològics. Encara que el metge o la llevadora hagin donat el vistiplau a la seva dona per tornar a fer l'amor, ha de ser ella qui en tingui l'última paraula. I, quan la seva dona estigui disposada a intentar-ho, vostè actuï molt a poc a poc i amb molta precaució. Pregunti-li què li agrada i què li fa mal, i què pot fer per ajudar-la. I no es plantegi anar directe a l'atac sense una bona sessió de preàmbuls (ella necessitarà molt massatge i una mica de lubricació perquè els canvis hormonals li hauran provocat una forta sequedat vaginal). I no s'espanti si li entra un raig de llet a l'ull quan es troba en plena acció (és normal que la llet gotegi dels pits, sobretot al principi). Riguin una estona i tornin a posar-se de cara a la "feina".

Sentir poc desig sexual després del part

"El naixement del nostre fill va ser una experiència meravellosa. Però veure'l sortir de la vagina de la meva dona m'ha fet perdre l'apetència sexual."

Si la comparem amb la d'altres animals, la resposta sexual humana és extremadament delicada. I és que no només hi té a veure el cos, sinó també la ment. (En canvi, els gossos, per exemple, no pensen les coses; les fan i prou.) Però, de vegades, la ment pot jugar males passades, com en el cas de l'embaràs –com probablement vostè ja ha comprovat. Un altre cas és el del postpart, que és el que ara se li presenta a vostè.

És molt possible que la causa de la seva sobtada ambivalència sexual no tingui res a veure amb haver vist el naixement del seu fill. La majoria de nous pares (encara que no tots, i tampoc passa res) tenen menys apetència sexual després del part, per diverses raons ben comprensibles: el cansament; el temor que el nadó es desperti plorant al primer petó (sobretot si dorm a la mateixa habitació); el temor de fer mal a la dona si es fa l'amor abans que el seu cos estigui recuperat del tot; i, finalment, la plena dedicació física i mental a la cura del nadó, que en aquest moment concentra la major part de les seves energies. Els seus sentiments també poden estar influïts per l'increment temporal d'hormones femenines i per la davallada de testosterona que poden experimentar els nous pares, perquè són les hormones masculines (tant en l'home com en la dona) les que fan pujar la libido. Segurament és la manera que té la naturalesa d'ajudar-lo a tenir cura del nadó –i la manera que té la naturalesa d'allunyar el sexe de la seva ment quan arriba un nou fill.

Dit d'una altra manera: probablement, és positiu que en aquest moment no se senti sexualment motivat, sobretot si la seva dona tampoc se sent físicament o emocionalment preparada per mantenir relacions (com els passa a la majoria de dones en el postpart immediat). El temps que vostè i la seva dona trigaran a recuperar l'interès sexual és impossible de predir. Tal com passa amb molts altres aspectes de la sexualitat, el marge de "normalitat" és molt ampli. Per a algunes parelles, el desig tornarà fins i tot abans del vistiplau del ginecòleg en la revisió postpart que, depenent de les circumstàncies, es pot programar entre la segona i la sisena setmana després d'haver donat a llum. Per a altres, caldrà esperar mig any fins que tornin a mantenir relacions després del part. Algunes dones no recuperen l'apetència sexual fins que deslleten els seus fills, però això no significa que no gaudeixin amb la intimitat que els dóna fer l'amor.

Alguns pares, fins i tot si estaven preparats per al naixement, surten de la sala de parts amb la sensació que els genitals de la seva dona han passat de ser un lloc de plaer a ser uns òrgans amb finalitats pràctiques. Però normalment, a mesura que passen les setmanes, aquesta sensació se'n va. La vagina, al capdavall, té dues funcions realment importants: la pràctica i la sexual. I l'una no exclou l'altra i de fet, pensant-ho bé, totes dues estan molt vinculades. La vagina s'usa per al naixement d'un fill de manera puntual, però és una font de plaer per a l'home i la dona durant tota una vida.

Mentre espera que li torni el desig sexual (que li acabarà tornant!), procuri dedicar a la seva parella totes les atencions que de ben segur necessita. Normalment, les dones que acaben de donar a llum temen no ser desitjades pel marit, i encara que la seva esposa no tingui ganes de fer l'amor, del que segurament sí que té ganes és de sentir que vostè li diu com l'estima (i com la troba de bonica i d'atractiva). Tampoc els pot fer cap mal emprendre algunes iniciatives romàntiques per mirar d'encendre la passió –encara que pugui ser difícil de culminar amb un nadó a casa. Quan per fi el petit s'acabi adormint, encengui espelmes perfumades per dissimular la insistent pudor dels bolquers bruts; faci una estona de massatge a la dona, i sorprengui-la amb alguna carícia quan descansin al sofà. I vagi a saber: potser així la passió s'acaba revifant abans del que es pensava.

"La meva dona ha optat per la lactància materna i ara veig els seus pits massa funcionals com per trobar-los atractius."

Igual que la vagina, els pits estan destinats tant a una finalitat pràctica com a una de sexual (de fet, des del punt de vista de la procreació, el sexe també és una funció pràctica). I encara que aquestes finalitats no són mútuament excloents a llarg termini, sí que poden entrar en conflicte temporalment, mentre es dóna el pit.

Algunes parelles troben que la lactància és un incentiu sexual, sobretot si abans la dona tenia els pits petits i ara se li han posat més grossos. Altres, en canvi, troben que és un potent inhibidor, ja sigui per raons estètiques (el degoteig de llet, per exemple) o ja sigui perquè se senten incòmodes si fan servir la font d'alimentació del fill per satisfer el seu plaer sexual. Malgrat tot, quan l'alletament matern estigui ben establert, és possible que vegin les coses diferents.

Sigui quin sigui l'efecte que a vostè li provoca, tot això no deixa de ser normal. Si troba que els pits de la seva dona són ara massa funcionals com per considerar-los atractius, centri els jocs amorosos en altres parts del cos fins que se senti més a gust compartint els pits amb el seu fill (o fins que la seva dona deslleti la criatura). Procuri, però, ser clar i sincer amb la seva esposa. Si, de sobte, vostè li retira inexplicablement les mans dels pits ella pot creure que ja no li resulta atractiva. Vagi amb compte, també, de no fomentar cap sensació de ressentiment en contra del seu fill pel fet d'haver-hi de compartir aquells pits que tant li agraden; pensi que, en realitat, només els hi "presta" temporalment, durant la lactància. I gaudeixi dels beneficis d'aquest "préstec": veure créixer un nadó saludable i ben alimentat.

PART 6

Estar sana quan s'està esperant

CAPÍTOL 20

Si es posa malalta

EL MÉS PROBABLE ÉS QUE EN ELS NOU mesos d'espera ja tingués previst haver de fer front a alguns dels símptomes més desagradables de l'embaràs (com ara el mareig matinal, les rampes a les cames, la indigestió o el cansament), però el que probablement no s'esperava era haver de patir un molest refredat o una dolorosa infecció. El cert és que les embarassades poden agafar tot tipus de malalties amb la mateixa facilitat que la resta de persones –o, encara amb més facilitat, ja que el debilitament del seu sistema immunitari les converteix en un objectiu fàcil per a tota mena de gèrmens. I, encara més, estar malalta per a dos pot fer que l'embarassada es trobi almenys el doble de malament –sobretot perquè ara no es podrà prendre molts dels remeis que normalment feia servir per guarir-se.

Per sort, aquestes malalties sense cap relació amb l'embaràs no afectaran el seu fill (encara que vostè sí que es trobarà pitjor).

Evidentment, la prevenció és la millor manera tant d'evitar posar-se malalta com de procurar que, si se'n posa, no s'agreugi el seu estat. Però quan la prevenció falla (perquè un company de feina li ha encomanat la grip, el nebodet li ha passat un refredat en fer-li un petó, o aquelles maduixes que es va menjar sense rentar-les prèviament portaven algun bacteri), pot ajudar-la a trobar-se millor més aviat el fet de seguir un tractament efectiu, la majoria de vegades sota la supervisió d'un metge.

Què la pot amoïnar

Un refredat

"Tinc mocs, tos i un mal de cap insuportable. Aquest refredat tan terrible pot afectar el meu fill?"

Els refredats comuns són encara més comuns durant l'embaràs perquè el sistema immunitari normal és suprimit. Una bona notícia: vostè és l'única que en resultarà afectada; el refredat no pot afectar el nadó, ni directament ni indirectament. I una notícia no tan bona: les medicacions i els suplements que potser solia prendre per alleujar (o prevenir) els refredats –incloent-hi l'àcid acetilsalicílic o l'iboprufè, les dosis gegants de vitamina C i la majoria de plantes medicinals– són desaconsellables durant l'embaràs (a la pàgina 554 trobarà informació sobre prendre medicació mentre s'espera). Així que abans d'obrir la farmaciola de casa, despengi el telèfon i truqui al seu metge per preguntar-li quins remeis considera segurs en el seu estat, i quins li podrien anar millor –probablement li deixarà escollir entre més d'una opció. (Si ja s'ha pres alguna petita dosi de medicació no recomanada per a embarassades, no s'amoïni, però comenti-ho al metge per a una major tranquil·litat.)

Encara que el seu facultatiu li prohibeixi la medicació que solia prendre contra els refredats, no cal que pateixi innecessàriament si creu que cova un refredat o si ja se li ha manifestat (ni cal que es faci la màrtir, ajaguda al llit amb el nas rajant i una tos turmentadora). Alguns dels millors remeis contra el refredat són completament segurs per a vostè i el seu fill i no es compren a la farmàcia. Els consells que enumerem a continuació poden ajudar-la a tenir el refredat a ratlla per tal que no degeneri en un cas de sinusitis o en alguna altra infecció secundària, i a més li alleujaran la simptomatologia. Quan li vingui el primer esternut o li comenci a picar el coll, prengui les següents mesures:

- Descansi, si creu que li convé. Covar un refredat al llit no significa necessàriament escurçar-ne la durada, però si el cos demana una mica de repòs, és millor fer-li cas. Malgrat tot, si en té ganes (i no té febre ni tos), es podria recuperar abans si fa una mica d'exercici, suau o moderat.

- No mati de gana el refredat ni la febre –i encara menys el nadó. Cal que segueixi menjant de la manera més nutritiva possible, encara que es trobi malament i hagi perdut la gana. Triï aliments que li vinguin de gust o que, com a mínim, no li produeixin repulsió. Procuri prendre cada dia cítrics (taronges, mandarines...) i força fruites i verdures riques en vitamina C, però eviti els suplements extra d'aquesta vitamina (a banda dels que ja conté el suplement vitamínic prenatal) sense el consentiment mèdic. I el mateix podem dir del zinc i de l'*Echinacea*.

- Inundi's de líquids. La febre, els esternuts i la secreció nasal provoquen que el cos perdi líquids que necessiten tant la mare com el nadó. Les begudes calentes van particularment bé, així que deixi's un termo amb beguda calenta o brou a la tauleta de nit i begui-se'n almenys un got ple cada hora. Si li vénen més de gust l'aigua i els sucs de fruita naturals també funcionen.

- Quan estigui ajaguda o dormint, faci servir un parell de coixins per mantenir el cap una mica elevat. Així li serà més fàcil respirar tot i tenir el nas tapat. També li poden anar bé les tires nasals (que mantenen oberts els conductes nasals i faciliten la respiració); no contenen cap fàrmac i es poden adquirir sense recepta mèdica.

- Mantingui humits els orificis nasals mitjançant un humidificador i polvoritzi's les fosses nasals amb un dispensador de solució salina (que és completament segur i tampoc porta fàrmacs).

- Si la gola li fa mal o li pica, o si tus, provi de fer gàrgares amb aigua salada (una culleradeta de sal dissolta en un quart de litre d'aigua).

Es tracta d'un refredat o de la grip?

Tot seguit li resumim breument la manera de distingir aquestes dues malalties:

Refredat. Els refredats, fins i tot els especialment forts, són més suaus que la grip. Generalment solen començar amb una mica de mal de coll (que acostuma a durar un o dos dies), seguit de l'aparició gradual dels altres símptomes. Els més habituals són els mocs i la congestió nasal, els esternuts, i a vegades un cert adoloriment generalitzat i un cansament lleu. No hi ha febre o n'hi ha poca (generalment inferior als 38 °C). Sobretot en la fase final del refredat, es pot presentar tos, que pot continuar una setmana o més després que els altres símptomes hagin mitigat.

Grip. És més greu i es manifesta més sobtadament. Els símptomes més freqüents inclouen febre (generalment entre 39 °C i 40 °C), mal de cap i mal de gola (que sol empitjorar cap al segon o tercer dia) i adoloriment muscular intens, així com debilitat i cansament generalitzats (que poden durar un parell de setmanes, o més i tot). També hi pot haver esternuts i tos, amb major o menor intensitat.

En alguns casos, també poden aparèixer nàusees i vòmits, però cal no confondre la grip pròpiament dita amb l'anomenada "grip intestinal" (vegi la pàgina 545). La grip es pot evitar fàcilment mitjançant una vacuna específica.

- Procuri fer-se baixar la febre ràpidament. Trobarà més detalls sobre el tractament de la febre a la pàgina 541.
- No dubti a trucar al metge, ni rebutgi el medicament que li prescrigui pensant que totes les medecines són nocives durant l'embaràs. Moltes no ho són, però sempre ha d'estar segura que el metge que les hi prescriu sàpiga que vostè espera un fill.

Si el seu refredat és prou greu com per interferir en la ingestió d'aliments o en el son, si expectora mucositat verdosa o groguenca, si quan tus li fa mal el pit o té tos sibilant, si hi ha indicis de sinusitis (vegi la pregunta següent), o si els símptomes es prolonguen més d'una setmana, truqui al metge. És possible que el refredat li hagi derivat en una infecció secundària i pot ser necessari que el facultatiu li prescrigui medicació per a la seva seguretat i la del seu fill.

Sinusitis

"Fa una setmana que estic refredada, i ara em comencen a fer mal les galtes i el front. Què hi puc fer?"

Sembla que el refredat se li ha complicat en una sinusitis. Els símptomes de la sinusitis inclouen dolor i sovint sensibilitat al front i/o a les galtes (sota els ulls), i de vegades al voltant de les dents (un dolor que s'intensifica quan es gira el cap o es sacseja), així com una mucositat fosca (verdosa o groguenca).

La sinusitis derivada d'un refredat és bastant habitual, i encara més en les dones embarassades. La raó és que les seves hormones tendeixen a inflamar les membranes mucoses (com les que condueixen als sins facials), i produeixen blocatges que afavoreixen la proliferació de gèrmens. Aquests gèrmens tendeixen a romandre més temps en aquests punts perquè les cèl·lules immunitàries, que destrueixen els gèrmens invasors, tenen dificultats per arribar a les profundes cavitats dels sins. En conseqüència, les infeccions dels sins que no es tracten poden durar setmanes –o fins i tot tornar-se cròniques. El tractament amb antibiòtics (el seu metge n'hi prescriurà algun de segur durant l'embaràs) pot alleujar-ne ràpidament la simptomatologia.

La grip

"És l'època de la grip i em pregunto si m'hauria de vacunar. És segur fer-ho durant l'embaràs?"

La vacuna contra la grip és indiscutiblement la seva millor arma de defensa durant l'època de màxima incidència gripal. De fet, no només és segur que la rebi estant embarassada, sinó que fins i tot es considera aconsellable. Els organismes de salut recomanen que totes les dones embarassades durant l'època de la grip (generalment entre octubre i març) es vacunin.

La vacuna de la grip s'ha d'aplicar abans que comenci l'època de major risc –o, com a molt tard, al principi de tot– per garantir una bona protecció. No és eficaç al cent per cent, ja que només és vàlida contra els virus que se suposa que seran més problemàtics en aquell any concret. De tota manera, incrementa les probabilitats d'evitar agafar la grip i, si s'agafa, almenys en redueix la gravetat dels símptomes. No sol produir efectes secundaris i, quan n'hi ha, són lleus.

Quan es vagi a vacunar de la grip, pregunti si li poden administrar una vacuna lliure de timerosal (o amb una dosi reduïda). I opti per la injecció, i no per la vacuna d'esprai nasal, ja que aquesta darrera (a diferència de la injectable) s'elabora amb virus de la grip vius (per la qual cosa podria provocar-li un cas lleu de grip) i no és recomanable per a les dones en estat.

Si sospita que ha agafat la grip (en trobarà els símptomes al requadre de la pàgina anterior), truqui al metge per preguntar-li el tractament (i eviti així que la grip derivi cap a una pneumònia). El tractament sol ser simptomàtic –destinat a reduir la congestió nasal, les molèsties i la febre (prengui immediatament les mesures oportunes per fer baixar la febre; vegi la pregunta següent). I el més important si agafa la grip (o qualsevol altre virus) mentre està embarassada: faci repòs i begui molts líquids, mesura essencial per prevenir la deshidratació.

Vacuna de la grip per a dos

Vacunar-se contra la grip és bo per a la dona en estat, però sabia que també té beneficis per al nadó? Les investigacions han demostrat que els nadons nascuts de mares que es van vacunar contra la grip durant el darrer trimestre de l'embaràs es troben protegits contra aquest virus durant els sis primers mesos de vida. Això significa que, si vostè es vacuna ara, el seu fill estarà protegit d'aquesta malaltia fins a l'edat en què ja li podran administrar la seva primera vacuna contra la grip.

Febre

"M'ha pujat una mica la febre. Com la puc fer baixar?"

Durant l'embaràs, una febre baixa (per sota dels 38 °C) no sol ser motiu de preocupació. Però tampoc se n'ha de fer cas omís, sinó que s'han de prendre les mesures necessàries per ferla baixar com abans millor. També cal anar controlant la temperatura periòdicament, per verificar que no puja més.

Si durant l'embaràs la febre s'enfila per sobre dels 38 °C, ja és més alarmant i cal informar-ne el metge de seguida. La raó és que, encara que la febre en si no suposi cap perill, la causa que la provoca (com ara una infecció que podria ser tractada amb antibiòtics) sí que pot comportar un problema per a l'embaràs. Mentre intenta contactar amb el metge, prengui paracetamol per començar a fer baixar la febre. També hi poden ajudar una dutxa o un bany tebi, les begudes fredes i no abrigar-se massa. Si està en estat, no es prengui àcid acetilsalicílic ni iboprufè, a no ser que li ho recomani especialment el seu ginecòleg.

Si va tenir febre alta en algun altre moment de l'embaràs i no ho va comentar al metge, faci-ho ara.

Amigdalitis

"Al meu fill de tres anys li ha agafat una amigdalitis. Si me la contagia, hi haurà algun risc per al nadó?"

L'única cosa que a les criatures no els sap greu de compartir són els gèrmens. Com més fills tingui (sobretot en edat escolar), majors probabilitats tindrà d'agafar refredats i altres infeccions durant l'embaràs.

Així que prengui mesures de precaució (no comparteixin vas, resisteixi la temptació d'acabar-se el seu brioix farcit de xocolata... i de virus, i renti's les mans sovint). Reforci també el seu sistema immunitari (que, de tota manera, durant l'embaràs ja sol estar debilitat) menjant bé i descansant prou.

Si sospita que vostè també podria tenir una amigdalitis, vagi al metge de seguida perquè li ho verifiqui amb les proves oportunes. Aquesta infecció no danyarà el nadó, sempre que es tracti immediatament i amb el tipus d'antibiòtic adequat. El seu facultatiu n'hi receptarà algun que sigui efectiu contra l'estreptococ que causa l'amigdalitis però totalment innocu per al nadó. No es prengui pel seu compte la medicació que li hagin receptat al seu fill ni a cap altre membre de la família.

Infecció del tracte urinari

"Tinc por de tenir una infecció del tracte urinari."

La pobra bufeta maltractada d'una dona en estat, que es passa mesos pressionada per un úter en creixement i pel seu adorable ocupant, és el lloc ideal per hostatjar els visitants més inoportuns: els bacteris. Aquests petits animalons es multipliquen ràpidament a les àrees on l'orina s'estanca o no pot circular prou bé, és a dir, en qualsevol punt d'un tracte urinari comprimit per un úter en expansió. (Es tracta de la mateixa compressió que a vostè li impedeix de dormir d'una tirada sense haver de llevar-se diverses vegades per anar a orinar.) Aquesta compressió generalitzada, sumada a les propietats de relaxació muscular que caracteritzen les hormones que circulen per l'organisme d'una embarassada, fa que els bacteris intestinals que viuen tranquil·lament a la seva pell i a la seva femta ho tinguin molt més fàcil per penetrar al tracte urinari de la dona i fer-la patir. En efecte, les infeccions del tracte urinari (ITU) són tan comunes en l'embaràs que almenys un 5 per cent de les dones en estat poden esperar desenvolupar-ne com a mínim una al llarg dels nou mesos de gestació, i les que ja n'han tingut alguna prèviament a quedar-se en estat augmenten les probabilitats fins a un 33% de reincidència. En algunes dones, la ITU és "silenciosa" (asimptomàtica) i només se'ls diagnostica arran d'un cultiu d'orina rutinari. En altres, els símptomes poden oscil·lar de lleus a força molestos (micció freqüent, dolor o sensació de cremor en orinar –a vegades, només dues o tres gotetes–, i pressió o dolor agut a la part baixa de l'abdomen). A més, l'orina pot fer una olor desagradable i tenir un aspecte tèrbol.

Diagnosticar una ITU és tan senzill com submergir una barreta especial en una mostra d'orina al consultori mèdic; la barreta reaccionarà davant dels glòbuls rojos o blancs de la mostra. Els glòbuls rojos indicaran sagnat en el tracte urinari, mentre que els blancs alertaran d'una possible infecció. Les ITU se solen tractar amb la prescripció d'antibiòtics específicament destinats al tipus de bacteris trobats pel laboratori que hagi analitzat la mostra d'orina. (No dubti a prendre-se'ls –el metge n'hi receptarà algun dels molts que es poden prendre de forma segura durant l'embaràs.)

Evidentment, el més sensat per combatre una infecció urinària és començar prevenint-la. Hi ha una sèrie de mesures que vostè pot prendre per reduir les probabilitats d'agafar una infecció d'aquest tipus durant l'embaràs (o, si ja l'ha agafada, per ajudar-la a recuperar-se més ràpidament, en combinació amb el tractament mèdic):

- Begui molts líquids, sobretot aigua, que pot ajudar a evacuar tots els bacteris. També li poden anar bé els sucs de gerdó, probablement perquè els tanins que contenen eviten que els bacteris es dipositin a les parets del tracte urinari. Eviti el te i el cafè (fins i tot el descafeïnat) i l'alcohol, ja que podrien incrementar el risc d'irritació.

- Renti's bé la zona vaginal i buidi la bufeta tant abans com després de mantenir relacions sexuals.

- Cada vegada que orini, prengui's el temps necessari per buidar la bufeta del tot. Per aconseguir-ho, li pot anar bé inclinar-se una mica cap endavant mentre està asseguda al vàter. A vegades, també funciona buidar "a dos temps": orini, esperi's cinc minuts, i torni-ho a provar. I, quan tingui ganes d'orinar, no se l'aguanti –perquè, si ho fa sovint, serà més susceptible a tenir infeccions.

- Per deixar respirar la zona del perineu, porti roba interior i mitges amb l'entrecuix de cotó, eviti la roba molt ajustada i, si és possible i li resulta còmode, dormi sense la part de baix del pijama.

- Mantingui la zona vaginal i perineal meticulosament neta i lliure d'irritació. Després d'anar al lavabo, eixugui's sempre des del davant cap endarrere per impedir que els bacteris fecals li entrin a la vagina o la uretra (el conducte per on s'excreta l'orina de la bufeta). Renti's cada dia (és millor dutxar-se que banyar-se), i eviti els banys de bombolles i els productes perfumats (sabons, paper higiènic...). També cal evitar banyar-se en piscines que no estiguin prou clorades.

- Alguns metges també recomanen menjar iogurts que continguin cultius actius o prendre aliments probiòtics mentre es mediqui amb antibiòtics per ajudar a restablir l'equilibri dels bacteris beneficiosos. Pregunti-ho al seu metge; alguns probiòtics són molt més potents que altres.

- Mantingui altes les defenses prenent una dieta nutritiva, descansant prou i fent exercici, així com evitant un estrès excessiu.

Les ITU a la part baixa del tracte urinari s'han de controlar, per evitar el risc encara més greu que comportaria el fet que els bacteris d'una ITU sense tractar es desplacessin cap als ronyons. Les infeccions de ronyó no tractades poden ser força perilloses i poden desembocar en

Vaginitis bacteriana

La vaginitis bacteriana (VB) és l'afecció vaginal més comuna entre les dones en edat de procrear i afecta més d'un 16 per cent de les dones embarassades. La VB, que es dóna quan certs tipus de bacteris normalment presents a la vagina es comencen a multiplicar en grans quantitats, sol anar acompanyada d'un fluix vaginal anormal, gris o blanc, amb una forta pudor de peix, dolor, picor o ardor (encara que algunes dones amb VB no mostren cap símptoma). Els metges no saben amb exactitud què provoca aquesta alteració de l'equilibri normal dels bacteris a la vagina, encara que s'han identificat alguns factors de risc, incloent-hi tenir diverses parelles sexuals, fer-se irrigacions sexuals o portar un DIU. La VB no es transmet durant l'acte sexual però sí que s'associa amb l'activitat sexual (les dones que no han tingut mai relacions sexuals rarament en resulten afectades).

Durant l'embaràs, la VB s'associa amb un lleuger increment en complicacions com ara la ruptura prematura de les membranes i la infecció del líquid amniòtic, que pot comportar un part prematur. També es pot associar amb avortaments espontanis i nadons de baix pes en néixer. Alguns metges fan la prova de la VB a les dones amb un alt risc de part prematur, però no hi ha evidències clares que indiquin que tractar aquestes dones d'alt risc redueixi la incidència de prematuritat. Dit això, el tractament de la VB simptomàtica amb antibiòtics és eficaç per alleujar-ne els símptomes. Alguns estudis també han suggerit que aquest tractament podria reduir les complicacions associades amb parts prematurs provocats per una VB i, a més, disminuir la quantitat de dies que aquests nounats han de passar a la UCI neonatal.

parts prematurs, nadons de baix pes en néixer o altres problemes de l'embaràs. Els símptomes són els mateixos que els d'una ITU, però sovint van acompanyats de febre (normalment fins a 39 °C), calfreds, presència de sang a l'orina, mal d'esquena (a la zona lumbar, en un lateral o en tots dos), nàusees i vòmits. Si vostè experimenta aquests símptomes, notifiqui-ho de seguida al seu metge perquè li pugui prescriure un tractament com abans millor.

Candidiasi

"Crec que tinc una candidiasi. Em puc prendre la medicació que faig servir normalment, o cal que vagi al metge?"

L'embaràs no és un bon moment perquè una dona s'autodiagnostiqui ni es tracti pel seu compte –ni tan sols davant d'una infecció aparentment tan simple com una candidiasi. Encara que ja hagi tingut aquesta infecció cinquanta vegades abans de quedar en estat, que estigui segura dels seus símptomes (fluix groguenc o verdós, dens i espès, que desprèn una olor desagradable, acompanyat de sensació de cremor, picors, enrogiment o adoloriment), o fins i tot si se l'ha tractada pel seu compte en ocasions anteriors i li ha funcionat, aquesta vegada truqui al seu metge.

El tractament que li recomani dependrà del tipus d'infecció que vostè tingui, cosa que només es podrà determinar mitjançant proves analítiques. Si s'acaba confirmant que és una candidiasi, molt habitual durant l'embaràs, el seu facultatiu li podria prescriure medicació vaginal (supositoris, gel, ungüents o cremes). La medicació per via oral contra la candidiasi també és segura durant l'embaràs, però només en petites dosis i per a un màxim de dos dies.

Malauradament, la medicació pot frenar aquesta infecció només de forma temporal: la infecció sol reincidir periòdicament fins al moment del part i pot requerir haver de repetir el tractament.

Per tal de prevenir la infecció o d'accelerar-ne la recuperació, mantingui l'àrea genital neta i seca. Renti's la zona meticulosament, sobretot després d'evacuar (i eixugui's sempre de davant cap enrere); esbandeixi's bé l'àrea vaginal després d'ensabonar-se-la mentre es dutxa o es banya; eviti sabons irritants o perfumats, i banys de bombolles; porti roba interior de cotó; i eviti pantalons massa ajustats (sobretot si no són de cotó). I, en general, sempre que pugui, deixi respirar la zona (a poder ser, dormi despullada de cintura per avall).

Menjar iogurt amb cultius probiòtics vius pot anar bé per mantenir la candidiasi a ratlla. També pot preguntar al metge si li aniria bé usar algun suplement probiòtic eficaç (molts dels que es troben al mercat no ho són gaire). Algunes persones que pateixen candidiasi crònica consideren que els funciona reduir al màxim la ingesta de sucre i d'aliments a base de cereals refinats. I no es faci irrigacions vaginals, perquè podria alterar l'equilibri normal dels bacteris a la vagina.

Malalties gastrointestinals

"Tinc molèsties a l'estómac i sóc incapaç de menjar res. Podria perjudicar el meu fill?"

Just quan es pensava que per fi podria sortir del lavabo, ara s'hi ha de tornar a instal·lar per molèsties a l'estómac (se'n va el mareig matinal i comença la grip intestinal). I si encara es troba en els primers mesos de gestació, pot ser que fins i tot li resulti difícil diferenciar els símptomes del mareig matinal dels altres.

Per sort, tenir un virus estomacal no danyarà el seu fetus, per molt mal que a vostè li faci la panxa. Però el fet que el virus no sigui nociu per al nadó no significa que no s'hagi de tractar. I tant si té l'estómac regirat per les hormones o per un virus com per la ingesta d'un menjar en mal estat, el tractament és el mateix: fer una mica de repòs i prendre molts líquids, sobretot si se'n perd vomitant o amb diarrea. A curt termini, són molt més importants els líquids que els sòlids.

Si no orina prou sovint o excreta una orina fosca (de color palla), es podria deshidratar. Els fluids s'han de convertir ara en el seu principal aliat: faci freqüents glopets d'aigua, de suc diluït (el suc de raïm és el més digestiu), de brou suau, de te descafeïnat lleuger o d'aigua calenta amb llimona. Si no és capaç de fer-s'ho baixar, llepi glaçons o un gelat de pal. Deixi's guiar pel que li indiqui el seu cos pel que fa a la incorporació de sòlids a la seva dieta –comenci amb una dieta tova, simple i sense greixos (arròs blanc o torradetes, cereals baixos en fibra, poma bullida o plàtan). I recordi que el gingebre és bo per al mal d'estómac. Afegeixi'n al te, prengui's infusions de gingebre, o mengi's xiclets o caramels de gingebre. Recordi's també de prendre els suplements vitamínics, si és possible. Prendre les vitamines prenatals és ara especialment beneficiós, així que procuri fer-se-les baixar. De tota manera, si els primers dies li resulta impossible, no es preocupi; tampoc la perjudicarà.

Si és incapaç de menjar res, parli amb el seu metge. La deshidratació és un problema per a qualsevol persona que tingui un virus estomacal, però sobretot quan cal mantenir-se hidratada per a dos. És possible que el metge li recomani prendre algun preparat rehidratant.

Abans de recórrer a la farmaciola de casa per buscar-hi remei, truqui al seu metge. Hi ha antiàcids que es consideren segurs de prendre durant l'embaràs i alguns metges també poden recomanar-li prendre medicació pels gasos, però primer pregunti-ho. El ginecòleg també li pot fer prendre alguns medicaments antidiarreics, però probablement només són segurs a partir del segon trimestre de gestació (vegi la pàgina 555). Com sempre, abans de prendre's res, consulti-ho al seu metge, com a mesura de precaució.

I, si té mal d'estómac, tingui una mica de paciència: la majoria de virus estomacals es curen espontàniament en un o dos dies.

Listeriosi

"Una amiga que també està embarassada m'ha dit que, en el nostre estat, cal evitar els productes lactis sense pasteuritzar perquè ens podríem posar malaltes. És veritat això?"

Doncs sí, encara que no sigui una notícia massa bona. De vegades, la llet i els formatges sense pasteuritzar (incloent-hi algunes mozzarelles, formatge blau, brie, camembert i feta) poden provocar malalties, sobretot durant l'embaràs. Aquests aliments, juntament amb altres de crus o poc cuits (carn, peix, marisc, aviram i ous) i amb les verdures crues i sense rentar, poden contenir ocasionalment *Listeria*. Es tracta d'un bacteri que pot provocar una malaltia greu (la listeriosi), sobretot en individus d'alt risc, incloent-hi els nens petits, les persones grans o amb problemes immunitaris i les dones embarassades, que també tenen el sistema immunitari debilitat. Encara que el risc general de contreure la listeriosi és molt baix –fins i tot durant l'embaràs–, les probabilitats que causi problemes durant la gestació són més elevades. La *Listeria*, a diferència d'altres gèrmens, penetra directament al torrent sanguini, de manera que pot arribar ràpidament al fetus per la via placentària. (Hi ha altres contaminants alimentaris que se solen quedar al tracte digestiu, i només suposen una amenaça si arriben al líquid amniòtic.)

La listeriosi és difícil de detectar, en part perquè els símptomes poden aparèixer entre 12 hores i 30 dies després d'haver ingerit algun aliment contaminat, i en part perquè aquests símptomes (mal de cap, febre, fatiga, dolor muscular, i ocasionalment nàusees i diarrea) són similars als de la grip –i alguns fins i tot es poden confondre amb els efectes secundaris de l'embaràs. Per tractar i curar la listeriosi, cal prendre antibiòtics. Si no es tracta, pot provocar complicacions greus en la mare i el nadó.

Per aquest motiu, és molt important començar per prevenir la infecció –sobretot durant l'embaràs– evitant la ingestió d'aliments de risc que podrien portar aquest bacteri, encara que s'hagi de renunciar a alguns dels plats preferits. A la pàgina 128 trobarà més consells sobre la seguretat alimentària i la prevenció de malalties provocades per aliments en mal estat. Recordi, però, que el risc de contreure la infecció amb la nutrició habitual és extremadament baix, fins i tot entre les embaras0sades, així que no es preocupi per les torradetes amb formatge de camembert que es va menjar ahir al vespre.

Toxoplasmosi

"Tot i que ara és el meu marit qui s'encarrega de tenir cura dels gats, el sol fet de tenir-los a casa ja em preocupa per por de contreure la toxoplasmosi. Com ho podré saber, si l'agafo?"

El més probable és que no ho pugui saber. La majoria de persones infectades de toxoplasmosi no noten cap símptoma, tot i que algunes sí que presenten un lleuger malestar, una mica de febre i inflor dels ganglis dues o tres setmanes després de l'exposició, seguits d'una erupció cutània al cap d'un o dos dies.

Però també pot ser que ja se n'hagi contagiat abans de quedar embarassada. Si ha viscut molt de temps amb gats, el més probable és que ja s'hagi infectat de toxoplasmosi i que hagi creat anticossos al virus que la provoca.

Si no hi és immune i experimenta els símptomes de la toxoplasmosi, el més probable és que li facin la prova per detectar-la. (No és aconsellable que es faci la prova pel seu compte, perquè la majoria de tests casolans per a la toxoplasmosi són molt poc fiables.) En l'improbable cas que el test donés positiu, s'hauria de tractar amb antibiòtics per reduir el risc de transmetre la infecció al nadó.

La toxoplasmosi suposa un petit risc per a les futures mares, i el risc per a un fetus infectat si la mare ha contret la infecció i no se l'ha tractada és només d'un 15 per cent aproximadament. Com més al principi de l'embaràs la mare s'infecta del virus, menys probabilitats hi ha que el transmeti al nadó però, en cas que l'hi transmetés, més greus serien les conseqüències. Com més avançat estigui l'embaràs, més augmentaran els índexs de transmissió però menys greus seran les possibles conseqüències. Per sort, el nombre de dones embarassades que contreuen la toxoplasmosi és molt reduït, i només 1 de cada 10.000 nadons neixen amb toxoplasmosi congènita severa.

Els avenços mèdics recents han fet possible analitzar la sang fetal, el líquid amniòtic o el fetge del fetus per mitjà d'ultrasons per detectar si el fetus ha estat efectivament infectat, tot i que generalment aquestes proves no es poden practicar abans de la setmana 20 o 22 de gestació. Si no es detecta cap infecció, el més probable és que el fetus estigui bé.

El millor "tractament" per a la toxoplasmosi, però, és la prevenció. A la pàgina 87 trobarà consells per evitar-ne la infecció.

Citomegalovirus (CMV)

"El meu fill ha arribat a casa amb una nota informativa advertint que a la seva escola bressol hi ha una passa de citomegalovirus. És perillós agafar aquest virus durant l'embaràs?"

Afortunadament, les possibilitats de contreure el citomegalovirus (CMV) del seu fill gran i de contagiar després el fetus són remotes. La raó és que la majoria d'adults ja van ser infectats de CMV durant la seva infància, i si vostè es troba entre aquesta majoria, ara no el pot tornar a agafar (encara que es podria "reactivar"). Fins i tot si torna a contreure un nou CMV durant l'embaràs, els riscos per al seu nadó són molt baixos. Encara que la meitat de les mares infectades donen a llum a nadons infectats, només un petit percentatge d'aquests nadons mostren algun símptoma de la malaltia. I els riscos encara són menors per a fills de mares que han reactivat la infecció durant l'embaràs.

De tota manera, a no ser que tingui la certesa que és immune al CMV perquè ja va tenir la infecció abans, la millor defensa és un bon atac. Prengui mesures preventives, com ara rentar-se bé les mans després de canviar els bolquers del seu fill o de buidar-li l'orinalet, i eviti acabar-se les restes del seu menjar. (I, si treballa en una guarderia o similar, segueixi sempre un bon protocol d'higiene.)

Encara que el CMV sol aparèixer i desaparèixer sense cap símptoma obvi, a vegades pot provocar febre, fatiga, inflamació dels ganglis o mal de gola. Si nota algun d'aquests símptomes, comenti-ho al seu metge. Tant si aquests símptomes són conseqüència d'un CMV com si es deuen a una altra malaltia (com una grip o una amigdalitis), vostè necessitarà algun tipus de tractament.

Eritema infecciós

"M'han dit que hi ha una malaltia de la qual ni tan sols havia sentit a parlar mai –l'eritema infecciós– que pot causar problemes en l'embaràs."

L'eritema infecciós és la cinquena d'un grup de sis malalties que poden causar febre i erupcions cutànies als nens. Però a diferència de les altres malalties del mateix grup (com la varicel·la o el xarampió, més habituals), l'eritema infecciós no és gaire conegut perquè els seus símptomes són lleus i poden passar desapercebuts. La febre afecta tan sols entre un 15 i un 30% dels casos. Durant els primers dies, les erupcions de les galtes (que semblen degudes a les marques d'una bufetada) presenten l'aspecte de caps d'agulla i s'escampen cap al tronc, les natges i les cuixes, però van i vénen (generalment com a resposta a l'escalfor del sol o d'un bany calent) entre una i tres setmanes. Se solen confondre amb les erupcions de la rubèola o d'altres malalties infantils, o fins i tot amb els efectes cutanis de l'exposició al sol o al vent.

Un contacte prolongat amb nens infectats o treballar en escoles amb epidèmies d'eritema infecciós incrementa el risc de contreure la malaltia. Però la meitat de les dones en edat de procrear van contreure aquesta infecció quan eren petites i ara ja estan immunitzades; per tant, aquesta infecció no és comuna entre dones embarassades. En l'improbable cas en què una dona agafés la malaltia i el seu fetus en resultés infectat, aquest virus podria alterar l'habilitat del nadó de produir glòbuls rojos, provocant-li una varietat d'anèmia o altres complicacions. Si vostè contreu l'eritema infecciós, el seu ginecòleg controlarà l'aparició de símptomes d'anèmia fetal amb ecografies setmanals durant les vuit o deu setmanes posteriors al contagi matern. Si el nadó és infectat durant la primera meitat de l'embaràs, el risc d'avortament és major.

També en aquest cas, les probabilitats que aquesta malaltia afecti la mare, l'embaràs o el nadó són remotes. Tot i això, com sempre, val la pena prendre les mesures oportunes per evitar-ne la infecció mentre s'està esperant (vegi la pàgina 550).

Xarampió

"No recordo si, de petita, em van vacunar contra el xarampió. Ho hauria de fer ara?"

No. La vacuna del xarampió (que forma part de la vacuna triple vírica, o TV, contra el xarampió, les galteres i la rubèola) no s'ha d'administrar durant l'embaràs, a causa del risc teòric que té per al fetus, tot i que no hi ha constància de problemes entre nounats de mares que van ser vacunades sense saber-ne els riscos. A més, hi ha moltes probabilitats que vostè ja estigui immunitzada contra el xarampió, ja que la majoria de dones en edat de procrear ja en van ser vacunades durant la seva infància. Si el seu historial mèdic no inclou aquesta informació i els seus pares no ho recorden, el seu metge pot practicar-li un test per determinar si ja està immunitzada. No obstant això, fins i tot si no hi està immunitzada, el risc de contreure el xarampió és extremadament remot per la gran cobertura vacunal d'aquesta malaltia que hi ha a Espanya (la qual cosa significa que és poc probable que la mare es contagiï).

En el cas altament improbable que vostè estigués exposada directament a alguna persona amb xarampió i no hi fos immune, el seu metge li podria administrar una gammaglobulina (anticossos) durant el període d'incubació –entre l'exposició i l'inici dels símptomes– per alleujar la gravetat de la malaltia. Recordi que aquest cas no deixa de ser hipotètic, atesa la baixa incidència d'aquesta malaltia en l'actualitat.

Galteres

"Un company de feina acaba d'agafar les galteres. M'hauria de vacunar per tal que no me les contagiï?"

Les galteres són rares durant l'embaràs, ja que avui dia la majoria d'adults hi han estat vacunats quan eren petits. I el més probable és que a vostè també la vacunessin quan era petita (o, menys probablement, que ja hagués passat la malaltia), per la qual cosa no la podrà contreure ara. Si no està segura de si està o no immunitzada contra les galteres, pregunti-ho als seus pares o al pediatre que la va atendre quan era una nena, sempre que sigui possible.

Si resulta que vostè no hi és immune, ara no la poden immunitzar perquè la vacuna podria ser perjudicial per al fetus. Fins i tot sense immunitat, però, el risc de contreure les galteres és molt baix. No és massa contagiós a través del contacte casual. De tota manera, com que sembla que aquesta malaltia provoca contraccions uterines i està associada amb un increment del risc d'avortament en el primer trimestre o amb parts prematurs més endavant, estigui alerta als primers símptomes de la malaltia (possiblement dolor indefinit, febre i pèrdua de la gana abans que s'inflin les glàndules salivals o paròtides; després mal d'orella i dolor en mastegar, beure o menjar aliments àcids o agres). Cal que notifiqui immediatament aquests símptomes al metge perquè un tractament ràpid pot reduir les probabilitats que es registrin més problemes. També es pot plantejar que li administrin la vacuna triple vírica abans de tornar-se a quedar embarassada, només per motius de seguretat.

Rubèola

"Podria haver estat exposada a la rubèola durant un viatge a l'estranger. M'he de preocupar?"

Afortunadament, la majoria de dones embarassades són immunes a la rubèola, ja sigui perquè les van immunitzar de petites o perquè ja l'han contreta en algun altre moment de la seva vida (normalment, durant la infantesa).[1] Per tant, el més probable és que cap persona l'agafi, de manera que vostè tampoc cal que es preocupi. Si vostè no sap del cert si hi està immunitzada, ho pot descobrir amb un simple test que mesura el nivell d'anticossos contra el virus que hi ha a la sang analitzada i que la majoria de ginecòlegs realitzen rutinàriament en la primera visita prenatal. Si de moment encara no li han fet aquesta anàlisi, pot fer-se-la ara.

En l'improbable cas en què vostè no hi fos immune (o si els nivells d'anticossos a la seva sang són baixos), tampoc cal que prengui mesures dràstiques de forma immediata. Per tal que el virus pugui ser nociu, vostè hauria de contreure efectivament la malaltia. Els símptomes, que apareixen al cap de dues o tres

[1] La vacuna és més eficaç si s'aplica a l'adolescència, però tota dona que no hagi estat vacunada en aquesta etapa convé que es vacuni en el moment que tingui possibilitats de quedar embarassada. *(Nota del revisor.)*

Trobar-se bé

Durant l'embaràs, quan cal tenir cura de la salut per a dos, és més cert que mai el proverbi de "val més prevenir que curar". Els suggeriments que li oferim tot seguit incrementaran les probabilitats que es trobi bé si està embarassada (i, si no ho està, també):

Mantingui les defenses altes. Segueixi la millor dieta possible, dormi prou i faci exercici moderat, sense arribar-se a esgotar. Reduir al màxim l'estrès de la vida quotidiana també ajuda a mantenir el sistema immunitari en bon estat.

Eviti contagiar-se de persones malaltes. Sempre que pugui, procuri mantenir-se allunyada de qualsevol persona que tingui un refredat, una grip, una malaltia gastrointestinal o qualsevol altra malaltia contagiosa detectable. Mantingui les distàncies amb persones que tussin dins l'autobús, eviti menjar amb companys que es queixen de mal de coll i procuri no estrènyer la mà d'un amic que tingui congestió nasal (els gèrmens es transmeten a través del contacte manual). També convé evitar, sempre que sigui possible, els espais tancats molt concorreguts o plens de gom a gom.

Renti's bé les mans. Les mans són el principal transmissor de malalties, i per això cal rentar-se-les bé amb sabó i aigua calenta (friccionant-les uns 20 segons), sobretot després d'haver estat amb algú malalt, o en indrets o transports públics. Rentar-se les mans és especialment important abans de menjar. Convé que porti a la bossa tovalloletes humides per rentar-se les mans quan no tingui accés a aigua corrent.

No comparteixi els gèrmens. A casa, intenti limitar el contacte directe amb el marit o els fills malalts, sempre que

setmanes de l'exposició, solen ser lleus (malestar, unes dècimes de febre i inflor dels ganglis, seguida d'una lleugera erupció que apareix al cap d'un o dos dies) i, de vegades, fins i tot poden passar desapercebuts.

Si contragués la rubèola durant l'embaràs (insistim que és molt poc probable), el risc que comportaria per al nadó dependria del moment de l'embaràs en què vostè hagués contret la malaltia. Durant el primer mes de gestació, són força elevades les possibilitats que el nadó desenvolupi un defecte congènit greu a partir de l'exposició *in utero*. A partir d'aleshores, el risc és inferior.

Malgrat tot, no hi ha manera de prevenir totalment que una dona que ha estat exposada a la infecció contregui la malaltia –però, com que les possibilitats de ser exposada a la rubèola són mínimes, aquesta situació és gairebé impossible.

De tota manera, si vostè no hi és immune i no contreu la malaltia durant l'embaràs, eviti's més preocupacions per a posteriors embarassos vacunant-se després del part. Com a precaució, li aconsellaran no quedar-se en estat durant el mes posterior a l'administració de la vacuna. Però si en aquest període es queda accidentalment embarassada, o si quan la van vacunar ja ho estava, no s'amoïni. Aparentment, no hi ha cap risc quan una dona embarassada es vacuna al principi de l'embaràs, quan encara no sabia que estava en estat, ni si es queda en estat poc després d'haver-se vacunat.

sigui possible. Eviti acabar-se les restes del seu entrepà o beure del mateix got. I encara que els nens malalts necessiten més que mai abraçades i petons de la seva mare, procuri rentar-se bé les mans i la cara després de subministrar-los la seva dosi d'afecte. Renti's les mans, també, després de tocar les seves tovalloles i els seus llençols contaminats, els seus mocadors usats, i sobretot abans de tocar-se els seus propis ulls, nas i boca. Procuri que els pacients infantils també es rentin les mans sovint i procuri que, quan tussin o esternudin, no es posin la mà a la boca (un bon consell per als adults, també). Netegi amb esprai o tovalloletes desinfectants els telèfons, els teclats d'ordinador i altres superfícies que manipulin els familiars malalts.

Si un fill seu o un nen amb qui sol passar molta estona presenta una erupció del tipus que sigui, eviti tenir-hi un contacte estret i truqui immediatament al ginecòleg, a no ser que tingui la certesa que vostè és immune a la varicel·la, l'eritema infecciós i el citomegalovirus (CMV).

Vetlli per la salut dels animals de companyia. Cal mantenir els animals de companyia en bona salut, tenint al dia el seu calendari de vacunes. Si té un gat, prengui les precaucions necessàries per evitar la toxoplasmosi (vegi la pàgina 87).

Vagi amb compte amb la malaltia de Lyme. Cal evitar els espais oberts on la malaltia de Lyme sigui endèmica, o anar-hi amb la protecció adequada (vegi la pàgina 552).

No comparteixi els objectes personals. Això inclou el raspall de dents i altres articles d'higiene personal. (I no deixi que, dins del pot, els raspalls de dents es toquin pel costat de les cerres.) Per glopejar al lavabo, faci servir un got.

Mengi aliments segurs. Per evitar malalties provocades per menjar en mal estat, practiqui hàbits saludables a l'hora d'emmagatzemar i cuinar els aliments (vegi la pàgina 128).

Varicel·la

"La meva filla ha estat exposada a la varicel·la a l'escola bressol. Si ella l'agafa podria comportar algun problema per al fill que estic esperant?"

No és probable. D'entrada, ben aïllat com està de la resta del món, un fetus no pot agafar la varicel·la d'una tercera persona, sinó només de la seva mare. O sigui que primer l'hauria d'agafar vostè, que ja és improbable. En primer lloc, perquè si la seva filla està immunitzada amb la vacuna de la varicel·la, probablement no l'agafarà ni la contagiarà. En segon lloc, perquè és molt probable que vostè, de petita, ja l'hagués passat i, per tant, ja hi és immune.

I encara que les probabilitats que vostè agafi la varicel·la són escasses fins i tot si no hi està immunitzada, és recomanable que li administrin una injecció d'immunoglobulina de la varicel·la zòster (IGVZ) en les primeres 96 hores posteriors a l'exposició (o sigui, al contacte directe amb algú a qui s'ha diagnosticat la malaltia). No se sap del cert si d'aquesta forma es protegirà el nadó de contagiar-se de la varicel·la, però almenys sí que es minimitzarien les complicacions de la mare –molt important, ja que aquesta malaltia és benigna durant la infància però pot ser bastant greu en els adults. Si vostè fos víctima d'una infecció greu, li aplicarien un tractament amb un fàrmac antivíric per tal de reduir el risc que hi hagi complicacions.

Quan la mare és infectada durant la primera meitat de l'embaràs, hi ha poques possibilitats (prop d'un 2 per cent) que el seu nadó pugui desenvolupar una afecció anomenada síndrome de la varicel·la congènita, que pot causar alguns defectes congènits en el nounat. Si és infectada en una fase de gestació més avançada, el perill per al nadó és gairebé nul. L'única excepció a aquest segon cas és contreure la malaltia poc abans de donar a llum (la setmana anterior) o just després de tenir la criatura. En aquest escenari altament improbable, hi ha una petita possibilitat que el nounat neixi infectat i que, al cap de si fa o no fa una setmana, presenti les erupcions cutànies característiques de la malaltia. Per prevenir la infecció neonatal, se subministren anticossos al nadó just després de néixer (o tan bon punt se sàpiga que la mare ha estat infectada en el postpart).

Aprofitem l'avinentesa per comentar que l'herpes zòster, que és una reactivació del virus de la varicel·la en un pacient que l'ha tinguda abans, sembla que no té efectes adversos sobre el fetus, probablement perquè la mare –i, de retruc, el nadó– ja tenen anticossos contra el virus.

Si vostè no hi és immune i en aquest embaràs s'ha lliurat del contagi, val més que pregunti al seu metge la possibilitat de vacunar-se'n després del part, de cara a protegir qualsevol embaràs futur. La vacuna s'hauria d'aplicar, com a mínim, amb un mes d'antelació a un nou embaràs.

Malaltia de Lyme

"Visc en una zona en què hi ha un alt risc de contreure la malaltia de Lyme. És perillós agafar-la mentre s'està esperant un fill?"

La malaltia de Lyme és molt habitual entre la gent que passa molt de temps als boscos, on viuen cérvols, ratolins o altres animals que porten paparres, però també es pot contreure en un medi urbà per mitjà de plantes portades del camp.

La millor manera de protegir d'aquesta malaltia el seu nadó –i de protegir-se a vostè mateixa– és prenent mesures preventives. Si vostè viu en una zona boscosa o herbosa, o si manipula plantes procedents d'aquestes zones, cal que porti màniga llarga i pantalons llargs, que introdueixi els camals dins les botes o els mitjons, i que faci servir un repel·lent eficaç contra les paparres, repartit sobre la roba en comptes de directament sobre la pell. També convé que, quan torni a casa, s'examini atentament la pell buscant-hi paparres. Si en troba alguna, tregui-la de seguida estirant-la amb unes pinces; aleshores dipositi-la dins d'un recipient hermètic i faci-la analitzar pel metge (si les paparres es retiren dins de les primeres 24 hores d'haver atacat s'elimina gairebé totalment la possibilitat d'infecció).

Si sospita que l'ha picat alguna paparra, vagi al metge immediatament; una anàlisi de sang servirà per determinar si ha estat infectada de la malaltia de Lyme. (Els primers símptomes poden incloure una crosta vermellosa al lloc de la picada, fatiga, mal de cap, febre i calfreds, adolorimient generalitzat i inflor dels ganglis propers a l'indret de la picada; els símptomes posteriors poden incloure un dolor similar al de l'artritis i pèrdua de memòria.)

Per sort, els estudis han demostrat que un tractament ràpid amb antibiòtics protegeix el nadó d'una mare infectada de la malaltia de Lyme –i evita que la dona es posi greu.

Hepatitis A

"Un dels nens de l'escola bressol on treballo ha agafat l'hepatitis A. Si me

l'encomana, podria afectar el meu embaràs?"

L'hepatitis A és molt comuna, gairebé sempre és benigna (normalment sense símptomes perceptibles) i rarament es transmet als fetus o als nounats. Per tant, ni que vostè agafés aquesta malaltia, no hauria d'afectar el seu embaràs. De tota manera, el millor que li pot passar –evidentment– és no contreure'n cap, de malaltia.

Així que prengui precaucions: procuri rentar-se bé les mans tant després de canviar bolquers o d'acompanyar els nens al lavabo (ja que l'hepatitis A s'encomana per via fecal-oral) com abans de cada menjada. Pregunti també al metge si convé que es vacuni contra l'hepatitis A.

Hepatitis B

"Sóc portadora de l'hepatitis B i acabo de saber que estic embarassada. Pot suposar algun problema per al meu nadó?"

Saber que vostè és portadora de l'hepatitis B és el primer pas per assegurar que la seva afecció no perjudicarà el seu nadó. Com que aquesta infecció de ronyó es pot transmetre de mare a fill durant el part, s'evitarà prenent les mesures oportunes en el moment del naixement. Així, tractaran el nounat en les primeres 12 hores de vida tant amb immunoglobulina de l'hepatitis B com amb la vacuna corresponent (que, de tota manera, s'aplica rutinàriament a tots els nounats). Amb tractament, es prevé gairebé sempre el desenvolupament de la infecció. Tornaran a vacunar el seu fill quan tingui un o dos mesos, i una altra vegada als sis mesos (també com a rutina pediàtrica per prevenir l'hepatitis B), i cap als 12 o 15 mesos és probable que li facin una prova per verificar que la teràpia hagi donat els resultats previstos.

Hepatitis C

"M'he de preocupar per l'hepatitis C durant l'embaràs?"

L'hepatitis C es pot transmetre d'una mare infectada al seu fill durant el part, amb un índex d'infeccions d'entre un 7 i un 8 per cent. Però, com que l'hepatitis C sol ser transmesa per via sanguínia (per exemple, a través de transfusions sanguínies o d'injeccions de droga), a no ser que a vostè li hagin de fer alguna transfusió de sang o es trobi dins d'una categoria d'alt risc, no és probable que se n'infecti. Si es diagnostica la infecció, es pot tractar, però no durant l'embaràs.

Paràlisi de Bell (o paràlisi del nervi facial)

"Avui m'he llevat amb dolor darrere l'orella i amb la llengua adormida. Quan m'he mirat al mirall tenia mitja cara torta. Què em passa?"

Tot sembla indicar que té una paràlisi de Bell, una afecció temporal provocada per un dany al nervi facial, que provoca una debilitat o una paràlisi en un costat de la cara. Aquesta malaltia afecta les embarassades tres vegades més sovint que la resta de la població (encara que no deixa de ser poc habitual en tots els casos) i la majoria de vegades es presenta en el tercer trimestre de gestació o durant el postpart immediat. La seva aparició és sobtada i la majoria de persones que la desenvolupen –com vostè– se'n van a dormir sense sospitar que l'endemà es llevaran amb la cara desfigurada.

La causa d'aquesta paràlisi facial temporal és desconeguda, encara que els experts sospiten que determinades infeccions virals o bacterianes podrien causar l'entumiment i la inflamació del nervi facial, provocant aquesta malaltia. Altres símptomes que, de vegades, acompanyen aquesta paràlisi són dolor al darrere de l'orella o a la part posterior del cap, esvaniment, baveig (pel debilitament muscular), sequedat a la boca, incapacitat de parpellejar, alteració del sentit del gust i entumiment lingual, així com possibles dificultats per parlar.

Una bona notícia és que la paràlisi del nervi facial no es pot estendre a la resta del cos ni pot empitjorar. I una altra bona notícia: la majoria de casos es resolen completament i sense necessitat de tractament en un termini d'entre tres setmanes i tres mesos (encara que en algun cas pot trigar fins a sis mesos a desaparèixer del tot).

I la millor notícia de totes: aquesta malaltia no suposa cap amenaça per al seu embaràs ni per al seu nadó. Encara que no cal que s'estigui de trucar al metge, el més probable és que no necessiti cap tractament.

QUÈ CAL TENIR EN COMPTE

Medicació durant l'embaràs

Agafi el prospecte de qualsevol fàrmac, adquirit amb recepta o sense, i llegeixi'n la lletra petita. En teoria, tots advertiran que les dones embarassades no es prenguin medicació sense el consentiment mèdic. De tota manera, gairebé totes les dones embarassades acaben prenent com a mínim una medicina prescrita pel metge durant l'embaràs, i normalment més d'una pel seu compte. Com es pot saber quins medicaments són segurs i quins no ho són?

No hi ha cap fàrmac –amb recepta o sense, convencional o a base d'herbes– que sigui al 100 per cent segur per a tothom i en totes les circumstàncies. I durant l'embaràs, a l'hora de prendre un fàrmac, cal tenir en compte la salut i el benestar de dues persones, una de les quals és molt petita i vulnerable. Per sort, només hi ha pocs fàrmacs que se sàpiga del cert que són perjudicials per a un fetus en desenvolupament, mentre que alguns altres són completament segurs d'usar durant l'embaràs. De fet, en algunes situacions, és absolutament necessari prendre medicació durant l'embaràs.

Sempre cal tenir la prudència de sospesar els riscos potencials de prendre una medicació enfront dels suposats beneficis que ens pot aportar, però sobretot durant l'embaràs. Com a norma general, és recomanable deixar que sigui el metge qui determini si li convé prendre algun fàrmac, i aquesta recomanació és essencial per a les embarassades. Així que, si està en estat, consulti-ho al seu ginecòleg abans de prendre qualsevol medicació, encara que sigui un fàrmac sense recepta que solia prendre abans de l'embaràs.

El fàrmac que prengui en una situació específica dependrà de les últimes informacions disponibles sobre la seva seguretat durant l'embaràs. Les nombroses llistes de fàrmacs segurs, possiblement segurs o definitivament insegurs poden ajudar, però la majoria ja estan antiquades i no són fiables en el moment de la seva publicació.

Com sempre, en cas de dubte, no prengui cap medicació –que necessiti o no recepta mèdica, clàssica o a base d'herbes– sense consultar abans el metge.

Medicaments comuns

Hi ha una sèrie de medicaments que es consideren segurs de prendre per a les dones embarassades, i aquests fàrmacs poden ser un gran alleujament en casos de congestió nasal o de mal de cap intens, per exemple. Altres medicaments no se solen recomanar –encara que en casos concrets es puguin administrar, com ara a partir del segon trimestre o per tractar un problema específic. I, finalment, altres medicines són totalment desaconsellables mentre s'espera un fill. A continuació, enumerem algunes de les medicacions més comunes que es pot trobar en el transcurs de l'embaràs:

Paracetamol. Els ginecòlegs solen donar llum verda al seu ús a curt termini durant l'embaràs, però asseguri's de preguntarne al seu metge la dosi adequada abans de prendre-se'n.

Àcid acetilsalicílic. El seu ginecòleg probablement li advertirà que no se'n prengui –sobretot durant el primer trimestre de gestació, ja que incrementa el risc de possibles problemes en el nounat, així com complicacions abans i durant el part, com ara sagnat excessiu. Alguns estudis suggereixen que dosis molt baixes d'aquest fàrmac poden ajudar a prevenir preeclàmpsia en algunes circumstàncies, però només el seu ginecòleg podrà determinar si convé prescriure'l en el seu cas. Altres estudis suggereixen que una petita dosi d'aquest àcid, juntament amb l'heparina, pot reduir la incidència d'avortaments recurrents en algunes dones amb una afecció anomenada síndrome de l'anticòs antifosfolípid. També en aquest cas, només el seu metge pot indicar-li si aquestes medicacions són segures per a vostè i en quines circumstàncies.

Iboprufè. Aquest fàrmac s'hauria d'usar amb precaució durant l'embaràs, sobretot en el primer i el tercer trimestres, quan pot tenir els mateixos efectes negatius que l'àcid acetilsalicílic. Prengui-se'l només si l'hi recomana específicament un metge que està al corrent del seu embaràs.

Naproxè. El naproxè, un fàrmac antiinflamatori no esteroide, no és gens recomanable durant l'embaràs.

Esprais nasals. La majoria d'esprais nasals es poden usar puntualment per alleujar la congestió nasal. Pregunti al metge quina marca li recomana i quines dosis se n'ha d'aplicar. Els esprais salins i les tires nasals són sempre dues opcions segures d'usar.

Antiàcids. Si té molta acidesa i ardor d'estómac, es pot prendre alguns antiàcids concrets, però pregunti al seu metge quina dosi li recomana.

Fàrmacs contra la flatulència. La majoria de ginecòlegs donaran el vistiplau a l'ús d'aquests fàrmacs per a l'alleujament ocasional de l'acumulació de gasos durant l'embaràs, però consulti-ho al seu metge abans de prendre-se'n.

Antihistamínics. No tots els antihistamínics són segurs durant l'embaràs, però alguns sí que ho són. Pregunti al seu metge perquè li recomani el fàrmac adequat en el seu cas i en el seu estat, sobretot durant el primer trimestre. Molts metges permeten l'ús limitat de clorfeniramina i triprolidina.

Somnífers. Alguns es consideren segurs durant l'embaràs i molts metges donen llum verda al seu ús ocasional. No obstant això, pregunti sempre al seu metge abans de prendre un somnífer.

Descongestionants. N'hi ha de segurs per al seu ús, normalment limitat, durant la gestació. Consulti el seu metge abans de medicar se i pregunti la dosi adient.

Antidiarreics. Alguns es consideren segurs durant la gestació per al seu ús durant un període limitat de temps, però cal preguntar abans al metge (la majoria aconsellen esperar fins passat el primer trimestre). Es desaconsella l'ús de diversos salicilats durant l'embaràs.

Antibiòtics. Si el seu metge li ha prescrit antibiòtics durant l'embaràs és perquè la infecció bacteriana que vostè té és més perillosa que prendre els antibiòtics per combatre-la (alguns antibiòtics es consideren completament innocus). Normalment, li prescriuran antibiòtics de la família de la penicil·lina o l'eritromicina. Alguns antibiòtics (com les tetraciclines) no són recomanables, així que asseguri's que el metge que li prescriu els antibiòtics té present que vostè espera un fill.

Antidepressius. Una depressió sense tractar en una dona embarassada pot tenir diversos efectes adversos en el seu fill. Encara que els estudis sobre els efectes dels antidepressius sobre l'embaràs i el fetus encara no són concloents, sembla que hi ha diverses medicacions segures d'usar, altres que no ho són gens i unes últimes l'administració de les quals cal considerar cas per cas, valorant els riscos de prendre-les enfront dels riscos d'una depressió sense tractar (o deficientment tractada). A la pàgina 563 trobarà més informació sobre antidepressius.

Antiemètics. Alguns antiemètics, en combinació amb vitamina B_6, disminueixen de forma eficaç els símptomes del mareig matinal, però només es poden prendre amb prescripció mèdica. L'efecte secundari de recórrer a aquest remei: la somnolència.

Antibiòtics tòpics. Petites quantitats d'antibiòtics tòpics són segurs durant l'embaràs.

Esteroides tòpics. En petites quantitats, les hidrocortisones tòpiques són innòcues durant els mesos de gestació.

Estar al corrent

Les nombroses llistes disponibles de fàrmacs possiblement segurs, possiblement insegurs i definitivament insegurs durant l'embaràs canvien constantment, sobretot a mesura que surten al mercat nous medicaments. Altres fàrmacs passen de ser venuts sense recepta mèdica a necessitar-la. I d'altres s'estan estudiant encara per determinar si el seu ús és segur durant la gestació. Per saber amb seguretat quins medicaments pot prendre i quins no, sempre consulti el metge. També pot preguntar a un especialista en medicina maternofetal. Pot també aconseguir informació fiable demanant-la directament a les organitzacions sanitàries (Agència Espanyola de Medicaments i Productes Sanitaris, www.agemed.es). Però recordi que sempre ha de consultar el metge o el farmacèutic.

Si s'ha de medicar durant l'embaràs

Si el seu metge li recomana prendre alguna medicació mentre espera un fill, segueixi els consells següents per incrementar-ne els beneficis i reduir-ne els riscos:

- Comenti al metge la possibilitat de prendre la medicació en la mínima dosi efectiva i durant el temps més breu possible.
- Prengui la medicació en el moment del dia en què li resulti més beneficiosa –els fàrmacs per al refredat, per exemple, de nit perquè li facin efecte mentre dorm.

- Segueixi les instruccions del metge i del prospecte amb molta cura.[2] Alguns medicaments s'han de prendre amb l'estómac ple; altres cal prendre'ls amb aliments o llet. Si el seu metge no li ha donat cap instrucció específica, demani'n informació al farmacèutic (incloent-hi els possibles efectes secundaris). No s'alarmi si al prospecte llegeix que es tracta d'un medicament no recomanat durant l'embaràs –la majoria de fàrmacs inclouen aquesta advertència, fins i tot si es consideren segurs. Si el

2. Amb el prospecte, però, cal tenir en compte que els laboratoris farmacèutics s'han d'atenir a la norma de prescriure els mínims medicaments possibles durant l'embaràs, i per tant no s'espanti si el prospecte indica alguna reserva perquè el prenguin les embarassades. Cal tenir en compte que les empreses farmacèutiques procuren protegir-se de possibles reclamacions legals, i per tant el més assenyat és consultar el metge. *(Nota del revisor.)*

Cures a base d'herbes

Els suplements i els remeis a base d'herbes ofereixen les promeses més temptadores (millor memòria, descans nocturn, reforç de les defenses), sobretot quan l'embaràs priva les dones de moltes opcions farmacològiques i els fa tancar –almenys parcialment– la farmaciola. Pot ser realment perjudicial prendre un parell de pastilles de ginseng per ajudar les seves cèl·lules cerebrals a recordar-se aquest mes de pagar la factura del gas? I prendre melatonina per tenir la garantia de dormir com un nadó (encara que sigui el seu propi nadó qui, del ventre estant, la manté desperta)? I què me'n diu de recórrer a l'*Echinacea* per combatre els gèrmens del refredat que està covant? Al capdavall, els recipients d'aquests productes indiquen que són "100% naturals" i vostè els va comprar a l'herboristeria (què hi podria haver més saludable que això?).

De fet, tots aquests remeis a base d'herbes sí que podrien ser perjudicials –sobretot ara que ha de compartir aquestes píndoles amb el petitó que allotja a l'úter. Que siguin "100% naturals" no significa que siguin "100% segurs" ni tampoc és cap garantia comprar-los en una herboristeria de plena confiança. Els preparats a base d'herbes no s'han fabricat sota cap control de qualitat ni sota les normes de seguretat dels organismes oficials, ni s'han sotmès a proves clíniques, la qual cosa significa que la seva seguretat (o manca) es desconeix. Fins i tot les herbes que se sol creure que són beneficioses durant l'embaràs poden ser perjudicials en altres aspectes de la gestació. Així, per exemple, alguns preparats d'herbes que ajuden a la dilatació poden provocar part prematur si es prenen abans de sortir de comptes. I moltes herbes són absolutament perilloses de prendre en qualsevol moment de l'embaràs (com ara essència d'alfàbrega, *Cimifuga racemosa*, clau d'espècia, consolda, càdec, herba de vesc, poliol, sassafràs, nyam silvestre i moltes altres).

Sempre que ens vulguem automedicar amb preparats a base d'herbes convé actuar amb precaució, però encara més durant l'embaràs. Per tal d'evitar córrer riscos innecessaris, no es prengui cap cura a base d'herbes (encara que se'n prengués abans de l'embaràs) a no ser que li prescrigui el seu ginecòleg.

Si durant l'embaràs prefereix recórrer a solucions naturals, busqui altres teràpies naturals que no incloguin la ingesta de cap substància (és a dir, tractaments de medicina complementària i alternativa, com ara l'acupuntura, el massatge o la meditació).

metge sap que vostè està embarassada i li prescriu una medicació, no hi ha cap problema per prendre-se-la.

- Explori les possibilitats dels remeis no medicamentosos, i utilitzi'ls per complementar la teràpia amb fàrmacs. Per exemple, eliminant tots els al·lèrgens possibles de casa, per tal que el metge pugui reduir la seva dosi d'antihistamínics. Recordi que els remeis a base d'herbes també es consideren fàrmacs i que no s'han de prendre sense el consentiment mèdic.

- Garanteixi que el medicament va on se suposa que ha d'anar prenent-se un glop d'aigua abans d'empassar-se una càpsula o una pastilla, per engolir-la més fàcilment, i bevent-se un got d'aigua sencer a continuació, perquè s'absorbeixi més ràpidament.

- Per a més seguretat, procuri adquirir tots els medicaments a la mateixa farmàcia. És possible que el farmacèutic tingui un registre informatitzat de cada client i dels fàrmacs que li ha venut, i per tant la podrà avisar de les possibles interaccions. També cal que s'asseguri ben bé que li dispensen el fàrmac correcte. Comprovi'n el nom i els components a la capsa per verificar que és efectivament el que li ha receptat el metge (ja que molts noms de fàrmacs són similars i es poden confondre). Per a una major tranquil·litat, pregunti al farmacèutic per a què serveix el medicament demanat o llegeixi les indicacions que hi ha al prospecte. Si necessita un antihistamínic per a l'al·lèrgia i li ofereixen un fàrmac per a la hipertensió, ja s'adonarà que hi ha hagut una confusió.

- Pregunti sobre els possibles efectes secundaris i en quins casos els hauria de notificar al metge.

Un cop tingui l'absoluta certesa que el fàrmac prescrit es considera innocu per a l'embaràs, no dubti a prendre-se'l per por de danyar el nadó. El que sí que podria danyar-lo és retardar el tractament.

CAPÍTOL 21

Embaràs i malalties cròniques

Qualsevol persona que hagi conviscut amb una malaltia crònica sabrà que la vida es pot complicar molt, per les dietes especials, la medicació o el control mèdic. I, si a la malaltia crònica s'hi afegeix un embaràs, les complicacions es poden duplicar: la dieta especial s'haurà d'adaptar, la medicació s'haurà de modificar i els controls mèdics s'hauran de multiplicar.

El grau en què la malaltia crònica afectarà l'embaràs i en què l'embaràs afectarà la malaltia crònica dependrà d'un gran nombre de factors, molts dels quals seran específics de cada dona. Aquest capítol ofereix una sèrie de recomanacions generals per a les embarassades amb malalties cròniques. Si aquest és el seu cas, pot fer servir com a guia la següent llista ordenada alfabèticament, però asseguri's de seguir també les instruccions del seu metge particular, ja que probablement s'adaptaran amb més exactitud a les seves necessitats específiques.

Què la pot amoïnar

Anèmia falciforme

"Tinc anèmia falciforme i estic embarassada. Afectarà el meu fill?"

Avui dia, el panorama és molt més reconfortant que anys enrere. Gràcies als importants avenços mèdics, les dones amb anèmia falciforme (fins i tot si presenten malalties cardíaques o renals) tenen moltes probabilitats de tenir un embaràs i un part segurs i un nadó sa.

De tota manera, l'embaràs de dones amb anèmia falciforme se sol considerar d'alt risc. L'estrès físic afegit que suposa l'embaràs incrementa les seves possibilitats d'experimentar un agreujament de l'anèmia i, al seu torn, l'estrès afegit d'aquesta malaltia augmenta el risc de patir complicacions gestacionals, com ara avortaments, parts prematurs o restriccions del desenvolupament fetal. La preeclàmpsia també és més habitual en dones amb anèmia falciforme.

El pronòstic, tant per a vostè com per al seu fill, serà millor si reben una atenció mèdica d'alta qualitat. El més probable és que li facin revisions mèdiques més freqüents que a la resta de pacients –possiblement cada dues o tres setmanes fins a la setmana 32 de gestació, i cada setmana a partir d'aleshores. Vostè, sobretot, necessitaria que el seu equip mèdic treballés colze a colze: així, el seu ginecòleg hauria d'estar familiaritzat amb l'anèmia falciforme i el seu hematòleg hauria de tenir prou informació sobre l'evolució de la malaltia durant l'embaràs.

Encara que no se sap del cert si és o no una teràpia beneficiosa, possiblement li faran transfusions de sang almenys un cop (normalment al principi de la dilatació o just abans de donar a llum), o fins i tot de forma periòdica en el transcurs de tot l'embaràs.

Pel que fa al part pròpiament dit, té les mateixes probabilitats que qualsevol altra dona de tenir un part vaginal. En el postpart, li podrien administrar antibiòtics per prevenir la infecció.

Si tots dos progenitors són portadors del gen de l'anèmia falciforme, incrementa el risc que el fill hereti la malaltia. Per aquest motiu, al principi de l'embaràs li faran una prova al seu marit (si no se l'ha feta abans) per saber si també és portador de la malaltia. Si resulta que n'és portador, és possible que vulgui visitar un genetista i que es vulgui sotmetre a una amniocentesi per comprovar si el fetus està afectat.

Artritis reumatoide

"Com afectarà l'embaràs el fet de tenir artritis reumatoide?"

Probablement, l'artritis reumatoide no afectarà gaire el seu embaràs, però segurament l'embaràs sí que afectarà la seva malaltia –i, per millorar-la, afortunadament. La majoria de dones amb artritis reumatoide noten un descens significatiu del dolor i la inflor a les articulacions durant l'embaràs, tot i que hi ha un risc una mica major que els símptomes reapareguin temporalment en el postpart.

El canvi més important que pot experimentar durant l'embaràs rau en la manera de tractar la malaltia. Com que alguns dels fàrmacs que es fan servir per combatre-la (com l'iboprufè i el naproxè) no són segurs durant l'embaràs, el metge li haurà de canviar el tractament per altres de menys nocius, com ara els esteroides.

Durant la dilatació i el part, serà important escollir posicions que no afegeixin tensió a les articulacions afectades. Comenti amb el seu especialista i amb el ginecòleg quines posicions li podrien anar més bé en el seu cas.

Asma

"Sóc asmàtica des de petita i em preocupa que els atacs i la medicació que em prenc per controlar-los puguin afectar el meu fill."

El fet de descobrir que està en estat pot tallar la respiració a qualsevol dona –però és comprensible que, a les que són asmàtiques, quedar-se embarassades i sense alè els pugui comportar alguna preocupació afegida. Tot i que és cert que una malaltia asmàtica greu pot suposar un cert risc per a l'embaràs, també és cert que afortunadament aquest risc gairebé es pot eliminar per complet amb les mesures oportunes. En efecte, si vostè compta amb una supervisió mèdica continuada i especialitzada –per part d'un equip que inclogui un ginecòleg, un internista i un al·lergòleg– les possibilitats que tingui un embaràs normal i un nadó saludable són gairebé tan elevades com per a una dona sense asma (i, sabent això, ja podrà començar a respirar una mica més tranquil·la).

Encara que una asma ben controlada només té un mínim efecte sobre l'embaràs, aquest sí que pot tenir efectes sobre la malaltia, per molt que els efectes variïn en cada cas particular. Així, en gairebé una tercera part de les embarassades asmàtiques, l'efecte és positiu: l'asma els millora. Per a una altra tercera part, la malaltia segueix igual. A la resta (normalment aquelles que ja tenien una malaltia asmàtica més greu), els empitjora. Si ja ha estat embarassada abans, és probable que l'asma evolucioni en aquest embaràs de la mateixa manera que en els anteriors.

Com és lògic, la millor estratègia per a vostè i el seu nadó és mantenir l'asma sota control abans de quedar-se en estat, o si més no al principi de l'embaràs. Si encara no les pren, li pot funcionar prendre les següents mesures a partir d'ara:

- Identifiqui els factors ambientals desencadenants. Les al·lèrgies són la principal causa d'asma, i probablement vostè ja sap quines són les que li porten més problemes. En aquest cas, eviti-les i li resultarà molt més fàcil respirar durant l'embaràs (a la pàgina 288 trobarà consells per evitar els al·lergògens). Els principals culpables són el pol·len, les descamacions dels animals de companyia, la pols i la floridura. Altres productes irritants –com el fum del tabac, els productes de neteja de la llar i els perfums– també poden provocar una reacció al·lèrgica, de manera que convé prescindir-ne (i, evidentment, si és fumadora, cal que deixi de fumar... i el seu marit també!). Si abans de l'embaràs li havien d'administrar injeccions antial·lèrgiques, és probable que n'hi hagin de continuar administrant.
- Practiqui exercici amb cura. Si la seva asma és induïda per l'exercici, s'hauria de prendre la medicació prescrita abans de fer esport o qualsevol altre esforç per tal de prevenir un possible atac. Consulti al seu metge quines directrius li marca sobre l'exercici.
- Tingui cura de la seva salut. Miri d'evitar refredats, grips i altres infeccions respiratòries, que també poden provocar asma (al requadre de la pàgina 550 trobarà consells per estar bé). Possiblement, si cova algun refredat, el seu metge li prescriurà alguna medicació per evitar un atac d'asma i probablement també li voldrà tractar amb antibiòtics totes les infeccions respiratòries, llevat de les més lleus. La vacuna de la grip –recomanada per a totes les futures mares– és especialment important per a vostè, com també ho és la vacuna contra les infeccions pneumocòcciques, si es considera pacient d'alt risc (pregunti-l'hi al metge). Si pateix sinusitis o refluxos gastro-esofàgics (dues afeccions molt comunes durant l'embaràs), cal que segueixi un tractament, ja que podrien interferir en el control de l'asma.
- Controli's el flux respiratori. Segueixi les instruccions mèdiques per assegurar-se que rep l'oxigen que vostè i el seu nadó necessiten. Dugui un control de la respiració amb un pneumotacòmetre, segons els consells facilitats pel seu metge.
- Vagi amb compte amb la medicació. La prescripció de fàrmacs varia per a les dones en estat, així que assegu-

ri's de prendre només la medicació que el seu metge li hagi receptat per a l'embaràs. Si la simptomatologia remet, és possible que li retirin tota la medicació. Si té símptomes moderats o forts, el metge li recomanarà alguna de les diverses medicacions que es consideren segures durant l'embaràs (en general, sembla que els inhaladors són més segurs que la medicació oral). I no dubti a prendre la medicació que necessita –recordi que ara ha de respirar per dos.

Si pateix un atac d'asma, cal que es prengui de seguida la medicació prescrita per tal d'evitar que el seu nadó es quedi privat de l'oxigen necessari. Però si amb la medicació no hi troba millora, truqui al metge o vagi a urgències immediatament. Els atacs d'asma poden provocar contraccions uterines precoces, encara que aquestes contraccions se solen aturar quan s'acaba l'atac (per això és important un tractament ràpid).

A causa del seu historial anterior de problemes respiratoris, és possible que s'espanti davant la falta d'alè que sol afectar moltes dones al final de l'embaràs. Però no s'amoïni –és normal i no suposa cap perill. Recordi, però, que a mesura que el seu úter en creixement comenci a pressionar-li els pulmons, pot notar un empitjorament dels atacs d'asma. Procuri tractar aquests atacs immediatament.

Com afectarà l'asma la dilatació i el part? Si vol un part no medicat, s'alegrarà de sentir que l'asma no sol interferir en les tècniques respiratòries de Lamaze ni en altres mètodes de preparació al part. I si preferiria que li administressin l'epidural, aquesta anestèsia tampoc li hauria de comportar cap problema (els analgèsics narcòtics, en canvi, caldria

Càncer durant l'embaràs

El càncer no és habitual durant l'embaràs, però es pot donar, igual que es pot donar en qualsevol altre moment de la vida. Evidentment, l'embaràs no causa càncer ni incrementa les probabilitats de tenir-ne, sinó que simplement es tracta de dos esdeveniments –un alegre i l'altre desafiant– que a vegades poden coincidir en el temps.

Afrontar el càncer durant l'embaràs planteja la recerca d'un delicat equilibri entre oferir el millor tractament per a la mare i limitar els possibles riscos per al fetus. El tipus de tractament a administrar dependrà de molts factors: del moment de l'embaràs, del tipus de càncer i de la fase en què es troba i, evidentment, de la voluntat de la mare. Les decisions que l'embarassada ha de prendre a l'hora de valorar el seu propi benestar davant del del seu nadó poden ser emocionalment complexes, i li caldrà molt suport per poder-les prendre.

Com que alguns tractaments contra el càncer poden perjudicar el fetus, especialment durant el primer trimestre, els metges solen retardar el tractament fins al segon o tercer trimestres. Si el càncer es diagnostica en una fase de gestació més avançada, els metges poden esperar fins a després del naixement del nadó per començar el tractament, o bé poden optar per induir el part prematurament. La notícia que pot tranquil·litzar una mica és que –en igualtat de condicions– les dones diagnosticades de càncer durant l'embaràs responen al tractament igual de bé que la resta.

Per a més ajuda, pot contactar amb l'Associació Espanyola contra el Càncer, www.todocancer.com.

evitar-los perquè poden provocar atacs d'asma). Encara que els atacs asmàtics durant el part són infreqüents, és probable que el seu metge li recomani continuar prenent la medicació habitual mentre estigui dilatant. Si l'asma és prou greu com perquè necessiti esteroides orals o cortisona, és probable que li administrin esteroides endovenosos per poder superar l'estrès del part. Quan ingressi a l'hospital, li controlaran l'oxigenació; i, si és insuficient, li administraran medicació preventiva. Tot i que alguns nadons de mares asmàtiques presenten una respiració accelerada en néixer, aquesta situació només sol ser transitòria.

Pel que fa a l'asma durant el postpart, és probable que al cap d'uns tres mesos d'haver donat a llum els símptomes tornin a ser els mateixos que abans de quedar en estat.

Depressió

"Fa uns anys, em van diagnosticar depressió crònica i des d'aleshores prenc antidepressius. Ara que estic embarassada hauria de deixar la medicació?"

Més d'un deu per cent de les dones en edat de procrear han de combatre els efectes d'una depressió –de manera que vostè no és l'única, ni de bon tros, en aquesta situació. Afortunadament per a vostè i la resta de futures mares que comparteixen la seva malaltia, tenim una bona notícia: amb l'ajuda d'un tractament adequat, les dones amb depressió poden tenir embarassos perfectament normals. Decidir quin tractament seguir durant els nou mesos de gestació pot plantejar un cert dilema, especialment pel que fa a l'ús de medicació. Amb l'assessorament del psiquiatre i del ginecòleg, vostè haurà de sospesar els riscos i els beneficis de prendre aquesta medicació –o de no prendre-la– mentre estigui en estat.

A primera vista, pot semblar una decisió fàcil de prendre. Al capdavall, hi pot haver una raó prou bona com per anteposar el seu benestar emocional al benestar físic del seu nadó? Però la decisió és molt més complicada del que sembla. Per començar, les hormones de l'embaràs poden influir molt en l'estat emocional de la dona; així, fins i tot les dones que no havien tingut mai canvis d'humor sobtats, depressió o altres malalties psicològiques poden experimentar inestabilitat emocional mentre esperen un fill –de manera que les dones amb un historial previ de depressions tenen un risc major de tornar-ne a patir durant l'embaràs i són més propenses a caure també en una depressió postpart. I aquests riscos són encara majors entre les dones que, quan queden en estat, deixen de prendre els antidepressius.

I això no és tot: la depressió sense tractar no només la pot afectar a vostè (i als que l'envolten) sinó que també pot afectar la salut del seu fill. Les futures mares deprimides poden no menjar o descansar prou i és possible que no prestin l'atenció necessària a les cures prenatals, a més de ser més propenses a beure i fumar. Qualsevol d'aquests factors o tots junts, en combinació amb els efectes debilitants d'una ansietat i un estrès excessius, apareixen vinculats en alguns estudis a un major risc de part prematur i de fills de baix pes en néixer i amb menor puntuació d'Apgar. En canvi, tractar la depressió eficaçment –i mantenir-la sota control durant l'embaràs– permet a la futura mare tenir major cura del seu cos i del fill que està gestant.

Dit això, què caldria fer en el seu cas particular? D'entrada, pensar-s'ho dues vegades (i consultar-ho, és clar, al seu metge) abans d'optar per deixar la medicació. I, en cas de continuar amb la medicació, tant vostè com el seu metge hauran de valorar quins antidepressius s'adeqüen millor a les seves necessitats ara que està embarassada, ja que poden o no ser els mateixos que abans de quedar-se en estat. Uns fàrmacs són més segurs que altres, ja que alguns no són recomanables per a l'embaràs. El seu metge li podrà proporcionar informació actualitzada al respecte, ja que canvia constantment. Se sap que alguns antidepressius inhibidors de la recaptació de serotonina (ISRS) presenten molt pocs riscos per al bebè i, per tant, poden ser una bona opció. Els estudis demostren que les dones embarassades que prenen Prozac podrien tenir una major tendència als parts prematurs, i els nounats exposats dins l'úter a aquest antidepressiu i a altres inhibidors selectius de la recaptació de serotonina (ISRS) poden experimentar efectes secundaris a curt termini (durant un màxim de 48 hores), incloent-hi plor excessiu, tremolors, alteracions del son i problemes gastrointestinals immediatament després de néixer. De tota manera, els especialistes no aconsellen deixar de prendre aquesta medicació –si la malaltia no es pot tractar eficaçment de cap altra manera– per por als riscos esmentats, ja que la depressió no tractada també comporta els seus propis riscos, alguns a llarg termini.

El seu ginecòleg –juntament amb el seu psiquiatre– li podrà aconsellar la millor medicació per a vostè durant l'embaràs, així que discuteixi les diferents opcions amb tots dos facultatius.

Recordi també que, de vegades, els mètodes no farmacològics poden ajudar a combatre la depressió. La psicoteràpia pot ser efectiva per si sola o en combinació amb medecines. Altres mètodes que poden ajudar –usats juntament amb la medicació– inclouen la teràpia de la llum (en països amb poques hores de llum solar) i la medicina complementària i alternativa. També pot anar bé complementar el tractament amb la pràctica d'exercici (que allibera endorfines que ajuden a trobar-se millor), la meditació (per controlar l'estrès) i una dieta adequada (mantenint elevats els nivells de sucre a la sang menjant poc i sovint, i elevant l'estat d'ànim amb la ingesta d'àcids grassos omega 3). Consulti al ginecòleg i al psiquiatre si aquestes opcions poden ser efectives en el seu cas concret.

Diabetis

"Quins efectes podria tenir sobre el meu fill el fet de ser diabètica?"

Hi ha molt bones notícies per a les diabètiques embarassades d'avui en dia. En efecte, amb atencions mèdiques especialitzades i una bona autocura, vostè té gairebé les mateixes excel·lents probabilitats de tenir un embaràs sense complicacions i un nadó saludable que qualsevol altra futura mare.

Les investigacions han demostrat que la clau de les diabètiques per portar amb èxit un embaràs és mantenir estables els nivells de glucosa a la sang abans de la concepció i al llarg dels nou mesos següents. I aquest consell és vàlid tant per a les diabetis de tipus 1 (que es desenvolupen durant l'adolescència i en què el cos no produeix insulina) com per a les de tipus 2 (que apareixen en l'edat adulta i en què el cos no respon a la insulina com ho hauria de fer).

Tant si vostè ja era diabètica abans de quedar-se embarassada com si se li ha desenvolupat una diabetis gestacional, totes les consideracions que presentem a continuació l'ajudaran a tenir un embaràs segur i un fill sa:

El metge adequat. El ginecòleg que li controli l'embaràs hauria de tenir força experiència en atendre futures mares diabètiques, a més de treballar coordinadament amb el facultatiu que s'encarrega de la seva diabetis. Li faran més visites prenatals que a la resta d'embarassades i probablement haurà de seguir més instruccions mèdiques (però tot sigui per una bona causa).

Una bona dieta. Un facultatiu o nutricionista especialitzat en diabetis li planificarà una dieta adaptada a les seves necessitats personals. Probablement, la dieta serà rica en hidrats de carboni complexos, moderada en proteïnes i baixa en greixos i colesterol, i contindrà pocs dolços (o gens). També és molt important la ingestió de fibra, ja que molts estudis demostren que aquest component pot reduir les necessitats d'insulina en els embarassos de diabètiques.

Actualment, la limitació d'hidrats de carboni no sol ser tan estricta com temps enrere, ja que és possible regular la insulina si se'n supera el límit en algun àpat. De tota manera, el nivell de restricció d'hidrats de carboni dependrà de la forma en què el cos reaccioni davant d'aliments concrets. La majoria de diabètiques toleren més bé els hidrats de carboni obtinguts de les verdures, els cereals (preferiblement integrals) i els llegums que de les fruites. Per mantenir uns nivells normals de sucre a la sang, haurà d'anar especialment amb compte de prendre prou hidrats de carboni al matí. Els refrigeris sovintejats també seran importants (encara més que per a la resta de futures mares) i, per anar bé, haurien d'incloure tant hidrats de carboni complexos (com ara pa integral) com proteïnes (per exemple, mongetes seques, formatge o pollastre). Saltar-se àpats o refrigeris pot fer-li baixar perillosament el sucre, així que intenti menjar de forma regular, fins i tot si perd la gana a causa del mareig matinal o la indigestió. El millor és menjar sis àpats lleugers al dia, i a intervals regulars, meticulosament planificats –i complementats, si cal, amb refrigeris saludables.

Un augment de pes raonable. El millor és intentar assolir el pes ideal abans de quedar-se en estat (un consell que li convé recordar de cara a un futur embaràs). Ara bé, si va començar l'embaràs amb un excés de pes, no pretengui aprofitar aquests nou mesos per aprimar-se. Per al benestar del seu fill és essencial que vostè prengui les calories necessàries. L'augment de pes haurà d'evolucionar d'acord amb les directrius marcades pel seu metge (el millor és a poc a poc i bé). Li controlaran sovint el creixement del nadó amb ecografies perquè, de vegades, els fills de mares diabètiques poden ser molt grans, fins i tot si l'augment de pes de la mare és l'adequat.

Exercici. Un programa d'exercicis moderat, sobretot si vostè té la diabetis de tipus 2, li proporcionarà més energia, l'ajudarà a regular els nivells de sucre a la sang i a estar en forma de cara al part. Però ha de planificar aquest programa amb l'ajuda del seu equip mèdic, i com a complement a la medicació i la dieta. Si no té cap altra complicació mèdica o de l'embaràs i està físicament en forma, és probable que li recomanin exercicis moderats, com ara caminar a bon ritme (però no córrer), nedar o pedalar en una bicicleta estàtica. Si abans de quedar-se en estat no estava en forma o té problemes amb la diabetis, l'embaràs o el nadó, és probable que només li permetin practicar exercicis més suaus, com ara passejar tranquil·lament.

Les precaucions que li demanaran que prengui en fer exercici probablement no seran gaire diferents que per a la resta d'embarassades: prendre un refrigeri abans de començar, no esforçar-se fins a quedar exhausta, i no fer esport en un ambient calorós (amb temperatures de 26 °C o superiors). Si s'està prenent insulina, probablement li aconsellaran que eviti injectar-se-la a les parts del cos que farà servir per fer exercici (les cames, per exemple, per anar a caminar) i que no redueixi la dosi d'insulina abans de fer esport.

Descans. Fer el repòs necessari és molt important, sobretot durant el tercer trimestre de gestació. Eviti acabar esgotada i procuri descansar una estona després de dinar, fent la migdiada o estirant-se amb els peus una mica elevats. Si la seva feina li exigeix un gran esforç físic, el metge li pot recomanar agafar-se la baixa amb antelació.

Ajustament de la medicació. Si amb la dieta i l'exercici no en té prou per controlar el nivell de sucre a la sang, probablement s'haurà de prendre insulina. Si se n'ha de prendre per primera vegada, li estabilitzaran el sucre a la sang sota una estreta supervisió mèdica. Si ja havia pres medicació oral abans de concebre, durant l'embaràs potser li faran prendre insulina a través d'injectables o de bomba subcutània. Com que els nivells de les hormones de l'embaràs (que tenen una acció contrària a la de la insulina) augmenten a mesura que progressa la gestació, és possible que li hagin d'augmentar la dosi d'insulina de forma periòdica; potser li hauran de tornar a calcular la dosi a mesura que augmenti el seu pes i el del nadó, o bé si es posa malalta, té una gran tensió emocional o s'excedeix en la ingesta d'hidrats de carboni. Diversos estudis demostren que, durant l'embaràs i en casos de diabetis lleu, el fàrmac oral gliburida pot ser una alternativa eficaç a la teràpia amb insulina.

A més d'estar segura que la medicació que pren per a la diabetis sigui l'adequada, també haurà d'anar molt amb compte amb els altres fàrmacs, ja que molts dels que es venen sense recepta poden afectar els nivells d'insulina –i alguns poden ser nocius durant l'embaràs. Per aquest motiu, no se n'ha de prendre cap sense el consentiment del ginecòleg i l'endocrinòleg.

Regulació del sucre a la sang. És possible que s'hagi de controlar el nivell de sucre a la sang (mitjançant el senzill mètode de la punció al dit) almenys quatre vegades al dia (o fins a deu) per comprovar que els resultats siguin segurs. Si vostè té diabetis de tipus 1, també li controlaran l'hemoglobina glucosada de la sang (hemoglobina A1c), perquè uns nivells elevats d'aquesta substància poden indicar que els nivells de sucre no estan ben regulats. Per tal de mantenir uns nivells de glucosa normals, haurà de menjar amb regularitat, ajustar adequadament la dieta i l'exercici i, si cal, prendre medicació. Si abans de l'embaràs prenia insulina, ara serà més propensa a tenir episodis d'hipoglucèmia (nivell baix de sucre a la sang) –sobretot durant el primer trimestre de gestació–, de manera que és imprescindible realitzar-ne un control rigorós. I no surti de casa (ni vagi enlloc) sense endur-se algun refrigeri saludable.

Control d'orina. Com que el seu cos podria generar cetones –unes substàncies àcides que es poden produir quan l'organisme crema els greixos–, caldrà realitzar un control periòdic d'orina.

Unes cures prenatals acurades. No s'espanti si el metge li fa fer moltes anàlisis, sobretot durant el tercer trimestre de gestació, o si fins i tot li aconsella l'hospitalització en les últimes setmanes de l'embaràs. Això no vol dir que se li hagi presentat cap problema, sinó que simplement el facultatiu prefereix tenir la garantia absoluta que tot vagi bé. Aquests tests serviran principalment per avaluar de manera regular el seu estat i el del seu fill, per tal de determinar el moment òptim del part i valorar si cal alguna altra intervenció.

Probablement, li examinaran els ulls amb regularitat, per comprovar l'estat de les retines, i li faran anàlisis de sang i d'orina cada 24 hores per avaluar el funcionament dels ronyons (els problemes de retina i de ronyons tenen tendència a empitjorar durant l'embaràs, però després del part solen revertir a l'estat anterior a la gestació, sempre que la mare s'hagi cuidat). És possible que s'avaluï l'estat del fetus i de la placenta mitjançant proves d'estrès i de no-estrès (vegi la pàgina 380), de perfils biofísics i d'ecografies (per determinar la mida del fetus i comprovar que està creixent bé, de manera que el naixement pugui tenir lloc abans que la mida del nadó sigui massa gran per a tenir un part vaginal). I, com que hi ha una mica més de risc de problemes cardíacs en els nadons de mares diabètiques, li faran una ecografia detallada de l'anatomia fetal a les 16 setmanes i una ecografia especial del cor del fetus (un electrocardiograma fetal) cap a les 22 setmanes de gestació per assegurar-se que tot va bé.

Després de la setmana 28, potser li demanaran que controli els moviments fetals tres cops al dia (a la pàgina 318 s'explica una manera de fer-ho, o faci-ho d'acord amb les instruccions del seu propi metge).

Com que les diabètiques tenen un risc una mica més elevat de patir preeclàmpsia, el seu metge també li controlarà de prop l'aparició de possibles símptomes d'aquesta malaltia.

Part avançat a elecció. Les dones que desenvolupen diabetis gestacional, així com les que ja tenien una diabetis moderada abans del part però la mantenen sota control, poden seguir de forma segura amb l'embaràs fins a la data de sortida de comptes. Però si els nivells de sucre a la sang de la mare no s'han mantingut bé al llarg de l'embaràs, si la placenta es deteriora abans d'hora, o bé si es desenvolupen altres problemes cap al final del tercer trimestre, és possible que programin el part una setmana o dues abans de terme. Les diferents proves que hem esmentat més amunt ajudaran el metge a decidir quan han d'induir el part o quan han de practicar una cesària –prou tard com perquè els pulmons del fetus presentin la maduresa necessària per funcionar fora de l'úter, però no massa tard com per posar en perill la seguretat de la mare.

No cal amoïnar-se si, just després de néixer, porten el nadó a una unitat de cures intensives neonatals. A la majoria d'hospitals, es tracta d'un procediment rutinari per als fills de dones diabètiques. Tindran el seu fill en observació per si hi ha problemes respiratoris (que són poc probables si quan el van examinar ja tenia els pulmons prou madurs per néixer) i per detectar hipoglucèmia (que, tot i ser més comuna en fills de mares diabètiques, és fàcilment tractable). Li tornaran el fill molt aviat per tal que li pugui donar el pit, si aquesta era la seva intenció.

Epilèpsia

"Sóc epilèptica, però tinc moltíssimes ganes de tenir un fill. És segur?"

Sempre que compti amb les atencions mèdiques adequades, les seves probabilitats de tenir un fill sa són excel·lents. El primer pas –preferiblement des d'abans de concebre– és tenir la malaltia sota control, amb l'ajuda del neuròleg i el ginecòleg. (Si ja està embarassada,

Informació sobre l'epilèpsia

Per a més informació sobre l'epilèpsia, visiti la pàgina web del Grup d'Estudi d'Epilèpsia de la Societat Espanyola de Neurologia (www.epilepsia.sen.es). Allà trobarà llistes d'associacions de familiars de malalts, respostes a preguntes habituals, enllaços d'interès, etcètera.

és crucial que busqui aquesta ajuda tan aviat com pugui.) Per tal de garantir un bon embaràs, farà falta supervisar de prop la malaltia i possiblement ajustar de forma periòdica la medicació, així com procurar l'existència d'una bona comunicació entre els diversos facultatius que la controlin.

La majoria de dones troben que l'embaràs no els empitjora l'epilèpsia. La meitat no experimenten cap canvi en la malaltia, i un petit percentatge tenen atacs menys freqüents i més suaus. Tot i això, una reduïda minoria d'epilèptiques troben que els seus atacs són més intensos i freqüents durant la gestació.

Pel que fa als efectes de l'epilèpsia sobre l'embaràs, les futures mares epilèptiques tenen més tendència a patir nàusees i vòmits (hiperemesi), però no presenten un risc més elevat de tenir complicacions greus. Es creu que el lleuger increment en la incidència d'alguns defectes congènits dels fills de mares epilèptiques es deu més a l'ús durant l'embaràs de determinats fàrmacs contra les convulsions que a la pròpia epilèpsia.

El millor seria que, amb l'antelació suficient, plantegés al seu metge la possibilitat de deixar la medicació abans de concebre, fet que seria possible si ha estat una temporada sense tenir atacs. En cas contrari, seria bo mirar de tenir-los sota control com abans millor. Per fer-ho, necessitarà medicació, però és possible que pugui utilitzar un fàrmac menys nociu del que es prenia abans de l'embaràs. Durant l'embaràs, segons sembla, les teràpies amb un fàrmac únic causen menys problemes que les medicacions combinades, de manera que sol ser l'opció escollida per la majoria de metges. I és important no deixar de prendre la medicació necessària per por de perjudicar el fill, ja que no prendre-la –i tenir convulsions freqüents– pot ser molt més perillós.

Treure el millor partit als seus medicaments

Si depèn de la medicació per controlar una malaltia crònica és possible que ara que està embarassada hagi de fer-hi algun ajustament. Així, per exemple, si durant el primer trimestre té mareig matinal, pot evitar expulsar part de la medicació amb els vòmits prenent-se-la just abans de ficar-se al llit –per tal que el seu organisme ja l'hagi assimilada abans de llevar-se. (Encara que primer li ho hauria de consultar al metge perquè alguns fàrmacs s'han de prendre en determinats moments del dia.)

Una altra cosa que hauria de tenir en compte (i que el seu equip mèdic hauria de controlar) és que algunes medicacions es metabolitzen de manera diferent durant l'embaràs. De la mateixa manera, la dosi habitual pot no coincidir amb la dosi necessària durant els mesos de gestació. Consulti-ho al seu metge si creu que la dosi que es pren és insuficient –o excessiva– per a l'embaràs.

És recomanable que es realitzi una ecografia estructural detallada, i al principi de l'embaràs també li poden prescriure alguns tests de cribatge. Si ha estat prenent àcid valproic, potser el metge voldrà descartar específicament els defectes del tub neural, com ara l'espina bífida.

És important que totes les epilèptiques en estat dormin força, tinguin una bona nutrició i mantinguin un nivell de fluids adequat. També els poden recomanar un suplement de vitamina D perquè algunes medicacions per l'epilèpsia poden interferir en el metabolisme de la vitamina. Durant les últimes quatre setmanes de gestació, els poden prescriure un suplement de vitamina K per reduir el risc d'hemorràgies, lleugerament major en els nounats de mares epilèptiques.

Ni la dilatació ni el part han de ser més complicats pel fet que la mare sigui epilèptica, encara que és important seguir prenent la medicació anticonvulsiva durant el part per tal de minimitzar el risc de patir un atac durant el part. També és possible utilitzar l'anestèsia epidural per alleujar el dolor.

Donar el pit al seu fill tampoc hauria de ser cap problema. La majoria de medicacions epilèptiques només passen a la llet materna en una dosi tan reduïda que no és probable que afectin el lactant.

Esclerosi múltiple (EM)

"Fa uns quants anys em van diagnosticar una esclerosi múltiple. Només n'he tingut dos episodis, i van ser relativament benignes. L'EM afectarà l'embaràs o aquest afectarà la malaltia?"

Bones notícies per a vostè i el seu nadó. Les dones amb EM poden tenir embarassos completament normals i fills sans. Malgrat això, per aconseguir que tot vagi sobre rodes convé que se sotmeti a una atenció prenatal precoç (i, encara millor, que modifiqui les teràpies fins i tot abans de concebre), complementada amb visites regulars al neuròleg. I les bones notícies són vàlides també per al part. L'EM no sol afectar la dilatació i el part ni tampoc les opcions d'alleujament del dolor. L'epidural i altres tipus d'anestèsies semblen ser totalment innòcues per a futures mares amb EM.

Pel que fa als efectes de l'embaràs sobre l'EM, algunes dones experimenten recaigudes durant l'embaràs o el postpart, però la majoria recuperen l'estat anterior a la concepció al cap d'uns sis mesos d'haver donat a llum. Com és lògic, algunes dones amb problemes ambulatoris troben que, a mesura que augmenten de pes, se'ls fa més difícil caminar; evitar un increment de pes excessiu l'ajudarà a minimitzar aquest problema. La conclusió positiva: tant si experimenta recaigudes com si no n'experimenta, sembla que l'embaràs no afecta el nombre total de recaigudes que pugui tenir al llarg de la vida ni l'abast de la seva incapacitat definitiva.

Per mantenir-se el màxim de sana possible durant la gestació, intenti minimitzar l'estrès i descansar força. Procuri evitar també que la temperatura corporal li pugi massa (prescindeixi de banys d'aigua calenta o jacuzzis i no faci exercici excessiu ni en espais oberts en les hores de més calor). Faci el possible per no agafar infeccions, particularment les ITU, que són més comunes durant l'embaràs (a la pàgina 542 trobarà mesures preventives).

L'embaràs, però, pot tenir un cert impacte en el tractament de l'EM. Tot i que una dosi de baixa a moderada de prednisona es considera segura durant l'embaràs, hi ha medicacions que potser no ho són. Abans de prendre's qualsevol medicament, demani al metge que li verifiqui què és efectiu per a vostè i segur per al seu nadó.

Després del part, hi ha moltes probabilitats que vostè pugui donar el pit, com a mínim parcialment. Si la lactància materna no és possible, ja sigui per les medicacions que s'ha de prendre o simplement perquè és físicament massa estressant, no s'hi amoïni. Els nadons es crien la mar de bé amb una bona llet de fórmula, i encara més si així la seva mare es troba millor.

Atès que tornar a la feina poc després del part pot incrementar l'esgotament i l'estrès –que podrien agreujar els seus símptomes–, potser hauria de valorar la possibilitat de prendre-s'ho amb calma, sempre que l'economia familiar li ho permeti. Si l'EM interfereix en la seva activitat diària mentre el nen és petit, a la pàgina següent trobarà consells que poden aplicar els pares incapacitats en la cura dels seus fills.

I un altre apunt: moltes dones amb EM temen que la malaltia passi als seus fills. Tot i que en la malaltia hi ha un component genètic que fa que aquests nens tinguin més probabilitats de tenir-la de grans, el risc és força baix, ja que entre un 95 i un 98% dels fills de mares amb EM no la desenvolupen.

Escoliosi

"Quan era una adolescent em van diagnosticar una lleugera escoliosi. Com m'afectarà la desviació de la columna vertebral a l'embaràs?"

Per sort, no gaire. Les dones amb escoliosi solen tenir embarassos i parts sense complicacions i donen a llum a nadons sans. De fet, els estudis han demostrat que durant l'embaràs no es donen problemes significatius que es puguin atribuir específicament a l'escoliosi.

Les dones amb una desviació greu de l'espina dorsal, o aquelles a les quals l'escoliosi afecta els malucs, la pelvis o les espatlles, poden experimentar més molèsties, problemes respiratoris o dificultats per mantenir-se dins dels límits recomanables d'augment de pes. Si troba que durant l'embaràs té més mal d'esquena, descansi tant com pugui amb els peus elevats, prengui banys d'aigua calenta, demani al marit que li faci fregues a l'esquena i segueixi els consells de la pàgina 263 per combatre el mal d'esquena. També pot preguntar al ginecòleg la referència d'algun fisioterapeuta obstètric que li pugui recomanar alguns exercicis específics per alleujar els dolors provocats per l'escoliosi. Consulti-li també quines tècniques de medicina complementària i alternativa (vegi la pàgina 93) li podrien anar bé.

Si durant el part voldria que li administressin l'epidural, busquin amb el seu ginecòleg algun anestesista amb experiència en casos com el seu. Encara que aquesta malaltia no sol interferir en l'epidural, podria ser una mica més difícil d'administrar. De tota manera, un anestesista experimentat no hauria de tenir problemes per inserir-li l'agulla al lloc precís.

Fenilcetonúria (FCU)

"Vaig néixer amb fenilcetonúria. Quan tenia uns deu anys, el metge em va donar permís per deixar la dieta baixa en fenilalanina, i des d'aleshores m'he trobat sempre bé. Però, quan vaig parlar amb el ginecòleg de quedar-me embarassada, em va recomanar reprendre aquesta dieta. Realment fa falta?"

La dieta baixa en fenilalanina no és agradable ni gens fàcil de seguir, ja que consisteix en fórmules mèdiques sense fenilalanina i quantitats minuciosament mesurades de fruites, verdures, pa i pasta (eliminant tots els aliments rics en proteïnes, com la carn, l'aviram, el peix, els productes lactis, els ous, els llegums i la fruita seca). Però és absolutament necessari que les dones embarassades amb fenilcetonúria la segueixin al peu de la lletra. Saltar-se la dieta durant l'embaràs suposaria posar el seu fill en perill i fer-lo vulnerable a una gran varietat de problemes, incloent-hi retards mentals greus. L'ideal seria que aquesta dieta es comencés tres mesos abans de la concepció i que els nivells de fenilalanina a la sang es mantinguessin baixos fins al moment del part. (Encara que començant la dieta al principi de l'embaràs també es pot reduir la gravetat dels retards mentals en fills de mares amb FCU.) I, evidentment, tots els aliments edulcorats amb aspartam estan rigorosament prohibits.

Sens dubte, se li farà costa amunt haver de reprendre aquesta dieta després d'uns anys sense seguir-la –però els beneficis per al fill que porta al ventre es mereixen aquest sacrifici. Si malgrat aquest incentiu s'adona que no és capaç de seguir estrictament la dieta, procuri buscar l'ajuda professional d'un terapeuta familiaritzat amb aquesta mena de problemes. Fins i tot li podria resultar útil participar en un grup de suport a mares que presenten aquest problema: el feixuc camí d'una dieta rigorosa se li farà més planer si compta amb l'empatia d'altres dones en la mateixa situació.

Fibromiàlgia

"Fa uns quants anys em van diagnosticar fibromiàlgia. Com afectarà aquesta malaltia l'embaràs?"

D'entrada, pel fet de ser conscient de la seva malaltia ja té un punt a favor que moltes dones no tenen. La fibromiàlgia es caracteritza pel dolor i per les sensacions de cremor i adoloriment dels músculs i els teixits tous del cos. Aquesta malaltia, però, sol passar desapercebuda en les dones embarassades, possiblement perquè la fatiga, la debilitat i l'estrès psicològic que causa es consideren símptomes normals de l'embaràs.

Probablement, vostè ja deu estar acostumada al desconeixement generalitzat de la malaltia i a la falta d'informació disponible sobre com tractar-la. Però lamentablement l'acabarà de frustrar del tot saber que el desconeixement és encara major a l'hora de determinar els efectes de l'embaràs sobre la fibromiàlgia i viceversa. Pel que se sap, les notícies són força optimistes: els nadons de mares amb fibromiàlgia no resulten afectats en res per la malaltia. De tota manera, alguns estudis recents i l'evidència quotidiana han suggerit que l'embaràs pot ser especialment dur en una dona amb fibromiàlgia, que es pot sentir més cansada i patir més molèsties i dolors en més parts del cos que una futura mare sense aquesta malaltia (encara que algunes afortunades es troben millor durant l'embaràs, així que no perdi l'esperança). Per tal de reduir la simptomatologia al mínim, intenti minimitzar l'estrès tant com pugui, segueixi una dieta equilibra-

Síndrome de la fatiga crònica

Afortunadament, tenir la síndrome de la fatiga crònica (SFC) no interfereix en absolut amb tenir un embaràs normal i un nadó saludable. Però, de fet, això és l'únic que els científics saben sobre la interrelació entre l'embaràs i la SFC. Així, encara no s'han fet estudis que ho provin científicament i el poc que se sap és a partir de l'evidència quotidiana, que tendeix a suggerir que la SFC afecta de manera diferent a cada dona en estat. Algunes futures mares noten que els símptomes encara els milloren durant l'embaràs, mentre que en altres la malaltia s'agreuja. De fet, pot ser difícil de determinar amb exactitud perquè l'embaràs ja és físicament esgotador per a totes les dones, fins i tot per a les que no han d'afrontar la SFC.

Si vostè està embarassada i té la SFC, és tan important que el metge que li controla la malaltia estigui al corrent del seu embaràs com que el seu ginecòleg sàpiga que pateix aquesta síndrome. Junts, incorporant estratègies que li hagin anat bé en el passat, la podran ajudar a fer front a la seva SFC al llarg dels nou mesos de gestació.

da, faci exercici moderat (però sempre sense esgotar-se), i continuï practicant programes d'estiraments i de preparació física (ioga, gimnàstica aquàtica o alguna altra activitat d'aquest estil) que li anessin bé abans de quedar-se en estat. Normalment, les dones amb fibromiàlgia guanyen de 12 a 15 quilos durant el primer any de contreure la malaltia, de manera que un augment excessiu de pes durant l'embaràs podria convertir-se en un problema afegit (això no significa que s'hagi d'inflar com una pilota, però sí que podria tenir problemes per mantenir-se dins dels límits recomanats d'augment de pes). I com que aquesta malaltia se sol tractar amb antidepressius i analgèsics, haurà de procurar que el ginecòleg i el metge que li controla la malaltia treballin coordinadament per tal que només li administrin medicació segura per a l'embaràs.

Fibrosi quística

"Tinc fibrosi quística i sé que se'm pot complicar l'embaràs. Però fins a quin punt?"

Si vostè ha viscut tota la vida amb aquesta malaltia, ja deu estar acostumada a afrontar els reptes que li planteja –i a superar-los. I encara que aquests reptes s'incrementin una mica durant l'embaràs, hi ha moltes coses que vostè i els seus metges poden fer per procurar que tingui un embaràs sa i sense complicacions.

El primer repte pot ser arribar a guanyar el pes adequat, de manera que haurà de seguir les instruccions mèdiques (segurament amb l'ajuda d'un expert en nutrició) per tal de garantir l'augment de pes necessari. Per controlar més de prop el seu pes i el creixement del nadó –així com la resta d'aspectes del seu embaràs–, li hauran de fer visites prenatals més freqüents que a la resta de futures mares (però, com a contrapartida, tindrà més oportunitats d'escoltar el batec cardíac del seu fill –i més oportunitats de preguntar dubtes). Li limitaran la pràctica d'exercici i, com que vostè té un major risc de part prematur, haurà de prendre precaucions addicionals per reduir aquest risc i per assegurar que el seu nadó està sa i estalvi fins al naixement. També és possible que necessiti hospitalització periòdica.

És aconsellable que (si fins ara no ho ha fet) recorri a l'assessorament genètic per determinar si el neu nadó corre o no el risc de néixer amb fibrosi quística (en la majoria de casos, el resultat és negatiu). Així, si el seu marit no és portador de la malaltia, és molt poc probable que el seu fill en resulti afectat (encara que en pugui ser portador). Si el seu marit és portador, hi ha un 50% de probabilitats que el nadó en surti afectat; les proves prenatals ho poden determinar amb exactitud.

Com que ara ha de respirar per dos, els seus metges tindran especial cura dels seus pulmons –sobretot a mesura que l'úter en creixement els deixi menys espai per expandir-se. També li controlaran l'existència d'infeccions pulmonars. L'estat d'algunes dones amb malalties pulmonars severes pot empitjorar durant l'embaràs, encara que temporalment. En general, sembla que la gestació no té efectes negatius sobre la fibrosi quística a llarg termini.

L'embaràs no és mai fàcil, i encara menys per a dones amb fibrosi quística. Però la recompensa d'un nadó –pel qual ara ha de lluitar amb totes les seves forces– val la pena, indiscutiblement.

Hipertensió crònica

"Fa anys que tinc hipertensió. Com pot afectar la pressió alta l'embaràs?"

Com que cada vegada hi ha més dones d'edat avançada que es queden en estat, també hi ha cada cop més embarassades amb hipertensió, una malaltia que esdevé més comuna amb l'edat. Així que hi ha moltes dones en la seva situació (encara que, en el seu cas, desenvolupés la malaltia de més jove).

El seu embaràs es considera d'alt risc, per la qual cosa s'haurà de passar més temps a la consulta del metge i s'haurà d'esforçar més a seguir les instruccions mèdiques. Però tot sigui per una bona causa. Amb una pressió sanguínia ben controlada, una bona atenció mèdica i tenint cura de vostè mateixa, el més probable és que li surti tot rodat: un embaràs segur i un fill sa.

A més, els consells que exposem a continuació la poden ajudar a augmentar les probabilitats de tenir un bon embaràs:

L'equip mèdic adequat. El metge que li supervisi l'embaràs hauria de tenir molta experiència en futures mares amb hipertensió crònica i hauria de col·laborar amb l'especialista que s'encarrega de la seva malaltia.

Un control mèdic estricte. Probablement, el seu ginecòleg li programarà visites més freqüents que a la resta de futures mares i també li pot demanar més proves –però insistim que es tracta d'un temps ben invertit. Tenir una hipertensió crònica incrementa el risc de desenvolupar preeclàmpsia i altres complicacions durant l'embaràs, de forma que el seu ginecòleg haurà de vetllar especialment pel seu benestar durant les 40 setmanes de gestació.

Relaxació. Els exercicis de relaxació són beneficiosos per a totes les futures mares, però sobretot per a les hipertenses. De fet, les investigacions han demostrat que aquests exercicis poden fer baixar la pressió sanguínia. Revisi i practiqui els exercicis recomanats a la pàgina 157, o bé faci servir un CD de meditació o inscrigui's en algun curset.

Altres mètodes alternatius. Provi qualsevol tècnica de medicina complementària i alternativa recomanada pel metge, com ara el *biofeedback*, l'acupuntura o el massatge.

Força repòs. Com que tant l'estrès emocional com el físic poden fer pujar la pressió, eviti les tensions excessives de tot tipus. Al llarg del dia, vagi fent pauses, preferiblement amb els peus una mica elevats. Si la seva feina és molt estressant, no en tindrà prou amb descansos periòdics –caldria que considerés la possibilitat d'agafar-se la baixa o de treballar menys hores, o amb menys responsabilitats, fins al naixement del nadó. Si a casa va atabalada amb la cura d'altres fills, demani tanta ajuda com pugui per descarregar-se una mica de feina.

El control de la pressió sanguínia. Potser li recomanaran que, de forma regular, es prengui la pressió a casa. Prengui-se-la quan es trobi més descansada i tranquil·la.

Una bona dieta. La dieta estàndard de l'embaràs és un bon punt de partida, però l'haurà de modificar amb l'ajuda del seu metge per tal d'ajustar-la a les seves pròpies necessitats. Per reduir la pressió sanguínia, li pot anar bé menjar moltes fruites i verdures, productes lactis descremats o semidescremats i cereals integrals.

Els líquids adequats. Procuri beure almenys vuit gots de líquid al dia, ja que li anirà bé per alleujar la inflor dels peus i els turmells. En la majoria de casos, durant l'embaràs no s'aconsella prendre diürètics (fàrmacs que eviten la retenció de líquids i que, de vegades, s'usen en el tractament de la hipertensió).

La medicació prescrita. En funció de la medicació que es prengués abans de concebre, tant pot ser que l'hi mantinguin com que l'hi canviïn durant l'embaràs. Alguns medicaments es consideren segurs per a les futures mares, però altres no.

Incapacitat física

"Em vaig quedar paraplègica per culpa d'una lesió a la columna vertebral i ara he d'anar en cadira de rodes. Fa molt de temps que el meu marit i jo buscàvem un fill i per fi m'he quedat embarassada. I, ara, què ens espera?"

Igual que la resta de dones embarassades, el primer que haurà de fer és seleccionar un bon facultatiu. I igual que en la resta de dones amb embarassos d'alt risc, l'ideal seria que el seu ginecòleg o especialista en medicina maternofilial tingués experiència en casos similars. Probablement, trobar un metge especialitzat serà més fàcil del que es pensa perquè cada vegada hi ha més hospitals que posen en marxa programes especials per facilitar a les dones incapacitades unes millors atencions prenatals i obstètriques. Si al lloc on viu no troba cap programa o cap ginecòleg especialitzats, s'haurà de conformar amb algun que es presti a aprendre "sobre la marxa" i que sigui capaç d'oferir-los –a vostè i al seu marit– tot el suport que els faci falta.

Les mesures especials que haurà de prendre per tal que l'embaràs vagi com una seda dependran del tipus de limitacions físiques. En qualsevol cas, caldrà que restringeixi l'augment de pes als límits recomanats amb l'objectiu de minimitzar l'estrès que patirà el seu cos. Segueixi la millor dieta possible per millorar el seu benestar físic general i disminuir les probabilitats de complicacions gestacionals. A més, continuar practicant la seva teràpia física li permetrà tenir la màxima força física quan hagi de donar a llum –la hidroteràpia pot ser particularment beneficiosa i segura.

Potser la tranquil·litzarà el fet de saber que, tot i que l'embaràs pot ser més difícil per a vostè que per a les altres dones, no serà més estressant per al seu nadó que per al d'una mare sense una incapacitat. I no hi ha proves que indiquin un increment d'anormalitats fetals entre els fills de dones amb lesions a la columna vertebral (ni amb altres incapacitats físiques no relacionades amb malalties hereditàries o sistèmiques). De tota manera, les dones amb danys a l'espina dorsal són més susceptibles de tenir certs problemes de l'embaràs, com ara infeccions de ronyó i dificultats amb la bufeta, palpitacions i sudoració, anèmia i espasmes musculars. El part també pot plantejar problemes específics, encara que en molts casos pot ser possible donar a llum per via vaginal. Com que les contraccions uterines podrien ser indolores, en funció del tipus de lesió a la columna vertebral, li haurien de donar instruccions sobre com notar altres símptomes de part imminent –com ara sagnat o ruptura de membranes– i és possible que el metge li demani que es palpi periòdicament l'úter per veure si li han començat les contraccions.

Amb l'antelació necessària a la data de sortida de comptes, caldrà que prepari un pla infal·lible per arribar a l'hospital. Hauria de tenir en compte que pot ser que estigui sola a casa quan s'iniciï la dilatació (potser preferirà anar a l'hospital quan comenci la dilatació per tal d'evitar els possibles problemes causats pels retards durant el trajecte). També s'haurà d'assegurar que el personal sanitari estigui preparat per afrontar les seves necessitats especials.

Criar fills és sempre un gran repte, sobretot en les seves primeres setmanes de vida, i és evident que el repte encara serà major per a vostè i el seu marit (que haurà de posar-hi molt de la seva part). Planificar-ho amb temps els ajudarà a superar aquest repte amb èxit. A casa, facin els preparatius necessaris per tal que tenir cura del seu fill sigui més fàcil (pensi que no podrà anar disparada a la cuina a preparar un biberó ni podrà sortir corrent a comprar llet de fórmula). Tenir a l'abast els bolquers i altres productes per al nadó també li estalviarà temps i feina. El canviador haurà d'estar dissenyat per poder-lo fer servir des d'una cadira de rodes, i el bressol hauria de tenir un lateral abatible per poder posar i treure el nadó més fàcilment. I, si és vostè qui s'ha d'encarregar de banyar el petit, haurà de col·locar la banyereta en algun lloc accessible (com que tampoc és imprescindible banyar el nen cada dia, faci-ho dia sí dia no, i en dies alterns renti'l una mica amb l'esponja posant-lo ajagut sobre el canviador o sobre la seva falda). Col·locant-se el seu fill al coll, en una motxilleta portanadons, seria la manera més còmoda de traslladar-lo, ja que li quedarien les mans lliures per conduir la cadira de rodes (es pot deixar la motxilleta penjada al coll tot el dia, i així posa i treu el nadó les vegades que li convingui). Entrar a formar part d'un grup de suport per a pares amb incapacitats (o buscar-ne algun per Internet) li oferirà una gran dosi de confort i empatia i, a més, els seus companys de grup es convertiran en una font inesgotable de trucs i consells.

Lupus eritematós sistèmic (LES)

"Últimament, el lupus que tinc ha estat molt inactiu, però m'acabo de quedar embarassada. És probable que m'empitjori?"

Avui dia encara es desconeixen moltes coses del lupus eritematós sistèmic (LES), sobretot en relació amb l'embaràs. Els estudis indiquen que l'embaràs no afecta l'evolució d'aquesta malaltia autoimmune a llarg termini. Durant l'embaràs mateix, hi ha dones que troben que la situació els millora, mentre que altres noten que encara els empitjora més. Per a més incertesa, el que passa en un embaràs no prediu necessàriament què passarà en els següents. En el període del postpart, sembla que incrementen el nombre de crisis.

De tota manera, l'efecte que el LES té sobre l'embaràs no és gens clar. Sembla que les dones que tenen millors resultats són les que –com vostè– conceben durant un període de benestar. Encara que el risc que l'embaràs no arribi a terme és lleugerament superior, les probabilitats de tenir un nadó sa solen ser molt elevades. Les dones que no tenen un pronòstic tan bo són les que tenen un LES amb deteriorament renal greu (l'ideal seria que el funcionament del ronyó hagués estat estable durant els sis mesos anteriors a la concepció). Si vostè té un lupus anticoagulant en plasma o un anticòs antifosfolípid relacionat, li podrien prescriure dosis diàries d'aspirina i heparina.

A causa del lupus, les seves atencions prenatals inclouran més proves i més medicació (com ara corticosteroides), i possiblement tindrà més limitacions. Però si vostè, el ginecòleg (o l'especialista en medicina maternofilial) i el metge que li tracta el lupus treballen coordinadament, compta amb moltes probabilitats que el seu embaràs tingui un desenllaç feliç i que tot aquest esforç extra hagi valgut la pena.

Malalties tiroïdals

"Quan era adolescent em van diagnosticar un hipotiroïdisme i ara estic prenent hormones tiroïdals. És segur continuar-ne prenent durant l'embaràs?"

No només és segur sinó que, a més, és vital per al seu propi benestar i per al del seu fill. Ja sap que l'hipotiroïdisme és una malaltia en què la glàndula tiroide no produeix la quantitat adequada de l'hormona tiroxina. I, d'entrada, les dones amb hipotiroïdisme sense tractar són més propenses a tenir avortaments. A més, les hormones tiroides maternals són necessàries per al desenvolupament cerebral dels nadons; els fetus que no reben la dosi necessària d'aquestes hormones durant el primer trimestre poden néixer amb problemes neurològics, o fins i tot amb sordesa. (A partir del segon trimestre, el fetus produeix les seves pròpies hormones tiroïdals i queda protegit fins i tot si els nivells de tiroides de la mare són baixos.) Uns nivells tiroïdals baixos també estan vinculats amb depressió durant l'embaràs i el postpart –una altra raó de pes per continuar el seu tractament.

De tota manera, és possible que li hagin d'ajustar la dosi, ja que l'organisme de la dona necessita més hormona tiroide durant el període de gestació. Comenti-ho a l'endocrinòleg i al ginecòleg per assegurar-se de prendre'n la dosi adequada en aquest moment, però recordi que probablement li hauran de controlar els nivells periòdicament durant l'embaràs i el postpart per veure si cal tornar-li a ajustar la dosi. Estigui a l'aguait, també, davant de símptomes que indiquin que el seu nivell de tiroide és massa baix o massa alt, i notifiqui aquests símptomes al seu metge –i, encara que alguns dels símptomes de l'hipotiroïdisme (com la fatiga, el restrenyiment o la pell seca) són tan similars als de l'embaràs que a vegades costi distingir-los, no s'abstingui de comentar-los al seu facultatiu.

Un dèficit de iode, que pot ser freqüent en dones en edat de procrear, podria interferir en la producció d'hormones tiroïdals, de manera que cal procurar ingerir les quantitats necessàries d'aquest mineral, present sobretot al marisc i a la sal iodada.

"El fet que tingui la malaltia de Graves pot representar algun problema per a l'embaràs?"

La malaltia de Graves és la forma més freqüent d'hipertiroïdisme, una afecció en què la glàndula tiroide produeix una quantitat excessiva d'hormones tiroïdals. De vegades, els casos lleus d'hipertiroïdisme milloren durant l'embaràs perquè l'organisme de la dona en estat requereix més hormona tiroide de l'habitual. Però tenir un hipertiroïdisme moderat o greu ja és una altra història. Si no es tracta, aquesta malaltia pot comportar complicacions greus per a vostè i el seu nadó, incloent-hi l'avortament i el part prematur, de forma que és imprescindible seguir un tractament adequat. Afortunadament, quan la malaltia es tracta correctament, l'embaràs sol transcórrer sense problemes per a la mare i el fill.

Per a la dona embarassada, el tractament oportú és el fàrmac propiltiouracil (PTU), amb la mínima dosi efectiva. Si la dona és al·lèrgica al PTU, caldrà utilitzar metimazole. Si no es pot fer servir cap d'aquestes dues medicacions, és possible que s'hagi de recórrer a la cirurgia per extirpar la glàndula tiroide, encara que s'hauria de practicar a mitjans del segon trimestre per evitar el risc d'avortament (en el primer trimestre) i el part prematur (a finals del segon trimestre o al principi del tercer). El iode radioactiu no és segur durant l'embaràs, de manera que no hauria de formar part del seu tractament.

Si abans de quedar-se embarassada li van practicar una intervenció o va seguir un tractament amb iode radioactiu, haurà de continuar la teràpia de substitució tiroïdal durant l'embaràs (ja que no només és innòcua, sinó que de fet és essencial per a un bon desenvolupament fetal).

Síndrome del còlon irritable

"Tinc la síndrome del còlon irritable i voldria saber si l'embaràs n'agreujarà els símptomes."

Com que sembla que l'embaràs afecta la síndrome del còlon irritable (SCI) de forma diferent en cada dona, és impossible predir com l'afectarà a vostè. Algunes dones asseguren que durant l'embaràs no tenen cap símptoma, mentre que altres es troben lleugerament pitjor al llarg de tots nou mesos.

Una de les raons per les quals és tan difícil determinar els efectes de l'embaràs en la SCI –i viceversa– és perquè durant l'embaràs els problemes als intestins ja són habituals. Les futures mares són més propenses al restrenyiment (un símptoma de la SCI), encara que algunes dones expulsen una femta més tova (un altre símptoma de la SCI). El mateix podem dir dels gasos i la inflor, que solen empitjorar durant l'embaràs, tant si es té la SCI com si no. I com que les hormones de l'embaràs causen un impacte en totes les parts del cos, a les dones amb SCI també els pot canviar el metabolisme: així, una dona que normalment tenia diarrea de sobte pot tenir restrenyiment, mentre que una dona que tenia problemes de trànsit intestinal pot veure com aquest trànsit se li accelera –massa i tot.

Per mantenir els símptomes sota control, segueixi les mateixes tècniques que utilitzava per combatre la SCI en altres moments de la seva vida: faci menjades lleugeres i freqüents i mantingui's ben hidratada (dos bons consells per a totes les embarassades); prengui una dieta rica en fibra per millorar la digestió (també ho haurien de fer totes les dones en estat); prescindeixi d'aliments picants; eviti un estrès excessiu, i renunciï a tots els menjars o begudes que li empitjorin els símptomes. També podria considerar la possibilitat d'afegir a la seva dieta alguns probiòtics (en forma de iogurt –convencional o líquid– amb cultius actius, o en forma de preparat en càpsula o en pols); són sorprenentment efectius per regular el trànsit intestinal i són segurs de prendre durant l'embaràs. Consulti-ho al seu ginecòleg.

Tenir la SCI suposa un risc lleugerament major de part prematur (així que asseguri's d'estar alerta de qualsevol símptoma de contraccions prematures; vegi la pàgina 330). Degut a la seva malaltia, també té unes majors probabilitats d'haver de donar a llum per cesària.

QUÈ CAL TENIR EN COMPTE

Aconseguir el suport necessari

Tot i que és cert que totes les dones embarassades necessiten suport a cabassos, també ho és que les futures mares amb malalties cròniques en necessitaran encara més. Fins i tot si ja fa anys que conviu amb la malaltia, ja en sap tot el que se'n pugui saber i ja té els dits pelats en combatre-la, probablement s'adonarà que l'embaràs canvia les normes del joc (per molt ben apreses que les tingui).

D'entrada, necessitarà més suport que mai. Cap dona en estat ho hauria de passar tot sola, però les que tenen una malaltia crònica voldran i necessitaran més ajuda que les altres. Entre els principals tipus de suport que li poden anar bé hi ha els següents:

Suport mèdic. Com totes les dones en estat, haurà de buscar un ginecòleg (si és que encara no en té cap) que a ser possible l'hagi visitat abans de concebre, que tingui cura de vostè al llarg de la gestació i que l'atengui en el seu part especial. Però a diferència de la majoria de les altres futures mares, el seu equip mèdic no constarà exclusivament d'un ginecòleg. També necessitarà comptar amb l'ajuda del metge o els metges encarregats de la seva malaltia crònica. Tots els seus facultatius haurien de fer pinya per garantir les millors atencions per a vostè i el seu nadó –per tal que tinguin en compte el benestar del seu nadó en el tractament de la malaltia sense que deixin de banda la seva malaltia en les cures prenatals. La comunicació serà una part essencial d'aquest equip mèdic, així que procuri que tots els seus metges treballin coordinadament en la realització de proves, en la prescripció de medicacions i en tots els altres aspectes relatius a l'atenció mèdica.

Com és lògic, tots els seus metges tindran moltes altres pacients a part de vostè, així que és millor que no doni per suposat que hi haurà comunicació sense que vostè hi posi de la seva part. Així que si l'especialista en la seva malaltia crònica li prescriu un nou medicament, pregunti-li si ja compta amb el vistiplau del ginecòleg, i a la inversa.

Suport emocional. Totes les futures mares necessiten que els donin un cop de mà, però és possible que vostè necessiti moltes mans disposades a ajudar-la. Algú amb qui desfogar-se quan es cansi de seguir la seva dieta ("una altra vegada poma per berenar, en comptes de galetes de xocolata?"); algú amb qui lamentar-se que s'hagi de sotmetre a un bombardeig de proves mèdiques ("sis analítiques en només tres dies?"); algú en qui confiar, amb qui compartir emocions i en qui descarregar-se; i algú que li doni el suport que tota futura mare desitja –i que vostè desitja encara més.

Evidentment, la seva parella és qui millor li pot subministrar el suport que necessita, ja que és qui veu constantment què li passa i qui faria el que calgués per ajudar-la. Els amics i familiars també la poden escoltar quan ho necessiti, fins i tot si van tenir embarassos més "normals" i no puguin acabar d'entendre-la del tot. Però probablement no trobarà ningú que es pugui posar tan bé a la seva pell com una altra dona amb el mateix problema –en ningú més trobarà tant suport ni tanta empatia.

Depenent de la seva malaltia crònica i del lloc on visqui, és possible que pugui trobar algun grup de suport destinat a dones embarassades o que acaben de ser mares i que es troben en la mateixa situació que vostè, o similar. O bé, amb una mica d'ajuda del seu equip mèdic, vostè mateixa podria crear algun grup nou (encara que només en formin part vostè i una altra dona amb qui sortir a dinar o amb qui parlar per telèfon). O busqui informació a la xarxa, ja sigui en taulers d'anuncis o en xats amb mares que tinguin la mateixa malaltia crònica. D'aquesta manera, aconseguirà tant el suport emocional que busca com un suport pràctic –a base de consells, possibles tractaments, estratègies, suggeriments dietètics i altres recursos que l'ajudaran a acomplir la seva doble missió: tenir cura de la malaltia crònica i vetllar per la salut del nadó.

Suport físic. També qualsevol dona en estat necessita ajuda física en algun moment de l'embaràs (i, probablement, en més d'una ocasió): algú que li vagi a fer la compra quan estigui massa esgotada per anar-hi ella, algú que li fregui el vàter per evitar inhalar productes corrosius, algú que li prepari el dinar si la mareja veure pollastre cru... Però per a mares que han de compaginar les demandes físiques de l'embaràs amb els reptes habituals de la seva malaltia, l'ajuda no està mai de més. Obtingui ajuda de qui pugui i no s'estigui de demanar-ne més. Demani a la seva parella que s'encarregui d'endreçar les coses que hi ha desordenades per la casa (i la roba planxada, i les bosses de la compra), sempre que vostè no se senti amb prou energies. Busqui també l'ajuda d'amics i parents i, si la seva economia li ho permet, llogui alguna senyora de fer feines.

PART 7

Complicacions durant l'embaràs

CAPÍTOL 22

Viure un embaràs amb complicacions

SI LI HAN DIAGNOSTICAT ALGUNA COMplicació de l'embaràs o creu que en podria tenir alguna, en aquest capítol trobarà els símptomes i els tractaments de les principals complicacions gestacionals. Si de moment viu un embaràs sense problemes, en canvi, no cal que es llegeixi aquest capítol. L'embaràs i el part de la majoria de dones transcorren sense complicacions. Però tot i que disposar de la informació d'aquest capítol resulta molt útil quan convé, llegir sobre totes les coses que podrien anar malament quan no hi van no farà sinó atabalar-la. Eviti llegir aquest apartat i s'estalviarà preocupacions inútils.

Complicacions de l'embaràs

D'entrada, no és gens probable que la majoria de dones embarassades experimentin les següents complicacions, malgrat ser les més comunes de totes. Per tant, llegeixi aquest apartat només si li han diagnosticat una complicació en concret o si nota símptomes que podrien indicar-ne alguna. Si n'hi han diagnosticat alguna, consideri la informació que hi apareix com una aproximació general –per tal de fer-se una idea de què es tracta– però seria convenient que en rebés dades més específiques (i possiblement una mica diferents) del seu ginecòleg.

Avortament precoç

Què és? Un avortament és l'expulsió espontània d'un embrió o un fetus abans que aquest sigui capaç de sobreviure fora de l'úter (dit d'una altra manera, el final imprevist d'un embaràs). Si aquesta

Tipus d'avortament

Si vostè ha patit un avortament precoç, la tristesa que deu sentir és la mateixa, independentment de la causa o de la denominació mèdica específica. Malgrat tot, li serà útil tenir informació sobre els diferents tipus d'avortament per tal de familiaritzar-se amb els termes que podria fer servir el seu ginecòleg.

Embaràs químic. Un embaràs químic es dóna quan un òvul és fecundat però no aconsegueix desenvolupar-se amb èxit o implantar-se completament a l'úter. Pot ser que a una dona no li vingui la regla i sospiti que està embarassada; fins i tot el test de l'embaràs pot resultar positiu, perquè el seu cos ha produït certs nivells –baixos però detectables– de l'hormona GCh de l'embaràs; però, si es tracta d'un embaràs químic, en fer un examen per ultrasons ni hi haurà sac gestacional o placenta.

Embaràs anembriònic. Un embaràs anembriònic fa referència a un òvul fecundat que s'adhereix a la paret de l'úter i comença a desenvolupar una placenta (que produeix GCh), però que després no aconsegueix convertir-se en embrió. El que queda és un sac gestacional buit (que pot visualitzar-se en una ecografia).

Avortament espontani sense expulsió. Parlem d'avortament sense expulsió, que és molt estrany, quan l'embrió o el fetus mor però roman a l'úter. Sovint, els únics signes d'avortament sense expulsió són la pèrdua de tots els símptomes de l'embaràs, i menys habitualment, l'expulsió de fluix de color marronós. La confirmació de l'avortament es dóna quan una ecografia mostra que no hi ha batec cardíac fetal.

Avortament incomplet. Un avortament incomplet es produeix quan una part del teixit placentari es queda dins de l'úter i l'altra part s'expulsa per la vagina amb hemorràgies. Les dones que pateixen un avortament incomplet continuen tenint rampes i sagnat (a vegades intens), la cèrvix se'ls manté dilatada, els tests d'embaràs segueixen donant positiu (o els nivells de GCh encara són detectables i no baixen, com seria d'esperar), i algunes restes de l'embaràs encara són visibles a través d'ecografia.

Amenaça d'avortament. Quan hi ha una mica de sagnat vaginal però la cèrvix es manté tancada i el batec cardíac fetal encara és detectable (per ecografia), es considera que hi ha una amenaça d'avortament. Gairebé la meitat de dones amb amenaça d'avortament acaben tenint un embaràs perfectament saludable.

pèrdua té lloc durant el primer trimestre de gestació, es coneix amb el nom d'avortament precoç o embrionari. De fet, un 80 per cent dels avortaments es donen en aquest període. (Quan té lloc entre el final del primer trimestre i la setmana 20 d'embaràs, es considera un avortament tardà; vegi la pàgina 587).

L'avortament precoç sol estar relacionat amb un defecte cromosòmic o genètic de l'embrió, però també pot ser provocat per factors hormonals o d'altres tipus. La majoria de vegades no se'n pot identificar la causa.

Freqüència. L'avortament és una de les complicacions més comunes del principi de l'embaràs. És difícil de saber amb exactitud, però els investigadors estimen que més d'un 40 per cent de les concepcions acaben en avortament. Però la majoria es produeixen tan aviat que ni tan

Tingui en compte que...

En un embaràs normal, l'avortament no és provocat pel fet de practicar exercici, mantenir relacions sexuals, treballar molt o aixecar pesos, ni per un ensurt, l'estrès emocional, una caiguda o una patacada a l'abdomen. Les nàusees i els vòmits derivats del mareig matinal, ni que sigui greu, tampoc poden causar un avortament. De fet, el mareig matinal ha estat vinculat amb un menor risc d'avortament. Per sort, la gran majoria de dones que experimenten un avortament acaben tenint un embaràs normal més endavant.

sols se sospitava de l'embaràs –de manera que aquests avortaments passen desapercebuts, i són viscuts com una menstruació normal, o a vegades més intensa. Vegi el requadre de la pàgina 583 per a més informació sobre els diferents tipus d'avortament precoç.

Qualsevol dona pot tenir un avortament i, de fet, la majoria de dones que n'han tingut algun no presentaven cap factor de risc conegut. De tota manera, hi ha determinats factors que incrementen el risc d'avortament. Un és l'edat; els òvuls de dones més grans (i possiblement els espermatozous dels seus marits més grans) tenen més probabilitats de contenir un defecte genètic (una dona de 40 anys té un 33% de probabilitats d'avortar, mentre que en una de 20 les probabilitats són d'un 15%). Altres factors de risc inclouen deficiències vitamíniques (especialment d'àcid fòlic); un sobrepès o un pes insuficient; fumar; possibles insuficiències o desequilibris hormonals, incloent-hi una malaltia tiroïdal sense tractar; algunes malalties de transmissió sexual (MTS), i determinades malalties cròniques.

Signes i símptomes. Un avortament espontani pot incloure algun dels següents símptomes (o tots):

- Rampes o dolor (a vegades intens) al centre de la part baixa de l'abdomen o l'esquena.
- Hemorràgia forta (possiblement amb gleves i/o teixits), similar a una menstruació.
- Pèrdues lleugeres de sang, que poden durar més de tres dies.
- Disminució accentuada (o pèrdua absoluta) dels símptomes propis del principi de l'embaràs, com ara sensibilitat mamària i nàusees.

Tractament. No sempre que sagni o taqui una mica ha de voler dir que tingui un avortament. De fet, hi ha moltes altres situacions (a banda de l'avortament) que poden comportar hemorràgies (vegi la pàgina 153).

Si s'adona que sagna o taca, truqui al ginecòleg, per tal que valori les pèrdues i, probablement, li practiqui una ecografia. Si l'embaràs sembla viable (és a dir, si a l'ecografia es detecta el batec cardíac fetal), el seu facultatiu li podria

Tingui en compte que...

A vegades, és massa aviat per detectar el batec cardíac del fetus o per visualitzar el sac fetal en una ecografia, fins i tot en un embaràs saludable. Les dates podrien estar equivocades o l'equip d'ultrasons podria no ser prou sofisticat. Si encara té la cèrvix tancada, si només sagna una mica i l'ecografia és ambigua, li repetiran les proves al cap d'una o dues setmanes per aclarir què li passa realment. També li controlaran els nivells de GCh.

Si ha tingut un avortament...

Tot i que al principi als pares els costi d'acceptar-ho, quan es produeix un avortament espontani sol ser perquè l'estat de l'embrió o el fetus és incompatible amb una vida normal. L'avortament precoç acostuma a ser un procés de selecció natural en què un embrió o un fetus defectuosos es perden perquè són incapaços de sobreviure. Poden ser defectuosos a causa d'una anormalitat genètica, de factors ambientals (com la radiació o els fàrmacs), d'una implantació deficient a l'úter, d'una infecció materna, d'un accident casual, o bé per altres raons desconegudes.

Malgrat això, el fet de perdre una criatura –per aviat que sigui– no deixa de ser traumàtic. Però no s'ha de permetre que els sentiments de culpabilitat agreugin encara més la desgràcia: un avortament no és culpa de la mare. De tota manera, és normal que estigui afligida, com a pas necessari per superar el disgust provocat per la pèrdua. És lògic que durant un temps estigui trista, o fins i tot deprimida. L'ajudarà el fet de compartir els seus sentiments amb el marit, el ginecòleg, un parent o un amic. També li aniria bé formar part d'algun grup de suport per a parelles o mares que han perdut un fill, o contacti a través de la xarxa amb altres dones en la mateixa situació. Compartir els seus sentiments amb altres persones que comprenen realment com se sent és especialment important si s'ha patit més d'un avortament. Al capítol 23, trobarà més suggeriments sobre la manera d'afrontar la pèrdua.

Per a algunes dones, la millor teràpia es tornar-se a quedar embarassades tan aviat com sigui segur. Però abans de buscar un nou embaràs, consulti al seu metge les possibles causes de l'avortament. En general, l'avortament és un esdeveniment aïllat i aleatori provocat per alguna anormalitat cromosòmica, una infecció, l'exposició a productes químics o teratogènics (que causen defectes congènits) o simplement per l'atzar, i no és probable que es repeteixi.

Independentment de la causa de l'avortament, alguns ginecòlegs suggereixen esperar entre dos i tres mesos abans d'intentar tornar a concebre, encara que les relacions sexuals es poden reprendre tan aviat com la parella en tingui ganes. Altres metges ho deixen tot en mans de la mare naturalesa, i diuen a les seves pacients que el seu cos ja sabrà quan és el moment de tornar a concebre. Alguns estudis han demostrat que, de fet, les dones que perden un embrió en el tercer trimestre de gestació tenen un índex de fertilitat superior al normal durant els tres cicles posteriors a l'avortament. De tota manera, si el seu facultatiu li recomana un període d'espera faci servir mètodes anticonceptius fiables, preferiblement de tipus barrera (condó o diafragma) fins que rebi el consentiment mèdic. Aprofiti aquest temps d'espera per posar-se físicament en forma (vegi el capítol 1).

Per sort, hi ha moltes probabilitats que la pròxima vegada tingui un embaràs normal i un fill sa. La majoria de dones que han tingut un avortament, no en tornen a tenir cap més. De fet, un avortament és la garantia que una dona és capaç de concebre, i la gran majoria de dones que perden un embaràs d'aquesta manera després poden tenir-ne altres de normals.

recomanar uns dies de repòs al llit i, a més, si l'embaràs encara és molt precoç, li podrien controlar els nivells hormonals (un increment dels nivells de GCh són un bon indici); i així el més probable és que el sagnat s'aturi per si sol.

Com tractar un avortament

La majoria d'avortaments són complets, o sigui que tot el contingut de l'úter és expulsat a través de la vagina (fet que explica que sovint hi hagi tantes hemorràgies). Però, de vegades (sobretot cap al final del primer trimestre), l'avortament no és complet, i parts de l'embaràs romanen a l'úter (és el que es coneix com a avortament incomplet). O bé el batec cardíac fetal ja no es detecta a l'ecografia, fet que indica que l'embrió o el fetus és mort, però no s'ha produït cap hemorràgia (i és el que s'anomena avortament espontani sense expulsió). En ambdós casos, cal buidar l'úter per tal de recuperar el cicle menstrual regular (i poder així intentar tornar a quedar embarassada, si la dona així ho desitja). Aquest buidatge de l'úter es pot realitzar de diverses maneres:

De forma natural. Es pot deixar que la naturalesa faci el seu curs i esperar fins que les restes de l'embaràs siguin expulsades de forma natural. Esperar que això ocorri després d'un avortament incomplet o sense expulsió pot comportar uns quants dies o bé, en alguns casos, fins a tres o quatre setmanes.

Amb medicació. La medicació –normalment misoprostol en forma de píndoles orals o en forma de supositoris per via vaginal– pot portar el cos a expel·lir el teixit fetal i la placenta. El temps que trigui a fer efecte pot variar en funció de cada dona però, normalment, les hemorràgies comencen en qüestió de dies. Els efectes secundaris del fàrmac poden incloure nàusees, vòmits, rampes i diarrea.

Amb cirurgia. Una altra opció és sotmetre la dona a una intervenció quirúrgica menor anomenada dilatació i raspatge. Mitjançant aquest procediment, el metge dilata la cèrvix i elimina suaument de l'úter (amb succió i/o raspatge) el teixit fetal i la placenta. Les hemorràgies provocades per aquest procediment no solen durar més d'una setmana. Encara que els efectes secundaris no siguin habituals, aquesta intervenció comporta un lleuger risc d'infecció.

Si el metge comprova que té el coll uterí dilatat i/o no detecta el batec cardíac fetal en l'ecografia (i les seves dates són correctes), es dóna per fet que ha tingut o està tenint un avortament. En aquest cas, malauradament, no es pot fer res per prevenir la pèrdua.

Si les rampes li provoquen molt dolor, el seu metge li pot recomanar o prescriure un analgèsic. No dubti a demanar-ne algun si el necessita.

Prevenció. La majoria d'avortaments són el resultat d'un defecte embrionari o fetal, i no es poden prevenir. De tota manera, hi ha una sèrie de mesures que podria prendre per tal de reduir-ne el risc:

- Mantingui les malalties cròniques sota control abans de concebre.
- Asseguri's de prendre un suplement prenatal diari que inclogui àcid fòlic i altres vitamines B. Investigacions recents han demostrat que algunes dones tenen problemes per concebre i/o per mantenir un embaràs a causa d'una deficiència d'àcid fòlic o de vitamina B_{12}. Quan aquestes dones es prenen els suplements necessaris, poden tirar endavant amb l'embaràs.
- Intenti assolir un pes el més pròxim a l'ideal possible abans de concebre. El sobrepès o un pes insuficient són dos factors de risc per a l'embaràs.

Quina opció hauria de seguir en el seu cas? Alguns dels factors que vostè i el seu metge haurien de tenir en compte són:

- La fase de l'avortament. Si les hemorràgies i les rampes encara són fortes, és probable que l'avortament sigui imminent. En aquest cas, podria ser preferible deixar que la naturalesa faci el seu curs que no pas intervenir amb un raspatge. Però si no hi ha sagnat (com en un avortament sense expulsió), l'administració de misoprostol o el raspatge serien les millors alternatives.
- El moment de l'embaràs. Com més teixit fetal hi hagi, més probable serà que calgui practicar un raspatge per a netejar l'úter completament.
- El seu estat físic i emocional. Esperar que s'esdevingui un avortament natural després que un fetus hagi mort *in utero* pot ser psicològicament molt dur, tant per a la pròpia dona com per al seu marit. És probable que vostè no pugui assimilar la pèrdua ni superar el dol mentre el fetus romangui dins seu. Completar el procés tan ràpidament com sigui possible també li permetrà recuperar abans els seus cicles menstruals i, quan sigui el moment oportú, intentar tornar a concebre.
- Els riscos i els beneficis. Com que el raspatge és una tècnica invasiva, comporta un risc lleugerament major (encara que mínim) d'infecció. No obstant això, per a la majoria de dones, l'avantatge d'acabar l'avortament més aviat pot compensar aquest petit risc. Amb un avortament natural, també existeix el risc que l'úter no s'acabi de buidar del tot, per la qual cosa també faria falta acabar amb un raspatge el que la naturalesa hagués deixat a mitges.
- L'avaluació de l'avortament. Quan es realitza un raspatge, pot resultar més fàcil avaluar la causa de l'avortament mitjançant l'examinació del teixit fetal.

Independentment de la via que es faci servir, i tant si l'avortament té lloc més aviat o més tard, li costarà superar la pèrdua. Al capítol 23 trobarà ajuda per afrontar-la.

- Eviti addiccions que incrementin el risc d'avortament, com l'alcohol o el tabac.
- Vagi amb compte a l'hora de prendre medicacions. Prengui's només les que rebin el vistiplau d'un metge que estigui al corrent del seu embaràs i eviti els fàrmacs nocius.
- Prengui mesures per evitar infeccions, com ara malalties de transmissió sexual.

Si vostè ha patit dos o més avortaments, s'hauria de fer les proves oportunes per determinar-ne les possibles causes i prevenir així les pèrdues de futurs embarassos (trobarà més informació al requadre de la pàgina 588).

Avortament tardà

Què és? S'anomena avortament tardà l'expulsió espontània d'un fetus entre el final del primer trimestre i la vintena setmana de gestació. A partir d'aleshores, si el fetus neix sense vida, es parla d'infantament d'un nadó mort.

La causa d'un avortament tardà es relaciona amb la salut de la mare, l'estat de la cèrvix o l'úter, l'exposició de la dona a determinats fàrmacs o substàncies tòxiques, o a problemes de placenta.

Avortaments recurrents

Encara que tenir un avortament no significa en absolut que hi hagi més probabilitats de tenir-ne un altre, algunes dones pateixen avortaments recurrents (és a dir, dos o tres de seguits). Si vostè ha patit múltiples avortaments, es deu preguntar si mai serà capaç de tenir un embaràs saludable. D'entrada, pensi que és força probable que sí, encara que és possible que hagi d'afrontar els futurs embarassos de forma diferent. De vegades, les causes dels avortaments recurrents són desconegudes, però hi ha proves que poden aclarir per què s'han produït –encara que és possible que cada avortament tingui una causa diferent.

Normalment no val la pena mirar de determinar la causa d'una única pèrdua, però si té dos o tres avortaments seguits és possible que li recomanin una avaluació mèdica. Alguns factors que podrien estar relacionats amb avortaments recurrents són malalties tiroïdals, problemes autoimmunes (en què el sistema immunitari de la mare ataca l'embrió), deficiències vitamíniques o malformacions de l'úter. Actualment, existeixen moltes proves que poden determinar els factors de risc per les pèrdues d'embarassos i suggerir possibles maneres de prevenir-los, a vegades d'una forma ben senzilla. Probablement també faran fer analítiques a tots dos progenitors per detectar possibles problemes cromosòmics que es poden transmetre al fetus. A la mare, també li descartaran l'existència de problemes de coagulació sanguínia (algunes dones produeixen anticossos que ataquen els seus propis teixits, provocant coàguls de sang que poden obstruir els vasos sanguinis materns que nodreixen la placenta). Li poden practicar una ecografia (o bé una ressonància magnètica o una tomografia axial computeritzada), li poden exa-

Freqüència. Els avortaments tardans es donen aproximadament en 1 de cada 1.000 embarassos.

Signes i símptomes. Després del primer trimestre, pèrdues rosades durant diversos dies o un escàs fluix marronós al llarg de diverses setmanes podrien suposar una amenaça d'avortament tardà. Una hemorràgia més forta, sobretot si va acompanyada de rampes, sol significar que l'avortament és inevitable, especialment si el coll uterí està dilatat. (També hi poden haver altres causes d'hemorràgies intenses, com ara placenta prèvia, pàgina 599; abrupció placentària, pàgina 600; esquinçament del revestiment uterí, o part prematur, pàgina 604.)

Tractament. Si té pèrdues rosades o marronoses, vagi al metge. El seu facultatiu li examinarà el sagnat, possiblement li farà una ecografia i li comprovarà l'estat de la cèrvix, i és probable que li prescrigui fer repòs al llit. Si les hemorràgies s'aturen, és probable que no estiguessin relacionades amb un avortament (a vegades poden ser causades per les relacions sexuals o per un examen intern), de manera que podrà reprendre la seva activitat normal. Si el coll uterí se li comença a dilatar, però no té sagnat ni dolor, se li podria diagnosticar una cèrvix incompetent i s'evitaria l'avortament mitjançant un cerclatge (que consisteix en suturar la cèrvix per tancar-la; vegi la pàgina 51).

Malauradament, si experimenta el tipus d'hemorràgies intenses i de rampes doloroses que precedeixen un avortament, no hi sol haver res a fer per evitar l'inevitable. Com més avançat estigui el seu embaràs, més probable és que el

minar la cavitat uterina per mitjà d'una histeroscòpia, i també poden comprovar si el propi fetus avortat presenta anormalitats cromosòmiques.

Quan en sàpiga la causa, o les causes, podrà parlar amb el ginecòleg sobre les possibles opcions de tractament i demanar-li consell sobre quines precaucions prendre de cara al proper embaràs. La cirurgia pot corregir alguns problemes de l'úter i de la cèrvix; amb la medicació adequada, es poden tractar fàcilment les malalties tiroïdals; les deficiències vitamíniques es poden resoldre sense problemes amb els suplements prescrits mèdicament; i els tractaments hormonals hi poden ajudar, com també pot anar bé realitzar proves per detectar la presència d'anticossos i seguir un tractament per prevenir els coàguls sanguinis (petites dosis d'àcid acetilsalicílic i/o heparina).

En algunes circumstàncies, les pacients amb un historial d'avortaments precoços que semblin conseqüència d'una producció insuficient de progesterona poden provar de prendre's aquesta hormona, encara que aquest tractament és controvertit. O bé, si la causa és un excés de prolactina, la medicació per reduir els nivells d'aquesta substància a la sang de la mare pot permetre que els propers embarassos arribin a terme sense complicacions.

Fins i tot si vostè ha patit avortaments recurrents, segueix tenint força probabilitats de gaudir d'un embaràs normal en un futur, encara que ara li resulti difícil de creure. És important que trobi la manera de controlar la comprensible por que tornar-se a quedar embarassada hagi de significar tornar a avortar.

Per controlar l'ansietat, li poden anar bé el ioga, les tècniques de visualització i els exercicis de respiració profunda. També pot rebre suport d'altres dones que hagin patit pèrdues similars. Els serà útil, a més, compartir obertament els sentiments amb la seva parella: recordi que aquesta pèrdua l'han patida tots dos.

metge opti per l'hospitalització. És possible que li hagin de practicar una dilatació i un raspatge per extreure les restes de l'embaràs que puguin quedar a l'úter.

Prevenció. Si un avortament tardà està en procés, no es pot frenar. Però si se'n pot determinar la causa, pot ser possible evitar que es repeteixi la tragèdia. Si la causa era una cèrvix incompetent que prèviament no s'havia diagnosticat, es poden prevenir futurs avortaments amb la tècnica del cerclatge al principi de l'embaràs, abans que el coll uterí es comenci a dilatar. Si la causa és una malaltia crònica (com la diabetis, la hipertensió o un problema de tiroides), aquesta malaltia s'hauria de mantenir controlada abans de plantejar-se un futur embaràs. Si es tracta d'una infecció aguda, es pot prevenir o tractar. I si es tracta d'un úter deforme o d'un d'alterat pel creixement de fibromes o altres tumors benignes, a vegades es pot corregir amb cirurgia. Si es deu a la presència d'anticossos que desencadenen una inflamació placentària i/o pèrdues, en embarassos posteriors es pot seguir un tractament amb baixes dosis d'àcid acetilsalicílic i amb injeccions d'heparina.

Embaràs ectòpic

Què és? Es tracta d'un embaràs que s'implanta fora de l'úter, generalment a les trompes de Fal·lopi, sovint a causa d'un problema (com ara una cicatriu d'alguna infecció prèvia) que obstrueix o alenteix el pas de l'òvul fecundat cap a l'úter. Els embarassos ectòpics també

Embaràs ectòpic

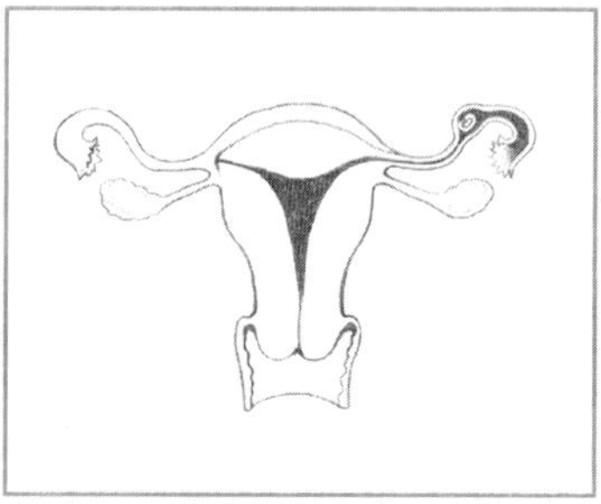

En un embaràs ectòpic, l'òvul fecundat s'implanta en una zona diferent de l'úter. En aquest cas, l'òvul s'ha implantat a la trompa de Fal·lopi.

es poden produir a la cèrvix, a l'ovari o a l'abdomen. Malauradament, no hi ha cap forma possible de fer prosseguir un embaràs d'aquest tipus amb normalitat.

Els ultrasons poden detectar els embarassos ectòpics, normalment a partir de les cinc setmanes. Però si l'embaràs ectòpic no es diagnostica aviat ni se segueix el tractament adequat, l'òvul fecundat podria continuar creixent a la trompa de Fal·lopi, provocant-ne la ruptura. Si la trompa s'acabés trencant, perdria la seva capacitat de transportar (en un futur) un òvul fecundat cap a l'úter. I si aquesta ruptura no es tracta convenientment, podria provocar una hemorràgia interna greu i un xoc, que posarien en perill la vida de la mare. Per sort, un tractament ràpid (normalment amb cirurgia o medicació) pot prevenir aquesta ruptura i evitar la majoria de riscos per a la mare, preservant al màxim la seva fertilitat.

Freqüència. Prop d'un 2 per cent de tots els embarassos són ectòpics. Les dones amb major risc de tenir-ne són les que presenten un historial d'endometriosi, malalties inflamatòries de la pelvis, un embaràs ectòpic anterior o cirurgia de les trompes (concebre després d'un lligament de trompes comporta un 60 per cent de probabilitats de patir un embaràs ectòpic). També formen part del grup de risc les dones que queden en estat mentre usen píndoles anticonceptives només de progesterona, les dones que queden embarassades amb un DIU col·locat (encara que amb els DIU més recents, sobretot de tipus hormonal, les probabilitats d'embaràs ectòpic són significativament menors); les dones amb malalties de transmissió sexual, i les fumadores.

Signes i símptomes. Els primers símptomes d'un embaràs ectòpic inclouen:

- Dolor agut, amb rampes i major sensibilitat, normalment a la part baixa de l'abdomen (sol començar com un dolor indefinit que s'acaba convertint en espasmes i rampes); el dolor pot empitjorar en anar de ventre, en tossir o en moure's.
- Hemorràgies anormals (fluix marronós o lleugeres hemorràgies vaginals que precedeixen el dolor).

Si l'embaràs ectòpic passa desapercebut i es trenquen les trompes de Fal·lopi, es pot experimentar:

- Nàusees i vòmits.
- Debilitat.

Tingui en compte que . . .

Més de la meitat de les dones que pateixen un embaràs ectòpic, en el termini d'un any tornen a concebre i gaudeixen d'un embaràs completament normal.

> **Tingui en compte que...**
>
> Al principi de l'embaràs, les rampes ocasionals a la part baixa de l'abdomen són probablement el resultat de la implantació, de l'increment normal del torrent sanguini o de l'estirament dels lligaments a mesura que l'úter creix, i no pas un signe d'un embaràs ectòpic.

- Esvaniment o mareig.
- Dolor abdominal intens.
- Pressió rectal.
- Dolor a les espatlles (degut a l'acumulació de sang sota el diafragma).
- Hemorràgies vaginals més abundants.

Tractament. Al principi de l'embaràs, les rampes ocasionals o fins i tot una mica de pèrdues no són motiu d'alarma, però faci-ho saber al seu ginecòleg si experimenta qualsevol tipus de dolor, pèrdues o hemorràgies. Truqui'l de seguida si té un dolor agut i amb rampes a la part baixa de l'abdomen, si pateix fortes hemorràgies o qualsevol dels altres símptomes de ruptura de trompa de Fal·lopi que hem esmentat més amunt. Malauradament, si es determina que té un embaràs ectòpic (normalment diagnosticat a través d'ecografies i d'analítiques), no hi haurà cap forma possible de salvar l'embaràs. El més probable és que li practiquin una cirurgia (amb laparoscòpia) per eliminar l'embaràs de la trompa o que li administrin fàrmacs (metotrexat), que acabaran amb l'embaràs anormal. En alguns casos, es pot determinar que l'embaràs ectòpic s'ha deixat de desenvolupar i es pot esperar que amb el temps desaparegui per si sol, amb la qual cosa es podria prescindir de la cirurgia.

Com que el material residual de l'embaràs podria danyar la trompa de Fal·lopi, li realitzaran un test dels nivells de GCh per garantir que tot l'embaràs ectòpic hagi estat expulsat o reabsorbit.

Prevenció. Es pot reduir el risc d'embaràs ectòpic deixant de fumar i tractant les malalties de transmissió sexual o prevenint-les (amb la pràctica de sexe segur).

Hematoma subcoriònic

Què és? Un hematoma subcoriònic (també anomenat hemorràgia subcoriònica) és l'acumulació de sang entre el revestiment uterí i el còrion (la membrana fetal externa, pròxima a l'úter) o sota la pròpia placenta, que sovint (però no sempre) causa pèrdues considerables o hemorràgies.

En la gran majoria dels casos, les dones que tenen un hematoma subcoriònic segueixen tenint un embaràs completament saludable. Però com que, algunes vegades (encara que gairebé mai), els coàguls de sang o les gleves que es formen sota la placenta poden causar problemes si són massa grans, tots

> **Tingui en compte que...**
>
> Un hematoma subcoriònic no afecta el nadó, i com que li comprovaran per ultrasons si l'hemorràgia es va corregint per si sola, es tranquil·litzarà cada vegada que senti el batec cardíac fetal (i el sentirà més sovint que la majoria de futures mares!).

els hematomes subcoriònics s'han de controlar.

Freqüència. Prop d'un 1 per cent de tots els embarassos presenten hematomes subcoriònics. A un 20 per cent de les dones que experimenten sagnat en el primer trimestre de gestació els diagnostiquen aquesta complicació com a causa de les pèrdues.

Signes i símptomes. Les pèrdues o el sagnat poden ser un signe, sovint en el primer trimestre de l'embaràs. Però molts hematomes subcoriònics es detecten en una ecografia rutinària, sense que hi hagi cap signe o símptoma detectable.

Tractament. Si té pèrdues vaginals, truqui al ginecòleg, que probablement li practicarà una ecografia per comprovar si efectivament té un hematoma subcoriònic i, en cas afirmatiu, de quina mida i en quina ubicació.

Hiperemesi gravídica

Què és? El terme mèdic "hiperemesi gravídica" es refereix a les nàusees i vòmits exagerats, continuats i greus durant l'embaràs (no s'ha de confondre amb el típic mareig matinal, per accentuat que sigui). La hiperemesi sol remetre entre les setmanes 12 i 16 de gestació, encara que en alguns casos es pot prolongar al llarg de tot l'embaràs.

Si no es tracta, la hiperemesi gravídica pot comportar pèrdua de pes, malnutrició i deshidratació. El tractament d'una hiperemesi greu sol requerir hospitalització –sobretot per l'administració de fluids i de fàrmacs antiemètics per via intravenosa, per tal de preservar el benestar de la mare i el fill.

Freqüència. La hiperemesi gravídica es dóna en prop d'1 de cada 200 embarassos. Aquesta complicació de l'embaràs és més comuna en primigràvides, en mares joves, en dones obeses, en embarassades de múltiples, i en dones que ja l'han patida en embarassos anteriors. Un estrès emocional extrem també pot incrementar-ne el risc, de la mateixa manera que els desequilibris endocrins i les deficiències de vitamina B.

Signes i símptomes. Els símptomes de la hiperemesi gravídica inclouen:

- Nàusees i vòmits forts i freqüents.
- Incapacitat de mantenir a l'estómac cap aliment sòlid o líquid.
- Signes de deshidratació, com ara micció infreqüent o orina de color groc fosc.
- Pèrdua de pes superior a un 5 per cent del pes corporal original.
- Presència de sang en el vòmit.

Tractament. Si els seus símptomes són relativament moderats, primer pot provar alguns dels remeis naturals usats per combatre el mareig matinal, com ara l'acupuntura, l'acupressió (vegi la pàgina 145) o prendre gingebre. Si no li fan efecte, consulti al ginecòleg quina medicació es podria prendre (per als casos de mareig matinal intens, se sol prescriure algun suplement que contingui vitamina B_6). Però si no para de vomitar i/o la pèrdua de pes és significativa, el met-

Tingui en compte que...

Per molt malament que es trobi per culpa de la hiperemesi gravídica, el més probable és que no afecti el seu fill. Diversos estudis demostren que els nadons de mares amb hiperemesi no presenten diferències en la salut i el desenvolupament respecte de la resta de nadons.

ge valorarà la necessitat d'administrar-li fluids per via intravenosa i/o d'hospitalitzar-la, i possiblement li prescriurà algun fàrmac antiemètic (contra el mareig). Quan comenci a ser capaç de mantenir el menjar a l'estómac, li podria anar bé adaptar-se la dieta –eliminant-ne els menjars picants o amb greixos– que solen provocar més nàusees, així com evitar les olors i els gustos que li facin venir basques. A més, procuri anar picant petits refrigeris alts en hidrats de carboni i proteïnes al llarg de tot el dia, i asseguri's que la seva ingesta de líquids sigui l'adequada (controlar la quantitat d'orina excretada és la millor manera de valorar-ho; l'orina fosca i escassa indica que no pren, o no reté, prou líquids).

Diabetis gestacional

Què és? Es tracta d'una forma de diabetis que només apareix durant l'embaràs i es dóna quan el cos no produeix les quantitats adequades d'insulina (l'hormona que fa que l'organisme converteixi la sang en energia) per tal de regular el sucre a la sang de forma efectiva. Aquesta diabetis sol aparèixer entre les setmanes 24 i 28 de gestació (i, per això, cap a la setmana 28 se sol practicar de forma rutinària una prova de glucosa a totes les embarassades). Aquesta diabetis sol desaparèixer després del part, però és probable que durant el postpart li controlin per verificar-ho amb exactitud.

La diabetis, tant la que comença durant l'embaràs com la prèvia a la concepció, no és perillosa per a la mare ni per al nadó, sempre que estigui ben controlada. Malgrat això, si es permet que hi hagi un excés de sucre circulant per la sang de la mare i aquest sucre penetra al flux sanguini fetal a través de la placenta, els problemes potencials tant per a la mare com per al fill són greus. Les dones que tenen una diabetis gestacional incontrolada tenen més probabilitats de tenir un nadó massa gran, que podria complicar el part. També presenten un major risc de desenvolupar preeclàmpsia (hipertensió induïda per l'embaràs). La diabetis incontrolada també podria comportar possibles problemes per al nadó després del part, com ara icterícia, problemes respiratoris i baixos nivells de sucre a la sang. Més endavant, aquesta criatura també podria tenir un risc més elevat de patir obesitat o diabetis de tipus 2.

Tingui en compte que . . .

Si la seva diabetis gestacional està ben controlada, no cal que es preocupi. L'embaràs progressarà amb normalitat i el seu fill no en resultarà afectat.

Freqüència. La diabetis gestacional és força comuna, ja que afecta entre un 4 i un 7 per cent de les embarassades. Com que és més habitual entre les dones obeses, els índexs d'aquesta diabetis creixen de forma paral·lela als índexs d'obesitat. Les futures mares d'edat més avançada són més propenses a desenvolupar-la, així com també les dones amb historials familiars de diabetis gestacional (o d'altres tipus).

Signes i símptomes. La majoria de dones amb diabetis gestacional no tenen cap símptoma, encara que algunes poden experimentar:

- Més set de l'habitual.
- Micció freqüent i abundant (que cal distingir de la micció també sovintejada però escassa pròpia del principi de l'embaràs).

- Fatiga (que pot ser difícil de distingir de la causada per la pròpia gestació).
- Sucre a l'orina (detectat en alguna visita rutinària al ginecòleg).

Tractament. Cap a la setmana 28, el més probable és que li facin una prova de glucosa (vegi la pàgina 327) i, si cal, també un altre test més complex de tolerància a la glucosa, que dura unes tres hores. Si aquestes proves mostren que té una diabetis gestacional, el més probable és que el metge li recomani una dieta especial (similar a la dieta ideal de l'embaràs que s'explica en aquest mateix llibre) i que li suggereixi exercicis per mantenir la diabetis sota control. També és possible que hagi de controlar-se a casa els nivells de glucosa a la sang, usant un glucosímetre o unes tires especials. Si amb la dieta i l'exercici no en té prou per regular-se els nivells de sucre a la sang (normalment sí que n'hi ha prou), pot necessitar insulina suplementària. La insulina es pot administrar amb injectables, però cada vegada és més freqüent l'ús del fàrmac oral gliburida com un tractament alternatiu per a la diabetis gestacional. Per sort, gairebé tots els possibles riscos associats a la diabetis gestacional es poden eliminar mitjançant un control rigorós dels nivells de sucre a la sang, que s'han de regular amb les atencions mèdiques i la

Causes de la preeclàmpsia

No se sap del cert què provoca la preeclàmpsia, encara que hi ha diverses teories:

- Un vincle genètic. Els investigadors llancen la hipòtesi que la composició genètica del fetus podria ser un dels factors que predisposen a la preeclàmpsia. Per tant, si la seva mare o la seva sogra van tenir preeclàmpsia durant l'embaràs d'un de vostès dos, vostè té més probabilitats de tenir-ne durant el propi embaràs.
- Un defecte dels vasos sanguinis. S'ha suggerit que aquest defecte provoca en algunes dones que els vasos sanguinis se'ls contreguin durant l'embaràs (en comptes de dilatar-se, com sol ocórrer). Segons els investigadors, com a conseqüència d'aquesta alteració, es registra un descens del subministrament sanguini en òrgans com el ronyó i el fetge, i s'acaba desencadenant la preeclàmpsia. El fet que les dones que durant l'embaràs experimenten preeclàmpsia també tenen un major risc de patir més endavant algun tipus de malaltia cardiovascular sembla indicar que la preeclàmpsia podria derivar d'una predisposició d'algunes dones a la pressió alta.
- Malalties gingivals. Les dones amb malalties gingivals greus tenen el doble de probabilitats de patir preeclàmpsia que les dones amb boques sanes. Els experts teoritzen que la infecció que causa la malaltia periodontal pot penetrar a la placenta o produir reaccions químiques que provoquin la preeclàmpsia. De tota manera, no se sap del cert si la malaltia periodontal causa la preeclàmpsia o si simplement hi està relacionada.
- Una resposta immunitària a un invasor estrany: el nadó. Aquesta teoria implica que el cos de la dona es torna "al·lèrgic" al nadó i la placenta. Aquesta "al·lèrgia" provoca una reacció en l'organisme matern que pot danyar-li la sang i els vasos sanguinis. Com més similars siguin els codis genètics de la mare i el pare, més probable és que es doni aquesta reacció immunitària.

cura de la pròpia pacient. Per a més informació sobre el control de la diabetis, vegi la pàgina 564.

Prevenció. Anar amb compte amb l'augment de pes (durant l'embaràs i abans) pot ajudar a prevenir la diabetis gestacional. També pot anar bé seguir uns bons hàbits d'alimentació (menjar molts cereals integrals, fruites i verdures, reduir la ingesta de sucres refinats i prendre prou àcid fòlic) i practicar exercici amb regularitat (les investigacions demostren que les dones obeses que fan exercici redueixen el risc de patir diabetis gestacional al 50 per cent). El fet de mantenir aquestes mesures preventives després del part també redueix significativament el risc de tenir diabetis més endavant.

Recordi, també, que tenir diabetis gestacional durant l'embaràs comporta un major risc de desenvolupar diabetis del tipus 2 després del part. Reduirà molt aquest risc seguint una dieta saludable, mantenint un pes normal i, el més important, continuant amb l'exercici en el postpart (i més endavant).

Preeclàmpsia

Què és? La preeclàmpsia (també anomenada hipertensió induïda per l'embaràs, o toxèmia) és una alteració que se sol desenvolupar en un estadi avançat de la gestació (després de la vintena setmana). Es caracteritza per un increment sobtat de la pressió sanguínia, inflor excessiva (edema) i presència de proteïnes a l'orina.

Si la preeclàmpsia no es tracta, pot progressar cap a una eclàmpsia, una malaltia molt més greu que provoca convulsions (vegi la pàgina 609). Una preeclàmpsia incontrolada també pot causar moltes altres complicacions de l'embaràs, com ara part prematur o restricció del desenvolupament intrauterí.

Freqüència. A gairebé el 8 per cent de les dones embarassades se'ls diagnostica preeclàmpsia. Les que tenen un major risc de desenvolupar-ne són les dones amb embarassos múltiples, amb pressió alta o amb diabetis. Si a una dona li han diagnosticat preeclàmpsia en un embaràs anterior, té un 33 % per cent de possibilitats de tornar a desenvolupar la malaltia en els futurs embarassos. El risc és major si li diagnostiquen preeclàmpsia en el primer embaràs o si desenvolupa la malaltia les primeres setmanes de gestació.

Signes i símptomes. Els símptomes de la preeclàmpsia poden incloure els següents:

- Inflor intensa de les mans i la cara.
- Edema als turmells que no desapareix al cap de 12 hores de repòs.
- Augment de pes sobtat i excessiu, sense relació amb el menjar.
- Mals de cap que no remeten amb medicació analgèsica.
- Dolor a la part inferior de l'abdomen.
- Tenir la vista borrosa o veure-hi doble.
- Un increment de la pressió sanguínia (generalment fins a 140/90, o més, en dones que prèviament no havien tingut pressió alta).
- Albúmina a l'orina.
- Taquicàrdia.
- Micció escassa.
- Funcionament anormal dels ronyons.
- Reaccions reflexes exagerades.

Tractament. Una cura prenatal regular és la millor forma de detectar la preeclàmpsia en les seves primeres fases (el ginecòleg se sol guiar per la presència de proteïna a l'orina, per una pujada de la pressió sanguínia o pels altres símptomes que acabem d'esmentar). També li pot anar bé estar a l'aguait de tots aquests símptomes (i de notificar-ho al metge si n'experimenta algun), sobretot si ja ha tingut algun episodi d'hipertensió abans de l'embaràs.

Si li diagnostiquen preeclàmpsia, és probable que el tractament inclogui repòs al llit i control rigorós de la pressió sanguínia i de l'estat del fetus (encara que els casos més greus poden requerir hospitalització). Si la preeclàmpsia és aguda, el tractament sol ser més agressiu i pot requerir la inducció al part dins dels tres dies posteriors al diagnòstic. L'administració de sulfat de magnesi per via intravenosa se sol començar de forma immediata, perquè gairebé sempre prevé que la preeclàmpsia evolucioni cap a una eclàmpsia.

Malgrat que hi ha tractaments que permeten controlar la preeclàmpsia durant breus períodes de temps, no hi ha cap altra cura que no sigui donar a llum al nadó, que s'acostuma a recomanar tan bon punt el fetus és físicament prou madur o bé després de l'administració de medicació que acceleri la maduresa dels pulmons del nadó. La dada positiva és que un 97 per cent de les dones amb preeclàmpsia es recuperen completament, i molt poc temps després del part tornen a tenir una pressió sanguínia normal.

I un avenç en fase d'investigació: els científics estan desenvolupant unes proves simples de sang i d'orina per predir quines futures mares són propenses a desenvolupar aquesta complicació. S'ha descobert que les dones que acaben desenvolupant preeclàmpsia mostren uns nivells més elevats d'una substància anomenada FH-1 soluble a la sang i a l'orina. Una altra substància anomenada endoglina també podria servir per predir la malaltia. En teoria, aquesta investigació permetrà una detecció molt més precoç de la preeclàmpsia.

Prevenció. Els estudis han demostrat que si les dones amb risc de preeclàmpsia es prenen aspirines o altres fàrmacs anticoagulants durant l'embaràs poden reduir aquest risc, encara que cal sospesar els beneficis d'aquesta teràpia mèdicament induïda amb els seus riscos potencials. Altres estudis han demostrat que també es pot reduir el risc de preeclàmpsia amb una cura dental apropiada i una bona nutrició, que asseguri la ingesta adequada d'antioxidants, magnesi, vitamines i minerals.

Tingui en compte que . . .

Afortunadament, en dones que reben atencions mèdiques regulars, la preeclàmpsia se sol detectar precoçment i es pot controlar amb èxit. Amb la cura mèdica immediata i adequada, una dona amb preeclàmpsia té gairebé les mateixes excel·lents probabilitats de tenir un bon desenllaç de l'embaràs que qualsevol altra dona amb una pressió sanguínia normal.

La síndrome de HELLP

Què és? La síndrome de HELLP és una combinació de malalties que poden afectar la dona embarassada, ja sigui independentment o de forma conjunta amb la preeclàmpsia, gairebé sempre en el tercer trimestre de gestació. En anglès, l'acrònim significa hemòlisi (*hemolysis*, H), en què les cèl·lules sanguínies són destruïdes massa aviat, causant un recompte baix de glòbuls rojos; un augment d'enzims hepàtics (*elevated liver enzymes*, EL), que indica que el fetge no funciona prou bé i és incapaç de processar eficientment les toxines de l'organisme; i recompte baix de plaquetes (*low* *platelet*, LP), que pot dificultar la coagulació sanguínia.

Quan aquesta síndrome es desenvolupa, pot suposar una amenaça tant per a la vida de la mare com per a la del nadó. Les dones que no són diagnosticades i tractades ràpidament presenten un 25% de probabilitats de patir greus complicacions, com ara lesions renals o feridures.

Freqüència. Aquesta síndrome es dóna en menys d'un 10 per cent d'embarassos amb preeclàmpsia o eclàmpsia i en encara no 1 de cada 500 embarassos normals.

Les dones amb major risc de desenvolupar aquesta síndrome són les que tenen preeclàmpsia o eclàmpsia, i les que ja l'han patida en embarassos anteriors.

Signes i símptomes. La simptomatologia d'aquesta síndrome és molt indefinida, se sol manifestar en el tercer trimestre i consisteix sobretot en:

- Nàusees.
- Vòmits.
- Mal de cap.
- Malestar generalitzat.
- Adoloriment i sensibilitat a la part superior dreta de l'abdomen.
- Altres símptomes propis d'una malaltia vírica.

Les analítiques revelen un baix recompte de plaquetes, una elevació dels enzims hepàtics i hemòlisi (col·lapse dels glòbuls rojos). A les dones amb aquesta síndrome, ràpidament se'ls deteriora el funcionament del fetge, de manera que el tractament és imprescindible.

Tractament. L'únic tractament efectiu per a la síndrome de HELLP és donar a llum al nadó; per tant, cal estar alerta dels símptomes de la malaltia (sobretot si l'embarassada ja té preeclàmpsia o corre el risc de tenir-ne) i trucar immediatament al metge si en nota algun. Si vostè té aquesta síndrome, és possible que també li administrin esteroides (per tractar la malaltia i ajudar a madurar els pulmons del nadó) i sulfat de magnesi (per prevenir atacs).

Prevenció. Com que les dones que han tingut la síndrome en embarassos anteriors tenen més probabilitats de tornar-la a tenir, en els embarassos posteriors cal fer-ne un control exhaustiu. Malauradament, no es pot fer res per prevenir la malaltia.

Retard del creixement intrauterí (RCIU)

Què és? Parlem de retard del creixement intrauterí (RCIU) quan un nadó és més petit del normal durant l'embaràs. Es diagnostica un RCIU quan el pes del fetus està per sota del 10è percentil per a la seva edat gestacional. El RCIU es pot donar quan el desenvolupament del fetus no és l'adequat a causa d'una incapacitat placentària o en el subministrament sanguini, o en casos de nutrició deficient, problemes de salut o estil de vida inapropiat de la mare.

Freqüència. El RCIU es dóna en prop d'un 10 per cent dels embarassos. És més comú en els primers embarassos, o en els cinquens i els posteriors; en gestants de menys de 17 anys o de més de 35; en dones que prèviament han donat a llum a un nadó de baix pes en néixer, i en les futures mares que tenen problemes placentaris o anormalitats uterines. Els embarassos múltiples també suposen un factor de risc, però probablement més per problemes d'espai (és difícil encabir en un sol úter diversos nadons d'uns tres quilos cada un) que no pas per problemes de la placenta. Si la pròpia mare va ser menuda en néixer

Tingui en compte que...

Una mare que ja ha tingut un fill de baix pes en néixer presenta un risc només moderat de tenir-ne un altre –i les estadístiques estan a favor seu, ja que mostren que és probable que cada un dels següents fills sigui una mica més gran que l'anterior. Si en un part anterior va tenir un fill amb RCIU, cal que presti atenció a tots els factors que podrien contribuir a reduir el risc en aquest nou embaràs.

presenta un major risc de donar a llum a fills petits, i el risc és encara més elevat si el pare també va presentar un baix pes en néixer.

Signes i símptomes. Encara que sembli estrany, tenir un ventre petit no significa que el nadó presenti un RCIU. De fet, normalment no hi ha símptomes externs que puguin alertar de la presència d'aquest retard en el creixement. Així, el RCIU sol ser detectat durant un examen prenatal rutinari, en què el ginecòleg mesura l'altura del fundus (la distància entre l'os púbic i la part superior de l'úter) i troba que la mida és massa petita per a l'edat gestacional del nadó. A través d'ecografies també es pot detectar si un nadó creix més lentament del que seria previsible per a la seva edat gestacional.

Tractament. Una de les millors maneres de predir l'estat de salut d'un nadó és el seu pes en néixer, de manera que un nounat amb RCIU pot presentar alguns problemes de salut, com ara dificultats per mantenir la temperatura corporal normal o per combatre infeccions. Per això és tan important diagnosticar el problema precoçment i fer tot el possible per provar de millorar les probabilitats que el nadó arribi al pes estàndard en el moment de néixer. Depenent de la suposada causa, es poden provar diferents tècniques per aconseguir-ho, com ara repòs al llit, alimentació per via intravenosa (si cal), i medicació per millorar la circulació sanguínia placentària o per corregir el problema diagnosticat que podria contribuir al RCIU. Si l'ambient intrauterí és deficient i no es pot millorar de cap manera (i s'ha comprovat que els pulmons del fetus ja són prou madurs), la solució idònia sol ser induir el part (per permetre al nadó que comenci a viure en condicions més saludables fora de l'úter).

Prevenció. Una nutrició òptima i l'eliminació dels factors de risc poden millorar significativament les probabilitats d'un creixement fetal normal i d'un pes estàndard en néixer. També es pot intentar prevenir el RCIU controlant alguns factors de risc matern (com ara hipertensió crònica, beure alcohol, fumar o prendre drogues) que contribueixen a un creixement fetal insuficient. Una bona cura prenatal també en minimitza els riscos, i també és recomanable una dieta adequada, un augment de pes dins dels límits recomanats i evitar l'estrès físic o psicològic excessiu (incloent-hi la falta reiterada de descans). Afortunadament, fins i tot quan la prevenció i el tractament són ineficaços i el nadó neix més petit del normal, les probabilitats que se'n surti bé són cada vegada més altes, gràcies als grans avenços en l'àmbit de les cures neonatals.

Tingui en compte que...

Més del 90 per cent dels nadons que neixen amb baix pes se'n surten bé i, en els primers dos anys de vida, ja s'equiparen als nascuts amb un pes estàndard.

Placenta prèvia

Què és? Es tracta d'una placenta que cobreix parcialment o completament l'obertura de la cèrvix. Al principi de l'embaràs és força comú que la placenta estigui baixa, però a mesura que progressa l'embaràs i l'úter creix, se sol desplaçar cap amunt allunyant-se del coll uterí. Si no es mou cap a dalt i cobreix parcialment la cèrvix, o la toca, s'anomena placenta prèvia parcial. Si cobreix completament la cèrvix, es coneix amb el nom de placenta prèvia total o completa. Tant la parcial com la total poden bloquejar físicament el pas del nadó pel canal del part, fent així que sigui impossible un part vaginal. També poden provocar hemorràgies cap al final de l'embaràs i en el moment del part. Com més a prop de la cèrvix estigui situada la placenta, més possibilitats hi ha de sagnat.

Freqüència. La placenta prèvia es dóna en 1 de cada 200 embarassos. És més probable que es produeixi en dones de més de 30 anys que no pas en dones de menys de 20, i també és més habitual en dones que han tingut almenys un altre embaràs o algun tipus de cirurgia uterina (com ara una cesària o un raspatge arran d'un avortament). També n'incrementa el risc el fet de ser mare fumadora o d'esperar múltiples.

Signes i símptomes. La placenta prèvia no se sol descobrir a partir d'una simptomatologia específica sinó en una ecografia rutinària del segon trimestre de gestació (encara que els problemes potencials d'aquest tipus de placenta no se solen manifestar fins al tercer trimestre). A vegades, se sap que existeix placenta prèvia en el tercer trimestre (o, esporàdicament, més aviat) per les hemorràgies de color roig intens. Normalment, el sagnat és l'únic símptoma. I, generalment, no va acompanyat de dolor.

Tingui en compte que . . .

Es considera que la placenta prèvia és la causa més comuna d'hemorràgies en el tram final de l'embaràs. La majoria de casos es diagnostiquen aviat i es controlen bé, amb un nadó nascut per mitjà d'una cesària sense complicacions (en prop d'un 75 per cent dels casos s'opta per un part per cesària abans que comenci la dilatació).

Tractament. No cal fer-hi res (ni tan sols capficar-s'hi) fins al tercer trimestre, ja que en aquest moment la majoria de casos de placenta prèvia precoç es corregeixen espontàniament. Fins i tot més tard, no cal seguir cap tractament si es diagnostica placenta prèvia però no hi ha hemorràgies (només caldrà estar aler-

Placenta prèvia

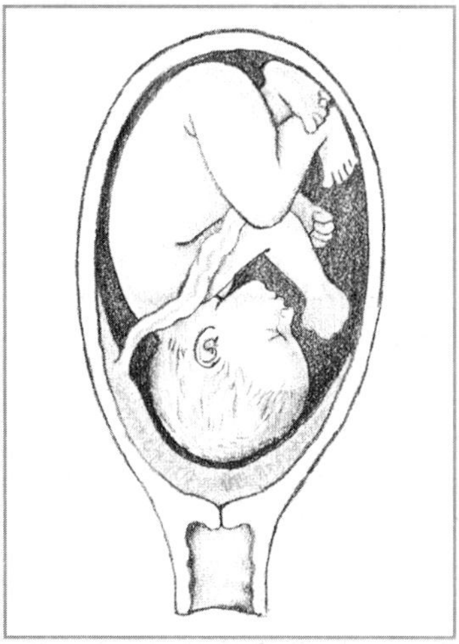

A la imatge la placenta cobreix completament la boca de l'úter, impedint així un part vaginal segur.

ta davant de qualsevol sagnat o de símptomes de part prematur, ja que és més habitual en casos de placenta prèvia). Si vostè té hemorràgies relacionades amb un diagnòstic de placenta prèvia, el més probable és que el ginecòleg li faci fer repòs al llit, li prohibeixi les relacions sexuals i li faci un control estricte de l'embaràs. Si sembla que un part prematur és imminent, és possible que li administrin injeccions d'esteroides per fer madurar els pulmons del nadó més ràpidament. I fins i tot si aquesta ubicació de la placenta no li ha comportat cap problema al llarg de l'embaràs (no ha tingut cap hemorràgia ni se li ha avançat el part), haurà de donar a llum per cesària.

Abrupció de placenta

Què és? Aquesta complicació consisteix en la separació precoç de la placenta (el sistema de suport del nadó) de les parets uterines durant l'embaràs, en comptes de després del part. Si la separació és mínima, no sol comportar perill per a la mare o el nadó, sempre que se segueixi un tractament immediat i que es prenguin les precaucions oportunes. De tota manera, si l'abrupció és més greu, el risc per al nadó és considerablement major, ja que una separació completa de la placenta respecte de la paret uterina significa que el nadó ja no rep oxigen ni nutrició.

Freqüència. Es dóna en menys d'un 1 per cent de les gestacions, gairebé sempre en la segona meitat de l'embaràs i amb més freqüència en el tercer trimestre. L'abrupció de placenta pot ocórrer a qualsevol embarassada, però acostuma a ser més habitual en les dones que esperen més d'un fill, en les que han tingut la mateixa complicació en embarassos anteriors, en les que fumen o prenen cocaïna, en les que tenen diabetis gestacional, així com en les que presenten major predisposició a problemes de coagulació, de preeclàmpsia o altres complicacions relacionades amb la pressió sanguínia durant l'embaràs. De vegades, també poden ser la causa d'una abrupció un cordó umbilical curt o un traumatisme provocat per un accident.

Signes i símptomes. Els símptomes de l'abrupció placentària depenen de la gravetat de la separació, però solen incloure:

- Hemorràgies (que poden ser més o menys abundants, amb o sense gleves).
- Rampes o adoloriment abdominal.
- Sensibilitat uterina.
- Dolor a la part inferior de l'abdomen.

Tractament. Si durant la segona meitat de l'embaràs experimenta hemorràgies acompanyades de dolor abdominal, notifiqui-ho al ginecòleg de seguida. El diagnòstic s'acostuma a fer tenint en compte l'historial de la pacient, l'examen físic, l'observació de les contraccions uterines i la reacció fetal a aquestes contraccions. L'ecografia podria ser útil, encara que només un 25 per cent de les abrupcions es poden veure per ultrasons. Si el metge determina que la separació de la placenta respecte de la paret uterina és mínima, i si els signes vitals del nadó es mantenen estables, el més probable és que li prescrigui repòs al llit. Si les hemorràgies persisteixen, és possible que calgui administrar-li fluids per via intravenosa. El ginecòleg també li podria administrar esteroides, amb l'objectiu d'accelerar la maduració dels pulmons del nadó, per si convingués avançar el part. Si l'abrupció és considerable o va progressant, l'única manera de tractar-la és donant a llum al nadó, gairebé sempre per mitjà d'una cesària.

Corioamnionitis

Què és? La corioamnionitis és una infecció bacteriana del líquid amniòtic i de les membranes que envolten i protegeixen el nadó. És causada per bacteris comuns, com ara *Escherichia coli*, o per estreptococs del grup B (cap a la setmana 36 d'embaràs es practica una prova per detectar-ne la presència). Es creu que és una de les principals causes de ruptura prematura de membranes i de part prematur.

Freqüència. Aquesta complicació afecta entre un 1 i un 2 per cent dels embarassos. Les dones que pateixen una ruptura prematura de les membranes presenten un major risc de corioamnionitis perquè, després de la ruptura, els bacteris de la vagina poden penetrar al sac amniòtic. Les dones que han tingut la infecció durant el primer embaràs tenen més probabilitats de tornar-la a tenir en embarassos posteriors.

Signes i símptomes. El diagnòstic de la corioamnionitis és complicat pel fet que no hi ha un test concret que pugui confirmar la presència de la infecció. Els símptomes d'aquesta complicació poden incloure:

- Febre.
- Úter sensible i adolorit.
- Batec cardíac accelerat (taquicàrdia) en la mare i el fill.
- Pèrdues de líquid amniòtic, de pudor intensa (si les membranes ja s'han trencat).
- Fluix vaginal d'olor desagradable (si les membranes estan intactes).
- Recompte incrementat de glòbuls blancs (un símptoma que indica que l'organisme està combatent una infecció).

Tingui en compte que . . .

Un diagnòstic i un tractament ràpids de la corioamnionitis redueixen significativament els riscos per a la mare i el fill.

Tractament. Truqui al ginecòleg immediatament si s'adona que té pèrdues de líquid amniòtic, per petites que siguin, si el fluix fa una pudor intensa o si nota qualsevol dels altres símptomes que acabem d'esmentar. Si li diagnostiquen corioamnionitis, el més probable és que li prescriguin antibiòtics per eradicar els bacteris, i que hagi de donar a llum immediatament. Després del part, també els donaran antibiòtics –a vostè i al nadó– per garantir que no es desenvolupen més infeccions.

Oligohidramni

Què és? Es tracta d'una complicació en què hi ha una deficiència de líquid amniòtic envoltant i protegint el nadó. Se sol desenvolupar en el darrer tram de l'embaràs, encara que també es pot manifestar abans. Tot i que la majoria de dones amb aquest diagnòstic tenen un embaràs completament normal, hi ha un lleuger risc de constricció del cordó umbilical si el fetus no disposa de prou líquid amniòtic. Sovint, la complicació és simplement el resultat d'una pèrdua de fluids o d'una punció del sac amniòtic (que la mare no ha de notar necessàriament). Menys habitualment, un baix nivell de líquid amniòtic podria indicar un problema en el nadó, com ara un creixement fetal deficient o una infecció de ronyons o del tracte urinari.

Freqüència. Entre un 4 i un 8 per cent de les dones embarassades reben aquest diagnòstic durant l'embaràs, però en els embarassos postterme (que s'allarguen dues setmanes més respecte de la data de sortida de comptes), el percentatge augmenta fins a un 12%. Així, les que presenten un major risc de patir oligohidramni són les dones amb un embaràs postmadur i les que han tingut una ruptura prematura de les membranes.

Signes i símptomes. No es manifesten símptomes en la mare, però els signes (detectables per mitjà d'ecografia) que podrien indicar aquesta complicació són un úter més petit del normal i la disminució del líquid amniòtic. En alguns casos, també hi podria haver una reducció considerable de l'activitat fetal i baixades sobtades en els índexs de batec cardíac del nadó.

Tractament. Si li han diagnosticat aquesta complicació, caldrà que faci molt repòs i que prengui molta aigua. A més, li controlaran rigorosament la quantitat de líquid amniòtic. Si en algun moment l'oligohidramni posa en perill el benestar de la mare o el fill, el metge sol suggerir una amnioinfusió (en què s'augmenten els nivells de fluids amb salina estèril), o també es pot optar per un part avançat.

Hidramni (o polihidramni)

Què és? Un excés de líquid amniòtic envoltant el fetus causa la complicació coneguda amb el nom d'hidramni o polihidramni. La majoria de casos d'hidramni són lleus i passatgers, simplement com a conseqüència d'un canvi temporal en l'equilibri normal de la producció de líquid amniòtic, i el més probable és que el fluid sobrer es reabsorbeixi sense necessitat de tractament.

Però quan l'acumulació és excessiva (no sol passar), podria indicar un problema amb el nadó, com ara un defecte gastrointestinal o del sistema nerviós central, o la seva incapacitat de deglutir (normalment, els fetus s'empassen líquid amniòtic). Un excés de líquid amniòtic pot comportar un major risc de ruptura prematura de les membranes, part prematur, abrupció de placenta, presentació de natges o prolapse del cordó umbilical.

Freqüència. L'hidramni es dóna en un 3-4% dels embarassos. És més probable que es produeixi quan hi ha més d'un fetus i podria estar relacionat amb una diabetis sense tractar de la mare.

Signes i símptomes. Generalment, aquesta complicació no té cap simptomatologia, encara que algunes dones poden experimentar:

- Dificultat per notar els moviments fetals (perquè hi ha una capa protectora excessiva al voltant del nadó).
- Creixement de l'úter més ràpid del normal.
- Molèsties a l'abdomen.
- Indigestió.
- Inflor a les cames.
- Falta d'alè.
- Possiblement, contraccions uterines.

L'hidramni sol ser detectat en un examen prenatal rutinari, quan l'altura del fundus (la distància entre l'os púbic i la part superior de l'úter) és més gran del normal, o en una ecografia, en comprovar la quantitat de fluid dins del sac amniòtic.

Tractament. A no ser que l'acumulació de fluids sigui realment excessiva, no cal fer altra cosa que esperar fins a la pròxima visita al ginecòleg, que continuarà controlant la quantitat de líquid amniòtic. Si l'acumulació s'agreuja, el metge pot suggerir la realització d'un procediment anomenat amniocentesi terapèutica, en què es retiren fluids del líquid amniòtic per reduir-ne la quantitat total. Com que l'hidramni comporta un major risc de prolapse del cordó umbilical, cal trucar al metge de seguida si es produeix una ruptura de membranes espontània abans que comenci la dilatació.

Ruptura prematura de les membranes preterme (RPDMP)

Què és? La sigla RPDMP es refereix a la ruptura de les membranes (o "bossa d'aigües") que envolten el fetus dins de l'úter, abans de la setmana 37 de gestació (o sigui, abans d'arribar a terme i quan el nadó encara és prematur). El principal risc de la RPDMP és un part prematur; altres riscos inclouen una infecció del líquid amniòtic i el prolapse o la compressió del cordó umbilical. (A la pàgina 396 trobarà informació sobre la RPDM que no és preterme, és a dir, que té lloc després de la setmana 37, però abans que comenci la dilatació.)

Freqüència. La RPDMP es dóna en menys d'un 3 per cent dels embarassos. Les dones amb un major risc són les que fumen durant l'embaràs, les que tenen determinades malalties de transmissió sexual, hemorràgies vaginals cròniques o abrupció de placenta, les que han tingut una RPDMP anteriorment, les que pateixen vaginitis bacteriana o les que esperen més d'un fill.

Signes i símptomes. Els símptomes són un fluix vaginal més o menys abundant. La millor manera de saber si les seves pèrdues són d'orina o de líquid amniòtic és fent una prova olfactiva: si fan pudor d'amoníac, el més probable és que sigui orina. Si l'olor és més dolça, probablement serà líquid amniòtic (a no ser que estigui infectat, cas en el qual l'olor serà més desagradable). Si té dubtes sobre el tipus de pèrdues que experimenta, truqui al ginecòleg per quedar-se més tranquil·la.

Tractament. Si la ruptura de membranes té lloc després de la setmana 34 de gestació, el més probable és que li indueixin el part perquè doni a llum al seu fill. Si és massa aviat perquè el nadó pugui néixer sense complicacions, el més probable és que l'ingressin a l'hospital i li administrin antibiòtics per controlar la infecció i esteroides per fer madurar els pulmons del fetus tan ràpidament com sigui possible per a un part prematur més segur. Si li comencen les contraccions i es creu que el nadó encara és immadur per néixer, la poden medicar per intentar aturar aquestes contraccions.

En rares ocasions, la ruptura de les membranes es cicatritza i les pèrdues de líquid amniòtic s'aturen espontàniament. Si aquest fos el seu cas, li permetrien tornar a casa i recuperar la seva rutina normal, amb l'advertència d'estar a l'aguait de possibles noves pèrdues.

Prevenció. Les infeccions vaginals, sobretot la vaginitis bacteriana, poden comportar una RPDMP; per aquest motiu, controlar i tractar aquestes infeccions pot ser una manera eficaç de prevenir alguns casos de RPDMP.

Tingui en compte que...

Amb un diagnòstic i un tractament ràpids i apropiats de la RPDMP tant la mare com el nadó poden estar bé, encara que el part sigui prematur i el nadó hagi de passar uns dies a la UCI neonatal.

Part prematur

Què és? Es considera prematur el part que té lloc entre la setmana 20 i finals de la setmana 37 de gestació.

Freqüència. El part prematur és una complicació força comuna; prop d'un 10 per cent dels nadons neixen de forma prematura a Espanya.

Els factors de risc que comporten part prematur inclouen fumar, prendre alcohol o drogues, increment insuficient o excessiu de pes, nutrició inadequada, infecció gingival, altres infeccions (com ara malalties de transmissió sexual, vaginitis bacteriana, infeccions del tracte urinari o infecció del líquid amniòtic), cèrvix incompetent, irritabilitat uterina, malalties cròniques de la mare, abrupció de placenta i placenta prèvia. També presenten un major risc les dones de menys de 17 anys o de més de 35, les que esperen més d'un fill, les que tenen un historial previ de parts prematurs i les que estan vivint una situació difícil. A més, un nombre considerable de parts prematurs són induïts per ginecòlegs com a resposta òptima davant d'una complicació mèdica que requereixi aquesta solució, com ara la preeclàmpsia o la RPDMP.

De tota manera, encara hi ha molt per aprendre en relació amb les causes que provoquen el part prematur, ja que almenys la meitat de les dones que donen a llum de forma prematura en desconeixen el motiu.

Signes i símptomes. Els signes de part prematur poden incloure els següents:

- Rampes similars a les de la menstruació.
- Contraccions regulars, que es tornen més intenses i freqüents fins i tot si es canvia de posició.
- Pressió a la part baixa de l'esquena.
- Pressió inusual a la pelvis.
- Pèrdues sanguinolentes per la vagina.
- Ruptura de les membranes.
- Canvis en la cèrvix (s'aprima, s'obre o s'escurça), comprovats per mitjà d'ecografia.

Tractament. Com que cada dia de més que un nadó roman a l'úter augmenta les seves probabilitats de supervivència i de bona salut, l'objectiu principal serà ajornar el part tant com sigui possible. Si experimenta contraccions precoces, i depenent del moment de l'embaràs en què es trobi, el ginecòleg li podria recomanar fer repòs al llit o ingressar-la a l'hospital per administrar-li fluids per via intravenosa (com més hidratada estigui la mare, menys probable serà que continuïn les contraccions; per tant, si li donen l'alta hospitalària, prengui també molts líquids). També li podrien administrar antibiòtics, sobretot si es creu que el que ha provocat la dilatació ha estat una infecció. Els fàrmacs tocolítics (com la terbutalina o el sulfat de magne-

Tingui en compte que . . .

Probablement, un nadó nascut prematurament haurà d'estar a la unitat de cures intensives neonatals durant uns dies, setmanes o, en alguns casos, mesos. Encara que la prematuritat ha estat vinculada a un creixement més lent i a retards en el desenvolupament, la majoria de nadons que neixen prematurament s'equiparen aviat a la resta i no presenten cap problema a llarg termini. Gràcies als avenços en les atencions mèdiques, hi ha força probabilitats de poder endur-se aviat a casa un nadó normal i saludable nascut d'un part prematur.

Predicció del part prematur

Fins i tot la majoria de dones amb un elevat risc de part prematur acabaran donant a llum a terme. Una forma de predir el part prematur és examinant les secrecions de la cèrvix o la vagina per detectar-hi la presència d'una substància coneguda amb el nom de fibronectina fetal (FNf). Els estudis demostren que algunes dones que donen positiu en la prova de la FNf presenten força probabilitats de tenir un part prematur dins de la setmana o les dues setmanes posteriors a la realització de la prova. Aquest test, però, és més fiable per diagnosticar quines dones no presenten risc de part prematur (perquè no se'ls detecta FNf) que per predir quines corren aquest risc. Si es detecta FNf, es prendran les mesures oportunes per reduir les probabilitats de part prematur. Aquest test és ara molt accessible, encara que només se sol realitzar a les dones amb alt risc. Si vostè no presenta un risc elevat de part prematur, no cal que es faci aquesta prova.

Un altre test de cribatge consisteix en mesurar la llargada de la cèrvix. Mitjançant una ecografia, es comprova la llargada del coll uterí. Si el ginecòleg detecta que s'ha escurçat o s'ha obert, podria prendre algunes mesures per prevenir el part prematur –com ara prescriure-li repòs al llit.

si) poden aturar temporalment les contraccions. També li podrien administrar esteroides per tal que els pulmons del nadó madurin més de pressa, i així sorgeixin menys problemes en cas que el part prematur sigui necessari o inevitable. Si en algun moment el ginecòleg determina que els riscos de continuar amb l'embaràs són majors que el risc d'un part prematur, preferirà no ajornar el moment de donar a llum.

Prevenció. No tots els parts prematurs es poden evitar pel simple fet que no tots es deuen a factors de risc que es puguin prevenir. Malgrat tot, les mesures següents podrien reduir el risc de part prematur (millorant alhora les probabilitats de tenir l'embaràs més saludable possible): prendre àcid fòlic abans de la concepció; rebre cures prenatals des del principi de la gestació; menjar bé i mantenir-se hidratada; rebre unes cures dentals adequades; no fumar ni prendre alcohol o drogues, ni tampoc fàrmacs sense prescripció mèdica; fer-se proves per detectar infeccions com ara la vaginitis bacteriana o les infeccions del tracte urinari i, si és necessari, tractar-les; seguir les recomanacions del metge pel que fa a la pràctica d'exercici, les relacions sexuals i les hores dreta o caminant a la feina, sobretot si prèviament ja ha tingut parts prematurs. A les dones que han donat a llum de forma prematura amb anterioritat i a les que tenen una cèrvix curta els poden recomanar un suplement diari o setmanal de progesterona, en forma de gel o d'injectables.

Disfunció de la símfisi púbica (DSP)

Què és? La disfunció de la símfisi púbica (DSP) comporta que els lligaments que mantenen la pelvis alineada estan força relaxats i distesos amb massa anterioritat al part (se suposa que, a mesura que s'atansa el naixement, s'han de començar a eixamplar). Això fa que les articulacions de la pelvis (és a dir, la símfisi púbica) es tornin inestables, causant així un dolor de moderat a intens.

Freqüència. La incidència de les DSP diagnosticades és de si fa o no fa 1 de cada 300 embarassos, per bé que alguns experts creuen que l'experimenten més d'un 2 per cent de les embarassades.

Signes i símptomes. La simptomatologia més comuna inclou revinclades (una sensació com si la pelvis es partís) i dificultats en caminar. Normalment, el dolor està focalitzat en l'àrea púbica, però en algunes dones irradia cap als malucs i el perineu. El dolor pot empitjorar en caminar o en realitzar activitats que comportin suportar el propi pes del cos, sobretot si es fa amb una cama aixecada, com ara pujant escales, vestint-se, sortint i entrant d'un cotxe, o fins i tot girant-se al llit. En casos molt puntuals, l'articulació es pot partir del tot –una complicació que es coneix amb el nom de diàstasi de la símfisi púbica o separació de la símfisi– i pot provocar un dolor més intens a la pelvis, l'engonal, els malucs o les natges.

Tractament. Eviti agreujar la complicació limitant les posicions que comportin suportar el propi pes i minimitzi tant com pugui les activitats que impliquin aixecar o separar les cames –fins i tot caminar, si li resulta incòmode. Miri d'estabilitzar els lligaments distesos portant alguna faixa de suport a la zona pelviana per tal de mantenir els ossos pelvians al seu lloc. Els exercicis de Kegel i els balanceigs pelvians poden ajudar a enfortir la musculatura de la pelvis. Si el dolor és intens, consulti al ginecòleg si es pot prendre analgèsics o recorri a tècniques de la medicina complementària i alternativa, com l'acupuntura o la quiropràxia.

Molt rarament, la DSP pot impossibilitar el part vaginal, cas en el qual el ginecòleg hauria d'optar per una cesària. I, en casos encara més esporàdics, la DSP pot empitjorar després del part i requerir una intervenció mèdica. Però en la majoria de mares, els lligaments tornen a la normalitat quan el nadó ja ha nascut i s'atura la producció de relaxina (l'hormona que relaxa els lligaments).

Nusos i embolics al cordó umbilical

Què és? De tant en tant, el cordó umbilical s'embolica al voltant del fetus, sovint al coll (en la posició coneguda com a cordó nucal). Alguns nusos es formen en el moment del part; altres durant l'embaràs, quan el nadó es mou. Sempre que el nus no sigui massa estret, el més probable és que no causi cap problema. Però si s'estreny massa podria interferir en la circulació sanguínia de la placenta cap al nadó i privar d'oxigen el nadó. Aquesta complicació només es presenta molt esporàdicament, i sobretot quan el nadó descendeix pel canal del part.

Freqüència. Els veritables nusos amb el cordó umbilical es donen en 1 de cada 100 embarassos, però només en 1 de cada 2000 parts aquest nus serà prou estret com per presentar problemes al nadó. Els cordons nucals més comuns es donen en gairebé una quarta part dels embarassos, però normalment no plantegen cap risc per al fetus. Els que tenen major risc de presentar nusos són els nadons amb cordons umbilicals llargs i els que són més grans per l'edat gestacional. Es creu que una dona pot ser més propensa a tenir nusos del cordó umbilical si presenta deficiències nutritives que afectin l'estructura i la barrera protectora del cordó, així com altres factors de risc, com fumar o consumir droga, esperar múltiples o tenir hidramni.

Signes i símptomes. El signe més habitual d'un nus del cordó umbilical és la disminució de l'activitat fetal a partir de la setmana 37. Si l'embolic es fa durant la dilatació, el monitor fetal detectarà un batec cardíac anormal.

Tractament. Pot estar pendent de l'activitat fetal, sobretot cap al final de l'embaràs, comptant regularment els moviments que nota i trucant al ginecòleg si nota algun canvi significatiu en l'activitat del fetus. Si el nus del cordó s'estreny durant el part, el facultatiu detectarà una davallada dels índexs del batec cardíac fetal i decidirá. La millor opció perquè el seu fill arribi bé sol ser un part immediat, sovint per cesària.

Cordó umbilical de dos vasos sanguinis

Què és? En un cordó umbilical normal, hi ha tres vasos sanguinis –una vena (que proporciona els nutrients i l'oxigen al nadó) i dues artèries (que transporten residus del nadó de retorn a la placenta i a la sang materna). Però, en alguns casos, el cordó umbilical només conté dos vasos –una vena i una artèria.

Freqüència. Prop d'un 1 per cent d'embarassos simples i gairebé un 5 per cent d'embarassos múltiples presenten un cordó de dos vasos. Les dones que presenten un major risc són les caucàsiques, les de més de 40 anys, les que esperen més d'un fill i les diabètiques. Els fetus femenins tenen més probabilitats de presentar un cordó de dos vasos que els masculins.

Signes i símptomes. Aquesta complicació no presenta cap simptomatologia i només es pot detectar amb amb un examen d'ultrasons.

Tractament. Si no hi ha cap altra anormalitat, tenir un cordó de només dos vasos no comporta cap perill per a l'embaràs. El més probable és que el nadó neixi completament sa. Per tant, si li diagnostiquen que vostè té un cordó així, el primer que ha de fer és no atabalar-se.

De tota manera, si li detecten un cordó de dos vasos li controlaran l'embaràs més exhaustivament, ja que aquesta complicació s'associa a un risc lleugerament major de retard en el creixement intrauterí.

Complicacions poc freqüents de l'embaràs

Les següents complicacions de l'embaràs són, en general, rares. És extremadament improbable que la majoria de dones embarassades en pateixin alguna. Per tant, insistim (i en aquest cas val la pena fer-ho) que *només* llegeixi aquest apartat si li fa falta –i fins i tot així, llegeixi només el subapartat que l'afecti. Si mentre està en estat li diagnostiquen alguna de les complicacions següents, faci servir aquesta informació per aprendre els aspectes bàsics sobre la malaltia i el seu tractament habitual (així com per mirar de prevenir-la de cara a futurs embarassos), però tingui present que no necessàriament ha de coincidir amb el protocol mèdic seguit pel seu ginecòleg per tal de tractar-la.

Embaràs molar

Què és? En un embaràs molar, la placenta creix inadequadament, convertint-se en una massa de quists (també anomenada mola hidatidiforme), però no conté cap fetus. En alguns casos, hi ha present teixit embrionari o fetal identificable (però no viable); en aquest darrer cas, parlem d'embaràs molar parcial.

La causa de l'embaràs molar és una anormalitat durant la fertilització, en què dos conjunts de cromosomes del pare es barregen, ja sigui només entre si (mola completa) o bé amb un sol conjunt cromosomàtic de la mare (mola parcial). La majoria d'embarassos molars es descobreixen al cap d'unes setmanes de concebre i tots acaben en avortament.

Freqüència. Per sort, els embarassos molars són relativament rars, ja que només es donen en una de cada 1.000 gestacions. Presenten un risc lleugerament major les dones de menys de 15 anys o de més de 45, així com les que han patit múltiples avortaments.

Signes i símptomes. Els símptomes d'un embaràs molar poden incloure:

- Fluix vaginal marronós, continuat o intermitent.
- Nàusees i vòmits forts.
- Rampes doloroses.
- Pressió alta.
- Un úter més gran del normal.
- Un úter tou (en comptes de ferm).
- Absència de teixit fetal o embriònic (comprovable en ecografia).
- Nivells excessius de l'hormona tiroide en l'organisme matern.

Tractament. Truqui al metge si experimenta algun dels símptomes que acabem d'enumerar. Pot ser difícil diferenciar alguns d'aquests símptomes dels signes i símptomes propis del principi de l'embaràs (alguns embarassos completament normals comporten pèrdues i rampes, i la majoria també nàusees), però refiï's del seu instint. Si creu que alguna cosa va malament, comenti-ho al ginecòleg –encara que només sigui per quedar-se més tranquil·la.

Si una ecografia confirma que té un embaràs molar, li podran expulsar el teixit anormal per mitjà d'un raspatge. És crucial fer-ne un seguiment per comprovar que no evoluciona cap a un coriocarcinoma (vegi l'apartat següent). Afortunadament, però, les probabilitats que un embaràs molar es torni maligne són molt baixes. Probablement, el seu ginecòleg li suggerirà que no es quedi embarassada en l'any següent a tenir un embaràs molar.

Tingui en compte que . . .

Tenir un embaràs molar no comporta un major risc de tenir-ne un altre. De fet, només entre un 1 i un 2 per cent de les dones que va tenir el primer embaràs molar repeteixen l'experiència en el segon embaràs.

Coriocarcinoma

Què és? El coriocarcinoma, una forma extremadament rara de càncer relacionada amb l'embaràs, es desenvolupa a partir de les cèl·lules placentàries. Aquesta complicació se sol donar després d'un embaràs molar, un avortament espontani o quirúrgic, o un embaràs ectòpic, quan els teixits placentaris no expulsats es continuen desenvolupant tot i l'absència d'un fetus. Només un 15 per cent dels coriocarcinomes es produeixen després d'un embaràs normal.

Freqüència. El coriocarcinoma és extremadament rar, i es dóna en només 1 de cada 40.000 embarassos.

Signes i símptomes. Els signes d'aquesta malaltia inclouen:

- Hemorràgies intermitents després d'un avortament, un embaràs o l'expulsió d'un embaràs molar.

Tingui en compte que . . .

Amb un diagnòstic i un tractament precoços del coriocarcinoma, la fertilitat no en resulta afectada, encara que se sol recomanar que es posposi l'embaràs fins a un any després de finalitzar el tractament per al coriocarcinoma, i sempre que no hi hagi evidències de malaltia residual.

- Pèrdues vaginals de teixit anormal.
- Nivells de GCh elevats que no tornen a la normalitat després de l'embaràs.
- Un tumor a la vagina, l'úter o els pulmons.
- Dolor abdominal.

Tractament. Truqui al ginecòleg si experimenta algun dels símptomes que acabem d'esmentar, però tingui present que és altament improbable que siguin indicadors d'un coriocarcinoma. Si li diagnostiquen aquesta complicació, no s'amoïni. Per bé que tots els tipus de càncer comporten un cert risc, el coriocarcinoma respon extremadament bé a la quimioteràpia i als tractaments radioactius i els índexs de curació són de més d'un 90 per cent dels casos. Gairebé mai és necessari practicar una histerectomia.

Eclàmpsia

Què és? L'eclàmpsia és el resultat d'una preeclàmpsia no controlada o no resolta (vegi la pàgina 595). Depenent del moment de l'embaràs en què la dona presenta la complicació, el nadó corre el risc de néixer prematurament, ja que el part immediat sol ser l'únic tractament possible. Encara que l'eclàmpsia pot suposar un perill per a la vida de la mare, són molt poques les víctimes mortals a causa d'aquesta complicació. Amb un tractament òptim i un seguiment rigorós, la majoria de dones amb eclàmpsia recuperen totalment la salut després del part.

Freqüència. L'eclàmpsia és molt menys comuna que la preeclàmpsia, ja que només es dóna en 1 de cada 2.000 o 3.000 embarassos, sobretot entre dones que no han rebut atencions prenatals periòdiques.

Signes i símptomes. Les convulsions (sovint durant el part o poc abans) són el símptoma més característic de l'eclàmpsia. També se'n poden donar en el postpart, normalment dins de les primeres 48 hores després d'haver donat a llum.

Tractament. Si vostè ja té preeclàmpsia i comença a tenir atacs, li administraran oxigen i fàrmacs per aturar les convulsions i, quan estigui estable, li induiran el part o li practicaran una cesària. La majoria de dones tornen ràpidament a la normalitat després del part, encara que convé fer-los un seguiment estricte per comprovar que la pressió sanguínia no sigui massa elevada i que no es mantinguin les convulsions.

Prevenció. Les revisions periòdiques permetran al ginecòleg detectar qualsevol dels símptomes de la preeclàmpsia. Si li diagnostiquen preeclàmpsia, el seu facultatiu la controlarà rigorosament (sobretot comprovant-li la pressió sanguínia) per tal de garantir que aquesta complicació no evolucioni cap a una eclàmpsia.

Tingui en compte que . . .

A molt poques dones que reben una cura prenatal regular la preeclàmpsia (més controlable) els progressa cap a una eclàmpsia (més greu).

Colèstasi

Què és? La colèstasi de l'embaràs és una complicació en què s'alenteix la circulació normal de les bilis a la bufeta biliar (a causa de les hormones de l'embaràs), provocant així l'acumulació d'àcids biliars al fetge que, al seu torn, poden penetrar al torrent sanguini. La colèstasi té més probabilitats de desenvolupar-se en el darrer trimestre, quan les hormones arriben al seu punt àlgid. Normalment, desapareix després del part.

La colèstasi pot incrementar els riscos de patiment fetal, de part prematur o d'infantament d'un nadó mort, de manera que el diagnòstic i el tractament precoços són crucials.

Freqüència. La colèstasi afecta entre 1 i 2 embarassos de cada 1.000. És més comuna en dones amb embarassos múltiples, en les que han tingut prèviament alguna complicació hepàtica i en les que tenen mares o germanes que han patit el mateix problema.

Signes i símptomes. La major part de vegades l'únic símptoma detectat és una forta picor, sobretot a les mans i els peus, cap al final de l'embaràs.

Tractament. Els objectius de tractar la colèstasi durant l'embaràs són alleujar la pruïja i prevenir les complicacions de l'embaràs. La picor es pot tractar amb medicacions tòpiques, locions o corticosteroides. A vegades, també s'usen fàrmacs per ajudar a disminuir la concentració d'àcids biliars. Si la colèstasi posa en perill el benestar de la mare o el fill, pot ser necessari induir el part.

Trombosi venosa profunda (TVP)

Què és? Es tracta de la formació d'un coàgul sanguini en una vena profunda. Aquests coàguls se solen formar a les extremitats inferiors, sobretot a les cuixes. Les dones són més susceptibles de tenir-ne durant l'embaràs i el part, i particularment en el postpart. Això es deu al fet que l'organisme de la dona, per evitar hemorràgies excessives en el moment del part, tendeix a incrementar el grau de coagulació sanguínia durant l'embaràs –de vegades, massa i tot. Un altre factor que pot contribuir-hi és l'úter engrandit, que dificulta que la sang de la part inferior del cos retorni al cor. Si no es tracta, la TVP pot provocar que els coàguls es desplacin als pulmons i suposin una amenaça de mort.

Freqüència. La TVP es dóna en 1 de cada 1.000 o 2.000 embarassos (també es pot donar en el postpart). És més comuna en mares d'edat avançada, fumadores, amb un historial personal o familiar de coàguls, hipertenses, diabètiques o amb moltes altres complicacions, com ara malalties vasculars.

Signes i símptomes. Els símptomes més comuns d'una trombosi venosa profunda inclouen:

- Sensació de pesadesa o de dolor a la cama afectada.
- Sensibilitat al tou de la cama o a la cuixa.
- Inflor moderada o intensa.
- Distensió de les venes superficials.
- Dolor al tou de la cama en flexionar el peu (aixecant els dits del peu cap enlaire).

Si el coàgul sanguini es desplaça cap als pulmons (provocant una embòlia pulmonar), es poden experimentar els símptomes següents:

- Dolor toràcic.
- Falta d'alè.
- Tos amb esputs escumosos i sangonosos.

- Respiració i batec cardíac accelerats.
- Llavis i ungles de color morat.
- Febre.

Tractament. Si li han diagnosticat TVP o algun tipus de coàgul sanguini en embarassos previs, comenti-ho al seu ginecòleg. A més, si nota inflor i dolor en només una cama en qualsevol moment de l'embaràs, truqui al metge de seguida.

Li podran fer una ecografia o una ressonància magnètica per detectar el coàgul. Si resulta que li diagnostiquen una trombosi, és probable que la tractin amb heparina per aclarir-li la sang i per prevenir l'aparició de més coàguls (encara que l'administració d'heparina es pot haver de reduir a mesura que s'atansa el moment del part per tal d'evitar que tingui hemorràgies excessives mentre doni a llum). Li faran un control continuat de la seva capacitat de coagulació.

Si el coàgul arriba als pulmons, pot resultar necessària l'administració de fàrmacs anticoagulants (i, rarament, cirurgia), així com un tractament per alleujar els corresponents efectes secundaris.

Prevenció. La trombosi es pot evitar mantenint la sang en circulació, és a dir, practicant prou exercici i evitant estarse llargs períodes asseguda. Si presenta un elevat risc de desenvolupar-ne, també li pot anar bé portar mitges especials per prevenir la formació de coàguls a les cames.

Placenta accreta

Què és? La placenta accreta és una subjecció anormalment forta de la placenta a les parets uterines. Depenent de la profunditat a la qual arriben les cèl·lules placentàries, aquesta complicació també es coneix amb el nom de placenta percreta o placenta increta. La placenta accreta augmenta el risc d'hemorràgies fortes durant la fase d'expulsió de la placenta.

Freqüència. Un de cada 2.500 embarassos poden presentar aquesta adhesió anormal de la placenta. La placenta accreta és de llarg el més freqüent d'aquests problemes de subjecció de placenta, ja que es presenta en el 75 per cent dels casos. En la placenta accreta, la placenta s'adhereix profundament a les parets uterines, però sense foradar els músculs uterins. En la placenta increta, que es dóna en un 15 per cent dels casos, la placenta sí que pinça els músculs de l'úter. I, en la placenta percreta, que es diagnostica en el 10 per cent restant dels casos, la placenta no només pinça la paret uterina i els seus músculs, sinó que també perfora la part externa de la paret i fins i tot es pot adherir a altres òrgans pròxims.

El risc de patir placenta accreta augmenta si anteriorment s'ha tingut una placenta prèvia, o si s'ha donat a llum per cesària una o diverses vegades.

Signes i símptomes. Normalment, no hi ha cap simptomatologia aparent. La complicació se sol diagnosticar per mitjà d'ultrasons amb un Doppler en color o pot ser que no es detecti fins al part, quan la placenta no es desenganxa de la paret uterina (com seria d'esperar) després del naixement del nadó.

Tractament. Malauradament, s'hi pot fer ben poca cosa. En la majoria de casos, la placenta s'ha d'extreure quirúrgicament després del part per tal d'aturar l'hemorràgia. Molt rarament, quan el sagnat no es pot controlar suturant els vasos sanguinis exposats, pot ser necessària l'extirpació de tot l'úter.

Vasa prèvia

Què és? Es tracta d'una complicació en què alguns dels vasos sanguinis fetals que connecten el nadó amb la mare surten fora del cordó umbilical, al costat de la membrana que recobreix la cèrvix. Quan comença la dilatació, les contraccions i l'obertura de la cèrvix poden provocar la ruptura d'aquests vasos, que podrien danyar el nadó. Si es diagnostica abans del part, es programarà una cesària, amb la qual el nadó naixerà sa en gairebé el 100 per cent dels casos.

Freqüència. La vasa prèvia és rara, i afecta 1 de cada 5.200 embarassos. Presenten un major risc de patir-la les dones que també tenen placenta prèvia, un historial de cirurgia uterina o un embaràs múltiple.

Signes i símptomes. En aquesta complicació no se sol manifestar cap simptomatologia, encara que en el segon o tercer trimestres es podrien experimentar hemorràgies.

Tractament. La vasa prèvia es pot detectar i diagnosticar amb una ecografia o per mitjà d'ultrasons amb un Doppler en color. Les dones amb aquest diagnòstic hauran de donar a llum per cesària, normalment abans de la setmana 37 de gestació, per garantir que el part no els comenci espontàniament. Els investigadors estudien si la vasa prèvia es pot tractar usant teràpia de làser per obturar els vasos anormalment posicionats.

Complicacions durant el part i el postpart

La major part de les següents complicacions no es poden preveure abans de la dilatació i el part –i, per tant, no hi ha necessitat de llegir-ne la informació (ni de començar a preocupar-se) abans d'hora, ja que és molt poc probable que les experimenti després d'haver donat a llum. Incloem aquestes complicacions aquí perquè, en l'improbable cas en què vostè n'experimentés alguna, se'n pogués informar bé després que li fos diagnosticada i sabés com prevenir tornar-la a experimentar en un proper part o postpart.

Patiment fetal

Què és? És el terme que s'utilitza per descriure la situació en què hi ha problemes de subministrament d'oxigen al nadó dins l'úter, ja sigui durant el part o abans. El patiment pot ser causat per un gran nombre de factors, com ara preeclàmpsia, diabetis incontrolada, abrupció de placenta, un excés o una manca de líquid amniòtic, compressió o nus del cordó umbilical, restricció del creixement intrauterí, o simplement perquè la mare es troba en una posició que pressiona els principals vasos sanguinis, privant d'oxigen el nadó. La privació prolongada d'oxigen i/o un alentiment del batec cardíac fetal poden ser greus per al nadó, de manera que cal resoldre la complicació el més ràpidament possible –normalment amb un part immediat (sovint per cesària, a no ser que el part vaginal sigui imminent).

Freqüència. La incidència exacta del patiment fetal no es coneix del cert, però s'estima que oscil·la entre 1 de cada 25 naixements i 1 de cada 100.

Signes i símptomes. Els nadons que estan bé dins l'úter tenen batecs cardíacs potents i estables, i reaccionen als estímuls amb els moviments apropiats. En canvi, els nadons amb patiment fetal experimenten una davallada del batec cardíac, un canvi en el patró de moviments (o fins i tot una manca total de moviment) i/o expulsen la seva primera deposició, anomenada meconi, quan encara són a l'úter.

Tractament. Si creu que el seu nadó podria presentar patiment fetal perquè ha notat un canvi en l'activitat fetal (si sembla que s'ha alentit considerablement o si s'ha aturat del tot, si es torna molt brusca i frenètica, o si la preocupa per algun altre motiu), truqui al metge immediatament. A la consulta ginecològica o a l'hospital la connectaran a un monitor fetal per comprovar si el nadó presenta efectivament signes de patiment fetal. Li podrien administrar oxigen i fluids per via intravenosa per ajudar a oxigenar millor la seva sang i per retornar el batec cardíac fetal als índexs normals. També pot funcionar estirar-se ajaguda sobre el costat esquerre per treure la pressió dels principals vasos sanguinis. Si aquestes tècniques no funcionen, el millor tractament és un part ràpid.

Prolapse del cordó umbilical

Què és? El prolapse del cordó umbilical es dóna durant la dilatació, quan el cordó passa a través de la cèrvix i fins al canal del part abans que hi passi el nadó. Si el cordó queda comprimit durant el part (perquè el cap de la criatura empeny contra el cordó amb prolapse), pot perillar el subministrament d'oxigen al nadó.

Freqüència. Afortunadament, el prolapse de cordó no és comú, ja que es dóna en 1 de cada 300 naixements. Incrementen el risc de prolapse algunes complicacions de l'embaràs, com ara l'hidramni, el part de natges o en qualsevol posició en què el cap del nadó no cobreixi la cèrvix, i el part prematur. També es pot donar en el naixement d'un segon bessó. El prolapse també és un risc potencial si es trenca aigües abans que el cap del nadó s'hagi començat a encaixar al canal del part.

Signes i símptomes. Si el cordó umbilical li penja per la vagina, és possible que ho noti o fins i tot que ho vegi. Si el cordó queda comprimit pel cap del nadó, aquest mostrarà signes de patiment fetal si se'l controla amb un monitor.

Tractament. En realitat, no hi ha cap forma possible de saber a l'avançada si hi haurà un prolapse del cordó umbilical. De fet, sense un monitoratge fetal, és possible que no es noti res fins que ja s'hagi produït. Si sospita que podria patir un prolapse del cordó umbilical i encara no és a l'hospital, s'ha de posar de quatre grapes, amb el cap avall i la pelvis amunt, per treure pressió del cordó. Si nota que el cordó li sobresurt de la vagina, recolzi'l suaument amb una tovallola neta. Truqui al telèfon d'emergències o demani a algú que la porti immediatament a l'hospital (de camí al centre hospitalari, posi's ajaguda al seient del darrere, amb les natges elevades). Si quan pateix el prolapse de cordó ja és a l'hospital, el ginecòleg li pot demanar que canviï ràpidament de posició, per tal que li resulti més fàcil de desencaixar el cap del nadó i per treure pressió del cordó umbilical. Haurà de donar a llum al nadó de forma immediata, molt probablement per cesària.

Distòcia causada per les espatlles del nadó

Què és? La distòcia és una complicació del part en què una de les espatlles del nadó, o totes dues, queden encallades a l'os pelvià de la mare quan la criatura descendeix pel canal del part.

Freqüència. La mida influeix decisivament en el risc de patir una distòcia, ja que la majoria de vegades es dóna en nadons grans. Pateixen distòcia menys d'un 1 per cent dels nadons que fan uns 3 quilos, però el percentatge s'eleva considerablement en nadons de més de 4,5 quilos. Per aquest motiu, les mares amb una diabetis (gestacional o no) incontrolada –com que solen donar a llum a nadons molt grans– tenen més probabilitats de presentar aquesta complicació durant el part. Les probabilitats també augmenten en parts postterme (ja que normalment el nadó serà més gran) i si prèviament s'ha donat a llum a nadons amb la mateixa complicació. De tota manera, alguns casos de distòcia es produeixen sense que hi hagi cap d'aquests factors de risc.

Signes i símptomes. En el part, el procés d'expulsió s'atura després que hagi sortit el cap i abans que ho facin les espatlles. Però les espatlles poden no sortir inesperadament en un part que fins aleshores semblava normal.

Tractament. Es poden fer servir diversos mètodes per expulsar el nadó amb les espatlles encallades a la pelvis, com ara fer canviar la posició de la mare, fent-li doblegar bé els genolls sobre l'abdomen o aplicant-li pressió sobre el propi abdomen, just per damunt de l'os del pubis.

Prevenció. Per tal de garantir que el nadó no sigui massa gran com per poder travessar sense problemes el canal del part, convé mantenir controlat l'augment de pes dins dels límits recomanats durant l'embaràs, així com controlar rigorosament la diabetis (gestacional o no). També pot mirar de prevenir la distòcia adoptant una posició de part que li permeti obrir la pelvis al màxim.

Laceracions perineals greus

Què és? La pressió del cap del nadó empenyent contra els delicats teixits de la cèrvix i la vagina poden provocar esquinços i laceracions al perineu, l'àrea compresa entre la vagina i l'anus.

Les més comunes són les laceracions de primer grau (quan només s'esquinça la pell) i de segon grau (si s'esquinça la pell i la musculatura vaginal). Però les laceracions més greus són les que s'aproximen al recte i afecten la pell i els teixits de la vagina i els músculs perineals (de tercer grau) o les que realment estripen els músculs de l'esfínter anal (de quart grau). Aquestes laceracions de tercer i quart grau causen dolor i incrementen no només el temps de recuperació en el postpart, sinó també el risc d'incontinència, a banda d'altres problemes amb el sòl pelvià. Les laceracions també es poden donar a la cèrvix.

Freqüència. Totes les dones que donen a llum per via vaginal corren el risc d'esquinçar-se, i gairebé la meitat patiran almenys una petita laceració arran del part. Les de tercer i quart grau són molt menys comunes.

Signes i símptomes. El sagnat és el símptoma immediat; després que s'hagi suturat l'esquinç i a mesura que la ferida es cicatritza, es pot experimentar dolor i sensibilitat a la zona.

Tractament. Generalment, se suturen totes les laceracions de més de 2 centímetres o les que no deixen de sagnar. Si no s'ha administrat l'anestèsia durant el part, se'n pot aplicar una de local abans de practicar la sutura.

Si durant el part pateix un esquinç o li practiquen una episiotomia, la poden ajudar a cicatritzar la ferida més ràpidament i amb menys dolor els banys de darrere, les bosses de gel, l'hamamelis, els esprais anestèsics o simplement el fet de deixar l'àrea descoberta (vegi la pàgina 461).

Prevenció. El massatge perineal i els exercicis de Kegel (vegi les pàgines 384 i 324), fets durant un o dos mesos abans de la data prevista de part, poden ajudar a tornar la zona més flexible i més fàcil de dilatar quan el cap del nadó coroni. Durant el part, poden ajudar a evitar els esquinços les compreses calentes sobre el perineu i el massatge perineal.

Ruptura uterina

Què és? Una ruptura uterina es produeix quan s'esquinça un punt debilitat de la paret uterina –gairebé sempre el lloc on s'ha practicat prèviament una cirurgia uterina, com ara una cesària o una extirpació de fibromes– a causa de la tensió que s'hi exerceix durant la dilatació i el part. Una ruptura uterina pot provocar una hemorràgia incontrolada a l'abdomen o, més rarament, que una part de la placenta o del nadó entri al propi abdomen.

Freqüència. Per sort, les ruptures són rares en dones que no han tingut mai una cesària o una cirurgia uterina prèvia. Fins i tot les dones que han tingut anteriorment una cesària només tenen un 1 per cent de probabilitats de ruptura (i el risc és encara molt més baix quan la dona se sotmet a una segona cesària sense dilatació). Les dones amb un major risc de ruptura uterina són les que proven un part vaginal després de cesària (PVDC) i les que han estat induïdes amb prostaglandines i/o oxitocina. També poden incrementar el risc de ruptura uterina les anormalitats relacionades amb la placenta (com ara abrupció de placenta, una placenta que se separa prematurament; o placenta accreta, una placenta que s'adhereix profundament a la paret uterina) o la posició del nadó (com ara un fetus entravessat). La ruptura uterina és més habitual en dones que ja han tingut sis o més fills, o que tenen un úter molt distès (per embarassos múltiples o un excés de líquid amniòtic).

Signes i símptomes. Els signes més comuns de ruptura uterina són un dolor abdominal punyent (la sensació que s'està "esquinçant" alguna cosa per dins), seguit d'un dolor indefinit i una sensibilitat a l'abdomen durant la dilatació. En general, el monitor fetal mostrarà una disminució significativa del batec cardíac fetal. La mare pot desenvolupar signes de baix volum sanguini, com ara taquicàrdia, pressió baixa, esvaniment, falta d'alè o pèrdua de consciència.

Tractament. Si prèviament li han practicat una cesària o una cirurgia abdominal en què la paret uterina s'ha esquinçat completament, hauria de valorar els riscos a l'hora de considerar les opcions per donar a llum, sobretot si pretén intentar un part vaginal. Discuteixi amb el ginecòleg les dades que mostren que no s'haurien d'administrar prostaglandines per induir el part a les dones que prèviament han tingut una cirurgia uterina.

Si vostè pateix una ruptura uterina, l'hauran de sotmetre a una cesària immediata, seguida de la reparació de l'úter. També és possible que li administrin antibiòtics per prevenir qualsevol infecció.

Prevenció. En dones amb elevats factors de risc, el monitoratge fetal durant la dilatació pot alertar el facultatiu d'una ruptura uterina imminent. No s'ha d'induir el part a les dones que intenten un PVDC.

Inversió uterina

Què és? Una inversió uterina és una rara complicació del naixement que es produeix quan una part de la paret uterina es col·lapsa i es gira a l'inrevés (com si fos un mitjó), a vegades fins i tot sobresortint a través de la cèrvix i fins a la vagina. L'ampli ventall de problemes que poden causar una inversió uterina no és prou conegut, però en molts casos inclou una separació incompleta de la placenta respecte de la paret uterina; i aleshores la placenta arrossega l'úter darrere seu quan emergeix pel canal del part. La inversió uterina, si no es detecta i es tracta, pot provocar hemorràgies i un xoc. Però es tracta d'una possibilitat molt remota; la complicació es presenta molt poc sovint i és molt improbable que no es detecti.

Freqüència. La inversió uterina és molt rara; els índexs disponibles oscil·len entre 1 de cada 2.000 parts i 1 de cada diversos centenars de milers. Les dones que han tingut una inversió uterina en un part presenten un major risc de tornar-ne a tenir en els següents parts. Altres factors que incrementen lleugerament el risc realment remot d'inversió uterina inclouen una dilatació molt prolongada (de més de 24 hores), diversos parts vaginals previs, o l'ús de fàrmacs com el sulfat de magnesi o la terbutalina (administrats per aturar les dilatacions preterme). L'úter també té més probabilitats d'invertir-se si està exageradament relaxat o si el cordó és empès amb massa força en la tercera fase del naixement.

Signes i símptomes. Els símptomes de la inversió uterina inclouen:

- Dolor abdominal.
- Hemorràgies excessives.
- Signes de xoc en la mare.
- En una inversió completa, l'úter serà visible a la vagina.

Tractament. Tingui presents els seus factors de risc i notifiqui-ho al ginecòleg si en parts anteriors va tenir una inversió d'úter. En aquest cas, el metge intentarà empènyer-li l'úter enrere fins al lloc que li pertoca, i després li administrarà fàrmacs com l'oxitocina per ajudar a contreure tots els músculs distesos. En casos molt puntuals, si aquesta tècnica no funciona, s'haurà de recórrer a la cirurgia. En qualsevol cas, necessitarà una transfusió sanguínia per recuperar la sang perduda durant la inversió. També li poden administrar antibiòtics per prevenir qualsevol infecció.

Prevenció. Com que les dones que ja han tingut una inversió uterina presenten un major risc de tenir-ne una altra, faci-ho saber al ginecòleg si aquest és el seu cas.

Hemorràgia puerperal

Què és? El sagnat després del part, anomenat loqui, és normal. Però, de vegades, després del naixement l'úter no es contreu com ho hauria de fer i té lloc una hemorràgia puerperal –un sagnat excessiu o incontrolat des del punt on estava subjecta la placenta. L'hemorràgia puerperal també pot ser causada per laceracions sense curar a la vagina o al coll uterí.

També es poden donar hemorràgies al cap d'una o dues setmanes després del part quan alguns fragments de la placenta queden retinguts (o adherits) a l'úter. Una infecció també pot causar hemorràgies puerperals, ja sigui just després del part o unes setmanes més tard.

Freqüència. L'hemorràgia puerperal es dóna en un 2 o un 4 per cent dels parts. Els sagnats excessius tenen més probabilitats de presentar-se si l'úter està massa relaxat i no es contreu a causa d'una dilatació llarga i complicada; un part traumàtic; un úter excessivament distès a causa d'un part múltiple, un nadó gran o un excés de líquid amniòtic; una placenta deforme o una de separada prematurament; fibromes que impedeixen les contraccions simètriques de l'úter; o una debilitat generalitzada de la mare en el moment del part (per exemple, a causa d'una anèmia, una preeclàmpsia o una fatiga extrema). Les dones que prenen fàrmacs o herbes que interfereixen en la coagulació sanguínia (com ara àcid acetilsalicílic, ibuprofè, ginseng o grans dosis de vitamina E) també s'exposen a un major risc d'hemorràgia puerperal. Rarament, la causa de l'hemorràgia és una alteració en la genètica de la mare no diagnosticada prèviament.

Signes i símptomes. Els símptomes de l'hemorràgia puerperal inclouen:

- Hemorràgia que satura més d'una compresa cada hora durant unes quantes hores seguides.
- Hemorràgies fortes i de color vermell intens durant diversos dies.
- Expulsió de moltes gleves de grans dimensions (de la mida d'una llimona o més).
- Dolor o inflor a la part baixa de l'abdomen més enllà dels primers dies del postpart.

La pèrdua de grans quantitats de sang pot provocar a la dona mareig, falta d'alè, esvaniment o taquicàrdies.

Tractament. Després de l'expulsió de la placenta, el seu ginecòleg l'examinarà per comprovar que està completa –i que no n'hi ha quedat cap fragment dins l'úter. El més probable és que li administrin oxitocina i li facin un massatge sobre l'úter per ajudar-lo a contreure i minimitzar així les hemorràgies. Començar a donar el pit com abans millor també és un bon mètode per ajudar a contreure l'úter.

Després d'haver donat a llum, ha de tenir previst que sagnarà, però avisi el ginecòleg immediatament si durant la primera setmana del postpart nota hemorràgies anormalment fortes o qualsevol dels altres símptomes esmentats més amunt. Si el sagnat és prou greu com per ser considerat una hemorràgia pròpiament dita, és possible que li hagin d'administrar fluids intravenosos, o que fins i tot li hagin de fer una transfusió sanguínia.

Prevenció. Reduirà la possibilitat d'una hemorràgia puerperal anormal evitant qualsevol suplement o medicació (com les enumerades més amunt) que pugui interferir en la coagulació sanguínia, sobretot en el darrer trimestre de gestació i en el postpart immediat.

Infecció puerperal

Què és? La gran majoria de dones es recuperen del part sense cap problema, però de forma molt puntual el naixement pot fer que la dona quedi més vulnerable a les infeccions. La raó és que, després de donar a llum, el cos de la dona presenta diverses ferides obertes: a l'úter (on se subjectava la placenta), a la cèrvix, a la vagina o al perineu (sobretot si es va esquinçar o li van practicar una episiotomia, encara que estigui suturada), o al lloc de la incisió en cas de cesària. També pot desenvolupar infeccions puerperals si li van aplicar un catèter a la bufeta o al ronyó. Si el metge es descuida involuntàriament algun tros de placenta dins de l'úter, també se li pot infectar. Però la infecció puerperal més comuna és l'endometritis, que afecta el revestiment de l'úter (l'endometri).

Tot i que algunes infeccions poden ser perilloses (sobretot si no es detecten i/o no es tracten), la majoria només fan que la recuperació postpart sigui més lenta i difícil, i prenen a la nova mare temps i energia que voldria dedicar a la seva màxima prioritat: el seu fill. Per aquesta sola raó ja és important demanar ajuda tan aviat com sigui possible si sospita que podria tenir alguna infecció.

Freqüència. Gairebé un 8 per cent dels parts comporten alguna infecció. Presenten un major risc d'infecció les dones que donen a llum per cesària o les que tenen una ruptura prematura de les membranes.

Signes i símptomes. Els símptomes d'una infecció postpart varien depenent del lloc infectat, però gairebé sempre comporten:

- Febre.
- Dolor o sensibilitat a l'àrea infectada.
- Pèrdues de pudor intensa (pèrdues vaginals si es tracta d'una infecció uterina, o supuracions per alguna altra ferida).
- Calfreds.

Tractament. Si en el postpart està a 38 °C durant més d'un dia, comenti-ho al ginecòleg; si la febre li puja més o experimenta algun altre dels símptomes que acabem d'esmentar, truqui'l immediatament. Si li diagnostiquen alguna infecció, el més probable és que li prescriguin antibiòtics, i haurà de completar el tractament encara que ja es trobi millor abans de fer-ho. També caldria que fes molt repòs (és gairebé impossible amb un nounat a casa, però intenti-ho) i que begués molts líquids. Si dóna el pit, comprovi amb el metge i el farmacèutic que els fàrmacs prescrits siguin innocus per al lactant (la majoria d'antibiòtics ho són).

Prevenció. El millor per prevenir les infeccions són una higiene i una cura meticuloses de la ferida: renti's les mans abans de tocar-se l'àrea perineal, després d'anar al lavabo eixugui's de davant cap endarrere i usi compreses (i no tampons) per al loqui.

QUÈ CAL TENIR EN COMPTE

Fer repòs

La idea d'ajaure's al llit amb un plec de revistes i el comandament del televisor a la mà pot semblar molt atractiva –excepte quan és el metge qui prescriu fer repòs al llit. El repòs al llit, malauradament, no és cap bicoca. Quan la dona s'ha d'estar al llit i s'adona que ni tan sols pot anar a buscar un vas de llet ni pot rebre una amiga per fer un tallat plegades, li marxen les ganes de passar-se el dia fent el mandra. Per això, convé no perdre de vista l'objectiu final (un embaràs sense complicacions i un fill sa) i comprendre que si el ginecòleg li ha recomanat repòs absolut segur que té una bona raó per fer-ho.

Si li han prescrit repòs al llit durant l'embaràs, pensi que no és pas l'única. Un milió d'embarassos a l'any (és a dir, una quarta part del total) es consideren de risc o d'alt risc. I un 70 per cent d'aquestes futures mares hauran de fer repòs al llit en algun moment al llarg de les 40 setmanes de gestació. Encara que hi ha molta controvèrsia al voltant dels possibles beneficis de fer repòs absolut, es continua prescrivint perquè molts facultatius –basant-se en la seva pròpia experiència amb altres pacients– consideren que va bé per prevenir parts prematurs, per alentir el progrés de la preeclàmpsia o per evitar l'aparició de més complicacions en qualsevol altre embaràs d'alt risc. Entre els principals arguments adduïts per prescriure repòs absolut hi ha els següents: evitar estar dempeus treu pressió a la cèrvix; redueix la tensió cardíaca i millora la circulació sanguínia als ro-

Tipus de repòs

"Fer repòs" és el terme general que fa servir el ginecòleg per referir-se a la limitació de l'activitat quotidiana. Però el més probable és que, quan li prescrigui repòs, li especifiqui què pot fer i què no pot fer. La raó és que el repòs compta amb una sèrie de variacions possibles, com ara estirar-se cada dues hores, estar-se al llit però llevar-se periòdicament o només llevar-se per anar al lavabo, o bé estar-se ajaguda al llit a totes hores (a vegades, ingressada a l'hospital). El tipus de repòs que li prescriguin dependrà dels motius pels quals n'hagi de fer. A continuació, descrivim breument els diferents tipus de repòs al llit:

Repòs programat. Amb la intenció de prevenir un repòs absolut més endavant, alguns ginecòlegs demanen a les futures mares amb determinats riscos (com ara mares d'edat avançada o amb embarassos múltiples) que descansin un nombre d'hores determinat al dia. La recomanació pot ser asseure's amb els peus una mica elevats o estirar-se (o, encara millor, fer una becaina) durant dues hores en acabar la jornada laboral o bé estar-se una horeta descansant, ajaguda de costat, per cada quatre hores que s'estigui desperta. Alguns facultatius poden recomanar a la dona gestant que, en el darrer trimestre, treballi menys hores i restringeixi activitats com ara fer exercici, pujar escales, caminar o estar-se dreta molta estona seguida.

Repòs parcial. Amb el repòs parcial, se sol prohibir a la mare que treballi, condueixi o realitizi tasques domèstiques ("ara que tenia ganes de planxar la roba del nadó!"). Li permetran asseure's a l'escriptori i navegar per la xarxa o estar-se de peu l'estoneta justa per preparar-se un entrepà o per dutxar-se. Fins i tot la poden deixar sortir de casa un dia a la setmana, sempre que no camini massa ni pugi escales. Les dones que fan repòs parcial poden combinar l'estada al llit amb l'estada al sofà, però només poden estar dretes o pujar escales el mínim de vegades possible.

Repòs absolut. Aquest tipus de repòs implica estar-se en posició horitzontal tot el dia, excepte per anar al lavabo o per fer-se una dutxa ràpida (encara que és preferible un bany d'aigua tèbia). Si viu en una casa de dues plantes, s'haurà d'instal·lar en una de les dues i no moure-se'n. (Algunes dones podran caminar una mica amunt i avall pel passadís una vegada al dia; altres, un cop per setmana.) I el seu marit (o la seva mare, una amiga o alguna persona que hagi contractat) li haurà de deixar tot fet i preparat perquè no s'hagi de moure del llit en tot el dia. Això inclou deixar al costat del llit una nevereta amb l'esmorzar, el dinar, el sopar i uns quants refrigeris variats.

Repòs hospitalari. Si necessita un monitoratge constant o bé l'administració de fàrmacs per via intravenosa perquè ja li ha començat el part prematur, l'hauran d'ingressar a l'hospital. I, si aconsegueixen aturar-li el procés de part, és possible que s'hagi de quedar a l'hospital per garantir un repòs total. També pot ser que li posicionin el llit una mica inclinat (amb els peus més elevats que el cap) per tal que la gravetat ajudi a mantenir el nadó dins l'úter el màxim de temps possible.

nyons, ajudant així a eliminar l'excés de fluids; incrementa la circulació a l'úter, subministrant més oxigen i nutrients al fetus, i minimitza el nivell d'estrès de les hormones del torrent sanguini que poden provocar contraccions.

Algunes futures mares tenen més probabilitats d'haver de fer repòs absolut, incloent-hi les que superen els 35 anys, les que esperen més d'un fill, les que tenen un historial d'avortaments deguts a una cèrvix incompetent, les que presenten determinades complicacions gestacionals o les que pateixen certes malalties cròniques.

Malgrat que el repòs absolut ajudi realment a prevenir el part prematur o minimitzi el risc d'altres complicacions, és evident que no llevar-se del llit durant un llarg període de temps també té els seus inconvenients. Les dones que fan un repòs prolongat al llit són més propenses a tenir dolor muscular i als malucs, mal de cap, debilitament muscular (i els pot resultar molt més difícil recuperar el to muscular en el postpart), irritacions cutànies i depressió, i també tenen més tendència a desenvolupar coàguls sanguinis. El fet no poder-se moure també pot agreujar alguns dels símptomes normals de l'embaràs, com ara acidesa d'estómac, restrenyiment, edemes a les cames i mal d'esquena. A més, estar-se molt al llit pot fer perdre la gana, que pot ser beneficiós per a la seva silueta (si és que n'hi queda algun vestigi) però perjudicial per al nadó (o nadons) que porta al ventre, que necessiten les calories i els nutrients extra.

La bona notícia, que la pot tranquillitzar una mica, és que la majoria dels efectes secundaris del repòs al llit es poden minimitzar prenent les mesures següents:

- Afavoreixi la circulació. Maximitzi la circulació sanguínia a l'úter estirant-se de costat, en comptes de fer-ho panxa enlaire. Per estar més còmoda, posi's un coixí sota el cap, un (o dos) entre les cames i un altre darrere l'esquena, si això li va bé per mantenir l'equilibri. Canviï de postura aproximadament cada hora per tal de prevenir l'adoloriment muscular i les irritacions a la pell.

- Mogui's tant com li ho permetin. Pregunti al metge si pot fer exercicis de braços (amb pesos lleugers) una estona cada dia per tal d'evitar que la musculatura de la part superior del cos també se li debiliti –normalment se sol permetre si la dona fa repòs parcial. Si el seu facultatiu li dóna el vistiplau, pot exercitar els bíceps i els tríceps i fer girs amb el cap, en qualsevol cas mantenint-se asseguda. També podrà fer estiraments i rotacions d'espatlla.

- Faci tants estiraments com pugui. Consulti també al metge si, mentre estigui en repòs, pot fer suaus estiraments de cames –flexionant els peus i fent girar els turmells (sense aixecar-los per sobre del nivell dels malucs). Aquests estiraments podrien prevenir la formació de coàguls sanguinis a les cames i li mantindrien la musculatura una mica més forta.

- Controli què i quant menja. Una pèrdua significativa de la gana pot comportar una pèrdua de pes per a la mare i un menor pes en néixer per al nadó –així que, si està desganada, miri d'anar picant refrigeris nutritius i fàcils de digerir (aliments rics en fibra, com ara la fruita seca, també l'ajudaran a combatre el restrenyiment). Evidentment, menjar massa (per culpa de l'avorriment o d'una depressió), també pot comportar un augment de pes excessiu –així que vagi alerta de no passar-se el dia afartant-se d'aliments hipercalòrics.

- Prengui força líquids. Durant l'embaràs és sempre important mantenir-se ben hidratada, però encara més si es fa repòs (ja que bevent prou minimitzarà la inflor i el restrenyiment, i possiblement previndrà les contraccions).

Mares que ajuden altres mares

Tots els embarassos plantegen determinats reptes, però un embaràs d'alt risc (o amb complicacions) en pot plantejar molts més. Afrontar aquests reptes és sempre més senzill si es fa en bona companyia: la d'altres mares que saben exactament pel que està passant perquè elles també es troben en la mateixa situació (o ja l'han superada). A la zona on viu és possible que hi hagi grups de suport per a complicacions específiques de l'embaràs (consulti-ho al seu ginecòleg), però també és probable que trobi aquest suport a través d'Internet.

Així que procuri tenir la tauleta de nit plena d'aigua i d'altres begudes.

- Combati l'acidesa d'estómac amb la gravetat. Més estona estirada pot equivaler a més acidesa d'estómac. Sempre que li ho permeti el metge, asseient-se una mica al llit –sobretot després de menjar– mantindrà l'ardor a ratlla.
- Després del part, mantingui unes expectatives realistes. Quan hagi donat a llum, tingui present tot el que el seu cos ha hagut de passar. En aquest moment no tindrà la mateixa capacitat aeròbica ni la mateixa força muscular que abans de fer repòs, encara que només en fes durant unes quantes setmanes. Així que deixi's el temps necessari per recuperar-se i planifiqui retornar gradualment a la seva forma física anterior. Quan tingui el consentiment del metge, li pot anar bé començar la pràctica d'exercici amb activitats com ara caminar, el ioga o la natació.

Fer repòs no només suposa un impacte per al seu benestar físic sinó també per al seu benestar emocional. Per estar emocionalment bé mentre dura el repòs, tingui en compte els consells següents:

Estigui connectada. Tingui un telèfon a mà i demani als amics i familiars que la truquin, per desfogar-se una mica (o per queixar-se o per distreure's). Connecti's també a través del correu electrònic –una de les moltes raons per tenir un ordinador a prop (o per deixar l'ordinador portàtil damunt de la tauleta de nit). I no s'oblidi de visitar pàgines web i xats on intercanviar impressions amb altres futures mares en la mateixa situació (i la mateixa posició) que vostè.

Estigui preparada. Pensi amb antelació què necessitarà cada dia, i demani al seu marit que li ho deixi tot a punt abans d'anar-se'n a treballar. Tingui una nevereta al costat del llit amb aigua, fruita, iogurts, formatge i entrepans. Tingui a mà el telèfon, revistes, llibres i el comandament del televisor.

Organitzi's el dia. Miri d'establir una rutina –encara que el més destacat de la jornada sigui un bany d'aigua tèbia seguit d'una migdiada, o un matí al sofà seguit d'una tarda al llit. Se sentirà una mica millor si té el dia estructurat d'alguna manera.

Treballi des de casa. Si fa repòs parcial i es pot connectar a la xarxa, podria treballar a l'ordinador de casa estant, a jornada completa o només a estones. Entre trucades i correus electrònics, es pot convertir sense moure's del llit en una treballadora realment productiva. Comenti-ho al metge i a l'empresa per procurar que tothom sigui conscient de les seves capacitats però també de les seves limitacions (però si la seva feina és massa estressant, és possible que el ginecòleg li ho desaconselli).

Compri per Internet els articles del nadó. Avui dia, gairebé tot el que es pot fer en una botiga, també es pot fer a la xarxa. Per tant, aprofiti el repòs per deixar-ho tot enllestit per a l'arribada del nadó. Faci servir Internet per comprar bolquers, per encomanar un bressol o per buscar una doula, una experta en lactància o una cangur. I, com que ja hi està posada, aprofiti per fer la compra de la setmana (perquè segur que ja s'ha tornat a quedar sense llet!).

Encomani menjar a domicili. Informi's dels restaurants de la zona que lliurin menjar a domicili. Pot trobar els seus menús en els fullets publicitaris o per Internet.

Aprofiti per posar-se cinematogràficament al dia. Busqui algun servei especialitzat en DVD a la xarxa i aprofiti per gaudir de les pel·lícules que no va poder anar a veure al cinema –i que tampoc tindrà temps de veure a casa quan hagi nascut el seu fill.

Distregui's sense moure's del llit. Convidi els amics a jugar, a prendre pizza o a mirar alguna pel·lícula a la seva habitació. (I la millor part del pla: si fan brossa, l'hauran de netejar ells, perquè vostè ja té excusa!)

Especialitzi's en treballs manuals. Aprengui a cosir, a fer mitja o a fer ganxet. Demani que alguna amiga experta en manualitats n'hi ensenyi. Podrà preparar robeta la mar de graciosa per al seu fill i, a més, es distraurà. O prepari un dossier amb tots els documents relacionats amb el nadó (les ecografies, la informació sobre l'origen del nom escollit...).

Organitzi's. Col·loqui totes aquelles fotos antigues en un àlbum (per fi!), o entri les dades de la seva agenda en una base de dades informatitzada. Li anirà bé poder imprimir les etiquetes amb totes les adreces (per fer saber la bona nova, per a notes d'agraïment, per a invitacions a festes o per a postals de Nadal...), en comptes d'haver-les d'escriure a mà i una per una.

Posi's bonica. Repeteixi cada dia les coses que la facin sentir bé, encara que li semblin innecessàries mentre fa el repòs. Pentini's, maquilli's, posi's crema hidratant (per molt repòs que faci, la seva pell no deixarà d'estar seca i amb picors). Si s'ho pot permetre, faci venir a casa una perruquera que li arregli el cabell o una esteticista que li faci la manicura. (Deixi caure als amics que li faria molta il·lusió que li regalessin aquests serveis estètics.) No caigui en l'error d'anar deixada pel fet que no l'hagi de veure ningú –si es veu bé, també se sentirà bé, tant si l'ha de veure algú altre com si no.

Refresqui's. Demani al seu marit que li canviï els llençols del llit una vegada a la setmana. Tingui a mà tovalloletes humides per mantenir-se neta i relativament fresca entre dutxa i dutxa.

Comenci un diari personal. Miri-s'ho pel cantó bo: ara és el moment ideal per començar a deixar constància escrita dels seus pensaments o sentiments sobre l'embaràs, o per escriure cartes per al seu futur fill, amb qui les podrà compartir d'aquí uns quants anys. Exterioritzar per escrit els sentiments personals és també una bona manera de desfogar-se.

Tingui els ulls posats en el premi final. Emmarqui alguna ecografia i deixi-se-la a prop –així quan el repòs se li faci costa amunt, podrà animar-se pensant que té la millor raó del món per no moure's del llit.

CAPÍTOL 23

Enfrontar-se a la pèrdua d'un nadó

SE SUPOSA QUE L'EMBARÀS HA DE SER un moment d'alegria, ple d'emoció, d'impaciència per l'arribada del nadó i de somnis de color rosa (o blau cel, si s'espera un nen) sobre el futur fill (combinats amb la lògica dosi de temors i preocupacions). I, de fet, el més normal és que l'embaràs sigui efectivament una combinació de tot això, però no sempre ho és. Si vostè ha hagut de patir la pèrdua d'un nadó, sabrà que la tristesa és tan immensa que no es pot expressar en paraules. Aquest capítol està destinat a ajudar-la a suportar aquest dolor i a afrontar una de les pèrdues més difícils de la vida de qualsevol persona.

Avortament

El simple fet que els avortaments tinguin lloc generalment molt al principi de l'embaràs no vol dir que no siguin dolorosos per als pares. El sentiment de dol que provoca un avortament és irrefutable, per molt aviat que es perdi el nadó. Encara que només hagués vist el seu fill en una ecografia (o potser ni tan sols això), vostè ja sabia que alguna cosa creixia dins seu i ja hi havia establert un vincle afectiu, per abstracte que fos. Des del moment en què va descobrir que estava embarassada, el més probable és que somniés amb el nadó i s'imaginés a vostè mateixa fent de mare. I, després, tota l'emoció que havia de donar sentit a la seva vida en els pròxims mesos (i anys, i dècades...) es trenca de sobte. És comprensible que aleshores experimenti un ampli ventall d'emocions: tristesa i descoratjament per la pèrdua; ràbia i ressentiment pel fet que li hagi hagut de passar a vostè; possible distanciament d'amics i familiars (sobretot dels que esperin un fill o n'acabin de tenir un). Al principi, també li pot costar dormir i menjar, així com entendre el sentit de tot plegat. Pot ser que plori molt o que no deixi anar ni una sola llàgrima. Aquestes són només algunes de les moltes reaccions naturals i saludables davant de la interrupció d'un embaràs. (Recordi que la reacció més normal per a vostè és la que tingui de forma natural.)

De fet, per a algunes parelles, afrontar un avortament precoç pot ser, almenys en determinats aspectes, tan difícil com afrontar una pèrdua en una fase més avançada de l'embaràs. Per què? En primer lloc, perquè moltes parelles havien acordat no fer pública la bona nova fins després del tercer mes, i no l'havien feta saber ni a la família ni als amics íntims, de manera que els serà difícil rebre el suport que necessitarien. Fins i tot els que ja tenien coneixement de l'embaràs i/o als que se'ls va comunicar arran de l'avortament és possible que els ofereixin menys suport del que els haurien ofert si la gestació hagués estat més avançada. Pot ser que intentin minimitzar la importància de la pèrdua amb un "no us preocupeu... torneu-ho a intentar!", sense adonar-se que la pèrdua d'un nadó, per molt que tingui lloc al principi de l'embaràs, pot deixar la parella ben enfonsada. En segon lloc, el fet que no hi hagi la possibilitat d'agafar el nadó, de tenir-ne una foto, de fer-li un funeral i d'enterrar-lo (rituals de dol que poden oferir alguna mena de consol als pares de nadons nascuts morts) pot complicar encara més el procés de recuperació.

Malgrat això, si vostè ha patit un avortament (o un embaràs ectòpic o molar), és important tenir present que té tot el dret d'afligir-se tant –o tan poc– com li faci falta. Faci-ho de la manera que l'ajudi millor a cicatritzar les ferides.

Un procés personal

Quan es tracta d'afrontar un avortament o qualsevol altra interrupció de l'embaràs, no hi ha cap fórmula emocional perfecta per seguir. Cada parella assumeix, afronta i processa els seus sentiments de manera completament diferent. Uns matrimonis es poden sentir profundament afligits, i fins i tot destrossats per la pèrdua –i descobrir que els deixa una ferida molt difícil de cicatritzar. Altres conceben la pèrdua com un problema més puntual, com una mena d'obstacle que els ha sorgit en el camí que han iniciat per tenir un fill. Altres s'adonen que, després d'una tristor passatgera, són capaços de deixar enrere la pèrdua abans del que s'esperaven –en comptes de capficar-se en el disgust, n'hi ha que miren cap endavant i ho tornen a intentar. Però recordi: la reacció més normal davant de la interrupció d'un embaràs és la reacció que tingui vostè. Deixi aflorar els sentiments que li surtin de dins per tal de guarir-se abans de la ferida.

Potser li serviria de consol fer una cerimònia privada amb els familiars més propers, o només el seu marit i vostè. O bé potser la pot ajudar el fet de compartir els seus sentiments (individualment, en un grup de suport o per Internet) amb altres que han passat pel mateix tràngol. Com que moltes dones pateixen almenys un avortament al llarg dels seus anys fèrtils, se sorprendria de saber la quantitat de dones que coneix que han viscut la mateixa situació, encara que no n'hagin parlat mai amb vostè –o potser amb ningú. (Si no li agrada compartir els seus sentiments –o no necessita fer-

Enfrontar-se a avortaments repetits

El fet de patir la pèrdua d'un embaràs ja pot ser prou dur de superar. Però si s'ha de fer front a més d'una pèrdua, pot ser infinitament més dur –ja que cada nova pèrdua pot afectar-la una mica més que l'anterior. Es pot sentir desanimada, deprimida, enutjada, irritable o amb dificultats de concentració la resta de la seva vida (o durant molts anys després de les pèrdues). No només trigarà més temps a cicatritzar les ferides de l'ànima que les del cos, sinó que la tristor la pot deixar realment enfonsada. I, a més, aquest dolor emocional pot derivar en símptomes físics, com ara mal de cap, falta de gana o avidesa de menjar compulsivament, insomni i fatiga extrema. (Hi ha parelles que superen fins i tot les pèrdues repetides amb major facilitat, i també és completament normal.)

El temps potser no ho cura tot, però sí que ajuda a cicatritzar una mica les ferides. Mentrestant, els millors remeis són tenir paciència, informar-se bé i rebre el suport necessari. És possible que a la zona on viu hi hagi grups de suport per a casos com el seu (pregunti-ho al ginecòleg), o busqui'n un a la xarxa, si creu que li pot anar bé (algunes parelles prefereixen fer-se costat mútuament). Compartir els sentiments amb altres parelles que han perdut un embaràs, o diversos, els pot ajudar a no perdre l'esperança. I, per damunt de tot, no s'ho posi encara més complicat sentint-se culpable. Un avortament espontani no és mai culpa de la dona. En comptes de turmentar-se, intenti pensar en la força que ha demostrat (encara que ara potser no li ho sembli) amb la seva determinació de tenir un fill.

ho– no ho faci. Faci només el que li vagi bé.) Alguns dels consells per a les dones que perden un fill més avançat l'embaràs també li poden funcionar a vostè. És possible que també vulgui llegir informació sobre les etapes del dol (vegi el requadre de la pàgina 631), que poden o no ser aplicables al seu cas.

Accepti que vostè sempre tindrà un lloc al seu cor per a l'embaràs perdut, i és possible que cada any se senti trista o desanimada en l'aniversari de la data en què havia de néixer el seu fill o de la data en què el va perdre, fins i tot al cap de molt temps. Si troba que li va bé, planifiqui per a aquesta data fer alguna cosa especial (almenys els primers anys) que l'ajudi a recordar sense angoixar-se: plantar un arbre o unes quantes flors, fer un pícnic tranquil a l'aire lliure o compartir un sopar commemoratiu amb el seu marit.

Encara que és normal que lamenti la pèrdua (i que és important que ho faci a la seva manera), a mesura que passa el temps s'hauria d'anar sentint cada vegada millor.

Si no s'hi sent, o si li costa molt prosseguir amb la seva vida quotidiana (no menja ni dorm, no es concentra a la feina i s'ha aïllat de familiars i amics) o si continua sentint molta angoixa (després d'un avortament fins i tot és més habitual patir angoixa que no pas depressió), potser haurà de recórrer a l'ajuda d'un professional per a recuperar-se més de pressa.

Intenti tenir present que es pot tornar a quedar embarassada (i probablement ho farà) i que donarà a llum a un nadó completament sa. Per a la gran majoria de dones, l'avortament és un fet puntual –i, al cap i a la fi, la indicació segura de futura fertilitat.

Mort a l'úter

Si no sent (o no nota) el nadó durant diverses hores, o més i tot, és natural que es temi el pitjor. I el pitjor és que el fill que espera hagi mort.

Després que li hagin comunicat que no es pot detectar el batec cardíac fetal i que el seu nadó ha mort dins de l'úter, és probable que se senti aclaparada per una combinació d'incredulitat i de dolor. Potser li serà difícil –o fins i tot impossible– continuar fent la vida normal mentre porta dins un fetus sense vida, i els estudis demostren que és molt més probable que la dona tingui una depressió greu després de donar a llum a un nadó mort si el part s'endarrereix més de tres dies a partir del diagnòstic de la pèrdua del fetus. Per aquest motiu, quan els metges decideixin com procedir hauran de tenir molt en compte el seu estat emocional. Si la dilatació és imminent, o ja ha començat, probablement el part serà normal. Si no queda clar que la dilatació hagi de ser imminent, la decisió de si s'ha d'induir immediatament o de si, en canvi, cal deixar que se'n torni a casa per esperar que el procés de part comenci espontàniament, dependrà del temps que falti per a la data de sortida de comptes i del seu estat físic i mental.

El procés de dol que experimentarà si el seu fetus ha mort *in utero* serà molt similar al dels progenitors que perden un fill en el part o el postpart. Li anirà bé seguir els mateixos passos durant el llarg procés de cicatrització de la ferida, incloent-hi, quan sigui possible o pràctic, agafar el nadó en braços.

Mort durant el part o després

Unes vegades, la mort té lloc durant la dilatació o l'expulsió, i altres vegades just després. Sigui com sigui, és normal que a la mare li caigui el món a sobre. Ha estat esperant aquest nadó durant nou mesos –i ara se n'ha de tornar a casa amb les mans buides.

Probablement no hi ha cap dolor tan intens com el provocat per la pèrdua d'un fill. I, encara que no hi ha res que pugui guarir del tot les ferides, pot alleujar una mica la inevitable tristesa que comporta una tragèdia com aquesta prenent les mesures següents:

- És aconsellable que vegi el nadó, el tingui als braços i li posi un nom. Viure el dol és un pas vital per acceptar la

Pèrdua del nadó i depressió postpart

Qualsevol parella que perdi un fill té motiu per sentir-se trista. Però en alguns casos, la tristor pot derivar en una depressió postpart i/o en ansietat. Si no es tracta, la depressió postpart pot impedir passar per les fases de dol necessàries per superar la pèrdua. Encara que pot ser difícil distingir una depressió postpart d'una depressió derivada de la tràgica pèrdua del nadó, qualsevol tipus de depressió requereix ajuda. Si experimenta símptomes de depressió (pèrdua d'interès per les activitats quotidianes, problemes per dormir, pèrdua de gana i una tristesa extrema que interfereix en el desenvolupament de la seva vida quotidiana) no dubti a buscar l'ajuda que necessita. Visiti el ginecòleg o el metge de capçalera, i demani-li les referències d'algun psicòleg o psiquiatre. L'ajudarà a sentir-se millor seguir una bona teràpia (i, si cal, prendre medicació).

Supressió de la lactància quan el nadó mor

Si ha patit la devastadora pèrdua d'un fill, l'última cosa que necessita és un altre recordatori del que hauria pogut ser i no és. Per desgràcia, la naturalesa pot imposar aquest recordatori quan el final d'un embaràs (encara que sigui tràgicament) suposa automàticament l'inici de la lactància, i els pits s'omplen de llet, que en teoria havia de servir per alimentar el fill perdut. Això pot ser físicament i emocionalment molt dolorós de superar –com també ho pot ser si la producció de llet ja havia començat (perquè el fill mor després que ja l'hagués començat a alletar o després que s'extragués la llet perquè li donessin amb biberó a la UCI neonatal).

Si el nadó mor *in utero* o en el moment del part, i la mare encara no ha tingut l'oportunitat de donar-li el pit, també haurà de patir la congestió mamària. Les bosses de gel, els analgèsics i uns sostenidors que aguantin bé l'ajudaran a minimitzar el malestar físic. El fet d'evitar tant prendre dutxes d'aigua calenta com estimular-se els mugrons i exprimir-se la llet dels pits l'ajudarà a reduir la producció làctia. La congestió dels pits li passarà en uns quants dies.

Si el nadó mor després que la mare l'hagi començat a alletar o s'hagi extret la llet amb el tirallets (com pot ocórrer si el nadó és a la UCI neonatal), pot demanar ajuda a les infermeres de l'hospital o a un expert en lactància. El més probable és que li recomanin extreure's la llet sobrera (amb un tirallets, o manualment si ho prefereix) per reduir la pressió dels pits, però no extreure-la tota perquè fent-ho se n'afavoriria una major producció.

La freqüència i la durada de l'extracció varia d'una dona a una altra, i depèn de la quantitat de llet que produeixi, de la freqüència de les preses i del temps que feia que alletava el seu fill; però, en general, cada vegada hauria de passar més temps entre extracció i extracció, i el procés hauria de durar menys estona. Tingui present que és normal que el pit li segueixi degotejant una mica durant setmanes, o fins i tot mesos, després de deixar l'alletament i/o l'extracció de llet.

Si té molta llet, ja sigui emmagatzemada o en producció (si per naturalesa n'hi surt molta o si se n'extreia per a bessons, per exemple), potser voldrà considerar la possibilitat de donar-la en un banc de llet. La donació de la llet la pot ajudar a trobar algun sentit a la mort del seu fill. Però, com sempre, faci el que personalment li vagi millor.

pèrdua i recuperar-se'n, i és difícil afrontar el dol per un nadó sense nom i que no hem vist mai. Fins i tot si el nadó té malformacions, els experts aconsellen que és millor mirar-lo perquè el que s'imagina sol ser pitjor del que realment és. Si agafa el nadó i li posa nom, la mort serà més real per a vostè, i més fàcil de suportar a llarg termini. També es pot preparar un funeral i un enterrament, que li donaran una nova oportunitat d'acomiadar-se'n. Si hi ha un enterrament, la tomba serà un lloc permanent on es podrà visitar el nadó més endavant.

- Guardi una ecografia o altres records (un floc de cabellets o la marca d'una petjada, per exemple) per tenir alguns recordatoris tangibles. Procuri fixar-se en els aspectes positius del nadó –ulls grans i pestanyes llargues, mans boniques i ditets delicats, una bona mata de cabell...

- Discuteixi els resultats de l'autòpsia i altres informes mèdics amb el facultatiu per fer-se a la idea del que ha passat i poder assumir així el procés de dol. És possible que a la sala de parts ja li hagin donat molts detalls, però la medicació, l'estat hormonal i el xoc potser li han impedit d'acabar-los d'entendre.

- Demani als amics i familiars que no s'emportin tots els preparatius que havia fet per al nadó a casa seva. Arribar a una casa on sembla que no s'hi havia esperat mai cap nadó no faria sinó dificultar el procés d'acceptació de la realitat.

- Tingui en compte que el procés de dol acostuma a constar de diverses etapes, que són: negació i aïllament, ràbia, depressió i acceptació. No se sorprengui si experimenta aquestes emocions, ni tan sols si les experimenta en un ordre diferent d'aquest. I tampoc se sorprengui si no les experimenta totes o si n'experimenta altres, en comptes d'aquestes o de més a més. Cadascú és diferent i reacciona de manera diferent, fins i tot davant d'una situació similar –especialment si es tracta d'una situació tan personal.

- Compti que li tocarà viure uns moments difícils. Potser durant un temps se sentirà deprimida, molt angoixada, o simplement profundament trista, amb dificultats per dormir, menjar o concentrar-se a la feina. Potser perdrà els nervis amb el marit o els altres fills, si en té. Es pot sentir sola (encara que estigui envoltada de persones que l'estimen) i buida, i fins i tot es pot imaginar que sent el plor del seu nadó a mitja nit. També és probable que vostè mateixa es comporti com una criatura, i necessiti que l'estimin, l'acaronin i la cuidin. Tot això és normal.

- Plori –tant i tan sovint com calgui.

- Tingui en compte que el pare també pateix. El seu procés de dol pot semblar menys intens o més curt –en part perquè, a diferència de vostè, no va tenir la criatura dins seu al llarg de diversos mesos. Però això no fa que el dolor que senti sigui menys real o que l'aflicció sigui menys vital per cicatritzar les seves ferides. A vegades, als pares els costa més expressar els seus sentiments, o poden contenir les emocions en un esforç de mantenir-se forts al costat de les seves parelles. Si creu que aquest és el cas del seu marit, tots dos poden sentir-se reconfortats parlant obertament del dolor respectiu. Animi'l a compartir els seus sentiments amb vostè, amb un professional o amb un altre pare que hagi patit una pèrdua similar.

- Consolin-se mútuament. El dolor pot ser molt absorbent. Tant vostè com el seu marit poden estar tan consumits per la seva pròpia pena que ja no els quedin reserves emocionals per consolar l'altre. Per desgràcia, és possible que si no es té en compte l'altre membre de la parella, sorgeixin problemes matrimonials, i aleshores la recuperació es complica encara més. Tot i que és gairebé segur que hi haurà moments en què desitjarà estar sola amb els seus pensaments, dediqui també un temps a compartir-los amb el seu marit. Considerin la possibilitat de buscar ajuda professional per a tots dos o entrin en un grup de suport especialitzat per a parelles. No tan sols els ajudarà a tots dos individualment, sinó que també els ajudarà a mantenir la relació –i a enfortir-la.

- No s'enfronti sola al món. Si tem el moment d'enfrontar-se a les cares somrients preguntant-li com va tot amb la criatura, faci's acompanyar per una amiga que pugui respondre per vostè les primeres vegades que hagi d'anar al supermercat o a fer qualsevol gestió. Procuri que al lloc de treball, al gimnàs i als llocs d'assistència habitual estiguin al corrent de tot abans de tornar-hi, per tal que no hagi de donar explicacions difícils a ningú.

- Prevegi que hi haurà algun amic o familiar que no sabrà com reaccionar. Alguns se sentiran tan incòmodes amb la situació que l'evitaran durant una temporada. Altres potser li diran coses que, més que no pas ajudar-la, encara la molestaran, com ara: "Ja m'imagino com et deus sentir..." o "ja en podràs tenir un altre!", o bé "millor que morís abans que li haguessis agafat massa afecte...". Encara que tinguin bones intencions, no comprenen que només es pot saber què se sent en perdre un fill si realment se n'ha perdut un, que un altre fill no pot ocupar mai el lloc del que s'ha perdut i que una mare agafa afecte al nadó molt abans que neixi. Si ha de sentir comentaris d'aquest tipus tot sovint, demani a algun amic o parent que expliqui els seus sentiments i que faci saber als altres que vostè prefereix que es limitin a dir que lamenten el que ha succeït.
- Busqui suport en els que han passat el mateix tràngol. Tal com ho han fet molts altres pares, vostès podran trobar ajuda participant en un grup de pares que han perdut algun fill. També n'hi ha en línia, que els poden oferir una mica de consol. Però eviti que el grup es converteixi en una manera d'allargar el dol –en comptes de superar-lo. Busqui una teràpia d'ajuda personal, si encara li costa assimilar la pèrdua al cap de si fa o no fa un any, o molt abans si no es veu amb cor de tirar endavant amb la seva vida quotidiana.
- Cuidi's bé. Davant de tant dolor emocional, és possible que deixi de banda les seves necessitats físiques. Però no ho hauria de fer. Menjar bé, dormir prou i fer exercici és vital no només per mantenir la salut sinó també per recuperar-se abans psicològicament. Esforci's a consciència per asseure's a l'hora de dinar, encara que no li vingui gaire de gust menjar. Procuri dormir millor a la nit prenent un bany d'aigua calenta o fent exercicis de relaxació abans de posar-se al llit. Intenti fer alguna activitat física cada dia, encara que només sigui passejar una estona abans de sopar. I, de tant en tant, busqui's alguna distracció. Vagi al cine, visiti algun amic, passi un cap de setmana a la muntanya –i miri de passar-s'ho bé sense sentir-se culpable. Al capdavall, la vida continua i vostè ha de tirar endavant.
- Recordi el seu fill, en privat o en públic, sempre que ho necessiti. Pot fer celebrar una missa en memòria del seu fill, si així ho desitja; pot tractar-se d'una cerimònia completament privada (per a vostè i el seu marit) o amb la presència de les persones més properes, familiars i amics.
- Honri la memòria del seu fill d'alguna manera significativa per a vostè, si li serveix d'ajuda. Regali contes a alguna associació benèfica o faci una donació a alguna organització que ajudi mares amb dificultats econòmiques; o, si ho prefereix, planti un arbre o unes quantes flors al jardí o fins i tot al camp.
- Si li serveix d'alguna cosa, busqui consol en la religió. A alguns progenitors que han patit una pèrdua similar, la fe els aporta un gran consol.
- Si és el que vol, torni's a quedar embarassada –però no com un esforç per sentir-se millor o per mirar de reemplaçar la criatura perduda. Abans

de començar a buscar un altre fill és millor esperar que hagi passat el període de desconsol més profund. A la pàgina 632 trobarà més informació al respecte.

- Tingui present que el dolor li anirà remetent a mesura que avanci el temps. Al principi, tot seran dies dolents, després els dolents s'alternaran amb els bons i, al final, en tindrà més de bons que de dolents. Però cal estar preparada davant la possibilitat que li quedi un cert dolor durant molt de temps. El procés del dol, que pot incloure malsons i records punyents, no se sol completar del tot fins al cap de dos anys, però la pitjor època s'acostuma a situar entre els tres i els sis mesos posteriors a la pèrdua. Si al cap de sis o nou mesos el dolor per la pèrdua continua protagonitzant la seva vida, si té problemes per concentrar-se o desenvolupar les activitats quotidianes, o si ja no sent interès per res, busqui ajuda. I busqui'n també al principi de tot, si no ha estat capaç d'experimentar cap mena de dol. I recordi que la depressió postpart pot entorpir el procés de superació; a la pàgina 625 trobarà més informació.

- Recordi que no s'ha de sentir culpable, perquè si ho fes li costaria encara més d'acceptar la pèrdua. Si creu que la pèrdua del nadó ha estat un càstig per haver-se mostrat ambivalent respecte de l'embaràs, perquè no es va cuidar prou, perquè no serveix per ser mare, o per qualsevol altra raó, busqui l'ajuda d'un professional que li faci comprendre que vostè no és la responsable de la pèrdua, en absolut. També ha de buscar ajuda si normalment ja li falta confiança en si mateixa i ara, a més, es culpa de no ser capaç de tenir un fill. Si se sent culpable fins i tot davant la idea de recuperar la vida normal perquè creu que fent-ho seria injusta amb el seu fill mort, la podria ajudar molt que espiritualment demanés al seu fill que la perdonés o que li donés permís per tornar a gaudir de la vida. També pot mirar d'escriure-li una "carta", en què expressi tots els seus sentiments, esperances i somnis.

- A vegades, la donació d'òrgans és possible quan el nadó neix viu i amb alguns òrgans que funcionen correctament però amb un pronòstic que no deixa lloc a l'esperança. En aquest cas, la possibilitat d'ajudar a viure un altre nadó pot proporcionar un cert reconfort.

Per què?

Possiblement la dolorosa pregunta "per què?" no obtindrà mai una resposta prou vàlida. Però sol ser una gran ajuda el fet de poder prendre contacte amb la realitat de la tragèdia coneixent les causes físiques de la mort del fetus o el nounat. Sovint, el nadó sembla perfectament normal i l'única manera de descobrir la causa de la mort és examinar amb molta cura l'historial mèdic de l'embaràs i fer un examen complet del fetus o el nadó. Si el fetus va morir a l'úter o en néixer, també serà important que un patòleg realitzi un examen histològic a la placenta. Saber què va passar (encara que no sempre sigui possible de determinar) no li explicarà del tot el perquè, però li servirà per posar fi a una etapa, tot ajudant-la a preparar-se per a un futur embaràs.

Pèrdua d'un bessó

Els pares que perden un bessó (o més, en el cas de trigèmins o quadrigèmins) s'han d'enfrontar a la celebració

Reducció fetal

De vegades, una ecografia revela que un fetus (o diversos) d'un embaràs múltiple no podrà sobreviure o presenta malformacions tan greus que les probabilitats de sobreviure fora de l'úter matern són mínimes –i, encara pitjor, que el fetus malalt pot posar en perill la salut de l'altre (o els altres). O bé l'existència de tants fetus suposa un risc significatiu tant per a la mare com per als propis nadons. Contemplar la possibilitat de realitzar un procés de reducció fetal pot ser colpidor –pot semblar com si se sacrifiqués un fill per salvar-ne un altre– i pot provocar-li sentiments contradictoris, de culpa i de confusió. Tant pot ser que li resulti fàcil prendre la decisió de tirar endavant el procés (o de no fer-ho), com que prendre aquesta decisió es converteixi en un autèntic calvari.

No hi ha cap resposta fàcil ni una opció perfecta, sinó que haurà de prendre l'opció que la deixi més convençuda. Valori la situació amb el seu ginecòleg habitual i busqui una segona opinió (i una tercera i una quarta), fins que se senti segura amb la solució triada. Fins i tot pot demanar al ginecòleg que la posi en contacte amb algun responsable del Departament de Bioètica de l'hospital (suposant que n'hi hagi). Pot ser que vulgui comentar les possibilitats amb els amics més íntims o que prefereixi prendre la decisió en privat. Si la religió té un pes específic en la seva vida, probablement voldrà buscar ajuda espiritual. Tan bon punt hagi pres una decisió en ferm, intenti no donar-hi més voltes: pensi que ha pres la millor decisió que podia prendre en aquestes circumstàncies tan difícils. I triï el que triï procuri no carregar-se les culpes de l'elecció. Atès que vostè no és culpable de res, no té sentit turmentar-se amb sentiments negatius contra vostè mateixa.

Si vostès dos acaben havent de realitzar una reducció fetal, és probable que experimentin el mateix procés de dol que els progenitors que han perdut un o més nadons.

d'un naixement i alhora a la pena d'una mort. Si vostè es troba en aquesta situació és possible que se senti dividida entre l'aflicció pel fill mort i l'alegria pel viu –i tant un procés com l'altre són de vital importància. Comprendre per què se sent així l'ajudarà a acceptar millor els seus sentiments, que poden incloure part dels següents (o tots):

- Es pot sentir profundament afligida. Acaba de perdre un fill i el fet de tenir-ne un altre no minimitza la seva pèrdua. Comprengui que té el dret d'estar trista pel fill mort, encara que estigui celebrant el naixement de l'altre. De fet, plorar aquesta pèrdua és una part important del procés de cicatrització de la ferida. Prendre les mesures indicades per a pares que afronten la mort d'un nadó pot ajudar-la a acceptar més fàcilment la mort del seu fill com una realitat.
- També es pot sentir feliç, però ambivalent a l'hora de demostrar-ho. El fet d'estar il·lusionada amb l'arribada del fill que ha sobreviscut pot semblar-li en certa manera poc apropiat, o fins i tot una falta de respecte envers el que ha mort. És un sentiment natural però ha de mirar de superar-lo. Estimar i cuidar el germà viu és una manera fantàstica d'honorar el germà mort –a més, és essencial per al benestar del seu fill.

- Pot tenir ganes de celebrar-ho, però no sap si és gaire adient. Un nou fill és sempre motiu de celebració, fins i tot si la bona notícia va acompanyada d'una altra de dolenta. Si no se sent a gust donant la benvinguda al nadó viu sense abans acomiadar el mort, consideri la possibilitat de celebrar un funeral o una cerimònia de comiat per al nadó traspassat.
- Pot percebre la mort del seu nadó com un càstig, potser perquè no estava prou convençuda de voler o poder afrontar la maternitat de múltiples o perquè preferia una nena que un nen (o a l'invés). Tot i que aquest sentiment de culpabilitat és habitual entre progenitors que experimenten la pèrdua d'un nadó, en realitat no té cap fonament. Res del que vostè fes (pensés, imaginés o volgués) pot haver causat aquesta mort.
- Es pot sentir decebuda per no poder ser mare de múltiples. És normal estar trista per la pèrdua d'aquesta il·lusió, sobretot si havia estat imaginant i planificant l'arribada dels bessons durant mesos. Fins i tot li pot fer cosa veure altres bessons. No es culpi de sentir-se així; és totalment comprensible.

Etapes de dol

Independentment del moment en què va perdre el nadó –al principi de l'embaràs, poc abans del part o en el moment de néixer–, el més probable és que experimenti molts sentiments diversos. Encara que no els pugui evitar, el fet de comprendre'ls l'ajudarà a acceptar millor la pèrdua. Gairebé tothom que passa per una situació tan traumàtica segueix una sèrie d'etapes en el procés de curació emocional. Les etapes solen ser sempre les mateixes, encara que pot variar l'ordre en què es presenten (de fet, els propis sentiments experimentats també poden ser diferents en funció de cada cas).

- Xoc i negació. Es pot donar un sentiment d'atordiment i d'incredulitat, pensant que "això no em pot haver passat a mi". Es tracta d'un mecanisme mental destinat a protegir la psique del trauma de la pèrdua.
- Culpabilitat i ràbia. Per la necessitat desesperada d'haver de donar la culpa a algú d'aquesta tragèdia sense sentit, es pot culpar a vostè mateixa ("dec haver fet alguna cosa malament per tenir l'avortament" o "si m'hagués alegrat més de l'embaràs, el meu fill encara seria viu"), o bé pot culpar els altres: ja sigui Déu (per permetre que li hagi passat una cosa així) o el seu ginecòleg (encara que no hi tingui res a veure). També pot sentir ràbia i enveja per les altres dones embarassades o per les que acaben de ser mares, i fins i tot pot covar sentiments d'odi en contra seu.
- Depressió i desesperació. Es pot sentir trista gairebé tota l'estona o contínuament, passar-se el dia plorant, ser incapaç de menjar o de dormir, no sentir interès per res, o fins i tot tenir dificultats per fer les activitats quotidianes. També es pot preguntar si mai serà capaç de tenir un fill sa.
- Acceptació. Finalment, acabarà acceptant la pèrdua. Tingui en compte que això no significa que hagi d'oblidar el nadó mort –sinó que simplement serà capaç d'assumir la desgràcia i de tirar endavant.

- Pot témer que sigui difícil i incòmode explicar la situació als familiars i amics, sobretot si també havien estat esperant amb candeletes l'arribada dels bessons. Per enfrontar-se al món amb una mica més de facilitat, demani a alguna bona amiga o a un familiar proper que escampi la notícia per no haver-ho de fer vostè. Durant les primeres setmanes, procuri sortir de casa acompanyada quan vagi amb el nadó, per tal que sigui algú altre qui s'anticipi i respongui a les inevitables –i doloroses– preguntes.

- Pot tenir dificultats per assimilar les reaccions i els comentaris de familiars i amics. Amb la intenció d'ajudar, és possible que els parents i els amics exagerin les mostres de benvinguda al nadó viu, sense esmentar res del mort. O bé li poden demanar que s'oblidi del mort i que se centri en el viu. Però per molt ben intencionades que siguin les seves paraules i les seves reaccions, la poden acabar de ferir i d'enfonsar. No dubti a fer saber a les persones més pròximes com se sent. Expliqui'ls que necessita tant celebrar la nova arribada com plorar la malaurada pèrdua.

- Es pot sentir massa deprimida arran de la pèrdua com per tenir cura del nounat –o, si encara està embarassada, per tenir cura del fetus cuidant-se a vostè mateixa. No es turmenti amb els sentiments d'infelicitat o d'ambivalència. Són normals i completament comprensibles. Però procuri rebre l'ajuda que necessiti per poder satisfer les necessitats físiques i emocionals del seu nadó. Li pot anar bé entrar a formar part d'un grup de suport o bé rebre l'assessorament d'un professional.

- Es pot sentir sola amb el seu dolor. Rebre el suport d'altres persones que han passat pel mateix que vostè la pot ajudar més del que es pugui imaginar. Busqui aquest recolzament en un grup de suport de la seva zona o a Internet.

Concedeixi's una mica de temps, siguin quins siguin els seus sentiments (en la seva situació, el ventall de sentiments experimentats pot ser molt ampli). El més probable és que a poc a poc es vagi sentint millor i ho comenci a veure tot amb uns altres ulls.

Tornar-ho a intentar

Després d'una pèrdua, prendre la decisió de tornar a buscar un nou embaràs –i un nou fill– no sempre és fàcil, almenys no tant com per a la resta de parelles que no han hagut de passar per aquest mal tràngol. Es tracta d'una decisió molt personal, i a vegades molt dolorosa. Per decidir si tornar-ho a intentar (i quan), haurà de tenir en compte aspectes com els següents:

- Per tornar-ho a intentar després de perdre'n un (o diversos), cal molt coratge. Abans d'embarcar-se en aquesta nova aventura, reflexioni de la seva capacitat de fer-ho –o de no fer-ho, almenys de moment.

- El moment oportú és el que sigui oportú per a vostè. Tant pot ser que en tingui prou amb un període relativament breu com que necessiti més temps per preparar-se emocionalment i tornar ho a intentar. No es forci (ni deixi que els altres la forcin) per intentar-ho més aviat del compte. Però tampoc s'ho repensi cinquanta vegades si creu que ja està preparada. Deixi's guiar pel seu cor, i sabrà quan estarà emocionalment preparada per afrontar un nou embaràs.

- També haurà d'estar físicament preparada. Consulti al ginecòleg si, en el seu cas, convindria respectar un temps d'espera. Sovint, es pot intentar tan bon punt la dona se senti preparada (i els cicles menstruals hi posin de la seva part). Si ha d'esperar més temps del que voldria (en el cas d'un embaràs molar, per exemple), aprofiti el temps per posar-se en forma per a la concepció (vegi el capítol 1), si encara no ho està prou.

- Amb el nou embaràs, es mirarà les coses d'una altra manera. Ara ja ha comprovat que no tots els embarassos tenen un final feliç, de forma que el més probable és que no doni res per fet fins que hagi acabat tot. És possible que se senti més nerviosa que la primera vegada, especialment fins que no hagi superat la setmana de gestació en què va perdre l'embaràs anterior (i, si va perdre el fill al part o després, probablement no deixarà d'amoïnar-se en tots nou mesos). Probablement, es controlarà més les emocions i pot adonar-se que la seva alegria queda tenallada pels temors –fins a tal punt que no gosarà agafar massa afecte al nadó per la por d'estimar-se'l i de tornar-lo a perdre. Pot arribar-se a obsessionar amb tots els símptomes de l'embaràs: amb els que li donin esperances (pits congestionats, mareig matinal, micció freqüent) i amb els que l'angoixin (revinclades a la pelvis, rampes...). Tot això és completament normal i comprensible, com comprovarà si parla amb altres progenitors que esperen un altre fill després d'haver-ne perdut un. Només asseguri's de demanar ajuda ràpidament si s'adona que tots aquests sentiments l'impedeixen de tenir cura del seu nou embaràs.

  L'ajudarà a ser més positiva el fet de mirar endavant, cap a la recompensa final (un nadó a qui aviat podrà abraçar) en comptes de mirar enrere, obsessionant-se per la pèrdua. Recordi que la gran majoria de dones que han patit la pèrdua d'un nadó dins de l'úter o després de néixer acaben tenint embarassos completament normals i fills plens de salut.

Índex alfabètic

A

B

C

E

F

I

N

S

U

V